THE BUSINESS PRACTICE LIBRARY FROM WILEY LAW PUBLICATIONS

WILEY'S ENGLISH-SPANISH AND SPANISH-ENGLISH LEGAL DICTIONARY

DICCIONARIO JURÍDICO INGLÉS-ESPAÑOL Y ESPAÑOL-INGLÉS WILEY

SUBSCRIPTION NOTICE

This Wiley product is updated on a periodic basis with supplements to reflect important changes in the subject matter. If you purchased this product directly from John Wiley & Sons, Inc., we have already recorded your subscription for this update service.

If, however, you purchased this product from a bookstore and wish to receive (1) the current update at no additional charge, and (2) future updates and revised or related volumes billed separately with a 30-day examination review, please send your name, company name (if applicable), address, and the title of the product to:

Supplement Department
John Wiley & Sons, Inc.
One Wiley Drive
Somerset, NJ 08875
1-800-225-5945

For customers outside the United States, please contact the Wiley office nearest you:

Professional and Reference Division
John Wiley & Sons Canada, Ltd.
22 Worcester Road
Rexdale, Ontario M9W1L1
Canada
(416)675-3580
1-800-263-1590 in Canada

John Wiley & Sons, Ltd.
Baffins Lane
Chichester
West Sussex PO191UD
United Kingdom
(44)(243)779777

Professional, Reference and Trade Division
Jacaranda Wiley, Ltd.
PO Box 174
Ryde, NSW 2113
Australia
(02)805-1100

WILEY'S ENGLISH-SPANISH AND SPANISH-ENGLISH LEGAL DICTIONARY

DICCIONARIO JURÍDICO INGLÉS-ESPAÑOL Y ESPAÑOL-INGLÉS WILEY

Steven M. Kaplan
Lexicographer

Editorial Advisory Board:

Antonio Escudero Viera
McConnell Valdés Kelley Sifre Griggs & Ruiz-Suria

Eliana Gutiérrez Badia
Ezagui Spritzer & Maman

Ángel R. Oquendo
Harvard University

Fernando Pombo
Gómez-Acebo & Pombo

Carlos R. Valencia Barrera
Sánchez-Mejorada, Velasco y Valencia

126,818-L

Wiley Law Publications
JOHN WILEY & SONS, INC.
New York • Chichester • Brisbane • Toronto • Singapore

This text is printed on acid-free paper.

This publication is designed to provide accurate and
authoritative information in regard to the subject
matter covered. It is sold with the understanding that
the publisher is not engaged in rendering legal, accounting,
or other professional services. If legal advice or other
expert assistance is required, the services of a competent
professional person should be sought. *From a Declaration
of Principles jointly adopted by a Committee of the
American Bar Association and a Committee of Publishers.*

Library of Congress Cataloging-in-Publication Data

ISBN 0-471-57678-6

Printed in the United States of America

10 9 8 7 6 5 4 3 2 1

PREFACE

The primary goals in the preparation of this dictionary were accuracy, clarity, comprehensiveness, currency, and convenience. The lexicon includes over 40,000 entries. Each entry is relevant, useful, and current. The advisors reviewed the terms and their equivalents and made recommendations that enhanced the overall quality of the work immensely. To this we add a format that is so intuitively useful that there need be no explanatory notes for its use.

The convenient one-volume format permits this dictionary to be equally at home in a law library, a professional office, or in the knapsack of a law student. Professionals, students, and others that deal in one way or another with law related matters should find this wordbook a worthy aid.

There is an advisor from each of the following world regions: North America, Central America, South America, the Caribbean, and Europe. These distinguished persons played a key role in fulfilling the aims of this dictionary, and their painstaking efforts are sincerely appreciated.

I am grateful to Eileen M. Brock, who worked with me from the start to the finish of this book. I am also appreciative of Mary Hope who was pivotal in getting the dictionary commenced and in helping to set objectives. Finally, my thanks go to the first person I spoke with at Wiley, Herb Reich, who was kind enough to insure that the idea for this book landed in the hands that could make it a reality.

San Juan, Puerto Rico   STEVEN M. KAPLAN
April 1993

PREFACIO

Las metas principales en la preparación de este diccionario fueron la precisión, claridad, envergadura, aceptación general de los términos, y conveniencia. El lexicón incluye más de 40,000 términos. Cada término es pertinente, útil, y corriente. Los asesores revisaron los términos y sus equivalentes e hicieron recomendaciones las cuales realzaron inmensamente la calidad general de la obra. A esto le añadimos un formato tan intuitivamente útil que no hay necesidad de notas aclaratorias para su uso.

El formato conveniente de tomo único permite que este diccionario esté en su elemento igualmente en una biblioteca de derecho, una oficina profesional, o en la mochila de un estudiante de leyes. Los profesionales, estudiantes, y otros que de una forma u otra tratan con asuntos relacionados al derecho deben encontrar a este vocabulario una ayuda estimable.

Hay un asesor de cada una de las siguientes regiones mundiales: América del Norte, América Central, América del Sur, el Caribe, y Europa. Estas personas distinguidas desempeñaron un papel clave en realizar los fines de este diccionario, y sus esfuerzos esmerados se agradecen sinceramente.

Le estoy reconocido a Eileen M. Brock, quien trabajó conmigo desde el principio hasta el final de este libro. También le estoy agradecido a Mary Hope quien fue central en que se comenzara el diccionario y en ayudar a establecer objetivos. Finalmente, le doy mis gracias a la primera persona con quien hablé en Wiley, Herb Reich, quien tuvo la amabilidad de asegurarse de que la idea para este libro llegara a las manos que podían hacerlo una realidad.

San Juan, Puerto Rico
Abril 1993

STEVEN M. KAPLAN

ABOUT THE AUTHOR

STEVEN M. KAPLAN, after a fully bilingual primary and secondary education in Puerto Rico, went on to earn a BA from Sarah Lawrence College, and an MS from Fordham University. His most recent translation work has been predominantly in legal matters and for national organizations. He has taught at the two main universities in Puerto Rico, and has many other teaching experiences in bilingual settings. He has earned professional licenses in different areas, including real estate, finance, and insurance.

SOBRE EL AUTOR

STEVEN M. KAPLAN, tras una educación primaria y secundaria completamente bilingüe en Puerto Rico, prosiguió a obtener un bachillerato de Sarah Lawrence College, y una maestría de Fordham University. Sus trabajos más recientes de traducción han sido primordialmente en asuntos legales y para organizaciones nacionales. Ha enseñado en las dos universidades principales de Puerto Rico, y tiene muchas otras experiencias como maestro dentro de marcos bilingües. Ha obtenido licencias profesionales en diferentes áreas, incluyendo bienes raíces, finanzas, y seguros.

ABOUT THE ADVISORS

ANTONIO ESCUDERO VIERA
McCONNELL VALDÉS KELLEY
SIFRE GRIGGS & RUIZ-SURIA
PUERTO RICO

Founded in 1946 by Herbert S. McConnell and Adolfo Valdés, **McCONNELL VALDÉS** today is the largest law firm in Latin America, offering services in most areas of corporate and commercial practice. The firm represents financial institutions, brokers, manufacturers, developers, hotels, transportation companies and retailers. While most clients are subsidiaries of U.S. corporations, the firm also represents locally owned companies, as well as German, British, Japanese, Dutch, Mexican, and other foreign interests. From its origins in banking, corporate, commercial and real estate law, the firm has expanded its practice into other fields, including distribution, employee benefits, environmental, international trade, labor, securities, tax exemption, taxes, and trademark law.

ELIANA GUTIÉRREZ BADIA
EZAGUI SPRITZER & MAMAN
VENEZUELA

Born in Maracaibo, Venezuela on March 5, 1957. Admitted to the bar in 1980 in Caracas. Education: Law School of Universidad Central de Venezuela. Attended industrial and intellectual property courses with particular emphasis on intellectual property. Partner-in-charge of intellectual and industrial property departments at **EZAGUI SPRITZER & MAMAN**. Member: United States Trademark Association, Asociación

Interamericana de la Propiedad Industrial, European Communities Trademark Association, Association Fraçaise des Practiciens du Droit des Marques et des Modèles, International Trademark Association. Fluent in Spanish, French, and English.

ÁNGEL R. OQUENDO
HARVARD UNIVERSITY
UNITED STATES

Ángel Ricardo Oquendo is now completing a doctoral dissertation in the Philosophy Department at Harvard University. With the support of the Fulbright Foundation, he spent two years (1989-1991) conducting research at the Free University of Berlin. He has a law degree from Yale Law School, awarded in 1986. After law school, he was a judicial clerk for the Judge Stephen Renhardt at the U.S. Court of Appeals in Los Angeles. He has been a member of the bar of the Commonwealth of Puerto Rico since 1987.

FERNANDO POMBO
GÓMEZ-ACEBO & POMBO
SPAIN

University of Madrid, Philosophy and Law Degree, 1965. Ph.D. studies, Universities of Geneva 1969-1970 (with professor Martin Achard), and Munich, Max Planck Institut 1970-1971 (with professor F.K. Beier). Europa Institute, Amsterdam (EEC Law) 1979. Professor of Law, Centre for University Studies (CEU) (1973-1976). Visiting Professor, Salzburg Institute on International Legal Studies, Salzburg (from 1985), teaching International Business Law. Author of **"Doing Business in Spain"** (Matthew Bender, 1987); co-author Spanish Section of **"Merger Control in the EEC"** (Kluwer, 1988); and other numerous publications related to licensing, mergers and acquisitions, industrial property, commercial law, and others. Correspondent in Spain for The International Financial Law Review (Euromoney), European Intellectual Property Review. Founder

and Senior Partner of the law firm **GÓMEZ-ACEBO & POMBO** in 1971. The firm includes at present 82 lawyers, with the main office in Madrid and other offices in Barcelona, Bilbao, Seville, Valencia, Santiago, and the Canary Islands. The firm also established the first EC Law office in Brussels in 1985. Past President of LES International; Member Spanish Arbitration Court; International Bar Association, Member of the Council SGP; American Bar Association; and others.
Foreign Languages: English, French, Italian, and German.

CARLOS R. VALENCIA BARRERA
SÁNCHEZ-MEJORADA, VELASCO Y VALENCIA
MEXICO

Born in Mexico City, Mexico. Legal education: Escuela Libre de Derecho (Abogado, 1977); Georgetown University Law Center (O.P.A.L., Summer 1980); University of Texas at Austin School of Law (M.C.J., 1981). Member, Phi-Delta-Phi; Mexican Bar Association; Vice Chair, Mexican Law Committee of the Section of International Law and Practice of the American Bar Association (1990-present); author of several articles on various legal subjects. Mr. Valencia is a partner of the Mexico City law firm of **SÁNCHEZ-MEJORADA, VELASCO Y VALENCIA**. The firm, founded in 1884, specializes in commercial and corporate law, with an emphasis on international trade, foreign investment, licensing, communications, mergers and acquisitions, real estate, banking, immigration, administrative, environmental, mining, and nuclear law.

SOBRE LOS ASESORES

ANTONIO ESCUDERO VIERA
McCONNELL VALDÉS KELLEY
SIFRE GRIGGS & RUIZ-SURIA
PUERTO RICO

Fundado en el 1946 por Herbert S. McConnell y Adolfo Valdés, **McCONNELL VALDÉS** es hoy el bufete más grande en la América Latina, ofreciendo servicios en casi todas las áreas de la práctica corporativa y mercantil. El bufete representa instituciones financieras, corredores, manufactureros, promotores del desarrollo de inmuebles, hoteles, compañías de transportación y detallistas. Mientras que la mayoría de los clientes son subsidiarias de corporaciones estadounidenses, el bufete además representa compañías de pertenencia local, al igual que intereses alemanas, británicas, japonesas, holandesas, y mexicanas, entre otras extranjeras. Desde su inicio en el derecho bancario, corporativo, mercantil y de bienes raíces, el bufete ha expandido su práctica para abarcar otros campos, incluyendo el derecho de distribuciones, beneficios de empleados, ambiental, comercio internacional, laboral, valores, exención impositiva, impuestos, y marcas comerciales.

ELIANA GUTIÉRREZ BADIA
EZAGUI SPRITZER & MAMAN
VENEZUELA

Nacida en Maracaibo, Venezuela, en el 5 de marzo, de 1957. Colegiada en 1980 en Caracas. Educación: Facultad de Derecho de la Universidad Central de Venezuela. Asistió a cursos de propiedad industrial e intelectual con énfasis particular en la propiedad intelectual. Socia **encargada de los departamentos de propiedad intelectual e industrial en**

EZAGUI SPRITZER & MAMAN. Miembro: United States Trademark Association, Asociación Interamericana de la Propiedad Industrial, European Communities Trademark Association, Association Fraçaise des Practiciens du Droit des Marques et des Modèles, International Trademark Association. Domina el español, francés, e inglés.

ÁNGEL R. OQUENDO
HARVARD UNIVERSITY
ESTADOS UNIDOS

Ángel Ricardo Oquendo está terminando un disertación doctoral en el Departamento de Filosofía en Harvard University. Con el patrocinio del Fulbright Foundation, él pasó dos años (1989-1991) haciendo investigación doctoral en el Free University of Berlin. Él tiene un grado en leyes de Yale Law School, otorgado en 1986. Después de cursar sus estudios de leyes, fue oficial jurídico para el juez Stephen Renhardt en el tribunal de apelaciones en Los Angeles. Ha sido miembro del colegio de abogados de Puerto Rico desde el 1987.

FERNANDO POMBO
GÓMEZ-ACEBO & POMBO
ESPAÑA

Grado en Filosofía y Derecho, Universidad de Madrid, 1965. Estudios doctorales, Universidades de Ginebra 1969-1970 (con el profesor Martin Achard), y Munich, Max Planck Institut 1970-1971 (con el profesor F.K. Beier). Europa Institute, Amsterdam (Derecho CEE) 1979. Profesor de Derecho, Centre for University Studies (CEU) (1973-1976). Profesor Visitante, Salzburg Institute on International Legal Studies, Salzburgo (desde el 1985), enseñando Derecho Comercial Internacional. Autor de **"Doing Business in Spain"** (Editorial Matthew Bender, 1987); coautor de la Sección en Español de **"Merger Control in the EEC"** (Editorial Kluwer, 1988); y otras numerosas publicaciones relacionadas con ventas de licencias de patentes y marcas de fábrica, fusiones y adquisiciones, propiedad industrial, derecho mercantil, y otras. Corresponsal en España

para The International Financial Law Review (Euromoney), European Intellectual Property Review. Fundador y Socio Principal del bufete **GÓMEZ-ACEBO & POMBO** en el 1971. El bufete presentemente incluye 82 abogados, con la oficina central en Madrid y otras oficinas en Barcelona, Bilbao, Sevilla, Valencia, Santiago, y las Canarias. El bufete además estableció la primera oficina de Derecho Español de la CE en Bruselas en el 1985. Presidente pasado de LES International, Miembro de la Corte de Arbitraje Español; International Bar Association, Miembro del Council SGP; American Bar Association; y otras.
Idiomas extranjeras: inglés, francés, italiano, y alemán.

CARLOS R. VALENCIA BARRERA
SÁNCHEZ-MEJORADA, VELASCO Y VALENCIA
MÉXICO

Nacido en la Ciudad de México. Educación legal: Escuela Libre de Derecho (Abogado, 1977); Georgetown University Law Center (O.P.A.L., Verano de 1980); University of Texas at Austin School of Law (M.C.J., 1981). Miembro, Phi-Delta-Phi; Colegio de Abogados de México; Vicepresidente, Mexican Law Committee of the Section of International Law and Practice of the American Bar Association (1990-presente); autor de varios artículos sobre diversos temas del derecho. El Sr. Valencia es socio en el bufete de **SÁNCHEZ-MEJORADA, VELASCO Y VALENCIA** de la Ciudad de México. El bufete, fundado en el 1884, se especializa en derecho mercantil y corporativo, con énfasis en comercio internacional, inversión extranjera, ventas de licencias de patentes y marcas de fábrica, comunicaciones, fusiones y adquisiciones, derecho concerniente a los bienes inmuebles, banca, inmigración, administrativo, ambiental, minería y nuclear.

ENGLISH-SPANISH
INGLÉS-ESPAÑOL

A

A CONTRARIO SENSU; en sentido contrario.
A MENSA ET THORO; separación en vez de disolución de matrimonio.
AB INITIO; desde el principio, ab initio.
AB INTESTAT; intestado.
AB INTESTATO; de un intestado, ab intestato.
AB IRATO; por alguien enfurecido, acaloradamente.
ABACTION; llevarse a la fuerza.
ABALIENATION; transferencia de propiedad.
ABAMITA; una hermana de un tatarabuelo.
ABANDON; abandonar, evacuar, renunciar.
ABANDONED; abandonado, evacuado.
ABANDONED PROPERTY; propiedad abandonada.
ABANDONEE; beneficiario del abandono.
ABANDONMENT; abandono, renuncia, desistimiento.
ABANDONMENT AND DESERTION; abandono y deserción.
ABANDONMENT OF A CHILD; abandono de un niño.
ABANDONMENT OF A CONTRACT; abandono de un contrato.
ABANDONMENT OF ACTIONS; abandono de acciones.
ABANDONMENT OF APPEAL; abandono de apelación.
ABANDONMENT OF CARGO; abandono de carga.
ABANDONMENT OF CLAIM; renuncia a una acción.
ABANDONMENT OF COPYRIGHT; abandono de derechos de autor.
ABANDONMENT OF EASEMENT; abandono de servidumbre.
ABANDONMENT OF GOODS; abandono de bienes.

ABANDONMENT OF INSURED PROPERTY; abandono de propiedad asegurada.
ABANDONMENT OF OFFICE; abandono de cargo.
ABANDONMENT OF PATENTS; abandono de patentes.
ABANDONMENT OF PROPERTY; abandono de propiedad.
ABANDONMENT OF RIGHTS; abandono de derechos.
ABANDONMENT OF SPOUSE; abandono del cónyuge.
ABANDONMENT OF SUIT; abandono de acción, abandono de litigio.
ABANDONMENT OF TRUST; abandono de fideicomiso.
ABASE; rebajar, humillar, envilecer.
ABATABLE; abatible, abolible.
ABATABLE NUISANCE; estorbo que se puede eliminar, acto perjudicial que se puede eliminar.
ABATARE; poner fin, reducir, disminuir.
ABATE; abatir, disminuir, anular, mitigar.
ABATEMENT; disminución, abolición, mitigación, extinción en todo o en parte de una demanda.
ABATEMENT AND REVIVAL; suspensión y restablecimiento.
ABATEMENT OF A NUISANCE; eliminación de un estorbo, eliminación de un acto perjudicial.
ABATEMENT OF ACTION; extinción de la acción.
ABATEMENT OF DEBTS; rebaja de deudas.
ABATEMENT OF TAXES; rebaja de impuestos.
ABATOR; intruso, aquel que elimina algo perjudicial.
ABAVIA; una tatarabuela.
ABAVITA; una hermana de un tatarabuelo.
ABAVUNCULUS; un hermano de una tatarabuela.
ABAVUS; un tatarabuelo.
ABBREVIATE; abreviar, resumir, compendiar.
ABBREVIATION; abreviación, resumen, compendio.
ABDICATE; renunciar, abdicar.

ABDICATION; renuncia, abdicación.

ABDITORIUM; escondite.

ABDUCT; secuestrar, raptar.

ABDUCTION; secuestro, abducción, rapto.

ABDUCTOR; raptor.

ABEARANCE; conducta.

ABEREMURDER; asesinato.

ABERRANCE; aberración, anormalidad.

ABERRATION; aberración.

ABET; inducir, incitar, apoyar.

ABETMENT; apoyo, instigación.

ABETTOR; instigador, fautor.

ABEYANCE, IN; en espera, en suspensión, latente, pendiente.

ABEYANCE; suspensión, espera.

ABEYANT; en suspenso, en espera.

ABHOR; aborrecer, odiar.

ABHORRENT; aborrecible.

ABIATICUS; un hijo de un hijo.

ABIDANCE, BY; respeto de, adhesión a.

ABIDANCE, IN; permanencia.

ABIDE; aceptar, atenerse, cumplir.

ABIDE BY; respetar, cumplir con, atenerse a.

ABIDES; respeta, cumple.

ABIDING; obediente.

ABIDING BY; atenerse a, someterse a.

ABIDING CONVICTION; convicción de culpabilidad con certidumbre.

ABILITY; habilidad, aptitud, capacidad.

ABILITY TO ACT; capacidad de actuar.

ABILITY TO PAY DEBTS; capacidad para pagar deudas.

ABISHERING; liberar de multas.

ABJECT; abyecto, despreciable.

ABJECTION; abyección, bajeza.

ABJURATION; abjuración.

ABJURE; abjurar, renunciar, retractarse solemnemente.

ABJURER; quien abjura, quien renuncia.

ABLAZE; en llamas, ardiendo, encendido.

ABLE; capaz, hábil, competente.

ABLE-BODIED; sin impedimentos físicos que eviten cumplir un cargo, fuerte y sano.

ABLE TO EARN; capaz de obtener ingresos.

ABLE TO PURCHASE; capaz de comprar.

ABLE TO WORK; capaz de trabajar.

ABLOCATE; arrendar.

ABLOCATIO; arrendamiento.

ABLY; hábilmente, competentemente.

ABMATERTERA; una hermana de una tatarabuela.

ABNEGATE; renunciar, negar, rechazar.

ABNEGATION; abnegación, negación, rechazo.

ABNEPOS; un tataranieto.

ABNEPTIS; una tataranieta.

ABNORMAL; anormal, irregular.

ABNORMAL RISK; riesgo irregular.

ABNORMALITY; anormalidad, irregularidad.

ABODE; hogar, residencia, domicilio.

ABOLISH; abolir, anular, derogar.

ABOLISHMENT; abolición, anulación, derogación.

ABOLITION; abolición, derogación.

ABOMINATION; abominación.

ABOARDAGE; abordaje.

ABORT; abortar, fracasar.

ABORTED; abortado, fracasado.

ABORTION; aborto, terminación del embarazo.

ABORTIONIST; abortador.

ABORTIVE; abortivo, fracasado.

ABORTIVE TRIAL; juicio sin veredicto, juicio sin sentencia.

ABORTUS; producto del aborto.

ABOUT; alrededor de, concerniente a, sobre, relacionado con.

ABOUT-FACE; cambio de parecer, media vuelta.

ABOUT THE PERSON; cerca de la persona, acerca de la persona.

ABOUT TO; a punto de.

ABOVE; sobre, superior, precedente, anterior.

ABOVE-CITED; anteriormente citado.

ABOVE DESCRIBED; descrito anteriormente.

ABOVE-MENTIONED; antedicho, anteriormente mencionado.

ABOVE PAR; sobre la par.

ABOVE-WRITTEN; antes escrito.

ABPATRUUS; un tío tatarabuelo.

ABREAST; lado a lado, parejo, al tanto.

ABRIDGE; abreviar, reducir.

ABRIDGED; abreviado, reducido

ABRIDGEMENT; abreviación, condensación, compendio, limitación.

ABRIDGEMENT OF DAMAGES; derecho del tribunal a reducir los daños y perjuicios.
ABROAD; en el extranjero.
ABROGATE; abrogar, revocar, anular, derogar.
ABROGATION; abrogación, revocación, anulación, derogación.
ABROGATIVE; abrogativo.
ABRUPT; abrupto, repentino.
ABRUPTION; ruptura.
ABRUPTLY; abruptamente, repentinamente.
ABSCISSION; abscisión, separación.
ABSCOND; esconderse, ocultarse, fugarse.
ABSCONDER; fugitivo, prófugo, contumaz.
ABSCONDING DEBTOR; deudor prófugo.
ABSENCE; ausencia, no comparecencia.
ABSENT; ausente, no compareciente.
ABSENT AND ABSCONDING DEBTOR; deudor ausente y prófugo.
ABSENT CREDITOR; acreedor ausente.
ABSENT DEBTOR; deudor ausente.
ABSENT FROM; ausente de.
ABSENT-MINDED; distraído.
ABSENTED; ausentado.
ABSENTEE; ausente, quien se ausenta.
ABSENTEE BALLOT; voto ausente, voto por poder, papeleta para voto ausente.
ABSENTEE LANDLORD; arrendador ausente, propietario ausente.
ABSENTEE VOTING; voto ausente.
ABSENTEEISM; absentismo.
ABSOLUTE; absoluto, incondicional, definitivo.
ABSOLUTE ACCEPTANCE; aceptación incondicional.
ABSOLUTE ASSIGNMENT; cesión absoluta, traspaso absoluto.
ABSOLUTE BEQUEST; legado irrevocable.
ABSOLUTE CERTAINTY; certeza absoluta.
ABSOLUTE CONTROL; control absoluto.
ABSOLUTE CONVEYANCE; traspaso incondicional.
ABSOLUTE COVENANT; estipulación incondicional, acuerdo incondicional.
ABSOLUTE DEED; título incondicional.
ABSOLUTE DELIVERY; entrega incondicional.

ABSOLUTE DIVORCE; divorcio incondicional.
ABSOLUTE ESTATE; derechos y posesión incondicionales, título incondicional.
ABSOLUTE FEE SIMPLE; título incondicional.
ABSOLUTE GIFT; donación irrevocable.
ABSOLUTE GUARANTY; garantía absoluta, garantía incondicional.
ABSOLUTE IMMUNITY; inmunidad completa, inmunidad total.
ABSOLUTE INJURIES; perjuicio absoluto, daños absolutos
ABSOLUTE INTEREST; interés absoluto, derecho absoluto.
ABSOLUTE LAW; ley absoluta.
ABSOLUTE LEGACY; legado absoluto.
ABSOLUTE LIABILITY; responsabilidad objetiva, responsabilidad absoluta.
ABSOLUTE NULLITY; nulidad absoluta.
ABSOLUTE OBLIGATION; obligación absoluta, obligación total.
ABSOLUTE OWNER; dueño absoluto.
ABSOLUTE OWNERSHIP; propiedad absoluta.
ABSOLUTE PARDON; perdón incondicional, perdón absoluto.
ABSOLUTE PRIVILEGE; privilegio absoluto, gracia absoluta, inmunidad del proceso civil.
ABSOLUTE PROPERTY; propiedad absoluta, posesión y derecho absoluto.
ABSOLUTE RIGHT; derecho absoluto.
ABSOLUTE SALE; venta definitiva.
ABSOLUTE TITLE; título absoluto.
ABSOLUTE TOTAL LOSS; pérdida total absoluta.
ABSOLUTE WARRANTY; garantía incondicional.
ABSOLUTELY; absolutamente, completamente, definitivamente, incondicionalmente.
ABSOLUTELY AND UNCONDITIONALLY; absoluta e incondicionalmente.
ABSOLUTELY NECESSARY; completamente necesario.
ABSOLUTELY PRIVILEGED; absolutamente privilegiado, inmune del proceso civil.

ABSOLUTELY PRIVILEGED COMMUNICATION; comunicación absolutamente privilegiada, comunicación con inmunidad de proceso civil.

ABSOLUTELY VOID; totalmente nulo.

ABSOLUTENESS; carácter absoluto.

ABSOLUTION; absolución, perdón.

ABSOLUTISM; absolutismo.

ABSOLUTIST; absolutista.

ABSOLVE; exonerar, absolver, dispensar, eximir.

ABSORB; absorber, asimilar a fondo.

ABSORPTION; absorción.

ABSQUE HOC; sin esto.

ABSTAIN; abstenerse, privarse.

ABSTEMIOUS; abstemio, frugal.

ABSTENTION; abstención, inhibición.

ABSTENTION DOCTRINE; doctrina de la abstención, doctrina de la inhibición.

ABSTINENCE; abstinencia.

ABSTRACT (n); resumen, extracto, compendio.

ABSTRACT (v); resumir, remover, separar, sustraer.

ABSTRACT IDEA; idea abstracta.

ABSTRACT INSTRUCTION; instrucción abstracta al jurado.

ABSTRACT LOSS; pérdida no experimentada en concreto, pérdida abstracta.

ABSTRACT OF JUDGMENT; resumen de fallo.

ABSTRACT OF RECORD; resumen breve del expediente.

ABSTRACT OF TITLE; resumen del título.

ABSTRACT QUESTION; pregunta teórica o especulativa.

ABSTRACT THING; cosa abstracta.

ABSTRACTED; resumido, compendiado, abstraído.

ABSTRACTER; preparador de resúmenes.

ABSTRACTION; abstracción, hurto, sustracción, separación.

ABSTRUSENESS; incomprensibilidad.

ABSURD; absurdo, irracional.

ABSURDITY; absurdo, irracionalidad.

ABUS DE CONFIANCE; abuso de confianza.

ABUSE; abusar, injuriar.

ABUSE OF AUTHORITY; abuso de autoridad.

ABUSE OF CHILD; abuso de menor.

ABUSE OF CIVIL LAW; abuso del derecho civil.

ABUSE OF DISCRETION; abuso de discreción.

ABUSE OF DRUGS; abuso de drogas.

ABUSE OF FEMALE CHILD; abuso de niña menor.

ABUSE OF POWER; abuso de poder.

ABUSE OF PROCESS; abuso del proceso.

ABUSE OF TRUST; abuso de confianza.

ABUSED; abusado, injuriado.

ABUSED AND NEGLECTED; abusado y descuidado.

ABUSIVE; abusivo, injurioso.

ABUSIVE LANGUAGE; lenguaje abusivo o cruel.

ABUSIVENESS; carácter de abusivo.

ABUT; lindar, confinar, terminar en.

ABUTMENT; linde, lindero, confín.

ABUTTALS; colindancias, lindes, linderos, límites, confines.

ABUTTER; colindante, dueño de propiedad colindante.

ABUTTING; colindante, limítrofe.

ABUTTING OWNER; dueño de propiedad colindante.

ABUTTING PROPERTY; propiedad colindante.

ABYSMAL; abismal, profundo.

AC ETIAM; y además.

ACADEMIC; teórico, especulativo, académico.

ACADEMIC QUESTION; pregunta académica, pregunta hipotética.

ACADEMY; academia.

ACCEDE; acceder, consentir.

ACCEDING; accediendo, consintiendo.

ACCELERANT; acelerante.

ACCELERATE; acelerar.

ACCELERATED COST RECOVERY SYSTEM; sistema acelerado de recuperación de costos.

ACCELERATED DEPRECIATION; depreciación acelerada.

ACCELERATION; aceleración.

ACCELERATION CLAUSE; cláusula de aceleración.

ACCELERATION OF ESTATE; aceleración de un legado, aceleración de una sucesión.

ACCENTUATE; acentuar, intensificar.

ACCEPT; aceptar, admitir, recibir, aprobar.

ACCEPT CONDITIONALLY; aceptar condicionalmente.

ACCEPT FOR THE ACCOUNT OF; recibir por la cuenta de.

ACCEPTABLE; aceptable, admisible.

ACCEPTANCE, CONSTRUCTIVE; aceptación implícita.

ACCEPTANCE; aceptación, aprobación, admisión.

ACCEPTANCE OF GOODS; aceptación de bienes.

ACCEPTANCE OF OFFER; aceptación de oferta.

ACCEPTANCE OF OFFICE; aceptación de cargo.

ACCEPTATION; aceptación, aprobación.

ACCEPTED; aceptado, aprobado, admitido.

ACCEPTILATION; aceptilación, relevo de deuda.

ACCEPTOR; aceptante, aceptador.

ACCESS, EASEMENT OF; servidumbre de paso.

ACCESS; acceso, entrada, paso, acceso carnal.

ACCESS TO COURTS; acceso a la justicia.

ACCESSIBILITY; accesibilidad, asequibilidad.

ACCESSIBLE; accesible, asequible, susceptible.

ACCESSION; toma de posesión, incremento, accesión.

ACCESSIONS; incorporación de un bien a otro.

ACCESSORIAL; accesorio, suplementario.

ACCESSORY; accesorio, cómplice.

ACCESSORY ACTION; acto accesorio.

ACCESSORY AFTER THE FACT; cómplice encubridor, cómplice después de los hechos.

ACCESSORY AT THE FACT; cómplice presente, cómplice de los hechos.

ACCESSORY BEFORE THE FACT; cómplice instigador de crimen.

ACCESSORY BUILDING; edificación auxiliar.

ACCESSORY CONTRACT; contrato accesorio.

ACCESSORY DURING THE ACT; uno que presencia un delito sin prestar ayuda, cómplice en el acto.

ACCESSORY OBLIGATION; obligación accesoria.

ACCESSORY USE; uso auxiliar.

ACCIDENT; accidente, desgracia, casualidad.

ACCIDENT INSURANCE; seguro contra accidentes.

ACCIDENT POLICY; póliza contra accidentes.

ACCIDENT-PRONE; propenso a sufrir accidentes.

ACCIDENT REPORT; informe de accidente.

ACCIDENTAL; accidental, imprevisto.

ACCIDENTAL CAUSE; causa accidental.

ACCIDENTAL DAMAGE; daño accidental.

ACCIDENTAL DEATH; muerte accidental.

ACCIDENTAL EVENT; acontecimiento accidental.

ACCIDENTAL INJURY; lesión accidental.

ACCIDENTAL KILLING; homicidio accidental.

ACCIDENTAL MEANS; causa accidental de lesión.

ACCIDENTALLY; accidentalmente.

ACCLAIM; aclamar, proclamar.

ACCLAMATION; aclamación, voto unánime.

ACCLAMATORY; aclamatorio.

ACCOLA; quien vive cerca de algo.

ACCOMENDA; contrato entre el comandante de una nave y el dueño de la carga.

ACCOMMODATE; acomodar, proveer, adaptar, facilitar.

ACCOMMODATED PARTY; beneficiario de una firma de favor, beneficiario de una firma por acomodación.

ACCOMMODATING; servicial, complaciente, flexible.

ACCOMMODATION; favor, acomodamiento, garantía.

ACCOMMODATION BILL; documento de favor, letra de favor.

ACCOMMODATION ENDORSEMENT; endoso de favor.

ACCOMMODATION ENDORSER; endosante de favor.

ACCOMMODATION INDORSEMENT; endoso de favor.

ACCOMMODATION INDORSER; endosante de favor.

ACCOMMODATION LANDS; tierras compradas para edificar y arrendar.

ACCOMMODATION LINE; pólizas de seguros aceptadas con deferencia al agente.

ACCOMMODATION MAKER; quien firma de favor.

ACCOMMODATION NOTE; pagaré de favor.

ACCOMMODATION PAPER; documento de favor, documento para facilitar.

ACCOMMODATION PARTY; quien firma de favor, parte por acomodación.

ACCOMMODATION ROAD; camino de acceso.

ACCOMPANIMENT; acompañamiento, accesorio.

ACCOMPANY; acompañar, escoltar.

ACCOMPANYING; que acompaña.

ACCOMPLICE; cómplice.

ACCOMPLICE LIABILITY; responsabilidad de un cómplice.

ACCOMPLISH; efectuar, lograr, realizar.

ACCOMPLISHED; realizado, ejecutado, acabado.

ACCOMPLISHMENTS; logros, realizaciones.

ACCORD, EXECUTORY; convenio ejecutable.

ACCORD (n); convenio, acuerdo.

ACCORD (v); acordar, otorgar, convenir.

ACCORD AND SATISFACTION; arreglo de una disputa, aceptación como finiquito.

ACCORDANCE; acuerdo, conformidad.

ACCORDANT; en conformidad, de conformidad.

ACCORDING; conforme.

ACCORDING TO; de acuerdo a, conforme a.

ACCORDING TO LAW; de acuerdo al derecho.

ACCORDING TO THE CUSTOM OF THE PLACE; de acuerdo a las costumbres del lugar.

ACCORDINGLY; en conformidad.

ACCOST; dirigirse a, abordar.

ACCOUCHEMENT; parto.

ACCOUNT; cuenta, informe.

ACCOUNT BALANCE; saldo de una cuenta.

ACCOUNT BOOK; libro de cuentas.

ACCOUNT DEBTOR; deudor en la cuenta.

ACCOUNT FOR; dar razón de, responder por.

ACCOUNT IN TRUST; cuenta en fideicomiso.

ACCOUNT NUMBER; número de cuenta.

ACCOUNT PAYABLE; cuenta por pagar.

ACCOUNT RECEIVABLE; cuenta por cobrar.

ACCOUNT RENDERED; cuenta presentada al deudor.

ACCOUNT SETTLED; cuenta saldada.

ACCOUNT STATED; acuerdo de balance para cancelación.

ACCOUNTABILITY; responsabilidad.

ACCOUNTABLE; responsable.

ACCOUNTABLE RECEIPT; recibo de dinero o propiedad acompañado de una obligación.

ACCOUNTANCY; contabilidad, contaduría.

ACCOUNTANT; contador, contable.

ACCOUNTANTS, CHARTERED (RU); contadores públicos autorizados.

ACCOUNTING; contabilidad.

ACCOUNTING EVIDENCE; prueba de contabilidad.

ACCOUNTING PERIOD; período de contabilidad.

ACCOUNTING STANDARDS; normas de contabilidad.

ACCOUNTS PAYABLE; cuentas por pagar.

ACCOUNTS RECEIVABLE; cuentas por cobrar.

ACCOUPLE; unir, unir por matrimonio.

ACCREDIT; acreditar, reconocer.

ACCREDITATION; acreditación, identificación, certificación.

ACCREDITED; acreditado, reconocido.

ACCREDITED AGENT; representante autorizado.

ACCREDITED LAW SCHOOL; escuela de leyes acreditada.

ACCRETE; aumentar.

ACCRETION; adquisición gradual de tierra por causas de la naturaleza, acrecentamiento.

ACCRETIVE; acrecentador.

ACCROACH; invadir, usurpar.

ACCRUAL, CLAUSE OF; cláusula otorgando el derecho de acrecer.

ACCRUAL; acrecimiento, incremento.

ACCRUE; acumular.

ACCRUED; acumulado.

ACCRUED ALIMONY; pensión alimenticia acumulada, pensión tras el divorcio acumulada, alimentos acumulados.

ACCRUED ASSETS; activo acumulado.

ACCRUED CAUSE OF ACTION; acción ejercitable.

ACCRUED COMPENSATION; compensación acumulada.

ACCRUED DEPRECIATION; depreciación acumulada.

ACCRUED INCOME; ingreso acumulado, ingreso devengado.

ACCRUED INTEREST; interés acumulado.

ACCRUED LIABILITY; pasivo acumulado.

ACCRUED RIGHT; autoridad legal para requerir reparación, derecho ejercitable.

ACCRUED SALARY; salario acumulado.

ACCRUED TAXES; contribuciones acumuladas, impuestos acumulados, impuestos devengados.

ACCRUER; acrecimiento.

ACCRUING; incipiente.

ACCRUING COSTS; costas luego del fallo.

ACCUMULATE; acumular.

ACCUMULATED JUDGMENT; fallo acumulado.

ACCUMULATED LEGACY; legado acumulado.

ACCUMULATED PROFITS; ganancias acumuladas.

ACCUMULATED SENTENCE; sentencia acumulada.

ACCUMULATION; acumulación.

ACCUMULATION TRUST; fideicomiso de acumulación.

ACCUMULATIVE; acumulativo.

ACCUMULATIVE JUDGMENT; fallo acumulativo.

ACCUMULATIVE LEGACY; legado adicional.

ACCUMULATIVE SENTENCE; sentencia acumulativa.

ACCUMULATOR; acumulador.

ACCURACY; precisión, exactitud.

ACCURATE; preciso, exacto.

ACCURATELY; con precisión, con exactitud.

ACCUSABLE; acusable.

ACCUSATION; acusación.

ACCUSATORY; acusatorio.

ACCUSATORY PROCEDURE; sistema judicial donde el estado acusa y tiene responsabilidad de probar culpabilidad.

ACCUSATORY PROCESS; proceso acusatorio.

ACCUSE; acusar.

ACCUSED; acusado.

ACCUSER; acusador.

ACCUSTOMED; acostumbrado.

ACEQUIA; acequia, zanja.

ACERBATE; exasperar, exacerbar, irritar.

ACERBITY; acerbidad, aspereza.

ACHIEVABLE; alcanzable, factible.

ACHIEVE; lograr, ejecutar, obtener.

ACHIEVEMENT; logro, realización.

ACID TEST; prueba de fuego, prueba decisiva.

ACKNOWLEDGE; reconocer, certificar, acusar recibo.

ACKNOWLEDGED; reconocido.

ACKNOWLEDGEMENT; reconocimiento, certificación, acuse de recibo.

ACKNOWLEDGEMENT OF PATERNITY; reconocimiento de paternidad.

ACKNOWLEDGEMENT OF RECEIPT; acuse de recibo.

ACME; cima, colmo, apogeo.

ACQUAINT; familiarizarse con, enterarse de.

ACQUAINTANCE; conocido, conocimiento.

ACQUAINTANCESHIP; relación, trato.

ACQUAINTED; familiarizado.

ACQUEST; propiedad adquirida.

ACQUETS; propiedad adquirida durante el matrimonio.

ACQUIESCE; consentir sin palabras, consentir tácitamente.

ACQUIESCENCE, ESTOPPEL BY; impedimento por aquiescencia.

ACQUIESCENCE; aquiescencia, consentimiento sin palabras, consentimiento tácito.

ACQUIESCENT; consentidor, condescendiente.

ACQUIRABLE; obtenible, asequible.

ACQUIRE; adquirir.

ACQUIRED; adquirido.

ACQUIRED BY; adquirido por.

ACQUIRED IMMUNE DEFICIENCY SYNDROME; síndrome de inmunodeficiencia adquirida.

ACQUIRED RIGHTS; derechos adquiridos.

ACQUIREMENT; adquisición.

ACQUISITION; adquisición.

ACQUISITIVE; adquisitivo, codicioso.

ACQUISITIVE OFFENSES; delitos de hurto, delitos de robo.

ACQUIT; absolver, exonerar.

ACQUITMENT; absolución.

ACQUITTAL; absolución, descargo.

ACQUITTANCE; recibo, carta de pago, reconocimiento de pago, exoneración, descargo.

ACQUITTED; absuelto, exonerado.

ACRE; acre.

ACREAGE; área en acres.

ACROSS; a través, al otro lado.

ACROSS THE BOARD; incluyendo todo.

ACT; acto, acción, ley, hecho.

ACT IN PAIS; acto fuera de corte.

ACT OF AGGRESSION; acto de agresión.

ACT OF BANKRUPTCY; acto que puede llevar a un procedimiento involuntario de quiebra, acto de quiebra.

ACT OF COMMISSION; acto de comisión.

ACT OF GOD; acto de Dios, causa de fuerza mayor.

ACT OF GRACE; amnistía.

ACT OF HONOR; acto de honor.

ACT OF INSOLVENCY; acto que demuestra insolvencia, acto de insolvencia.

ACT OF LAW; efecto jurídico.

ACT OF NATURE; acto de la naturaleza, acto de fuerza mayor.

ACT OF SALE; escritura de compraventa.

ACT OF STATE; acto de gobierno.

ACT OF THE PARTIES; acto de las partes.

ACT OF TREASON; traición.

ACTA PUBLICA; de conocimiento público.

ACTING; interino, desempeñando, actuando.

ACTING EXECUTOR; albacea interino.

ACTING JUDGE; juez interino.

ACTING OFFICER; funcionario interino.

ACTING TRUSTEE; fiduciario interino.

ACTIO ARBITRARIA; acción arbitraria.

ACTIO BONAE FIDEI; acción de buena fe.

ACTIO CIVILIS; acción civil.

ACTIO CRIMINALIS; acción criminal.

ACTIO DAMNI INJURIA; acción por daños.

ACTIO EX CONTRACTU; acción por incumplimiento de contrato.

ACTIO IN PERSONAM; acción personal.

ACTIO IN REM; acción contra la cosa.

ACTIO PERSONALIS; acción personal.

ACTIO REALIS; acción real.

ACTIO RESCISSORIA; acción de rescindir.

ACTION; acción, acción judicial, acto, proceso, obra, actividad.

ACTION BROUGHT; acción iniciada.

ACTION COMMENCED; acción comenzada.

ACTION EX CONTRACTU; acción basada en un contrato.

ACTION EX DELICTO; acción por daños y perjuicios, acción extracontractual.

ACTION FOR DAMAGES; acción por daños y perjuicios.

ACTION FOR LIBEL; acción por difamación escrita, acción por libelo.

ACTION IN REM; acción contra la cosa.

ACTION OF ASSUMPSIT; acción por incumplimiento de contrato.

ACTION OF CONTRACT; acción contractual.

ACTION OF COVENANT; acción por incumplimiento de contrato.

ACTION OF DEBT; acción por cobro de deuda, acción de apremio.

ACTION OF EJECTMENT; acción de desahucio.

ACTION OF REPLEVIN; acción de reivindicación.

ACTION OF TRESPASS; acción de transgresión.

ACTION ON CONTRACT; acción contractual, acción directa.

ACTION ON THE CASE; acción por daños y perjuicios.

ACTION PENDING; acción pendiente.

ACTION TO QUIET TITLE; acción para resolver reclamaciones opuestas en propiedad inmueble, acción para eliminar defectos en un título de propiedad.

ACTION TO RECOVER DAMAGES; acción por daños y perjuicios.

ACTIONABLE; procesable, enjuiciable.

ACTIONABLE FRAUD; fraude procesable.

ACTIONABLE MISREPRESENTATION; declaración falsa enjuiciable.

ACTIONABLE NEGLIGENCE; negligencia procesable.

ACTIONABLE NUISANCE; estorbo procesable, acto perjudicial procesable, perjuicio procesable.

ACTIONABLE PER QUOD; palabras accionables si causan un daño que se pueda demostrar.

ACTIONABLE PER SE; palabras de por sí calumniosas o difamantes, procesable en sí mismo.

ACTIONABLE TORT; daño legal accionable.

ACTIONABLE WORDS; calumnia procesable, palabras calumniosas.

ACTIONABLE WRONG; agravio procesable.

ACTIONARY; accionista.

ACTIVATE; activar.

ACTIVE; activo, vigente.

ACTIVE CONCEALMENT; ocultación activa.

ACTIVE NEGLIGENCE; negligencia activa.

ACTIVE PARTICIPANT; participante activo.

ACTIVE TRUST; fideicomiso activo.

ACTIVELY; activamente.

ACTIVISM; activismo.

ACTIVIST; activista.

ACTIVITY; actividad.

ACTOR; actor, demandante.

ACTRESS; actriz, demandante femenino.

ACTRIX; actriz, demandante femenino.

ACTS OF COURT; minutas de los tribunales marítimos en Inglaterra.

ACTUAL; real, efectivo, existente, actual.

ACTUAL AGENCY; agencia real, representación efectiva.

ACTUAL AUTHORITY; autorización real, autoridad efectiva.

ACTUAL CASH VALUE; valor realizable en efectivo, precio justo de venta, precio real de venta.

ACTUAL CHANGE OF POSSESSION; cambio de posesión efectivo, traspaso verdadero.

ACTUAL CONTROVERSY; controversia concreta.

ACTUAL COST; costo real, costo de adquisición.

ACTUAL DAMAGES; daños y perjuicios efectivos, daños efectivos, compensación real por daños y perjuicios.

ACTUAL DELIVERY; entrega efectiva.

ACTUAL DOUBT; duda razonable.

ACTUAL EVICTION; evicción efectiva, desahucio efectivo, desalojo físico.

ACTUAL FRAUD; fraude efectivo, fraude positivo.

ACTUAL KNOWLEDGE; conocimiento efectivo, conocimiento real.

ACTUAL LOSS; pérdida real, pérdida efectiva.

ACTUAL MALICE; malicia real.

ACTUAL MARKET VALUE; valor en el mercado actual, valor de mercado, valor real en el mercado, valor efectivo de mercado.

ACTUAL NOTICE; notificación efectiva.

ACTUAL OCCUPANCY; ocupación efectiva.

ACTUAL POSSESSION; posesión efectiva.

ACTUAL PRACTICE; práctica efectiva.

ACTUAL RESIDENCE; residencia corriente, residencia verdadera.

ACTUAL RESIDENT; residente corriente, residente verdadero.

ACTUAL USE; uso efectivo.

ACTUAL VALUE; valor actual, valor real.

ACTUAL VIOLENCE; acometimiento con violencia.

ACTUALLY; efectivamente, en efecto.

ACTUARIAL TABLE; tabla actuarial.

ACTUARIUS; notario.

ACTUARY; actuario.

ACTUATE; activar, accionar.

ACUITY; agudeza, acuidad.

ACUMEN; cacumen, agudeza.

AD COMPARENDUM; a comparecer.

AD CURIAM; ante la corte.

AD DIEM; al día.

AD EFFECTUM; al efecto.

AD FINEM LITIS; al final del litigio.

AD HOC; tratándose de esto, a esto, a propósito, ad hoc.

AD HOC OFFICER; oficial del asunto a la mano.

AD INFINITUM; infinitamente, sin fin, ad infinitum.

AD INTERIM; en el ínterin, mientras tanto, provisionalmente.

AD JUDICIUM; a la sentencia.

AD LITEM; para el litigio, para el proceso.

AD NAUSEAM; hasta nausear, hasta el punto del disgusto, ad nauseam.

AD OPUS; por el trabajo.

AD PERPETUAM; perpetuamente, para siempre.

AD PROSEQUENDAM; a enjuiciar.

AD PUNCTUM TEMPORIS; en ese preciso momento.

AD QUEM; al cual, para el cual.

AD REM; a la cosa, ad rem.

AD TESTARI; testificar.

AD TUNC; entonces.

AD VALOREM; de acuerdo al valor, según el valor.

AD VALOREM CONTRACTUS; al valor del contrato.

AD VITAM; por vida.

AD VOLUNTATEM; sujeto a la voluntad, por voluntad.

ADAMANT; inflexible, obstinado.

ADAPT; adaptar.

ADAPTABLE; adaptable.

ADAPTATION; adaptación.

ADAPTED; adaptado.

ADAVAUNT; antes de.

ADD; añadir, unir.

ADDED SUBSTANCE; sustancia añadida.

ADDENDUM; apéndice, suplemento.

ADDIBLE; añadible.

ADDICT; adicto.

ADDICTED; adicto, enviciado.

ADDICTION; adicción.

ADDITAMENT; aditamento, añadidura.

ADDITIO; adición.

ADDITION; adición, suma.

ADDITIONAL; adicional.

ADDITIONAL INSTRUCTIONS; instrucciones adicionales al jurado una vez empezada la deliberación.

ADDITIONAL INSURED; asegurado adicional.

ADDITIONAL LEGACY; legado adicional.

ADDITIONAL SECURITY; garantía adicional.

ADDITIONAL SERVITUDE; servidumbre adicional.

ADDITIONAL WORK; trabajo adicional.

ADDITIONALES; condiciones a añadirse a un contrato existente.

ADDITIONALLY; adicionalmente, además.

ADDITUR; aumento a la indemnización mas allá de lo otorgado por el jurado.

ADDRESS; dirección, discurso.

ADDRESSEE; destinatario.

ADDRESSER; remitente.

ADDUCE; aducir, alegar, citar.

ADEEM; revocar, retirar.

ADEEMED; revocado, retirado.

ADEMPTION; revocación de un legado.

ADEPT; experto, adepto.

ADEQUACY; suficiencia.

ADEQUATE; adecuado, suficiente.

ADEQUATE CARE; precaución adecuada.

ADEQUATE CAUSE; causa suficiente.

ADEQUATE COMPENSATION; indemnización justa.

ADEQUATE CONSIDERATION; contraprestación razonable.

ADEQUATE NOTICE; notificación suficiente.

ADEQUATE PREPARATION; preparación adecuada.

ADEQUATE PROTECTION; protección adecuada.

ADEQUATE PROVOCATION; provocación suficiente.

ADEQUATE REMEDY; remedio adecuado.

ADEQUATELY; adecuadamente.

ADEU; sin día.

ADHERENCE; adherencia, adhesión, fidelidad.

ADHERENT; adherente, partidario, adhesivo.

ADHERING; adhiriendo.

ADHESION; adhesión.

ADHESION CONTRACT; contrato de adhesión.

ADHIBIT; admitir, unir.

ADJACENCY; contigüidad, adyacencia.

ADJACENT; adyacente, contiguo.

ADJECTIVE LAW; derecho procesal.

ADJECTIVE PROVISION; disposición procesal.

ADJOIN; juntar, lindar con.

ADJOINING; adyacente, contiguo.

ADJOINING LANDOWNERS; dueños de propiedades colindantes.

ADJOINING PROPERTIES; propiedades colindantes.

ADJOURN; suspender, diferir, aplazar, clausurar.

ADJOURNED SUMMONS; citación llevada a cabo en el despacho del juez y luego llevada al tribunal a ser debatida entre abogados.

ADJOURNED TERM; sesión continuada, sesión aplazada.

ADJOURNMENT; aplazamiento, suspensión.

ADJOURNMENT DAY; día de aplazamiento.

ADJOURNMENT SINE DIE; suspensión de cierre.

ADJUDGE; juzgar, dictar sentencia, fallar, decretar.

ADJUDICATE; adjudicar, juzgar, fallar, decretar.

ADJUDICATEE; adjudicatario.

ADJUDICATIO; adjudicación.

ADJUDICATION; adjudicación, fallo, sentencia.

ADJUDICATION OF BANKRUPTCY; adjudicación de quiebra.

ADJUDICATIVE; adjudicativo.

ADJUDICATIVE FACTS; hechos adjudicativos en proceso administrativo, hechos reales concernientes a las partes en un proceso.

ADJUDICATIVE POWER; poder adjudicativo.

ADJUDICATORY; adjudicatorio.

ADJUDICATORY AUTHORITY; autoridad con capacidad para decidir.

ADJUDICATORY HEARING; audiencia adjudicatoria.

ADJUDICATORY PROCESS; proceso adjudicatorio.

ADJUDICATURE; adjudicación, fallo, sentencia.

ADJUNCT; adjunto, auxiliar, subordinado.

ADJUNCT ACCOUNT; cuenta adjunta.

ADJUNCTION; adjunción, añadidura.

ADJURATION; juramento solemne.

ADJURE; ordenar bajo juramento solemne, implorar.

ADJUST; ajustar, conciliar.

ADJUSTABLE; ajustable.

ADJUSTED BASIS; base ajustada.

ADJUSTER; ajustador, liquidador.

ADJUSTMENT; ajuste, liquidación.

ADJUVANT; ayudante, auxiliar.

ADMEASUREMENT; repartición.

ADMINICULAR; auxiliar.

ADMINICULAR EVIDENCE; prueba auxiliar.

ADMINICULATE; dar evidencia auxiliar.

ADMINISTER; administrar.

ADMINISTRARE; administrar.

ADMINISTRATION; administración.

ADMINISTRATION DEVIATION; irregularidad administrativa.

ADMINISTRATION EXPENSES; gastos de administración.

ADMINISTRATION OF ESTATES; administración de sucesión.

ADMINISTRATION OF JUSTICE; administración de justicia.

ADMINISTRATIVE; administrativo.

ADMINISTRATIVE ACTS; actos administrativos.

ADMINISTRATIVE AGENCY; agencia administrativa.

ADMINISTRATIVE AUTHORITY; autoridad administrativa.

ADMINISTRATIVE BOARD; junta administrativa.

ADMINISTRATIVE CRIME; crimen administrativo.

ADMINISTRATIVE DISCRETION; discreción administrativa.

ADMINISTRATIVE EXPENSES; gastos administrativos.

ADMINISTRATIVE HEARING; vista administrativa.

ADMINISTRATIVE INTERPRETATION; interpretación administrativa.

ADMINISTRATIVE LAW; derecho administrativo.

ADMINISTRATIVE LAW JUDGE; juez administrador.

ADMINISTRATIVE OFFICER; funcionario administrativo.

ADMINISTRATIVE ORDER; orden administrativa.

ADMINISTRATIVE POWER; poder administrativo.

ADMINISTRATIVE PROCEDURE; procedimiento administrativo.

ADMINISTRATIVE PROCEEDING; proceso administrativo.

ADMINISTRATIVE REMEDY; remedio administrativo.

ADMINISTRATIVE TRIBUNAL; tribunal administrativo.

ADMINISTRATOR; administrador.

ADMINISTRATOR PENDENTE LITE; administrador temporal.

ADMINISTRATRIX; administradora.

ADMIRALTY; almirantazgo.

ADMIRALTY COURT; tribunal marítimo.

ADMISSIBILITY; admisibilidad.

ADMISSIBLE; admisible.

ADMISSIBLE EVIDENCE; prueba admisible.

ADMISSION; admisión, entrada, reconocimiento.

ADMISSION AGAINST INTEREST; admisión contra intereses propios.

ADMISSION OF GUILT; admisión de culpabilidad, confesión.

ADMISSION TEMPORAIRE; admisión temporal.

ADMISSION UNDER DURESS; confesión bajo coacción.

ADMISSIONS; reconocimientos, confesiones, declaraciones.

ADMISSIVE; concesivo.

ADMIT; admitir, confesar, declarar.

ADMIT TO BAIL; liberar bajo fianza.

ADMITTANCE; admisión.

ADMITTED TO THE BAR; colegiado, autorizado a ejercer como abogado.

ADMITTERE; admitir.

ADMIXTURE; mezcla.

ADMONISH; advertir, aconsejar.

ADMONISHMENT; amonestación, advertencia.

ADMONITION; advertencia, admonición.

ADMONITORY; admonitivo, exhortativo.

ADNEPOS; un hijo de un tataranieto.

ADNEPTIS; una hija de una tataranieta.

ADOLESCENCE; adolescencia.

ADOLESCENT; adolescente.

ADOPT; adoptar, aceptar.

ADOPTABLE; adoptable.

ADOPTER; adoptador, adoptante.

ADOPTION; adopción.

ADOPTION BY ESTOPPEL; adopción basada en un impedimento por actos propios.

ADOPTION BY REFERENCE; incorporación por referencia.

ADOPTION OF CHILDREN; adopción de hijos.

ADOPTIVE; adoptivo.

ADOPTIVE ACT; ley que entra en vigor por consentimiento de los habitantes de la región donde aplica.

ADOPTIVE CHILD; hijo adoptivo.

ADOPTIVE PARENT; padre adoptivo.

ADPROMISSOR; garante.

ADSCENDENTES; antepasados.

ADSESSORES; asesores, jueces auxiliares.

ADULT; adulto.

ADULTERANT; adulterante.

ADULTERATE; adulterar.

ADULTERATION; adulteración.

ADULTERATOR; adulterador.

ADULTERER; adúltero.

ADULTERESS; adúltera.

ADULTERINE; adulterino.

ADULTERINUS; adulterado.

ADULTEROUS; adúltero.

ADULTERY; adulterio.

ADULTHOOD; edad adulta.

ADVANCE, IN; por adelantado.

ADVANCE (n); adelanto, préstamo.

ADVANCE (v); adelantar.

ADVANCE PAYMENT; pago anticipado.

ADVANCEMENT; anticipo.

ADVANCER; impulsor, promotor.

ADVANCES; adelantos.

ADVANTAGE; ventaja.

ADVANTAGEOUS; ventajoso, beneficioso.

ADVANTAGEOUSNESS; ventaja, beneficio.

ADVENTITIOUS; imprevisto, adventicio, accidental.

ADVENTITIUS; inesperado, fortuito.

ADVENTURE; aventura, empresa.

ADVENTURER; aventurero.

ADVENTURESS; aventurera.

ADVENTUROUS; aventurado, audaz, arriesgado.

ADVERSA FORTUNA; fortuna adversa, revés de fortuna.

ADVERSARY; adversario, contrario.

ADVERSARY HEARING; vista adversativa, vista contenciosa.

ADVERSARY PROCEEDING; procedimiento adversativo, procedimiento contencioso, proceso contrario.

ADVERSE; adverso, contrario, hostil, opuesto.

ADVERSE CLAIM; reclamación contraria.

ADVERSE CLAIMANT; reclamante contrario.

ADVERSE ENJOYMENT; posesión adversa contra los intereses de otro.

ADVERSE INTEREST; interés adverso.

ADVERSE PARTY; parte contraria.

ADVERSE POSSESSION; posesión adversa, prescripción adquisitiva.

ADVERSE TITLE; título adquirido mediante prescripción adquisitiva.

ADVERSE USE; uso sin permiso.

ADVERSE WITNESS; testigo hostil.

ADVERSITY; adversidad, infortunio.

ADVERSUS; en contra de.

ADVERTISE; anunciar, publicar, divulgar, informar.

ADVERTISED; anunciado.

ADVERTISEMENT; anuncio, aviso.

ADVERTISING; publicidad, propaganda.

ADVICE; consejo, comunicación.

ADVISABLE; aconsejable, prudente.

ADVISARE; aconsejar.

ADVISARI; consultar, deliberar.

ADVISE; aconsejar, informar.

ADVISEDLY; intencionalmente, deliberadamente.

ADVISEMENT; consideración, consulta.

ADVISOR; consejero, asesor.

ADVISORY; consultor, asesor.

ADVISORY BODY; entidad asesora.

ADVISORY COUNCIL; consejo asesor.

ADVISORY JUDGMENT; fallo que resuelve una diferencia pero no la controversia.

ADVISORY JURY; jurado consultivo.

ADVISORY OPINION; opinión de tribunal.

ADVISORY VERDICT; veredicto consultivo del jurado.

ADVOCATE (n); abogado, defensor.

ADVOCATE (v); abogar, recomendar.

ADVOCATI; abogado.

ADVOCATUS; abogado.

AEDES; residencia.

AEL; un abuelo.

AFFAIR; asunto, acción, juicio.

AFFAIRS; negocios, trámites.

AFFECT; afectar, influir.

AFFECTING; conmovedor, que afecta.

AFFECTING COMMERCE; concerniente a los negocios.

AFFECTION; hipotecar o pignorar para asegurar el pago de dinero o la prestación de servicios, afecto.

AFFECTUS; intención, disposición.

AFFEER; tasar, liquidar.

AFFIANCE; prometerse.

AFFIANT; persona que ha hecho una declaración jurada, declarante.

AFFIDARE; tomar juramento.

AFFIDAVIT; afidávit, declaración jurada.

AFFIDAVIT OF DEFENSE; declaración jurada del mérito de la defensa.

AFFIDAVIT OF MERITS; declaración jurada del mérito de la defensa.

AFFIDAVIT OF NOTICE; afidávit de notificación.

AFFIDAVIT TO HOLD TO BAIL; declaración jurada necesaria para arresto por una causa civil.

AFFILIATE; afiliado, asociado.

AFFILIATED CORPORATION; subsidiaria.

AFFILIATION; afiliación, determinación de paternidad.

AFFILIATION PROCEEDINGS; juicio de paternidad.

AFFINES; parientes por matrimonio.

AFFINITAS; parentesco por matrimonio.

AFFINITAS AFFINITATIS; parentesco lejano por matrimonio.

AFFINITY; afinidad, parentesco.

AFFIRM; afirmar, confirmar una decisión.

AFFIRMANCE; afirmación.

AFFIRMANT; afirmante, declarante.

AFFIRMATION; afirmación, declaración formal.

AFFIRMATION OF FACT; declaración de un hecho.

AFFIRMATIVE; afirmativo.

AFFIRMATIVE ACTION PROGRAMS; programas diseñados para remediar prácticas discriminatorias.

AFFIRMATIVE CHARGE; instrucción al jurado que remueve un caso de su consideración.

AFFIRMATIVE COVENANT; estipulación afirmativa.

AFFIRMATIVE DEFENSE; defensa afirmativa.

AFFIRMATIVE EASEMENT; servidumbre afirmativa.

AFFIRMATIVE PREGNANT; afirmación que a su vez implica una negación favorable al adversario.

AFFIRMATIVE RELIEF; compensación otorgada al demandado.

AFFIRMATIVE STATUTE; ley que ordena una conducta en vez de prohibirla.

AFFIX; adherir, agregar.

AFFIXED TO THE FREEHOLD; fijado al terreno.

AFFIXING; ligar firmemente.

AFFLICT; afligir, acongojar.

AFFLICTION; aflicción, calamidad.

AFFLICTIVE; aflictivo, molesto.

AFFORARE; valuar.

AFFORCE; añadir, acrecentar.

AFFORCE THE ASSIZE; procedimiento para procurar un veredicto.

AFFOREST; convertir en bosque.

AFFORESTATION; forestación.

AFFRANCHISE; liberar, manumitir.

AFFRAY; riña.

AFFREIGHTMENT; fletamiento.

AFFRONT; afrentar, insultar, confrontar.

AFOREMENTIONED; antedicho, anteriormente mencionado.

AFORENAMED; ya nombrado, susodicho.

AFORESAID; antedicho, anteriormente mencionado.

AFORETHOUGHT; premeditado.

AFTER; después de, tras, por.

AFTER-ACQUIRED; adquirido luego de.

AFTER ACQUIRED PROPERTY; propiedad adquirida luego de la transacción, propiedad adquirida luego de la declaración de quiebra.

AFTER BORN CHILD; hijo nacido después de un testamento.

AFTER BORN HEIR; heredero póstumo.

AFTER THE FACT; luego del hecho.

AFTERCLAP; revés inesperado.

AFTEREFFECT; efecto posterior.

AFTERMATH; consecuencias, secuelas.

AFTERNOON; tarde.

AFTERTHOUGHT; pensamiento posterior.

AFTERWARDS; después, subsecuentemente, posteriormente.

AGAINST; contra, en contra de.

AGAINST HER WILL; en contra del consentimiento de ella.

AGAINST INTEREST; contrario al interés propio.

AGAINST THE FORM OF THE STATUTE; contrario a lo prescrito por ley.

AGAINST THE PEACE; perturbación de la paz pública.

AGAINST THE WILL; contra la voluntad.

AGE; edad.

AGE DISCRIMINATION ACT; ley contra discrimen por edad.

AGE OF CONSENT; edad de consentimiento.

AGE OF MAJORITY; mayoría de edad, edad en la que se puede contratar, edad legal.

AGE OF REASON; edad a la cual se considera a un niño responsable de sus acciones.

AGED; envejecido, maduro.

AGED PERSON; persona de edad avanzada.

AGENCY; agencia, mandato, representación.

AGENCY BY ESTOPPEL; agencia por impedimento, mandato por impedimento.

AGENCY BY NECESSITY; agencia establecida por circunstancias de necesidad, mandato establecido por circunstancias de necesidad.

AGENCY BY OPERATION OF LAW; agencia por fuerza de la ley, mandato por fuerza de la ley.

AGENCY COUPLED WITH AN INTEREST; agente con interés en la materia.

AGENCY RELATIONSHIP; relación de agencia, relación de mandato.

AGENCY TO SELL; autorización para vender, mandato para vender.

AGENDA; agenda, programa, orden del día.

AGENT; agente, representante.

AGENT BANK; banco agente.

AGENT PROVOCATEUR; espía, agente provocador.

AGENT'S ACTUAL AUTHORITY; la autoridad para la cual se encargó al agente, las facultades del agente.

AGENT'S IMPLIED AUTHORITY; facultades implícitas del agente.

AGENT'S LIEN; derecho de retener para obtener pago por los servicios de agente.

AGGRAVATE; agravar.

AGGRAVATED; agravado.

AGGRAVATED ASSAULT; acometimiento grave, agresión agravada.

AGGRAVATED BATTERY; agresión física con agravantes.

AGGRAVATED LARCENY; hurto agravado.

AGGRAVATED ROBBERY; robo agravado.

AGGRAVATING CIRCUMSTANCES; circunstancias agravantes.

AGGRAVATION; agravación, circunstancia agravante.

AGGREGATE; totalidad, agregado.

AGGREGATE AMOUNT; monto total.

AGGREGATION; acumulación, agregación.

AGGRESSION; agresión, acometida, asalto.

AGGRESSIVE; agresivo, emprendedor.

AGGRESSOR; agresor.

AGGRIEVED; agraviado, dañado, damnificado.

AGGRIEVED PARTY; parte agraviada, parte afectada.

AGITATOR; agitador, incitador.

AGNATES; agnados.

AGNATIC; agnático.

AGNATIO; agnados.

AGNATION; agnación, parentesco, parentesco por parte de padre.

AGNOMINATION; apellido.

AGONY; agonía, angustia.

AGRARIAN LAWS; leyes agrarias.

AGREE; acordar, convenir, contratar.

AGREEABLE; conforme, adaptable.

AGREED; acordado, convenido.

AGREED CASE; proceso en la cual se dicta una sentencia basada en los hechos acordados por las partes.

AGREED PRICE; precio convenido.

AGREED STATEMENT OF FACTS; declaración de hechos acordada por las partes.

AGREEMENT; convenio, acuerdo, contrato.

AGREEMENT FOR INSURANCE; convenio para cobertura antes de la entrega de la póliza.

AGREEMENT IN WRITING; acuerdo por escrito.

AGREEMENT TO SELL; contrato de compraventa.

AGRICULTURAL; agrícola.

AGRICULTURAL COMMODITIES; mercancías agrícolas.

AGRICULTURAL LABOR; trabajo agrícola.

AGRICULTURAL LANDS; tierras agrícolas.

AGRICULTURAL LIEN; gravamen agrícola.

AGRICULTURAL PRODUCT; producto agrícola.

AGRICULTURE; agricultura.

AID; asistir, ayudar, auxiliar.

AID AND ABET; instigar o ayudar a cometer un delito.

AID AND COMFORT; ayuda, aliento, colaboración.

AID PRAYER; petición para la suspensión de un acto judicial.

AIDER AND ABETTOR; cómplice, accesorio.

AIDER BY VERDICT; saneamiento de una sentencia.

AIDING AN ESCAPE; asistiendo en una fuga.

AIDS; síndrome de inmunodeficiencia adquirida, SIDA.

AIELESSE; abuela.

AILMENT; dolencia, enfermedad, malestar.

AIM (n); propósito.

AIM (v); apuntar, dirigir, aspirar.

AIM A WEAPON; apuntar un arma.

AIR PIRACY; piratería aérea.

AIR RIGHTS; derechos al espacio aéreo sobre una propiedad.

AIR TRAFFIC RULES; reglas del tráfico aéreo.

AIR WAYBILL; carta de porte aéreo.

AIRCRAFT; aeronave.

AIRSPACE; espacio aéreo.

AIRWAY; ruta de navegación aérea.

AKIN; consanguíneo, similar.

ALCOHOL; alcohol.

ALCOHOLIC; alcohólico.

ALCOHOLIC BEVERAGE; bebida alcohólica.

ALDERMAN; concejal, regidor.

ALEATORY CONTRACT; contrato aleatorio.

ALEATORY PROMISE; promesa aleatoria.

ALEATORY TRANSACTION; transacción aleatoria.

ALIA; otras cosas.

ALIAS; alias, nombre supuesto.

ALIAS DICTUS; también llamado.

ALIBI; coartada, excusa.

ALIEN (n); extranjero.

ALIEN (v); transferir, transferir propiedad.

ALIEN AMY; ciudadano de país amigo.

ALIEN CORPORATION; corporación extranjera.

ALIEN ENEMY; ciudadano de país hostil.

ALIEN IMMIGRANT; inmigrante no naturalizado.

ALIENABILITY; transferibilidad.

ALIENABLE; alienable, sujeto a transferencia.

ALIENAGE; condición de ser extranjero.

ALIENATE; enajenar, transferir título de propiedad.

ALIENATION; enajenación, alienación, transferencia de título y posesión de propiedad.

ALIENATION CLAUSE; cláusula contractual concerniente a la transferencia de la propiedad.

ALIENATION OF AFFECTION; enajenación de afectos, detrimento a la relación matrimonial.

ALIENEE; beneficiario de la transferencia de propiedad.

ALIENI JURIS; bajo la autoridad de otro.

ALIENISM; condición de extranjero.

ALIENOR; quien cede, enajenador.

ALIGNMENT; alineación.

ALIKE; similar, igualmente.

ALIMENT; alimento, sostén.

ALIMENTA; alimentos, lo necesario para vivir.

ALIMONY; pensión tras divorcio, asistencia tras divorcio, alimentos, pensión alimenticia.

ALIMONY IN GROSS; pago único de pensión tras divorcio, pago íntegro de alimentos.

ALIMONY PENDENTE LITE; pensión en espera de litigio de divorcio, alimentos provisionales.

ALIMONY TRUST; fideicomiso para pensión tras divorcio, fideicomiso para alimentos.

ALIO INTUITU; de otro punto de vista.

ALIVE; vivo.

ALL; todo.

ALL AND SINGULAR; todos sin excepción.

ALL COSTS; todas las costas.

ALL FAULTS; todos los defectos.

ALL FOURS; dos casos o decisiones similares en todos los aspectos relevantes.

ALL RISK INSURANCE; seguro contra todo riesgo.

ALLEGATA ET PROBATA; asuntos alegados y probados.

ALLEGATION; alegato; alegación.

ALLEGATION OF FACILITIES; declaración de parte de la esposa sobre los bienes del esposo para obtener asistencia.

ALLEGATION OF FACTS; alegación de hechos.

ALLEGE; alegar, sostener, afirmar, declarar.

ALLEGED; alegado, supuesto, afirmado, declarado.

ALLEGIANCE; lealtad, fidelidad.

ALLEGING DIMINUTION; alegato de falta de elementos.

ALLEN CHARGE; instrucción al jurado para que traten de evaluar los aspectos importantes tomando en consideración los puntos de vista de los otros miembros del jurado.

ALLEY; callejón, pasadizo.

ALLIANCE; alianza, unión, liga.

ALLIED; aliado, relacionado.

ALLISION; choque de una embarcación con otra.

ALLOCABLE; distribuible, asignable.

ALLOCATE; distribuir, asignar.

ALLOCATION; repartición, cuota, distribución.

ALLOCATION OF LOSS; asignación de pérdidas.

ALLOCUTION; alocución.

ALLODARII; dueños de tierra alodial.

ALLODIAL; alodial.

ALLODIUM; alodio.

ALLOT; distribuir, asignar, repartir.

ALLOTMENT; cuota, asignación, distribución.

ALLOTMENT CERTIFICATE; certificado de asignación.

ALLOTMENT NOTE; orden escrita por un marino cediendo parte de su compensación a otras personas.

ALLOTTEE; beneficiario de una distribución.

ALLOW; permitir, asignar, dar, admitir.

ALLOWANCE; concesión, permiso, asignación, rebaja, mesada.

ALLOWANCE PENDENTE LITE; orden judicial para pensión alimenticia temporera antes de finalizar el litigio.

ALLUREMENT; atractivo.

ALLUVIO MARIS; aluvión producido por el mar.

ALLUVION; aluvión.

ALLY; aliado.

ALMANAC; almanaque.

ALMS; limosna, caridad.

ALMSHOUSE; casa de beneficencia.

ALONE; solo, único, solitario.

ALONG; a lo largo de, por, en conformidad con.

ALREADY; ya.

ALSO; también, además.

ALTER; alterar, cambiar, modificar.

ALTER EGO; álter ego.

ALTER EGO DOCTRINE; doctrina del álter ego.

ALTERATION; alteración, cambio, modificación.

ALTERATION OF CONTRACT; alteración de un contrato.

ALTERATION OF INSTRUMENT; alteración de un instrumento.

ALTERATION OF TRUST; cambio en el fideicomiso.

ALTERCATION; altercado, disputa.

ALTERNAT; alternación.

ALTERNATE; alterno, substituto.

ALTERNATE LEGACY; legado alternativo.

ALTERNATIVE (adj); alternativo.

ALTERNATIVE (n); alternativa, opción.

ALTERNATIVE CONTRACT; contrato con alternativas.

ALTERNATIVE DAMAGES; daños en la alternativa.

ALTERNATIVE DISPUTE RESOLUTION; procedimientos para resolver disputas sin litigio.

ALTERNATIVE JUDGMENT; sentencia en la alternativa.

ALTERNATIVE OBLIGATION; obligación en la alternativa.

ALTERNATIVE PUNISHMENT; penas en la alternativa.

ALTERNATIVE RELIEF; indemnización en la alternativa.

ALTERNATIVE WRIT; orden judicial en la alternativa.

ALTHOUGH; aunque, a pesar de.

ALTIUS NON TOLLENDI; servidumbre con restricción de elevar construcciones.

ALTIUS TOLLENDI; servidumbre sin restricción de altura.

ALTO ET BASSO; alto y bajo, acuerdo para someterse a arbitraje.

AMALGAMATE; amalgamar, unir.

AMALGAMATION; fusión unión.

AMANUENSIS; amanuense, escribano.

AMBASSADOR; embajador, enviado.

AMBIDEXTER; hipócrita, quien recibe paga de ambas partes, ambidextro.

AMBIGUITY; ambigüedad, imprecisión.

AMBIGUOUS; ambiguo, impreciso.

AMBIT; ámbito, contorno.

AMBITUS; corrupción electoral.

AMBULANCE; ambulancia.

AMBULANCE CHASER; picapleitos.

AMBULATORY; ambulante, variable, revocable.

AMBULATORY COURT; tribunal ambulante.

AMBULATORY DECISION; sentencia sujeta a cambio.

AMBUSH; emboscada.

AMELIORATE; mejorar.
AMELIORATIONS; mejoras.
AMENABLE; responsable, receptivo.
AMEND; enmendar, corregir.
AMENDABLE; enmendable, corregible.
AMENDATORY; enmendatorio.
AMENDED; enmendado.
AMENDMENT; enmienda.
AMENDS; indemnización, compensación.
AMENITY; amenidad.
AMERCE; multar.
AMERCEMENT; multa.
AMERICAN BAR ASSOCIATION;
Asociación Americana de Abogados.
AMERICAN CLAUSE; cobertura marítima
solapante.
AMERICAN RULE; regla americana.
AMI; amigo.
AMICABLE; amistoso, amigable.
AMICABLE ACTION; acción en acuerdo.
AMICABLE AGREEMENT; convenio
amistoso.
AMICUS; amigo.
AMICUS CURIAE; amigo del tribunal.
AMITA; una tía paternal.
AMITINUS; un primo.
AMITY; amistad, paz.
AMNESIA; amnesia.
AMNESTY; amnistía.
AMONG; entre.
AMORTIZATION; amortización.
AMORTIZE; amortizar.
AMOTION; despojo, desalojo.
AMOUNT (n); suma, monto.
AMOUNT (v); significar, ascender a.
AMOUNT COVERED; monto asegurado.
AMOUNT IN CONTROVERSY; monto en
controversia.
AMOUNT INVOLVED; monto envuelto,
monto correspondiente.
AMOUNT OF LOSS; monto de la pérdida.
AMOVE; remover, llevarse.
AMPLIATION; prórroga, aplazamiento.
AMUSEMENT; diversión, recreo.
ANACRISIS; averiguación, investigación.
ANALOGOUS; análogo, paralelo.
ANALOGY; analogía.
ANALYSIS; análisis.

ANALYST; analista, analizador.
ANALYTICAL; analítico.
ANALYTICAL JURISPRUDENCE; teoría de
derecho basada en el análisis y la
comparación de concepciones legales.
ANALYZE; analizar.
ANARCHY; anarquía.
ANARCHIST; anarquista.
ANATOCISM; anatocismo, usura.
ANATOMICAL GIFT; donación anatómica.
ANCESTOR; antepasado, predecesor.
ANCESTRAL; ancestral.
ANCESTRAL ACTIONS; acciones ancestrales.
ANCESTRAL DEBT; deuda ancestral.
ANCESTRAL ESTATE; bienes inmuebles
adquiridos por sucesión.
ANCESTRAL PROPERTY; propiedad
adquirida por sucesión.
ANCESTRY; linaje, abolengo, alcurnia.
ANCHORAGE; tarifa de anclaje.
ANCIENT; antiguo, anciano.
ANCIENT DEEDS; título de más de 30 años,
título de más de 20 años.
ANCIENT DOCUMENTS; documento de más
de 30 años, documento de más de 20 años.
ANCIENT HOUSE; casa antigua.
ANCIENT LIGHTS; servidumbre de luz y aire.
ANCIENT RECORDS; documento de más de
30 años, documento de más de 20 años.
ANCIENT RENT; renta reservada al momento
de preparar el contrato de alquiler.
ANCIENT WRITINGS; documento de más de
30 años, documento de más de 20 años.
ANCIENTY; prioridad, antigüedad.
ANCILLARY; auxiliar, dependiente, accesorio.
ANCILLARY ACTION; acción accesoria.
ANCILLARY ATTACHMENT; embargo
auxiliar.
ANCILLARY CLAIM; reclamo auxiliar.
ANCILLARY JURISDICTION; jurisdicción
sobre materias incidentales a la
jurisdicción primaria.
ANCILLARY LEGISLATION; legislación
auxiliar.
ANCILLARY PROCEEDING; procedimiento
auxiliar.
ANCILLARY PROCESS; proceso auxiliar.
ANCILLARY SUIT; acción auxiliar.

ANCIPITIS USUS; útil para varios propósitos, de uso dudoso.

AND/OR; y/o.

AND OTHERS; y otros.

ANDROLEPSY; tomar extranjeros como rehenes para hacer justicia.

ANECIUS; primogénito.

ANEW; nuevamente, de nuevo.

ANGARY, RIGHT OF; derecho de angaria.

ANGER; enojo, ira.

ANGUISH; angustia, tormento.

ANIENS; nulo.

ANIENT; anular.

ANIMAL; animal.

ANIMO; con la intención.

ANIMO CANCELLANDI; intención de cancelar.

ANIMO FELONICO; intención criminal.

ANIMO FURANDI; intención de hurtar.

ANIMO LUCRANDI; ánimo de lucro.

ANIMO POSSIDENDI; intención de tomar posesión.

ANIMO REVOCANDI; intención de revocar.

ANIMO TESTANDI; intención de hacer testamento.

ANIMUS; ánimo, mente, intención.

ANIMUS QUO; la intención del acto.

ANIMUS RECUPERANDI; intención de recobrar.

ANIMUS RESTITUENDI; intención de restituir.

ANIMUS REVERTENDI; intención de retornar.

ANIMUS SIGNANDI; intención de firmar.

ANNALES; anales.

ANNEX (n); anexo.

ANNEX (v); anejar, unir.

ANNEXATION; anexión, unión.

ANNEXATION BY REFERENCE; incorporación por referencia.

ANNIENTED; anulado.

ANNIHILATE; aniquilar, destruir.

ANNIHILATION; aniquilación, destrucción total.

ANNIHILATOR; aniquilador.

ANNIVERSARY; aniversario.

ANNOTATE; anotar, comentar.

ANNOTATION; anotación, comentario.

ANNOUNCED; anunciado, avisado.

ANNOUNCEMENT; aviso, declaración, anuncio.

ANNOY; molestar, incomodar.

ANNOYANCE; molestia, incomodidad.

ANNUAL; anual.

ANNUAL AVERAGE EARNINGS; promedio de ingresos anuales.

ANNUAL DEPRECIATION; depreciación anual.

ANNUAL INCOME; ingreso anual.

ANNUAL MEETING; reunión anual.

ANNUAL RENT; renta anual.

ANNUAL REPORT; informe anual.

ANNUALLY; anualmente.

ANNUITANT; rentista, pensionado.

ANNUITY; anualidad, pensión.

ANNUITY POLICY; póliza de anualidad.

ANNUL; anular, cancelar.

ANNULMENT; anulación, derogación.

ANNUS; un año.

ANNUM; anualidad.

ANNUUS REDITUS; anualidad.

ANOMALOUS; anómalo, irregular.

ANOMALOUS PLEA; alegato con elementos positivos y negativos.

ANONYMITY; anonimato.

ANONYMOUS; anónimo.

ANONYMOUS CASE; caso el cual al reportarse se omiten los nombres.

ANOTHER; otro.

ANSWER (n); respuesta, contestación.

ANSWER (v); responder, contestar.

ANSWER TO INTERROGATORIES; contestación a los interrogatorios.

ANSWERABLE; que se puede contestar.

ANTAPOCHA; reconocimiento firmado de deuda.

ANTE; antes.

ANTE LITEM; antes de la acción.

ANTECEDENT; antecedente.

ANTECEDENT CLAIM; derecho anterior.

ANTECEDENT DEBT; deuda contraída anteriormente.

ANTECESSOR; antecesor.

ANTEDATE; antedatar, poner fecha anterior.

ANTENATAL; antes de nacer.

ANTENUPTIAL; prenupcial, antes de contraer matrimonio.

ANTENUPTIAL AGREEMENT; capitulaciones matrimoniales.

ANTENUPTIAL CONTRACT; capitulaciones matrimoniales.

ANTENUPTIAL GIFT; regalo prenupcial.

ANTENUPTIAL WILL; testamento prenupcial.

ANTHROPOMETRY; antropometría.

ANTI MANIFESTO; proclamación de porqué una guerra es defensiva.

ANTICHRESIS; anticresis.

ANTICIPATE; anticipar, prever.

ANTICIPATION; anticipación, previsión, expectación.

ANTICIPATORY; anticipador.

ANTICIPATORY BREACH OF CONTRACT; declaración previa de incumplimiento de contrato.

ANTICIPATORY OFFENSE; delito que consiste en prepararse para otro delito.

ANTICIPATORY REPUDIATION; repudio anticipado, declaración previa de incumplimiento de contrato.

ANTICONSTITUTIONAL; anticonstitucional.

ANTIDUMPING LAW; ley contra la venta de mercancía importada a precios por debajo de su valor de mercado.

ANTIGRAPH; copia de un instrumento escrito.

ANTINOMIA; antinomia

ANTINOMY; antinomia.

ANTIQUITY; el pasado remoto.

ANTITRUST; antimonopolio, contra monopolio.

ANTITRUST ACTS; leyes antimonopolio, leyes sobre la competencia.

ANTITRUST LAW; derecho de antimonopolio, derecho de la competencia.

ANXIETY; ansiedad, anhelo.

ANY; cualquier, todo, algún.

APARTMENT; apartamento, departamento.

APARTMENT BUILDING; edificio de pisos, edificio de apartamentos, edificio de departamentos.

APARTMENT HOUSE; casa de apartamentos.

APEX; ápice, cima.

APEX JURIS; sutileza de la ley.

APICES LITIGANDI; extremos de la ley.

APOCHA; reconocimiento escrito de pago.

APOGRAPHIA; inventario.

APOLOGY; disculpa.

APOSTLES; escrito concerniente a la apelación a una corte superior.

APOSTOLI; escrito concerniente al traslado de una causa de un tribunal inferior a uno superior.

APOSTOLUS; mensajero, embajador.

APPARATOR; proveedor.

APPARATUS; aparato, instrumentos.

APPARENT; aparente, evidente, manifiesto.

APPARENT AGENT; representante aparente, agente aparente.

APPARENT AUTHORITY; autoridad aparente.

APPARENT DANGER; peligro aparente.

APPARENT DEFECTS; defectos aparentes.

APPARENT EASEMENT; servidumbre aparente.

APPARENT ERROR; error manifiesto.

APPARENT HEIR; heredero aparente.

APPARENT NECESSITY; peligro aparente, consecuencia aparente.

APPARENT POSSESSION; posesión aparente.

APPARENT TITLE; título aparente.

APPEAL (n); apelación, recurso.

APPEAL (v); apelar, recurrir.

APPEAL BOND; fianza de apelación.

APPEAL FOR AMENDMENT; recurso de enmienda.

APPEAL FOR ANNULMENT; recurso de nulidad.

APPEALABLE; apelable, recurrible.

APPEALABLE INTEREST; interés apelable.

APPEALABLE JUDGMENT; sentencia apelable.

APPEALABLE ORDER; orden apelable.

APPEALER; apelante.

APPEAR; comparecer, presentarse.

APPEARANCE; comparecencia.

APPEARANCE BAIL; fianza de comparecencia.

APPEARANCE BOND; fianza de comparecencia.

APPEARANCE DOCKET; registro de comparecencias.

APPEARING PARTY; parte compareciente.

APPEASE; apaciguar.
APPEASEMENT; apaciguamiento.
APPELLANT; apelante, recurrente.
APPELLATE; de apelación.
APPELLATE COURT; tribunal de apelaciones.
APPELLATE JURISDICTION; jurisdicción de
   apelaciones.
APPELLATIO; apelación.
APPELLEE; apelado.
APPELLOR; apelante, recurrente.
APPEND; añadir, fijar.
APPENDAGE; accesorio, subordinado.
APPENDANT; accesorio, anexo.
APPENDANT POWERS; poderes accesorios.
APPENDITIA; anexos, accesorios.
APPENDIX; apéndice, anexo.
APPERTAIN TO; pertenecer a, corresponder a.
APPLIANCE; artefacto, instrumento.
APPLICABILITY; pertinencia, aplicabilidad.
APPLICABLE; aplicable.
APPLICABLE LAW; derecho aplicable.
APPLICANT; solicitante, apelante.
APPLICATION; solicitud, petición.
APPLY; aplicar, solicitar, pedir.
APPOINT; nombrar, designar.
APPOINTEE; beneficiario, designado.
APPOINTING POWER; poder de
   nombramiento.
APPOINTMENT; designación, nombramiento,
   cita.
APPOINTOR; persona quien designa.
APPORTION; prorratear, distribuir.
APPORTIONMENT; distribución, prorrateo.
APPRAISAL; tasación, evaluación, valoración.
APPRAISAL CLAUSE; cláusula de tasación.
APPRAISE; tasar, evaluar.
APPRAISEMENT; tasación, valuación.
APPRAISER; tasador, evaluador.
APPRECIABLE; apreciable.
APPRECIATE; apreciar, reconocer.
APPRECIATION; apreciación, valoración.
APPREHEND; aprehender, comprender,
   detener, arrestar.
APPREHENSION; aprensión, temor, captura,
   arresto.
APPREHENSIVE; aprensivo, tímido,
   perspicaz.
APPRENDRE; ganancia devengada.

APPRENTICE; aprendiz.
APPRENTICESHIP; aprendizaje, noviciado.
APPRISE, OF; dar parte a.
APPRISE; informar.
APPROACH, RIGHT OF; derecho de
   reconocimiento.
APPROACH; acercarse a, hacer propuestas a.
APPROBATE; aprobar.
APPROBATION; aprobación, sanción.
APPROPRIATE (adj); apropiado.
APPROPRIATE (v); apropiar, asignar.
APPROPRIATION; apropiación, asignación.
APPROPRIATION BILL; proyecto de ley
   presupuestaria, proyecto de ley de
   asignación de fondos.
APPROPRIATION OF LAND; expropiación.
APPROPRIATION OF PAYMENTS;
   asignación de pagos.
APPROPRIATION OF WATER; apropiación
   de agua.
APPROPRIATOR; quien realiza un acto de
   apropiación.
APPROVAL; aprobación, consentimiento.
APPROVE; aprobar, ratificar, consentir.
APPROVED; aprobado, ratificado, sancionado.
APPROXIMATE; aproximado, cercano.
APPROXIMATELY; aproximadamente.
APPROXIMATION; aproximación.
APPRUARE; apropiar.
APPURTENANCE; anexo, accesorio.
APPURTENANCES; anexidades, accesorios.
APPURTENANT; anexo, accesorio,
   perteneciente.
APPURTENANT EASEMENT; servidumbre
   anexa.
APT WORDS; palabras aptas, palabras
   apropiadas para lograr un efecto jurídico.
APUD ACTA; entre las leyes registradas, en el
   expediente.
AQUAE DUCTUS; servidumbre para
   transportar agua.
AQUAE HAUSTUS; servidumbre para sustraer
   agua.
AQUAGIUM; vía de agua.
AQUATIC RIGHTS; derechos de agua.
ARABLE LAND; tierra cultivable.
ARBITER; árbitro, arbitrador.
ARBITRABLE; arbitrable.

ARBITRAGE; arbitraje.
ARBITRAMENT; laudo arbitral.
ARBITRARILY; arbitrariamente.
ARBITRARINESS; arbitrariedad.
ARBITRARY; arbitrario.
ARBITRARY AND CAPRICIOUS; arbitrario
   y caprichoso.
ARBITRARY POWER; poder arbitrario, poder
   discrecional.
ARBITRARY PUNISHMENT; condena
   arbitraria, condena discrecional.
ARBITRATE; arbitrar.
ARBITRATION; arbitraje.
ARBITRATION ACTS; actos de arbitraje.
ARBITRATION BOARD; junta de arbitraje.
ARBITRATION CLAUSE; cláusula arbitral.
ARBITRATOR; árbitro, arbitrador.
ARBITRIUM; decisión, adjudicación, laudo
   arbitral.
ARCARIUS; tesorero.
ARCHETYPE; arquetipo, original del cual se
   hacen copias.
ARCHIVES; archivos.
ARCHIVIST; archivero.
AREA; área, zona, terreno.
ARENTARE; arrendar.
ARGUMENT; argumento, alegato,
   razonamiento.
ARGUMENT TO JURY; alegato dirigido al
   jurado.
ARGUMENTATIVE; argumentativo.
ARGUMENTATIVE INSTRUCTION;
   instrucción al jurado argumentativa.
ARGUMENTATIVE QUESTION; pregunta
   tendenciosa.
ARGUMENTUM; argumento.
ARISE; surgir, levantarse, resultar de.
ARISE FROM; proceder de, resultar de.
ARISING; procediendo de, surgiendo de.
ARISTO-DEMOCRACY; aristodemocracia.
ARISTOCRACY; aristocracia.
ARM'S LENGTH; transacciones en buena fe
   entre partes independientes actuando con
   intereses propios.
ARM'S LENGTH TRANSACTIONS;
   transacciones en buena fe entre partes
   independientes con intereses propios.
ARMED; armado.

ARMED NEUTRALITY; neutralidad armada.
ARMED PEACE; paz armada.
ARMED ROBBERY; robo a mano armada.
ARMING ONE'S SELF; armándose, tomando
   armas.
ARMISTICE; armisticio.
ARMORY; armería.
ARMS, LAW OF; acuerdos sobre condiciones
   de guerra.
ARMS; armas.
ARMY; ejército.
AROUND; alrededor, en torno, cerca.
ARRA; arras.
ARRAIGN; leer la acusación.
ARRAIGNMENT; lectura de la acusación.
ARRANGEMENT; arreglo, concordato,
   convenio.
ARRANGEMENT WITH CREDITORS;
   concordato, convenio con acreedores.
ARRAY; cuerpo de personas del cual se
   escogerán los miembros del jurado.
ARREARAGE; atraso, demora.
ARREARS; atrasos.
ARREST; arresto, detención, paro.
ARREST OF JUDGMENT; suspensión de la
   sentencia.
ARREST OF SHIPS; embargo de embarcación.
ARREST RECORD; expediente de arresto,
   historial de arrestos.
ARREST WARRANT; orden de arresto.
ARRESTED; arrestado, detenido, parado.
ARRESTEE; a quien se arresta.
ARRESTER; quien arresta.
ARRETTED; convenido ante un juez.
ARRIVAL; llegada.
ARRIVE; llegar, arribar.
ARROGATION; arrogación, adopción de una
   persona mayor.
ARSENAL; arsenal.
ARSON; incendio intencional, incendio
   provocado.
ARSON CLAUSE; cláusula de incendio
   intencional, cláusula de incendio
   provocado.
ARSONIST; quien ocasiona incendios
   intencionalmente.
ART, WORDS OF; palabras usadas en sus
   connotaciones técnicas.

ART; arte, habilidad, oficio.
ARTICLE; artículo, cláusula, sección, objeto.
ARTICLED CLERK; aprendiz, novicio.
ARTICLES; artículos, cláusulas, convenio.
ARTICLES OF AGREEMENT; cláusulas de un contrato, contrato escrito.
ARTICLES OF AMENDMENT; modificaciones a la acta constitutiva, modificaciones a los estatutos sociales.
ARTICLES OF ASSOCIATION; acta de fundación.
ARTICLES OF DISSOLUTION; acta de disolución.
ARTICLES OF IMPEACHMENT; escrito de impugnación.
ARTICLES OF INCORPORATION; acta constitutiva, documento de incorporación.
ARTICLES OF PARTNERSHIP; contrato para formar una sociedad.
ARTICLES OF WAR; código militar.
ARTICULATELY; artículo por artículo, articuladamente.
ARTIFICE; artificio, artimaña.
ARTIFICER; artífice, artesano.
ARTIFICIAL; artificial, afectado.
ARTIFICIAL FORCE; fuerza artificial.
ARTIFICIAL INSEMINATION; inseminación artificial.
ARTIFICIAL PERSONS; personas jurídicas.
ARTIFICIAL PRESUMPTIONS; presunciones jurídicas.
ARTIFICIAL WATER COURSE; curso de agua artificial.
ARTISAN; artesano.
AS; como, tal como.
AS AGAINST; comparado con.
AS BETWEEN; comparado con.
AS IF; como si.
AS IS; tal y como está.
AS OF; desde tal momento.
AS OF RIGHT; según derecho.
AS PER; de acuerdo a.
AS PER AGREEMENT; de acuerdo a lo convenido.
AS PER CONTRACT; de acuerdo al contrato.
AS SOON AS POSSIBLE; tan pronto como sea posible.

AS SOON AS PRACTICABLE; tan pronto como sea razonablemente posible, tan pronto como sea posible ponerse en práctica.
AS SUCH; como tal.
AS THOUGH; como si.
AS YET; hasta ahora.
ASCEND; ascender, elevarse.
ASCENDANTS; ascendientes, antepasados.
ASCENT; ascensión.
ASCERTAIN; averiguar, investigar, indagar.
ASCERTAINABLE; averiguable, determinable.
ASCERTAINMENT; averiguación, determinación.
ASCRIBE; atribuir, adscribir.
ASIDE; al lado de, aparte.
ASK; preguntar, pedir, invitar.
ASKING PRICE; precio inicial.
ASPECT; aspecto.
ASPERSE; calumniar, difamar.
ASPERSIONS; calumnias, difamaciones.
ASPORTATION; acto de llevarse algo.
ASPORTAVIT; él se llevó.
ASSAIL; asaltar, acometer, agredir.
ASSAILANT; asaltante, agresor.
ASSAILER; asaltante, agresor.
ASSART; arrancar árboles.
ASSASSINATE; asesinar.
ASSASSINATION; asesinato.
ASSAULT; acometimiento, asalto, ataque, agresión.
ASSAULT AND BATTERY; acometimiento y agresión, acometimiento con lesiones, asalto y agresión, asalto y lesiones.
ASSAULT WITH DEADLY WEAPON; acometimiento a mano armada, asalto a mano armada.
ASSAULT WITH INTENT TO COMMIT MANSLAUGHTER; acometimiento con intención de homicidio, asalto con intención de homicidio.
ASSAULT WITH INTENT TO COMMIT RAPE; acometimiento con intención de cometer violación, asalto con intención de cometer violación.
ASSAULT WITH INTENT TO KILL; acometimiento con intención de matar, asalto con intención de matar.

ASSAULT WITH INTENT TO MURDER; acometimiento con intención de asesinar, asalto con intención de asesinar.

ASSAULT WITH INTENT TO ROB; acometimiento con intención de robar, asalto con intención de robar.

ASSAY; ensayo, ensaye.

ASSAYER; ensayador, aquilatador.

ASSECURARE; declarar solemnemente.

ASSECURATION; seguro marítimo.

ASSECURATOR; asegurador marítimo.

ASSEMBLAGE; asamblea, combinación.

ASSEMBLY, RIGHT OF; derecho de reunión, libertad de organización.

ASSEMBLY, UNLAWFUL; reunión ilegal.

ASSEMBLY; asamblea.

ASSEMBLYMAN; asambleísta.

ASSEMBLYPERSON; asambleísta.

ASSENT (n); consentimiento, asentimiento.

ASSENT (v); consentir, asentir.

ASSERT; aseverar, afirmar.

ASSERTION; aserto, afirmación.

ASSERTORY OATH; juramento asertorio.

ASSESS; valorar, tasar, imponer contribución, amillarar.

ASSESSED; valorado, tasado, amillarado.

ASSESSED VALUATION; valuación fiscal.

ASSESSED VALUE; valuación fiscal.

ASSESSMENT; contribución, gravamen, tasación, amillaramiento.

ASSESSMENT BASE; valor de la propiedad en un distrito fiscal.

ASSESSMENT DISTRICT; distrito fiscal.

ASSESSMENT LIST; lista de contribuyentes.

ASSESSMENT OF DAMAGES; determinación de daños.

ASSESSMENT PLAN; contrato de seguro en el cual los pagos dependen de las contribuciones de otros con contratos similares.

ASSESSMENT ROLL; registro de contribuyentes.

ASSESSMENT WORK; trabajo anual requerido en una mina.

ASSESSOR; asesor, tasador.

ASSETS; bienes, activos.

ASSETS AND LIABILITIES; activo y pasivo.

ASSETS PER DESCENT; bienes hereditarios.

ASSEVERATION; aseveración.

ASSIGN; asignar, designar, transferir.

ASSIGNABILITY; transferibilidad.

ASSIGNABLE; asignable, transferible.

ASSIGNABLE LEASE; arrendamiento transferible.

ASSIGNATION; asignación, designación, transferencia.

ASSIGNATION HOUSE; prostíbulo.

ASSIGNED; asignado, designado, transferido.

ASSIGNED COUNSEL; abogado designado.

ASSIGNEE; beneficiario, cesionario.

ASSIGNEES; cesionarios, sucesores.

ASSIGNMENT; transferencia, cesión, traspaso.

ASSIGNMENT FOR BENEFIT OF CREDITORS; cesión de bienes para el beneficio de acreedores.

ASSIGNMENT OF ACCOUNT; transferencia de cuenta.

ASSIGNMENT OF CONTRACT; cesión de contrato.

ASSIGNMENT OF COUNSEL; designación de abogado.

ASSIGNMENT OF DOWER; transferencia de dote.

ASSIGNMENT OF ERROR; motivos de recurso.

ASSIGNMENT OF LEASE; transferencia de arrendamiento.

ASSIGNMENT OF WAGES; transferencia de salario.

ASSIGNMENT WITH PREFERENCES; cesión preferencial.

ASSIGNOR; cedente, transferidor.

ASSIGNS; cesionarios, sucesores.

ASSIST; asistir, ayudar, apoyar.

ASSISTANCE; asistencia, ayuda, apoyo.

ASSISTANCE AND SALVAGE AT SEA; asistencia y salvamento en alta mar.

ASSISTANCE OF COUNSEL; derecho a defensa apropiada.

ASSISTANT; asistente, ayudante, apoyante.

ASSISTING; asistiendo, ayudando, apoyando.

ASSOCIATE (n); asociado, socio, cómplice.

ASSOCIATE (v); asociar, juntar.

ASSOCIATED; asociado, juntado.

ASSOCIATED PRESS; Prensa Asociada.

ASSOCIATION; asociación, alianza, organización.

ASSOIL; absolver, liberar, exonerar.

ASSUME; asumir, suponer, adoptar, encargarse de, fingir.

ASSUMED; asumido, adoptado, fingido.

ASSUMED FACTS; hechos presuntos.

ASSUMED NAME; alias.

ASSUMED RISK; riesgo asumido.

ASSUMPSIT; promesa de pago a otro, acción por incumplimiento de contrato.

ASSUMPTION; suposición, conjetura, asunción.

ASSUMPTION CLAUSE; cláusula de asunción de hipoteca.

ASSUMPTION OF DEBT; asunción de deuda.

ASSUMPTION OF INDEBTEDNESS; asunción de deuda.

ASSUMPTION OF MORTGAGE; asunción de hipoteca.

ASSUMPTION OF OBLIGATION; asunción de obligación.

ASSUMPTION OF RISK; asunción de riesgo.

ASSURABLE; asegurable.

ASSURANCE; promesa, aseveración, garantía, certidumbre.

ASSURE; asegurar, garantizar, prometer, afirmar.

ASSURED; asegurado.

ASSURED DISTANCE AHEAD; distancia prudente.

ASSURER; asegurador.

ASTIPULATION; acuerdo mutuo.

ASTITUTION; acusación, proceso.

ASYLUM; asilo.

AT ALL TIMES; en todo momento.

AT AND FROM; en y desde.

AT ANY TIME; en cualquier momento.

AT ANY TIME PRIOR TO; en cualquier momento antes de.

AT ARM'S LENGTH; transacciones en buena fe entre partes independientes actuando con intereses propios.

AT BAR; ante el tribunal.

AT ISSUE; en controversia, bajo discusión.

AT LARGE; libre, fugitivo, en general.

AT LAW; de acuerdo a la ley.

AT LEAST; por lo menos.

AT ONCE; en seguida.

AT OR NEAR; en o cerca de.

AT OWNER'S RISK; a riesgo del dueño.

AT SEA; en alta mar.

AT THE MARKET; al precio del mercado.

AT THE TIME; en el momento.

AT WILL; a voluntad.

ATAVIA; un tatarabuelo.

ATAVUS; una tatarabuela.

ATOMIC ENERGY; energía atómica.

ATROCIOUS; atroz.

ATROCIOUS ASSAULT; acometimiento agravado con crueldad y brutalidad, asalto agravado con crueldad y brutalidad.

ATROCIOUS ASSAULT AND BATTERY; acometimiento y agresión agravada con crueldad y brutalidad, asalto y agresión agravada con crueldad y brutalidad.

ATROCIOUS BATTERY; agresión agravada con crueldad y brutalidad.

ATROCITY; atrocidad.

ATTACH; embargar, ligar, unir.

ATTACHE; miembro del cuerpo de una embajada extranjera.

ATTACHED; anexo, adjunto, embargado.

ATTACHED ACCOUNT; cuenta embargada.

ATTACHING CREDITOR; acreedor embargante.

ATTACHMENT; embargo, fijación, fidelidad.

ATTACHMENT BOND; fianza para liberar un embargo.

ATTACHMENT OF ASSETS; embargo de bienes.

ATTACHMENT OF EARNINGS; embargo de ingresos.

ATTACHMENT OF PROPERTY; embargo de propiedad.

ATTACHMENT OF RISK; transferencia de riesgo.

ATTACK; atacar, acometer, asaltar.

ATTAIN; alcanzar, llegar a.

ATTAINDER; extinción de derechos civiles, muerte civil.

ATTAINT; acusar, corromper.

ATTEMPT (n); intento, tentativa, asalto.

ATTEMPT (v); intentar, procurar.

ATTEMPT TO COMMIT CRIME; tentativa de cometer un crimen.

ATTEMPT TO COMMIT RAPE; tentativa de cometer violación.
ATTEMPT TO MONOPOLIZE; tentativa de monopolizar.
ATTEND; atender, cuidar, asistir.
ATTENDANCE; asistencia, atención, presencia.
ATTENDANT; asistente, concomitante.
ATTENDANT CIRCUMSTANCES; circunstancias pertinentes a un evento.
ATTENTION; atención, cuidado.
ATTENUATING CIRCUMSTANCES; circunstancias atenuantes.
ATTENUATION; atenuación, amortiguamiento.
ATTEST; atestiguar, dar fe, deponer, testificar, certificar.
ATTESTATION; atestación, testimonio, certificación.
ATTESTATION CLAUSE; cláusula de certificación.
ATTESTED; atestiguado, certificado.
ATTESTED COPY; copia certificada.
ATTESTED SIGNATURE; firma certificada.
ATTESTING WITNESS; testigo certificador.
ATTESTOR; quien certifica, quien atestigua.
ATTORN; transferir, ceder, reconocer un nuevo dueño.
ATTORNEY, RIGHT TO; derecho a abogado defensor.
ATTORNEY; abogado, apoderado, agente legal.
ATTORNEY AD HOC; abogado para una acción específica.
ATTORNEY AT LAW; abogado autorizado.
ATTORNEY-CLIENT PRIVILEGE; privilegio de comunicaciones entre abogado y cliente.
ATTORNEY ETHICS; código de ética de abogados.
ATTORNEY GENERAL; procurador general, (EU) quien representa a los Estados Unidos en asuntos legales, (RU) quien representa a la corona en asuntos legales, secretario de justicia.
ATTORNEY IN FACT; apoderado, abogado privado.

ATTORNEY OF RECORD; abogado que representa formalmente.
ATTORNEY'S CERTIFICATE (RU); recibo de pago de la cuota anual por abogacía.
ATTORNEY'S FEES; honorarios del abogado.
ATTORNEY'S LICENSE; documento formal indicando permiso para ejercer la abogacía.
ATTORNEY'S LIEN; derecho del abogado de retener dinero o propiedad de un cliente para obtener honorarios.
ATTORNEY'S OATH; juramento del abogado.
ATTORNEY'S PRIVILEGE; privilegio del abogado.
ATTRACTIVE NUISANCE; estorbo atractivo, objetos o condiciones que tienden a atraer y a poner en peligro a los niños.
ATTRACTIVE NUISANCE DOCTRINE; doctrina que responsabiliza a quien mantiene un estorbo atractivo en su propiedad.
ATTRIBUTION; atribución, cualidad.
ATTRITION; agotamiento, desgaste.
AUCTION; subasta, almoneda.
AUCTIONARIUS; subastador, vendedor.
AUCTIONEER; subastador.
AUDIENCE; audiencia, entrevista, público.
AUDIT; auditoría.
AUDIT OPINION; informe del contador público autorizado, opinión relativa a una auditoría.
AUDITOR; auditor.
AUGMENT; aumentar, acrecentar.
AUGMENTATION; aumento, acrecentamiento.
AUNT; tía.
AUTHENTIC; auténtico, legítimo, fidedigno.
AUTHENTIC ACT; acta auténtica, acta protocolizada, acta legalizada.
AUTHENTIC COPY; copia auténtica.
AUTHENTIC INTERPRETATION; interpretación auténtica.
AUTHENTICATE; autenticar, legalizar.
AUTHENTICATION; autenticación, legalización de documentos.
AUTHENTICATION OF SIGNATURE; autenticación de firma, reconocimiento de firma.

AUTHENTICUM; documento original.

AUTHOR; autor, creador.

AUTHORITARIAN; autoritario.

AUTHORITIES; autoridades, citaciones, citas de fuentes formales del derecho.

AUTHORITY; autoridad, experto, representación.

AUTHORITY BY ESTOPPEL; autoridad por impedimento.

AUTHORIZATION; autorización, sanción.

AUTHORIZE; autorizar, justificar.

AUTHORIZED; autorizado.

AUTHORIZED BY LAW; autorizado por ley.

AUTOCRACY; autocracia.

AUTOCRAT; autócrata.

AUTOGRAPH; autógrafo.

AUTOMATIC; automático.

AUTOMATICALLY; automáticamente.

AUTOMATION; automatización.

AUTOMOBILE GUEST; a quien se invita a viajar en automóvil.

AUTOMOBILE INSURANCE; seguro de automóvil.

AUTOMOBILE LIABILITY INSURANCE; seguro de responsabilidad pública de automóvil.

AUTONOMOUS; autónomo.

AUTONOMY; autonomía.

AUTOPTIC EVIDENCE; prueba a ser vista por el jurado.

AUTOPTIC PROFERENCE; artículos presentados para observación en tribunal.

AUTOPSY; autopsia.

AUTRE DROIT; el derecho de otro.

AUTRE VIE; la vida de otro.

AUXILIARY; auxiliar.

AUXILIARY COVENANT; cláusula auxiliar.

AUXILIATOR; ayudante, asistente.

AVAILABILITY; disponibilidad.

AVAILABLE; disponible, obtenible, válido.

AVAILABLE FOR WORK; disponible para trabajo.

AVAILABLE RESOURCES; recursos disponibles.

AVAILS; el producto de la venta de propiedad.

AVARICE; avaricia.

AVENTURE; percance ocasionando una muerte.

AVER; aseverar, alegar.

AVERAGE; promedio, término medio, avería.

AVERAGE MAN TEST; prueba para detectar los prejuicios de un miembro del jurado en perspectiva.

AVERAGE WEEKLY WAGE; salario semanal promedio.

AVERMENT; afirmación, aseveración, verificación.

AVERSIO; desviación, venta o alquiler de propiedad en una unidad.

AVERSION; aversión, repugnancia.

AVIATICUS; un nieto.

AVIATION; aviación.

AVOCATION; ocupación menor, diversión.

AVOID; evitar, anular, huir de.

AVOIDABLE; evitable, anulable.

AVOIDABLE CONSEQUENCES DOCTRINE; doctrina que dicta que la parte perjudicada debe tratar de minimizar los daños.

AVOIDANCE; evitación, evasión, anulación, abstinencia.

AVOIDANCE OF TAXES; evitación de impuestos.

AVOIRDUPOIS; sistema de pesos usados en RU y EU.

AVOUCH; afirmar, declarar, responder de.

AVOUCHER; afirmante, declarante, quien responde por.

AVOW; declarar, confesar, reconocer.

AVOWAL; declaración, admisión, confesión.

AVOWANT; declarante, quien confiesa.

AVOWRY; justificación.

AVULSION; avulsión.

AVUNCULUS; un hermano de una madre.

AWAIT; esperar.

AWARD (n); laudo, fallo, decisión, adjudicación.

AWARD (v); adjudicar, otorgar.

AWAY-GOING CROP; cultivo que antecede la expiración de un arrendamiento.

AYANT CAUSE; cesionario, causante.

B

BABY ACT; defensa de minoridad, defensa de menores.

BABY SITTER; niñera.

BACHELOR; soltero, bachiller, licenciado.

BACHELOR OF LAWS; abogado, licenciado en derecho, licencia de derecho.

BACK; respaldar, endosar, financiar.

BACK LANDS; tierras no contiguas.

BACK MATTER; apéndice, índice.

BACK PAY; sueldos atrasados, sueldos devengados.

BACK RENT; rentas atrasadas.

BACK TAXES; impuestos atrasados.

BACKADATION; prima por aplazamiento.

BACKBITE; hablar mal de un ausente, calumniar.

BACKBITER; quien habla mal de un ausente, calumniador.

BACKBOND; contrafianza.

BACKBONE; determinación.

BACKDATING; antedatar.

BACKDOOR; clandestino, secreto.

BACKDOWN; retractación, cesión.

BACKER; garante, patrocinador, financiador.

BACKGROUND; trasfondo, medio.

BACKING; respaldo, ayuda, garantía.

BACKLOG; acumulación.

BACKSIDE; parte posterior.

BACKSLAPPER; persona muy cordial.

BACKSTAIR; clandestino, secreto.

BACKTRACK; retroceder, retirarse.

BACKUP; soporte, acumulación, sustituto.

BACKWARD; al revés, hacia atrás.

BACKWARDATION; prima por aplazamiento.

BACKWATER; agua de rechazo, agua estancada.

BACKYARD; patio posterior.

BAD; malo, deficiente, impropio.

BAD CHARACTER; mal carácter, mala fama.

BAD CHECK; cheque rechazado, cheque devuelto.

BAD DEBT; deuda incobrable.

BAD DEBTOR; persona que no acostumbra pagar sus deudas.

BAD FAITH; mala fe.

BAD LAW; fallo o sentencia que no está en acorde con la ley.

BAD MOTIVE; acto ilícito a sabiendas.

BAD TITLE; título imperfecto.

BADGE; insignia, placa.

BADGES OF FRAUD; señales de fraude.

BAGGAGE; equipaje, bagaje.

BAIL (n); fianza, caución, fiador.

BAIL (v); dar fianza, pagar caución, liberar bajo fianza.

BAIL ABSOLUTE; fianza absoluta.

BAIL BOND; escritura de fianza, póliza de fianza.

BAIL COMMON; fianza imaginaria, fianza genérica.

BAIL PIECE; inscripción de fianza.

BAILABLE; caucionable.

BAILABLE ACTION; acción caucionable.

BAILABLE OFFENSE; delito caucionable.

BAILABLE PROCESS; proceso caucionable.

BAILEE; depositario.

BAILEE FOR HIRE; custodio de propiedad personal a título oneroso.

BAILIFF; alguacil, administrador, oficial de justicia.

BAILIFF-ERRANT; diputado de alguacil.

BAILIWICK; alguacilazgo, jurisdicción.

BAILMENT; depósito, entrega, caución.

BAILMENT FOR HIRE; depósito a título oneroso.

BAILMENT LEASE; arrendamiento con opción de compra.

BAILOR; depositante.

BAILSMAN; fiador.

BAIT; cebo, carnada.

BAIT AND SWITCH; atraer clientela con una mercancía y ofrecer otra.

BALANCE; balance, saldo.

BALANCE DUE; saldo deudor, balance adeudado.

BALANCE OF PAYMENTS; balanza de pagos.

BALANCE OF POWER; equilibrio de poderes.

BALANCE OF TRADE; balanza comercial.

BALANCE SHEET; hoja de balance, estado de situación.

BALANCED; balanceado, equilibrado.

BALCONY; balcón, galería.

BALDERDASH; disparate.

BALE; desgracia, fardo.

BALLAST; lastre.

BALLASTAGE; peaje por lastre.

BALLOT; balota, papeleta, sufragio.

BALLOT BOX; urna electoral.

BALLOTER; elector.

BAN; edicto, prohibición.

BANAL; banal, trivial.

BANALITY; banalidad, trivialidad.

BANC; tribunal.

BANCUS; tribunal.

BAND; banda, partida.

BANDIT; bandido, proscrito, bandolero.

BANE; malhechor, criminal.

BANISH; desterrar, expulsar, deportar.

BANISHMENT; deportación, destierro.

BANK; banco, tribunal, ribera.

BANK ACCOUNT; cuenta bancaria.

BANK BILL; nota bancaria.

BANK BOARD; junta del banco.

BANK CHARTER; autorización para operar un banco.

BANK CHECK; cheque.

BANK COMMISSIONER; comisionado de la banca.

BANK CREDIT; crédito bancario.

BANK DEBIT; débito bancario.

BANK DEPOSIT; depósito bancario.

BANK DIRECTOR; miembro de la junta directiva de un banco, miembro de un consejo de banco.

BANK DRAFT; letra bancaria.

BANK EXAMINER; examinador de bancos.

BANK FAILURE; quiebra bancaria.

BANK HOLDING COMPANY; compañía tenedora de banco.

BANK HOLDING COMPANY ACT (EU); ley de compañías tenedoras de bancos.

BANK MONEY ORDER; giro bancario.

BANK NOTE; nota bancaria.

BANK OF CIRCULATION; banco de emisión.

BANK OF DEPOSIT; banco de ahorro.

BANK OF ISSUE; banco emisor.

BANK OVERDRAFT; sobregiro bancario.

BANK RATE; tasa bancaria.

BANK STATEMENT; estado financiero bancario, estado de cuenta, extracto de cuenta bancaria.

BANK STOCK; acciones de banco.

BANKABLE; negociable, comerciable conforme a la práctica bancaria.

BANKER; banquero.

BANKER'S ACCEPTANCE; aceptación bancaria.

BANKER'S NOTE; nota bancaria.

BANKEROUT; en bancarrota.

BANKING; banca.

BANKING COMMISSION; comisión bancaria.

BANKING CORPORATION; corporación bancaria.

BANKING GAMES; juegos de azar.

BANKING INSTITUTION; institución bancaria.

BANKROLL; fondo, caudal.

BANKRUPT; quebrado, insolvente, fallido.

BANKRUPT LAW; ley de quiebra.

BANKRUPTCY; quiebra, insolvencia, bancarrota.

BANKRUPTCY COURT; tribunal de quiebra.

BANKRUPTCY DISCHARGE; rehabilitación del quebrado.

BANKRUPTCY DISTRIBUTION; distribución de bienes del quebrado a los acreedores.

BANKRUPTCY PROCEEDINGS; juicio de quiebra.

BANKRUPTCY TRUSTEE; fideicomisario de la quiebra, síndico de la quiebra.

BANNED; prohibido, proscrito.

BANNING; excluyendo, prohibiendo.

BANNS OF MATRIMONY; aviso público de matrimonio, carteles matrimoniales.

BANTER; burlarse de.

BAR (n); tribunal, colegio de abogados, abogacía, barandilla.

BAR (v); prohibir, excluir.

BAR ADMISSION; admisión al colegio de abogados.

BAR ASSOCIATION; colegio de abogados.

BAR DOCKET; lista extraoficial de causas por juzgar.

BAR TO MARRIAGE; obstrucción al matrimonio.

BARBARIC; barbárico.

BARBARITY; barbarie, barbaridad.

BARBED; cortante, mordaz, barbado.

BARE; descubierto, desnudo, vacío.

BARE-HANDED; a manos vacías, desarmado.

BARE LICENSEE; a quien se tolera presencia.

BARE PATENT LICENSE (EU); permiso para vender un producto patentado sin derecho de exclusividad.

BARE TRUSTEE; fiduciario de un fideicomiso pasivo.

BAREBOAT CHARTER; contrato donde quien arrienda una nave es dueño para todos efectos durante el periodo de arrendamiento.

BARELY; apenas.

BARENESS; desnudez, deficiencia.

BARGAIN (n); negocio, convenio, contrato, pacto.

BARGAIN (v); negociar, convenir, regatear.

BARGAIN AND SALE; compraventa, contrato de compraventa.

BARGAIN AND SALE DEED; escritura de compraventa.

BARGAIN COLLECTIVELY; negociaciones colectivas.

BARGAIN MONEY; caparra, depósito, anticipo.

BARGAINEE; comprador.

BARGAINING; negociación, regateo.

BARGAINING POWER; poder de negociación.

BARGAINING UNIT; cuerpo participante en negociaciones colectivas a nombre de los obreros.

BARGAINOR; negociador, vendedor.

BARGE; barcaza, embarcación recreativa.

BARK; corteza, ladrido.

BARN; establo, granero.

BARON; barón, magnate.

BARON ET FEME; marido y mujer.

BARONAGE; baronía.

BARONET; baronet.

BARONIAL; señorial.

BARONY; baronía.

BARRATOR; picapleitos, pleitista.

BARRATROUS; fraudulento.

BARRATRY; baratería, incitación a pleito.

BARRED; inadmisible, obstaculizado.

BARREL; barril.

BARREN MONEY; deuda que no devenga intereses.

BARRENNESS; esterilidad.

BARRETOR; picapleitos, pleitista, perturbador de la paz.

BARRICADE; barricada, barrera.

BARRIER; barrera, obstáculo.

BARRIER LINE; línea demarcadora.

BARRING; exceptuando.

BARRISTER (RU); abogado, procurador.

BARROOM; cantina.

BARTER; permutar, trocar, cambiar.

BARTERER; trocador, baratador.

BASAL; básico, fundamental.

BASE (adj); bajo, deshonesto, vil.

BASE (n); base, fundamento.

BASE LINE; línea divisoria, línea demarcadora, línea de referencia.

BASE PAY; sueldo básico, sueldo de base.

BASED UPON; basado en.

BASELESS; sin fundamento, infundado.

BASEMENT; sótano.

BASENESS; bajeza.

BASH; golpe, intento.

BASIC; básico, fundamental.

BASIC PATENT; patente original.

BASICALLY; básicamente, fundamentalmente.

BASIN; cuenca, hoya.

BASIS; base, fundamento.

BASIS OF BARGAIN; garantía explícita.

BATABLE-GROUND; tierras cuyo título está en cuestión.

BATTERED CHILD; niño abusado emocional o físicamente.

BATTERED WIFE; mujer abusada emocional o físicamente.

BATTERY; agresión, agresión física, violencia física.

BATTLE; batalla, lucha.

BATTLE OF THE FORMS; las distintas formas para aceptar y confirmar los términos de contratos.

BAWD; celestina.

BAWDY HOUSE; burdel.

BAY; bahía, ensenada.

BAY WINDOW; mirador.

BEACH; playa.

BEACON; faro.

BEAM; viga, tablón.

BEAR; portar, llevar, prestar.

BEAR ARMS; portar armas.

BEAR INTEREST; devengar intereses.

BEARER; portador.

BEARER BOND; bono pagadero al portador.

BEARER CHECK; cheque al portador.

BEARER DEBENTURE; obligación al portador.

BEARER INSTRUMENT; instrumento al portador.

BEARER SECURITIES; valores pagaderos al portador.

BEARING; presencia, porte.

BEARING DATE; fecha del instrumento.

BEAST; bestia, bruto.

BEAT; golpear, azotar, vencer.

BEATER; batidor, que golpea.

BEATING; paliza.

BECALM; calmar, apaciguar.

BECAUSE; porque, pues.

BECAUSE OF; por causa de.

BECOME; convertirse, nacer, tornarse.

BED; lecho, fondo, cama.

BED AND BOARD; separación conyugal sin divorcio, mesa y lecho.

BEDEL (RU); mensajero de la corte.

BEDLAM; olla de grillos, manicomio.

BEDROCK; fundamento.

BEFORE; antes, delante.

BEFORE ME; ante mi.

BEFORE TRIAL; antes del juicio.

BEFOREHAND; de antemano, anteriormente, previamente.

BEG; pedir, pedir limosna.

BEGET; procrear, engendrar.

BEGGAR; mendigo.

BEGGING; mendigando.

BEGIN; empezar, comenzar, instituir.

BEGINNING; comienzo, origen.

BEGUN; comenzado, empezado, instituido.

BEHALF OF, ON; a beneficio de, a favor de.

BEHAVIOR; conducta, funcionamiento.

BEHOOF; provecho, utilidad, ventaja.

BEING; ser, vida.

BEING STRUCK; ser chocado.

BELIEF; creencia, opinión.

BELIEVE; creer, opinar.

BELLIGERENCY; beligerancia.

BELLIGERENT; beligerante.

BELLUM; guerra.

BELONG; pertenecer a, ser de.

BELONGING; perteneciendo a, perteneciente.

BELONGING TO; perteneciendo a.

BELONGINGS; pertenencias, bienes.

BELOW; inferior, abajo, debajo.

BENCH; corte, tribunal, cuerpo de jueces, banco.

BENCH AND BAR; jueces y abogados colectivamente.

BENCH BLOTTER; registro de policía con arrestos y demás.

BENCH CONFERENCE; conferencia en el banco del juez con abogados.

BENCH MARK; marca fija, punto de referencia.

BENCH TRIAL; juicio sin jurado.

BENEATH; debajo, abajo.

BENEFACTOR; benefactor.

BENEFACTRESS; benefactora.

BENEFICE; beneficio.

BENEFICE DE DISCUSSION; beneficio de discusión.

BENEFICIAL; beneficioso, útil, provechoso.

BENEFICIAL ASSOCIATION; sociedad de beneficencia.

BENEFICIAL ENJOYMENT; disfrute de un derecho para beneficio propio.

BENEFICIAL ESTATE; derecho real de propiedad para beneficio propio.

BENEFICIAL INTEREST; derecho de usufructo.

BENEFICIAL OWNER; usufructuario.

BENEFICIAL USE; uso provechoso, derecho de uso y disfrute.

BENEFICIARY; beneficiario.

BENEFICIARY OF TRUST; beneficiario del fideicomiso, fideicomisario.

BENEFIT; beneficio, provecho, ganancia.

BENEFIT OF CESSION; inmunidad de encarcelamiento del deudor quien asigna toda su propiedad a sus acreedores.

BENEFIT OF COUNSEL; derecho a abogado defensor, derecho de representación legal.

BENEFIT OF DISCUSSION; beneficio de discusión.

BENEFIT OF INVENTORY; beneficio de inventario.

BENEFIT OF ORDER; beneficio de orden.

BENEFIT SOCIETY; sociedad de beneficencia.

BENEVOLENCE; benevolencia, buena voluntad.

BENEVOLENT; benévolo, bondadoso.

BENEVOLENT ASSOCIATION; sociedad de beneficencia.

BENEVOLENT CORPORATION; corporación sin fines de lucro.

BEQUEATH; legar.

BEQUEATHMENT; legado.

BEQUEST; legado.

BEREAVED; acongojado.

BEREFT OF; privado de.

BESAYLE; un bisabuelo.

BESET; acosar, hostigar, molestar.

BESIDE; junto a, al lado de.

BESIDES; además, también, excepto.

BESIEGE; asediar, acosar.

BESIEGER; asediador, acosador.

BESOT; atontar, infatuar.

BEST; superior, óptimo.

BEST BID; mejor oferta, mejor postor.

BEST EVIDENCE; prueba directa.

BEST EVIDENCE RULE; regla de exclusión de prueba secundaria al tener la primaria disponible.

BEST USE; el uso óptimo.

BESTOW; conferir, donar a.

BESTOWAL; donación, otorgamiento.

BET; apuesta.

BETRAY; traicionar, revelar.

BETRAYAL; traición, engaño, revelación.

BETROTH; comprometerse a matrimonio.

BETROTHAL; compromiso de matrimonio.

BETROTHED; prometido, prometida.

BETTERMENT; mejoramiento, mejora.

BETTING; apostar.

BETTOR; apostador.

BETWEEN; entre.

BEVERAGE; bebida, bebida alcohólica.

BEYOND A REASONABLE DOUBT; más allá de la duda razonable.

BEYOND CONTROL; más allá del control.

BEYOND SEAS; ultramar.

BEYOND THE JURISDICTION; más allá de la jurisdicción.

BIANNUAL; semestral, semianual.

BIAS; inclinación, predilección, prejuicio.

BIASED; parcial, prejuiciado, predispuesto.

BIBLIOTICS; examen de documentos para verificar autenticidad.

BICAMERAL; bicameral.

BID; oferta, propuesta.

BIDDER; postor, licitador.

BIDDING; licitación, remate.

BIENNIAL; bienal.

BIFURCATE; bifurcar.

BIFURCATION; bifurcación.

BIGAMIST; bígamo.

BIGAMOUS; bígamo.

BIGAMUS; bígamo.

BIGAMY; bigamia.

BILATERAL; bilateral.

BILATERAL CONTRACT; contrato bilateral.

BILATERALLY; bilateralmente.

BILINGUAL; bilingüe.

BILINGUIS; bilingüe.

BILL; proyecto de ley, documento, billete de banco, factura.

BILL FOR A NEW TRIAL; petición para juicio nuevo, moción para juicio nuevo.

BILL FOR FORECLOSURE; petición para ejecución de hipoteca.

BILL FOR RAISING REVENUE; proyecto de ley para impuestos, proyecto de ley de ingresos.

BILL IN THE NATURE OF A BILL OF REVIEW; recurso de equidad para la revisión de un fallo hecho por una parte ajena.

BILL IN THE NATURE OF A SUPPLEMENTAL BILL; demanda que surge cuando comparecen partes nuevas.

BILL OBLIGATORY; pagaré sellado.

BILL OF ADVENTURE; documento de aventura.

BILL OF APPEAL; escrito de apelación.

BILL OF ATTAINDER; ley que señala y penaliza a individuos específicos sin el beneficio de un juicio, decreto de confiscación y muerte civil.

BILL OF CERTIORARI; recurso de equidad para llevar un litigio a una corte superior.

BILL OF COMPLAINT; escrito de demanda.

BILL OF COSTS; pliego de costas.

BILL OF CREDIT; carta de crédito.

BILL OF DISCOVERY; petición para descubrimiento, moción para descubrimiento.

BILL OF EVIDENCE; transcripción de testimonio, acta taquigráfica.

BILL OF EXCEPTIONS; escrito de impugnación, escrito de recusación.

BILL OF EXCHANGE; letra de cambio, cédula de cambio.

BILL OF GROSS ADVENTURE; contrato a la gruesa.

BILL OF HEALTH; certificado de salud, certificado de sanidad.

BILL OF INDICTMENT; escrito de acusación del gran jurado.

BILL OF LADING; conocimiento de embarque.

BILL OF MORTALITY; informe público de muertes.

BILL OF PAINS AND PENALTIES; ley con penalidades sin juicio previo.

BILL OF PARCELS; factura.

BILL OF PARTICULARS; moción de especificación de la demanda.

BILL OF PEACE; recurso de prevención de litigios múltiples, solicitud para prevenir litigios múltiples.

BILL OF PRIVILEGE; acción especial para demandar a funcionarios de corte.

BILL OF REVIEW; recurso de revisión, solicitud de revisión.

BILL OF REVIVOR; recurso de restablecimiento.

BILL OF RIGHTS; declaración de derechos.

BILL OF SALE; contrato de venta, contrato de compraventa.

BILL OF SIGHT; declaración provisional, declaración aproximada de importador.

BILL PAYABLE; cuenta a pagar.

BILL QUIA TIMET; petición para proteger contra daños eventuales.

BILL RECEIVABLE; cuenta a cobrar.

BILL SINGLE; pagaré.

BILL TO QUIET POSSESSION AND TITLE; acción para resolver reclamaciones opuestas en propiedad inmueble.

BILL TO SUSPEND A DECREE; acción para suspender una sentencia.

BILLA EXCAMBII; documento de intercambio, letra de cambio.

BILLER; facturador.

BIMESTER; bimestre.

BIMESTRIAL; bimestral.

BIMONTHLY; bimestral.

BIND; comprometer, obligar, compeler.

BINDER; documento provisional de seguro.

BINDING; obligatorio, valedero.

BINDING AGREEMENT; convenio obligatorio.

BINDING OUT; ponerse al servicio de otro.

BINDING OVER; caución para comparecencia.

BINNACLE; bitácora.

BIOLOGICAL WARFARE; guerra microbiológica.

BIPARTISAN; bipartidario.

BIPARTITE; bipartito, duplicado, en dos partes.

BIRTH; nacimiento, parto.

BIRTH CERTIFICATE; acta de nacimiento, certificado de nacimiento.

BIRTH CONTROL; prevención de embarazo.

BIRTH RECORD; estadísticas oficiales de nacimientos.

BIRTHPLACE; lugar de nacimiento.

BIRTHRIGHTS; derechos de nacimiento.

BISSEXTILE; bisiesto.

BITTY; fragmentado, incoherente.

BIWEEKLY; quincenal, bisemanal.

BIYEARLY; semestral.

BLACK CAP; gorra negra.

BLACK LETTER LAW; término informal refiriéndose a los principios legales básicos y explícitos en una jurisdicción.

BLACK LIST; lista negra.

BLACK MARIA; coche celular.

BLACK MARKET; mercado negro.

BLACKBALL; votar en contra de, ir en contra de.

BLACKLEG; estafador, tahúr.

BLACKLISTING; discriminación contra miembros de una lista negra.

BLACKMAIL (n); chantaje, extorsión.

BLACKMAIL (v); chantajear, amenazar, extorsionar.

BLACKMAILER; chantajista.

BLACKOUT; apagón, desmallo.

BLANK; en blanco, vacío, formulario.

BLANK BILL; letra de cambio al portador.

BLANK CHECK; cheque en blanco.

BLANK ENDORSEMENT; endoso en blanco, endoso al portador.

BLANKET INSURANCE; seguro general.

BLANKET MORTGAGE; hipoteca general.

BLANKET POLICY; póliza de seguro de cobertura múltiple.

BLANKET RATE; prima de seguro de cobertura múltiple.

BLASTING; voladura, estallido.

BLATANT; evidente, flagrante.

BLAZE; fuego vivo, incendio, esplendor.

BLEND; mezclar, armonizar.

BLENDING; mezcla, combinación.

BLIND; ciego, oculto.

BLIND ALLEY; callejón sin salida.

BLIND CORNER; esquina ciega, esquina de pobre visibilidad.

BLIND FLYING; vuelo sin visibilidad.

BLIND LANDING; aterrizaje a ciegas.

BLIND SPOT; punto ciego, debilidad.

BLIND TIGER; taberna clandestina.

BLOCK (n); bloque, lote, cuadra.

BLOCK (v); bloquear, impedir, cegar, obstruir.

BLOCKADE; bloqueo, obstrucción.

BLOCKBUSTING; inducir a vender propiedad usando como la razón la presencia de grupo étnico, inducir a vender propiedad usando el miedo a la llegada de un grupo étnico.

BLOCKED ACCOUNT; cuenta congelada.

BLOOD; sangre, linaje.

BLOOD ALCOHOL COUNT; nivel de alcohol en la sangre.

BLOOD FEUD; enemistad entre familias o clanes.

BLOOD GROUPING TEST; prueba de sangre para determinar paternidad.

BLOOD MONEY; dinero obtenido por ocasionar la muerte de otro, dinero de recompensa por convicción del criminal.

BLOOD RELATIVES; parientes consanguíneos.

BLOOD TEST EVIDENCE; doctrina que permite la toma de muestras de sangre en arrestos por manejar intoxicado, examen de sangre como prueba.

BLOODHOUND; sabueso.

BLOW-OUT; ruptura repentina de neumático de carro.

BLUDGEON; cachiporra, macana.

BLUE RIBBON JURY; jurado altamente calificado.

BLUE SKY LAWS (EU); leyes estatales reguladoras del comercio bursátil.

BLUEPRINT; plan detallado, anteproyecto.

BLUFF; engaño con simulación, acantilado, barranca, fanfarrón.

BLUNTLY; bruscamente.

BOARD; junta, tribunal, consejo, comida.

BOARD OF ALDERMEN; junta municipal.

BOARD OF APPEALS; junta de apelaciones.

BOARD OF DIRECTORS; junta directiva, consejo de administración.

BOARD OF EDUCATION; junta de educación.

BOARD OF ELECTION; junta electoral.

BOARD OF EXAMINERS; junta examinadora.

BOARD OF HEALTH; junta de sanidad.

BOARD OF PARDONS; junta de clemencia.

BOARD OF PAROLE; junta de libertad bajo palabra, comité de libertad condicional.

BOARD OF PATENT APPEALS; junta de apelaciones de patentes.

BOARD OF REVIEW; junta revisora.

BOARD OF SUPERVISORS; consejo de supervisión.

BOARD OF TRADE; junta de comercio.

BOARD OF TRUSTEES; junta de fiduciarios.

BOARDER; huésped, pensionista.

BOARDINGHOUSE; casa de huéspedes.

BOAT; bote, nave, embarcación.
BODILY; corporal, material.
BODILY EXHIBITION; exhibición obscena.
BODILY HARM; daño corporal.
BODILY HEIRS; descendientes directos.
BODILY INFIRMITY; enfermedad física.
BODILY INJURY; lesión corporal.
BODY; cuerpo, cadáver, individuo.
BODY CORPORATE; corporación, persona jurídica, sociedad anónima.
BODY EXECUTION; arresto para obligar a pagar deudas, auto de prisión.
BODY OF AN INSTRUMENT; lo clave de un documento.
BODY OF LAWS; colección de leyes, ordenamiento jurídico.
BODY OF THE CRIME; cuerpo del delito.
BODY OF THE OFFENSE; cuerpo del delito.
BODY POLITIC; entidad política, entidad pública.
BODY SNATCHING; hurto de cadáveres.
BOGUS; falso, falsificado.
BOGUS CHECK; cheque falso.
BOILER-ROOM TRANSACTIONS; venta de inversiones dudosas con presión excesiva.
BOILERPLATE; lenguaje estandarizado en documentos legales.
BOLSTER; apoyar, sostener.
BOLSTERING; uso inapropiado de prueba.
BOLTING; argumentación de casos en privado.
BONA CONFISCATA; propiedad confiscada.
BONA FIDE; de buena fe, bona fide.
BONA FIDE EMPTOR; comprador de buena fe, comprador legítimo.
BONA FIDE ERROR; error de buena fe.
BONA FIDE HOLDER FOR VALUE; tenedor de buena fe, tenedor legítimo.
BONA FIDE OPERATION; negocio legítimo.
BONA FIDE PURCHASER; comprador de buena fe.
BONA FIDE RESIDENCE; domicilio de buena fe.
BONA FIDE RESIDENT; residente en domicilio de buena fe.
BONA FIDE SALE; venta de buena fe.
BONA FIDES; buena fe, bona fides.
BOND; caución, fianza, bono, vínculo, título.
BOND CREDITOR; acreedor con caución.

BOND ISSUE; emisión de bonos, bonos de un emisor.
BONDED DEBT; deuda garantizada por bonos.
BONDED WAREHOUSE; almacén afianzado, almacén fiscal.
BONDHOLDER; poseedor de bono.
BONDSMAN; fiador, garante, afianzador.
BONIFICATION; bonificación.
BONIFICATION OF TAXES; bonificación de contribuciones.
BONIS CEDERE; cesión de bienes.
BONIS NON AMOVENDIS; para no remover los bienes.
BONUS; bonificación, prima.
BOODLE; soborno, botín.
BOODLING; prácticas legislativas corruptas.
BOOK; libro, registro, tomo, ficha.
BOOK ACCOUNT; estado detallado de cuenta, registro contable.
BOOK ENTRY; anotaciones en libros de contabilidad, registro de inversiones en computadora.
BOOK OF ACCOUNT; libro de contabilidad.
BOOK OF ORIGINAL ENTRIES; registro de transacciones.
BOOK VALUE; valor contable.
BOOKED; comprometido, destinado, reservado.
BOOKIE; corredor de apuestas.
BOOKING; procedimientos para fichar al arrestado.
BOOKKEEPER; contable, tenedor de libros.
BOOKKEEPING; contabilidad, teneduría de libros.
BOOKMAKER; corredor de apuestas.
BOOKMAKING; recibo y pago de apuestas.
BOOKS AND PAPERS; todo tipo de documento requerido durante la etapa procesal de prueba.
BOOTLEGGER; contrabandista, contrabandista de licor.
BOOTY; botín, despojo.
BORDER; frontera, confín, orilla.
BORDER LINE; frontera, límite.
BORDER SEARCH; búsqueda en la frontera.
BORDER WARRANT; proceso de búsqueda y arresto de inmigrantes ilegales.

BORDEREAU; memorando.

BORDERING; colindando.

BORDERLINE; limítrofe, incierto, dudoso.

BORN; nacido, innato.

BORN ALIVE; nacido vivo.

BOROUGH; municipio, distrito.

BOROUGH COURTS (RU); tribunales de distrito.

BORROW; tomar prestado, pedir prestado.

BORROWER; prestatario.

BORROWING POWER; poder de tomar prestado.

BORROWINGS; préstamos recibidos.

BOTH; ambos.

BOTTLENECK; embotellamiento, obstáculo.

BOTTOMRY; contrato a la gruesa.

BOTTOMRY BOND; contrato a la gruesa.

BOUGHT; comprado.

BOULEVARD; avenida, bulevar.

BOULEVARD RULE; regla que exige que el que viene por camino secundario ceda el paso.

BOUND (n); frontera, límite.

BOUND (v); atado, limitado, destinado.

BOUND BAILIFF; auxiliar del alguacil.

BOUNDARY; frontera, límite, linde.

BOUNDERS; marcas u objetos de agrimensura.

BOUNDS; límites, confines.

BOUNTY; dádiva, recompensa, generosidad.

BOURSE; bolsa de valores.

BOWIE KNIFE; cuchillo de caza.

BOYCOTT; boicot.

BRACKET; clasificación contributiva, categoría.

BRACKET CREEP; entrada en clasificación contributiva más alta por la inflación.

BRAILLE; Braille.

BRAIN; cerebro, intelecto, planificador.

BRAIN DEATH; muerte cerebral.

BRAIN TRUST; conjunto de expertos.

BRAINCHILD; idea, invento.

BRAINWASH; lavar el cerebro.

BRAKING DISTANCE; distancia para frenar un carro, distancia para frenar una coche.

BRANCH; rama, división.

BRANCH BANK; sucursal bancaria.

BRANCH LINE; ramal.

BRANCH OF THE SEA; brazo de mar.

BRANCH OFFICE; sucursal.

BRANCH RAILROAD; ramal de ferrocarril.

BRAND; marca, marca de fábrica, tipo.

BRAND NAME; marca de fábrica.

BRASS KNUCKLES; manopla.

BRAWL; riña, altercado.

BREACH; incumplimiento, violación, rompimiento.

BREACH OF AUTHORITY; abuso de autoridad.

BREACH OF CLOSE; translimitación.

BREACH OF CONDITION; incumplimiento de condición.

BREACH OF CONFIDENCE; abuso de confianza.

BREACH OF CONTRACT; incumplimiento de contrato.

BREACH OF COVENANT; incumplimiento de pacto, incumplimiento de cláusula contractual.

BREACH OF DUTY; incumplimiento del deber.

BREACH OF INTERNATIONAL LAW; violación del derecho internacional.

BREACH OF OFFICIAL DUTY; prevaricación.

BREACH OF PRISON; fuga de una cárcel.

BREACH OF PRIVILEGE; abuso de privilegio.

BREACH OF PROMISE; incumplimiento de la palabra.

BREACH OF REPRESENTATION; incumplimiento de representación.

BREACH OF THE PEACE; perturbación de la paz.

BREACH OF TRUST; abuso de confianza, prevaricación.

BREACH OF WARRANTY; incumplimiento de la garantía.

BREADTH; extensión, ancho.

BREAK; romper, violar, quebrar, dividir.

BREAKAGE; garantía del manufacturero al comprador de mercancía en transporte, indemnización por cosas quebradas en el transporte.

BREAKDOWN; avería, malogro, colapso, desglose.

BREAKING; rompiendo, violando, dividiendo.

BREAKING A CASE; discusión de un caso entre jueces, resolución de un crimen.

BREAKING A CLOSE; violación de propiedad.

BREAKING AND ENTERING; escalamiento, violación de propiedad, allanamiento de morada.

BREAKING AND ENTRY; escalamiento, violación de propiedad, allanamiento de morada.

BREAKING BULK; hurto de bienes por depositario.

BREAKING DOORS; forzar puertas.

BREAKING INTO; escalar.

BREAKING JAIL; fuga de la cárcel.

BREAKING POINT; punto límite, extremo.

BREAST OF THE COURT; el criterio de la corte.

BREATH SPECIMEN; muestra de aliento para determinar el nivel de alcohol en la sangre.

BREATHALYZER TEST; prueba de aliento para determinar el nivel de alcohol en la sangre.

BRETHREN; hermanos, hermanas.

BREVE DE RECTO; escrito de derecho.

BREVE INNOMINATUM; escrito describiendo generalmente el porqué de la acción.

BREVE NOMINATUM; escrito describiendo detalladamente el porqué de la acción.

BREVET; ascenso militar sin incremento de paga.

BREVIATE; sinopsis, informe.

BREVITY; concisión, brevedad.

BRIBE; soborno.

BRIBER; sobornador.

BRIBERY; soborno, cohecho.

BRIBERY AT ELECTIONS; soborno del electorado.

BRIBOUR; bribón, pillo.

BRIDAL; nupcial, relativo a la novia.

BRIDGE LOAN; préstamo interino, préstamo puente.

BRIEF (n); escrito, informe, breve.

BRIEF (v); informar, instruir, resumir.

BRIEF OF TITLE; resumen de título.

BRIEFING; informe, instrucciones.

BRIG; calabozo.

BRING; traer, producir, inducir.

BRING ABOUT; causar, ocasionar.

BRING IN; introducir, pronunciar, producir.

BRING SUIT; iniciar acción judicial.

BRING UP; citar, mencionar, traer a colación.

BRINGING MONEY INTO COURT; depositar judicialmente.

BRISTLE; erizar, encrespar.

BROAD INTERPRETATION; interpretación liberal, interpretación amplia.

BROADCASTING; transmisión, emisión, difusión.

BROADSIDE OBJECTION; objeción sin especificar.

BROCAGE; corretaje.

BROKEN; violado, roto, en quiebra.

BROKER; corredor, agente.

BROKER-AGENT; licenciado como corredor y agente.

BROKERAGE; corretaje.

BROKERAGE CONTRACT; contrato de corretaje.

BROTHEL; burdel.

BROTHER; hermano.

BROTHER-IN-LAW; cuñado, hermano político.

BROTHER-SISTER CORPORATIONS; corporaciones con los mismos dueños.

BROUGHT; traído, presentado.

BROWN DECISION (EU); decisión de la corte suprema declarando inconstitucional la segregación racial en las escuelas públicas.

BROWNOUT; apagón parcial.

BRUISE; magullar, abollar, herir.

BRUIT; rumorear.

BRUTAL; brutal, cruel, salvaje.

BRUTALIZE; tratar brutalmente.

BUBBLE; inversión fraudulenta.

BUCKET SHOP; lugar para compraventas ficticias de valores.

BUCKETING; recibo de órdenes de corretaje sin intención de realizar dichas transacciones.

BUDGET; presupuesto.

BUDGETARY; presupuestario.

BUFFER-ZONE; área separando dos tipos de zonificación.

BUG; micrófono oculto, error.

BUGGING; vigilancia electrónica.

BUILD; construir, formar, establecer.

BUILDER; constructor.

BUILDING; edificio, construcción.

BUILDING AND LOAN ASSOCIATION; sociedad de ahorro y préstamo para la construcción.

BUILDING CODE; ordenanzas de construcción, ley de edificación.

BUILDING CONTRACT; contrato de construcción.

BUILDING IS COVERED; el edificio tiene cubierta de seguro.

BUILDING LEASE; arrendamiento para edificación.

BUILDING LIEN; gravamen del constructor.

BUILDING LINE; línea de edificación.

BUILDING LOT; solar.

BUILDING MATERIALS; materiales de construcción.

BUILDING PERMIT; permiso para edificación, licencia para edificar.

BUILDING RESTRICTIONS; restricciones de edificación.

BUILT-IN; incorporado a.

BULK; agregado, bulto, cargamento.

BULK GOODS; mercancía a granel.

BULK MORTGAGE; hipoteca de propiedades agregadas.

BULK SALE; venta a granel.

BULK SALES ACTS; leyes para proteger a acreedores de ventas a granel clandestinas.

BULK TRANSFER; transferencia a granel.

BULL PEN; celda.

BULLET; bala.

BULLETIN; boletín, comunicado.

BULLION; oro o plata en lingotes.

BUM; vagabundo.

BUMPER; parachoques.

BUMPING; antigüedad, desplazamiento de un empleado por otro con más tiempo en el trabajo.

BUMPY; desigual, agitado.

BUNCO; estafa.

BUNCO GAME; juego para estafar.

BUNDLE; montón, manojo, suma de dinero.

BUNGALOW; casa de campo.

BUOY; boya.

BURDEN; carga, peso, obligación.

BURDEN OF PRODUCING EVIDENCE; obligación de presentar prueba, carga de producir pruebas suficientes para evitar una sentencia contraria, carga de la prueba.

BURDEN OF PROOF; carga de la prueba, peso de la prueba, obligación de probar.

BURDENSOME; opresivo, pesado.

BUREAU; negociado, oficina, agencia, departamento.

BUREAUCRACY; burocracia.

BUREAUCRAT; burócrata.

BUREAUCRATIC; burocrático.

BURFORD DOCTRINE (EU); doctrina bajo la cual el gobierno federal se abstiene de interferir en ciertas leyes de los estados.

BURGATOR; escalador.

BURGLAR; ladrón.

BURGLAR ALARM; alarma contra ladrones.

BURGLARIOUS; con intención de robo, con intención de escalamiento.

BURGLARIZE; robar.

BURGLARY; robo, escalamiento, hurto.

BURGLARY IN THE FIRST DEGREE; escalamiento en primer grado.

BURGLARY INSURANCE; seguro contra robos.

BURGLARY TOOLS; artículos usados para efectuar robos.

BURIAL; entierro, sepultura.

BURIAL EXPENSES; gastos funerarios.

BURIAL GROUND; cementerio.

BURN; quemar.

BURNT; quemado, escaldado.

BURROW; excavar, esconderse.

BURSAR; tesorero.

BURSARY; tesorería.

BURST; reventar, explotar, derribar.

BURYING-GROUND; cementerio.

BUSINESS; ocupación, negocio, tarea, asunto.

BUSINESS ACTIVITIES; actividades de negocio.

BUSINESS ADDRESS; domicilio comercial, dirección del negocio.

BUSINESS ADMINISTRATION; administración de empresas.

BUSINESS AGENT; agente comercial, administrador.

BUSINESS BAD DEBTS; deudas incobrables de negocio.

BUSINESS BROKER; corredor de empresas.

BUSINESS COMPULSION; coacción a un dueño de negocio.

BUSINESS CONTRACT; contrato de negocios, contrato mercantil.

BUSINESS CORPORATION; corporación de negocios, sociedad mercantil.

BUSINESS DAY; día laborable, día hábil.

BUSINESS DEAL; transacción comercial.

BUSINESS DISTRICT; distrito comercial.

BUSINESS DONE IN STATE; negocio comenzado y completado en un estado.

BUSINESS ENTERPRISE; empresa comercial.

BUSINESS EXPENSES; gastos incurridos en operar negocios.

BUSINESS GAINS; ganancias de negocios.

BUSINESS HOURS; horas de trabajo, horas laborables, horas de oficina.

BUSINESS INCOME; ingresos de la empresa.

BUSINESS INSURANCE; seguro de vida para empleados claves para la protección de una empresa.

BUSINESS INTERRUPTION INSURANCE; seguro contra pérdidas por interrupción de negocios.

BUSINESS INVITEE; quien va invitado a un local a llevar a cabo negocios.

BUSINESS LAW; derecho mercantil.

BUSINESS LEAGUE; asociación de negocios.

BUSINESS LOANS; préstamos comerciales.

BUSINESS LOSSES; pérdidas de negocios.

BUSINESS MONTH; mes de 30 días.

BUSINESS NAME; nombre de la empresa, denominación social.

BUSINESS OF BANKING; negocio bancario.

BUSINESS OF INSURANCE; negocio de seguros.

BUSINESS OPPORTUNITY; oportunidad comercial.

BUSINESS OR COMMERCIAL CORPORATION; corporación de negocios, sociedad mercantil.

BUSINESS OR OCCUPATION; negocio u ocupación.

BUSINESS PURPOSE; propósito comercial.

BUSINESS RECORDS; expedientes de negocio.

BUSINESS SITUS; domicilio comercial.

BUSINESS USAGE; uso comercial.

BUSINESS VISITOR; quien va invitado a un local a llevar a cabo negocios.

BUSINESSLIKE; sistemático, eficiente.

BUSINESSPERSON; persona de negocios, comerciante.

BUST OUT; escaparse de la cárcel.

BUT; pero, sino, menos que.

BUTTALS; lindes.

BUTTS AND BOUNDS; lindes, linderos.

BUY; comprar, creer en.

BUYER; comprador, agente comprador.

BUYING IN; compra en subasta por el mismo dueño o parte interesada.

BUYOUT; adquisición de un porcentaje de acciones que permita controlar la corporación.

BY; por, de, a, junto a.

BY-BIDDER; postor contratado por el dueño o su agente.

BY-BIDDING; ofertas hechas por un postor contratado por el dueño o su agente.

BY COLOR OF OFFICE; so color de cargo.

BY ESTIMATION; por estimado, aproximadamente.

BY LAW; de acuerdo con la ley.

BY-LAWS; reglamentos internos, estatutos.

BY REASON OF; por razón de.

BY THE BYE; incidentalmente, a propósito.

BY VIRTUE OF; en virtud de.

BYPASS; pasar de lado, pasar por alto.

BYPATH; desvío.

BYROAD; camino solitario y apartado.

BYSTANDER; espectador, circunstante.

BYSTREET; callejuela.

BYWAY; desvío.

CABALISTIC; secreto, misterioso.
CABANA; cabaña.
CABIN; cabaña, choza.
CABINET; gabinete.
CABINET COUNCIL; consejo de ministros.
CABINET MEETING; reunión de gabinete.
CABOTAGE; cabotaje.
CACHE; escondite, reserva secreta.
CACHET; sello distintivo, prestigio.
CADASTRAL; catastral.
CADASTRE; catastro.
CADAVER; cadáver.
CADET; cadete, hijo o hermano menor.
CADIT; ha fracasado, ha terminado.
CADUCA; caducar.
CADUCARY; caducario.
CADUCITY; caducidad.
CADUCOUS; caduco.
CAESAREAN OPERATION; operación cesárea.
CAETERIS TACENTIBUS; todos los demás guardando silencio.
CAETERORUM; administración del remanente.
CAGEY; astuto, evasivo.
CAGEYNESS; astucia, cautela.
CAHOOTS, IN; confabulado con.
CAJOLE; engatusar, persuadir.
CAJOLERY; engatusamiento
CALABOOSE; calabozo.
CALAMITOUS; calamitoso, desastroso.
CALAMITY; calamidad, desastre.
CALCULATED; premeditado, calculado.
CALCULATING; calculador, prudente.
CALCULATION; cálculo, cuidado.
CALENDAR; calendario, almanaque.
CALENDAR DAY; día calendario, día civil, día natural.

CALENDAR MONTH; mes calendario, mes civil.
CALENDAR WEEK; semana calendario, semana civil.
CALENDAR YEAR; año calendario, año civil.
CALL (n); citación, llamada, invitación, convocatoria.
CALL (v); citar, llamar, invitar, convocar.
CALL A MEETING; convocar una reunión.
CALL GIRL; prostituta.
CALL LOAN; préstamo pagadero a la demanda.
CALL MONEY; dinero pagadero a la demanda, dinero exigible.
CALL PRICE; precio al cual el emisor puede recomprar un bono.
CALL TO ORDER; llamar a la orden.
CALLABLE; pagadero a la demanda, retirable, redimible.
CALLED MEETING; reunión extraordinaria, reunión convocada.
CALLED UPON TO PAY; obligado a pagar.
CALLER; visitante, llamador.
CALLING; llamado, vocación.
CALLING TO THE BAR (RU); conferir el título de abogado.
CALUMNIAE; calumnia.
CALUMNIATE; calumniar.
CALUMNIATOR; calumniador.
CALUMNIOUS; calumnioso.
CALUMNY; calumnia.
CALVO DOCTRINE; doctrina Calvo.
CAMBIPARTIA; demanda en nombre de otro a cambio de parte de los daños.
CAMBIPARTICEPS; quien demanda en nombre de otro a cambio de parte de los daños.
CAMBIST; cambista, corredor.
CAMBIUM; intercambio.
CAMERA; cámara del juez.
CAMERALISTICS; la ciencia de las finanzas.
CAMERARIUS; tesorero.
CAMOUFLAGE; camuflaje, engaño.
CAMPAIGN; campaña.
CAMPARTUM; parte de un campo.
CAMPERS; porción, ración.
CAMPUM PARTIRE; dividir la tierra.
CANAL; canal, zanja.

CANALIZATION; canalización.

CANALIZE; canalizar.

CANCEL; cancelar, anular, eliminar.

CANCELER; anulador.

CANCELLATION; cancelación, anulación, eliminación.

CANCELLATION CLAUSE; cláusula resolutiva.

CANCELLED CHECK; cheque cancelado.

CANDID; imparcial, sincero.

CANDIDACY; candidatura.

CANDIDATE; candidato.

CANDIDATURE; candidatura.

CANDIDLY; cándidamente, ingenuamente.

CANDOR; candor, imparcialidad.

CANNILY; astutamente, sutilmente.

CANNINESS; astucia, sutileza.

CANON; canon, regla.

CANON OF PROFESSIONAL RESPONSIBILITY; normas de ética profesional, cánones de ética profesional.

CANONS OF CONSTRUCTION; reglas de interpretación, reglas de hermenéutica.

CANONS OF DESCENT; reglas de sucesión.

CANONS OF INHERITANCE; reglas de sucesión.

CANONS OF JUDICIAL ETHICS; normas de ética judicial.

CANONS OF TAXATION; normas para establecer contribuciones.

CANT; licitación.

CANVASS; escrutinio, solicitación de votos.

CANVASSER; quien cuenta votos, quien solicita votos.

CAP; límites, límites en demandas por daños.

CAPABILITY; capacidad, aptitud.

CAPABLE; capaz, competente.

CAPACITATE; capacitar, acreditar.

CAPACITY; capacidad, aptitud legal.

CAPACITY DEFENSE; defensa basada en la incapacidad de responder por las acciones.

CAPACITY TO SUE; capacidad para demandar.

CAPAX DOLI; capaz de cometer crimen.

CAPAX NEGOTII; capaz de negociar.

CAPIAS; tomar, orden de arresto.

CAPIAS AD AUDIENDUM JUDICIUM; orden para traer al demandado ante el tribunal.

CAPIAS AD RESPONDENDUM; orden para arrestar al demandado y traerlo ante el tribunal.

CAPITA, PER; por cabeza, per capita.

CAPITA; capita.

CAPITAL; capital.

CAPITAL AND INTEREST; capital e intereses.

CAPITAL ASSETS; activo permanente.

CAPITAL CASE; juicio en que el crimen conlleva la pena capital.

CAPITAL CRIME; crimen con pena de muerte.

CAPITAL GAINS; ganancias de capital.

CAPITAL GAINS TAX; contribución sobre ganancias de capital.

CAPITAL INVESTMENT; inversión de capital.

CAPITAL LOSS; pérdida de capital.

CAPITAL OFFENSE; crimen con pena de muerte.

CAPITAL OUTLAY; dinero invertido.

CAPITAL PUNISHMENT; pena capital, pena de muerte.

CAPITAL STOCK; capital en acciones.

CAPITALE; algo hurtado.

CAPITALIS DEBITOR; deudor principal.

CAPITALIST; capitalista.

CAPITALIZATION; capitalización.

CAPITATION TAX; impuesto de capitación.

CAPITULA; colecciones de leyes bajo encabezamientos.

CAPITULARY; capitulario.

CAPITULATE; capitular.

CAPITULATION; capitulación, recapitulación.

CAPRICE; capricho.

CAPRICIOUS; caprichoso.

CAPTAIN; capitán.

CAPTAINCY; capitanía.

CAPTAINSHIP; capitanía.

CAPTATION; captación.

CAPTION; encabezamiento, leyenda, epígrafe.

CAPTIVATE; cautivar.

CAPTIVATION; fascinación.

CAPTIVATOR; cautivador, fascinador.

CAPTIVE; cautivo, cautivado.

CAPTIVE AUDIENCE; público cautivo, personas que presencian algo en contra de su voluntad.

CAPTIVITY; cautiverio, prisión.

CAPTOR; apresador, capturador.

CAPTURE; captura, toma.

CARCASS; cadáver.

CARCELAGE; derechos de cárcel.

CARD INDEX; fichero, índice.

CARDINAL; principal, fundamental.

CARE; cuidado, atención, preocupación, cargo.

CAREEN; carenar, volcar.

CAREER; carrera, curso de vida.

CAREFUL; cuidadoso, meticuloso.

CAREFULLY; cuidadosamente, meticulosamente.

CAREFULNESS; cuidado, cautela.

CARELESS; descuidado, negligente.

CARELESSLY; descuidadamente, negligentemente.

CARELESSNESS; descuido, negligencia.

CARGO; carga, cargamento.

CARISTIA; escasez.

CARNAGE; matanza, carnicería.

CARNAL; carnal, sexual.

CARNAL ABUSE; abuso carnal.

CARNAL KNOWLEDGE; ayuntamiento carnal, coito.

CARNALITY; carnalidad, lujuria.

CARNOSITY; carnosidad.

CARPING; capcioso, mordaz.

CARRIER; portador, transportista, cargador, mensajero, carrero.

CARRIER'S LIEN; gravamen del portador, gravamen del transportista.

CARRY; cargar, llevar, tener, portar.

CARRY AN ELECTION; ganar una elección.

CARRY ARMS; portar armas.

CARRY-BACK; pérdidas netas que se incluyen al volver a computar los impuestos de años anteriores.

CARRY INSURANCE; estar asegurado.

CARRY ON A TRADE OR BUSINESS; mantener un negocio.

CARRY-OVER; pérdidas que se pueden incluir en la planilla tributaria para años subsiguientes.

CARRY WEAPONS; portar armas.

CARRYING AWAY; llevarse algo, hurtar.

CARRYING CHARGE; cargo por ventas a plazo en adición a intereses, gastos de transporte, gasto incidental, sobregasto, recargo.

CARRYING CONCEALED WEAPONS; llevar armas ocultas.

CARTAGE; transporte, costo del transporte.

CARTE BLANCHE; carta en blanco, carta blanca.

CARTEL; cartel, asociación, monopolio.

CARTULARY; cartulario.

CASE; caso, causa, acción.

CASE AGREED ON; acuerdo de las dos partes sobre los hechos.

CASE CERTIFIED; controversia de ley llevada de una corte inferior a una superior.

CASE HISTORY; antecedentes.

CASE IN POINT; caso en cuestión.

CASE LAW; precedentes, jurisprudencia.

CASE MADE; acuerdo entre abogados presentado al tribunal.

CASE OR CONTROVERSY; caso o controversia, (EU) doctrina que exige que los tribunales sólo decidan casos o controversias reales y concretos.

CASE STATED; acuerdo de las dos partes sobre los hechos.

CASE SYSTEM (EU); estudio de leyes a través de la jurisprudencia.

CASEBOOK; libro de casos con discusiones, libro de enseñanza basado en casos concretos.

CASEWORKER; trabajador social.

CASH; efectivo, dinero.

CASH ACCOUNT; cuenta de caja.

CASH BAIL; fianza en efectivo.

CASH DISCOUNT; descuento por pago en efectivo.

CASH DIVIDEND; dividendo en efectivo.

CASH FLOW; flujo de fondos, flujo de caja.

CASH MARKET VALUE; valor en el mercado, valor en el mercado en efectivo.

CASH ON DELIVERY; entrega contra pago.

CASH PRICE; precio al contado.

CASH REGISTER; caja registradora.

CASH SALE; venta al contado.

CASH SURRENDER VALUE; valor de rescate en efectivo.

CASH VALUE; valor en efectivo.

CASHBOOK; libro de caja.

CASHIER (n); cajero.

CASHIER (v); despedir, dar de baja.

CASHIER'S CHECK (EU); cheque de caja, cheque bancario.

CASHIERED; dado de baja en desgracia.

CASHLITE; multa.

CASSARE; anular.

CASSATION, COURT OF; corte de casación.

CASSATION; casación, anulación, revocación.

CAST; lanzar, echar, depositar.

CAST AWAY; rechazar.

CAST OFF; desechar, zarpar.

CASTAWAY; náufrago.

CASTIGATE; castigar.

CASTIGATION; castigo.

CASTING VOTE; voto decisivo.

CASTLE DOCTRINE; doctrina que permite defender el hogar a como dé lugar.

CASUAL; casual, accidental, ocasional.

CASUAL BETTOR; apostador ocasional.

CASUAL CONDITION; condición aleatoria.

CASUAL DEFICIT; déficit casual.

CASUAL EMPLOYMENT; empleo temporero.

CASUAL EVIDENCE; prueba incidental.

CASUAL SALE; venta ocasional.

CASUALLY; casualmente, informalmente.

CASUALTY; accidente, contingencia, baja.

CASUALTY INSURANCE; seguro de responsabilidad pública, seguro de contingencia, seguro de responsabilidad por accidentes.

CASUALTY LOSS; pérdida por accidente.

CASUS FORTUITUS; caso fortuito, evento inesperado.

CASUS MAJOR; fuerza mayor, evento poco usual.

CASUS OMISSUS; caso omitido.

CATACLYSM; cataclismo.

CATASTROPHE; catástrofe, calamidad.

CATASTROPHIC; catastrófico.

CATCH; atrapar, coger, contraer.

CATCHING BARGAIN; contrato leonino.

CATCHINGS; presas.

CATEGORICAL QUESTION; pregunta categórica.

CATER COUSIN; primo en cuarto grado.

CATTILY; maliciosamente.

CATTLE; ganado.

CATWALK; pasadizo angosto.

CAUCASIAN; caucásico.

CAUCUS; junta de dirigentes.

CAUSA CAUSANS; causa inmediata.

CAUSA HOSPITANDI; con el propósito de ser recibido como visita.

CAUSA LIST (RU); lista de causas.

CAUSA MORTIS; por causa de muerte, causa mortis.

CAUSA MORTIS DONATIO; donación por causa de muerte.

CAUSA MORTIS GIFT; regalo por causa de muerte.

CAUSA SINE QUA NON; causa necesaria, causa sine qua non.

CAUSAL RELATION; relación causal.

CAUSARE; causar, litigar.

CAUSATION; casualidad, proceso causativo.

CAUSATIVE; causante.

CAUSATOR; litigante.

CAUSE (n); causa, juicio, acción.

CAUSE (v); causar, obligar.

CAUSE IN FACT; causa que ocasiona otro evento, concausa.

CAUSE LIST (RU); lista de causas.

CAUSE OF ACTION; derecho de acción.

CAUSE OF INJURY; causa de la lesión.

CAUSELESS; sin causa.

CAUSES CELEBRES; casos célebres.

CAUSEWAY; calzada elevada.

CAUSIDICUS; abogado.

CAUTIO; precaución, garantía.

CAUTIO PRO EXPENSIS; fianza para costas, garantía por gastos.

CAUTION (n); cautela, precaución.

CAUTION (v); advertir.

CAUTION JURATORY; caución juratoria.

CAUTIONARY; preventivo, avisador.

CAUTIONARY INSTRUCTION; instrucción al jurado que limita la prueba a propósitos específicos.

CAUTIONARY JUDGMENT; sentencia de gravamen sobre la propiedad del demandado.

CAUTIOUS; cauteloso, prudente.

CAUTIOUSLY; cautelosamente, prudentemente.

CAVEAT; aviso formal indicando precaución, advertencia, notificación de suspender el procedimiento, caveat.

CAVEAT ACTOR; que tenga cuidado el actor, a riesgo del actor.

CAVEAT EMPTOR; que tenga cuidado el comprador, a riesgo del comprador, caveat emptor.

CAVEAT TO WILL; advertencia contra la validación de un testamento.

CAVEAT VENDITOR; que tenga cuidado el vendedor.

CAVEATOR; quien advierte, oponente, autor de un pleito por falsificación.

CAVERE; ser precavido, tener cuidado.

CEASE; cesar, desistir.

CEASE AND DESIST ORDER; orden para cesar alguna actividad.

CEASE-FIRE; tregua.

CEASELESS; incesante, perpetuo.

CEDE; ceder, traspasar.

CEDENT; quien cede.

CELATION; ocultación de embarazo o parto.

CELEBRATE; celebrar.

CELEBRATION; celebración.

CELEBRATION OF MARRIAGE; celebración del matrimonio.

CELIBACY; celibato.

CELIBATE; célibe.

CELL; celda, cédula.

CELLULAR PHONE; teléfono celular.

CEMETERY; cementerio.

CENNINGA; aviso de quien compra a quien vende de que los bienes han sido reclamados por un tercero.

CENSOR; censor.

CENSORIAL; censorio, relativo al censo.

CENSORSHIP; censura.

CENSURABLE; censurable.

CENSURE; censura.

CENSUS; censo, empadronamiento.

CENSUS BUREAU; oficina de censo.

CENSUS REGALIS (RU); ingresos de la corona.

CENSUS TAKER; empadronador, empleado de la oficina de censo.

CENTRAL; central, principal.

CENTRAL CRIMINAL COURT (RU); tribunal penal central.

CENTRAL INTELLIGENCE AGENCY (EU); Agencia Central de Inteligencia.

CENTRALISM; centralismo.

CENTRALIST; centralista.

CENTRALIZATION; centralización.

CENTRIST; centrista.

CENTURY; siglo.

CEREMONIAL MARRIAGE; matrimonio solemne.

CEREMONY; ceremonia.

CERTAIN; cierto, fijo, inevitable.

CERTAIN CONTRACT; contrato cierto.

CERTAINLY; ciertamente.

CERTAINTY; certeza, algo seguro.

CERTIFIABLE; certificable.

CERTIFICATE; certificado, testimonio, obligación.

CERTIFICATE INTO CHANCERY; dictamen de una corte de derecho estricto sobre una materia presentada por una corte de equidad.

CERTIFICATE OF ACKNOWLEDGEMENT; acta notarial de reconocimiento.

CERTIFICATE OF AMENDMENT; certificado de enmienda, documento indicando cambios en la acta constitutiva.

CERTIFICATE OF AUTHORITY (EU); certificado autorizando la operación de una corporación de otro estado.

CERTIFICATE OF BIRTH; certificado de nacimiento.

CERTIFICATE OF DEATH; certificado de defunción.

CERTIFICATE OF DEPOSIT; certificado de depósito.

CERTIFICATE OF DISSOLUTION; certificado de disolución.

CERTIFICATE OF EVICTION; orden de desahucio.

CERTIFICATE OF GOOD CONDUCT; certificado de buena conducta.

CERTIFICATE OF IDENTITY; certificado de identidad.

CERTIFICATE OF INCORPORATION; certificado de incorporación, acta constitutiva.

CERTIFICATE OF INDEBTEDNESS; certificado de deuda.

CERTIFICATE OF INSURANCE; documento certificando cobertura de seguro.

CERTIFICATE OF MARRIAGE; certificado de matrimonio.

CERTIFICATE OF OCCUPANCY; documento certificando que un local cumple con las leyes de zonificación y/o edificación.

CERTIFICATE OF ORIGIN; certificado de origen.

CERTIFICATE OF PURCHASE; certificado de compra.

CERTIFICATE OF REGISTRY; certificado de registro.

CERTIFICATE OF SALE; certificado de venta.

CERTIFICATE OF TITLE; certificado de título, certificado de propiedad.

CERTIFICATION; certificación.

CERTIFICATION MARK; marca de identificación, certificación de marca.

CERTIFICATION OF CHECK; certificación de cheque.

CERTIFIED; certificado.

CERTIFIED CHECK; cheque certificado.

CERTIFIED COPY; copia certificada.

CERTIFIED MAIl; correo certificado.

CERTIFIED PUBLIC ACCOUNTANT; contador público autorizado.

CERTIFY; certificar, atestiguar.

CERTIORARI; auto de certiorari, auto de avocación, escrito emitido de una corte superior a una inferior para revisión.

CERTITUDE; certidumbre.

CESARIAN; cesáreo.

CESSATION; cesación, suspensión.

CESSER; cesación, descuido, cesación de responsabilidad.

CESSET EXECUTIO; orden para posponer una ejecución.

CESSET PROCESSUS; orden para posponer los procedimientos en la acción.

CESSION; cesión.

CESSION OF GOODS; cesión de bienes.

CESSIONARY; cesionario.

CESSIONARY BANKRUPT; insolvente que cede sus bienes a sus acreedores.

CESSMENT; contribución, impuesto.

CESSOR; quien abandona un deber tiempo suficiente para poder sufrir consecuencias legales.

CESTUI; aquel que, el beneficiario de un fideicomiso.

CESTUI QUE TRUST; el beneficiario de un fideicomiso.

CESTUI QUE USE; persona que cede el uso de una propiedad a otra.

CESTUI QUE VIE; persona a quien se le ceden bienes de por vida.

CHAFFER; negocio, regateo.

CHAFFERY; comercio, negocio.

CHAGRIN; mortificación, disgusto.

CHAIN CONSPIRACY; complot dividido en partes.

CHAIN OF CUSTODY; historial de custodia.

CHAIN OF POSSESSION; historial de posesión.

CHAIN OF TITLE; historial del título de propiedad.

CHAIN REACTION; reacción en cadena.

CHAIN STORES; cadena de tiendas.

CHAIR; presidente.

CHAIRMAN; presidente.

CHAIRMANSHIP; presidencia.

CHAIRPERSON; presidente.

CHAIRWOMAN; presidenta.

CHALLENGE (n); recusación, objeción, tacha, reto.

CHALLENGE (v); recusar, objetar, retar.

CHALLENGE FOR CAUSE; recusación justificada.

CHALLENGE TO FIGHT; reto a duelo.

CHALLENGE TO JURY ARRAY; recusación del jurado completo.

CHALLENGER; demandante, objetante, retador.

CHALLENGING; provocador, provocativo.

CHAMBER; cámara, cuarto, recámara.

CHAMBER BUSINESS; toda actividad del juez fuera de audiencia.

CHAMBER OF COMMERCE; cámara de comercio.

CHAMBERS; despacho del juez.

CHAMPERTOR; quien mantiene una demanda por un tercero con interés creado.

CHAMPERTOUS; en la naturaleza de una demanda mantenida por un tercero con interés creado.

CHAMPERTY; mantenimiento de una demanda por un tercero con interés creado.

CHAMPION; defensor, paladín.

CHANCE; fortuna, casualidad, posibilidad.

CHANCE BARGAIN; contrato a riesgo propio.

CHANCE-MEDLEY; riña fortuita, homicidio en defensa propia.

CHANCELLOR; canciller, decano.

CHANCER; ajustar a los principios de la corte de equidad.

CHANCERY; equidad, corte de equidad.

CHANCY; arriesgado, peligroso.

CHANDLER ACT (EU); enmienda a la ley de quiebras de 1938.

CHANGE (n); cambio, alteración.

CHANGE (v); cambiar, convertir, alterar.

CHANGE OF BENEFICIARY; cambio de beneficiario.

CHANGE OF CIRCUMSTANCES; cambio en circunstancias.

CHANGE OF DOMICILE; cambio de domicilio.

CHANGE OF HEART; cambio de parecer.

CHANGE OF VENUE; traslado de sala.

CHANGEABLE; cambiable, variable.

CHANGEFUL; variable.

CHANGELESS; inmutable, constante.

CHANGEOVER; cambio, alteración.

CHANNEL; canal, cauce, caño.

CHAOS; caos.

CHAOTIC; caótico.

CHAPMAN; vendedor ambulante.

CHAPTER; capítulo, organización local.

CHAPTER 7 BANKRUPTCY (EU); bancarrota directa, quiebra.

CHAPTER 11 BANKRUPTCY (EU); reorganización del negocio bajo la ley de quiebras.

CHAPTER 12 BANKRUPTCY (EU); convenio especial para el pago de deudas del granjero familiar bajo la ley de quiebras.

CHAPTER 13 BANKRUPTCY (EU); convenio para el pago de deudas por un deudor asalariado bajo la ley de quiebras.

CHARACTER; carácter, temperamento, distintivo.

CHARACTER AND HABIT; las características morales de una persona determinadas por su reputación y conducta.

CHARACTER EVIDENCE; prueba concerniente a la reputación de una persona.

CHARACTER WITNESS; testigo sobre el carácter de una persona.

CHARACTERISTIC; característica, cualidad.

CHARACTERIZATION; determinación de las leyes aplicables a un caso, caracterización.

CHARGE (n); acusación, carga, cargo, comisión.

CHARGE (v); acusar, imponer una carga, cobrar.

CHARGE ACCOUNT; cuenta a crédito.

CHARGE D'AFFAIRES; representante diplomático.

CHARGE-SHEET; registro policial.

CHARGE TO JURY; instrucciones al jurado.

CHARGEABLE; acusable, imponible.

CHARGES; cargos, acusaciones.

CHARGING LIEN; gravamen de abogado.

CHARINESS; cautela.

CHARISMA; carisma, liderazgo, poder de captación.

CHARITABLE; caritativo, benéfico.

CHARITABLE BEQUEST; legado caritativo.

CHARITABLE CONTRIBUTIONS; contribuciones caritativas.

CHARITABLE CORPORATION; corporación caritativa sin fines de lucro, sociedad caritativa sin fines de lucro.

CHARITABLE DEDUCTION; deducción por contribuciones caritativas.

CHARITABLE FOUNDATION; fundación caritativa sin fines de lucro.

CHARITABLE GIFT; donación caritativa.

CHARITABLE INSTITUTION; institución caritativa.

CHARITABLE ORGANIZATION; organización caritativa.

CHARITABLE PURPOSE; fines caritativos.

CHARITABLE TRUST; fideicomiso caritativo.

CHARITABLE USE; uso caritativo.

CHARITABLENESS; caridad, beneficencia.

CHARITABLY; caritativamente.

CHARITY; caridad, beneficencia, bondad.

CHARLATAN; charlatán, embaucador.

CHARLATANISM; charlatanismo.

CHART; carta de navegar, diagrama, esquema.

CHARTA; carta, escritura, cédula, documento constitucional.

CHARTER (n); carta, escritura de constitución, contrato de fletamento.

CHARTER (v); fletar, alquilar.

CHARTER OF AFFREIGHTMENT; fletamento.

CHARTER PARTY; contrato de fletamento.

CHARTERED ACCOUNTANT (RU); contador público autorizado.

CHARTERED LIFE UNDERWRITER; suscriptor de seguros de vida autorizado.

CHARTERED SHIP; embarcación fletada.

CHARTERER; fletador.

CHARTLESS; sin rumbo.

CHARY; cuidadoso, cauteloso.

CHASE; perseguir, acosar.

CHASER; perseguidor, acosador.

CHASM; abismo, ruptura.

CHASTE; casto, puro.

CHASTE CHARACTER; carácter puro.

CHASTELY; castamente, púdicamente.

CHASTENESS; castidad, pureza.

CHASTISE; castigar, corregir.

CHASTITY; castidad.

CHAT; charla.

CHATTEL; bien mueble.

CHATTEL INTEREST; interés parcial en un bien mueble.

CHATTEL LIEN; gravamen en bien inmueble.

CHATTEL MORTGAGE; hipoteca sobre bienes muebles, hipoteca mobiliaria.

CHAUD-MEDLEY; riña pasional, homicidio pasional.

CHAUFFEUR; chofer.

CHEAT (n); tramposo, trampa, engaño.

CHEAT (v); engañar, hacer trampa.

CHECK (n); cheque, control, verificación.

CHECK (v); controlar, revisar, detener.

CHECK KITING; girar un cheque sin fondos en anticipación de depósitos futuros.

CHECKING ACCOUNT; cuenta de cheques.

CHECKPOINT; punto de inspección.

CHECKS AND BALANCES; sistema de control y balance entre las ramas del gobierno.

CHEMICAL ANALYSIS; análisis químico.

CHEQUE; cheque.

CHEVANTIA; préstamo monetario.

CHEVISANCE; convenio.

CHICANE; trampa, tramoya.

CHIEF (adj); principal.

CHIEF (n); jefe, director.

CHIEF CLERK; secretario del tribunal.

CHIEF EXECUTIVE; primer mandatario.

CHIEF JUDGE; presidente de un tribunal, juez presidente.

CHIEF JUSTICE; presidente de un tribunal, juez presidente.

CHIEF MAGISTRATE; primer magistrado, presidente del tribunal supremo.

CHIEF OF POLICE; superintendente de la policía.

CHIEF OF STATE; jefe de estado.

CHIEF OFFICE; oficina principal.

CHIEF USE; uso general.

CHIEFLY; principalmente.

CHILD; niño, niña, hijo, hija, criatura.

CHILD ABUSE; abuso de menores.

CHILD LABOR; empleo de menores.

CHILD LABOR LAWS; leyes para proteger a menores en el empleo.

CHILD SUPPORT; alimentos para menores, obligación alimenticia.

CHILD'S PART; parte de una herencia correspondiendo a un hijo, parte de una herencia correspondiente a una hija.

CHILD'S WELFARE; bienestar de un menor.

CHILDBEARING; capacitada para la maternidad.

CHILDBIRTH; parto.

CHILDHOOD; niñez.

CHILDREN; niños, hijos, menores.

CHILDREN'S COURT; tribunal tutelar de menores.

CHILLING A SALE; conspiración para obtener bienes bajo el valor justo de mercado.

CHILLING BIDS; actos o palabras para impedir la libre competencia entre postores en subastas.

CHINESE WALL; barrera de comunicación entre abogados de un mismo bufete que permite a dicha firma representar a una parte aun cuando algún miembro haya defendido a la parte adversaria en otra ocasión.

CHIROGRAPH; escritura, contrato, escritura en dos partes correspondientes.

CHIROGRAPHUM; algo escrito a mano.

CHOATE; completo, perfeccionado.

CHOATE LIEN; gravamen perfeccionado.

CHOICE; selección, opción.

CHOICE OF LAW; selección de la ley aplicable.

CHOKE; estrangular, ahogar, asfixiar.

CHOOSE; escoger, decidir por.

CHOPPY; descontinuo, incoherente.

CHOSE IN ACTION; cosa litigiosa.

CHOSE IN POSSESSION; cosa en posesión.

CHOSE LOCAL; cosa local.

CHOSE TRANSITORY; cosa mueble.

CHRONIC; crónico.

CHRONIC ALCOHOLISM; alcoholismo crónico.

CHRONICALLY; crónicamente.

CHRONICLE (n); crónica.

CHRONICLE (v); relatar.

CHRONOLOGIC; cronológico.

CHRONOLOGICALLY; cronológicamente.

CHURNING; transacciones excesivas de parte de un corredor de valores para generar comisiones.

CIBARIA; comida.

CIPHER; código, cifra.

CIPHER MESSAGE; mensaje en clave.

CIRCA; alrededor de, circa.

CIRCUIT; circuito, jurisdicción.

CIRCUIT COURT; tribunal de circuito.

CIRCUIT COURT OF APPEALS (EU); tribunal federal de apelaciones.

CIRCUITY OF ACTION; curso indirecto de una acción.

CIRCULATED; circulado, diseminado.

CIRCULATION; circulación, diseminación.

CIRCULATOR; divulgador.

CIRCUMAMBIENCY; medio, ambiente.

CIRCUMAMBIENT; circundante.

CIRCUMAMBULATE; vagar, andar alrededor de.

CIRCUMSCRIBE; circunscribir, limitar.

CIRCUMSCRIPTION; circunscripción, limitación.

CIRCUMSPECT; circunspecto, discreto, cauteloso.

CIRCUMSPECTION; circunspección, discreción, cautela.

CIRCUMSTANCES; circunstancias, incidentes, detalles.

CIRCUMSTANTIAL; circunstancial.

CIRCUMSTANTIAL EVIDENCE; prueba circunstancial.

CIRCUMSTANTIALLY; circunstancialmente.

CIRCUMVENT; circunvenir, enredar, burlar, evadir.

CIRCUMVOLUTION; circunvolución, rodeo.

CITATION; citación, emplazamiento.

CITATION OF AUTHORITIES; mención de autoridades y precedentes.

CITATORS; tomos que recopilan el historial judicial de los casos.

CITATORY; citatorio.

CITE; citar, mencionar.

CITIZEN; ciudadano.

CITIZEN-INFORMANT; informador sin recompensa.

CITIZEN'S ARREST; arresto por persona particular.

CITIZENRY; ciudadanía.

CITIZENSHIP; ciudadanía.

CITIZENSHIP PAPERS; certificado de ciudadanía.

CITY; ciudad, población.

CITY COUNCIL; consejo municipal, consejo de la ciudad.

CITY COURTS; tribunales municipales, tribunales de la ciudad.

CITY HALL; municipalidad, gobierno municipal, alcaldía, gobierno de la ciudad.

CITY PLANNING; planificación municipal, planificación de la ciudad.

CITY-STATE; ciudad-estado.

CIVIC; cívico, ciudadano.

CIVIC ENTERPRISE; empresa cívica.

CIVIL; civil, ciudadano, atento.

CIVIL ACTION; acción civil.

CIVIL ARREST; arresto civil, arresto por persona particular.

CIVIL AUTHORITY CLAUSE; cláusula en póliza de seguros que protege contra daños ocasionados por las autoridades civiles.

CIVIL BAIL; caución por acción civil.

CIVIL CODE; código civil.

CIVIL COGNATION; cognación civil.

CIVIL COMMITMENT; confinación civil.

CIVIL COMMOTION; insurrección civil.

CIVIL CONSPIRACY; conspiración civil.

CIVIL CONTEMPT; desacato civil.

CIVIL COURT; juzgado de lo civil.

CIVIL DAMAGE ACTS; leyes que responsabilizan a quien sirve alcohol a una persona cuando esa persona se lesiona posteriormente.

CIVIL DAY; día civil.

CIVIL DEATH; muerte civil.

CIVIL DEFENSE; defensa civil.

CIVIL DISABILITIES; incapacidad jurídica.

CIVIL DISOBEDIENCE; desobediencia civil.

CIVIL DISORDER; alteración civil.

CIVIL FRAUD; fraude en materia civil.

CIVIL INJURY; daño civil, perjuicio civil.

CIVIL JURY TRIAL; juicio con jurado en acción civil.

CIVIL LAW; derecho civil.

CIVIL LAWYER; abogado en materia civil.

CIVIL LIABILITY; responsabilidad civil.

CIVIL LIABILITY ACTS; leyes que responsabilizan a quien sirve alcohol a una persona cuando esa persona se lesiona posteriormente.

CIVIL LIBERTIES; libertades civiles, derechos civiles.

CIVIL MARRIAGE; matrimonio civil.

CIVIL MONTH; mes civil.

CIVIL NATURE; de naturaleza civil.

CIVIL NUISANCE; estorbo civil, acto perjudicial civil.

CIVIL OBLIGATION; obligación civil.

CIVIL OFFENSE; infracción civil.

CIVIL OFFICE; oficina municipal, función civil.

CIVIL OFFICER; funcionario civil.

CIVIL PENALTIES; penalidades civiles.

CIVIL POSSESSION; posesión civil.

CIVIL PROCEDURE; procedimientos de la ley civil, procedimiento civil, enjuiciamiento civil, ley civil.

CIVIL PROCESS; proceso civil.

CIVIL REMEDY; recurso civil, acción civil.

CIVIL RESPONSIBILITY; responsabilidad civil.

CIVIL RIGHTS; derechos civiles.

CIVIL RIGHTS ACT; ley de derechos civiles.

CIVIL RIGHTS COMMISSION; comisión de derechos civiles.

CIVIL RULES; procedimientos civiles.

CIVIL SERVANT; funcionario público.

CIVIL SERVICE; administración pública.

CIVIL SIDE; sala de lo civil.

CIVIL STATUTE; ley civil.

CIVIL SUIT; litigio civil.

CIVIL TRIAL; juicio civil.

CIVIL WAR; guerra civil.

CIVIL WEEK; semana civil.

CIVIL YEAR; año civil.

CIVILIAN; civil.

CIVILIS; civil.

CIVILITER; civilmente.

CIVILITER MORTUUS; civilmente muerto.

CIVILIZATION; civilización.

CLAIM (n); reclamo, reclamación, demanda, derecho, título.

CLAIM (v); reclamar, demandar, alegar.

CLAIM AND DELIVERY; acción para recobrar bienes personales más daños y perjuicios.

CLAIM JUMPING; reclamo de mina de otro en espera de que su título sea inválido.

CLAIM OF OWNERSHIP, RIGHT AND TITLE; acción petitoria relativa a la propiedad.

CLAIM PROPERTY BOND; caución en acción reivindicatoria.

CLAIMABLE; reclamable.

CLAIMANT; demandante, reclamante, denunciante, actor.

CLAIMS COURT; tribunal para juicios contra el gobierno.

CLAM; clandestinamente.

CLAMOR; querella.

CLANDESTINE; clandestino.

CLANDESTINELY; clandestinamente.

CLANDESTINITY; clandestinidad.

CLARIFICATION; clarificación, esclarecimiento.

CLARIFY; clarificar, esclarecer.

CLARITY; claridad.

CLASH; chocar, discordar.

CLASS; clase, categoría.

CLASS ACTION; litigio entablado en representación de un grupo.

CLASS GIFT; regalo a un grupo de personas.

CLASS LEGISLATION; legislación clasista, legislación aplicable a ciertas personas.

CLASS OF STOCK; categoría de acciones.

CLASS SUITS; litigio entablado en representación de un grupo.

CLASSIC; clásico, típico.

CLASSICAL; clásico.

CLASSIFIABLE; clasificable.

CLASSIFICATION; clasificación.

CLASSIFICATION OF CRIMES; agrupamiento de crímenes.

CLASSIFICATION OF RISKS; clasificación de riesgos.

CLASSIFICATORY; clasificador.

CLASSIFIED; clasificado, (EU) secreto.

CLASSIFIED ADVERTISEMENT; anuncio clasificado.

CLASSIFY; clasificar.

CLAUSE; cláusula, artículo, estipulación.

CLAYTON ACT (EU); ley federal con reglamentos contra monopolios.

CLEAN; limpio, inocente, libre, honesto.

CLEAN ACCEPTANCE; aceptación general, aceptación libre.

CLEAN AIR ACTS; leyes para el control de la contaminación del aire.

CLEAN BILL; letra de cambio libre de otros documentos.

CLEAN BILL OF EXCHANGE; letra de cambio libre de otros documentos.

CLEAN BILL OF HEALTH; certificado de salud.

CLEAN BILL OF LADING; conocimiento de embarque sin restricciones.

CLEAN HANDS; inocente.

CLEAN HANDS DOCTRINE; doctrina que niega remedio a demandantes que han obrado culpable o injustamente en la materia del litigio.

CLEAN OUT; dejar limpio, expulsar.

CLEAN WATER ACTS; leyes para el control de la contaminación del agua.

CLEANHANDED; con las manos limpias, intachable.

CLEAR (adj); claro, libre, limpio.

CLEAR (v); aclarar, absolver, librar, limpiar.

CLEAR AND CONVINCING PROOF; prueba clara y contundente.

CLEAR ANNUITY; anualidad exenta.

CLEAR CHANCE; oportunidad clara para evitar un accidente.

CLEAR-CUT; evidente, inequívoco.

CLEAR DAYS; días enteros.

CLEAR EVIDENCE; prueba clara, prueba positiva.

CLEAR EVIDENCE OR PROOF; prueba clara, prueba positiva.

CLEAR-HEADED; racional.

CLEAR IN; acatarse a las normas de aduana para importar.

CLEAR LEGAL RIGHT; derecho deducible por ley.

CLEAR MARKET PRICE; valor evidente en el mercado, valor justo en el mercado.

CLEAR OUT; acatarse a las normas de aduana para exportar.

CLEAR TITLE; título limpio.

CLEAR VIEW DOCTRINE; doctrina que permite a la policía en un allanamiento legítimo confiscar objetos a simple vista y luego presentarlos como evidencia.

CLEARANCE; autorización, franquicia, despacho.

CLEARANCE CARD; carta describiendo el trabajo de una persona al finalizar su servicio.

CLEARANCE CERTIFICATE; certificado de cumplimiento de los requisitos de aduana.

CLEARANCE PAPERS; certificación de cumplimiento de los requisitos de aduana.

CLEARING; aclaración, compensación, despeje, partida de una embarcación tras cumplir los requisitos establecidos.

CLEARING TITLE; saneamiento de título, limpieza de título, librar título de gravámenes.

CLEARINGHOUSE; establecimiento de liquidación, centro distribuidor, cámara de compensación.

CLEARLY; evidentemente, abiertamente.

CLEARLY ERRONEOUS; evidentemente erróneo.

CLEARLY PROVED; claramente demostrado.

CLEARNESS; claridad.

CLEMENCY; clemencia, indulgencia.

CLEMENT; clemente.

CLENCH; apretar, agarrar.

CLERICAL; clerical.

CLERICAL ERROR; error de pluma, error de copia, error material.

CLERICAL MISPRISION; error intencional del secretario del tribunal.

CLERK; secretario del tribunal, empleado de oficina.

CLERK OF THE HOUSE OF COMMONS; Secretario de la Cámara de los Comunes.

CLERK OF THE MARKET; superintendente de un mercado público.

CLERK OF THE PEACE; secretario del tribunal de la paz.

CLERKSHIP; periodo en que un estudiante de leyes trabaja para un abogado o juez.

CLIENT; cliente.

CLIENTELE; clientela.

CLIMACTIC; culminante, decisivo.

CLIMAX; clímax.

CLING; agarrarse, mantenerse fiel a.

CLOSE (adj); cerrado, restringido, cercano.

CLOSE (n); terreno cercado, fin.

CLOSE (v); cerrar, concluir, obstruir.

CLOSE COPIES; copias informales.

CLOSE CORPORATION; corporación de pocos accionistas, sociedad de pocos accionistas.

CLOSE INTERPRETATION; interpretación restringida.

CLOSE RANGE; de cerca.

CLOSE RESEMBLANCE; gran parecido.

CLOSE SEASON; veda.

CLOSED; cerrado, concluido.

CLOSED CHAPTER; asunto concluido.

CLOSED-DOORS, BEHIND; a puertas cerradas, tras bastidores.

CLOSED INVESTIGATIONS; investigaciones privadas.

CLOSED SEA; mar jurisdiccional.

CLOSELY; cerca, estrechamente, atentamente.

CLOSELY HELD CORPORATION; corporación de pocos accionistas, sociedad de pocos accionistas.

CLOSEMOUTHED; discreto, callado.

CLOSENESS; cercanía, exactitud.

CLOSING A CONTRACT; finalización de la negociación de un contrato.

CLOSURE; clausura, cierre, limitar el debate.

CLOTURE; limitar el debate.

CLOUD ON TITLE; imperfección del título de propiedad.

CLOUDILY; obscuramente, nebulosamente.

CLOUDY; oscuro, nebuloso.

CLUB (n); club, garrote.

CLUB (v); golpear, unir.

CLUB-LAW; gobierno a garrote, gobernación por la fuerza, ley del más fuerte, a mano dura.

CLUE (n); pista, indicio.

CLUE (v); dar una pista.

CLUMSILY; torpemente.

CLUMSINESS; torpeza.

CLUMSY; torpe.

CLUTTER; desorden, confusión.

CO-ADMINISTRATOR; coadministrador.

CO-ADVENTURER; coempresario.

CO-AGENT; coagente.

CO-ASSIGNEE; cocesionario.

CO-DEFENDANT; codemandado, coacusado.

CO-EXECUTOR; coalbacea.

CO-HEIR; coheredero.

CO-HEIRESS; coheredera.

CO-MAKER; codeudor, cosuscriptor.

CO-OBLIGOR; codeudor.

CO-OWNER; copropietario.

CO-SURETY; cofiador.

COACH; instruir.

COACT; actuar en conjunto.

COACTION; coacción.

COACTIVE; coactivo.

COADJUTANT; ayudante.

COADJUTOR; coadjutor, ayudante.

COADUNATIO; conspiración.

COALESCE; juntarse, aliarse.

COALESCENCE; coalescencia, unificación.
COALESCENT; coalescente.
COALITION; coalición, federación.
COAST; costa, litoral.
COAST GUARD; guardacostas.
COAST WATERS; aguas costeras.
COASTAL; costero.
COASTER; embarcación de cabotaje.
COASTING TRADE; cabotaje.
COASTLAND; costa, litoral.
COASTLINE; línea costera, costa.
COASTWARDS; hacia la costa.
COASTWISE; de cabotaje, costanero.
COAX; persuadir, engatusar.
COAXING; engatusamiento, persuasión.
COBELLIGERENT; cobeligerante.
COCKPIT (RU); sala de reuniones de la
    comisión judicial privada del rey.
CODE; código, compilación de leyes.
CODE OF CRIMINAL PROCEDURE; código
    de procedimiento criminal.
CODE OF PROFESSIONAL
    RESPONSIBILITY (EU); código de ética
    y responsabilidad profesional.
CODE PENAL; código penal.
CODE PLEADING; alegato.
CODE WORD; palabra en clave, palabra en
    código.
CODEX; código.
CODICIL; codicilo, adición o cambio a un
    testamento.
CODICILLARY; codicilar.
CODIFICATION; codificación.
CODIFY; codificar.
COEMPTION; acaparamiento de mercancía,
    acaparamiento de toda la oferta.
COEQUAL; recíproco.
COEQUALITY; reciprocidad.
COERCE; coercer, forzar, obligar.
COERCIBLE; coercible.
COERCION; coerción.
COGNATI; parientes por parte de madre.
COGNATIO; relación, cognación.
COGNATION; parentesco.
COGNITION; entendimiento, conocimiento.
COGNIZABLE; conocible.
COGNIZANCE; jurisdicción, conocimiento.

COGNIZANT OF; conocedor de, informado
    de.
COGNIZE; conocer.
COGNOMEN ; apellido, nombre, apodo.
COGNOSCIBLE; conocible.
COGNOVIT; admisión de sentencia.
COHABIT; cohabitar.
COHABITANT; cohabitante.
COHABITATION; cohabitación.
COHERE; adherirse, cooperar.
COHERENCE; coherencia, consistencia.
COHERENT; coherente.
COHERENTLY; coherentemente.
COHESION; cohesión.
COHESIVE; cohesivo, coherente.
COHORTS; secuaces.
COIN; moneda, dinero.
COINCIDE; coincidir, concurrir.
COINCIDENCE; coincidencia.
COINCIDENT; coincidente.
COINCIDENTALLY; coincidentalmente.
COINHERITANCE; herencia conjunta.
COINSTANTANEOUS; simultáneo.
COINSURANCE; coaseguro.
COITUS; coito.
COLD-BLOODEDLY; despiadadamente, a
    sangre fría.
COLD WAR; guerra fría.
COLEGATEE; colegatario.
COLESSOR; coarrendador.
COLLABORATE; colaborar.
COLLABORATION; colaboración.
COLLABORATOR; colaborador.
COLLAPSE; derrumbe, fracaso.
COLLATE; colacionar, revisar, ordenar,
    cotejar.
COLLATERAL (adj); colateral, accesorio.
COLLATERAL (n); colateral, garantía.
COLLATERAL AFFINITY; afinidad colateral.
COLLATERAL ANCESTORS; antepasados
    colaterales.
COLLATERAL ASSURANCE; garantía
    adicional.
COLLATERAL ATTACK; reclamo colateral.
COLLATERAL CONSANGUINITY;
    consanguinidad colateral.
COLLATERAL CONTRACT; contrato
    colateral, contrato accesorio.

COLLATERAL COVENANT; cláusula
colateral.

COLLATERAL DESCENT; sucesión colateral.

COLLATERAL ESTOPPEL; impedimento
colateral.

COLLATERAL FACTS; hechos secundarios.

COLLATERAL FRAUD; fraude colateral,
fraude extrínseco.

COLLATERAL HEIR; heredero colateral.

COLLATERAL ISSUE; asunto incidental,
asunto colateral.

COLLATERAL KINSMEN; parientes
colaterales.

COLLATERAL LIMITATION; limitación
colateral.

COLLATERAL LINE; sucesión colateral.

COLLATERAL LOAN; préstamo con garantía
prendaria, pignoración.

COLLATERAL NEGLIGENCE; negligencia
subordinada, negligencia incidental.

COLLATERAL NOTE; pagaré con garantía
prendaria.

COLLATERAL POWER; poder colateral.

COLLATERAL PROCEEDING;
procedimiento colateral.

COLLATERAL PROMISE; promesa adicional.

COLLATERAL SECURITY; garantía
prendaria.

COLLATERAL WARRANTY; garantía
colateral.

COLLATERALLY; colateralmante.

COLLATION; comparación, colación.

COLLATION OF SEALS; comparación de
sellos.

COLLATOR; colador, cotejador.

COLLEAGUE; colega.

COLLECT; cobrar, coleccionar, juntar.

COLLECT ON DELIVERY; cobrar al entregar,
cobrar a la entrega.

COLLECTABLE; cobrable.

COLLECTION; colección, acumulación,
compilación.

COLLECTIVE BARGAINING; negociación
colectiva.

COLLECTIVE LABOR AGREEMENT;
convenio colectivo de trabajo.

COLLECTIVE SECURITY; seguridad
colectiva.

COLLECTIVELY; colectivamente.

COLLECTIVISM; colectivismo.

COLLECTOR; cobrador, recaudador, colector,
coleccionista.

COLLECTOR OF THE CUSTOMS;
recaudador de derechos aduaneros,
administrador de aduanas.

COLLECTORATE; colecturía.

COLLEGA; colega.

COLLEGATARY; colegatario.

COLLEGE; colegio, universidad.

COLLEGIALITER; como corporación.

COLLEGIUM; colegio.

COLLIDE; chocar.

COLLIGATE; coligar.

COLLIGATION; coligación.

COLLISION; colisión, oposición.

COLLISION INSURANCE; seguro contra
accidentes automovilísticos.

COLLOCATE; colocar.

COLLOCATION; ordenamiento de acreedores,
colocación.

COLLOQUIAL; familiar.

COLLOQUIUM; declaración de que las
palabras difamatorias iban dirigidas al
demandante.

COLLUDE; coludir, confabularse.

COLLUSION; colusión, confabulación.

COLLUSIVE; colusorio.

COLLUSIVE ACTION; acción colusoria.

COLOR (n); color, apariencia.

COLOR (v); colorar, exagerar.

COLOR OF LAW; so color de la ley,
semejanza de derecho, apariencia de
derecho.

COLOR OF OFFICE; actos de funcionario no
autorizado.

COLOR OF TITLE; título aparente.

COLORABLE; aparente, falsificado, engañoso.

COLORABLE ALTERATION; modificación
aparente.

COLORABLE CLAIM; reclamo superficial.

COLORABLE IMITATION; imitación
engañosa.

COLORABLE TRANSACTION; transacción
engañosa.

COMBAT; combate, lucha.

COMBINATION; asociación, combinación, conspiración.
COMBINE (n); combinación, asociación.
COMBINE (v); combinar, sindicar, unir.
COMBINED; unidos, juntos.
COMBUSTIO DOMORUM; incendio malicioso.
COME; comparecer, venir, llegar.
COMES AND DEFENDS; comparece y se defiende.
COMESTIBLES; comestibles.
COMFORT; confort, beneficio, consuelo.
COMFORTABLE; cómodo, de medios adecuados.
COMING; venidero.
COMITAS; cortesía.
COMITES; acompañantes.
COMITY; cortesía.
COMITY OF NATIONS; cortesía entre naciones.
COMMAND (n); orden, ordenanza, dominio.
COMMAND (v); ordenar, dirigir, poseer.
COMMANDANT; comandante.
COMMANDEER; tomar a la fuerza, confiscar.
COMMANDER IN CHIEF; comandante en jefe.
COMMANDITAIRES; socios comanditarios.
COMMANDITE; sociedad en comandita.
COMMEMORATE; conmemorar.
COMMEMORATION; conmemoración.
COMMEMORATIVE; conmemorativo.
COMMENCE; comenzar, iniciar.
COMMENCEMENT; comienzo, ceremonia de graduación.
COMMENCEMENT OF A DECLARATION; inicio de la declaración.
COMMENCEMENT OF ACTION; inicio de la acción.
COMMENCEMENT OF CRIMINAL PROCEEDING; comienzo de la acción penal.
COMMEND; recomendar, encomendar, reconocer.
COMMENDABLE; recomendable, meritorio.
COMMENDABLY; meritoriamente.
COMMENDATIO; recomendación.
COMMENSURATELY; proporcionalmente.

COMMENT; comentario, explicación, observación.
COMMENTARY; comentario, observación.
COMMERCE; comercio, negocio, tráfico.
COMMERCE, DEPARTMENT OF (EU); Ministerio de Comercio.
COMMERCE CLAUSE (EU); disposición de la constitución estadounidense que otorga al congreso autoridad exclusiva sobre el comercio interestatal.
COMMERCIA BELLI; contratos otorgados entre las partes beligerantes.
COMMERCIAL; comercial, mercantil.
COMMERCIAL AGENCY; agencia de cobros, agencia de cobranza, agencia de información comercial.
COMMERCIAL AGENT; corredor, representante de comercio.
COMMERCIAL ARBITRATION; arbitraje comercial.
COMMERCIAL BANK; banco comercial.
COMMERCIAL BROKER; corredor.
COMMERCIAL CODE; código mercantil.
COMMERCIAL COURT; tribunal mercantil, tribunal de comercio.
COMMERCIAL DOMICILE; domicilio comercial.
COMMERCIAL INSOLVENCY; insolvencia comercial, insolvencia de comerciante.
COMMERCIAL INSURANCE; seguro comercial.
COMMERCIAL LAW; derecho mercantil.
COMMERCIAL NAME; nombre comercial, nombre mercantil.
COMMERCIAL PAPER; instrumentos negociables, papel comercial.
COMMERCIAL TRAVELLER; viajante de negocio.
COMMERCIALIZE; comercializar.
COMMERCIALLY; comercialmente.
COMMINATION; amenaza.
COMMINGLE; mezclar, compenetrar.
COMMINGLING OF FUNDS; mezclar fondos.
COMMISSAIRE; quien recibe una autoridad especial de los accionistas.
COMMISSARY; delegado, comisionista.
COMMISSION (n); comisión, junta, encargo.
COMMISSION (v); encargar, capacitar.

COMMISSION GOVERNMENT; gobierno municipal en manos de pocos.

COMMISSION OF THE PEACE (RU); encargo de la corona para mantener la paz.

COMMISSIONER; comisionado, comisario, miembro de la junta municipal.

COMMISSIONER OF PATENTS; encargado del negociado de patentes.

COMMISSIONERS OF BAIL; oficiales encargados de recibir fianzas.

COMMISSIONERS OF DEEDS; notarios con permiso gubernamental a ejercer en otro estado.

COMMISSIONERS OF HIGHWAYS; comisionados encargados de las autopistas.

COMMISSIVE WASTE; desperdicio activo.

COMMIT; cometer, confinar, confiar, consignar.

COMMITTITUR; inscripción de un confinamiento.

COMMITMENT; auto de prisión, confinamiento, compromiso, obligación.

COMMITTEE; comité, junta.

COMMIX; mezclarse.

COMMIXTION; mezcla, confusión.

COMMIXTURE; mezcladura.

COMMODITIES; mercancías, productos.

COMMODITIES MARKET; bolsa de productos, mercado de productos.

COMMODITY; mercancía, producto.

COMMODITY RATE; tasa especial para un tipo de mercancía.

COMMON, TENANT IN; coinquilino.

COMMON (adj); común, familiar.

COMMON (n); ejido, derecho conjunto.

COMMON APPEARANCE; apariencia común.

COMMON ASSURANCES (RU); escrituras de título.

COMMON BAR; especificación por parte del demandante de dónde precisamente ocurrió el alegado escalamiento.

COMMON CARRIER; transportador público, portador público, entidad pública de transporte.

COMMON COUNCIL; ayuntamiento.

COMMON COUNTS; cargos generales.

COMMON DESIGN; intención común para un acto ilícito.

COMMON ENTERPRISE; empresa colectiva.

COMMON FISHERY; lugar para la pesca común.

COMMON FUND DOCTRINE; doctrina del fondo común.

COMMON GOOD; para el bienestar general, bien común.

COMMON GROUND; asunto de interés mutuo.

COMMON HIGHWAY; carretera pública.

COMMON IN GROSS; derecho en común sobre algo asociado con una persona en particular.

COMMON INFORMER; informante común.

COMMON INTENDMENT; sentido usual, sentido natural.

COMMON INTENT; intención concertada de dos o más individuos para perpetrar un delito.

COMMON JURY; jurado ordinario.

COMMON KNOWLEDGE; de conocimiento común.

COMMON LAW; derecho común, derecho jurisprudencial, derecho consuetudinario.

COMMON-LAW ACTION; acción bajo el derecho común.

COMMON-LAW ASSIGNMENTS; cesiones a acreedores bajo el derecho común.

COMMON-LAW CONTEMPT; desacato criminal.

COMMON-LAW COURTS; tribunales del derecho común.

COMMON-LAW CRIME; crimen castigable bajo el derecho común.

COMMON-LAW HUSBAND; esposo en un matrimonio por consentimiento mutuo y cohabitación, esposo de derecho común.

COMMON-LAW JURISDICTION; jurisdicción bajo el derecho común.

COMMON-LAW LIEN; gravamen bajo el derecho común.

COMMON-LAW MARRIAGE; matrimonio por acuerdo mutuo y cohabitación, amancebamiento, matrimonio de derecho común.

COMMON-LAW TRADE-MARK; marca bajo el derecho común.

COMMON-LAW TRUST; fideicomiso bajo el derecho común.

COMMON-LAW WIFE; esposa en un matrimonio por consentimiento mutuo y cohabitación, esposa de derecho común.

COMMON MAN; hombre promedio.

COMMON MARKET; mercado común.

COMMON NUISANCE; estorbo público, acto perjudicial público.

COMMON OF ESTOVERS; derecho a cortar árboles.

COMMON OF PISCARY; derecho a pescar.

COMMON PROPERTY; copropiedad.

COMMON REPUTE; reputación pública.

COMMON RIGHT; derecho bajo el derecho común, derecho consuetudinario.

COMMON SCHOOLS; escuelas públicas.

COMMON SEAL; sello corporativo.

COMMON SELLER; vendedor habitual.

COMMON SENSE; sentido común.

COMMON STOCK; acciones ordinarias, acciones comunes.

COMMON TENANCY; tenencia sin derecho de supervivencia.

COMMON THIEF; ladrón habitual.

COMMON TRAVERSE; negación general.

COMMON WALL; pared compartida.

COMMON WEAL; bienestar público.

COMMON YEAR; año común.

COMMONABLE; con derecho conjunto.

COMMONAGE; terreno comunal, derecho de pasto.

COMMONALTY; ciudadanía.

COMMONANCE; comuneros.

COMMONPLACE; común.

COMMONS, HOUSE OF; Cámara de los Comunes.

COMMONS (RU); la ciudadanía con excepción de la nobleza y de la familia real.

COMMONWEALTH; bienestar público, comunidad de naciones, república, estado libre asociado.

COMMORANCY; (RU) lugar para dormir, (EU) domicilio transitorio.

COMMORANT; residente, residente transitorio.

COMMORIENTES; aquellos que mueren simultáneamente.

COMMOTION; conmoción, tumulto.

COMMOVE; conmover, agitar.

COMMUNAL; comunal.

COMMUNE; comuna, comunidad.

COMMUNE FORUM; foro común.

COMMUNICABILITY; comunicabilidad, calidad de contagioso.

COMMUNICABLE; comunicable, contagioso.

COMMUNICANT; comunicante, informador.

COMMUNICATE; comunicar, transmitir.

COMMUNICATION; comunicación, transmisión, acceso.

COMMUNICATIONS SATELLITE; satélite de comunicaciones.

COMMUNICATIVE; comunicativo.

COMMUNICATIVENESS; comunicatividad.

COMMUNICATORY; comunicatorio.

COMMUNIQUE; comunicado.

COMMUNIS OPINIO; opinión pública.

COMMUNISM; comunismo.

COMMUNITY; comunidad, sociedad.

COMMUNITY COLLEGE (EU); universidad de dos años.

COMMUNITY DEBT; deuda conjunta, deuda comunitaria.

COMMUNITY OF INTEREST; interés común, interés comunitario.

COMMUNITY OF PROFITS; comunidad de ganancias.

COMMUNITY PROPERTY; bienes gananciales, bienes comunales.

COMMUTATION; conmutación, cambio, sustitución.

COMMUTATION OF SENTENCE; conmutación de la sentencia.

COMMUTATION OF TAXES; conmutación impositiva.

COMMUTATIVE CONTRACT; contrato conmutativo.

COMMUTATIVE JUSTICE; justicia conmutativa.

COMMUTE; cambiar, reducir.

COMMUTER; viajero.

COMPACT; convenio, contrato.

COMPANION; compañero, acompañante.

COMPANIONATE; entre compañeros.

COMPANIONSHIP; compañía, asociación, compañerismo.

COMPANY; compañía, sociedad, invitados, acompañante.

COMPANY TOWN; comunidad establecida por una compañía.

COMPARABLE; comparable.

COMPARABLE ACCOMMODATION; alojamiento comparable.

COMPARABLE WORTH; comparables en valor o mérito.

COMPARABLY; comparablemente.

COMPARATIO LITERARUM; comparación de escritura.

COMPARATIVE; comparativo, relativo, comparado.

COMPARATIVE INTERPRETATION; interpretación por comparación.

COMPARATIVE JURISPRUDENCE; derecho comparado.

COMPARATIVE LAW; derecho comparado.

COMPARATIVE NEGLIGENCE; negligencia comparada.

COMPARATIVE RECTITUDE; rectitud comparada.

COMPARATIVELY; comparativamente.

COMPARE; comparar, cotejar.

COMPARISON; comparación, cotejo.

COMPARISON OF HANDWRITING; comparación de escritura.

COMPART; dividir en partes.

COMPARTMENT; compartimiento, división.

COMPARTMENTALIZE; dividir en compartimientos.

COMPASSION; compasión.

COMPASSIONATE; compasivo.

COMPATIBILITY; compatibilidad.

COMPATIBLE; compatible.

COMPATRIOT; compatriota.

COMPEL; obligar, compeler, exigir.

COMPELLING; obligatorio, apremiante.

COMPENDIUM; compendio.

COMPENSABLE; indemnizable, compensable.

COMPENSABLE DEATH; muerte indemnizable.

COMPENSABLE INJURY; lesión indemnizable.

COMPENSATE; compensar, indemnizar.

COMPENSATIO CRIMINIS; contraposición de la culpabilidad del demandado contra la del demandante.

COMPENSATION; compensación, indemnización, reparación.

COMPENSATION PERIOD; periodo de compensación.

COMPENSATIVE; compensativo.

COMPENSATORY; compensatorio, equivalente.

COMPENSATORY DAMAGES; indemnización compensatoria.

COMPETE; competir, desafiar.

COMPETENCE; competencia, capacidad, suficiencia.

COMPETENCY; competencia, capacidad, suficiencia.

COMPETENT; competente, capaz.

COMPETENT AUTHORITY; autoridad competente.

COMPETENT COURT; tribunal competente.

COMPETENT EVIDENCE; prueba admisible.

COMPETENT WITNESS; testigo competente.

COMPETENTLY; competentemente.

COMPETITION; competencia, competición, rivalidad.

COMPETITIVE; competido, selectivo.

COMPETITIVE BIDDING; licitación pública, subasta, condiciones justas para ofertas.

COMPETITOR; competidor, rival.

COMPILATION; compilación, recopilación, ordenamiento.

COMPILE; compilar, recopilar.

COMPILED STATUTES; recopilación de leyes en vigor.

COMPILER; compilador, recopilador.

COMPLACENCE; complacencia.

COMPLACENCY; complacencia.

COMPLACENT; complaciente.

COMPLAIN; entablar demanda, quejarse, querellarse.

COMPLAINANT; demandante, acusador, querellante.

COMPLAINT; demanda, querella, denuncia.

COMPLEMENT; complemento, accesorio.

CONCORDANCE; concordancia, armonía.
CONCORDANT; concordante.
CONCORDAT; convenio.
CONCOURSE; confluencia.
CONCRETE; preciso, real, específico.
CONCRETIZE; concretar, precisar.
CONCUBINAGE; concubinato.
CONCUBINE; concubina.
CONCUPISCENCE; concupiscencia.
CONCUPISCENT; concupiscente.
CONCUR; concurrir, coincidir, concordar.
CONCURATOR; cocurador, coguardián.
CONCURRENCE; concurrencia, coincidencia, acuerdo.
CONCURRENCE DELOYALE; competencia desleal.
CONCURRENT; concurrente, coincidente.
CONCURRENT CAUSES; causas concurrentes.
CONCURRENT CONDITIONS; condiciones concurrentes.
CONCURRENT CONSIDERATION; contraprestación concurrente, causa concurrente.
CONCURRENT COVENANT; convenio recíproco, garantías concurrentes.
CONCURRENT ESTATES; condominio.
CONCURRENT INSURANCE; cobertura concurrente, seguro conjunto.
CONCURRENT INTERESTS; intereses concurrentes.
CONCURRENT JURISDICTION; jurisdicción concurrente, jurisdicción acumulativa.
CONCURRENT LEASE; arrendamiento concurrente, locación concurrente, arrendamiento de algo que comienza antes de terminar un arrendamiento previo.
CONCURRENT LIENS; gravámenes concurrentes.
CONCURRENT NEGLIGENCE; negligencia concurrente.
CONCURRENT POWERS; poderes concurrentes de varias autoridades.
CONCURRENT RESOLUTION; resolución conjunta.
CONCURRENT SENTENCES; sentencias simultáneas.

CONCURRENT TORTFEASORS; aquellos quienes independientemente le hacen un daño a la misma persona.
CONCURRENTLY; concurrentemente.
CONCURRING OPINION; opinión concurrente, opinión en acuerdo con la mayoría pero con razones propias.
CONCUSSIO; intimidación.
CONCUSSION; intimidación, concusión.
CONDEMN; condenar, sentenciar, expropiar.
CONDEMNABLE; condenable.
CONDEMNATION; expropiación, condenación.
CONDEMNATORY; condenatorio.
CONDENSATION; versión condensada, condensación.
CONDENSE; condensar.
CONDESCENDINGLY; con aire de superioridad.
CONDITIO SINE QUA NON; condición indispensable, conditio sine qua non.
CONDITION; condición, estipulación.
CONDITION COLLATERAL; condición colateral.
CONDITION OF EMPLOYMENT; requisito de trabajo.
CONDITIONAL; condicional.
CONDITIONAL ACCEPTANCE; aceptación condicional, aceptación limitada.
CONDITIONAL ASSAULT; gestos amenazantes acompañados de amenazas verbales.
CONDITIONAL BEQUEST; legado condicional.
CONDITIONAL CONTRACT; contrato condicional.
CONDITIONAL CONVEYANCE; traspaso condicional.
CONDITIONAL CREDITOR; acreedor condicional.
CONDITIONAL DELIVERY; entrega condicional, tradición condicional.
CONDITIONAL DEVISE; legado contingente de bienes raíces.
CONDITIONAL GUARANTY; garantía condicional.
CONDITIONAL INDORSEMENT; endoso condicional.

CONDITIONAL JUDGMENT; sentencia
condicional.
CONDITIONAL LEGACY; legado
condicional, legado contingente.
CONDITIONAL OBLIGATION; obligación
condicional.
CONDITIONAL PARDON; perdón
condicional.
CONDITIONAL PAYMENT; pago
condicional.
CONDITIONAL PROMISE; promesa
condicional.
CONDITIONAL RELEASE; libertad
condicional.
CONDITIONAL RIGHT; derecho condicional.
CONDITIONAL SALE; venta condicional.
CONDITIONAL SALE CONTRACT; contrato
de compraventa condicional.
CONDITIONAL SENTENCE; sentencia
condicional.
CONDITIONAL WILL; testamento
condicional.
CONDITIONALITY; limitación.
CONDITIONALLY; condicionalmente.
CONDITIONS CONCURRENT; condiciones
simultáneas.
CONDITIONS OF SALE; normas para
subastas, condiciones de la venta.
CONDOMINIUM; condominio.
CONDONATION; condonación.
CONDONE; condonar, tolerar, perdonar.
CONDUCE, TO; conducir a.
CONDUCE; contribuir.
CONDUCT (n); conducta, dirección, manejo.
CONDUCT (v); conducir, dirigir, administrar.
CONDUCT MONEY (RU); dinero pagado para
los gastos de un testigo.
CONDUCTOR; conductor, arrendador.
CONDUCTRESS; conductora, arrendadora.
CONDUIT; caño, conducto.
CONFABULATE; confabular.
CONFABULATION; confabulación.
CONFECTIO; ejecución de una orden.
CONFEDERACY; confederación,
conspiración, coalición.
CONFEDERATION; confederación.
CONFER; otorgar, conferir.
CONFEREE; conferido.

CONFERENCE; conferencia, conferimiento,
otorgamiento, junta.
CONFESS; confesar, reconocer.
CONFESSEDLY; por confesión propia.
CONFESSION; confesión, reconocimiento.
CONFESSION AND AVOIDANCE; confesión
y anulación.
CONFESSION OF JUDGMENT; admisión de
sentencia, concesión del pleito por parte
del deudor.
CONFESSOR; confesor, confesante.
CONFIDANT; confidente.
CONFIDE; confiar.
CONFIDE IN; confiar en.
CONFIDENCE; confianza, seguridad, fe.
CONFIDENCE GAME; embaucamiento.
CONFIDENT; confiado, seguro.
CONFIDENTIAL; confidencial.
CONFIDENTIAL COMMUNICATIONS;
comunicaciones confidenciales.
CONFIDENTIAL RELATION; relación de
confianza, relación fiduciaria.
CONFIDENTIALLY; confidencialmente.
CONFIDENTLY; confiadamente.
CONFIGURATION; configuración.
CONFIGURATIVE; configurativo.
CONFIGURE; configurar.
CONFINE (n); confín, término.
CONFINE (v); confinar, restringir.
CONFINEMENT; confinamiento, reclusión,
limitación.
CONFIRM; confirmar, ratificar, corroborar.
CONFIRMATIO; confirmación.
CONFIRMATION; confirmación, ratificación,
corroboración.
CONFIRMATIVE; confirmativo.
CONFIRMATIVELY; confirmativamente.
CONFIRMATORY; confirmatorio.
CONFIRMED; confirmado, habitual.
CONFIRMED LETTER OF CREDIT; carta de
crédito confirmada.
CONFIRMEE; beneficiario de una
confirmación.
CONFIRMOR; quien confirma.
CONFISCABLE; confiscable.
CONFISCARE; confiscar.
CONFISCATE; confiscar, decomisar.
CONFISCATION; confiscación, decomiso.

CONFISCATOR; confiscador.

CONFISCATORY; confiscatorio.

CONFITENS REUS; reo que confiesa su culpabilidad.

CONFLICT; conflicto.

CONFLICT OF INTEREST; conflicto de intereses.

CONFLICT OF LAWS; conflicto de leyes.

CONFLICT OF PERSONAL LAWS; conflicto que surge al imponerle la ley general a grupos que ya tienen sus propias leyes personales.

CONFLICTING; contrario, contradictorio.

CONFLICTING EVIDENCE; pruebas conflictivas, testimonio contradictorio.

CONFLUENCE; confluencia.

CONFORM; conformar, ajustar.

CONFORMABILITY; conformabilidad.

CONFORMABLY; en conformidad, sumisamente.

CONFORMANCE; conformidad.

CONFORMED COPY; copia con anotaciones.

CONFORMITY; conformidad, concordancia.

CONFOUND; confundir.

CONFOUNDED; aturdido.

CONFRONT; confrontar, comparar.

CONFRONTATION; confrontación, careo.

CONFUSE; confundir, mezclar.

CONFUSEDLY; confusamente.

CONFUSEDNESS; confusión.

CONFUSING; desconcertante.

CONFUSINGLY; confusamente.

CONFUSIO; confusión.

CONFUSION; confusión, perturbación.

CONFUSION OF BOUNDARIES; confusión de lindes.

CONFUSION OF DEBTS; confusión de deudas.

CONFUSION OF GOODS; confusión de bienes.

CONFUSION OF RIGHTS; confusión de derechos, unión de las capacidades de acreedor y deudor.

CONFUSION OF TITLES; fusión de títulos.

CONFUTATION; confutación, refutación.

CONFUTE; confutar, refutar, invalidar.

CONGENIAL; congenial, compatible con.

CONGENIALITY; congenialidad, compatibilidad.

CONGENITAL; congénito.

CONGEST; congestionar.

CONGLOMERATE (adj); conglomerado.

CONGLOMERATE (n); conglomeración.

CONGLOMERATE MERGER; consolidación de empresas operando en mercados distintos.

CONGLOMERATION; conglomeración.

CONGREGATE; congregar, juntar.

CONGREGATION; congregación.

CONGRESS; congreso, reunión.

CONGRESSIONAL DISTRICT (EU); distrito electoral.

CONGRESSIONAL POWERS (EU); poderes del congreso, facultades del congreso.

CONGRESSIONAL RECORD (EU); diario de sesiones del congreso.

CONGRESSMAN; congresista.

CONGRESSMEMBER; congresista.

CONGRESSWOMAN; congresista.

CONGRUENCE; congruencia, concordancia.

CONGRUENT; congruente.

CONGRUENTLY; congruentemente.

CONGRUITY; congruidad, congruencia.

CONGRUOUS; congruo, congruente.

CONGRUOUSLY; congruentemente.

CONJECTIO CAUSAE; declaración del caso.

CONJECTURABLE; conjeturable.

CONJECTURAL; conjetural.

CONJECTURALLY; conjeturalmente.

CONJECTURE (n); conjetura, suposición.

CONJECTURE (v); conjeturar, suponer.

CONJOIN; unirse.

CONJOINT; conjunto.

CONJOINT WILL; testamento conjunto, testamento mancomunado.

CONJOINTLY; conjuntamente.

CONJOINTS; cónyuges.

CONJUGAL; conyugal.

CONJUGAL RIGHTS; derechos conyugales.

CONJUGALLY; conyugalmente.

CONJUNCT; conjunto, unido.

CONJUNCTIVE; conjuntivo.

CONJUNCTIVE DENIAL; negación general de parte del demandado.

CONJUNCTIVE OBLIGATION; obligación conjunta.

CONJURATION; conjuración.

CONJURE; conjurar.

CONNATURAL; connatural.

CONNECT; conectar, relacionar, unir.

CONNECTED; unido.

CONNECTEDLY; con relación.

CONNECTION; conexión, unión, enlace.

CONNECTIONS; vínculos familiares.

CONNIVANCE; connivencia, permiso tácito, consentimiento.

CONNIVE; conspirar.

CONNIVER; cómplice.

CONNOTATION; connotación.

CONNOTATIVE; connotativo.

CONNOTE; connotar, implicar.

CONNUBIAL; connubial.

CONNUBIUM; matrimonio.

CONPOSSESSIO; coposesión.

CONQUEST; conquista.

CONSANGUINEOUS; consanguíneo.

CONSANGUINITY; consanguinidad.

CONSCIENCE, COURTS OF (RU); tribunales limitados a casos de deudas pequeñas.

CONSCIENCE, RIGHT OF; libertad de conciencia.

CONSCIENCE; conciencia.

CONSCIENCE OF THE COURT; la conciencia del tribunal.

CONSCIENCE-STRICKEN; arrepentido.

CONSCIENCELESS; desalmado.

CONSCIENTIOUS; concienzudo, escrupuloso.

CONSCIENTIOUS OBJECTOR; objetor de conciencia, quien objeta con base en la conciencia.

CONSCIENTIOUS SCRUPLE; escrúpulo de conciencia.

CONSCIENTIOUSLY; concienzudamente.

CONSCIENTIOUSNESS; rectitud.

CONSCIOUS; consciente.

CONSCIOUSLY; conscientemente, a sabiendas.

CONSCIOUSNESS; conocimiento, conciencia.

CONSCRIPT (adj); reclutado.

CONSCRIPT (n); recluta.

CONSCRIPT (v); reclutar.

CONSCRIPTION; reclutamiento, conscripción.

CONSECUTION; sucesión, secuencia.

CONSECUTIVE; consecutivo.

CONSECUTIVE SENTENCES; sentencias consecutivas.

CONSECUTIVELY; consecutivamente.

CONSEIL D'ETAT; consejo de estado.

CONSENSUAL; consensual.

CONSENSUAL CONTRACT; contrato consensual.

CONSENSUAL MARRIAGE; matrimonio consensual.

CONSENSUS; consenso, acuerdo.

CONSENSUS AD IDEM; entendimiento y acorde común, acuerdo de voluntades.

CONSENT; consentimiento, aquiescencia.

CONSENT DECREE; decreto por consentimiento, decreto emitido por acuerdo entre las partes.

CONSENT JUDGMENT; sentencia acordada por las partes.

CONSENT JURISDICTION; jurisdicción por acuerdo de las partes.

CONSENT OF THE VICTIM; consentimiento de la víctima.

CONSENT TO BE SUED; consentimiento a ser demandado.

CONSENT TO NOTICE; consentimiento a ciertas formas de notificación.

CONSEQUENCE; consecuencia.

CONSEQUENTIAL; consecuente, importante.

CONSEQUENTIAL DAMAGES; daños y perjuicios indirectos.

CONSEQUENTIAL LOSS; pérdida consecuente.

CONSEQUENTLY; por consiguiente.

CONSERVANCY; conservación, área reservada.

CONSERVATION; conservación, preservación.

CONSERVATIVE; conservador.

CONSERVATOR; conservador, protector, curador.

CONSIDER; considerar, examinar.

CONSIDERABLE; considerable, notable.

CONSIDERABLY; considerablemente.

CONSIDERATION; consideración, contraprestación, causa, motivo, recompensa, deliberación.

CONSIDERING; considerando.
CONSIGN; consignar, entregar.
CONSIGNATARY; consignatario, depositario.
CONSIGNATION; consignación.
CONSIGNEE; consignatario, destinatario.
CONSIGNMENT; consignación, lote.
CONSIGNMENT CONTRACT; contrato de consignación.
CONSIGNOR; consignador, remitente.
CONSILIARIUS; consejero.
CONSILIUM; día fijado para oír las partes.
CONSIST; consistir.
CONSISTENCY; consistencia, coherencia.
CONSISTENT; consistente, uniforme, compatible.
CONSISTENT CONDITION; condición compatible.
CONSISTOR; magistrado.
CONSISTORY; consistorio, asamblea.
CONSOCIATE; asociarse.
CONSOCIATION; asociación.
CONSOLATION; consolación, consuelo, alivio.
CONSOLIDATE; consolidar.
CONSOLIDATED APPEAL; apelación conjunta.
CONSOLIDATED LAWS; leyes compiladas.
CONSOLIDATED MORTGAGES; hipotecas consolidadas.
CONSOLIDATED SCHOOL DISTRICT; distrito escolar consolidado.
CONSOLIDATION; consolidación, unión.
CONSOLIDATION OF ACTIONS; unión de acciones.
CONSOLIDATION OF CASES; consolidación de casos.
CONSOLIDATION OF CORPORATIONS; consolidación de corporaciones.
CONSONANCE; consonancia.
CONSONANT; consonante.
CONSONANT STATEMENT; declaración previa de un testigo que se somete para apoyar su testimonio cuando éste ha sido impugnado.
CONSORT; consorte.
CONSORTIUM; consorcio, consorcio conyugal, unión de partes en una acción.

CONSORTSHIP; acuerdo de ayuda entre armadores.
CONSPICUOUS; conspicuo.
CONSPICUOUS CLAUSE; cláusula conspicua.
CONSPICUOUS PLACE; lugar a la vista general.
CONSPICUOUS TERM; cláusula conspicua.
CONSPICUOUSLY; visiblemente.
CONSPIRACY; conspiración, conjura, complot.
CONSPIRATOR; conspirador.
CONSPIRE; conspirar, conjurarse, complotar.
CONSTABLE; alguacil, (RU) policía.
CONSTABLEWICK (RU); jurisdicción del alguacil.
CONSTANT; constante, invariable.
CONSTANTLY; constantemente.
CONSTAT; está claro.
CONSTATE; establecer, constituir.
CONSTATING INSTRUMENTS; escritura de constitución.
CONSTITUENCY; habitantes del distrito electoral.
CONSTITUENT; constituyente, elector, mandante.
CONSTITUENT ELEMENTS; elementos constitutivos.
CONSTITUENT INSTRUMENT; instrumento constitutivo.
CONSTITUTE; constituir, designar.
CONSTITUTED AUTHORITIES; autoridades constituidas.
CONSTITUTIO; constitución.
CONSTITUTION; constitución.
CONSTITUTIONAL; constitucional.
CONSTITUTIONAL CONVENTION; asamblea constitucional.
CONSTITUTIONAL COURT; tribunal constitucional.
CONSTITUTIONAL FREEDOMS; derechos fundamentales.
CONSTITUTIONAL HOMESTEAD; hogar seguro garantizado por la constitución.
CONSTITUTIONAL LAW; derecho constitucional.
CONSTITUTIONAL LIBERTY OR FREEDOM; libertad constitucional.

CONSTITUTIONAL LIMITATIONS; restricciones constitucionales.

CONSTITUTIONAL OFFICER; funcionario gubernamental cuyo oficio fue creado por la constitución.

CONSTITUTIONAL RIGHT; derecho constitucional.

CONSTITUTIONALLY; constitucionalmente.

CONSTITUTOR; fiador.

CONSTITUTUM; convenio para pagar una deuda anterior.

CONSTRAIN; constreñir, obligar.

CONSTRAINT; constreñimiento, restricción.

CONSTRUCT; construir, edificar.

CONSTRUCTION; interpretación, construcción, edificación.

CONSTRUCTION CONTRACT; contrato de construcción, contrato de obra.

CONSTRUCTIONIST; interpretador.

CONSTRUCTIVE; establecido en derecho, constructivo, implícito.

CONSTRUCTIVE ASSENT; consentimiento implícito.

CONSTRUCTIVE AUTHORITY; autoridad implícita, autorización implícita.

CONSTRUCTIVE BREACH OF CONTRACT; incumplimiento implícito de contrato.

CONSTRUCTIVE BREAKING INTO HOUSE; allanamiento de morada.

CONSTRUCTIVE CONTRACT; contrato implícito, cuasicontrato.

CONSTRUCTIVE CONVERSION; apropiación ilícita deducida.

CONSTRUCTIVE DELIVERY; entrega simbólica.

CONSTRUCTIVE DESERTION; abandono forzoso.

CONSTRUCTIVE EVICTION; desahucio implícito, desahucio indirecto.

CONSTRUCTIVE FLIGHT; fuga implícita.

CONSTRUCTIVE FRAUD; fraude implícito, fraude presuntivo.

CONSTRUCTIVE INTENT; intención imputable a una persona.

CONSTRUCTIVE KNOWLEDGE; conocimiento imputable a una persona.

CONSTRUCTIVE LARCENY; hurto implícito.

CONSTRUCTIVE LOSS; pérdida implícita.

CONSTRUCTIVE MALICE; malicia implícita.

CONSTRUCTIVE NOTICE; notificación implícita.

CONSTRUCTIVE POSSESSION; posesión implícita.

CONSTRUCTIVE RECEIPT OF INCOME; percepción de ingresos para efectos contributivos.

CONSTRUCTIVE SERVICE OF PROCESS; notificación por edicto, notificación por correo.

CONSTRUCTIVE TAKING; intención de tomar algo.

CONSTRUCTIVE TOTAL LOSS; pérdida total implícita.

CONSTRUCTIVE TREASON; traición imputada.

CONSTRUCTIVE TRUST; fideicomiso impuesto mediante la ley.

CONSTRUCTIVE WILLFULNESS; desprecio por el valor de la vida y propiedad de otros.

CONSTRUE; interpretar, explicar.

CONSTUPRATE; violar.

CONSUETUDINARY LAW; derecho consuetudinario.

CONSUETUDO; costumbre.

CONSUETUDO CURIAE; la costumbre del tribunal.

CONSUL; cónsul.

CONSUL GENERAL; cónsul general.

CONSULAR; consular.

CONSULAR COURTS; tribunales consulares.

CONSULAR INVOICE; factura consular.

CONSULAR MARRIAGE; matrimonio por vía consular.

CONSULATE; consulado.

CONSULSHIP; puesto de cónsul.

CONSULT; consultar.

CONSULTANT; consultor.

CONSULTARY RESPONSE; opinión de un tribunal en un caso específico.

CONSULTATION; consulta, conferencia.

CONSUMER; consumidor.

CONSUMER CREDIT; crédito para el consumo.

CONSUMER CREDIT CODE; código para proteger el crédito del consumidor.

CONSUMER CREDIT PROTECTION ACT (EU); ley para proteger el crédito de consumidor.

CONSUMER DEBT; deuda del consumidor, deuda por consumo.

CONSUMER PRICE INDEX; índice de precios al consumo.

CONSUMER PRODUCT; producto de consumo.

CONSUMER PROTECTION LAWS; leyes para la protección del consumidor.

CONSUMMATE; consumado, completo.

CONSUMMATION; consumación.

CONSUMPTION; consumo.

CONSUMPTION TAX; impuesto sobre el consumo.

CONTACT; contacto.

CONTAIN; contener.

CONTAMINANT; contaminante.

CONTAMINATE; contaminar.

CONTAMINATION; contaminación.

CONTEMNOR; quien comete desacato, rebelde.

CONTEMPLATE; contemplar, proponerse.

CONTEMPLATION; contemplación, intención.

CONTEMPLATION OF BANKRUPTCY; intención de declararse en quiebra.

CONTEMPLATION OF DEATH; expectativa de muerte.

CONTEMPLATION OF INSOLVENCY; contemplación de insolvencia.

CONTEMPLATIVE; contemplativo.

CONTEMPORANEOUS; contemporáneo.

CONTEMPORANEOUS CONSTRUCTION; interpretación por costumbre.

CONTEMPORARY; contemporáneo.

CONTEMPT; desacato, desobediencia.

CONTEMPT OF COURT; desacato al tribunal.

CONTEMPT POWER; poder del tribunal para castigar el desacato.

CONTEMPTIBLE; despreciable.

CONTEND; alegar, disputar.

CONTENT; contento, satisfecho.

CONTENTION; contención, argumento.

CONTENTIOUS; contencioso.

CONTENTMENT; satisfacción, contentamiento.

CONTENTS; contenido, capacidad.

CONTENTS UNKNOWN; contenido desconocido.

CONTERMINOUS; contérmino, adyacente.

CONTEST (n); debate, concurso, disputa.

CONTEST (v); impugnar, disputar.

CONTEST OF WILL; impugnación de testamento.

CONTESTABLE; disputable, contestable.

CONTESTATION; contestación.

CONTESTED CASE; caso impugnado.

CONTESTED ELECTION; elección impugnada, votación impugnada.

CONTEXT; contexto.

CONTEXTUAL; contextual, del contexto.

CONTIGUITY; contigüidad.

CONTIGUOUS; contiguo, próximo.

CONTIGUOUSNESS; contigüidad.

CONTINENTAL; continental.

CONTINGENCY; contingencia, evento contingente, posibilidad.

CONTINGENCY RESERVE; reserva de prevención.

CONTINGENT; contingente, condicional, accidental.

CONTINGENT BENEFICIARY; beneficiario contingente.

CONTINGENT CLAIM; reclamación contingente.

CONTINGENT DAMAGES; daños contingentes.

CONTINGENT DEBT; deuda condicional.

CONTINGENT DEVISE; legado condicional de bienes raíces.

CONTINGENT ESTATE; propiedad contingente.

CONTINGENT FEES; honorarios condicionales.

CONTINGENT FUND; fondo de contingencia.

CONTINGENT INTEREST; interés condicional.

CONTINGENT LEGACY; legado condicional.

CONTINGENT LIABILITY; pasivo contingente, compromiso eventual, responsabilidad contingente.

CONTINGENT LIMITATION; limitación contingente.
CONTINGENT REMAINDER; derecho a suceder condicional, derecho expectante.
CONTINGENT RIGHT; derecho condicional.
CONTINGENT TRUST; fideicomiso condicional.
CONTINGENT USE; uso condicionado.
CONTINUAL; continuo.
CONTINUANCE; aplazamiento, continuación.
CONTINUATION; continuación.
CONTINUE; continuar, mantenerse.
CONTINUING; continuo, constante.
CONTINUING BREACH OF CONTRACT; incumplimiento reiterado de contrato.
CONTINUING CONSIDERATION; contraprestación continua.
CONTINUING COVENANT; contrato continuo.
CONTINUING DAMAGES; daños y perjuicios continuos.
CONTINUING GUARANTY; garantía continua.
CONTINUING NUISANCE; estorbo continuo, acto perjudicial continuo.
CONTINUING OFFENSE; crimen continuo.
CONTINUING TRESPASS; transgresión continua.
CONTINUING WARRANTY; garantía continua.
CONTINUITY; continuidad.
CONTINUOUS; continuo.
CONTINUOUS ADVERSE USE; uso adverso continuo.
CONTINUOUS CRIME; crimen continuo.
CONTINUOUS EASEMENT; servidumbre continua.
CONTINUOUS INJURY; daño continuo, agravio repetido.
CONTORT; torcer.
CONTRA; contra, de otra forma.
CONTRA BONOS MORES; contrario a morales buenos, contrario a las buenas costumbres.
CONTRA FORMAM STATUTI; contra la forma del estatuto.
CONTRA JUS COMMUNE; contra el derecho común.

CONTRABAND; contrabando.
CONTRABAND OF WAR; contrabando de guerra.
CONTRACAUSATOR; persona que ha cometido un delito.
CONTRACT (n); contrato, convenio.
CONTRACT (v); contratar, convenir, contraer.
CONTRACT BOND; garantía para el cumplimiento de contrato, fianza de contratista.
CONTRACT CARRIER; portador por contrato.
CONTRACT CLAUSE (EU); cláusula de la constitución que le prohibe a los estados menoscabar las obligaciones contractuales.
CONTRACT FOR SALE OF GOODS; contrato para la venta de mercancía.
CONTRACT FOR SALE OF LAND; contrato para la compraventa de tierras.
CONTRACT OF AFFREIGHTMENT; contrato de fletamiento, póliza de fletamiento.
CONTRACT OF INSURANCE; contrato de seguro.
CONTRACT OF RECORD; contrato de registro público.
CONTRACT OF SALE; contrato de venta, contrato de compraventa.
CONTRACT RIGHTS; derechos de contrato, derechos contractuales.
CONTRACT UNDER SEAL; contrato sellado.
CONTRACTION; contracción.
CONTRACTOR; contratista.
CONTRACTUAL; contractual.
CONTRACTUAL OBLIGATION; obligación contractual.
CONTRACTUS; contrato.
CONTRADICT; contradecir, oponerse.
CONTRADICTION; contradicción.
CONTRADICTION IN TERMS; frase contradictoria de por sí.
CONTRADICTORILY; contradictoriamente.
CONTRADICTORY; contradictorio.
CONTRADICTORY JUDGMENT; sentencia contradictoria.
CONTRAFACTIO; falsificar dinero.
CONTRAPOSITION; contraposición.
CONTRARIETY; contrariedad.
CONTRARILY; contrariamente.

CONTRARINESS; contrariedad.

CONTRARY; contrario, adverso.

CONTRARY TO LAW; contrario a la ley, ilegal.

CONTRARY TO THE EVIDENCE; contrario a la prueba.

CONTRAST; contraste.

CONTRAT; contrato.

CONTRAT ALEATOIRE; contrato aleatorio.

CONTRAT BILATERAL; contrato bilateral.

CONTRAT COMMUTATIF; contrato conmutativo.

CONTRAT UNILATERAL; contrato unilateral.

CONTRAVENE; contravenir, desobedecer, disputar.

CONTRAVENTION; contravención, infracción.

CONTRIBUTE; contribuir.

CONTRIBUTING CAUSE; causa contribuyente, causa indirecta.

CONTRIBUTION; contribución, cuota.

CONTRIBUTORY (adj); contribuyente.

CONTRIBUTORY (n); contribuidor, factor contribuyente.

CONTRIBUTORY INFRINGEMENT; violación de patente, invasión a patente por actos contribuyentes.

CONTRIBUTORY NEGLIGENCE; negligencia contribuyente.

CONTRITE; contrito, arrepentido.

CONTRITION; contrición, arrepentimiento.

CONTRIVABLE; imaginable, factible.

CONTRIVANCE; artificio, invención.

CONTRIVE; ingeniar, maquinar.

CONTRIVED; fabricado, rebuscado.

CONTRIVER; tramador, autor.

CONTROL (n); control, dominio.

CONTROL (v); controlar, dominar, gobernar.

CONTROL GROUP; grupo de control, grupo con autoridad para tomar acción.

CONTROLLED COMPANY; compañía dirigida, compañía filial.

CONTROLLED SUBSTANCE; sustancia controlada.

CONTROLLER; contralor, interventor, contador principal.

CONTROLLERSHIP; contraloría.

CONTROLLING; gobernante, determinante.

CONTROLLING INTEREST; interés mayoritario.

CONTROVERSIAL; controvertible, discutible, problemático.

CONTROVERSY; controversia, debate.

CONTROVERT; controvertir, debatir.

CONTUMACIOUS; contumaz.

CONTUMACY; contumacia.

CONTUMAX; persona proscrita.

CONTUMELIOUS; contumelioso, injurioso.

CONTUMELY; contumelia, injuria.

CONUSANCE (RU); jurisdicción.

CONUSANT; sabiendo.

CONVALESCENCE; convalecencia.

CONVENABLE; apropiado, conforme.

CONVENE; convocar, iniciar una acción.

CONVENIENCE; conveniencia, utilidad.

CONVENIENT; conveniente.

CONVENIT; convenido, está acordado.

CONVENTIO; convenio.

CONVENTIO IN UNUM; entendimiento entre las partes.

CONVENTION; convención, convenio, regla convencional.

CONVENTIONAL; convencional, contractual.

CONVENTIONAL LIEN; gravamen convenido.

CONVENTIONAL LOAN; préstamo convencional.

CONVENTIONAL MORTGAGE; hipoteca convencional.

CONVENTIONAL REMISSION; condonación convenida.

CONVENTIONS; pactos concernientes a la extradición.

CONVERGE; convergir.

CONVERGENCY; convergencia.

CONVERSABLE; conversable, tratable.

CONVERSANT; familiarizado con.

CONVERSATION; conversación, modo de vida.

CONVERSE (adj); converso.

CONVERSE (v); conversar.

CONVERSION; apropiación ilícita, conversión.

CONVERT; convertir.

CONVERTIBLE; convertible.

CONVERTIBLE BOND; bono convertible.
CONVERTIBLE SECURITIES; valores
convertibles.
CONVERTIBLE TERM INSURANCE; seguro
a término convertible.
CONVEY; ceder, traspasar, transferir,
transportar.
CONVEYABLE; traspasable, transferible.
CONVEYANCE; cesión, traspaso, escritura de
traspaso, transporte.
CONVEYANCER; escribano de escrituras de
traspaso.
CONVEYANCING; hacer las varias funciones
de traspasar propiedad, traspasar
propiedad.
CONVICIUM; calumnia.
CONVICT (n); convicto, presidiario.
CONVICT (v); condenar.
CONVICTION; condena, convicción.
CONVINCE; convencer.
CONVINCING; convincente.
CONVINCING PROOF; prueba convincente.
CONVINCINGLY; convincentemente.
CONVOKE; convocar, citar.
CONVOLUTED; complicado, confuso.
CONVOY; escolta.
COOL BLOOD; en mesura, sangre fría.
COOL STATE OF BLOOD; sin que el coraje
afecte la razón y las facultades.
COOLING OFF PERIOD; periodo en que se
suspenden las acciones para calmar los
ánimos.
COOLING TIME; tiempo para recobrar la
mesura tras gran excitación.
COOLY; fríamente, serenamente.
COOPERATE; cooperar, colaborar.
COOPERATION; cooperación.
COOPERATIVE; cooperativa.
COOPERATIVE INSURANCE; seguro
cooperativo.
COOPERATIVE NEGLIGENCE; negligencia
contribuyente.
COOPERATOR; cooperador.
COOPTATION; elección, cooptación.
COORDINATE (n); semejante.
COORDINATE (v); coordinar.
COORDINATE JURISDICTION; jurisdicción
concurrente.

COORDINATOR; coordinador.
COPARCENARY; herencia conjunta.
COPARCENERS; coherederos.
COPARTNER; consocio.
COPARTNERSHIP; sociedad.
COPIOUS; copioso, rico.
COPIOUSLY; copiosamente.
COPULATION; copulación, coito.
COPULATIVE CONDITION; condición
copulativa.
COPY; copia, texto, ejemplar.
COPYRIGHT; derecho de autor, propiedad
literaria.
COPYRIGHT NOTICE; aviso de derecho de
autor.
CORAM JUDICE; dentro de la jurisdicción de
la corte.
CORAM NOBIS; ante nosotros.
CORAM NON JUDICE; ante persona no juez.
CORAM PARIBUS; en presencia de sus
colegas.
CORAM VOBIS; ante usted.
CORD; cuerda, cordel.
CORDIAL; cordial.
CORDIALLY; cordialmente, sinceramente.
CORESPONDENT; codemandado.
COROLLARY; corolario, resultado.
CORONATOR; pesquisidor de muertes
sospechosas, médico forense.
CORONER; pesquisidor de muertes
sospechosas, médico forense.
CORONER'S COURT (RU); corte de quienes
investigan muertes sospechosas.
CORONER'S INQUEST; investigación por
parte del pesquisidor de muertes
sospechosas, investigación por parte del
médico forense.
CORPNERSHIP; ocurre cuando una
corporación es la única socia solidaria.
CORPORAL; corporal, físico.
CORPORAL APPEARANCE; comparecencia
física, apariencia física.
CORPORAL OATH; juramento solemne.
CORPORAL PUNISHMENT; castigo físico,
pena corporal.
CORPORAL TOUCH; contacto físico.
CORPORATE; corporativo, social.
CORPORATE AGENT; agente corporativo.

CORPORATE AUTHORITIES (EU); funcionarios municipales.

CORPORATE BODY; ente corporativo, persona jurídica, corporación.

CORPORATE CHARTER; instrumento mediante el cual se crea una corporación.

CORPORATE CRIME; crimen imputable a una corporación.

CORPORATE DOMICILE; domicilio corporativo.

CORPORATE FRANCHISE; autorización de una corporación para actuar como tal, concesión social.

CORPORATE MERGER; fusión de corporaciones.

CORPORATE NAME; nombre corporativo.

CORPORATE OFFICERS; funcionarios corporativos, funcionarios sociales.

CORPORATE POWERS; capacidades corporativas, facultades sociales.

CORPORATE PURPOSE; propósito corporativo, objeto social.

CORPORATE SEAL; sello corporativo, sello de la empresa.

CORPORATE STOCK; acciones corporativas.

CORPORATE TRUSTEES; corporaciones con facultad para servir como fiduciario.

CORPORATION; corporación, persona jurídica, sociedad anónima.

CORPORATION DE FACTO; corporación de hecho, corporación de facto.

CORPORATION DE JURE; corporación autorizada, corporación de jure.

CORPORATION SOLE; corporación constituida por una sola persona, persona jurídica constituida por una sola persona.

CORPORATOR; miembro de una corporación.

CORPOREAL; corpóreo.

CORPOREAL HEREDITAMENTS; bienes heredables.

CORPOREAL POSSESSION; posesión material.

CORPOREAL PROPERTY; propiedad material.

CORPOREAL RIGHT; derecho real.

CORPOREALLY; corporalmente, materialmente.

CORPS; cuerpo, asociación.

CORPS DIPLOMATIQUE; cuerpo diplomático.

CORPSE; cadáver.

CORPUS; cuerpo, bienes tangibles.

CORPUS DELICTI; cuerpo del delito, corpus delicti.

CORPUS JURIS; cuerpo de la ley.

CORRAL; corral.

CORRECT (adj); correcto, exacto, justo.

CORRECT (v); corregir, enmendar.

CORRECT ATTEST; afirmación de la veracidad de un documento.

CORRECTED POLICY; póliza de seguros que corrige una anterior con errores.

CORRECTION, HOUSE OF; cárcel para menores.

CORRECTION; corrección, enmienda.

CORRECTIONAL; correccional, penal.

CORRECTIONAL INSTITUTIONS; instituciones correccionales, instituciones penales.

CORRECTIONAL SYSTEM; sistema correccional.

CORRECTIVE; correctivo.

CORRECTLY; correctamente.

CORRELATE; correlacionar.

CORRELATION; correlación.

CORRELATIVE; correlativo.

CORRELATIVE RIGHTS; derechos correlativos.

CORRESPOND TO; corresponder a.

CORRESPONDENCE; correspondencia.

CORRESPONDENCE AUDIT; auditoría por correspondencia.

CORRESPONDENT; corresponsal.

CORRESPONDENT BANK; banco corresponsal.

CORRESPONDING; correspondiente.

CORRIDOR; corredor, pasillo.

CORRIGENDUM; errata.

CORROBORANT; corroborante.

CORROBORATE; corroborar.

CORROBORATING EVIDENCE; prueba corroborante.

CORROBORATIVE; corroborativo.

CORROBORATOR; corroborante.

CORROBORATORY; corroborativo, confirmativo.

CORRUPT (adj); corrupto, inmoral.

CORRUPT (v); corromper, alterar.

CORRUPT PRACTICES ACTS (EU); leyes que regulan las contribuciones y los gastos de campañas electorales.

CORRUPTION; corrupción.

CORRUPTLY; corruptamente.

CORRUPTOR; corruptor.

COSIGNATORY; cosignatario, firmante conjunto, cofirmante, codeudor.

COSIGNER; cosignatario, firmante conjunto, cofirmante, codeudor.

COSINAGE; primazgo.

COST; costo, precio, costa.

COST AND FREIGHT; costo y flete.

COST BASIS; costo base.

COST BOND; fianza para costas, fianza de apelación.

COST CONTRACT; contrato a costo.

COST OF LIVING; costo de vida.

COST OF LIVING CLAUSE; cláusula para ajuste por costo de vida.

COST OF LIVING INDEX; índice del costo de vida.

COST-PLUS CONTRACT; contrato a costo más ganancias.

COST TO ABIDE EVENT; costas de apelación.

COSTING; fijación de costos.

COSTS, INSURANCE AND FREIGHT; costo, seguro y flete.

COSTS OF COLLECTION; gastos de cobranza.

COSTS OF THE DAY; costas del día, costes del día.

COTENANCY; tenencia conjunta.

COTENANT; copropietario, coposesor, coarrendatario, coinquilino.

COTERMINOUS; colindante.

COTTAGE; casa de campo.

COUCHER; agente consignatario.

COULD; podría.

COULD NOT; no podría.

COUNCIL; consejo, ayuntamiento.

COUNCIL OF CONCILIATION (RU); tribunal de conciliación.

COUNCIL OF THE BAR (RU); consejo gobernante del colegio de abogados inglés.

COUNSEL, RIGHT TO; derecho a abogado.

COUNSEL; abogado, consultor, consejero.

COUNSEL OF RECORD; abogado de autos.

COUNSELLING; asesoramiento.

COUNSELLOR; abogado, consejero.

COUNSELLOR AT LAW; abogado, asesor legal.

COUNT (n); cargo, cuenta, partes de declaraciones, conteo.

COUNT (v); declarar, contar, tomar en cuenta.

COUNTENANCE; semblanza, apoyo.

COUNTER; contrario, opuesto.

COUNTER WILLS; testamento doble, testamento recíproco.

COUNTERACT; contrarrestar.

COUNTERACTION; acción contraria.

COUNTERAFFIDAVIT; afidávit contradictorio, contradeclaración.

COUNTERBALANCE; contrapesar, contrabalancear.

COUNTERBOND; contragarantía.

COUNTERCLAIM; contrademanda, reconvención.

COUNTERDEED; contradocumento secreto.

COUNTERFEIT (adj); falsificado, falso.

COUNTERFEIT (n); falsificación, imitación.

COUNTERFEIT (v); falsificar, fingir.

COUNTERFEIT COIN; moneda falsificada.

COUNTERFEITER; falsificador, imitador.

COUNTERLETTER; contradocumento.

COUNTERMAND (n); contraorden.

COUNTERMAND (v); revocar.

COUNTEROFFER; contraoferta.

COUNTERPART; contraparte, duplicado, complemento.

COUNTERPROPOSAL; contrapropuesta, contraoferta.

COUNTERSECURITY; contragarantía.

COUNTERSIGN (n); contraseña, refrendata.

COUNTERSIGN (v); refrendar.

COUNTERSIGNATURE; refrendación.

COUNTERVAIL; contrapesar, compensar.

COUNTINGHOUSE; oficina de contaduría, oficina.

COUNTLESS; innumerable.

COUNTRY; país, región, campo.

COUNTY; condado, distrito.

COUNTY AFFAIRS; negocios del condado.

COUNTY ATTORNEY; procurador del condado.
COUNTY BUSINESS; negocios del condado.
COUNTY CLERK; secretario del condado.
COUNTY COMMISSIONERS; comisionados del condado.
COUNTY COURTS; tribunales de distrito.
COUNTY PALATINE (RU); condados palatinos.
COUNTY PROPERTY; propiedad del condado.
COUNTY ROAD; carretera enteramente en un condado.
COUNTY SEAT; capital del condado.
COUNTY-TOWN; capital del condado.
COUP D'ETAT; golpe de estado, coup d'etat.
COUPLE; pareja.
COUPLED WITH AN INTEREST; mandato en el que el agente tiene un interés.
COUPONS; cupones.
COURSE; curso, dirección, procedimiento.
COURSE OF BUSINESS; lo acostumbrado en los negocios, marcha de los negocios.
COURSE OF EMPLOYMENT; en el curso del empleo.
COURSE OF THE VOYAGE; ruta acostumbrada.
COURSE OF TRADE; lo acostumbrado en los negocios.
COURT; corte, tribunal, comitiva, juzgado, juez.
COURT ABOVE; tribunal superior.
COURT BELOW; tribunal inferior.
COURT DAY; día en que se reúne el tribunal.
COURT-MARTIAL; consejo de guerra.
COURT OF ADMIRALTY; tribunal marítimo.
COURT OF APPEALS; tribunal de apelaciones, tribunal de casación.
COURT OF BANKRUPTCY; tribunal de quiebras.
COURT OF CHANCERY; tribunal de equidad.
COURT OF CLAIMS (EU); tribunal con jurisdicción sobre las demandas contra el gobierno.
COURT OF COMPETENT JURISDICTION; tribunal competente.
COURT OF CONCILIATION; tribunal de conciliación.

COURT OF CRIMINAL APPEALS; tribunal de apelaciones penales.
COURT OF CUSTOMS AND PATENT APPEALS; tribunal con competencia en materias de aduanas y patentes.
COURT OF EQUITY; tribunal de equidad.
COURT OF FIRST INSTANCE; tribunal de primera instancia, tribunal de instancia.
COURT OF GENERAL JURISDICTION; tribunal superior en su jurisdicción.
COURT OF GENERAL SESSIONS; tribunal de instancia en materia penal.
COURT OF INTERNATIONAL TRADE (EU); tribunal con jurisdicción sobre acciones civiles mercantiles contra los Estados Unidos.
COURT OF JUSTICE; tribunal de justicia, sala de justicia.
COURT OF KING'S BENCH (RU); tribunal del rey.
COURT OF LAST RESORT; tribunal de último recurso, el más alto tribunal de justicia.
COURT OF LAW; tribunal judicial, juzgado.
COURT OF LIMITED JURISDICTION; tribunal especial.
COURT OF NISI PRIUS; tribunal de primera instancia en lo civil.
COURT OF PROBATE; tribunal testamentario.
COURT OF PROTECTION (RU); tribunal con competencia sobre la propiedad de personas incapacitadas mentalmente.
COURT OF QUEEN'S BENCH (RU); tribunal de la reina.
COURT OF RECORD; tribunal que lleva un expediente y puede imponer penas, tribunal de registros.
COURT OF SESSIONS (EU); tribunal penal.
COURT OF SPECIAL SESSIONS; tribunales formados sólo para casos específicos, tribunal ad hoc.
COURT OF SURVEY (RU); tribunal de apelación para dueños de embarcaciones que han sido detenidas por peligrosas.
COURT OF UNIVERSITIES; tribunales universitarios.
COURT OF VETERAN'S APPEALS (EU); tribunal de apelación para veteranos.

COURT ORDER; orden judicial, apremio.

COURT REPORTER; escribiente del tribunal, taquígrafo.

COURT RULE; norma procesal.

COURT SYSTEM; sistema judicial.

COURTESY; cortesía, derechos del marido en los bienes de su difunta esposa.

COURTHOUSE; edificio del tribunal.

COURTROOM; sala del tribunal.

COURTS OF THE UNITED STATES (EU); tribunales federales estadounidenses.

COURTYARD; patio, atrio.

COUSIN; primo, prima.

COUSIN-GERMAN; primo hermano, prima hermana.

COUSINHOOD; primazgo.

COVENABLE; conveniente.

COVENANT; contrato, convenio, estipulación.

COVENANT AGAINST INCUMBRANCES; garantía de que un inmueble está libre de gravámenes.

COVENANT FOR FURTHER ASSURANCE; cláusula por la cual el que vende un inmueble se compromete a hacer lo necesario para perfeccionar el título.

COVENANT FOR QUIET ENJOYMENT; garantía contra desahucio, garantía de posesión sin trastornos legales.

COVENANT IN GROSS; obligación no relacionada con el inmueble.

COVENANT IN LAW; obligación presumida por ley, obligación conforme a la ley.

COVENANT NOT TO COMPETE; acuerdo de no competir.

COVENANT NOT TO SUE; obligación de no demandar.

COVENANT OF SEISIN; cláusula a través de la cual el vendedor afirma ser dueño de lo que vende.

COVENANT OF WARRANTY; cláusula de garantía.

COVENANT RUNNING WITH LAND; obligación vinculada con el inmueble.

COVENANT TO CONVEY; acuerdo de transferir un bien bajo ciertas circunstancias.

COVENANT TO RENEW; acuerdo de renovar.

COVENANTEE; garantizado, contratante.

COVENANTOR; garantizador, obligado.

COVENANTS FOR TITLE; el conjunto de garantías que da el vendedor de un inmueble.

COVER (n); cobertura, cubierta.

COVER (v); cubrir, asegurar, proteger.

COVER-ALL CLAUSE; cláusula que abarca todas las circunstancias de un caso.

COVER LETTER; carta acompañante, carta de trámite, carta de cobertura.

COVER NOTE; declaración escrita de cobertura de parte del agente de seguros.

COVER-UP; encubrimiento.

COVERAGE; cobertura, alcance.

COVERT; secreto, protegido.

COVERTLY; secretamente.

COVERTURE; estado de mujer casada, derechos de la esposa.

COVIN; fraude, colusión.

COVINOUS; fraudulento, colusorio.

COY; esquivo, reservado, tímido.

CRAFT; destreza, oficio, nave.

CRAFTY; astuto, mañoso.

CRANAGE; permiso de grúa.

CRASH (n); choque, estallido, quiebra.

CRASH (v); chocar, romper, invadir.

CRASH LANDING; aterrizaje de emergencia.

CRASS; craso.

CRAVE; implorar, apetecer.

CREATE; crear, procrear, causar.

CREDENTIAL; credencial.

CREDIBILITY; credibilidad.

CREDIBLE; creíble, verosímil.

CREDIBLE PERSON; persona digna de confianza.

CREDIBLE WITNESS; persona competente para testificar, persona digna de confianza.

CREDIBLY INFORMED; declaración de información de un tercero confiable.

CREDIT; crédito, reconocimiento, fe, reputación.

CREDIT BUREAU; negociado de crédito, agencia de reporte y clasificación de crédito.

CREDIT CARD; tarjeta de crédito.

CREDIT CARD CRIME; crimen cometido con tarjeta de crédito.

CREDIT INSURANCE; seguro sobre el crédito.

CREDIT LINE; línea de crédito.

CREDIT RATING; calificación crediticia.

CREDIT REPORT; informe de crédito.

CREDIT SALE; venta a crédito, venta a plazos.

CREDIT UNION; cooperativa de crédito.

CREDITOR; acreedor.

CREDITOR AT LARGE; acreedor quirografario, acreedor común.

CREDITOR BENEFICIARY; un tercero que se beneficia de un contrato.

CREDITOR'S BILL; acción entablada por un acreedor en equidad.

CREDITOR'S CLAIM; derecho del acreedor.

CREDITOR'S SUIT; acción entablada por un acreedor en equidad.

CREDITORS' MEETING; asamblea de acreedores.

CREDITRIX; acreedora.

CREED; credo.

CREMATE; cremar, quemar.

CREMATION; cremación.

CREPUSCULE; crepúsculo.

CREPUSCULUM; crepúsculo.

CREST; cresta, cima.

CREW; tripulación, personal.

CRIB; cuna.

CRIER; pregonero.

CRIME; crimen, delito.

CRIME AGAINST NATURE; acto sexual desviado, acto contra natura.

CRIME AGAINST PROPERTY; delito contra la propiedad.

CRIME OF OMISSION; crimen de omisión.

CRIME OF PASSION; crimen pasional.

CRIME OF VIOLENCE; crimen con violencia.

CRIME STATISTICS; estadísticas criminales.

CRIMEN FALSI; delito con engaño.

CRIMEN FURTI; hurto.

CRIMINAL (adj); criminal, penal.

CRIMINAL (n); criminal, culpable.

CRIMINAL ACT; acto criminal.

CRIMINAL ACTION; acción penal, acción criminal, causa.

CRIMINAL CHARGE; acusación criminal.

CRIMINAL CODE; código penal.

CRIMINAL CONSPIRACY; complot criminal.

CRIMINAL CONTEMPT; desacato penal.

CRIMINAL CONVERSATION; adulterio, coito ilegal.

CRIMINAL COURT; tribunal penal.

CRIMINAL INTENT; intención criminal, propósito criminal.

CRIMINAL JURISDICTION; jurisdicción penal, jurisdicción criminal.

CRIMINAL LAW; derecho penal.

CRIMINAL LAWYER; abogado criminalista.

CRIMINAL MISCHIEF; daño voluntario y malicioso castigable por ley.

CRIMINAL NEGLIGENCE; negligencia criminal.

CRIMINAL OFFENSE; delito penal.

CRIMINAL PROCEDURE; procedimiento penal.

CRIMINAL PROCESS; citación para comparecer en un juicio penal, orden de arresto.

CRIMINAL PROSECUTION; acción penal, procesamiento criminal, enjuiciamiento criminal.

CRIMINAL RECORD; antecedentes criminales.

CRIMINAL TRESPASS; violación de propiedad criminal.

CRIMINALITY; criminalidad.

CRIMINALLY; criminalmente.

CRIMINATE; incriminar, acusar, censurar.

CRIMINATION; incriminación.

CRIMINATIVE; acusatorio.

CRIMINOLOGICAL; criminológico.

CRIMINOLOGY; criminología.

CRIMINOUS; criminoso, criminal.

CRISIS; crisis, momento crítico.

CRITIC; crítico.

CRITICALLY; críticamente.

CRITICISM; crítica, censura.

CROOK; pillo, estafador.

CROOKED; deshonesto, fraudulento.

CROP; cosecha.

CROP INSURANCE; seguro de cosecha.

CROSS; cruz, marcar con una cruz.

CROSS-EXAMINATION; contrainterrogatorio, repreguntas.

CROSS-EXAMINE; contrainterrogar, repreguntar, interrogar.

CROSS-QUESTION; repreguntar.
CROSS-REFERENCE; referencia recíproca.
CROSS SECTION; grupo representativo.
CROSSACTION; contrademanda, contraquerella.
CROSSAPPEAL; contraapelación.
CROSSCLAIM; contrademanda, contrareclamación.
CROSSDEMAND; contrademanda, reconvención.
CROSSING; cruce, intersección, paso.
CROSSROAD; cruce de caminos.
CROWD; multitud, grupo.
CROWN; corona.
CROWN CASES (RU); casos penales.
CROWN COURT (RU); tribunal superior.
CROWN LANDS (RU); tierras de la corona.
CROWN LAW (RU); derecho penal.
CROWN PAPER (RU); lista de causas penales a ser juzgadas.
CRUCIAL; crucial, crítico.
CRUEL; cruel, inhumano.
CRUEL AND UNUSUAL PUNISHMENT; castigo cruel e insólito.
CRUELTY; crueldad.
CRUELTY TO ANIMALS; crueldad contra animales.
CRUELTY TO CHILDREN; crueldad contra niños.
CRUX; punto crítico.
CRY; vocear, llorar.
CRYER; pregonero, subastador.
CRYPTIC; misterioso.
CRYSTALLINE; cristalino, evidente.
CUCKOLD; cornudo.
CUE; señal.
CUL DE SAC; calle sin salida.
CULMINATION; culminación.
CULPABILITY; culpabilidad.
CULPABLE; culpable.
CULPABLE HOMICIDE; homicidio voluntario.
CULPABLE IGNORANCE; ignorancia culpable.
CULPABLE NEGLECT; descuido culpable.
CULPABLE NEGLIGENCE; negligencia culpable.
CULPABLY; culpablemente.

CULPRIT; culpado, acusado, culpable, criminal, delincuente.
CUM TESTAMENTO ANNEXO; con el testamento anexo.
CUMULATIVE; cumulativo, acumulativo.
CUMULATIVE EVIDENCE; prueba cumulativa, prueba corroborante.
CUMULATIVE LEGACIES; legados adicionales.
CUMULATIVE OFFENSE; delito en el que los mismos actos se repiten en diferentes ocasiones, delito habitual.
CUMULATIVE PUNISHMENT; pena aumentada por delito habitual.
CUMULATIVE REMEDY; recurso adicional.
CUMULATIVE SENTENCE; condena acumulada.
CUMULATIVE VOTING; votación acumulativa.
CUMULATIVELY; acumulativamente.
CUNNING; astuto, diestro.
CURATIO; tutor.
CURATIVE; curativo.
CURATOR; curador, encargado, tutor.
CURATOR AD HOC; curador para el caso.
CURATOR AD LITEM; curador para el juicio.
CURATOR BONIS; curador de bienes.
CURATORSHIP; curatela, curaduría.
CURATRIX; curadora.
CURE; curar, remediar.
CURE BY VERDICT; rectificación de defectos en autos por veredicto, corrección por veredicto.
CURFEW; toque de queda.
CURRENCY; dinero en circulación.
CURRENT; corriente, popular.
CURRENT ACCOUNT; cuenta corriente.
CURRENT ASSETS; activo circulante.
CURRENT EXPENSES; gastos ordinarios.
CURRENT LIABILITIES; pasivo circulante.
CURRENT MARKET VALUE; valor corriente de mercado.
CURRENT MONEY; moneda en circulación.
CURRENT WAGES; salarios del presente periodo, salarios actuales.
CURRENT YEAR; año en curso.
CURRENTLY; corrientemente.

CURRICULUM VITAE; historial personal, curriculum vitae.

CURSORILY; superficialmente.

CURSORY; superficial.

CURSORY EXAMINATION; inspección somera.

CURTAIL; acortar, reducir.

CURTESY; derechos del marido en los bienes de su difunta esposa.

CUSTODIA LEGIS; custodia de la ley.

CUSTODIAN; custodio, guardián.

CUSTODIAN BANK; banco depositario.

CUSTODIANSHIP; custodia.

CUSTODY; custodia.

CUSTODY OF CHILDREN; custodia de hijos.

CUSTOM; costumbre, prácticas.

CUSTOM AND USAGE; uso y costumbre.

CUSTOMARY; acostumbrado, usual, consuetudinario.

CUSTOMARY INTERPRETATION; interpretación usual.

CUSTOMER; cliente.

CUSTOM-FREE; exento de contribuciones aduaneras.

CUSTOMHOUSE; aduana.

CUSTOMHOUSE BROKER; agente de aduana.

CUSTOMHOUSE OFFICER; inspector de aduana.

CUSTOMS; impuestos aduaneros, derechos de aduana, costumbres.

CUSTOMS AND PATENT APPEALS COURT (EU); tribunal de apelación de asuntos de aduanas y patentes.

CUSTOMS COURT (EU); tribunal para asuntos aduaneros.

CUSTOMS DECLARATION; declaración aduanera, declaración arancelaria.

CUSTOMS DUTIES; impuestos de aduanas.

CUSTOMS OFFICER; oficial de aduana.

CUT; cortar, acortar, penetrar.

CUTPURSE; carterista.

CY PRES; tan cerca como posible.

CYROGRAPHUM; escritura.

DACTYLOGRAHY; dactiloscopia.

DACTYLOSCOPIC; dactiloscópico.

DACTYLOSCOPY; dactiloscopia.

DAGGER; puñal.

DAILY; diario, cotidiano, diurno.

DAILY ALLOWANCE; asignación diaria.

DAILY OCCUPATION; ocupación regular.

DAILY RATE OF PAY; salario diario.

DALE AND SALE (RU); nombres de lugares ficticios.

DAM; represa, dique.

DAMAGE (n); daño, lesión.

DAMAGE (v); dañar, lesionar, perjudicar.

DAMAGE FEASANT; causar daños, daños causados por animales ajenos.

DAMAGE TO PERSON; daño a la persona.

DAMAGE TO PROPERTY; daño a la propiedad.

DAMAGEABLE; susceptible al daño.

DAMAGES; daños, daños y perjuicios.

DAMAGES FOR DELAY; daños por aplazamiento de una sentencia.

DAMAGES ULTRA; indemnización mas allá de lo ya pagado en corte.

DAMNA; daños.

DAMNIFICATION; lo que ocasiona un daño.

DAMNIFY; perjudicar, dañar.

DAMNUM; pérdida, daño.

DAMNUM ABSQUE INJURIA; daño sin recurso legal.

DAMNUM EMERGENS; daño emergente.

DAMNUM FATALE; daño inevitable.

DANGER; peligro, riesgo.

DANGER INVITES RESCUE; doctrina que estipula que un demandado que crea un peligro para una persona responde por los daños causados a quien acude a ayudar a esa persona.

DANGER SIGNAL; señal de peligro.

DANGEROUS; peligroso, arriesgado.

DANGEROUS ANIMAL; animal peligroso.

DANGEROUS CHATTEL; artículo peligroso.

DANGEROUS CRIMINAL; criminal peligroso.

DANGEROUS DRIVING; conducir peligrosamente.

DANGEROUS INSTRUMENTALITY; cosa peligrosa.

DANGEROUS OCCUPATION; ocupación peligrosa.

DANGEROUS PER SE; peligroso de por sí, peligroso per se.

DANGEROUS PLACE; lugar peligroso.

DANGEROUS TENDENCY TEST; propensión a ocasionar una lesión, propensión a ocasionar un daño.

DANGEROUS WEAPON; arma peligrosa.

DANGEROUSLY; peligrosamente.

DANGEROUSNESS; peligrosidad.

DANGERS OF NAVIGATION; peligros de la navegación.

DANGERS OF THE SEA; peligros del mar.

DANISM; préstamo usurario.

DARK; obscuro, confuso.

DARKEN; obscurecer, confundir.

DARRAIGN; responder a una acusación.

DATA; datos.

DATA BANK; banco de datos.

DATA PROTECTION; protección de datos.

DATE; fecha, compromiso.

DATE BACK; antedatar.

DATE CERTAIN; fecha fijada, fecha cierta.

DATE OF BANKRUPTCY; fecha de la declaración de quiebra.

DATE OF CLEAVAGE; fecha de la petición voluntaria de quiebra.

DATE OF ISSUE; fecha de emisión.

DATE OF MATURITY; fecha de vencimiento.

DATE OF PUBLICATION; fecha de publicación.

DATE OF RECORD; fecha de registro.

DATION; dación.

DATIVE; dativo, nombrado por autoridad pública.

DATUM; dato, referencia.

DAUGHTER; hija.

DAUGHTER-IN-LAW; hija política, nuera.

DAWN; amanecer.

DAY; día.

DAY BOOK; libro diario, registro diario de entradas y salidas.

DAY CALENDAR; lista de causas preparadas para el día.

DAY CERTAIN; día fijo, día cierto.

DAY IN COURT; oportunidad de ejercer los derechos en un tribunal competente.

DAY LABORER; jornalero.

DAY LOAN; préstamo diario.

DAY OF HEARING; día de la audiencia, día de la vista, día del juicio.

DAYBREAK; alba, amanecer.

DAYLIGHT; luz del día.

DAYLIGHT-SAVING TIME; horario utilizado para aprovechar la luz del día.

DAYLONG; todo el día.

DAYS OF DEMURRAGE; demora en la duración de un viaje.

DAYS OF GRACE; días de gracia.

DAYSMAN; árbitro.

DAYTIME; la parte del día con luz natural.

DAZE; aturdir, ofuscar.

DAZEDLY; aturdidamente.

DE BENE ESSE; condicionalmente.

DE BONIS ASPORTATIS; por bienes removidos.

DE BONIS TESTATORIS; concerniente a los bienes de un testador.

DE COMON DROIT; del derecho común.

DE COMPUTO; ordenanza de relación.

DE CURSU; lo usual.

DE DEBITO; ordenanza de deuda.

DE DIE IN DIEM; de día a día.

DE FACTO; de hecho, de facto.

DE FACTO ADOPTION; adopción de hecho.

DE FACTO CORPORATION; corporación de hecho, corporación con existencia de hecho.

DE FACTO COURT; tribunal de hecho.

DE FACTO GOVERNMENT; gobierno de hecho.

DE FACTO JUDGE; juez de hecho.

DE FACTO MARRIAGE; matrimonio de hecho.

DE FACTO OFFICER; funcionario de hecho.

DE FINE FORCE; por necesidad.

DE INCREMENTO; de incremento.
DE INJURIA; por la culpa de él, por su culpa.
DE JURE; de derecho, válido bajo la ley, de jure.
DE LUNATICO INQUIRENDO; determinación de locura.
DE MELIORIBUS DAMNIS; de los mejores daños.
DE NON SANE MEMORIE; no de mente sana.
DE NOVO; de nuevo.
DE NOVO HEARING; repetición de una vista.
DE QUOTA LITIS; convenio para honorarios contingentes.
DE SA VIE; de su vida.
DE SON TORT; por su propio daño.
DEAD; muerto, extinto.
DEAD ASSET; activo sin valor.
DEAD BODY; cadáver.
DEAD-BORN; nacido sin vida.
DEAD FREIGHT; pago por flete contratado pero sin utilizar, falso flete.
DEAD HAND; manos muertas.
DEAD LETTER; letra muerta, ley fuera de uso.
DEAD MAN'S PART; la parte de los bienes de quien muere que pasa al administrador.
DEAD PLEDGE; hipoteca.
DEAD STOCK; inventario no vendible, capital improductivo.
DEAD STORAGE; almacenamiento de bienes, mercancías inmovilizadas.
DEAD TIME; tiempo muerto.
DEAD USE; para uso futuro.
DEADBEAT; deudor moroso.
DEADLINE; límite de tiempo, fecha límite, fecha de vencimiento.
DEADLINESS; efecto mortífero.
DEADLOCK; estancamiento, empate.
DEADLOCKED JURY; jurado que no puede llegar a un veredicto.
DEADLY; mortal.
DEADLY FORCE; fuerza suficiente para matar.
DEADLY WEAPON; arma mortal.
DEADLY WEAPON PER SE; arma mortal de por sí, arma mortal per se.
DEAF; sordo.
DEAF-MUTE; sordomudo.
DEAFEN; ensordecer.

DEAFENING; ensordecedor.
DEAL (n); negocio, contrato, acuerdo.
DEAL (v); negociar, dar, repartir, asestar.
DEALER; comerciante, intermediario, corredor de bolsa.
DEALER IN NARCOTICS; narcotraficante.
DEALER'S TALK; exageraciones usadas para vender algo.
DEALING; comerciar, intermediar, negociar.
DEALINGS; negociaciones, tratos, transacciones.
DEAN; decano.
DEATH; muerte, fallecimiento.
DEATH BENEFITS; beneficios por muerte.
DEATH BY HIS OWN HAND; suicidio.
DEATH BY WRONGFUL ACT; muerte accionable.
DEATH CERTIFICATE; certificado de defunción.
DEATH DUTY; contribuciones sucesorias, derechos de herencia.
DEATH PENALTY; pena de muerte, pena capital.
DEATH RECORDS; registro de fallecimientos.
DEATH SENTENCE; pena de muerte, pena capital.
DEATH TAXES; contribuciones sucesorias, impuesto sobre herencias.
DEATH WARRANT; orden de ejecución de pena de muerte.
DEATHBED; lecho de muerte.
DEATHSMAN; verdugo.
DEATHTRAP; trampa mortal.
DEBACLE; debacle, fracaso, fiasco.
DEBARMENT; exclusión.
DEBATABLE; discutible.
DEBATE; debatir, discutir.
DEBAUCH; corromper, seducir.
DEBAUCHERY; corrupción, libertinaje.
DEBENTURE; debenture, obligación sin colateral, obligación sin hipoteca o prenda.
DEBENTURE BONDS; bonos sin colateral.
DEBENTURE CERTIFICATE; certificado correspondiente a un debenture, certificado correspondiente a una obligación sin hipoteca o prenda.
DEBILITATE; debilitar.
DEBIT (n); débito, saldo deudor.

DEBIT (v); debitar, cargar en cuenta.

DEBIT BALANCE; saldo deudor.

DEBIT NOTE; nota de débito, nota de cargo.

DEBITOR; deudor.

DEBITRIX; deudora.

DEBITUM; deuda.

DEBRIS; escombros, desperdicios.

DEBT; deuda, obligación.

DEBT ADJUSTING; atender las deudas de otro por compensación.

DEBT ADJUSTMENT; convenio para pagar deudas que se disputan.

DEBT BARRED BY LIMITATION; deuda prescrita.

DEBT BY SIMPLE CONTRACT; deuda a través de contrato simple.

DEBT BY SPECIAL CONTRACT; deuda a través de contrato especial.

DEBT CANCELLATION; cancelación de deuda.

DEBT CONSOLIDATION; consolidación de deudas.

DEBT DUE; deuda exigible.

DEBT LIMITATIONS; limitaciones de la deuda.

DEBT OF HONOR; deuda de honor.

DEBT OF RECORD; deuda declarada en un juicio.

DEBT POOLING; arreglo mediante el cual un deudor reparte sus activos entre acreedores.

DEBT SECURITY; garantía de una deuda, obligación de deuda corporativa.

DEBT SERVICE; servicio de la deuda, pago de deudas.

DEBTEE; acreedor.

DEBTOR; deudor.

DECADE; década.

DECAPITATE; decapitar.

DECAPITATION; decapitación.

DECAY; deterioro, degeneración.

DECEASE (n); muerte, fallecimiento.

DECEASE (v); morir, fallecer.

DECEASED; difunto, muerto.

DECEDENT; difunto, muerto.

DECEDENT'S ESTATE; patrimonio sucesorio.

DECEIT; engaño, dolo, decepción.

DECEITFUL; engañoso, falso.

DECEITFULLY; engañosamente, fraudulentamente.

DECEITFULNESS; falsedad, engaño.

DECEIVABLE; engañoso.

DECEIVE; engañar, embaucar.

DECEIVER; quien engaña, impostor.

DECEIVINGLY; engañosamente.

DECENCY; decencia, normas de conducta.

DECENT; decente, adecuado.

DECENTRALIZATION; descentralización.

DECENTRALIZE; descentralizar.

DECEPTION; engaño, fraude.

DECEPTIVE; engañoso.

DECEPTIVE SALES PRACTICES; prácticas comerciales engañosas.

DECEPTIVENESS; apariencia engañosa.

DECIDABLE; determinable.

DECIDE; decidir.

DECIDED; decidido, resuelto.

DECIPHER; descifrar.

DECISION; decisión, sentencia, fallo, decreto.

DECISION ON APPEAL; decisión del tribunal de apelación.

DECISION ON MERITS; decisión por los méritos de una cuestión.

DECISIVE; decisivo, terminante.

DECISIVE OATH; juramento decisivo.

DECISIVELY; concluyentemente.

DECLAIM; declamar.

DECLAMATION; declamación.

DECLAMATORY; declamatorio.

DECLARABLE; declarable.

DECLARANT; declarante.

DECLARATION; declaración, exposición, demanda, primer alegato, declaración aduanera.

DECLARATION AGAINST INTEREST; declaración contraria a los intereses propios.

DECLARATION IN CHIEF; demanda principal.

DECLARATION OF BANKRUPTCY; declaración de quiebra.

DECLARATION OF DEATH; declaración de fallecimiento.

DECLARATION OF INABILITY TO PAY DEBTS; declaración de insolvencia.

DECLARATION OF INDEPENDENCE; declaración de independencia.

DECLARATION OF INTENTION; declaración de intención.

DECLARATION OF LEGITIMACY; declaración de la legitimidad de un hijo.

DECLARATION OF PARIS; declaración de Paris concerniente a la ley internacional.

DECLARATION OF RIGHTS; declaración de derechos.

DECLARATION OF SOLVENCY; declaración de solvencia.

DECLARATION OF TRUST; declaración de fideicomiso.

DECLARATION OF WAR; declaración de guerra.

DECLARATORY; declaratorio.

DECLARATORY ACTION; acción declaratoria.

DECLARATORY COVENANT; estipulación declaratoria.

DECLARATORY JUDGMENT; sentencia declaratoria.

DECLARATORY LEGISLATION; legislación declaratoria.

DECLARATORY STATUTE; ley declaratoria.

DECLARE; declarar, manifestar.

DECLARED VALUE; valor declarado.

DECLAREDLY; explícitamente.

DECLARER; declarante.

DECLASSIFY; suspender el carácter clasificado, revocar el carácter clasificado.

DECLINATION; declinatoria, acto judicial mediante el cual un fiduciario declara su intención de no actuar como tal.

DECLINATORY EXCEPTION; excepción declinatoria.

DECLINE; declinar, empeorar, rehusar, no admitir.

DECLINE JURISDICTION; declinar jurisdicción.

DECOY (n); señuelo.

DECOY (v); atraer con señuelo, engañar.

DECOY LETTER; carta utilizada de señuelo.

DECREASE; disminución, reducción, merma.

DECREE; decreto, sentencia, mandato.

DECREE ABSOLUTE; sentencia absoluta.

DECREE IN ABSENCE; sentencia dictada en ausencia, sentencia dictada en rebeldía.

DECREE NISI; sentencia provisional.

DECREE OF DISTRIBUTION; sentencia de distribución.

DECREE OF DIVORCE; sentencia de divorcio.

DECREE OF INSOLVENCY; declaración judicial de que los activos no alcanzan a cubrir las deudas.

DECREE OF NULLITY; auto de nulidad.

DECREE PRO CONFESSO; sentencia basada en la confesión tácita del demandado.

DECREET ABSOLVITOR; sentencia de absolución.

DECREET ARBITRAL; laudo arbitral.

DECREMENT; disminución, decremento, merma.

DECREPIT; decrépito.

DECRETAL ORDER; orden preliminar.

DECRIMINALIZATION; desincriminación.

DECRY; desaprobar, menospreciar, desacreditar.

DEDICATE; dedicar un inmueble al uso público, dedicar.

DEDICATION; dedicación de un inmueble al uso público, dedicación.

DEDICATION AND RESERVATION; dedicación reservándose ciertos derechos.

DEDICATION TO THE PUBLIC; dedicación de bienes para el uso público.

DEDITION; dación, entrega.

DEDUCE; deducir, inferir.

DEDUCTIBLE; deducible, franquicia.

DEDUCTIBLE CLAUSE; cláusula de franquicia en un contrato de seguro, cláusula de deducible en un contrato de seguro

DEDUCTIBLE LOSSES; pérdidas deducibles.

DEDUCTION; deducción, descuento.

DEDUCTION FOR NEW; parte del costo de reparación de una nave que reembolsa el asegurado al asegurador.

DEDUCTIVE; deductivo.

DEDUCTIVELY; deductivamente.

DEED; escritura, título, instrumento formal para transferir derechos sobre un inmueble.

DEED IN FEE; escritura mediante la cual se transfiere dominio absoluto sobre un inmueble.

DEED INDENTURE; escritura de traspaso.

DEED INTENDED; escritura mediante la cual se transfieren los derechos sobre un inmueble.

DEED OF AGENCY; fideicomiso con el propósito de pagar deudas.

DEED OF COVENANT; escritura de garantía, instrumento accesorio a un contrato de un inmueble.

DEED OF GIFT; escritura de donación.

DEED OF PARTITION; escritura de división de copropiedad.

DEED OF RELEASE; acta de cesión de derechos, escritura de cancelación.

DEED OF SEPARATION; escritura de separación.

DEED OF TRUST; escritura de fideicomiso.

DEED POLL; escritura unilateral.

DEEM; considerar, estimar, juzgar.

DEFACE; desfigurar, borrar, destruir.

DEFALCATE; desfalcar, malversar.

DEFALCATION; desfalco, malversación, incumplimiento.

DEFALK; compensar deudas.

DEFAMACAST; difamación por transmisión.

DEFAMATION; difamación, calumnia, injuria.

DEFAMATORY; difamatorio, calumniante, injuriante.

DEFAMATORY ADVERTISING; publicidad difamatoria.

DEFAMATORY LIBEL; difamación por escrito, libelo.

DEFAMATORY PER QUOD; expresiones a las que hechos adicionales dan un sentido difamatorio.

DEFAMATORY PER SE; palabras difamatorias en sí, palabras difamatorias per se.

DEFAMED; difamado, calumniado.

DEFAMER; difamador, calumniador.

DEFAULT; incumplimiento, omisión, rebeldía, falta de comparecencia.

DEFAULT JUDGMENT; sentencia en rebeldía.

DEFAULTER; incumplidor, rebelde, moroso.

DEFEASANCE; contradocumento, anulación, revocación.

DEFEASANCE CLAUSE; cláusula que permite la extinción de una hipoteca.

DEFEASIBILITY; revocabilidad.

DEFEASIBLE; anulable, condicional.

DEFEASIBLE FEE; derecho de dominio revocable.

DEFEASIBLE TITLE; titularidad revocable, título revocable.

DEFEAT; derrotar, impedir, revocar, frustrar.

DEFECT; defecto, vicio.

DEFECT OF FORM; defecto de forma.

DEFECT OF SUBSTANCE; defecto material.

DEFECTION; defección, abandono, deserción, renuncia.

DEFECTIVE; defectuoso, viciado.

DEFECTIVE TITLE; título defectuoso, titularidad defectuosa.

DEFECTIVE VERDICT; veredicto defectuoso.

DEFECTUS; defecto.

DEFEND; defender, prohibir, negar.

DEFENDANT; demandado, acusado.

DEFENDANT IN ERROR; recurrido.

DEFENDER; defensor.

DEFENDERE; defender.

DEFENDOUR; demandado.

DEFENERATION; usura.

DEFENSE; defensa, amparo, oposición.

DEFENSE ATTORNEY; abogado defensor.

DEFENSE OF INSANITY; defensa basada en incapacidad mental.

DEFENSELESS; indefenso.

DEFENSELESSLY; indefensamente.

DEFENSELESSNESS; vulnerabilidad.

DEFENSIBLE; defendible.

DEFENSIVE; defensivo.

DEFENSOR; defensor.

DEFENSUM; área cerrada.

DEFER; diferir, retrasar, ceder, aplazar.

DEFERENCE; deferencia, acatamiento.

DEFERMENT; aplazamiento.

DEFERRABLE; aplazable.

DEFERRED ANNUITY; anualidad con pagos diferidos.

DEFERRED INCOME; ingreso diferido.

DEFERRED PAYMENTS; pagos diferidos.

DEFIANCE; desafío, obstinación.

DENUDE; desvestir.

DENUMERATION; acto de pago.

DENUNCIATE; denunciar.

DENUNCIATION; denuncia, censura, reprobación.

DENUNCIATOR; denunciante.

DENY; negar, denegar.

DEPART; partir, fallecer.

DEPARTED; fallecido, difunto.

DEPARTMENT; departamento, territorio, ministerio.

DEPARTMENT OF STATE; Departamento de Estado, Ministerio de Relaciones Exteriores.

DEPARTURE; desviación, partida, divergencia, marcha, salida.

DEPENDABLE; confiable, cumplidor.

DEPENDENCY; dependencia, posesión.

DEPENDENT; dependiente, sujeto a.

DEPENDENT CONDITIONS; condiciones dependientes.

DEPENDENT CONTRACT; contrato condicional.

DEPENDENT COVENANT; convenio dependiente.

DEPENDENT PROMISE; promesa condicionada.

DEPICT; describir, representar.

DEPICTION; descripción.

DEPLETE; agotar.

DEPLETION; agotamiento, desvalorización de un bien depreciable.

DEPLETION RESERVE; reserva por agotamiento, apunte contable que refleja la desvalorización de un bien depreciable.

DEPONE; deponer, declarar.

DEPONENT; deponente, declarante.

DEPORT; deportar, expulsar.

DEPORTABLE; sujeto a deportación.

DEPORTATION; deportación.

DEPORTEE; deportado.

DEPORTMENT; porte, comportamiento, conducta.

DEPOSE; deponer, testificar, atestiguar.

DEPOSIT (n); depósito.

DEPOSIT (v); depositar.

DEPOSIT ACCOUNT; cuenta de depósito.

DEPOSIT BOX; caja de seguridad.

DEPOSIT COMPANY; compañía que alquila cajas de seguridad.

DEPOSIT IN COURT; depósito judicial.

DEPOSIT IN ESCROW; depositar en cuenta en plica, depositar en manos de un tercero.

DEPOSIT INSURANCE; seguro sobre depósitos bancarios.

DEPOSIT INSURANCE CORPORATION (EU); organismo federal garantizante de los depósitos bancarios.

DEPOSIT OF TITLE DEEDS; depósito de títulos de propiedad.

DEPOSIT SLIP; hoja de depósito.

DEPOSITARY; depositario.

DEPOSITION; deposición, declaración fuera del tribunal.

DEPOSITOR; depositante.

DEPOSITORY; depósito, depositaría, lugar donde se mantienen los depósitos.

DEPOT; depósito, almacén.

DEPRAVED MIND; mente depravada.

DEPRECIATION; depreciación, amortización, desvalorización.

DEPRECIATION RESERVE; fondo de depreciación.

DEPREDATION; depredación, saqueo, pillaje.

DEPRESSED; deprimido.

DEPRESSION; depresión.

DEPRIVATION; privación, desposeimiento, pérdida.

DEPRIVATION OF PROPERTY; privación de propiedad.

DEPRIVE; privar

DEPUTATION; diputación.

DEPUTIZE; delegar, diputar, comisionar, sustituir.

DEPUTY; diputado, suplente, delegado.

DEPUTY SHERIFF; subalguacil, ayudante del alguacil.

DERAIGN; probar, vindicar.

DERANGED; loco, trastornado.

DERANGEMENT; trastorno mental, desorden.

DERELICT; abandonado, derrelicto.

DERELICTION; adquisición de tierra por el retiro de aguas, abandono, descuido, negligencia.

DERELICTION OF DUTIES; abandono de deberes.

DERISIVE; burlón.

DERISORY; burlón.

DERIVATION; derivación, deducción.

DERIVATIVE; derivado, secundario.

DERIVATIVE ACQUISITION; adquisición derivada.

DERIVATIVE ACTION; acción entablada por un accionista a beneficio de la corporación, acción entablada por un accionista a beneficio de la sociedad.

DERIVATIVE CONVEYANCES; cesiones derivadas.

DERIVATIVE DEED; instrumento accesorio.

DERIVATIVE EVIDENCE; evidencia derivada de otra ilegalmente obtenida.

DERIVATIVE SUIT; acción entablada por un accionista en nombre de la corporación, acción entablada por un accionista en nombre de la sociedad.

DERIVATIVE TORT; responsabilidad del mandante por daños ocasionados por el agente.

DERIVE; derivar, obtener.

DEROGATION; derogación.

DEROGATION FROM GRANT; restricción del derecho que se transfiere.

DEROGATORY; despectivo.

DEROGATORY CLAUSE; cláusula de exclusión.

DESCEND; descender, transmitir por sucesión.

DESCENDANT; descendiente.

DESCENDIBLE; heredable, transmisible.

DESCENT; sucesión hereditaria, transmisión hereditaria.

DESCENT CAST; transmisión a los herederos de un inmueble perteneciente a alguien que ha muerto intestado.

DESCRIBE; describir, relatar.

DESCRIPTIO PERSONAE; descripción de la persona.

DESCRIPTION; descripción.

DESCRIPTIVE MARK; marca descriptiva.

DESEGREGATION; desegregación.

DESERT; abandonar, desertar.

DESERTION; deserción, abandono del hogar conyugal.

DESERTION OF CHILDREN; abandono de hijos.

DESERTION OF MINORS; abandono de menores.

DESERVE; merecer.

DESERVING; de mérito, meritorio.

DESIGN (n); intención, diseño, concepción.

DESIGN (v); diseñar, concebir.

DESIGN PATENT; patente de diseño.

DESIGNATE; designar, señalar.

DESIGNATION; designación, nombramiento.

DESIGNEDLY; intencionalmente, por diseño.

DESIRE; desear, anhelar.

DESIST; desistir.

DESISTANCE; desistimiento.

DESISTEMENT; doctrina bajo la cual se aplica la ley local a partes de un testamento realizado en el extranjero.

DESOLATE; desolado, arruinado.

DESOLATION; desolación, abandono.

DESPAIR; desesperación.

DESPERATE; desesperado, peligroso.

DESPOIL; despojar violentamente, despojar clandestinamente, privar.

DESPONSATION; acto matrimonial.

DESPOT; déspota, autócrata.

DESPOTISM; despotismo.

DESTINATION; destinación, fin.

DESTITUTE; indigente, necesitado.

DESTITUTE CIRCUMSTANCES; circunstancias de necesidad extrema.

DESTITUTION; indigencia, miseria.

DESTROY; destruir, matar.

DESTRUCTIBILITY; destructibilidad.

DESTRUCTIBLE TRUST; fideicomiso susceptible a terminación.

DESTRUCTION; destrucción.

DESUETUDE; desuso.

DESULTORY; impensado, ocasional.

DETACHED; desprendido, separado, independiente.

DETAIL (n); detalle, pormenor.

DETAIL (v); detallar, pormenorizar.

DETAILED; detallado, exacto.

DETAIN; detener, arrestar, apropiar, demorar.

DETAINER; detención, arresto, apropiación, demora.

DETAINMENT; detención, arresto, apropiación, demora.

DETECT; detectar, descubrir, percibir, advertir.

DETECTION; detección, descubrimiento.

DETECTIVE; detective.

DETENTION; detención, arresto, apropiación, demora.

DETENTION IN A REFORMATORY; detención en un reformatorio.

DETENTION OF SHIP; secuestro de nave.

DETER; disuadir, refrenar, impedir, desanimar.

DETERIORATE; deteriorarse.

DETERIORATION; deterioro, desmejora.

DETERMINABLE; determinable, sujeto a condición resolutoria.

DETERMINABLE FEE; derecho de dominio sobre un inmueble sujeto a condición resolutoria.

DETERMINABLE FREEHOLD; dominio absoluto sobre un inmueble sujeto a condición resolutoria.

DETERMINATE; determinado, específico.

DETERMINATE OBLIGATION; obligación determinada.

DETERMINATION; determinación, resolución, sentencia, decisión, terminación.

DETERMINATION OF A CASE; decisión de un caso.

DETERMINATION OF BOUNDARIES; delimitación de confines.

DETERMINE; determinar, resolver, decidir, terminar.

DETERRENT; disuasivo, impeditivo.

DETINUE; detener, retener, retención ilegal de inmuebles.

DETOUR; desvío, rodeo.

DETOURNEMENT; desvío de fondos.

DETRACT; distraer, disminuir, reducir, quitar, denigrar.

DETRACTION; traslado de bienes a otro estado tras transmisión por sucesión, denigración.

DETRIMENT; perjuicio, detrimento, daño.

DEUTEROGAMY; deuterogamia.

DEVALUATION; devaluación.

DEVASTATION; devastación, arrasamiento.

DEVASTAVIT; administración inapropiada de bienes de parte de un albacea.

DEVELOP; desarrollar.

DEVELOPED COUNTRY; país desarrollado.

DEVELOPED WATERS; aguas traídas a la superficie para el uso del reclamante.

DEVELOPING COUNTRY; país en desarrollo.

DEVELOPMENT; desarrollo, suceso, tendencia.

DEVELOPMENT PLAN; plan de desarrollo.

DEVEST; despojar, privar de, enajenar.

DEVIANT; desviado.

DEVIATION; desviación, incumplimiento de labores sin justificación.

DEVICE; aparato, dispositivo, plan, ardid, estratagema.

DEVILLING (RU); abogado con poca experiencia.

DEVIOUS; tortuoso, desviado, sinuoso, dudoso.

DEVIOUSLY; tortuosamente, sinuosamente.

DEVISABLE; legable, imaginable.

DEVISAVIT VEL NON; tema de discusión cuando se impugna un testamento.

DEVISE (n); legado.

DEVISE (v); legar, concebir.

DEVISEE; legatario.

DEVISER; inventor.

DEVISOR; testador.

DEVOLUTION; traspaso, transmisión, entrega.

DEVOLVE; transferir, transmitir, delegar.

DEVY; muere.

DIAGNOSE; diagnosticar.

DIALOGUE; diálogo.

DIAPHANEITY; diafanidad, transparencia.

DIAPHANOUS; diáfano, transparente.

DIARCHY; diarquía.

DICHOTOMOUS; dicótomo.

DICHOTOMY; dicotomía.

DICTATE; dictar, ordenar.

DICTATION; dictado, mandato.

DICTATOR; dictador.

DICTATORSHIP; dictadura.

DICTORES; árbitros.

DICTUM; observación contenida en la sentencia judicial, opinión expresada por un tribunal.

DIE; fallecer.

DIE WITHOUT ISSUE; morir sin descendencia.

DIEHARD; intransigente.

DIES; un día, días.

DIES A QUO; día de origen de, día a partir del cual.

DIES AD QUEM; día de conclusión, último día de un plazo.

DIES COMMUNES IN BANCO; días en corte.

DIES DATUS; un día dado.

DIES JURIDICUS; día hábil, día con actividad jurídica.

DIES NON JURIDICUS; día inhábil, día sin actividad jurídica.

DIES UTILES; días útiles, días disponibles.

DIETA; el trabajo de un día.

DIFFER; diferir, disentir.

DIFFERENCE; diferencia, disputa, desacuerdo.

DIFFERENT; diferente.

DIFFERENTIABLE; distinguible, diferenciable.

DIFFERENTIAL RATE; tasa diferencial.

DIFFERENTIATE; diferenciar, modificar.

DIFFERENTLY; diferentemente.

DIFFICILE; dificultoso, obstructor.

DIG; cavar.

DIGAMY; segundo matrimonio.

DIGEST; digesto, compilación, compendio.

DIGESTER; compendiador.

DIGITAL; digital, dactilar.

DIGNIFIED; digno, serio.

DIGNITARY; dignatario.

DIGNITY; dignidad, señorío.

DIGRESS; divagar, desviarse, apartarse.

DIGRESSION; digresión.

DIGRESSIVE; digresivo.

DIJUDICATION; decisión judicial, sentencia, juicio decisivo.

DIKE; dique, represa.

DILAPIDATION; dilapidación, ruina.

DILATION; dilación.

DILATORY; dilatorio.

DILATORY DEFENSE; defensa dilatoria.

DILATORY EXCEPTIONS; excepciones dilatorias.

DILATORY PLEA; argumentación dilatoria.

DILIGENCE; diligencia, esmero.

DILIGENT; diligente, esmerado.

DILIGENTLY; diligentemente.

DIM; mortecino, indistinto, obscuro.

DIMINISH; disminuir, menguar.

DIMINISHED; disminuido.

DIMINISHING RETURNS; utilidad decreciente.

DIMINUTION; disminución, falta de elementos, rebaja.

DIMINUTION IN VALUE; disminución en el valor.

DIMINUTION OF DAMAGES; disminución de los daños.

DIN; ruido fuerte, estrépito.

DINARCHY; gobierno de dos personas.

DIPLOMA; diploma.

DIPLOMACY; diplomacia.

DIPLOMAT; diplomático.

DIPLOMATIC; diplomático, discreto.

DIPLOMATIC AGENT; agente diplomático.

DIPLOMATIC IMMUNITY; inmunidad diplomática.

DIPLOMATIC RELATIONS; relaciones diplomáticas.

DIPLOMATICS; diplomática.

DIPSOMANIA; dipsomanía.

DIPSOMANIAC; dipsomaníaco.

DIRECT (adj); directo, sincero, exacto.

DIRECT (v); dirigir, gobernar, mandar.

DIRECT ACTION; acción directa.

DIRECT AFFINITY; afinidad directa.

DIRECT AND PROXIMATE CAUSE; causa próxima y directa.

DIRECT CAUSE; causa directa.

DIRECT CONTEMPT; desacato.

DIRECT COSTS; costas directas.

DIRECT DAMAGES; daños directos.

DIRECT ESTOPPEL; impedimento a una acción por haber sido litigada anteriormente por las partes.

DIRECT EVIDENCE; prueba directa.

DIRECT EXAMINATION; interrogatorio directo.

DIRECT INJURY; daño directo, lesión directa.

DIRECT INTEREST; interés directo.

DIRECT LINE; línea directa de descendencia, línea directa de ascendencia.

DIRECT LOSS; pérdida directa.

DIRECT PLACEMENT; colocación directa.

DIRECT SELLING; ventas directas.

DIRECT TAX; impuesto directo.

DIRECT TRUST; fideicomiso expreso.

DIRECTED VERDICT; veredicto impuesto al jurado por parte del juez, veredicto dictado directamente por el juez.

DIRECTION; dirección, orden, instrucción.

DIRECTIVE; directivo.

DIRECTLY; directamente, exactamente.

DIRECTOR; director, administrador, consejero.

DIRECTOR'S MEETING; reunión de directores, reunión de consejeros.

DIRECTORY (adj); directivo, opcional.

DIRECTORY (n); guía, directorio, listado.

DIRECTORY STATUTE; estatuto inmaterial, ley sin provisión de penalidades.

DIRECTORY TRUST; fideicomiso en que el fideicomisario tiene que cumplir con instrucciones específicas.

DIRIMENT IMPEDIMENTS; impedimentos dirimentes.

DIRTY; sucio, bajo, malévolo.

DIRTY BILL OF LADING; carta de porte especificando defectos.

DISABILITY; incapacidad, invalidez.

DISABILITY CLAUSE; cláusula de incapacidad.

DISABILITY COMPENSATION; compensación por incapacidad.

DISABILITY INSURANCE; seguro de incapacidad.

DISABILITY RETIREMENT; jubilación por incapacidad.

DISABILITY TO ENTER A CONTRACT; incapacidad contractual.

DISABLE; incapacitar.

DISABLED; incapacitado.

DISABLED PERSON; persona incapacitada.

DISABLEMENT; incapacidad.

DISABLEMENT BENEFIT; beneficios por incapacidad.

DISABLEMENT INSURANCE; seguro por incapacidad.

DISABLING; incapacitante.

DISABUSE; desengañar.

DISACCORD (n); desacuerdo.

DISACCORD (v); discordar.

DISACCUSTOM; desacostumbrar.

DISADVANTAGE; desventaja.

DISADVANTAGEOUS; desventajoso.

DISADVOCARE; negar.

DISAFFECTION; desafecto, deslealtad.

DISAFFIRM; negar, repudiar, revocar, desmentir.

DISAFFIRMANCE; repudiación, renuncia, repudia.

DISAGREE; disentir, diferir.

DISAGREEABLE; desagradable.

DISAGREEMENT; desacuerdo, discrepancia.

DISALLOW; denegar, desautorizar, desaprobar.

DISALLOWABLE; negable, inadmisible.

DISALLOWANCE OF A CLAIM; rechazo de una reclamación, rechazo de una pretensión.

DISALT; incapacitar a una persona.

DISANNULMENT; anulación.

DISAPPROVAL; desaprobación, censura.

DISAPPROVE; desaprobar, censurar.

DISARM; desarmar.

DISARRAY; desorden.

DISASSOCIATE; desasociar, disociar.

DISASTER; desastre, calamidad.

DISASTER LOSS; pérdida por un desastre.

DISASTROUS; desastroso.

DISAVOW; repudiar, desautorizar.

DISAVOWAL; repudiación, desautorización.

DISBAR; suspender la licencia de un abogado, revocar la licencia de un abogado, desaforar.

DISBARMENT; suspensión de la licencia de un abogado, revocación de la licencia de un abogado.

DISBURSE; desembolsar.

DISBURSEMENT; desembolso.

DISCERN; discernir.

DISCERNIBLE; discernible.

DISCERNING; juicioso.

DISCHARGE; liberar, absolver, cancelar, eximir, despedir.

DISCHARGE BY AGREEMENT; extinción de contrato por acuerdo.

DISCHARGE BY BREACH; extinción de contrato por incumplimiento.

DISCHARGE BY PERFORMANCE; extinción de contrato al cumplirse con lo acordado.

DISCHARGE FROM LIABILITY; exoneración de responsabilidad, eximir de responsabilidad.

DISCHARGE OF AN APPEAL; rechazo de una apelación.

DISCHARGE OF AN EMPLOYEE; despido de un empleado.

DISCHARGE OF AN INJUNCTION; levantamiento de un interdicto.

DISCHARGE OF AN OBLIGATION; extinción de una obligación, cumplir una obligación.

DISCHARGE OF CONTRACT; cancelación de contrato, cumplimiento de contrato.

DISCHARGE OF JURY; disolución del jurado.

DISCIPLINARY OFFENSE; infracción disciplinaria.

DISCIPLINARY PROCEEDINGS; procedimientos disciplinarios.

DISCIPLINE; disciplina, orden.

DISCLAIM; renunciar, renegar, negar una responsabilidad.

DISCLAIMER; renuncia, denegación de una responsabilidad.

DISCLAIMER CLAUSE; cláusula negando responsabilidad.

DISCLAIMER OF LIABILITY; denegación de responsabilidad.

DISCLAMATION; repudiación, renuncia.

DISCLOSE; divulgar, revelar.

DISCLOSURE; divulgación, revelación.

DISCLOSURE OF INTEREST; divulgación de interés.

DISCONCERT; desconcertar.

DISCONNECT; desconectar, desunir.

DISCONNECTED; desconectado.

DISCONNECTION; desconexión.

DISCONTINUANCE; abandono, terminación, desistimiento.

DISCONTINUANCE OF ACTION; abandono de la acción.

DISCONTINUE; descontinuar, suspender.

DISCONTINUING EASEMENT; servidumbre descontinua.

DISCONTINUOUS; descontinuo.

DISCONTINUOUS SERVITUDE; servidumbre descontinua.

DISCONTINUOUSLY; interrumpidamente.

DISCORD; discordia, conflicto.

DISCORDANCE; discordia.

DISCORDANT; discordante, incompatible.

DISCOUNT; descuento.

DISCOUNT RATE; tasa de descuento.

DISCOUNT SHARES; acciones emitidas bajo la par.

DISCOURAGE; desanimar, disuadir.

DISCOURSE; conversación, discurso.

DISCOVER; descubrir, revelar.

DISCOVERT; soltera, viuda.

DISCOVERY, BILL OF; escrito que exige al demandado someterse a descubrimiento.

DISCOVERY; descubrimiento, procedimientos para obtener información para un juicio.

DISCOVERY RULE; regla que indica que el término de prescripción por culpa profesional comienza al descubrirse tal culpa o cuando se debió de haber descubierto.

DISCREDIT; desacreditar.

DISCREET; discreto, prudente.

DISCREETLY; discretamente.

DISCREPANCY; discrepancia.

DISCRETE; separado, distinto.

DISCRETELY; separadamente.

DISCRETION; discreción, prudencia.

DISCRETIONARY; discrecional.

DISCRETIONARY ACCOUNT; cuenta discrecional.

DISCRETIONARY ACTS; actos discrecionales.

DISCRETIONARY DAMAGES; monto de daños y perjuicios a discreción del jurado o juez.

DISCRETIONARY ORDER; orden otorgándole discreción al agente que la lleva a cabo.

DISCRETIONARY POWER; poder discrecional.

DISCRETIONARY TRUST; fideicomiso discrecional.

DISCRIMINATE; diferenciar, discriminar.

DISCRIMINATING; discerniente, discriminador.

DISCRIMINATION; discriminación, diferenciación.

DISCRIMINATIVE; discriminador, parcial, discerniente.

DISCRIMINATOR; discriminador.

DISCUSS; discutir, ventilar.

DISCUSSION; discusión, beneficio de excusión.

DISEASE; enfermedad.

DISENDOW; privar de dote.

DISENDOWMENT; privación de dote.

DISFIGUREMENT; desfiguración.

DISFRANCHISE; privar de derechos de franquicia.

DISFRANCHISEMENT; privación de derechos de franquicia.

DISGRACE; desgracia, deshonor.

DISGUISE; ocultar, disfrazar.

DISGUST; repugnar.

DISGUSTING; repugnante.

DISHONEST; deshonesto, fraudulento.

DISHONESTLY; deshonestamente, fraudulentamente.

DISHONESTY; deshonestidad.

DISHONOR; deshonrar, rehusar pago.

DISINCARCERATE; excarcelar.

DISINHERISON; desheredación.

DISINHERIT; desheredar.

DISINHERITANCE; desheredamiento.

DISINTER; desenterrar.

DISINTEREST; desinteresar.

DISINTERESTED; desinteresado, imparcial.

DISINTERESTED WITNESS; testigo imparcial.

DISINTERESTEDLY; desinteresadamente.

DISINTERESTEDNESS; desinterés.

DISJOIN; separar, desunir.

DISJOINTED; inconexo, incoherente.

DISJUNCT; descoyuntado.

DISJUNCTION; disyunción.

DISJUNCTIVE; disyuntivo.

DISJUNCTIVE ALLEGATIONS; alegaciones en disyuntiva.

DISJUNCTIVE CONDITION; condición en disyuntiva.

DISJUNCTIVE COVENANTS; estipulaciones en disyuntiva.

DISJUNCTIVE TERM; término disyuntivo.

DISLOCATION; dislocación, desarreglo.

DISLOYAL; desleal, infiel.

DISMEMBER; desmembrar, despedazar.

DISMISS; despedir, rechazar, declarar no ha lugar.

DISMISSAL; rechazo de una acción, anulación de la instancia, despido, rechazo.

DISMISSAL AND NONSUIT; terminación de una acción por desistimiento o inactividad del demandante, caducidad de una acción por desistimiento o inactividad del demandante.

DISMISSAL COMPENSATION; indemnización por despido.

DISMISSAL FOR CAUSE; despido con causa.

DISMISSAL OF APPEAL; rechazo de una apelación.

DISMISSAL WITH PREJUDICE; rechazo de la demanda sin dar oportunidad de iniciar nueva acción.

DISMISSAL WITHOUT PREJUDICE; rechazo de la demanda permitiendo iniciar nuevamente la acción.

DISMORTGAGE; redención de una hipoteca.

DISOBEDIENCE; desobediencia.

DISOBEDIENT; desobediente.

DISOBEDIENT CHILD; niño desobediente.

DISORDER; desorden, alboroto.

DISORDERLY; desordenado, alborotoso.

DISORDERLY CONDUCT; desorden público, conducta desordenada.

DISORDERLY HOUSE; lugar donde hay actos contrarios al orden público, burdel.

DISORDERLY PERSON; persona de conducta desordenada, enemigo público.

DISORDERLY PICKETING; demostraciones o piquetes que alteran el orden público.

DISORGANIZATION; desorganización.

DISORIENTATION; desorientación.

DISOWN; repudiar, negar.

DISPARAGATION; menosprecio, descrédito.

DISPARAGE; menospreciar, desacreditar.

DISPARAGEMENT; menosprecio, descrédito.

DISPARAGEMENT OF GOODS; menosprecio de mercancías, desacreditar los bienes de un competidor.

DISPARAGEMENT OF TITLE; intento enjuiciable de crear dudas sobre la validez de un título.

DISPARAGING; menospreciativo, despectivo.

DISPARAGING INSTRUCTIONS; instrucciones al jurado que denigran una de las partes del litigio.

DISPARITY; disparidad, desemejanza.

DISPATCH (n); prontitud, mensaje, envío.

DISPATCH (v); despachar, enviar.

DISPATCH MONEY; pago adicional por cargar o descargar más pronto de lo estipulado.

DISPAUPER; perder los derechos de demandar como indigente.

DISPEL; aclarar, disipar.

DISPENSATION; dispensa, exención.

DISPENSE; dispensar, aplicar, eximir.

DISPENSER; dispensador, administrador.

DISPLACE; desplazar, destituir, cambiar de lugar.

DISPLACED PERSON; persona desplazada.

DISPLACEMENT; desalojamiento, reemplazo, desplazamiento, traslado.

DISPLAY (n); exhibición, demostración.

DISPLAY (v); exhibir, revelar.

DISPOSABLE; disponible, desechable.

DISPOSABLE PORTION; la parte de la herencia del que se puede disponer sin restricciones.

DISPOSAL; eliminación, distribución, transferencia, disposición.

DISPOSE; disponer, ordenar, colocar.

DISPOSING CAPACITY; capacidad mental para testar.

DISPOSING MIND; capacidad mental para testar.

DISPOSITION; disposición, sentencia penal, tendencia.

DISPOSITIVE; dispositivo.

DISPOSITIVE FACTS; hechos jurídicos.

DISPOSSESS; desposeer, desalojar, desahuciar, privar.

DISPOSSESS PROCEEDINGS; procedimientos de desahucio.

DISPOSSESSION; desahucio, desalojo, usurpación de bienes raíces, expulsión.

DISPOSSESSOR; desposeedor, desahuciador.

DISPROOF; prueba contraria, refutación.

DISPROVE; refutar.

DISPUTABLE; disputable, controvertible.

DISPUTABLE PRESUMPTION; presunción dudosa.

DISPUTATIO FORI; argumento ante el tribunal.

DISPUTE (n); disputa, litigio, controversia.

DISPUTE (v); disputar, litigar, controvertir.

DISQUALIFICATION; descalificación.

DISQUALIFIED WITNESS; persona no cualificada para atestiguar.

DISQUALIFY; descalificar, incapacitar.

DISQUIET; perturbar.

DISRATE; degradar.

DISRATIONARE; exonerarse.

DISREGARD; hacer caso omiso de, desatender.

DISREGARDFUL; indiferente, negligente.

DISREPAIR; mal estado.

DISREPUTABLE; de mala fama.

DISREPUTE; mala fama, desprestigio.

DISRESPECT; falta de respeto.

DISRESPECTFULLY; irrespetuosamente.

DISRUPTIVE; destructor, disruptivo, perjudicial.

DISRUPTIVE CONDUCT; conducta desordenada.

DISSECTION; disección, inspección minuciosa.

DISSEISE; desposeer.

DISSEISEE; quien ha sido desposeído.

DISSEISIN; desposesión, desposeimiento.

DISSEISITRIX; usurpadora.

DISSEISITUS; desposeído.

DISSEISOR; usurpador.

DISSEMBLE; aparentar, disimular, ocultar.

DISSEMINATE; diseminar.

DISSENSION; disensión, oposición.

DISSENT (n); disenso, disidencia, opinión disidente, disentimiento.

DISSENT (v); disentir.

DISSENTER; disidente.

DISSENTIENTE; disidente.

DISSENTING OPINION; opinión disidente.

DISSIDENT; disidente.

DISSIMILAR; distinto, desigual.

DISSIMILARITY; desemejanza, desigualdad.

DISSIMULATE; disimular.

DISSOCIATION; disociación.

DISSOLUTION; disolución, liquidación, muerte.

DISSOLUTION OF CORPORATION; liquidación de corporación.

DISSOLUTION OF MARRIAGE; disolución de matrimonio.

DISSOLUTION OF PARLIAMENT (RU); disolución del parlamento.

DISSOLUTION OF PARTNERSHIP; disolución de sociedad.

DISSOLVE; disolver, terminar, cancelar.

DISSUADE; disuadir, desaconsejar.

DISSUASIVE; disuasivo.

DISTANCE; distancia, reserva.

DISTANT; distante.

DISTINCT; distinto, preciso.

DISTINCTION; distinción.

DISTINCTIVE; distintivo.

DISTINCTIVE NAME; nombre distintivo.

DISTINGUISH; distinguir, clasificar.

DISTINGUISHING; distintivo, característico.

DISTINGUISHING MARK; marca distintiva.

DISTORT; distorsionar, torcer, retorcer.

DISTORTED; torcido.

DISTRACT; distraer.

DISTRACTED PERSON; persona con incapacidad mental.

DISTRACTION; distracción, pasatiempo, confusión.

DISTRAHERE; retirar.

DISTRAIN; tomar la propiedad de otro como prenda para forzarlo a cumplir algo.

DISTRAINOR; quien secuestra bienes.

DISTRAINT; secuestro de bienes.

DISTRESS; secuestro de bienes de parte del arrendador para forzar al arrendatario a cumplir con el pago de alquiler, aflicción.

DISTRESS AND DANGER; nave en peligro.

DISTRESS INFINITE; secuestro de bienes ilimitado.

DISTRESS WARRANT; orden de secuestro de bienes.

DISTRESSED SALE; venta de liquidación, venta bajo circunstancias desventajosas.

DISTRIBUTE; distribuir, dividir, clasificar.

DISTRIBUTEE; heredero.

DISTRIBUTION; distribución, división hereditaria.

DISTRIBUTIVE; distributivo.

DISTRIBUTIVE SHARE; participación en la distribución de bienes.

DISTRIBUTOR; distribuidor.

DISTRICT; distrito, jurisdicción, región.

DISTRICT ATTORNEY (EU); fiscal de distrito.

DISTRICT CLERK (EU); secretario del tribunal de distrito.

DISTRICT COURTS; tribunales de distrito, (EU) tribunales federales de primera instancia.

DISTRICT JUDGE (EU); juez de distrito.

DISTRICT SCHOOL; escuela pública de distrito.

DISTRUST; desconfianza, sospecha.

DISTURB; perturbar, molestar, alterar.

DISTURBANCE; perturbación, molestia, tumulto.

DISTURBANCE OF PEACE; perturbación de la paz pública, alteración del orden público.

DISTURBANCE OF TENURE; perturbación al derecho de posesión.

DISTURBANCE OF WAYS; perturbación al derecho de paso.

DISTURBING; perturbador.

DITTO; ídem, lo mismo.

DIURNAL; diurno.

DIURNALLY; diariamente, de día.

DIVAGATION; divagación.

DIVERGENCE; divergencia.

DIVERGENCE OF OPINION; divergencia de opinión.

DIVERS; diversos, varios.

DIVERSION; distracción, desviación.

DIVERSITY; diversidad, variedad, alegato de parte del detenido de que no es quien ha sido encontrado culpable.

DIVERSITY OF CITIZENSHIP; diversidad de ciudadanía, (EU) diversidad de ciudadanía estatal entre el demandante y el demandado como base de jurisdicción de los tribunales federales.

DIVERT; desviar, divertir.

DIVEST; despojar, privar de.

DIVESTITIVE FACT; hecho que modifica una relación jurídica, hecho que extingue una relación jurídica.

DIVESTMENT; privación de un interés antes de tiempo.

DIVIDE; dividir, repartir.

DIVIDED; dividido.

DIVIDED ACCOUNT; cuenta dividida.

DIVIDED COURT; falta de unanimidad en un tribunal, discrepancia entre los jueces.

DIVIDED CUSTODY; custodia dividida.

DIVIDED INTEREST; intereses separados.

DIVIDEND; dividendo.

DIVIDEND INCOME; ingreso por dividendos.

DIVIDING; divisor.

DIVISIBILITY; divisibilidad.

DIVISIBLE; divisible.

DIVISIBLE CONTRACT; contrato divisible.

DIVISIBLE DIVORCE; divorcio divisible.

DIVISIBLE OFFENSE; delito que incluye otros de menor grado.

DIVISION, ACTION FOR; acción para dividir un reclamo.

DIVISION; división, distribución, compartimiento.

DIVISION OF OPINION; división de votos, diferencia de opiniones.

DIVISION OF POWERS; división de poderes.

DIVISION WALL; pared medianera.

DIVISIONAL COURT (RU); tribunales con más de un juez.

DIVISUM IMPERIUM; jurisdicción dividida.

DIVORCE; divorcio.

DIVORCE A MENSA ET THORO; separación sin disolución matrimonial.

DIVORCE A VINCULO MATRIMONII; divorcio, disolución del matrimonio.

DIVORCE BY CONSENT; divorcio por consentimiento mutuo.

DIVORCE FROM BED AND BOARD; separación sin disolución matrimonial.

DIVORCE SUIT; juicio de divorcio.

DIVULGE; divulgar.

DOCK (n); banquillo del acusado, muelle.

DOCK (v); reducir, atracar en un muelle.

DOCK MASTER (RU); oficial de muelle.

DOCKAGE; derechos por atracar.

DOCKET (n); lista de casos a ser juzgados, registro conciso sobre lo acontecido en un tribunal.

DOCKET (v); resumir y registrar en un libro judicial.

DOCKET FEE; honorario pagado como parte de las costas de la acción.

DOCTOR (n); doctor, médico.

DOCTOR (v); alterar, suministrar cuidado médico.

DOCTRINAL INTERPRETATION; interpretación doctrinal.

DOCTRINE; doctrina, doctrina jurídica.

DOCUMENT (n); documento, instrumento.

DOCUMENT (v); documentar.

DOCUMENT OF TITLE; documento representativo de título de bienes muebles, documento de propiedad.

DOCUMENTARY; documental.

DOCUMENTARY CREDIT; crédito documentario.

DOCUMENTARY DRAFT; letra de cambio documentaria.

DOCUMENTARY EVIDENCE; prueba documental.

DOCUMENTARY ORIGINS RULE; regla indicando que no se debe usar una copia de un documento a menos de que no esté disponible el original.

DOCUMENTARY PROOF; prueba documental, evidencia.

DOCUMENTATION; documentación.

DOE, JOHN; nombre ficticio usado para propósitos ilustrativos o cuando se desconoce el nombre de una parte, Fulano de Tal.

DOGMA; dogma.

DOGMATIC; dogmático.

DOING BUSINESS; en negocios, ejercicio de la actividad comercial.

DOING BUSINESS AS; en negocios bajo el nombre de.

DOLE; distribución, limosna, subsidio de paro.

DOLI CAPAX; capaz de intención criminal.

DOLI INCAPAX; incapaz de intención criminal.

DOLLAR; dólar.

DOLUS; malicia, dolo.

DOMAIN; dominio, propiedad absoluta de un inmueble, propiedad inmueble.

DOMESTIC; doméstico, nacional, interno.

DOMESTIC ADMINISTRATOR; administrador en el domicilio.

DOMESTIC ANIMAL; animal doméstico.

DOMESTIC BILL (EU); giro pagadero en el mismo estado donde se emitió.

DOMESTIC COMMERCE; comercio interno.

DOMESTIC CORPORATION; corporación local, (EU) corporación constituida en un estado en particular.

DOMESTIC COURTS; tribunales domésticos, tribunales con jurisdicción en el lugar donde una parte tiene domicilio.

DOMESTIC GUARDIAN; tutor designado en el domicilio del pupilo.

DOMESTIC JUDGMENT; sentencia de un tribunal doméstico, (EU) sentencia de un tribunal del mismo estado.

DOMESTIC JURISDICTION; jurisdicción local.

DOMESTIC LAW; derecho interno.

DOMESTIC RELATIONS; derecho de familia, relaciones domésticas.

DOMESTIC SERVANT; persona empleada en servicio doméstico.

DOMESTICATED; domesticado.

DOMICILE; domicilio.

DOMICILE OF CHOICE; domicilio de elección.

DOMICILE OF ORIGIN; domicilio de origen.

DOMICILE OF SUCCESSION; domicilio sucesorio.

DOMICILED; domiciliado.

DOMICILIARY; domiciliario.

DOMICILIARY ADMINISTRATION; administración de una sucesión donde se encuentra el domicilio sucesorio.

DOMICILIATE; domiciliar, establecer dominio.

DOMINANCE; autoridad.

DOMINANT; dominante.

DOMINANT ESTATE; predio dominante.

DOMINATE; dominar.

DOMINEER; oprimir, tiranizar.

DOMINEERING; dominante.

DOMINION; dominio, propiedad.

DOMINIUM; dominio.

DOMINIUM DIRECTUM; dominio directo.

DOMINIUM DIRECTUM ET UTILE; dominio directo y útil.

DOMINIUM UTILE; dominio útil.

DOMUS; domicilio.

DONATARIUS; donatario.

DONATE; donar.

DONATIO; donación, donativo.

DONATIO CONDITIONALIS; donación condicional.

DONATIO INTER VIVOS; donación entre vivos.

DONATIO MORTIS CAUSA; donación en anticipación a muerte.

DONATION; donación.

DONATION CONDITIONALIS; donación condicional.

DONATION INTER VIVOS; donación entre vivos.

DONATION MORTIS CAUSA; donación en anticipación a muerte.

DONATIVE INTENT; intención de donar.

DONATOR; donante.

DONATORIUS; donatario, comprador.

DONE; terminado, hecho.

DONEE; donatario, beneficiario.

DONOR; donador, donante.

DONUM; donación, donativo.

DOOM; fatalidad, sentencia.

DORMANT; inactivo, en suspenso.

DORMANT ACCOUNT; cuenta inactiva.

DORMANT CLAIM; reclamación en suspenso.

DORMANT CORPORATION; corporación sin operar al presente, corporación inactiva.

DORMANT EXECUTION; ejecución en suspenso.

DORMANT JUDGMENT; sentencia no ejecutada.

DORMANT PARTNER; socio inactivo, socio oculto.

DOS RATIONABILIS; dote razonable.

DOSSIER; informe.

DOT; dote.

DOTAGE; senilidad.

DOTAL PROPERTY; bienes dotales.

DOTATION; dotación.

DOTTED LINE; línea de puntos donde se firma.

DOUBLE; doble.

DOUBLE ADULTERY; adulterio en el que ambas personas están casadas.

DOUBLE ASSESSMENT; doble imposición.

DOUBLE COMPENSATION; indemnización
doble.

DOUBLE CREDITOR; acreedor doble,
acreedor con garantía sobre dos fondos.

DOUBLE ENTRY BOOKKEEPING;
contabilidad con doble registro,
contabilidad por partida doble.

DOUBLE HEARSAY; prueba de referencia
doble.

DOUBLE INDEMNITY; doble indemnización.

DOUBLE INSURANCE; seguro doble, seguro
solapante.

DOUBLE JEOPARDY; doble exposición por
el mismo delito.

DOUBLE MEANING; doble sentido.

DOUBLE PATENTING; obtención de una
segunda patente para la misma invención
por el mismo solicitante.

DOUBLE PLEA; doble defensa.

DOUBLE PROOF; doble prueba.

DOUBLE RECOVERY; indemnización mas
allá de los daños sufridos.

DOUBLE RENT (RU); alquiler que tiene que
pagar quien continúa en posesión después
de habérsele notificado que debía
desocupar.

DOUBLE STANDARD; conjunto de principios
que permite mayores oportunidades para
una clase de personas.

DOUBLE TAXATION; impuesto doble.

DOUBLE USE; solicitud de patente para el uso
nuevo de un proceso conocido.

DOUBLE WILL; testamento recíproco.

DOUBT (n); duda.

DOUBT (v); dudar.

DOUBTFUL; dudoso, ambiguo.

DOUBTFUL TITLE; título dudoso.

DOUBTFULLY; dudosamente.

DOUBTLESS; indudable, sin duda, cierto.

DOUR; severo, terco.

DOWABLE; con derechos dotales.

DOWAGER; viuda con título de bienes
heredados del marido.

DOWER; la parte de los bienes del esposo
fallecido que le corresponden por ley a la
viuda.

DOWN PAYMENT; pronto pago, pago inicial,
pago inmediato.

DOWRY; dote.

DRACONIAN; draconiano, severo, cruel.

DRACONIAN LAWS; leyes draconianas, leyes
extremadamente severas.

DRAFT; letra de cambio, proyecto, cheque,
borrador.

DRAFTER; redactor, diseñador.

DRAGNET; pesquisa.

DRAGNET CLAUSE; cláusula hipotecaria en
la que el deudor garantiza deudas pasadas
y futuras además de las presentes.

DRAGO DOCTRINE; doctrina de Drago.

DRAIN; desaguar, encañar, consumir, drenar,
vaciar.

DRAINAGE; drenaje, desagüe.

DRAM; bebida alcohólica, traguito.

DRAM SHOP ACTS; leyes imponiéndole
responsabilidad a dueños de
establecimientos de bebidas alcohólicas
cuyos clientes embriagados provocan
daños a terceros.

DRAMATICS; conducta melodramática.

DRASTIC; drástico, riguroso.

DRAW; apuntar, redactar, elegir, retirar fondos.

DRAW A JURY; seleccionar un jurado.

DRAWBACK; reintegro, desventaja,
contratiempo.

DRAWEE; girado, librado.

DRAWER; girador, cajón.

DRAWING; sorteo, dibujo.

DRIFT (n); cosa llevada por la corriente,
rumbo.

DRIFT (v); ir a la deriva, ir sin rumbo.

DRIFTER; persona sin rumbo.

DRINKING SHOP; cantina.

DRIP; goteo.

DRIVE; guiar, impulsar.

DRIVER; conductor.

DRIVER'S LICENSE; licencia de conductor,
permiso de conducir.

DRIVING; manejando, conduciendo.

DRIVING WHILE INTOXICATED; manejar
bajo estado de embriaguez, conducir bajo
estado de embriaguez.

DROIT COMMON; derecho común.

DROIT INTERNATIONAL; derecho
internacional.

DROIT MARITIME; derecho marítimo.

DROIT NATUREL; derecho natural.
DROITURAL; de derecho.
DROP; desistir, abandonar, omitir.
DROP CHARGES; retirar una acusación.
DROP LETTER; carta local.
DROP SHIPMENT DELIVERY; embarque directo a terceros, entrega sin pasar por mayorista.
DROUGHT; sequía.
DROWN; ahogar, ahogarse.
DROWSE; adormecer.
DROWSILY; soñolientamente.
DRUBBING; paliza.
DRUDGERY; algo monótono, trabajo pesado.
DRUG; droga, medicina.
DRUG ABUSE; abuso de drogas.
DRUG ADDICT; drogadicto.
DRUG DEALER; narcotraficante.
DRUG DEPENDENCE; drogadicción, dependencia de drogas.
DRUMMER; agente viajero, vendedor ambulante, viajante de comercio.
DRUNK; borracho.
DRUNKARD; borracho.
DRUNKEN; borracho.
DRUNKENLY; ebriamente.
DRUNKENNESS; embriaguez.
DRUNKOMETER; aparato para medir el nivel de alcohol en la sangre.
DRY; formal, nominal, infructífero, seco.
DRY MORTGAGE; hipoteca donde el deudor se responsabiliza sólo por el valor del bien hipotecado.
DRY TRUST; fideicomiso pasivo.
DUAL; doble, dual.
DUAL AGENCY; mandato solapante.
DUAL CITIZENSHIP; ciudadanía doble.
DUAL COURT SYSTEM; sistema en que coexisten dos regímenes judiciales.
DUAL PURPOSE DOCTRINE; doctrina que indica que un empleado que viaja como parte de su trabajo está en el curso del trabajo aún cuando salga en gestiones personales.
DUBIOUS; dudoso.
DUBIOUSLY; dudosamente.
DUBITABLE; dudable, dudoso.
DUBITANTE; dudante.

DUBITATUR; dudoso.
DUCES TECUM; traiga consigo.
DUE; justo, legal, pagadero, debido, razonable, propio.
DUE AND PAYABLE; vencido y pagadero.
DUE AND REASONABLE CARE; cuidado debido y razonable.
DUE BILL; reconocimiento de una deuda por escrito.
DUE CARE; cuidado debido.
DUE COMPENSATION; indemnización debida.
DUE CONSIDERATION; contraprestación adecuada, debida deliberación.
DUE COURSE OF LAW; curso debido de la ley.
DUE DATE; fecha de vencimiento.
DUE DILIGENCE; diligencia debida.
DUE IN ADVANCE; pagadero por adelantado.
DUE NOTICE; notificación debida, debido aviso.
DUE ON DEMAND; pagadero a la vista.
DUE PROCESS OF LAW; debido proceso.
DUE PROOF; prueba razonable.
DUE REGARD; debida consideración.
DUEL; duelo, combate.
DUELING; batirse a duelo.
DUES; cargos, tasas, impuestos.
DULY; debidamente, puntualmente.
DULY AUTHORIZED AGENT; representante debidamente autorizado.
DULY QUALIFIED; debidamente cualificado.
DULY REGISTERED; debidamente registrado.
DUMB-BIDDING; establecimiento del precio mínimo requerido en una subasta.
DUMMY (adj); falso, fingido, títere.
DUMMY (n); prestanombre, hombre de paja.
DUMMY CORPORATION; corporación formada para propósitos ilícitos, sociedad de paja.
DUMMY DIRECTOR; director sin funciones reales, consejero sin funciones reales.
DUMP; inundar, vender mercancía importada bajo costo.
DUMPING; venta de mercancía importada bajo costo.
DUN; exigencia de pago, apremio.
DUNGEON; mazmorra.

DUNNAGE; material para sujetar la carga.
DUOPOLY; duopolio.
DUPLEX HOUSE; dúplex, casa para dos
familias.
DUPLICATE (n); duplicado.
DUPLICATE (v); duplicar.
DUPLICATE WILL; testamento duplicado.
DUPLICITOUS; demanda que reúne más de
una acción.
DUPLICITY; reunir más de una acción en la
misma causa, duplicidad.
DURABLE GOODS; bienes duraderos.
DURATION; duración, término.
DURESS; coacción, violencia, cautividad.
DURESS OF IMPRISONMENT; detención
ilegal para obligar a realizar un acto,
detención ilegal.
DURESS PER MINAS; coacción mediante
amenazas.
DURESSOR; quien emplea coacción.
DURHAM RULE; regla que establece que una
persona no es criminalmente responsable
si se demuestra que sufría de una
enfermedad mental al cometer el acto.
DURING; durante.
DURING GOOD BEHAVIOR; mientras no
viole la ley, durante el buen
comportamiento.
DURING THE TRIAL; durante el juicio.
DUSK; crepúsculo.
DUTCH AUCTION; subasta en la que se
empieza con un precio alto y se va bajando
hasta vender el artículo, subasta a la baja.
DUTEOUS; obediente, sumiso.
DUTEOUSLY; obedientemente, debidamente.
DUTEOUSNESS; obediencia.
DUTIABLE; sujeto al pago de impuestos.
DUTIES; derechos de importación,
obligaciones.
DUTIES OF DETRACTION; impuestos sobre
el traslado de bienes sucesorios de un
estado a otro.
DUTIES ON IMPORTS; derechos sobre las
importaciones.
DUTIFUL; cumplidor, obediente.
DUTY; deber, obligación, impuesto.
DUTY-FREE; libre de impuestos.
DUTY TO ACT; deber de actuar.

DWELL; residir, permanecer.
DWELLING HOUSE; lugar de residencia.
DYING; moribundo.
DYING DECLARATIONS; declaraciones del
moribundo.
DYING INTESTATE; morir intestado.
DYING WITHOUT ISSUE; morir sin
descendencia.
DYNAMICALLY; enérgicamente.
DYNAMITE INSTRUCTION; instrucción al
jurado para que trate de evaluar los
aspectos importantes tomando en
consideración los puntos de vista de todos
los integrantes.
DYNASTY; dinastía.
DYSNOMY; legislación deficiente.

E

E CONTRA; al contrario.

E CONVERSO; al contrario.

EACH; cada, cada uno, cada cual.

EAGER; ansioso, deseoso, impaciente.

EARL'S PENNY; pago parcial.

EARLIER; más temprano, antes.

EARMARK (n); marca, marca distintiva, señal.

EARMARK (v); señalar, asignar, designar.

EARMARK RULE; regla indicando que al
    confundir fondos en un banco éstos
    pierden su identidad.

EARN; devengar, ganar.

EARNED INCOME; ingresos devengados a
    cambio de trabajo, rentas de trabajo.

EARNED INCOME CREDIT; crédito
    contributivo sobre ingresos devengados a
    cambio de trabajo.

EARNED SURPLUS; utilidades acumuladas.

EARNER; quien devenga ingresos.

EARNEST; pago parcial, serio.

EARNEST MONEY; pago anticipado,
    anticipo, arras, señal, caparra.

EARNING CAPACITY; capacidad para
    devengar ingresos.

EARNING POWER; capacidad para devengar
    ingresos.

EARNINGS; ingresos, réditos, salario,
    entradas.

EARTH; tierra.

EARWITNESS; testigo auricular, quien
    atestigua sobre algo que escuchó.

EASE; tranquilidad, comodidad, facilidad.

EASEMENT; servidumbre.

EASEMENT BY ESTOPPEL; servidumbre por
    impedimento por actos propios.

EASEMENT BY PRESCRIPTION;
    servidumbre por prescripción.

EASEMENT IN GROSS; servidumbre
    personal.

EASEMENT OF ACCESS; servidumbre de
    acceso, servidumbre de paso.

EASEMENT OF CONVENIENCE;
    servidumbre de conveniencia.

EASEMENT OF NATURAL SUPPORT;
    servidumbre de apoyo lateral de
    propiedad.

EASEMENT OF NECESSITY; servidumbre de
    paso por necesidad.

EASY TERMS; estipulaciones convenientes,
    facilidades de pago.

EAVES-DRIP; goteo de canalón,
    servidumbre del goteo de canalón.

EAVESDROP; escuchar furtivamente, escuchar
    ilegalmente, escuchar indiscretamente,
    interceptar una comunicación telefónica.

EAVESDROPPER; quien escucha
    furtivamente, quien escucha ilegalmente,
    quien escucha indiscretamente, quien
    intercepta una comunicación telefónica.

EAVESDROPPING; acción de escuchar
    furtivamente, acción de escuchar
    ilegalmente, acción de escuchar
    indiscretamente, acción de interceptar una
    comunicación telefónica.

EBRIETY; ebriedad.

EBULLIENT; rebosante, exaltado.

EBULLIENTLY; exaltadamente.

ECCENTRIC; excéntrico, irregular.

ECCENTRICITY; excentricidad.

ECLECTIC; ecléctico.

ECOLOGIST; ecólogo.

ECOLOGY; ecología.

ECONOMIC; económico.

ECONOMIC BURDEN; carga económica.

ECONOMIC DISCRIMINATION;
    discriminación económica, discriminación
    en el campo del comercio.

ECONOMIC LAW; derecho económico.

ECONOMIC OBSOLESCENCE;
    obsolescencia económica.

ECONOMIC STRIKE; huelga por condiciones
    del empleo, huelga laboral.

ECONOMIC WASTE; explotación excesiva de
    un recurso natural.

ECONOMICS; economía.

ECONOMIST; economista.

ECONOMIZE; economizar.

ECONOMY; economía, sistema económico.

ECOSYSTEM; ecosistema.

EDGE; filo, borde.

EDICT; edicto.

EDIFICATION; edificación.

EDIFICE; edificio.

EDIT; corregir, repasar, preparar para la publicación, revisar.

EDITION; edición, versión.

EDITOR; editor, redactor, director.

EDITORIAL; editorial, artículo de fondo.

EDITORIALIST; editorialista.

EDUCATE; educar.

EDUCATION; educación, instrucción.

EDUCATIONAL INSTITUTION; institución educativa.

EDUCATIONAL PURPOSE; propósito educativo.

EDUCATIONAL TRUST; fideicomiso para la educación.

EFFECT (n); efecto, vigencia, consecuencia.

EFFECT (v); efectuar, realizar, causar.

EFFECTIVE; efectivo, eficaz, real, impresionante.

EFFECTIVE DATE; fecha de efectividad, fecha de vigor, fecha de vigencia.

EFFECTIVE POSSESSION; posesión efectiva.

EFFECTIVELY; efectivamente.

EFFECTIVENESS; eficacia, vigencia.

EFFECTS; bienes personales, bienes.

EFFECTUAL; eficaz, obligatorio, válido.

EFFECTUALLY; efectivamente.

EFFECTUATE; efectuar.

EFFICACY; eficacia, eficiencia.

EFFICIENCY; eficiencia, rendimiento.

EFFICIENT; eficiente, competente.

EFFICIENT CAUSE; causa eficiente.

EFFICIENT INTERVENING CAUSE; un hecho nuevo que interrumpe la cadena causal y que provoca el daño.

EFFICIENTLY; eficientemente.

EFFIGY; efigie.

EFFLUENCE; efluencia, emanación.

EFFLUX; expiración, vencimiento.

EFFLUXION OF TIME; expiración del plazo convenido.

EFFORCIALITER; a la fuerza, violentamente.

EFFORT; esfuerzo, empeño, producto.

EFFRACTION; efracción, infracción violenta.

EFFRACTOR; quien comete una infracción violenta, ladrón.

EFFUSIVE; efusivo.

EGALITARIAN; igualitario.

EGALITARIANISM; igualitarismo.

EGRESS; salida, egreso.

EIGHT HOUR LAWS; leyes estableciendo un día de trabajo de ocho horas.

EINETIUS; el primerizo.

EISNE; el mayor, el primogénito.

EISNETIA; legítima del primogénito, porción del primogénito.

EITHER; uno u otro, ambos.

EJACULATE; eyacular, expeler.

EJECT; expeler, desalojar, expulsar.

EJECTION; expulsión, desalojo, desahucio, evicción.

EJECTMENT; desahucio, expulsión.

EJECTMENT BILL; demanda en equidad para recobrar un bien inmueble.

EJECTOR; quien desaloja, expulsor.

EJURATION; renuncia.

EJUSDEM GENERIS; del mismo género.

ELABORATE (adj); detallado, complejo.

ELABORATE (v); elaborar, ampliar, explicar en más detalle.

ELABORATELY; detalladamente, con esmero.

ELAPSE; pasar, transcurrir, expirar.

ELDER; mayor.

ELDER TITLE; título con más antigüedad.

ELDERLY; de avanzada edad, anciano.

ELDEST; el de mayor edad, primogénito.

ELECT; elegir.

ELECTED; elegido, electo.

ELECTED DOMICILE; domicilio para efectos del contrato.

ELECTION, ESTOPPEL BY; impedimento por actos propios cuando se escogen remedios incompatibles.

ELECTION; elección, nombramiento.

ELECTION AT LARGE; elección del distrito electoral completo

ELECTION BOARD; junta electoral.

ELECTION CONTEST; impugnación de elecciones.

ELECTION DISTRICT; distrito electoral.

ELECTION DOWER; opción de la viuda de rechazar el testamento y exigir lo que le corresponde por ley.

ELECTION JUDGES (RU); jueces electorales.

ELECTION OF REMEDIES; la opción de escoger entre varias formas de indemnización.

ELECTION OFFICER; funcionario electoral.

ELECTION RETURNS; resultados electorales.

ELECTIVE; electivo, electoral.

ELECTIVE FRANCHISE; derecho de voto.

ELECTIVE OFFICE; cargo electivo.

ELECTOR; elector.

ELECTORAL; electoral.

ELECTORAL COLLEGE; colegio electoral.

ELECTORAL COURT; tribunal electoral.

ELECTORAL PROCESS; proceso electoral.

ELECTORAL REGISTER; registro electoral.

ELECTORAL SYSTEM; sistema electoral.

ELECTORATE; electorado.

ELECTRIFY; electrizar, electrificar.

ELECTROCUTE; electrocutar.

ELECTROCUTION; electrocución.

ELECTRONIC DATA PROCESSING; procesamiento electrónico de datos.

ELECTRONIC EAVESDROPPING; acción de escuchar furtivamente por medios electrónicos, acción de interceptar una comunicación telefónica.

ELECTRONIC SURVEILLANCE; vigilancia por medios electrónicos.

ELEEMOSYNARY; caritativo.

ELEMENT; elemento.

ELEMENTAL; elemental.

ELEMENTS; elementos, las fuerzas de la naturaleza.

ELEMENTS OF A CRIME; los elementos constitutivos de un crimen.

ELEVATION; elevación.

ELEVATOR; elevador, ascensor.

ELICIT; deducir, evocar, sacar, provocar, obtener.

ELIGIBILITY; elegibilidad, capacidad.

ELIGIBLE; elegible, aceptable.

ELIGIBLE ALIEN; extranjero elegible.

ELIMINATE; eliminar, suprimir.

ELIMINATION; eliminación.

ELISORS; personas designadas, personas quienes eligen.

ELOGIUM; testamento.

ELOIGNMENT; alejamiento.

ELOPE; fugarse con el amante, huir.

ELOPEMENT; fuga con el amante, huida.

ELSE; otro, diferente, más.

ELSEWHERE; en otra parte, a otra parte.

ELUCIDATION; elucidación, aclaración.

ELUCIDATIVE; explicativo, aclaratorio.

ELUDE; eludir, evitar.

ELUSION; evasión, fuga.

EMANCIPATE; emancipar, liberar.

EMANCIPATED MINOR; menor emancipado, menor independiente.

EMANCIPATION; emancipación, liberación.

EMBARGO (n); embargo, impedimento.

EMBARGO (v); embargar, detener.

EMBASSADOR; embajador.

EMBASSY; embajada.

EMBEZZLE; desfalcar, malversar.

EMBEZZLEMENT; desfalco, malversación.

EMBEZZLER; desfalcador, malversador.

EMBLEMENTS; productos anuales de la labor agrícola.

EMBODY; incorporar, encarnar, personificar.

EMBRACE; abarcar, incluir, abrazar.

EMBRACEOR; sobornador.

EMBRACERY; intento criminal de sobornar a un jurado.

EMENDA; indemnizaciones, compensaciones.

EMERGE; emerger, salir.

EMERGENCY; emergencia, situación crítica.

EMERGENCY DOCTRINE; doctrina indicando que no se espera que una persona en una situación de emergencia use el mismo juicio que demostraría en una situación en la que hay tiempo para reflexionar.

EMERGENCY LEGISLATION; legislación de emergencia.

EMIGRANT; emigrante.

EMIGRATE; emigrar.

EMIGRATION; emigración.

EMIGRE; emigrado político, emigrado.

EMINENT; eminente.

EMINENT DOMAIN; derecho de expropiación, expropiación forzosa.

EMISSARY; emisario.

EMISSION; emisión.

EMIT; emitir, expresar.

EMOLUMENT; emolumento.

EMOTIONAL; emocional, emotivo.

EMOTIONAL INSANITY; demencia producida por emociones violentas.

EMPEROR; emperador.

EMPHASIS; énfasis, fuerza.

EMPHASIZE; enfatizar, recalcar.

EMPHATICALLY; enfáticamente, con insistencia, enérgicamente.

EMPHYTEUSIS; enfiteusis, arrendamiento perpetuo.

EMPHYTEUTA; enfiteuta.

EMPHYTEUTICUS; enfitéutico.

EMPIRE; imperio.

EMPIRIC; empírico.

EMPIRICAL; empírico.

EMPLEAD; acusar, acusar formalmente, demandar, poner pleito.

EMPLOY; emplear, usar.

EMPLOYABLE; empleable, utilizable.

EMPLOYED; empleado.

EMPLOYEE; empleado.

EMPLOYER; patrono, empleador.

EMPLOYERS' ASSOCIATION; asociación patronal.

EMPLOYERS' LIABILITY ACTS; leyes concernientes a las responsabilidades de los patronos.

EMPLOYERS' LIABILITY INSURANCE; seguro de responsabilidad patronal.

EMPLOYERS' ORGANIZATION; asociación comercial, organización patronal.

EMPLOYMENT; empleo, ocupación, uso.

EMPLOYMENT AGENCY; agencia de empleos.

EMPLOYMENT AT WILL; empleo de plazo indeterminado.

EMPLOYMENT CONTRACT; contrato de trabajo.

EMPORIUM; emporio, almacén.

EMPOWER; facultar, comisionar, autorizar.

EMPTIO; una compra.

EMPTOR; un comprador.

EMULATE; emular, competir con.

EMULATION; emulación.

EN AUTRE DROIT; en el derecho de otro.

EN BANC; en el tribunal.

EN DEMEURE; en incumplimiento.

EN ROUTE; en camino.

EN VIE; en vida.

ENABLE; capacitar, habilitar, autorizar.

ENABLING ACT; ley de autorización.

ENABLING CLAUSE; cláusula de autorización.

ENABLING POWER; poder decisivo sobre la repartición de bienes.

ENABLING STATUTE; ley de autorización.

ENACT; decretar, pasar una ley, establecer por ley, promulgar.

ENACTED LAW; ley escrita, ley decretada, ley.

ENACTMENT; promulgación, decreto, proceso para aprobar una ley, ley.

ENATE; pariente materno, pariente.

ENBREVER; abreviar.

ENCEINTE; encinta.

ENCLAVE; enclave.

ENCLOSE; incluir, encerrar, cercar.

ENCLOSURE; anexo, encerramiento.

ENCODE; codificar.

ENCOMPASS; abarcar, incluir.

ENCOUNTER; encuentro, batalla.

ENCOURAGE; animar, instigar, favorecer.

ENCROACH; traspasar los límites, invadir, usurpar, inmiscuirse en.

ENCROACH UPON; invadir, usurpar.

ENCROACHMENT; intrusión, invasión, usurpación.

ENCUMBER; gravar, recargar, impedir.

ENCUMBRANCE; gravamen, carga, hipoteca, estorbo.

ENCUMBRANCER; acreedor hipotecario.

END; fin, objetivo, resultado.

END OF WILL; donde termina la parte dispositiva de un testamento.

ENDAMAGE; dañar, perjudicar.

ENDANGER; poner en peligro, arriesgar.

ENDEAVOR (n); esfuerzo, intento, actividad.

ENDEAVOR (v); esforzarse, intentar, procurar.

ENDORSABLE; endosable.

ENDORSE; endosar, sancionar, apoyar.

ENDORSEE; endosatario.

ENDORSEMENT; endoso, aprobación, respaldo.

ENDORSER; endosante.

ENDOW; dotar, donar.

ENDOWER; dotador, donante.

ENDOWMENT; dotación, dote, fundación.

ENDOWMENT INSURANCE; seguro dotal.

ENDOWMENT POLICY; póliza dotal.

ENDURANCE; resistencia, tolerancia.

ENDURE; soportar, sobrellevar, sufrir.

ENEMY; enemigo, adversario.

ENEMY ALIEN; ciudadano de país enemigo.

ENEMY TERRITORY; territorio enemigo.

ENEMY VESSEL; nave enemiga.

ENEMY'S PROPERTY; propiedad del enemigo.

ENFORCE; hacer cumplir, ejecutar, aplicar, imponer.

ENFORCEMENT; acción de hacer cumplir, aplicación de la ley, ejecución, imposición, poner en vigor.

ENFORCEMENT OF A CONTRACT; acción de hacer cumplir un contrato.

ENFORCEMENT OF A JUDGMENT; ejecución de una sentencia.

ENFORCEMENT OF A RIGHT; ejecución de un derecho.

ENFORCEMENT OF THE LAW; hacer cumplir la ley.

ENFRANCHISE; libertar, manumitir.

ENFRANCHISEMENT; liberación, derecho de voto, dar un derecho.

ENGAGE; comprometer, emplear, atraer, ocupar.

ENGAGED; comprometido, ocupado, contratado.

ENGAGED IN BUSINESS; dedicado a los negocios.

ENGAGED IN COMMERCE; dedicado al comercio.

ENGAGED IN EMPLOYMENT; estar empleado, empleado.

ENGAGEMENT; compromiso, promesa, obligación, acuerdo.

ENGAGEMENT TO MARRY; comprometerse al matrimonio.

ENGENDER; engendrar, procrear, causar.

ENGINEER; ingeniero, (EU) maquinista.

ENGINEERING; ingeniería.

ENGROSS; acaparar, absorber, transcribir.

ENGROSSED BILL; proyecto de ley listo para el voto.

ENGROSSMENT; anteproyecto en su forma final, acaparamiento, transcripción.

ENHANCE; aumentar, acrecentar.

ENIGMA; enigma.

ENJOIN; imponer, requerir, mandar.

ENJOY; disfrutar de, gozar de, poseer.

ENJOYMENT; disfrute, goce, uso.

ENLARGE; agrandar, aumentar, liberar.

ENLARGEMENT; extensión, aumento.

ENLARGING; extendiendo, expandiendo.

ENLIST; alistarse, enrolarse.

ENLISTMENT; alistamiento, reclutamiento voluntario.

ENOC ARDEN DOCTRINE; doctrina concerniente a la persona que se casa otra vez al suponer que su cónyuge ha fallecido.

ENORMOUS; enorme, desmesurado.

ENROLL; registrar, inscribir, alistar.

ENROLLED; registrado, matriculado.

ENROLLED BILL; proyecto de ley aprobado.

ENROLLMENT; alistamiento, inscripción, registro, matriculación.

ENROLLMENT OF VESSELS; registro de naves de cabotaje.

ENSCHEDULE; incorporar en una lista, inscribir.

ENSEAL; sellar.

ENSUE; resultar, seguir, suceder.

ENSUING LIABILITY; responsabilidad correspondiente.

ENSURE; asegurar, dar seguridad.

ENTAIL (n); vinculación, limitación de la sucesión.

ENTAIL (v); vincular, ocasionar, limitar la sucesión.

ENTAILMENT; vinculación.

ENTER; entrar, tomar posesión, registrar, anotar.

ENTER INTO A CONTRACT; contratar, comprometerse por contrato.

ENTERING; registro.

ENTERING JUDGEMENTS; registro formal de sentencias.

ENTERPRISE; empresa, proyecto, iniciativa.

ENTERTAIN; entretener, recibir invitados.

ENTERTAINMENT; entretenimiento, recibimiento.

ENTERTAINMENT EXPENSES; gastos de representación.

ENTICE; tentar, atraer, seducir.

ENTICEMENT; tentación, atracción, seducción.

ENTIRE; entero, íntegro, completo.

ENTIRE BALANCE OF MY ESTATE; lo restante de mi patrimonio.

ENTIRE BLOOD; descendencia por vía materna y paterna.

ENTIRE CONTRACT; contrato indivisible, contrato total.

ENTIRE DAY; un día continuo.

ENTIRE INTEREST; dominio absoluto.

ENTIRE LOSS OF SIGHT; pérdida çonsiderable de la visión, pérdida total de la visión.

ENTIRE TENANCY; posesión individual.

ENTIRE USE; derecho a uso exclusivo.

ENTIRELY; enteramente, completamente, únicamente.

ENTIRELY WITHOUT UNDERSTANDING; sin entendimiento.

ENTIRENESS; totalidad.

ENTIRETY; totalidad.

ENTIRETY OF CONTRACT; totalidad del contrato.

ENTITLE; dar derecho a, autorizar, habilitar.

ENTITLED; con derecho a, autorizado, habilitado.

ENTITLED TO POSSESSION; con derecho a la posesión.

ENTITLEMENT; derecho, dar un derecho.

ENTITY; entidad, ente, ser.

ENTRANCE; entrada, admisión.

ENTRANCE FEE; cargo por admisión, costo de entrada.

ENTRAP; atrapar, engañar, entrampar, inducir engañosamente.

ENTRAPMENT; acción de inducir engañosamente, acción de entrampar.

ENTREATY; súplica, petición.

ENTREPOT; almacén.

ENTREPRENEUR; empresario, emprendedor.

ENTRUST; encomendar, recomendar, confiar.

ENTRY; registro, anotación, ingreso, presentación, allanamiento, escalamiento.

ENTRY AT CUSTOMHOUSE; declaración aduanera.

ENTRY BOOK; libro de registro.

ENTRY IN REGULAR COURSE OF BUSINESS; registro de una transacción de negocios.

ENUMERATE; enumerar, designar.

ENUMERATED; enumerado, designado.

ENUMERATED POWERS (EU); poderes federales delegados.

ENUMERATOR; empadronador.

ENURE; tomar efecto, operar, beneficiar.

ENVIRONMENT; ambiente, medio, circunstancias.

ENVIRONMENTAL IMPACT STATEMENTS; declaraciones del impacto ambiental.

ENVIRONMENTAL LAW; derecho ambiental.

ENVIRONMENTAL PROTECTION AGENCY (EU); Agencia Para la Protección Ambiental.

ENVOY; enviado, representante diplomático.

EO INSTANTI; en ese instante.

EPISODE; episodio, incidente.

EQUAL; igual.

EQUAL AND UNIFORM TAXATION; uniformidad e igualdad contributiva.

EQUAL BENEFIT; beneficio igual.

EQUAL DEGREE; igualdad en el grado de parentesco.

EQUAL OPPORTUNITY EMPLOYER; patrono que no discrimina.

EQUAL PAY FOR EQUAL WORK (EU); igual salario por igual trabajo.

EQUAL RIGHTS; igualdad de derechos.

EQUALITY; igualdad, equidad.

EQUALIZATION; igualación.

EQUALIZATION BOARD; junta para la igualdad tributaria.

EQUALIZATION OF TAXES; igualamiento de los impuestos.

EQUALIZE; igualar, equilibrar.

EQUALLY; igualmente, equitativamente.

EQUALLY DIVIDED; dividido igualmente.

EQUIP; equipar, proveer.

EQUIPMENT; equipo, aparatos, capacidad.

EQUITABLE; equitativo, imparcial.

EQUITABLE ACTION; acción en equidad.

EQUITABLE ASSIGNMENT; cesión en equidad.

EQUITABLE CONSIDERATION; contraprestación fundada en equidad.

EQUITABLE CONSTRUCTION; interpretación en equidad, interpretación liberal.

EQUITABLE DEFENSE; defensa basada en la equidad.

EQUITABLE DISTRIBUTION; distribución equitativa de bienes gananciales cuando no hay causal de divorcio.

EQUITABLE ELECTION; doctrina que declara que quien acepta beneficios estipulados en un testamento no puede impugnar la validez del mismo en otros aspectos.

EQUITABLE ESTOPPEL; impedimento por actos propios en equidad.

EQUITABLE INTEREST; interés en equidad del beneficiario de un fideicomiso.

EQUITABLE LIFE ESTATE; interés propietario en equidad de por vida.

EQUITABLE MORTGAGE; hipoteca en equidad.

EQUITABLE OWNER; propietario en equidad.

EQUITABLE REDEMPTION; rescate de una propiedad hipotecada.

EQUITABLE RIGHT; derecho en equidad.

EQUITABLE TITLE; título en equidad.

EQUITABLE WASTE; daños a la propiedad indemnizables bajo el régimen de equidad.

EQUITY, BILL IN; demanda en equidad.

EQUITY, COURTS OF; tribunales de equidad.

EQUITY; equidad, sistema jurídico basado en la equidad, sistema jurídico basado en usos establecidos.

EQUITY CAPITAL; capital social, capital, acciones.

EQUITY FINANCING; financiamiento por la venta de acciones.

EQUITY FOLLOWS THE LAW; la equidad sigue a la ley.

EQUITY JURISDICTION; jurisdicción de equidad.

EQUITY JURISPRUDENCE; las reglas y principios fundamentales en el régimen de equidad.

EQUITY OF A STATUTE; el espíritu de la ley.

EQUITY OF PARTNERS; derecho de los socios a designar bienes de la sociedad para cubrir las deudas de la sociedad, capital de los socios.

EQUITY OF REDEMPTION; derecho de rescate de una propiedad hipotecada.

EQUITY SECURITY; acciones de una corporación, participación en una sociedad, valores convertibles en acciones de una corporación o en una participación en una sociedad.

EQUITY TERM; periodo de sesiones de un tribunal en el régimen de equidad.

EQUIVALENT; equivalente.

EQUIVALENTS DOCTRINE; doctrina de equivalencia.

EQUIVOCAL; equívoco, ambiguo, dudoso.

EQUIVOCATE; usar lenguaje ambiguo, usar equívocos.

ERADICATE; erradicar.

ERASURE; borradura, raspadura.

ERECT; erigir, construir, levantar.

ERECTION; erección, construcción.

ERGO; por tanto, ergo.

ERGONOMICS; ergonomía.

EROSION; erosión.

ERR; errar, equivocarse.

ERRAND; diligencia, mandato.

ERRANT; errante, descarriado.

ERRATUM; errata, error.

ERRONEOUS; erróneo.

ERRONEOUS JUDGMENT; sentencia errónea.

ERROR; error, defecto legal, sentencia incorrecta, ofensa, equivocación.

ERROR APPARENT OF RECORD; error fundamental.

ERROR CORAM NOBIS; error ante nosotros, acción para que un tribunal considere sus propios errores de hecho.

ERROR CORAM VOBIS; error ante ustedes, orden de un tribunal de apelación al tribunal de instancia para que corrija errores de hecho.

ERROR IN FACT; error de hecho.

ERROR IN LAW; error de derecho.

ERROR NOMINIS; error en el nombre.

ERROR OF FACT; error de hecho.

ERROR OF JUDGMENT; error de juicio.

ERROR OF LAW; error de derecho.

ERRORS EXCEPTED; salvo errores u omisiones.

ESCALATOR CLAUSE; cláusula de escalamiento.

ESCAPE (n); fuga, escape.

ESCAPE (v); fugarse, escaparse.

ESCAPE CLAUSE; cláusula de escape.

ESCAPE PERIOD; período de baja sindical.

ESCHEAT; reversión al estado de bienes sin herederos, reversión al estado de bienes no reclamados, derecho de sucesión del estado.

ESCHEATABLE; revertible al estado.

ESCORT; acompañante, escolta.

ESCROW; plica, depósito que retiene un tercero hasta que se cumplan ciertas condiciones.

ESCROW ACCOUNT; cuenta en plica, cuenta de garantía bloqueada.

ESCROW AGREEMENT; contrato estipulando las condiciones de una cuenta en plica.

ESCROW CONTRACT; contrato estipulando las condiciones de una cuenta en plica.

ESCROW DEPOSIT; depósito de plica.

ESKETORES; ladrones.

ESKIPPER; embarcar.

ESNECY; mayorazgo, antigüedad.

ESPIONAGE; espionaje.

ESPOUSALS; esponsales, compromiso de matrimonio.

ESPOUSE; casarse con.

ESSENCE; esencia, naturaleza.

ESSENCE OF THE CONTRACT; condiciones esenciales de un contrato.

ESSENTIAL; esencial, inherente, indispensable.

ESSENTIAL IGNORANCE; ignorancia de las circunstancias esenciales.

ESSENTIALLY; esencialmente.

EST ASCAVOIR; se entiende.

ESTABLISH; establecer, demostrar, confirmar, fundar, plantear.

ESTABLISHMENT; establecimiento, institución.

ESTATE; propiedad, patrimonio, derecho, bienes, estado, condición.

ESTATE AT SUFFERANCE; posesión en virtud de la tolerancia del dueño.

ESTATE AT WILL; derecho de uso de propiedad que el propietario puede revocar en cualquier momento.

ESTATE BY PURCHASE; derecho sobre un inmueble obtenido por cualquier medio excepto la sucesión.

ESTATE BY THE ENTIRETY; copropiedad de los cónyuges.

ESTATE FOR LIFE; derecho sobre un inmueble de por vida.

ESTATE FOR YEARS; derecho de posesión por años determinados.

ESTATE FROM YEAR TO YEAR; derecho de posesión que se renueva de año en año.

ESTATE IN COMMON; copropiedad sobre un inmueble, propiedad mancomunada.

ESTATE IN EXPECTANCY; propiedad en expectativa.

ESTATE IN FEE SIMPLE; propiedad sobre un inmueble en pleno dominio.

ESTATE IN FEE TAIL; sucesión de bienes a descendientes directos.

ESTATE IN LANDS; propiedad de inmuebles.

ESTATE IN POSSESSION; propiedad en la que el dueño tiene derecho de posesión.

ESTATE IN REMAINDER; derechos de propiedad que entran en vigor al terminar derechos de otros.

ESTATE IN SEVERALTY; propiedad de dominio de una sola persona.

ESTATE IN TAIL; sucesión de bienes a descendientes directos.

ESTATE OF FREEHOLD; propiedad de dominio absoluto.

ESTATE OF INHERITANCE; patrimonio heredable.

ESTATE PLANNING; planificación del patrimonio.

EXCEPT; excluir, exceptuar.

EXCEPTIO; excepción, objeción.

EXCEPTIO DILATORIA; excepción dilatoria.

EXCEPTIO DOLI MALI; excepción de fraude.

EXCEPTION; excepción, objeción, recusación.

EXCEPTION CLAUSE; cláusula exonerativa.

EXCEPTIONABLE; impugnable, recusable.

EXCEPTIONABLE TITLE; título impugnable.

EXCEPTIONAL; excepcional, extraordinario.

EXCEPTIONAL CIRCUMSTANCES; circunstancias excepcionales.

EXCERPT; extracto, resumen, cita.

EXCESS; exceso.

EXCESS CONDEMNATION; expropiación excesiva.

EXCESS INSURANCE; seguro en exceso.

EXCESS OF AUTHORITY; abuso de autoridad.

EXCESS OF JURISDICTION; extralimitación de la jurisdicción.

EXCESSIVE; excesivo, desmedido.

EXCESSIVE AWARD; adjudicación excesiva.

EXCESSIVE BAIL; fianza excesiva.

EXCESSIVE DAMAGES; indemnización excesiva por daños y perjuicios.

EXCESSIVE DRUNKENNESS; embriaguez total.

EXCESSIVE FINE; multa excesiva.

EXCESSIVE FORCE; el uso de la fuerza mas allá de lo ameritado.

EXCESSIVE INTEREST; usura.

EXCESSIVE PUNISHMENT; pena excesiva.

EXCESSIVE SENTENCE; sentencia excesiva.

EXCESSIVE SPEED; exceso de velocidad.

EXCESSIVE TAX; impuesto excesivo.

EXCESSIVELY; excesivamente, desmedidamente.

EXCESSIVELY INTOXICATED; embriaguez total.

EXCHANGE (n); cambio, intercambio, permuta, mercado de valores.

EXCHANGE (v); cambiar, intercambiar, permutar.

EXCHANGE BROKER; corredor de cambio.

EXCHANGE OF JUDGES; intercambio de jueces de diferentes jurisdicciones.

EXCHANGE OF LAND; permuta de inmuebles.

EXCHANGE RATE; tasa de cambio.

EXCHEQUER (RU); Departamento de la Tesorería.

EXCHEQUER BILL (RU); pagaré de la tesorería, bono del tesoro.

EXCISABLE; sujeto a impuesto de consumo.

EXCISE TAX; impuesto de consumo, impuesto indirecto.

EXCITED UTTERANCE; declaración en estado de excitación.

EXCLAIM; exclamar,

EXCLUDE; excluir, no admitir, remover.

EXCLUSION; exclusión.

EXCLUSION CLAUSE; cláusula exonerativa.

EXCLUSIVE; exclusivo.

EXCLUSIVE AGENCY; agencia exclusiva.

EXCLUSIVE AGENT; agente exclusivo.

EXCLUSIVE CONTRACT; contrato exclusivo, contrato en exclusiva.

EXCLUSIVE CONTROL; control exclusivo.

EXCLUSIVE DEALING ARRANGEMENT; acuerdo de contrato en exclusiva.

EXCLUSIVE DISTRIBUTOR; distribuidor exclusivo, distribuidor en exclusiva.

EXCLUSIVE JURISDICTION; jurisdicción exclusiva, competencia exclusiva.

EXCLUSIVE LIABILITY; responsabilidad exclusiva.

EXCLUSIVE LICENSE; licencia exclusiva, licencia en exclusiva.

EXCLUSIVE LICENSEE; licenciatario exclusivo, licenciatario en exclusiva, concesionario exclusivo, concesionario en exclusiva.

EXCLUSIVE LISTING; contrato exclusivo para vender un inmueble.

EXCLUSIVE OWNERSHIP; propiedad exclusiva.

EXCLUSIVE POSSESSION; posesión exclusiva, posesión en exclusiva.

EXCLUSIVE REPRESENTATIVE; representante exclusivo, representante en exclusiva.

EXCLUSIVE RIGHT; derecho exclusivo, derecho de exclusividad.

EXCLUSIVE RIGHT TO SELL; derecho exclusivo para vender, derecho en exclusiva para vender.

EXCLUSIVE SALE; venta exclusiva, venta en exclusiva.

EXCLUSIVE USE; uso exclusivo.

EXCLUSIVELY; exclusivamente.

EXCULPATE; exculpar, disculpar, excusar.

EXCULPATORY; exculpatorio, eximente, justificativo.

EXCULPATORY EVIDENCE; prueba exculpatoria.

EXCULPATORY STATEMENT; declaración exculpatoria.

EXCUSABLE; excusable, perdonable.

EXCUSABLE HOMICIDE; homicidio excusable, homicidio inculpable.

EXCUSABLE NEGLECT; negligencia excusable, inobservancia justificable.

EXCUSABLE NEGLIGENCE; negligencia excusable.

EXCUSATIO; excusa.

EXCUSE (n); excusa, defensa.

EXCUSE (v); excusar, exonerar, eximir.

EXCUSS; arrestar.

EXECUTE; ejecutar, cumplir, completar, otorgar.

EXECUTE A CRIMINAL; ejecutar a un criminal.

EXECUTE A JUDGMENT; ejecutar una sentencia.

EXECUTE AN ORDER; ejecutar una orden.

EXECUTED; ejecutado, cumplido, otorgado, realizado.

EXECUTED AGREEMENTS; convenios cumplidos, acuerdos cumplidos.

EXECUTED CONSIDERATION; contraprestación cumplida, causa efectuada.

EXECUTED CONTRACT; contrato cumplido, contrato ejecutado.

EXECUTED ESTATE; propiedad en la cual el dueño tiene derecho de posesión, propiedad y posesión actual.

EXECUTED REMAINDER; propiedad actual con derecho de posesión futura.

EXECUTED SALE; venta consumada, compraventa consumada.

EXECUTED TRUST; fideicomiso completamente determinado, fideicomiso formalizado.

EXECUTED WILL; testamento firmado y en conformidad con las normas establecidas.

EXECUTION; ejecución, celebración, cumplimiento.

EXECUTION CREDITOR; acreedor ejecutante.

EXECUTION DOCKET; lista de ejecuciones pendientes.

EXECUTION LIEN; embargo ejecutivo, gravamen por ejecución.

EXECUTION OF INSTRUMENT; finalización de un documento.

EXECUTION OF JUDGMENT; ejecución de la sentencia.

EXECUTION SALE; venta judicial.

EXECUTIONER; verdugo.

EXECUTIVE; ejecutivo, poder ejecutivo.

EXECUTIVE ACT; acto de poder ejecutivo.

EXECUTIVE ADMINISTRATION; administración ejecutiva.

EXECUTIVE AGREEMENT (EU); pacto internacional del presidente sin la aprobación del Senado.

EXECUTIVE BOARD; junta ejecutiva, comité ejecutivo, directorio ejecutivo.

EXECUTIVE CAPACITY; carácter administrativo.

EXECUTIVE COMMITTEE; comité ejecutivo.

EXECUTIVE DIRECTOR; director ejecutivo.

EXECUTIVE EMPLOYEE; empleado con capacidades administrativas, empleado con capacidades ejecutivas.

EXECUTIVE OFFICER; funcionario administrativo, ejecutivo administrativo.

EXECUTIVE ORDER; orden del poder ejecutivo.

EXECUTIVE PARDON; absolución por poder ejecutivo.

EXECUTIVE POWERS; poderes ejecutivos.

EXECUTIVE PROCEEDING; procedimiento ejecutivo.

EXECUTOR; albacea, ejecutor testamentario.

EXECUTOR BY SUBSTITUTION; albacea suplente.

EXECUTOR DE SON TORT; quien actúa de albacea sin haber sido designado.

EXECUTOR TO THE TENOR; persona a quien el testamento asigna funciones de albacea sin nombrarla como tal explícitamente.

EXECUTORSHIP; albaceazgo.

EXECUTORY; por cumplirse, por efectuarse, incompleto, condicionado.

EXECUTORY AGREEMENT; convenio por cumplirse, acuerdo que ha de cumplirse en el futuro.

EXECUTORY BEQUEST; legado contingente de bienes muebles.

EXECUTORY CONSIDERATION; contraprestación futura, causa por realizarse.

EXECUTORY CONTRACT; contrato por cumplirse, contrato con cláusulas pendientes de ejecución.

EXECUTORY DEVISE; legado condicional.

EXECUTORY ESTATE; derecho sobre inmuebles condicional.

EXECUTORY INSTRUMENT; instrumento por cumplirse.

EXECUTORY INTERESTS; derechos e intereses futuros.

EXECUTORY LIMITATION; legado condicional.

EXECUTORY PROCESS; proceso ejecutivo, juicio ejecutivo.

EXECUTORY SALE; venta concertada pero no realizada.

EXECUTORY TRUST; fideicomiso por formalizar.

EXECUTORY USES; derechos futuros de posesión condicionales.

EXECUTRESS; albacea.

EXECUTRIX; albacea.

EXECUTRY; la parte del patrimonio que pasa al albacea.

EXEMPLARY; ejemplar

EXEMPLARY DAMAGES; daños punitivos.

EXEMPLIFICATION; copia autenticada, copia certificada.

EXEMPLIFIED COPY; copia autenticada.

EXEMPT (adj); exento, libre.

EXEMPT (v); eximir, exonerar, liberar.

EXEMPTION, WORDS OF; doctrina que declara que el uso de palabras de exención no implica responsabilidad legal.

EXEMPTION; exención, inmunidad.

EXEMPTION CLAUSE; cláusula exonerativa.

EXEMPTION FROM LIABILITY; exoneración de responsabilidad.

EXEMPTION LAWS; leyes que excluyen ciertos bienes de ejecución o quiebra.

EXEMPTS; personas exentas de deberes.

EXEQUATUR; exequátur, que se ejecute.

EXERCISE (n); ejercicio, uso.

EXERCISE (v); ejercer, ejercitar, usar.

EXERCISE OF GOOD JUDGMENT; uso del buen juicio.

EXERCITORIAL ACTION; acción ejercitoria.

EXERCITORIAL POWER; poder ejercitorio.

EXFREDIARE; perturbar la paz.

EXHAUST; agotar, gastar.

EXHAUSTION; agotamiento.

EXHAUSTION OF ADMINISTRATIVE REMEDIES; agotamiento de recursos administrativos.

EXHAUSTION OF REMEDIES; agotamiento de recursos.

EXHAUSTIVE; exhaustivo, minucioso.

EXHIBIT (n); prueba instrumental, documento de prueba, prueba tangible.

EXHIBIT (v); exhibir, presentar, revelar.

EXHIBITION; exhibición, presentación.

EXHIBITION OF DOCUMENTS; exhibición de documentos.

EXHIBITIONISM; exhibicionismo.

EXHIBITIONIST; exhibicionista.

EXHORT; exhortar.

EXHUMATION; exhumación.

EXIGENCE; exigencia, necesidad, emergencia.

EXIGENCY; exigencia, necesidad, emergencia.

EXIGENT CIRCUMSTANCES; situaciones que requieren acción inmediata o poco usual.

EXIGENT SEARCH; allanamiento sin orden judicial debido a las circunstancias.

EXIGIBLE; exigible.

EXIGIBLE DEBT; deuda exigible.

EXILE; exilio, exiliado.

EXIST; existir, vivir, estar en vigor.

EXISTING; existiendo.

EXISTING CLAIM; acción ejercitable.

EXISTING DEBT; deuda existente.

EXISTING PERSON; persona existente.

EXIT (n); salida, emisión.

EXIT (v); salir.

EXIT WOUND; lesión de salida de un arma o proyectil.

EXITUS; descendencia, impuestos de exportación, renta de inmuebles.

EXONERATE; exonerar.

EXONERATION; exoneración, liberación.

EXONERATION CLAUSE; cláusula de exoneración.

EXONERATION FROM LIABILITY; exoneración de responsabilidad.

EXORBITANT; exorbitante, desmedido.

EXORBITANT JURISDICTION; jurisdicción exorbitante.

EXORDIUM; exordio.

EXPATRIATE; expatriado, exiliado.

EXPATRIATION; expatriación, exilio.

EXPECT; esperar, suponer.

EXPECTANCY; expectativa, contingencia.

EXPECTANCY OF LIFE; expectativa de vida.

EXPECTANT; en expectativa, aspirante, embarazada, condicional.

EXPECTANT ESTATE; derecho futuro sobre inmuebles, propiedad en expectativa.

EXPECTANT HEIR; heredero en expectativa.

EXPECTANT RIGHT; derecho en expectativa.

EXPECTATION; expectativa, esperanza.

EXPECTATION OF LIFE; expectativa de vida.

EXPEDIENCY; conveniencia, utilidad, oportunidad, rapidez.

EXPEDIENT; conveniente, útil, apropiado, oportuno, rápido.

EXPEDIMENT; bienes muebles.

EXPEDITE; apresurar, despachar, facilitar.

EXPEDITION; expedición, despacho, prontitud.

EXPEDITIOUS; expeditivo, pronto.

EXPEL; expulsar, expeler.

EXPEND; consumir, gastar.

EXPENDABLE; prescindible, gastable.

EXPENDITURE; desembolso, gasto.

EXPENSAE LITIS; costas del litigio.

EXPENSE; gasto, costo, desembolso.

EXPENSE IN CARRYING ON BUSINESS; gastos ordinarios y necesarios de operar un negocio.

EXPENSE INCURRED; gasto incurrido.

EXPENSE OF LITIGATION; costas del litigio.

EXPENSES OF ADMINISTRATION; gastos de administración de sucesión.

EXPENSES OF FAMILY; gastos de familia.

EXPERIENCE; experiencia, práctica.

EXPERIENCE RATING; determinación de primas de seguro a base de la experiencia previa del asegurado con la compañía aseguradora, nivel de experiencia.

EXPERIENCED; experimentado, perito.

EXPERIMENT (n); experimento.

EXPERIMENT (v); experimentar.

EXPERIMENTAL EVIDENCE; prueba experimental.

EXPERT; experto, perito.

EXPERT EVIDENCE; prueba pericial.

EXPERT OPINION; opinión pericial, dictamen pericial.

EXPERT REPORT; informe pericial.

EXPERT TESTIMONY; testimonio pericial.

EXPERT WITNESS; testigo perito.

EXPERTISE; pericia, experiencia, juicio, especialidad.

EXPIRATION; expiración, vencimiento, caducidad, muerte.

EXPIRE; expirar, caducar, morir.

EXPLANATION; explicación, aclaración.

EXPLANATORY; explicativo.

EXPLETA; ingresos devengados de una propiedad.

EXPLICIT; explícito, inequívoco.

EXPLICITLY; explícitamente.

EXPLODE; estallar, refutar.

EXPLOIT; explotar.

EXPLOITATION; explotación, aprovechamiento.

EXPLORATION; exploración.

EXPLORATOR; explorador.

EXPLORE; explorar, investigar.

EXPLOSION; explosión.

EXPORT (n); artículos de exportación.

EXPORT (v); exportar.

EXPORT DECLARATION; declaración de exportación.

EXPORT DUTIES; derechos de exportación.

EXPORT LETTER OF CREDIT; carta de crédito de exportación.

EXPORT LICENSE; autorización de exportación.

EXPORT QUOTAS; cuotas de exportación.

EXPORT TAX; impuesto a la exportación.

EXPORTATION; exportación.

EXPORTER; exportador.

EXPOSE; exponer, revelar, poner en peligro.

EXPOSITION; exposición, interpretación, explicación.

EXPOSITIVE; expositivo, explicativo.

EXPOSITORY STATUTE; ley aclaratoria.

EXPOSURE; exposición, revelación, descubrimiento.

EXPOSURE OF CHILD; exponer a un niño a peligros.

EXPOSURE OF PERSON; exhibición obscena.

EXPRESS (adj); expreso, exacto, claro.

EXPRESS (n); transporte rápido.

EXPRESS (v); expresar, formular, manifestar.

EXPRESS ABROGATION; abrogación expresa.

EXPRESS ACCEPTANCE; aceptación expresa, aceptación absoluta.

EXPRESS ADMISSION; admisión expresa, admisión directa.

EXPRESS AGREEMENT; convenio expreso, acuerdo expreso.

EXPRESS APPOINTMENT; nombramiento expreso.

EXPRESS ASSENT; asentimiento expreso.

EXPRESS ASSUMPSIT; compromiso expreso.

EXPRESS AUTHORITY; autorización expresa.

EXPRESS COMPANY; compañía que hace entregas rápidas de paquetes.

EXPRESS CONDITION; condición expresa.

EXPRESS CONSENT; consentimiento expreso.

EXPRESS CONSIDERATION; contraprestación expresa, causa expresa.

EXPRESS CONTRACT; contrato expreso, contrato explícito.

EXPRESS COVENANT; estipulación expresa, convenio expreso.

EXPRESS LICENSE; licencia expresa, patente directa.

EXPRESS MALICE; malicia expresa.

EXPRESS NOTICE; notificación expresa.

EXPRESS OBLIGATION; obligación expresa.

EXPRESS PERMISSION; permiso expreso.

EXPRESS REQUEST; solicitud expresa.

EXPRESS TERMS; términos expresos, términos inequívocos.

EXPRESS TRUST; fideicomiso expreso.

EXPRESS WAIVER; renuncia de derecho voluntaria.

EXPRESS WARRANTY; garantía expresa.

EXPROMISSIO; sustitución de un deudor por otro.

EXPROMISSOR; quien asume la deuda de otro.

EXPROPRIATION; expropiación, enajenamiento.

EXPULSION; expulsión.

EXPUNGE; destruir, borrar, cancelar.

EXPURGATION; expurgación.

EXPURGATOR; expurgador.

EXTANT; existente, sobreviviente, viviente, actual.

EXTEMPORARY; improvisado, provisional.

EXTEND; extender, prolongar, conceder, aplazar.

EXTENDED; extendido, prolongado.

EXTENDED INSURANCE; prolongación de la cobertura del seguro.

EXTENSION; extensión, prórroga, ampliación.

EXTENSION CLAUSE; cláusula de extensión.

EXTENSION OF CREDIT; otorgamiento de crédito, prórroga del plazo de pago.

EXTENSION OF PATENT; prórroga de patente.

EXTENSION OF TIME; prórroga.

EXTENSIVE; extensivo, amplio.

EXTENSIVE INTERPRETATION; interpretación extensiva.

EXTENT; alcance, extensión, amplitud.

EXTENUATE; atenuar, mitigar, extenuar.

EXTENUATING; atenuante, mitigante.

EXTENUATING CIRCUMSTANCES; circunstancias atenuantes.

EXTENUATION; atenuación, mitigación.

EXTENUATOR; mitigador.

EXTERNAL; externo, visible, aparente.

EXTERNAL EVIDENCE; prueba externa.

EXTERNAL MEANS; medios externos.

EXTERRITORIALITY; extraterritorialidad.

EXTINCT; extinto.

EXTINCTION; extinción.

EXTINCTION OF RIGHTS; extinción de derechos.

EXTINGUISH; extinguir, aniquilar, cancelar.

EXTINGUISHMENT; extinción, aniquilación, anulación.

EXTINGUISHMENT OF COMMON (RU); extinción de un derecho de propiedad común.

EXTINGUISHMENT OF DEBTS; extinción de deudas.

EXTINGUISHMENT OF LEGACY; extinción de un legado.

EXTINGUISHMENT OF WAYS; extinción de servidumbre de paso.

EXTIRPATION; extirpación, erradicación, (RU) arrasamiento de inmuebles.

EXTIRPATIONE; orden judicial contra quien destruye propiedad tras una sentencia en su contra respecto a dicha propiedad.

EXTORT; extorsionar, quitar mediante la fuerza.

EXTORTION; extorsión.

EXTORTIONATE; de precio excesivo, inmoderado, exorbitante, excesivo.

EXTORTIONATE CREDIT; usura.

EXTRA; extra, suplementario.

EXTRA ALLOWANCE (EU); asignación de costas adicionales en casos difíciles.

EXTRA JUDICIUM; extrajudicial.

EXTRA TERRITORIUM; fuera del territorio.

EXTRA VIRES; más allá de las facultades, extra vires.

EXTRA WORK; trabajo adicional.

EXTRACT (n); extracto, fragmento.

EXTRACT (v); extraer, extractar, compendiar.

EXTRADITE; extraditar.

EXTRADITION; extradición.

EXTRADITION TREATY; tratado de extradición.

EXTRAHAZARDOUS; condiciones de gran peligro.

EXTRAJUDICIAL; extrajudicial.

EXTRAJUDICIAL CONFESSION; confesión extrajudicial.

EXTRAJUDICIAL EVIDENCE; prueba extrajudicial.

EXTRAJUDICIAL IDENTIFICATION; identificación extrajudicial.

EXTRAJUDICIAL OATH; juramento extrajudicial.

EXTRALATERAL RIGHT; derecho a la explotación de una mina aunque la veta se extienda más allá de los planos perpendiculares de la misma.

EXTRAMURAL; fuera de los límites, extramuros.

EXTRANATIONAL; mas allá del territorio de un país.

EXTRANEOUS; extraño, ajeno, externo.

EXTRANEOUS EVIDENCE; prueba externa.

EXTRAORDINARY; extraordinario, notable.

EXTRAORDINARY AVERAGE; avería extraordinaria, avería gruesa.

EXTRAORDINARY CARE; cuidados extraordinarios, diligencia extraordinaria.

EXTRAORDINARY CIRCUMSTANCES; circunstancias extraordinarias.

EXTRAORDINARY DANGER; peligro extraordinario.

EXTRAORDINARY DILIGENCE; diligencia extraordinaria.

EXTRAORDINARY EXPENSES; gastos extraordinarios.

EXTRAORDINARY FLOOD; inundación extraordinaria.

EXTRAORDINARY HAZARD; peligro extraordinario.

EXTRAORDINARY REMEDIES; recursos extraordinarios.

EXTRAORDINARY REPAIRS; reparaciones extraordinarias.

EXTRAORDINARY RISK; riesgo extraordinario.

EXTRAORDINARY SESSION; sesión extraordinaria.

EXTRAORDINARY WRITS; recursos extraordinarios.

EXTRAPOLATION; extrapolación.

EXTRATERRITORIAL; extraterritorial.

EXTRATERRITORIAL JURISDICTION; jurisdicción extraterritorial.

EXTRATERRITORIALITY; extraterritorialidad.

EXTRAVAGANT INTERPRETATION; interpretación extravagante.

EXTREME; extremo, borde.

EXTREME CASE; caso extremo.
EXTREME CRUELTY; crueldad extrema.
EXTREMELY; extremadamente.
EXTREMITY; extremidad, extremo, peligro
    extremo, situación extrema, apuro,
    necesidad.
EXTRINSIC; extrínseco, externo.
EXTRINSIC EVIDENCE; prueba externa.
EYEWITNESS; testigo ocular, testigo de vista.
EYEWITNESS IDENTIFICATION;
    identificación por testigo ocular.

FABRICATE; fabricar, falsificar, inventar,
    fingir.
FABRICATED EVIDENCE; prueba
    falsificada, prueba fabricada.
FABRICATED FACT; hecho fabricado.
FABRICATION; fabricación, mentira,
    invención.
FACE; faz, apariencia, superficie.
FACE AMOUNT; valor nominal.
FACE OF INSTRUMENT; el texto de un
    documento.
FACE OF JUDGMENT; valor nominal de una
    sentencia.
FACE OF POLICY; el texto de una póliza, el
    valor nominal de una póliza.
FACE OF RECORD; expediente completo,
    total de los autos.
FACE TO FACE; cara a cara.
FACE UP TO; afrontar, hacer frente a.
FACE VALUE; valor nominal.
FACEDOWN; boca abajo.
FACELESS; anónimo, sin cara.
FACERE; hacer.
FACET; aspecto, faceta.
FACEUP; boca arriba.
FACIAL DISFIGUREMENT; desfiguración
    facial, desfiguración.
FACILE; fácil, superficial.
FACILITATE; facilitar, expedir, ayudar.
FACILITATION; facilitación, asistencia.
FACILITIES; instalaciones, facilidades,
    medios.
FACILITY OF PAYMENT CLAUSE; cláusula
    permitiendo que el asegurado y
    beneficiario asignen una persona a quien
    se harán los pagos.
FACSIMILE; facsímil, telefacsímil.
FACSIMILE SIGNATURE; firma facsimilar,
    firma enviada por telefacsímil.

FACT; hecho, realidad.
FACT FINDER; entidad para determinar los hechos.
FACT-FINDING; investigador.
FACT FINDING BOARD; junta investigadora.
FACT QUESTION; cuestión de hecho.
FACTIO TESTAMENTI; capacidad para crear un testamento.
FACTION; facción, bando.
FACTIONAL; faccionario, partidario.
FACTITIOUS; artificial, ficticio, imitado, falso.
FACTO; hecho.
FACTOR; factor, agente comercial.
FACTOR'S LIEN; derecho de retención del agente comercial.
FACTORAGE; comisión, remuneración al agente comercial, la labor del agente comercial.
FACTORING; la venta a descuento de las cuentas a pagar.
FACTORIZING PROCESS; embargo de bienes en posesión de un tercero.
FACTORY; fábrica, taller.
FACTORY ACTS; leyes que regulan las condiciones de trabajo.
FACTORY PRICE; precio de fábrica.
FACTS IN ISSUE; hechos controvertidos, hechos en disputa, hechos litigiosos.
FACTUAL; basado en hechos, cierto, real, objetivo.
FACTUALITY; imparcialidad, objetividad.
FACTUM; hecho, acto.
FACTUM JURIDICUM; hecho judicial.
FACTUM PROBANDUM; el hecho que se debe probar.
FACTUM PROBANS; hecho probatorio.
FACULTATIVE; facultativo, contingente, eventual.
FACULTATIVE COMPENSATION; remuneración facultativa.
FACULTIES; facultades, poderes, capacidad del marido de proveer la pensión tras el divorcio.
FACULTY; facultad, autoridad, cuerpo docente.
FAIL (n); falla, falta.
FAIL (v); fallar, quebrar, abandonar, fracasar.

FAILED; quebrado, insolvente, fracasado.
FAILED BANK; banco quebrado, banco en bancarrota.
FAILING CIRCUMSTANCES; estado de insolvencia.
FAILURE; fracaso, quiebra, abandono, incumplimiento.
FAILURE OF CONDITION; incumplimiento de una condición.
FAILURE OF CONSIDERATION; disminución en el valor de la contraprestación, incumplimiento de la contraprestación, falta de causa.
FAILURE OF EVIDENCE; prueba insuficiente, falta de prueba.
FAILURE OF ISSUE; falta de descendencia, falta de sucesión.
FAILURE OF JUSTICE; malogro de la justicia, injusticia, error judicial.
FAILURE OF PROOF; prueba insuficiente, falta de prueba.
FAILURE OF RECORD; omisión de una prueba instrumental a las alegaciones.
FAILURE OF TITLE; falta de título válido.
FAILURE OF TRUST; ineficacia de un fideicomiso.
FAILURE TO ACT; omisión de un acto.
FAILURE TO APPEAR; incomparecencia en un juicio.
FAILURE TO BARGAIN COLLECTIVELY; negativa a negociar colectivamente.
FAILURE TO COMPLY; incumplimiento.
FAILURE TO MAKE DELIVERY; falta de entrega.
FAILURE TO MEET OBLIGATIONS; incumplimiento de las obligaciones.
FAILURE TO PERFORM; incumplimiento.
FAILURE TO TESTIFY; incumplimiento en prestar testimonio.
FAINT PLEADER; alegaciones engañosas o colusorias para perjudicar a un tercero.
FAIR (adj); justo, imparcial, honesto.
FAIR (n); mercado, feria.
FAIR AND EQUITABLE; justo y equitativo.
FAIR AND IMPARTIAL JURY; jurado justo e imparcial.
FAIR AND IMPARTIAL TRIAL; juicio justo e imparcial.

FAIR AND PROPER LEGAL ASSESSMENT; tasación tributaria justa y uniforme.

FAIR AND REASONABLE VALUE; valor justo y razonable.

FAIR AND VALUABLE CONSIDERATION; contraprestación justa y adecuada.

FAIR CASH VALUE; valor justo de mercado.

FAIR COMMENT; comentario razonable.

FAIR COMPETITION; competencia leal, competencia justa y equitativa.

FAIR CONSIDERATION; contraprestación justa, causa razonable.

FAIR CREDIT REPORTING ACTS (EU); leyes que exigen que los informes sobre el crédito sean justos y equitativos.

FAIR DEALING; negociación justa, trato justo.

FAIR HEARING; vista imparcial.

FAIR KNOWLEDGE OR SKILL; conocimiento o habilidad razonable.

FAIR LABOR STANDARDS ACT (EU); ley que regula ciertas condiciones de trabajo tales como la cantidad máxima de horas y el salario mínimo.

FAIR MARKET PRICE; precio justo en el mercado.

FAIR MARKET VALUE; valor justo en el mercado.

FAIR-MINDED; justo, imparcial.

FAIR-MINDEDNESS; imparcialidad.

FAIR ON ITS FACE; aparentemente legal, aparentemente justo.

FAIR PERSUASION; persuasión razonable.

FAIR PLAY; trato justo, juego limpio.

FAIR PREPONDERANCE OF EVIDENCE; preponderancia de la prueba.

FAIR RENT; renta razonable.

FAIR RETURN ON INVESTMENT; rendimiento razonable de una inversión.

FAIR SALE; venta judicial justa e imparcial, venta justa e imparcial.

FAIR TRADE; competencia justa y razonable.

FAIR TRADE LAWS (EU); leyes que permiten que un manufacturero fije un precio mínimo para sus productos a nivel del detallista.

FAIR TRIAL; juicio imparcial.

FAIR USE; el uso razonable de materiales bajo derecho de autor, uso razonable.

FAIR USE DOCTRINE; doctrina concerniente al uso razonable de materiales bajo derecho de autor.

FAIR VALUE; valor justo, valor justo en el mercado, valor razonable.

FAIR WARNING; aviso suficiente.

FAIRLY; imparcialmente, absolutamente, justificadamente, razonablemente, con justicia.

FAIRNESS; imparcialidad, equidad, justicia.

FAIT; un dato, un hecho.

FAIT ACCOMPLI; hecho consumado, fait accompli.

FAIT ENROLLE; título registrado.

FAITH; fe, confianza, lealtad.

FAITHFUL; fiel, leal, honesto.

FAITHFULLY; fielmente, lealmente, honestamente.

FAITOURS; vagabundos.

FAKE (adj); falso, falsificado, fraudulento, fingido.

FAKE (n); imitación, falsificación, impostor.

FAKE (v); falsificar, fingir.

FAKE VAULT; bóveda falsa.

FAKER; impostor, falsificador, estafador.

FALL (n); derrumbamiento, caída, descenso, otoño.

FALL (v); caer, bajar, morir.

FALL AWAY; eliminarse, debilitarse, desaparecer.

FALL DUE; ser pagadero, caducar.

FALL IN WITH; estar de acuerdo con.

FALL INTO; caer en, adoptar.

FALL SHORT; quedarse corto.

FALL THROUGH; fracasar, venirse abajo.

FALL TO; tocar a.

FALL UNDER; ser incluido en, estar sujeto a.

FALL UPON; caer en, tocar a, acometer.

FALL WITHIN; estar incluido en.

FALLACIOUS; falaz, engañoso, erróneo.

FALLACIOUSLY; falazmente, engañosamente.

FALLACY; falacia, error, falsedad, engaño.

FALLBACK; reserva, recurso de emergencia.

FALLOW; sin cultivar, no productivo.

FALLOW-LAND; tierra sin cultivar.

FALSA DEMONSTRATIO; descripción falsa.

FALSA MONETA; moneda falsa, dinero
falsificado.
FALSE; falso, falsificado, postizo, engañoso.
FALSE ACTION; acción falsa, acción
engañosa.
FALSE ADVERTISING; publicidad engañosa.
FALSE ALARM; falsa alarma.
FALSE AND FRAUDULENT; falso y
fraudulento.
FALSE ANSWER; respuesta falsa.
FALSE ARREST; arresto ilegal.
FALSE CHARACTER (RU); el delito de
hacerse pasar por otra persona.
FALSE CHECK; cheque sin fondos, cheque
falso.
FALSE CLAIM; declaración fraudulenta,
reclamación fraudulenta.
FALSE COLORS; pretextos falsos.
FALSE DOCUMENT; documento falso,
documento falsificado.
FALSE ENTRY; asiento falsificado.
FALSE FACT; hecho falso.
FALSE IMPLICATION LIBEL; acción por
libelo basada en un reportaje de prensa que
crea una impresión falsa a pesar de ser
sustancialmente cierto.
FALSE IMPRISONMENT; encarcelamiento
ilegal, detención ilegal.
FALSE INSTRUMENT; documento
falsificado.
FALSE LIGHTS AND SIGNALS; luces y
señales falsas con el propósito de poner
una nave en peligro.
FALSE NEWS; noticias falsas.
FALSE OATH; perjurio, juramento falso.
FALSE PERSONATION; el delito de hacerse
pasar por otra persona.
FALSE PLEA; alegación falsa, defensa
dilatoria.
FALSE PRETENSES; falsos pretextos,
declaraciones engañosas para estafar,
estafa, falsas apariencias.
FALSE REPRESENTATION; representación
falsa, declaración falsa.
FALSE RETURN; declaraciones falsas en un
documento de notificación, planilla
contributiva errónea.

FALSE STATEMENT; declaración falsa,
estado falsificado.
FALSE SWEARING; perjurio, juramento
falso.
FALSE TOKEN; documento falso, indicación
de la existencia de algo con motivos
fraudulentos.
FALSE VERDICT; veredicto injusto, veredicto
erróneo.
FALSE WEIGHTS; balanzas erróneas.
FALSEHOOD; falsedad.
FALSELY; falsamente.
FALSI CRIMEN; delito que conlleva fraude.
FALSIFICATION; falsificación.
FALSIFICATION OF BOOKS; falsificación de
libros de contabilidad.
FALSIFY; falsificar, demostrar la falsedad de
algo.
FALSIFYING A RECORD; falsificar un
expediente.
FALSITY; falsedad, mentira.
FALSONARIUS; falsificador.
FALSUS; falso, fraudulento, engañoso,
erróneo.
FAMACIDE; difamador, calumniador.
FAMILIAR; familiar, conocido.
FAMILIARITY; familiaridad, confianza.
FAMILY; familia, linaje.
FAMILY ALLOWANCE; asignación de
fondos para mantener a la familia durante
la administración de la sucesión, subsidio
familiar.
FAMILY ARRANGEMENT; convenio
familiar.
FAMILY CIRCLE; círculo familiar.
FAMILY COMPANY; compañía familiar.
FAMILY CORPORATION; corporación
familiar.
FAMILY COURT; tribunal de familia.
FAMILY DISTURBANCE; altercado familiar.
FAMILY EXPENSES; gastos de la familia.
FAMILY GROUP; grupo familiar.
FAMILY LAW; derecho de familia.
FAMILY NAME; apellido.
FAMILY PURPOSE DOCTRINE; doctrina que
responsabiliza a una persona que presta su
auto a un familiar por las lesiones que éste
pueda causar.

FAMILY SETTLEMENT; convenio familiar.
FAMILY TREE; árbol genealógico.
FAMOSUS; difamatorio.
FAMOUS; famoso.
FANATIC; fanático.
FANATICAL; fanático.
FANATICISM; fanatismo.
FANCIED; imaginado, preferido.
FANTASTIC; fantástico, imaginario.
FANTASY; fantasía, imaginación.
FAR; lejos, mucho.
FARE (n); tarifa, pasajero.
FARE (v); viajar.
FARER; viajero.
FARM (n); finca, granja, cultivo.
FARM (v); cultivar.
FARM CROSSING; camino que cruza encima o debajo de la vía de un ferrocarril para llegar a la tierra aislada por dicha vía.
FARM LABOR; trabajo agrícola.
FARM LABORER; trabajador agrícola.
FARM OUT; dar por contrato, arrendar, subcontratar.
FARM PRODUCTS; productos agrícolas.
FARMER; agricultor, granjero.
FARMER'S COOPERATIVE; cooperativa agrícola.
FARMING PRODUCTS; productos agrícolas.
FARMLAND; tierra de cultivo.
FAR-REACHING; de gran extensión.
FARSEEING; precavido, prudente.
FARSIGHTED; prudente, sagaz.
FARSIGHTEDLY; prudentemente.
FARVAND; viaje por el mar.
FASCISM; fascismo.
FASCIST; fascista.
FASTEN; atar, asegurar, abrochar.
FATAL; mortal, fatal.
FATAL ACCIDENT; accidente mortal.
FATAL ERRORS; errores fatales.
FATAL INJURY; lesión mortal.
FATALITY; fatalidad, muerto.
FATALLY; fatalmente.
FATHER (n); padre.
FATHER (v); engendrar, fundir, adoptar.
FATHER-IN-LAW; suegro.
FATHOM; braza.
FATIGUE; fatiga.

FATUM; destino.
FATUUM JUDICIUM; sentencia fatua.
FATUUS; fatuo.
FAULT (n); culpa, negligencia, falta, error.
FAULT (v); errar, culpar, hallar un defecto en.
FAULTILY; defectuosamente.
FAULTLESS; sin defectos, perfecto.
FAULTY; defectuoso, incompleto.
FAUX; falso.
FAVOR (n); favor, parcialidad, privilegio.
FAVOR (v); favorecer, apoyar.
FAVORABLE; favorable.
FAVORABLY; favorablemente.
FAVORED; favorecido.
FAVORED NATION; nación favorecida.
FAVORITISM; favoritismo.
FEAR (n); miedo, temor, preocupación.
FEAR (v); temer.
FEARFUL; temeroso, miedoso.
FEARLESS; valiente.
FEASANCE; cumplimiento, conducta.
FEASANT; haciendo.
FEASIBILITY; viabilidad, factibilidad.
FEASIBILITY STUDY; estudio de viabilidad, estudio de factibilidad, estudio de posibilidad de realización.
FEASIBLE; factible, viable, razonable, hacedero, posible.
FEASIBLENESS; viabilidad, posibilidad.
FEASOR; actor, quien hace.
FEATHERBEDDING; tácticas laborales para aumentar innecesariamente la cantidad de empleados o el tiempo necesario para hacer un trabajo, exceso de personal.
FEATURE; característica, aspecto, rasgo, semblante.
FEATURELESS; sin rasgos distintivos.
FECKLESS; ineficaz, inútil.
FECKLESSLY; ineficazmente, inútilmente.
FECKLESSNESS; ineficacia, inutilidad.
FEDERAL; federal.
FEDERAL ACTS; leyes federales.
FEDERAL AGENCY; agencia federal.
FEDERAL AVIATION ADMINISTRATION (EU); Administración Federal de Aviación.
FEDERAL BUREAU OF INVESTIGATION (EU); Negociado Federal de Investigación.

FEDERAL CENSUS; censo federal.

FEDERAL CITIZENSHIP; ciudadanía federal, (EU) ciudadanía de los Estados Unidos.

FEDERAL COMMUNICATIONS COMMISSION (EU); Comisión Federal de Comunicaciones.

FEDERAL COURTS; tribunales federales.

FEDERAL CRIMES; delitos federales.

FEDERAL DISTRICT; distrito federal.

FEDERAL GOVERNMENT; gobierno federal.

FEDERAL HOUSING ADMINISTRATION; Administración Federal de la Vivienda.

FEDERAL INSTRUMENTALITY; agencia federal, ente federal.

FEDERAL JUDGE; juez federal.

FEDERAL JURISDICTION; jurisdicción federal.

FEDERAL LAW; derecho federal, ley federal.

FEDERAL MARITIME COMMISSION (EU); Comisión Marítima Federal.

FEDERAL OFFENSE; delito federal.

FEDERAL POWERS; facultades federales.

FEDERAL QUESTION (EU); caso federal.

FEDERAL REGISTER (EU); publicación diaria del gobierno federal estadounidense sobre reglamentos federales y temas relacionados.

FEDERAL RESERVE BOARD (EU); Junta de la Reserva Federal.

FEDERAL RESERVE NOTES (EU); dinero en circulación en los Estados Unidos.

FEDERAL RESERVE SYSTEM (EU); sistema de la Reserva Federal.

FEDERAL RULES OF APPELLATE PROCEDURE (EU); Código Federal de Procedimiento Apelativo, reglas federales de procedimiento apelativo.

FEDERAL RULES OF CIVIL PROCEDURE (EU); Código Federal de Procedimiento Civil, reglas federales de procedimiento civil.

FEDERAL RULES OF CRIMINAL PROCEDURE (EU); Código Federal de Procedimiento Penal, reglas federales de procedimiento penal.

FEDERAL RULES OF EVIDENCE (EU); Código Federal en Materia de Prueba, reglas federales en materia de prueba.

FEDERAL STATUTES; estatutos federales.

FEDERAL TAXES; impuestos federales.

FEDERAL TRADE COMMISSION (EU); Comisión Federal del Comercio.

FEDERALISM; federalismo.

FEDERALIST; federalista.

FEDERATION; federación.

FEE; honorario, compensación, impuesto, derecho, dominio.

FEE ABSOLUTE; dominio absoluto, pleno dominio.

FEE EXPECTANT; transmisión de propiedad a un matrimonio y sus descendientes directos, dominio expectante.

FEE-FARM; enfiteusis.

FEE SIMPLE; dominio simple, pleno dominio.

FEE SIMPLE ABSOLUTE; dominio absoluto, pleno dominio.

FEE SIMPLE CONDITIONAL; dominio condicional.

FEE SIMPLE DEFEASIBLE; dominio sobre un inmueble sujeto a condición resolutoria.

FEE TAIL; dominio heredable limitado a ciertos descendientes.

FEE TAIL FEMALE; dominio heredable limitado a la persona y sus descendientes directos del género femenino.

FEE TAIL MALE; dominio heredable limitado a la persona y sus descendientes directos del género masculino.

FEED; alimentar, ayudar.

FEIGN; aparentar, fingir.

FEIGNED; fingido, falso, ficticio.

FEIGNED ACCOMPLICE; agente encubierto que se hace pasar por cómplice.

FEIGNED DISEASE; enfermedad fingida.

FEIGNED ISSUE; cuestión artificial, litigio simulado para llegar a un veredicto concerniente a una cuestión real.

FEIGNER; fingidor.

FELICITY; felicidad.

FELL (adj); cruel, maligno.

FELL (v); derribar, cortar.

FELLATIO; felatio.

FELLNESS; crueldad, malignidad.

FELLOW; compañero, socio, colega.

FELLOW CITIZEN; conciudadano.

FELLOW-HEIR; coheredero.

FELLOW LABORER; colaborador.

FELLOW SERVANT; coempleado.

FELO DE SE; suicidio.

FELON; criminal.

FELONIA; crimen, delito grave.

FELONICE; criminalmente.

FELONIOUS; criminal, con intención criminal, malicioso, villano.

FELONIOUS ASSAULT; acometimiento criminal, violencia criminal, acometimiento con violencia.

FELONIOUS ENTRY; ingreso ilegal criminal.

FELONIOUS HOMICIDE; homicidio criminal, homicidio culpable.

FELONIOUS INTENT; intención criminal.

FELONIOUS TAKING; hurto con intención criminal.

FELONIOUSLY; criminalmente, malvadamente.

FELONY; crimen, delito grave.

FELONY MURDER DOCTRINE; doctrina que establece que si una persona comete homicidio involuntario mientras comete un delito grave es culpable de asesinato.

FEMALE; hembra, mujer.

FEMALE SEX; sexo femenino.

FEMICIDE; homicidio de una mujer, homicida de una mujer.

FEMININE; femenino.

FEMINISM; feminismo.

FEMINIST; feminista.

FENCE (n); cerca, quien recibe objetos robados, traficante de objetos robados.

FENCE (v); cercar, traficar objetos robados, dar respuestas evasivas.

FENCELESS; sin cerca, indefenso.

FENCING PATENTS; patentes para ampliar lo que se protege como parte de la invención.

FEND; detener, repeler, evadir.

FENERATION; usura, devengar intereses, intereses devengados.

FERIAL DAYS; días feriados.

FEROCIOUSLY; ferozmente.

FEROCIOUSNESS; ferocidad, brutalidad.

FEROCITY; ferocidad.

FERRIAGE; barcaje.

FERRY (n); transbordador, barco de transporte, barco de pasaje.

FERRY (v); barquear, transportar en barco.

FERRY FRANCHISE; concesión otorgada a un servicio de transbordador.

FERRYMAN; barquero, dueño de un transbordador.

FERTILE; fértil, productivo.

FERTILENESS; fertilidad.

FERTILITY; fertilidad.

FERTILIZATION; fertilización.

FERVENT; ferviente.

FESTINUM REMEDIUM; un remedio rápido.

FESTUM; festival, festín.

FETAL DEATH; muerte del feto.

FETICIDE; feticidio.

FETTERS; grilletes, cadenas.

FETUS; feto.

FEW; pocos, unos cuantos.

FIANCE; prometido.

FIANCEE; prometida.

FIAT MONEY; dinero fiduciario.

FIAUNT; una orden.

FIB; mentirilla.

FIBBER; mentiroso.

FICKLE; inconstante, inestable.

FICTION; ficción, mentira.

FICTION OF LAW; ficción legal.

FICTIONAL; ficticio.

FICTITIOUS; ficticio, fingido, falsificado.

FICTITIOUS ACTION; acción ficticia.

FICTITIOUS BIDDING; ofertas ficticias en una subasta para elevar las demás ofertas.

FICTITIOUS DEBT; deuda ficticia.

FICTITIOUS NAME; nombre ficticio.

FICTITIOUS PARTY; parte ficticia.

FICTITIOUS PAYEE; beneficiario ficticio.

FICTITIOUS PERSON; persona ficticia.

FICTITIOUS PLAINTIFF; demandante ficticio.

FICTITIOUS PROMISE; promesa ficticia.

FICTITIOUS RECEIPT; recibo ficticio.

FIDEI-COMMISSARIUS; fideicomisario.

FIDEI-COMMISSUM; fideicomiso.

FIDELITY; fidelidad, exactitud.

FIDELITY AND GUARANTY INSURANCE; seguro contra ciertas conductas de parte de ciertas personas, seguro contra estafas de empleados.

FIDELITY BOND; caución de empleados o personas de confianza, fianza de fidelidad.

FIDELITY INSURANCE; seguro contra ciertas conductas de parte de ciertas personas, seguro contra estafas de empleados.

FIDUCIAL; fiduciario, de confianza.

FIDUCIARY (adj); fiduciario.

FIDUCIARY (n); fiduciario, persona de confianza.

FIDUCIARY BOND; caución fiduciaria, fianza.

FIDUCIARY CAPACITY; capacidad fiduciaria.

FIDUCIARY CONTRACT; contrato fiduciario.

FIDUCIARY DEBT; deuda fiduciaria.

FIDUCIARY HEIR; heredero fiduciario.

FIDUCIARY LOAN; préstamo fiduciario.

FIDUCIARY MONEY; dinero fiduciario.

FIDUCIARY RELATION; relación fiduciaria, relación de confianza.

FIELD; campo, esfera.

FIELD OF VISION; campo visual.

FIELD OFFICE; división regional del gobierno, oficina regional de una empresa, oficina exterior.

FIELD SOBRIETY TESTS; pruebas para determinar la sobriedad que consisten en pedirle al conductor que salga de su vehículo y realice pruebas de coordinación.

FIELD WAREHOUSE RECEIPT; recibo de bienes en almacenaje, recibo de bienes en depósito.

FIELD WORK; trabajo de campo.

FIENDISH; perverso, malvado.

FIERCE; feroz, violento.

FIFTH AMENDMENT (EU); quinta enmienda.

FIGHT (n); pelea, lucha.

FIGHT (v); pelear, combatir.

FIGHTING WORDS; palabras intencionadas a provocar violencia.

FIGHTING WORDS DOCTRINE (EU); doctrina que declara que las palabras intencionadas a provocar violencia no están protegidas por la primera enmienda.

FIGMENT; ficción, invención.

FIGURAL; figurado, que tiene figuras.

FIGURE OF SPEECH; forma de expresión, lenguaje figurado.

FIGURES; figuras, diseños, cifras.

FILCH; ratear, robar cantidades pequeñas de dinero.

FILCHER; ratero, quien hurta cantidades pequeñas de dinero.

FILCHING; robo de cantidades pequeñas de dinero.

FILE (n); archivo, expediente, registro.

FILE (v); archivar, registrar, presentar, radicar.

FILE A CLAIM; presentar una demanda, presentar una solicitud, entablar una reclamación.

FILE A JUDGMENT; registrar una sentencia.

FILE A MOTION; presentar una moción.

FILE AN APPEAL; presentar una apelación, interponer apelación.

FILE CABINET; archivo.

FILE CLERK; archivero.

FILE SUIT; entablar un procedimiento, incoar un juicio, demandar, entablar pleito.

FILIATE; afiliado.

FILIATION; filiación.

FILIATION PROCEEDING; procedimiento de filiación.

FILIBUSTER (EU); obstruccionista legislativo.

FILIBUSTERING; obstruccionismo legislativo.

FILING; colocar en archivo, acto de registrar, radicación.

FILING OF ARTICLES OF INCORPORATION; registro del acta constitutiva de una corporación, registro de los artículos de incorporación de una corporación.

FILIUS; un hijo.

FILIUS FAMILIAS; hijo bajo control de los padres.

FILL; llenar, ocupar.

FILTHY; asqueroso, obsceno.

FINAL; final, conclusivo, decisivo.

FINAL ARCHITECT'S CERTIFICATE; certificado final del arquitecto.

FINAL ASSESSMENT; tasación final.

FINAL AWARD; adjudicación final.

FINAL COSTS; costas definitivas.

FINAL DECISION; decisión final, sentencia definitiva.

FINAL DECREE; sentencia definitiva.

FINAL DETERMINATION; decisión final, resolución final.

FINAL DISPOSITION; decisión final.

FINAL HEARING; vista final.

FINAL JUDGMENT; sentencia final, sentencia definitiva.

FINAL ORDER; orden final.

FINAL PASSAGE; el voto de un proyecto de ley.

FINAL PROCESS; proceso final.

FINAL RECOVERY; sentencia definitiva.

FINAL REPORT; informe final.

FINAL SENTENCE; sentencia definitiva.

FINAL SETTLEMENT; conciliación final de la sucesión, liquidación definitiva.

FINAL SUBMISSION; sumisión completa, sumisión final.

FINALITY; finalidad, carácter concluyente.

FINANCE (n); finanzas.

FINANCE (v); financiar.

FINANCE CHARGE; cargo por financiamiento.

FINANCE COMMITTEE (EU); comité financiero.

FINANCE COMPANY; compañía financiera.

FINANCIAL; financiero.

FINANCIAL CONDITION; condición financiera.

FINANCIAL INSTITUTION; institución financiera.

FINANCIAL INTEREST; interés financiero.

FINANCIAL REPORT; informe financiero.

FINANCIAL STATEMENT; estado financiero.

FINANCIAL YEAR; año financiero.

FINANCIALLY ABLE; solvente.

FINANCIER; financiero.

FINANCING; financiamiento.

FIND; encontrar, descubrir, fallar.

FIND AGAINST; fallar en contra, decidir contra.

FIND FOR; fallar a favor, decidir en favor de.

FIND GUILTY; hallar culpable.

FINDER; intermediario que pone en contacto a dos partes para una oportunidad comercial, intermediario.

FINDER'S FEE; comisión por poner en contacto a dos partes.

FINDING; veredicto, fallo, sentencia, descubrimiento.

FINDING OF FACT; determinación de hecho, decisión sobre cuestión de hecho.

FINDINGS OF JURY; veredicto del jurado.

FINE (adj); muy bueno, selecto, fino, refinado.

FINE (n); multa.

FINE (v); multar.

FINE FORCE; necesidad absoluta.

FINE PRINT; cláusulas de un contrato escritas con letras pequeñas y ubicadas de modo que no se noten fácilmente.

FINEM FACERE; imponer una multa.

FINGERPRINT (n); huella digital, impresión digital.

FINGERPRINT (v); tomar huellas digitales.

FINISH; terminar, agotar.

FINITIO; el final.

FIRE (n); fuego.

FIRE (v); despedir, disparar.

FIRE ALARM; alarma de incendios.

FIRE DEPARTMENT; departamento de bomberos.

FIRE DISTRICT; distrito de bomberos.

FIRE ESCAPE; escape de incendios, escalera de incendios.

FIRE EXTINGUISHER; extintor de incendios.

FIRE INSURANCE; seguro contra incendios.

FIRE LOSS; pérdida por causa de fuego.

FIRE REGULATIONS; reglamentos concerniente a los incendios.

FIRE RISK; riesgo de incendio.

FIREARM; arma de fuego.

FIREARM ACTS; leyes que penalizan por la posesión o el uso ilegal de armas de fuego.

FIREBOAT; barco para extinguir incendios.

FIREPROOF; a prueba de fuego.

FIREWORKS; excitación, fuegos artificiales.

FIRING; disparo, descarga, despido.

FIRING SQUAD; pelotón de fusilamiento.

FIRM (adj); firme, estable, final.

FIRM (n); empresa, firma.

FIRM BID; oferta firme, oferta en firme.

FIRM NAME; nombre de la empresa.

FIRM OFFER; oferta firme, oferta en firme.

FIRMLY; firmemente.

FIRST AID; primeros auxilios.

FIRST-BORN; primogénito.

FIRST BLUSH; a primera impresión.

FIRST-CLASS; primera clase.

FIRST-CLASS MISDEMEANANT; culpable de un delito menor.

FIRST COUSIN; primo hermano.

FIRST DEGREE MURDER; asesinato en primer grado.

FIRST-HAND KNOWLEDGE; conocimiento de primera mano, conocimiento directo.

FIRST HEIR; primer heredero.

FIRST IMPRESSION; primera impresión.

FIRST INSTANCE; primera instancia.

FIRST LIEN; privilegio de primer grado, gravamen de primer rango, primera hipoteca.

FIRST MORTGAGE; primera hipoteca, hipoteca en primer grado.

FIRST NAME; nombre de pila.

FIRST OFFENDER; delincuente sin antecedentes penales.

FIRST OPTION; primera opción, derecho de preferencia.

FIRST POLICY YEAR; primer año de vigencia de una póliza.

FIRST PURCHASER; comprador original de propiedad que todavía forma parte de los bienes familiares.

FISC; fisco, hacienda pública.

FISCAL; fiscal.

FISCAL AFFAIRS; asuntos fiscales.

FISCAL AGENT; agente fiscal.

FISCAL COURT; tribunal fiscal.

FISCAL OFFICERS; funcionarios fiscales.

FISCAL PERIOD; período fiscal.

FISCAL YEAR; año fiscal.

FISHERY; derecho de pesca, pesca, pesquería, pescadería.

FISHING EXPEDITION; el uso de los tribunales para obtener información mas allá de lo concerniente al caso.

FISHING RIGHT; derecho de pesca.

FISHING TRIP; el uso de los tribunales para obtener información mas allá de lo concerniente al caso.

FIT (adj); apto, apropiado, correcto.

FIT (n); concordancia.

FIT (v); convenir a, corresponder a.

FITNESS; aptitud, conveniencia.

FITNESS FOR A PARTICULAR PURPOSE; apto para un uso específico.

FIX; fijar, establecer, arreglar.

FIXED; fijo, establecido.

FIXED ASSETS; activo fijo.

FIXED BAIL; fianza fijada.

FIXED CAPITAL; capital fijo.

FIXED CHARGES; costos fijos.

FIXED COSTS; costos fijos.

FIXED DEBT; deuda a largo plazo, deuda fija.

FIXED DEPOSIT; depósito a plazo fijo.

FIXED EXPENSES; gastos fijos.

FIXED INCOME; ingreso fijo.

FIXED INTEREST; interés fijo, interés fijado.

FIXED LIABILITIES; pasivo fijo.

FIXED OPINION; prejuicio.

FIXED PRICE; precio fijo.

FIXED PRICE CONTRACT; contrato a precio fijo.

FIXED SALARY; salario fijo.

FIXED SENTENCE; sentencia fija.

FIXED TERM; plazo fijo.

FIXED TRUST; fideicomiso no discrecional, fideicomiso fijo.

FIXTURE; instalación.

FLAG, LAW OF THE; las leyes del país de la bandera izada en una embarcación.

FLAG (n); bandera.

FLAG (v); señalar, hacer señales con banderas.

FLAG OF TRUCE; bandera blanca, bandera de tregua.

FLAGRANS; durante el acto.

FLAGRANT; flagrante, notorio.

FLAGRANT CRIME; crimen flagrante.

FLAGRANT NECESSITY; necesidad flagrante.

FLAME; llama, fuego.

FLASH; chispear, moverse ligeramente, estallar.

FLASH CHECK; cheque conscientemente girado sin fondos, cheque falso.

FLAT; plano, llano, fijo.

FLAT RATE; tarifa fija.

FLATLY; categóricamente, totalmente.

FLAW; imperfección, falta, defecto.

FLAWLESS; impecable.

FLEE; huir, apartarse de.

FLEE FROM JUSTICE; huir de la justicia.

FLEE TO THE WALL; agotar todos los recursos antes de tener que matar en defensa propia.

FLEET; flota.

FLEET POLICY; póliza sobre una flota de vehículos.

FLESH; carne, género humano, parentesco.

FLEXIBLE; flexible, dócil.

FLIGHT; vuelo, fuga.

FLIGHT FROM JUSTICE; huida de la justicia.

FLIMSY; débil, frágil.

FLOAT (n); tiempo entre la emisión de un cheque y el registro del débito, tiempo entre la fecha de un pago esperado y el pago efectivo, bienes en el curso de su elaboración, emisión de una inversión, flotación.

FLOAT (v); emitir, poner, negociar, flotar.

FLOATER POLICY; póliza de artículos sin un lugar fijo.

FLOATING CAPITAL; capital circulante.

FLOATING CHARGE; gasto flotante.

FLOATING DEBT; deuda flotante, deuda a corto plazo.

FLOATING POLICY; póliza flotante.

FLOATING RATE; tasa de interés flotante, tasa de interés fluctuante.

FLOATING STOCK; el emitir acciones.

FLOATING ZONE; zonificación en la que se asigna cierta proporción del área total a usos determinados pero no lugares específicos para estos usos.

FLODE-MARK; nivel más alto del agua.

FLOGGING; azotamiento, vapuleo.

FLOOD (n); inundación, torrente.

FLOOD (v); inundar, colmar.

FLOOD WATER; caudal de una creciente.

FLOOR; piso, fondo, nivel mínimo, área de trámites en una bolsa.

FLOOR PLAN; plano de piso.

FLOTSAM; restos flotantes, objetos flotantes.

FLOW; flujo, corriente.

FLOWAGE; inundación, corriente, caudal de una creciente.

FLUCTUS; inundación.

FOE; enemigo, adversario.

FOG; neblina, nebulosidad.

FOGBOUND; rodeado de neblina, detenido por motivo de neblina.

FOLIO; folio, hoja, numeración de hojas, página.

FOLLOW; seguir, perseguir, observar.

FOLLOW-UP; seguimiento.

FOLLOWER; seguidor, discípulo, adherente.

FOOD AND DRUG ADMINISTRATION (EU); Administración de Alimentos y Drogas.

FOOT; pie, fundamento.

FOOTAGE; película, longitud expresada en pies.

FOOTPATH; sendero.

FOOTPRINTS; huellas del pie, rastro.

FOR; por, para, para que.

FOR ACCOUNT OF; para la cuenta de.

FOR CAUSE; por causa suficiente.

FOR COLLECTION; al cobro.

FOR HIRE; para alquiler.

FOR PURPOSE OF; para el propósito de, con la intención de.

FOR REWARD; por recompensa.

FOR THAT; por lo que.

FOR USE; para el uso, para el beneficio.

FOR VALUE RECEIVED; por contraprestación recibida.

FOR WHOM IT MAY CONCERN; a quien pueda interesar, a quien pueda corresponder.

FORANEUS; extranjero.

FORBEAR; desistir de, evitar, tolerar.

FORBEARANCE; tolerancia, tolerancia por incumplimiento de pago, indulgencia, abstención.

FORBEARING; tolerante.

FORBID; prohibir.

FORCE (n); fuerza, vigencia, violencia.

FORCE (v); obligar, forzar, coactar.

FORCE AND ARMS; uso de violencia.

FORCE AND FEAR; uso de fuerza y temor.

FORCE MAJEURE; fuerza mayor.

FORCED HEIR; heredero forzoso.

FORCED SALE; venta forzada.

FORCIBLE; forzado, eficaz, concluyente.

FORCIBLE DETAINER; remedio sumario para recobrar un bien inmueble.

FORCIBLE ENTRY; posesión de un inmueble mediante la violencia, entrada a viva fuerza.

FORCIBLE ENTRY AND DETAINER; proceso sumario para recobrar un bien inmueble.

FORCIBLE RAPE; violación con violencia, estupro con violencia.

FORCIBLE TRESPASS; apropiación de bienes muebles mediante la violencia, apropiación de bienes inmuebles mediante la violencia.

FORECLOSE; impedir, concluir, privar del derecho de redención a un deudor hipotecario.

FORECLOSURE; juicio hipotecario, ejecución hipotecaria, extinción del derecho de redimir una hipoteca, impedimento del uso de un derecho, exclusión.

FORECLOSURE DECREE; decreto judicial para la ejecución hipotecaria.

FORECLOSURE SALE; venta de un inmueble hipotecado para pagar la deuda, venta judicial.

FOREGIFT; pago de prima por encima del alquiler de parte de un arrendatario, prima de arriendo.

FOREIGN; extranjero, extraño, ajeno.

FOREIGN ADMINISTRATOR; administrador extranjero.

FOREIGN AID; ayuda exterior.

FOREIGN ASSIGNMENT; cesión hecha en el extranjero.

FOREIGN ATTACHMENT; embargo de bienes o derechos de un extranjero.

FOREIGN BILL OF EXCHANGE; letra de cambio extranjera.

FOREIGN COINS; moneda extranjera.

FOREIGN COMMERCE; comercio exterior.

FOREIGN CONSULATE; consulado de país extranjero.

FOREIGN CORPORATION; corporación extranjera, (EU) corporación establecida en otro estado.

FOREIGN COUNTRY; país extranjero.

FOREIGN COUNTY; condado extranjero.

FOREIGN COURT; tribunal extranjero.

FOREIGN CURRENCY; moneda extranjera.

FOREIGN DIPLOMATIC OFFICERS; funcionarios diplomáticos extranjeros.

FOREIGN DIVORCE; divorcio en el extranjero.

FOREIGN DOCUMENT; documento extranjero.

FOREIGN DOMICILE; domicilio extranjero.

FOREIGN ENTERPRISE; empresa extranjera.

FOREIGN EXCHANGE; moneda extranjera, intercambio de moneda extranjera.

FOREIGN EXCHANGE RATE; tipo de intercambio de moneda extranjera.

FOREIGN FIRM; empresa extranjera.

FOREIGN GUARDIAN; tutor designado por un tribunal en otra jurisdicción.

FOREIGN IMMUNITY; inmunidad extranjera.

FOREIGN JUDGMENT; sentencia extranjera.

FOREIGN JURISDICTION; jurisdicción extranjera.

FOREIGN JURY; jurado extranjero.

FOREIGN LANGUAGE; lenguaje extranjero.

FOREIGN LAW; derecho extranjero.

FOREIGN LAWS; leyes extranjeras.

FOREIGN MINISTER; ministro de asuntos exteriores, embajador extranjero.

FOREIGN MONEY; dinero extranjero.

FOREIGN PORT; puerto extranjero.

FOREIGN PROCEEDING; procedimiento en el extranjero.

FOREIGN SERVICE; servicio exterior.

FOREIGN TRADE; comercio exterior.

FOREIGN VESSEL; nave extranjera.

FOREIGN WATERS; aguas territoriales de un país extranjero.

FOREIGNER; extranjero, forastero.

FOREJUDGE; privar mediante sentencia judicial.

FOREKNOW; saber de antemano, prever.

FOREMAN; capataz, presidente de un jurado.

FORENAME; nombre de pila.

FORENSIC; forense, judicial.

FORENSIC MEDICINE; medicina forense, medicina legal.

FORENSIS; forense.

FOREPERSON; capataz, presidente de un jurado.

FORESEE; prever.

FORESEEABLE; previsible.

FORESHADOW; presagiar, anunciar.

FORESHORE; la zona de la playa entre la marea baja y alta, playa.

FORESIGHT; previsión, prudencia.

FOREST; bosque.

FORESTALL; impedir, excluir, acaparar.

FORESTALLING; obstruir, obstruir una vía de acceso.

FORESTALLING THE MARKET; acaparamiento del mercado.

FORESTALLMENT; prevención, anticipación.

FORETHOUGHT; premeditación, prudencia, prevención.

FOREVER; eternamente, para siempre.

FOREWARN; advertir, prevenir.

FORFEIT; perder, confiscar, decomisar, perder el derecho a una cosa.

FORFEITABLE; sujeto a pérdida, confiscable, decomisable.

FORFEITURE; pérdida, confiscación, decomiso.

FORGE; falsificar, fabricar.

FORGED; falsificado.

FORGED CHECK; cheque falsificado.

FORGED DOCUMENT; documento falsificado.

FORGER; falsificador.

FORGERY; falsificación.

FORGIVE; perdonar, eximir.

FORGO; renunciar a, perder, pasar sin.

FORI DISPUTATIONES; argumentos en corte.

FORINSECUS; extranjero.

FORIS; fuera.

FORISFACERE; confiscar.

FORISFACTUM; confiscado.

FORISFACTURA; confiscación.

FORISFACTUS; un criminal.

FORISJUDICATUS; expulsado del tribunal.

FORISJURARE; jurar en falso.

FORM (n); formulario, forma, modelo.

FORM (v); formar, desarrollar.

FORM OF THE STATUTE; el lenguaje de la ley.

FORMAL; formal, expreso.

FORMAL CONTRACT; contrato formal.

FORMAL ISSUE; cuestión formal.

FORMAL PROMISE; promesa formal.

FORMALISM; formalismo.

FORMALITY; formalidad, norma, ceremonia.

FORMALIZE; formalizar, celebrar.

FORMAT; formato, forma.

FORMED DESIGN; premeditación.

FORMER; anterior, antiguo.

FORMER ADJUDICATION; adjudicación previa, cosa juzgada.

FORMER JEOPARDY; disposición que prohibe una segunda acción por el mismo delito.

FORMER RECOVERY; indemnización en una acción anterior.

FORMS OF ACTION; formas de acción.

FORMULA; fórmula, una acción.

FORSAKE; abandonar, dejar.

FORSWEAR; jurar en falso, perjurar.

FORTAXED; sujeto a impuestos injustos.

FORTH; adelante, en adelante.

FORTHCOMING; próximo, que viene.

FORTHCOMING BOND; caución para recobrar bienes embargados.

FORTHRIGHT (adj); directo.

FORTHRIGHT (adv); directamente.

FORTHWITH; inmediatamente.

FORTIOR; más fuerte.

FORTIS; fuerte.

FORTUIT; fortuito, accidental.

FORTUITOUS; fortuito.

FORTUITOUS COLLISION; colisión accidental.

FORTUITOUS EVENT; evento fortuito.

FORTUITOUSLY; fortuitamente.

FORTY; cuarenta acres en forma cuadrada.

FORUM; foro, tribunal, jurisdicción.

FORUM CONTRACTUS; jurisdicción donde se ha celebrado un contrato.

FORUM CONVENIENS; jurisdicción conveniente.

FORUM ORIGINIS; el tribunal del lugar donde una persona nació.

FORUM REI; jurisdicción del asunto a la mano, jurisdicción del demandado.

FORUM REI GESTAE; jurisdicción donde se realizó un acto.

FORUM REI SITAE; jurisdicción donde se ubica el objeto del juicio.

FORWARD; enviar, reenviar, remitir, promover.

FORWARDER; agente expedidor, embarcador.

FORWARDING AGENT; agente de expedición.

FORWARDING INSTRUCTIONS; instrucciones de envío.

FOSTER CHILD; menor al cuido de personas que no son sus padres biológicos, menor adoptivo, hijo adoptivo.

FOSTER HOME; hogar para cuidar y criar menores.

FOSTER PARENT; adulto que cuida a un menor como si fuera su padre, padre adoptivo.

FOSTERLEAN; remuneración por criar a un menor adoptivo.

FOUL; asqueroso, estropeado, grosero.

FOUL BILL OF LADING; conocimiento de embarque señalando faltas, conocimiento defectuoso.

FOUL PLAY; traición, engaño.

FOUND; fundar, fundamentar.

FOUNDATION; fundación, fundamento, preguntas preliminares.

FOUNDED; fundado, basado.

FOUNDED ON; basado en.

FOUNDER (n); fundador.

FOUNDER (v); irse al fondo, caerse, fracasar.

FOUNDER'S SHARES; acciones del fundador.

FOUNDLING; expósito.

FOUNDLING HOSPITAL; casa para expósitos, casa cuna.

FOUR CORNERS; el documento completo.

FOURTH ESTATE; la prensa.

FOXILY; astutamente.

FRACTION; fracción, porción.

FRACTION OF A DAY; porción de un día.

FRACTIONAL; fraccionado, minúsculo.

FRAIS DE JUSTICE; costas del litigio.

FRAME; formar, concebir, formular.

FRAME OF MIND; estado de ánimo.

FRAME OF REFERENCE; punto de referencia, marco de referencia.

FRAME-UP; estratagema para incriminar a una persona inocente, fabricación de un caso.

FRANCHISE; franquicia, privilegio, derecho de voto.

FRANCHISE CLAUSE; cláusula de franquicia.

FRANCHISE TAX; impuesto corporativo, derechos de licencia.

FRANCHISED DEALER; concesionario, agente autorizado.

FRANK (adj); sincero, franco.

FRANK (n); franquicia postal, envío franco.

FRANK (v); enviar gratis por correo.

FRANK-TENEMENT; dominio absoluto.

FRANKING PRIVILEGE (EU); franquicia postal.

FRANTIC; frenético, desequilibrado.

FRATER; hermano.

FRATERNAL; fraternal.

FRATERNAL BENEFIT ASSOCIATION; fraternidad, logia.

FRATERNAL BENEFIT SOCIETY; fraternidad, logia.

FRATERNAL LODGE; logia.

FRATERNITY; hermandad, fraternidad.

FRATRIAGE; la herencia de un hermano menor.

FRATRICIDE; fratricidio, fratricida.

FRAUD; fraude, dolo, abuso de confianza, engaño.

FRAUD IN FACT; fraude de hecho.

FRAUD IN LAW; fraude inferido por la ley.

FRAUD IN THE INDUCEMENT; el uso del fraude para inducir a firmar un documento.

FRAUDARE; defraudar.

FRAUDS, STATUTE OF; ley que declara inválidos ciertos contratos orales.

FRAUDS AND PERJURIES, STATUTE OF; ley que declara inválidos ciertos contratos orales.

FRAUDULENCE; fraudulencia.

FRAUDULENT; fraudulento, doloso, engañoso.

FRAUDULENT ACT; acto fraudulento.

FRAUDULENT ALIENATION; transferencia fraudulenta.

FRAUDULENT ALIENEE; quien recibe bienes sucesorios sabiendo que han sido transferidos fraudulentamente.

FRAUDULENT CLAIM; reclamación fraudulenta.

FRAUDULENT CONCEALMENT; ocultación fraudulenta.

FRAUDULENT CONVERSION; apropiación fraudulenta.

FRAUDULENT CONVEYANCE; transferencia fraudulenta de bienes en perjuicio de los acreedores.

FRAUDULENT DEBT; deuda fraudulenta.

FRAUDULENT INTENT; intención fraudulenta.

FRAUDULENT REPRESENTATION; declaración fraudulenta.

FRAUDULENT SALE; venta fraudulenta en perjuicio de los acreedores, transmisión fraudulenta de propiedad.

FRAUDULENTLY; fraudulentamente, engañosamente.

FRAUS; fraude.

FREE; libre, exento, gratis.

FREE ALONGSIDE; franco muelle.

FREE ALONGSIDE SHIP; franco muelle.

FREE AND CLEAR; libre de gravámenes.

FREE AND EQUAL; libre e igual.

FREE COMPETITION; libre competencia.

FREE ENTERPRISE; libre empresa.

FREE ENTRY; libre ingreso.

FREE INTERPRETATION; interpretación libre.

FREE OF CHARGE; gratis.

FREE OF TAX; libre de impuesto.

FREE ON BOARD; franco a bordo, libre a bordo.

FREE PORT; puerto franco.

FREE PRESS; prensa libre.

FREE SHIP; barco neutral.

FREE TENURE; derecho de propiedad.

FREE TRADE; libre comercio.

FREE TRADE ZONE; zona franca, zona de libre comercio.

FREE WILL; libre albedrío.

FREEDOM; libertad, facilidad, privilegio.

FREEDOM OF ASSOCIATION; libertad de asociación.

FREEDOM OF CHOICE; libertad de elección.

FREEDOM OF CONTRACT; libertad de contratación.

FREEDOM OF EXPRESSION; libertad de expresión.

FREEDOM OF INFORMATION; libertad de información.

FREEDOM OF NAVIGATION; libertad de navegación.

FREEDOM OF PRESS; libertad de prensa.

FREEDOM OF RELIGION; libertad religiosa.

FREEDOM OF SPEECH; libertad de expresión.

FREEDOM OF THE CITY (RU); inmunidad de la jurisdicción de un condado.

FREEHOLD; derecho de dominio absoluto.

FREEHOLD IN LAW; derecho de dominio absoluto sin haber tomado posesión.

FREEHOLDER; dueño de propiedad inmueble, titular.

FREELY; libremente, abundantemente.

FREEZE; congelar, congelar una cuenta, bloquear.

FREEZE-OUT; el uso del poder corporativo para excluir a los accionistas minoritarios, excluir.

FREIGHT (n); flete, gasto de transporte, cargamento.

FREIGHT (v); cargar, fletar.

FREIGHT BOOKING; reserva de cargamento.

FREIGHT FORWARDER; despachador de cargas.

FREIGHT INSURANCE; seguro de cargamento.

FREIGHT MILE; una tonelada de cargamento transportado una milla.

FREIGHT RATE; flete, tarifa de transporte.

FREIGHTER; fletador, buque de carga.

FRENZY; frenesí, locura.

FREQUENT (adj); frecuente, usual.

FREQUENT (v); frecuentar.

FREQUENTER; frecuentador, quien puede estar en un lugar de trabajo sin ser empleado ni transgresor.

FRESH; fresco, reciente, inexperto.

FRESH COMPLAINT RULE; regla que establece que hay credibilidad adicional si una persona acude a otra persona de su confianza inmediatamente tras alegar ser víctima de un crimen.

FRESH EVIDENCE; prueba nueva.

FRESH PURSUIT; derecho de la policía a cruzar líneas divisorias de jurisdicciones al perseguir a un criminal.

FRESH START; empezar de nuevo.

FRIBUSCULUM; riña entre cónyuges ocasionando una separación.

FRIEND; amigo, compañero, aliado.

FRIENDLY SUIT; acción por acuerdo común.

FRIGHTEN; asustar, alarmar.

FRIGIDITY; frigidez.

FRINGE BENEFITS; beneficios extrasalariales, beneficios marginales.

FRISK; cachear.

FRIVOLOUS; frívolo, sin fundamento.

FRIVOLOUS APPEAL; apelación sin fundamento.

FRIVOLOUS DEFENSE; defensa sin fundamento.

FRIVOLOUS SUIT; juicio sin fundamento.

FROM; de, desde, por.

FROM ONE PLACE TO ANOTHER; de un lugar a otro.

FROM TIME TO TIME; de tiempo en tiempo.

FRONT; frente, apariencia, apariencia falsa, fachada.

FRONTAGE; la parte del frente de una propiedad, fachada.

FRONTIER; frontera.

FRONTING AND ABUTTING; colindante.

FRONTWARD; hacia adelante.

FROZEN; congelado, fijo.

FROZEN ACCOUNT; cuenta congelada.

FROZEN ASSETS; activos congelados.

FRUCTUARIUS; arrendatario.

FRUCTUS; frutos.

FRUGAL; frugal, económico.

FRUIT; fruto, resultado.

FRUITFUL; fructífero, fértil, productivo.

FRUITION; fruición, cumplimiento.

FRUITLESS; infructuoso, infecundo.

FRUITS OF CRIME; frutos del crimen.

FRUSTRA; sin efecto.

FRUSTRATE; frustrar, impedir.

FRUSTRATED; frustrado.

FRUSTRATION; frustración, impedimento.

FRUSTRATION OF CONTRACT; frustración del contrato.

FRUSTRATION OF PURPOSE; frustración del propósito.

FUDDLE; embriagar, confundir.

FUGACIA; un perseguimiento.

FUGITIVE; fugitivo, prófugo.

FUGITIVE FROM JUSTICE; prófugo de la justicia.

FULFILL; cumplir, satisfacer.

FULFILLMENT; cumplimiento, realización, terminación.

FULL; lleno, pleno, máximo, completo.

FULL ACTUAL LOSS; pérdida total real.

FULL AGE; mayoría de edad.

FULL AMOUNT; cantidad completa, monto total.

FULL ANSWER; respuesta sin carencia de elementos necesarios.

FULL AUTHORITY; autoridad plena.

FULL BLOOD; parentesco directo.

FULL CASH VALUE; valor justo en el mercado.

FULL COPY; transcripción completa, copia completa.

FULL COURT; tribunal en pleno.

FULL COVENANTS; garantía total.

FULL COVERAGE; cobertura total.

FULL DEFENSE; defensa completa.

FULL DISCLOSURE; divulgación completa.

FULL FAITH AND CREDIT CLAUSE (EU); cláusula constitucional que indica que cada estado tiene que reconocer las leyes y decisiones judiciales de los demás estados.

FULL HEARING; vista exhaustiva.

FULL JURISDICTION; jurisdicción plena.

FULL LIFE; vida de hecho y derecho.

FULL NAME; nombre completo.

FULL PARDON; indulto incondicional.

FULL PAYMENT; pago total.

FULL POWERS; plenos poderes.

FULL PROOF; prueba plena.

FULL RIGHT; derecho pleno.

FULL SATISFACTION; pago total de una deuda.

FULL TIME; a tiempo completo.

FULL VALUE; valor total.

FULL WARRANTY; garantía completa.

FULLY; enteramente, plenamente.

FUMBLE; andar torpemente, tocar torpemente, estropear.

FUNCTION; función, ocupación, operación.

FUNCTIONAL; funcional, útil.

FUNCTIONAL OBSOLESCENCE; obsolescencia por virtud de productos

GENERAL AVERAGE BOND; fianza de avería gruesa.

GENERAL AVERAGE CONTRIBUTION; contribución de avería gruesa.

GENERAL BEQUEST; legado general.

GENERAL CARGO; carga general.

GENERAL CHALLENGE; recusación general.

GENERAL CIRCULATION; circulación general.

GENERAL CONTRACTOR; contratista general.

GENERAL COUNT; declaración general.

GENERAL COURT-MARTIAL; tribunal militar, consejo de guerra.

GENERAL COVENANT; acuerdo general.

GENERAL CREDIT; credibilidad general.

GENERAL CREDITOR; acreedor ordinario.

GENERAL CUSTOM; costumbre general.

GENERAL DAMAGES; daños y perjuicios generales, daños y perjuicios emergentes.

GENERAL DEMURRER; excepción general.

GENERAL DENIAL; denegación general.

GENERAL DEPOSIT; depósito general.

GENERAL DEVISE; legado general.

GENERAL DISABILITY; incapacidad jurídica.

GENERAL ELECTION; elección general.

GENERAL ESTATE; patrimonio.

GENERAL EXCEPTION; excepción general.

GENERAL EXECUTION; ejecución sobre los bienes en general.

GENERAL EXECUTOR; albacea universal.

GENERAL FINDING; los hechos que conducen a un fallo.

GENERAL FRANCHISE; autorización general.

GENERAL FUND; fondos generales.

GENERAL GUARANTY; garantía general, garantía sin restricciones.

GENERAL GUARDIAN; tutor.

GENERAL IMPROVEMENT; mejora comunal.

GENERAL INDORSEMENT; endoso en blanco.

GENERAL INSANITY; demencia completa.

GENERAL INSURANCE; seguro general.

GENERAL INTENT; intención general.

GENERAL JURISDICTION; competencia general.

GENERAL LAW; ley general.

GENERAL LEGACY; legado general.

GENERAL LIEN; gravamen general.

GENERAL MALICE; carácter malicioso.

GENERAL MANAGER; gerente general, director general.

GENERAL MEETING; asamblea general, junta general.

GENERAL MORTGAGE; hipoteca general.

GENERAL OBJECTION; objeción general.

GENERAL OBLIGATIONS; obligaciones generales, responsabilidades generales.

GENERAL ORDERS; reglas generales.

GENERAL OWNER; dueño.

GENERAL PARDON; indulto general.

GENERAL PARTNER; quien tiene responsabilidad personal y se encarga del manejo de una sociedad en comandita, socio general.

GENERAL PARTNERSHIP; sociedad colectiva, sociedad regular colectiva.

GENERAL PLEA; defensa general.

GENERAL POWER OF APPOINTMENT; poder de nombramiento.

GENERAL POWER OF ATTORNEY; poder general.

GENERAL POWERS; poderes generales.

GENERAL PROPERTY; propiedad, derecho de dominio absoluto.

GENERAL PROXY; apoderado general, mandatario general, poder general.

GENERAL REPRISALS; represalia general.

GENERAL REPUTATION; reputación general.

GENERAL RETAINER; iguala general, anticipo general.

GENERAL REVENUE FUND; fondo general para gastos municipales.

GENERAL STATUTE; ley general.

GENERAL STRIKE; huelga general, paro general.

GENERAL TAX; impuesto general.

GENERAL TENANCY; arrendamiento sin duración fija.

GENERAL TERM; sesiones ordinarias.

GENERAL TRAVERSE; impugnación general.

GENERAL USAGE; norma general.

GENERAL VERDICT; veredicto general, sentencia general.

GENERAL WARRANTY; garantía general.

GENERAL WELFARE; bienestar general.

GENERAL WORDS; cláusulas generales.

GENERATION; generación.

GENERATION-SKIPPING TRUST; fideicomiso en el que los bienes se transfieren no a la generación siguiente sino a la subsiguiente.

GENERIC; genérico, general.

GENERIC NAME; nombre genérico.

GENERIC TRADEMARK; marca genérica.

GENETIC; genético.

GENEVA CONVENTION; Convención de Ginebra.

GENITALS; genitales.

GENTLEMEN'S AGREEMENT; pacto entre caballeros.

GENUINE; genuino, sincero.

GENUINE LINK; relación genuina.

GENUS; género, descendientes directos.

GERMAN; germano.

GERMAN COUSIN; primo hermano.

GERMANE; pertinente, apropiado, relacionado.

GERMANUS; de los mismos padres.

GERRYMANDERING; trazar distritos electorales arbitrariamente con el propósito de sacar ventaja en las elecciones.

GESTATION; gestación, embarazo, desarrollo.

GESTIO; gestión, conducta.

GESTOR; gestor, agente.

GESTURE (n); gesto, ademán, acto de cortesía.

GESTURE (v); gesticular, hacer ademanes.

GET; obtener, lograr, coger, causar.

GIFT; donación, regalo.

GIFT CAUSA MORTIS; donación por causa de muerte.

GIFT ENTERPRISE; treta promocional mediante la que se dan participaciones en un sorteo a cambio de la compra de ciertos bienes.

GIFT IN CONTEMPLATION OF DEATH; donación en anticipación de muerte.

GIFT IN CONTEMPLATION OF MARRIAGE; donación en anticipación de matrimonio.

GIFT INTER VIVOS; donación entre vivos.

GIFT TO A CLASS; donación a un grupo de personas.

GILT EDGE; de primera clase, de máxima garantía, muy superior.

GIST; sustancia, esencia, motivo de una acción.

GIVE; donar, entregar, dar.

GIVE AND BEQUEATH; legar.

GIVE BAIL; prestar fianza.

GIVE COLOR; reconocimiento de un derecho aparente de la contraparte.

GIVE EVIDENCE; presentar prueba.

GIVE JUDGMENT; dictar sentencia.

GIVE NOTICE; notificar.

GIVE TIME; extender un plazo.

GIVE WARNING; dar advertencia, dar aviso.

GIVE WAY; dar paso.

GIVEN; donado, otorgado, fechado.

GIVEN NAME; nombre de pila.

GIVER; donante.

GLANCE; echar un vistazo, mirar de reojo.

GLIMPSE; vislumbrar, mirar rápidamente.

GLOSS; glosa, observación.

GLOSSA; glosa.

GLOVE; guante.

GO; despachar, ir, andar, entrar.

GO-BETWEEN; intermediario.

GO HENCE; declaración en la que se rechaza la demanda o la responsabilidad legal.

GO TO PROTEST; protesta de pagaré que no ha sido honrado.

GO WITHOUT DAY; indicación a una parte que se ha rechazado su acción y que no se va a considerar, rechazo a ser oído en juicio.

GOAD; incitar, provocar.

GOING CONCERN; empresa en marcha.

GOING CONCERN VALUE; valor de una empresa en marcha.

GOING PRICE; precio vigente, valor prevaleciente en el mercado.

GOING PRIVATE; proceso mediante el que una compañía se hace privada.

GOING PUBLIC; proceso mediante el que una compañía emite sus primeras acciones.

GOLD COVER; reserva de oro.

GOLD STANDARD; patrón oro.

GOLDEN PARACHUTE; convenio que protege a los altos ejecutivos cuando una corporación cambia de control.

GOLDEN RULE; regla de oro.

GOOD; bueno, válido, solvente.

GOOD AND CLEAR RECORD TITLE; título de propiedad libre de defectos y gravámenes.

GOOD AND VALID; bueno y válido, adecuado.

GOOD AND WORKMANLIKE MANNER; de forma hábil y profesional.

GOOD BEHAVIOR; buena conducta.

GOOD CAUSE; causa suficiente, justificación.

GOOD CONDITION; buenas condiciones.

GOOD CONDUCT; buena conducta.

GOOD CONSIDERATION; contraprestación suficiente, causa valiosa.

GOOD DEFENSE; defensa válida.

GOOD FAITH; buena fe.

GOOD FAITH PURCHASER; comprador de buena fe.

GOOD HEALTH; buena salud.

GOOD JURY; jurado seleccionado de una lista de jurados especiales.

GOOD MORAL CHARACTER; buen carácter moral.

GOOD NAME; buena reputación.

GOOD ORDER; buen estado.

GOOD RECORD TITLE; título libre de gravámenes.

GOOD REPUTATION; buena reputación.

GOOD REPUTE; buena reputación.

GOOD TITLE; título libre de defectos.

GOODS; bienes, mercaderías.

GOODS AND CHATTELS; bienes muebles.

GOODS IN TRANSIT; bienes en tránsito.

GOODS SOLD AND DELIVERED; bienes vendidos y entregados.

GOODWILL; buen nombre de una empresa, plusvalía, buena voluntad.

GOSSIP (n); chismorreo, chismoso.

GOSSIP (v); chismear.

GOSSIPER; chismoso.

GOVERN; gobernar, dirigir, determinar.

GOVERNING BODY; cuerpo gobernante.

GOVERNMENT; gobierno, autoridad.

GOVERNMENT ATTORNEY; fiscal, abogado gubernamental.

GOVERNMENT BOND; bono emitido por un gobierno.

GOVERNMENT CONTRACT; contrato gubernamental, contrato estatal.

GOVERNMENT DE FACTO; gobierno de hecho.

GOVERNMENT DE JURE; gobierno legítimo.

GOVERNMENT SECURITY (EU); inversión garantizada por el gobierno.

GOVERNMENT SPENDING; gastos gubernamentales, gastos del estado.

GOVERNMENTAL; gubernamental.

GOVERNMENTAL ACT; acto gubernamental.

GOVERNMENTAL AGENCY; ente gubernamental.

GOVERNMENTAL BODY; ente gubernamental, organismo público.

GOVERNMENTAL ENTERPRISE; empresa gubernamental, empresa estatal.

GOVERNMENTAL FACILITY; instalación gubernamental.

GOVERNMENTAL INSTRUMENTALITY; ente gubernamental, organismo gubernamental.

GOVERNOR; gobernador, alcaide, administrador.

GRAB; agarrar, capturar, apropiarse de.

GRACE, DAYS OF; días de gracia.

GRACE; gracia, indulgencia.

GRACE PERIOD; período de gracia.

GRADE (n); grado, declive, categoría.

GRADE (v); clasificar, nivelar, mejorar.

GRADE CROSSING; cruce a nivel.

GRADES OF CRIME; grados de delito.

GRADUATED TAX; impuesto progresivo.

GRADUS PARENTELAE; una genealogía.

GRAFT; soborno, dinero obtenido por funcionarios públicos aprovechándose de su capacidad, confirmación retroactiva del título de una propiedad hipotecada.

GRAFTER; funcionario público corrupto.

GRAND DAYS (RU); días feriados en los tribunales.

GRAND JUROR; miembro de un jurado de acusación.

GRAND JURY; jurado de acusación, gran jurado.

GRAND JURY INVESTIGATION; investigación por un jurado de acusación, investigación del gran jurado.

GRAND LARCENY; hurto mayor de cierta cantidad.

GRANDCHILD; nieto, nieta.

GRANDFATHER; abuelo.

GRANDFATHER CLAUSE; cláusula de ley que excluye a quienes ya participan en una actividad regulada de tener que adoptar ciertas normas nuevas.

GRANDMOTHER; abuela.

GRANDNEPHEW; sobrino nieto.

GRANDNIECE; sobrina nieta.

GRANDPARENT; abuelo, abuela.

GRANDUNCLE; tío abuelo.

GRANGE; granja.

GRANT, BARGAIN, AND SELL; transferir y vender.

GRANT (n); cesión, concesión, transferencia, autorización, subsidio.

GRANT (v); otorgar, conceder, transferir, autorizar.

GRANT AND TO FREIGHT LET; fletamiento donde se transfiere la posesión.

GRANT-IN-AID; subsidio gubernamental.

GRANT OF PATENT; transferencia de una patente.

GRANT OF PERSONAL PROPERTY; cesión de bienes muebles.

GRANTEE; cesionario.

GRANTER; otorgante, cedente, donante.

GRANTING CLAUSE; cláusula de transferencia.

GRANTOR; otorgante, cedente, donante.

GRANTOR TRUSTS; fideicomisos en los que el otorgante retiene control sobre los ingresos para efectos contributivos.

GRASP; comprender, asir, aferrar.

GRASS WIDOW; mujer divorciada, mujer separada, mujer abandonada.

GRATIFICATION; gratificación, premio.

GRATIS DICTUM; declaración voluntaria.

GRATUITOUS; gratuito, sin fundamento.

GRATUITOUS BAILEE; depositario a título gratuito.

GRATUITOUS BAILMENT; depósito a título gratuito.

GRATUITOUS CONSIDERATION; contraprestación a título gratuito.

GRATUITOUS CONTRACT; contrato a título gratuito.

GRATUITOUS DEED; escritura a título gratuito.

GRATUITOUS DEPOSIT; depósito a título gratuito.

GRATUITOUS GUEST; pasajero a título gratuito.

GRATUITOUS PASSENGER; pasajero a título gratuito, invitado a título gratuito.

GRATUITOUS SERVICES; servicios gratuitos.

GRATUITY; algo a título gratuito, propina, donación, recompensa.

GRATULANCE; soborno.

GRAVAMEN; fundamento, fundamento de una acusación.

GRAVE (adj); grave, serio.

GRAVE (n); sepultura.

GRAVE (v); grabar, fijar en la mente.

GRAVE CRIME; delito grave.

GRAVEYARD; cementerio.

GRAVEYARD INSURANCE; seguro de vida obtenido fraudulentamente sobre las vidas de infantes o personas ancianas o enfermos de muerte, compañía aseguradora con prácticas poco prudentes.

GRAVIS; grave.

GRAY MARKET GOODS (EU); mercancías de origen extranjero que se venden en los Estados Unidos usando una marca existente sin autorización.

GRAY'S INN; uno de los cuatro colegios de Londres que capacitan a ejercer la abogacía.

GREAT; grande, extraordinario, prolongado.

GREAT AUNT; tía abuela.

GREAT BODILY INJURY; lesiones graves corporales.

GREAT CARE; diligencia extraordinaria, cuidado extraordinario.

GREAT DILIGENCE; diligencia extraordinaria.

GREAT-GRANDCHILD; bisnieto, bisnieta.

HALF BLOOD; la relación de personas que comparten sólo un progenitor.

HALF BROTHER; medio hermano.

HALF ENDEAL; la mitad de algo.

HALF PILOTAGE; remuneración de la mitad de lo acostumbrado cuando el piloto se prepara para prestar servicios los cuales no se requirieron.

HALF-PROOF; prueba insuficiente para fundar una sentencia.

HALF SECTION; área de tierra conteniendo 320 acres.

HALF SISTER; media hermana.

HALF-TONGUE; jurado con la mitad de las personas hablando un idioma y la otra mitad otra, jurado con la mitad de las personas de una nación y la otra mitad de otra.

HALF-TRUTH; verdad a medias.

HALFHEARTEDLY; indiferentemente, sin entusiasmo.

HALFWAY; a medias, incompletamente, entremedias.

HALFWAY HOUSE; institución que sirve para ayudar a personas marginadas a reintegrarse a la sociedad.

HALIFAX LAW; linchamiento.

HALL; sala, ayuntamiento, pasillo, vestíbulo.

HALLMARK; marca de legitimidad, marca de pureza, sello, distintivo.

HALLUCINATE; alucinar.

HALLUCINATION; alucinación.

HALLUCINOGENIC DRUG; droga alucinógena.

HALT; parada, interrupción.

HALVE; dividir en dos.

HAMMER; venta forzada, subasta.

HAND; mano, firma, autoridad, parte, asistencia.

HAND AND SEAL; firma y sello.

HAND DOWN A DECISION; emitir una sentencia.

HAND MONEY; seña, señal, anticipo, depósito.

HANDBILL; volante.

HANDCUFF; esposar.

HANDCUFFS; esposas.

HANDICAP; impedimento, desventaja.

HANDILY; hábilmente, fácilmente, diestramente.

HANDLE; manejar, palpar, tratar, controlar, dirigir.

HANDLING; manejo, manipulación, desenvolvimiento, manoseo.

HANDLING CHARGES; gastos de tramitación.

HANDWRITING; escritura, letra, caligrafía.

HANDWRITING EXPERT; perito caligráfico.

HANG; permanecer sin determinar, ahorcar, suspender.

HANGING; ahorcamiento.

HANGMAN; verdugo.

HAPHAZARD; fortuito, casual.

HAPPEN; acontecer, suceder, pasar, resultar.

HAPPENING; suceso, hecho, acontecimiento.

HARASS; acosar, hostigar.

HARASSMENT; acosamiento, hostigamiento.

HARBINGER; precursor.

HARBOR (n); puerto, refugio, asilo.

HARBOR (v); albergar, encubrir.

HARBOR LINE; límites del puerto.

HARBORING; encubrimiento.

HARBORING A CRIMINAL; encubrimiento de un fugitivo, encubriendo a un fugitivo.

HARD; duro, firme, severo, cruel.

HARD CASES; casos difíciles.

HARD CURRENCY; moneda en metálico.

HARD FEELINGS; resentimiento.

HARD GOODS; bienes de consumo duraderos.

HARD LABOR; trabajo forzoso.

HARD MONEY; moneda en metálico.

HARDSHIP; dificultad, apuro, penuria, trabajo arduo.

HARM (n); daño, lesión, perjuicio.

HARM (v); dañar, lesionar, perjudicar.

HARMFUL; dañino, perjudicial, peligroso.

HARMFUL ERROR; error perjudicial que influyó en el fallo.

HARMFULLY; perjudicialmente, dañinamente.

HARMLESS; inofensivo, sin daños.

HARMLESS ERROR; error inconsecuente.

HARMLESS ERROR DOCTRINE; doctrina que indica que un error menor o inconsecuente no es motivo suficiente para revocar un fallo.

HARMLESSLY; inofensivamente.

HARMONY; armonía, concordancia.

HARSH; severo, riguroso, cruel.

HARSHLY; severamente, duramente, cruelmente.

HARSHNESS; severidad, crueldad.

HARVEST (n); cosecha, fruto.

HARVEST (v); recolectar, cosechar.

HASTE; prisa, precipitación.

HASTEN; apresurar, precipitar.

HASTILY; apresuradamente, precipitadamente.

HASTINESS; prisa, precipitación, impaciencia.

HASTY; apresurado, pronto.

HAUL; arrastrar, transportar, acarrear.

HAULER; transportador, transportista.

HAVE; tener, engendrar, retener, hacer.

HAVE AND HOLD; tener y poseer, tener y retener.

HAVEN; asilo, refugio.

HAWKER; vendedor ambulante.

HAWKING; venta ambulante.

HAZARD; riesgo, peligro, azar.

HAZARD PAY; remuneración por trabajos peligrosos.

HAZARDOUS; peligroso, aventurado.

HAZARDOUS CONTRACT; contrato aleatorio, contrato contingente.

HAZARDOUS EMPLOYMENT; empleo peligroso.

HAZARDOUS INSURANCE; seguro sobre personas o bienes en peligro especial.

HAZARDOUS NEGLIGENCE; negligencia que crea un gran peligro.

HAZARDOUS SUBSTANCE; sustancia peligrosa.

HEAD; director, cabeza, principal.

HEAD MONEY; impuesto de capitación, dinero pagado por la cabeza de un fugitivo.

HEAD OF FAMILY; jefe de familia.

HEAD OF HOUSEHOLD; jefe de familia.

HEAD OF STATE; jefe de estado.

HEAD OF STREAM; origen de la corriente.

HEAD OFFICE; oficina central.

HEAD-ON; frente a frente, de frente.

HEAD-ON COLLISION; choque frente a frente, choque de frente.

HEAD START; ventaja inicial.

HEADING; encabezamiento, título.

HEADLINE; titular, título.

HEADNOTE; resumen introductorio.

HEADQUARTERS; sede, oficina central, cuartel general.

HEALER; curandero.

HEALING ACT; ley reformadora.

HEALTH; salud, sanidad, bienestar.

HEALTH AUTHORITIES; autoridades de salud pública, autoridades sanitarias.

HEALTH CERTIFICATE; certificado de salud, certificado médico.

HEALTH DEPARTMENT; departamento de salud pública.

HEALTH INSURANCE; seguro médico, seguro de salud, seguro de enfermedad.

HEALTH LAWS; leyes de salud pública.

HEALTH OFFICER; funcionario de salud pública.

HEALTH REGULATIONS; reglamentaciones de salud pública, reglamentaciones de sanidad.

HEALTHY; saludable, sano, robusto.

HEARING; audiencia, vista, audición.

HEARING DE NOVO; nueva vista, repetición de vista.

HEARSAY; rumor, prueba por referencia, prueba de oídas.

HEARSAY EVIDENCE; prueba por referencia, prueba de oídas.

HEART BALM STATUTES; leyes que niegan el derecho de entablar una acción por actos tales como la enajenación de afectos y el adulterio.

HEAT OF PASSION; estado de emoción violenta.

HEDGING; cobertura.

HEED; prestar atención, atender.

HEEDLESS; descuidado, negligente, distraído.

HEEDLESSNESS; descuido, negligencia, distracción.

HEGEMONY; hegemonía.

HEINOUS; horrendo, atroz.

HEINOUSLY; horrendamente.

HEIR, LEGAL; heredero legítimo.

HEIR; heredero.

HEIR APPARENT; heredero forzoso, heredero aparente.

HEIR AT LAW; heredero legítimo.
HEIR BENEFICIARY; heredero con beneficio de inventario.
HEIR BY ADOPTION; heredero por adopción.
HEIR BY DEVISE; heredero quien recibe inmuebles.
HEIR COLLATERAL; heredero colateral.
HEIR CONVENTIONAL; heredero por contrato.
HEIR EXPECTANT; heredero en expectativa.
HEIR FORCED; heredero forzoso.
HEIR GENERAL; heredero legítimo.
HEIR HUNTER; persona cuyo trabajo es buscar herederos.
HEIR LEGAL; heredero legal.
HEIR OF THE BLOOD; heredero por consanguinidad.
HEIR OF THE BODY; heredero quien es descendiente directo.
HEIR PRESUMPTIVE; heredero presunto.
HEIR TESTAMENTARY; heredero testamentario.
HEIR UNCONDITIONAL; heredero incondicional.
HEIRDOM; sucesión.
HEIRESS; heredera.
HEIRLESS ESTATE; sucesión vacante.
HEIRLOOMS; bienes sucesorios con gran valor sentimental.
HEIRS AND ASSIGNS; herederos y cesionarios.
HEIRSHIP; condición de heredero, derecho de heredar.
HELD; decidido.
HELD IN TRUST; tenido en fideicomiso.
HELM; mando, timón.
HELP; ayudar, asistir, remediar.
HELPLESS; indefenso, incapacitado.
HENCEFORTH; de aquí en adelante, de ahora en adelante.
HENCEFORWARD; de aquí en adelante, de ahora en adelante.
HENCHMAN; secuaz, partidario.
HERALD; heraldo.
HERBAGE (RU); servidumbre de pastoreo.
HERD; rebaño, multitud.
HEREAFTER; en lo futuro, en adelante, de ahora en adelante.

HEREDITAMENTS; lo que puede heredarse, herencia.
HEREDITARY; hereditario.
HEREDITARY SUCCESSION; sucesión hereditaria.
HEREDITY; herencia.
HEREIN; en esto, incluso, aquí contenido, aquí mencionado.
HEREINABOVE; más arriba, anteriormente.
HEREINAFTER; más abajo, a continuación, más adelante.
HEREINBEFORE; más arriba, anteriormente.
HEREINBELOW; más abajo, más adelante.
HEREOF; de esto, acerca de esto.
HEREON; sobre esto, acerca de esto.
HERETO; a la presente, a esto.
HERETOFORE; hasta ahora, antes.
HEREUNDER; más abajo, a continuación, por la presente.
HEREUNTO; a la presente.
HEREUPON; en esto, por consiguiente, sobre esto.
HEREWITH; con la presente, adjunto.
HERITAGE; bienes inmuebles, herencia, patrimonio.
HERMENEUTICS; hermenéutica.
HIDDEN; oculto.
HIDDEN ASSET; activo inscrito con un valor sustancialmente por debajo del valor del mercado.
HIDDEN DEFECT; defecto oculto, vicio oculto.
HIDE; ocultar, encubrir, esconder, disimular.
HIDEOUS; horrible, horroroso.
HIDING; ocultación, encubrimiento.
HIERARCHY; jerarquía.
HIGH; alto, superior, ilustre.
HIGH COURT OF PARLIAMENT (RU); Parlamento Británico.
HIGH DEGREE OF NEGLIGENCE; negligencia grave.
HIGH DILIGENCE; diligencia extraordinaria.
HIGH PROBABILITY RULE; el derecho de un asegurado a abandonar su nave si aparentemente hay una gran probabilidad de que haya una pérdida total.
HIGH SEAS; alta mar.
HIGH TIDE; marea alta.

HIGH TREASON; alta traición.

HIGH WATER LINE; línea de la marea alta, punto culminante.

HIGH WATER MARK; línea de la marea alta, punto culminante.

HIGHEST; más alto, máximo.

HIGHEST AND BEST USE; uso que produzca el mayor provecho de un inmueble.

HIGHEST COURT; tribunal de último recurso, tribunal supremo.

HIGHEST DEGREE OF CARE; el grado de cuidado que usaría una persona muy prudente bajo circunstancias similares.

HIGHHANDED; arbitrario, tiránico.

HIGHWAY; autopista, carretera.

HIGHWAY ACTS; leyes concernientes a las carreteras.

HIGHWAY CROSSING; cruce de ferrocarril, cruce de carreteras.

HIGHWAY-RATE (RU); impuesto de autopistas.

HIGHWAY ROBBERY; asalto en o cerca de caminos, asalto con intimidación o fuerza, ganancia excesiva en un negocio.

HIGHWAY TAX; impuesto de autopistas.

HIGHWAY TOLL; peaje de autopista.

HIGHWAYMAN; bandolero, salteador de caminos.

HIJACK; asalto de bienes en tránsito, secuestro de avión.

HIJACKER; asaltador de bienes en tránsito, secuestrador de avión.

HIJACKING; asalto de bienes en tránsito, secuestro de avión.

HINDER; estorbar, impedir, molestar, obstaculizar.

HINDRANCE; estorbo, impedimento, obstáculo.

HINT; sugestión, pista, insinuación, indirecta.

HIRE (n); arrendamiento, alquiler, remuneración.

HIRE (v); contratar, alquilar, arrendar.

HIRE OUT; arrendarse, alquilarse, contratarse.

HIRER; arrendador, alquilador, locatario.

HIRING AT WILL; locación por un plazo indeterminado.

HIRING HALL; oficina de empleos.

HISTORIC BAY; bahía histórica.

HISTORIC SITE; lugar histórico.

HIT; pegar, afectar, acertar.

HIT-AND-RUN; accidente en el que el conductor se da a la fuga.

HIT-AND-RUN ACCIDENT; accidente en el que el conductor se da a la fuga.

HIT-AND-RUN DRIVER; conductor que tras un accidente se da a la fuga.

HITCHHIKER; quien pide viajes gratuitos en automóvil sin conocer al conductor.

HITHER; acá, hacia acá, aquí.

HITHERMOST; lo más cercano.

HITHERTO; hasta la fecha, hasta aquí, hasta ahora.

HITHERWARD; hacia acá, por aquí.

HOARDING; acaparamiento, cerca rodeando una construcción.

HOBBS ACT (EU); ley federal que hace un crimen el interferir con el comercio interestatal mediante actos de violencia o extorsión.

HOC; esto, con, por.

HODGE-PODGE ACT; ley que cubre una serie de materias inconexas.

HOLD (n); fortificación, cárcel, dominio, cabina de carga.

HOLD (v); tener, retener, contener, sostener, detener, imponer, decidir.

HOLD HARMLESS AGREEMENT; convenio para eximir de responsabilidad.

HOLD OUT; no ceder, persistir, mantenerse firme.

HOLD OVER; retener la posesión de un inmueble tras haberse expirado el término acordado, aplazar.

HOLD PLEAS; juzgar una causa.

HOLD RESPONSIBLE; hacer responsable.

HOLDER; tenedor, portador, titular.

HOLDER FOR VALUE; tenedor por valor.

HOLDER IN DUE COURSE; tenedor legítimo, tenedor de buena fe.

HOLDER IN GOOD FAITH; tenedor en buena fe.

HOLDER OF A TRUST; beneficiario de un fideicomiso.

HOLDER OF AN ACCOUNT; titular de una cuenta.

HOLDING; el principio jurídico en el que se basa una sentencia, propiedad, posesión.

HOLDING COMPANY; compañía tenedora de valores de otras empresas.

HOLDINGS; el conjunto de inversiones de una persona, propiedades, posesiones.

HOLDUP; atraco, robo a mano armada, asalto, demora.

HOLDUP MAN; atracador, asaltador.

HOLIDAY; día festivo.

HOLOGRAPH; ológrafo, testamento ológrafo, documento ológrafo.

HOLOGRAPHIC WILL; testamento ológrafo.

HOME; hogar, domicilio, país de origen.

HOME OFFICE; oficina central, oficina en el hogar.

HOME OWNER; dueño de hogar.

HOME PORT; puerto de origen, puerto de matrícula.

HOME RULE; autonomía.

HOMELESS; sin hogar, desamparado.

HOMEOWNER INSURANCE; seguro sobre riesgos del hogar.

HOMEOWNER'S POLICY; póliza de seguro sobre riesgos del hogar.

HOMESTEAD; residencia familiar con su terreno circundante, hogar seguro.

HOMESTEAD CORPORATION; compañía organizada para comprar y subdividir terrenos para residencias de los accionistas.

HOMESTEAD EXEMPTION LAWS (EU); leyes para excluir las residencias familiares de ejecución por deudas no relacionadas al hogar.

HOMESTEAD RIGHT; el derecho al uso pacífico de la residencia familiar sin reclamaciones de los acreedores, derecho de hogar seguro.

HOMEWARD; de regreso a casa.

HOMEWARD BOUND; de regreso a casa.

HOMEWARD FREIGHT; flete de regreso.

HOMICIDAL; homicida.

HOMICIDE; homicidio, homicida.

HOMICIDE BY MISADVENTURE; homicidio accidental.

HOMICIDE BY NECESSITY; homicidio por necesidad.

HOMICIDE PER INFORTUNIUM; homicidio accidental.

HOMICIDE SE DEFENDENDO; homicidio en defensa propia.

HOMICIDIUM; homicidio.

HOMOLOGATE; homologar.

HOMOLOGATION; homologación.

HONEST; honrado, justo, legítimo.

HONESTLY; honradamente, sinceramente.

HONESTY; honradez, integridad, sinceridad.

HONOR (n); honor, integridad, buen nombre.

HONOR (v); honrar, aceptar, pagar, cancelar.

HONORABLE; honorable.

HONORABLE DISCHARGE; licenciamiento honroso, baja honorable.

HONORABLENESS; honorabilidad, honradez.

HONORABLY; honorablemente.

HONORARIUM; honorarios, pago gratuito.

HONORARY; honorario, honroso.

HONORARY TRUSTEES; fideicomisarios honoríficos, administradores honoríficos.

HOPE; esperanza, confianza, posibilidad.

HOPE FOR; esperar.

HOPEFUL; esperanzado, prometedor.

HORIZONTAL; horizontal.

HORIZONTAL AGREEMENT; convenio horizontal.

HORIZONTAL MERGER; fusión horizontal de compañías.

HORIZONTAL PROPERTY; propiedad horizontal.

HORIZONTAL UNION; sindicato horizontal.

HORNBOOK; libro básico, cartilla, libro que resume áreas del derecho, tratado.

HORRIBLE; horrible.

HORRID; hórrido.

HORRIFY; horrorizar.

HORROR; horror.

HOSPITAL; hospital, clínica.

HOSPITALITY; hospitalidad.

HOSPITALIZATION; hospitalización.

HOSPITALIZE; hospitalizar.

HOSPITICIDE; quien mata a su invitado, quien mata a su anfitrión.

HOST; anfitrión.

HOSTAGE; rehén.

HOSTES; enemigos.

HOSTESS; anfitriona.

HOSTICIDE; matar a un enemigo.

HOSTILE; hostil, enemigo, contrario.

HOSTILE EMBARGO; embargo de naves enemigas.

HOSTILE FIRE; fuego fuera de control, fuego que se extiende a áreas inesperadas.

HOSTILE POSSESSION; posesión hostil.

HOSTILE WITNESS; testigo hostil.

HOSTILITIES; hostilidades.

HOSTILITY; hostilidad.

HOT BLOOD; condición emocional en la que la persona no se puede controlar.

HOT TEMPERED; de mal temperamento, de mal genio.

HOTCHPOT; colación de bienes, mezcolanza.

HOTEL; hotel.

HOTEL DIVORCE; divorcio en el que los esposos acuerdan que uno de ellos simulará cometer un acto de adulterio.

HOUR; hora.

HOURS OF LABOR; horas de trabajo.

HOUSE; casa, residencia, descendencia, cuerpo legislativo, cámara.

HOUSE ARREST; arresto domiciliario.

HOUSE COUNSEL; abogado interno.

HOUSE OF COMMONS (RU); Cámara de los Comunes.

HOUSE OF CORRECTION; reformatorio, correccional.

HOUSE OF DELEGATES (EU); cámara de delegados.

HOUSE OF ILL FAME; prostíbulo.

HOUSE OF LEGISLATURE; cámara legislativa.

HOUSE OF LORDS (RU); Cámara de los Lores.

HOUSE OF PROSTITUTION; prostíbulo.

HOUSE OF REFUGE; reformatorio, refugio.

HOUSE OF REPRESENTATIVES (EU); Cámara de Representantes.

HOUSEAGE; cargo por almacenaje.

HOUSEBREAKING; violación de domicilio con intención de robar, robar, escalamiento.

HOUSEHOLD; familia.

HOUSEHOLD GOODS; bienes muebles de un hogar.

HOUSEHOLDER; dueño de casa, jefe de familia, cabeza de familia.

HOUSING; vivienda, alojamiento.

HOUSING CODE; código de edificación, código de la vivienda.

HOUSING DEVELOPMENT; proyecto de viviendas, urbanización.

HOWEVER; sin embargo, no obstante, como quiera que.

HOWSOEVER; de cualquier modo, por muy.

HUE AND CRY; vocerío, alboroto.

HULL; casco.

HULL INSURANCE; seguro de casco.

HUMAN; humano.

HUMAN RIGHTS; derechos humanos.

HUMANE; humanitario, humano.

HUMANELY; humanamente.

HUMANITARIAN; humanitario.

HUMANITARIAN DOCTRINE; doctrina humanitaria.

HUMANITY; humanidad, naturaleza humana.

HUMANKIND; humanidad.

HUMANLY; humanamente.

HUMID; húmedo, mojado.

HUMILIATION; humillación.

HUMOR (n); humor, genio, disposición.

HUMOR (v); complacer, seguirle la corriente.

HUNCH; presentimiento, corazonada.

HUNG JURY; jurado que no puede llegar a un veredicto.

HURRIED; apresurado.

HURRIEDLY; apresuradamente.

HURT (n); daño, lesión, perjuicio.

HURT (v); lastimar, injuriar, dañar, perjudicar.

HURTFUL; dañoso, perjudicial, injurioso.

HURTFULLY; dañosamente, perjudicialmente, injuriosamente.

HUSBAND; esposo, marido.

HUSBAND DE FACTO; esposo de hecho.

HUSBAND DE JURE; esposo legal.

HUSBAND-WIFE IMMUNITY; derecho de mantener confidencial las comunicaciones entre cónyuges.

HUSBAND-WIFE PRIVILEGE; derecho de mantener confidencial las comunicaciones entre cónyuges.

HUSH-MONEY; soborno, soborno para ocultar información.

HYPOTHECARY ACTION; acción
  hipotecaria.
HYPOTHECARY DEBT; deuda hipotecaria.
HYPOTHECATE; hipotecar.
HYPOTHECATION BOND; garantía de un
  préstamo a la gruesa.
HYPOTHESIS; hipótesis.
HYPOTHETIC; hipotético.
HYPOTHETICAL; hipotético.
HYPOTHETICAL QUESTION; pregunta
  hipotética.
HYSTERIA; histeria.

I

IDEA; idea, plan, concepto, pensamiento,
  proyecto.
IDEM PER IDEM; lo mismo por lo mismo.
IDEM SONANS; el mismo sonido.
IDENTICAL; idéntico.
IDENTIFICATION; identificación.
IDENTIFICATION CARD; tarjeta de
  identificación.
IDENTIFICATION OF GOODS; identificación
  de bienes.
IDENTIFICATION PAPERS; documentos de
  identificación, cédula de identificación.
IDENTIFY; identificar.
IDENTITY; identidad.
IDENTITY CARD; tarjeta de identidad, cédula
  de identificación.
IDEO; por lo tanto.
IDLE; inactivo, desocupado, inútil.
IDLE FUNDS; fondos inactivos, fondos que no
  devengan provecho, fondos que no
  devengan intereses.
IDLE MONEY; dinero inactivo, dinero que no
  devenga provecho, dinero que no devenga
  intereses.
IDONEUS; idóneo.
IF; si, siempre que, en caso de, de ser.
IGNOMINY; ignominia, deshonra, conducta
  ignominiosa.
IGNORANCE; ignorancia, desconocimiento.
IGNORANCE OF FACTS; desconocimiento de
  los hechos.
IGNORANCE OF LAW; desconocimiento del
  derecho.
IGNORE; ignorar, no hacer lugar a,
  desconocer.
ILL; enfermo, mal, nulo.
ILL FAME; mala fama.
ILLEGAL; ilegal, ilícito.
ILLEGAL ACT; acto ilegal.

ILLEGAL CONSIDERATION;
  contraprestación ilícita, causa ilícita.
ILLEGAL CONTRACT; contrato ilegal.
ILLEGAL ENTRY; ingreso ilegal.
ILLEGAL IMMIGRANT; inmigrante ilegal.
ILLEGAL INTEREST; usura, interés ilegal.
ILLEGAL PER SE; ilegal de por sí, ilegal per
  se.
ILLEGAL PRACTICE; práctica ilegal.
ILLEGAL STRIKE; huelga ilegal.
ILLEGAL TAX; impuesto ilegal.
ILLEGAL TRADE; comercio ilegal.
ILLEGAL TRANSACTION; negocio ilegal.
ILLEGALITY; ilegalidad, ilicitud.
ILLEGALLY; ilegalmente, ilícitamente.
ILLEGALLY OBTAINED EVIDENCE;
  prueba obtenida ilegalmente.
ILLEGITIMACY; ilegitimidad.
ILLEGITIMATE; ilegítimo, ilegal.
ILLEGITIMATE CHILD; hijo ilegítimo.
ILLICIT; ilícito, prohibido.
ILLICIT COHABITATION; cohabitación
  ilícita.
ILLICIT CONNECTION; relaciones sexuales
  ilícitas.
ILLICIT DISTILLERY; destilería ilegal.
ILLICIT RELATION; relaciones sexuales
  ilícitas.
ILLICIT TRADE; comercio ilícito.
ILLITERACY; analfabetismo, ignorancia.
ILLITERATE; analfabeto, ignorante.
ILLNESS; enfermedad, mal.
ILLOCABLE; incapaz de obtener trabajo.
ILLUSION; ilusión, engaño.
ILLUSORY; ilusorio, engañoso.
ILLUSORY APPOINTMENT; designación
  ilusoria.
ILLUSORY CONTRACT; contrato ficticio.
ILLUSORY PROMISE; promesa ficticia.
ILLUSTRATIVE; ilustrativo.
IMAGINE; imaginar, imaginarse.
IMBIBE; beber, asimilar, absorber.
IMBROGLIO; embrollo.
IMITATION (adj); imitado, imitación.
IMITATION (n); imitación.
IMMATERIAL; inmaterial, sin importancia, no
  esencial.

IMMATERIAL ALLEGATION; aseveración
  inmaterial.
IMMATERIAL AVERMENT; aseveración
  inmaterial.
IMMATERIAL EVIDENCE; prueba
  inmaterial.
IMMATERIAL FACTS; hechos inmateriales.
IMMATERIAL ISSUE; cuestión inmaterial.
IMMATERIALITY; inmaterialidad.
IMMATURITY; inmadurez.
IMMEDIATE; inmediato, cercano, urgente.
IMMEDIATE CAUSE; causa inmediata.
IMMEDIATE CONTROL; control inmediato.
IMMEDIATE DEATH; muerte inmediata.
IMMEDIATE DELIVERY; entrega inmediata.
IMMEDIATE DESCENT; descendencia
  inmediata.
IMMEDIATE FAMILY; familia inmediata.
IMMEDIATE INJURY; lesión inmediata.
IMMEDIATE INTEREST; interés inmediato.
IMMEDIATE NOTICE; notificación
  inmediata.
IMMEDIATELY; inmediatamente.
IMMEMORIAL; inmemorial.
IMMEMORIAL CUSTOM; costumbre
  inmemorial.
IMMEMORIAL POSSESSION; posesión
  inmemorial.
IMMEMORIAL USAGE; costumbre
  inmemorial.
IMMIGRANT; inmigrante.
IMMIGRANT ALIEN; extranjero inmigrante.
IMMIGRANT VISA; visa de inmigrante.
IMMIGRATION; inmigración.
IMMINENT; inminente.
IMMINENT DANGER; peligro inminente.
IMMINENT PERIL; peligro inminente.
IMMINENTLY DANGEROUS ARTICLE;
  artículo altamente peligroso.
IMMODERATE; inmoderado.
IMMORAL; inmoral, obsceno.
IMMORAL ACT; acto inmoral, conducta
  inmoral.
IMMORAL CONDUCT; conducta inmoral.
IMMORAL CONSIDERATION;
  contraprestación inmoral.
IMMORAL CONTRACT; contrato inmoral.
IMMORALITY; inmoralidad.

IMMOVABLE PROPERTY; propiedad inmueble.

IMMOVABLES; inmuebles.

IMMUNITY; inmunidad, dispensa, exención.

IMMUNITY CLAUSE; cláusula de inmunidad.

IMMUNITY FROM ARREST; inmunidad contra arresto.

IMMUNITY FROM EXECUTION; inmunidad contra ejecución.

IMMUNITY FROM PROCESS; inmunidad contra proceso.

IMMUNITY FROM PROSECUTION; inmunidad contra acción judicial.

IMMUNITY FROM TAXATION; exención contributiva, inmunidad fiscal.

IMPACT; impacto, choque.

IMPAIR; deteriorar, perjudicar, impedir, disminuir.

IMPAIRING THE OBLIGATION OF CONTRACTS; que disminuye el valor de los contratos.

IMPAIRMENT; deterioro, impedimento, empeoramiento.

IMPANEL; elegir un jurado, elegir.

IMPANELLING OF JURY; elección de jurado.

IMPARLANCE; el periodo de tiempo otorgado para que el demandado presente su defensa.

IMPARTIAL; imparcial, justo, desinteresado.

IMPARTIAL EXPERT; perito nombrado por el tribunal.

IMPARTIAL JURY; jurado imparcial.

IMPARTIAL WITNESS; testigo imparcial.

IMPASSE; dificultad insuperable, atolladero.

IMPEACH; acusar, impugnar, recusar, residenciar.

IMPEACHABLE; acusable, impugnable, recusable.

IMPEACHMENT; acusación formal contra funcionarios públicos, acusación, impugnación.

IMPEACHMENT OF A CONTRACT; impugnación de contrato.

IMPEACHMENT OF A WITNESS; impugnación de testigo, impugnación de testimonio.

IMPEACHMENT OF VERDICT; impugnación de veredicto.

IMPEACHMENT OF WASTE; acción por el deterioro de un inmueble causado por un tenedor.

IMPEDE; impedir, obstruir.

IMPEDIMENT; impedimento.

IMPEDIMENT TO MARRIAGE; impedimento matrimonial.

IMPERATIVE; imperativo, urgente.

IMPERFECT; imperfecto, incompleto, defectuoso.

IMPERFECT DELEGATION; novación imperfecta.

IMPERFECT OBLIGATION; obligación moral, deber moral.

IMPERFECT OWNERSHIP; propiedad imperfecta.

IMPERFECT RIGHT; derecho imperfecto.

IMPERFECT TITLE; título imperfecto.

IMPERFECT TRUST; fideicomiso imperfecto.

IMPERFECT USUFRUCT; usufructo imperfecto.

IMPERIALISM; imperialismo.

IMPERSONAL; impersonal.

IMPERSONATION; personificación, imitación.

IMPERTINENCE; impertinencia.

IMPERTINENT; impertinente.

IMPETUOUS; impetuoso.

IMPIGNORATION; pignoración, empeño.

IMPLEAD; accionar, demandar, acusar, citar a juicio a un tercero, poner pleito.

IMPLEMENT (n); implemento, utensilio, instrumento.

IMPLEMENT (v); poner en práctica, cumplir, ejecutar.

IMPLEMENTATION; puesta en práctica, cumplimiento, ejecución.

IMPLEMENTS OF TRADE; instrumentos del oficio.

IMPLICATE; implicar, comprometer.

IMPLICATION; implicación, inferencia, consecuencia.

IMPLIED; implícito, inferido, tácito.

IMPLIED ABANDONMENT; abandono implícito, desistimiento implícito.

IMPLIED ACCEPTANCE; aceptación implícita.

IMPLIED ACKNOWLEDGMENT; reconocimiento implícito.

IMPLIED ADMISSION; admisión implícita.

IMPLIED AGENCY; agencia implícita.

IMPLIED AGREEMENT; convenio implícito, contrato implícito.

IMPLIED AUTHORITY; autorización implícita.

IMPLIED BY LAW; inferido por ley.

IMPLIED CONDITION; condición implícita.

IMPLIED CONFESSION; confesión implícita.

IMPLIED CONSENT; consentimiento implícito.

IMPLIED CONSIDERATION; contraprestación implícita.

IMPLIED CONTRACT; contrato implícito.

IMPLIED COVENANT; cláusula implícita.

IMPLIED EASEMENT; servidumbre implícita.

IMPLIED INTENT; intención implícita.

IMPLIED LICENSE; autorización implícita.

IMPLIED MALICE; malicia implícita.

IMPLIED NOTICE; notificación implícita.

IMPLIED OBLIGATION; obligación implícita.

IMPLIED PARTNERSHIP; sociedad implícita.

IMPLIED POWERS; poderes implícitos.

IMPLIED PROMISE; promesa implícita.

IMPLIED REJECTION; rechazo implícito.

IMPLIED RELEASE; liberación implícita.

IMPLIED REPEAL; derogación implícita.

IMPLIED TRUST; fideicomiso implícito.

IMPLIED WARRANTY; garantía implícita.

IMPLY; implicar, involucrar, querer decir, significar.

IMPORT (n); importación, sentido, importancia.

IMPORT (v); importar, significar, introducir.

IMPORT DUTIES; derechos de importación.

IMPORT LETTER OF CREDIT; carta de crédito para la importación.

IMPORT LICENSE; licencia de importación.

IMPORT QUOTA; cuota de importación.

IMPORTATION; importación, internación.

IMPORTER; importador.

IMPORTUNITY; importunidad.

IMPOSE; imponer, gravar, cargar.

IMPOSITION; imposición, gravamen, impuesto.

IMPOSITION OF SENTENCE; imposición de la sentencia.

IMPOSSIBILITY; imposibilidad.

IMPOSSIBILITY OF PERFORMANCE OF CONTRACT; imposibilidad de cumplimiento de contrato.

IMPOSSIBLE; imposible, impracticable.

IMPOSSIBLE CONDITION; condición imposible.

IMPOSTER; impostor, engañador.

IMPOSTS; impuestos

IMPOTENCE; impotencia.

IMPOUND; confiscar, embargar, acorralar, secuestrar judicialmente.

IMPOUND ACCOUNT; cuenta mantenida por un prestador para encargarse de ciertos pagos del prestatario.

IMPOUNDED PROPERTY; propiedad confiscada, propiedad embargada.

IMPRACTICABILITY; impracticabilidad, imposibilidad.

IMPRACTICABLE; impracticable, imposible.

IMPRESCRIPTIBILITY; imprescriptibilidad.

IMPRESCRIPTIBLE RIGHTS; derechos imprescriptibles.

IMPRESSION; impresión, efecto, marca, huella.

IMPRESSMENT; expropiación, enganche.

IMPRISON; encarcelar, aprisionar, encerrar.

IMPRISONMENT; encarcelamiento, reclusión.

IMPROBABLE; improbable, inverosímil.

IMPROPER; impropio, indebido, inadecuado, incorrecto.

IMPROPER CUMULATIONS OF ACTIONS; acumulación irregular de acciones.

IMPROPER INFLUENCE; uso indebido de la influencia.

IMPROPER USE; uso indebido.

IMPROPERLY OBTAINED EVIDENCE; prueba obtenida indebidamente.

IMPROVE; mejorar, beneficiar.

IMPROVED LAND; tierras con mejoras.

IMPROVEMENT; mejoramiento, mejora, adelanto, progreso, desarrollo.

IMPROVIDENCE; incompetencia al administrar bienes.

IMPROVIDENT; impróvido, desprevenido, descuidado.

IMPROVIDENTLY; impróvidamente, desprevenidamente, descuidadamente.

IMPUGN; impugnar.

IMPULSE; impulso, inclinación repentina.

IMPUNITY; impunidad.

IMPUTABILITY; imputabilidad.

IMPUTATIO; responsabilidad legal.

IMPUTATION; imputación.

IMPUTATION OF PAYMENT; imputación de pago.

IMPUTE; imputar, atribuir.

IMPUTED; imputado, atribuido.

IMPUTED COST; costo imputado.

IMPUTED INCOME; ingreso imputado.

IMPUTED INTEREST; interés imputado.

IMPUTED KNOWLEDGE; conocimiento imputado.

IMPUTED NEGLIGENCE; negligencia imputada, negligencia indirecta, negligencia derivada.

IMPUTED NOTICE; notificación implícita.

IN; en, de, con, entre, concerniente a.

IN ABSENTIA; en ausencia, in absentia.

IN ACTION; bien recuperable mediante acción judicial.

IN ADVERSUM; procedimiento contencioso.

IN AEQUALI JURE; en igualdad de derechos.

IN ALIENO SOLO; en la tierra de otro.

IN ALIO LOCO; en otro lugar.

IN ARTICULO MORTIS; en el momento de la muerte.

IN AUTRE DROIT; en el derecho de otro.

IN BEING; existente, con vida.

IN BLANK; en blanco.

IN BONIS; entre los bienes.

IN BULK; a granel.

IN CAHOOTS; confabulado con.

IN CAMERA; en privado, en el despacho del juez.

IN CAMERA PROCEEDINGS; procedimientos en privado, procedimientos en el despacho del juez.

IN CASE; en caso, por si acaso.

IN CASH; en efectivo.

IN CHAMBERS; en el despacho del juez, actos judiciales fuera de sesión.

IN CHARGE; a cargo.

IN CHARGE OF; a cargo de.

IN CHIEF; principal, asunto principal.

IN COMMON; en común.

IN COMMUNI; en común.

IN CONJUNCTION; conjuntamente.

IN CONJUNCTION WITH; en conjunción con.

IN CONSIDERATION OF; en consideración de, como contraprestación de, a cambio de.

IN CONTEMPLATION OF DEATH; en contemplación de la muerte.

IN CONTEMPT; en desacato.

IN COURT; en el tribunal, ante un tribunal.

IN CURRENCY; en efectivo.

IN CUSTODIA LEGIS; bajo la custodia de la ley.

IN CUSTODY; en custodia.

IN DELICTO; en culpa.

IN DUBIO; en duda.

IN DUE COURSE; en su curso regular.

IN DUPLO; en duplicado.

IN EADEM CAUSA; en la misma condición.

IN EFFECT; en vigor, en vigencia.

IN EQUAL SHARES; en partes iguales.

IN EQUITY; en un tribunal de equidad, en equidad.

IN ESSE; existente.

IN EST DE JURE; se infiere por ley.

IN EVIDENCE; probado.

IN EXECUTION AND PURSUANCE OF; en virtud de, conforme a.

IN EXITU; en cuestión.

IN EXPECTATION; en expectativa.

IN EXTENSO; de principio a fin, a todo lo largo de.

IN EXTREMIS; justo antes de la muerte.

IN FACIENDO; al hacer.

IN FACT; de hecho, en realidad, para más decir.

IN FACTO; en realidad.

IN FIERI; en proceso.

IN FULL; completamente.

IN FULL LIFE; en vida física y civil.

IN FUTURO; en el futuro.

IN GOOD FAITH; de buena fe.

IN GROSS; al por mayor.

IN HOC; en esto.

IN INVITUM; contra la voluntad.

IN ISSUE; en disputa, en litigio, en cuestión.

IN JUDGMENT; ante el tribunal.

IN JURE; conforme a derecho.

IN JUS VOCARE; citar para comparecer.

IN KIND; de la misma categoría, de la misma clase.

IN LAW; conforme al derecho.

IN LAWS; parientes políticos.

IN LIEU OF; en vez de, en lugar de.

IN LIMINE; al comienzo.

IN LITEM; en litigio.

IN LOCO; en lugar.

IN LOCO PARENTIS; en lugar de un padre.

IN MERCY; a merced de.

IN PAIS, ESTOPPEL; impedimento por no manifestar intención de hacer valer un derecho, impedimento in pais.

IN PAIS; extrajudicial, fuera de litigio.

IN PARI DELICTO; con el mismo grado de culpabilidad.

IN PARI MATERIA; sobre la misma materia.

IN PART; en parte.

IN PERPETUITY; en perpetuidad.

IN PERSON; en persona.

IN PERSONAM; contra la persona.

IN PERSONAM JURISDICTION; jurisdicción con respecto a la persona.

IN POSSE; en potencial.

IN POSSESSION; en posesión.

IN RE; concerniente a, con referencia a.

IN REGARD TO; en relación a, en relación con.

IN REM; contra la cosa, in rem.

IN REM JURISDICTION; jurisdicción con respecto a la cosa.

IN SPECIE; específicamente.

IN STATU QUO; de la forma que estaba, en el mismo estado.

IN STIRPES; por estirpes.

IN TERROREM; bajo terror.

IN TESTIMONIUM; en testimonio.

IN THE COURSE OF EMPLOYMENT; en el curso del empleo.

IN THE ORDINARY COURSE OF BUSINESS; en el curso ordinario de los negocios.

IN THE PRESENCE; en la presencia, en presencia de.

IN TOTO; completamente.

IN TRADE; en el comercio.

IN TRANSIT; en tránsito.

IN TRANSITU; en tránsito.

IN TRUST; en fideicomiso.

IN WITNESS WHEREOF; en testimonio de lo cual, en fe de lo cual.

INACTION; inacción, inactividad.

INACTIVE ACCOUNT; cuenta inactiva, cuenta sin movimiento.

INADEQUACY; inadecuación, insuficiencia.

INADEQUATE; inadecuado, insuficiente.

INADEQUATE CONSIDERATION; contraprestación inadecuada.

INADEQUATE DAMAGES; indemnización insuficiente, daños no equitativos.

INADEQUATE PRICE; precio inadecuado.

INADEQUATE REMEDY AT LAW; recursos judiciales insuficientes, remedio inadecuado.

INADMISSIBILITY; inadmisibilidad.

INADMISSIBLE; inadmisible.

INADMISSIBLE EVIDENCE; prueba inadmisible.

INADVERTENCE; inadvertencia, descuido, falta.

INADVERTENCY; inadvertencia, descuido, negligencia.

INADVERTENTLY; inadvertidamente, descuidadamente, negligentemente.

INALIENABLE; inalienable.

INALIENABLE INTEREST; interés en propiedad inalienable.

INALIENABLE RIGHTS; derechos inalienables.

INAPPLICABLE; inaplicable.

INAPPROPRIATE; no apropiado, impropio.

INASMUCH AS; ya que, puesto que.

INAUGURATION; inauguración, instalación, estreno.

INBOARD; dentro del casco.

INBOUND COMMON; terreno comunal abierto.

INCAPABLE; incapaz, sin capacidad legal.

INCAPACITATED; incapacitado.

INCAPACITATED PERSON; persona incapacitada.

INCAPACITY; incapacidad, insuficiencia.

INCAPACITY FOR WORK; incapacidad de trabajar.

INCARCERATION; encarcelación.

INCAUTIOUS; incauto, negligente.

INCENDIARY; incendiario.

INCENTIVE; incentivo, estímulo, motivo.

INCENTIVE PAY PLANS; programas de salario que recompensan los incrementos en productividad con incrementos en paga.

INCEPTION; principio.

INCEST; incesto.

INCESTUOUS; incestuoso.

INCESTUOUS ADULTERY; adulterio incestuoso.

INCHARTARE; transferir mediante un documento escrito.

INCHMAREE CLAUSE; cláusula que protege contra la negligencia de la tripulación o por vicios de la nave.

INCHOATE; incoado, incompleto, imperfecto, incipiente, empezado.

INCHOATE AGREEMENT; convenio incompleto.

INCHOATE CRIME; delito que lleva a otro delito.

INCHOATE DOWER; dote incompleto.

INCHOATE INSTRUMENT; instrumento incompleto.

INCHOATE INTEREST; interés real revocable.

INCHOATE LIEN; privilegio revocable, gravamen revocable.

INCHOATE RIGHT; derecho en expectativa.

INCIDENCE; incidencia, efecto.

INCIDENT (adj); concomitante, incidente.

INCIDENT (n); incidente, incidencia, frecuencia.

INCIDENTAL; incidental, accidental, concomitante, accesorio.

INCIDENTAL ADMISSION; admisión incidental.

INCIDENTAL ASSISTANCE; asistencia incidental.

INCIDENTAL BENEFICIARY; beneficiario incidental.

INCIDENTAL DAMAGES; daños incidentales, daños indirectos.

INCIDENTAL POWERS; facultades inherentes.

INCIDENTAL QUESTION; pregunta incidental.

INCITE; incitar, instigar, estimular.

INCITEMENT; incitación, instigación, estímulo.

INCITEMENT TO COMMIT A CRIME; incitación a cometer un crimen.

INCITER; incitador, instigador.

INCIVISM; falta de civismo.

INCLOSE; cercar, encerrar, incluir.

INCLOSED LANDS; tierras cercadas.

INCLOSURE; cercamiento, encerramiento.

INCLUDE; incluir, abarcar, confinar.

INCLUDED; incluido, incluso.

INCLUDED OFFENSE; delito incluido en uno de mayor gravedad.

INCLUSIVE; inclusivo.

INCLUSIVE OF; inclusive.

INCLUSIVE SURVEY; relevo global.

INCOGNITO; incógnito.

INCOHERENT; incoherente.

INCOME; ingreso, rédito, utilidad.

INCOME PROPERTY; propiedad que produce ingresos.

INCOME RETURN; planilla sobre ingresos.

INCOME SHARING CARTEL; cartel en el que se comparten las ganancias.

INCOME STATEMENT; resumen de ganancias y pérdidas, estado de ganancias y pérdidas.

INCOME TAX; impuesto sobre ingresos, contribución sobre ingresos, impuesto sobre la renta.

INCOME TAX DEFICIENCY; deficiencia en el pago de contribuciones.

INCOME TAX RETURN; planilla declarando los ingresos, declaración de ingresos.

INCOMMUNICADO; incomunicado.

INCOMMUTABLE; inconmutable, inmutable.

INCOMPATIBILITY; incompatibilidad.

INCOMPETENCE; incompetencia, incapacidad.

INCOMPETENCY; incompetencia, incapacidad.

INCOMPETENT; incompetente, incapaz.

INCOMPETENT EVIDENCE; prueba incompetente.

INCOMPETENT PERSON; persona incompetente.

INCOMPLETE; incompleto, defectuoso.

INCOMPLETE POSSESSION; posesión incompleta.

INCOMPLETE TRANSFER; transferencia incompleta.

INCONCLUSIVE; inconcluyente, no convincente.

INCONSEQUENTIAL; inconsecuente, insignificante.

INCONSEQUENTIAL ERROR; error inconsecuente.

INCONSISTENCY; inconsistencia, incoherencia.

INCONSISTENT; inconsistente, incoherente.

INCONSISTENT PRESUMPTIONS; presunciones inconsistentes.

INCONTESTABILITY CLAUSE; cláusula de incontestabilidad.

INCONTESTABILITY PROVISION; cláusula de incontestabilidad.

INCONTESTABLE; incontestable, incuestionable, inatacable.

INCONTESTABLE POLICY; póliza incontestable.

INCONTINENCE; incontinencia.

INCONTROVERTIBLE; incontrovertible, indisputable.

INCONVENIENCE (n); inconveniencia, estorbo.

INCONVENIENCE (v); incomodar, estorbar.

INCORPORATE; incorporar, constituir una corporación, constituir una sociedad, constituir una persona jurídica.

INCORPORATED; incorporado, constituido legalmente.

INCORPORATED CORPORATION; corporación constituida legalmente.

INCORPORATED LAW SOCIETY (RU); asociación de abogados que ejerce una serie de funciones concernientes a la práctica del derecho.

INCORPORATING STATE (EU); estado en el que se constituye una corporación.

INCORPORATION; incorporación, constitución de una corporación, constitución de una sociedad, constitución de una persona jurídica, asociación.

INCORPORATION BY REFERENCE; inclusión por referencia, incorporación de documentos por referencia.

INCORPORATION FEES; cargos de incorporación, cargos por constituir una corporación, cargos por constituir una sociedad, cargos por constituir una persona jurídica.

INCORPORATION PAPERS; documentos de incorporación, acto constitutivo, contrato de sociedad, escritura de constitución.

INCORPORATOR; quien incorpora, quien constituye una corporación, quien constituye una sociedad, quien constituye una persona jurídica, fundador.

INCORPOREAL; incorpóreo, inmaterial.

INCORPOREAL CHATTELS; derechos sobre bienes incorpóreos.

INCORPOREAL HEREDITAMENTS; bienes incorpóreos heredables.

INCORPOREAL PROPERTY; propiedad incorpórea.

INCORPOREAL RIGHTS; derechos sobre bienes incorpóreos.

INCORPOREAL THINGS; cosas incorpóreas.

INCORRECT; incorrecto, inexacto.

INCORRIGIBLE; incorregible, indócil.

INCORRUPTIBLE; incorruptible, íntegro.

INCREASE (n); aumento.

INCREASE (v); aumentar, extender.

INCREASE OF CAPITAL; aumento de capital.

INCREASE OF RISK; aumento del riesgo.

INCREMENT; incremento, acrecentamiento.

INCREMENTAL COST; costo adicional.

INCRIMINATE; incriminar, inculpar, acusar.

INCRIMINATING ADMISSION; admisión incriminante.

INCRIMINATING CIRCUMSTANCE; circunstancia incriminante.

INCRIMINATING EVIDENCE; prueba incriminante.

INCRIMINATION; incriminación, acusación.

INCRIMINATORY STATEMENT; declaración incriminante.

INCROACHMENT; intrusión, invasión, usurpación.

INCULPATE; inculpar, incriminar, acusar.

INCULPATORY; incriminante, acusatorio.

INCULPATORY EVIDENCE; prueba incriminante.

INCUMBENT; incumbente, funcionario, titular.

INCUR; incurrir, contraer.

INCUR A DEBT; contraer una deuda.

INCURABLE; incurable.

INCURABLE DISEASE; enfermedad incurable.

INDEBTED; endeudado, obligado.

INDEBTEDNESS; endeudamiento, obligaciones, agradecimiento.

INDECENT; indecente, impropio, obsceno.

INDECENT ADVERTISEMENT; anuncio indecente.

INDECENT ASSAULT; abuso indecente sin intención de cometer violación.

INDECENT BEHAVIOR; comportamiento indecente.

INDECENT EXHIBITION; exhibición indecente.

INDECENT EXPOSURE; exposición obscena.

INDECENT LIBERTIES; abuso indecente de menores.

INDECENT PUBLICATION; publicación pornográfica.

INDECISIVE; indeciso, dudoso.

INDEED; efectivamente.

INDEFEASIBLE; irrevocable, inquebrantable, absoluto.

INDEFINITE; indefinido, incierto, impreciso.

INDEFINITE CONTRACT; contrato por tiempo indefinido.

INDEFINITE FAILURE OF ISSUE; falta de descendientes por tiempo indefinido.

INDEFINITE IMPRISONMENT; encarcelamiento por tiempo indefinido.

INDEFINITE LEGACY; legado indefinido.

INDEMNIFICATION; indemnización, compensación, reparación.

INDEMNIFY; indemnizar, compensar, satisfacer.

INDEMNITEE; beneficiario de una indemnización.

INDEMNITOR; quien paga una indemnización.

INDEMNITY; indemnidad, indemnización, reparación.

INDEMNITY BOND; contrafianza.

INDEMNITY CONTRACT; contrato de indemnización.

INDEMNITY INSURANCE; seguro contra pérdidas.

INDEMNITY LANDS; tierras cedidas a los ferrocarriles.

INDENIZATION; naturalización.

INDENTURE; instrumento formal, convenio escrito que estipula ciertas condiciones para una emisión de bonos, hipoteca.

INDENTURE TRUSTEE; fideicomisario de un convenio escrito que estipula ciertas condiciones para una emisión de bonos.

INDEPENDENCE; independencia, autonomía.

INDEPENDENT; independiente.

INDEPENDENT ADVICE; asesoramiento confidencial e independiente.

INDEPENDENT AUDIT; auditoría independiente.

INDEPENDENT CONDITION; condición independiente.

INDEPENDENT CONTRACTOR; contratista independiente.

INDEPENDENT CONTRACTS; contratos independientes, contratos con obligaciones independientes.

INDEPENDENT COVENANT; estipulación independiente.

INDESTRUCTIBLE; indestructible.

INDESTRUCTIBLE TRUST; fideicomiso indestructible.

INDETERMINATE; indeterminado, impreciso.

INDETERMINATE CONDITIONAL RELEASE; excarcelación condicional, liberación condicional.

INDETERMINATE DAMAGES; daños y perjuicios sin liquidar.

INDETERMINATE OBLIGATION; obligación indeterminada.

INDETERMINATE SENTENCE; sentencia indeterminada, condena de prisión sin plazo fijo.

INDEX; índice.

INDIAN RESERVATION (EU); reserva de
    indígenas.
INDIAN TRIBAL PROPERTY (EU);
    propiedad de tribu indígena.
INDICATION; indicación, indicio, sugerencia,
    señal.
INDICATIVE; indicativo, sugestivo.
INDICATIVE EVIDENCE; prueba indicativa.
INDICATOR; acusador, indicador, índice.
INDICIA; indicios, señales.
INDICIUM; indicio.
INDICT; acusar formalmente de un delito,
    acusar por un gran jurado, acusar,
    procesar.
INDICTABLE; procesable, acusable, sujeto a
    una acusación formal.
INDICTABLE OFFENSE; delito procesable.
INDICTED; acusado penalmente.
INDICTEE; acusado, procesado.
INDICTMENT; acusación formal de un delito,
    acusación por un gran jurado, acusación,
    procesamiento.
INDICTOR; quien acusa formalmente.
INDIFFERENT; indiferente, imparcial,
    insignificante.
INDIGENT; indigente.
INDIGENT DEFENDANT; acusado indigente.
INDIGNITY; indignidad, crueldad mental
    hacia el cónyuge, afrenta.
INDIRECT; indirecto.
INDIRECT CONFESSION; confesión
    indirecta.
INDIRECT COSTS; costos indirectos.
INDIRECT DAMAGES; daños indirectos,
    daños y perjuicios indirectos.
INDIRECT EVIDENCE; prueba indirecta.
INDIRECT TAX; impuesto indirecto.
INDISPENSABLE; indispensable, de rigor.
INDISPENSABLE EVIDENCE; prueba
    indispensable.
INDISPENSABLE PARTIES; partes
    indispensables.
INDISPUTABILITY; indisputabilidad,
    incontestabilidad.
INDISPUTABLE; indisputable, incontestable,
    irrefutable.
INDISTANTER; inmediatamente.
INDIVIDUAL (adj); individual, particular.

INDIVIDUAL (n); individuo, sujeto.
INDIVIDUAL ASSETS; bienes individuales,
    activos individuales.
INDIVIDUAL DEBTS; deudas individuales.
INDIVIDUAL PROPRIETORSHIP; negocio
    propio.
INDIVIDUAL RETIREMENT ACCOUNT;
    cuenta de retiro individual.
INDIVIDUAL RIGHTS; derechos individuales.
INDIVIDUALLY; individualmente.
INDIVISIBLE; indivisible.
INDIVISIBLE CONTRACT; contrato
    indivisible.
INDIVISIBLE OBLIGATION; obligación
    indivisible.
INDIVISUM; sin dividir.
INDORSEE; endosatario.
INDORSEE FOR COLLECTION; endosatario
    para cobro.
INDORSEE IN DUE COURSE; endosatario de
    buena fe, endosatario regular.
INDORSEMENT; endoso.
INDORSEMENT FOR COLLECTION; endoso
    para cobro.
INDORSER; endosante.
INDUBITABLE; indubitable, indudable,
    indiscutible.
INDUBITABLE PROOF; prueba indubitable.
INDUCE; inducir, instigar, efectuar.
INDUCEMENT; motivación, incentivo,
    instigación.
INDUCING BREACH OF CONTRACT;
    inducir al incumplimiento de contrato.
INDUCT; instalar, iniciar, enrolar.
INDUCTION; ingreso, instalación, iniciación,
    enrolamiento.
INDULGENCE; indulgencia, moratoria,
    extensión de plazo.
INDUSTRIAL; industrial.
INDUSTRIAL ACCIDENT; accidente de
    trabajo.
INDUSTRIAL ACCIDENT INSURANCE;
    seguro contra accidentes de trabajo.
INDUSTRIAL ARBITRATION; arbitraje
    laboral.
INDUSTRIAL DEMOCRACY; democracia en
    la industria.
INDUSTRIAL DESIGN; diseño industrial.

INNER BARRISTER (RU); abogado del consejo del rey admitido al cuerpo de abogados.

INNER CITY; parte central de una ciudad grande, casco de la ciudad.

INNKEEPER; posadero, hostelero.

INNOCENCE; inocencia.

INNOCENCE OF; desconocimiento, ignorancia.

INNOCENT; inocente, inofensivo.

INNOCENT AGENT; agente inocente.

INNOCENT OF; ignorante de, carente de.

INNOCENT PARTY; parte inocente.

INNOCENT PURCHASER; comprador de buena fe.

INNOCENT TRESPASS; entrada a un inmueble ajeno de buena fe o sin querer.

INNOCENT TRESPASSER; quien entra a un inmueble ajeno de buena fe o sin querer.

INNOMINATE; innominado.

INNOMINATE CONTRACTS; contratos innominados.

INNOVATION; innovación.

INNS OF COURT (RU); los cuatro colegios de Londres que capacitan a ejercer la abogacía, colegio de abogados.

INNUENDO; insinuación, indirecta, explicación del sentido de ciertas palabras.

INOFFICIOUS; inoficioso.

INOFFICIOUS TESTAMENT; testamento inoficioso.

INOPERATIVE; inoperante, inválido, fuera de servicio.

INOPS CONSILII; sin abogado.

INORDINATUS; intestado.

INQUEST; indagatoria, investigación, cuerpo señalado para llevar a cabo una indagatoria.

INQUEST JURY; jurado indagatorio.

INQUIRY; indagación, investigación, pregunta, estudio, encuesta.

INQUISITION; inquisición, investigación.

INQUISITOR; inquisidor, investigador.

INSANE; insano, demente.

INSANE DELUSION; alucinación por demencia.

INSANITY; insania, demencia.

INSANITY DEFENSE; defensa de incapacidad mental.

INSANITY PLEA; alegación de incapacidad mental.

INSCRIBE; inscribir.

INSCRIBED; inscrito, registrado.

INSCRIPTION; inscripción, registro.

INSECURE; inseguro, inseguro y peligroso.

INSECURITY; inseguridad, peligro, riesgo.

INSIDE INFORMATION; información sobre una corporación que no es de conocimiento público, información de allegados.

INSIDER; persona clave de una corporación con acceso a información que no es de conocimiento público, persona informada, allegado.

INSIDER INFORMATION; información sobre una corporación que no es de conocimiento público, información de allegados.

INSIDER TRADING; transacciones con las acciones de una corporación basadas en información que no es de conocimiento público, transacciones de allegados.

INSIGNIA; insignia, distintivo, emblema.

INSINUATION; insinuación, indirecta.

INSINUATION OF A WILL; la presentación original de un testamento.

INSOFAR AS; en lo que concierne a, en la medida en que.

INSOLVENCY; insolvencia.

INSOLVENT; insolvente.

INSOLVENT COMPANY; compañía insolvente.

INSOLVENT DEBTOR; deudor insolvente.

INSOMUCH AS; ya que, puesto que.

INSOMUCH THAT; de tal modo que.

INSPECT; inspeccionar, revisar.

INSPECTATOR; adversario.

INSPECTION; inspección, reconocimiento, registro.

INSPECTION BY CUSTOMS; inspección por aduana.

INSPECTION CHARGES; cargos por inspección.

INSPECTION LAWS; leyes que autorizan la inspección de diferentes tipos de mercancías a la venta.

INSPECTION OF DOCUMENTS; derecho a inspeccionar documentos.

INSPECTION RIGHTS; derechos de inspección.

INSPECTOR; inspector, supervisor.

INSTABILITY; inestabilidad.

INSTALL; instalar.

INSTALLATION; instalación.

INSTALLMENT; plazo, pago parcial, pago periódico, mensualidad, instalación.

INSTALLMENT CONTRACT; contrato a plazos, contrato de venta a plazos.

INSTALLMENT CREDIT; crédito a pagarse a plazos, crédito para compras a plazo.

INSTALLMENT LAND CONTRACT; contrato para la compra de un terreno cuya escritura se entrega tras el último pago.

INSTALLMENT PAYMENT; pago parcial.

INSTALLMENT SALE; venta a plazos.

INSTANCE; instancia, ejemplo.

INSTANCE COURT; tribunal de primera instancia, tribunal a quo.

INSTANT (adj); inmediato, presente.

INSTANT (n); instante.

INSTANT DISMISSAL; despido del trabajo sin previo aviso.

INSTANTANEOUS CRIME; crimen instantáneo.

INSTANTANEOUS DEATH; muerte instantánea.

INSTANTER; inmediatamente.

INSTANTLY; instantáneamente.

INSTIGATE; instigar, incitar, promover.

INSTIGATION; instigación, incitación.

INSTITORIAL POWER; facultad de un dependiente de administrar un negocio.

INSTITUTE (n); instituto.

INSTITUTE (v); instituir, iniciar, entablar.

INSTITUTE AN ACTION; entablar una acción.

INSTITUTED EXECUTOR; albacea instituido sin restricciones.

INSTITUTES; institutas, instituciones.

INSTITUTION; institución, establecimiento.

INSTITUTIONAL; institucional.

INSTITUTIONAL INVESTORS; inversionistas institucionales.

INSTITUTIONAL LENDER; institución de crédito.

INSTRUCT; instruir, ordenar.

INSTRUCTED VERDICT; veredicto impuesto al jurado por el juez.

INSTRUCTION; instrucción, orden.

INSTRUCTIONS TO JURY; instrucciones al jurado.

INSTRUCTOR; instructor.

INSTRUMENT; instrumento, documento.

INSTRUMENT FOR THE PAYMENT OF MONEY; pagaré.

INSTRUMENT IN WRITING; instrumento por escrito.

INSTRUMENT OF APPEAL (RU); documento de apelación.

INSTRUMENT OF EVIDENCE; medio de prueba, documento probatorio.

INSTRUMENT UNDER SEAL; instrumento sellado.

INSTRUMENTA; instrumentos sin sellar.

INSTRUMENTAL; instrumental, útil.

INSTRUMENTALITY; agencia, medio.

INSUBORDINATION; insubordinación, desobediencia.

INSUFFICIENCY; insuficiencia, incapacidad.

INSUFFICIENCY OF EVIDENCE; insuficiencia de la prueba.

INSUFFICIENT; insuficiente, incapaz.

INSUFFICIENT FUNDS; fondos insuficientes.

INSULAR; insular, aislado, separado.

INSURABLE; asegurable.

INSURABLE INTEREST; interés asegurable.

INSURABLE RISK; riesgo asegurable.

INSURABLE VALUE; valor asegurable.

INSURANCE; seguro, garantía.

INSURANCE ADJUSTER; ajustador de seguros.

INSURANCE AGENT; agente de seguros.

INSURANCE AGREEMENT; convenio de seguros.

INSURANCE BROKER; corredor de seguros.

INSURANCE CARRIER; compañía de seguros.

INSURANCE COMMISSIONER; comisionado de seguros.

INSURANCE COMPANY; compañía de seguros.

INSURANCE CONTRACT; contrato de seguros.

INSURANCE POLICY; póliza de seguros.

INSURANCE PREMIUM; prima de seguros.

INSURANCE TRUST; fideicomiso que usa los beneficios de una póliza de seguros.

INSURE; asegurar, garantizar, afianzar.

INSURED; asegurado.

INSURED DEPOSIT; depósito garantizado.

INSURED PROPERTY; propiedad asegurada.

INSURED RISK; riesgo asegurado.

INSURED TITLE; título garantizado.

INSURER; asegurador.

INSURGENT; insurrecto, insurgente.

INSURRECTION; insurrección, sedición.

INTANGIBLE; intangible.

INTANGIBLE ASSETS; activos intangibles.

INTANGIBLE PROPERTY; bienes intangibles.

INTANGIBLES; intangibles, activos intangibles, bienes intangibles.

INTEGER; íntegro.

INTEGRAL PART; parte esencial.

INTEGRATE; integrar.

INTEGRATED BAR; colegio de abogados al que hay que pertenecer para poder ejercer la profesión.

INTEGRATION; integración.

INTEGRITY; integridad, entereza.

INTELLECTUAL PROPERTY; propiedad intelectual.

INTELLIGIBILITY; inteligibilidad, claridad.

INTELLIGIBLE; inteligible, claro.

INTEMPERANCE; intemperancia.

INTEND; proponerse, pensar en, querer decir.

INTENDANT; intendente, supervisor, administrador.

INTENDED TO BE RECORDED; destinado al registro.

INTENDED USE; uso intencionado.

INTENDMENT OF LAW; el propósito real de la ley, presunción legal.

INTENT; intento, intención, sentido.

INTENT TO DEFRAUD; intención de defraudar.

INTENTION; intención, concepto.

INTENTIONAL; intencional.

INTENTIONAL INJURY; lesión intencional.

INTENTIONAL TORT; daño legal intencional.

INTENTIONAL WRONG; agravio intencional.

INTENTIONALLY; intencionalmente.

INTER ALIA; entre otras cosas, inter alia.

INTER APICES JURIS; entre las sutilezas del derecho.

INTER PARTES; entre las partes.

INTER SE; entre sí.

INTER VIVOS; entre vivos.

INTER VIVOS GIFT; donación entre vivos.

INTER VIVOS TRANSFER; transferencia entre vivos.

INTERCEPT; interceptar.

INTERCEPTION; intercepción.

INTERCEPTION OF COMMUNICATIONS; intercepción de comunicaciones.

INTERCHANGEABLE; intercambiable.

INTERCHANGEABLY; de forma intercambiable, recíprocamente.

INTERCOURSE; intercambio, comunicación, relaciones sexuales.

INTERDICT (n); interdicto, interdicción, prohibición.

INTERDICT (v); interdecir, prohibir.

INTERDICTION; interdicto, interdicción, prohibición.

INTERESSE; intereses.

INTEREST; interés, derecho, título, rédito.

INTEREST BEARING; que devenga intereses.

INTEREST EQUALIZATION TAX (EU); impuesto por la adquisición de valores extranjeros con vencimiento de un año o más.

INTEREST FOR YEARS; derecho sobre un inmueble por un plazo determinado.

INTEREST ON INTEREST; interés compuesto.

INTEREST POLICY; póliza de seguros en que el asegurado tiene un interés real y asignable.

INTEREST RATE; tasa de interés.

INTEREST UPON INTEREST; interés compuesto.

INTERESTED; interesado.

INTERESTED PARTY; parte interesada.

INTERESTED PERSON; persona interesada.

INTERESTED WITNESS; testigo interesado.

INTERFERE; interferir, intervenir, obstruir.

INTERFERENCE; conflicto de patentes, interferencia.

INTERIM; ínterin, entretanto.

INTERIM AWARD; laudo arbitral provisional, sentencia provisional.

INTERIM COMMITTITUR; orden judicial provisional para arresto.

INTERIM CURATOR; curador provisional.

INTERIM FINANCING; financiamiento provisional, financiamiento interino.

INTERIM OFFICER; funcionario provisional.

INTERIM ORDER; orden provisional.

INTERIM RECEIPT; recibo provisional.

INTERIM REPORT; informe provisional.

INTERINSURANCE EXCHANGE; intercambio recíproco.

INTERIOR; interior, interno.

INTERIOR DEPARTMENT (EU); Departamento de lo Interior.

INTERLINEATION; interlineación.

INTERLINING; transferencia de un cargamento a otro transportador para entrega.

INTERLOCKING DIRECTORATE; junta directiva vinculada.

INTERLOCUTORY; interlocutorio.

INTERLOCUTORY COSTS; costas interlocutorias.

INTERLOCUTORY DECREE; decreto interlocutorio, auto interlocutorio.

INTERLOCUTORY HEARING; audiencia interlocutoria.

INTERLOCUTORY INJUNCTION; mandamiento judicial interlocutorio.

INTERLOCUTORY JUDGMENT; sentencia interlocutoria.

INTERLOCUTORY ORDER; orden interlocutoria, auto interlocutorio.

INTERLOCUTORY SENTENCE; sentencia interlocutoria.

INTERLOPER; comerciante sin licencia, intruso, entrometido.

INTERMEDDLE; inmiscuirse, entrometerse.

INTERMEDIARY; intermediario, mediador, intermedio.

INTERMEDIARY BANK; banco intermediario.

INTERMEDIATE (adj); intermedio, medianero.

INTERMEDIATE (n); intermediario, mediador, intermedio.

INTERMEDIATE ACCOUNT; rendición de cuentas intermedia.

INTERMEDIATE CARRIER; transportador intermedio.

INTERMEDIATE COURTS; tribunales intermedios.

INTERMEDIATE ORDER; orden interlocutoria.

INTERMEDIATION; intervención, mediación.

INTERMITTENT EASEMENT; servidumbre intermitente.

INTERMIXTURE OF GOODS; confusión de bienes, mezcla de bienes.

INTERN (n); interno, persona internada.

INTERN (v); internar, encerrar.

INTERNAL; interno, inherente, doméstico.

INTERNAL ACT; acto interno.

INTERNAL AFFAIRS; asuntos internos.

INTERNAL AUDIT; auditoría interna.

INTERNAL COMMERCE; comercio interno.

INTERNAL IMPROVEMENTS; mejoras internas.

INTERNAL POLICE; policía interna.

INTERNAL REVENUE; renta interna, impuestos, ingresos internos, ingresos gubernamentales por contribuciones.

INTERNAL REVENUE CODE (EU); código federal de los impuestos, Código Federal de Rentas Internas.

INTERNAL REVENUE SERVICE (EU); Servicio de Rentas Internas.

INTERNAL SECURITY; seguridad interna.

INTERNAL WATERS; aguas interiores.

INTERNATIONAL; internacional.

INTERNATIONAL AGREEMENT; convenio internacional.

INTERNATIONAL COMMERCE; comercio internacional.

INTERNATIONAL CONFERENCE; conferencia internacional.

INTERNATIONAL CONTRACT; contrato internacional.

INTERNATIONAL CORPORATION; corporación internacional, sociedad internacional.

INTERNATIONAL COURT OF JUSTICE; Corte Internacional de la Justicia.

INTERNATIONAL CUSTOM; costumbre internacional.

INTERNATIONAL DATE LINE; línea de cambio de fecha internacional.

INTERNATIONAL DISPUTE; disputa internacional.

INTERNATIONAL JURISDICTION; jurisdicción internacional.

INTERNATIONAL LABOR ORGANIZATION; Organización Internacional Laboral.

INTERNATIONAL LAW; derecho internacional.

INTERNATIONAL LIABILITY; responsabilidad internacional.

INTERNATIONAL MONETARY FUND; Fondo Monetario Internacional.

INTERNATIONAL ORGANIZATION; organización internacional.

INTERNATIONAL TAX AGREEMENT; convenio internacional sobre impuestos.

INTERNATIONAL TRADE; comercio internacional.

INTERNATIONAL WATERS; aguas internacionales.

INTERNATIONALLY; internacionalmente.

INTERNMENT; internación, internado.

INTERNUNCIUS; intermediario.

INTERPELLATE; interpelar.

INTERPELLATION; interpelación.

INTERPLEA; moción para obligar a reclamantes adversos a litigar entre sí.

INTERPLEADER; parte que pide al tribunal que obligue a reclamantes adversos a litigar entre sí.

INTERPOL; Interpol.

INTERPOLATE; interpolar.

INTERPOLATION; interpolación.

INTERPOSITION ; interposición.

INTERPRET; interpretar, explicar, traducir oralmente.

INTERPRETATION; interpretación, sentido, traducción oral.

INTERPRETATION CLAUSE; cláusula de interpretación.

INTERPRETATIVE REGULATION; reglamento interpretativo.

INTERPRETER; intérprete, traductor oral.

INTERREGNUM; interregno, lapso.

INTERROGATE; interrogar, preguntar.

INTERROGATION; interrogación.

INTERROGATORIES; preguntas escritas a usarse en un interrogatorio, interrogatorios.

INTERRUPTION; interrupción, intervalo.

INTERRUPTION OF PRESCRIPTION; interrupción de la prescripción.

INTERSECTION; intersección, cruce.

INTERSPOUSAL; entre cónyuges.

INTERSPOUSAL IMMUNITY; derecho a mantener confidencial las comunicaciones entre cónyuges.

INTERSTATE; interestatal.

INTERSTATE COMMERCE; comercio interestatal.

INTERSTATE EXTRADITION (EU); extradición interestatal.

INTERSTATE LAW (EU); derecho concerniente a las relaciones entre estados.

INTERSTATE RENDITION (EU); extradición interestatal.

INTERVAL OWNERSHIP; propiedad por tiempo compartido.

INTERVENING; intermedio, interpuesto.

INTERVENING ACT; acto de una tercera parte que altera los resultados de una cadena de acontecimientos.

INTERVENING AGENCY; acto que altera los resultados de una cadena de acontecimientos.

INTERVENING CAUSE; causa interpuesta.

INTERVENOR; intermedio, interventor.

INTERVENTION; intervención, tercería, interferencia.

INTERVIEW; entrevista.

INTESTABLE; quien no tiene capacidad testamentaria.

INTESTACY; muerte intestada, estado intestado.

INTESTATE; intestado, sin testar.

INTESTATE LAWS; leyes concernientes a las sucesiones de personas que mueren intestadas.

INTESTATE SUCCESSION; sucesión
intestada.
INTIMACY; intimidad, relaciones sexuales,
familiaridad.
INTIMATE (adj); íntimo, privado, profundo.
INTIMATE (n); íntimo, allegado.
INTIMATE (v); intimar, insinuar, sugerir.
INTIMATION; intimación, notificación,
insinuación, sugerencia.
INTIMIDATION; intimidación.
INTOLERABLE; intolerable, insufrible.
INTOXICATED; intoxicado, ebrio.
INTOXICATING LIQUOR; bebida
embriagante.
INTOXICATION; intoxicación, ebriedad.
INTOXILYZER; aparato para medir la
concentración del alcohol en la sangre.
INTOXIMETER; aparato para medir la
concentración del alcohol en la sangre.
INTRA; en, dentro de, cerca de.
INTRA FIDEM; creíble.
INTRA VIRES; dentro de las facultades o
autoridad, intra vires.
INTRAMURAL; intramuros.
INTRANSITIVE COVENANT; obligación
intransferible.
INTRASTATE; intraestatal.
INTRASTATE COMMERCE (EU); comercio
intraestatal.
INTRINSIC; intrínseco, esencial.
INTRINSIC EVIDENCE; prueba intrínseca.
INTRINSIC FRAUD; fraude intrínseco.
INTRINSIC VALUE; valor intrínseco.
INTRODUCTION; introducción, presentación.
INTROMISSION; intromisión, introducción.
INTRUDE; entremeterse, molestar.
INTRUDER; intruso, entrometido.
INTRUSION; intrusión, entrometimiento.
INTRUST; encomendar, recomendar, confiar.
INUNDATION; inundación.
INURE; tomar efecto, operar.
INVADIARE; hipotecar.
INVADIATIO; hipoteca.
INVALID; inválido, nulo.
INVALIDATE; invalidar, anular.
INVALIDATION; invalidación, anulación.
INVALIDITY; invalidez, nulidad.
INVASION; invasión, violación.

INVASION OF PRIVACY; invasión de la
privacidad.
INVEIGLE; engatusar, seducir.
INVENT; inventar, idear.
INVENTION; invención, invento, fabricación.
INVENTOR; inventor, creador.
INVENTORY; inventario.
INVERITARE; probar.
INVERSE; inverso, contrario.
INVEST; invertir, investir.
INVESTIGATE; investigar, estudiar, analizar.
INVESTIGATION; investigación, estudio,
análisis.
INVESTIGATION OF TITLE; estudio de
título.
INVESTITIVE FACT; hecho que da origen a
un derecho.
INVESTITURE; investidura, cargo.
INVESTMENT; inversión.
INVESTMENT ADVISOR; asesor financiero.
INVESTMENT ADVISOR'S ACT; ley que
regula las ejecutorias de los asesores
financieros.
INVESTMENT BANK; banco de inversión.
INVESTMENT BANKING; banca de
inversión.
INVESTMENT BILL; letra de cambio
comprada como inversión.
INVESTMENT BROKER; corredor de
inversiones, corredor de bolsa, agente de
inversiones.
INVESTMENT COMPANY; compañía de
inversiones.
INVESTMENT CONTRACT; contrato de
inversiones.
INVESTMENT FUND; fondo de inversiones.
INVESTMENT PROPERTY; propiedad en la
que se invierte.
INVESTMENT SECURITY; título de
inversión.
INVESTMENT TRUST; compañía de
inversiones.
INVESTOR; inversionista.
INVIDIOUS; injusto, ofensivo, denigrante.
INVIDIOUS DISCRIMINATION;
discriminación injusta.
INVIOLABILITY; inviolabilidad.
INVIOLABLE; inviolable.

INVIOLATE; inviolado, íntegro.

INVITATION; invitación, tentación.

INVITATION TO BID; invitación a someter ofertas, anuncio de oferta.

INVITE; invitar, solicitar.

INVITED ERROR; error en el ofrecimiento de una prueba tras un error previo de la otra parte.

INVITEE; invitado.

INVOICE (n); factura.

INVOICE (v); facturar.

INVOICE PRICE; precio de factura.

INVOLUNTARY; involuntario, espontáneo.

INVOLUNTARY ADMISSION; admisión involuntaria.

INVOLUNTARY ALIENATION; pérdida de propiedad involuntaria.

INVOLUNTARY BAILMENT; depósito involuntario.

INVOLUNTARY BANKRUPTCY; quiebra involuntaria.

INVOLUNTARY CONFESSION; confesión involuntaria.

INVOLUNTARY CONVEYANCE; transferencia involuntaria.

INVOLUNTARY DEPOSIT; depósito involuntario.

INVOLUNTARY DISCONTINUANCE; cesación involuntaria de una acción.

INVOLUNTARY IGNORANCE; ignorancia involuntaria.

INVOLUNTARY MANSLAUGHTER; homicidio involuntario.

INVOLUNTARY PAYMENT; pago involuntario.

INVOLUNTARY SERVITUDE; trabajo forzado.

INVOLUNTARY TRUST; fideicomiso involuntario.

INVOLVE; envolver, comprometer, incluir, implicar.

IOU; pagaré.

IPSE; él, él mismo.

IPSE DIXIT; él mismo dijo.

IPSO FACTO; por el hecho mismo, ipso facto.

IPSO JURE; por el mismo derecho, ipso jure.

IRON-SAFE CLAUSE; cláusula en algunas pólizas de seguros que requieren que se guarden ciertas cosas en un sitio a prueba de incendios.

IRRATIONAL; irracional, irrazonable.

IRREBUTTABLE PRESUMPTION; presunción absoluta.

IRRECONCILABLE DIFFERENCES; diferencias irreconciliables.

IRRECOVERABLE; irrecuperable, incobrable, irreparable.

IRRECOVERABLE DEBT; deuda incobrable.

IRRECUSABLE; irrecusable.

IRREFUTABLE; irrefutable.

IRREGULAR; irregular, extraño.

IRREGULAR ENDORSEMENT; endoso irregular.

IRREGULAR ENDORSER; endosante irregular.

IRREGULAR JUDGMENT; sentencia irregular.

IRREGULAR PROCESS; proceso irregular.

IRREGULAR SUCCESSION; sucesión irregular.

IRREGULARITY; irregularidad, error.

IRRELEVANCY; falta de pertinencia.

IRRELEVANT; no pertinente, ajeno.

IRRELEVANT ALLEGATION; alegación no pertinente.

IRRELEVANT ANSWER; contestación no pertinente.

IRRELEVANT EVIDENCE; prueba no pertinente.

IRREPARABLE DAMAGES; daños irreparables, daños y perjuicios irreparables.

IRRESISTIBLE; irresistible.

IRRESISTIBLE FORCE; fuerza irresistible.

IRRESISTIBLE IMPULSE; impulso irresistible.

IRRESPONSIBILITY; irresponsabilidad.

IRRESPONSIBLE; irresponsable.

IRRETRIEVABLE BREAKDOWN OF MARRIAGE; colapso de matrimonio irreparable.

IRREVOCABLE; irrevocable, inalterable.

IRREVOCABLE LETTER OF CREDIT; carta de crédito irrevocable.

IRREVOCABLE OFFER; oferta irrevocable.

IRREVOCABLE TRUST; fideicomiso
   irrevocable.
ISOLATE; aislar.
ISOLATED SALE; venta aislada.
ISSUABLE; pudiendo llevar a una cuestión,
   emisible.
ISSUABLE DEFENSE; defensa de fondo.
ISSUE (n); cuestión, descendencia, emisión,
   resultado.
ISSUE (v); emitir, arrojar, entregar.
ISSUE OF FACT; cuestión de hecho.
ISSUE OF LAW; cuestión de derecho.
ISSUED CAPITAL; capital emitido.
ISSUED STOCK; acciones emitidas.
ISSUER; emisor, otorgante.
ISSUES AND PROFITS; todo tipo de rédito
   devengado de un inmueble.
ISSUING BANK; banco emisor.
ITA EST; es así.
ITEM; ítem, detalle.
ITEMIZE; detallar, especificar.
ITER; vía.
ITINERANT; itinerante, ambulante.
ITINERANT PEDDLING; venta ambulante.
ITINERANT VENDOR; vendedor ambulante.

J

JACITITATION; jactancia.
JACK-IN-OFFICE; funcionario que le da
   importancia inmerecida a cosas
   insignificantes.
JAIL (n); prisión, cárcel.
JAIL (v); encarcelar.
JAIL CREDIT; el tiempo de encarcelación en
   espera del juicio que entonces se descuenta
   de la sentencia final.
JAILBIRD; presidiario.
JAILBREAK; fuga de una prisión.
JAILER; carcelero.
JAILHOUSE LAWYER; preso que estudia
   derecho y ofrece asesoramiento a otros
   presos.
JANE DOE; nombre ficticio usado para
   propósitos ilustrativos o cuando se
   desconoce el nombre de una parte, Fulana
   de Tal.
JAR; sacudir, disgustar, irritar.
JARGON; jerga, argot.
JASON CLAUSE; Cláusula de Jason.
JAYWALKER; peatón imprudente.
JAYWALKING; cruzar calles
   imprudentemente.
JEALOUS; celoso, envidioso, desconfiado.
JEALOUSY; celos, envidia, desconfianza.
JEDBURGH JUSTICE; linchamiento.
JEOPARDIZE; poner en peligro, arriesgar.
JEOPARDOUS; peligroso, arriesgado.
JEOPARDY; peligro, riesgo.
JEOPARDY ASSESSMENT (EU); colección
   de impuestos de forma inmediata si se
   sospecha que no será posible cobrarlos
   después.
JERRY; de calidad inferior.
JERRY-BUILD; fabricar mal, fabricar a la
   carrera.
JERRY-BUILT; mal fabricado.

JETSAM; echazón, desecho.
JETTISON (n); echazón.
JETTISON (v); echar al mar, desechar, echar por la borda.
JETTY; rompeolas, muelle.
JIMMY; forzar una puerta.
JOB; trabajo, empleo, ocupación, acto criminal.
JOBBER; corredor, corredor de bolsa, intermediario.
JOBHOLDER; empleado.
JOBLESS; desempleado.
JOHN DOE; nombre ficticio usado para propósitos ilustrativos o cuando se desconoce el nombre de una parte, Fulano de Tal.
JOIN; juntar, unir, asociarse a.
JOINDER; acumulación de acciones, unión, consolidación.
JOINDER IN DEMURRER; aceptación de excepción.
JOINDER IN ISSUE; aceptación de un hecho expuesto por la otra parte.
JOINDER IN PLEADING; aceptación de la cuestión y del método de instrucción.
JOINDER OF CAUSES OF ACTIONS; unión de acciones.
JOINDER OF DEFENDANTS; unión de los acusados.
JOINDER OF ERROR; negación de errores alegados por escrito.
JOINDER OF OFFENSES; unión de delitos.
JOINDER OF PARTIES; unión de las partes.
JOINT; unido, conjunto, en común, mancomunado.
JOINT ACCOUNT; cuenta conjunta, cuenta mancomunada.
JOINT ACQUISITION; coadquisición.
JOINT ACTION; acción conjunta.
JOINT ADMINISTRATORS; administradores conjuntos.
JOINT ADVENTURE; empresa colectiva, empresa conjunta, riesgo conjunto.
JOINT AND MUTUAL WILL; testamento conjunto y recíproco.
JOINT AND SEVERAL CONTRACT; contrato solidario.
JOINT AND SEVERAL CREDITOR; acreedor solidario.

JOINT AND SEVERAL DEBT; deuda solidaria.
JOINT AND SEVERAL DEBTOR; deudor solidario.
JOINT AND SEVERAL LIABILITY; responsabilidad solidaria.
JOINT AND SEVERAL NOTE; pagaré solidario.
JOINT AND SEVERAL OBLIGATION; obligación solidaria.
JOINT AND SURVIVORSHIP ANNUITY; anualidad que sigue pagando a los beneficiarios tras la muerte del rentista original, anualidad mancomunada y de supervivencia.
JOINT APPEAL; apelación conjunta.
JOINT ASSIGNEE; cocesionario.
JOINT AUTHORSHIP; autoría conjunta.
JOINT BALLOT; voto conjunto.
JOINT BANK ACCOUNT; cuenta de banco conjunta.
JOINT BENEFICIARIES; beneficiarios conjuntos.
JOINT BOND; fianza conjunta, fianza mancomunada.
JOINT BORROWER; prestatario conjunto, prestatario mancomunado.
JOINT CAUSE OF ACTION; acción acumulada.
JOINT COMMISSION; comisión conjunta.
JOINT COMMITTEE; comité conjunto.
JOINT CONTRACT; contrato mancomunado.
JOINT CREDITOR; coacreedor, acreedor mancomunado.
JOINT DEBTORS; codeudores, deudores mancomunados.
JOINT DEBTS; deudas conjuntas, deudas mancomunadas.
JOINT DEFENSE; defensa conjunta.
JOINT DEPOSIT; depósito conjunto, depósito mancomunado.
JOINT DONEES; codonatarios.
JOINT DONORS; codonantes.
JOINT EMPLOYER; compatrono.
JOINT ENTERPRISE; empresa conjunta.
JOINT ESTATE; copropiedad.
JOINT EXECUTORS; coalbaceas, albaceas mancomunados.

JOINT FINE; multa conjunta.
JOINT GUARANTOR; cogarante.
JOINT HEIR; coheredero.
JOINT HEIRESS; coheredera.
JOINT HEIRS; coherederos.
JOINT INDICTMENT; procesamiento
  conjunto.
JOINT INTEREST; interés común.
JOINT INVENTIONS; invenciones conjuntas.
JOINT LEGACIES; legados conjuntos.
JOINT LEGATEE; colegatario.
JOINT LESSEE; coarrendatario.
JOINT LESSOR; coarrendador.
JOINT LIABILITY; responsabilidad
  mancomunada.
JOINT LIFE INSURANCE; seguro de vida en
  conjunto.
JOINT LITIGANT; colitigante.
JOINT LIVES; derecho de propiedad que sigue
  en vigor mientras todas las partes estén
  vivas.
JOINT NEGLIGENCE; negligencia conjunta.
JOINT OBLIGATION; obligación conjunta.
JOINT OFFENDER; coautor de un delito,
  cómplice.
JOINT OFFENSE; delito conjunto.
JOINT OPINION; opinión conjunta.
JOINT OWNERS; copropietarios, condueños.
JOINT OWNERSHIP; copropiedad, posesión
  conjunta.
JOINT PATENT; patente conjunta.
JOINT POLICY; póliza de seguro conjunta,
  póliza de seguro común.
JOINT POSSESSION; coposesión, posesión
  conjunta.
JOINT PROPRIETOR; copropietario.
JOINT RESOLUTION; resolución conjunta.
JOINT RETURN; planilla conjunta,
  declaración sobre impuestos conjunta,
  declaración conjunta sobre la renta.
JOINT SENTENCE; sentencia conjunta.
JOINT SESSION; sesión conjunta.
JOINT-STOCK ASSOCIATION; empresa sin
  incorporar pero con acciones.
JOINT SURETY; cogarante.
JOINT TAX RETURN; planilla conjunta,
  declaración de impuestos conjunta,
  declaración conjunta sobre la renta.

JOINT TENANCY; tenencia conjunta, tenencia
  mancomunada, posesión conjunta,
  condominio, copropiedad sobre un
  inmueble.
JOINT TENANCY WITH RIGHT OF
  SURVIVORSHIP; tenencia conjunta con
  derecho de supervivencia.
JOINT TENANT; copropietario, coinquilino,
  coarrendatario.
JOINT TORT; daño legal conjunto.
JOINT TORT-FEASORS; coautores de un
  daño legal.
JOINT TRESPASS; transgresión conjunta.
JOINT TRESPASSERS; transgresores
  conjuntos.
JOINT TRIAL; juicio conjunto.
JOINT TRUSTEES; cofiduciarios.
JOINT UNDERTAKING; empresa conjunta.
JOINT VENTURE; empresa conjunta.
JOINT VENTURE ACCOUNT; cuenta de una
  empresa conjunta.
JOINT VERDICT; veredicto conjunto.
JOINT WILL; testamento conjunto.
JOINT WORK; trabajo en conjunto.
JOINTIST; comerciante establecido en un local
  cuyo negocio es el vender sustancias
  ilícitas.
JOINTLY; conjuntamente,
  mancomunadamente.
JOINTLY ACQUIRED PROPERTY;
  propiedad adquirida en común por
  esposos.
JOINTLY AND SEVERALLY; solidariamente.
JOINTLY OWNED PROPERTY; propiedad
  común de esposos.
JOINTRESS; mujer quien tendrá ciertos bienes
  durante el tiempo que ella esté viva tras
  fallecer su esposo, viuda.
JOINTURE; derecho de por vida que tiene la
  mujer a inmuebles tras fallecer su esposo,
  viudedad.
JOKER; cláusula deliberadamente ambigua,
  disposición engañosa, bromista.
JOLT; sacudida, conmoción, choque.
JOSTLE; empujar, forcejear.
JOUR; día.
JOURNAL; diario, libro diario, libro de
  navegación.

JOURNALIST; periodista.
JOURNALISTS' PRIVILEGE; exención de un publicador de acciones por difamación mientras se informe juiciosamente.
JOURNEY; viaje, jornada.
JOURNEYMAN; obrero que ha terminado su noviciado.
JOURNEYWORK; trabajo rutinario.
JOYRIDING; uso temporal de un vehículo ajeno para viajar desenfrenadamente.
JUBERE; ordenar, dirigir.
JUDEX; juez.
JUDEX DELEGATUS; juez delegado.
JUDEX ORDINARIUS; juez ordinario.
JUDGE (n); juez, magistrado, conocedor.
JUDGE (v); juzgar, opinar.
JUDGE DE FACTO; juez de hecho.
JUDGE-MADE LAW; derecho establecido por jurisprudencia, legislación judicial.
JUDGE PRO TEMPORE; juez temporero, juez interino.
JUDGE TRIAL; juicio sin jurado.
JUDGE'S CERTIFICATE; certificado judicial.
JUDGE'S MINUTES; minutas del juez, notas tomadas por un juez durante un juicio.
JUDGE'S NOTES; notas tomadas por un juez durante un juicio.
JUDGE'S ORDER; orden judicial.
JUDGES OF ELECTIONS; jueces electorales.
JUDGMATICALLY; juiciosamente.
JUDGMENT, ESTOPPEL BY; impedimento por sentencia.
JUDGMENT; sentencia, fallo, decisión, juicio, opinión.
JUDGMENT BOOK; libro de sentencias.
JUDGMENT BY CONFESSION; sentencia basada en confesión.
JUDGMENT CREDITOR; acreedor que ha obtenido un fallo contra el deudor.
JUDGMENT DEBT; deuda corroborada por fallo judicial.
JUDGMENT DEBTOR; deudor por fallo, deudor cuya deuda ha sido corroborada judicialmente.
JUDGMENT DOCKET; registro de sentencias.
JUDGMENT EXECUTION; ejecución de sentencia.
JUDGMENT FILE; registro de sentencias.

JUDGMENT FILED; sentencia registrada.
JUDGMENT FOR THE PLAINTIFF; sentencia a favor del demandante.
JUDGMENT IN ABSENCE; sentencia en ausencia.
JUDGMENT IN PERSONAM; sentencia contra una persona.
JUDGMENT IN REM; sentencia contra la cosa, sentencia en relación a la cosa.
JUDGMENT IN RETRAXIT; sentencia basada en un acuerdo extrajudicial.
JUDGMENT LIEN; privilegio judicial, embargo judicial, gravamen por fallo.
JUDGMENT NOTWITHSTANDING VERDICT; sentencia contraria al veredicto.
JUDGMENT OF CONVICTION; sentencia condenatoria.
JUDGMENT OF DISMISSAL; sentencia absolutoria.
JUDGMENT OF FORECLOSURE; sentencia de ejecución.
JUDGMENT OF HIS PEERS; juicio por jurado.
JUDGMENT ON THE MERITS; sentencia según los méritos.
JUDGMENT ON VERDICT; sentencia basada en el veredicto.
JUDGMENT PROOF; a prueba de sentencias para cobro.
JUDGMENT RECORD (RU); expediente judicial.
JUDGMENT RECOVERED; defensa basada en que el demandante ya ha obtenido lo que se pide de la acción.
JUDGMENT ROLL; registro del tribunal, legajo de sentencia.
JUDGMENT SATISFIED; sentencia cumplida, sentencia satisfecha.
JUDGMENT SEAT; tribunal.
JUDGMENT WITH COSTS; sentencia más las costas.
JUDICABLE; juzgable.
JUDICATIO; sentencia.
JUDICATIVE; judicial.
JUDICATORY; judicial.
JUDICATORY TRIBUNALS; tribunales judiciales.

JUDICATURE; judicatura, tribunal, jurisdicción.

JUDICATURE ACTS (RU); las leyes que establecen el sistema judicial.

JUDICES; jueces.

JUDICIAL; judicial, crítico.

JUDICIAL ACT; acto judicial.

JUDICIAL ACTION; acción judicial.

JUDICIAL ACTIVISM; activismo judicial.

JUDICIAL ADMISSION; admisión judicial.

JUDICIAL AUTHORITY; jurisdicción.

JUDICIAL BOND; fianza judicial.

JUDICIAL BRANCH; rama judicial.

JUDICIAL BUSINESS; actividades judiciales.

JUDICIAL CIRCUIT; circuito judicial.

JUDICIAL CODE; código judicial.

JUDICIAL COGNIZANCE; conocimiento judicial.

JUDICIAL COMITY; principio que requiere que unas jurisdicciones reconozcan las leyes y decisiones judiciales de otras como cuestión de cortesía.

JUDICIAL CONFESSION; confesión judicial.

JUDICIAL CONTROL; control judicial.

JUDICIAL COUNCIL; consejo judicial.

JUDICIAL DAY; día judicial.

JUDICIAL DECISION; decisión judicial, decisión del tribunal.

JUDICIAL DEFINITION; definición judicial.

JUDICIAL DEPARTMENT; rama judicial.

JUDICIAL DEPOSIT; depósito judicial.

JUDICIAL DISCRETION; discreción judicial.

JUDICIAL DISTRICT; distrito judicial.

JUDICIAL DOCUMENTS; documentos del juicio.

JUDICIAL DUTY; deber judicial.

JUDICIAL ERRORS; errores judiciales.

JUDICIAL ESTOPPEL; impedimento judicial.

JUDICIAL EVIDENCE; prueba judicial.

JUDICIAL FUNCTION; función judicial.

JUDICIAL IMMUNITY; inmunidad judicial.

JUDICIAL INQUIRY; indagación judicial, investigación judicial.

JUDICIAL INTERPRETATION; interpretación judicial.

JUDICIAL INTERVENTION; intervención judicial.

JUDICIAL KNOWLEDGE; conocimiento judicial.

JUDICIAL LEGISLATION; derecho establecido por jurisprudencia.

JUDICIAL METHOD; método judicial.

JUDICIAL NOTICE; conocimiento judicial, aviso judicial.

JUDICIAL OATH; juramento judicial.

JUDICIAL OFFICE; cargo judicial.

JUDICIAL OFFICER; funcionario judicial.

JUDICIAL OPINION; opinión judicial.

JUDICIAL ORDER; orden judicial.

JUDICIAL PARTITION; partición judicial.

JUDICIAL POWER; poder judicial.

JUDICIAL PRECEDENT; precedente judicial.

JUDICIAL PROCEEDING; procedimiento judicial, juicio.

JUDICIAL PROCESS; proceso judicial.

JUDICIAL PROOF; prueba presentada en un juicio.

JUDICIAL QUESTION; cuestión judicial.

JUDICIAL RECORDS; registros judiciales.

JUDICIAL REMEDY; recurso judicial, recurso legal.

JUDICIAL REVIEW; revisión judicial.

JUDICIAL SALE; venta judicial.

JUDICIAL SELF-RESTRAINT; acción del juez de reprimir sus opiniones personales al adjudicar.

JUDICIAL SEPARATION; separación judicial.

JUDICIAL SEQUESTRATION; secuestro judicial.

JUDICIAL SETTLEMENT; arreglo judicial.

JUDICIAL SYSTEM; sistema judicial.

JUDICIAL TRUSTEE; fiduciario judicial.

JUDICIALLY; judicialmente.

JUDICIARY; judicial.

JUDICIARY ACTS (EU); leyes que rigen el poder judicial.

JUDICIARY POLICE; policía judicial.

JUDICIOUS; juicioso, sensato.

JUDICIOUSLY; juiciosamente, sensatamente.

JUDICIOUSNESS; juicio, sensatez.

JUMP BAIL; fugarse al estar bajo fianza, violar la libertad bajo fianza.

JUNIOR; hijo, menor, inferior.

JUNIOR BOND; bono subordinado.

JUNIOR COUNSEL; abogado auxiliar.

JUNIOR CREDITOR; acreedor subordinado, acreedor secundario.

JUNIOR ENCUMBRANCE; gravamen subordinado, gravamen secundario.

JUNIOR EXECUTION; ejecución subordinada.

JUNIOR INTEREST; interés subordinado, derecho subordinado.

JUNIOR JUDGMENT; sentencia posterior, sentencia subordinada.

JUNIOR LIEN; privilegio subordinado.

JUNIOR MORTGAGE; hipoteca subordinada, hipoteca secundaria, hipoteca posterior.

JUNIOR PARTNER; socio menor.

JUNIOR WRIT; auto posterior.

JUNK; chatarra, basura.

JUNK BOND; bono de calidad inferior.

JUNK MAIL; correo de propaganda de ventas no solicitado.

JUNKET; arreglo mediante el cual un casino paga ciertos gastos de un apostador para que apueste en dicho casino.

JURA; derechos, leyes.

JURA IN RE; derechos en una cosa.

JURA PERSONARUM; los derechos de las personas.

JURA REGIA (RU); derechos reales.

JURAL; jurídico, legal.

JURAL ACT; acto jurídico.

JURAL CAUSE; causa jurídica.

JURAL RELATIONSHIP; relación jurídica.

JURAMENTUM; juramento.

JURAT; certificación de autenticidad del notario.

JURATION; juramento.

JURATOR; miembro de un jurado.

JURATORY; juratorio.

JURE; por derecho, jure.

JURE CIVILI; por el derecho civil.

JURE GENTIUM; por el derecho de naciones.

JURE MARITI; por el derecho del esposo.

JURE UXORIS; por el derecho de la esposa.

JURIDIC; jurídico, judicial, legal.

JURIDICAL; jurídico, judicial, legal.

JURIDICAL ACT; acto judicial.

JURIDICAL DAY; día judicial, día hábil.

JURIDICAL PERSON; persona jurídica.

JURIDICALLY; jurídicamente.

JURIDICUS; jurídico, judicial, legal.

JURIS; de derecho.

JURIS PUBLICI; del derecho público.

JURISCONSULT; aprendido del derecho.

JURISDICTION; jurisdicción, competencia.

JURISDICTION OF THE SUBJECT MATTER; jurisdicción sobre el asunto del litigio.

JURISDICTION OVER PERSON; jurisdicción sobre la persona.

JURISDICTIONAL; jurisdiccional.

JURISDICTIONAL AMOUNT; monto del litigio.

JURISDICTIONAL CLAUSE; cláusula de jurisdicción.

JURISDICTIONAL DISPUTE; disputa de jurisdicción.

JURISDICTIONAL FACTS; hechos que determinan la jurisdicción.

JURISDICTIONAL LIMITS; límites jurisdiccionales.

JURISDICTIONAL PLEA; alegación jurisdiccional.

JURISPRUDENCE; jurisprudencia, filosofía del derecho, teoría del derecho.

JURISPRUDENTIAL; de la jurisprudencia.

JURIST; jurista.

JURISTIC; jurídico, legal.

JURISTIC ACT; acto jurídico.

JURISTICALLY; jurídicamente.

JUROR; jurado, miembro de un jurado.

JUROR DESIGNATE; persona designada para formar parte de un jurado.

JUROR'S BOOK; lista de las personas capacitadas a participar en el jurado.

JURY (adj); improvisado, provisional.

JURY (n); jurado.

JURY BOX; tribuna del jurado.

JURY CHALLENGE; impugnación de jurado.

JURY COMMISSIONER; funcionario encargado de seleccionar los integrantes de un jurado.

JURY FIXING; soborno del jurado.

JURY INSTRUCTIONS; instrucciones del juez al jurado.

JURY-LIST; lista de las personas que integran un jurado.

JURY PANEL; grupo de personas de que se selecciona un jurado.

JURY POLLING; práctica de preguntarle individualmente a los integrantes de un jurado cual es su veredicto.

JURY PROCESS; proceso para convocar a un jurado.

JURY QUESTIONS; preguntas que el jurado tiene que contestar, preguntas hechas al jurado.

JURY SELECTION; selección de los miembros de un jurado.

JURY SERVICE; servir como miembro de un jurado.

JURY SUMMATION; declaraciones finales de los abogados al jurado.

JURY TRIAL; juicio con jurado.

JURY WHEEL; dispositivo para sorteo de jurados.

JUS; derecho, ley, justicia.

JUS ACCRESCENDI; derecho de supervivencia.

JUS BELLI; derecho de guerra.

JUS CIVILE; derecho civil.

JUS COMMUNE; derecho común.

JUS CORONAE; derecho de la corona.

JUS DELIBERANDI; derecho a deliberar.

JUS DISPONENDI; derecho de disponer.

JUS DIVIDENDI; derecho a legar inmuebles por testamento.

JUS FUTURUM; derecho en expectativa.

JUS GENTIUM; derecho de las naciones.

JUS HAEREDITATIS; derecho de heredar.

JUS INCOGNITUM; ley desconocida.

JUS NATURALE; ley natural, derecho natural.

JUS STRICTUM; derecho estricto.

JUS TERTII; derecho de un tercero.

JUST; justo, recto, legítimo, imparcial.

JUST CAUSE; causa justa.

JUST CAUSE OF PROVOCATION; provocación suficiente para reducir un cargo de asesinato al segundo grado.

JUST COMPENSATION; indemnización justa por expropiación, remuneración razonable.

JUST CONSIDERATION; contraprestación adecuada.

JUST DEBTS; deudas legalmente exigibles.

JUST PRIOR; justo antes.

JUST TITLE; justo título.

JUST VALUE; justo valor, valor justo en el mercado.

JUSTICE; justicia, juez, magistrado, imparcialidad.

JUSTICE DEPARTMENT (EU); Departamento de Justicia.

JUSTICE OF THE PEACE; juez de paz.

JUSTICE'S CLERK; secretario del juez, oficial jurídico.

JUSTICE'S COURTS; tribunales inferiores con jurisdicción limitada presididos por jueces de paz.

JUSTICES OF THE BENCH (RU); jueces de los tribunales de acciones civiles.

JUSTICESHIP; judicatura.

JUSTICIABLE; justiciable.

JUSTICIABLE CONTROVERSY; controversia justiciable.

JUSTIFIABLE; justificable.

JUSTIFIABLE CAUSE; causa justificada.

JUSTIFIABLE HOMICIDE; homicidio justificado.

JUSTIFIABLENESS; calidad de justificable.

JUSTIFIABLY; justificadamente.

JUSTIFICATION; justificación, vindicación.

JUSTIFICATIVE; justificativo.

JUSTIFICATORY; justificador.

JUSTIFY; justificar, vindicar.

JUSTIFYING BAIL; el requisito de demostrar que una fianza es adecuada.

JUSTITIA; justicia.

JUSTLY; justamente, debidamente.

JUSTNESS; justicia, rectitud, exactitud.

JUVENILE; juvenil, inmaduro.

JUVENILE COURTS; tribunales de menores.

JUVENILE DELINQUENCY; delincuencia juvenil.

JUVENILE DELINQUENT; delincuente juvenil.

JUVENILE OFFENDER; delincuente juvenil.

JUXTA; junto a, de acuerdo a.

JUXTAPOSE; yuxtaponer.

JUXTAPOSITION; yuxtaposición.

KANGAROO COURT; tribunal irresponsable y prejuiciado, tribunal fingido.

KARTELL; cartel.

KEEL; quilla.

KEELAGE; derecho de quilla.

KEEN; agudo, vívido, vehemente.

KEEP; conservar, retener, mantener, continuar, proteger.

KEEP IN REPAIR; mantener en buen estado de funcionamiento.

KEEP OUT; prohibido el paso.

KEEPER; guardián, administrador, custodio.

KEEPER OF A DOG; quien refugia a un perro sin ser dueño, dueño de perro.

KEEPER OF PUBLIC RECORDS; funcionario a cargo de los registros públicos, registrador.

KEEPER OF THE GREAT SEAL (RU); guardián del sello real.

KEEPING; custodia, conservación, observación.

KEEPING A LOOKOUT; mantenerse pendiente de los alrededores, mantenerse pendiente del vehículo propio y de los demás vehículos y peatones.

KEEPING BOOKS; mantener libros contables.

KEEPING THE PEACE; mantener el orden público.

KELP-SHORE; la tierra entre la marea alta y baja.

KENNEL; perrera, desagüe.

KEOGH PLAN (EU); plan de retiro para personas con negocio propio.

KEY; llave, muelle, clave.

KEY MAN INSURANCE; seguro contra muerte o incapacidad de empleado clave.

KEY NUMBER SYSTEM; sistema de numeración de temas claves de los casos reportados.

KEYAGE; derecho de muelle.

KEYNOTE; principio fundamental.

KICKBACK; la actividad deshonesta de devolver una porción del precio de venta de mercancías para promover compras futuras, reacción.

KIDDIE TAX; impuesto usando la tasa del padre sobre los ingresos de sus hijos no devengados del trabajo personal.

KIDNAP; secuestrar, raptar.

KIDNAPPER; secuestrador, raptor.

KIDNAPPING; secuestro, rapto.

KILL; matar, eliminar, descartar.

KILLING BY MISADVENTURE; homicidio accidental.

KIN; parentela, familiar.

KIND (adj); bueno, gentil, afectuoso.

KIND (n); tipo, clase, género.

KINDLE; encender, prender fuego a.

KINDRED; pueblo, parentela.

KING; rey.

KING'S BENCH (RU); tribunal superior inglés.

KING'S COUNSEL (RU); abogados de la corona, consejeros de la corona.

KING'S EVIDENCE (RU); prueba ofrecida contra los cómplices para obtener perdón.

KING'S PROCTOR (RU); procurador del rey en los juicios concernientes a las familias.

KINGDOM; reino.

KINSFOLK; parentela.

KINSHIP; parentesco.

KINSMAN; pariente.

KINSWOMAN; parienta.

KIOSK; kiosco.

KITE; cheque sin fondos, letra de favor, ladrón.

KITING; el girar un cheque sin fondos con la expectativa de que se depositarán los fondos necesarios antes de cobrarse dicho cheque.

KLEPTOMANIA; cleptomanía.

KLEPTOMANIAC; cleptómano.

KNAVE; ladrón, bribón.

KNIGHT; caballero.

KNIGHT-MARSHAL (RU); funcionario con jurisdicción sobre los delitos cometidos en el palacio real.

KNOCK; tocar, tocar una puerta, (EU) criticar severamente.

KNOCK AND ANNOUNCE RULE; regla que exige que en casos de arresto los funcionarios públicos toquen a la puerta y anuncien su capacidad y su propósito.

KNOCK DOWN; asignar al mejor postor mediante un martillazo, tumbar.

KNOT; nudo, problema, vínculo.

KNOW; conocer, saber, reconocer.

KNOW ALL MEN; sépase por la presente.

KNOW-HOW; pericia, destreza, habilidad.

KNOWER; conocedor.

KNOWING (adj); instruido, discernidor, sagaz.

KNOWING (n); conocimiento.

KNOWINGLY; a sabiendas, deliberadamente, voluntariamente, sagazmente.

KNOWINGLY AND WILLFULLY; consciente e intencionalmente.

KNOWLEDGE; conocimiento, saber.

KNOWLEDGE OF ANOTHER'S PERIL; conocimiento del peligro de otro.

KNOWN; conocido.

KNOWN HEIRS; herederos conocidos.

L

LABEFACTION; deterioro, debilitamiento.

LABEL (n); etiqueta, indicación.

LABEL (v); rotular, identificar, etiquetar.

LABILE; lábil, inestable.

LABOR (n); labor, trabajo, mano de obra, faena.

LABOR (v); trabajar, trabajo duro, acercarse al parto, funcionar con dificultad.

LABOR A JURY; intentar influir impropiamente al jurado.

LABOR AGREEMENT; convenio colectivo laboral.

LABOR CODE; código laboral.

LABOR CONTRACT; contrato colectivo de trabajo.

LABOR DISPUTE; conflicto laboral, conflicto colectivo.

LABOR JURISDICTION; jurisdicción laboral.

LABOR LAW; derecho laboral, ley laboral.

LABOR LEGISLATION; legislación laboral.

LABOR ORGANIZATION; sindicato laboral.

LABOR UNION; gremio laboral, sindicato obrero.

LABORATORY; laboratorio.

LABORED; trabajoso, forzado.

LABORER; obrero, persona que labora.

LACERATE; lacerar, herir, atormentar.

LACHES, ESTOPPEL BY; impedimento por no haber ejercido ciertos derechos a tiempo.

LACHES; inactividad en ejercer ciertos derechos que produce la pérdida de dichos derechos, negligencia, prescripción negativa.

LACK; falta, deficiencia, carencia.

LACK OF CONSIDERATION; falta de contraprestación, falta de causa.

LACK OF EVIDENCE; falta de prueba.

LACK OF JURISDICTION; falta de jurisdicción.

LACKADAISICAL; indiferente, desganado, vago, lento.

LACKING; deficiente, carente de.

LACONIC; lacónico, conciso.

LADE (n); desembocadura.

LADE (v); cargar, echar en.

LADEN; cargado, agobiado.

LADING, BILL OF; conocimiento de embarque.

LADING; carga, cargamento.

LADY; dama, esposa.

LAG (n); retraso, atraso, intervalo.

LAG (v); retrasarse, atrasarse.

LAGAN; mercancías arrojadas al mar y marcadas con una boya para poder ser recogidas.

LAISSEZ-FAIRE; política de no interferir, laissez-faire.

LAME; lisiado, insatisfactorio.

LAME DUCK; funcionario que será reemplazado por otro ya electo, especulador insolvente.

LAME DUCK SESSION; sesión legislativa tras la elección de nuevos miembros pero antes de que éstos asuman sus cargos.

LAND (n); tierra, terreno, suelo, país, propiedad inmueble.

LAND (v); aterrizar, desembarcar.

LAND BANK (EU); banco federal para préstamos agrícolas con términos favorables, banco de préstamos hipotecarios.

LAND BOUNDARIES; lindes de un terreno.

LAND CERTIFICATE; certificado de tierras.

LAND CONTRACT; contrato concerniente a un inmueble, contrato de compraventa de un inmueble.

LAND DAMAGES; compensación por expropiación.

LAND DESCRIPTION; lindes de un terreno.

LAND DEVELOPMENT; urbanización, edificación de terrenos.

LAND DISTRICT (EU); distrito federal creado para la administración de tierras.

LAND GABEL; impuestos sobre tierras.

LAND GRANT; concesión de tierras, (EU) concesión de tierras públicas.

LAND HOLDER; terrateniente.

LAND IN ABEYANCE; tierras sin titular.

LAND LAW; derecho inmobiliario.

LAND MANAGEMENT; administración de tierras.

LAND MEASURES; medidas de terreno.

LAND OFFICE (EU); oficina para la administración de las tierras públicas de su distrito.

LAND OWNER; propietario de terrenos.

LAND PATENT (EU); concesión de tierras públicas, el documento que certifica una concesión de tierras públicas.

LAND REVENUES; rentas inmobiliarias.

LAND SALE CONTRACT; contrato de compraventa de tierras.

LAND SURVEY; agrimensura.

LAND SURVEYOR; agrimensor.

LAND TAX; impuesto inmobiliario, impuesto territorial.

LAND TENANT; dueño de un tierras.

LAND TITLES AND TRANSFER ACT (RU); ley que establece un registro de la propiedad y las normas correspondientes.

LAND USE PLANNING; las normas para planificar el uso de las tierras.

LAND WARRANT (EU); el documento que certifica una concesión de tierras públicas.

LANDED ESTATE; propiedad inmueble.

LANDED ESTATES COURT (RU); tribunal con jurisdicción sobre bienes inmuebles con gravámenes.

LANDED INTEREST; interés relativo a un inmueble.

LANDED PROPERTY; propiedad inmueble, bienes raíces.

LANDED SECURITIES; garantías inmobiliarias.

LANDING; aterrizaje, desembarque, plataforma de carga.

LANDLESS; sin tierras.

LANDLOCKED; terreno completamente rodeado de terrenos de otras personas.

LANDLORD; arrendador, locador, terrateniente.

LANDLORD AND TENANT RELATIONSHIP; relación arrendador-arrendatario.
LANDLORD'S WARRANT; orden de embargo de parte del arrendador.
LANDMARK; mojón, hito, acontecimiento grande, lugar histórico.
LANDOWNER; propietario de inmuebles.
LANDOWNERSHIP; posesión de tierras.
LANDS, PUBLIC; tierras públicas.
LANDS, TENEMENTS, AND HEREDITAMENTS; bienes inmuebles.
LANDSLIDE; derrumbe, desprendimiento de tierras, victoria masiva.
LANE; carril, sendero.
LANGUAGE; lenguaje, lengua, palabras.
LANHAM TRADEMARK ACT (EU); ley federal concerniente a las marcas comerciales.
LAPPAGE; interferencia, conflicto, superposición.
LAPSABLE; caducable, prescriptible.
LAPSE (n); lapso, caducidad, prescripción, transcurso.
LAPSE (v); decaer, caducar, prescribir, deslizarse.
LAPSE OF OFFER; caducidad de la oferta.
LAPSE OF POLICY; caducidad de la póliza.
LAPSE PATENT; nueva concesión de tierras al caducar la anterior.
LAPSED; caducado, prescrito, cumplido.
LAPSED DEVISE; legado caducado.
LAPSED LEGACY; legado caducado.
LAPSED POLICY; póliza caducada.
LARCENER; ladrón.
LARCENIST; ladrón.
LARCENOUS; teniendo el carácter de hurto.
LARCENOUS INTENT; intención de hurto.
LARCENY; latrocinio, hurto.
LARCENY BY BAILEE; hurto de parte del depositario.
LARCENY BY DECEPTION; hurto mediante engaño.
LARCENY BY EXTORTION; hurto mediante la extorsión.
LARCENY BY FRAUD; hurto mediante el fraude.

LARCENY BY TRICK; hurto mediante engaño.
LARCENY FROM THE PERSON; hurto de bienes de una persona sin el uso de la violencia.
LARCENY OF AUTO; hurto de carro, hurto de coche.
LASCIVIOUS; lascivo.
LASCIVIOUS COHABITATION; concubinato.
LASCIVIOUSNESS; lascivia.
LAST (adj); último, final.
LAST (v); durar, permanecer.
LAST ANTECEDENT RULE; regla que indica que al interpretar las leyes las frases calificativas se aplicarán a las palabras y frases más cercanas a ellas.
LAST CLEAR CHANCE DOCTRINE; doctrina que indica que un conductor que ha sido negligente puede obtener reparación por daños y perjuicios si puede demostrar que el otro conductor tuvo la oportunidad de evitar el accidente.
LAST HEIR (RU); la persona a quien corresponden los bienes de quien muere intestado.
LAST ILLNESS; la enfermedad por la cual muere una persona, enfermedad mortal.
LAST KNOWN ADDRESS; último domicilio conocido.
LAST NAME; apellido.
LAST RESORT, COURT OF; tribunal de última instancia.
LAST RESORT; última instancia, último recurso.
LAST SICKNESS; la enfermedad por la cual muere una persona, enfermedad mortal.
LAST WILL; testamento, última voluntad.
LASTING; duradero, permanente, constante.
LATA CULPA; negligencia grave.
LATE; tarde, tardío, fallecido, reciente.
LATENCY; estado latente.
LATENT; latente, oculto.
LATENT AMBIGUITY; ambigüedad latente.
LATENT DEED; escritura ocultada por más de 20 años.
LATENT DEFECT; defecto oculto, vicio oculto.

LATENT EQUITY; derecho en la equidad que se ha mantenido oculto.

LATENT FAULT; defecto oculto, vicio oculto.

LATENT RESERVES; reservas ocultas.

LATENTLY; latentemente, ocultamente.

LATERAL SUPPORT; derecho del apoyo lateral de las tierras.

LATITUDE; latitud, libertad.

LATRO; ladrón, hurtador.

LATROCINATION; robo con el uso de violencia.

LATROCINY; hurto.

LATTER; posterior, más reciente.

LAUDUM; laudo, laudo arbitral.

LAUNCH; lanzar, botar, emprender.

LAUNDERING; lavado de dinero.

LAVISHLY; despilfarradamente, copiosamente.

LAW; ley, derecho, leyes, abogacía.

LAW-ABIDING; observante de la ley.

LAW AND ORDER; ley y orden.

LAW ARBITRARY; derecho arbitrario.

LAW BOOK; libro de derecho.

LAW CHARGES; costas legales.

LAW COURTS; tribunales del derecho.

LAW DAY; día de vencimiento.

LAW DEPARTMENT; departamento de justicia.

LAW ENFORCEMENT; ejecución de la ley.

LAW ENFORCEMENT OFFICER; policía, funcionario a cargo de la ejecución de la ley.

LAW FIRM; bufete, firma de abogados.

LAW IN THE BOOKS; ley en el sentido formal.

LAW JOURNAL; revista jurídica.

LAW LIST; guía de abogados.

LAW MAKING; el procedimiento para crear una ley.

LAW MERCHANT; derecho comercial, derecho mercantil.

LAW OF A GENERAL NATURE; ley general.

LAW OF DIMINISHING RETURNS; ley de los rendimientos decrecientes.

LAW OF EVIDENCE; reglas y principios de la prueba.

LAW OF INCREASING RETURNS; ley de los rendimientos crecientes.

LAW OF MARQUE; ley de represalia.

LAW OF NATIONS; derecho internacional.

LAW OF NATURE; derecho natural.

LAW OF SHIPPING; derecho de la navegación.

LAW OF THE CASE; doctrina que indica que se tiene que observar la decisión de un tribunal de apelaciones a través de los procedimientos subsiguientes del caso.

LAW OF THE FLAG; las leyes del país de la bandera izada de una nave.

LAW OF THE LAND; la ley a través de su procedimiento establecido, derecho vigente en un país.

LAW OF THE ROAD; las normas del uso de las vías públicas.

LAW-OFFICER; funcionario legal, policía.

LAW QUESTION; cuestión de derecho.

LAW REPORTERS; tomos con fallos judiciales, crónica jurídica.

LAW REPORTS; tomos con fallos judiciales, crónica jurídica.

LAW REVIEW; revista jurídica.

LAW SCHOOL; facultad de derecho, escuela de leyes.

LAW SCHOOL ADMISSIONS TEST (EU); examen estandarizado para ayudar a evaluar a los solicitantes a las escuelas de derecho.

LAW SITTING; sesión de un tribunal.

LAW TERM; periodo de sesiones de un tribunal.

LAW WORTHY; teniendo el beneficio y la protección de la ley.

LAWBREAKER; violador de la ley.

LAWBREAKING (adj); quien viola la ley.

LAWBREAKING (n); violación de la ley.

LAWFUL; legal, lícito, legítimo, permitido.

LAWFUL AGE; mayoría de edad.

LAWFUL ARREST; arresto legal.

LAWFUL AUTHORITIES; autoridades legales.

LAWFUL BUSINESS; negocios lícitos.

LAWFUL CAUSE; causa lícita.

LAWFUL CONDITION; condición lícita.

LAWFUL DAMAGES; daños y perjuicios determinados por ley.

LAWFUL DISCHARGE; liberación de acuerdo al derecho de quiebra.

LAWFUL ENTRY; ingreso lícito.

LAWFUL GOODS; bienes lícitos.

LAWFUL HEIRS; herederos legítimos.

LAWFUL INTEREST; interés lícito.

LAWFUL ISSUE; descendencia legítima.

LAWFUL POSSESSION; posesión legítima.

LAWFUL REPRESENTATIVE; heredero legítimo, albacea.

LAWFUL TRADE; comercio lícito.

LAWFULLY; legalmente, lícitamente, legítimamente.

LAWFULNESS; legalidad, legitimidad, licitud.

LAWGIVER; legislador.

LAWLESS; fuera de ley, sin ley, ilegal, ilícito.

LAWLESSLY; ilegalmente.

LAWMAKER; legislador.

LAWMAKING; legislación.

LAWS OF WAR; derecho de guerra.

LAWSUIT; litigio, proceso, proceso civil, acción legal, pleito, juicio.

LAWYER; abogado, licenciado, letrado.

LAWYER'S LIABILITY; la responsabilidad profesional de los abogados.

LAWYER'S LIABILITY POLICY; póliza de seguro de responsabilidad profesional de los abogados.

LAY (adj); no profesional.

LAY (v); colocar, alegar.

LAY DAMAGES; declarar la cantidad de daños y perjuicios deseada, alegar daños.

LAY DAYS; días permitidos para la carga y descarga, estadía.

LAY JUDGE; juez no letrado.

LAY PEOPLE; miembros de un jurado.

LAY WITNESS; testigo no perito.

LAYAWAY; retener bienes para venta futura.

LAYING FOUNDATION; la presentación de pruebas que anticipan y justifican otras pruebas venideras.

LAYING THE VENUE; señalamiento del distrito donde el demandante quiere que se lleve a cabo la acción, declarar el tribunal con competencia sobre el litigio.

LAYOFF; suspensión de un empleado, despido laboral.

LAYOUT; arreglo, esquema.

LEAD (n); dirección, mando, pista, delantera, primacía.

LEAD (v); guiar, llevar, dirigir, inducir.

LEAD COUNSEL; abogado principal.

LEADER; líder, jefe, guía.

LEADERSHIP; liderazgo, jefatura, dirección.

LEADING (adj); director, principal.

LEADING (n); dirección, sugestión.

LEADING CASE; precedente.

LEADING COUNSEL; abogado principal.

LEADING QUESTION; pregunta sugestiva.

LEAFLET; volante, folleto.

LEAGUE; liga, sociedad.

LEAGUE OF NATIONS; Liga de las Naciones.

LEAK; filtración, indiscreción, divulgación sin autorización.

LEAKAGE; filtración, escape, descuento en los derechos aduaneros por la pérdida de líquidos de importadores.

LEAN; inclinarse, apoyarse.

LEAP FROG; saltar por encima de.

LEAP YEAR; año bisiesto.

LEARN; aprender, enterarse de.

LEARNED; versado, erudito.

LEARNING; aprendizaje, saber, doctrina legal.

LEASE (n); arrendamiento, contrato de arrendamiento, locación.

LEASE (v); arrendar.

LEASE FOR LIVES; arrendamiento de por vida.

LEASE FOR YEARS; arrendamiento por un número determinado de años.

LEASE IN REVERSION; arrendamiento efectivo al terminarse uno existente.

LEASE WITH OPTION TO PURCHASE; arrendamiento con opción de compra.

LEASEBACK; venta de una propiedad que entonces se arrienda a quien lo vendió.

LEASEHOLD; derechos sobre la propiedad que tiene el arrendatario, arrendamiento.

LEASEHOLD IMPROVEMENTS; mejoras hechas por el arrendatario.

LEASEHOLD INTEREST; el interés que tiene el arrendatario en la propiedad.

LEASEHOLD MORTGAGE; hipoteca garantizada con el interés del arrendatario en la propiedad, hipoteca de inquilinato.

LEASEHOLD VALUE; el valor del interés que tiene el arrendatario en la propiedad.

LEASEHOLDER; arrendatario, locatario.

LEASING; arrendamiento, locación, alquiler.

LEAVE (n); permiso, autorización, licencia.

LEAVE (v); dejar, dejar estar, legar, abandonar.

LEAVE AND LICENSE; defensa contra una acción por transgresión en la que se indica que el demandante le dio permiso de acceso al demandado.

LEAVE BY WILL; legar.

LEAVE NO ISSUE; fallecer sin descendencia.

LEAVE OF ABSENCE; licencia para ausentarse, falta con permiso.

LEAVE OF COURT; permiso otorgado por el tribunal.

LECTURE; conferencia, reprimenda.

LEDGER; libro mayor.

LEDGER PAPER; papel de cuentas.

LEER; mirar de reojo.

LEFT; dejado, legado.

LEFTISM; izquierdismo.

LEGACY; legado.

LEGACY TAX; impuesto sucesorio, impuesto sobre herencias.

LEGAL; legal, lícito, jurídico, legítimo.

LEGAL ACUMEN; cacumen legal, perspicacia legal.

LEGAL ADDRESS; domicilio legal.

LEGAL ADVICE; asesoramiento jurídico, asesoramiento legal.

LEGAL ADVISER; asesor jurídico, asesor legal.

LEGAL AGE; mayoría de edad.

LEGAL AID; asesoramiento jurídico gratuito.

LEGAL ASSETS; la porción de los bienes de un fallecido destinada legalmente a pagar deudas y legados.

LEGAL BRIEF; resumen de un caso, escrito legal, alegato.

LEGAL CAPACITY; capacidad legal.

LEGAL CAPACITY TO SUE; capacidad legal para accionar.

LEGAL CAUSE; causa próxima, causa inmediata.

LEGAL CONCLUSION; deducción legal, conclusión de derecho.

LEGAL CONSIDERATION; contraprestación legal, causa lícita.

LEGAL CONSULTANT; consejero jurídico.

LEGAL CRUELTY; crueldad que justificaría divorcio.

LEGAL CUSTODY; detención, custodia judicial.

LEGAL DAMAGES; daños y perjuicios obtenibles mediante tribunal, daños y perjuicios determinados por un tribunal.

LEGAL DEATH; muerte legal.

LEGAL DEBTS; deudas exigibles mediante tribunal.

LEGAL DEFENSE; defensa establecida en tribunal, defensa en derecho.

LEGAL DEMAND; requerimiento legal.

LEGAL DEPENDENT; dependiente por ley, dependiente legal.

LEGAL DESCRIPTION; descripción legal.

LEGAL DETRIMENT; detrimento legal.

LEGAL DISABILITY; incapacidad jurídica.

LEGAL DISCRETION; discreción judicial.

LEGAL DISTRIBUTEES; herederos legítimos.

LEGAL DUTY; obligación legal.

LEGAL EDUCATION; educación legal.

LEGAL ENTITY; persona jurídica, entidad jurídica.

LEGAL ESTOPPEL; impedimento técnico.

LEGAL ETHICS; ética profesional legal.

LEGAL EVIDENCE; prueba jurídicamente admisible, prueba legal.

LEGAL EXCUSE; excusa legal.

LEGAL EXPENSES; costas legales.

LEGAL FEES; costas legales, honorarios legales.

LEGAL FICTION; ficción legal.

LEGAL FIRM; bufete, firma de abogados.

LEGAL FRAUD; fraude implícito.

LEGAL HEIRS; herederos legítimos.

LEGAL HOLIDAY; día feriado oficial, día feriado judicial.

LEGAL IMPEDIMENT; impedimento legal.

LEGAL IMPERIALISM; imperialismo jurídico.

LEGAL IMPOSSIBILITY; imposibilidad legal.

LEGAL INCAPACITY; incapacidad legal.

LEGAL INJURY; violación de derechos.

LEGAL INSANITY; demencia del punto de vista legal.
LEGAL INSTITUTION; institución legal.
LEGAL INSTRUMENT; instrumento legal.
LEGAL INTEREST; interés legal.
LEGAL INVESTMENTS; inversiones permitidas para ciertas instituciones financieras.
LEGAL ISSUE; descendencia legítima.
LEGAL JEOPARDY; la condición de ser procesado.
LEGAL LIABILITY; responsabilidad legal.
LEGAL LIMIT; límite legal.
LEGAL LIST; lista de inversiones permitidas para ciertas instituciones financieras.
LEGAL MALICE; malicia implícita.
LEGAL MALPRACTICE; culpa profesional legal.
LEGAL MAXIM; máxima legal.
LEGAL MEASURES; medidas jurídicas, medios legales.
LEGAL NAME; nombre legal.
LEGAL NEGLIGENCE; negligencia implícita.
LEGAL NOTICE; notificación adecuada según la ley, notificación legalmente exigida.
LEGAL OBLIGATION; obligación legal.
LEGAL OPINION; opinión jurídica.
LEGAL ORDER; orden jurídico.
LEGAL OWNER; propietario legal.
LEGAL PERIODICAL; revista jurídica.
LEGAL PERSON; persona jurídica.
LEGAL PERSONAL REPRESENTATIVE; representante legal, representante legal de un fallecido.
LEGAL POSSESSION; posesión legítima, posesión legal.
LEGAL POSSESSOR; poseedor legítimo.
LEGAL PREJUDICE; prejuicio jurídico.
LEGAL PRESUMPTION; presunción legal.
LEGAL PRINCIPLE; principio jurídico.
LEGAL PROCEEDINGS; procedimientos judiciales, actos jurídicos.
LEGAL PROCESS; orden judicial, proceso judicial, vía contenciosa.
LEGAL PROFESSION; abogacía.
LEGAL RATE; tasa legal.
LEGAL RATE OF INTEREST; tasa de interés legal.

LEGAL REASONING; razonamiento jurídico.
LEGAL REDRESS; reparación jurídica.
LEGAL RELEVANCY; relevancia jurídica, admisibilidad.
LEGAL REMEDY; recurso legal.
LEGAL REPRESENTATIVE; representante legal.
LEGAL RESCISSION; rescisión.
LEGAL RESEARCH; investigación jurídica.
LEGAL RESERVE; reserva legal.
LEGAL RESIDENCE; domicilio legal.
LEGAL RIGHT; derecho creado por ley, derecho natural.
LEGAL RULE; regla jurídica.
LEGAL SEPARATION; separación judicial.
LEGAL SERVICES; servicios legales.
LEGAL STAFF; cuerpo de abogados de una organización.
LEGAL STATUS; estado civil, situación jurídica.
LEGAL SUBROGATION; subrogación legal.
LEGAL SUCCESSION; sucesión legal.
LEGAL SUIT; acción legal.
LEGAL SYSTEM; sistema legal.
LEGAL TENDER; moneda de curso legal.
LEGAL TERMINOLOGY; terminología jurídica.
LEGAL THEORY; teoría jurídica.
LEGAL TITLE; título perfecto de propiedad.
LEGAL TRADITION; tradición jurídica.
LEGAL TRANSPLANTS; transplantes jurídicos.
LEGAL USUFRUCT; usufructo legal.
LEGAL VALIDITY; validez legal.
LEGAL VOTER; persona elegible para votar.
LEGAL WILLFULNESS; hacer caso omiso de las responsabilidades por la seguridad de otras personas y de sus propiedades.
LEGAL YEAR; año judicial.
LEGALITY; legalidad, licitud.
LEGALIZATION; legalización, legitimar.
LEGALIZE; legalizar, legitimar.
LEGALIZED NUISANCE; estructura sancionada por ley que bajo otras circunstancias constituiría un estorbo.
LEGALLY; legalmente.
LEGALLY ADOPTED; adoptado legalmente.

LEGALLY BINDING; jurídicamente obligante.

LEGALLY COMMITTED; recluido conforme a una orden judicial.

LEGALLY COMPETENT; jurídicamente capaz.

LEGALLY CONSTITUTED; legalmente constituido.

LEGALLY CONTRIBUTING CAUSE OF INJURY; causa contribuyente a una lesión.

LEGALLY DEAD; fallecido desde el punto de vista legal.

LEGALLY DETERMINED; determinado mediante procesos jurídicos.

LEGALLY INTERESTED; con interés legal.

LEGALLY LIABLE; legalmente responsable.

LEGALLY OPERATING AUTOMOBILE; operación de automóvil con autoridad legal.

LEGALLY RESIDE; domiciliarse.

LEGALLY SUFFICIENT EVIDENCE; prueba admisible y suficiente, prueba jurídicamente adecuada.

LEGALNESS; legalidad, licitud.

LEGATARY; legatario.

LEGATEE; legatario.

LEGATION; legación, embajada.

LEGATOR; testador.

LEGES NON SCRIPTAE; leyes no escritas.

LEGES SCRIPTAE; leyes escritas.

LEGIBILITY; legibilidad.

LEGIBLE; legible, descifrable.

LEGISLATE; legislar.

LEGISLATION; legislación.

LEGISLATIVE; legislativo.

LEGISLATIVE ACT; ley.

LEGISLATIVE ASSEMBLY; asamblea legislativa.

LEGISLATIVE BRANCH; poder legislativo.

LEGISLATIVE CONTROL; control legislativo.

LEGISLATIVE COUNCIL; consejo legislativo.

LEGISLATIVE COURTS; tribunales creados por la legislatura.

LEGISLATIVE DEPARTMENT; rama legislativa.

LEGISLATIVE DIVORCE; divorcio decretado por la legislatura.

LEGISLATIVE FUNCTIONS; funciones legislativas.

LEGISLATIVE IMMUNITY (EU); inmunidad de los miembros de la legislatura.

LEGISLATIVE INTENT; intención del legislador.

LEGISLATIVE INVESTIGATIONS; investigaciones legislativas.

LEGISLATIVE OFFICER; legislador.

LEGISLATIVE POWER; poder legislativo.

LEGISLATIVE RECORD; diario legislativo.

LEGISLATIVELY; legislativamente.

LEGISLATOR; legislador.

LEGISLATORIAL; legislativo.

LEGISLATURE; legislatura.

LEGITIMACY; legitimidad.

LEGITIMATE (adj); legítimo, lícito.

LEGITIMATE (v); legitimar, aprobar.

LEGITIMATE HEIRS; herederos legítimos.

LEGITIMATELY; legítimamente.

LEGITIMATION; legitimación.

LEGITIMATIZE; legitimar.

LEGITIMISM; legitimismo.

LEGITIMIZE; legitimar.

LEISURE; ocio, tiempo libre.

LEND; prestar, proveer.

LENDER; prestador, prestamista.

LENGTH; largo, longitud, duración, trozo.

LENGTH OF PRISON SENTENCE; duración de una sentencia de cárcel.

LENITY RULE; regla que indica que si hay ambigüedad en las leyes concernientes a diferentes penas que se debe escoger con indulgencia.

LEONINA SOCIETAS; sociedad leonina.

LESION; lesión, daño, perjuicio.

LESSEE; arrendatario, locatario.

LESSEE'S INTEREST; el interés que tiene el arrendatario en la propiedad.

LESSEN; disminuir, decrecer.

LESSER; menor, inferior.

LESSER INCLUDED OFFENSE; delito menor que incluye algunos de los elementos de un delito más grave.

LESSOR; arrendador, locador.

LESSOR'S INTEREST; el valor presente del contrato de arrendamiento más el valor de la propiedad al expirar dicho contrato.

LEST; no sea que, a fin de que no.

LET; alquilar, arrendar, permitir, adjudicar un contrato a un postor.

LETHAL; letal, mortal.

LETHAL WEAPON; arma mortal.

LETTER; carta, letra, significado literal.

LETTER CARRIER; cartero.

LETTER DROP; buzón.

LETTER OF ADVICE; carta de aviso.

LETTER OF ATTORNEY; poder, carta de poder.

LETTER OF AUTHORIZATION; carta de autorización.

LETTER OF COMMISSION; carta de comisión.

LETTER OF CREDENCE; carta credencial.

LETTER OF CREDIT; carta de crédito.

LETTER OF EXCHANGE; letra de cambio.

LETTER OF INTENT; carta de intención.

LETTER OF LICENSE (RU); carta para extender el plazo de pago de un deudor.

LETTER OF RECALL; carta de un gobierno a otro para informar que su representante ya no ocupa ese cargo, carta enviada por un fabricante para informar sobre defectos en sus productos y sobre el procedimiento para corregirlos.

LETTER OF RECOMMENDATION; carta de recomendación.

LETTER OF RECREDENTIALS; carta de un gobierno a otro para informar que el representante quien fuera liberado de su cargo ha vuelto a ocupar ese cargo.

LETTER OF THE LAW; la letra de la ley.

LETTER OF UNDERTAKING; carta de compromiso.

LETTER PATENT; documento mediante el cual un gobierno concede una patente, patente de invención.

LETTERHEAD; membrete, encabezado.

LETTERS OF ADMINISTRATION; documento mediante el cual se señala el administrador de una sucesión.

LETTERS OF GUARDIANSHIP; documento mediante el cual se señala un tutor.

LETTERS ROGATORY; solicitud rogatoria, carta rogatoria.

LETTERS TESTAMENTARY; documento mediante el cual un tribunal señala un albacea.

LETTING OUT (EU); arrendamiento, adjudicación de un contrato.

LEVEL; nivel, grado, categoría, plano.

LEVEL CROSSING; cruce a nivel.

LEVELHEADED; sensato, juicioso.

LEVERAGE; poder de adquirir algo por un pago inicial pequeño comparado con el valor total, nivel de endeudamiento relativo al capital, influencia, peso.

LEVERAGED BUYOUT; compra apalancada, comprar una mayoría de las acciones de una compañía usando principalmente fondos prestados.

LEVIABLE; gravable, imponible, tributable, exigible.

LEVIER; imponedor.

LEVIS CULPA; negligencia leve, culpa leve.

LEVY (n); embargo, impuesto, gravamen, tasación, ejecución.

LEVY (v); embargar, imponer, gravar, tasar, ejecutar.

LEWD; lascivo, sensual, obsceno.

LEWD AND LASCIVIOUS COHABITATION; concubinato.

LEWD PERSON; persona lasciva.

LEWDNESS; lascivia, obscenidad.

LEX; ley.

LEX AMISSA; persona infame.

LEX COMMERCII; derecho comercial.

LEX COMMUNIS; derecho común.

LEX CONTRACTUS; la ley del lugar del contrato.

LEX FORI; la ley del foro.

LEX LOCI; la ley del lugar.

LEX LOCI ACTUS; la ley del lugar donde se realizó un acto.

LEX LOCI CELEBRATIONIS; la ley del lugar donde se celebró el contrato.

LEX LOCI CONTRACTUS; la ley del lugar donde se celebró el contrato.

LEX LOCI DELICTI; la ley del lugar donde se cometió el delito.

LEX LOCI DOMICILII; la ley del lugar de domicilio.

LEX LOCI REI SITAE; la ley del lugar donde se encuentra el objeto del litigio.

LEX MERCATORIA; derecho comercial.

LEX NATURALE; derecho natural.

LEX NON SCRIPTA; derecho no escrito.

LEX SCRIPTA; derecho escrito.

LEX TALIONIS; ley del talión.

LEX TERRAE; la ley de la tierra.

LEXICON; lexicón.

LIABILITIES; obligaciones, deudas, pasivo.

LIABILITY; responsabilidad, obligación, deuda, pasivo.

LIABILITY BOND; fianza de responsabilidad civil.

LIABILITY FOR DAMAGES; responsabilidad por daños y perjuicios.

LIABILITY IMPOSED BY LAW; responsabilidad impuesta por ley.

LIABILITY IN CONTRACT; responsabilidad contractual.

LIABILITY IN SOLIDO; responsabilidad solidaria.

LIABILITY INSURANCE; seguro de responsabilidad civil.

LIABLE; responsable, obligado.

LIABLE CIVILLY; responsable civilmente.

LIABLE CRIMINALLY; responsable penalmente, responsable criminalmente.

LIABLE FOR; sujeto a, responsable de.

LIABLE FOR TAX; sujeto a impuestos.

LIABLE TO ACTION; sujeto a una acción.

LIABLE TO PENALTY; sujeto a una penalidad.

LIAISON; vinculación, unión, relaciones ilícitas.

LIBEL (n); libelo, difamación escrita, demanda.

LIBEL (v); difamar.

LIBEL SUIT; acción por difamación.

LIBELANT; libelista, difamador, demandante en una acción de difamación.

LIBELER; difamador.

LIBELOUS; difamatorio.

LIBELOUS PER QUOD; expresiones difamatorias al haber hechos adicionales que le dan ese sentido.

LIBELOUS PER SE; difamatorio de por sí.

LIBERAL; liberal, amplio, libre, aproximado, no literal.

LIBERAL CONSTRUCTION; interpretación liberal.

LIBERAL INTERPRETATION; interpretación liberal.

LIBERATE; liberar, eximir.

LIBERATION; liberación.

LIBERTAS; libertad, privilegio, inmunidad.

LIBERTICIDE; liberticida.

LIBERTY; libertad, privilegio, licencia, facultad.

LIBERTY OF A PORT; un permiso dentro de una póliza de seguro marítimo para atracar y comerciar en un puerto designado que no es el del destino final.

LIBERTY OF CONSCIENCE; libertad de conciencia.

LIBERTY OF CONTRACT; libertad contractual.

LIBERTY OF EXPRESSION; libertad de expresión.

LIBERTY OF SPEECH; libertad de expresión.

LIBERTY OF THE GLOBE; un permiso dentro de una póliza de seguro marítimo para ir a cualquier parte del mundo.

LIBERTY OF THE PRESS; libertad de prensa.

LIBRARY OF CONGRESS (EU); Biblioteca del Congreso.

LICENSE (n); licencia, permiso, concesión, autorización, libertad.

LICENSE (v); licenciar, autorizar, permitir.

LICENSE BY INVITATION; quien ingresa a la propiedad de otro con permiso.

LICENSE CONTRACT; contrato de licencia.

LICENSE FEE; impuesto pagadero para una licencia.

LICENSE PLATE; placa de automóvil, tablilla, permiso de circulación de vehículos.

LICENSE TAX; impuesto pagadero para una licencia.

LICENSED; licenciado, autorizado.

LICENSEE; licenciatario, concesionario.

LICENSING; la venta de licencias, el otorgamiento de licencias.

LICENSING AGREEMENT; convenio de licencia.

LICENSING AUTHORITY; autoridad para otorgar licencias.

LICENSING POWER; autoridad para otorgar licencias.

LICENSOR; licenciante.

LICENSURE; licenciamiento.

LICENTIATE; licenciado, licenciada.

LICENTIOUSNESS; libertinaje.

LICET; se permite, se permite por ley.

LICIT; lícito, permitido.

LICITATION; licitación.

LIE (n); mentira.

LIE (v); mentir, yacer, subsistir, ser admisible.

LIE DETECTOR; detector de mentiras.

LIE IN FRANCHISE; propiedad sujeta a posesión sin gestiones judiciales.

LIE TO; colindar.

LIEN; gravamen, carga, derecho de retención.

LIEN ACCOUNT; declaración de los gravámenes con respecto a ciertos bienes.

LIEN BY OPERATION OF THE LAW; gravamen que resulta de una disposición legal.

LIEN CREDITOR; acreedor con derecho de retención.

LIEN OF A COVENANT; la parte introductoria de un contrato.

LIENEE; deudor cuyos bienes están sujetos a un gravamen.

LIENOR; acreedor con derecho de retención.

LIEU; lugar.

LIEU LANDS; tierras dadas en lugar de otras expropiadas.

LIEU TAX; impuesto sustitutivo.

LIEUTENANT; sustituto, delegado.

LIEUTENANT GOVERNOR; vicegobernador.

LIFE; vida, vigencia, existencia, carrera.

LIFE ANNUITANT; pensionado vitalicio.

LIFE ANNUITY; pensión vitalicia.

LIFE ASSURANCE; seguro de vida.

LIFE BENEFICIARY; beneficiario vitalicio.

LIFE ESTATE; propiedad vitalicia.

LIFE EXPECTANCY; expectativa de vida.

LIFE-HOLD; arrendamiento vitalicio.

LIFE IMPRISONMENT; cadena perpetua.

LIFE IN BEING; lo restante de la vida de quien recibe ciertos derechos al transmitirse dichos derechos.

LIFE INSURANCE; seguro de vida.

LIFE INSURANCE PROCEEDS; los pagos al beneficiario de un seguro de vida.

LIFE INSURANCE TRUST; fideicomiso consistente de pólizas de seguros de vidas.

LIFE INTEREST; usufructo vitalicio.

LIFE-LAND; arrendamiento vitalicio.

LIFE MEMBER; miembro vitalicio.

LIFE OF A PATENT; duración de una patente, vigencia de una patente.

LIFE OF A WRIT; duración de una orden judicial.

LIFE OR LIMB; disposición que prohibe una segunda acción por el mismo delito.

LIFE POLICY; póliza de seguro de vida.

LIFE SENTENCE; cadena perpetua.

LIFE SPAN; duración de la vida.

LIFE TENANCY; usufructo vitalicio, posesión vitalicia, arrendamiento vitalicio.

LIFE TENANT; usufructuario vitalicio.

LIFE VEST; chaleco salvavidas.

LIFELONG; de toda la vida, vitalicio.

LIFESAVING STATION; estación de salvamento.

LIFETIME (adj); vitalicio.

LIFETIME (n); vida, curso de vida.

LIFT; alzar, exaltar, cancelar.

LIGAN; mercancías arrojadas al mar e identificadas con una boya para ser rescatadas.

LIGHT, RIGHT TO; servidumbre de luz.

LIGHT (adj); ligero, liviano, fácil, alegre, claro.

LIGHT (n); luz, luz del día.

LIGHT SENTENCE; sentencia leve.

LIGHTER; barcaza, encendedor.

LIGHTERAGE; transporte por medio de barcazas.

LIGHTERMAN; gabarrero.

LIGHTHOUSE; faro.

LIKE; semejante, equivalente, igual a.

LIKE BENEFITS; beneficios similares.

LIKE-KIND EXCHANGE; intercambio de bienes similares.

LIKELIHOOD; probabilidad, verosimilitud.

LIKELY; probable, verosímil, idóneo.

LIMIT (n); límite, linde, término, restricción.

LIMIT (v); limitar, deslindar, restringir.

LIMITABLE; limitable.

LIMITATION; limitación, restricción, prescripción.

LIMITATION IN LAW; dominio de duración limitada por una condición.

LIMITATION OF ACTION; prescriptibilidad de la acción.

LIMITATION OF DAMAGES; limitación de los daños y perjuicios.

LIMITATION OF ESTATES; restricciones a los derechos de propiedad que están enumerados en la escritura.

LIMITATION OF LIABILITY; limitación de responsabilidad.

LIMITATION OF PROSECUTION; prescriptibilidad de la acción penal.

LIMITATION OVER; un derecho que será efectivo al expirar otro sobre los mismos bienes, dominio subsecuente.

LIMITATION PERIOD; término de la prescripción.

LIMITATION TITLE; título pleno de un inmueble.

LIMITATIONS, STATUTE OF; ley de prescripción.

LIMITATIVE; limitativo.

LIMITED; limitado, circunscrito, restringido, (RU) de responsabilidad limitada.

LIMITED ADMISSIBILITY; admisibilidad limitada de una prueba.

LIMITED APPEAL; apelación limitada, apelación parcial.

LIMITED AUTHORITY; autoridad limitada.

LIMITED COMPANY; compañía de responsabilidad limitada.

LIMITED COURT; tribunal con jurisdicción limitada.

LIMITED DIVORCE; divorcio limitado, decreto de divorcio sin considerar una pensión tras el divorcio, separación sin disolución de matrimonio.

LIMITED EXECUTOR; albacea con facultades limitadas.

LIMITED FEE; propiedad de dominio limitado, derecho limitado sobre un inmueble.

LIMITED GUARANTY; garantía limitada.

LIMITED INTERPRETATION; interpretación restringida.

LIMITED JURISDICTION; competencia limitada, jurisdicción limitada, jurisdicción especial.

LIMITED LIABILITY; responsabilidad limitada.

LIMITED OWNER; usufructuario.

LIMITED PARTNER; socio comanditario.

LIMITED PARTNERSHIP; sociedad en comandita.

LIMITED POLICY; póliza limitada.

LIMITED POWER OF APPOINTMENT; poder de designación limitada.

LIMITED PUBLICATION; publicación para un grupo selecto de personas.

LIMITED PURPOSE MARRIAGE; matrimonio con propósitos ajenos a los que normalmente se asocian con motivos conyugales.

LIMITED TRUST; fideicomiso por un término fijo, fideicomiso con un propósito limitado.

LIMITED WARRANTY; garantía limitada.

LINDBERGH ACT (EU); ley federal que penaliza a quienes transportan a una persona secuestrada de un estado a otro o al extranjero.

LINE; línea, límite, frontera, especialidad, ruta.

LINE OF CREDIT; línea de crédito.

LINE OF DUTY; cumplimiento del deber.

LINE OF ORDINARY HIGH TIDE; la línea señalando hasta donde llega normalmente la marea alta.

LINEAGE; linaje, estirpe, raza.

LINEAL; lineal, hereditario.

LINEAL ASCENDANTS; ascendentes directos.

LINEAL CONSANGUINITY; consanguinidad lineal.

LINEAL DESCENDANT; descendiente directo.

LINEAL DESCENT; descendencia lineal.

LINEAL HEIR; heredero directo.

LINEAL WARRANTY; garantía de parte del antepasado quien legó al heredero.

LINEATION; delineación.

LINER; barco de línea, avión de línea.

LINES; lindes, límites, líneas, demarcaciones.

LINES AND CORNERS; las líneas demarcadoras y los ángulos entre sí de una propiedad.

LINEUP; hilera de personas, galería de sospechosos.

LINGER; demorarse, titubear, persistir, estarse.

LINK (n); eslabón, vínculo, unión.

LINK (v); vincular, unir.

LINK-IN-CHAIN; eslabón en una cadena.

LIQUET; es aparente.

LIQUID; líquido, corriente.

LIQUID ASSETS; activos líquidos, activo corriente.

LIQUID DEBT; deuda vencida y exigible.

LIQUIDATE; liquidar.

LIQUIDATED; liquidado, cancelado, fijado.

LIQUIDATED ACCOUNT; cuenta saldada, cuenta liquidada.

LIQUIDATED CLAIM; reclamación saldada.

LIQUIDATED DAMAGES AND PENALTIES; pena convencional, daños convencionales, daños y perjuicios fijados por contrato o mediante una sentencia.

LIQUIDATED DEBT; deuda saldada.

LIQUIDATED DEMAND; demanda conciliada.

LIQUIDATING PARTNER; socio liquidador.

LIQUIDATING TRUST; fideicomiso para una liquidación.

LIQUIDATION; liquidación.

LIQUIDATION DIVIDEND; dividendo de liquidación.

LIQUIDATION PRICE; precio de liquidación.

LIQUIDATION STATEMENT; estado de liquidación.

LIQUIDATION VALUE; valor de liquidación.

LIQUIDATOR; liquidador, (RU) administrador judicial.

LIQUIDITY; liquidez.

LIQUOR; licor.

LIQUOR LICENSE; licencia para vender bebidas alcohólicas.

LIQUOR OFFENSES; delitos relacionados con bebidas alcohólicas.

LIS; litigio, controversia.

LIS ALIBI PENDENS; litispendencia en otra parte.

LIS MOTA; el comienzo de una acción.

LIS PENDENS; litispendencia.

LIST (n); lista, nómina, registro.

LIST (v); alistar, inscribir.

LIST OF CREDITORS; lista de acreedores.

LIST OF PROPERTY; lista de bienes.

LIST PRICE; precio de lista.

LISTED SECURITIES; valores cotizados.

LISTED STOCK; acciones cotizadas.

LISTEN; escuchar a, atender a.

LISTERS; funcionarios que hacen listas de cosas tributables.

LISTING; alistamiento, ítem, cotización en una bolsa de valores, contrato para una transacción de un inmueble con un corredor de bienes raíces.

LITE PENDENTE; mientras está pendiente el litigio, lite pendente.

LITERACY; capacidad de leer y escribir.

LITERACY QUALIFICATION; requisito de poder leer y escribir.

LITERACY TEST; prueba para determinar si una persona puede leer y escribir.

LITERAL; literal, textual, exacto.

LITERAL CONSTRUCTION; interpretación literal.

LITERAL CONTRACT; contrato escrito.

LITERAL INTERPRETATION; interpretación literal.

LITERAL PROOF; prueba escrita.

LITERARY; literario.

LITERARY COMPOSITION; composición literaria.

LITERARY PROPERTY; propiedad literaria.

LITERARY WORK; obra literaria.

LITERATE; quien sabe leer y escribir.

LITIGANT; litigante, pleiteante.

LITIGATE; litigar, pleitear, procesar, accionar.

LITIGATION; litigación, litigio, pleito.

LITIGATION EXPENSES; costas judiciales.

LITIGIOSITY; litigiosidad.

LITIGIOUS; litigioso, contencioso.

LITIGIOUS RIGHT; derecho que requiere una acción judicial para ejercerse.

LITTER; basura esparcida, desorden.

LITTERING; el arrojar basura indebidamente.

LITTORAL; litoral.

LITTORAL LAND; tierras litorales.

LIVABLE; soportable, habitable.

LIVE (adj); vivo.

LIVE (v); vivir, perdurar.

LIVE BIRTH; nacimiento con vida.

LIVE STORAGE; estacionamiento, almacenamiento.

LIVELIHOOD; subsistencia, medios de vida, ocupación.

LIVERY; entrega, traspaso, alquiler de vehículos.

LIVERY CONVEYANCE; vehículo para la transportación pública.

LIVES IN BEING; las vidas en curso al crearse un interés.

LIVESTOCK; ganado, ganadería.

LIVING (adj); vivo, activo.

LIVING (n); vida, medios de vida.

LIVING APART; viviendo separadamente.

LIVING DEATH; muerte en vida.

LIVING IN OPEN AND NOTORIOUS ADULTERY; vivir en adulterio de forma abierta y notoria.

LIVING ISSUE; descendientes vivos.

LIVING QUARTERS; vivienda, habitaciones.

LIVING SEPARATE AND APART; vivir separadamente sin intención de volver a cohabitar.

LIVING TOGETHER; conviviendo.

LIVING TRUST; fideicomiso durante la vida de quien lo estableció.

LIVING WILL; documento que autoriza a que no se mantenga a una persona dependiendo de aparatos médicos sin los cuales moriría pronto.

LOAD (n); carga, cargamento, deberes, peso.

LOAD (v); cargar, adulterar, agobiar.

LOAD LINE; línea de carga.

LOADING; cargamento, carga, prima adicional.

LOAN (n); préstamo, empréstito.

LOAN (v); prestar.

LOAN ASSOCIATION; asociación de préstamos.

LOAN BROKER; corredor de préstamos.

LOAN CERTIFICATE; certificado de préstamo.

LOAN COMMITMENT; compromiso de préstamo.

LOAN FOR CONSUMPTION; préstamo para consumo.

LOAN FOR EXCHANGE; préstamo en el que una parte entrega bienes personales y la otra devuelve bienes similares en una fecha futura.

LOAN FOR USE; préstamo de uso.

LOAN OF MONEY; préstamo de dinero.

LOAN SHARKING; usura.

LOAN SOCIETY (RU); sociedad de préstamos.

LOANED EMPLOYEE; empleado cuyos servicios se prestan temporalmente a otro patrono.

LOANED SERVANT; empleado cuyos servicios se prestan temporalmente a otro patrono.

LOANED SERVANT DOCTRINE; doctrina que indica que un empleado cuyos servicios se prestan temporalmente a otro patrono se considera como empleado de este último.

LOBBY (n); vestíbulo, grupo de cabilderos.

LOBBY (v); cabildear.

LOBBYING; cabildeo.

LOBBYING ACTS; leyes las cuales regulan las actividades de cabildeo.

LOBBYIST; cabildero.

LOCAL; local, regional.

LOCAL ACT; ley local.

LOCAL ACTIONS; acciones locales.

LOCAL AFFAIRS; asuntos locales.

LOCAL AGENT; agente local.

LOCAL ALLEGIANCE; respeto a las normas del país donde uno se encuentra temporalmente.

LOCAL ASSESSMENT; impuesto local, tasación para mejoras.

LOCAL AUTHORITY; autoridad local.

LOCAL BENEFIT; beneficio local.

LOCAL CHATTEL; mueble adherido a un inmueble.

LOCAL CONCERN; empresa con intereses locales.

LOCAL COURTS; tribunales locales.

LOCAL CUSTOMS; costumbres locales.

LOCAL GOVERNMENT; gobierno local, gobierno municipal.

LOCAL IMPROVEMENTS; mejoras públicas locales.

LOCAL IMPROVEMENTS ASSESSMENT; impuesto para mejoras públicas locales.

LOCAL KNOWLEDGE; de conocimiento local.

LOCAL LAW; ley local, derecho local.

LOCAL LOAN; préstamo local.

LOCAL OFFICER; funcionario local.

LOCAL OPTION; opción local.

LOCAL RULES; reglas locales.

LOCAL STATUTE; estatuto local.

LOCAL TAXES; impuestos locales.

LOCAL TIME; hora local.

LOCAL USAGE; de uso local.

LOCALITY; localidad, sitio.

LOCALITY OF A LAWSUIT; el lugar donde se puede ejercer la competencia judicial.

LOCALIZATION; localización.

LOCALIZE; localizar.

LOCALLY; localmente.

LOCATE; localizar, ubicar, dar con.

LOCATION; ubicación, colocación, sitio, reclamación de una pertenencia minera.

LOCATIVE CALLS; referencias a objetos físicos para facilitar la ubicación de un inmueble.

LOCATOR; localizador.

LOCK (n); cerradura, candado.

LOCK (v); cerrar con llave.

LOCKOUT; huelga patronal.

LOCKUP; celda para la detención de personas en espera de un juicio.

LOCO PARENTIS, IN; en el lugar de un padre.

LOCUM TENENS; suplente.

LOCUS; lugar.

LOCUS CONTRACTUS; el lugar del contrato.

LOCUS DELICTI; el lugar del delito.

LOCUS IN QUO; el lugar en el cual.

LOCUS PUBLICUS; un sitio público.

LOCUS REI SITAE; el lugar donde está la cosa.

LOCUS STANDI; derecho de audiencia ante un tribunal.

LODGE (n); posada, hotel.

LODGE (v); alojar, albergar, introducir, sentar.

LODGE A COMPLAINT; presentar una querella, presentar una acción.

LODGER; inquilino, huésped.

LODGING HOUSE; casa de huéspedes.

LODGING PLACE; albergue temporal.

LOG (n); diario, cuaderno de bitácora, registro, tronco.

LOG (v); registrar, anotar, recorrer, cortar.

LOG IN; registrar, contabilizar.

LOGBOOK; diario, cuaderno de bitácora, registro.

LOGIC; lógica.

LOGICAL; lógico.

LOGICAL INFERENCE; inferencia lógica.

LOGICAL INTERPRETATION; interpretación lógica.

LOGICAL RELEVANCY; pertinencia lógica.

LOGICALLY; lógicamente.

LOGJAM; estancamiento.

LOITER; vagar, dilatar.

LOITERER; vagabundo.

LONE; único, solitario, aislado.

LONG; largo, alto, prolongado, remoto.

LONG ACCOUNT; cuenta larga y compleja que somete el tribunal a un perito.

LONG ARM STATUTES (EU); estatutos que permiten que se extienda jurisdicción personal sobre personas que hacen gestiones de negocio desde otro estado.

LONG-DISTANCE; larga distancia.

LONG-STANDING; de largos años, duradero.

LONG TERM; a largo plazo.

LONG TERM DEBT; deuda a largo plazo.

LONG TERM FINANCING; financiamiento a largo plazo.

LONG TERM LEASE; arrendamiento a largo plazo.

LONG TON; tonelada gruesa.

LONGEVITY; longevidad.

LONGEVITY PAY; compensación por longevidad.

LONGHAND; escritura.

LONGSHOREMAN; estibador.

LOOK (n); mirada, apariencia.

LOOK (v); mirar, parecer, indicar.

LOOK ALIKE; parecerse a.

LOOK AND LISTEN; requerimiento de que una persona mire y escuche para determinar razonablemente el momento en que pasará un tren antes de cruzar dicha vía.

LOOKER-ON; observador.

LOOKOUT; observación atenta, vigilancia, vigía, observador.

LOOSE; suelto, flojo, inexacto.

LOOSE ENDS; asunto sin resolver, asunto pendiente, cabos sueltos.

LOOSE-LEAF; de hojas sueltas, de hojas cambiables.

LOOSELY; libremente, aproximadamente.

LOOT (n); botín, presa, saqueo.

LOOT (v); saquear, robar.

LOOTER; saqueador.

LOOTING; saqueo.

LOQUACIOUS; locuaz.

LORD HIGH CHANCELLOR (RU); funcionario judicial con la mayor responsabilidad.

LORD JUSTICES OF APPEAL (RU); jueces en los tribunales de apelaciones.

LORDS OF PARLIAMENT (RU); miembros de la Cámara de los Lores.

LORE; del saber popular.

LOSE; perder, hacer perder.

LOSS; pérdida, daño, siniestro.

LOSS ASSESSMENT; evaluación de los daños.

LOSS BURDEN; carga del siniestro.

LOSS LEADER; artículo vendido bajo costo para atraer clientela en espera que se hagan otras compras lucrativas para el negocio.

LOSS OF ANTICIPATED PROFITS; pérdida de ganancia anticipada.

LOSS OF INCOME; pérdida de ingresos.

LOSS RESERVE; reserva para siniestros, reserva para pérdidas.

LOST; perdido, olvidado, desorientado.

LOST OR NOT LOST; estipulación en una póliza de seguro marítimo que si las partes envueltas no están enteradas de un siniestro existente que dicho siniestro estará cubierto.

LOST PROPERTY; bienes perdidos.

LOST WILL; testamento perdido.

LOT; lote, solar, parcela, grupo, suerte.

LOTTERY; lotería, rifa.

LOW; bajo, escaso, vil.

LOW-GRADE; de baja calidad.

LOW OR SLIGHT DILIGENCE; diligencia mínima.

LOW-WATER MARK; línea de bajamar.

LOWER (adj); más bajo, inferior.

LOWER (v); bajar, rebajar, disminuir.

LOWER COURT; tribunal inferior, tribunal de primera instancia.

LOWER HOUSE; cámara baja.

LOYAL; leal, legal, constante.

LOYALTY; lealtad, legalidad, constancia.

LUCID INTERVAL; intervalo lúcido.

LUCIDITY; lucidez.

LUCK; suerte, azar, casualidad.

LUCRATIVE; lucrativo.

LUCRATIVE BAILMENT; depósito a título oneroso, depósito lucrativo.

LUCRATIVE OFFICE; cargo remunerado.

LUCRATIVE TITLE; título gratuito.

LUCRUM CESSANS; lucro cesante.

LUMP-SUM PAYMENT; pago único, pago global.

LUNACY; insania, demencia.

LUNAR MONTH; mes lunar.

LUNATIC; lunático.

LURE (n); tentación, señuelo.

LURE (v); atraer con engaño, seducir, tentar.

LURK; estar al asecho.

LURKER; acechador, espía.

LUXURY TAX; impuesto suntuario, impuesto de lujo.

LYNCH LAW; ley de linchamiento.

LYNCHING; linchamiento.

M'NAGHTEN RULE (EU); regla que declara que una persona no es culpable de un crimen si al cometerlo estaba insano.

MACABRE; macabro, horripilante.

MACE; maza, aerosol altamente irritante para ahuyentar personas o animales.

MACE-PROOF; inmune a arresto.

MACHINE; máquina, mecanismo.

MACHINERY; maquinaria.

MACROECONOMICS; macroeconomía.

MAD; insano, enfurecido, frenético.

MADE; ejecutado, fabricado, hecho.

MADE KNOWN; hecho saber.

MAFIA; mafia, crimen organizado, conspiración.

MAGAZINE; revista, cartucho.

MAGISTERIAL PRECINCT (EU); distrito judicial.

MAGISTRACY; magistratura.

MAGISTRATE; magistrado, juez.

MAGNA CULPA; culpa grave, negligencia grave.

MAIDEN NAME; apellido de soltera.

MAIL (adj); postal.

MAIL (n); correo, correspondencia.

MAIL (v); enviar por correo.

MAIL CARRIER; cartero.

MAIL CONTRACT; contrato por correspondencia.

MAIL FRAUD; fraude cometido usando el servicio postal.

MAIL OFFENSE; delito contra el servicio postal.

MAIL ORDER DIVORCE; divorcio en el cual ninguna de las dos partes está presente en la jurisdicción otorgante.

MAILABLE; apto para enviarse por correo.

MAILBOX; buzón.

MAILBOX RULE; regla según la cual una aceptación de oferta es efectiva al echarse en el buzón.

MAILED; enviado por correo.

MAILMAN; cartero.

MAILPERSON; cartero, cartera.

MAIM; mutilar.

MAIN (adj); principal, esencial.

MAIN (n); parte principal, lo esencial.

MAIN CHANNEL; canal principal.

MAIN OFFICE; oficina central.

MAIN PURPOSE; propósito principal.

MAIN SEA; mar abierto.

MAINLY; mayormente, principalmente.

MAINTAIN; mantener, conservar, sostener, entablar una acción, continuar una acción.

MAINTAINOR; quien ayuda en un juicio ajeno ya sea con dinero o de otro modo.

MAINTENANCE; mantenimiento, sostenimiento, conservación, ayudar en un juicio ajeno ya sea con dinero o de otro modo.

MAINTENANCE OF CHILDREN; mantenimiento de menores, manutención de menores.

MAJESTY; majestad.

MAJOR (adj); mayor, más grande, principal, mayor de edad.

MAJOR (n); mayor, mayor de edad, especialidad.

MAJOR CRIME; delito grave.

MAJOR MEDICAL INSURANCE; seguro para los gastos médicos mayores.

MAJORITY; mayoría, mayoría de edad, pluralidad.

MAJORITY LEADER; líder de la mayoría.

MAJORITY OPINION; opinión de la mayoría.

MAJORITY PARTY; partido de la mayoría.

MAJORITY RULE; gobierno mayoritario.

MAJORITY VOTE; voto mayoritario.

MAKE; hacer, celebrar, establecer, firmar, crear, causar, deducir.

MAKE A CONTRACT; celebrar un contrato.

MAKE A DEAL; hacer un trato.

MAKE AN AWARD; emitir un fallo.

MAKE DEFAULT; incumplir, no comparecer ante un tribunal.

MAKE DELIVERY; hacer entrega.

MAKING LAW; la creación de una nueva ley.
MALA FIDE; de mala fe.
MALA FIDE HOLDER; tenedor de mala fe.
MALA FIDE PURCHASER; comprador de
  mala fe.
MALA FIDES; mala fe.
MALA IN SE; malvado de por sí.
MALA PROHIBITA; delitos prohibidos.
MALADMINISTRATION; administración
  inepta, administración fraudulenta.
MALADY; mal, enfermedad, trastorno.
MALCONDUCT; mala conducta, conducta
  ilícita.
MALE; masculino, varón.
MALEFACTION; malhecho, delito, crimen.
MALEFACTOR; malhechor, criminal.
MALEFACTRESS; malhechora, mujer
  criminal.
MALEFIC; maléfico, perjudicial, dañino.
MALEFICENCE; maleficio, maldad.
MALEFICENT; maléfico, dañino.
MALEVOLENCE; malevolencia.
MALEVOLENT; malévolo.
MALEVOLENTLY; malignamente.
MALFEASANCE; fechoría, acto ilegal.
MALFUNCTION; funcionamiento defectuoso.
MALICE; malicia, intención maliciosa.
MALICE AFORETHOUGHT; malicia
  premeditada.
MALICE IN FACT; malicia de hecho,
  intención criminal de hecho.
MALICE IN LAW; malicia implícita, intención
  criminal implícita.
MALICIOUS; malicioso, maligno.
MALICIOUS ABANDONMENT; abandono
  conyugal doloso.
MALICIOUS ABUSE OF LEGAL PROCESS;
  abuso procesal malicioso.
MALICIOUS ACCUSATION; acusación
  maliciosa.
MALICIOUS ACT; acto malicioso, acto
  doloso.
MALICIOUS ARREST; arresto ilícito
  malicioso.
MALICIOUS ASSAULT; acometimiento
  malicioso, asalto malicioso.
MALICIOUS FALSEHOOD; falsedad
  maliciosa.

MALICIOUS INJURY; lesión dolosa, lesión
  maliciosa.
MALICIOUS KILLING; homicidio doloso.
MALICIOUS MISCHIEF; daño voluntario y
  malicioso a propiedad ajena.
MALICIOUS MOTIVE; motivo malicioso.
MALICIOUS PROSECUTION; acción penal
  sin fundamento, denuncia maliciosa.
MALICIOUS TRESPASS; violación de
  propiedad maliciosa, transgresión dolosa.
MALICIOUS USE OF PROCESS; abuso de
  proceso.
MALICIOUSLY; maliciosamente.
MALICIOUSNESS; malicia.
MALIGN (adj); maligno.
MALIGN (v); difamar, calumniar.
MALIGNER; difamador.
MALINGER; fingir un impedimento o
  enfermedad.
MALITIA; malicia.
MALLORY RULE; regla según la cual no es
  admisible una confesión obtenida tras una
  detención por un tiempo irrazonable.
MALO ANIMO; con mala intención.
MALPRACTICE; negligencia profesional.
MALPRACTICE INSURANCE; seguro contra
  negligencia profesional.
MALTREATMENT; maltrato.
MALVERSATION; malversación, delitos
  cometidos en la capacidad de funcionario.
MAN; hombre, persona, la humanidad.
MAN-HOUR; hora hombre.
MAN OF STRAW; hombre de paja.
MANACLE; esposar.
MANACLES; esposas.
MANAGE; administrar, dirigir, gestionar,
  lograr.
MANAGED; administrado.
MANAGED ECONOMY; economía
  planificada, economía dirigida.
MANAGEMENT; manejo, administración,
  cuerpo directivo, dirección.
MANAGEMENT CONTRACT; contrato de
  administración.
MANAGEMENT OF THE SHIP;
  administración de la nave.
MANAGER; gerente, administrador.
MANAGERIAL; ejecutivo, directivo.

MANAGING AGENT; gerente.

MANAGING COMMITTEE; comité directivo.

MANAGING PARTNER; socio administrador.

MANCHE-PRESENT; soborno, un regalo de la mano del donante.

MANDAMUS; ordenamos, orden judicial, mandamus.

MANDATARY; mandatario.

MANDATE; mandato, orden.

MANDATOR; mandante.

MANDATORY; obligatorio, imperativo.

MANDATORY CLAUSE; cláusula obligatoria.

MANDATORY INJUNCTION; orden judicial imperativa, requerimiento imperativo, mandamiento preceptivo, mandamiento afirmativo.

MANDATORY INSTRUCTIONS; instrucciones obligatorias.

MANDATORY ORDER; orden imperativa.

MANDATORY STATUTES; leyes imperativas.

MANGLE; mutilar, desfigurar.

MANHANDLE; maltratar.

MANHOOD; mayoría de edad.

MANHUNT; búsqueda de un fugitivo.

MANIA; manía.

MANIAC; maníaco.

MANIFEST (adj); manifiesto, evidente.

MANIFEST (n); manifiesto de carga, lista de pasajeros.

MANIFEST (v); manifestar, declarar, registrar en un manifiesto de carga.

MANIFEST NECESSITY; necesidad manifiesta.

MANIFESTATION; manifestación.

MANIFESTATION OF INTENTION; manifestación de intención.

MANIFESTO; manifiesto, declaración pública.

MANIFOLD; múltiple, diverso.

MANIPULATE; manipular, alterar.

MANIPULATION; manipulación.

MANIPULATOR; manipulador.

MANKIND; humanidad.

MANNER; manera, modo, costumbre, porte, estilo.

MANNER AND FORM; modo y forma.

MANNING; citación a comparecer, el trabajo de un día de una persona.

MANOR; casa, residencia.

MANPOWER; mano de obra.

MANSION-HOUSE; mansión, residencia.

MANSLAUGHTER; homicidio impremeditado.

MANSTEALING; rapto, secuestro.

MANU LONGA; indirectamente.

MANUAL; manual.

MANUAL DELIVERY; entrega a mano.

MANUAL GIFT; donación manual.

MANUAL LABOR; trabajo manual.

MANUFACTURE (n); manufactura, elaboración, fabricación.

MANUFACTURE (v); manufacturar, elaborar, fabricar.

MANUFACTURED ARTICLE; artículo manufacturado.

MANUFACTURER; fabricante, industrial.

MANUFACTURER'S LIABILITY DOCTRINE; doctrina sobre la responsabilidad del fabricante.

MANUFACTURING CORPORATION; corporación industrial, corporación manufacturera.

MANUFACTURING COST; costo de la manufactura, coste de fabricación.

MANUFACTURING ESTABLISHMENT; establecimiento industrial.

MANUMISSION; manumisión.

MANUSCRIPT; manuscrito.

MANY; muchos, diversos.

MAP (n); mapa.

MAP (v); levantar un mapa, planear, proyectar.

MAR; estropear, dañar.

MARAUD; saquear.

MARGIN; margen, ganancia, borde, reserva.

MARGIN ACCOUNT; cuenta con una firma bursátil para la compra de valores a crédito, cuenta de margen.

MARGIN OF PROFIT; margen de ganancia, margen de beneficio.

MARGIN TRADING; la compra de valores usando crédito en una firma bursátil.

MARGINAL; marginal.

MARGINAL NOTE; nota marginal, apostilla.

MARINE; marino, marítimo.

MARINE BELT; aguas territoriales.

MARINE CARRIER; transportador marítimo.

MARINE CONTRACT; contrato marítimo.

MARINE INSURANCE; seguro marítimo.

MARINE INTEREST; interés sobre préstamos a la gruesa.

MARINE LEAGUE; legua marítima.

MARINE RISK; riesgo marítimo.

MARINE UNDERWRITER; asegurador marítimo.

MARINER; marinero.

MARITAL; marital, conyugal, matrimonial.

MARITAL AGREEMENTS; capitulaciones matrimoniales, convenios matrimoniales.

MARITAL COMMUNICATIONS PRIVILEGE; derecho de mantener confidencial las comunicaciones entre cónyuges.

MARITAL DEDUCTION; deducción fiscal matrimonial.

MARITAL DUTIES; deberes matrimoniales.

MARITAL INFIDELITY; infidelidad matrimonial.

MARITAL PROPERTY; bienes adquiridos por los cónyuges durante el matrimonio.

MARITAL RELATIONSHIP; relación matrimonial.

MARITAL RIGHTS AND DUTIES; derechos y deberes matrimoniales.

MARITAL STATUS; estado civil.

MARITIME; marítimo, naval.

MARITIME ATTACHMENT; embargo marítimo.

MARITIME BELT; aguas territoriales.

MARITIME CASUALTY; siniestro marítimo.

MARITIME CAUSE; causa marítima.

MARITIME COASTLINE TRADE; comercio de cabotaje.

MARITIME COMMISSION (EU); Comisión Marítima.

MARITIME CONTRACT; contrato naval.

MARITIME COURT; tribunal marítimo, tribunal de almirantazgo.

MARITIME FLAG; bandera marítima.

MARITIME INTEREST; interés sobre préstamos a la gruesa.

MARITIME JURISDICTION; jurisdicción del tribunal marítimo.

MARITIME LAW; derecho marítimo.

MARITIME LIEN; privilegio marítimo, gravamen marítimo, embargo marítimo.

MARITIME LOAN; préstamo marítimo.

MARITIME MORTGAGE; hipoteca marítima.

MARITIME PERILS; peligros del mar.

MARITIME PRIZE; presa naval.

MARITIME SERVICE; servicio marítimo.

MARITIME TORT; daño legal marítimo, agravio marítimo.

MARITIME TRADE; comercio marítimo.

MARITIME WATERS; aguas territoriales.

MARITUS; un marido, un esposo.

MARK (n); marca, señal, signo, objetivo, distinción, huella.

MARK (v); marcar, señalar, caracterizar, registrar, calificar.

MARKDOWN; reducción, descuento.

MARKED; marcado, notable.

MARKED MONEY; dinero marcado.

MARKER; marcador, señal.

MARKET (n); mercado, bolsa.

MARKET (v); mercadear, comerciar, comercializar, vender.

MARKET ANALYSIS; análisis del mercado.

MARKET OVERT (RU); mercado abierto y público.

MARKET PRICE; precio de mercado, valor justo en el mercado.

MARKET SHARE; porcentaje del mercado.

MARKET VALUE; valor en el mercado, valor justo en el mercado.

MARKETABLE; vendible, comerciable, negociable.

MARKETABLE TITLE; título de propiedad transferible sin gravámenes u otras restricciones.

MARKETING; mercadeo.

MARKON; la cantidad que se le suma al costo para llegar al precio de lista.

MARKSMAN; quien firma documentos con una marca por no saber escribir.

MARKUP; margen de ganancia, alza de un precio.

MARQUE, LAW OF; ley de represalia.

MARRIAGE; matrimonio, boda, enlace.

MARRIAGE BROKER; agente matrimonial.

MARRIAGE CEREMONY; ceremonia matrimonial.

MARRIAGE CERTIFICATE; certificado de matrimonio.

MARRIAGE LICENSE; licencia matrimonial.

MARRIAGE OF CONVENIENCE; matrimonio de conveniencia.

MARRIAGE PORTION; dote.

MARRIAGE PROMISE; compromiso de matrimonio.

MARRIAGE SETTLEMENT; convenio prematrimonial, capitulaciones matrimoniales.

MARRIED; casado.

MARRIED COUPLE; matrimonio.

MARRIED LIFE; vida conyugal.

MARRIED STATE; estado conyugal.

MARRY; casar, casarse con, unir.

MARSHAL; alguacil, maestro de ceremonias.

MARSHALING ASSETS; clasificación de acreedores.

MARSHALING LIENS; clasificación de gravámenes.

MART; mercado, centro comercial.

MARTIAL LAW; ley marcial.

MARXISM; marxismo.

MASOCHISM; masoquismo.

MASS MURDER; asesinatos múltiples.

MASS PRODUCTION; producción en masa.

MASSACHUSETTS RULE (EU); regla según la cual todo banco que recibe un cheque para pago sirve como agente del depositante, regla de Massachusetts.

MASSACHUSETTS TRUST (EU); ente de negocios donde los socios transfieren bienes a un fideicomiso del cual son los beneficiarios.

MASTER (adj); maestro, experto.

MASTER (n); patrono, maestro, auxiliar judicial, poseedor, comandante de una nave.

MASTER (v); dominar, vencer.

MASTER AGREEMENT; contrato colectivo de trabajo.

MASTER AT COMMON LAW (RU); funcionario de los tribunales del derecho común.

MASTER IN CHANCERY (RU); funcionario de los tribunales de equidad.

MASTER KEY; llave maestra.

MASTER LEASE; arrendamiento principal.

MASTER OF A SHIP; comandante de una nave.

MASTER OF THE CROWN OFFICE (RU); Fiscal de la Corona.

MASTER PLAN; plan maestro, plan principal para el desarrollo urbano de una localidad.

MASTER POLICY; póliza principal.

MASTERS OF THE SUPREME COURT (RU); funcionarios de la corte suprema.

MATCH (n); igual, conjunto, matrimonio, mecha, fósforo.

MATCH (v); enfrentar, emparejar, igualar.

MATCHLESS; sin igual.

MATE; cónyuge, camarada, segundo oficial de una nave.

MATERIAL; material, pertinente, importante, esencial, sustancial, corporal.

MATERIAL ALLEGATION; alegación material.

MATERIAL ALTERATION; alteración sustancial.

MATERIAL BREACH; incumplimiento sustancial.

MATERIAL CHANGE; alteración sustancial.

MATERIAL CIRCUMSTANCE; circunstancia material.

MATERIAL EVIDENCE; prueba material.

MATERIAL FACT; hecho material.

MATERIAL INJURY; lesión sustancial.

MATERIAL MISREPRESENTATION; declaración falsa material.

MATERIAL MISTAKE; error sustancial.

MATERIAL REPRESENTATION; declaración material, representación material.

MATERIAL WITNESS; testigo clave.

MATERIALMAN; quien provee materiales.

MATERNAL; maternal.

MATERNAL LINE; línea materna.

MATERNAL PROPERTY; propiedad heredada por la vía materna.

MATERNITY; maternidad.

MATERTERA; una hermana de la madre.

MATERTERA MAGNA; una hermana de una abuela.

MATERTERA MAJOR; una hermana de una bisabuela.

MATHEMATICAL EVIDENCE; prueba matemática, prueba confiable.
MATRICIDE; matricidio, matricida.
MATRICULATE; matricularse.
MATRICULATION; matriculación.
MATRILINEAL; por línea materna.
MATRIMONIAL; matrimonial.
MATRIMONIAL ACTION; acción sobre un estado de matrimonio.
MATRIMONIAL CAUSES; causas matrimoniales.
MATRIMONIAL COHABITATION; cohabitación matrimonial.
MATRIMONIAL DOMICILE; domicilio matrimonial.
MATRIMONIAL PROPERTY; propiedad matrimonial.
MATRIMONIAL RES; estado matrimonial.
MATRIMONY; matrimonio.
MATRIX; matriz, protocolo.
MATTER (n); materia, cuestión, asunto, negocio.
MATTER (v); importar.
MATTER IN CONTROVERSY; cuestión en controversia.
MATTER IN DEED (RU); cuestión de hecho.
MATTER IN DISPUTE; cuestión en controversia.
MATTER IN ISSUE; cuestión en controversia.
MATTER IN PAIS; cuestión de hecho no escrito.
MATTER OF COURSE; lo que se hace rutinariamente.
MATTER OF FACT; cuestión de hecho.
MATTER OF FORM; cuestión de forma.
MATTER OF LAW; cuestión de derecho.
MATTER OF PRINCIPLE; cuestión de principios.
MATTER OF RECORD; materia de registro.
MATTER OF SUBSTANCE; cuestión sustancial.
MATTERS OF SUBSISTENCE FOR MAN; productos alimenticios.
MATURE (adj); maduro, vencido, exigible.
MATURE (v); madurar, vencer, expirar.
MATURED; vencido, exigible.
MATURITY; vencimiento, madurez.
MATURITY VALUE; valor al vencimiento.

MAUNDER; vagar, divagar.
MAXIM; máxima, principio de derecho, axioma.
MAXIMIZE; aumentar al máximo.
MAXIMUM; máximo.
MAXIMUM OUTPUT; producción máxima.
MAXIMUM PENALTY; pena máxima.
MAXIMUM SENTENCE; sentencia máxima.
MAY; poder, ser lícito.
MAYHEM; lesión incapacitante criminal, pandemónium.
MAYOR; alcalde, intendente.
MAYOR'S COURT; tribunal municipal.
MAYORALTY; alcaldía, intendencia.
MEAN (adj); común, inferior, vil, malo, medio.
MEAN (n); medio, punto medio.
MEAN (v); significar, proponerse, querer decir.
MEAN HIGH TIDE; promedio de las mareas altas.
MEAN LOW TIDE; promedio de la mareas bajas.
MEANDER; vagar, caminar sin rumbo.
MEANING; significado, acepción, intención.
MEANINGFUL; significativo.
MEANINGLESS; sin sentido.
MEANINGLY; significativamente.
MEANNESS; maldad, vileza.
MEANS; medios, recursos.
MEANS OF SUPPORT; medios de subsistencia.
MEASURE (n); medida, alcance, grado.
MEASURE (v); medir, delimitar, señalar.
MEASURE OF DAMAGES; reglas para la determinación de los daños y perjuicios.
MEASURE OF VALUE; medida del valor, norma de valor.
MEASUREMENT; medida.
MECHANIC'S LIEN; privilegio del constructor, gravamen del constructor.
MECHANICAL; mecánico, automático.
MECHANICAL EQUIVALENT; equivalente mecánico.
MECHANICAL MOVEMENT; movimiento mecánico.
MECHANICAL PROCESS; procedimiento mecánico.
MEDDLE; entrometerse.

MEDIA; medios publicitarios, medios de comunicación.

MEDIATE (adj); medio, interpuesto.

MEDIATE (v); reconciliar, arbitrar, comunicar.

MEDIATE DESCENT; descendencia mediata.

MEDIATE INTEREST; interés mediato.

MEDIATE POWERS; facultades accesorias.

MEDIATE TESTIMONY; prueba secundaria, testimonio secundario.

MEDIATION; mediación, arbitraje, intervención.

MEDIATOR; mediador, intercesor.

MEDICAID (EU); programa de asistencia pública para gastos médicos.

MEDICAL; médico.

MEDICAL ATTENTION; atención médica.

MEDICAL BENEFITS; beneficios médicos.

MEDICAL CARE; atención médica.

MEDICAL DEDUCTION; deducción contributiva por gastos médicos.

MEDICAL EVIDENCE; prueba suministrada por un perito en medicina, testimonio pericial de médicos.

MEDICAL EXAMINATION; examen médico, reconocimiento médico.

MEDICAL EXAMINER; médico forense.

MEDICAL EXPENSES; gastos médicos.

MEDICAL JURISPRUDENCE; jurisprudencia médica, medicina forense.

MEDICAL MALPRACTICE; negligencia profesional médica.

MEDICAL RECORD; historial médico.

MEDICAL TREATMENT; tratamiento médico.

MEDICARE (EU); ley federal para la asistencia con los gastos médicos.

MEDICINE; medicina, medicamento.

MEDICO-LEGAL; médico-legal.

MEDIOCRE; mediocre.

MEDITATE; meditar, tramar.

MEDIUM OF CHANGE; medio para facilitar el intercambio.

MEDLEY; riña.

MEET (n); encuentro, reunión.

MEET (v); encontrarse con, enfrentarse a, conocer, satisfacer.

MEET AN OBLIGATION; cumplir una obligación.

MEET SPECIFICATIONS; cumplir con las especificaciones.

MEETING; reunión, conferencia, junta.

MEETING OF CREDITORS; junta de acreedores.

MEETING OF MINDS; acuerdo de voluntades.

MEETING OF SHAREHOLDERS; reunión de accionistas.

MELANCHOLIA; melancolía.

MELIORATE; mejorar.

MELIORATIONS; mejoras.

MEMBER; miembro, socio, afiliado.

MEMBER BANK (EU); banco afiliado a la Reserva Federal.

MEMBER FIRM; firma miembro de una organización, miembro de una bolsa.

MEMBER OF CONGRESS (EU); miembro del Congreso.

MEMBER OF PARLIAMENT (RU); miembro del Parlamento.

MEMBER OF THE BAR; miembro del cuerpo de abogados, abogado colegiado.

MEMBERSHIP; calidad de miembro, calidad de socio, número de miembros, número de socios.

MEMORANDUM; memorándum, informe, minuta, apunte, nota.

MEMORANDUM ARTICLES; artículos por los cuales el asegurador tiene responsabilidad limitada.

MEMORANDUM CHECK; cheque en garantía.

MEMORANDUM CLAUSE; cláusula que limita la responsabilidad del asegurador sobre ciertas mercancías perecederas.

MEMORANDUM IN ERROR; memorándum que alega un error de hecho.

MEMORANDUM OF ASSOCIATION (RU); acta constitutiva, escritura de constitución.

MEMORANDUM SALE; venta sujeta a la aprobación.

MEMORY; memoria.

MENACE; amenaza.

MENACINGLY; amenazadoramente.

MEND; enmendar, reparar, mejorar.

MENS; mente, intención.

MENS LEGIS; la intención de la ley.

MENS REA; intención criminal.

MENSA ET THORO; una separación en vez de disolución de matrimonio.

MENTAL; mental.

MENTAL ALIENATION; enajenación mental, insania.

MENTAL ANGUISH; angustia mental, sufrimiento mental.

MENTAL CAPACITY; capacidad mental.

MENTAL COMPETENCE; competencia mental.

MENTAL CRUELTY; crueldad mental.

MENTAL DISEASE; enfermedad mental.

MENTAL EXAMINATION; examen mental.

MENTAL HEALTH; salud mental.

MENTAL HOSPITAL; hospital psiquiátrico.

MENTAL INCAPACITY; incapacidad mental.

MENTAL INCOMPETENCY; incapacidad mental.

MENTAL RESERVATION; reserva mental.

MENTAL SHOCK; sacudida mental.

MENTAL STATE; estado mental.

MENTAL SUFFERING; sufrimiento mental.

MENTION (n); mención, alusión.

MENTION (v); mencionar, aludir, nombrar.

MENTIRI; mentir, falsificar.

MENTITION; mentira, falsificación.

MENTOR; mentor, tutor.

MERCABLE; vendible, comerciable, negociable.

MERCANTILE; mercantil, comercial.

MERCANTILE AGENT; agente comercial.

MERCANTILE CONTRACT; contrato comercial, contrato mercantil.

MERCANTILE ESTABLISHMENT; establecimiento comercial.

MERCANTILE LAW; derecho comercial.

MERCANTILISM; mercantilismo.

MERCATIVE; mercantil, comercial.

MERCHANDISE (n); mercancía, mercadería.

MERCHANDISE (v); comercializar, comerciar, vender, negociar.

MERCHANDISE BROKER; corredor de mercancías.

MERCHANDISING; comercialización, técnicas mercantiles.

MERCHANT (adj); mercantil, comercial.

MERCHANT (n); mercader, comerciante.

MERCHANT BANK; banco mercantil.

MERCHANT SEAMAN; marino en una nave comercial.

MERCHANT SHIPPING; navegación comercial.

MERCHANTABILITY; comerciabilidad.

MERCHANTABLE; vendible, comerciable.

MERCHANTABLE TITLE; título de propiedad negociable sin gravámenes u otras restricciones, título válido.

MERCHANTMAN; buque mercante, nave comercial.

MERCHANTS' ACCOUNTS; cuentas comerciales.

MERCY; misericordia, clemencia, gracia.

MERCY KILLING; eutanasia.

MERE; mero, solo.

MERE LICENSEE; quien entra a la tierra de otro con permiso o sin objeción del dueño.

MERE MOTION; acto voluntario, iniciativa del propio juez.

MERE RIGHT; derecho sin posesión ni título.

MERELY; meramente, simplemente, solamente.

MERGE; fusionar, combinar, consolidar, confundir.

MERGER; fusión, consolidación, unión, confusión.

MERGER OF RIGHTS; confusión de derechos.

MERGER OF RIGHTS OF ACTION; confusión de derechos de acción.

MERIT; mérito.

MERIT SYSTEM; sistema de empleo y promoción basada en los méritos.

MERITORIOUS; meritorio.

MERITORIOUS CAUSE OF ACTION; persona respecto a quien se ha iniciado una acción.

MERITORIOUS CONSIDERATION; contraprestación basada en una obligación moral, causa valiosa.

MERITORIOUS DEFENSE; defensa basada en los méritos, defensa sustantiva.

MERITS; los derechos legales de las partes.

MESNE ASSIGNMENT; cesión intermedia.

MESNE CONVEYANCE; cesión intermedia.

MESNE ENCUMBRANCE; gravamen intermedio.

MESNE PROCESS; órdenes judiciales
intermedias, auto interlocutorio.
MESNE PROFITS; ganancias intermedias,
beneficios obtenidos mediante posesión
ilegal.
MESSAGE; mensaje, comunicación, aviso.
MESSENGER; mensajero.
MESSUAGE; casa con sus estructuras anexas
más el terreno que las rodea.
METACHRONISM; metacronismo.
METE; límite, mojón.
METER (n); medidor, contador, metro.
METER (v); medir, franquear con máquina.
METER RATE; tasa por unidad de consumo,
tasa según contador.
METES AND BOUNDS; límites de un
inmueble, linderos de un inmueble,
rumbos y distancias.
METHOD; método, modo.
METROPOLIS; metrópoli.
METROPOLITAN; metropolitano.
METROPOLITAN DISTRICT; distrito
metropolitano.
MICROECONOMICS; microeconomía.
MID-CHANNEL; medio de una vía navegable.
MIDDLE (adj); medio, mitad, intermedio,
moderado.
MIDDLE (n); centro, medio, mitad.
MIDDLE LINE OF MAIN CHANNEL; línea
media del canal principal.
MIDDLE OF THE RIVER; medio de un río.
MIDDLE THREAD; línea media de un río.
MIDDLEMAN; intermediario.
MIDNIGHT; medianoche.
MIDNIGHT DEADLINE; vencimiento a
medianoche.
MIGHT; poder, poderío.
MIGRANT; migratorio.
MIGRATION; migración.
MILE; milla.
MILEAGE; millaje.
MILESTONE; hito, mojón, acontecimiento
importante.
MILITARY; militar.
MILITARY BASE; base militar.
MILITARY COURTS; tribunales militares.
MILITARY FORCES; fuerzas militares.

MILITARY GOVERNMENT; gobierno
militar.
MILITARY JURISDICTION; jurisdicción
militar.
MILITARY LAW; derecho militar.
MILITARY OFFENSE; delito militar.
MILITARY OFFICER; oficial militar.
MILITARY PERSONNEL; personal militar.
MILITARY SERVICE; servicio militar.
MILITARY STATE; estado militar.
MILITIA; milicia.
MILITIAMEN; soldados.
MILL; milésima, molino, prensa.
MILL PRIVILEGE; derecho de propietario
ribereño a erigir un molino.
MILL SITE; terreno apropiado para erigir un
molino.
MIND, STATE OF; estado mental.
MIND; mente, entendimiento, memoria,
opinión, inclinación.
MIND AND MEMORY; mente y memoria.
MINDED; dispuesto, propenso.
MINDFUL; atento, cuidadoso.
MINDFULLY; atentamente.
MINDFULNESS; atención, cuidado.
MINE (n); mina.
MINE (v); minar, explotar.
MINERAL; mineral.
MINERAL LANDS; tierras mineras.
MINERAL LEASE; arrendamiento de minas.
MINERAL RIGHT; derecho de explotar minas.
MINERAL ROYALTY; regalía minera.
MINERAL SERVITUDE; servidumbre minera.
MINGLE; mezclar, entremezclar, asociar.
MINI-TRIAL; método privado e informal para
la resolución de disputas en el que los
abogados presentan sus alegatos y luego
las partes tratan de llegar a un acuerdo.
MINIMAL; mínimo.
MINIMAL CONTACTS; contactos mínimos.
MINIMUM; mínimo.
MINIMUM CHARGE; tarifa mínima.
MINIMUM CONTACTS; contactos mínimos.
MINIMUM FEE; honorario mínimo.
MINIMUM PRICE; precio mínimo.
MINIMUM SENTENCE; pena mínima.
MINIMUM WAGE; salario mínimo.
MINING; minería.

MINING CLAIM; concesión minera, pertenencia minera.

MINING DISTRICT; distrito minero.

MINING LAW; derecho minero.

MINING LEASE; arrendamiento de minas.

MINING LICENSE; licencia minera.

MINING LOCATION; pertenencia minera.

MINING PARTNERSHIP; sociedad minera.

MINING RENT; renta por explotar minas.

MINING ROYALTY; regalía minera.

MINISTER (n); enviado, delegado.

MINISTER (v); administrar, suministrar.

MINISTERIAL; administrativo.

MINISTERIAL ACT; acto administrativo.

MINISTERIAL DUTY; deber de ejecutar sin poder ejercer discreción.

MINISTERIAL OFFICE; cargo en el que no se puede ejercer discreción.

MINISTERIAL OFFICER; funcionario que no puede ejercer discreción.

MINISTERIAL TRUST; fideicomiso pasivo.

MINISTRY (RU); ministerio.

MINOR (adj); secundario, inferior, leve.

MINOR (n); menor, menor de edad.

MINOR FACT; hecho circunstancial, hecho menor.

MINOR LOSS; siniestro menor.

MINOR OFFENSE; delito menor.

MINORITY; minoría, minoría de edad.

MINORITY OPINION; opinión minoritaria.

MINORITY RIGHTS; derechos de las minorías.

MINT; casa de la moneda.

MINUTE (adj); diminuto, insignificante, detallado.

MINUTE (n); minuta, minuto, acta, instante.

MINUTE-BOOK; libro de minutas, minutario.

MINUTES; minutas, actas.

MIRANDA RULE; Regla Miranda, regla que exige que se informe al arrestado de sus derechos antes de interrogarlo.

MISADVENTURE; desgracia, percance.

MISALLEGATION; alegato falso, alegato erróneo.

MISALLEGE; alegar falsamente, alegar erróneamente.

MISAPPLICATION; uso indebido de fondos, uso ilegal de fondos, mal uso.

MISAPPROPRIATION; apropiación indebida, mal uso.

MISAPPROPRIATION OF PUBLIC FUNDS; apropiación indebida de fondos públicos.

MISBEHAVIOR; mala conducta, conducta ilícita.

MISBRANDING; rotular productos con indicaciones falsas.

MISCALCULATION; error de cálculo.

MISCARRIAGE; mala administración, aborto, fracaso.

MISCARRIAGE OF A CHILD; aborto.

MISCARRIAGE OF JUSTICE; error judicial, injusticia.

MISCHARGE; instrucción errónea al jurado.

MISCHIEF; daño voluntario a propiedad ajena, mal que se trata de evitar o corregir mediante una ley, daño, injuria, conducta ilícita.

MISCONCEPTION; concepto erróneo.

MISCONDUCT; mala conducta, comportamiento ilícito, incumplimiento de deberes de un cargo.

MISCONDUCT IN OFFICE; incumplimiento de deberes por parte de un funcionario público.

MISCONDUCT OF COUNSEL; incumplimiento de los deberes del abogado.

MISCONDUCT OF JUDGE; incumplimiento de los deberes del juez.

MISCONDUCT OF JURY; incumplimiento de los deberes del jurado.

MISCONSTRUCTION; interpretación falsa, interpretación errónea.

MISCONTINUANCE; continuación indebida.

MISCREANCY; vileza.

MISCREANT; vil, inescrupuloso.

MISDATE; fecha falsa, fecha errónea.

MISDECLARATION; declaración falsa, declaración errónea.

MISDEED; fechoría, delito.

MISDELIVERY; entrega errónea.

MISDEMEANANT; persona culpable de un delito menor.

MISDEMEANOR; delito menor.

MISDESCRIPTION; descripción errónea.

MISDIRECTION; instrucciones erróneas al jurado, mala dirección.

MISDOER; malhechor.

MISEMPLOY; emplear mal.

MISERABLE; miserable, abyecto.

MISFEASANCE; acto legal realizado ilegalmente, ejecución impropia de un acto que no es ilegal de por sí.

MISFORTUNE; infortunio, percance, desgracia.

MISGOVERNMENT; mala administración, desgobierno.

MISGUIDE; aconsejar mal.

MISHANDLE; maltratar, manejar mal.

MISHAP; accidente, percance.

MISINFORM; informar mal.

MISINFORMATION; información errónea.

MISINTERPRET; interpretar mal.

MISINTERPRETATION; mala interpretación.

MISJOINDER; vinculación impropia de acciones o de las partes de un juicio, acumulación indebida de acciones.

MISJUDGE; juzgar mal, errar.

MISLABELING; rotular productos con indicaciones falsas.

MISLAID PROPERTY; bienes extraviados, bienes perdidos.

MISLAY; extraviar, perder.

MISLEADING; engañoso.

MISLEADINGLY; engañosamente.

MISMANAGE; administrar mal.

MISNOMER; error en el nombre, dar un nombre erróneo, nombre inapropiado.

MISPLACE; extraviar.

MISPLEADING; errores en los alegatos.

MISPRISION; rebeldía, desacato, delito sin nombre, ocultación de delitos, mala administración en un cargo público.

MISPRISION OF FELONY; ocultación de un delito grave.

MISPRISION OF TREASON; ocultación de un delito de traición.

MISQUOTE; citar erróneamente, citar falsamente.

MISREADING; lectura errónea.

MISRECITAL; descripción errónea.

MISREPRESENTATION; declaración falsa, declaración errónea.

MISSING; desaparecido, ausente.

MISSING PERSON; persona desaparecida, persona ausente.

MISSING SHIP; nave perdida.

MISSION; misión, comisión.

MISSIVE; misiva, carta.

MISSTATEMENT; declaración falsa, declaración errónea.

MISTAKE (n); equivocación, error, falta.

MISTAKE (v); confundir, interpretar mal, errar.

MISTAKE OF FACT; error de hecho.

MISTAKE OF LAW; error de derecho.

MISTAKEN; erróneo, equivocado.

MISTREAT; maltratar.

MISTREATMENT; maltrato.

MISTRESS; amante, querida, señora, perita.

MISTRIAL; juicio nulo.

MISTRUST; desconfianza, recelo.

MISUNDERSTAND; entender mal.

MISUSE; uso no intencionado, uso ilícito.

MISUSE OF POWER; abuso de poder.

MISUSER; uso ilegal de un derecho, abuso de cargo.

MITIGATE; mitigar, atenuar, reducir.

MITIGATING CIRCUMSTANCES; circunstancias atenuantes.

MITIGATION; atenuación, reducción.

MITIGATION OF DAMAGES; atenuación de daños.

MITIGATION OF PUNISHMENT; reducción de la pena.

MITTER; transmitir, poner, mandar.

MITTIMUS; orden de detención, auto de prisión.

MIX (n); mezcla.

MIX (v); mezclar, combinar.

MIXED; mixto, mezclado.

MIXED ACTIONS; acciones mixtas.

MIXED COGNATION; cognación mixta.

MIXED CONDITION; condición mixta.

MIXED CONTRACT; contrato con contraprestaciones desiguales, contrato de causas desiguales.

MIXED FEELINGS; sentimientos conflictivos.

MIXED GOVERNMENT; gobierno mixto.

MIXED JURY; jurado mixto.

MIXED LARCENY; hurto calificado.

MIXED LAWS; leyes mixtas.

MIXED NUISANCE; estorbo al público en general y a personas en particular, acto perjudicial al público en general y a personas en particular.

MIXED POLICY; póliza mixta, póliza combinada.

MIXED PRESUMPTION; presunción mixta.

MIXED PROPERTY; bienes mixtos.

MIXED QUESTION OF LAW AND FACT; cuestión mixta de derecho y de hecho.

MIXED QUESTIONS; cuestiones mixtas.

MIXED SUBJECTS OF PROPERTY; bienes mixtos.

MIXTION; confusión de bienes, mezcla de bienes.

MIXTURE; mezcla.

MOCK (adj); simulado, ficticio.

MOCK (n); burla, objeto de burla.

MOCK (v); burlarse de, desdeñar, ridiculizar.

MOCK TRIAL; juicio ficticio.

MODAL; modal.

MODAL LEGACY; legado modal.

MODE; modo, método, forma.

MODE OF TRANSPORT; modo de transporte.

MODEL; modelo, ejemplo.

MODEL ACT; ley modelo.

MODEL CLAUSE; cláusula modelo.

MODEL CODE; código modelo.

MODEL LAW; ley modelo.

MODERATE; moderado, mediocre.

MODERATOR; moderador, mediador.

MODIFICATION; modificación, enmienda.

MODIFY; modificar, enmendar.

MODUS; modo, método.

MODUS OPERANDI; modo de operar.

MODUS VIVENDI; modo de vivir.

MOIETY; la mitad de algo.

MOIETY ACTS; leyes que estipulan que el informador ha de recibir la mitad del monto de la multa impuesta.

MOLEST; abusar sexualmente, molestar.

MOLESTATION; abuso sexual, molestia.

MONARCHY; monarquía.

MONETA; dinero, moneda.

MONETARY; monetario.

MONETARY UNIT; unidad monetaria.

MONEY; dinero, moneda.

MONEY-BILL; proyecto de ley fiscal.

MONEY BROKER; corredor financiero, corredor de cambios.

MONEY DEMAND; demanda monetaria.

MONEY DEPOSIT; depósito de una suma de dinero.

MONEY JUDGMENT; sentencia que se pague una suma de dinero.

MONEY LAND; dinero en fideicomiso señalado para la compra de inmuebles.

MONEY LENT; dinero prestado.

MONEY MADE; notificación de parte del alguacil al juez de que ha obtenido la suma de dinero exigida por la orden de ejecución.

MONEY MARKET; mercado monetario.

MONEY ORDER; giro postal, orden de pago.

MONEY-ORDER OFFICE; oficina postal que emite y paga giros postales.

MONEY PAID; dinero pagado.

MONEYED CORPORATION; corporación financiera.

MONEYLENDER; prestador, prestamista.

MONGER; vendedor, negociante.

MONIMENT; registro.

MONOCRACY; monocracia.

MONOCRAT; monócrata.

MONOGAMY; monogamia.

MONOPOLIST; monopolista.

MONOPOLISTIC; monopolístico, monopolizador.

MONOPOLIUM; monopolio.

MONOPOLIZE; monopolizar.

MONOPOLY; monopolio.

MONOPSONY; monopsonio.

MONTH; mes.

MONUMENT; monumento, mojón, límite.

MOONLIGHTING; desempeño de otro trabajo después de las horas dedicadas al trabajo regular.

MOONSHINE (EU); licor elaborado ilegalmente, licor importado ilegalmente.

MOOR; amarrar, anclar.

MOORAGE; amarraje, amarradero.

MOORING; amarra, amarre.

MOOT; ficticio, debatible, discutible.

MOOT CASE; cuestión ficticia, cuestión académica.

MOOT COURT; tribunal ficticio.

MOOT QUESTION; cuestión académica.

MORAL; moral, ético.

MORAL ACTIONS; acciones morales.

MORAL CERTAINTY; certeza moral.

MORAL CONSIDERATION; contraprestación moral, causa equitativa.

MORAL DAMAGES; daños morales.

MORAL DURESS; coacción moral.

MORAL EVIDENCE; prueba verosímil.

MORAL FRAUD; fraude intencional.

MORAL HAZARD; riesgo moral.

MORAL LAW; ética, ley moral.

MORAL OBLIGATION; obligación moral.

MORAL TURPITUDE; vileza moral.

MORATORIUM; moratoria.

MORE FAVORABLE TERMS; términos más favorables.

MORE OR LESS; más o menos, aproximadamente.

MOREOVER; además, por otra parte.

MORGUE; morgue.

MORTAL; mortal, humano.

MORTALITY; mortalidad.

MORTALITY TABLES; tablas de mortalidad.

MORTGAGE (n); hipoteca.

MORTGAGE (v); hipotecar.

MORTGAGE BANK; banco hipotecario.

MORTGAGE BANKER; banquero hipotecario.

MORTGAGE BOND; bono hipotecario.

MORTGAGE CERTIFICATE; cédula hipotecaria.

MORTGAGE COMMITMENT; compromiso de otorgar una hipoteca.

MORTGAGE COMPANY; compañía hipotecaria.

MORTGAGE FORECLOSURE; ejecución hipotecaria.

MORTGAGE INSURANCE; seguro hipotecario.

MORTGAGE LOAN; préstamo hipotecario.

MORTGAGE NOTE; pagaré hipotecario.

MORTGAGE OF GOODS; gravamen contra bienes muebles.

MORTGAGE OF SHIP; hipoteca naval.

MORTGAGEE; acreedor hipotecario.

MORTGAGEE IN POSSESSION; acreedor hipotecario en posesión del inmueble.

MORTGAGOR; deudor hipotecario, hipotecante.

MORTIS CAUSA; por causa de muerte, en expectativa de la muerte, mortis causa.

MORTUARY; morgue.

MORTUARY TABLES; tablas de mortalidad.

MORTUUM VADIUM; hipoteca.

MORTUUS; muerto.

MORTUUS CIVILITER; muerte civil.

MORTUUS SINE PROLE; morir sin hijos.

MOST FAVORED NATION CLAUSE; cláusula de nación más favorecida.

MOTHER; madre.

MOTHER-IN-LAW; suegra.

MOTION (n); moción, propuesta, petición, movimiento, gesto.

MOTION (v); proponer, indicar mediante gesto.

MOTION DEFEATED; petición rechazada, moción rechazada.

MOTION FOR A NEW TRIAL; petición para un nuevo juicio.

MOTION FOR JUDGMENT NOTWITHSTANDING VERDICT; petición para que el juez dicte sentencia en contra del veredicto del jurado.

MOTION FOR JUDGMENT ON PLEADINGS; petición de que se dicte sentencia luego de los alegatos.

MOTION GRANTED; petición concedida, moción concedida.

MOTION TO ADJOURN; moción para levantar la sesión.

MOTION TO DISMISS; moción para que se rechace la demanda.

MOTION TO STRIKE; petición de eliminación.

MOTIVATION; motivación.

MOTIVE; motivo, móvil.

MOTOR CAR; automóvil.

MOTOR VEHICLE; vehículo de motor.

MOTORIST; automovilista.

MOURN; lamentarse, apesadumbrarse, enlutarse.

MOURNING; duelo, aflicción.

MOVABLE; mueble, movible.

MOVABLE ESTATE; propiedad mueble, bienes muebles.

MOVABLE PROPERTY; bienes muebles.

MOVABLES; muebles, bienes muebles.

MOVANT; peticionante, solicitante.

MOVE; peticionar, presentar una moción, trasladar, mover, mudar, conmover.

MOVE OUT OF; mudarse de, desocupar, desalojar.

MOVING PAPERS; los documentos correspondientes a una petición.

MULCT (n); multa.

MULCT (v); multar, castigar.

MULTIFARIOUS; múltiple, diverso.

MULTIFARIOUS ISSUE; cuestión que combina aspectos que se deben litigar por separado.

MULTIFARIOUSNESS; combinación de acciones que se deben litigar por separado, desemejanza de alegatos, proyecto de ley concerniente a cuestiones disímiles.

MULTILATERAL; multilateral.

MULTILATERAL AGREEMENT; acuerdo multilateral.

MULTINATIONAL; multinacional.

MULTINATIONAL CORPORATION; corporación multinacional.

MULTINATIONAL ENTERPRISE; empresa multinacional.

MULTIPARTITE; multipartito.

MULTIPLE; múltiple.

MULTIPLE COUNTS; acusación combinando varias acciones, causa combinando varias acciones.

MULTIPLE EVIDENCE; prueba admisible sólo para un propósito específico.

MULTIPLE SENTENCES; sentencias múltiples.

MULTIPLICITY; multiplicidad.

MULTIPLICITY OF ACTIONS; multiplicidad de acciones.

MULTITUDE; multitud.

MUNICIPAL; municipal, local.

MUNICIPAL AFFAIRS; asuntos municipales.

MUNICIPAL AID; ayuda municipal.

MUNICIPAL AUTHORITIES; autoridades municipales.

MUNICIPAL BONDS; bonos municipales, títulos municipales.

MUNICIPAL CHARTER; estatuto municipal.

MUNICIPAL CORPORATION; municipalidad, corporación municipal, ente municipal.

MUNICIPAL CORPORATION DE FACTO; municipalidad de hecho.

MUNICIPAL COUNCIL; ayuntamiento.

MUNICIPAL COURTS; tribunales municipales.

MUNICIPAL DOMICILE; domicilio municipal.

MUNICIPAL ELECTION; elección municipal.

MUNICIPAL FUNCTION; función municipal.

MUNICIPAL GOVERNMENT; gobierno municipal.

MUNICIPAL LAW; derecho municipal, ley municipal.

MUNICIPAL LIEN; privilegio municipal.

MUNICIPAL OFFICER; funcionario municipal.

MUNICIPAL ORDINANCE; ordenanza municipal.

MUNICIPAL PURPOSES; propósitos municipales.

MUNICIPAL RECORDS; registros municipales.

MUNICIPAL SECURITIES; inversiones emitidas por municipalidades.

MUNICIPAL TAXATION; imposición municipal.

MUNICIPAL WARRANT; orden de pago municipal.

MUNICIPALITY; municipalidad.

MUNIMENT OF TITLE; prueba documental de título de propiedad, documento de título, título de propiedad.

MURDER (n); asesinato.

MURDER (v); asesinar.

MURDER IN THE FIRST DEGREE; asesinato en primer grado.

MURDER IN THE SECOND DEGREE; asesinato en segundo grado.

MURDERER; asesino.

MURDERESS; asesina.

MUST (n); algo indispensable.

MUST (v); deber, necesitar.

MUTATIS MUTANDIS; cambiando lo que se debe cambiar.

MUTE; mudo, silencioso.

MUTILATED; mutilado, estropeado.

MUTILATED BALLOT; boleta electoral mutilada.

MUTILATED INSTRUMENT; documento mutilado.

MUTILATION; mutilación.

MUTINOUS; insubordinado, rebelde.

MUTINY (n); motín, revuelta.

MUTINY (v); amotinarse.

MUTUAL; mutuo, mutual, recíproco.

MUTUAL ACCOUNTS; cuentas recíprocas.

MUTUAL AFFRAY; riña por acuerdo mutuo, duelo.

MUTUAL AGREEMENT; acuerdo mutuo.

MUTUAL AND RECIPROCAL WILLS; testamentos recíprocos.

MUTUAL ASSENT; consentimiento mutuo.

MUTUAL ASSOCIATION; asociación mutual.

MUTUAL COMPANY; compañía mutual.

MUTUAL CONDITIONS; condiciones recíprocas.

MUTUAL CONSENT; consentimiento mutuo.

MUTUAL CONSIDERATION; contraprestación recíproca.

MUTUAL CONTRACT; contrato recíproco.

MUTUAL COVENANTS; cláusulas recíprocas.

MUTUAL CREDITS; créditos recíprocos.

MUTUAL DEBTS; deudas recíprocas.

MUTUAL DEMANDS; demandas recíprocas.

MUTUAL EASEMENTS; servidumbres recíprocas.

MUTUAL ERROR; error recíproco.

MUTUAL FUND; fondo mutual.

MUTUAL INSURANCE; seguro mutual.

MUTUAL INSURANCE COMPANY; compañía mutual de seguros.

MUTUAL MISTAKE; error recíproco.

MUTUAL PROMISES; promesas recíprocas.

MUTUAL SAVINGS BANK; banco mutual de ahorros.

MUTUAL TESTAMENTS; testamentos recíprocos.

MUTUAL WILLS; testamentos recíprocos.

MUTUALITY; mutualidad, reciprocidad.

MUTUALITY DOCTRINE; doctrina que indica que las obligaciones contractuales tienen que ser recíprocas para que el contrato sea válido.

MUTUALITY OF OBLIGATION; requisito de que las obligaciones tienen que ser recíprocas para que el contrato sea válido.

MUTUANT; mutuante.

MUTUARY; mutuario.

MUTUUM; préstamo de consumo.

MYSTERIOUS DISAPPEARANCE; desaparición misteriosa.

MYSTERY; oficio, arte, misterio, secreto.

MYSTIC TESTAMENT; testamento sellado.

MYSTIC WILL; testamento sellado.

NECESSARILY INCLUDED OFFENSE;
delito menos grave que necesariamente se
ha cometido al cometerse el delito en
cuestión.
NECESSARY; necesario, inevitable.
NECESSARY AND PROPER; necesario y
apropiado.
NECESSARY DAMAGES; daños y perjuicios
generales.
NECESSARY DEPOSIT; depósito necesario.
NECESSARY DILIGENCE; diligencia
necesaria.
NECESSARY DOMICILE; domicilio
necesario.
NECESSARY EASEMENT; servidumbre
necesaria.
NECESSARY EXPENSE; gasto necesario.
NECESSARY INFERENCE; inferencia
necesaria.
NECESSARY LITIGATION; litigio necesario.
NECESSARY PARTIES; partes necesarias.
NECESSARY REPAIRS; reparaciones
necesarias.
NECESSITAS; necesidad.
NECESSITATE; necesitar, hacer necesario.
NECESSITATION; obligación.
NECESSITIES; artículos de primera necesidad.
NECESSITOUS; necesitado, indigente.
NECESSITOUS CIRCUMSTANCES;
circunstancias de necesidad.
NECESSITY; necesidad.
NECROPSY; necropsia, autopsia.
NEE; nacido.
NEED (n); necesidad, carencia.
NEED (v); necesitar, requerir.
NEEDFUL; necesario, requerido.
NEEDFULLY; necesariamente.
NEEDINESS; indigencia.
NEEDLESS; innecesario, inútil.
NEEDLESSLY; inútilmente.
NEEDS; de necesidad.
NEEDY; necesitado, indigente.
NEFARIOUS; nefario, infame.
NEGATE; negar, anular.
NEGATION; negación, nulidad.
NEGATIVE; negativo, denegatorio.
NEGATIVE AVERMENT; alegación negativa.
NEGATIVE CONDITION; condición negativa.

NEGATIVE COVENANT; estipulación de no
realizar un acto.
NEGATIVE EASEMENT; servidumbre
negativa.
NEGATIVE EVIDENCE; prueba negativa.
NEGATIVE MISPRISION; ocultación de un
hecho que se debería denunciar.
NEGATIVE PLEA; defensa negativa.
NEGATIVE PREGNANT; negación que
implica una afirmación.
NEGATIVE PROOF; prueba negativa.
NEGATIVE REPRISALS; represalias
negativas.
NEGATIVE SERVITUDE; servidumbre
negativa.
NEGATIVE STATUTE; ley negativa.
NEGATIVE TESTIMONY; testimonio
indirecto.
NEGATIVELY; negativamente.
NEGLECT (n); negligencia, descuido.
NEGLECT (v); descuidar, abandonar.
NEGLECT OF DUTY; incumplimiento del
deber.
NEGLECTED CHILD; niño descuidado.
NEGLECTED MINOR; menor descuidado.
NEGLECTER; persona negligente.
NEGLECTFUL; negligente, descuidado.
NEGLECTFULLY; negligentemente.
NEGLECTFULNESS; negligencia, descuido.
NEGLIGENCE, ESTOPPEL BY; impedimento
por negligencia.
NEGLIGENCE; negligencia, descuido.
NEGLIGENCE IN LAW; negligencia
accionable.
NEGLIGENCE LIABILITY INSURANCE;
seguro contra responsabilidad por
negligencia.
NEGLIGENCE PER SE; negligencia en sí
misma, negligencia per se.
NEGLIGENT; negligente, descuidado.
NEGLIGENT ESCAPE; fuga debida a la
negligencia de un funcionario de la
prisión.
NEGLIGENT HOMICIDE; homicidio por
negligencia.
NEGLIGENT MANSLAUGHTER; homicidio
impremeditado por negligencia.

NEGLIGENT OFFENSE; delito por
  negligencia.
NEGLIGENT VIOLATION OF STATUTE;
  violación de estatuto por negligencia.
NEGLIGENTLY; negligentemente.
NEGLIGENTLY DONE; hecho
  negligentemente.
NEGOTIABILITY; negociabilidad.
NEGOTIABLE; negociable.
NEGOTIABLE BILL OF LADING;
  conocimiento de embarque negociable.
NEGOTIABLE BOND; bono negociable.
NEGOTIABLE DOCUMENT OF TITLE;
  título negociable.
NEGOTIABLE INSTRUMENTS; instrumentos
  negociables.
NEGOTIABLE NOTE; pagaré negociable.
NEGOTIABLE SECURITIES; valores
  negociables.
NEGOTIABLE WORDS; palabras y frases de
  negociabilidad.
NEGOTIATE; negociar.
NEGOTIATED PLEA; convenio entre el
  acusado y el fiscal para que el acusado
  admita su culpabilidad a ciertos cargos a
  cambio de la recomendación del fiscal de
  que no se dicte la pena máxima, alegación
  negociada.
NEGOTIATION; negociación.
NEGOTIATOR; negociador.
NEGOTIORUM GESTIO; gestión de negocios.
NEGOTIORUM GESTOR; quien hace una
  gestión de negocios.
NEIGHBOR (adj) vecino, próximo, colindante.
NEIGHBOR (n); vecino.
NEIGHBOR (v); colindar, estar cerca de.
NEIGHBORHOOD; vecindario, vecindad.
NEITHER; ninguno de los dos, ninguno.
NEITHER PARTY; ninguna de las partes.
NEMINE CONTRADICENTE; sin oposición.
NEPHEW; sobrino.
NEPOS; un nieto.
NEPOTISM; nepotismo.
NEPTIS; una nieta.
NET; neto.
NET ASSETS; activo neto.
NET BALANCE; saldo neto.
NET COST; costo neto.

NET EARNINGS; ingresos netos.
NET ESTATE; patrimonio neto.
NET INCOME; ingreso neto, beneficio neto,
  renta neta.
NET INTEREST; interés neto.
NET LEASE; arrendamiento en que el
  arrendatario tiene que pagar ciertos otros
  gastos en adición al pago del alquiler.
NET LOSS; pérdida neta.
NET NATIONAL PRODUCT; producto
  nacional neto.
NET PREMIUM; prima neta.
NET PRICE; precio neto.
NET PROCEEDS; producto neto.
NET PROFITS; ganancias netas.
NET RENT; alquiler neto.
NET REVENUE; ingreso neto.
NET SALES; ventas netas.
NET SALES CONTRACT; contrato de venta
  neto.
NET SINGLE PREMIUM; prima individual
  neta.
NET TONNAGE; tonelaje neto.
NET VALUE; valor neto.
NET WEIGHT; peso neto.
NET WORTH; valor neto, activo neto.
NET YIELD; rendimiento neto.
NETHER; inferior, menor.
NETHERMOST; lo más bajo.
NETWORK; red.
NEUTRAL; neutral, imparcial, indiferente.
NEUTRAL NATION; nación neutral.
NEUTRAL PROPERTY; propiedad neutral.
NEUTRALISM; neutralismo.
NEUTRALITY; neutralidad.
NEUTRALITY LAWS; leyes de neutralidad.
NEUTRALIZATION; neutralización.
NEVER; nunca, en ningún momento.
NEVER INDEBTED, PLEA OF; defensa
  alegando que nunca hubo un contrato de
  préstamo.
NEVERMORE; nunca más.
NEVERTHELESS; sin embargo.
NEW; nuevo, reciente, distinto.
NEW ACQUISITION; nueva adquisición.
NEW ACTION; nueva acción.
NEW AND USEFUL; novedoso y útil.

NEW ASSIGNMENT; alegación de la parte demandante que la defensa no tiene que ver con la demanda.

NEW CAUSE OF ACTION; hechos nuevos que podrían dar un nuevo derecho de acción.

NEW CONSIDERATION; contraprestación adicional.

NEW CONTRACT; nuevo contrato.

NEW ENTERPRISE; empresa nueva.

NEW FOR OLD; nuevo por viejo.

NEW MATTER; cuestión de hecho nueva.

NEW PROMISE; nueva promesa.

NEW TRIAL; nuevo juicio.

NEW WORKS; obras nuevas.

NEWBORN; recién nacido.

NEWLY; nuevamente, recientemente.

NEWLY DISCOVERED EVIDENCE; prueba descubierta tras dictarse una sentencia.

NEWLYWEDS; recién casados.

NEWS; noticias, novedad.

NEWS AGENCY; agencia noticiosa.

NEWS CONFERENCE; conferencia de prensa.

NEWSCASTING; transmisión de noticias.

NEWSMAN; reportero.

NEWSMAN'S PRIVILEGE; derecho del periodista a no divulgar su fuente de información.

NEWSPAPER; periódico.

NEWSPAPERMAN; reportero, periodista.

NEWSPAPERWOMAN; reportera, periodista.

NEXT; próximo, adyacente, subsiguiente.

NEXT DEVISEE; legatario subsiguiente.

NEXT FRIEND; funcionario del tribunal que defiende los intereses de un incapaz sin ser su tutor.

NEXT OF KIN; parientes más cercanos.

NEXUS; nexo, vínculo.

NICKNAME; apodo, sobrenombre.

NIECE; sobrina.

NIGHT; noche, anochecer.

NIGHT BLINDNESS; ceguera nocturna.

NIGHT COURT; tribunal nocturno.

NIGHT DEPOSIT; depósito hecho después de horas laborables.

NIGHT WATCH; guardia nocturna.

NIGHT WATCHMAN; guardián nocturno.

NIGHTFALL; crepúsculo, anochecer.

NIGHTTIME; noche.

NIGHTWALKER; merodeador nocturno.

NIHIL; nada.

NIHIL DICIT; no dice nada.

NIHIL EST; no hay nada.

NIHIL HABET; no tiene nada.

NIHILISM; nihilismo.

NIHILIST; nihilista.

NIHILITY; la nada.

NIL; nada, cero.

NIL DEBET; no debe nada.

NIMMER; ladrón.

NISI; a menos que.

NISI PRIUS; tribunal con un solo juez y jurado.

NO ARRIVAL, NO SALE; si no llegan los bienes no hay que pagar por ellos.

NO AWARD; negación del perfeccionamiento de un laudo.

NO BILL; denegación de procesamiento.

NO CONTEST CLAUSE; cláusula testamentaria que indica que no se puede impugnar el testamento.

NO EVIDENCE; prueba insuficiente, prueba inadecuada.

NO EYEWITNESS RULE; principio según el cual si no hay testigos oculares en una situación de negligencia contribuyente se presume que la persona actuó con el debido cuidado.

NO-FAULT; sin culpa.

NO-FAULT AUTO INSURANCE; seguro automovilístico sin culpa, seguro automovilístico donde la compañía aseguradora paga los daños independiente de quien tuvo la culpa.

NO-FAULT DIVORCE; divorcio sin culpa.

NO FUNDS; sin fondos.

NO-MAN'S-LAND; terreno sin dueño, tierra de nadie.

NO PAR; sin valor nominal.

NO PAR STOCK; acciones sin valor nominal.

NO RECOURSE; sin recurso.

NOBODY; nadie, ninguno.

NOCENT; culpable.

NOCTURNAL; nocturno.

NOLENS VOLENS; con o sin consentimiento, a la fuerza.

NOLLE PROSEQUI; abandono de proceso.

NOLO CONTENDERE; no contestaré, no disputaré.

NOMAD; nómada.

NOMEN; nombre.

NOMEN COLLECTIVUM; un nombre colectivo.

NOMINAL; nominal.

NOMINAL ASSETS; activo nominal.

NOMINAL CAPITAL; capital nominal.

NOMINAL CONSIDERATION; contraprestación nominal.

NOMINAL DAMAGES; daños y perjuicios nominales.

NOMINAL DEFENDANT; demandado nominal, acusado nominal.

NOMINAL PARTNER; socio nominal.

NOMINAL PARTY; parte nominal.

NOMINAL PLAINTIFF; demandante nominal.

NOMINAL RIGHT; derecho nominal.

NOMINAL TRUST; fideicomiso nominal.

NOMINATE; nominar, nombrar, designar.

NOMINATE CONTRACTS; contratos con nombre o forma propia.

NOMINATIM; por nombre.

NOMINATION; nominación, nombramiento, propuesta.

NOMINATIVE; nominativo, asignado por nombramiento.

NOMINATOR; nominador, nombrador, proponente.

NOMINEE; persona nombrada, nómino, representante, candidato, fideicomisario, hombre de paja.

NOMOGRAPHER; nomógrafo.

NOMOGRAPHY; nomografía.

NON ACCEPTAVIT; no aceptó.

NON ASSUMPSIT; defensa basada en que nunca hubo compromiso de pago.

NON COMPOS MENTIS; incapacitado mentalmente.

NON CULPABILIS; no culpable.

NON DAMNIFICATUS; no dañado.

NON FECIT; no lo hizo.

NON PROSEQUITUR; sentencia a favor del demandado por la falta de seguimiento del demandante.

NON SEQUITUR; no se sigue, conclusión errónea.

NON SUI JURIS; incapacidad legal.

NON VULT; él no contestará.

NONABILITY; incapacidad, incapacidad legal.

NONACCEPTANCE; no aceptación, rechazo.

NONACCESS; falta de acceso carnal.

NONADMISSION; no admisión.

NONAGE; minoría de edad, minoridad.

NONANCESTRAL ESTATE; bienes inmuebles no adquiridos por sucesión.

NONAPPARENT EASEMENT; servidumbre discontinua.

NONAPPEARANCE; incomparecencia.

NONASSESSABLE; no susceptible a gravámenes o impuestos.

NONASSESSABLE STOCK; acciones no susceptibles a gravámenes o impuestos.

NONASSIGNABLE; no transferible.

NONATTENDANCE; falta de asistencia.

NONBAILABLE; sin derecho de fianza, sin necesidad de fianza.

NONBUSINESS DAY; día no laborable.

NONCANCELABLE; no cancelable.

NONCHALANCE; indiferencia.

NONCHALANT; indiferente.

NONCLAIM; abandono de derecho por no hacerlo valer dentro del periodo señalado por ley.

NONCOLLECTIBLE; incobrable.

NONCOMBATANT; no combatiente.

NONCOMMITTAL; evasivo.

NONCOMPLIANCE; incumplimiento.

NONCONFORMING LOT; solar no conforme a la zonificación.

NONCONFORMING USE; uso no conforme a la zonificación.

NONCONFORMIST; inconformista, disidente.

NONCONTESTABLE CLAUSE; cláusula de incontestabilidad.

NONCONTINUOUS EASEMENT; servidumbre discontinua.

NONCUMULATIVE DIVIDENDS; dividendos no acumulativos.

NONDELIVERY; falta de entrega.

NONDESCRIPT; indefinido.

NONDIRECTION; la omisión por parte del juez en dar las instrucciones necesarias al jurado.

NONDISCLOSURE; no divulgación.

NONDISCRETIONARY TRUST; fideicomiso no discrecional.

NONDURABLE GOODS; mercancías no duraderas, mercancías perecederas.

NONDUTIABLE; no imponible.

NONE; nadie, ninguno, nada.

NONEFFECTIVE; ineficaz, no vigente.

NONENTITY; nulidad, cosa inexistente.

NONESSENTIAL; no esencial.

NONESSENTIAL IGNORANCE; ignorancia de un hecho no pertinente.

NONESUCH; cosa sin igual, persona sin igual.

NONETHELESS; sin embargo.

NONEXISTENCE; inexistencia.

NONEXISTENT; inexistente.

NONFEASANCE; incumplimiento, omisión.

NONFORFEITABLE; no sujeto a confiscación.

NONFULFILLMENT; incumplimiento.

NONFUNCTIONAL; no funcional.

NONINSURABLE RISK; riesgo no asegurable.

NONINTERCOURSE; falta de comercio entre paises, falta de relaciones sexuales.

NONINTERVENTION; no intervención.

NONINTERVENTION WILL; testamento autorizando al albacea a administrar sin intervención judicial.

NONISSUABLE PLEAS; alegaciones sin mérito.

NONJOINDER; falta de unión de una parte a la acción.

NONJUDICIAL DAY; día feriado judicial.

NONLEVIABLE; inembargable.

NONMAILABLE; no apto para enviarse por correo.

NONMARKETABLE; no vendible.

NONMARKETABLE SECURITY; valor no negociable.

NONMEDICAL POLICY; póliza de seguro emitida sin examen médico.

NONMERCHANTABLE TITLE; título de propiedad no comerciable.

NONNAVIGABLE; no navegable.

NONNEGOTIABLE; no negociable.

NONOBJECTIVE; no objetivo.

NONOCCUPATIONAL; no ocupacional.

NONOPERATING INCOME; ingresos que no provienen de las operaciones.

NONPAREIL; sin igual.

NONPARTICIPATING; no participante.

NONPAYMENT; falta de pago.

NONPERFORMANCE; incumplimiento.

NONPLUS; dejar perplejo, confundir, asombrar.

NONPRODUCTIVE; no productivo.

NONPROFIT ASSOCIATION; asociación sin fines de lucro.

NONPROFIT CORPORATION; corporación sin fines de lucro, sociedad sin fines de lucro.

NONRECOGNITION; desconocimiento.

NONRENEWABLE; no renovable.

NONRESIDENCE; falta de residencia en la jurisdicción en cuestión.

NONRESIDENT; no residente.

NONRESTRICTIVE; sin restricción.

NONSANE; insano, demente.

NONSCHEDULED; inesperado, sin itinerario fijo.

NONSENSE; disparate.

NONSENSICAL; disparatado, absurdo.

NONSIGNIFICANT; no significante.

NONSTANDARD; no reglamentario.

NONSUIT; sentencia de no ha lugar, rechazo de una acción, sobreseimiento.

NONSUPPORT; falta de sostenimiento.

NONTENURE; defensa en una acción por un inmueble basada en que no se ocupa la propiedad.

NONTERM; el periodo entre dos sesiones de un tribunal.

NONTRANSFERABLE; no transferible.

NONUSE; falta de uso.

NONVERBAL; no verbal.

NONWAIVER AGREEMENT; acuerdo mediante el cual se retienen los derechos a los cuales no se ha renunciado y que no se han perdido.

NOONDAY; mediodía.

NOR; ni, tampoco.

NORM; norma, regla, guía.

NORMAL; normal.

NORMAL LAW; derecho normal.

NORMAL MIND; facultades mentales
normales.
NORMAL TAX; impuesto normal.
NORMALIZE; normalizar.
NORMALLY; normalmente.
NOT EXCEEDING; no excediendo.
NOT FOUND; denegación de procesamiento,
no hallado.
NOT GUILTY; no culpable, inocente.
NOT LATER THAN; no más tarde de.
NOT LESS THAN; no menos de.
NOT NEGOTIABLE; no negociable.
NOT POSSESSED; defensa mediante la cual se
alega la falta de posesión.
NOT PROVEN; no probado.
NOT SATISFIED; impago.
NOT TRANSFERABLE; no transferible.
NOTA BENE; observese, nota bene.
NOTABLE; notable.
NOTARIAL; notarial.
NOTARIAL ACT; acta notarial.
NOTARIAL CERTIFICATE; certificado
notarial.
NOTARIAL SEAL; sello notarial.
NOTARIAL WILL; testamento notarial.
NOTARIZATION; atestación notarial.
NOTARIZE; hacer certificar por un notario.
NOTARY; notario, escribano.
NOTARY PUBLIC; notario, notario público,
escribano público.
NOTATION; anotación.
NOTE (n); pagaré, nota, aviso, anotación,
advertencia.
NOTE (v); anotar, observar, advertir.
NOTE OF HAND; pagaré.
NOTE OF PROTEST; nota de protesto.
NOTEHOLDER; tenedor de un pagaré.
NOTES PAYABLE; pagarés a pagar.
NOTES RECEIVABLE; pagarés a cobrar.
NOTEWORTHY; notable, considerable.
NOTHING; nada, nulidad.
NOTHINGNESS; nada, inexistencia.
NOTICE (n); aviso, notificación, aviso de
despido, advertencia, mención.
NOTICE (v); notar, advertir, observar,
mencionar, dar aviso.
NOTICE IN WRITING; notificación por
escrito.

NOTICE OF ABANDONMENT; notificación
de abandono.
NOTICE OF ACTION; notificación de
litispendencia, notificación de demanda.
NOTICE OF APPEAL; notificación de
apelación.
NOTICE OF APPEARANCE; aviso de
comparecencia.
NOTICE OF COPYRIGHT; aviso de derechos
de autor.
NOTICE OF DISHONOR; notificación de
rechazo de un pagaré.
NOTICE OF JUDGMENT; notificación de
sentencia.
NOTICE OF LIS PENDENS; notificación de
litispendencia, notificación de demanda.
NOTICE OF MEETING; convocatoria.
NOTICE OF MOTION; notificación de una
moción.
NOTICE OF ORDER; notificación de
sentencia.
NOTICE OF PROTEST; notificación de
protesto.
NOTICE OF TRIAL; notificación de juicio.
NOTICE TO PLEAD; intimación a contestar la
demanda.
NOTICE TO QUIT; notificación de desalojo.
NOTICEABLE; conspicuo, notable, evidente,
perceptible.
NOTIFICATION; notificación, citación.
NOTIFY; notificar, avisar, comunicar.
NOTION; noción, opinión, teoría, intención.
NOTORIETY; notoriedad.
NOTORIOUS; notorio, evidente.
NOTORIOUS INSOLVENCY; insolvencia
notoria.
NOTORIOUS POSSESSION; posesión
notoria.
NOTWITHSTANDING; sin embargo, no
obstante.
NOURISH; mantener, nutrir, criar.
NOVATION; novación.
NOVEL; nuevo, original.
NOVEL ASSIGNMENT; alegación de la parte
demandante que la defensa no tiene que
ver con la demanda.
NOVELTY; novedad, innovación.
NOW; ahora, ya, actualmente.

NOWADAYS; hoy en día.

NOXIOUS; nocivo, pernicioso.

NOXIOUS SUBSTANCE; sustancia nociva.

NOXIOUSNESS; nocividad.

NUCLEAR; nuclear.

NUCLEAR ENERGY; energía nuclear.

NUCLEAR INCIDENT; incidente nuclear.

NUCLEAR INSTALLATION; instalación
   nuclear.

NUCLEAR OPERATOR; operador nuclear.

NUCLEAR POWER PLANT; planta nuclear.

NUCLEAR RISK; riesgo nuclear.

NUCLEAR WAR; guerra nuclear.

NUCLEAR WEAPON; arma nuclear.

NUDE; nudo, desnudo.

NUDE CONTRACT; contrato sin
   contraprestación.

NUDE MATTER; afirmación de hecho sin
   prueba.

NUDE PACT; contrato sin contraprestación,
   promesa unilateral.

NUDUM PACTUM; contrato sin
   contraprestación, promesa unilateral.

NUGATORY; nugatorio, fútil, nulo, inválido,
   ineficaz.

NUISANCE; estorbo, acto perjudicial,
   molestia, perjuicio, daño.

NUISANCE AT LAW; estorbo en sí mismo,
   estorbo de jure, acto perjudicial en sí
   mismo.

NUISANCE IN FACT; estorbo de hecho,
   estorbo de facto, acto perjudicial de hecho.

NUISANCE PER ACCIDENS; estorbo de
   hecho, estorbo de facto, acto perjudicial de
   hecho.

NUISANCE PER SE; estorbo en sí mismo,
   estorbo de jure, acto perjudicial en sí
   mismo.

NUL AGARD; ninguna sentencia arbitral.

NUL TIEL CORPORATION; no existe tal
   corporación.

NUL TIEL RECORD; no existe tal registro.

NUL TORT; daño legal inexistente.

NUL WASTE; deterioro inexistente.

NULL; nulo, inexistente.

NULL AND VOID; nulo, sin efecto ni valor.

NULLIFICATION; anulación.

NULLIFY; anular.

NULLITY; nulidad.

NULLITY OF MARRIAGE; nulidad de
   matrimonio.

NULLUM ARBITRIUM; ninguna sentencia
   arbitral.

NUNC PRO TUNC; con efecto retroactivo.

NUNCIATIO; protesta.

NUNCUPATIVE WILL; testamento
   nuncupativo.

NUPTIAL; nupcial.

NURTURE; criar, nutrir.

O

OATH; juramento.
OATH IN LITEM; juramento con respecto al valor del objeto en cuestión.
OATH OF ALLEGIANCE; juramento de fidelidad.
OATH OF OFFICE; juramento al asumir un cargo público, juramento al asumir un cargo.
OATH-RITE; ceremonia del juramento.
OBDURACY; obstinación, obduración.
OBDURATE; obstinado, insensible.
OBEDIENCE; obediencia, sumisión.
OBEDIENTIAL OBLIGATION; obligación de obediencia.
OBEDIENTLY; obedientemente.
OBEY; obedecer, cumplir, acatar.
OBFUSCATE; ofuscar, confundir.
OBFUSCATION; ofuscación.
OBIT SINE PROLE; murió sin descendencia.
OBITER DICTUM; dictamen de carácter incidental, opinión de un juez la cual no es necesaria para decidir el caso.
OBITUARY; obituario.
OBJECT (n); objeto, propósito.
OBJECT (v); objetar, impugnar.
OBJECT OF A STATUTE; propósito de una ley.
OBJECT OF AN ACTION; objeto de una acción.
OBJECTIFY; objetivar.
OBJECTION; objeción, reparo.
OBJECTIONABLE; objetable, impugnable, desagradable.
OBJECTIVE (adj); objetivo.
OBJECTIVE (n); objetivo, fin.
OBJECTIVELY; objetivamente.
OBJECTIVENESS; objetividad.
OBJECTIVITY; objetividad.
OBJECTOR; impugnador, objetante.

OBLIGATE; obligar, comprometer.
OBLIGATIO EX CONTRACU; obligación contractual.
OBLIGATION; obligación, pagaré, compromiso.
OBLIGATION OF A CONTRACT; obligación contractual.
OBLIGATOR; obligado, deudor.
OBLIGATORILY; obligatoriamente.
OBLIGATORY; obligatorio, forzoso.
OBLIGATORY COVENANT; estipulación obligatoria.
OBLIGATORY PACT; convenio obligatorio.
OBLIGE; obligar, complacer.
OBLIGEE; obligante, acreedor.
OBLIGOR; obligado, deudor.
OBLITERATE; destruir, tachar.
OBLITERATION; destrucción, tachadura.
OBLIVION; olvido, amnistía.
OBLIVIOUS; olvidadizo.
OBLIVIOUSLY; con olvido.
OBLOQUY; reproche, descrédito.
OBNOXIOUS; ofensivo, odioso.
OBREPTIO; obrepción.
OBREPTION; obrepción.
OBROGATION; abrogación, alteración a una ley.
OBSCENE; obsceno, indecente.
OBSCENE LIBEL; difamación obscena.
OBSCENE PUBLICATION; publicación obscena.
OBSCENELY; obscenamente.
OBSCENENESS; obscenidad.
OBSCENITY; obscenidad.
OBSCURE; obscuro, ambiguo, confuso.
OBSCURELY; obscuramente, confusamente.
OBSERVABLE; observable, perceptible.
OBSERVABLY; conspicuamente, perceptiblemente.
OBSERVANCE; observancia, cumplimiento, costumbre.
OBSERVANT; observador, atento.
OBSERVATION; observación, escrutinio.
OBSERVE; observar, cumplir, vigilar.
OBSERVER; observador.
OBSESSION; obsesión.
OBSIGNATORY; ratificatorio.
OBSOLESCENCE; obsolescencia, desuso.

OBSOLESCENT; obsolescente.
OBSOLETE; obsoleto.
OBSTACLE; obstáculo.
OBSTANTE; obstaculizante.
OBSTINATE DESERTION; abandono persistente.
OBSTRICTION; obligación.
OBSTRUCT; obstruir, dificultar.
OBSTRUCTING JUSTICE; obstrucción de la justicia.
OBSTRUCTING MAILS (EU); obstrucción del servicio postal.
OBSTRUCTING PROCEEDINGS OF LEGISLATURE; obstrucción de los procedimientos de la legislatura.
OBSTRUCTING PROCESS; obstrucción de proceso.
OBSTRUCTION; obstrucción, obstáculo.
OBSTRUCTION OF HIGHWAYS; obstrucción de carreteras.
OBSTRUCTION TO NAVIGATION; obstrucción a la navegación.
OBSTRUCTIVE; obstructivo.
OBTAIN; obtener, adquirir.
OBTEST; protestar.
OBTRUSION; intrusión.
OBTRUSIVE; intruso, entremetido.
OBVERSE; anverso.
OBVIATE; obviar.
OBVIOUS; obvio, evidente.
OBVIOUS DANGER; peligro evidente.
OBVIOUS DEFECT; defecto evidente.
OBVIOUS RISK; riesgo evidente.
OBVIOUSNESS; claridad.
OCCASION (n); ocasión, oportunidad.
OCCASION (v); ocasionar, motivar.
OCCASIONAL; ocasional, incidental.
OCCASIONALLY; de vez en cuando.
OCCUPANCY; ocupación, tenencia.
OCCUPANT; ocupante, tenedor.
OCCUPARE; ocupar.
OCCUPATION; ocupación, tenencia, profesión.
OCCUPATIONAL; ocupacional.
OCCUPATIONAL ACCIDENT; accidente de trabajo.
OCCUPATIONAL DISEASE; enfermedad de trabajo, enfermedad profesional.

OCCUPATIONAL HAZARD; riesgo de trabajo, riesgo profesional.
OCCUPATIONAL SAFETY AND HEALTH ADMINISTRATION (EU); Administración de Seguridad y Salud Laboral.
OCCUPATIONAL TAX; impuesto a ocupaciones, licencia fiscal.
OCCUPIER; ocupante.
OCCUPY; ocupar.
OCCUPYING CLAIMANT; quien intenta recobrar el costo de las mejoras que ha hecho a un bien inmueble tras enterarse que la tierra no es de él.
OCCUR; ocurrir.
OCCURRENCE; ocurrencia, incidente.
OCEAN BILL OF LADING; conocimiento de embarque marítimo.
OCHLOCRACY; oclocracia.
OCULAR; ocular.
OCULARLY; ocularmente.
ODD LOT DOCTRINE; doctrina que indica que se considerará que una persona está completamente incapacitada para trabajar si sus limitaciones le ponen en una desventaja competitiva muy significativa.
ODIOUS; odioso.
OF AGE; mayor de edad.
OF COUNSEL; abogado colaborador.
OF COURSE; de derecho, por supuesto.
OF FORCE; en vigor.
OF GRACE; de gracia.
OF LATE; recientemente.
OF RECORD; registrado, inscrito, protocolizado.
OF RIGHT; de derecho.
OF THE BLOOD; tener parentesco por consanguinidad.
OFF-THE-RECORD; extraoficial, confidencial.
OFF-YEAR ELECTION; elección efectuada en un año en el cual no hay elección presidencial.
OFFEND; ofender.
OFFENDER; delincuente, infractor.
OFFENDING; ofensivo, ilícito, delictivo.
OFFENDING ACT; acto ilícito, delito, infracción.

OFFENDING PARTY; parte incumplidora, parte infractora.

OFFENSE; acto criminal, acto ilícito, delito, ofensa.

OFFENSELESS; inofensivo.

OFFENSIVE; ofensivo, ilícito, dañino.

OFFENSIVE LANGUAGE; lenguaje ofensivo.

OFFENSIVE TRADE; comercio ilícito.

OFFENSIVE WEAPON; arma mortal, arma peligrosa.

OFFER (n); oferta, propuesta.

OFFER (v); ofrecer, proponer.

OFFER AND ACCEPTANCE; oferta y aceptación.

OFFER OF COMPROMISE; oferta de transacción.

OFFER OF PROOF; ofrecimiento de prueba.

OFFEREE; quien recibe una oferta.

OFFERER; oferente.

OFFERING; ofrecimiento, propuesta.

OFFEROR; oferente.

OFFHAND; de imprevisto, de primera impresión.

OFFICE; oficina, cargo, oficio.

OFFICE COPY; copia certificada.

OFFICE GRANT; transferencia oficial.

OFFICE HOURS; horas de oficina.

OFFICE MANAGER; gerente de oficina.

OFFICE OF HONOR; cargo honorario.

OFFICEHOLDER; funcionario.

OFFICER; funcionario, oficial.

OFFICER DE FACTO; funcionario de hecho.

OFFICER DE JURE; funcionario de derecho.

OFFICER OF JUSTICE; oficial de justicia, funcionario auxiliar de justicia.

OFFICIAL (adj); oficial, de oficio.

OFFICIAL (n); funcionario.

OFFICIAL ACT; acto oficial.

OFFICIAL BALLOT; papeleta electoral oficial.

OFFICIAL BOND; fianza de funcionario público.

OFFICIAL CAPACITY; carácter oficial.

OFFICIAL GAZETTE (EU); Gaceta Oficial.

OFFICIAL JOURNAL; diario oficial.

OFFICIAL LOGBOOK; diario oficial de navegación.

OFFICIAL MAP; mapa oficial.

OFFICIAL MISCONDUCT; incumplimiento de los deberes de un funcionario público.

OFFICIAL NOTICE; notificación oficial.

OFFICIAL OATH; juramento oficial.

OFFICIAL RECORD; registro oficial.

OFFICIAL REPORTS; colección oficial de decisiones judiciales.

OFFICIAL SEAL; sello oficial.

OFFICIAL USE; uso oficial.

OFFICIALLY; oficialmente.

OFFICIOUS WILL; testamento oficioso.

OFFLOAD; descargar.

OFFSET (n); compensación.

OFFSET (v); compensar.

OFFSHORE; en el exterior, de mar adentro.

OFFSPRING; prole, descendencia, consecuencia.

OFTEN; a menudo.

OFTENTIMES; a menudo.

OKAY; conforme, correcto.

OLD HAND; experto, veterano.

OLD LINE LIFE INSURANCE; seguro de vida con pagos y beneficios fijos.

OLIGARCHY; oligarquía.

OLIGOPOLY; oligopolio.

OLOGRAPH; ológrafo.

OLOGRAPHIC TESTAMENT; testamento ológrafo.

OMBUDSMAN; procurador del ciudadano, ombudsman.

OMINOUS; ominoso, nefasto.

OMISSIO; omisión.

OMISSION; omisión, negligencia.

OMIT; omitir, excluir.

OMITTANCE; omisión.

OMNIBUS; ómnibus.

OMNIBUS CLAUSE; cláusula ómnibus.

OMNIBUS COUNT; cargo consolidado.

ON ACCOUNT; a cuenta, pago a cuenta.

ON ALL FOURS; un caso o decisión el cual es similar en todos los aspectos relevantes a otro.

ON APPROVAL; previa aceptación, a prueba.

ON BEHALF OF; de parte de, a favor de.

ON CALL; a la vista, a petición.

ON DEFAULT; en caso de incumplimiento.

ON DEMAND; a la vista, a solicitud.

ON DUTY; en servicio.

ON FILE; registrado.

ON OR ABOUT; en o alrededor de, en o cerca de.

ON OR BEFORE; en o antes de.

ON RECORD; registrado, que consta.

ON SIGHT; a la vista.

ON THE PERSON; llevar consigo.

ONCE IN JEOPARDY; la condición de una persona a quien se está acusando de un delito por el cual ya estuvo en peligro de ser condenado mediante otro juicio penal.

ONCOMING; que viene, venidero.

ONE-MAN COMPANY; compañía de un solo integrante.

ONE-MAN CORPORATION; corporación de un solo integrante, persona jurídica de un solo integrante.

ONE-SIDED CONTRACT; contrato abusivo, contrato leonino.

ONEROUS; oneroso, desproporcionado.

ONEROUS CONTRACT; contrato oneroso.

ONEROUS GIFT; donación con cargos.

ONEROUS TITLE; título oneroso.

ONESELF; uno mismo, sí mismo.

ONGOING; en curso.

ONLY (adj); sólo, único.

ONLY (adv); solamente, únicamente.

ONLY CHILD; hijo único.

ONOMASTIC; onomástico.

ONRUSH; embestida, ataque.

ONUS OF PROOF; carga de la prueba, carga probatoria.

ONSET; comienzo, arremetida.

ONSET DATE; fecha de inicio.

ONUS; carga, carga de la prueba, responsabilidad.

ONUS PROBANDI; carga de la prueba, carga probatoria.

ONWARD; adelante.

OPEN (adj); abierto, libre, disponible, sincero.

OPEN (n); claro.

OPEN (v); abrir, exponer, empezar.

OPEN A CASE; iniciar un caso.

OPEN A COURT; iniciar las sesiones de un tribunal.

OPEN A JUDGMENT; reconsiderar una sentencia.

OPEN A LINE OF CREDIT; iniciar una línea de crédito.

OPEN A LOAN; conceder un préstamo.

OPEN A STREET OR HIGHWAY; abrir una calle o carretera.

OPEN ACCOUNT; cuenta corriente.

OPEN AND NOTORIOUS; abierto y notorio.

OPEN AND NOTORIOUS ADULTERY; adulterio público y notorio.

OPEN-AND-SHUT; obvio, indiscutible.

OPEN BID; propuesta con derecho de reducción, oferta abierta.

OPEN COURT; tribunal en sesión, audiencia pública.

OPEN DATE; fecha a fijarse.

OPEN DIPLOMACY; diplomacia abierta.

OPEN-END CONTRACT; contrato en el cual ciertos términos no se han establecido.

OPEN-END CREDIT; crédito renovable.

OPEN-END MORTGAGE; hipoteca renovable, hipoteca ampliable.

OPEN ENTRY; ingreso a un bien inmueble en forma pública.

OPEN HEARING; audiencia pública, vista pública.

OPEN MARKET; mercado abierto.

OPEN MARKET OPERATIONS; operaciones de mercado abierto.

OPEN POLICY; póliza abierta.

OPEN PORT; puerto libre, puerto franco.

OPEN POSSESSION; posesión manifiesta.

OPEN SEA; mar abierto.

OPEN SHOP; empresa la cual emplea sin considerar si el solicitante es miembro de un gremio.

OPEN SPACE; espacio abierto.

OPEN VERDICT; veredicto el cual no establece quien cometió el crimen o si realmente se cometió un crimen.

OPENING; apertura, principio.

OPENING STATEMENT; exposición inicial en un juicio.

OPENLY; abiertamente.

OPERATE; operar, funcionar.

OPERATING; en funcionamiento, activo.

OPERATING EXPENSES; gastos operativos.

OPERATING INCOME; ingreso operativo.

OPERATING PROFIT; ganancias operativas.

OPERATION; operación, funcionamiento, transacción, vigencia.
OPERATION OF LAW; efecto de la ley.
OPERATIVE; operativo, agente secreto.
OPERATIVE CLAUSE; cláusula operativa.
OPERATIVE WORDS; palabras claves de un contrato.
OPERATOR; operador.
OPINE; opinar.
OPINION; opinión, dictamen.
OPINION EVIDENCE; opinión suministrada como prueba.
OPPONENT (adj); contrario, opuesto.
OPPONENT (n); opositor, contrario.
OPPORTUNE; oportuno.
OPPORTUNITY; oportunidad.
OPPOSE; oponer, oponerse a.
OPPOSER; oponente.
OPPOSING PARTY; parte contraria.
OPPOSITE; opuesto, contrario.
OPPOSITE PARTY; parte contraria.
OPPOSITION; oposición, resistencia.
OPPRESS; oprimir, agobiar.
OPPRESSION; opresión.
OPPRESSIVE; opresivo, agobiante.
OPPRESSIVE AGREEMENT; convenio abusivo.
OPPRESSIVE CLAUSE; cláusula abusiva.
OPPRESSOR; opresor.
OPPROBRIOUS; oprobioso.
OPPROBRIUM; oprobio.
OPPUGN; opugnar.
OPTICALLY; visualmente.
OPTIMAL; óptimo.
OPTION; opción, opción de compra, elección.
OPTION TO PURCHASE; opción de compra.
OPTIONAL; opcional.
OPTIONAL APPEARANCE; comparecencia facultativa.
OPTIONAL CLAUSE; cláusula opcional.
OPTIONEE; quien recibe una opción, titular de una opción.
ORAL; oral.
ORAL AGREEMENT; contrato oral, contrato verbal.
ORAL CONFESSION; confesión oral, confesión verbal.

ORAL CONTRACT; contrato oral, contrato verbal.
ORAL EVIDENCE; prueba oral, prueba testimonial.
ORAL TRUST; fideicomiso constituido oralmente, fideicomiso constituido verbalmente.
ORAL WILL; testamento nuncupativo.
ORDAIN; ordenar, estatuir.
ORDEAL; ordalía.
ORDER (n); orden, clase.
ORDER (v); ordenar, dirigir.
ORDER BILL OF LADING; conocimiento de embarque a la orden.
ORDER NISI; orden provisional.
ORDER OF FILIATION; orden de filiación.
ORDINANCE; ordenanza, estatuto, ley.
ORDINANDI LEX; derecho procesal.
ORDINARILY; ordinariamente.
ORDINARY; ordinario, normal.
ORDINARY ANNUITY; anualidad ordinaria.
ORDINARY CALLING; actividades ordinarias.
ORDINARY CARE; diligencia ordinaria.
ORDINARY COURSE OF BUSINESS; curso ordinario de los negocios.
ORDINARY DANGERS; peligros ordinarios.
ORDINARY DILIGENCE; diligencia ordinaria.
ORDINARY EXPENSES; gastos ordinarios.
ORDINARY HAZARDS; riesgos ordinarios.
ORDINARY INCOME; ingreso ordinario.
ORDINARY INTEREST; intereses ordinarios.
ORDINARY JURISDICTION; jurisdicción ordinaria.
ORDINARY LIFE INSURANCE; seguro de vida ordinario.
ORDINARY LOSS; pérdida ordinaria.
ORDINARY NEGLIGENCE; negligencia ordinaria.
ORDINARY PARTNERSHIP; sociedad ordinaria.
ORDINARY PERSONS; personas ordinarias.
ORDINARY PROCEEDING; procedimiento ordinario.
ORDINARY REPAIRS; reparaciones ordinarias.
ORDINARY RISKS; riesgos ordinarios.

ORDINARY SEAMAN; marinero ordinario.

ORDINARY SERVICES; servicios ordinarios.

ORDINARY SKILL IN ART; habilidad ordinaria en un oficio.

ORDINARY WRITTEN LAW; leyes escritas ordinarias.

ORE-LEAVE; derecho de extraer minerales de un terreno.

ORGAN; órgano.

ORGANIC ACT (EU); ley orgánica.

ORGANIC LAW; ley orgánica, constitución.

ORGANIZATION; organización, persona jurídica.

ORGANIZATIONAL MEETING; reunión constitutiva.

ORGANIZE; organizar, establecer.

ORGANIZED; organizado.

ORGANIZED COUNTY; condado constituido.

ORGANIZED CRIME; crimen organizado.

ORGANIZED LABOR; trabajadores agremiados, trabajadores sindicados.

ORGANIZER; organizador.

ORIENTATION; orientación.

ORIGIN; origen.

ORIGINAL; original, singular.

ORIGINAL ACQUISITION; adquisición original.

ORIGINAL BILL; demanda concerniente a una cuestión no litigada antes entre las mismas partes que mantienen los mismos intereses.

ORIGINAL CAPITAL; capital inicial.

ORIGINAL CONVEYANCES; cesiones originales.

ORIGINAL COST; costo original.

ORIGINAL DOCUMENT RULE; regla que indica que la mejor prueba del contenido de un documento es el original de dicho documento.

ORIGINAL ESTATE; propiedad original.

ORIGINAL EVIDENCE; prueba original.

ORIGINAL INVENTOR; inventor original.

ORIGINAL JURISDICTION; jurisdicción de primera instancia.

ORIGINAL PACKAGE; paquete original.

ORIGINAL PROCESS; proceso inicial, citación a comparecer.

ORIGINALITY; originalidad.

ORIGINALLY; originalmente.

ORIGINATION; origen.

ORPHAN; huérfano.

ORPHAN'S DEDUCTION; deducción de huérfano.

ORPHANAGE; orfelinato.

ORPHANHOOD; orfandad.

OSTENSIBLE; ostensible, aparente.

OSTENSIBLE AGENCY; agencia aparente.

OSTENSIBLE AUTHORITY; autoridad aparente.

OSTENSIBLE OWNERSHIP; propiedad aparente.

OSTENSIBLE PARTNER; socio aparente.

OSTENSIBLY; ostensiblemente, aparentemente.

OSTENSIVE; ostensivo, aparente.

OSTENSIVELY; ostensivamente, aparentemente.

OTHER; otro.

OTHER FROM; distinto a.

OTHER THAN; otra cosa que.

OTHERWISE; de otro modo.

OUGHT; deber, deber de.

OUST; desalojar, expulsar.

OUSTER; desalojamiento, expulsión.

OUSTER JUDGMENT; sentencia de desalojo.

OUSTER OF JURISDICTION; pérdida de jurisdicción.

OUT OF BENEFIT; asegurado a quien se le ha suspendido la cobertura por falta de pago de las primas.

OUT OF COMMISSION; fuera de servicio.

OUT-OF-COURT; extrajudicial.

OUT-OF-COURT SETTLEMENT; arreglo extrajudicial.

OUT-OF-DOORS; al aire libre.

OUT-OF-POCKET EXPENSES; gastos pagados en efectivo.

OUT-OF-POCKET RULE; regla que indica que quien compra tras representaciones fraudulentas tiene el derecho de recobrar la diferencia entre la cantidad pagada y el valor de lo comprado.

OUT OF TERM; fuera del periodo de actividades judiciales.

OUT OF THE JURISDICTION; fuera de la jurisdicción.

OUT OF THE STATE; fuera del estado.

OUT OF TIME; fuera de tiempo, fuera de plazo, nave perdida.

OUTAGE; interrupción.

OUTBUILDING; estructura anexa, edificio anexo.

OUTBURST; arranque.

OUTDATED; anticuado, obsoleto.

OUTDOORS; al aire libre.

OUTER BAR (RU); abogados de menor antigüedad.

OUTER DOOR; puerta exterior.

OUTERMOST; extremo, más alejado.

OUTGOING; saliente.

OUTHOUSE; edificio anexo, estructura anexa, excusado.

OUTLAND; el extranjero.

OUTLANDISH; estrafalario.

OUTLAST; durar más que.

OUTLAW; fugitivo, proscrito.

OUTLAWED; prohibido.

OUTLIVE; sobrevivir a.

OUTLOOK; perspectiva.

OUTLYING; remoto.

OUTMANEUVER; maniobrar mejor que.

OUTPATIENT; paciente externo.

OUTPUT; producción, información proveniente de una computadora.

OUTRAGE; ultraje, afrenta, indignación.

OUTRAGEOUS; atroz, excesivo, ultrajante.

OUTRAGEOUSLY; atrozmente.

OUTRAGEOUSNESS; atrocidad.

OUTRIGHT (adj); entero, directo, franco.

OUTRIGHT (adv); enteramente, sin limitaciones, francamente.

OUTSET; comienzo.

OUTSIDE (adj); externo, superficial.

OUTSIDE (n); exterior, apariencia.

OUTSIDE DIRECTOR; miembro de una junta directiva cuyo vínculo único es ese cargo, consejero externo.

OUTSIDER; no afiliado.

OUTSTANDING; pendiente de pago, en circulación, destacado.

OUTSTANDING AND OPEN ACCOUNT; cuenta pendiente.

OUTSTANDING CHECK; cheque sin cobrar, cheque pendiente de pago.

OUTSTANDING DEBT; deuda pendiente de pago.

OUTSTANDING SECURITIES; valores en circulación.

OUTSTANDING STOCK; acciones en circulación.

OUTWARD; exterior, externo.

OUTWARDLY; aparentemente.

OVELL; igual.

OVER; encima, mientras.

OVER-INSURANCE; sobreseguro.

OVERALL; en conjunto.

OVERBEAR; oprimir, dominar.

OVERBEARING; dominante.

OVERBID; ofrecer más que.

OVERBREADTH DOCTRINE (EU); doctrina que indica que cualquier ley que viole los derechos constitucionales no es válida.

OVERBURDEN; sobrecargar.

OVERCERTIFICATION; certificación de un cheque sin fondos, confirmación bancaria por exceso.

OVERCERTIFY; certificar un cheque sin fondos.

OVERCHARGE (n); cargo excesivo, recargo.

OVERCHARGE (v); sobrecargar.

OVERCOME; superar.

OVERDRAFT; sobregiro.

OVERDRAW; sobregirar.

OVERDRAWN; sobregirado.

OVERDUE; vencido, en mora.

OVEREMPHASIS; énfasis exagerada.

OVEREMPHASIZE; acentuar demasiado.

OVERFLOW; inundar.

OVERHANG; sobresalir, colgar.

OVERHAUL; investigar, examinar.

OVERHAULING; revisión, examen.

OVERHEAD; gastos generales.

OVERISSUE; emisión mas allá de lo permitido.

OVERLAP; solaparse.

OVERLOAD; sobrecargar.

OVERLOOK; pasar por alto, supervisar.

OVERLYING RIGHT; derecho de extraer aguas subterráneas.

OVERPAY; pagar en exceso.

OVERPLUS; excedente.

OVERPOWER; abrumar.

OVERRATE; sobrestimar.

OVERREACHING CLAUSE; cláusula de extensión.

OVERRIDE; pasar sobre, solapar, derogar, abrogar.

OVERRIDING INTEREST; derecho prevaleciente.

OVERRULE; denegar, anular, revocar.

OVERRULING; denegatorio.

OVERRUN; invadir, inundar.

OVERSEAS; ultramar, extranjero.

OVERSEAS TRADE; comercio exterior.

OVERSEER; supervisor.

OVERSIGHT; inadvertencia, vigilancia.

OVERT; manifiesto, público.

OVERT ACT; acto manifiesto, acto hostil.

OVERT WORDS; palabras claras.

OVERTAKE; alcanzar.

OVERTIME; horas extras, sobretiempo, tiempo suplementario.

OVERTIME WAGE; salario por horas extras.

OVERTONE; sugestión, alusión.

OVERTURE; propuesta, insinuación.

OVERTURN; derrocar, volcar, revocar.

OVERUSE; uso excesivo.

OWE; deber, adeudar.

OWELTY; igualdad.

OWELTY OF EXCHANGE; dinero pagado para compensar por el valor menor de un inmueble permutado por otro.

OWELTY OF PARTITION; dinero pagado para igualar el valor de una repartición dispareja.

OWING; pendiente de pago.

OWN (adj); propio.

OWN (v); tener, poseer.

OWNER; dueño, propietario.

OWNER OF RECORD; titular registrado.

OWNERSHIP; propiedad, titularidad.

OWNERSHIP IN COMMON; copropiedad.

OYEZ; ¡oíd!

P

PACIFICATION; pacificación.

PACIFISM; pacifismo.

PACIFIST; pacifista.

PACK; engañar, usar recursos engañosos para seleccionar un jurado parcial, empacar, embalar.

PACKAGE; paquete, envase.

PACKAGE DEAL; acuerdo global.

PACKING; empaquetamiento, embalaje.

PACKING LIST; lista de empaque.

PACT; pacto, convenio, compromiso.

PACTIO; pacto, contrato.

PACTIONAL; concerniente a un pacto.

PACTIONS; pacto entre paises a ejecutarse en un solo acto.

PACTITIOUS; determinado por contrato.

PACTUM; pacto.

PADDER; ladrón.

PAID; pagado, pago, remunerado.

PAID IN FULL; pagado en su totalidad, liquidado.

PAID UP; totalmente pagado, liberado.

PAID-UP INSURANCE; seguro pago.

PAIN; dolor, dificultad.

PAIN AND SUFFERING; dolor y sufrimiento.

PAIRING-OFF; acuerdo entre miembros de distintos partidos de abstenerse de votar.

PALIMONY; pensión tras la separación de personas no casadas.

PALM OFF; engañar, defraudar.

PALM PRINTS; huellas de las palmas de las manos.

PALMARIUM; honorario contingente en adición al pago fijo.

PALPABLE; palpable, evidente.

PALSGRAF RULE; regla que indica que quien es negligente sólo es responsable por los daños previsibles y no por todos los daños posteriores a dicha negligencia.

PANDER (n); alcahuete.

PANDER (v); alcahuetear.

PANDERER; alcahuete.

PANEL; panel, lista, lista de los integrantes de un jurado.

PANEL OF ARBITRATORS; panel arbitral, comisión de árbitros.

PANIC; pánico.

PANNELLATION; elección de jurado.

PANORAMA; panorama.

PAPER; papel, documento, periódico, documento negociable.

PAPER MONEY; papel moneda.

PAPER PATENT; invención la cual no ha sido explotada comercialmente.

PAPER STANDARD; patrón papel.

PAPER TITLE; título dudoso.

PAR; paridad, valor nominal, igualdad.

PAR DELICTUM; igual culpa.

PAR VALUE; valor nominal, valor a la par.

PAR VALUE STOCK; acciones con valor nominal.

PARACHRONISM; paracronismo.

PARADOX; paradoja.

PARAGRAPH; párrafo, parágrafo.

PARALEGAL; asistente legal, paralegal.

PARALLEL CITATION; cita paralela.

PARAMOUNT; supremo.

PARAMOUNT CLAUSE; cláusula superior.

PARAMOUNT EQUITY; derecho superior.

PARAMOUNT TITLE; título superior.

PARAMOUR; amante.

PARAPHERNAL PROPERTY; bienes parafernales.

PARAPHERNALIA; bienes parafernales.

PARAPROFESSIONAL; paraprofesional.

PARCEL (n); parcela, paquete, lote.

PARCEL (v); dividir.

PARCELS, BILL OF; factura.

PARCELS; descripción y límites de un inmueble.

PARCENARY; herencia conjunta.

PARCENER; coheredero.

PARCHMENT; pergamino.

PARDON (n); perdón, indulto, gracia.

PARDON (v); perdonar, indultar, amnistiar.

PARDON ATTORNEY (EU); oficial del Ministerio de Justicia que hace recomendaciones para indultos presidenciales.

PARDONABLE; perdonable.

PARENS; un padre.

PARENT; padre, madre.

PARENT COMPANY; compañía controladora, sociedad controladora.

PARENT CORPORATION; corporación controladora, sociedad controladora.

PARENTAGE; ascendencia, paternidad, maternidad.

PARENTAL; paternal, maternal.

PARENTAL AUTHORITY; autoridad de los padres.

PARENTAL CONSENT; consentimiento de los padres.

PARENTAL LIABILITY; responsabilidad de los padres por los actos de los hijos.

PARENTAL RIGHTS; derechos de los padres.

PARENTICIDE; parricidio, matricidio, parricida, matricida.

PARI CAUSA; con igual derecho.

PARI DELICTO; con igual culpa.

PARI MATERIA; la materia misma.

PARI PASSU; igualmente, equitativamente.

PARI RATIONE; por la misma razón.

PARITY; paridad.

PARIUM JUDICIUM; juicio con un jurado de pares.

PARK; parque.

PARLIAMENT; parlamento.

PARLIAMENTARY; parlamentario.

PARLIAMENTARY AGENTS (RU); agentes parlamentarios.

PARLIAMENTARY COMMITTEE (RU); comité parlamentario.

PARLIAMENTARY GOVERNMENT; gobierno parlamentario.

PARLIAMENTARY LAW; derecho parlamentario.

PARLIAMENTARY PRIVILEGE; privilegio parlamentario.

PARLIAMENTARY RULES; reglas parlamentarias.

PAROL; verbal.

PAROL AGREEMENT; contrato verbal.

PAROL ARREST; arresto ordenado verbalmente.

PAROL CONTRACT; contrato verbal.

PAROL EVIDENCE; prueba oral, prueba extrínseca.

PAROL EVIDENCE RULE; regla que excluye acuerdos orales los cuales alteran un contrato escrito.

PAROL LEASE; arrendamiento oral.

PAROL WILL; testamento oral.

PAROLE; libertad condicional, libertad bajo palabra.

PAROLE BOARD; junta de libertad bajo palabra.

PAROLE OFFICERS; funcionarios encargados de las personas bajo libertad condicional.

PAROLEE; persona bajo libertad condicional.

PARRICIDE; parricidio, parricida.

PARS; parte.

PARS GRAVATA; la parte agraviada.

PARS REA; una parte demandada.

PART; parte, porción, uno de los originales de un instrumento.

PART OWNERS; copropietarios.

PART OWNERSHIP; copropiedad.

PART PAYMENT; pago parcial.

PART PERFORMANCE; cumplimiento parcial.

PART TIME; a tiempo parcial.

PARTIAL; parcial, sin objetividad, incompleto.

PARTIAL ACCEPTANCE; aceptación parcial.

PARTIAL ACCOUNT; rendición de cuentas parcial.

PARTIAL ARMISTICE; armisticio parcial.

PARTIAL ASSIGNMENT; cesión parcial.

PARTIAL AVERAGE; avería parcial.

PARTIAL BREACH; incumplimiento parcial.

PARTIAL DEFENSE; defensa parcial.

PARTIAL DEPENDENCY; dependencia parcial.

PARTIAL DISABILITY; incapacidad parcial.

PARTIAL DISTRIBUTION; distribución parcial.

PARTIAL EVICTION; desalojo parcial.

PARTIAL EVIDENCE; prueba parcial.

PARTIAL INCAPACITY; incapacidad parcial.

PARTIAL INSANITY; insania parcial.

PARTIAL INSURANCE; seguro parcial.

PARTIAL INVALIDITY; invalidez parcial.

PARTIAL LIMITATION; limitación parcial.

PARTIAL LIQUIDATION; liquidación parcial.

PARTIAL LOSS; pérdida parcial.

PARTIAL PARDON; indulto parcial.

PARTIAL PAYMENT; pago parcial.

PARTIAL PERFORMANCE; cumplimiento parcial.

PARTIAL REVERSAL; revocación parcial.

PARTIAL TAKING; expropiación parcial.

PARTIAL VERDICT; veredicto parcial.

PARTIAL WAIVER; renuncia de derecho parcial.

PARTIALITY; parcialidad.

PARTIBLE; divisible.

PARTIBLE LANDS; tierras divisibles.

PARTICEPS CRIMINIS; cómplice.

PARTICIPANT; participante, partícipe.

PARTICIPATE; participar, compartir.

PARTICIPATING POLICY; póliza con participación.

PARTICIPATION; participación.

PARTICIPATION IN CRIME; participación en un delito.

PARTICIPATION MORTGAGE; hipoteca con participación, hipoteca conjunta.

PARTICULA; parcela.

PARTICULAR (adj); particular, individual, exigente.

PARTICULAR (n); detalle, pormenor.

PARTICULAR AVERAGE; avería particular.

PARTICULAR ESTATE; derecho relativo a un inmueble limitado.

PARTICULAR LIEN; gravamen específico.

PARTICULAR MALICE; malicia dirigida hacia un individuo.

PARTICULAR PARTNERSHIP; sociedad para un negocio predeterminado.

PARTICULAR POWER OF APPOINTMENT; poder limitado de designación de herederos.

PARTICULAR TENANT; quien tiene derecho relativo a un inmueble limitado.

PARTICULARITY; particularidad, meticulosidad.

PARTICULARIZE; particularizar, detallar.

PARTICULARS; pormenores, detalles.

PARTICULARS OF A DOCUMENT; detalles de un documento.

PARTICULARS OF CRIMINAL CHARGES; exposición detallada de los cargos penales.

PARTICULARS OF SALE; descripción detallada de propiedades a subastarse.

PARTIES; las partes.

PARTIES AND PRIVIES; las partes de un contrato.

PARTIES TO CRIME; los participantes en un crimen.

PARTISAN; partidario, secuaz.

PARTITIO; partición.

PARTITIO LEGATA; partición testamentaria.

PARTITION; partición, repartición, separación.

PARTITION OF A SUCCESSION; partición de una sucesión.

PARTITION ORDER; orden de partición.

PARTNER; socio, asociado, compañero.

PARTNERSHIP; sociedad, asociación, consorcio.

PARTNERSHIP AGREEMENT; contrato de sociedad.

PARTNERSHIP ARTICLES; contrato para formar una sociedad.

PARTNERSHIP ASSETS; activo social.

PARTNERSHIP ASSOCIATION; sociedad con responsabilidad limitada.

PARTNERSHIP AT WILL; sociedad sin un periodo fijo de tiempo.

PARTNERSHIP CERTIFICATE; certificado de sociedad.

PARTNERSHIP CONTRACT; contrato de sociedad.

PARTNERSHIP DEBT; deuda de la sociedad.

PARTNERSHIP IN COMMENDAM; sociedad en comandita.

PARTNERSHIP INSURANCE; seguro de vida sobre socios, seguros obtenidos con la intención de mantener la sociedad.

PARTY; parte, partido, grupo.

PARTY AGGRIEVED; parte agraviada.

PARTY AT FAULT; la parte responsable.

PARTY TO BE CHARGED; demandado, la parte contra la cual se alega incumplimiento.

PARTY WALL; pared medianera.

PASS (n); pase, autorización, paso, pasada.

PASS (v); aprobar, adoptar, pasar, fallecer, suceder.

PASS COUNTERFEIT MONEY; circular dinero falsificado.

PASS JUDGMENT; dictar sentencia.

PASS LEGISLATION; aprobar una ley.

PASS SENTENCE; sentenciar.

PASS TITLE; transferir título.

PASSAGE; pasaje, paso, aprobación, transcurso, transición, viaje.

PASSBOOK; libreta de ahorros.

PASSENGER; pasajero, viajero.

PASSING; pasajero, transitorio, pasante, aprobatorio, de difuntos.

PASSING JUDGMENT; dictar sentencia.

PASSING OF PROPERTY; transferencia de propiedad.

PASSING OF TITLE; transferencia de título.

PASSION; pasión, emoción violenta.

PASSIVE; pasivo, sumiso, inactivo.

PASSIVE ACTIVITY; actividad pasiva.

PASSIVE DEBT; deuda que no devenga intereses.

PASSIVE INCOME; ingreso pasivo.

PASSIVE NEGLIGENCE; negligencia pasiva.

PASSIVE TRUST; fideicomiso pasivo.

PASSPORT; pasaporte.

PAST CONSIDERATION; contraprestación anterior.

PAST CONVICTIONS; condenas previas.

PAST DEBT; deuda preexistente.

PAST DUE; vencido, en mora.

PAST RECOLLECTION RECORDED; relación de un asunto del cual un testigo tenía conocimiento pero que en el momento presente no recuerda bien.

PATENT (adj); patente, manifiesto, evidente, patentado.

PATENT (n); patente, privilegio, documento de concesión.

PATENT (v); patentar.

PATENT AMBIGUITY; ambigüedad evidente.

PATENT AND COPYRIGHT CLAUSE (EU); cláusula de patentes y derechos de autor.

PATENT AND TRADEMARK OFFICE (EU); Oficina de Patentes y de Marcas Comerciales.

PATENT APPLICATION; solicitud de patente.

PATENT ATTORNEY; abogado de patentes.

PATENT DEFECT; vicio evidente.

PATENT INFRINGEMENT; infracción de patente.

PATENT LAW; derecho de patentes, ley de patentes.

PATENT LICENSE; licencia de patente.

PATENT OFFICE; oficina de patentes.

PATENT PENDING; patente pendiente.

PATENT POOLING; combinación de derechos de patentes.

PATENT-RIGHT; derecho de patente.

PATENT-RIGHT DEALER; comerciante de derechos de patentes.

PATENT SUIT; demanda por infracción de patente.

PATENTABLE; patentable.

PATENTED; patentado.

PATENTED ARTICLE; artículo patentado.

PATENTED PROCESS; proceso patentado.

PATENTEE; titular de una patente.

PATENTLY; patentemente, evidentemente.

PATERNAL; paternal.

PATERNAL AUTHORITY; autoridad paterna.

PATERNAL LINE; línea paterna.

PATERNAL POWER; patria potestad.

PATERNAL PROPERTY; propiedad heredada por la vía paterna.

PATERNITY; paternidad.

PATERNITY SUIT; demanda de paternidad.

PATERNITY TEST; prueba de paternidad.

PATIENCE; paciencia.

PATIENT (adj); paciente, indulgente.

PATIENT (n); paciente.

PATIENT-PHYSICIAN PRIVILEGE; comunicaciones entre un médico y su paciente las cuales el paciente no tiene que divulgar ni permitir que el médico revele tampoco.

PATIENT'S BILL OF RIGHTS; declaración de los derechos del paciente.

PATRIA POTESTAS; patria potestad.

PATRICIDE; parricidio, parricida.

PATRILINEAL; patrilineal.

PATRIMONIAL; patrimonial.

PATRIMONY; patrimonio.

PATROL (n); ronda, patrulla.

PATROL (v); rondar, patrullar.

PATROL BOAT; bote patrullero.

PATROLMAN; patrullero, policía.

PATRON; patrocinador, cliente, protector.

PATRONAGE; patrocinio, clientela, facultad de nombrar funcionarios.

PATRONIZE; patrocinar, proteger, frecuentar.

PATRUUS; un hermano del padre.

PATRUUS MAGNUS; un hermano de un abuelo.

PATRUUS MAJOR; un hermano de un bisabuelo.

PATRUUS MAXIMUS; un hermano de un tatarabuelo.

PATTERN; modelo, ejemplo, diseño.

PAUPER; indigente.

PAWN (n); empeño, pignoración, prenda.

PAWN (v); empeñar, pignorar, prendar, dejar en prenda.

PAWNBROKER; prestamista sobre prendas.

PAWNEE; acreedor prendario.

PAWNOR; deudor prendario.

PAWNSHOP; casa de empeños.

PAY (n); paga, sueldo, honorarios, pagador.

PAY (v); pagar, remunerar, saldar, rendir.

PAY AT SIGHT; pagar a la vista.

PAY BACK; reembolsar, devolver.

PAY IN FULL; pagar totalmente.

PAY IN INSTALLMENTS; pagar a plazos.

PAY OFF; saldar, sobornar, dar resultado.

PAY TO THE ORDER OF; pagar a la orden de

PAY UNDER PROTEST; pagar bajo protesta.

PAYABLE; pagadero, vencido.

PAYABLE AT SIGHT; pagadero a la vista.

PAYABLE ON DEMAND; pagadero a la vista.

PAYABLE TO BEARER; pagadero al portador.

PAYABLE TO HOLDER; pagadero al portador.

PAYABLE TO ORDER; pagadero a la orden.

PAYEE; tenedor, portador, beneficiario de pago.

PAYER; pagador.

PAYING AGENT; agente pagador.

PAYMENT; pago, sueldo, remuneración.

PAYMENT BOND; fianza de pago.

PAYMENT GUARANTEED; pago garantizado.

PAYMENT IN FULL; pago total.

PAYMENT INTO COURT; pago judicial.

PAYMENT OUT OF COURT; pago extrajudicial.
PAYMENT REFUSED; pago rechazado.
PAYMENT UNDER PROTEST; pago bajo protesta.
PAYOFF; pago, recompensa, resultado.
PAYOR; pagador.
PAYROLL; nómina.
PAYROLL TAX; impuesto sobre la nómina.
PEACE; paz.
PEACE AND QUIETUDE; paz y tranquilidad.
PEACE OFFICERS; agentes del orden público, policías.
PEACE TREATY; tratado de paz.
PEACEABLE; pacífico.
PEACEABLE ENTRY; ingreso a un inmueble sin usar la fuerza.
PEACEABLE PICKETING; piquete pacífico.
PEACEABLE POSSESSION; posesión pacífica.
PECULATION; peculado, desfalco.
PECULIAR; peculiar, particular, singular.
PECUNIARY; pecuniario, monetario.
PECUNIARY BENEFITS; beneficios pecuniarios.
PECUNIARY BEQUEST; legado pecuniario.
PECUNIARY CONDITION; condición pecuniaria.
PECUNIARY CONSIDERATION; contraprestación pecuniaria.
PECUNIARY DAMAGES; daños y perjuicios pecuniarios.
PECUNIARY INJURY; daños y perjuicios pecuniarios.
PECUNIARY INTEREST; interés pecuniario.
PECUNIARY LEGACY; legado pecuniario.
PECUNIARY LOSS; pérdida pecuniaria.
PEDDLE; practicar el oficio de buhonero.
PEDDLER; buhonero.
PEDERASTY; pederastia.
PEDESTRIAN; peatón.
PEDIGREE; linaje, genealogía.
PEEPING TOM; voyerista.
PEERLESS; sin igual.
PEG; fijar, estabilizar, clasificar.
PENAL; penal.
PENAL ACTION; acción penal.
PENAL BOND; obligación penal.

PENAL CLAUSE; cláusula penal.
PENAL CODE; código penal.
PENAL INSTITUTIONS; instituciones penales.
PENAL LAW; derecho penal, ley penal.
PENAL LAWS; leyes penales.
PENAL OBLIGATION; obligación penal.
PENAL OFFENSE; delito penal.
PENAL SERVITUDE (RU); reclusión con trabajos forzados.
PENAL STATUTE; ley penal.
PENAL SUIT; juicio penal.
PENAL SUM; penalidad, multa.
PENALIZABLE; penalizable.
PENALIZE; penalizar, penar, multar.
PENALTY; penalidad, multa, pena.
PENALTY CLAUSE; cláusula penal.
PENDENCY; suspensión.
PENDENCY OF ACTION; litispendencia.
PENDENS; pendiente.
PENDENT JURISDICTION; jurisdicción discrecional.
PENDENTE LITE; durante el litigio, en lo que se lleva a cabo el litigio, mientras el caso está pendiente, pendente lite.
PENDING; pendiente, inminente.
PENDING ACTION; acción pendiente.
PENETRATION; penetración.
PENITENTIARY; penitenciaría.
PENOLOGY; penología, criminología.
PENSION; pensión, retiro.
PENSION FUND; fondo de pensiones.
PENSION PLAN; plan de pensiones.
PENSION TRUST; fideicomiso de pensiones.
PENSIONER; pensionado, pensionista.
PEOPLE; gente, pueblo, habitantes.
PER ANNUM; por año.
PER AUTRE VIE; durante la vida de otra persona.
PER CAPITA; por cabeza, per cápita.
PER CENT; por ciento.
PER CONSEQUENS; por consecuencia.
PER CURIAM; por el tribunal, per curiam.
PER DIEM; por día.
PER EUNDEM; por el mismo.
PER FRAUDEM; mediante fraude.
PER INCURIAM; mediante inadvertencia.
PER INFORTUNIUM; por infortunio.

PER MINAS; mediante amenazas.

PER PAIS, TRIAL; juicio mediante jurado.

PER PROCURATION; por poder.

PER QUOD; mediante el cual.

PER SAMPLE; mediante muestra.

PER SE; en sí mismo, de por sí, per se.

PER SE DEFAMATORY; palabras difamatorias en si mismas.

PER SE NEGLIGENCE; negligencia en sí misma.

PER SE VIOLATION; infracción en sí misma.

PER STIRPES; por estirpe.

PER UNIVERSITATEM; en su totalidad.

PER YEAR; por año.

PERCENTAGE LEASE; arrendamiento porcentual sobre las ventas, arrendamiento con participación.

PERCENTAGE OF ALCOHOL; porcentaje de alcohol.

PERCEPTIBLE; perceptible.

PERCEPTION; percepción.

PERCEPTIVE; perceptivo.

PERCEPTIVITY; perceptividad.

PERCOLATING WATERS; aguas filtradas.

PERDURABLE; perdurable, duradero.

PEREMPTION; rechazo de una acción.

PEREMPTORY; perentorio, decisivo, inderogable, absoluto, terminante, arbitrario.

PEREMPTORY CHALLENGE; recusación sin causa.

PEREMPTORY DAY; término perentorio para un juicio o audiencia.

PEREMPTORY DEFENSE; defensa perentoria.

PEREMPTORY EXCEPTIONS; excepciones perentorias.

PEREMPTORY INSTRUCTION; instrucción perentoria al jurado.

PEREMPTORY NONSUIT; rechazo de una acción por falta de pruebas de parte del demandante.

PEREMPTORY NOTICE; notificación perentoria.

PEREMPTORY ORDER; orden perentoria.

PEREMPTORY PLEA; excepción perentoria.

PEREMPTORY RULE; regla perentoria.

PEREMPTORY WRIT; orden judicial perentoria.

PERFECT; completo, cumplido, ejecutado, perfecto.

PERFECT ATTESTATION CLAUSE; cláusula que asegura la realización de todos los actos requeridos para hacer válida una disposición testamentaria.

PERFECT DELEGATION; novación perfecta, delegación perfecta.

PERFECT EQUITY; título completo en equidad.

PERFECT INSTRUMENT; instrumento registrado.

PERFECT OBLIGATION; obligación legal.

PERFECT OWNERSHIP; dominio perfecto, propiedad perfecta.

PERFECT TITLE; título perfecto.

PERFECT TRUST; fideicomiso perfecto.

PERFECT USUFRUCT; usufructo perfecto.

PERFECTED; perfeccionado.

PERFECTING BAIL; perfeccionamiento de la fianza.

PERFIDY; perfidia, traición.

PERFORCE; a la fuerza, inevitablemente, necesariamente.

PERFORM; cumplir, ejecutar, ejercer.

PERFORMANCE; cumplimiento, ejecución, espectáculo.

PERFORMANCE BOND; garantía de cumplimiento.

PERIL; peligro, riesgo.

PERILS OF THE LAKES; peligros de los grandes lagos.

PERILS OF THE SEA; peligros del mar.

PERIOD; período, etapa.

PERIOD OF GRACE; período de gracia.

PERIODIC; periódico.

PERIODICAL; periódico.

PERIPHRASIS; perífrasis.

PERISH; perecer, fallecer.

PERISHABLE; perecedero.

PERISHABLE COMMODITY; producto perecedero.

PERISHABLE GOODS; bienes perecederos.

PERJURY; perjurio.

PERKS; beneficios adicionales, pequeños beneficios.

PERMANENT; permanente, fijo, estable.

PERMANENT ABODE; residencia permanente.

PERMANENT ALIMONY; pensión permanente tras el divorcio.

PERMANENT DAMAGE; daño permanente.

PERMANENT DISABILITY; incapacidad permanente.

PERMANENT EMPLOYMENT; empleo permanente.

PERMANENT HOME; residencia permanente.

PERMANENT INJUNCTION; mandamiento judicial permanente.

PERMANENT INJURY; lesión permanente.

PERMANENT INSURANCE; seguro permanente.

PERMANENT LAW; ley permanente.

PERMANENT LOCATION; ubicación permanente.

PERMANENT MISSION; misión permanente.

PERMANENT NUISANCE; estorbo permanente, acto perjudicial permanente.

PERMANENT RESIDENCE; residencia permanente.

PERMANENT TRESPASS; transgresión permanente.

PERMISSIBLE; permisible.

PERMISSION; permiso, licencia.

PERMISSIVE; permisivo.

PERMISSIVE WASTE; deterioro de inmuebles por omisión.

PERMIT (n); permiso, licencia.

PERMIT (v); permitir, autorizar.

PERMUTATIO; permuta.

PERMUTATION; permuta.

PERNANCY; percepción.

PERNOR OF PROFITS; quien recibe las ganancias.

PERNOUR; tomador.

PERPARS; parte de una herencia.

PERPETRATE; perpetrar.

PERPETRATION; perpetración, comisión.

PERPETRATOR; perpetrador.

PERPETUAL; perpetuo, vitalicio, continuo.

PERPETUAL ANNUITY; anualidad perpetua, anualidad vitalicia.

PERPETUAL BOND; bono sin vencimiento, bono a perpetuidad.

PERPETUAL CONTRACT; contrato perpetuo, contrato vitalicio.

PERPETUAL INJUNCTION; mandamiento judicial perpetuo.

PERPETUAL LEASE; arrendamiento perpetuo, arrendamiento vitalicio.

PERPETUAL STATUTE; ley perpetua.

PERPETUAL SUCCESSION; sucesión vitalicia.

PERPETUAL TRUST; fideicomiso perpetuo, fideicomiso vitalicio.

PERPETUATING TESTIMONY; conservación de un testimonio.

PERPETUITY; perpetuidad.

PERPLEX; dejar perplejo, embrollar.

PERQUISITES; beneficios adicionales, pequeños beneficios.

PERQUISITIO; adquisición.

PERSECUTE; perseguir, acosar, atormentar.

PERSISTENT; persistente, constante.

PERSISTENT VIOLATOR; reincidente, criminal habitual.

PERSON; persona.

PERSON AGGRIEVED; persona agraviada, persona dañada.

PERSON CHARGED; persona acusada.

PERSON IN LOCO PARENTIS; quien asume el cargo de padre sin adoptar.

PERSON OF FULL AGE; persona mayor de edad.

PERSON UNDER DISABILITY; persona incapaz.

PERSONA NON GRATA; persona no grata, persona non grata.

PERSONABLE; legitimado para actuar ante un tribunal.

PERSONAL; personal, privado.

PERSONAL ACCIDENT; accidente personal.

PERSONAL ACTION; acción personal.

PERSONAL ASSETS; bienes muebles, bienes muebles e intangibles, derechos sobre bienes muebles.

PERSONAL BELONGINGS; propiedad personal.

PERSONAL BENEFIT; beneficio personal.

PERSONAL BOND; fianza personal.

PERSONAL CHATTEL; bienes muebles.

PERSONAL CONTRACT; contrato personal.

PERSONAL DAMAGES; daños contra una persona.

PERSONAL DEFENSE; defensa personal.

PERSONAL DEMAND; intimación personal de pago.

PERSONAL DISABILITY; incapacidad personal.

PERSONAL EARNINGS; ingresos personales.

PERSONAL EFFECTS; efectos personales.

PERSONAL ESTATE; bienes muebles de una persona.

PERSONAL HOLDING COMPANY (EU); compañía tenedora controlada por pocas personas.

PERSONAL INCOME; ingreso personal.

PERSONAL INJURY; lesión personal, lesión corporal.

PERSONAL JUDGMENT; sentencia la cual impone responsabilidad personal, opinión personal.

PERSONAL JURISDICTION; jurisdicción sobre la persona.

PERSONAL KNOWLEDGE; conocimiento personal.

PERSONAL LAW; ley personal.

PERSONAL LIABILITY; responsabilidad personal.

PERSONAL LIBERTIES; derechos fundamentales.

PERSONAL LIBERTY; libertad personal.

PERSONAL LOAN; préstamo personal.

PERSONAL NOTICE; notificación personal.

PERSONAL OBLIGATION; obligación personal.

PERSONAL PROPERTY; bienes muebles, bienes muebles e intangibles, derechos sobre bienes muebles.

PERSONAL PROPERTY TAX; impuesto sobre los bienes muebles.

PERSONAL REPRESENTATION; representación personal.

PERSONAL REPRESENTATIVE; representante personal.

PERSONAL RIGHTS; derechos personales.

PERSONAL SECURITY; garantía personal.

PERSONAL SERVICE; notificación personal.

PERSONAL SERVICE CONTRACT; contrato de servicios personales.

PERSONAL SERVICES; servicios personales.

PERSONAL SERVITUDE; servidumbre personal.

PERSONAL STATUTES; leyes personales, estatutos personales.

PERSONAL TAX; impuesto personal, impuesto sobre bienes muebles.

PERSONAL THINGS; efectos personales.

PERSONAL TORT; acto perjudicial contra una persona, daño legal contra una persona.

PERSONAL TRUST; fideicomiso personal.

PERSONAL WARRANTY; garantía personal.

PERSONALITY; personalidad.

PERSONALTY; bienes muebles, bienes muebles e intangibles, derechos sobre bienes muebles.

PERSONATE; hacerse pasar por otra persona.

PERSONATION; representación engañosa.

PERSONNEL; personal.

PERSPECTIVE; perspectiva.

PERSUADE; persuadir, urgir.

PERSUASION; persuasión.

PERTAIN; pertenecer, concernir.

PERTINENT; pertinente.

PERTURB; perturbar.

PERTURBATRIX; perturbadora.

PERVERSE VERDICT; veredicto en que el jurado no le presta atención a las instrucciones del juez sobre un punto de la ley.

PETIT JUROR; miembro de un jurado ordinario.

PETIT JURY; jurado ordinario.

PETIT LARCENY; hurto menor.

PETITION; petición, demanda, pedido.

PETITION FOR REHEARING; petición para una nueva audiencia.

PETITION IN BANKRUPTCY; petición de quiebra.

PETITION IN INSOLVENCY; petición de quiebra.

PETITIONER; peticionante, peticionario, demandante, apelante.

PETITIONING CREDITOR; acreedor solicitante.

PETITORY ACTION; acción petitoria.

PETTIFOGGER; abogado picapleitos.

PETTY; menor, trivial.

PETTY AVERAGE; avería menor.

PETTY CASH; caja chica, caja para gastos menores.

PETTY JUROR; miembro de un jurado ordinario.

PETTY JURY; jurado ordinario.

PETTY LARCENY; hurto menor.

PETTY OFFENDER; delincuente menor.

PETTY OFFENSE; delito menor, contravención.

PETTY OFFICERS; oficiales inferiores.

PETTY THIEF; ratero.

PHILOSOPHY OF LAW; filosofía del derecho.

PHOTO; foto, fotografía.

PHOTOCOPY; fotocopia.

PHYSICAL; físico, corporal.

PHYSICAL ABUSE; abuso físico.

PHYSICAL CRUELTY; crueldad física.

PHYSICAL DELIVERY; entrega física.

PHYSICAL DEPRECIATION; depreciación física.

PHYSICAL DISABILITY; incapacidad física.

PHYSICAL FACT; hecho material.

PHYSICAL FORCE; fuerza física, violencia física.

PHYSICAL HARM; daño corporal.

PHYSICAL IMPOSSIBILITY; imposibilidad física.

PHYSICAL INCAPACITY; incapacidad física, incapacidad de tener relaciones sexuales.

PHYSICAL INJURY; lesión corporal.

PHYSICAL NECESSITY; necesidad física.

PHYSICAL POSSESSION; posesión efectiva.

PHYSICAL SHOCK; choque físico.

PHYSICAL SUFFERING; sufrimiento físico.

PHYSICAL VIOLENCE; violencia física.

PHYSICIAN; médico.

PHYSICIAN-PATIENT PRIVILEGE; comunicaciones entre un médico y su paciente las cuales el paciente no tiene que divulgar ni permitir que el médico revele tampoco.

PICAROON; pícaro.

PICKET; piquete de huelga.

PICKETER; miembro de un piquete de huelga.

PICKPOCKET; carterista.

PICTURE; fotografía, imagen.

PIECE RATE; tarifa a destajo, salario por parte.

PIECEWORK; trabajo a destajo.

PIER; muelle.

PIERAGE; derecho de amarre.

PIERCING THE CORPORATE VEIL; desestimación de la personalidad jurídica.

PIGNORATIVE CONTRACT; contrato pignoraticio.

PIGNUS; prenda.

PILFER; hurtar, ratear.

PILFERAGE; hurto, ratería.

PILFERER; ratero.

PILLAGE; pillaje, saqueo.

PILOT; piloto, guía.

PILOTAGE; pilotaje.

PIMP; alcahuete.

PIONEER PATENT; patente pionera.

PIRACY; piratería.

PIRATE; pirata.

PISCARY; derecho de pesca, derecho de pesca en aguas ajenas.

PISTOL; pistola.

PLACARD; edicto, anuncio.

PLACE (n); lugar, local, puesto.

PLACE (v); poner, establecer, dar empleo, colocar.

PLACE OF ABODE; residencia, domicilio.

PLACE OF BUSINESS; domicilio comercial.

PLACE OF CONTRACT; lugar donde se celebra un contrato.

PLACE OF DELIVERY; lugar de entrega.

PLACE OF EMPLOYMENT; lugar de empleo.

PLACE OF INCORPORATION; lugar donde se ha constituido una corporación.

PLACE OF PERFORMANCE; lugar de cumplimiento.

PLACE OF RESIDENCE; lugar de residencia.

PLACE WHERE; lugar en donde.

PLACEMENT; colocación.

PLACER; depósito mineral superficial, quien coloca.

PLACER CLAIM; pertenencia de un depósito mineral superficial.

PLACIT; decreto.

PLAGIARISM; plagio.

PLAGIARIST; plagiario.

PLAGIARIZE; plagiar.

PLAGIUM; secuestro.

PLAIN; simple, sencillo, evidente.

PLAIN ERROR RULE; regla que indica que se debe revocar una sentencia si hubo errores evidentes durante el juicio.

PLAINLY; evidentemente.

PLAINT; demanda, querella.

PLAINTIFF; demandante, querellante, actor.

PLAINTIFF IN ERROR; apelante.

PLAN; plan, plano, proyecto.

PLANNING; planificación.

PLANNING BOARD; junta de planificación.

PLANT PATENT; patente sobre una planta nueva.

PLAT; plano, diseño, parcela.

PLATFORM; plataforma.

PLAUSIBLE; verosímil, razonable.

PLEA; alegato, alegación, defensa.

PLEA BARGAINING; alegación de culpabilidad de delito inferior, convenio entre el acusado y el fiscal para que el acusado admita su culpabilidad a ciertos cargos a cambio de la recomendación del fiscal de que no se dicte la pena máxima.

PLEA IN BAR; excepción perentoria.

PLEA IN RECONVENTION; reconvención.

PLEA OF GUILTY; alegación de culpabilidad.

PLEA OF NOLO CONTENDERE; alegación en la cual no se contesta a la acusación.

PLEA OF PREGNANCY; alegación de embarazo.

PLEAD; alegar, abogar, defender.

PLEAD A CAUSE; defender una causa.

PLEAD GUILTY; declararse culpable, alegar culpabilidad.

PLEAD NOT GUILTY; declararse no culpable, alegar no culpabilidad.

PLEAD OVER; no aprovecharse de un error de procedimiento de la parte contraria.

PLEADER; quien alega, abogado.

PLEADING; alegato, alegación, defensa.

PLEBISCITE; plebiscito.

PLEDGE; prenda, garantía, empeño.

PLEDGEE; acreedor prendario.

PLEDGOR; deudor prendario.

PLENARY; pleno, completo, plenario.

PLENARY ACTION; juicio ordinario.

PLENARY ADMISSION; admisión plena.

PLENARY CONFESSION; confesión plena.

PLENARY JURISDICTION; jurisdicción plena.

PLENARY POWERS; plenos poderes.

PLENARY SESSION; sesión plenaria.

PLENE ADMINISTRAVIT; defensa de parte de un administrador en que se alega que se han administrado todos los bienes.

PLENE COMPUTAVIT; ha rendido las cuentas de forma completa.

PLENIPOTENTIARY; plenipotenciario.

PLENUM DOMINIUM; pleno dominio.

PLEVIN; garantía.

PLOT (n); lote, plano, complot, trama.

PLOT (v); delinear, conspirar.

PLOTTAGE; el valor adicional que tienen los lotes urbanos al ser parte de una serie contigua.

PLUNDER (n); botín, pillaje.

PLUNDER (v); saquear, pillar.

PLUNDERAGE; pillaje a bordo de una nave.

PLURAL; plural.

PLURAL MARRIAGE; bigamia, poligamia.

PLURALITY; pluralidad.

PLUS; más.

POACH; cazar furtivamente.

POACHING; caza furtiva.

POCKET VETO (EU); veto indirecto presidencial resultando de su inactividad concerniente a un proyecto de ley.

POENA; pena, castigo.

POENA CORPORALIS; castigo físico.

POENALIS; penal.

POINT (n); punto, cuestión.

POINT (v); apuntar.

POINT OF INTERSECTION; punto de intersección.

POINT OF LAW; cuestión de derecho.

POINT RESERVED; cuestión de derecho decidida provisionalmente en lo que se considera más a fondo.

POINT SYSTEM; sistema de acumulación de puntos en contra de conductores que violan las leyes de tránsito.

POISON; veneno.

POISON PILL; tácticas para que una compañía sea menos atractiva a un adquiridor.

POISONOUS TREE DOCTRINE; doctrina que indica que si se obtienen pruebas tras un arresto o allanamiento ilegal que estas pruebas podrían ser inadmisibles aunque se hayan obtenido debidamente.

POLAR STAR RULE; regla según la cual un documento ambiguo se debe interpretar conforme a la intención de quien lo creó.

POLICE; policía.

POLICE ACTION; acción policial.

POLICE AUTHORITIES; autoridades policiales.

POLICE COURT; tribunal policial.

POLICE DEPARTMENT; departamento de policía.

POLICE HEADQUARTERS; jefatura de policía.

POLICE JUSTICE; juez de paz.

POLICE OFFICER; oficial de policía.

POLICE POWER; poder de policía.

POLICE QUESTIONING; interrogatorio policial.

POLICE RECORD; antecedentes penales.

POLICEMAN; policía.

POLICEWOMAN; mujer policía.

POLICING; vigilando.

POLICY; política, póliza.

POLICY LOAN; préstamo garantizado con una póliza de seguros.

POLICY OF INSURANCE; póliza de seguros.

POLICY OF THE LAW; la intención de la ley.

POLICY YEAR; aniversario de la emisión de una póliza, periodo anual de una póliza.

POLICYHOLDER; tenedor de una póliza de seguros, asegurado.

POLITICAL; político.

POLITICAL ASSEMBLIES; asambleas políticas.

POLITICAL BIAS; parcialidad política.

POLITICAL CORPORATION; ente público.

POLITICAL CRIME; crimen político.

POLITICAL LAW; derecho político, ciencias políticas.

POLITICAL LIBERTY; libertad política.

POLITICAL OFFENSES; delitos políticos, crímenes políticos.

POLITICAL OFFICE; cargo político.

POLITICAL PARTY; partido político.

POLITICAL QUESTIONS; cuestiones políticas.

POLITICAL RIGHTS; derechos políticos.

POLITICAL SCIENCE; ciencia política.

POLITICAL SUBDIVISION; subdivisión política.

POLITICIAN; político.

POLITICS; política.

POLITY; gobierno establecido, constitución política, estado.

POLL (n); cabeza, votación, encuesta, listado electoral.

POLL (v); cuestionar uno a uno los integrantes de un jurado para confirmar su veredicto, escudriñar.

POLL TAX; impuesto de capitación.

POLLING; sondeo.

POLLING THE JURY; cuestionar uno a uno los integrantes de un jurado para confirmar su veredicto.

POLLUTE; contaminar, corromper.

POLLUTION; contaminación.

POLYANDRY; poliandria.

POLYGAMOUS; polígamo.

POLYGAMY; poligamia.

POLYGRAPH; aparato para detectar mentiras, máquina para copiar documentos, polígrafo.

POLYPOLY; polipolio.

POND; charca, estanque.

POOL; consorcio, combinación.

POOR; pobre.

POOR MAN'S OATH; juramento de pobreza.

POPULAR; popular.

POPULAR ACTIONS; acciones populares.

POPULAR ASSEMBLIES; asambleas populares.

POPULAR GOVERNMENT; gobierno popular.

POPULAR SENSE; sentido popular.

POPULAR USE; uso público.

POPULATION; población.

PORNOGRAPHIC; pornográfico.

PORNOGRAPHIC MATERIAL; material pornográfico.

PORNOGRAPHY; pornografía.

PORT; puerto.

PORT AUTHORITY; autoridad portuaria.

PORT CHARGES; derechos portuarios.
PORT DUES; derechos portuarios.
PORT DUTIES; derechos portuarios.
PORT OF CALL; puerto de escala.
PORT OF DELIVERY; puerto de entrega, puerto final.
PORT OF DEPARTURE; puerto de partida.
PORT OF DESTINATION; puerto de destino.
PORT OF DISCHARGE; puerto de descarga.
PORT OF ENTRY; puerto de entrada.
PORT OF REGISTRY; puerto de matriculación.
PORT-REEVE; funcionario portuario.
PORT-RISK; riesgo portuario.
PORT TOLL; derecho portuario.
PORT-WARDEN; funcionario portuario.
PORTFOLIO; cartera de valores.
PORTION; porción.
POSITION; posición, colocación, punto de vista.
POSITIVE; positivo, absoluto.
POSITIVE CONDITION; condición positiva.
POSITIVE EVIDENCE; prueba directa.
POSITIVE FRAUD; fraude real.
POSITIVE LAW; ley positiva.
POSITIVE MISPRISION; mala administración en un cargo público, delito.
POSITIVE PROOF; prueba directa, prueba positiva.
POSITIVE REPRISALS; represalias positivas.
POSITIVE SERVITUDE; servidumbre positiva.
POSITIVE TESTIMONY; testimonio directo.
POSITIVE WRONG; acto ilícito intencional.
POSITIVISM; positivismo.
POSSE; posibilidad, personas actuando bajo el comando de un funcionario policial para efectuar un arresto.
POSSE COMITATUS; el conjunto de las personas de una sociedad las cuales pueden ser requeridas a ayudar a los funcionarios policiales para efectuar arrestos.
POSSESS; poseer, posesionar.
POSSESSIO; posesión.
POSSESSIO BONA FIDE; posesión en buena fe.

POSSESSIO MALA FIDE; posesión en mala fe.
POSSESSION; posesión.
POSSESSOR; poseedor.
POSSESSOR BONA FIDE; poseedor de buena fe.
POSSESSOR MALA FIDE; poseedor de mala fe.
POSSESSORY; posesorio.
POSSESSORY ACTION; acción posesoria.
POSSESSORY CLAIM; reclamo posesorio.
POSSESSORY INTEREST; derecho de posesión.
POSSESSORY JUDGMENT; sentencia que establece un derecho de posesión.
POSSESSORY LIEN; privilegio de retención.
POSSESSORY WARRANT; orden judicial de reposesión.
POSSIBILITY; posibilidad.
POSSIBILITY COUPLED WITH AN INTEREST; derecho en expectativa.
POSSIBILITY OF REVERTER; posibilidad de reversión.
POSSIBILITY ON A POSSIBILITY; posibilidad remota.
POSSIBLE; posible, permisible.
POSSIBLE CONDITION; condición posible.
POST (n); puesto, cargo, puesto militar.
POST (v); anunciar, situar, asentar.
POST-ACT; acto posterior.
POST-DATE; posfechar.
POST-DATED CHECK; cheque posfechado.
POST DIEM; después del día.
POST FACTO; después del hecho.
POST HOC; después de esto.
POST-MORTEM; después de la muerte.
POST-MORTEM EXAMINATION; autopsia.
POST-NUPTIAL; postnupcial.
POST-NUPTIAL AGREEMENT; convenio postnupcial.
POST-NUPTIAL SETTLEMENT; convenio postnupcial.
POST-OBIT BOND; garantía a pagarse tras la muerte de un tercero.
POST OFFICE; oficina postal.
POST-TERMINAL SITTINGS; sesiones una vez terminado el término regular.
POST TERMINUM; después del término.

POSTAGE; franqueo.

POSTAL; postal.

POSTAL ORDER; giro postal.

POSTAL SERVICE; servicio postal.

POSTED WATERS; aguas con avisos del dueño de que no se pueden usar por más nadie.

POSTERIORITY; posterioridad.

POSTERITY; posteridad.

POSTFACTUM; un hecho posterior.

POSTHUMOUS; póstumo.

POSTHUMOUS CHILD; hijo póstumo.

POSTHUMOUS WORK; obra póstuma.

POSTLIMINIUM; postliminio.

POSTMAN; cartero.

POSTMARK; matasellos.

POSTMASTER (EU); jefe de correos.

POSTMASTER GENERAL (EU); director del servicio postal.

POSTPONE; aplazar, diferir.

POSTPONEMENT; aplazamiento, diferimiento.

POSTPONEMENT OF LIMITATIONS; aplazamiento de las limitaciones, interrupción en el término de prescripción.

POSTPONEMENT OF TRIAL; aplazamiento de un juicio.

POSTSCRIPT; postdata.

POTABLE; potable.

POTENTATE; potentado.

POTENTIA; poder, habilidad, posibilidad.

POTENTIAL; potencial.

POTESTAS; poder.

POUND (n); corral municipal, prisión, libra.

POUND (v); aporrear, golpear.

POUND BREACH; el romper un corral o depósito para llevarse el contenido.

POUR AUTRUI; para otros.

POURPARTY; repartición.

POVERTY; pobreza, carencia.

POVERTY AFFIDAVIT; declaración jurada de pobreza.

POWER; poder, capacidad, facultad.

POWER COUPLED WITH AN INTEREST; poder combinado con un interés de parte del apoderado.

POWER OF ALIENATION; poder de disposición.

POWER OF APPOINTMENT; facultad de nombramiento.

POWER OF ATTORNEY; poder.

POWER OF DISPOSITION; facultad de disposición.

POWER OF REVOCATION; facultad de revocación.

POWER OF SALE; poder de venta.

PRACTICABLE; factible.

PRACTICAL; práctico.

PRACTICAL IMPOSSIBILITY; imposibilidad práctica.

PRACTICE; práctica, ejercicio de una profesión, costumbre.

PRACTICE ACTS; leyes procesales.

PRACTICE OF LAW; ejercicio de la abogacía.

PRACTICE OF MEDICINE; ejercicio de la medicina.

PRACTICES; prácticas.

PRACTITIONER; profesional.

PRAECIPE; orden, orden judicial.

PRAEDIAL SERVITUDE; servidumbre predial.

PRAEDICTUS; antedicho.

PRAEFATUS; antedicho.

PRAESUMPTIO; presunción.

PRAESUMPTIO FORTIOR; fuerte presunción, presunción de mayor peso.

PRAXIS; práctica.

PRAYER; solicitud.

PRAYER FOR RELIEF; petitorio.

PRE-NUPTIAL AGREEMENT; capitulaciones matrimoniales, convenio prematrimonial.

PRE-SENTENCE INVESTIGATION; investigación de los antecedentes de un convicto antes de dictar la sentencia.

PRE-TRIAL CONFERENCE; conferencia antes de iniciar el juicio.

PRE-TRIAL DISCOVERY; procedimientos para obtener información o pruebas antes de un juicio.

PRE-TRIAL DIVERSION; sistema en el cual un acusado sirve un período en probatoria y al cumplirse dicho periodo de forma satisfactoria se podría abandonar la acusación.

PRE-TRIAL INTERVENTION; programa mediante el cual se permite que ciertos acusados se rehabiliten en vez de tener que ir a juicio.

PREAMBLE; preámbulo.

PREAPPOINTED EVIDENCE; prueba preestablecida por ley.

PREARRANGE; arreglar de antemano.

PREAUDIENCE (RU); el derecho de ser escuchado antes que otro.

PRECARIOUS; precario.

PRECARIOUS LOAN; préstamo precario, préstamo de pago dudoso, préstamo sin vencimiento fijo.

PRECARIOUS POSSESSION; posesión precaria.

PRECARIOUS RIGHT; derecho de uso precario.

PRECARIOUS TRADE; comercio precario.

PRECATORY TRUST; fideicomiso implícito.

PRECATORY WORDS; palabras de solicitud.

PRECAUTION; precaución, prudencia.

PRECEDENCE; precedencia, prioridad, antelación.

PRECEDENT; precedente, antecedente, jurisprudencia.

PRECEPT; precepto, orden, orden judicial.

PRECINCT; recinto.

PRECIPITATION; precipitación.

PRECLUDE; prevenir, impedir, evitar.

PRECLUSION; prevención, exclusión.

PRECONCEIVED MALICE; premeditación.

PRECONDITION; precondición.

PRECONTRACT; precontrato.

PRECONTRACTUAL; precontractual.

PREDATORY PRICING; precios bajo el costo para eliminar competidores.

PREDECEASE; morir antes que otra persona.

PREDECESSOR; predecesor.

PREDESTINED INTERPRETATION; interpretación predestinada.

PREDIAL SERVITUDE; servidumbre predial.

PREDISPOSE; predisponer.

PREDISPOSITION; predisposición.

PREDOMINANT; predominante.

PREEMPTION; prioridad.

PREEMPTION RIGHT; derecho de prioridad.

PREFER; dar prioridad, entablar una acción judicial.

PREFERENCE; preferencia, prioridad.

PREFERENTIAL; preferencial.

PREFERENTIAL ASSIGNMENT; cesión preferencial, cesión con prioridades.

PREFERENTIAL CREDITOR; acreedor preferencial, acreedor privilegiado.

PREFERENTIAL DEBTS; deudas preferenciales, deudas privilegiadas.

PREFERENTIAL RIGHT; derecho preferencial, derecho preferente.

PREFERENTIAL TARIFF; tarifa preferencial.

PREFERENTIAL VOTING; votación preferencial.

PREFERRED; preferido, privilegiado.

PREFERRED CREDITOR; acreedor privilegiado, acreedor preferente.

PREFERRED DOCKETS; lista de causas con preferencia.

PREFERRED STOCK; acciones preferidas, acciones preferenciales.

PREGNANCY; embarazo.

PREGNANT; embarazada.

PREGNANT AFFIRMATIVE; afirmación que a su vez implica una negación favorable al adversario.

PREGNANT NEGATIVE; negación la cual además implica una afirmación.

PREJUDGE; prejuzgar.

PREJUDICE; prejuicio, parcialidad.

PREJUDICIAL ERROR; error perjudicial.

PRELIMINARY; preliminar.

PRELIMINARY ACT; acto preliminar.

PRELIMINARY EVIDENCE; prueba preliminar.

PRELIMINARY EXAMINATION; examen preliminar de una causa.

PRELIMINARY EXPENSES; gastos preliminares.

PRELIMINARY HEARING; examen preliminar de una causa.

PRELIMINARY INJUNCTION; mandamiento judicial preliminar, requerimiento provisional.

PRELIMINARY PROOF; prueba preliminar.

PRELIMINARY WARRANT; orden de arresto preliminar.

PREMARITAL; premarital.

PREMARITAL AGREEMENT; convenio premarital, capitulaciones matrimoniales.

PREMATURE; prematuro.

PREMATURE BIRTH; nacimiento prematuro.

PREMEDITATE; premeditar.

PREMEDITATED DESIGN; intención premeditada.

PREMEDITATED MALICE; malicia premeditada.

PREMEDITATION; premeditación.

PREMISE; premisa, observaciones preliminares.

PREMISES; premisas, instalaciones, establecimiento.

PREMIUM; prima, premio.

PREMIUM TAX; impuesto sobre las primas obtenidas por un asegurador.

PRENATAL INJURIES; lesiones prenatales.

PRENDER; tomar.

PRENOMEN; primer nombre.

PREPAID; pagado por adelantado.

PREPAID EXPENSES; gastos pagados por adelantado.

PREPAID LEGAL SERVICES; servicios legales pagados por adelantado.

PREPARATION; preparación.

PREPARE; preparar.

PREPAY; pagar por adelantado.

PREPAYMENTS; pagos por adelantado.

PREPENSE; premeditado.

PREPONDERANCE OF EVIDENCE; preponderancia de la prueba.

PREREQUISITE; requisito previo.

PREROGATIVE; prerrogativa.

PRESALE; venta de inmuebles antes de construirse las edificaciones.

PRESCRIBABLE; prescriptible.

PRESCRIBE; prescribir, ordenar, dictar, recetar.

PRESCRIPTION; prescripción, receta.

PRESCRIPTIVE EASEMENT; servidumbre adquirida mediante la prescripción.

PRESCRIPTIVE PERIOD; periodo de prescripción.

PRESENCE; presencia.

PRESENCE OF AN OFFICER; en presencia de un oficial de la ley.

PRESENCE OF THE COURT; en presencia del tribunal.

PRESENCE OF THE TESTATOR; en presencia del testador.

PRESENT (adj); presente, actual.

PRESENT (n); regalo, donación.

PRESENT ABILITY; suficientemente cerca como para poder lesionar.

PRESENT CONVEYANCE; cesión con efecto inmediato.

PRESENT ENJOYMENT; posesión y uso presente.

PRESENT HEIRS; los herederos de una persona el día de su fallecimiento.

PRESENT INTEREST; interés con efecto inmediato.

PRESENT PRICE; precio corriente.

PRESENT VALUE; valor actual.

PRESENTATION; presentación.

PRESENTER; quien presenta.

PRESENTLY; presentemente, dentro de poco.

PRESENTMENT; presentación.

PRESENTS; la presente.

PRESERVATION; preservación, conservación.

PRESIDE; presidir.

PRESIDENT; presidente.

PRESIDENTIAL; presidencial.

PRESIDENTIAL ELECTION; elección presidencial.

PRESIDENTIAL ELECTORS (EU); electores presidenciales.

PRESIDENTIAL POWERS; poderes presidenciales.

PRESS; prensa.

PRESS CHARGES; acusar formalmente.

PRESUMABLY; presumiblemente.

PRESUME; presumir, imaginarse.

PRESUMED AGENCY; agencia presunta.

PRESUMED INTENT; intención presunta.

PRESUMPTION; presunción, conjetura.

PRESUMPTION OF ACCESS; presunción de acceso carnal.

PRESUMPTION OF DEATH; presunción de fallecimiento.

PRESUMPTION OF FACT; presunción de hecho.

PRESUMPTION OF GUILT; presunción de culpa.

PRESUMPTION OF INNOCENCE; presunción de inocencia.

PRESUMPTION OF INTENTION; presunción de intención.

PRESUMPTION OF LEGITIMACY; presunción de legitimidad.

PRESUMPTION OF MARRIAGE; presunción de matrimonio.

PRESUMPTION OF PATERNITY; presunción de paternidad.

PRESUMPTION OF PAYMENT; presunción de pago.

PRESUMPTION OF SANITY; presunción del uso de las facultades mentales.

PRESUMPTION OF SURVIVORSHIP; presunción de supervivencia.

PRESUMPTIONS OF LAW; presunciones de derecho.

PRESUMPTIVE; presunto.

PRESUMPTIVE DAMAGES; daños y perjuicios presuntos.

PRESUMPTIVE DEATH; muerte presunta.

PRESUMPTIVE EVIDENCE; prueba presunta.

PRESUMPTIVE HEIR; heredero presunto.

PRESUMPTIVE NOTICE; notificación presunta.

PRESUMPTIVE PROOF; prueba presunta.

PRESUMPTIVE TITLE; título presunto.

PRESUMPTIVE TRUST; fideicomiso presunto.

PRETE-NOM; prestanombre.

PRETEND; fingir, aparentar, afirmar.

PRETENDED; supuesto, presunto.

PRETENSE; pretensión, simulación.

PRETER LEGAL; ilegal.

PRETERMISSION; preterición.

PRETERMIT; omitir, preterir.

PRETERMITTED DEFENSE; defensa caducada.

PRETERMITTED HEIR; heredero omitido.

PRETEXT; pretexto.

PRETIUM AFFECTIONIS; valor afectivo.

PRETIUM PERICULI; valor de riesgo.

PREVAIL; prevalecer, estar en vigor.

PREVAILING PARTY; parte vencedora.

PREVARICATION; prevaricato, prevaricación.

PREVENT; prevenir, impedir, evitar.

PREVENTATIVE; preventivo.

PREVENTION; prevención, impedimento.

PREVENTIVE; preventivo.

PREVENTIVE DETENTION; detención preventiva.

PREVENTIVE INJUNCTION; orden judicial preventiva, interdicto preventivo.

PREVENTIVE JUSTICE; justicia preventiva.

PREVENTIVE MEASURE; medida preventiva, medida cautelar.

PREVIOUS; previo.

PREVIOUS CONVICTIONS; condenas previas.

PRICE; precio, valor.

PRICE CARTEL; cartel de precios.

PRICE DISCRIMINATION; discriminación de precios.

PRICE-FIXING; fijación de precios.

PRICE INDEX; índice de precios.

PRICE LEADERSHIP; liderazgo de precios.

PRICE SUPPORTS; apoyo de precios, mantenimiento de precios mínimos.

PRIMA FACIE; a primera vista, presumiblemente, prima facie.

PRIMA FACIE CASE; causa la cual prevalecerá a menos que se pruebe lo contrario, elementos suficientes para fundar una acción.

PRIMA FACIE EVIDENCE; prueba adecuada a primera vista, prueba suficiente a menos que se demuestre lo contrario.

PRIMARY; primario, fundamental, principal.

PRIMARY ALLEGATION; alegación inicial.

PRIMARY BENEFICIARY; beneficiario principal.

PRIMARY CONTRACT; contrato original.

PRIMARY CONVEYANCES; cesiones originarias.

PRIMARY ELECTION; elección primaria.

PRIMARY EVIDENCE; prueba directa.

PRIMARY JURISDICTION; jurisdicción primaria.

PRIMARY LIABILITY; responsabilidad directa.

PRIMARY OBLIGATION; obligación principal.

PRIMARY POWERS; poderes principales.

PRIMARY PURPOSE; propósito principal.

PRIMARY RIGHTS; derechos primarios.

PRIME; primario, de primera calidad, principal.

PRIME CONTRACTOR; contratista principal.
PRIME COST; precio real en una compra de
buena fe.
PRIME MINISTER; primer ministro.
PRIME RATE; tasa de interés preferencial.
PRIMOGENITURE; primogenitura.
PRINCIPAL (adj); principal, esencial.
PRINCIPAL (n); principal, mandante, causante,
poderdante, capital.
PRINCIPAL ACTION; acción principal.
PRINCIPAL CONTRACT; contrato principal.
PRINCIPAL COVENANT; estipulación
principal.
PRINCIPAL CREDITOR; acreedor principal.
PRINCIPAL DEBTOR; deudor principal.
PRINCIPAL DEFENDANT; demandado
principal.
PRINCIPAL FACT; hecho principal.
PRINCIPAL IN THE FIRST DEGREE; autor
principal de un crimen.
PRINCIPAL IN THE SECOND DEGREE;
cómplice.
PRINCIPAL OBLIGATION; obligación
principal.
PRINCIPAL OFFICE; sede.
PRINCIPAL OFFICER; representante
principal.
PRINCIPAL PLACE OF BUSINESS; sede.
PRINCIPLE; principio.
PRIOR; previo, anterior.
PRIOR ADJUDICATION; sentencia anterior.
PRIOR ART; conocimientos y patentes previos
concernientes al invento en cuestión, arte
anterior.
PRIOR CONVICTION; condena previa.
PRIOR CREDITOR; acreedor privilegiado.
PRIOR INCONSISTENT STATEMENTS;
declaraciones previas de un testigo
inconsistentes con sus declaraciones
presentes.
PRIOR LIEN; privilegio superior, gravamen
superior.
PRIOR MORTGAGE; hipoteca superior,
hipoteca precedente.
PRIOR PETENS; primer solicitante.
PRIOR TESTIMONY; testimonio anterior.
PRIOR USE; uso previo.
PRIORITY; prioridad, precedencia.

PRIORITY OF LIENS; prioridad de
privilegios, prioridad de gravámenes.
PRISON; prisión.
PRISON BREACH; fuga de una prisión
mediante el uso de la violencia.
PRISON BREAKING; fuga de una prisión
mediante el uso de la violencia.
PRISON RULE; regla de prisión.
PRISON SENTENCE; condena de prisión.
PRISON TERM; término de prisión, plazo de
encarcelamiento.
PRISONER; prisionero.
PRISONER AT THE BAR; el acusado ante el
tribunal.
PRIVACY, RIGHT OF; derecho a la
privacidad.
PRIVACY; privacidad.
PRIVATE; privado, personal, secreto.
PRIVATE ACT; ley aplicable a determinadas
personas o grupos.
PRIVATE AGENT; agente privado.
PRIVATE AUCTION; subasta privada.
PRIVATE BANK; banco sin incorporar.
PRIVATE BILL; proyecto de ley concerniente
a determinadas personas o grupos.
PRIVATE BOUNDARY; límite artificial.
PRIVATE BUSINESS; empresa privada.
PRIVATE CAPACITY; carácter privado.
PRIVATE CARRIER; transportador privado.
PRIVATE CEMETERY; cementerio privado.
PRIVATE COMPANY; compañía privada.
PRIVATE CORPORATION; corporación
privada, persona jurídica privada.
PRIVATE DETECTIVE; detective privado.
PRIVATE DWELLING; vivienda privada.
PRIVATE EASEMENT; servidumbre privada,
servidumbre particular.
PRIVATE ENTERPRISE; empresa privada.
PRIVATE FERRY; transbordador privado.
PRIVATE GAIN; ganancia privada.
PRIVATE INJURIES; daños a los derechos
privados.
PRIVATE INTERNATIONAL LAW; derecho
internacional privado.
PRIVATE LAND GRANT; concesión de
tierras públicas a un individuo.
PRIVATE LAW; derecho privado.

PRIVATE NUISANCE; estorbo privado, estorbo que interfiere con el uso y goce de un inmueble, estorbo que perjudica a un número limitado de personas.

PRIVATE PERSON; persona privada.

PRIVATE PLACEMENT; la entrega de hijos para adopción sin el uso de organizaciones intermediarias, colocación privada.

PRIVATE POND; laguna privada.

PRIVATE PROPERTY; propiedad privada.

PRIVATE PROSECUTOR; acusador privado, acusador particular.

PRIVATE PURPOSE; propósito privado.

PRIVATE RIGHTS; derechos privados, derechos particulares.

PRIVATE SALE; venta privada.

PRIVATE SEAL; sello privado.

PRIVATE SECRETARY; secretario privado.

PRIVATE SESSION; sesión privada.

PRIVATE STATUTE; ley aplicable a determinadas personas o grupos, ley particular.

PRIVATE STREAM; arroyo privado.

PRIVATE TRUST; fideicomiso privado.

PRIVATE USE; uso privado.

PRIVATE WATERS; aguas privadas.

PRIVATE WAY; derecho de paso.

PRIVATE WHARF; muelle privado.

PRIVATE WRONG; violación de derechos privados.

PRIVATION; privación.

PRIVIES; partes con interés común, partes con relación entre si, partes del mismo contrato.

PRIVIGNA; alnada.

PRIVIGNUS; alnado.

PRIVILEGE; privilegio, inmunidad, exención.

PRIVILEGE AGAINST SELF-INCRIMINATION; derecho a no incriminarse.

PRIVILEGE FROM ARREST; inmunidad de arresto.

PRIVILEGE OF JURISDICTION; inmunidad de jurisdicción.

PRIVILEGE OF PARLIAMENT; inmunidad parlamentaria.

PRIVILEGE TAX; impuesto sobre negocios requiriendo licencias o franquicias.

PRIVILEGED; privilegiado, inmune, exento.

PRIVILEGED COMMUNICATIONS; comunicaciones protegidas por ley.

PRIVILEGED DEBTS; deudas privilegiadas.

PRIVILEGED FROM ARREST; quien tiene inmunidad de arresto.

PRIVILEGED VESSEL; nave privilegiada.

PRIVILEGES AND IMMUNITIES CLAUSE (EU); cláusula constitucional concerniente a los privilegios e inmunidades.

PRIVITY; relación jurídica, relación contractual.

PRIVITY OF BLOOD; relación de consanguinidad.

PRIVITY OF CONTRACT; relación contractual.

PRIVITY OF ESTATE; relación jurídica concerniente a un inmueble.

PRIVY; persona con interés común, parte interesada, copartícipe.

PRIVY COUNCIL (RU); consejo privado del rey.

PRIVY COUNCILLOR (RU); miembro del consejo del rey.

PRIVY VERDICT; veredicto privado.

PRIZE; premio, presa.

PRIZE COURTS; tribunales de presas.

PRIZE LAW; derecho de presas.

PRIZE MONEY; dinero de presas.

PRIZE OF WAR; presa de guerra.

PRO; por, a favor de, de parte de.

PRO AND CON; a favor y en contra.

PRO BONO; por el bien, para el bienestar, servicios gratuitos, pro bono.

PRO BONO ET MALO; para bien y para mal.

PRO BONO PUBLICO; por el bien público, para el bienestar público.

PRO CONFESSO; como confesado.

PRO FORMA; de mera formalidad, pro forma.

PRO HAC VICE; para esta ocasión, por esta vez.

PRO ILLA VICE; para esa ocasión.

PRO INTERESSE SUO; en la medida de su interés.

PRO MAJORI CAUTELA; para mayor precaución.

PRO QUERENTE; por el demandante.

PRO RATA; proporcionalmente, prorrata.

PRO RATE; prorratear.

PRO SE; por uno mismo, pro se.

PRO SOCIO; por un socio.

PRO TEMPORE; provisoriamente, interino, por el momento, pro tempore.

PROAMITA; una hermana de un abuelo.

PROAMITA MAGNA; una hermana de un bisabuelo.

PROAVIA; una bisabuela.

PROAVUNCULUS; un hermano de una bisabuela, un hermano de un bisabuelo.

PROAVUS; un bisabuelo.

PROBABILITY; probabilidad.

PROBABLE; probable.

PROBABLE CAUSE; causa probable.

PROBABLE CAUSE HEARING; vista de causa probable, vista para determinar si se justifica continuar una acción penal.

PROBABLE CONSEQUENCE; consecuencia probable.

PROBABLE EVIDENCE; prueba presunta.

PROBABLY; probablemente.

PROBATE; homologación de testamento, validación de testamento, acta probativa de un testamento.

PROBATE BOND; fianza requerida como parte de los procedimientos de sucesiones y tutelas, fianza testamentaria.

PROBATE CODE; código de sucesiones y tutelas.

PROBATE COURT; tribunal de sucesiones y tutelas, tribunal sucesorio, tribunal testamentario.

PROBATE DUTY; impuesto de sucesión.

PROBATE HOMESTEAD; inmueble reservado por el tribunal el cual servirá de hogar al cónyuge sobreviviente y a sus hijos menores.

PROBATE JURISDICTION; jurisdicción en asuntos de sucesiones y tutelas, jurisdicción en asuntos testamentarios, jurisdicción en asuntos sucesorios.

PROBATE PROCEEDING; juicio concerniente a una sucesión, juicio concerniente a una tutela, juicio testamentario.

PROBATIO; prueba.

PROBATIO MORTUA; prueba muerta.

PROBATIO PLENA; prueba plena.

PROBATIO VIVA; prueba viva.

PROBATION; libertad condicional, período de prueba, prueba.

PROBATION OFFICER; funcionario el cual supervisa a quienes están bajo libertad condicional.

PROBATIONER; reo bajo libertad condicional.

PROBATIVE; probatorio.

PROBATIVE FACTS; hechos probatorios.

PROBATIVE VALUE; valor probatorio.

PROBE; investigación, interrogatorio.

PROBLEMATIC; problemático, incierto.

PROCEDENDO; auto del tribunal superior con devolución del caso, auto ordenando la continuación de actuaciones.

PROCEDURAL; procesal.

PROCEDURAL LAW; derecho procesal.

PROCEDURE; procedimiento, enjuiciamiento.

PROCEED; proceder.

PROCEEDING; procedimiento, proceso.

PROCEEDS; productos, resultados, beneficios.

PROCESS; proceso, procedimiento.

PROCESS OF LAW; la ley a través de su procedimiento establecido.

PROCESS PATENT; patente de procedimiento.

PROCESS SERVER; funcionario autorizado a hacer notificaciones de actos procesales, notificador.

PROCHEIN AMI; funcionario del tribunal quien defiende los intereses de un incapaz sin ser su tutor.

PROCLAIM; proclamar, promulgar.

PROCLAMATION; proclamación, promulgación.

PROCREATION; procreación.

PROCTOR; procurador, abogado, apoderado.

PROCURACY; procuraduría.

PROCURATION; procuración, poder, apoderamiento.

PROCURATOR; procurador, apoderado.

PROCURATOR NEGOTIORUM; apoderado.

PROCURE; procurar, instigar, causar, persuadir.

PROCUREMENT; adquisición, instigación.

PROCUREMENT CONTRACT; contrato mediante el cual un gobierno obtiene bienes o servicios.

PROCURER; alcahuete, procurador.
PROCURING BREACH OF CONTRACT;
instigar al incumplimiento de un contrato.
PROCURING CAUSE; causa próxima.
PRODIGAL; pródigo.
PRODITION; traición.
PRODITOR; traidor.
PRODUCE (n); producto, productos agrícolas.
PRODUCE (v); producir, exhibir, originar.
PRODUCE A DOCUMENT; exhibir un
documento.
PRODUCE EVIDENCE; producir pruebas.
PRODUCER; productor.
PRODUCT; producto, resultado.
PRODUCT LIABILITY; responsabilidad por
los productos vendidos en el mercado.
PRODUCT LIABILITY INSURANCE; seguro
de responsabilidad por los productos
vendidos en el mercado.
PRODUCT MARKET; mercado de un
producto.
PRODUCTION; producción.
PRODUCTION OF DOCUMENTS; exhibición
de documentos, producción de
documentos que solicita la otra parte en la
fase preliminar de un juicio.
PRODUCTIVE; productivo.
PRODUCTIVITY; productividad.
PROFESS; profesar, reconocer, declarar,
confesar.
PROFESSIO JURIS; el reconocimiento por las
partes de un contrato del derecho de
designar la ley la cual regirá sobre dicho
contrato.
PROFESSION; profesión, declaración.
PROFESSIONAL; profesional.
PROFESSIONAL ADVISER; asesor
profesional.
PROFESSIONAL ASSOCIATION; asociación
profesional, colegio profesional.
PROFESSIONAL CAPACITY; capacidad
profesional.
PROFESSIONAL CORPORATION; (EU)
corporación la cual consiste en personas
licenciadas quienes ofrecen servicios
profesionales, asociación de profesionales.
PROFESSIONAL ETHICS; ética profesional.
PROFESSIONAL EXPERT; perito profesional.

PROFESSIONAL JUDGMENT; parecer
profesional.
PROFESSIONAL LIABILITY;
responsabilidad profesional.
PROFESSIONAL LIABILITY INSURANCE;
seguro de responsabilidad profesional.
PROFESSIONAL NEGLIGENCE; negligencia
profesional.
PROFESSIONAL RESPONSIBILITY;
responsabilidad profesional.
PROFESSIONAL SECRET; secreto
profesional.
PROFESSIONAL SERVICES; servicios
profesionales.
PROFFER; ofrecer.
PROFFER EVIDENCE; ofrecer prueba.
PROFICIENCY; pericia, habilidad.
PROFIT; ganancia, beneficio.
PROFIT A PRENDRE; derecho de tomar de las
tierras.
PROFIT A RENDRE; ganancias devengadas
del trabajo de otro en las tierras.
PROFIT AND LOSS; ganancias y pérdidas.
PROFIT AND LOSS STATEMENT; estado de
ganancias y pérdidas.
PROFIT CORPORATION; corporación con
fines de lucro, persona jurídica con fines
de lucro.
PROFIT MARGIN; margen de ganancia,
margen de beneficio.
PROFIT-SHARING PLAN; plan mediante el
cual los empleados participan en las
ganancias.
PROFITABLE; provechoso, lucrativo.
PROFITEERING; logrería, estraperlo.
PROGENY; prole.
PROGRESSIVE TAX; impuesto progresivo.
PROHIBIT; prohibir, impedir.
PROHIBITED; prohibido.
PROHIBITED DEGREES; grados de
consanguinidad dentro de los cuales los
matrimonios están prohibidos.
PROHIBITION; prohibición.
PROHIBITION WRIT; proceso mediante la
cual un tribunal superior impide que uno
inferior se exceda de su jurisdicción.
PROHIBITIVE; prohibitivo.

PROHIBITIVE IMPEDIMENT; impedimento prohibitivo.

PROHIBITORY INJUNCTION; mandamiento judicial prohibiendo cierta conducta.

PROJECT; proyecto, plan.

PROLES; prole.

PROLICIDE; matar la prole.

PROLIXITY; verbosidad.

PROLONGATION; prolongación.

PROMATERTERA; una hermana de una abuela.

PROMATERTERA MAGNA; una hermana de una bisabuela.

PROMISE; promesa, compromiso.

PROMISE OF MARRIAGE; promesa de matrimonio.

PROMISE TO PAY; promesa de pagar.

PROMISE TO PAY THE DEBT OF ANOTHER; promesa de pagar la deuda de un tercero.

PROMISEE; a quien se promete, tenedor de una promesa.

PROMISER; prometedor.

PROMISOR; prometedor.

PROMISSORY; promisorio.

PROMISSORY ESTOPPEL; impedimento promisorio, impedimento por promesa propia.

PROMISSORY NOTE; pagaré, nota promisoria.

PROMISSORY REPRESENTATION; representación promisoria.

PROMISSORY WARRANTY; garantía promisoria.

PROMOTE; promover.

PROMOTER; promotor.

PROMOTION; promoción, ascenso.

PROMPT; pronto, inmediato.

PROMPT DELIVERY; entrega inmediata.

PROMPT SHIPMENT; despacho rápido.

PROMPTLY; rápidamente.

PROMULGATE; promulgar.

PROMULGATION; promulgación.

PRONEPOS; bisnieto.

PRONEPTIS; bisnieta.

PRONOUNCE; dictar, pronunciar, promulgar.

PRONOUNCE JUDGMENT; dictar sentencia.

PRONUNCIATION; sentencia.

PROOF; prueba, comprobación.

PROOF BEYOND A REASONABLE DOUBT; prueba más allá de duda razonable.

PROOF OF CLAIM; prueba de un crédito, comprobante de crédito.

PROOF OF DEBT; prueba de deuda, comprobante de deuda.

PROOF OF LOSS; prueba del siniestro, prueba de pérdida.

PROOF OF SERVICE; prueba de la notificación judicial.

PROOF OF WILL; validación de un testamento.

PROPAGATE; propagar.

PROPATRUUS; un hermano de un bisabuelo.

PROPER; apropiado, debido, adecuado, justo.

PROPER CARE; precaución adecuada, prudencia razonable.

PROPER EVIDENCE; prueba admisible.

PROPER INDEPENDENT ADVICE; asesoramiento imparcial apropiado.

PROPER INDORSEMENT; endoso regular.

PROPER LOOKOUT; vigilancia adecuada.

PROPER PARTY; parte interesada, parte apropiada.

PROPERTY; propiedad, derecho de propiedad, dominio, posesión, pertenencia, característica.

PROPERTY INSURANCE; seguro de propiedad.

PROPERTY OF ANOTHER; propiedad ajena.

PROPERTY RIGHT; derecho de propiedad.

PROPERTY SETTLEMENT; acuerdo entre cónyuges sobre los bienes.

PROPERTY TAX; impuesto sobre la propiedad.

PROPERTY TORTS; daño a la propiedad, daño legal a la propiedad.

PROPINQUITY; propincuidad.

PROPONENT; proponente.

PROPORTION; proporción.

PROPORTIONAL; proporcional.

PROPORTIONAL SYSTEM; sistema proporcional.

PROPORTIONAL TAXES; impuestos proporcionales.

PROPORTIONALITY; proporcionalidad.

PROPORTIONATE; proporcionado.
PROPOSAL; propuesta, proposición.
PROPOSE; proponer, proponerse.
PROPOSER; proponente.
PROPOSITION; proposición, propuesta.
PROPOSITION OF LAW; cuestión de derecho.
PROPOSITUS; la persona propuesta.
PROPOUND; proponer.
PROPOUNDER; proponente.
PROPRIETARY; de propiedad exclusiva, de propiedad.
PROPRIETARY ARTICLES; artículos exclusivos.
PROPRIETARY INFORMATION; información de propiedad exclusiva.
PROPRIETARY INTEREST; derecho de propiedad.
PROPRIETARY LEASE; arrendamiento en una cooperativa.
PROPRIETARY RIGHTS; derechos de propiedad.
PROPRIETOR; propietario.
PROPRIETORSHIP; derecho de propiedad, negocio propio.
PROPRIETY; idoneidad, corrección.
PROROGATION; prórroga.
PROROGUE; terminar una sesión.
PROSCRIBE; proscribir.
PROSCRIBED; proscrito.
PROSECUTE; enjuiciar, encausar, entablar una acción judicial.
PROSECUTING ATTORNEY; fiscal, abogado acusador.
PROSECUTING WITNESS; testigo de la acusación, testigo principal de la acusación.
PROSECUTION; acción criminal, enjuiciamiento, proceso, prosecución, fiscal, querellante.
PROSECUTOR; fiscal, acusador público, abogado acusador.
PROSPECT; perspectiva, expectativa, cliente en perspectiva.
PROSPECTIVE; prospectivo, eventual.
PROSPECTIVE DAMAGES; daños eventuales, daños anticipados.
PROSPECTUS; folleto informativo de una emisión de valores.

PROSTITUTE; prostituta.
PROSTITUTION; prostitución.
PROTECT; proteger, amparar.
PROTECTED; protegido, amparado.
PROTECTED PERSON; persona amparada.
PROTECTION; protección, amparo.
PROTECTIVE; protector, amparador.
PROTECTIVE COMMITTEE; comité protector.
PROTECTIVE CUSTODY; custodia judicial por su propio bien.
PROTECTIVE ORDER; orden judicial para proteger a una persona de cualquier abuso del sistema legal.
PROTECTIVE TARIFF; tarifas proteccionistas.
PROTECTIVE TRUST; fideicomiso con la intención de controlar los gastos de una persona que derrocha dinero.
PROTEST; protesta, protesto, objeción.
PROTESTATION; protesta.
PROTESTER; quien protesta.
PROTHONOTARY (EU); secretario de un tribunal.
PROTOCOL; protocolo, registro.
PROTRACT; prolongar.
PROVABLE; demostrable.
PROVE; probar, demostrar, verificar.
PROVIDE; proveer, suministrar.
PROVIDED; siempre que, proveyendo.
PROVIDED BY LAW; dispuesto por ley.
PROVINCE; provincia.
PROVISION; disposición, provisión.
PROVISIONAL; provisional.
PROVISIONAL COMMITTEE; comité provisional.
PROVISIONAL COURT; tribunal provisional.
PROVISIONAL GOVERNMENT; gobierno provisional.
PROVISIONAL INJUNCTION; orden judicial provisional.
PROVISIONAL JUDGMENT; sentencia provisional.
PROVISIONAL ORDER; orden provisional.
PROVISIONAL REMEDY; recurso provisional.
PROVISO; condición, restricción, estipulación.
PROVOCATION; provocación.

PROVOKE; provocar.

PROVOST-MARSHALL; capitán preboste.

PROXIMATE; próximo, inmediato.

PROXIMATE CAUSE; causa inmediata.

PROXIMATE CONSEQUENCE; consecuencia natural.

PROXIMATE DAMAGES; daños y perjuicios inmediatos.

PROXIMATE RESULT; resultado natural.

PROXIMITY; proximidad, parentela.

PROXY; poder, apoderado, mandatario.

PROXY MARRIAGE; matrimonio por poder.

PRUDENCE; prudencia, discreción.

PRUDENT; prudente, discreto.

PRUDENT MAN RULE (EU); normas de inversión las cuales se podrían describir como las de una persona prudente.

PSEUDO; seudo, supuesto.

PSEUDONYM; seudónimo.

PUBERTY; pubertad.

PUBLIC; público.

PUBLIC ACCOUNTANT; contador público.

PUBLIC ACT; acto público, acto registrado, ley pública.

PUBLIC ADMINISTRATION; administración pública.

PUBLIC ADMINISTRATOR; administrador público.

PUBLIC AFFAIRS; asuntos públicos.

PUBLIC AGENT; funcionario público.

PUBLIC APPOINTMENTS; cargos públicos.

PUBLIC ATTORNEY; abogado.

PUBLIC AUDITOR; auditor público.

PUBLIC AUTHORITY; autoridad pública.

PUBLIC BILL; proyecto de ley público.

PUBLIC BOUNDARY; límite natural.

PUBLIC BUILDING; edificio público.

PUBLIC BUSINESS; empresa pública.

PUBLIC CARRIER; transportista público.

PUBLIC CHARACTER; personalidad pública.

PUBLIC CHARGE; indigente mantenido por el gobierno.

PUBLIC CHARITY; caridad pública

PUBLIC CONTRACT; contrato público.

PUBLIC CONVENIENCE AND NECESSITY; conveniencia y necesidad pública.

PUBLIC CORPORATION; ente municipal, corporación pública, persona jurídica pública.

PUBLIC DEBT; deuda pública.

PUBLIC DEFENDER; defensor público.

PUBLIC DOCUMENT; documento público.

PUBLIC DOMAIN; dominio público.

PUBLIC EASEMENT; servidumbre pública.

PUBLIC EMERGENCY; emergencia pública.

PUBLIC EMPLOYEE; empleado público.

PUBLIC ENEMY; enemigo público.

PUBLIC FERRY; transbordador público.

PUBLIC FIGURE; figura pública.

PUBLIC FUNDS; fondos públicos.

PUBLIC GOOD; bienestar público.

PUBLIC GRANT; concesión pública.

PUBLIC HEALTH; salud pública.

PUBLIC HEARING; audiencia pública, vista pública.

PUBLIC HIGHWAY; autopista pública, carretera pública.

PUBLIC HOLIDAY; día feriado oficial.

PUBLIC IMPROVEMENT; mejora pública.

PUBLIC INDECENCY; indecencia pública.

PUBLIC INJURIES; lesiones públicas, perjuicios públicos.

PUBLIC INSTITUTION; institución pública.

PUBLIC INTEREST; interés público.

PUBLIC INTERNATIONAL LAW; derecho internacional público.

PUBLIC LANDS; tierras públicas.

PUBLIC LAW; derecho público, ley pública.

PUBLIC LIABILITY; responsabilidad pública.

PUBLIC LIABILITY INSURANCE; seguro de responsabilidad pública.

PUBLIC MARKET; mercado público.

PUBLIC MEETING; reunión pública.

PUBLIC MINISTER; representante diplomático de alto rango.

PUBLIC MONEY; dinero público.

PUBLIC NOTARY; notario público.

PUBLIC NOTICE; notificación pública.

PUBLIC NUISANCE; estorbo público, estorbo el cual perjudica al público en general.

PUBLIC OFFENSE; delito público.

PUBLIC OFFICE; cargo público.

PUBLIC OFFICER; funcionario público.

PUBLIC ORDER; orden público.

PUBLIC PASSAGE; derecho de paso público.

PUBLIC PEACE; orden público.

PUBLIC PEACE AND QUIET; orden y tranquilidad pública.

PUBLIC PLACE; lugar público.

PUBLIC POLICY; bienestar público, orden público.

PUBLIC PROPERTY; propiedad pública, dominio público.

PUBLIC PROSECUTOR; fiscal.

PUBLIC PURPOSE; para uso público.

PUBLIC RECORD; registro público.

PUBLIC RELATIONS; relaciones públicas.

PUBLIC REVENUES; ingresos públicos.

PUBLIC RIVER; río público.

PUBLIC ROAD; camino público.

PUBLIC SAFETY; seguridad pública.

PUBLIC SALE; subasta pública.

PUBLIC SCHOOL; escuela pública.

PUBLIC SEAL; sello de la autoridad pública.

PUBLIC SECURITY; valores con garantía pública, valores públicos.

PUBLIC SERVICE; servicio público.

PUBLIC SERVICE COMMISSION; comisión gubernamental para supervisar las empresas de servicios públicos.

PUBLIC SERVICE CORPORATION; empresa de servicios públicos.

PUBLIC STATUTE; ley pública.

PUBLIC STORE; almacén público, depósito estatal.

PUBLIC TAX; impuesto público.

PUBLIC TRIAL; juicio público.

PUBLIC TRUST; fideicomiso público.

PUBLIC TRUSTEE; fideicomisario público.

PUBLIC UTILITY; empresa de servicio público, servicio público.

PUBLIC VERDICT; veredicto público, veredicto en pleno tribunal.

PUBLIC VESSEL; nave pública.

PUBLIC WATERS; aguas públicas.

PUBLIC WELFARE; bienestar público.

PUBLIC WHARF; muelle público.

PUBLIC WORKS; obras públicas.

PUBLICATION; publicación.

PUBLICIST; especialista en derecho público, especialista en derecho internacional, publicista.

PUBLISH; publicar, anunciar.

PUBLISHER; editor.

PUER; niño.

PUERILITY; puerilidad.

PUERITIA; niñez.

PUFFER; postor simulado en una subasta.

PUFFING; la exageración por parte de quien vende un producto de sus beneficios, el hacer ofertas falsas en subastas con el propósito de elevar las demás ofertas.

PUISNE; mas joven, de menor rango.

PULSATOR; demandante.

PUNISH; penar, castigar.

PUNISHABLE; punible, castigable.

PUNISHMENT; pena, castigo.

PUNITIVE; punitivo.

PUNITIVE DAMAGES; daños punitivos.

PUNITIVE STATUTE; ley penal.

PUNITORY; punitivo.

PUPILLUS; pupilo.

PUR AUTRE VIE; durante la vida de otro.

PUR TANT QUE; porque.

PURCHASE; compra, adquisición.

PURCHASE AGREEMENT; contrato de compraventa.

PURCHASE CONTRACT; contrato de compraventa.

PURCHASE MONEY; pago anticipado, precio de compra.

PURCHASE MONEY MORTGAGE; hipoteca para hacer cumplir la obligación de la compra de la propiedad.

PURCHASE OF A BUSINESS; compra de una empresa.

PURCHASE ORDER; orden de compra.

PURCHASE PRICE; precio de compra.

PURCHASER; comprador, adquiridor.

PURCHASER FOR VALUE; comprador con contraprestación.

PURCHASER IN BAD FAITH; comprador de mala fe.

PURCHASER IN GOOD FAITH; comprador de buena fe.

PURCHASING AGENT; agente de compras.

PURE; puro, absoluto.

PURE ACCIDENT; accidente inevitable.

PURE CHANCE; pura casualidad.

PURE OBLIGATION; obligación pura.

PURE RACE STATUTE (EU); ley que le da prioridad de título a quien primero registra la compra del inmueble.

PURGATION; purgación.
PURGE; purgar.
PURITY; pureza.
PURPART; una parte.
PURPORT; implicar, significar.
PURPOSE; propósito, objeto, intención.
PURPOSE OF STATUTE; el propósito de una
    ley.
PURPOSELY; a propósito, intencionalmente.
PURPRESTURE; intrusión a tierras públicas.
PURSE; recompensa, caudal, cartera.
PURSER; contador.
PURSUANT; consiguiente.
PURSUANT TO; conforme a.
PURSUE; perseguir, seguir, encausar, ejercer.
PURSUER; perseguidor, actor.
PURSUIT; persecución, profesión.
PURSUIT OF HAPPINESS (EU); derecho
    constitucional de tomar las decisiones para
    vivir de la forma deseada.
PURVEY; proveer.
PURVEYOR; proveedor.
PURVIEW; parte dispositiva de una ley.
PUSHER; quien vende drogas ilícitamente,
    quien fomenta el vicio de las drogas.
PUT IN FEAR; atemorizar.
PUT IN ISSUE; cuestionar.
PUT OFF; posponer.
PUT TO A VOTE; someter a votación.
PUTATIVE; putativo.
PUTATIVE FATHER; padre putativo.
PUTATIVE MARRIAGE; matrimonio
    putativo.
PUTATIVE RISK; riesgo putativo.
PUTATIVE SPOUSE; cónyuge putativo.
PYRAMID SALES SCHEME; sistema
    generalmente ilegal de ventas en que se le
    paga al comprador por cada comprador
    nuevo que atraiga, venta en pirámide.
PYRAMIDING; método de comprar más
    acciones al usar como garantía las que ya
    están en cartera.

QUA; como, en capacidad de, qua.
QUA EST EADEM; que es lo mismo.
QUACK; curandero, matasanos.
QUADRIPARTITE; cuadripartito.
QUAERE; pregunta.
QUAERENS; demandante, actor.
QUALIFICATION; calificación, condición,
    limitación, salvedad.
QUALIFIED; calificado, competente, limitado.
QUALIFIED ACCEPTANCE; aceptación
    condicional.
QUALIFIED ELECTOR; elector habilitado.
QUALIFIED ESTATE; derecho condicional
    respecto a un inmueble.
QUALIFIED INDORSEMENT; endoso
    condicional.
QUALIFIED OPINION; opinión condicional,
    opinión con salvedades.
QUALIFIED OWNER; dueño condicional.
QUALIFIED PRIVILEGE; privilegio
    condicional.
QUALIFIED PROPERTY; derecho
    condicional a propiedad.
QUALIFIED RIGHT; derecho condicional.
QUALIFIED VOTER; elector habilitado.
QUALIFY; calificar, limitar, habilitar.
QUALIFYING CLAUSES; cláusulas
    limitantes.
QUALITATIVE; cualitativo.
QUALITY; calidad, cualidad.
QUALITY OF ESTATE; plazo y modo según
    los cuales se tiene derecho sobre un
    inmueble.
QUANDARY; dilema, apuro.
QUANTITATIVE; cuantitativo.
QUANTITY; cantidad.
QUANTITY DISCOUNT; descuento sobre
    cantidad.

QUANTUM DAMNIFICATUS; fijación del valor de los daños.

QUANTUM MERUIT; la cantidad merecida.

QUARANTINE; cuarentena.

QUARE; por qué razón.

QUARREL; altercado, riña.

QUARRELSOME; pleitista, pendenciero.

QUARTER; trimestre, cuarta parte.

QUARTER SECTION; una cuarta parte de una milla cuadrada.

QUARTERLY; trimestralmente.

QUASH; anular, dominar.

QUASI; cuasi, casi.

QUASI AFFINITY; cuasiafinidad.

QUASI CONTRACT; cuasicontrato.

QUASI CORPORATION; cuasicorporación.

QUASI CRIMES; cuasicrímenes.

QUASI DEPOSIT; depósito implícito, depósito involuntario.

QUASI DERELICT; cuasiabandonado.

QUASI EASEMENT; cuasiservidumbre.

QUASI ESTOPPEL; cuasiimpedimento por actos propios.

QUASI FEE; propiedad adquirida ilícitamente.

QUASI JUDICIAL; cuasijudicial.

QUASI PARTNER; socio aparente.

QUASI POSSESSION; cuasiposesión.

QUASI PUBLIC CORPORATION; corporación cuasipública.

QUASI PURCHASE; cuasicompra.

QUASI TORT; responsabilidad indirecta.

QUASI USUFRUCT; cuasiusufructo.

QUAY; muelle.

QUE EST LE MESME; el cual es lo mismo.

QUEEN; reina.

QUEEN'S BENCH (RU); tribunal superior inglés.

QUEEN'S COUNSEL (RU); abogados de la corona, consejeros de la corona.

QUEEN'S EVIDENCE (RU); pruebas ofrecidas contra los cómplices para obtener un perdón.

QUEEN'S PROCTOR (RU); procurador de la reina en los juicios concernientes a las familias.

QUENCH; extinguir, dominar.

QUERENS; demandante, actor.

QUERULOUS; quejumbroso.

QUERY; pregunta, cuestión, duda.

QUEST; indagación.

QUESTION; pregunta, cuestión, duda.

QUESTION OF FACT; cuestión de hecho.

QUESTION OF LAW; cuestión de derecho.

QUESTIONABLE; cuestionable, discutible.

QUESTIONING; interrogatorio.

QUESTIONLESS; incuestionable.

QUESTIONNAIRE; cuestionario.

QUIA; porqué.

QUIA TIMET; porque teme.

QUIBBLE; objeción superficial, objeción verbal, evasiva.

QUICK; vivo, rápido.

QUICK DISPATCH; despacho rápido.

QUICKLY; rápidamente.

QUID PRO QUO; algo por algo, quid pro quo.

QUIET (adj); callado, calmado, quieto, inactivo.

QUIET (adv); quietamente, calmadamente.

QUIET (n); quietud, calma, silencio.

QUIET (v); aquietarse, calmarse.

QUIET ENJOYMENT; goce tranquilo, goce pacífico.

QUIET TITLE ACTION; acción para resolver reclamaciones opuestas en propiedad inmueble.

QUINQUEPARTITE; dividido en cinco partes.

QUIT; abandonar, renunciar, dejar.

QUITCLAIM (n); renuncia a un título, renuncia a un derecho, renuncia.

QUITCLAIM (v); renunciar a un título, renunciar a un derecho, renunciar.

QUITCLAIM DEED; transferencia de propiedad mediante la cual se renuncia a todo derecho sin ofrecer garantías.

QUO ANIMO; con esa intención.

QUOD COMPUTET; que rinda cuentas.

QUOD RECUPERET; que él recobre.

QUORUM; quórum.

QUOTA; cuota.

QUOTATION; cita, cotización.

QUOTE; citar, alegar.

QUOTIENT VERDICT; veredicto en que se promedia lo que los miembros del jurado consideran a lo que deben ascender los daños.

QUOVIS MODO; de cualquier modo.

R

RACE DISCRIMINATION; discriminación racial.

RACHATER; recomprar.

RACIAL; racial.

RACIAL DISCRIMINATION; discriminación racial.

RACISM; racismo.

RACK RENT; alquiler exorbitante.

RACKET; actividad ilícita continua con el propósito de ganar dinero, extorsión, alboroto.

RACKETEER; quien se dedica a actividades ilícitas continuas con el propósito de ganar dinero, extorsionista.

RACKETEER INFLUENCED AND CORRUPT ORGANIZATIONS LAWS (EU); leyes federales para combatir el crimen organizado.

RACKETEERING; actividades ilícitas continuas con el propósito de ganar dinero.

RADAR; radar.

RADIATION; radiación.

RADICAL; radical.

RADIOACTIVE; radioactivo.

RAFFLE; rifa.

RAFT; balsa.

RAGE; cólera, exaltación.

RAGING; feroz, violento.

RAID; redada, irrupción.

RAIDER; persona o persona jurídica que intenta tomar control de una corporación mediante la adquisición de una mayoría de las acciones de esta última.

RAILING; baranda, barrera.

RAILROAD; apresurar la legislación, apresurar.

RAILROAD CROSSING; cruce de ferrocarril.

RAILROAD TRACK; vía del ferrocarril.

RAILWAY CARRIER; transportador ferroviario.

RAISE; alzar, plantear, aumentar, criar, reunir.

RAISE A POINT; plantear una cuestión.

RAISE A PRESUMPTION; dar lugar a una presunción.

RAISE AN OBJECTION; presentar una objeción.

RAISE CAPITAL; recaudar capital.

RAISE MONEY; recaudar dinero.

RAISE REVENUE; recaudar contribuciones.

RAISED CHECK; cheque al cual se le ha aumentado el valor fraudulentamente.

RAISING A PROMISE; extraer una promesa.

RAKE-OFF; participar en ganancias obtenidas ilícitamente.

RAMBLE; vagabundear.

RAMBLER; vagabundo.

RAMBLING; vagueante, divagador.

RAMIFICATION; ramificación.

RANCH; rancho.

RANCOR; rencor

RANCOROUS; rencoroso.

RANDOM, AT; al azar.

RANDOM; fortuito, casual.

RANGE; serie, línea, orden.

RANGER; guardabosques, vigilante.

RANK; rango, grado.

RANKING; orden, posición, categoría.

RANKING OF CREDITORS; orden de prioridad de los acreedores.

RANSOM; rescate.

RANSOM MONEY; dinero de rescate.

RAPE; violación, estupro.

RAPID; rápido, pronto.

RAPIDITY; rapidez, prontitud.

RAPINE; rapiña.

RAPIST; violador, estuprador.

RARELY; raramente.

RASURE; raspadura.

RATABLE; proporcional, tasable, imponible.

RATABLE DISTRIBUTION; distribución proporcional.

RATABLE ESTATE; propiedad imponible, propiedad tasable.

RATABLE PROPERTY; propiedad imponible, propiedad tasable.

RATABLY; proporcionalmente, a prorrata.

RATE; tipo, tasa, proporción, tarifa, valor.
RATE OF EXCHANGE; tipo de cambio.
RATE OF INTEREST; tasa de interés.
RATE OF RETURN; tasa de rendimiento.
RATE TARIFF; tarifa de transporte
    condicional.
RATHER; más bien, preferiblemente.
RATIFICATION; ratificación.
RATIFIER; ratificador.
RATIFY; ratificar.
RATIHABITIO; ratificación.
RATING; clasificación.
RATIO; razón, proporción.
RATIO DECIDENDI; la razón de la decisión.
RATIO LEGIS; la razón de la ley.
RATIONAL; racional.
RATIONAL BASIS; fundamento razonable.
RATIONAL DOUBT; duda razonable.
RATIONALE; razón fundamental.
RATIONALIZE; explicar racionalmente.
RATTENING; práctica de efectuar actos contra
    la propiedad o materiales de trabajo de un
    obrero para obligarlo a unirse a un
    sindicato.
RAVISH; violar, arrebatar.
RAVISHER; violador, arrebatador.
RAVISHMENT; violación, arrebato.
RAW LAND; terreno sin mejoras.
RAW MATERIALS; materias primas.
RE; en el caso de, concerniente a, referente a.
RE-DOCKET; volver a poner en lista de casos
    a ser juzgados.
RE-ENACT; revalidar.
RE-ENTRY; reposesión de un inmueble.
RE-ESTABLISH; restablecer.
RE-EXAMINATION; reexaminación, revisión.
RE-EXCHANGE; recambio.
RE-EXPORT; reexportar.
REACH (n); alcance, extensión.
REACH (v); alcanzar, extender, comunicarse
    con.
REACT; reaccionar.
REACTION; reacción, respuesta.
REACTIVATE; reactivar.
READINESS; estado de preparación, destreza,
    prontitud.
READING; lectura.
READJUST; reajustar.

READJUSTMENT; reajuste.
READMISSION; readmisión.
READY; listo, dispuesto, disponible.
READY AND WILLING; listo y dispuesto.
READY MONEY; dinero en efectivo.
REAFFIRM; reafirmar, confirmar.
REAFFIRMATION; reafirmación,
    confirmación.
REAL; real, auténtico.
REAL ACTION; acción real.
REAL ASSETS; bienes inmuebles.
REAL CLAIM; reclamo justificado.
REAL CONTRACT; contrato real.
REAL CONTROVERSY; controversia real.
REAL ESTATE; bienes inmuebles, bienes
    raíces.
REAL ESTATE AGENT; agente de bienes
    raíces.
REAL ESTATE BROKER; corredor de bienes
    raíces.
REAL ESTATE INVESTMENT TRUST;
    fideicomiso para la inversión en bienes
    inmuebles.
REAL ESTATE LAW; derecho concerniente a
    los bienes inmuebles.
REAL ESTATE LISTING; contrato para que
    un corredor de bienes raíces intente
    obtener un comprador para la propiedad en
    cuestión.
REAL ESTATE PARTNERSHIP; sociedad
    para la compra y venta de bienes
    inmuebles.
REAL ESTATE SETTLEMENT
    PROCEDURES ACT (EU); ley federal la
    cual impone que se declaren los gastos de
    cierre en una transacción de bienes
    inmuebles.
REAL ESTATE TAXES; impuestos sobre los
    bienes inmuebles.
REAL EVIDENCE; prueba material.
REAL FIXTURE; instalación fija en un
    inmueble.
REAL GUARANTEE; garantía real.
REAL INJURY; perjuicio material, lesión
    material.
REAL ISSUE; controversia real, cuestión real.
REAL LAW; derecho concerniente a los bienes
    inmuebles.

REAL OBLIGATION; obligación real.
REAL PARTY IN INTEREST; parte
   interesada, una parte con un interés legal.
REAL PROPERTY; bienes inmuebles.
REAL PROPERTY TRANSACTION;
   transacción de bienes raíces.
REAL SECURITY; garantía hipotecaria,
   garantía real.
REAL SERVITUDE; servidumbre real.
REAL STATUTES; leyes concernientes a los
   bienes inmuebles.
REAL THINGS; bienes inmuebles.
REAL TIME; tiempo real.
REALISM; realismo.
REALIZE; comprender, realizar.
REALIZED GAIN; ganancia realizada.
REALIZED LOSS; pérdida realizada.
REALLOCATE; reasignar.
REALLOCATION; reasignación.
REALM; reino, dominio, región.
REALTY; bienes inmuebles.
REAPPEAR; reaparecer.
REAPPOINT; volver a designar.
REAPPORTIONMENT; redistribución de los
   distritos legislativos.
REAPPRAISAL; revaluación.
REAPPRAISE; volver a tasar.
REARGUMENT; nuevo alegato.
REARRAIGNMENT; nuevo procesamiento de
   un acusado.
REARREST; volver a arrestar.
REASON; razón, argumento.
REASONABLE; razonable, justo.
REASONABLE ACT; acto razonable.
REASONABLE AND PROBABLE CAUSE;
   causa razonable y probable.
REASONABLE BELIEF; creencia razonable.
REASONABLE CARE; cuidados razonables,
   prudencia razonable.
REASONABLE CAUSE; causa razonable.
REASONABLE CERTAINTY, RULE OF;
   regla de la certeza razonable.
REASONABLE DILIGENCE; diligencia
   razonable.
REASONABLE DOUBT; duda razonable.
REASONABLE EXCUSE; excusa razonable.
REASONABLE FORCE; fuerza apropiada.

REASONABLE GROUNDS; fundamentos
   razonables.
REASONABLE INFERENCE; inferencia
   razonable.
REASONABLE MAN DOCTRINE; doctrina
   de la persona razonable.
REASONABLE NOTICE; aviso razonable.
REASONABLE PRECAUTION; precaución
   razonable.
REASONABLE PROBABILITY; probabilidad
   razonable.
REASONABLE PROVOCATION;
   provocación suficiente.
REASONABLE RATE; tasa razonable.
REASONABLE SUSPICION; sospecha
   razonable.
REASONABLE TIME; plazo razonable.
REASONABLENESS; racionabilidad.
REASONABLY; razonablemente.
REASONING; razonamiento, argumentación.
REASONLESS; sin razón.
REASSESSMENT; reestimación.
REASSIGN; volver a asignar.
REASSIGNMENT; cesión de parte de un
   cesionario, nueva repartición.
REASSURANCE; reaseguro, seguridad.
REASSURE; reasegurar, tranquilizar.
REBATE; rebaja, reembolso, descuento.
REBEL; rebelde.
REBELLION; rebelión.
REBUILD; reconstruir.
REBUKE; censurar.
REBUT; refutar, rebatir.
REBUTTABLE; refutable.
REBUTTABLE PRESUMPTION; presunción
   rebatible.
REBUTTAL; refutación, rechazo.
REBUTTAL EVIDENCE; prueba presentada
   para refutar aquella ofrecida por la otra
   parte.
REBUTTER; respuesta a la tríplica, refutación.
RECALCITRANT; recalcitrante.
RECALL (n); revocación, retirada, recordación.
RECALL (v); revocar, retirar, recordar.
RECALL A JUDGMENT; revocar una
   sentencia.
RECALL A WITNESS; volver a hacer
   comparecer a un testigo.

RECALLABLE; revocable.

RECANT; retractar, revocar.

RECAPITALIZATION; recapitalización.

RECAPITULATION; recapitulación.

RECAPTION; recuperación, rescate.

RECAPTURE; recobrar, recuperar, recapturar.

RECEIPT; recibo, recepción.

RECEIPT IN FULL; recibo por la cantidad total, recibo por saldo.

RECEIPT OF GOODS; recibo de las mercancías.

RECEIVABLE; por cobrar.

RECEIVE; recibir, aceptar, tomar.

RECEIVER; administrador judicial, liquidador, recibidor

RECEIVER PENDENTE LITE; administrador judicial durante el litigio.

RECEIVERSHIP; nombramiento del administrador judicial, liquidación judicial.

RECEIVING STOLEN GOODS OR PROPERTY; recibo de propiedad sabiendo que es hurtada.

RECENT; reciente, novedoso.

RECEPTION; recepción, admisión.

RECEPTION OF VERDICT; declaración del veredicto.

RECEPTIVE; receptivo.

RECESS; receso, cesación.

RECESSION; recesión, retroceso.

RECIDIVISM; reincidencia.

RECIDIVIST; reincidente, criminal habitual.

RECIPIENT; recibidor, receptor.

RECIPROCAL; recíproco.

RECIPROCAL CONTRACT; contrato bilateral, contrato recíproco.

RECIPROCAL COVENANTS; estipulaciones recíprocas, garantías recíprocas.

RECIPROCAL EASEMENT; servidumbre recíproca.

RECIPROCAL INSURANCE; seguro recíproco, seguro mutuo.

RECIPROCAL LAWS; leyes recíprocas.

RECIPROCAL PROMISES; promesas recíprocas.

RECIPROCAL TRUSTS; fideicomisos recíprocos.

RECIPROCAL WILLS; testamentos recíprocos, testamentos mutuos.

RECIPROCALITY; reciprocidad.

RECIPROCITY; reciprocidad.

RECITAL; preámbulo, recitación.

RECITE; recitar, citar.

RECKLESS; imprudente, temerario.

RECKLESS CONDUCT; conducta imprudente.

RECKLESS DRIVING; conducción imprudentemente.

RECKLESS HOMICIDE; homicidio por negligencia.

RECKLESS MISCONDUCT; conducta imprudente.

RECKLESS STATEMENT; declaración irresponsable.

RECKLESSLY; imprudentemente, temerariamente.

RECKLESSNESS; imprudencia, temeridad.

RECLAIM; reclamar, recuperar.

RECLAMATION; proceso de aumentar el valor de terreno inservible al hacerle mejoras, reclamación, recuperación.

RECOGNITION; reconocimiento, ratificación, admisión.

RECOGNIZANCE; obligación judicial.

RECOGNIZE; reconocer, admitir, confesar, distinguir.

RECOGNIZED; reconocido.

RECOGNIZED GAIN; ganancia realizada.

RECOGNIZED LOSS; pérdida realizada.

RECOGNIZEE; beneficiario de una obligación judicial.

RECOGNIZOR; quien asume una obligación judicial.

RECOLLECTION; recuerdo.

RECOMMEND; recomendar, proponer.

RECOMMENDATION; recomendación, sugerencia.

RECOMMENDATION OF MERCY; recomendación de clemencia de parte del jurado tras emitir un veredicto de culpable.

RECOMMENDATORY; recomendatorio.

RECOMMIT; volver a encarcelar, volver a cometer.

RECOMPENSE; recompensa, compensación.

RECONCILE; reconciliar, ajustar.

RECONCILIATION; reconciliación, ajuste.

RECONDUCTION; renovación de un arrendamiento anterior, reconducción.
RECONSIDER; reconsiderar.
RECONSIDERATION; reconsideración.
RECONSIGNMENT; nueva consignación.
RECONSTRUCT; reconstruir.
RECONSTRUCTION; reconstrucción.
RECONVENE; reanudar una sesión, reunirse de nuevo.
RECONVENTION; reconvención, contrademanda.
RECONVENTIONAL DEMAND; demanda reconvencional.
RECONVERSION; reconversión.
RECORD (n); registro, inscripción, antecedentes, expediente, archivo.
RECORD (v); registrar, inscribir, anotar.
RECORD A DEED; registrar una escritura.
RECORD A MORTGAGE; registrar una hipoteca.
RECORD COMMISSION; junta encargada de los registros.
RECORD OWNER; titular registrado.
RECORD TITLE; título registrado.
RECORDATION; registro, inscripción.
RECORDED; registrado, inscrito.
RECORDER; magistrado, registrador.
RECORDING ACTS; leyes concernientes a los registros.
RECORDS; registros, archivos, documentos.
RECORDS OF A CORPORATION; libros corporativos, libros de un ente jurídico.
RECORDUM; registro.
RECOUP; recuperar, reembolsar.
RECOUPMENT; recuperación, reembolso, deducción, reconvención.
RECOURSE; recurso.
RECOVER; recuperar, recobrar, obtener una sentencia favorable.
RECOVERER; quien ha obtenido una sentencia favorable para obtener un pago.
RECOVERY; recuperación, sentencia favorable para obtener un pago.
RECOVERY OF JUDGMENT; obtener una sentencia favorable.
RECRIMINATE; recriminar.
RECRIMINATION; recriminación.

RECROSS EXAMINATION; segundo contrainterrogatorio.
RECTIFICATION; rectificación.
RECTIFY; rectificar.
RECURRENCE; repetición.
RECURRENT; repetido.
RECURRING EMPLOYMENT; empleo repetido.
RECUSAL; recusación.
RECUSATION; recusación.
RECUSE; recusar.
RED HANDED; quien es sorprendido con evidencia clara de que ha cometido un crimen, con las manos en la masa.
RED HERRING (EU); folleto informativo preliminar de una emisión de valores, pista falsa.
RED TAPE; trámites burocráticos excesivos, burocratismo, papeleo.
REDACTION; redacción.
REDEEM; redimir, rescatar.
REDEEMABLE; redimible, rescatable.
REDEEMABLE RIGHTS; derechos redimibles.
REDELIVERY; devolución.
REDELIVERY BOND; fianza para la devolución de bienes embargados.
REDEMPTION; redención, rescate.
REDEMPTION PERIOD; plazo para la redención.
REDHIBITION; redhibición.
REDHIBITORY; redhibitorio.
REDHIBITORY ACTION; acción redhibitoria.
REDHIBITORY DEFECT; vicio redhibitorio.
REDHIBITORY VICE; vicio redhibitorio.
REDIRECT EXAMINATION; interrogatorio redirecto, segundo interrogatorio directo.
REDISCOUNT; redescuento.
REDISTRIBUTION; redistribución.
REDITUS; rédito.
REDLINING; práctica ilegal de negar crédito en ciertas áreas sin tener en cuenta el historial de crédito de los solicitantes de dicha área.
REDRAFT; resaca.
REDRESS; reparación, remedio.
REDUCE; reducir, cambiar, someter.

REDUCIBLE FELONY; delito grave para el cual la pena podría ser la de un delito menor si lo recomienda el jurado.

REDUCTION OF CAPITAL; reducción de capital.

REDUNDANCY; redundancia.

REDUNDANT; redundante.

REELECT; reelegir.

REFECTION; reparación.

REFER; referir, atribuir.

REFEREE; árbitro, ponente.

REFERENCE; el someterse a arbitraje, referencia, respecto, alusión.

REFERENCE IN CASE OF NEED; referencia en caso de que se necesite.

REFERENCE STATUTES; leyes que incorporan otras mediante referencia.

REFERENDUM; referéndum.

REFINANCE; refinanciar, volver a financiar.

REFLATION; reflación.

REFORM; reformar, corregir.

REFORMATION; reforma, corrección.

REFORMATORY; reformatorio.

REFRESHING RECOLLECTION; refrescarse la memoria.

REFRESHING THE MEMORY; refrescarse la memoria.

REFUGE; refugio, amparo.

REFUGEE; refugiado.

REFUND (n); reembolso.

REFUND (v); reembolsar, reintegrar.

REFUND ANNUITY CONTRACT; contrato de anualidad en que se paga al pensionado lo que él anteriormente aportó.

REFUNDING; refinanciación.

REFUSAL; rechazo, denegación.

REFUSE (n); desperdicios.

REFUSE (v); rechazar, denegar.

REFUTATION; refutación.

REFUTE; refutar, impugnar.

REGENCY; regencia.

REGENT; regente.

REGICIDE; regicidio, regicida.

REGIME; régimen.

REGINA; reina.

REGION; región, lugar.

REGIONAL; regional.

REGISTER (n); registro, lista, archivo, registrador.

REGISTER (v); registrar, registrarse.

REGISTER OF DEEDS (EU); registrador de la propiedad.

REGISTER OF PATENTS; registro de patentes.

REGISTER OF SHIPS; registro de navíos.

REGISTER OF WILLS (EU); registrador de testamentos.

REGISTERED; registrado, inscrito.

REGISTERED CHECK; cheque certificado.

REGISTERED MAIL; correo certificado, correo registrado.

REGISTERED QUALIFIED ELECTOR; elector elegible e inscrito.

REGISTERED REPRESENTATIVE (EU); persona autorizada a venderle valores al público.

REGISTERED TONNAGE; tonelaje registrado.

REGISTERED TRADEMARK; marca registrada.

REGISTERED VOTER; votante empadronado.

REGISTRABLE; registrable.

REGISTRANT; registrante.

REGISTRAR; registrador.

REGISTRAR OF DEEDS (EU); registrador de la propiedad, registrador de títulos de propiedad.

REGISTRATION; registro, inscripción.

REGISTRATION STATEMENT (EU); declaración de datos pertinentes la cual hay que entregarle a la Comisión de Valores y Bolsa antes de poder ofrecer valores al público.

REGISTRY; registro, inscripción.

REGISTRY OF DEEDS; registro de propiedad, registro de títulos de propiedad.

REGISTRY OF SHIPS; registro de navíos.

REGNANT; reinante.

REGRANT; volver a ceder.

REGRESS; regresar, retroceder.

REGRESSIVE TAX; impuesto regresivo.

REGULAR; regular, constante, legal, corriente, ordinario.

REGULAR AND ESTABLISHED PLACE OF BUSINESS; lugar regular y establecido de negocios.

REGULAR ARMY; ejército regular.

REGULAR COURSE OF BUSINESS; curso regular de los negocios.

REGULAR DEPOSIT; depósito regular.

REGULAR ELECTION; elección ordinaria.

REGULAR MEETING; asamblea ordinaria.

REGULAR NAVIGATION; navegación regular.

REGULAR ON ITS FACE; aparentemente proveniente de un ente autorizado por ley.

REGULAR SESSION; sesión ordinaria.

REGULAR TERM; plazo ordinario.

REGULARLY; regularmente, comúnmente.

REGULATE; regular, reglamentar.

REGULATION; regulación, reglamento, regla.

REGULATIONS; reglamentos.

REGULATORY; regulador, reglamentario.

REGULATORY AGENCY; entidad reguladora.

REHABILITATE; rehabilitar.

REHABILITATION; rehabilitación.

REHEARING; nueva audiencia, revisión de una causa.

REHYPOTHECATION; ofrecer como prenda un bien ya ofrecido por otro como prenda.

REIMBURSE; reembolsar, indemnizar.

REIMBURSEMENT; reembolso, indemnización.

REIMPORT; reimportar.

REIMPORTATION; reimportación.

REINFORCE; reforzar.

REINSCRIPTION; reinscripción.

REINSTALL; reinstalar.

REINSTATE; reinstalar, reintegrar, restablecer.

REINSTATE A CASE; restablecer una causa.

REINSTATEMENT; reinstalación.

REINSTATEMENT OF POLICY; reinstalación de una póliza.

REINSURANCE; reaseguro.

REINSURANCE RESERVE; reserva para reaseguro.

REINSURE; reasegurar.

REINSURED; reasegurado.

REINSURER; reasegurador.

REINTEGRATION; reintegración.

REISSUANCE; reemisión, reimpresión.

REISSUED PATENT; patente modificada.

REJECT; rechazar, descartar.

REJECTED GOODS; bienes rechazados.

REJECTION; rechazo.

REJECTION OF OFFER; rechazo de oferta.

REJOIN; presentar una dúplica, reingresar.

REJOINDER; dúplica, contrarréplica.

RELATED; relacionado, emparentado.

RELATED COMPANY; compañía relacionada.

RELATED GOODS; mercancías relacionadas.

RELATED PARTIES; partes relacionadas.

RELATION; relación, pariente, parentesco.

RELATION BACK; regla que indica que no se puede presentar una defensa nueva la cual no esté basada en la original.

RELATIONS DEGREE; grado de parentela.

RELATIONSHIP; relación, parentesco.

RELATIVE (adj); relativo, pertinente.

RELATIVE (n); pariente.

RELATIVE FACT; hecho secundario.

RELATIVE IMPEDIMENT; impedimento relativo.

RELATIVE IMPOSSIBILITY; imposibilidad relativa.

RELATIVE INJURIES; daños relativos.

RELATIVE RIGHTS; derechos relativos.

RELATIVELY; relativamente.

RELATOR; relator.

RELEASE (n); liberación, descargo, finiquito, renuncia, quita.

RELEASE (v); liberar, relevar, descargar, renunciar, volver a arrendar, permitir.

RELEASE FROM LIABILITY; relevo de responsabilidad.

RELEASE OF MORTGAGE; liberación de hipoteca.

RELEASE OF PRISONER; liberación de prisionero.

RELEASE ON BAIL; liberar bajo fianza.

RELEASE ON OWN RECOGNIZANCE; libertad bajo palabra.

RELEASEE; beneficiario de una renuncia, beneficiario de una liberación.

RELEASER; quien renuncia, quien libera.

RELEASOR; quien renuncia, quien libera.

RELET; realquilar.

RELEVANCY; pertinencia.

RELEVANT; pertinente.

RELEVANT EVIDENCE; prueba pertinente.

RELIABLE; confiable, fidedigno.

RELIANCE; confianza, resguardo.

RELIANCE ON PROMISE; confianza en una promesa.

RELICT; viuda, viudo.

RELICTION; terreno obtenido por el retroceso permanente de aguas.

RELIEF; asistencia, reparación.

RELIEVE; relevar, reemplazar, exonerar, aliviar.

RELIGIOUS FREEDOM; libertad religiosa.

RELIGIOUS LIBERTY; libertad religiosa.

RELINQUISH; abandonar, renunciar.

RELINQUISHMENT; abandono, renuncia.

RELOCATIO; renovación de un arrendamiento.

RELOCATION; reubicación, cambio de los límites de una pertenencia minera.

REMAINDER; remanente, interés residual en una propiedad, derecho adquirido sobre un inmueble al extinguirse el derecho de otro sobre dicho inmueble.

REMAINDER INTEREST; interés residual en una propiedad, derecho adquirido sobre un inmueble al extinguirse el derecho de otro sobre dicho inmueble.

REMAINDERMAN; propietario de un interés residual en una propiedad, quien adquiere un derecho sobre un inmueble al extinguirse el derecho de otro sobre dicho inmueble.

REMAND; devolver, reenviar.

REMANET; remanente.

REMARRY; volver a casarse.

REMEDIAL; remediador.

REMEDIAL ACTION; acción de indemnización.

REMEDIAL STATUTES; leyes reparadoras.

REMEDY; remedio, recurso.

REMEMBER; recordar, retener.

REMISE; renunciar.

REMISSION; remisión, perdón.

REMISSNESS; negligencia, morosidad.

REMIT; remitir, perdonar, abandonar, anular.

REMITMENT; anulación, acto de volver a poner bajo custodia.

REMITTANCE; remesa, envío.

REMITTEE; beneficiario de una remesa.

REMITTER; remitente, restitución.

REMITTING BANK; banco remitente.

REMITTITUR; procedimiento mediante la cual se reduce un veredicto excesivo del jurado.

REMITTOR; remitente.

REMNANT; remanente.

REMODEL; remodelar.

REMONETIZATION; remonetización.

REMONSTRANCE; protesta.

REMOTE; remoto, apartado.

REMOTE CAUSE; causa remota.

REMOTE DAMAGES; daños remotos.

REMOTE POSSIBILITY; posibilidad remota.

REMOTENESS; lejanía, improbabilidad.

REMOTENESS OF EVIDENCE; prueba demasiada remota.

REMOVAL; remoción, destitución, transferencia, eliminación.

REMOVAL BOND; fianza para exportación de mercancías almacenadas.

REMOVAL FROM OFFICE; destitución de un cargo.

REMOVAL OF CAUSES; la transferencia de una causa a otro tribunal.

REMOVING CLOUD FROM TITLE; perfeccionamiento de título.

REMUNERATION; remuneración, recompensa.

RENDER; rendir, ceder, abandonar, pagar.

RENDER A SERVICE; prestar un servicio.

RENDER AN ACCOUNT; rendir una cuenta.

RENDER JUDGMENT; dictar sentencia.

RENDER VERDICT; emitir el veredicto.

RENDEZVOUS; lugar designado para reunirse, reunión.

RENDITION; rendición, extradición, pronunciamiento.

RENDITION OF JUDGMENT; pronunciamiento de una sentencia.

RENDITION WARRANT; orden de extradición.

RENEGOTIATION; renegociación.

RENEW; renovar, reanudar, extender.

RENEWABLE; renovable.

RENEWAL; renovación.

RENEWAL OF CONTRACT; renovación de un contrato.

RENOUNCE; renunciar, repudiar.

RENT; renta, alquiler.
RENT CONTROL; restricciones sobre lo que se puede cobrar de alquiler.
RENT STRIKE; instancia en la cual los arrendatarios se organizan y no pagan el alquiler hasta que el arrendador cumple con sus exigencias.
RENTAL; alquiler.
RENTAL VALUE; valor de alquiler.
RENTS, ISSUES AND PROFITS; las ganancias provenientes de las propiedades.
RENUNCIATION; renunciación, renuncia.
RENUNCIATION OF A CLAIM; renuncia a un derecho.
RENUNCIATION OF CITIZENSHIP; renuncia a la ciudadanía.
RENUNCIATION OF PROPERTY; abandono de propiedad.
RENVOI; reenvío.
REO ABSENTE; en la ausencia del reo.
REOPEN A CASE; reabrir una causa.
REOPENING A CASE; reabrir una causa.
REORGANIZATION; reorganización.
REORGANIZE; reorganizar.
REPAIR; reparar, remediar.
REPARABLE INJURY; daños reparables.
REPARATION; reparación, indemnización.
REPATRIATION; repatriación.
REPAY; reembolsar, reciprocar.
REPAYMENT; reembolso.
REPEAL (n); derogación, revocación, anulación, abrogación.
REPEAL (v); derogar, revocar, anular, abrogar.
REPEATERS (EU); reincidentes.
REPERTORY; libro notarial, repertorio.
REPETITION; repetición, reiteración.
REPLACE; reemplazar, reponer.
REPLACEMENT COST; costo de reposición.
REPLACEMENT RESERVE; reserva para el reemplazo.
REPLEAD; presentar un nuevo alegato.
REPLEADER; un nuevo alegato.
REPLEVIABLE; reivindicable.
REPLEVIN; reivindicación.
REPLEVIN BOND; fianza en una acción reivindicatoria.
REPLEVISOR; demandante en una acción reivindicatoria.

REPLEVY; entrega al demandante de los bienes muebles en cuestión ante la posibilidad de una acción reivindicatoria.
REPLIANT; replicante.
REPLICANT; replicante.
REPLICATION; réplica.
REPLY; respuesta, réplica.
REPORT (n); informe, relación, información.
REPORT (v); informar, relatar, anunciar, delatar.
REPORTER; relator, colección de jurisprudencia, estenógrafo del tribunal, reportero.
REPORTS; colección de jurisprudencia.
REPOSSESSION; recobro de una posesión, recuperación.
REPREHENSIBLE; reprensible.
REPRESENT; representar.
REPRESENTATION, ESTOPPEL BY; impedimento por declaraciones propias.
REPRESENTATION; representación, manifestación.
REPRESENTATION BY COUNSEL; representación por abogado.
REPRESENTATION OF PERSONS; representación de personas.
REPRESENTATIVE; representante, delegado.
REPRIEVE; suspensión temporal.
REPRIMAND (n); reprimenda, censura.
REPRIMAND (v); reprender, censurar.
REPRISAL; represalia.
REPROACH; reprochar, censurar.
REPRODUCE; reproducir, duplicar.
REPRODUCTION; reproducción.
REPUBLIC; república.
REPUBLICAN; republicano.
REPUBLICAN GOVERNMENT; gobierno republicano.
REPUBLICATION; revalidación de un testamento, nueva publicación.
REPUDIATE; repudiar, rechazar, negar.
REPUDIATION; repudio, rechazo, incumplimiento de una obligación contractual.
REPUGNANCY; incompatibilidad, contradicción, repugnancia.
REPUGNANT; incompatible, contradictorio, repugnante.

REPUGNANT CLAUSE; estipulación incompatible con otras dentro de un contrato.

REPUGNANT CONDITION; condición incompatible con otras dentro de un contrato.

REPURCHASE; recompra, readquisición, redención.

REPUTABLE; respetable.

REPUTABLE CITIZEN; ciudadano respetable.

REPUTATION; reputación.

REPUTE; reputación.

REPUTED; reputado.

REPUTED OWNER; dueño aparente.

REQUEST (n); solicitud, petición.

REQUEST (v); solicitar, peticionar, pedir.

REQUIRE; requerir, exigir.

REQUIREMENT CONTRACT; contrato de suministro.

REQUISITION; requisición, solicitud, requerimiento, pedido de extradición.

REQUISITIONIST; solicitante.

REREGISTRATION; reinscripción.

RES; cosa, asunto, res.

RES ACCESSORIA; cosa accesoria.

RES COMMUNES; cosas comunes, propiedad común.

RES CORPORALES; cosas corpóreas.

RES DERELICTA; cosa abandonada, propiedad abandonada.

RES GESTAE; cosas hechas.

RES IMMOBILES; inmuebles.

RES INCORPORALES; cosas incorpóreas.

RES INTEGRA; cuestión sin precedente, algo completo.

RES IPSA LOQUITUR; la cosa habla por sí misma, res ipsa loquitur.

RES JUDICATA; cosa juzgada, res judicata.

RES MOBILES; bienes muebles.

RES NOVA; una nueva cuestión.

RES NULLIUS; cosa de nadie, propiedad de nadie.

RES PRIVATAE; cosas privadas.

RES PUBLICAE; cosas públicas.

RESALE; reventa.

RESALE PRICE; precio de reventa.

RESALE PRICE MAINTENANCE; control de los precios de reventa.

RESCIND; rescindir.

RESCISSIO; rescisión.

RESCISSION; rescisión.

RESCISSION OF CONTRACT; rescisión de contrato.

RESCISSORY; rescisorio.

RESCRIPT; rescripto, decreto.

RESCUE; rescate, salvamento.

RESCUE DOCTRINE; doctrina que indica que una persona quien por su negligencia pone en peligro a otra es responsable por las lesiones sufridas por un tercero ayudando al segundo.

RESEARCH; investigación.

RESELL; revender.

RESERVATION; reservación, reserva.

RESERVATION OF RIGHTS; reserva de derechos.

RESERVE (n); reserva, restricción.

RESERVE (v); reservar, retener.

RESERVE BANKS (EU); bancos los cuales son miembros de la Reserva Federal.

RESERVE FUND; fondo de reserva.

RESERVE RATIO; razón de encaje, coeficiente de encaje.

RESERVE RIGHTS; reservar derechos.

RESERVED; reservado.

RESERVED LAND; tierras reservadas.

RESERVED POWERS; poderes reservados.

RESETTLEMENT; modificación de una orden, modificación de un decreto.

RESIDE; residir, vivir.

RESIDENCE; residencia.

RESIDENCE OF CORPORATION; domicilio de una corporación, domicilio de una persona jurídica, domicilio de una empresa.

RESIDENCY REQUIREMENTS; requisitos de residencia.

RESIDENT; residente.

RESIDENT AGENT; persona autorizada a recibir notificaciones en una jurisdicción.

RESIDENT ALIEN; extranjero residente.

RESIDENTIAL; residencial.

RESIDENTIAL DENSITY; densidad residencial.

RESIDUAL; residual, restante.

RESIDUAL VALUE; valor residual.

RESIDUARY; residual, remanente.

RESIDUARY ACCOUNT (RU); declaración de la sucesión residual.

RESIDUARY BEQUEST; legado residual.

RESIDUARY CLAUSE; cláusula concerniente a la disposición de los bienes residuales de una sucesión.

RESIDUARY DEVISE; legado de los bienes inmuebles residuales de una sucesión.

RESIDUARY DEVISEE; legatario a quien le corresponden los bienes inmuebles residuales.

RESIDUARY ESTATE; bienes residuales de una sucesión.

RESIDUARY LEGACY; legado de los bienes muebles residuales de una sucesión.

RESIDUARY LEGATEE; legatario a quien le corresponden los bienes muebles residuales.

RESIDUE; bienes residuales de una sucesión, residuo, remanente.

RESIDUUM; residuo, activo neto de la sucesión.

RESIGNATION; resignación, dimisión, renuncia.

RESIST; resistir, tolerar.

RESISTANCE; resistencia.

RESISTING AN OFFICER; resistirse a la autoridad.

RESOLUTION; resolución, decisión.

RESOLUTION OF COMPANY; resolución corporativa.

RESOLUTORY CONDITION; condición resolutoria.

RESOLVE; resolver, decidir, acordar.

RESORT (n); recurso.

RESORT (v); recurrir, frecuentar.

RESOURCES; recursos.

RESPECTIVE; respectivo, individual.

RESPITE; suspensión, aplazamiento.

RESPITE OF APPEAL; aplazamiento de la apelación.

RESPOND; responder.

RESPONDENT; demandado, apelado.

RESPONSE; respuesta, reacción.

RESPONSIBILITY; responsabilidad.

RESPONSIBLE; responsable.

RESPONSIBLE BIDDER; postor responsable.

RESPONSIBLE CAUSE; la causa responsable.

RESPONSIBLE GOVERNMENT; gobierno responsable.

RESPONSIVE; responsivo, respondiente.

REST (n); descanso, residuo.

REST (v); terminar la presentación de las pruebas, descansar.

RESTATEMENT OF LAW (EU); obra del Instituto de Derecho Americano que resume las diferentes áreas del derecho y sugiere hacia donde se debe encaminar.

RESTING A CASE; terminar la presentación de las pruebas.

RESTITUTIO IN INTEGRUM; beneficio de restitución, restitución a la condición previa.

RESTITUTION; restitución, restablecimiento.

RESTORATION; restauración, rehabilitación, restitución.

RESTRAIN; restringir, prohibir, refrenar.

RESTRAINING ORDER; inhibitoria.

RESTRAINT; restricción, prohibición, limitación.

RESTRAINT OF MARRIAGE; restricción matrimonial.

RESTRAINT OF TRADE; restricción al comercio, limitación al libre comercio.

RESTRAINT ON ALIENATION; restricción en cuanto a la transferencia.

RESTRAINT ON USE; restricción en cuanto al uso.

RESTRICT; restringir, limitar.

RESTRICTED; restringido, limitado.

RESTRICTED DATA; información restringida.

RESTRICTED INTERPRETATION; interpretación restringida.

RESTRICTED STOCK; acciones con restricciones en cuanto a la transferencia.

RESTRICTION; restricción, limitación.

RESTRICTION OF COMPETITION; restricción de la competencia.

RESTRICTIVE CONDITION; condición restrictiva.

RESTRICTIVE COVENANT; estipulación restrictiva, pacto restrictivo.

RESTRICTIVE INDORSEMENT; endoso restrictivo.

RESTRICTIVE INTERPRETATION;
interpretación restrictiva.
RESULT; resultado, efecto.
RESULTING; resultante.
RESULTING TRUST; fideicomiso resultante,
fideicomiso inferido por ley.
RESUME; reasumir, reanudar.
RESUMMONS; un segundo emplazamiento.
RETAIL (n); venta al por menor.
RETAIL (v); vender al por menor.
RETAIL PRICE; precio al por menor.
RETAIL SALE; venta al por menor.
RETAIL TRADE; comercio al por menor.
RETAILER; detallista, minorista, quien vende
al por menor.
RETAIN; retener, contratar los servicios de un
abogado.
RETAINER; contrato para los servicios de un
abogado, pago por adelantado para
contratar los servicios de un abogado.
RETAINING FEE; anticipo al abogado.
RETAINING LIEN; derecho del abogado de
retener dinero o bienes de un cliente para
obtener honorarios.
RETALIATION; represalia.
RETALIATORY EVICTION; desalojo como
represalia por actividades de un inquilino.
RETALIATORY LAW; ley recíproca, ley del
talión.
RETENTION; retención.
RETIRE; retirar, retirarse.
RETIREMENT; retiro.
RETIREMENT ANNUITY; pensión de retiro.
RETIREMENT BENEFITS; beneficios de
retiro.
RETIREMENT OF JURY; retiro del jurado de
la sala para deliberar.
RETORSION; retorsión.
RETRACT; retractar.
RETRACTION; retracción.
RETRAXIT; él ha desistido, desistimiento de la
acción.
RETREAT; retroceder.
RETREAT TO THE WALL; evitar de
cualquier forma razonable el tener que
matar a un agresor en defensa propia.
RETRIAL; nuevo juicio.
RETRIBUTION; retribución.

RETRIBUTIVE; retributivo.
RETRO; anterior.
RETROACTIVE; retroactivo.
RETROACTIVE DECISION; fallo retroactivo.
RETROACTIVE LAW; ley retroactiva.
RETROACTIVELY; retroactivamente.
RETROACTIVITY; retroactividad.
RETROCESSION; retrocesión.
RETROSPECTIVE; retrospectivo.
RETROSPECTIVE LAW; ley retrospectiva.
RETURN (n); retorno, informe del funcionario
judicial sobre el trámite a su cargo,
planilla, (RU) la elección de un miembro
del parlamento, respuesta.
RETURN (v); volver, devolver, reciprocar.
RETURN A VERDICT; emitir un veredicto.
RETURN DAY; día del informe del
funcionario judicial sobre el trámite a su
cargo.
RETURN OF PREMIUM; reembolso de la
prima.
RETURN OF PROCESS; informe del
funcionario judicial sobre el trámite a su
cargo.
RETURNABLE; devolutivo, restituible,
contestable.
REVALUATION; revaluación.
REVENDICATION; reivindicación.
REVENDICATION ACTION; acción
reivindicatoria.
REVENUE; ingreso, renta.
REVENUE BILLS; proyectos de ley
tributarias.
REVENUE LAW; ley tributaria, ley fiscal.
REVENUE RULING (EU); decisión tributaria.
REVENUE STAMP; estampilla fiscal, timbre
fiscal.
REVERSAL; revocación, anulación.
REVERSAL OF JUDGMENT; revocación de
sentencia.
REVERSE; revocar, derogar, anular.
REVERSE DISCRIMINATION;
discriminación inversa.
REVERSED; revocado, anulado.
REVERSIBLE ERROR; error que justifica una
revocación.
REVERSION; reversión.
REVERSIONARY; de reversión.

REVERSIONARY INTEREST; derecho de reversión.

REVERSIONARY LEASE; arrendamiento a tomar efecto al expirarse uno existente.

REVERSIONER; quien tiene el derecho de reversión.

REVERT; revertir.

REVERTER; reversión.

REVEST; reponer, reinstalar, restablecer.

REVIEW (n); revisión, reexaminación, examen.

REVIEW (v); revisar, reexaminar, examinar.

REVIEWABLE; apelable, revisable.

REVISE; revisar, enmendar, modificar, reexaminar.

REVISED STATUTES; estatutos revisados.

REVISION; revisión, enmienda, modificación.

REVISION OF STATUTES; revisión de estatutos.

REVIVAL; restablecimiento, renovación.

REVIVAL OF ACTION; restablecimiento de la acción.

REVIVAL OF EASEMENT; restablecimiento de servidumbre.

REVIVAL OF OFFER; restablecimiento de la oferta.

REVIVAL OF POLICY; restablecimiento de la póliza.

REVIVAL OF WILL; restablecimiento del testamento.

REVIVE; revivir, renovar, restablecer.

REVIVOR, BILL OF; pedido de restablecimiento.

REVOCABLE; revocable, cancelable.

REVOCABLE CREDIT; crédito revocable.

REVOCABLE LETTER OF CREDIT; carta de crédito revocable.

REVOCABLE TRANSFER; transferencia revocable.

REVOCABLE TRUST; fideicomiso revocable.

REVOCATION; revocación, cancelación.

REVOCATION BY ORDER OF A COURT; revocación por orden judicial.

REVOCATION OF AGENCY; revocación de agencia.

REVOCATION OF GIFT; revocación de donación.

REVOCATION OF OFFER; revocación de oferta.

REVOCATION OF POWER OF ATTORNEY; revocación de poder.

REVOCATION OF PROBATE; revocación de la homologación de un testamento.

REVOCATION OF WILL; revocación de testamento.

REVOKE; revocar, cancelar.

REVOLT; revuelta.

REVOLUTION; revolución.

REVOLVING CREDIT; crédito rotativo, crédito renovable.

REVOLVING LETTER OF CREDIT; carta de crédito renovable.

REVOLVING LOAN; préstamo renovable.

REWARD; recompensa.

REWRITE; reescribir.

REX; rey.

RICHARD ROE; Fulano de Tal.

RICOCHET; rebote.

RIDER; cláusula adicional, anexo.

RIFLE; rifle.

RIGHT (adj); justo, correcto, legítimo, recto.

RIGHT (adv); correctamente, directamente.

RIGHT (n); derecho, justicia, título, propiedad, privilegio.

RIGHT (v); corregir, hacer justicia.

RIGHT AND WRONG TEST; determinación de si la persona estaba insana al cometer un crimen.

RIGHT HEIRS; herederos legítimos.

RIGHT IN ACTION; derecho de acción.

RIGHT IN PERSONAM; derecho de una obligación personal.

RIGHT IN REM; derecho real.

RIGHT-MINDED; justo, recto.

RIGHT OF ACTION; derecho de acción.

RIGHT OF APPEAL; derecho de recurso, derecho de apelar.

RIGHT OF APPROACH; derecho de revisar una nave.

RIGHT OF ASSEMBLY; derecho de reunión, libertad de organización.

RIGHT OF ASYLUM; derecho de asilo.

RIGHT OF DRAINAGE; servidumbre de drenaje.

RIGHT OF ENTRY; derecho de posesión.

RIGHT OF FIRST REFUSAL; el derecho de tener la primera oportunidad de comprar un inmueble al estar disponible.

RIGHT OF FISHERY; derecho de pesca.

RIGHT OF HABITATION; derecho de habitar.

RIGHT OF LOCAL SELF-GOVERNMENT; derecho a un gobierno autónomo para asuntos locales.

RIGHT OF POSSESSION; derecho de posesión.

RIGHT OF PRIVACY; derecho a la privacidad.

RIGHT OF PROPERTY; derecho de propiedad.

RIGHT OF REDEMPTION; derecho de redención.

RIGHT OF REPRESENTATION; derecho de representación.

RIGHT OF RESTITUTION; derecho a restitución.

RIGHT OF RETAINER; derecho de retención.

RIGHT OF SEARCH; derecho a allanar, derecho de visita.

RIGHT OF SURVIVORSHIP; derecho de supervivencia.

RIGHT OF WAY; derecho de paso, servidumbre de paso.

RIGHT TO ATTORNEY; derecho a abogado defensor.

RIGHT TO MARRY; derecho a contraer matrimonio.

RIGHT TO PRIVACY; derecho a la privacidad.

RIGHT TO REDEEM; derecho de redención.

RIGHT TO RETAINER; derecho de retención.

RIGHT TO STRIKE; derecho de huelga.

RIGHT TO VOTE; derecho al voto.

RIGHT TO WORK; derecho al trabajo.

RIGHTFUL; justo, apropiado, legítimo.

RIGHTFULLY; legítimamente, correctamente.

RIGHTFULNESS; legalidad, justicia.

RIGHTLY; justamente, apropiadamente.

RIGHTNESS; justicia, rectitud, exactitud.

RIGOR JURIS; derecho estricto.

RIGOR MORTIS; rigidez del cadáver.

RING; camarilla.

RINGLEADER; cabecilla.

RIOT; motín, tumulto.

RIOTER; amotinador.

RIPARIAN; ribereño.

RIPARIAN OWNER; propietario ribereño.

RIPARIAN RIGHTS; derechos ribereños.

RIPARIAN WATERS; aguas a un nivel no mayor de su flujo normal.

RIPE FOR JUDGMENT; listo para la sentencia.

RISING; alzamiento.

RISK; riesgo.

RISK ASSESSMENT; evaluación del riesgo.

RISK ASSUMED; riesgo asumido.

RISK CAPITAL; capital de riesgo.

RISK INCIDENT TO EMPLOYMENT; riesgos los cuales acompañan un oficio.

RISK PREMIUM; prima adicional por tomar un riesgo mayor que lo normal.

RISKS OF NAVIGATION; riesgos de la navegación.

RIVAL; rival.

RIVER; río.

RIVER BANKS; límites del río.

RIVER BASIN; cuenca de río.

RIVERSIDE; ribera.

ROAD; camino, ruta.

ROAD ACCIDENT; accidente en un camino.

ROAD TOLL; peaje de autopista.

ROADBLOCK; barricada, obstáculo.

ROADSIDE; orilla de un camino.

ROAM; vagar.

ROAMER; vagabundo.

ROB; robar.

ROBBER; ladrón.

ROBBERY; robo.

ROBBERY INSURANCE; seguro contra robos.

ROGATORY LETTERS; solicitud rogatoria, carta rogatoria.

ROGUE; bribón, pillo, vago.

ROLL (n); registro, nómina, lista.

ROLL (v); robar, robar con el uso de la fuerza, rodar.

ROOMER; inquilino.

ROOT OF TITLE; el primer título en un resumen de título.

ROSTER; registro, nómina.

ROTATION; rotación.

ROTTEN; podrido, deteriorado, corrompido.

ROUGH COPY; borrador.
ROUGH DRAFT; borrador.
ROUND TRIP; viaje ida y vuelta.
ROUNDLY; rotundamente, completamente.
ROUTE; ruta, itinerario, rumbo.
ROY; rey.
ROYAL; real.
ROYAL PREROGATIVE; prerrogativa real.
ROYALTY; regalía, realeza.
RUBBER CHECK; cheque devuelto por
　insuficiencia de fondos, cheque sin
　fondos.
RUBRIC; rúbrica, título de una ley, título.
RUDENESS; rudeza, violencia.
RULE (n); regla, norma, costumbre, orden
　judicial, principio, fallo.
RULE (v); ordenar, decidir, fallar.
RULE ABSOLUTE; orden judicial absoluta,
　fallo final.
RULE AGAINST; fallar en contra de.
RULE AGAINST PERPETUITIES; regla que
　prohibe crear un interés futuro si no existe
　la posibilidad de que se transfiera dentro
　de los 21 años más período de gestación
　de haberse creado.
RULE NISI; fallo final tentativo, orden judicial
　provisional la cual se hará definitiva e
　imperativa a menos que se pueda dar
　razones suficientes en su contra.
RULE OF APPORTIONMENT; regla de la
　distribución.
RULE OF COURT; regla procesal.
RULE OF LAW; principio de derecho.
RULE OF LENITY; principio de la clemencia.
RULE OF PRESUMPTION; principio de
　presunción.
RULE OF REASON; principio de la razón.
RULES OF APPELLATE PROCEDURE (EU);
　Código Federal de Procedimiento
　Apelativo, reglas federales de
　procedimiento apelativo.
RULES OF CIVIL PROCEDURE (EU);
　Código Federal de Procedimiento Civil,
　reglas federales de procedimiento civil.
RULES OF COURT; reglamento procesal,
　normas procesales.
RULES OF CRIMINAL PROCEDURE (EU);
　Código Federal de Procedimiento Penal,
　reglas federales de procedimiento penal.

RULES OF EVIDENCE (EU); Código Federal
　en Materia de Prueba, reglas federales en
　materia de prueba.
RULES OF NAVIGATION; código de
　navegación.
RULES OF PROFESSIONAL CONDUCT
　(EU); normas establecidas por la
　Asociación Americana de Abogados con
　respecto al comportamiento profesional de
　los abogados.
RULING (adj); predominante, imperante.
RULING (n); decisión.
RUN (n); retiro colectivo de los fondos de un
　banco a causa del pánico, serie, clase.
RUN (v); tener vigencia, tener efecto legal,
　administrar, correr, huir.
RUNNER; mensajero, persona quien atrae
　clientes a abogados quienes buscan a como
　de lugar casos de lesiones por negligencia.
RUNNING ACCOUNT; cuenta corriente.
RUNNING DAYS; días corridos.
RUNNING OF THE STATUTE OF
　LIMITATIONS; expiración del término de
　prescripción.
RUNNING POLICY; póliza corriente.
RUNNING WITH THE LAND; derechos que
　se transfieren junto al inmueble en
　cuestión, obligaciones que se transfieren
　junto al inmueble en cuestión.
RURAL; rural.
RURAL SERVITUDE; servidumbre rural.

S

S CORPORATION (EU); corporación pequeña la cual ha elegido que se le impongan contribuciones como personas naturales.

SABOTAGE (n); sabotaje.

SABOTAGE (v); sabotear.

SACK; saqueo, pillaje.

SADISM; sadismo.

SADIST; sádico.

SAFE (adj); seguro, salvo, prudente, leal.

SAFE (n); caja fuerte.

SAFE DEPOSIT BOX; caja de seguridad.

SAFE DEPOSIT COMPANY; compañía que alquila cajas de seguridad.

SAFE HARBOR RULE (EU); estipulación en las leyes tributarias para amparar a una persona que ha tratado de cumplir con la ley.

SAFE LIMIT OF SPEED; velocidad máxima prudente.

SAFE PLACE TO WORK; lugar seguro para trabajar.

SAFEGUARD; salvaguardia, salvoconducto.

SAFEKEEPING; custodia, depósito.

SAFELY; sin peligro, sin accidentes.

SAFETY; seguridad, seguro de arma de fuego.

SAFETY BELT; cinturón de seguridad.

SAFETY STATUTES; leyes concernientes a la seguridad en el trabajo.

SAID; dicho, antedicho, citado.

SAIL; navegar, zarpar.

SAILING INSTRUCTIONS; instrucciones de navegación.

SALABLE; vendible.

SALABLE VALUE; valor justo en el mercado.

SALARY; salario, paga.

SALE; venta, compraventa.

SALE AND LEASEBACK; venta de propiedad seguida del arrendamiento de dicha propiedad a quien lo vendió.

SALE AND RETURN; venta con derecho de devolución.

SALE AT RETAIL; venta al por menor.

SALE BY AUCTION; venta mediante subasta.

SALE BY SAMPLE; venta mediante muestras.

SALE BY THE COURT; venta judicial.

SALE IN GROSS; venta en conjunto.

SALE-NOTE; nota de venta.

SALE ON APPROVAL; venta sujeta a la aprobación.

SALE ON CONDITION; venta condicional.

SALE ON CREDIT; venta a crédito.

SALE OR RETURN; venta con derecho de devolución.

SALE PRICE; precio de venta.

SALE WITH ALL FAULTS; venta en que no se ofrecen garantías.

SALE WITH RIGHT OF REDEMPTION; venta con derecho de redención.

SALES AGREEMENT; contrato de compraventa.

SALES CONTRACT; contrato de compraventa.

SALES INVOICE; factura de venta.

SALES POLICY; política de ventas.

SALES TAX; impuesto sobre las ventas.

SALES VOLUME; volumen de ventas.

SALESPERSON; vendedor.

SALIENT; sobresaliente, conspicuo.

SALUS; salud.

SALVAGE; salvamento, la compensación por asistir en un salvamento.

SALVAGE CHARGES; gastos de salvamento.

SALVAGE LOSS; la diferencia entre el valor de los bienes recuperados menos el valor original de dichos bienes.

SALVAGE SERVICE; servicio de salvamento.

SALVAGE VALUE; valor residual.

SALVOR; quien ayuda en un salvamento sin previo convenio.

SAME; igual, mismo, uniforme.

SAME EVIDENCE TEST; prueba para determinar si los hechos alegados en la segunda acusación podrían haber resultado en una convicción en la primera acusación si se hubieran presentado como prueba entonces.

SAME INVENTION; la misma invención.

SAME OFFENSE; el mismo delito.

SAMENESS; igualdad, uniformidad.

SAMPLE, SALE BY; venta mediante muestras.

SAMPLE; muestra, modelo.

SAMPLING; muestra, catadura.

SANCTION (n); sanción, ratificación, autorización.

SANCTION (v); sancionar, ratificar.

SANCTUARY; asilo.

SANDWICH LEASE; arrendamiento del arrendatario que subarrienda a otro.

SANE; cuerdo, sensato.

SANGUIS; consanguinidad.

SANITARILY; sanitariamente.

SANITARY; sanitario, higiénico.

SANITARY CODE; código sanitario.

SANITATION; saneamiento.

SANITY; cordura, sensatez.

SANITY HEARING; indagación para determinar si la persona está mentalmente capacitada para ser enjuiciada.

SATISFACTION; satisfacción, cumplimiento, liquidación.

SATISFACTION OF JUDGMENT; documento que certifica que se ha cumplido con una sentencia.

SATISFACTION OF LIEN; documento mediante el cual se libera un gravamen.

SATISFACTION OF MORTGAGE; documento que certifica que se ha liquidado una hipoteca.

SATISFACTORILY; satisfactoriamente.

SATISFACTORY; satisfactorio.

SATISFACTORY EVIDENCE; prueba suficiente.

SATISFACTORY INDORSER; endosante satisfactorio.

SATISFACTORY PROOF; prueba suficiente.

SATISFACTORY TITLE; título satisfactorio.

SATISFY; satisfacer, cumplir, liquidar, cancelar.

SATURDAY NIGHT SPECIAL; pistola fácil de ocultar frecuentemente usada en robos a mano armada.

SAVAGE; salvaje, cruel.

SAVAGELY; salvajemente, cruelmente.

SAVE; salvar, exceptuar, eximir, interrumpir un término de tiempo.

SAVE HARMLESS CLAUSE; cláusula de indemnidad.

SAVING (adj); rescatador, ahorrativo.

SAVING (n); reserva, economía.

SAVING CLAUSE; cláusula restrictiva, cláusula que indica que si se invalida una parte de una ley o de un contrato que no se invalidarán las demás.

SAVINGS; ahorros.

SAVINGS ACCOUNT; cuenta de ahorros.

SAVINGS AND LOAN ASSOCIATION; sociedad de ahorro y préstamo.

SAVINGS AND LOAN BANK; banco de ahorro y préstamo.

SAVINGS BANK; banco de ahorros.

SAY; decir, expresar, indicar.

SAY ABOUT; más o menos.

SCAB; rompehuelgas, esquirol.

SCALE TOLERANCE; las pequeñas diferencias en la medición del peso entre básculas diferentes.

SCALPER; especulador en cantidades pequeñas, quien revende taquillas a espectáculos en exceso del valor nominal.

SCAN; recorrer con la mirada, escudriñar.

SCANDAL; escándalo, deshonra.

SCANDALIZE; escandalizar.

SCANDALOUS; escandaloso, ignominioso.

SCANDALOUS MATTER; asunto escandaloso, asunto ignominioso.

SCAR; cicatriz.

SCARCE; escaso, insuficiente.

SCARE; asustar, intimidar.

SCENE; escena, escándalo.

SCENT; olor, indicio, pista.

SCHEDULE; programa, horario, lista, anejo.

SCHEDULED PROPERTY; lista de bienes asegurados con sus valores respectivos.

SCHEME; esquema, sistema, treta.

SCHEME TO DEFRAUD; treta para defraudar.

SCHOLARSHIP; beca, erudición.

SCHOOL; escuela, instrucción.

SCHOOL AGE; edad escolar.

SCHOOL BOARD; junta escolar.

SCHOOL DISTRICT; distrito escolar.

SCIENTER; a sabiendas.

SCILICET; es decir.

SCINTILLA OF EVIDENCE; la menor cantidad de prueba.

SCOLD; quien es una molestia pública, reñidor, regañón.

SCOPE; alcance, intención.

SCOPE OF A PATENT; el alcance de una patente.

SCOPE OF AUTHORITY; alcance del poder.

SCOPE OF EMPLOYMENT; las actividades que lleva a cabo un empleado al cumplir con sus deberes del trabajo.

SCORN (n); desdén, menosprecio.

SCORN (v); desdeñar, menospreciar.

SCOT-FREE; impune, ileso.

SCRAMBLING POSSESSION; posesión disputada.

SCREAM; grito.

SCRIP; vale, certificado.

SCRIPT; manuscrito, original, escritura.

SCROLL; rollo de pergamino.

SCRUPLE; escrúpulo, duda.

SCRUPULOUS; escrupuloso.

SCRUTINIZE; escudriñar.

SCRUTINY; escrutinio.

SCURRILOUS; grosero, vulgar.

SCURRY; huida.

SE DEFENDENDO; en defensa propia.

SEA; mar.

SEA BED; lecho del mar.

SEA CARRIER; cargador marítimo.

SEA COAST; costa.

SEA DAMAGE; daño en alta mar.

SEA LAWS; leyes marítimas.

SEA PERILS; riesgos de alta mar.

SEA RISKS; riesgos de alta mar.

SEAFRONT; costa.

SEAL (n); sello, timbre.

SEAL (v); sellar, concluir, determinar.

SEAL OF CORPORATION; sello corporativo.

SEALED; sellado.

SEALED AND DELIVERED; sellado y entregado.

SEALED BID; oferta en sobre sellado.

SEALED INSTRUMENT; instrumento sellado.

SEALED VERDICT; veredicto en sobre sellado.

SEALER; sellador.

SEALING; el acto de sellar.

SEAMAN; marinero.

SEANCE; sesión.

SEAPORT; puerto marítimo.

SEARCH (n); búsqueda, allanamiento, registro, investigación.

SEARCH (v); buscar, registrar, examinar, investigar.

SEARCH AND SEIZURE; allanamiento y secuestro, registros y secuestros.

SEARCH OF TITLE; estudio de título.

SEARCH-WARRANT; orden de allanamiento, auto de registro.

SEASHORE; costa.

SEASONAL; de temporada.

SEASONAL EMPLOYMENT; empleo por temporada.

SEAT; sede, residencia.

SEAT BELT; cinturón de seguridad.

SEAT OF COURT; sede de un tribunal.

SEAT OF GOVERNMENT; sede del gobierno.

SEATED LAND; terreno ocupado o cultivado.

SEAWORTHINESS; navegabilidad.

SEAWORTHY; apropiado para la navegación.

SECEDE; separarse.

SECESSION; secesión.

SECOND (adj); segundo, subordinado.

SECOND (v); secundar, ayudar, apoyar.

SECOND COUSIN; primo segundo, prima segunda.

SECOND DEGREE CRIME; crimen en el segundo grado.

SECOND DEGREE MURDER; asesinato en el segundo grado.

SECOND DELIVERY; entrega de la escritura por el depositario.

SECOND-HAND; de segunda mano.

SECOND-HAND EVIDENCE; prueba por referencia.

SECOND LIEN; segundo privilegio, segundo gravamen.

SECOND MORTGAGE; segunda hipoteca.

SECOND OFFENSE; segundo delito.

SECOND-RATE; de calidad inferior.

SECOND THE MOTION; secundar la moción.

SECONDARILY; secundariamente.

SECONDARY; secundario, subordinado.

SECONDARY BENEFICIARY; beneficiario secundario.

SECONDARY BOYCOTT; boicot secundario.
SECONDARY CONTRACT; contrato que modifica o reemplaza uno anterior.
SECONDARY CONVEYANCES; cesiones derivadas.
SECONDARY CREDITOR; acreedor secundario.
SECONDARY EASEMENT; servidumbre accesoria.
SECONDARY EVIDENCE; prueba secundaria.
SECONDARY LIABILITY; responsabilidad secundaria.
SECONDARY MEANING; significado secundario.
SECONDARY PARTIES; partes secundarias.
SECONDARY RIGHT; derecho secundario.
SECONDARY STRIKE; huelga secundaria.
SECONDARY USE; uso condicional.
SECRECY; secreto, encubrimiento, silencio.
SECRET (adj); secreto, escondido.
SECRET (n); secreto, misterio.
SECRET BALLOT; escrutinio secreto, voto secreto.
SECRET EQUITY; derecho secreto, reclamo secreto.
SECRET LIEN; privilegio secreto.
SECRET PARTNER; socio secreto.
SECRET PARTNERSHIP; sociedad secreta.
SECRET PROCESS; proceso secreto.
SECRET PROFIT; ganancia oculta.
SECRET SERVICE; servicio secreto.
SECRET TRUST; fideicomiso secreto.
SECRET VOTE; voto secreto.
SECRETARY; secretario.
SECRETARY GENERAL; secretario general.
SECRETARY OF CORPORATION; secretario de una corporación, secretario de una persona jurídica.
SECRETARY OF EMBASSY; secretario de embajada.
SECRETARY OF STATE; secretario de estado.
SECRETE; ocultar, encubrir.
SECRETLY; secretamente, ocultamente.
SECTION; sección, párrafo, artículo.
SECTION OF LAND; una milla cuadrada de terreno.

SECTIONAL; parcial, regional.
SECUNDUM; de acuerdo a, después de.
SECURE (adj); seguro, cierto.
SECURE (v); asegurar, garantizar, afirmar.
SECURED; garantizado.
SECURED CREDITOR; acreedor garantizado.
SECURED DEBT; deuda garantizada.
SECURED LOAN; préstamo garantizado.
SECURED TRANSACTION; transacción garantizada.
SECURELY; seguramente.
SECURENESS; seguridad, certeza.
SECURITIES; valores.
SECURITIES AND EXCHANGE COMMISSION (EU); Comisión de Valores y Bolsa.
SECURITIES BROKER; corredor de valores.
SECURITIES EXCHANGE; bolsa de valores.
SECURITIES MARKET; mercado de valores.
SECURITIES OFFERING; oferta de valores.
SECURITY; garantía, seguridad, fianza.
SECURITY COUNCIL; consejo de seguridad.
SECURITY DEPOSIT; depósito de garantía.
SECURITY FOR COSTS; fianza para costas.
SECURITY FOR GOOD BEHAVIOR; fianza para garantizar la buena conducta.
SECURITY INTEREST; derecho de vender un inmueble para satisfacer una deuda.
SECUS; de otro modo.
SEDITION; sedición.
SEDITIOUS; sedicioso.
SEDITIOUS LIBEL; libelo sedicioso.
SEDUCE; seducir.
SEDUCEMENT; seducción.
SEDUCER; seductor.
SEDUCTION; seducción.
SEEM; parecer.
SEGMENT; segmento, división.
SEGREGATION; segregación.
SEISIN; posesión.
SEISIN IN FACT; posesión de hecho.
SEISIN IN LAW; posesión de derecho.
SEIZE; asir, tomar, capturar, embargar, secuestrar.
SEIZED; secuestrado, embargado, confiscado, detenido.
SEIZURE; secuestro, embargo, allanamiento, confiscación, detención.

SELDOM; raramente.

SELECT; selecto.

SELECT COUNCIL (EU); consejo superior municipal.

SELECTION OF JURORS; selección de los miembros de un jurado.

SELECTIVE SERVICE SYSTEM (EU); agencia federal encargada del proceso de reclutamiento de soldados.

SELF-DEALING; transacciones en que una persona actúa como fiduciario para su propio beneficio.

SELF-DEFENSE; defensa propia.

SELF-DESTRUCTION; suicidio.

SELF-EMPLOYED; quien tiene negocio propio, empleado autónomo.

SELF-EMPLOYMENT; negocio propio.

SELF-EMPLOYMENT INCOME; ingresos provenientes de un negocio propio.

SELF-EMPLOYMENT TAX; impuesto a los que tienen negocio propio.

SELF-EXECUTING; de efecto inmediato.

SELF-FINANCING; autofinanciación.

SELF-GOVERNMENT; autogobierno.

SELF-HELP; ayuda propia.

SELF-INCRIMINATION; autoincriminación.

SELF-INFLICTED; autoinfligido.

SELF-INSURANCE; autoseguro.

SELF-INSURER; autoasegurador.

SELF-INTEREST; interés propio.

SELF-MURDER; suicidio.

SELF-PRESERVATION; autopreservación.

SELF-PROVED WILLS; testamentos que hacen innecesarias ciertas formalidades de prueba al ejecutarse en cumplimiento con las leyes pertinentes.

SELF-SERVING DECLARATION; declaración extrajudicial para beneficio propio.

SELL; vender, convencer.

SELL AT AUCTION; vender mediante subasta.

SELL SHORT; vender valores que no se poseen corrientemente en cartera.

SELLER; vendedor.

SELLER'S MARKET; mercado del vendedor, mercado que favorece a los que venden.

SELLING AGENT; agente de ventas.

SELLING PRICE; precio de venta.

SEMAPHORE; semáforo.

SEMBLANCE; semejanza, apariencia.

SEMEN; semen.

SEMINAUFRAGIUM; seminaufragio, echazón con el propósito de proteger la nave.

SEMIOFFICIAL; semioficial.

SENATE; senado.

SENATOR; senador.

SENATORIAL; senatorial.

SEND; mandar, enviar, transmitir.

SENDER; remitente.

SENILE; senil.

SENILITY; senilidad.

SENIOR; superior, mayor, padre.

SENIOR CITIZEN; ciudadano de edad avanzada.

SENIOR COUNSEL; abogado principal.

SENIOR INTEREST; derecho de rango superior.

SENIOR JUDGE; juez decano.

SENIOR LIEN; privilegio de rango superior, gravamen de rango superior.

SENIOR MORTGAGE; hipoteca de rango superior.

SENIOR PARTNER; socio principal.

SENIORITY; antigüedad, prioridad.

SENSE; sentido, significado.

SENSELESS; sin sentido, insensato.

SENSIBLE; sensible, susceptible.

SENTENCE; sentencia, fallo, condena.

SENTENCE IN ABSENTIA; sentencia en ausencia.

SENTENCE OF DEATH; sentencia de muerte, pena de muerte.

SENTENCING; determinación de una sentencia.

SENTENCING GUIDELINES; normas para usarse al determinar una sentencia.

SENTIMENTAL VALUE; valor sentimental.

SEPARABILITY CLAUSE; cláusula que indica que si se invalida una cláusula en un contrato no se invalidarán las demás.

SEPARABLE; separable, divisible.

SEPARABLE CONTRACT; contrato divisible.

SEPARABLE CONTROVERSY; controversia separable.

SEPARATE (adj); separado, distinto.

SEPARATE (v); separar, dividir.

SEPARATE ACTION; acción separada.

SEPARATE COVENANT; estipulación que obliga a cada parte individualmente.

SEPARATE ESTATE; bienes privativos.

SEPARATE EXAMINATION; interrogatorio por separado.

SEPARATE MAINTENANCE; pensión para una esposa quien no vive con su esposo.

SEPARATE OFFENSES; delitos separados.

SEPARATE OPINION; opinión separada.

SEPARATE PROPERTY; bienes privativos.

SEPARATE RETURN; planilla separada, declaración de impuestos separada.

SEPARATE TRIAL; juicio separado.

SEPARATELY; separadamente.

SEPARATENESS; estado de separación.

SEPARATION; separación, clasificación, separación matrimonial.

SEPARATION A MENSA ET THORO; separación sin disolución matrimonial.

SEPARATION AGREEMENT; convenio de separación matrimonial.

SEPARATION FROM BED AND BOARD; separación sin disolución matrimonial.

SEPARATION OF HUSBAND AND WIFE; separación matrimonial.

SEPARATION OF JURY; separación de los miembros de un jurado.

SEPARATION OF PATRIMONY; separación del patrimonio.

SEPARATION OF POWERS; separación de poderes.

SEPARATION OF SPOUSES; separación matrimonial.

SEPARATION OF WITNESSES; aislamiento de los testigos.

SEPARATION ORDER; orden de separación matrimonial.

SEQUEL; secuela, consecuencia.

SEQUESTER; secuestrar, confiscar, embargar, aislar.

SEQUESTERED ACCOUNT; cuenta congelada.

SEQUESTRATION; secuestro, confiscación, embargo, aislamiento.

SEQUESTRATION OF JURY; aislamiento del jurado.

SEQUESTRATOR; secuestrador.

SERGEANT-AT-ARMS; ujier.

SERIAL; de serie, consecutivo.

SERIAL NUMBER; número de serie.

SERIAL RIGHT; derecho de publicar en serie.

SERIALLY; en serie.

SERIATIM; separadamente.

SERIES; serie, colección.

SERIOUS; serio, grave.

SERIOUS ACCIDENT; accidente grave.

SERIOUS AND WILLFUL MISCONDUCT; conducta con la intención de ocasionar lesiones graves.

SERIOUS BODILY HARM; daño corporal grave, lesiones corporales graves.

SERIOUS BODILY INJURY; daño corporal grave, lesiones corporales graves.

SERIOUS CRIME; delito grave.

SERIOUS DAMAGE; daños graves.

SERIOUS ILLNESS; enfermedad grave.

SERJEANT-AT-ARMS; ujier.

SERVANT; sirviente, empleado.

SERVE; servir, entregar, notificar, desempeñar.

SERVE A SENTENCE; cumplir una condena.

SERVE A SUMMONS; presentar un emplazamiento, presentar una citación.

SERVICE; servicio, notificación judicial, ayuda.

SERVICE BY MAIL; notificación mediante el correo.

SERVICE BY PUBLICATION; notificación mediante publicaciones.

SERVICE CHARGE; cargo por servicios.

SERVICE ESTABLISHMENT; establecimiento donde se prestan servicios.

SERVICE LIFE; vida útil.

SERVICE MARK; marca de servicios.

SERVICE OF NOTICE; notificación judicial.

SERVICE OF PROCESS; notificación de actos procesales.

SERVICE REAL; servidumbre real.

SERVICES RENDERED; servicios prestados.

SERVIENT; sirviente.

SERVIENT ESTATE; predio sirviente.

SERVIENT TENEMENT; predio sirviente.

SERVING SENTENCE; cumpliendo una sentencia.

SERVITUDE; servidumbre.

SESSION; sesión.

SESSION LAWS; leyes aprobadas durante una sesión legislativa.

SESSION OF COURT; sesión de un tribunal.

SET (adj); establecido, fijo.

SET (n); conjunto, serie, tendencia.

SET (v); poner, establecer, ajustar.

SET APART; apartar.

SET ASIDE; revocar, cancelar, anular.

SET DOWN; inscribir una causa en la lista de casos a ser juzgados, poner por escrito.

SET-OFF; compensación, contrarreclamación.

SET OUT; exponer, alegar.

SET UP; alegar.

SETBACK; la distancia mínima de un linde dentro de la cual se puede edificar, contratiempo.

SETTLE; transar, acordar, convenir, establecer, liquidar.

SETTLE OUT OF COURT; transar extrajudicialmente.

SETTLE UP; liquidar.

SETTLED ACCOUNT; cuenta liquidada.

SETTLEMENT; transacción, acuerdo, convenio, cierre, liquidación, residencia, establecimiento.

SETTLER; residente en un terreno.

SETTLOR; fideicomitente.

SEVER; separar, dividir.

SEVERABILITY; divisibilidad.

SEVERABILITY CLAUSE; cláusula que indica que si se invalida una parte en una ley o contrato no se invalidarán las demás.

SEVERABLE; separable, divisible.

SEVERABLE CONTRACT; contrato divisible.

SEVERAL; separado, independiente, varios.

SEVERAL ACTIONS; acciones separadas.

SEVERAL COUNTS; combinación de causas.

SEVERAL COVENANTS; estipulaciones que obligan a cada parte individualmente.

SEVERAL INHERITANCE; herencia transmitida separadamente.

SEVERAL LIABILITY; responsabilidad independiente.

SEVERAL OBLIGATION; obligación independiente.

SEVERAL OWNERSHIP; propiedad independiente.

SEVERALLY; separadamente, independientemente.

SEVERALLY LIABLE; responsable independientemente.

SEVERALTY, ESTATE IN; derecho exclusivo de propiedad sobre un inmueble.

SEVERALTY; propiedad individual.

SEVERANCE; separación, división.

SEVERANCE OF ACTIONS; separación de acciones.

SEVERANCE OF DIPLOMATIC RELATIONS; rompimiento de relaciones diplomáticas.

SEVERANCE OF ISSUES; separación de cuestiones.

SEVERANCE PAY; indemnización por despido.

SEVERANCE TAX; impuesto sobre la explotación de recursos naturales.

SEVERE; severo, riguroso.

SEWER; alcantarilla.

SEX; sexo, acto sexual.

SEX DISCRIMINATION; discriminación sexual.

SEXUAL ABUSE; abuso sexual.

SEXUAL ASSAULT; acometimiento sexual.

SEXUAL HARASSMENT; hostigamiento sexual.

SEXUAL INTERCOURSE; relaciones sexuales.

SEXUAL ORGANS; órganos sexuales.

SEXUAL RELATIONS; relaciones sexuales.

SHALL; deberá, podrá.

SHAM (adj); falso, disimulado.

SHAM (n); imitación, falsificación, engaño.

SHAM ANSWER; respuesta falsa.

SHAM DEFENSE; defensa falsa, defensa de mala fe, defensa no pertinente.

SHAM PLEA; defensa con la intención de ocasionar demoras, alegación falsa.

SHAPE; condición, forma, apariencia.

SHARE (n); acción, parte, porción.

SHARE (v); compartir, partir.

SHARE AND SHARE ALIKE; por partes iguales.

SHARE CERTIFICATE; certificado de acciones.

SHARECROPPER; aparcero.

SHARECROPPING; aparcería.

SHAREHOLDER; accionista.

SHAREHOLDERS' MEETING; reunión de accionistas, junta de accionistas.

SHARP; cláusula que le permite al acreedor entablar una acción rápida y sumaria en caso de incumplimiento.

SHEET; hoja.

SHELTER; refugio, amparo.

SHELTERER; amparador, protector.

SHERIFF; alguacil.

SHERIFF'S SALE; venta o subasta judicial.

SHERMAN ANTITRUST ACT (EU); ley federal antimonopolio.

SHIELD LAWS; leyes que le permiten a los periodistas mantener en secreto cierta información y las fuentes de dicha información.

SHIFT; cambiar, trasladar.

SHIFTING; traslado, variación.

SHIFTING THE BURDEN OF PROOF; trasladar la carga de la prueba.

SHIFTING TRUST; fideicomiso en el cual los beneficiarios pueden variar condicionalmente.

SHIFTING USE; transferencia de uso condicional.

SHIP (n); nave, embarcación.

SHIP (v); enviar, embarcar.

SHIP BROKER; corredor naviero, consignatario.

SHIP-MASTER; capitán mercante.

SHIP'S PAPERS; documentación de la nave.

SHIP'S REGISTRY; registro naval.

SHIPMENT; cargamento, embarque, envío.

SHIPOWNER; naviero.

SHIPPER; cargador.

SHIPPING; envío, embarque.

SHIPPING ARTICLES; contrato de tripulación.

SHIPPING COMPANY; compañía naviera.

SHIPPING NOTICE; aviso de embarque.

SHIPPING ORDER; copia del conocimiento de embarque con detalles adicionales sobre la entrega, conocimiento de embarque.

SHIPWRECK; naufragio.

SHIRE (RU); condado.

SHOCK; choque, sacudida.

SHOCKING; chocante, espantoso.

SHOOT; disparar, disparar y lesionar o matar a una persona.

SHOP; oficio, tienda, taller.

SHOP-BOOKS; libros de cuentas.

SHOP RIGHT RULE; el derecho de un patrono de usar una invención de un empleado sin pagarle regalías.

SHOP STEWARD; representante sindical.

SHOPLIFTING; hurto de mercancías en una tienda o negocio.

SHOPPING CENTER; centro comercial.

SHORE; costa, litoral.

SHORE LANDS; la tierra entre los niveles de la marea alta y baja.

SHORT; vender valores que no se poseen corrientemente en cartera.

SHORT CAUSE; causa breve.

SHORT FORM; forma corta, forma simplificada.

SHORT LEASE; arrendamiento a corto plazo.

SHORT SUMMONS; notificación de comparecer en un plazo corto de tiempo.

SHORT-TERM; corto plazo.

SHORT-TERM DEBT; deuda a corto plazo.

SHORT-TERM LOAN; préstamo a corto plazo.

SHORT-TERM SECURITIES; valores a corto plazo.

SHORTAGE; escasez, déficit.

SHORTEN; acortar, reducir.

SHORTHAND; taquigrafía.

SHORTLY; en breve, brevemente.

SHOT (adj); disparado.

SHOT (n); disparo, bala.

SHOULD; deber de, haber de.

SHOUT; gritar.

SHOVE; empujar.

SHOW (n); indicación, demostración, apariencia.

SHOW (v); mostrar, demostrar, marcar.

SHOW CAUSE ORDER; citación para demostrar por qué la corte no debe tomar cierta medida.

SHOW-UP; confrontación entre un sospechoso y el testigo de un crimen, confrontación entre un sospechoso y la víctima de un crimen.

SHOWER; quien le señala al jurado objetos relevantes en el lugar de los hechos, mostrador.
SHUT; cerrar, encerrar.
SHUT DOWN; cesar operaciones.
SHYSTER; leguleyo, picapleitos.
SIC; así, de este modo.
SICK; enfermo.
SICK LEAVE; licencia por enfermedad.
SICK PAY; paga durante enfermedad.
SICKLY; enfermizo.
SICKNESS; enfermedad.
SIDE; lado, parte.
SIDE LINES; línea de productos secundaria, líneas laterales en una pertenencia minera, línea de negocios secundaria.
SIDE REPORTS; colección de precedentes judiciales extraoficial.
SIDEWALK; acera.
SIEGE; sitio, asedio.
SIGHT; vista.
SIGHT DRAFT; letra a la vista.
SIGN (n); signo, indicación, rótulo.
SIGN (v); firmar, hacer señas.
SIGNAL; señal, aviso.
SIGNATORY; signatario.
SIGNATURE; firma, rúbrica.
SIGNATURE BY MARK; firma mediante una marca.
SIGNATURE BY PROXY; firma por un apoderado.
SIGNER; firmante.
SIGNIFICANCE; significación, significado, importancia.
SIGNIFICANT; significativo.
SIGNIFY; significar, manifestar, importar.
SILENCE, ESTOPPEL BY; impedimento por silencio.
SILENCE; silencio.
SILENCE OF ACCUSED; silencio del acusado.
SILENCER; silenciador.
SILENT; silencioso.
SILENT PARTNER; socio oculto.
SIMILAR; similar.
SIMILARITY; similitud.
SIMILARLY; similarmente.
SIMILITER; de la misma forma.

SIMILITUDE; similitud.
SIMPLE; simple, puro, sencillo.
SIMPLE ASSAULT; acometimiento simple.
SIMPLE BATTERY; agresión simple.
SIMPLE BOND; obligación de pagar sin pena por incumplimiento.
SIMPLE CONFESSION; confesión simple.
SIMPLE CONTRACT; contrato simple.
SIMPLE INTEREST; interés simple.
SIMPLE KIDNAPPING; secuestro sin agravantes.
SIMPLE LARCENY; hurto simple.
SIMPLE LICENSE; licencia simple.
SIMPLE NEGLIGENCE; negligencia simple.
SIMPLE OBLIGATION; obligación simple.
SIMPLE TRUST; fideicomiso simple.
SIMPLICITER; sencillamente.
SIMPLIFICATION; simplificación.
SIMULATE; simular, fingir, falsificar.
SIMULATED CONTRACT; contrato simulado.
SIMULATED FACT; hecho simulado.
SIMULATED JUDGMENT; sentencia simulada.
SIMULATED SALE; venta simulada.
SIMULATION; simulación, imitación.
SIMULTANEOUS; simultáneo.
SIMULTANEOUS DEATH; commoriencia.
SIMULTANEOUS DEATH CLAUSE; cláusula de commoriencia.
SIMULTANEOUS SENTENCES; sentencias simultáneas.
SIMULTANEOUSLY; simultáneamente.
SIMULTANEOUSNESS; simultaneidad.
SINCE; desde, desde que.
SINCERE; sincero.
SINCERELY; sinceramente.
SINE DIE; sin día.
SINE QUA NON; sin la cual no, indispensable, sine qua non.
SINECURE; sinecura.
SINGLE; único, solo, soltero.
SINGLE BOND; garantía de pago incondicional en una fecha determinada.
SINGLE CONDITION; condición única.
SINGLE CREDITOR; acreedor de privilegio único.
SINGLE-HANDED; sólo, hecho sin ayuda.

SINGLE-HANDEDLY; a solas, sin ayuda.

SINGLE OBLIGATION; obligación sin pena por incumplimiento.

SINGLE ORIGINAL; original único.

SINGLE PREMIUM INSURANCE; seguro de prima única.

SINGLE SUBJECT; tema único.

SINGULAR; singular, individual, solo.

SINGULAR TITLE; título singular.

SINGULARITY; singularidad, individualidad.

SINGULARLY; singularmente.

SINISTER; siniestro, malo.

SINK; hundirse, bajar.

SINKING FUND; fondo de amortización.

SINKING FUND RESERVE; reserva para el fondo de amortización.

SISTER; hermana.

SISTER CORPORATIONS; corporaciones filiales, empresas afiliadas, empresas hermanas.

SISTER-IN-LAW; cuñada.

SIT; celebrar sesión, reunirse, sentar.

SIT-DOWN STRIKE; huelga pasiva.

SITE; sitio, lote.

SITTING; sesión.

SITUATE; situar.

SITUATION; situación, ubicación.

SITUATION OF DANGER; situación de peligro.

SITUS; ubicación.

SIZE; tamaño, importancia.

SKELETON BILL; documento en blanco.

SKETCH; esbozo, bosquejo.

SKID; patinar, resbalar.

SKILL; destreza, habilidad, pericia.

SKILLED; diestro, hábil, perito.

SKILLED WITNESS; perito.

SLANDER; difamación oral, calumnia.

SLANDER OF TITLE; declaración falsa concerniente al título de propiedad de otro.

SLANDERER; difamador, calumniador.

SLANDEROUS; difamatorio, calumnioso.

SLANDEROUS PER QUOD; expresiones difamatorias al haber hechos adicionales que le dan ese sentido.

SLANDEROUS PER SE; palabras difamatorias en sí mismas.

SLATE; lista de candidatos.

SLAUGHTER; matanza, masacre.

SLAY; matar.

SLEEPING PARTNER; socio oculto.

SLIDE; deslizarse, resbalarse.

SLIGHT; leve, remoto, insuficiente.

SLIGHT EVIDENCE; prueba insuficiente.

SLIGHT NEGLIGENCE; negligencia leve.

SLIP LAW (EU); ley la cual se publica enseguida en forma de panfleto.

SLIPPERY; resbaladizo.

SLOWDOWN; acuerdo entre trabajadores para reducir la producción con el propósito de obligar al patrono a ceder a ciertas exigencias, retraso.

SLUM; sección pobre y superpoblada de una ciudad.

SLUSH FUND; fondo para usos ilícitos.

SMALL; pequeño, insignificante, menor.

SMALL ARMS; armas portátiles.

SMALL BUSINESS; empresa pequeña.

SMALL CLAIMS COURT (EU); tribunal con jurisdicción sobre controversias de cuantía menor.

SMALL LOAN ACTS (EU); leyes las cuales establecen ciertos términos de los préstamos envolviendo cantidades pequeñas.

SMART-MONEY; daños punitivos.

SMASH; destrozar, destruir.

SMOKING; fumar.

SMUGGLE; contrabandear.

SMUGGLER; contrabandista.

SMUGGLING; contrabando.

SMUT; obscenidad, lenguaje grosero.

SO; así, del mismo modo, de esta forma, tanto, igualmente.

SOCIAL; social.

SOCIAL CONTRACT; contrato social.

SOCIAL INSURANCE; seguro social.

SOCIAL SECURITY; seguridad social, seguro social.

SOCIAL SECURITY ACT (EU); ley la cual creó la Administración de Seguro Social.

SOCIAL SECURITY ADMINISTRATION (EU); Administración de Seguro Social.

SOCIAL SERVICES; servicios sociales.

SOCIALISM; socialismo.

SOCIALIST; socialista.

SOCIETY; sociedad, asociación.
SODOMIZE; sodomizar.
SODOMY; sodomía.
SOFTWARE; programas de computadora.
SOJOURN; estadía.
SOLAR DAY; día solar, día.
SOLAR ENERGY; energía solar.
SOLAR MONTH; mes.
SOLAR YEAR; año.
SOLATIUM; compensación por daños morales, compensación.
SOLD; vendido.
SOLE; único, individual, exclusivo.
SOLE ACTOR DOCTRINE; doctrina que indica que un mandante debe estar enterado de las ejecutorias del agente.
SOLE AND UNCONDITIONAL OWNER; dueño único y absoluto.
SOLE CAUSE; causa única.
SOLE COPY; copia única.
SOLE CORPORATION; corporación con sólo un miembro.
SOLE HEIR; heredero único.
SOLE OWNER; dueño único.
SOLE OWNERSHIP; propiedad exclusiva.
SOLE PROPRIETORSHIP; negocio propio.
SOLE TENANT; dueño exclusivo.
SOLELY; solamente, exclusivamente.
SOLEMN; solemne, formal.
SOLEMN OATH; juramento solemne.
SOLEMN OCCASION; ocasión solemne.
SOLEMN WAR; guerra declarada.
SOLEMNITY; solemnidad, formalidad.
SOLEMNIZE; solemnizar, formalizar.
SOLICIT; solicitar, peticionar.
SOLICITATION; solicitación, petición,
SOLICITATION OF BRIBE; inducir a sobornar.
SOLICITOR; abogado, solicitador.
SOLICITOR GENERAL; procurador general.
SOLIDARITY; solidaridad.
SOLITARY CONFINEMENT; confinamiento solitario.
SOLVENCY; solvencia.
SOLVENT; solvente.
SOLVENT DEBT; deuda cobrable.
SOMNAMBULISM; sonambulismo.
SON; hijo.

SON-IN-LAW; yerno.
SOON; pronto, luego.
SOROR; hermana.
SORORICIDE; sororicidio, sororicida.
SORT; clase, tipo, índole.
SOUND (adj); sano, ileso, íntegro.
SOUND (n); sonido, estrecho.
SOUND (v); concernir a, expresar.
SOUND AND DISPOSING MIND AND MEMORY; capacidad testamentaria.
SOUND HEALTH; buena salud.
SOUND MIND; mente sana.
SOUND TITLE; título de propiedad transferible sin gravámenes u otras restricciones.
SOUND VALUE; valor ajustado.
SOUNDING IN DAMAGES; acción mediante la cual se busca sólo la compensación por daños y perjuicios.
SOUNDNESS; buena salud.
SOURCE; fuente, origen.
SOURCE OF INCOME; fuente de ingreso.
SOURCE OF INFORMATION; fuente de información.
SOURCES OF THE LAW; fuentes del derecho.
SOVEREIGN; soberano.
SOVEREIGN IMMUNITY; inmunidad soberana.
SOVEREIGN PEOPLE; pueblo soberano.
SOVEREIGN POWER; poder soberano.
SOVEREIGN PREROGATIVE; prerrogativa soberana.
SOVEREIGN RIGHT; derecho soberano.
SOVEREIGN STATES; estados soberanos.
SOVEREIGNTY; soberanía.
SPEAKER; portavoz, (EU) presidente de un cuerpo legislativo.
SPEAKING DEMURRER; excepción en la cual se presentan alegaciones que no aparecen en la petición.
SPEAKING ORDER; orden judicial que incluye información ilustrativa.
SPECIAL; especial, específico.
SPECIAL ACCEPTANCE; aceptación condicional.
SPECIAL ACT; ley especial.

SPECIAL ADMINISTRATION;
  administración especial.
SPECIAL AGENCY; representación especial.
SPECIAL AGENT; agente especial.
SPECIAL ASSESSMENT; contribución
  especial.
SPECIAL ASSUMPSIT; acción por
  incumplimiento de un contrato expreso,
  acción por incumplimiento de una
  promesa expresa.
SPECIAL ATTORNEY; abogado designado
  por el estado el cual se emplea para un
  caso específico.
SPECIAL AUTHORITY; autorización
  especial.
SPECIAL BAIL; fianza especial.
SPECIAL BAILIFF; alguacil ayudante que se
  encarga de un asunto específico.
SPECIAL CALENDAR; calendario de casos
  especiales.
SPECIAL COMMISSION; comisión especial.
SPECIAL CONTRACT; contrato especial,
  contrato sellado, contrato expreso.
SPECIAL COUNSEL; abogado designado por
  el estado el cual se emplea para un caso
  específico.
SPECIAL COUNT; alegación especial.
SPECIAL DAMAGES; daños y perjuicios
  especiales.
SPECIAL DEMURRER; excepción especial.
SPECIAL DEPOSIT; depósito especial.
SPECIAL DILIGENCE; diligencia especial.
SPECIAL DISABILITY; incapacidad
  específica.
SPECIAL ELECTION; elección extraordinaria.
SPECIAL EXCEPTION; excepción especial.
SPECIAL EXECUTION; embargo de bienes
  específicos.
SPECIAL EXECUTOR; albacea con facultades
  limitadas.
SPECIAL FACTS RULE; regla que indica que
  un director de una corporación tiene que
  divulgar ciertos hechos, regla que indica
  que un director de una sociedad tiene que
  divulgar ciertos hechos.
SPECIAL FINDING; descubrimiento especial.
SPECIAL FRANCHISE; franquicia especial.
SPECIAL GUARANTY; garantía específica.

SPECIAL GUARDIAN; tutor especial.
SPECIAL INDORSEMENT; endoso
  específico.
SPECIAL INSURANCE; seguro especial.
SPECIAL INTEREST GROUP; grupo con
  intereses comunes.
SPECIAL JUDGE; juez alterno.
SPECIAL JUDGMENT; sentencia contra la
  cosa.
SPECIAL JURISDICTION; jurisdicción
  especial.
SPECIAL JURY; jurado especial.
SPECIAL LAW; ley especial.
SPECIAL LEGACY; legado específico.
SPECIAL LEGISLATION; ley especial.
SPECIAL LICENSE; licencia especial.
SPECIAL LIEN; privilegio especial, gravamen
  especial.
SPECIAL MALICE; malicia dirigida hacia un
  individuo.
SPECIAL MEETING; asamblea extraordinaria.
SPECIAL OCCUPANT; ocupante especial.
SPECIAL OWNER; dueño especial.
SPECIAL PARTNER; socio comanditario.
SPECIAL PARTNERSHIP; sociedad en
  comandita.
SPECIAL PERMIT; permiso especial.
SPECIAL PLEA; excepción perentoria
  especial.
SPECIAL POWERS; poderes especiales.
SPECIAL PRIVILEGE; privilegio especial.
SPECIAL PROCEEDING; procedimiento
  especial.
SPECIAL PROPERTY; derecho de propiedad
  condicional.
SPECIAL PROSECUTOR; fiscal especial.
SPECIAL RATE; tarifa especial.
SPECIAL REPRISALS; represalias específicas.
SPECIAL RULE; regla especial.
SPECIAL SEAL; sello especial.
SPECIAL SESSION; sesión extraordinaria.
SPECIAL STATUTE; ley especial.
SPECIAL TAX; impuesto especial.
SPECIAL TRAVERSE; negación especial.
SPECIAL TRUST; fideicomiso especial.
SPECIAL VERDICT; veredicto emitido basado
  en ciertos hechos.
SPECIAL WARRANTY; garantía especial.

SPECIALIST; especialista.
SPECIALIZE; especializar, individualizar.
SPECIALLY; especialmente.
SPECIALTY; contrato sellado, edificio destinado a usos específicos, especialidad.
SPECIFIC; específico, explícito.
SPECIFIC BEQUEST; legado específico.
SPECIFIC COVENANT; estipulación específica.
SPECIFIC DENIAL; negación específica.
SPECIFIC DEVISE; legado de inmuebles específicos.
SPECIFIC DUTY; derecho aduanero específico.
SPECIFIC INSURANCE; seguro específico.
SPECIFIC INTENT; intención específica.
SPECIFIC LEGACY; legado específico.
SPECIFIC PERFORMANCE; ejecución de lo estipulado en un contrato.
SPECIFIC TAX; tasa fija, impuesto específico.
SPECIFICATION; especificación, descripción.
SPECIFY; especificar.
SPECIMEN; espécimen, muestra.
SPECIMEN SIGNATURE; firma de muestra.
SPECTROGRAM; espectrograma, gráfica que muestra las características de la voz.
SPECTROGRAPH; espectrógrafo, máquina que produce gráficas que muestran las características de la voz.
SPECULATE; especular.
SPECULATION; especulación.
SPECULATIVE; especulativo.
SPECULATIVE DAMAGES; daños y perjuicios especulativos.
SPECULATIVE SECURITIES; valores especulativos.
SPECULATOR; especulador.
SPEECH; habla, discurso, palabra.
SPEED; velocidad, prontitud.
SPEED LIMIT; límite de velocidad.
SPEEDING; exceso de velocidad.
SPEEDY; pronto, rápido, veloz.
SPEEDY REMEDY; recurso rápido.
SPEEDY TRIAL; juicio sin demoras injustas.
SPEND; gastar, consumir.
SPENDTHRIFT; pródigo, derrochador.
SPENDTHRIFT TRUST; fideicomiso para un pródigo.

SPIN-OFF; escisión, separación de una subsidiaria o división de una corporación para formar un ente independiente.
SPINSTER; soltera.
SPITE; despecho, mala voluntad.
SPITE FENCE; cerca cuyo propósito es molestar al vecino.
SPLIT; dividido.
SPLIT DOLLAR INSURANCE; seguro en que parte de las primas se usa para seguro de vida y lo demás para inversión.
SPLIT SENTENCE; sentencia en la cual se hace cumplir la parte de la multa y en que se perdona parte o todo el tiempo de prisión.
SPLIT-UP; escisión, la disolución de una corporación al dividirse en dos o más entes corporativos.
SPLITTING CAUSE OF ACTION; división de una causa judicial para formar varias acciones.
SPOIL; arruinar, averiar.
SPOILED BALLOT; balota arruinada.
SPOILED CHECK; cheque arruinado.
SPOLIATION; destrucción o alteración de material probatorio.
SPONSIONS; convenios hechos por funcionarios en nombre de su gobierno mas allá del alcance del poder de dichos funcionarios.
SPONSOR; garante, patrocinador.
SPONTANEOUS; espontáneo, voluntario.
SPONTANEOUS COMBUSTION; combustión espontánea.
SPONTANEOUS DECLARATION; declaración espontánea.
SPONTANEOUS EXCLAMATION; exclamación espontánea.
SPONTANEOUSLY; espontáneamente.
SPOT; para entrega inmediata.
SPOT GOODS; mercadería disponible.
SPOT PRICE; precio de entrega inmediata.
SPOT TRADING; ventas en efectivo y con entrega inmediata.
SPOT ZONING; otorgamiento de una clasificación de zonificación que no corresponde al de los terrenos en el área inmediato ni que imparte un beneficio público.

SPOUSE; cónyuge.
SPREAD; extensión, margen.
SPRINGING USE; derecho de uso condicional.
SPURIOUS; espurio, falso, falsificado.
SPURIOUS BANK-BILL; papel moneda
falsificado.
SPY (n); espía.
SPY (v); espiar, divisar.
SQUARE (adj); justo, directo, cuadrado.
SQUARE (adv); honestamente, firmemente.
SQUARE (n); cuadra, manzana, cuadrado,
cuadro.
SQUARE (v); igualar, cuadrar.
SQUARE BLOCK; cuadra, manzana.
SQUATTER; intruso, invasor.
SQUATTER'S RIGHT; derecho al título ajeno
adquirido al mantener la posesión y
transcurrir la prescripción adquisitiva.
SQUEEZE-OUT; técnicas para eliminar o
reducir un interés minoritario en una
corporación, técnicas para eliminar o
reducir un interés minoritario en una
sociedad.
STABILE; estable, fijo.
STABILITY; estabilidad, firmeza, resolución.
STABILIZATION; estabilización.
STABILIZE; estabilizar.
STABILIZE PRICES; estabilizar precios.
STABLE; estable, firme, permanente.
STAFF; personal.
STAGGER; tambalear, titubear.
STAKE; estaca, apuesta, depósito.
STAKE-OUT; vigilancia con la intención de
detectar actividad criminal.
STAKEHOLDER; depositario.
STAKING; identificar los linderos de un
terreno mediante el uso de estacas.
STALE CHECK; cheque presentado mas allá
del tiempo razonable, cheque vencido.
STALE DEMAND; demanda presentada mas
allá del tiempo razonable.
STAMP; sello, timbre, estampado.
STAMP TAX; impuesto de sellos.
STAND (n); estrado, alto, posición, opinión.
STAND (v); someterse, sufrir, comparecer,
permanecer, pararse.
STANDARD; estandarte, norma, criterio, tipo.
STANDARD DEDUCTION; deducción fija.

STANDARD ESTABLISHED BY LAW;
norma establecida por ley.
STANDARD OF CARE; el grado de cuidado
que usaría una persona prudente bajo
circunstancias similares.
STANDARD OF LIVING; nivel de vida.
STANDARD OF PROOF; el tipo de la carga de
la prueba necesaria.
STANDING ASIDE JURORS; recusar
provisionalmente miembros posibles de un
jurado.
STANDING BY; silencio o falta de acción
cuando se debería hablar o actuar, estar en
espera para actuar cuando sea necesario.
STANDING MUTE; no responder a una
acusación.
STANDING ORDERS; reglamentos de
tribunales particulares.
STANDING TO BE SUED; capacidad de ser
demandado.
STANDING TO SUE; capacidad para accionar.
STANDSTILL; detención.
STAPLE; artículo de primera necesidad,
materia prima, producto principal.
STARE DECISIS; acatarse a los precedentes
judiciales, stare decisis.
STARE IN JUDICIO; aparecer ante un
tribunal.
STASH; esconder.
STATE (n); estado, condición.
STATE (v); declarar, exponer, formular.
STATE ACTION; acción estatal.
STATE AGENCY; agencia estatal.
STATE AID; ayuda estatal.
STATE AUDITOR; auditor del estado.
STATE BANK; banco estatal.
STATE BAR; colegio de abogados estatal.
STATE COURTS (EU); tribunales estatales.
STATE DEPARTMENT; Departamento de
Estado.
STATE FUNDS; fondos públicos.
STATE LANDS; tierras públicas.
STATE LAWS; leyes estatales.
STATE OF FACTS; versión propia de los
hechos.
STATE OF MIND; estado mental.
STATE OF THE ART; estado corriente de la
tecnología.

STATE OF THE CASE; estado de la causa.
STATE OF WAR; estado de guerra.
STATE OFFICE (EU); cargo estatal.
STATE OFFICERS (EU); funcionarios estatales.
STATE PAPER; documento oficial, boletín oficial.
STATE POLICE; policía estatal.
STATE POLICE POWER (EU); poder de policía estatal.
STATE PRISON; prisión estatal.
STATE PROPERTY; propiedad estatal.
STATE SEAL; sello oficial.
STATE SECRET; secreto de estado.
STATE TAX; impuesto estatal.
STATE'S ATTORNEY; fiscal.
STATE'S EVIDENCE; prueba que incrimina a cómplices a cambio de inmunidad o una sentencia reducida.
STATE'S RIGHTS; derechos estatales.
STATED; dicho, admitido, establecido.
STATED ACCOUNT; acuerdo de balance para cancelación.
STATED MEETING; asamblea ordinaria, junta ordinaria.
STATED TERM; sesión ordinaria.
STATED TIMES; intervalos establecidos.
STATEMENT; declaración, alegato, estado de cuenta.
STATEMENT OF ACCOUNT; estado de cuenta, extracto de cuenta.
STATEMENT OF AFFAIRS; informe sobre el estado financiero.
STATEMENT OF CLAIM; declaración de la causa.
STATEMENT OF DEFENSE; declaración de la defensa.
STATEMENT OF INCOME; declaración de ingresos.
STATEMENT OF VALUE; declaración del valor.
STATION; estación, puesto, posición.
STATION HOUSE; estación de policía.
STATISTICS; estadística.
STATUS; estado, estado civil, posición social.
STATUS CRIME; crimen que proviene del estado de una persona y no por sus acciones.

STATUS QUO; el estado de las cosas en un momento dado, status quo.
STATUTABLE; estatutario.
STATUTE; estatuto, ley.
STATUTE OF FRAUDS; ley indicando que ciertos contratos orales no son válidos.
STATUTE OF LIMITATIONS; ley de prescripción.
STATUTES AT LARGE (EU); compilación oficial de las leyes y resoluciones del Congreso.
STATUTES OF DISTRIBUTION; leyes sobre las distribución de los bienes de un intestado.
STATUTORY; estatutario.
STATUTORY ACTIONS; acciones basadas en una ley.
STATUTORY BOND; fianza estatutaria.
STATUTORY CONSTRUCTION; interpretación de las leyes.
STATUTORY COPYRIGHT; derechos de autor estatuarios.
STATUTORY CRIMES; crímenes estatuarios.
STATUTORY DAMAGES; indemnización estatutaria.
STATUTORY DEDICATION; dedicación de un terreno al uso público mediante una ley.
STATUTORY EXEMPTION; exención estatutaria.
STATUTORY EXPOSITION; ley que incluye una interpretación de una ley anterior.
STATUTORY EXTORTION; extorsión estatutaria.
STATUTORY FORECLOSURE; ejecución hipotecaria extrajudicial conforme a las leyes pertinentes.
STATUTORY GUARDIAN; tutor asignado por testamento conforme a las leyes pertinentes.
STATUTORY HOLIDAYS; días feriados por ley.
STATUTORY INSTRUMENTS (RU); normas administrativas.
STATUTORY LAW; derecho estatutario, ley escrita.
STATUTORY LIEN; privilegio estatutario, gravamen estatutario.

STATUTORY OBLIGATION; obligación estatutaria.

STATUTORY PENALTY; penalidad estatutaria.

STATUTORY PRESUMPTION; presunción estatutaria.

STATUTORY RAPE; relaciones sexuales con una joven menor de la edad del consentimiento, estupro.

STATUTORY SUCCESSOR; sucesor estatutario.

STAY (n); suspensión, aplazamiento, apoyo, estancia.

STAY (v); suspender, aplazar, sostener, permanecer.

STAY LAWS; leyes concernientes a la suspensión de procesos.

STAY OF ACTION; suspensión de una acción.

STAY OF ARBITRATION; suspensión de arbitraje.

STAY OF EXECUTION; suspensión de una ejecución.

STAY OF PROCEEDINGS; suspensión de los procedimientos.

STEAL (n); hurto.

STEAL (v); hurtar.

STEALING; hurto.

STEALING CHILDREN; secuestro de niños.

STEALTH; secreto, clandestino.

STEER; guiar, dirigir, encaminar.

STELLIONATAIRE; quien comete estelionato.

STELLIONATE; estelionato.

STENOGRAPHER; estenógrafo.

STENOGRAPHY; estenografía.

STEP; paso, huella, etapa.

STEP-RATE PREMIUM INSURANCE; seguro con primas variables.

STEPBROTHER; hermanastro.

STEPCHILD; alnado, alnada, hijastro, hijastra.

STEPDAUGHTER; alnada, hijastra.

STEPFATHER; padrastro.

STEPMOTHER; madrastra.

STEPPARENT; padrastro, madrastra.

STEPSISTER; hermanastra.

STEPSON; alnado, hijastro.

STEREOTYPE; estereotipo.

STEREOTYPED; estereotipado.

STEREOTYPIC; estereotípico.

STERILITY; esterilidad.

STERILIZATION; esterilización.

STET PROCESSUS; suspensión del proceso.

STEVEDORE; estibador.

STEWARD; sustituto, representante sindical.

STICK UP; robo a mano armada.

STICKLER; árbitro, rigorista.

STIFLE; sofocar, reprimir.

STIFLING A PROSECUTION; acuerdo de no accionar penalmente a cambio de un beneficio para el demandante en casos donde no hay recursos civiles.

STIFLING BIDS; comportamientos o acuerdos los cuales impiden una subasta justa.

STILL (adj); quieto, inmóvil.

STILL (adv); todavía.

STILL (n); quietud, destilador.

STILLBIRTH; parto de un niño muerto.

STILLBORN CHILD; nacido sin vida, nacido sin la capacidad de continuar viviendo.

STIMULANT; estimulante.

STIPEND; estipendio, salario.

STIPENDIUM; estipendio.

STIPITAL; por estirpe.

STIPULATE; estipular, convenir.

STIPULATED DAMAGES; pena convencional, daños convencionales, daños y perjuicios fijados.

STIPULATION; estipulación, convenio, acuerdo de aceptación de hechos sin necesidad de pruebas.

STIPULATOR; estipulante.

STIPULATORY; estipulante.

STIRPES; estirpe.

STOCK (n); acciones, capital comercial, inventario, linaje, ganado.

STOCK (v); abastecer, almacenar.

STOCK ASSOCIATION; empresa sin incorporar pero con acciones.

STOCK CERTIFICATE; certificado de acciones.

STOCK COMPANY; compañía por acciones, sociedad por acciones, sociedad anónima.

STOCK CORPORATION; corporación por acciones, ente jurídico por acciones, sociedad por acciones, sociedad anónima.

STOCK DIVIDEND; dividendo en acciones.

STOCK EXCHANGE; bolsa de valores.

STOCK IN TRADE; inventario.

STOCK INSURANCE COMPANY; compañía de seguros por acciones.

STOCK JOBBER; especulador.

STOCK MARKET; bolsa de valores.

STOCK OPTION; opción de compra de acciones bajo ciertas condiciones.

STOCK RIGHTS; derecho de suscripción.

STOCK SPLIT; cambio proporcional en la cantidad de acciones de una corporación.

STOCK TRANSFER; transferencia de acciones.

STOCK TRANSFER TAX (EU); impuesto sobre la transferencia de acciones.

STOCKBROKER; corredor de bolsa, agente de bolsa.

STOCKHOLDER; accionista.

STOCKHOLDER'S DERIVATIVE ACTION; acción entablada por un accionista para hacer cumplir una causa corporativa.

STOCKHOLDER'S EQUITY; porcentaje del accionista en una corporación.

STOCKHOLDER'S LIABILITY; responsabilidad del accionista.

STOCKHOLDERS' MEETING; asamblea de accionistas.

STOCKHOLDER'S REPRESENTATIVE ACTION; acción entablada de parte propia en representación de otros por un accionista para hacer cumplir una causa corporativa.

STOCKJOBBING; especulación.

STOLEN; hurtado.

STOLEN GOODS; bienes hurtados.

STOP (n); detención, suspensión, cesación.

STOP (v); parar, detener, detenerse, suspender, paralizar, amarrar.

STOP AND FRISK; detener y cachear.

STOP PAYMENT ORDER; orden de no hacer el pago de un cheque.

STOPPAGE; parada, cesación, interrupción, impedimento, huelga.

STOPPAGE IN TRANSITU; embargo por el vendedor de mercancías en tránsito.

STOPPAGE OF WORK; paro de trabajo y operaciones.

STORAGE; almacenamiento, almacén.

STORE; tienda, negocio, almacén.

STOREHOUSE; almacén.

STOW; almacenar, estibar.

STOWAGE; almacenamiento, estiba.

STOWAWAY; polizón.

STRAIGHT; derecho, honesto, exacto, fidedigno.

STRAIGHT BILL OF LADING; conocimiento de embarque no negociable.

STRAIGHT-LINE DEPRECIATION; depreciación lineal.

STRAIT; estrecho.

STRAND; encallar, abandonar.

STRANGER; extraño, quien no es una parte de una transacción, quien no tiene interés en una transacción.

STRANGER IN BLOOD; persona quien no tiene vínculo de parentesco.

STRANGLE; estrangular, sofocar.

STRANGULATION; estrangulación.

STRATAGEM; estratagema.

STRATEGIC; estratégico.

STRATOCRACY; gobierno militar.

STRAW BAIL; fianza nominal, fianza sin valor.

STRAW MAN; prestanombre.

STRAW PARTY; prestanombre.

STRAY (n); niño extraviado, animal extraviado.

STRAY (v); perderse, desviarse.

STREAM; arroyo, corriente, chorro.

STREAM OF COMMERCE; bienes en movimiento comercial.

STREET; calle.

STREET NAME; valores de una persona que están a nombre del corredor.

STRICT; estricto, exacto.

STRICT CONSTRUCTION; interpretación estricta.

STRICT FORECLOSURE; sentencia que indica que tras incumplimiento de pago la propiedad se transfiere al acreedor hipotecario sin venta ni derecho de rescate.

STRICT LAW; derecho estricto.

STRICT LIABILITY; responsabilidad objetiva.

STRICTI JURIS; del derecho estricto.

STRICTLY; estrictamente, exactamente.

STRICTLY CONSTRUED; interpretado estrictamente.

STRICTLY MINISTERIAL DUTY; deber en que no se puede ejercer discreción.

STRIKE (n); huelga, paro, golpe, descubrimiento.

STRIKE (v); golpear, atacar, herir.

STRIKE OFF; remover un caso de la lista de casos a ser juzgados por falta de jurisdicción, señal de adjudicación en subasta.

STRIKE SUIT; acción entablada por accionistas sin intención de que se beneficie la corporación, acción entablada por accionistas sin intención de que se beneficie la sociedad.

STRIKEBREAKER; rompehuelgas.

STRIKEBREAKING; el romper huelgas.

STRIKER; huelguista.

STRIKING A JURY; selección de un jurado, selección de un jurado mediante la eliminación de candidatos por las partes hasta que queden doce.

STRIKING EVIDENCE; eliminación de pruebas inadmisibles.

STRIKING OFF THE ROLL; suspensión de la licencia de un abogado.

STRIP; tomar de o dañar ilegalmente una propiedad de la cual no se es dueño absoluto.

STRONG; fuerte, resistente.

STRONG HAND; fuerza criminal, fuerza o violencia.

STRONGLY CORROBORATED; corroborado convincentemente.

STRUCK JURY; jurado seleccionado mediante la eliminación de candidatos por las partes hasta que queden doce.

STRUCTURAL ALTERATION OR CHANGE; alteración estructural.

STRUCTURAL DEFECT; vicio estructural.

STRUCTURE; estructura.

STRUCTURED SETTLEMENT; transacción judicial en la cual se hacen pagos periódicos.

STRUGGLE; forcejear, luchar.

STULTIFY; alegar insania, probar insania.

SUA SPONTE; voluntariamente, sua sponte.

SUABLE; demandable.

SUB; bajo.

SUB CONDITIONE; bajo condición.

SUB CURIA; bajo ley.

SUB JUDICE; ante el tribunal, sub júdice.

SUB MODO; sujeto a una restricción.

SUB NOMINE; bajo el nombre, a nombre de.

SUB ROSA; de forma secreta.

SUB SILENTIO; silenciosamente.

SUBAGENT; subagente.

SUBALTERN; subalterno.

SUBCHAPTER S CORPORATION (EU); corporación pequeña la cual ha elegido que se le impongan contribuciones como personas naturales.

SUBCONTRACT (n); subcontrato.

SUBCONTRACT (v); subcontratar.

SUBCONTRACTOR; subcontratista.

SUBDIVIDE; subdividir.

SUBDIVISION; subdivisión.

SUBJACENT SUPPORT; derecho del apoyo subterráneo de las tierras.

SUBJECT; asunto, materia, objeto, sujeto, súbdito.

SUBJECT MATTER; asunto a considerar, cuestión en controversia.

SUBJECT MATTER JURISDICTION; jurisdicción sobre el asunto.

SUBJECT MATTER OF CONTRACT; asunto del contrato.

SUBJECT MATTER OF STATUTE; propósito de una ley.

SUBJECT TO; sujeto a.

SUBJECT TO APPROVAL; sujeto a aprobación.

SUBJECT TO RESTRICTION; sujeto a restricción.

SUBJECT TO TAX; imponible.

SUBJECTION; sujeción, dependencia.

SUBJECTIVE; subjetivo.

SUBJECTIVELY; subjetivamente.

SUBJUGATE; subyugar.

SUBLEASE; subarriendo.

SUBLESSEE; subarrendatario.

SUBLESSOR; subarrendador.

SUBLET; subarrendar.

SUBLETTER; subarrendador.

SUBLETTING; subarrendamiento.

SUBLICENSE; sublicencia.

SUBMERGED LANDS; tierras sumergidas.

SUBMERGENCE; hundimiento de tierras bajo agua.

SUBMISSION; sumisión, sometimiento, convenio de someterse a arbitraje.

SUBMISSION BOND; garantía de un convenio de someterse a arbitraje.

SUBMISSION TO A VOTE; sometimiento a voto.

SUBMISSION TO ARBITRATION; sometimiento a arbitraje.

SUBMISSION TO JURY; sometimiento al jurado.

SUBMIT; someter, someterse, proponer.

SUBMORTGAGE; subhipoteca.

SUBORDINATE; subordinado.

SUBORDINATE OFFICER; funcionario subordinado.

SUBORDINATED DEBT; deuda subordinada.

SUBORDINATION; subordinación.

SUBORN; sobornar, instigar.

SUBORNATION; soborno, instigación.

SUBORNATION OF PERJURY; sobornar para instigar a cometer perjurio.

SUBORNER; sobornador, instigador.

SUBPARTNER; subsocio.

SUBPARTNERSHIP; subsociedad.

SUBPOENA; citación, orden judicial de comparecencia.

SUBPOENA AD TESTIFICANDUM; orden judicial para testificar, citación para testificar.

SUBREPTION; subrepción.

SUBROGATE; subrogar.

SUBROGATION; subrogación.

SUBROGEE; subrogatario.

SUBROGOR; subrogante.

SUBSCRIBE; suscribir, firmar.

SUBSCRIBER; suscriptor, firmante.

SUBSCRIBING WITNESS; testigo firmante.

SUBSCRIPTION; suscripción, firma.

SUBSCRIPTION CONTRACT; contrato de suscripción, contrato de compra.

SUBSCRIPTION LIST; lista de firmantes.

SUBSCRIPTION RIGHTS; derecho de suscripción.

SUBSECTION; subsección.

SUBSEQUENT; subsiguiente.

SUBSEQUENT CREDITOR; acreedor subsiguiente.

SUBSEQUENT NEGLIGENCE; negligencia subsiguiente.

SUBSEQUENT PURCHASER; comprador subsiguiente.

SUBSERVANT; subagente.

SUBSIDIARY; subsidiario, auxiliar.

SUBSIDIARY CORPORATION; corporación subsidiaria, sociedad subsidiaria.

SUBSIDIARY FACT; hecho secundario.

SUBSIDIARY TRUST; fideicomiso auxiliar.

SUBSIDIZE; subsidiar.

SUBSIDY; subsidio.

SUBSIST; subsistir, mantener.

SUBSISTENCE; subsistencia.

SUBSOIL; subsuelo.

SUBSTANCE; sustancia, naturaleza, esencia.

SUBSTANDARD; de calidad inferior.

SUBSTANTIAL; substancial, importante, real.

SUBSTANTIAL CAPACITY TEST; prueba para determinar la capacidad de entender que una conducta fue criminal.

SUBSTANTIAL COMPLIANCE; cumplimiento con lo esencial.

SUBSTANTIAL DAMAGES; indemnización substancial.

SUBSTANTIAL DESTRUCTION; destrucción substancial.

SUBSTANTIAL EQUIVALENT; equivalente substancial.

SUBSTANTIAL EQUIVALENT OF PATENTED DEVICE; equivalencia substancial a un aparato patentado.

SUBSTANTIAL ERROR; error substancial.

SUBSTANTIAL EVIDENCE; prueba suficiente.

SUBSTANTIAL JUSTICE; justicia substancial.

SUBSTANTIAL PERFORMANCE; cumplimiento con lo esencial.

SUBSTANTIAL POSSESSION; posesión efectiva.

SUBSTANTIALLY; substancialmente.

SUBSTANTIATE; probar, justificar, verificar.

SUBSTANTIVE; substantivo, esencial.

SUBSTANTIVE DUE PROCESS (EU); garantía constitucional de que la legislación será justa y razonable, debido proceso substantivo.

SUBSTANTIVE EVIDENCE; prueba con el propósito de probar un hecho.

SUBSTANTIVE FELONY; delito grave independiente.

SUBSTANTIVE LAW; derecho substantivo.

SUBSTANTIVE OFFENSE; delito independiente.

SUBSTANTIVE RIGHTS; derechos substantivos.

SUBSTITUTE (n); substituto.

SUBSTITUTE (v); substituir.

SUBSTITUTE DEFENDANT; demandado substituto.

SUBSTITUTE JUDGE; juez alterno.

SUBSTITUTE TRUSTEE; fideicomisario substituto.

SUBSTITUTED EXECUTOR; albacea substituto.

SUBSTITUTED SERVICE; notificación judicial distinta a la personal.

SUBSTITUTION; substitución, subrogación.

SUBSTITUTION BY WILL; substitución testamentaria.

SUBSTITUTION OF PARTIES; substitución de las partes.

SUBSTITUTIONARY EVIDENCE; prueba sustitutiva.

SUBSTITUTIONARY EXECUTOR; albacea sustitutivo.

SUBSTRACTION; substracción.

SUBTENANT; subinquilino, subarrendatario.

SUBTERFUGE; subterfugio.

SUBTERRANEAN; subterráneo.

SUBTERRANEAN WATERS; aguas subterráneas.

SUBTRACTION; defraudación.

SUBVERSION; subversión.

SUBVERSIVE; subversivo.

SUCCESSION; sucesión, serie.

SUCCESSION DUTY; impuesto sucesorio.

SUCCESSION TAX; impuesto sucesorio.

SUCCESSIVE; sucesivo.

SUCCESSIVE ACTIONS; acciones sucesivas.

SUCCESSIVE ASSIGNEES; cesionarios sucesivos.

SUCCESSOR; sucesor, causahabiente.

SUCCESSOR IN INTEREST; dueño de propiedad quien sigue a otro.

SUCCESSOR TRUSTEE; fideicomisario quien sigue a otro.

SUCCESSORS AND ASSIGNS; sucesores y cesionarios.

SUCCINCT; sucinto.

SUCH; tal, de tal tipo.

SUDDEN; repentino, precipitado.

SUDDEN EMERGENCY; emergencia repentina.

SUDDEN HEAT OF PASSION; ataque repentino de emoción violenta.

SUDDEN INJURY; lesión inesperada y repentina.

SUE; demandar, accionar, pleitear, procesar.

SUE FOR DAMAGES; accionar por daños y perjuicios, demandar por daños y perjuicios.

SUFFER; sufrir, permitir, tolerar.

SUFFERANCE; consentimiento, tolerancia.

SUFFERING; sufrimiento.

SUFFICIENCY; suficiencia.

SUFFICIENCY OF EVIDENCE; suficiencia de la prueba.

SUFFICIENT; suficiente.

SUFFICIENT CAUSE; causa suficiente.

SUFFICIENT CONSIDERATION; contraprestación suficiente, causa suficiente.

SUFFICIENT EVIDENCE; prueba suficiente.

SUFFRAGE; sufragio, voto.

SUGGEST; sugerir, indicar.

SUGGESTED PRICE; precio sugerido.

SUGGESTION; sugestión.

SUGGESTIVE INTERROGATION; pregunta sugestiva.

SUI GENERIS; único.

SUI JURIS; persona completamente capaz.

SUICIDE; suicidio.

SUING AND LABORING CLAUSE (RU); cláusula de seguro marítimo cuyo propósito es que el asegurado se esfuerce en evitar las pérdidas.

SUIT; acción, juicio, pleito, procedimiento.

SUIT FOR DAMAGES; acción de daños y perjuicios.

SUIT FOR LIBEL; acción por libelo.

SUIT IN EQUITY; acción en el régimen de equidad.

SUIT MONEY; honorarios legales otorgados a una parte por el tribunal, alimentos provisionales durante un juicio matrimonial.

SUIT OF A CIVIL NATURE; acción civil.

SUITABLE; apropiado, adecuado.

SUITOR; actor, demandante.

SUM; suma de dinero, total, suma, (RU) resumen, (RU) compendio.

SUM AT RISK; capital bajo riesgo, suma máxima por la cual un asegurador es responsable en una póliza.

SUM CERTAIN; suma cierta.

SUM INSURED; suma asegurada.

SUM PAYABLE; suma pagadera.

SUMMARILY; sumariamente.

SUMMARY (adj); conciso, breve.

SUMMARY (n); sumario, resumen.

SUMMARY CONVICTION; condena sin jurado.

SUMMARY JUDGMENT; sentencia sumaria.

SUMMARY JURISDICTION; jurisdicción sumaria.

SUMMARY POSSESSORY PROCEEDING; procedimiento sumario de desalojo.

SUMMARY PROCEEDING; procedimiento sumario.

SUMMARY PROCESS; proceso sumario, proceso de desalojo.

SUMMARY TRIAL; juicio sumario.

SUMMATION; resumen de los puntos sobresalientes de un juicio de parte de uno de los abogados, resumen de los puntos sobresalientes e instrucciones al jurado de parte del juez, total.

SUMMING UP; resumen, resumen de los puntos sobresalientes de un juicio de parte de uno de los abogados, resumen de los puntos sobresalientes e instrucciones al jurado de parte del juez.

SUMMON; citar, citar a comparecer, emplazar, convocar.

SUMMONER; oficial notificador.

SUMMONING; citación, convocatoria, emplazamiento.

SUMMONS; citación, auto de comparecencia, emplazamiento, notificación, convocatoria.

SUMPTUARY; suntuario.

SUMPTUARY LAWS; leyes sobre productos suntuarios.

SUNDAY CLOSING LAWS; leyes que prohiben las operaciones comerciales los domingos.

SUNDRIES; artículos diversos.

SUNDRY; diversos, varios.

SUNSHINE LAWS; leyes que requieren que las reuniones de las agencias gubernamentales sean públicas.

SUPERFICIAL; superficial.

SUPERFLUOUS; superfluo.

SUPERINTEND; vigilar, dirigir.

SUPERINTENDENT; superintendente.

SUPERIOR; superior.

SUPERIOR COURTS (EU); tribunales superiores.

SUPERIOR FELLOW SERVANT; empleado con autoridad sobre otro.

SUPERIOR FORCE; fuerza mayor.

SUPERIOR LIEN; privilegio de rango superior, gravamen de rango superior.

SUPERIOR TITLE; título superior.

SUPERIOR USE; uso superior.

SUPERSEDE; reemplazar, anular.

SUPERSEDEAS; auto de suspensión.

SUPERSEDING CAUSE; causa que altera los resultados de una cadena de acontecimientos.

SUPERVENING; sobreviviente.

SUPERVENING CAUSE; causa sobreviviente.

SUPERVENING NEGLIGENCE; negligencia sobreviviente.

SUPERVISE; supervisar, vigilar.

SUPERVISION; supervisión.

SUPERVISOR; supervisor, miembro de la junta del condado.

SUPERVISORY CONTROL; control ejercido por los tribunales superiores sobre los inferiores.

SUPERVISORY EMPLOYEE; empleado supervisor.

SUPPLEMENT; suplemento.

SUPPLEMENTAL; suplemental.

SUPPLEMENTAL ACT; ley suplementaria.

SUPPLEMENTAL AFFIDAVIT; declaración jurada suplementaria.

SUPPLEMENTAL ANSWER; contestación suplementaria.

SUPPLEMENTAL BILL; escrito suplementario.

SUPPLEMENTAL COMPLAINT; demanda suplementaria.

SUPPLEMENTAL DEED; escritura suplementaria.

SUPPLEMENTAL PLEADING; alegato suplementario.

SUPPLEMENTAL TAX; impuesto suplementario.

SUPPLEMENTARY; suplementario.

SUPPLEMENTARY PROCEEDINGS; procedimientos suplementarios.

SUPPLIANT; actor.

SUPPLIER; proveedor.

SUPPLIES; suministros.

SUPPLY; proveer, abastecer, suplir, suministrar.

SUPPLY AND DEMAND; oferta y demanda.

SUPPORT (n); sostén, mantenimiento, ayuda.

SUPPORT (v); mantener, sostener, ayudar.

SUPPORT OF CHILD; mantenimiento de un menor.

SUPPORT OF FAMILY; mantenimiento de una familia.

SUPPORT PRICE; precio de sostén.

SUPPORT TRUST; fideicomiso en que se le da al beneficiario sólo lo necesario para mantenerse.

SUPPOSITION; suposición.

SUPPRESS; suprimir, reprimir, ocultar, prohibir.

SUPPRESSIO VERI; supresión de la verdad.

SUPPRESSION; supresión, represión.

SUPPRESSION OF EVIDENCE; exclusión de prueba, negarse a testificar o a suministrar pruebas.

SUPPRESSION OF THE COMPETITION; supresión de la competencia.

SUPPRESSION OF WILL; ocultación de un testamento.

SUPRA; sobre.

SUPRA-RIPARIAN; más cerca del origen de la corriente.

SUPRAPROTEST; supraprotesto.

SUPREMACY; supremacía.

SUPREMACY CLAUSE (EU); cláusula de la supremacía de la constitución.

SUPREME COURT; tribunal supremo.

SUPREME POWER; poder supremo.

SURCHARGE (n); recargo, sobreprecio, impuesto abusivo, hipoteca adicional a la primera.

SURCHARGE (v); imponer responsabilidad personal a un fiduciario quien administra mal, señalar un error en una cuenta saldada, imponer un impuesto adicional, recargar.

SURETY; fiador, fianza, garante, garantía, seguridad, certeza.

SURETY COMPANY; compañía que otorga fianzas.

SURETY CONTRACT; contrato de fianza.

SURETY INSURANCE; seguro de fidelidad.

SURETYSHIP; fianza, garantía.

SURETYSHIP BOND; fianza.

SURFACE; superficie, aspecto superficial.

SURFACE WATERS; aguas superficiales.

SURGEON; cirujano.

SURGEON GENERAL (EU); Cirujano General.

SURGERY; cirugía.

SURMISE; conjeturar.

SURNAME; apellido.

SURPLUS; excedente, sobrante.

SURPLUS WATERS; aguas excedentes.

SURPLUSAGE; alegato innecesario o no pertinente, materia innecesaria o no pertinente, excedente.

SURPRISE; sorpresa.

SURREJOINDER; tríplica.

SURRENDER (n); renuncia, abandono, cesión.

SURRENDER (v); renunciar, abandonar, ceder.

SURRENDER BY BAIL; entrega de quien estaba libre bajo fianza.

SURRENDER BY OPERATION OF LAW; conducta de parte del arrendador y arrendatario que implica que ya no existe un arrendamiento.

SURRENDER OF A PREFERENCE; renuncia a una preferencia.

SURRENDER OF CRIMINALS; extradición.

SURRENDER VALUE; valor de rescate de una póliza.

SURRENDEREE; a quien se renuncia.

SURRENDEROR; renunciante.

SURREPTITIOUS; subrepticio.

SURROGATE; sustituto, (EU) oficial judicial con jurisdicción sobre asuntos de sucesiones y tutelas.

SURROGATE COURT (EU); tribunal de sucesiones y tutelas.

SURROGATE PARENT; padre de hecho, madre de hecho, padre sustituto, madre sustituta.

SURROGATE PARENT AGREEMENT; convenio mediate el cual una mujer acuerda ser inseminada artificialmente y tras dar a luz cede todos sus derechos de progenitor al padre y su esposa.

SURROUND; rodear.

SURROUNDING CIRCUMSTANCES; circunstancias las cuales rodean un hecho.

SURTAX; impuesto adicional, sobretasa.

SURVEILLANCE; vigilancia, superintendencia.

SURVEY (n); agrimensura, apeo, examen, inspección, encuesta.

SURVEY (v); examinar, investigar, inspeccionar, medir.

SURVEY OF A VESSEL; declaración de la condición de una nave.

SURVEYOR; agrimensor, inspector.

SURVIVAL; supervivencia.

SURVIVAL ACTIONS; acciones las cuales sobreviven a la persona lesionada.

SURVIVAL STATUTES; leyes concernientes a la supervivencia de acciones.

SURVIVE; sobrevivir.

SURVIVING; sobreviviente, superviviente.

SURVIVING CHILDREN; hijos sobrevivientes.

SURVIVING PARTNER; socio sobreviviente.

SURVIVING SPOUSE; cónyuge sobreviviente.

SURVIVOR; sobreviviente, superviviente.

SURVIVORSHIP; supervivencia.

SURVIVORSHIP ANNUITY; anualidad con pagos a los beneficiarios sobrevivientes.

SUSCEPTIBLE; susceptible.

SUSPECT (n); sospechoso.

SUSPECT (v); sospechar.

SUSPEND; suspender.

SUSPENDED; suspendido.

SUSPENDED SENTENCE; condena condicional, condena suspendida.

SUSPENSE; suspensión, interrupción.

SUSPENSION; suspensión.

SUSPENSION OF A RIGHT; suspensión de un derecho.

SUSPENSION OF A STATUTE; suspensión de una ley.

SUSPENSION OF ACTION; suspensión de una acción.

SUSPENSION OF ARMS; suspensión de hostilidades.

SUSPENSION OF BUSINESS; suspensión de las operaciones de negocios.

SUSPENSION OF PAYMENT; suspensión de pagos.

SUSPENSION OF PERFORMANCE; suspensión del cumplimiento.

SUSPENSION OF POLICY; suspensión de la vigencia de una póliza.

SUSPENSION OF SENTENCE; suspensión de la pena.

SUSPENSION OF STATUTE OF LIMITATIONS; suspensión del término de prescripción.

SUSPENSIVE CONDITION; condición suspensiva.

SUSPICION; sospecha, desconfianza.

SUSPICIOUS CHARACTER; persona sospechosa.

SUSTAIN; sostener, mantener, sufrir.

SUSTAIN DAMAGES; sufrir daños.

SUSTENANCE; sustento, subsistencia, apoyo.

SWAMP; pantano.

SWAP; cambio.

SWEAR; jurar, prestar juramento, usar lenguaje ofensivo.

SWEARING IN; administrar juramento.

SWEAT EQUITY; equidad obtenida a través del trabajo del dueño en la propiedad.

SWEAT SHOP; lugar de trabajo donde se
   explota excesivamente a los empleados.
SWEATING; interrogatorio forzado o bajo
   amenazas.
SWIFT WITNESS; testigo parcial.
SWINDLE; estafa.
SWINDLER; estafador.
SWINDLING; estafa.
SWORN; jurado.
SWORN AFFIDAVIT; declaración jurada
   escrita.
SWORN COPY; copia certificada bajo
   juramento.
SWORN EVIDENCE; ofrecimiento de prueba
   bajo juramento.
SWORN STATEMENT; declaración jurada.
SYLLABUS; resumen, compendio.
SYLLOGISM; silogismo.
SYMBOLIC DELIVERY; entrega simbólica.
SYMBOLIC POSSESSION; posesión
   simbólica.
SYMPATHETIC STRIKE; huelga de
   solidaridad.
SYNALLAGMATIC CONTRACT; contrato
   sinalagmático.
SYNDIC; síndico.
SYNDICAL; sindical.
SYNDICALISM; sindicalismo.
SYNDICATE (n); sindicato, consorcio.
SYNDICATE (v); sindicar.
SYNONYMOUS; sinónimo.
SYNOPSIS; sinopsis.
SYSTEM; sistema.
SYSTEMATIC; sistemático.

T

TABLE OF CASES; lista alfabética de casos
   juzgados que aparecen en un texto legal.
TACIT; tácito, implícito.
TACIT ACCEPTANCE; aceptación tácita.
TACIT ADMISSION; reconocimiento tácito.
TACIT COMMAND; orden tácita.
TACIT CONSENT; consentimiento tácito.
TACIT DEDICATION; dedicación tácita.
TACIT HYPOTHECATION; hipoteca por
   operación de ley.
TACIT LAW; ley tácita.
TACIT PROCURATION; procuración tácita.
TACIT RELOCATION; tácita reconducción.
TACITE; tácitamente.
TACITLY; tácitamente, implícitamente.
TACITNESS; carácter tácito.
TACK; unir un gravamen de rango inferior con
   el de primer rango para obtener prioridad
   sobre uno intermedio.
TACKING; combinación de los periodos de
   posesión de diferentes personas para
   adquirir título mediante la prescripción
   adquisitiva, la combinación de la tercera
   hipoteca con la primera para obtener
   prioridad sobre la segunda.
TACT; tacto, discreción.
TACTFUL; discreto.
TACTLESS; indiscreto, falto de tacto.
TACTLESSNESS; indiscreción, falta de tacto.
TAIL, ESTATE IN; sucesión de bienes a
   descendientes directos.
TAIL; limitado, reducido.
TAIL FEMALE; dominio heredable limitado a
   la persona y sus descendientes directos del
   género femenino.
TAIL GENERAL, ESTATE IN; sucesión de
   bienes a descendientes directos sin
   limitación de la cantidad de matrimonios.

TAIL MALE; dominio heredable limitado a la persona y sus descendientes directos del género masculino.

TAIL SPECIAL, ESTATE IN; sucesión de bienes a herederos determinados.

TAINT; corromper, contaminar.

TAKE; tomar, apropiar, arrestar, robar, hurtar, cobrar, llevar.

TAKE AIM; apuntar.

TAKE AN INVENTORY; llevar a cabo un inventario.

TAKE AWAY; llevarse, llevarse con propósitos de prostitución.

TAKE BACK; retractar, retomar, retirar, recibir devuelto.

TAKE BIDS; recibir ofertas.

TAKE BY STEALTH; hurtar.

TAKE CARE OF; mantener, atender.

TAKE CHARGE; hacerse cargo.

TAKE DELIVERY; aceptar entrega.

TAKE EFFECT; entrar en vigencia, surtir efecto.

TAKE EXCEPTION; oponerse a.

TAKE-HOME PAY; paga neta, salario neto.

TAKE NOTE; tomar razón.

TAKE OATH; prestar juramento.

TAKE OFF; arranque, partida.

TAKE OFFICE; asumir un cargo.

TAKE POSSESSION; tomar posesión.

TAKE TESTIMONY; recibir testimonio.

TAKE TITLE; adquirir título.

TAKEOVER; toma del control.

TAKER; tomador, adquiriente.

TAKING; toma, captura, detención.

TAKING CASE FROM JURY; ordenarle al jurado que emita un veredicto sin deliberar.

TAKING THE FIFTH (EU); ampararse bajo la quinta enmienda constitucional.

TAKING UNCONSCIONABLE ADVANTAGE; aprovecharse de las circunstancias para llegar a un acuerdo abusivo.

TALES; personas seleccionadas para completar un jurado .

TALESMAN; una de las personas seleccionadas para completar un jurado .

TALK (n); conversación, conferencia.

TALK (v); hablar, decir, conversar.

TALLY; contar.

TALLY TRADE; venta a plazos.

TALWEG; la parte mas navegable de una vía de agua, el punto medio de una vía de agua.

TAME; manso, domesticado, sumiso.

TAMPER; alterar, interferir, falsificar, sobornar.

TAMPERING WITH JURY; intento criminal de sobornar a un jurado.

TANGIBLE; tangible.

TANGIBLE ASSETS; bienes tangibles, activo tangible.

TANGIBLE EVIDENCE; prueba tangible.

TANGIBLE PROPERTY; propiedad tangible.

TANGIBLENESS; tangibilidad.

TANK; tanque, depósito.

TANTALIZE; tentar, provocar.

TANTAMOUNT; equivalente.

TAPE-RECORD; grabar en cinta.

TAPE RECORDER; grabadora.

TAPE RECORDING; grabación en cinta.

TAPPING; intercepción de señales telefónicas.

TARDILY; tardíamente, morosamente.

TARDY; tardío, moroso.

TARE; tara.

TARGET; objetivo.

TARGET COMPANY; compañía de la cual se quiere adquirir control.

TARGET DATE; fecha fijada.

TARGET OFFENSE; el delito que se conspira cometer.

TARGET PRICE; precio mínimo establecido por el gobierno.

TARGET WITNESS; testigo clave.

TARIFF; tarifa, derecho de importación.

TASK; tarea, deber.

TATTOO; tatuaje.

TAUNT; burla, befa.

TAUTOLOGICAL; tautológico.

TAUTOLOGOUS; tautológico.

TAUTOLOGY; tautología.

TAX (n); impuesto, contribución, gravamen.

TAX (v); imponer, gravar.

TAX ASSESSMENT; valuación fiscal.

TAX AUDIT; auditoría fiscal.

TAX AVOIDANCE; evitación de impuestos, reducción de la carga impositiva mediante el uso de deducciones legales.

TAX BASE; base imponible, base gravable.

TAX BENEFIT; beneficio impositivo.

TAX BRACKET; clasificación contributiva, clasificación impositiva.

TAX CERTIFICATE; certificado de la adquisición de un inmueble resultando de una venta por incumplimiento de los deberes impositivos.

TAX COLLECTION; recaudación de impuestos.

TAX COLLECTOR; recaudador de impuestos.

TAX COURT (EU); tribunal fiscal.

TAX CREDIT; crédito impositivo, crédito fiscal.

TAX DEDUCTION; deducción impositiva, deducción fiscal.

TAX DEED; escritura del comprador de un inmueble mediante una venta por incumplimiento de los deberes impositivos.

TAX DISTRICT; distrito fiscal.

TAX EVASION; evasión de impuestos.

TAX EXEMPT; exento de impuestos.

TAX EXEMPT BOND; bono exento de impuestos.

TAX EXEMPTION; exención impositiva.

TAX FORECLOSURE; ejecución fiscal.

TAX FRAUD; fraude impositivo.

TAX FREE; libre de impuestos.

TAX INVESTIGATION; investigación fiscal.

TAX LAW; ley impositiva, derecho fiscal.

TAX LEASE; instrumento que se otorga en una venta por incumplimiento de los deberes impositivos cuando lo que se vende es el derecho de posesión por un tiempo determinado.

TAX LEGISLATION; legislación fiscal.

TAX LEVY; imposición fiscal.

TAX LIEN; privilegio fiscal, gravamen por impuestos no pagados.

TAX LIST; lista de contribuyentes.

TAX PURCHASER; quien adquiere en una venta por incumplimiento de los deberes impositivos.

TAX RATE; tasa impositiva.

TAX RETURN; planilla.

TAX ROLL; registro de contribuyentes.

TAX SALE; venta de propiedad por incumplimiento de los deberes impositivos.

TAX SHELTER; estratagema para reducir o aplazar la carga impositiva.

TAX STAMP; timbre fiscal.

TAX TABLES; tablas impositivas.

TAX TITLE; título de quien compra en una venta por incumplimiento de los deberes impositivos.

TAX YEAR; año fiscal.

TAXABILITY; imponibilidad.

TAXABLE; imponible, tributable, gravable.

TAXABLE ESTATE; patrimonio imponible, patrimonio gravable.

TAXABLE GIFT; donación imponible, donación gravable.

TAXABLE INCOME; ingreso imponible, ingreso gravable.

TAXABLE PROPERTY; propiedad imponible, propiedad gravable.

TAXABLE VALUE; valor imponible, valor gravable.

TAXABLE YEAR; año fiscal.

TAXATION; tributación, impuestos.

TAXATION OF COSTS; imposición de las costas.

TAXING POWER; poder fiscal.

TAXPAYER; contribuyente.

TEACH; enseñar, educar.

TEACHER; maestro, instructor.

TEAM; equipo, grupo.

TEAMWORK; trabajo en equipo.

TEAR; arrancar, desgarrar.

TEAR GAS; gas lacrimógeno.

TEARDOWN; demolición.

TEARING OF WILL; rotura de un testamento con la intención de anularlo.

TECHNICAL; técnico.

TECHNICAL ERRORS; errores técnicos.

TECHNICAL INTERPRETATION; interpretación técnica.

TECHNICAL MORTGAGE; hipoteca formal.

TECHNICALITY; detalle técnico.

TECHNIQUE; técnica.

TECHNOCRACY; tecnocracia.

TECHNOCRAT; tecnócrata.

TECHNOLOGICAL; tecnológico.

TECHNOLOGY; tecnología.

TECHNOLOGY TRANSFER; transferencia de tecnología.

TEDIOUS; tedioso.

TELECAST; teledifusión.

TELEGRAM; telegrama.

TELEPHONE; teléfono.

TELEPHONE BOOK; guía telefónica.

TELEPHONE MESSAGE; mensaje telefónico.

TELEPHONE NUMBER; número telefónico.

TELEPHONE TAPPING; intercepción de señales telefónicas.

TELEPHONIC; telefónico.

TELEVISE; televisar.

TELEVISION; televisión.

TELL; decir, revelar.

TELLER; cajero de banco, escrutador de votos, relator.

TEMPER; genio, disposición.

TEMPERAMENT; temperamento, disposición.

TEMPERAMENTAL; temperamental, emocional.

TEMPERANCE; temperancia, moderación.

TEMPORAL; temporal.

TEMPORALIS; temporal.

TEMPORARILY; temporalmente.

TEMPORARY; temporal, provisional.

TEMPORARY ALIMONY; pensión alimenticia temporal.

TEMPORARY CUSTODY; custodia provisional.

TEMPORARY DETENTION; detención temporal.

TEMPORARY DISABILITY; incapacidad temporal.

TEMPORARY INJUNCTION; mandamiento judicial provisional.

TEMPORARY INSANITY; insania pasajera.

TEMPORARY JUDGE; juez sustituto.

TEMPORARY ORDER; orden provisional.

TEMPORARY RESTRAINING ORDER; inhibitoria provisional.

TEMPORARY STATUTE; ley temporal.

TEMPT; tentar, instigar.

TEMPTABLE; susceptible a la tentación.

TEMPTATION; tentación.

TEMPTING; tentador.

TENACIOUS; tenaz, persistente.

TENACITY; tenacidad.

TENANCY; tenencia, arrendamiento.

TENANCY AT SUFFERANCE; posesión de un inmueble tras la expiración del arrendamiento.

TENANCY AT WILL; arrendamiento por un periodo indeterminado.

TENANCY BY THE ENTIRETY; tenencia conjunta entre cónyuges.

TENANCY FROM MONTH TO MONTH; arrendamiento renovable de mes a mes.

TENANCY FROM YEAR TO YEAR; arrendamiento renovable de año a año.

TENANCY IN COMMON; tenencia en conjunto.

TENANCY IN PARTNERSHIP; tenencia en sociedad.

TENANT; tenedor de un inmueble, arrendatario, inquilino, ocupante.

TENANT AT SUFFERANCE; quien mantiene posesión tras la expiración del arrendamiento.

TENANT AT WILL; arrendatario por un periodo indeterminado.

TENANT FOR LIFE; tenedor de un inmueble por vida, tenedor de un inmueble durante la vida de un tercero.

TENANT FOR YEARS; tenedor de un inmueble por un número determinado de años.

TENANT FROM YEAR TO YEAR; arrendatario en un arrendamiento renovable de año a año.

TENANT IN COMMON; tenedor en conjunto.

TENANT IN FEE SIMPLE; propietario absoluto.

TENANT IN SEVERALTY; tenedor exclusivo.

TENANT IN TAIL; quien tiene derechos sobre un inmueble que sólo se pueden transmitir a herederos determinados.

TENANT'S FIXTURES; instalaciones fijas en un inmueble las cuales el tenedor tiene derecho a remover.

TENANTABLE REPAIRS; reparaciones necesarias para que un inmueble se pueda habitar.

TEND; atender, cuidar.
TENDENCY; tendencia, inclinación.
TENDER (adj); tierno, inmaduro, frágil.
TENDER (n); oferta, oferta de pago, oferta de cumplir, moneda de curso legal.
TENDER (v); ofrecer, ofrecer pagar, proponer.
TENDER OF ISSUE; palabras mediante las cuales se somete la cuestión a decisión.
TENDER OF PERFORMANCE; oferta de cumplimiento.
TENDER OFFER; oferta pública para la adquisición de acciones.
TENEMENT HOUSE; edificio de alquiler con calidad y renta baja.
TENEMENTS; bienes inmuebles.
TENOR; las palabras exactas de un documento, copia exacta, significado.
TENTATIVE; tentativo, provisorio.
TENTATIVE TRUST; fideicomiso en que una persona hace un depósito en un banco en nombre propio como fiduciario para otro.
TENURE; posesión, ejercicio de un cargo, empleo por un tiempo indefinido.
TERGIVERSATE; tergiversar.
TERGIVERSATION; tergiversación.
TERM; término, palabra, frase, expresión, plazo fijo, condición, sesión.
TERM FEE (RU); honorarios pagaderos al abogado por cada sesión en que se lleven a cabo los procedimientos.
TERM FOR DELIBERATING; plazo dentro del cual un heredero deberá aceptar o rechazar una herencia.
TERM FOR YEARS; derecho de posesión por un tiempo determinado.
TERM INSURANCE; seguro de vida por un término fijo.
TERM LOAN; préstamo por un término fijo.
TERM OF COURT; sesión de un tribunal.
TERM OF LEASE; término del arrendamiento.
TERM POLICY; seguro de vida por un término fijo.
TERMINABILITY; terminabilidad.
TERMINABLE; terminable.
TERMINABLE INTEREST; interés en un inmueble el cual termina bajo las condiciones estipuladas.
TERMINAL; terminal.

TERMINATE; terminar, limitar.
TERMINATION; terminación, conclusión, expiración, limitación.
TERMINATION OF CONDITIONAL CONTRACT; terminación de un contrato condicional.
TERMINATION OF EMPLOYMENT; despido de empleo, terminación de empleo.
TERMINOLOGY; terminología.
TERMINUM; un día otorgado al acusado.
TERMINUS; término, límite, fin.
TERMINUS A QUO; punto de partida.
TERMINUS AD QUEM; punto de llegada.
TERMOR; ocupante por un plazo fijo.
TERMS; términos, condiciones.
TERMS NET CASH; estipulación en un contrato de venta de pago en efectivo.
TERMS OF SALE; condiciones de venta.
TERMS OF SHIPMENT; condiciones de transporte, condiciones de embarque.
TERMS OF TRADE; condiciones de comercio.
TERRIBLE; terrible.
TERRIFY; aterrorizar.
TERRITORIAL; territorial.
TERRITORIAL COURTS (EU); tribunales territoriales.
TERRITORIAL JURISDICTION; jurisdicción territorial.
TERRITORIAL PROPERTY; tierras y aguas territoriales.
TERRITORIAL SEA; mar territorial.
TERRITORIAL WATERS; aguas territoriales.
TERRITORIALITY; territorialidad.
TERRITORY; territorio.
TERRITORY OF A JUDGE; jurisdicción territorial de un juez.
TERROR; terror, pánico.
TERRORISM; terrorismo.
TERRORIST; terrorista.
TERRORISTIC; terrorista.
TERRORISTIC THREATS; amenazas terroristas.
TERRORIZE; aterrorizar.
TERTIARY; terciario.
TEST (n); examen, prueba, experimento.
TEST (v); examinar, probar.

TEST ACTION; acción que servirá de modelo para determinar el curso a seguir con otras acciones similares.

TEST CASE; caso que servirá de modelo para determinar el curso a seguir con otros casos similares.

TEST OATH; juramento de fidelidad.

TEST TUBE BABY; bebé probeta, bebé nacido tras la inseminación de un óvulo fuera del cuerpo y luego colocado en el útero.

TESTABLE; con capacidad testamentaria, verificable.

TESTACY; el morir testado.

TESTAMENT; testamento.

TESTAMENTARY; testamentario.

TESTAMENTARY ARBITRATOR; árbitro en asuntos de testamentos.

TESTAMENTARY CAPACITY; capacidad de testar.

TESTAMENTARY CAUSE; causa testamentaria.

TESTAMENTARY CHARACTER; carácter testamentario.

TESTAMENTARY DISPOSITION; disposición testamentaria.

TESTAMENTARY EXECUTOR; albacea testamentario.

TESTAMENTARY GUARDIAN; tutor designado mediante testamento.

TESTAMENTARY HEIR; heredero testamentario.

TESTAMENTARY INSTRUMENT; instrumento de carácter testamentario.

TESTAMENTARY PAPER; documento de carácter testamentario.

TESTAMENTARY POWER; capacidad de testar.

TESTAMENTARY POWER OF APPOINTMENT; facultad de nombramiento sólo mediante testamento.

TESTAMENTARY SUCCESSION; sucesión testamentaria.

TESTAMENTARY TRUST; fideicomiso testamentario.

TESTAMENTARY TRUSTEE; fiduciario testamentario.

TESTAMENTUM; testamento.

TESTATE; testado, quien muere testado.

TESTATE SUCCESSION; sucesión testamentaria.

TESTATION; testigo, prueba.

TESTATOR; testador.

TESTATRIX; testadora.

TESTATUS; testado.

TESTE OF A WRIT; cláusula que concluye un documento.

TESTES, TRIAL PER; juicio sin jurado.

TESTES; testigos.

TESTIFY; testificar, atestiguar, declarar.

TESTIMONIAL; testimonial.

TESTIMONIAL EVIDENCE; prueba testimonial.

TESTIMONIUM CLAUSE; cláusula de certificación.

TESTIMONY; testimonio, declaración.

TESTIS; testigo.

TEXTBOOK; libro de texto, libro cubriendo un aspecto o tema del derecho.

THAN; que, del que.

THAT; eso, aquél, otro, quien, que.

THEFT; hurto, substracción.

THEFT-BOTE; un convenio ilícito entre quien hurtó y su víctima de devolver lo hurtado a cambio de que éste último no accione.

THEFT INSURANCE; seguro contra hurtos y robos.

THEFT LOSS; pérdidas debido a hurtos o robos.

THEIR; suyo, de ellos.

THEM; ellos, los.

THEME; tema, materia.

THEN; entonces, luego, por consiguiente.

THEN AND THERE; en el lugar y en el momento.

THENCE; de allí, por lo tanto.

THENCEFORTH; desde entonces.

THENCEFORWARD; desde entonces, de allí en adelante.

THEORETICAL; teórico.

THEORETICALLY; teóricamente.

THEORIZE; teorizar, especular.

THEORY; teoría.

THEORY OF CASE; el fundamento de una acción.

THEORY OF LAW; el fundamento legal de una acción.

THERAPY; terapia.

THERE; ahí, en eso.

THEREABOUT; por ahí, aproximadamente.

THEREAFTER; en adelante, después de.

THEREAT; ahí, luego, por eso.

THEREBY; en consecuencia, por medio de, con lo cual.

THEREFOR; por eso, para eso.

THEREFORE; por lo tanto, en consecuencia.

THEREFROM; de allí, de eso.

THEREIN; adentro, en eso.

THEREINAFTER; posteriormente, después.

THEREINBEFORE; anteriormente, antes.

THEREINTO; dentro de eso.

THEREOF; de eso, de esto.

THEREON; encima.

THERETO; a eso.

THERETOFORE; hasta entonces.

THEREUNDER; bajo eso, debajo.

THEREUPON; sin demora, encima de eso, por consiguiente.

THEREWITH; con esto, con eso.

THEREWITHAL; con esto, con eso.

THIA; tía.

THIEF; hurtador, ladrón.

THING; cosa, objeto, bien, cuestión.

THING APPENDANT; cosa accesoria.

THINGS IN ACTION; derecho de acción.

THINGS OF VALUE; objetos de valor.

THINGS PERSONAL; bienes muebles.

THINGS REAL; bienes inmuebles.

THINK; pensar, idear, razonar.

THIRD; tercero, terciario.

THIRD CONVICTION; tercera condena.

THIRD DEGREE; el obtener una confesión mediante un interrogatorio abusivo.

THIRD PARTIES; terceros.

THIRD PARTY; tercero.

THIRD PARTY ACTION; proceso de envolver a un tercero en una demanda.

THIRD PARTY BENEFICIARY; tercero beneficiario.

THIRD PARTY COMPLAINT; demanda dirigida a un tercero.

THIRD PARTY GUARANTEE; garantía por un tercero.

THIRD PARTY PRACTICE; demanda contra un tercero.

THIRD PARTY SUMMONS; citación de un tercero, emplazamiento de un tercero.

THIRD PERSON; tercero.

THIRD POSSESSOR; quien compra una propiedad hipotecada sin asumir una hipoteca existente.

THIRD RAIL; tercer riel.

THIS DAY SIX MONTHS (RU); rechazo de un proyecto de ley sin dar oportunidad de presentarlo nuevamente en dicha sesión parlamentaria.

THITHER; allá, mas allá.

THOROUGH; minucioso, cabal, completo, cuidadoso.

THOROUGHFARE; vía pública, carretera.

THOROUGHGOING; esmerado, cabal, minucioso, muy cuidadoso.

THOROUGHLY; minuciosamente, cabalmente, completamente.

THOROUGHNESS; minuciosidad, cumplimiento.

THOUGH; aunque, bien que.

THOUGHT; pensamiento, noción, reflexión.

THOUGHTFUL; atento, cuidadoso, pensativo.

THOUGHTLESSLY; imprudentemente, descuidadamente, negligentemente.

THOUSAND-YEAR LEASE; arrendamiento a mil años.

THRASHING; paliza.

THREAD; línea divisoria, línea medianera.

THREAT; amenaza.

THREAT BY MAIL; amenazas a través del sistema postal.

THREATEN; amenazar.

THREATENED CLOUD; imperfección de título anticipada.

THREATENING; amenazador.

THREATENING LETTERS; cartas conteniendo amenazas.

THREATENINGLY; amenazantemente.

THREE-JUDGE COURT; tribunal con tres jueces.

THREE-MILE LIMIT; límite de tres millas.

THRESHOLD; umbral, comienzo.

THRIFT; ahorro, economía.

THRONG; multitud.

THROUGH; por, mediante, durante, del principio al final.

THROUGH BILL OF LADING; estilo de conocimiento de embarque usado cuando hay mas de un transportador.

THROUGH LOT; lote el cual tiene una calle en cada extremo, solar el cual tiene una calle en cada extremo.

THROUGHOUT; a lo largo de, por todo.

THROUGHWAY; autopista.

THROW OUT; expeler, rechazar.

THRUST; embestida, empujón.

THRUWAY; autopista.

THUS; así, de este modo, por esto.

THWART; frustrar, impedir.

TICKET; boleto, lista de candidatos, boleto por infracción de tránsito.

TICKET OF LEAVE (RU); libertad condicional.

TICKET-OF-LEAVE MAN (RU); quien está bajo libertad condicional.

TIDAL; concerniente al flujo de la marea.

TIDAL CURRENT; corriente de la marea.

TIDE; marea.

TIDE-WATER; aguas de las mareas.

TIDELAND; las tierras entre las mareas altas y bajas.

TIDEWAY; las tierras entre las mareas altas y bajas.

TIE (n); empate, vínculo, unión.

TIE (v); empatar, atar, unir.

TIE VOTE; voto empatado.

TIED PRODUCT; acuerdo de vender un producto siempre que se compre otro determinado.

TIGHT; apretado, difícil.

TILL-TAPPING; hurto de dinero de una caja registradora.

TILLAGE; tierra cultivada, tierra bajo cultivo, cultivo.

TIME; tiempo, periodo, ocasión, instante.

TIME AND ONE-HALF; tiempo y medio.

TIME BILL; letra de cambio a fecha cierta, letra de cambio a término.

TIME CHARTER; contrato de fletamiento por un término determinado.

TIME DEPOSIT; depósito a plazo.

TIME DRAFT; letra de cambio a fecha cierta, letra de cambio a término.

TIME FOR APPEALING; plazo dentro del cual apelar.

TIME IMMEMORIAL; tiempo inmemorial.

TIME IS OF THE ESSENCE; estipulación contractual que fija un plazo dentro del cual se tiene que cumplir con lo acordado.

TIME LOAN; préstamo por un término determinado.

TIME NOTE; pagaré pagadero en un término determinado.

TIME OUT OF MEMORY; tiempo inmemorial.

TIME POLICY; póliza por un término determinado.

TIME SHEET; hoja de jornales, hoja de registro de tiempo.

TIMELY; puntual, oportuno.

TIMESHARING; copropiedad en la cual los diversos dueños tienen derecho a usar la propiedad durante un periodo específico cada año.

TIP; comunicación de información sobre una corporación la cual no es del conocimiento público, indicio, propina.

TIPPEES; quienes obtienen información sobre una corporación la cual no es del conocimiento público, quienes obtienen información sobre una sociedad la cual no es del conocimiento público.

TIPPER; quien divulga información sobre una corporación la cual no es del conocimiento público.

TIPSTAFF; alguacil.

TITLE; título.

TITLE BOND; garantía de título.

TITLE BY ACCRETION; título obtenido mediante la adquisición gradual de tierra por causas de la naturaleza.

TITLE BY ADVERSE POSSESSION; título adquirido al mantener la posesión y transcurrir la prescripción adquisitiva.

TITLE BY DESCENT; título adquirido como heredero.

TITLE BY LIMITATION; título adquirido mediante la prescripción.

TITLE BY PRESCRIPTION; título adquirido al mantener la posesión y transcurrir la prescripción adquisitiva.

TITLE BY PURCHASE; título obtenido por cualquier método menos herencia.

TITLE COVENANTS; cláusulas en un traspaso concernientes a las garantías del título.

TITLE DEEDS; escrituras evidenciando título de propiedad.

TITLE DEFECTIVE IN FORM; título con defectos formales.

TITLE DOCUMENTS; documentos de título.

TITLE GUARANTY; garantía de título.

TITLE GUARANTY COMPANY; compañía que garantiza títulos.

TITLE IN FEE SIMPLE; propiedad absoluta.

TITLE INSURANCE; seguro de título.

TITLE OF A CAUSE; nombre distintivo de una causa.

TITLE OF AN ACT; encabezamiento de una ley, título de una ley.

TITLE OF ENTRY; derecho de ingreso a un inmueble.

TITLE OF RECORD; título registrado.

TITLE RETENTION; privilegio de retención de título.

TITLE SEARCH; estudio de título.

TITLE STANDARDS; normas para evaluar el título de propiedad.

TO HAVE AND TO HOLD; tener y poseer.

TO WIT; es decir, a saber.

TODAY; hoy, al presente.

TOFT; terreno donde hubo una vez construcciones.

TOGETHER; conjuntamente, simultáneamente.

TOKEN (adj); nominal, simbólico.

TOKEN (n); signo, indicación, símbolo, ficha.

TOKEN PAYMENT; pago parcial, pago nominal.

TOLERABLE; tolerable, sufrible, aceptable.

TOLERANCE; tolerancia.

TOLERANT; tolerante.

TOLERATE; tolerar.

TOLERATION; tolerancia.

TOLL (n); peaje, tarifa por llamadas a larga distancia, número de víctimas.

TOLL (v); suspender, impedir.

TOLLAGE; peaje.

TOLLBOOTH; aduana, prisión, cabina de peaje.

TOMB; tumba.

TOMBSTONE; lápida.

TOME; tomo.

TOMORROW; mañana.

TON; tonelada.

TONNAGE; tonelaje.

TONNAGE-DUTY; impuesto sobre el tonelaje.

TONNAGE TAX; impuesto sobre el tonelaje.

TONTINE; tontina.

TOO; también, igualmente, además.

TOOK AND CARRIED AWAY; se tomó y llevó.

TOP; primero, cima, máximo.

TOP LEASE; arrendamiento que se establece antes de expirar uno anterior.

TOPIC; asunto, tema.

TOPOGRAPHY; topografía.

TORMENT; atormentar, hostigar.

TORPEDO DOCTRINE; doctrina que responsabiliza a quien mantiene un estorbo atractivo en su propiedad.

TORRENS SYSTEM; Sistema Torrens.

TORT; daño legal, daño, perjuicio, agravio.

TORT-FEASOR; autor de un daño legal.

TORTIOUS; dañoso, ilícito.

TORTIOUS ACT; acto dañoso, acto ilícito.

TORTURE; tortura.

TOTAL; total, entero.

TOTAL BREACH; incumplimiento total.

TOTAL DEPENDENCY; dependencia total.

TOTAL DISABILITY; incapacidad total.

TOTAL EVICTION; desalojo total.

TOTAL FAILURE OF EVIDENCE; falta total de prueba.

TOTAL INCAPACITY; incapacidad total.

TOTAL LOSS; pérdida total.

TOTAL MENTAL DISABILITY; incapacidad mental total.

TOTAL PHYSICAL DISABILITY; incapacidad física total.

TOTALLY; totalmente, enteramente.

TOTIES QUOTIES; tantas veces como ocurra.

TOTTEN TRUST; fideicomiso en que una persona hace un depósito en un banco en nombre propio como fiduciario para otro.

TOUCH; tocar un puerto, tocar.

TOUCH AND STAY; tocar y permanecer por un término en un puerto.

TOW (n); remolque, remolcador.

TOW (v); remolcar.

TOWAGE; remolque.

TOWAGE SERVICE; servicio de remolque.

TOWARD; hacia, con respecto a, cerca de.

TOWBOAT; remolcador.

TOWN; pueblo, población.

TOWN-CLERK; secretario municipal.

TOWN COLLECTOR; recaudador municipal.

TOWN COMMISSIONER; miembro de la
junta municipal.

TOWN COUNCIL; consejo municipal.

TOWN HALL; ayuntamiento.

TOWN ORDER; orden de pago dirigida a un
tesorero municipal.

TOWN PURPOSES; propósitos municipales.

TOWN TAX; impuesto municipal.

TOWN TREASURER; tesorero municipal.

TOWN WARRANT; orden de pago dirigida a
un tesorero municipal.

TOWNSHIP; (EU) medida de terreno en forma
de cuadrado conteniendo 36 millas
cuadradas, municipio.

TOWNSHIP TRUSTEE; miembro de la junta
municipal.

TOXIC; tóxico.

TOXIC WASTE; desperdicios tóxicos.

TOXICAL; tóxico.

TOXICANT; agente tóxico, intoxicante.

TOXICATE; intoxicar, envenenar.

TOXICITY; toxicidad.

TOXICOLOGY; toxicología.

TOXIN; toxina.

TRACE; rastro, pista, indicio.

TRACING; rastreo, calco.

TRACK; huella, pisada, curso, riel.

TRACT; parcela, lote, trecho, zona, región.

TRADE (n); comercio, negocio, oficio, cambio.

TRADE (v); comerciar, cambiar.

TRADE ACCEPTANCE; documento
cambiario aceptado.

TRADE AGREEMENT; convenio comercial.

TRADE AND COMMERCE; actividad
comercial.

TRADE ASSOCIATION; asociación
comercial.

TRADE DISCOUNT; descuento comercial.

TRADE DISPUTE; disputa laboral.

TRADE FIXTURES; instalaciones fijas
comerciales.

TRADE LAW; derecho comercial.

TRADE LIBEL; declaraciones escritas
comercialmente difamantes.

TRADE NAME; nombre comercial.

TRADE SECRET; secreto comercial, secreto
industrial.

TRADE-UNION; sindicato, gremio laboral.

TRADEMARK; marca, marca comercial.

TRADEMARK LICENSE; licencia de marca
comercial.

TRADER; comerciante, negociante.

TRADING; comercio.

TRADING CONTRACT; contrato comercial.

TRADING CORPORATION; corporación
comercial, ente jurídico comercial.

TRADING PARTNERSHIP; sociedad
comercial.

TRADING STAMPS; estampillas obtenidas
mediante compras las cuales se combinan
para obtener premios.

TRADING VOYAGE; viaje marítimo
comercial.

TRADING WITH THE ENEMY; comercio con
el enemigo.

TRADITION; entrega, tradición.

TRADITIONAL; tradicional.

TRADITIONARY EVIDENCE; prueba de un
difunto que se usa al no haber otra forma
de obtener dicha prueba.

TRAFFIC; tráfico, comercio, negocio,
transporte comercial.

TRAFFIC ACCIDENT; accidente de tránsito.

TRAFFIC COURT; juzgado de tránsito.

TRAFFIC OFFENSE; infracción de tránsito.

TRAFFIC REGULATIONS; reglamentos de
tránsito.

TRAFFIC SIGN; señal de tránsito, semáforo.

TRAFFIC VIOLATION; infracción de los
reglamentos de tránsito.

TRAFFICKING; tráfico de drogas ilícitas,
tráfico.

TRAINEE; aprendiz.

TRAINING; entrenamiento, aprendizaje,
instrucción.

TRAIT; rasgo.

TRAITOR; traidor.

TRAITOROUSLY; traicioneramente.

TRAMP; vagabundo.

TRAMP CORPORATION (EU); corporación o ente jurídico el cual se constituye en un estado sin intenciones de comerciar en dicho estado.

TRANSACT; tramitar, negociar, comerciar.

TRANSACTING BUSINESS; llevando a cabo operaciones comerciales.

TRANSACTION; transacción, negocio, gestión.

TRANSACTIONAL; de transacción.

TRANSACTOR; tramitador, negociante.

TRANSCRIBE; transcribir.

TRANSCRIPT; transcripción, copia.

TRANSCRIPT OF RECORD; transcripción de los procesos judiciales.

TRANSCRIPTION; transcripción.

TRANSFER (n); transferencia, cesión.

TRANSFER (v); transferir, ceder.

TRANSFER AGENT; entidad encargada de las transferencias de acciones.

TRANSFER IN CONTEMPLATION OF DEATH; transferencia en expectativa de muerte.

TRANSFER OF A CAUSE; transferencia de una causa.

TRANSFER OF JURISDICTION; transferencia de jurisdicción.

TRANSFER OF OWNERSHIP; transferencia de propiedad.

TRANSFER OF PROPERTY; transferencia de propiedad.

TRANSFER OF TECHNOLOGY; transferencia de tecnología.

TRANSFER OF TITLE; transferencia de título.

TRANSFER PAYMENTS; pagos del gobierno a individuos los cuales no envuelven la prestación de servicios.

TRANSFER TAX; impuesto a las transferencias.

TRANSFER TICKET; boleto de transferencia.

TRANSFERABILITY; transferibilidad.

TRANSFERABLE; transferible.

TRANSFEREE; cesionario.

TRANSFERENCE; transferencia, cesión.

TRANSFEROR; cedente, transferidor.

TRANSFORM; transformar.

TRANSFORMATION; transformación.

TRANSGRESS; transgredir, infringir.

TRANSGRESSION; transgresión, infracción.

TRANSGRESSIVE TRUST; fideicomiso que viola la regla prohibiendo crear un interés futuro si no existe la posibilidad de que se transfiera dentro de los 21 años más período de gestación de haberse creado.

TRANSGRESSOR; transgresor, infractor.

TRANSIENT; transeúnte, pasajero, efímero.

TRANSIENT FOREIGNER; extranjero transeúnte.

TRANSIENT JURISDICTION; jurisdicción transeúnte.

TRANSIENT MERCHANT; comerciante ambulante.

TRANSIENT PERSON; persona transeúnte.

TRANSIT; tránsito, transporte.

TRANSITION; transición.

TRANSITIONAL; de transición.

TRANSITIVE; transitivo.

TRANSITIVE COVENANT; convenio transferible.

TRANSITORILY; transitoriamente.

TRANSITORY; transitorio.

TRANSITORY ACTION; acción que se puede entablar en distintas jurisdicciones, acción contra la persona.

TRANSLATE; traducir.

TRANSLATION; traducción.

TRANSLATIVE FACT; hecho traslativo.

TRANSLATOR; traductor, intérprete.

TRANSMISSIBLE; transmisible.

TRANSMISSION; transmisión, sucesión.

TRANSMIT; transmitir.

TRANSNATIONAL; transnacional.

TRANSNATIONAL CONTRACT; contrato transnacional.

TRANSNATIONAL LAW; derecho transnacional.

TRANSPORT (n); transporte.

TRANSPORT (v); transportar.

TRANSPORTATION; transportación.

TRANSSHIP; transbordar.

TRANSSHIPMENT; transbordo.

TRAP; trampa, artimaña.

TRAUMA; trauma.

TRAUMATIC; traumático.

TRAUMATIZE; traumatizar.

TRAVEL; viaje, movimiento.

TRAVEL EXPENSES; gastos de viaje.

TRAVELED WAY; la parte de una vía destinada al uso público.

TRAVELER; viajero.

TRAVELER'S CHECK; cheque de viajero.

TRAVELER'S LETTER OF CREDIT; carta de crédito dirigida a un banco corresponsal.

TRAVERSABLE; negable, impugnable, atravesable.

TRAVERSE (n); negación, contradicción, impugnación, pasaje.

TRAVERSE (v); negar, contradecir, impugnar, atravesar, impedir.

TRAVERSE JURY; jurado de juicio.

TRAVERSE OF INDICTMENT; contestación a la acusación.

TRAVERSER; quien niega, quien impugna.

TREACHER; traidor.

TREACHERY; traición.

TREASON; traición.

TREASONABLE; traicionero.

TREASURE; tesoro.

TREASURE-TROVE; tesoro encontrado.

TREASURER; tesorero.

TREASURY; tesorería.

TREASURY BOND; (EU) bono garantizado por el gobierno federal, bono emitido y readquirido por la misma corporación.

TREASURY DEPARTMENT (EU); Departamento de la Tesorería.

TREASURY SECURITIES; valores emitidos y readquiridos por la misma corporación.

TREASURY SHARES; acciones emitidas y readquiridas por la misma corporación.

TREASURY STOCK; acciones emitidas y readquiridas por la misma corporación.

TREATISE; tratado.

TREATMENT; tratamiento.

TREATY; tratado, convenio.

TREATY OF PEACE; tratado de paz.

TREBLE; triple.

TREBLE DAMAGES; daños y perjuicios triplicados.

TREBLE PENALTY; pena triplicada.

TREND; dirección, tendencia.

TRESAEL; un tatarabuelo.

TRESPASS (n); transgresión, violación de propiedad, violación de derechos ajenos.

TRESPASS (v); transgredir, entrar o permanecer ilegalmente o sin autorización en una propiedad, violar derechos ajenos.

TRESPASS AB INITIO; transgresión desde el principio.

TRESPASS DE BONIS ASPORTATIS; acción por daños y perjuicios por una violación de propiedad en la cual se sustrajeron bienes.

TRESPASS FOR MENSE PROFITS; acción suplementaria a un desalojo en la cual se intenta recuperar las ganancias obtenidas durante la ocupación.

TRESPASS QUARE CLAUSUM FREGIT; acción por daños y perjuicios por una violación de propiedad.

TRESPASS TO CHATTELS; violación grave de los derechos de posesión de bienes muebles de otra persona.

TRESPASS TO LAND; entrada sin autorización a un bien inmueble.

TRESPASS TO TRY TITLE; juicio de desahucio de tierras habitadas ilegalmente.

TRESPASS VI ET ARMIS; transgresión con fuerza y armas.

TRESPASSER; transgresor, quien entra ilícitamente a una propiedad ajena, quien viola los derechos ajenos.

TRESPASSER AB INITIO; transgresor desde el principio.

TRIABLE; enjuiciable.

TRIAL; juicio, proceso, prueba.

TRIAL AT NISI PRIUS; juicio ante un juez.

TRIAL BALANCE; balance de comprobación.

TRIAL BRIEF; notas del abogado con los datos pertinentes de un caso.

TRIAL BY COURT; juicio ante un juez sin jurado.

TRIAL BY JUDGE; juicio ante un juez sin jurado.

TRIAL BY JURY; juicio por jurado.

TRIAL BY NEWS MEDIA; situación en la cual los medios de prensa informan de modo que los lectores juzgan la inocencia o culpabilidad.

295

TRIAL COURT; tribunal de primera instancia.
TRIAL DE NOVO; un nuevo juicio.
TRIAL JURY; jurado en un juicio.
TRIAL LIST; lista de causas.
TRIBAL LANDS; tierras comunales de una reservación india.
TRIBUNAL; tribunal.
TRIBUTARY; tributario, subordinado.
TRIBUTE; tributo.
TRIFURCATED TRIAL; juicio trifurcado.
TRIGGER; gatillo.
TRIMESTRIAL; trimestral.
TRIP; viaje, traspié.
TRIPARTITE; tripartito.
TRIPARTITION; tripartición.
TRIPLE; triple.
TRIPLICATE; triplicado, triple.
TRITE; trivial.
TRIUMPH; triunfo, exultación.
TRIVIA; trivialidades.
TRIVIAL; trivial, insignificante.
TRIVIALITY; trivialidad.
TRIVIALLY; trivialmente.
TRIWEEKLY; trisemanal.
TROPHY; trofeo.
TROUBLE (n); molestia, preocupación, perturbación.
TROUBLE (v); molestar, preocupar, perturbar.
TROUBLED; preocupado, agitado.
TROUBLEMAKER; perturbador, camorrista.
TROUGH; canal, canalón.
TROVER; acción para la recuperación de bienes muebles tomados ilícitamente.
TROY WEIGHT; peso troy.
TRUANCY; ausencia sin justificación de la escuela, ausencia sin justificación del trabajo.
TRUCE; tregua.
TRUCK; camión, cambio, comercio.
TRUCULENCE; truculencia.
TRUCULENT; truculento.
TRUCULENTLY; truculentamente.
TRUE (adj); cierto, verdadero, genuino, real, legítimo.
TRUE (adv); verídicamente, con exactitud.
TRUE ADMISSION; reconocimiento de un hecho presentado por la parte contraria como cierto.

TRUE BILL; aprobación de una acusación por un gran jurado, acusación formal de un delito.
TRUE COPY; copia exacta, copia suficientemente fiel.
TRUE VALUE; valor justo en el mercado.
TRUE VERDICT; veredicto voluntario.
TRULY; verdaderamente, genuinamente, honestamente, fielmente.
TRUST; fideicomiso, confianza, expectación.
TRUST COMPANY; compañía fiduciaria.
TRUST DEED; escritura fiduciaria.
TRUST DEPOSIT; depósito en un fideicomiso.
TRUST ESTATE; los bienes en el fideicomiso.
TRUST EX DELICTO; fideicomiso impuesto mediante la ley por conducta ilícita.
TRUST EX MALEFICIO; fideicomiso impuesto mediante la ley por conducta ilícita.
TRUST FUND; fondos en fideicomiso, fondos destinados a formar parte de un fideicomiso.
TRUST FUND DOCTRINE; doctrina que indica que los bienes de una empresa se deben usar para pagar sus deudas antes de repartirse entre los accionistas.
TRUST IN INVITUM; fideicomiso impuesto mediante la ley contra la voluntad del fiduciario.
TRUST INDENTURE; documento que contiene los términos y las condiciones de un fideicomiso.
TRUST INSTRUMENT; instrumento formal mediante el cual se crea un fideicomiso.
TRUST LEGACY; legado a través de un fideicomiso.
TRUST OFFICER; funcionario de una compañía fiduciaria encargado de los fondos de los fideicomisos.
TRUST PROPERTY; la propiedad objeto del fideicomiso.
TRUST TERRITORY; territorio en fideicomiso.
TRUSTEE; fiduciario, persona en una capacidad fiduciaria.
TRUSTEE DE SON TORT; a quien se considera como fiduciario debido a su conducta ilícita.

TRUSTEE EX MALEFICIO; a quien se considera como fiduciario bajo el régimen de equidad debido a su conducta ilícita.

TRUSTEE IN BANKRUPTCY; síndico concursal.

TRUSTEESHIP; cargo fiduciario.

TRUSTFUL; confiado.

TRUSTOR; quien crea un fideicomiso.

TRUSTWORTHINESS; confiabilidad, honradez.

TRUSTWORTHY; confiable, fidedigno.

TRUTH; verdad, realidad, exactitud.

TRUTH-IN-LENDING ACT (EU); ley federal que dispone que se divulgue la información pertinente al otorgar crédito.

TRUTHFUL; veraz.

TRUTHFULLY; verazmente.

TRY; juzgar, probar, tratar, exasperar.

TRYING; exasperante, difícil.

TUG; remolcar, halar.

TUGBOAT; remolcador.

TUITION; matrícula, instrucción.

TUMULT; tumulto.

TUMULTUOUS; tumultuoso.

TUNNEL; túnel.

TURBULENCE; turbulencia.

TURN (n); turno, vuelta, cambio.

TURN (v); virar, revolver, cambiar.

TURN-KEY CONTRACT; contrato llave en mano.

TURNCOAT WITNESS; testigo que ofrece testimonio perjudicial a la parte quien lo presentó.

TURNDOWN; rechazo.

TURNING POINT; punto crítico.

TURNING STATE'S EVIDENCE; rendir prueba que incrimina a cómplices a cambio de inmunidad o una sentencia reducida.

TURNKEY; carcelero, llavero de cárcel.

TURNOVER; movimiento de mercancías, producción, cambio de personal.

TURNPIKE; autopista con peaje.

TURNTABLE DOCTRINE; doctrina que responsabiliza a quien mantiene un estorbo atractivo en su propiedad.

TURPIS; vil.

TURPIS CAUSA; contraprestación inmoral.

TURPIS CONTRACTUS; contrato inmoral.

TURPITUDE; vileza, ruindad.

TUTELAGE; tutela.

TUTOR; tutor.

TUTORAGE; tutoría.

TUTORESS; tutora.

TUTORSHIP; tutela.

TUTORSHIP BY NATURE; tutela natural.

TUTORSHIP BY WILL; tutela testamentaria.

TUTRIX; tutora.

TWELVE-MAN JURY; jurado de doce integrantes.

TWELVEMONTH (RU); un año.

TWICE; doblemente, dos veces.

TWICE IN JEOPARDY; doble exposición por el mismo delito.

TWILIGHT; crepúsculo.

TWIN; gemelo, doble.

TWIN BROTHER; hermano gemelo.

TWIN SISTER; hermana gemela.

TWIST; torcer, viciar.

TWISTING; tergiversación.

TWO-WITNESS RULE; regla que indica que en ciertos casos se requieren dos testigos o uno al haber circunstancias corroborantes.

TYING ARRANGEMENT; arreglo mediante el cual se puede obtener un producto siempre que se compre otro determinado.

TYPE; tipo, clase, distintivo.

TYPICAL; típico, característico.

TYPICALLY; típicamente.

TYPIFY; tipificar, simbolizar.

TYPOGRAPHICAL ERROR; error tipográfico.

TYRANNIC; tiránico.

TYRANNOUS; tirano.

TYRANNY; tiranía.

TYRANT; tirano.

UBERRIMA FIDES; buena fe absoluta.
UBIQUITOUS; ubicuo.
UBIQUITY; ubicuidad.
ULTERIOR; ulterior, oculto.
ULTERIOR MOTIVE; motivo ulterior,
    segunda intención.
ULTERIOR PURPOSE; propósito ulterior.
ULTERIORLY; ulteriormente.
ULTIMA RATIO; último recurso, recurso
    final.
ULTIMATE; último, final, máximo.
ULTIMATE FACTS; hechos esenciales
    controvertidos, hechos decisivos.
ULTIMATE ISSUE; cuestión decisiva.
ULTIMATE PAYMENT; último pago.
ULTIMATELY; últimamente.
ULTIMATUM; ultimátum.
ULTRA; mas allá de.
ULTRA VIRES; actos mas allá de los poderes
    autorizados, ultra vires.
UMBRELLA POLICY; póliza suplementaria
    para aumentar la cobertura.
UMPIRAGE; arbitraje, laudo arbitral.
UMPIRE (n); árbitro.
UMPIRE (v); arbitrar.
UNABATED; no disminuido.
UNABLE; incapaz, imposibilitado.
UNABRIDGED; completo, no resumido.
UNACCEPTABLE; inaceptable.
UNACCESSIBLE; inaccesible.
UNACCOMPANIED; no acompañado.
UNACCUSTOMED; desacostumbrado, no
    usual.
UNACKNOWLEDGED; no reconocido.
UNADAPTABILITY; inadaptabilidad.
UNADAPTED; inadaptado.
UNADJUSTED; no ajustado, inadaptado.
UNADOPTABLE; inadoptable.
UNADOPTED; no adoptado.

UNADULTERATED; no adulterado, natural.
UNADVISED; imprudente, indiscreto.
UNADVISEDLY; imprudentemente,
    indiscretamente.
UNAIDED; sin ayuda.
UNALIENABLE; inalienable.
UNALLOWABLE; inadmisible.
UNAMBIGUOUS; inequívoco.
UNANIMITY; unanimidad.
UNANIMOUS; unánime.
UNANIMOUS DECISION; decisión unánime.
UNANIMOUSLY; unánimemente.
UNANSWERABLE; incontestable.
UNANSWERED; no contestado.
UNAPPEALABLE; inapelable.
UNAPPROVED; no aprobado.
UNAPT; inadecuado, inepto.
UNARMED; desarmado.
UNARRANGED; no convenido.
UNASCERTAINABLE; indeterminable.
UNASCERTAINED; indeterminado.
UNASCERTAINED DUTIES; derechos
    estimados.
UNASSIGNABLE; intransferible.
UNASSISTED; sin ayuda.
UNATTACHED; no embargado.
UNATTAINABLE; inalcanzable, irrealizable.
UNAUTHORIZED; no autorizado,
    desautorizado.
UNAUTHORIZED INDORSEMENT; endoso
    no autorizado.
UNAUTHORIZED PRACTICE OF LAW;
    práctica de la abogacía sin autorización.
UNAUTHORIZED SIGNATURE; firma no
    autorizada.
UNAUTHORIZED USE; uso no autorizado.
UNAVAILABILITY; indisponibilidad.
UNAVAILABLE; no disponible, inaccesible.
UNAVAILING; inútil, ineficaz.
UNAVOIDABLE; inevitable.
UNAVOIDABLE ACCIDENT; accidente
    inevitable.
UNAVOIDABLE CASUALTY; accidente
    inevitable.
UNAVOIDABLE CAUSE; causa inevitable.
UNAVOIDABLE DANGERS; peligros
    inevitables.

UNAVOIDABLE OCCURRENCE; incidente inevitable.

UNAVOIDABLY; inevitablemente.

UNAWARE; ignorante, ajeno.

UNBEARABLE; inaguantable, insoportable.

UNBEKNOWN; desconocido, ignorado.

UNBENDING; inflexible, riguroso.

UNBIASED; imparcial.

UNBORN BENEFICIARIES; beneficiarios aún sin nacer.

UNBORN CHILD; niño no nacido, niña no nacida.

UNBROKEN; continuo, intacto.

UNCEASINGLY; incesantemente.

UNCERTAIN; incierto, dudoso, indeterminado, indeciso.

UNCERTAINTY; incertidumbre, indecisión.

UNCLAIMED; no reclamado.

UNCLAIMED GOODS; bienes no reclamados.

UNCLE; tío.

UNCLEAN; impuro.

UNCLEAN HANDS DOCTRINE; doctrina que le niega reparaciones a la parte demandante si ésta es culpable de conducta injusta en la materia del litigo.

UNCOGNIZANT; sin conocimiento de.

UNCOLLECTIBLE; incobrable.

UNCOMMITTED; no comprometido, imparcial.

UNCOMMON; no usual, poco común.

UNCOMPENSABLE; incompensable.

UNCONDITIONAL; incondicional.

UNCONDITIONAL CREDIT; crédito incondicional.

UNCONDITIONAL DELIVERY; entrega incondicional.

UNCONDITIONAL DISCHARGE; libertad incondicional.

UNCONDITIONAL OWNERSHIP; propiedad incondicional.

UNCONDITIONALLY; incondicionalmente.

UNCONFIRMED; no confirmado.

UNCONFORMITY; inconformidad.

UNCONSCIONABLE; desmedido, abusivo, falto de escrúpulo.

UNCONSCIONABLE BARGAIN; contrato abusivo.

UNCONSCIONABLE CLAUSE; cláusula abusiva.

UNCONSCIONABLE CONTRACT; contrato abusivo.

UNCONSCIOUS; inconsciente.

UNCONSCIOUSNESS; inconsciencia.

UNCONSTITUTIONAL; inconstitucional.

UNCONSTITUTIONALITY; inconstitucionalidad.

UNCONSTITUTIONALLY; inconstitucionalmente.

UNCONTEMPLATED; impensado, no contemplado.

UNCONTESTED; incontestado.

UNCONTROLLABLE; incontrolable.

UNCONTROLLABLE IMPULSE; impulso incontrolable.

UNCONTROLLED; no controlado.

UNCOVER; revelar, descubrir.

UNCOVERED; descubierto.

UNDATED; sin fecha.

UNDECIDED; irresoluto, indeciso.

UNDECISIVE; no decisivo.

UNDEFENDED; sin defensa, indefenso.

UNDEFERRABLE; inaplazable.

UNDELIBERATE; indeliberado.

UNDELIVERED; sin entregar.

UNDENIABLE; indisputable.

UNDER; bajo de, subordinado a, conforme a.

UNDER BOND; bajo fianza, bajo garantía.

UNDER COLOR OF LAW; so color de la ley.

UNDER CONTRACT; bajo contrato, contratado.

UNDER CONTROL; bajo control.

UNDER INSURANCE; cobertura parcial.

UNDER-LEASE; subarriendo.

UNDER-LESSOR; subarrendador.

UNDER OATH; bajo juramento.

UNDER PROTEST; bajo protesta.

UNDER SEAL; bajo sello.

UNDER-TENANT; subarrendatario.

UNDER THE INFLUENCE; bajo la influencia, ebrio.

UNDER THE INFLUENCE OF AN INTOXICANT; bajo la influencia de una sustancia intoxicante, ebrio.

UNDER THE INFLUENCE OF INTOXICATING LIQUOR; bajo la influencia del alcohol, ebrio.

UNDERCAPITALIZATION;
  subcapitalización.
UNDERCLOTHING; ropa interior.
UNDERCOVER; secreto, confidencial.
UNDERCOVER AGENT; agente encubierto.
UNDERCUT; socavar.
UNDERDEVELOPED; subdesarrollado.
UNDERGROUND; subterráneo, clandestino.
UNDERGROUND WATER; aguas
  subterráneas.
UNDERHAND; clandestino, fraudulento.
UNDERLYING; fundamental, implícito.
UNDERMOST; último.
UNDERSECRETARY; subsecretario.
UNDERSIGNED, THE; el abajo firmante, el
  infrascrito.
UNDERSIGNED; abajo firmado, infrascrito.
UNDERSTAND; entender, saber, sobrentender.
UNDERSTANDABLE; comprensible.
UNDERSTANDING; entendimiento,
  interpretación, convenio.
UNDERSTOOD; entendido, convenido,
  sobrentendido.
UNDERTAKE; emprender, garantizar, intentar.
UNDERTAKE AN OBLIGATION; asumir una
  obligación.
UNDERTAKER; empresario, funerario.
UNDERTAKING; empresa, promesa,
  compromiso.
UNDERWRITE; suscribir, asegurar.
UNDERWRITER; suscriptor, asegurador.
UNDESCRIBABLE; indescriptible.
UNDESERVED; inmerecido.
UNDESERVEDLY; inmerecidamente.
UNDETERMINABLE; indeterminable.
UNDETERMINED; indeterminado.
UNDISBURSED; sin desembolsar.
UNDISCLOSED; oculto.
UNDISCLOSED AGENCY; representación
  oculta.
UNDISCLOSED AGENT; quien no revela su
  estado de representante.
UNDISCLOSED DEFECTS; vicios ocultos.
UNDISCLOSED PARTNER; socio oculto.
UNDISCLOSED PRINCIPAL; mandante
  oculto.
UNDISPUTED; indisputable, indiscutible.
UNDISPUTED FACT; hecho indisputable.

UNDISTRIBUTED PROFITS; ganancias no
  distribuidas, beneficios no distribuidos.
UNDIVIDED; indiviso, completo.
UNDIVIDED PROFITS; ganancias no
  distribuidas.
UNDIVIDED RIGHT; derecho indiviso.
UNDONE; sin hacer, desligado.
UNDUE; indebido, ilegal, abusivo.
UNDUE INFLUENCE; coacción, influencia
  abusiva.
UNDUE MEANS; medios abusivos.
UNDULY; indebidamente, excesivamente.
UNEARNED; no ganado.
UNEASY; intranquilo, preocupado.
UNEDUCATED; no educado.
UNEMPLOYABLE; quien no puede ser
  empleado, incapacitado para trabajar.
UNEMPLOYED; desempleado, sin utilizar.
UNEMPLOYMENT; desempleo.
UNEMPLOYMENT INSURANCE; seguro de
  desempleo.
UNENCLOSED PLACE; lugar al descubierto.
UNENCUMBERED; libre de gravámenes.
UNENDING; interminable.
UNENFORCEABLE; lo cual no se puede hacer
  cumplir, inexigible.
UNEQUAL; desigual, injusto, discriminatorio.
UNEQUAL RELATIONSHIP; relación
  desigual.
UNEQUIVOCAL; inequívoco.
UNERRING; infalible.
UNETHICAL; no ético.
UNETHICAL CONDUCT; conducta no ética.
UNEVEN; desigual.
UNEVENTFUL; sin acontecimientos.
UNEXAMPLED; sin ejemplo, sin precedente.
UNEXCEPTIONABLE; irrecusable.
UNEXPECTED; inesperado.
UNEXPIRED; no vencido.
UNEXPIRED TERM; plazo no vencido.
UNEXPLAINABLE; inexplicable.
UNFAIR; injusto, desleal.
UNFAIR COMPETITION; competencia
  desleal.
UNFAIR HEARING; audiencia en que no se
  usó el procedimiento de ley establecido.
UNFAIR LABOR PRACTICE; práctica laboral
  desleal.

UNFAIR METHODS OF COMPETITION; métodos de competencia desleales.

UNFAIR TRADE; competencia desleal.

UNFAITHFUL; infiel, desleal, inexacto.

UNFAITHFUL EMPLOYEE; empleado desleal.

UNFAITHFUL SPOUSE; cónyuge infiel.

UNFAITHFULNESS; infidelidad, deslealtad.

UNFAMILIARITY; desconocimiento.

UNFAVORABLE; desfavorable, contrario.

UNFINISHED; incompleto, imperfecto.

UNFIT; inadecuado, incapaz, incompetente.

UNFORCED; no forzado, voluntario.

UNFORESEEABLE; imprevisible.

UNFORESEEN; imprevisto.

UNFORTUNATE; desafortunado, malaventurado.

UNFOUNDED; infundado.

UNFRIENDLY; hostil, enemigo.

UNFULFILLED; incumplido, insatisfecho.

UNGROUNDED; infundado.

UNHARMED; ileso, intacto.

UNHEALTHY; insalubre, enfermo.

UNHURT; ileso.

UNIFICATION; unificación.

UNIFIED; unificado.

UNIFORM; uniforme.

UNIFORM ACTS (EU); leyes uniformes.

UNIFORM CODE OF MILITARY JUSTICE (EU); Código Uniforme de Justicia Militar.

UNIFORM COMMERCIAL CODE (EU); Código Uniforme de Comercio.

UNIFORM CONSUMER CREDIT CODE (EU); Código Uniforme de Crédito de Consumo.

UNIFORM CUSTOM; costumbre uniforme.

UNIFORM LAWS (EU); leyes uniformes.

UNIFORM STATE LAWS (EU); leyes estatales uniformes.

UNIFORM TRANSFERS TO MINORS ACT (EU); Ley Uniforme de Transferencias a Menores.

UNIFORMITY; uniformidad.

UNIFORMLY; uniformemente.

UNIFY; unificar, unir.

UNIGENITURE; unigenitura.

UNILATERAL; unilateral.

UNILATERAL CONTRACT; contrato unilateral.

UNILATERAL MISTAKE; error unilateral.

UNILATERAL RECORD; registro unilateral.

UNIMPEACHABLE; intachable, irrecusable.

UNIMPORTANCE; insignificancia.

UNIMPORTANT; insignificante.

UNIMPROVED; no mejorado.

UNIMPROVED LAND; tierras sin mejoras.

UNINCORPORATED; no incorporado.

UNINCORPORATED ASSOCIATION; asociación no incorporada.

UNINFECTED; sin infectar, sin contaminar.

UNINHABITABLE; inhabitable.

UNINHERITABLE; inheredable.

UNINJURED; ileso.

UNINSURABLE; no asegurable.

UNINSURED; sin seguro.

UNINTELLIGIBLE; incomprensible.

UNINTENTIONAL; no intencionado.

UNINTERESTED; desinteresado, indiferente.

UNINTERRUPTED; ininterrumpido.

UNION; unión, asociación, gremio laboral, sindicato.

UNION CERTIFICATION; certificación de un sindicato.

UNION CONTRACT; convenio colectivo.

UNION MORTGAGE CLAUSE; cláusula en una póliza de seguro de propiedad para proteger al acreedor hipotecario.

UNION RATE; salario mínimo postulado por un sindicato.

UNION SECURITY CLAUSE; cláusula sindical en un contrato laboral.

UNION SHOP; taller agremiado.

UNIONIZE; sindicalizar, agremiar.

UNISSUED STOCK; acciones sin emitir.

UNIT; unidad.

UNIT OF PRODUCTION; unidad de producción.

UNIT OWNERSHIP ACTS; leyes concernientes a la propiedad horizontal.

UNITE; unir.

UNITED; unido.

UNITED IN INTEREST; partes con el mismo interés.

UNITED NATIONS; Naciones Unidas.

UNITED STATES CODE (EU); Código de los Estados Unidos.

UNITED STATES COURTS (EU); tribunales federales.

UNITED STATES REPORTS (EU); colección de jurisprudencia del Tribunal Supremo.

UNITRUST; fideicomiso en que se le paga anualmente a los beneficiarios un porcentaje fijo del valor justo en el mercado del activo.

UNITY; unidad, concordia.

UNITY OF INTEREST; unidad de intereses.

UNITY OF POSSESSION; unidad de posesión.

UNITY OF SPOUSES; unidad jurídica de cónyuges.

UNITY OF TIME; unidad de tiempo.

UNITY OF TITLE; unidad de título.

UNIVERSAL; universal.

UNIVERSAL AGENCY; representación general, poder general.

UNIVERSAL AGENT; representante general, apoderado general.

UNIVERSAL LEGACY; legado universal.

UNIVERSAL MALICE; malicia en general hacia aquellos con quien se encuentra una persona.

UNIVERSAL PARTNERSHIP; sociedad universal.

UNIVERSAL SUCCESSION; sucesión universal.

UNIVERSITAS; el total.

UNIVERSITY; universidad.

UNIVERSUS; el todo.

UNJOIN; dividir.

UNJUST; injusto.

UNJUST ENRICHMENT DOCTRINE; doctrina concerniente al enriquecimiento injusto.

UNJUSTIFIABLE; injustificable.

UNJUSTIFIED; injustificado.

UNKNOWN; desconocido, ignorado.

UNKNOWN PERSONS; personas desconocidas.

UNLAWFUL; ilegal, ilícito.

UNLAWFUL AB INITIO; ilegal desde el principio.

UNLAWFUL ACT; acto ilícito.

UNLAWFUL ARREST; arresto ilícito.

UNLAWFUL ASSEMBLY; reunión ilícita.

UNLAWFUL BELLIGERENTS; beligerantes que violan las normas de las leyes de guerra.

UNLAWFUL CONDITION; condición ilícita.

UNLAWFUL CONSPIRACY; conspiración para llevar a cabo un acto ilícito.

UNLAWFUL CONTRACT; contrato ilegal.

UNLAWFUL DETAINER; detención ilegal.

UNLAWFUL ENTRY; entrada ilegal.

UNLAWFUL PICKETING; piquete ilegal.

UNLAWFUL SEARCH; allanamiento ilegal.

UNLAWFULLY; ilegalmente, ilícitamente.

UNLESS; a no ser que, a menos que.

UNLICENSED; sin licencia, sin autorizar.

UNLIMITED; ilimitado.

UNLIMITED AUTHORITY; autorización ilimitada.

UNLIMITED LIABILITY; responsabilidad ilimitada.

UNLIQUIDATED; no liquidado, sin determinar.

UNLIQUIDATED DAMAGES; daños y perjuicios sin determinar.

UNLIQUIDATED DEMAND; demanda cuyo monto está sin determinar.

UNLIVERY; descarga del cargamento en el puerto señalado.

UNLOAD; descargar.

UNLOADING; descarga.

UNMARKED; sin marcar.

UNMARKETABLE; incomerciable.

UNMARKETABLE TITLE; título incierto.

UNMARRIED; soltero, no casado.

UNMEANT; sin intención.

UNMISTAKABLE; inconfundible, evidente.

UNNATURAL WILL; testamento antinatural.

UNNECESSARY; innecesario.

UNNECESSARY CRUELTY; crueldad innecesaria.

UNNECESSARY HARDSHIP; penuria innecesaria.

UNNEGOTIABLE; innegociable.

UNOBSERVANT; distraído, descuidado.

UNOCCUPIED; desocupado.

UNOFFICIAL; no oficial, extraoficial.

UNOFFICIAL OPINION; opinión informal.

UNOFFICIAL STRIKE; huelga sin la autorización del sindicato.

UNOFFICIALLY; extraoficialmente.

UNOWNED; mostrenco, sin dueño.

UNPAID; impago, sin paga.

UNPARDONABLE; imperdonable.

UNPAYABLE; impagable.

UNPLANNED; no premeditado, no intencional.

UNPRECEDENTED; sin precedente.

UNPRECISE; impreciso, indefinido.

UNPREJUDICED; sin prejuicios, imparcial.

UNPREMEDITATED; impremeditado.

UNPREPARED; desprevenido.

UNPROFESSIONAL; no profesional, no ético.

UNPROFESSIONAL CONDUCT; conducta no profesional.

UNPROVED; no probado.

UNQUALIFIED; incondicional, absoluto, incompetente, incapaz.

UNQUESTIONABLE; incuestionable.

UNREASONABLE; irrazonable, absurdo, arbitrario.

UNREASONABLE COMPENSATION; remuneración irrazonable.

UNREASONABLE RESTRAINT OF TRADE; restricción irrazonable del comercio.

UNREASONABLE RESTRAINT ON ALIENATION; restricción irrazonable sobre la enajenación.

UNREASONABLE SEARCH; allanamiento irrazonable, registro irrazonable.

UNREASONABLE SEARCH AND SEIZURE; registro y secuestro irrazonable.

UNREASONABLE SEIZURE; secuestro irrazonable.

UNRECORDED; sin registrar.

UNRECOVERABLE; irrecuperable.

UNRELATED; no relacionado.

UNRELATED OFFENSES; delitos no relacionados.

UNREPEALED; no derogado, no revocado.

UNRESOLVED; no resuelto, no aclarado.

UNRESPONSIVE EVIDENCE; contestación sin relación a lo preguntado.

UNRESTRICTED; sin restricción.

UNRESTRICTED INTERPRETATION; interpretación de buena fe, interpretación libre.

UNSAFE; inseguro, peligroso.

UNSATISFACTORY; no satisfactorio.

UNSATISFACTORY TITLE; título viciado.

UNSATISFIED; insatisfecho.

UNSCRUPULOUS; inescrupuloso.

UNSCRUPULOUSLY; inescrupulosamente.

UNSCRUPULOUSNESS; inescrupulosidad.

UNSEAWORTHY; no apto para navegar.

UNSECURED NOTE; pagaré quirografario.

UNSEEN; no visto.

UNSEGREGATED; no segregado.

UNSOLEMN WILL; testamento informal.

UNSOLICITED; no solicitado.

UNSOLVED; sin resolver.

UNSOUND MIND; insano.

UNSPEAKABLE; inexpresable, atroz.

UNSTABLE; inestable, fluctuante.

UNTENANTABLE CONDITION; condiciones no aptas para la ocupación.

UNTIL; hasta.

UNTIMELY; inoportuno.

UNTRUE; falso, infiel, impreciso.

UNTRUTH; mentira.

UNUSUAL; inusual, insólito.

UNUSUAL CASE; caso inusual.

UNUSUAL PUNISHMENT; castigo insólito.

UNVALUED POLICY; póliza en que no se establece el valor de los bienes asegurados.

UNVERIFIABLE; que no se puede verificar.

UNVOICED; no expresado.

UNWARNED; sin aviso.

UNWARRANTABLE; injustificable, insostenible.

UNWARRANTED; injustificado, no garantizado.

UNWHOLESOME; insalubre.

UNWHOLESOME FOOD; comida insalubre.

UNWILLING; reacio, maldispuesto.

UNWILLINGLY; de mala gana.

UNWISE; imprudente, indiscreto.

UNWORTHY; desmerecedor, indigno.

UNWRITTEN; no escrito, verbal.

UNWRITTEN CONTRACT; contrato no escrito, contrato verbal.

UNWRITTEN LAW; derecho natural, ley no escrita.

UP TO; hasta.

UP TO AND INCLUDING; hasta e incluyendo.

UP TO DATE; hasta la fecha, al día.

UPCOMING; venidero, próximo.

UPHOLD; sostener, defender.

UPKEEP; mantenimiento.

UPLANDS; tierras elevadas.

UPON CONDITION; bajo condición.

UPSET PRICE; precio mínimo en subasta.

URBAN; urbano.

URBAN EASEMENT; servidumbre urbana.

URBAN SERVITUDE; servidumbre urbana.

URGE; exhortar, incitar.

URGENCY; urgencia.

URGENT; urgente.

URINE; orina.

USABLE; usable, servible.

USAGE; uso, costumbre.

USAGE OF TRADE; modo acostumbrado de llevar a cabo transacciones.

USANCE; plazo.

USE (n); uso, goce, costumbre, utilidad.

USE (v); usar, emplear, consumir.

USE PLAINTIFF; beneficiario de una acción.

USE TAX (EU); impuesto sobre bienes comprados en otro estado.

USE VALUE; valor de uso.

USEE; beneficiario de una acción.

USEFUL; útil.

USEFUL LIFE; vida útil.

USEFULNESS; utilidad.

USER; usuario, consumidor.

USING MAIL TO DEFRAUD; el uso del sistema postal para defraudar.

USUAL; usual, habitual.

USUAL COURSE; curso normal.

USUAL COURSE OF BUSINESS; curso normal de los negocios.

USUAL COVENANTS; cláusulas usuales, garantías usuales.

USUAL INTERPRETATION; interpretación usual.

USUAL PLACE OF ABODE; lugar habitual de residencia.

USUAL PLACE OF BUSINESS; lugar usual de negocios.

USUFRUCT; usufructo.

USUFRUCTUARY; usufructuario.

USURER; usurero.

USURIOUS; usurario.

USURIOUS CONTRACT; contrato usurario.

USURP; usurpar.

USURPATION; usurpación.

USURPATION OF FRANCHISE; usurpación de un privilegio.

USURPATION OF OFFICE; usurpación de un cargo.

USURPED POWER; poder usurpado.

USURPER; usurpador.

USURPER OF A PUBLIC OFFICE; usurpador de un cargo público.

USURY; usura.

USURY LAWS; leyes concernientes a la usura.

UTERINE; uterino.

UTILIS; útil.

UTILITY; utilidad, servicio público.

UTILITY COMPANY; compañía de servicios públicos.

UTILITY SERVICES; servicios públicos.

UTMOST; máximo, extremo.

UTMOST CARE; cuidados extremos, cuidado máximo.

UTMOST RESISTANCE; resistencia máxima.

UTTER; decir, ofrecer un documento falsificado, emitir.

UTTER BAR (RU); abogados de menor antigüedad.

UTTERANCE; declaración, pronunciación.

UTTERING A FORGED INSTRUMENT; ofrecer un instrumento falsificado o sin valor con intención de defraudar.

UXOR; esposa, mujer casada.

UXORICIDE; uxoricidio, uxoricida.

VACANCY; vacancia, vacante.
VACANT; vacante, desocupado.
VACANT POSSESSION; posesión vacante.
VACANT SUCCESSION; sucesión vacante.
VACATE; dejar vacante, anular, revocar.
VACATIO; inmunidad, privilegio.
VACATION; vacación, suspensión, receso.
VACATION OF COURT; receso judicial.
VACATION OF JUDGMENT; revocación de sentencia.
VACILLANT; vacilante.
VACILLATE; vacilar, titubear.
VACILLATING; vacilante, irresoluto.
VACILLATION; vacilación, titubeo.
VACUITY; vacuidad, vacancia.
VACUOUS; vacuo, vacío.
VACUUS; vacante, nulo.
VADIUM; prenda.
VAGABOND; vagabundo.
VAGABONDAGE; vagabundaje.
VAGABONDIZE; vagabundear.
VAGRANCY; vagabundeo.
VAGRANCY LAWS; leyes concernientes al vagabundeo.
VAGRANT; vagabundo.
VAGUE; vago, impreciso.
VAGUELY; vagamente, imprecisamente.
VAGUENESS; vaguedad, imprecisión.
VAGUENESS DOCTRINE (EU); doctrina según la cual es inconstitucional cualquier ley que no indique claramente lo que se ordena o prohibe.
VAIN; vano, inútil.
VALID; válido, vigente, fundado.
VALID CONTRACT; contrato válido.
VALID DEFENSE; defensa válida.
VALID REASON; razón válida.
VALIDATE; validar, confirmar.

VALIDATING STATUTE; ley de convalidación.
VALIDATION; validación, confirmación.
VALIDATION OF STATUTE; convalidación de ley.
VALIDITY; validez.
VALIDITY OF A WILL; validez de un testamento.
VALIDNESS; validez.
VALORIZATION; valorización.
VALORIZE; valorar.
VALUABLE; valioso, apreciable.
VALUABLE CONSIDERATION; contraprestación suficiente, contraprestación válida.
VALUABLE IMPROVEMENTS; mejoras de valor.
VALUATION; valuación, tasación, apreciación.
VALUE; valor, contraprestación, precio, mérito.
VALUE ADDED TAX; impuesto al valor agregado, impuesto de plusvalía.
VALUE RECEIVED; valor recibido.
VALUED POLICY; póliza en que se establece el valor de los bienes asegurados.
VALUELESS; sin valor, inservible.
VALUER; tasador.
VANDAL; vándalo, vandálico.
VANDALIC; vandálico.
VANDALISM; vandalismo.
VANDALISTIC; vandálico.
VANGUARD; vanguardia.
VANISH; desaparecer.
VANTAGE; ventaja.
VARIABLE; variable, inconstante.
VARIABLE ANNUITY; anualidad variable.
VARIABLE INTEREST RATE; tasa de interés variable.
VARIABLE RATE MORTGAGE; hipoteca con tasa de interés variable.
VARIABLY; variablemente.
VARIANCE; variación, discrepancia, desviación, permiso especial para una desviación de los reglamentos de zonificación.
VARIANT; variante.
VARIATION; variación.

VARIETY; variedad.

VARIOUS; varios, diverso.

VARY; variar, discrepar.

VARYING; variable.

VARYINGLY; variablemente.

VASECTOMY; vasectomía.

VAST; vasto.

VAULT; bóveda, caja fuerte, subterráneo.

VEER; desviarse, virar.

VEHEMENCE; vehemencia.

VEHEMENT; vehemente.

VEHICLE; vehículo, medio.

VEHICULAR CRIMES; crímenes vehiculares.

VEHICULAR HOMICIDE; homicidio vehicular.

VEIN; veta, vena.

VELOCITY; velocidad.

VENAL; venal.

VENALITY; venalidad.

VEND; vender, divulgar.

VENDEE; comprador.

VENDETTA; vendetta.

VENDIBILITY; posibilidad de venderse.

VENDIBLE; vendible.

VENDITION; venta.

VENDITOR; vendedor.

VENDOR; vendedor.

VENDOR'S LIEN; privilegio del vendedor.

VENDUE; venta judicial, venta, subasta.

VENDUE MASTER; subastador.

VENEREAL DISEASE; enfermedad venérea.

VENGEANCE; venganza.

VENGEFUL; vengativo.

VENGEFULLY; vindicativamente.

VENIRE; venir, comparecer.

VENIRE FACIAS; orden judicial para convocar un jurado.

VENIREMAN; miembro de jurado en perspectiva.

VENOMOUS; venenoso.

VENTILATE; ventilar, divulgar.

VENTILATION; ventilación.

VENTILATOR; ventilador.

VENTURE; empresa, negocio, negocio arriesgado.

VENTURE CAPITAL; capital arriesgado en una empresa, capital aventurado.

VENUE; jurisdicción, competencia.

VENUE JURISDICTION; jurisdicción territorial de un tribunal.

VERACIOUS; veraz.

VERACIOUSNESS; veracidad.

VERACITY; veracidad.

VERBAL; verbal.

VERBAL ABUSE; abuso verbal.

VERBAL ACT; acto verbal.

VERBAL ASSAULT; amenaza verbal.

VERBAL CONTRACT; contrato verbal.

VERBAL NOTE; memorándum sin firmar.

VERBALIZE; verbalizar.

VERBALLY; verbalmente.

VERBATIM; palabra por palabra, al pié de la letra.

VERBOSE; verboso.

VERBOSELY; verbosamente.

VERBOSITY; verbosidad.

VERDICT, ESTOPPEL BY; impedimento por veredicto.

VERDICT; veredicto.

VERDICT CONTRARY TO LAW; veredicto contrario a la ley.

VERDICT OF GUILTY; veredicto de culpabilidad.

VERDICT OF NOT-GUILTY; veredicto absolutorio.

VERIDICAL; verídico.

VERIFIABLE; verificable.

VERIFICATION; verificación.

VERIFICATIVE; verificativo.

VERIFIED COPY; copia autenticada.

VERIFIED NAMES; nombres verificados.

VERIFY; verificar, confirmar bajo juramento.

VERILY; verdaderamente, realmente.

VERITY; verdad.

VERMIN; sabandija.

VERSATILE; polifacético.

VERSION; versión.

VERSUS; contra.

VERTICAL; vertical.

VERTICAL INTEGRATION; integración vertical.

VERTICAL MERGER; fusión vertical.

VERTICAL ORGANIZATION; organización vertical.

VERTICAL UNION; sindicato vertical.

VERY (adj); absoluto, puro, exacto, idéntico.

VERY (adv); muy, de veras.
VERY HIGH DEGREE OF CARE; grado de
cuidado que usaría una persona muy
prudente en circunstancias similares.
VESSEL; embarcación, avión, receptáculo.
VEST; investir, dar posesión, transferir un
derecho, conferir.
VESTED; efectivo, absoluto, incondicional,
fijado, transferido, conferido.
VESTED ESTATE; propiedad en dominio
pleno.
VESTED GIFT; donación incondicional.
VESTED IN INTEREST; con derecho de goce
futuro incondicional.
VESTED IN POSSESSION; con derecho de
goce presente.
VESTED INTEREST; interés adquirido.
VESTED LEGACY; legado incondicional.
VESTED PENSION; derecho de pensión
adquirido.
VESTED REMAINDER; derecho sobre un
inmueble el cual se adquirirá al extinguirse
el derecho de otro sobre dicho inmueble.
VESTED RIGHTS; derechos adquiridos.
VESTIGIAL WORDS; palabras superfluas.
VESTURE OF LAND; todo lo que crece sobre
un terreno menos árboles.
VETERAN; veterano, experto.
VETO (n); veto.
VETO (v); vetar.
VETO POWER; poder de veto.
VEX; hostigar, irritar, vejar.
VEXATIOUS DELAY TO PAY; demora de
pago injustificada.
VEXATIOUS PROCEEDING; procedimiento
malicioso.
VEXATIOUS REFUSAL TO PAY; negación
injustificada de pago.
VEXED QUESTION; cuestión sin resolver.
VI ET ARMIS; con fuerza y armas.
VIABILITY; viabilidad, capacidad para
sobrevivir.
VIABLE; viable, capaz de vivir.
VIABLE CHILD; niño aun sin nacer el cual es
capaz de sobrevivir.
VICARIOUS; vicario, indirecto, sustituto.
VICARIOUS LIABILITY; responsabilidad
indirecta.

VICE; vicio, defecto.
VICE-CONSUL; vicecónsul.
VICE-CONSULATE; viceconsulado.
VICE CRIMES; crímenes relacionados con
vicios.
VICE-GOVERNOR; vicegobernador.
VICE-PRESIDENT; vicepresidente.
VICE-PRINCIPAL; empleado a quien se le
delegan varias responsabilidades de
supervisión y control sobre empleados.
VICE-VERSA; viceversa.
VICEROY; virrey.
VICINAGE; vecindad, vecindario.
VICINAL; vecinal, adyacente.
VICINITY; vecindad, proximidad.
VICIOUS; vicioso, inmoral, malicioso,
defectuoso.
VICIOUS ANIMAL; animal bravo.
VICIOUS PROPENSITY; tendencia de un
animal a atacar o poner en peligro a las
personas sin provocación.
VICIOUSLY; viciosamente, inmoralmente,
malignamente.
VICTIM; víctima.
VICTIM IMPACT STATEMENT; declaración
de los efectos del crimen sobre la víctima
o su familia.
VICTIMIZE; victimar, embaucar, estafar.
VICTIMLESS; sin víctimas.
VICTIMLESS CRIMES; crímenes sin
víctimas.
VIDELICET; a saber.
VIDUITY; viudez.
VIEW; vista, inspección, perspectiva.
VIEW OF AN INQUEST; inspección llevada
acabo por un jurado.
VIEWERS; inspectores.
VIGILANCE; vigilancia, cuidado.
VIGILANT; vigilante, atento.
VIGILANTE; vigilante.
VILE; vil, detestable.
VILENESS; vileza, bajeza.
VILLAGE; aldea.
VILLAIN; villano, maleante.
VINDICATE; vindicar.
VINDICATORY PARTS OF LAWS; partes
penales de las leyes.
VINDICTIVE; vengativo.

VINDICTIVE DAMAGES; daños y perjuicios punitivos.

VINDICTIVELY; vindicativamente.

VIOLATE; violar, infringir.

VIOLATION; violación, infracción.

VIOLENCE; violencia.

VIOLENT; violento.

VIOLENT DEATH; muerte violenta.

VIOLENT MEANS; medios violentos.

VIOLENT OFFENSES; delitos en los cuales se usa la violencia.

VIOLENT PRESUMPTION; presunción violenta.

VIOLENTLY; violentamente.

VIRES; poderes.

VIRTUAL; virtual.

VIRTUAL REPRESENTATION, DOCTRINE OF; doctrina que permite entablar litigio en representación de un grupo con un interés común.

VIRTUE; virtud.

VIRTUE OF OFFICE, ACT BY; acto que está dentro de los poderes de un funcionario pero que al ejecutarlo lo hace de forma impropia o abusiva.

VIS; fuerza.

VIS A VIS; cara a cara, vis a vis.

VIS MAJOR; fuerza mayor.

VISA; visa.

VISIBILITY; visibilidad.

VISIBLE; visible, manifiesto.

VISIBLE MEANS OF SUPPORT; medios aparentes de mantenimiento.

VISIBLY; visiblemente.

VISIT; visita, derecho de verificar la bandera de una nave.

VISITATION; derecho del padre sin custodia de ver a su hijo, inspección, dirección, visita.

VISITATION RIGHTS; derechos del padre sin custodia de ver a su hijo.

VISITOR; visitante, inspector.

VISUAL ACUITY; agudeza visual.

VISUALIZE; imaginarse, planear.

VITAL; vital, mortal.

VITAL STATISTICS; estadística demográfica.

VITIATE; viciar, anular.

VITIATED; viciado.

VITRICUS; padrastro.

VIVA VOCE; de forma verbal, viva voce.

VIVID; vívido, claro, gráfico.

VIVIDLY; claramente, gráficamente.

VIZ; a saber, es decir.

VOCATION; vocación, profesión.

VOCATIONAL; vocacional, profesional.

VOICE; voz.

VOICE EXEMPLARS; comparación de voces.

VOICE IDENTIFICATION; identificación de una voz.

VOICEPRINT; gráfica que muestra características de la voz.

VOID; nulo, sin fuerza legal, inválido, vacante.

VOID AB INITIO; nulo desde el principio.

VOID CONTRACT; contrato nulo.

VOID JUDGMENT; sentencia nula.

VOID MARRIAGE; matrimonio nulo.

VOID TRANSACTION; transacción nula.

VOIDABLE; anulable.

VOIDABLE CONTRACT; contrato anulable.

VOIDABLE MARRIAGE; matrimonio anulable.

VOIDABLE PREFERENCE; preferencia anulable.

VOIDED; anulado.

VOIR DIRE; decir la verdad.

VOLATILE; volátil.

VOLATILITY; volatilidad.

VOLENS; dispuesto.

VOLITION; volición, voluntad.

VOLUME; volumen, tomo.

VOLUNTARILY; voluntariamente.

VOLUNTARY; voluntario.

VOLUNTARY ABANDONMENT; abandono voluntario.

VOLUNTARY APPEARANCE; comparecencia voluntaria.

VOLUNTARY ARBITRATION; arbitraje voluntario.

VOLUNTARY ASSIGNMENT; cesión voluntaria.

VOLUNTARY BANKRUPTCY; quiebra voluntaria.

VOLUNTARY CONFESSION; confesión voluntaria.

VOLUNTARY CONVEYANCE; transferencia a título gratuito.

VOLUNTARY COURTESY; acto bondadoso.

VOLUNTARY DEPOSIT; depósito voluntario.

VOLUNTARY DISCONTINUANCE; desistimiento voluntario.

VOLUNTARY EXPOSURE TO UNNECESSARY DANGER; exposición voluntaria a riesgo innecesario.

VOLUNTARY IGNORANCE; ignorancia voluntaria.

VOLUNTARY MANSLAUGHTER; homicidio impremeditado cometido voluntariamente.

VOLUNTARY OATH; juramento voluntario.

VOLUNTARY PAYMENT; pago voluntario.

VOLUNTARY SALE; venta voluntaria.

VOLUNTARY SEPARATION; separación voluntaria.

VOLUNTARY STATEMENT; declaración voluntaria.

VOLUNTARY TRUST; fideicomiso voluntario.

VOLUNTEER; voluntario.

VOTE; voto, sufragio.

VOTE BY PROXY; voto por poder, voto mediante apoderado.

VOTE OF CONFIDENCE; voto de confianza.

VOTER; votante, elector.

VOTING; votación.

VOTING BY BALLOT; voto secreto.

VOTING RIGHTS; derechos de voto.

VOTING STOCK; acciones con derecho de voto.

VOTING TRUST; fideicomiso para votación.

VOUCH; comprobar, citar.

VOUCHEE; defensor del título.

VOUCHER; comprobante, recibo.

VOYAGE; viaje.

VOYAGE POLICY; póliza de seguro marítimo para viajes determinados.

VULGAR; vulgar.

VULNERABLE; vulnerable.

WAGE AND HOURS LAWS (EU); leyes concernientes al máximo de horas de trabajo y al salario mínimo.

WAGE ASSIGNMENT; cesión de salario, asignación de salario.

WAGE CEILING; techo salarial.

WAGE DISPUTE; disputa salarial.

WAGE EARNER; asalariado, trabajador.

WAGE FREEZE; congelación de salario.

WAGE GARNISHMENT; embargo de salario.

WAGE INFLATION; inflación de salarios.

WAGE SCALE; escala salarial.

WAGELESS; no pagado.

WAGER; apuesta.

WAGER POLICY; póliza de seguro en la que el asegurado no tiene un interés asegurable.

WAGERING CONTRACT; contrato de apuesta.

WAGES; salario, comisiones, remuneración.

WAGEWORKER; asalariado, trabajador.

WAIF; bien mostrenco, niño abandonado.

WAIF PROPERTY; bienes mostrencos.

WAIT; espera, demora.

WAIT AND SEE DOCTRINE; regla que permite la consideración de eventos posteriores a la creación de un instrumento para determinar la validez de un interés futuro.

WAITING; espera, período de espera.

WAITING LIST; lista de espera.

WAITING PERIOD; período de espera.

WAIVE; renunciar a, abandonar, descartar.

WAIVER; renuncia, abandono.

WAIVER OF EXEMPTION; renuncia de exención.

WAIVER OF IMMUNITY; renuncia de inmunidad.

WAIVER OF PREMIUM CLAUSE; cláusula de cesación de pagos por parte del asegurado al incapacitarse.

WAIVER OF PROTEST; renuncia al protesto.

WAIVER OF RIGHTS; renuncia de derechos.

WAIVER OF TORT; elección de no accionar por daño legal sino por incumplimiento de contrato.

WALKIE-TALKIE; transmisor portátil.

WALKOUT; abandono organizado del lugar de trabajo por trabajadores por causa de conflictos laborales, huelga laboral.

WALKWAY; pasillo, pasarela.

WALL; pared.

WALLET; cartera.

WANDER; vagar, disparatar.

WANDERER; vagabundo.

WANE (n); mengua, disminución.

WANE (v); menguar, declinar.

WANT (n); falta, necesidad.

WANT (v); necesitar, requerir, querer, faltar.

WANT OF CONSIDERATION; falta de contraprestación.

WANT OF ISSUE; falta de descendencia.

WANT OF JURISDICTION; falta de jurisdicción.

WANT OF PRECEDENT; falta de precedentes.

WANT OF REPAIR; falta de mantenimiento.

WANTAGE; deficiencia.

WANTED; buscado, se busca, se solicita.

WANTING; falto, deficiente.

WANTON; perverso, gravemente negligente, malicioso, imperdonable, lascivo.

WANTON ACT; acto perverso, acto gravemente negligente.

WANTON AND RECKLESS MISCONDUCT; conducta que una persona debería entender que es peligrosa aunque no tenga intenciones de hacer daño.

WANTON INJURY; lesión ocasionada por conducta gravemente negligente.

WANTON NEGLIGENCE; negligencia grave intencional, imprudencia temeraria.

WANTONLY; perversamente, maliciosamente, cruelmente, lascivamente.

WANTONNESS; perversidad, crueldad, lascivia.

WAR; guerra.

WAR CLAUSES (EU); cláusulas constitucionales concernientes a las guerras.

WAR CRIMES; crímenes de guerra.

WAR CRIMINAL; criminal de guerra.

WAR DAMAGES; daños de guerra.

WAR DEPARTMENT (EU); Departamento de Guerra.

WAR EXCLUSION CLAUSES; cláusulas concernientes a los efectos de las guerras sobre los beneficios de pólizas de seguro.

WAR POWER; poderes gubernamentales concernientes a las guerras.

WAR RISKS; riesgos de guerra.

WAR RISKS INSURANCE; seguro contra los riesgos de guerra.

WARD; tutela, protección, pupilo, distrito, pabellón.

WARDEN; tutor, guardián, alcaide.

WARDSHIP; tutela, pupilaje.

WAREHOUSE; almacén, depósito.

WAREHOUSE BOOK; libro para mantener el inventario de un almacén.

WAREHOUSE RECEIPT; recibo de almacenaje.

WAREHOUSE RENT; almacenaje.

WAREHOUSE SYSTEM; sistema para el almacenamiento de mercancías importadas.

WAREHOUSEMAN; almacenero.

WAREHOUSEMAN'S LIEN; privilegio del almacenero.

WAREHOUSER; almacenero.

WARFARE; guerra, contienda.

WARILY; cautelosamente.

WARINESS; cautela.

WARN; avisar, advertir.

WARNING; aviso, advertencia.

WARNING SIGN; señal de advertencia.

WARRANT (n); orden, orden judicial, auto, mandamiento, libramiento, autorización, comprobante, certificado, justificación.

WARRANT (v); garantizar, certificar, autorizar, justificar.

WARRANT OF ARREST; orden de arresto.

WARRANT OF ATTORNEY; poder.

WARRANT OF COMMITMENT; orden de confinamiento.

WARRANTABLE; garantizable, justificable.
WARRANTABLY; justificadamente.
WARRANTED; garantizado, justificado.
WARRANTEE; beneficiario de una garantía, garantizado.
WARRANTER; garante.
WARRANTLESS ARREST; arresto sin orden judicial.
WARRANTOR; garante.
WARRANTY; garantía, justificación.
WARRANTY DEED; escritura con garantías de título.
WARRANTY OF FITNESS; garantía de aptitud para un propósito específico.
WARRANTY OF HABITABILITY; garantía de habitabilidad.
WARRANTY OF TITLE; garantía de título.
WARSHIP; buque de guerra.
WARY; cauteloso.
WASTAGE; despilfarro, pérdida.
WASTE; daños negligentes a la propiedad, uso abusivo de la propiedad, desperdicios.
WASTEFUL; pródigo, ruinoso.
WASTEFULLY; pródigamente.
WASTEFULNESS; prodigalidad.
WASTING ASSET; activo consumible, recurso natural agotable.
WASTING PROPERTY; propiedad agotable.
WASTING TRUST; fideicomiso agotable.
WATCH (n); vigilancia, guardia, reloj.
WATCH (v); velar, custodiar, observar.
WATCHDOG; perro guardián.
WATCHFUL; vigilante, atento.
WATCHFULNESS; vigilancia.
WATCHMAN; vigilante.
WATER DISTRICT; distrito de repartición de aguas.
WATER LEVEL; nivel del agua.
WATER-LOGGED; inundado.
WATER-MARK; marca del nivel de agua.
WATER PIPE; tubería de agua.
WATER POLLUTION; contaminación de aguas.
WATER POWER; energía hidráulica.
WATER RIGHTS; derechos del uso de aguas.
WATER SUPPLY; suministro de agua.
WATER SYSTEM; sistema fluvial.
WATERCOURSE; curso de agua.

WATERCRAFT; embarcación.
WATERFRONT; terrenos que están frente al agua, zona portuaria.
WATERLINE; línea de flotación.
WATERLOG; inundar.
WATERLOGGED; inundado, saturado de agua.
WATERPROOF; impermeable.
WATERWAY; vía de agua, canal navegable.
WAY; vía, rumbo, modo, costumbre.
WAY-GOING CROP; cosecha tras la expiración del arrendamiento.
WAY OF NECESSITY; servidumbre de paso por necesidad.
WAYBILL; hoja de ruta, carta de porte.
WAYLEAVE; servidumbre minera.
WAYS AND MEANS; medios y arbitrios.
WEAK; débil, enfermizo.
WEALTH; riqueza, abundancia.
WEAPON; arma.
WEAPONLESS; desarmado.
WEAR; gastar, desgastar.
WEAR AND TEAR; desgaste natural.
WEATHER; clima.
WED; casarse con, unir.
WEDLOCK; estado matrimonial, matrimonio.
WEEK; semana.
WEEKDAY; día de semana, día laborable.
WEEKLY; semanalmente.
WEEP; llorar.
WEIGH; pesar, considerar.
WEIGHT; peso, importancia.
WEIGHT OF EVIDENCE; preponderancia de la prueba.
WELCOME; bienvenido.
WELFARE; bienestar.
WELL (adj); bueno, adecuado, apropiado.
WELL (adv); bien, razonablemente.
WELL (n); pozo.
WELSH; no cumplir con una promesa de pago, estafar en una apuesta.
WELSHING; hacer una apuesta sin intención de pagar.
WHARF; muelle.
WHARFAGE; derechos de muelle.
WHARFINGER; administrador o dueño de un muelle.
WHEELAGE; peaje.

WHEN; cuando.

WHEN AND WHERE; cuando y donde.

WHENEVER; cuando quiera que, tan pronto como.

WHENSOEVER; cuando quiera que.

WHERE; donde.

WHEREABOUTS (adv); donde, por donde.

WHEREABOUTS (n); paradero.

WHEREAS; por cuanto, en tanto que.

WHEREAT; a lo cual.

WHEREBY; por medio del cual, según el cual.

WHEREFORE; por lo cual.

WHEREFROM; desde donde.

WHEREIN; en qué, en donde.

WHEREINTO; en donde, en que.

WHEREOF; de lo que, de que.

WHEREON; en que, sobre que.

WHERESOEVER; dondequiera que.

WHERETHROUGH; a través de lo cual.

WHERETO; adonde.

WHEREUNTO; adonde.

WHEREUPON; después de lo cual, sobre que.

WHEREVER; dondequiera que.

WHEREWITH; con lo cual.

WHEREWITHAL; con lo cual.

WHETHER; si.

WHICH; cual, el cual, que, quien.

WHICHEVER; cualquiera.

WHICHSOEVER; cualquiera.

WHILE; mientras.

WHIM; capricho.

WHIMSICAL; caprichoso.

WHIMSICALLY; caprichosamente.

WHIPLASH INJURY; lesión ocasionada por un movimiento brusco del cuello.

WHISPER; susurro.

WHISTLE BLOWER; empleado que se rehusa a participar en actividades ilícitas en su empresa, empleado que informa sobre actividades ilícitas en su empresa.

WHITE-COLLAR CRIMES; crímenes cometidos sin violencia por individuos y entes jurídicos tales como hurto y desfalco.

WHITHER; adonde.

WHITHERSOEVER; adondequiera.

WHITHERWARD; hacia donde.

WHOLE; entero, intacto, sano.

WHOLE BLOOD; personas nacidas de los mismos padres.

WHOLE LIFE INSURANCE; seguro de vida entera.

WHOLEHEARTED; sincero.

WHOLESALE; venta al por mayor.

WHOLESALE DEALER; comerciante mayorista.

WHOLESALE PRICE; precio al por mayor.

WHOLESALER; mayorista.

WHOLESOME; salubre.

WHOLLY; enteramente, totalmente.

WHOLLY AND PERMANENTLY DISABLED; total y permanentemente incapacitado.

WHOLLY DEPENDENT; totalmente dependiente.

WHOLLY DESTROYED; totalmente destruido.

WHOLLY DISABLED; totalmente incapacitado.

WHOM; a quien, al cual.

WHOMEVER; a quienquiera, a cualquiera.

WHOMSOEVER; a quienquiera, a cualquiera.

WHOSE; cuyo, cuyos.

WHOSESOEVER; de quienquiera.

WHOSOEVER; quien, quienquiera que.

WIDOW; viuda.

WIDOW'S ALLOWANCE; asignación de la viuda.

WIDOW'S ELECTION; elección de la viuda.

WIDOWED; viudo, viuda.

WIDOWER; viudo.

WIDOWHOOD; viudez.

WIFE; esposa.

WIFE DE FACTO; esposa de hecho.

WIFE'S PART; legítima de la esposa.

WILD; salvaje, bravo.

WILD ANIMALS; animales salvajes.

WILD LANDS; tierras sin cultivo o mejoras, tierras salvajes.

WILDCAT; ilícito, no autorizado.

WILDCAT STRIKE; huelga no autorizada por el sindicato.

WILDLY; violentamente, alocadamente.

WILL; testamento, voluntad, intención.

WILL CONTEST; impugnación de testamento.

WILLFUL; intencional, voluntario, premeditado, malicioso.

WILLFUL ACT; acto intencional.

WILLFUL AND MALICIOUS INJURY; lesión intencionada y maliciosa, daño intencionado y malicioso.

WILLFUL AND WANTON ACT; acto intencionadamente perverso.

WILLFUL AND WANTON INJURY; lesión ocasionada por conducta intencionadamente perversa.

WILLFUL AND WANTON MISCONDUCT; conducta intencionadamente perversa.

WILLFUL DEFAULT; incumplimiento intencional.

WILLFUL INJURY; lesión intencional, daño intencional.

WILLFUL MISCONDUCT; mala conducta intencional, comportamiento ilícito intencional.

WILLFUL MISSTATEMENT; declaración falsa intencional.

WILLFUL MURDER; asesinato intencional.

WILLFUL NEGLECT; negligencia intencional.

WILLFUL NEGLIGENCE; negligencia intencional.

WILLFUL TORT; daño intencional, daño legal intencional.

WILLFULLY; intencionalmente, voluntariamente.

WILLFULNESS; intención, premeditación, voluntariedad.

WILLING; dispuesto, voluntario.

WILLINGLY; voluntariamente.

WINDFALL PROFITS; ganancias inesperadas.

WINDFALL PROFITS TAX; impuesto sobre las ganancias inesperadas.

WINDOW; ventana.

WINDUP; conclusión, final.

WING; ala.

WIRETAPPING; intercepción de señales de telecomunicaciones.

WIRING; instalación alámbrica.

WISH; deseo.

WIT; saber, estar informado.

WITH; con, para.

WITH ALL FAULTS; en el estado en que está.

WITH CONSENT; con consentimiento.

WITH MALICE AFORETHOUGHT; con malicia premeditada.

WITH PREJUDICE; sin la oportunidad de iniciar una nueva acción.

WITH RECOURSE; con recurso.

WITH STRONG HAND; con fuerza criminal, con fuerza o violencia.

WITHAL; además, también, sin embargo.

WITHDRAW; retirar, retractar.

WITHDRAW A BID; retirar una propuesta.

WITHDRAW A MOTION; retirar una propuesta.

WITHDRAW CHARGES; retirar las acusaciones.

WITHDRAW FUNDS; retirar fondos.

WITHDRAWAL; retiro.

WITHDRAWAL OF CHARGES; retiro de las acusaciones.

WITHDRAWAL OF FUNDS; retiro de fondos.

WITHDRAWING A JUROR; retiro de un miembro del jurado.

WITHHOLD; retener, rehusar.

WITHHOLDING OF EVIDENCE; suprimir pruebas, destruir pruebas.

WITHHOLDING TAX; retención de impuestos.

WITHIN; dentro, dentro de.

WITHOUT; sin, fuera.

WITHOUT DAY; sin día designado para continuar.

WITHOUT DELAY; sin demora.

WITHOUT DUE PROCESS; sin el procedimiento establecido por ley.

WITHOUT EXPENSE; sin gastos.

WITHOUT HER CONSENT; contra su voluntad.

WITHOUT JURISDICTION; sin jurisdicción.

WITHOUT JUSTIFICATION; sin justificación.

WITHOUT LEGAL RECOURSE; sin recurso legal.

WITHOUT NOTICE; sin notificación, de buena fe.

WITHOUT PREJUDICE; sin perjuicio, permitiendo iniciar una nueva acción.

WITHOUT PROTEST; sin protesta.

WITHOUT RECOURSE; sin recurso.

WITHOUT RESERVE; sin reserva.
WITHOUT STINT; sin límite, sin restricción.
WITHSTAND; resistir, sufrir.
WITNESS (n); testigo.
WITNESS (v); testificar, atestiguar, presenciar.
WITNESS AGAINST HIMSELF; testigo contra sí mismo.
WITNESS FOR THE DEFENSE; testigo de la defensa.
WITNESS FOR THE PROSECUTION; testigo de la acusación.
WITNESS TO WILL; testigo testamentario.
WITTINGLY; a sabiendas.
WORD; palabra, promesa, aviso, mandato.
WORDS ACTIONABLE IN THEMSELVES; palabras de por si calumniosas o difamantes.
WORDS OF ART; términos o expresiones técnicas.
WORDS OF LIMITATION; palabras que limitan los derechos sobre lo que se traspasa.
WORDS OF PROCREATION; palabras que limitan lo que se traspasa a ciertos descendientes.
WORDS OF PURCHASE; palabras que indican quien adquirirá los derechos otorgados.
WORK; trabajo, ocupación, obra.
WORK OF NATIONAL IMPORTANCE; trabajo de importancia nacional.
WORK OF NECESSITY; trabajo de necesidad.
WORK PERMIT; permiso oficial de trabajo de extranjero.
WORK WEEK; semana laboral.
WORKDAY; día laborable, jornada.
WORKER; trabajador.
WORKERS' COMPENSATION ACTS (EU); leyes concernientes a la compensación por accidentes del trabajo.
WORKERS' COMPENSATION INSURANCE; seguro de accidentes de trabajo.
WORKHOUSE; correccional.
WORKING; utilizable, trabajador, adecuado.
WORKING DAY; día laborable.
WORKING HOURS; horas de trabajo.

WORKING PAPERS; permiso oficial de trabajo.
WORKING PLACE; lugar de trabajo.
WORKMAN; trabajador.
WORKSHEET; hoja de trabajo.
WORKSHOP; taller.
WORLD BANK; Banco Mundial.
WORLD COURT; Tribunal Internacional de la Justicia.
WORLDLY; terrenal, mundano.
WORSE; peor.
WORSEN; empeorar.
WORTH; valor, mérito.
WORTHILY; merecidamente.
WORTHLESS; sin valor.
WORTHLESS CHECK; cheque sin fondos, cheque girado contra una cuenta no existente.
WORTHLESSNESS; inutilidad.
WORTHWHILE; que vale la pena.
WORTHY; digno, meritorio.
WOUND; lesión, herida.
WOUNDED FEELINGS; sentimientos heridos.
WOUNDING; hiriente.
WOUNDLESS; ileso.
WRAPAROUND MORTGAGE; hipoteca que incorpora otra hipoteca existente.
WRATH; ira.
WRECK (n); naufragio, restos de un naufragio, fracaso.
WRECK (v); destruir, dañar.
WRIT; orden judicial, orden, mandamiento judicial, mandamiento, auto.
WRIT OF ASSISTANCE; auto de posesión.
WRIT OF ATTACHMENT; mandamiento de embargo.
WRIT OF CERTIORARI; auto de certiorari, auto de avocación.
WRIT OF COVENANT; auto por incumplimiento de contrato.
WRIT OF DELIVERY; ejecutoria para la entrega de bienes muebles.
WRIT OF EJECTMENT; mandamiento de desalojo.
WRIT OF ENTRY; acción posesoria.
WRIT OF ERROR; auto de casación.
WRIT OF EXECUTION; ejecutoria, mandamiento de ejecución.

WRIT OF HABEAS CORPUS; auto de
  comparecencia, auto de hábeas corpus.
WRIT OF INQUIRY; auto de indagación.
WRIT OF MANDAMUS; orden judicial,
  mandamus.
WRIT OF POSSESSION; auto de posesión.
WRIT OF PREVENTION; providencia
  preventiva.
WRIT OF PROCESS; auto de comparecencia.
WRIT OF PROHIBITION; inhibitoria.
WRIT OF REPLEVIN; auto de reivindicación.
WRIT OF RESTITUTION; auto de restitución.
WRIT OF REVIEW; auto de revisión.
WRIT OF SUMMONS (RU); emplazamiento.
WRIT OF SUPERSEDEAS; auto de
  suspensión.
WRITE; escribir.
WRITING; escrito, escritura.
WRITING OBLIGATORY; fianza.
WRITTEN; escrito.
WRITTEN AGREEMENT; convenio escrito.
WRITTEN CONTRACT; contrato escrito.
WRITTEN EVIDENCE; prueba documental.
WRITTEN INSTRUMENT; instrumento.
WRITTEN LAW; derecho escrito, ley escrita.
WRITTEN NOTICE; notificación por escrito.
WRITTEN WARRANTY; garantía escrita.
WRONG (adj); incorrecto, impropio, malo.
WRONG (adv); equivocadamente, mal,
  injustamente.
WRONG (n); daño, daño legal, perjuicio,
  agravio, injusticia.
WRONG (v); hacerle daño a, causar perjuicio
  a, agraviar, ofender.
WRONGDOER; malhechor, autor de un daño
  legal.
WRONGFUL; ilegal, ilícito, perjudicial,
  injusto.
WRONGFUL ABUSE OF PROCESS; abuso
  procesal perjudicial.
WRONGFUL ACT; acto ilícito.
WRONGFUL ARREST; arresto ilegal.
WRONGFUL ATTACHMENT; embargo
  ilegal.
WRONGFUL BIRTH; acción en la cual se
  reclama que el nacimiento de un niño con
  impedimentos metales o físicos se pudo
  haber evitado por consejos o tratamientos
  del médico.

WRONGFUL CONCEPTION; acción en la
  cual se reclama que un embarazo se debió
  de haber evitado por tratamientos del
  médico.
WRONGFUL DEATH ACTION; acción por
  homicidio culposo.
WRONGFUL DETENTION; detención ilegal.
WRONGFUL IMPRISONMENT;
  encarcelamiento ilegal.
WRONGFUL LIFE; acción en la cual se
  reclama que el nacimiento de un niño con
  impedimentos metales o físicos se pudo
  haber evitado por consejos o tratamientos
  del médico.
WRONGFUL PREGNANCY; acción en la cual
  se reclama que un embarazo se debió de
  haber evitado por tratamientos del médico.
WRONGFULLY; ilegalmente, ilícitamente,
  perjudicialmente.
WRONGFULLY INTENDING; con intención
  maliciosa.
WRONGLY; equivocadamente, injustamente.

X RAY; rayo x.
XENODOCHY; hospitalidad.

YARD; yarda, patio.
YEA; voto afirmativo, sí.
YEAR; año.
YEAR AND DAY; un año mas un día.
YEAR TO YEAR, TENANCY FROM;
      arrendamiento renovable de año por año.
YEARLY; anualmente.
YEAS AND NAYS; votos afirmativos y
      negativos.
YELL; gritar.
YELLOW DOG CONTRACT; contrato
      mediante la cual el empleado no se puede
      unir a un sindicato sin perder su empleo.
YELLOW JOURNALISM; periodismo
      amarillo.
YET; todavía, más, sin embargo.
YIELD (n); rendimiento.
YIELD (v); ceder, rendir, renunciar, admitir.
YIELDING; productivo, complaciente.
YIELDING AND PAYING; cláusula en un
      arrendamiento que fija el alquiler.
YOUNG; joven.
YOUNG OFFENDERS; delincuentes juveniles.
YOUNG PERSON; menor.
YOUNGER; más joven.
YOUTH; juventud.
YOUTHFUL; juvenil.
YOUTHFUL OFFENDERS; delincuentes
      juveniles.

Z

ZEALOUS WITNESS; testigo parcial.
ZONAL; zonal.
ZONE; zona.
ZONE OF EMPLOYMENT; zona de empleo.
ZONING; zonificación.
ZONING LAWS; leyes de zonificación.
ZONING MAP; mapa de zonificación.
ZONING REGULATIONS; reglamentos de
    zonificación.

ESPAÑOL-INGLÉS
SPANISH-ENGLISH

A BENEFICIO DE INVENTARIO; to the benefit of inventory.
A BORDO; on board.
A CARGO DE; in charge of, payable by.
A CIEGAS; blindly.
A CONDICIÓN; upon the condition that.
A CONDICIÓN QUE; provided that.
A CONTRARIO SENSU; in the other sense.
A CORTO PLAZO; short term, in the short term.
A CRÉDITO; on credit.
A CUENTA; on account.
A CUENTA DE; for the account of, on behalf of.
A DATU; from the date.
A DESTAJO; by the job.
A DÍA FIJO; on a set date.
A DISCRECIÓN; left to the discretion.
A DISTANCIA; at a distance.
A ESCONDIDAS; in a secret manner, privately.
A FAVOR DE; in favor of.
A FORTIORI; much more so.
A JORNAL; by the day.
A LA FUERZA; by force, with violence.
A LA LETRA; to the letter, literally.
A LA ORDEN DE; to the order of.
A LA PAR; at par, simultaneously.
A LA PRESENTACIÓN; at sight.
A LA VISTA; at sight.
A LARGO PLAZO; long term, in the long run.
A MANO; by hand.
A MANO ARMADA; armed.
A MEDIAS; partially.
A MEDIO PLAZO; medium term.
A MENSA ET THORO; separation by law as opposed to dissolution of marriage.
A MUERTE; to death.

A NATIVITATE; from birth.
A PEDIMENTO; on request.
A PLAZOS; in installments.
A POSTERIORI; from the effect to the cause, a posteriori.
A PRIORI; from the cause to the effect, a priori.
A PRUEBA; on approval.
A PUERTA CERRADA; behind closed doors.
A QUO; from which, a quo.
A SABIENDAS; knowingly.
A SALVO; safe.
A SU PROPIA ORDEN; to his own order.
A TÍTULO GRATUITO; gratuitous.
A TÍTULO ONEROSO; based on valuable consideration.
A TÍTULO PRECARIO; for temporary use and enjoyment.
A TRAICIÓN; traitorously.
A UN DÍA FIJO; on a set date.
A VINCULO MATRIMONII; from the bond of matrimony.
A VISTA DE; in the presence of, in consideration of.
A VOLUNTAD; voluntarily.
AB AETERNO; from eternity.
AB ANTE; in advance.
AB ANTECEDENTE; beforehand.
AB INITIO; from the beginning, ab initio.
AB INTESTAT; intestate.
AB INTESTATO; from an intestate, ab intestato.
AB IRATO; by one who is angry.
ABACORAR; to attack, to harass.
ABAJO FIRMADO; undersigned.
ABALDONAR; to insult, to affront.
ABALEAR; to shoot.
ABAMITA; a sister of a great-great-grandfather
ABANDERAMIENTO *m* ; registration of a ship.
ABANDERAR; to register a vessel.
ABANDONADO; abandoned, careless, negligent.
ABANDONAMIENTO *m* ; abandonment, carelessness, negligence.
ABANDONAR; to abandon, to waive.
ABANDONO *m* ; abandonment, waiver, desertion, carelessness.

ABANDONO DE ACCIÓN; abandonment of action.

ABANDONO DE ANIMALES; abandonment of animals.

ABANDONO DE APELACIÓN; abandonment of appeal.

ABANDONO DE BIENES; abandonment of goods.

ABANDONO DE BUQUE; abandonment of ship.

ABANDONO DE CÓNYUGE; abandonment of spouse.

ABANDONO DE COSAS ASEGURADAS; abandonment of insured property.

ABANDONO DE DERECHOS; abandonment of rights.

ABANDONO DE DOMICILIO; abandonment of domicile.

ABANDONO DE FAMILIA; abandonment of family.

ABANDONO DE FLETE; abandonment of freight.

ABANDONO DE HIJOS; abandonment of children.

ABANDONO DE HOGAR; abandonment of domicile.

ABANDONO DE LA ACCIÓN; abandonment of action.

ABANDONO DE LA INSTANCIA; abandonment of action.

ABANDONO DE MENORES; abandonment of minors.

ABANDONO DE NIÑOS; abandonment of children.

ABANDONO DE QUERELLA; abandonment of the complaint.

ABANDONO DE RECURSO; abandonment of appeal.

ABANDONO DEL HOGAR CONYUGAL; desertion.

ABANDONO OBSTINADO; abandonment without intention of returning.

ABANDONO VOLUNTARIO; voluntary abandonment.

ABARATAR; to cheapen.

ABARCADOR (adj); comprehensive.

ABARCADOR *m* ; monopolizer, embracer.

ABARCAR; to embrace, to contain, to monopolize.

ABARRAGANAMIENTO *m* ; concubinage.

ABARRAJAR; to overwhelm, to throw with force and violence.

ABARRAR; to throw, to shake hard, to strike.

ABARROTADO; completely full.

ABARROTAR; to stock completely, to monopolize, to bar up.

ABASTECEDOR *m* ; purveyor.

ABASTECER; to supply.

ABASTECIMIENTO *m* ; supply, supplying.

ABASTO *m* ; supplying.

ABASTOS *m* ; supplies.

ABATATADO; intimidated.

ABATATAR; to intimidate.

ABATIDO; dejected, contemptible.

ABATIR; to demolish, to humiliate.

ABAVIA; a great-great-grandmother.

ABAVITA; a sister of a great-great-grandfather.

ABAVUNCULUS; a great-great-grandmother's brother.

ABAVUS; a great-great-grandfather.

ABDICACIÓN *f* ; abdication.

ABDICAR; to abdicate, to relinquish.

ABDUCCIÓN *f* ; abduction.

ABERRACIÓN *f* ; aberration, error.

ABERRANTE; aberrant.

ABERTURA *f* ; opening.

ABIATICUS; a son's son.

ABIERTO; open, evident, unobstructed, sincere.

ABINTESTATO *m* ; intestate proceedings.

ABISMAR; to overwhelm, to confuse, to ruin, to humble.

ABJURACIÓN *f* ; abjuration, recantation.

ABJURAR; to abjure, to recant, to renounce.

ABMATERTERA; a sister of a great-great-grandmother.

ABNEGACIÓN *f* ; abnegation.

ABNEGAR; to abnegate.

ABNEPOS; a great-great-grandson.

ABNEPTIS; a great-great-granddaughter.

ABOGABLE; pleadable.

ABOGACÍA *f* ; law, the legal profession, legal staff.

ABOGADEAR; to practice law unethically, to practice law without a license.

ABOGADO *m* ; attorney, lawyer, (UK) barrister, advocate.

ABOGADO ACUSADOR; prosecutor, counsel for the plaintiff.

ABOGADO ASOCIADO; associate counsel.

ABOGADO AUXILIAR; junior counsel.

ABOGADO CIVILISTA; civil attorney.

ABOGADO CONSULTOR; consulting attorney, legal adviser.

ABOGADO DE OFICIO; court-appointed counsel, state-appointed counsel.

ABOGADO DE PATENTES; patent attorney.

ABOGADO DE SECANO; pettifogger, shyster attorney.

ABOGADO DE SOCIEDAD; corporate attorney.

ABOGADO DEFENSOR; defense attorney.

ABOGADO DEL ESTADO; prosecutor, state attorney.

ABOGADO DESPRESTIGIADO; attorney with a bad reputation.

ABOGADO EN EJERCICIO; practicing attorney.

ABOGADO FISCAL; prosecutor.

ABOGADO LITIGANTE; trial attorney.

ABOGADO NOTARIO; attorney who is also a notary public.

ABOGADO PENALISTA; criminal attorney.

ABOGADO PICAPLEITOS; pettifogger, ambulance chaser.

ABOGADO PRINCIPAL; lead counsel.

ABOGADO PRIVADO; private attorney.

ABOGADO QUE CONSTA; attorney of record.

ABOGADO SECUNDARIO; junior counsel.

ABOGAR; to defend, to advocate, to plead.

ABOLENGO *m* ; ancestry, inheritance from grandparents, inheritance.

ABOLICIÓN *f* ; abolition, repeal, abrogation.

ABOLICIONISMO *m* ; abolitionism.

ABOLIR; to abolish, to repeal, to revoke.

ABOMINACIÓN *f* ; abomination.

ABONABLE; payable.

ABONADO (adj); trustworthy.

ABONADO *m* ; subscriber.

ABONADOR *m* ; surety, guarantor.

ABONAMIENTO *m* ; surety, guaranty, guaranteeing, security, bail.

ABONAR; to pay, to guarantee, to bail, to credit.

ABONAR AL CONTADO; to pay cash.

ABONAR DE MAS; to overcredit.

ABONAR EN CUENTA; to credit an account.

ABONARÉ *m* ; promissory note, due bill.

ABONO *m* ; payment, credit, guaranty, allowance.

ABONO A CUENTA; payment on account.

ABONO DE INTERESES; payment of interest.

ABONO DE TESTIGOS; evidence concerning the character of witnesses.

ABONO DEL TIEMPO DE PRISIÓN; credit for the time already spent in jail.

ABONO PARCIAL; payment on account.

ABORDADO; boarded.

ABORDAJE *m* ; collision of vessels, naval attack, boarding.

ABORDAJE CASUAL; unavoidable collision of vessels.

ABORDAJE CULPABLE; collision of vessels due to negligence.

ABORDAJE FORTUITO; unavoidable collision of vessels.

ABORDAJE RECÍPROCO; collision of vessels where both are at fault.

ABORDAR; to collide vessels, to board.

ABORDO *m* ; collision of vessels, naval attack, boarding.

ABORRECER; to abhor, to detest.

ABORTAR; to abort.

ABORTISTA *m/f* ; abortionist.

ABORTO *m* ; abortion.

ABPATRUUS; a great-great-uncle.

ABRASAR; to burn, to consume.

ABREVIACIÓN *f* ; abbreviation, abridgement.

ABREVIADAMENTE; briefly, succinctly.

ABREVIADO; abbreviated, concise.

ABRIGAR; to protect, to harbor.

ABRIGO TRIBUTARIO; tax shelter.

ABRIR; to open, to begin.

ABRIR A PRUEBAS; to begin taking testimony.

ABRIR EL JUICIO; to open the case.

ABRIR LA LICITACIÓN; to open the bidding.

ABRIR LA SESIÓN; to call the meeting to order.

ABRIR LOS LIBROS; to open the books.

ABRIR PROPUESTAS; to open bids.

ABRIR UN CRÉDITO; to open a line of credit.

ABRIR UNA CUENTA; to open an account.

ABROGABLE; annullable, repealable.

ABROGACIÓN *f*; abrogation, annulment, repeal.

ABROGAR; to abrogate, to annul, to repeal.

ABROGATORIO; abrogative.

ABRUMAR; to overwhelm, to annoy.

ABSENTISMO *m* ; absenteeism.

ABSENTISMO LABORAL; employee absenteeism.

ABSENTISTA *m/f*; absentee.

ABSOLUCIÓN *f*; acquittal, absolution, pardon, dismissal.

ABSOLUCIÓN CON RESERVA; dismissal without prejudice.

ABSOLUCIÓN CONDICIONADA; conditional pardon.

ABSOLUCIÓN DE DERECHO; acquittal in law.

ABSOLUCIÓN DE HECHO; acquittal in fact.

ABSOLUCIÓN DE LA DEMANDA; dismissal of the complaint, finding for the defendant.

ABSOLUCIÓN DE LA INSTANCIA; dismissal of the case, acquittal.

ABSOLUCIÓN DE POSICIONES; reply to interrogatories.

ABSOLUCIÓN DEL JUICIO; dismissal of the action.

ABSOLUCIÓN JUDICIAL; dismissal, acquittal.

ABSOLUCIÓN LIBRE; acquittal, verdict of not guilty.

ABSOLUCIÓN PERENTORIA; summary dismissal.

ABSOLUTAMENTE; absolutely.

ABSOLUTISMO *m* ; absolutism.

ABSOLUTO; absolute, unconditional, unlimited.

ABSOLUTORIO; absolving, acquitting.

ABSOLVENTE (adj); absolving.

ABSOLVENTE *m/f*; the person who replies to interrogatories.

ABSOLVER; to acquit, to absolve, to release.

ABSOLVER DE LA INSTANCIA; to acquit due to a lack of evidence.

ABSOLVER LAS POSICIONES; to reply to interrogatories.

ABSOLVER LAS PREGUNTAS; to answer questions.

ABSORBER LA PÉRDIDA; to absorb the loss.

ABSORCIÓN *f*; absorption, takeover.

ABSORCIÓN DE EMPRESAS; corporate takeover.

ABSQUE; without, absque.

ABSQUE HOC; without this, absque hoc.

ABSQUE TALI CAUSA; without such cause, absque tali causa.

ABSTEMIO (adj); abstemious.

ABSTEMIO *m* ; abstainer.

ABSTENCIÓN *f*; abstention.

ABSTENCIÓN DE PROCEDIMIENTOS; refusal to continue a process, refusal to prosecute.

ABSTENCIONISMO ELECTORAL; refusal to vote.

ABSTENCIONISTA *m/f*; abstainer.

ABSTINENCIA *f*; abstinence.

ABSTRACTO; abstract.

ABSUELTO; absolved, acquitted.

ABSURDIDAD *f*; absurdity.

ABSURDO; absurd.

ABUELA *f*; grandmother.

ABUELASTRA *f*; stepgrandmother.

ABUELASTRO *m* ; stepgrandfather.

ABUELO *m* ; grandfather.

ABUELOS *m* ; grandparents.

ABUSAR; to abuse, to abuse sexually, to rape, to misuse, to impose upon.

ABUSIÓN *f*; abuse, absurdity.

ABUSIVAMENTE; abusively, illegally.

ABUSIVO; abusive, misapplied.

ABUSO *m* ; abuse, misuse, imposition.

ABUSO CARNAL; carnal abuse.

ABUSO DE AUTORIDAD; abuse of authority.

ABUSO DE CARGO; misuse of office.

ABUSO DE CONFIANZA; breach of trust.

ABUSO DE CRÉDITO; misuse of credit.

ABUSO DE DERECHO; abuse of process, abuse of right.

ABUSO DE DISCRECIÓN; abuse of discretion.

ABUSO DE MENORES; abuse of minors.

ABUSO DE PODER; abuse of authority.

ABUSO DE PRIVILEGIO; abuse of privilege.

ABUSO DESHONESTO; sexual abuse.

ACABADO; completed, finished, exhausted.

ACABAR; to complete, to finish, to exhaust.

ACABILDAR; to call together, to unite.

ACADEMIA *f*; academy.

ACALORADAMENTE; heatedly, vehemently, angrily.

ACANALADO; channelled.

ACANALAR; to channel.

ACANTILAR; to run a ship aground, to run a ship on the rocks.

ACAPARADOR (adj); monopolizing, hoarding.

ACAPARADOR *m*; monopolizer, hoarder.

ACAPARAMIENTO *m*; monopolization, hoarding.

ACAPARAR; to monopolize, to hoard.

ACAPARRARSE; to reach an agreement, to close a transaction.

ACÁPITE *m*; separate paragraph.

ACARREAR; to carry, to transport, to cause.

ACARREO *m*; carriage, transport.

ACARRETO *m*; carriage, transport.

ACASO (adv); perhaps, by chance.

ACASO *m*; chance, accident.

ACATAMIENTO *m*; compliance, respect, acknowledgement, acceptance.

ACATAR; to obey, to respect.

ACCEDENTE; acceding.

ACCEDER; to accede, to agree.

ACCESIBILIDAD *f*; accessibility.

ACCESIBLE; accessible, attainable.

ACCESIÓN *f*; accession, access.

ACCESO *m*; access, admittance.

ACCESO CARNAL; carnal access.

ACCESO FORZOSO; forcible entry, rape.

ACCESO VIOLENTO; forcible entry, rape.

ACCESORIA *f*; annex.

ACCESORIAS LEGALES; secondary claims.

ACCESORIO (adj); accessory, secondary.

ACCESORIO *m*; accessory, fixture.

ACCIDENTADO *m*; the victim of an accident.

ACCIDENTAL; accidental, incidental, temporary.

ACCIDENTALMENTE; accidentally.

ACCIDENTE *m*; accident, accidental.

ACCIDENTE CORPORAL; accident resulting in a personal injury.

ACCIDENTE DE CIRCULACIÓN; traffic accident.

ACCIDENTE DE TRABAJO; occupational accident.

ACCIDENTE DE TRÁNSITO; traffic accident.

ACCIDENTE INEVITABLE; unavoidable accident.

ACCIDENTE MORTAL; fatal accident.

ACCIDENTE NO DE TRABAJO; non-occupational accident.

ACCIDENTE OPERATIVO; industrial accident.

ACCIDENTE PROFESIONAL; occupational accident.

ACCIDENTES DEL MAR; marine risk, accidents at sea.

ACCIÓN *f*; action, lawsuit, right of action, stock share, stock certificate.

ACCIÓN A QUE HUBIERE LUGAR; action which may lie.

ACCIÓN A QUE TUVIERE DERECHO; any recourse which is available.

ACCIÓN ACCESORIA; accessory action.

ACCIÓN ADMINISTRATIVA; administrative action.

ACCIÓN AMIGABLE; friendly suit.

ACCIÓN BAJO DERECHO COMÚN; common law action.

ACCIÓN CAMBIARIA; action for the collection of a bill of exchange.

ACCIÓN CAMBIARIA DE REGRESO; action against secondary endorsers.

ACCIÓN CAUCIONABLE; bailable action.

ACCIÓN CAUCIONAL; to put up a bond.

ACCIÓN CAUTELAR; action for a provisional remedy.

ACCIÓN CIVIL; civil action.

ACCIÓN COLATERAL; collateral attack.

ACCIÓN CON LUGAR; action which lies.

ACCIÓN CONCERTADA; concerted action.

ACCIÓN CONFESORIA; action to enforce an easement, ejectment action.

ACCIÓN CONJUNTA; joint action.

ACCIÓN CONSTITUTIVA; test action.

ACCIÓN CONTRA LA COSA; action in rem.

ACCIÓN CONTRACTUAL; action of contract.

ACCIÓN CONTRADICTORIA; incompatible action.

ACCIÓN CONTRARIA; action by the debtor against the creditor.

ACCIÓN CRIMINAL; criminal prosecution, criminal act.

ACCIÓN DE ALIMENTOS; action for sustenance, action for alimony.

ACCIÓN DE APREMIO; summary process for the collection of taxes.

ACCIÓN DE CLASE; class action.

ACCIÓN DE COBRO DE DINERO; action of debt.

ACCIÓN DE CONDENA; prosecution.

ACCIÓN DE CONDUCCIÓN; action by a tenant to maintain possession.

ACCIÓN DE DAÑOS Y PERJUICIOS; suit for damages, tort action.

ACCIÓN DE DESAHUCIO; eviction proceeding.

ACCIÓN DE DESALOJO; ejectment action.

ACCIÓN DE DESCONOCIMIENTO DE LA PATERNIDAD; paternity suit.

ACCIÓN DE DESLINDE; action to establish property lines.

ACCIÓN DE DESPOJO; ejectment action.

ACCIÓN DE DIFAMACIÓN; libel suit, slander suit.

ACCIÓN DE DIVORCIO; divorce action.

ACCIÓN DE ENRIQUECIMIENTO INDEBIDO; action for restitution after unjust enrichment.

ACCIÓN DE ESTADO CIVIL; action to determine marital status.

ACCIÓN DE INDEMNIZACIÓN; remedial action.

ACCIÓN DE JACTANCIA; action of jactitation.

ACCIÓN DE LIBELO; libel suit.

ACCIÓN DE LOCACIÓN; action to collect rent.

ACCIÓN DE MANDAMIENTO; mandamus action.

ACCIÓN DE NULIDAD; action to declare void.

ACCIÓN DE NULIDAD DE MATRIMONIO; action to annul a marriage.

ACCIÓN DE PETICIÓN DE HERENCIA; legal claim to part of an estate.

ACCIÓN DE POSESIÓN; possessory action.

ACCIÓN DE REGRESO; action of debt.

ACCIÓN DE REVISIÓN; action for reconsideration.

ACCIÓN DECLARATIVA; declaratory action.

ACCIÓN DEL ENEMIGO; acts of public enemies.

ACCIÓN DETERMINATIVA; test action.

ACCIÓN DIRECTA; direct action.

ACCIÓN DISPOSITIVA; test action.

ACCIÓN DIVISORIA; action for partition.

ACCIÓN EJECUTIVA; executive action, action of debt.

ACCIÓN EJERCITORIA; action against the owner of a ship for goods and services supplied.

ACCIÓN EN COBRO DE DINERO; action of debt.

ACCIÓN ENEMIGA; acts of public enemies.

ACCIÓN ESPECIAL; extraordinary action.

ACCIÓN ESTATUARIA; statutory action.

ACCIÓN ESTIMATORIA; action by the buyer against the seller to obtain a reduction in price due to defects, quanti minoris.

ACCIÓN EXHIBITORIA; discovery action.

ACCIÓN HIPOTECARIA; foreclosure proceedings.

ACCIÓN IMPRESCRIPTIBLE; action which has no statute of limitations.

ACCIÓN IN REM; action in rem.

ACCIÓN IN SOLIDUM; joint and several action.

ACCIÓN INCIDENTAL; accessory action.

ACCIÓN INCOMPATIBLE; incompatible action.

ACCIÓN INMOBILIARIA; action concerning real estate.

ACCIÓN JUDICIAL; lawsuit, legal action.

ACCIÓN JURÍDICA; lawsuit, legal action.

ACCIÓN LABORAL; action based on labor law.

ACCIÓN LITIGIOSA; lawsuit, legal action.

325 ACCIONES EN CAJA

ACCIÓN MANCOMUNADA; joint action.
ACCIÓN MIXTA; mixed action.
ACCIÓN MOBILIARIA; action concerning personal property.
ACCIÓN NEGATORIA; action to remove an easement.
ACCIÓN OBLICUA; subrogation action.
ACCIÓN ORDINARIA; ordinary proceeding, common share.
ACCIÓN PARA CUENTA Y RAZÓN; action for accounting.
ACCIÓN PARTICULAR; personal action.
ACCIÓN PAULIANA; action by a creditor against a debtor to nullify fraudulent acts.
ACCIÓN PENAL; criminal proceeding.
ACCIÓN PERSONAL; personal action.
ACCIÓN PERSONAL Y REAL; mixed action.
ACCIÓN PETITORIA; petitory action.
ACCIÓN PIGNORATICIA; action of pledge.
ACCIÓN PLENARIA; ordinary proceeding.
ACCIÓN PLENARIA DE POSESIÓN; action to acquire property through prescription.
ACCIÓN POR DAÑOS Y PERJUICIOS; suit for damages, tort action.
ACCIÓN POR INCUMPLIMIENTO DE CONTRATO; action of contract, action of assumpsit.
ACCIÓN POSESORIA; possessory action.
ACCIÓN PREJUDICIAL; preliminary proceeding.
ACCIÓN PRENDARIA; action of pledge.
ACCIÓN PRESCRIPTIBLE; action which has a statute of limitations.
ACCIÓN PRESERVATIVA; action for a provisional remedy.
ACCIÓN PREVENTIVA; action for a provisional remedy.
ACCIÓN PRINCIPAL; main action.
ACCIÓN PRIVADA; private action.
ACCIÓN PROCEDENTE; action which lies.
ACCIÓN PROCESAL; lawsuit, legal action.
ACCIÓN PROHIBITORIA; action to enforce an easement, ejectment action.
ACCIÓN PÚBLICA; public action, criminal proceeding.
ACCIÓN PUBLICIANA; action to acquire property through prescription.
ACCIÓN REAL; real action.

ACCIÓN REDHIBITORIA; redhibitory action.
ACCIÓN REIVINDICATORIA; action for recovery, ejectment.
ACCIÓN REVOCATORIA; action by a creditor against a debtor to nullify fraudulent acts.
ACCIÓN SEPARADA; separate action.
ACCIÓN SIN LUGAR; action which does not lie.
ACCIÓN SOLIDARIA; joint and several action.
ACCIÓN SOSTENIBLE; action which lies.
ACCIÓN SUBROGATORIA; subrogation action.
ACCIÓN SUMARIA; summary proceeding.
ACCIÓN TEMPORAL; action which has a statute of limitations.
ACCIÓN TRANSITORIA; transitory action.
ACCIÓN ÚTIL; equitable action.
ACCIONANTE m ; plaintiff, prosecutor.
ACCIONAR; to litigate, to bring suit, to activate.
ACCIONARIO m ; shareholder.
ACCIONES f ; shares, stock shares, stock certificates.
ACCIONES ACUMULATIVAS; cumulative stock.
ACCIONES AL PORTADOR; bearer stock.
ACCIONES COMPATIBLES; compatible actions.
ACCIONES COMUNES; common stock.
ACCIONES CON DERECHO A VOTO; voting stock.
ACCIONES CUBIERTAS; paid-up stock.
ACCIONES DE CAPITAL; capital stock.
ACCIONES DE COMPAÑÍAS; corporate shares.
ACCIONES DE FUNDACIÓN; founders' shares.
ACCIONES DE INDUSTRIA; stock given in exchange of services.
ACCIONES DE PREFERENCIA; preferred stock.
ACCIONES DE TESORERÍA; treasury stock.
ACCIONES DE TRABAJO; stock issued for services.
ACCIONES DIFERIDAS; deferred stock.
ACCIONES EN CAJA; treasury stock.

ACCIONES EXHIBIDAS; paid-up stock.

ACCIONES HABILITANTES; qualifying shares.

ACCIONES LIBERADAS; paid-up stock.

ACCIONES NO LIBERADAS; stock that is not paid-up.

ACCIONES NOMINALES; registered stock.

ACCIONES NOMINATIVAS; registered stock.

ACCIONES PAGADAS; paid-up shares.

ACCIONES PREFERENTES; preferred stock.

ACCIONES PREFERIDAS; preferred stock.

ACCIONES PRIVILEGIADAS; preferred stock.

ACCIONES REDIMIBLES; callable stock.

ACCIONES SIN DERECHO A VOTO; nonvoting stock.

ACCIONES SIN VALOR NOMINAL; no par stock.

ACCIONES VOTANTES; voting stock.

ACCIONISTA *m/f*; stockholder.

ACCIONISTA REGISTRADO; stockholder of record.

ACCIONISTAS DISIDENTES; dissenting stockholders.

ACCIONISTAS MINORITARIOS; minority stockholders.

ACECHADERA *f*; ambush, lookout post.

ACECHADOR *m*; ambusher, lookout.

ACECHAR; to lie in ambush, to observe, to spy.

ACECHO *m*; lying in ambush, observation.

ACEFALÍA *f*; lack of a ruling leader.

ACELERACIÓN *f*; acceleration.

ACELERAR; to accelerate.

ACENSAR; to tax, to take a census, to establish an annuity contract which runs with the land.

ACENSUAR; to tax, to take a census, to establish an annuity contract which runs with the land.

ACENTUAR; to emphasize.

ACEPCIÓN *f*; meaning.

ACEPTABILIDAD *f*; acceptability.

ACEPTABLE; acceptable.

ACEPTABLEMENTE; acceptably.

ACEPTACIÓN *f*; acceptance, approbation.

ACEPTACIÓN ABSOLUTA; absolute acceptance.

ACEPTACIÓN BANCARIA; banker's acceptance.

ACEPTACIÓN CAMBIARIA; accepted bill of exchange.

ACEPTACIÓN COMERCIAL; trade acceptance.

ACEPTACIÓN CONTRACTUAL; acceptance of contract.

ACEPTACIÓN DE CARGO; acceptance of the position.

ACEPTACIÓN DE FAVOR; accommodation acceptance.

ACEPTACIÓN DE LA DONACIÓN; acceptance of the gift.

ACEPTACIÓN DE LA HERENCIA; acceptance of the inheritance.

ACEPTACIÓN DE LA LETRA DE CAMBIO; acceptance of the bill of exchange.

ACEPTACIÓN DE PODER; acceptance of power of attorney.

ACEPTACIÓN DEL LEGADO; acceptance of the legacy.

ACEPTACIÓN DEL MANDATO; acceptance to represent a principal.

ACEPTACIÓN EN BLANCO; blank acceptance.

ACEPTACIÓN EXPRESA; express acceptance.

ACEPTACIÓN IMPLÍCITA; implied acceptance.

ACEPTACIÓN LEGAL; legal acceptance.

ACEPTACIÓN LIBRE; general acceptance.

ACEPTACIÓN MERCANTIL; trade acceptance.

ACEPTACIÓN POR ACOMODAMIENTO; accommodation acceptance.

ACEPTACIÓN PURA Y SIMPLE; unconditional acceptance.

ACEPTACIÓN TÁCITA; implied acceptance.

ACEPTADO; accepted, honored.

ACEPTADOR (adj); accepting.

ACEPTADOR *m*; accepter.

ACEPTANTE (adj); accepting.

ACEPTANTE *m*; accepter.

ACEPTAR; to accept, to approve.

ACEPTAR A BENEFICIO DE INVENTARIO; to accept subject to the benefit of inventory.

ACEPTAR CON RESERVA; accept conditionally.

ACEPTAR POR CUENTA DE; accept for the account of, accept on behalf of.

ACEPTILACIÓN *f*; acceptilation.

ACEPTO (adj); acceptable, accepted.

ACEPTO *m* ; acceptance.

ACERA *f*; sidewalk.

ACERBAMENTE; cruelly, severely.

ACERCAMIENTO *m* ; nearness, approximation.

ACERTADAMENTE; correctly, accurately.

ACERTADO; correct, accurate.

ACERTAMIENTO INCIDENTAL; ruling which serves as a model for others.

ACERTAR; to determine a question of law, to hit the mark, to be correct.

ACERVO *m* ; undivided assets, undivided estate.

ACERVO HEREDITARIO; assets of an estate.

ACERVO SOCIAL; assets of a company.

ACLAMACIÓN *f*; acclamation.

ACLARACIÓN *f*; clarification, illustration, explanation, inquiry.

ACLARACIÓN DE SENTENCIA; clarification of a decision.

ACLARADOR; clarifying.

ACLARAR; to clarify, to explain.

ACOBARDAR; to intimidate, to daunt.

ACOGER; to accept, to harbor, to receive, to resort to.

ACOGERSE; to take refuge, to resort to.

ACOGIDA *f*; acceptance, reception, asylum.

ACOMETEDOR (adj); assaulting, attacking, aggressive, enterprising.

ACOMETEDOR *m* ; assailant, aggressor, enterpriser.

ACOMETER; assault, attack, undertake.

ACOMETIDA *f*; assault, attack.

ACOMETIENTE; assaulting, attacking, enterprising.

ACOMETIMIENTO *m* ; assault, attack.

ACOMETIMIENTO INMORAL; indecent assault.

ACOMETIMIENTO Y AGRESIÓN GRAVE; aggravated assault and battery.

ACOMETIMIENTO Y AGRESIÓN SIMPLE; assault and battery.

ACOMODACIÓN *f*; accommodation, adjustment, arrangement.

ACOMODAMIENTO *m* ; accommodation.

ACOMODAR; to accommodate, to arrange.

ACOMPAÑADO; accompanied, frequented.

ACOMPAÑANTE (adj); accompanying.

ACOMPAÑANTE *m/f*; companion.

ACOMPAÑAR; to accompany, to enclose.

ACONGOJAR; to anguish, to distress.

ACONSEJADO (adj); advised, prudent.

ACONSEJADO *m* ; advisee.

ACONSEJADOR *m* ; adviser, counselor.

ACONSEJAR; to advise, to counsel.

ACONTECER; to come about, to happen.

ACONTECIMIENTO *m* ; incident, happening.

ACOQUINAR; to intimidate.

ACORDADA *f*; resolution, decision, order.

ACORDADO; agreed, decided, prudent.

ACORDAR; to agree, to remind, to decide, to resolve, to pass a resolution.

ACORDAR UN DIVIDENDO; to declare a dividend.

ACORDAR UNA DILACIÓN; to grant a delay.

ACORDAR UNA PATENTE; to grant a patent.

ACORDARSE; to remember, to agree to.

ACORDE; in agreement, agreed.

ACORTAR; to shorten, to reduce.

ACOSAR; to pursue, to harass.

ACOSTUMBRADAMENTE; customarily.

ACOSTUMBRADO; accustomed.

ACOTACIÓN *f*; annotation.

ACOTADO; annotated.

ACOTAMIENTO *m* ; delimitation, boundary.

ACOTAR; to annotate, to mark the boundaries of, to observe, to accept.

ACRACIA *f*; anarchy.

ÁCRATA *f*; anarchist.

ACRE *m* ; acre.

ACRECENCIA *f*; accretion, increase.

ACRECENTAMIENTO *m* ; increase.

ACRECENTAR; to increase.

ACRECER; to increase.

ACREDITACIÓN *f*; accreditation, crediting.

ACREDITADO; accredited, credited.

ACREDITANTE *m/f*; creditor.

ACREDITAR; to credit, to prove, to authorize, to guarantee.

ACREEDOR *m* ; creditor.

ACREEDOR ALIMENTARIO; the recipient of alimony.

ACREEDOR ANTICRESISTA; antichresis creditor.

ACREEDOR COMÚN; general creditor.

ACREEDOR CONCURSAL; creditor in an insolvency proceeding.

ACREEDOR CONDICIONAL; conditional creditor.

ACREEDOR DE DOMINIO; creditor of a bankrupt who claims title.

ACREEDOR DE LA SUCESIÓN; decedent's creditor.

ACREEDOR DE REGRESO; creditor who demands payment of a dishonored bill.

ACREEDOR DEL FALLIDO; creditor of a bankrupt, those with claims arising before bankruptcy proceedings.

ACREEDOR DEL QUEBRADO; creditor of a bankrupt, those with claims arising before bankruptcy proceedings.

ACREEDOR EJECUTANTE; execution creditor.

ACREEDOR EMBARGANTE; lien creditor.

ACREEDOR ESCRITURARIO; creditor with a notarized loan.

ACREEDOR GARANTIZADO; secured creditor.

ACREEDOR HEREDITARIO; decedent's creditor.

ACREEDOR HIPOTECARIO; mortgagee.

ACREEDOR INFERIOR; junior creditor.

ACREEDOR MANCOMUNADO; joint creditor.

ACREEDOR ORDINARIO; general creditor.

ACREEDOR PETICIONARIO; petitioning creditor.

ACREEDOR PIGNORATICIO; pledgee.

ACREEDOR POR CONTRATO SELLADO; specialty creditor.

ACREEDOR POR FALLO; judgment creditor.

ACREEDOR POR JUICIO; judgment creditor.

ACREEDOR POR SENTENCIA; judgment creditor.

ACREEDOR PREFERENTE; preferred creditor.

ACREEDOR PRENDARIO; pledgee.

ACREEDOR PRIVILEGIADO; preferred creditor.

ACREEDOR QUIROGRAFARIO; general creditor.

ACREEDOR REAL; secured creditor.

ACREEDOR RECURRENTE; petitioning creditor.

ACREEDOR REFACCIONARIO; creditor who advances money for construction.

ACREEDOR SENCILLO; general creditor.

ACREEDOR SIMPLE; general creditor.

ACREEDOR SIN PRIVILEGIO; general creditor.

ACREEDOR SOCIAL; partnership creditor, corporate creditor.

ACREEDOR SOLIDARIO; joint and several creditor.

ACREEDOR SUBSECUENTE; subsequent creditor.

ACREEDOR SUPERIOR; senior creditor.

ACREEDOR VERBAL; parol creditor.

ACREENCIA *f*; amount due, credit balance.

ACRIMINACIÓN *f*; incrimination, accusation.

ACRIMINADO; the person accused.

ACRIMINADOR (adj); incriminating.

ACRIMINADOR *m* ; accuser.

ACRIMINAR; to accuse, to incriminate.

ACTA *f*; record, minutes, document, memorandum, legislative act.

ACTA AUTÉNTICA; authentic act.

ACTA AUTORIZADA; authentic act.

ACTA CERTIFICADA; authentic act.

ACTA CONSTITUTIVA; articles of incorporation.

ACTA CONSULAR; consular act.

ACTA DE ASAMBLEA; minutes.

ACTA DE AUDIENCIA; record of a hearing.

ACTA DE AVENIMIENTO; memorandum of an agreement.

ACTA DE CESIÓN; conveyance, transfer.

ACTA DE CONSTITUCIÓN; articles of incorporation.

ACTA DE DEFUNCIÓN; death certificate.

ACTA DE DEPÓSITO; document certifying that which has been deposited with a notary pubic.

ACTA DE DESLINDE; certificate stating a boundary line, description of a boundary line.

ACTA DE MATRIMONIO; marriage certificate.

ACTA DE NACIMIENTO; birth certificate.

ACTA DE ORGANIZACIÓN; articles of incorporation.

ACTA DE POSESIÓN; certificate of possession, certificate of office.

ACTA DE PROTESTO; protest of a commercial document.

ACTA DE PROTOCOLIZACIÓN; document certifying that which has been recorded in the formal registry of a notary public.

ACTA DE REFERENCIA; document certifying statements which have been made before a notary public.

ACTA DE SESIÓN; minutes.

ACTA DE ÚLTIMA VOLUNTAD; last will and testament.

ACTA DE UNA REUNIÓN; minutes.

ACTA ELECTORAL; election certificate.

ACTA JUDICIAL; court record.

ACTA LEGALIZADA; authentic act.

ACTA LEGISLATIVA; legislative act.

ACTA NOTARIAL; notarial certificate, notarial act.

ACTAS; minutes, proceedings, docket, papers.

ACTAS DE JUICIOS; court records.

ACTIO BONAE FIDEI; act of good faith.

ACTIO CIVILIS; civil action.

ACTIO CRIMINALIS; criminal action.

ACTIO EX CONTRACTU; action for breach of contract, actio ex contractu.

ACTIO EX DELICTO; tort action, actio ex delicto.

ACTIO IN PERSONAM; personal action, actio in personam.

ACTIO IN REM; action against the thing, actio in rem.

ACTIO PERSONALIS; personal action, actio personalis.

ACTITAR; to perform notarial functions, to file a suit.

ACTITUD *f*; attitude, frame of mind.

ACTIVIDAD *f*; activity.

ACTIVIDAD LUCRATIVA; lucrative activity.

ACTIVO (adj); active.

ACTIVO *m*; assets.

ACTIVO A MANO; cash assets.

ACTIVO ABANDONADO; abandoned assets.

ACTIVO ACUMULADO; accrued assets.

ACTIVO AGOTABLE; depletable assets.

ACTIVO APROBADO; admitted assets.

ACTIVO CIRCULANTE; working capital.

ACTIVO COMPUTABLE; admitted assets.

ACTIVO CONFIRMADO; admitted assets.

ACTIVO CORRIENTE; liquid assets.

ACTIVO DE LA QUIEBRA; bankrupt's assets.

ACTIVO DE ORDEN; memoranda accounts.

ACTIVO DEMORADO; deferred assets.

ACTIVO DIFERIDO; deferred assets.

ACTIVO DISPONIBLE; liquid assets.

ACTIVO EFECTIVO; cash assets.

ACTIVO EN CIRCULACIÓN; working capital.

ACTIVO EVENTUAL; contingent assets.

ACTIVO EXIGIBLE; bills receivable.

ACTIVO FIJO; fixed assets.

ACTIVO FLOTANTE; current assets.

ACTIVO INMOVILIZADO; fixed assets.

ACTIVO INTANGIBLE; intangible assets.

ACTIVO INVISIBLE; concealed assets, goodwill.

ACTIVO LÍQUIDO; liquid assets.

ACTIVO NETO; net worth.

ACTIVO NOMINAL; intangible assets.

ACTIVO OCULTO; hidden assets.

ACTIVO PERMANENTE; fixed assets.

ACTIVO SOCIAL; partnership assets, corporate assets.

ACTO *m*; act, action.

ACTO A TÍTULO GRATUITO; gratuitous act.

ACTO A TÍTULO ONEROSO; act based upon valuable consideration.

ACTO ADMINISTRATIVO; administrative act.

ACTO ANULABLE; voidable act.

ACTO ANULATIVO; nullifying act.

ACTO ARBITRARIO; arbitrary act.

ACTO ATRIBUTIVO; act of transferring.

ACTO BÉLICO; act of war.

ACTO CONCILIATORIO; conciliatory action.
ACTO CONCURSAL; bankruptcy proceeding.
ACTO CONSERVATORIO; act to preserve.
ACTO CONTINUO; act occurring immediately after.
ACTO DE ADMINISTRACIÓN; act of administration.
ACTO DE BUENA FE; act in good faith.
ACTO DE COMERCIO; commercial transaction.
ACTO DE COMISIÓN; act of commission.
ACTO DE CONCILIACIÓN; conciliatory action.
ACTO DE DISPOSICIÓN; act of disposing.
ACTO DE DOCUMENTACIÓN; court records.
ACTO DE EJECUCIÓN; execution proceeding.
ACTO DE EMULACIÓN; abuse of right.
ACTO DE GUERRA; act of war.
ACTO DE INSOLVENCIA; act of bankruptcy.
ACTO DE LA NATURALEZA; act of nature.
ACTO DE MALA FE; act in bad faith.
ACTO DE OMISIÓN; act of omission.
ACTO DE OTORGAMIENTO; execution.
ACTO DE POSESIÓN; possessory action.
ACTO DE PRESENCIA; presence, token appearance.
ACTO DE QUIEBRA; act of bankruptcy.
ACTO DE ÚLTIMA VOLUNTAD; will.
ACTO DEL CONGRESO; act of congress.
ACTO DIPLOMÁTICO; diplomatic act.
ACTO DISIMULADO; sly act.
ACTO EJECUTIVO; executive action.
ACTO EVIDENTE; overt act.
ACTO EXTRAJUDICIAL; extrajudicial act.
ACTO FACULTATIVO; voluntary act.
ACTO FICTICIO; apparent act.
ACTO FORMAL; formal act.
ACTO ILÍCITO; illegal act.
ACTO IMPERFECTO; imperfect act.
ACTO JUDICIAL; judicial act.
ACTO JURÍDICO; legal act, legal proceeding.
ACTO LEGAL; legal act.
ACTO LEGISLATIVO; legislative act.
ACTO MODIFICATIVO; modifying act.
ACTO NOTARIAL; notarized document, notarial act.

ACTO NULO; void act.
ACTO OMISIVO; act of omission.
ACTO PARTICULAR; private act.
ACTO POSESORIO; possessory action.
ACTO PROCESAL; lawsuit, legal action.
ACTO PÚBLICO; act witnessed by a notary public, act witnessed by a public officer.
ACTO REGLAMENTARIO; regulatory act.
ACTO SEGUIDO; immediately after.
ACTO SEXUAL; sexual act.
ACTO SOLEMNE; formal act.
ACTO TRASLATIVO; transfer.
ACTOR *m* ; plaintiff, complainant, actor.
ACTOR CIVIL; plaintiff.
ACTOR CRIMINAL; prosecutor.
ACTOS; acts, actions.
ACTOS ACCESORIOS; secondary acts.
ACTOS ADMINISTRATIVOS; administrative acts.
ACTOS ANULABLES; voidable acts.
ACTOS BILATERALES; bilateral acts.
ACTOS CONSERVATORIOS; acts to preserve rights.
ACTOS CONSTITUTIVOS; acts that create an obligation.
ACTOS DE COMERCIO; commercial transactions.
ACTOS DE DISPOSICIÓN; acts to dispose of property.
ACTOS DE GESTIÓN; acts of agency.
ACTOS DE GOBIERNO; government acts.
ACTOS DECLARATIVOS; declaratory acts.
ACTOS DISCRECIONALES; discretionary acts.
ACTOS ENTRE VIVOS; acts between living persons.
ACTOS EXTINTIVOS; acts that extinguish.
ACTOS GRATUITOS; gratuitous acts.
ACTOS ILÍCITOS; illegal acts.
ACTOS INAMISTOSOS; unfriendly acts.
ACTOS INDIVIDUALES; individual acts.
ACTOS INEXISTENTES; void acts.
ACTOS LÍCITOS; legal acts.
ACTOS LUCRATIVOS; lucrative acts.
ACTOS NULOS; void acts.
ACTOS ONEROSOS; acts based on valuable consideration.
ACTOS PREJUDICIALES; pre-trial acts.

ACTOS PRINCIPALES; primary acts.

ACTOS PROPIOS; voluntary acts.

ACTOS SOLEMNES; formal acts.

ACTOS UNILATERALES; unilateral acts.

ACTUABLE; actionable.

ACTUACIÓN f; proceeding, performance, behavior.

ACTUACIONES JUDICIALES; judicial proceedings.

ACTUACIONES TRIBUNALICIAS; court proceedings.

ACTUAL; actual, present.

ACTUALIDAD f; present time, present situation.

ACTUALIZACIÓN f; updating.

ACTUAR; to act, to litigate, to discharge a duty, to perform judicial acts.

ACTUARIAL; actuarial.

ACTUARIO m; actuary, clerk of court.

ACTUARIO DE SEGUROS; insurance actuary.

ACUCIOSIDAD f; meticulousness, diligence.

ACUCIOSO; meticulous, diligent.

ACUCHILLADO; stabbed, slashed.

ACUCHILLAR; to stab.

ACUDIR; to appear, to attend, to help, to respond.

ACUERDO m; agreement, understanding, decree, decision.

ACUERDO ADMINISTRATIVO; administrative decision.

ACUERDO CONCILIATORIO; settlement.

ACUERDO CRIMINAL; criminal conspiracy.

ACUERDO DE CABALLEROS; an unenforceable agreement in which the parties are bound by honor, gentlemen's agreement.

ACUERDO DE LA MAYORÍA; decision of a majority.

ACUERDO DE MINISTROS; cabinet meeting.

ACUERDO DE VOLUNTADES; meeting of minds.

ACUERDO DELICTIVO; criminal conspiracy.

ACUERDO ESCRITO; written agreement.

ACUERDO EXPRESO; express agreement.

ACUERDO EXTRAJUDICIAL; out-of-court settlement.

ACUERDO INTERNACIONAL; international agreement.

ACUERDO MAESTRO; master agreement.

ACUERDO MULTILATERAL; multilateral agreement.

ACUERDO NO SELLADO; parol agreement.

ACUERDO REGIONAL; regional agreement.

ACUERDO SIMPLIFICADO; simplified agreement.

ACUERDO TÁCITO; implied agreement.

ACUERDO VERBAL; parol agreement.

ACUERDOS FISCALES INTERNACIONALES; international tax agreements.

ACUIDAD f; acuity.

ACUMULABLE; accumulative.

ACUMULACIÓN f; accumulation, joinder.

ACUMULACIÓN DE ACCIONES; joinder of actions.

ACUMULACIÓN DE AUTOS; joinder of actions to be decided by a single decree.

ACUMULACIÓN DE DELITOS; joinder of crimes.

ACUMULACIÓN DE FUNCIONES; combination of functions.

ACUMULACIÓN DE PENAS; cumulative sentences.

ACUMULACIÓN DE PROCESO; joinder of actions to be decided by a single decree.

ACUMULADO; accumulated.

ACUMULAR; to try jointly, to accrue, to accumulate.

ACUMULATIVAMENTE; jointly, accumulatively.

ACUÑAR; to mint, to affix a seal.

ACUSABLE; accusable, indictable, impeachable.

ACUSACIÓN f; accusation, indictment, arraignment, impeachment.

ACUSACIÓN FALSA; false accusation.

ACUSACIÓN FISCAL; criminal indictment.

ACUSACIÓN MALICIOSA; malicious accusation.

ACUSACIÓN POR GRAN JURADO; indictment.

ACUSADO m; defendant, accused.

ACUSADOR m; accuser, prosecutor, complainant.

ACUSANTE; accusing, prosecuting.

ACUSAR; to accuse, to indict, to arraign, to impeach.

ACUSAR A MUERTE; to accuse of a crime punishable by death.

ACUSAR LA REBELDÍA; to point out the omission of a party.

ACUSAR POR GRAN JURADO; to indict.

ACUSAR RECIBO; to acknowledge receipt.

ACUSAR UNA GANANCIA; to show a profit.

ACUSAR UNA PÉRDIDA; to show a loss.

ACUSATIVO; accusatory, incriminating.

ACUSATORIO; accusatory, incriminating.

ACUSE *m* ; acknowledgement.

ACUSE DE RECIBO; acknowledgement of receipt.

ACHAQUE; indisposition, excuse.

ACHOCAR; to stun, to strike, to throw against a wall.

AD EFFECTUM; to the effect.

AD HOC; for this, ad hoc.

AD HOMINEM; to the person.

AD HUNC DIEM; at this day.

AD INFINITUM; without limit.

AD INTERIM; in the meantime.

AD JUDICIUM; to the judgement.

AD LARGUM; at large.

AD LEGEM; at law.

AD LIBITUM; extemporaneously.

AD LITEM; for the suit, ad litem.

AD LITTERAM; literal.

AD MAJOREM CAUTELAM; for greater caution.

AD PERPETUAM; perpetually.

AD PROSEQUENDAM; to prosecute.

AD PUNCTUM TEMPORIS; at that point in time.

AD QUEM; to which, ad quem.

AD REFERÉNDUM; to refer to.

AD REM; to the thing.

AD RESPONDENDUM; to respond.

AD VALÓREM; according to value.

AD VALÓREM CONTRACTUS; to the value of the contract.

AD VITAM; for life.

AD VOLUNTATEM; at will.

ADATAR; to date, to credit.

ADECUADAMENTE; adequately, properly.

ADECUADO; adequate, proper.

ADEHALA *f* ; extra, gratuity.

ADELANTADAMENTE; in advance.

ADELANTADO; advanced, early.

ADELANTADOR; advancing, improving.

ADELANTAR; to advance, to pay in advance, to speed up, to make progress.

ADELANTE; ahead, forward.

ADELANTO *m* ; advance, progress.

ADEMÁS; furthermore, moreover, besides.

ADENCIÓN *f* ; ademption.

ADENTRO; within.

ADEU; without day.

ADEUDADO; indebted.

ADEUDAMIENTO *m* ; indebtedness.

ADEUDAR; to owe, to debit.

ADEUDARSE; to become indebted.

ADEUDO *m* ; debt, obligation, indebtedness, debit, customs duty.

ADHERENCIA *f* ; adherence.

ADHERIR; to adhere, to affix, to support, to concur.

ADHERIRSE A; to adhere to, to join, to support.

ADHERIRSE A LA APELACIÓN; to join in the appeal.

ADHESIÓN *f* ; adhesion, adherence, agreement.

ADIADO; appointed day.

ADIAR; to set.

ADICIÓN *f* ; addition, marginal note.

ADICIÓN DE LA HERENCIA; acceptance of the inheritance.

ADICIÓN DE NOMBRE; addition of name.

ADICIONAL; additional.

ADICTO *m* ; addict, supporter.

ADIR; to accept, to accept an inheritance.

ADIR LA HERENCIA; to accept the inheritance.

ADITAMENTO *m* ; addition.

ADJETIVO; adjective.

ADJUDICACIÓN *f* ; award, adjudication.

ADJUDICACIÓN ANTERIOR; a matter adjudged.

ADJUDICACIÓN DE HERENCIA; adjudication of an inheritance.

ADJUDICACIÓN DE QUIEBRA; adjudication of a bankruptcy.

ADJUDICACIÓN EN PAGO; payment in lieu of that accorded.

ADJUDICACIÓN PREVIA; a matter adjudged.

ADJUDICACIÓN PROCESAL; decision.

ADJUDICADOR *m* ; adjudicator, awarder.

ADJUDICAR; to award, to adjudicate.

ADJUDICAR EL CONTRATO; to award the contract.

ADJUDICATARIO *m* ; awardee, grantee, successful bidder.

ADJUDICATIVO; adjudicative.

ADJUDICATURA *f*; legal action.

ADJUNCIÓN *f*; adjunction.

ADJUNTAR; to enclose, to attach.

ADJUNTO (adj); enclosed, attached.

ADJUNTO *m* ; adjunct, one of the judges in a court.

ADMINICULAR; to corroborate.

ADMINÍCULO *m* ; corroboration, support.

ADMINISTRACIÓN *f*; administration, administrator's office.

ADMINISTRACIÓN ACCESORIA; ancillary administration.

ADMINISTRACIÓN ACTIVA; governmental administration.

ADMINISTRACIÓN CENTRAL; central administration.

ADMINISTRACIÓN CONSULTIVA; body of advisors.

ADMINISTRACIÓN DE BIENES DEL AUSENTE; administration of property of an absentee.

ADMINISTRACIÓN DE IMPUESTOS; tax administration.

ADMINISTRACIÓN DE JUSTICIA; administration of justice.

ADMINISTRACIÓN DE LA COSA COMÚN; administration of something owned jointly.

ADMINISTRACIÓN DE LA HERENCIA; estate administration.

ADMINISTRACIÓN DE LA QUIEBRA; administration of a bankrupt's estate.

ADMINISTRACIÓN DE LA SOCIEDAD; administration of a partnership, administration of a corporation.

ADMINISTRACIÓN DE LA SUCESIÓN; administration of an estate.

ADMINISTRACIÓN JUDICIAL; judicial administration.

ADMINISTRACIÓN PÚBLICA; public administration.

ADMINISTRADO; administered.

ADMINISTRADOR (adj); administrating.

ADMINISTRADOR *m* ; administrator, guardian.

ADMINISTRADOR CONCURSAL; trustee in bankruptcy.

ADMINISTRADOR DE BIENES ENEMIGOS; custodian of enemy property.

ADMINISTRADOR DE CONTRIBUCIONES; tax collector.

ADMINISTRADOR JUDICIAL; receiver.

ADMINISTRAR; to administer, to care for.

ADMINISTRAR JUSTICIA; to administer justice.

ADMINISTRAR UN JURAMENTO; to administer an oath.

ADMINISTRATIVAMENTE; administratively.

ADMINISTRATIVO; administrative.

ADMISIBILIDAD *f*; admissibility.

ADMISIBLE; admissible, acceptable.

ADMISIÓN *f*; admission, confession, acceptance.

ADMISIÓN COMPLETA; full admission.

ADMISIÓN CONCOMITANTE; incidental admission.

ADMISIÓN DE PARTE; admission by a party.

ADMISIÓN DE SENTENCIA; confession of judgment.

ADMISIÓN DESVENTAJOSA; admission against interest.

ADMISIÓN DIRECTA; direct admission.

ADMISIÓN IMPLÍCITA; implied admission.

ADMISIÓN INCRIMINATORIA; incriminating admission.

ADMISIÓN PLENARIA; full admission.

ADMISIÓN PROCESAL; judicial admission.

ADMITIDO; admitted, accepted.

ADMITIR; to admit, to accept, to acknowledge, to allow.

ADMITIR UN RECLAMO; to allow a claim.

ADMONICIÓN *f*; admonition.

ADNEPOS; a son of a great-great-grandson.

ADNEPTIS; a daughter of a
  great-great-granddaughter.
ADOLESCENCIA *f*; adolescence.
ADOLESCENTE; adolescent.
ADONDE; where.
ADONDEQUIERA; wherever, anywhere.
ADOPCIÓN *f*; adoption.
ADOPCIÓN DE HECHO; adoption in fact.
ADOPCIÓN PLENA; full adoption.
ADOPTACIÓN *f*; adoption.
ADOPTADO; adopted.
ADOPTADOR *m*; adopter.
ADOPTANTE *m*; adopter.
ADOPTAR; to adopt.
ADOPTAR UN ACUERDO; to pass a
  resolution.
ADOPTIVO; adopted.
ADQUIRIDO; acquired.
ADQUIRIDOR *m*; acquirer, purchaser.
ADQUIRIENTE *m/f*; acquirer, purchaser.
ADQUIRIENTE A TÍTULO GRATUITO;
  recipient of a gift.
ADQUIRIENTE A TÍTULO ONEROSO;
  purchaser for value.
ADQUIRIENTE DE BUENA FE; purchaser in
  good faith, bona fide purchaser.
ADQUIRIENTE SIN PREVIO
  CONOCIMIENTO; purchaser without
  notice.
ADQUIRIR; to acquire.
ADQUIRIR POR TÍTULO DE COMPRA; to
  acquire by purchase.
ADQUISICIÓN *f*; acquisition.
ADQUISICIÓN A TÍTULO GRATUITO;
  acquisition by gift.
ADQUISICIÓN A TÍTULO ONEROSO;
  purchase for value.
ADQUISICIÓN DE BUENA FE; purchase in
  good faith.
ADQUISICIÓN DE COSAS; acquisition of
  chattels.
ADQUISICIÓN DE DERECHOS; acquisition
  of rights.
ADQUISICIÓN DE LA HERENCIA;
  acquisition of the inheritance.
ADQUISICIÓN DE NOMBRE; obtaining of a
  name.

ADQUISICIÓN DERIVADA; derivative
  acquisition.
ADQUISICIÓN DERIVATIVA; acquisition
  through the transfer of title.
ADQUISICIÓN ORIGINAL; original
  acquisition.
ADQUISICIÓN PROCESAL; benefits to third
  parties through judicial acts.
ADQUISITIVO; acquisitive.
ADREDE; on purpose, premeditated.
ADROLLERO *m*; cheat, fraud.
ADSCENDENTES; ancestors.
ADSCRIBIR; to appoint, to attach, to assign.
ADSESSORES; advisors, side judges.
ADUANA *f*; customs, customhouse.
ADUANAL; pertaining to a customhouse.
ADUANAR; to pay customs.
ADUANERO *m*; customs official.
ADUCCIÓN DE PRUEBAS; production of
  evidence.
ADUCIR; to adduce, to produce.
ADUCIR PRUEBAS; to adduce evidence.
ADUEÑARSE; to become owner, to take
  possession.
ADULTA *f*; female adult.
ADÚLTERA *f*; adulteress.
ADULTERACIÓN *f*; adulteration,
  falsification, tampering.
ADULTERACIÓN DE DOCUMENTOS;
  falsification of documents.
ADULTERADO; adulterated.
ADULTERAR; to adulterate, to falsify, to
  commit adultery.
ADULTERINO; adulterine, falsified.
ADULTERIO *m*; adultery.
ADÚLTERO (adj); adulterous.
ADÚLTERO *m*; adulterer.
ADULTO *m*; adult.
ADVENIMIENTO DEL PLAZO *m*; maturity.
ADVENTICIO; adventitious.
ADVENTITIUS; fortuitous, incidental.
ADVERACIÓN *f*; attestation, certification,
  confirmation.
ADVERACIÓN DE TESTAMENTO;
  attestation of will.
ADVERADO; attested, certified.
ADVERAR; to attest, to certify, to confirm.
ADVERSA FORTUNA; bad fortune.

ADVERSARIO (adj); adversarial.

ADVERSARIO *m* ; adversary.

ADVERSUS; against.

ADVERTENCIA *f*; warning, notice.

ADVERTIR; to warn, to give notice, to observe.

ADVOCATIO; legal assistance.

ADVOCATUS; advocate.

ADYACENTE; adjacent.

AEL; a grandfather.

AEQUITAS; equity.

AERONÁUTICO; aeronautic.

AEROPUERTO *m* ; airport.

AEROPUERTO ADUANERO; customs airport.

AEROPUERTO FRANCO; customs-free airport.

AFECCIÓN *f*; pledging, mortgaging, charge.

AFECCIÓN DE BIENES; pledging of goods, mortgaging.

AFECTABLE; able to be encumbered, able to be mortgaged.

AFECTACIÓN *f*; encumbrance, appropriation, charge.

AFECTAR; to affect, to encumber, to appropriate, to charge.

AFECTO (adj); pledged, encumbered.

AFECTO *m* ; affection, emotion.

AFERRAR; to anchor, to moor, to seize.

AFFINES; relatives by marriage.

AFFINITAS; related by marriage.

AFIANZADO; bonded, on bail, guaranteed.

AFIANZADO PARA DERECHOS ADUANEROS; customs-bonded.

AFIANZADO PARA RENTAS INTERIORES; internal revenue bonded.

AFIANZADOR *m* ; surety, guarantor.

AFIANZAMIENTO *m* ; bonding, bond, guarantee.

AFIANZAR; to bond, to bail, to guarantee.

AFIDÁVIT *m* ; affidavit.

AFILIACIÓN *f*; affiliation, association, membership.

AFILIADO *m* ; member.

AFILIADO DEL GREMIO; union member.

AFILIADO DEL SINDICATO; union member.

AFILIAR; to affiliate, to join.

AFÍN; related, similar, adjacent.

AFINIDAD *f*; affinity, kinship, similarity.

AFIRMACIÓN *f*; affirmation.

AFIRMADOR *m* ; affirmer.

AFIRMANTE (adj); asserting.

AFIRMANTE *m* ; a person who affirms.

AFIRMAR; to affirm, to ratify.

AFIRMAR BAJO JURAMENTO; to state under oath.

AFIRMARSE; to ratify.

AFIRMATIVO; affirmative.

AFORADO; appraised, leased, privileged.

AFORADOR *m* ; appraiser.

AFORAMIENTO *m* ; appraising, measuring.

AFORAR; to appraise, to estimate.

AFORO *m* ; appraisal, measurement.

AFORO DE BUQUES; appraisal of ships.

AFRENTA *f*; affront, dishonor.

AFRONTAR; to confront, to defy.

AGARD; award.

AGARRAR; to grab, to capture.

AGARROTAR; to choke, to execute by garrote.

AGENCIA *f*; agency.

AGENCIA DE COLOCACIONES; employment agency.

AGENCIA DE EMPLEO; employment agency.

AGENCIA DE NEGOCIOS; business agency.

AGENCIA DEL GOBIERNO; governmental agency.

AGENCIA EXCLUSIVA; exclusive agency.

AGENCIA IMPLÍCITA; implied agency.

AGENCIA OSTENSIBLE; ostensible agency.

AGENCIA POR IMPEDIMENTO; agency by estoppel.

AGENCIA REAL; actual agency.

AGENCIA ÚNICA; exclusive agency.

AGENCIAR; to obtain, to negotiate.

AGENCIARSE; to obtain.

AGENTE *m* ; agent.

AGENTE ADMINISTRADOR; managing agent.

AGENTE ADUANAL; customhouse broker.

AGENTE APARENTE; apparent agent.

AGENTE COMERCIAL; commercial agent, broker.

AGENTE CONSULAR; consular agent.

AGENTE DE ADUANA; customhouse broker.

AGENTE DE BIENES RAÍCES; real estate agent.
AGENTE DE BOLSA; stockbroker.
AGENTE DE CIRCULACIÓN; traffic officer.
AGENTE DE COMERCIO; commercial agent, broker.
AGENTE DE LA ADMINISTRACIÓN; government official.
AGENTE DE LA AUTORIDAD; police officer.
AGENTE DE PLAZA; local representative.
AGENTE DE POLICÍA; police officer.
AGENTE DE RETENCIÓN; withholding agent.
AGENTE DE SEGUROS; insurance agent.
AGENTE DE TRANSFERENCIA; transfer agent.
AGENTE DE VENTAS; sales agent.
AGENTE DEL GOBIERNO; government agent.
AGENTE DEL NAVIERO; shipping agent.
AGENTE DIPLOMÁTICO; diplomatic agent.
AGENTE ENCUBIERTO; undercover agent.
AGENTE ESPECIAL; special agent.
AGENTE EXCLUSIVO; exclusive agent.
AGENTE FIDUCIARIO; fiduciary agent.
AGENTE FINANCIERO; fiscal agent, financial agent.
AGENTE FISCAL; tax agent.
AGENTE GENERAL; general agent.
AGENTE INCULPABLE; innocent agent.
AGENTE INOCENTE; innocent agent.
AGENTE MARÍTIMO; shipping agent.
AGENTE OSTENSIBLE; ostensible agent.
AGENTE PAGADOR; paying agent.
AGENTE RETENEDOR; withholding agent.
AGENTE SECRETO; secret agent.
AGENTES CONSULARES; consular agents.
AGENTES DE ADUANAS; customs agents.
AGENTES DE NEGOCIOS; business agents.
AGIO *m* ; usury, profit margin, agio, speculator.
AGIOTAJE *m* ; usury, speculation, agiotage.
AGIOTISTA *m* ; usurer, profiteer, speculator.
AGITACIÓN *f* ; agitation, disturbance.
AGITADOR *m* ; agitator.
AGITAR; to agitate, to disturb.
AGNACIÓN *f* ; agnation.

AGNADO *m* ; agnate.
AGNATICIO; agnatic.
AGNATIO; agnates.
AGONÍA *f* ; agony.
AGRARIO; agrarian.
AGRAVACIÓN *f* ; aggravation.
AGRAVACIÓN DE DELITOS COMUNES; aggravation of common crimes.
AGRAVACIÓN DE LA PENA; increase in the penalty.
AGRAVADOR; aggravating.
AGRAVANTE (adj); aggravating.
AGRAVANTE *m* ; aggravation, aggravating circumstance.
AGRAVANTE CALIFICADA; an increase in the punishment for a habitual criminal.
AGRAVAR; to aggravate, to increase, to impose a tax.
AGRAVATORIO; aggravating, compulsory, requiring compliance with a prior order.
AGRAVIADO (adj); aggrieved.
AGRAVIADO *m* ; aggrieved party.
AGRAVIADOR *m* ; offender, tort-feasor.
AGRAVIANTE (adj); offending, injuring.
AGRAVIANTE *m* ; offender, injurer.
AGRAVIAR; to injure, to wrong, to overtax.
AGRAVIO *m* ; injury, tort, offense.
AGRAVIO A LA PERSONA; personal tort.
AGRAVIO CIVIL; civil injury.
AGRAVIO MALICIOSO; malicious mischief.
AGRAVIO MARÍTIMO; maritime tort.
AGRAVIO MATERIAL; material damage.
AGRAVIO MORAL; emotional injury.
AGRAVIO PROCESABLE; actionable tort.
AGRAVIO PROTERVO; wanton injury.
AGRAVIOSO; injurious, tortuous.
AGREDIR; to attack, to assault.
AGREGADO (adj); added, additional.
AGREGADO *m* ; attache.
AGREGADO COMERCIAL; commercial attache.
AGREGADO DIPLOMÁTICO; diplomatic attache.
AGREGADO MILITAR; military attache.
AGREGAR; to add, to incorporate.
AGREMIACIÓN *f* ; unionization, union.
AGREMIADO *m* ; union member.
AGREMIAR; to unionize.

AGRESIÓN *f*; aggression, battery.
AGRESIÓN FÍSICA; physical aggression.
AGRESIÓN MUTUA; bilateral aggression.
AGRESIÓN SIMPLE; simple battery.
AGRESOR *m* ; aggressor, assailant.
AGRUPACIÓN *f*; group.
AGRUPACIÓN DE FINCAS; merging of
    properties.
AGRUPACIÓN HORIZONTAL; horizontal
    combination.
AGRUPACIÓN TEMPORAL DE
    EMPRESAS; joint venture of
    corporations.
AGRUPACIÓN VERTICAL; vertical
    combination.
AGRUPAMIENTO *m* ; group.
AGUANTAR; to endure, to contain oneself.
AGUAS DE PROPIEDAD NACIONAL;
    domestic waters.
AGUAS JURISDICCIONALES; jurisdictional
    waters.
AGUAS SUBTERRÁNEAS; subterranean
    waters.
AGUAS TERRITORIALES; territorial waters.
AGUINALDO *m* ; bonus, Christmas bonus.
AHOGAR; to drown, to choke, to oppress.
AHORCADURA *f*; a hanging.
AHORCAMIENTO *m* ; a hanging.
AHORCAR; to hang.
AHORCARSE; to hang oneself.
AHORRO *m* ; saving.
AIELESSE; a grandmother.
AIEUL; a grandfather.
AIEULE; a grandmother.
AISLACIONISMO *m* ; isolationism.
AISLACIONISTA; isolationist.
AISLAMIENTO *m* ; isolation.
AJENO; foreign, belonging to another, remote.
AJUAR *m* ; household goods, dowry.
AJUSTADOR *m* ; adjuster.
AJUSTADOR DE DERECHOS; liquidator.
AJUSTADOR DE RECLAMACIONES; claims
    adjuster.
AJUSTADOR DE SEGUROS; insurance
    claims adjuster.
AJUSTAR; to adjust, to reconcile, to settle.
AJUSTE *m* ; adjustment, agreement, settlement,
    reconciliation.

AJUSTE DE TRABAJO; piecework rate.
AJUSTICIADO *m* ; executed criminal.
AJUSTICIAMIENTO *m* ; execution.
AJUSTICIAR; to execute.
AL CONTADO; cash.
AL CONTRARIO; to the contrary.
AL CORRIENTE; current, up-to-date.
AL DESCUBIERTO; short.
AL FIADO; on credit.
AL OÍDO; whispered in another's ear.
AL PIE DE LA FÁBRICA; at the place
    manufactured.
AL PIE DE LA LETRA; literally, exactly as
    indicated, by the book.
AL PIE DE LA OBRA; at the work site.
AL PORTADOR; bearer.
AL TANTEO; approximately.
AL TANTO DE ALGO; informed.
AL UNÍSONO; unanimously.
AL USADO; as accustomed.
AL USO; as accustomed.
ALARDE *m* ; ostentation, review, inspection.
ALARGAR; to extend, to stretch.
ALARGAR EL PLAZO; to extend a time
    period.
ALBA *f*; daybreak.
ALBACEA *m/f*; executor.
ALBACEA AUXILIAR; subexecutor.
ALBACEA CONSULAR; consular executor.
ALBACEA DATIVO; court-appointed
    executor.
ALBACEA DEFINITIVO; permanent
    executor.
ALBACEA ESPECIAL; special executor.
ALBACEA MANCOMUNADO; joint
    executor.
ALBACEA PROVISIONAL; provisional
    executor.
ALBACEA SUCESIVO; substituted executor.
ALBACEA TESTAMENTARIO; testamentary
    executor.
ALBACEA UNIVERSAL; universal executor.
ALBACEAZGO *m* ; executorship.
ALBEDRÍO *m* ; free will.
ALBERGAR; to lodge, to harbor.
ALBOROTADOR *m* ; agitator, rioter.
ALBOROTAR; to agitate, to riot.
ALBOROTARSE; to agitate, to riot.

ALBOROTO *m* ; disturbance, riot.

ALBOROTOS POPULARES; civil commotion.

ALCABALERO *m* ; tax collector.

ALCAHUETE *m* ; pimp.

ALCAHUETEAR; to pimp.

ALCAIDE *m* ; warden.

ALCAIDÍA *f*; wardenship.

ALCALDE *m* ; mayor, magistrate.

ALCALDE DE BARRIO; district mayor.

ALCALDE LETRADO; magistrate who is also an attorney.

ALCALDE MAYOR; mayor.

ALCALDE MUNICIPAL; mayor.

ALCALDESA *f*; mayoress.

ALCALDÍA *f*; city hall, mayoralty.

ALCANCE *m* ; scope, reach, capacity, significance.

ALCANTARILLA *f*; sewer.

ALCANTARILLADO *m* ; sewer system.

ALCISTA; bull market, bullish.

ALCOHOL *m* ; alcohol.

ALCOHÓLICO (adj); alcoholic.

ALCOHÓLICO *m* ; alcoholic.

ALCOHOLISMO *m* ; alcoholism.

ALCURNIA *f*; lineage.

ALDEA *f*; village.

ALEATORIO; aleatory, contingent.

ALEGABLE; pleadable.

ALEGACIÓN *f*; allegation, plea, affirmation.

ALEGACIÓN DE BIEN PROBADO; summing up.

ALEGACIÓN DE CULPABILIDAD; plea of guilty.

ALEGACIÓN DE INOCENCIA; plea of not guilty.

ALEGACIÓN FALSA; false plea.

ALEGACIÓN FICTICIA; false plea.

ALEGACIÓN PRIVILEGIADA; privileged plea.

ALEGACIONES; pleadings.

ALEGAR; to allege, to plead, to affirm.

ALEGAR AGRAVIOS; to claim damages.

ALEGATO *m* ; allegation, pleading, affirmation, summing up, brief.

ALEGATO DE BIEN PROBADO; summing up.

ALEGATO DE RÉPLICA; reply brief.

ALEGATO SUPLEMENTAL; supplemental plea, supplemental brief.

ALEGATOS; pleadings, briefs.

ALEGATOS DE INSTANCIA; pleadings.

ALERTA; vigilantly.

ALEVE; treacherous.

ALEVOSÍA *f*; treachery.

ALEVOSO; treacherous.

ALGUACIL *m* ; bailiff.

ALGUACIL MAYOR; sheriff.

ALIADO (adj); allied.

ALIADO *m* ; ally.

ALIANZA *f*; alliance, pact, alliance through marriage.

ALIAR; to ally, to agree.

ALIAS *m* ; alias.

ALICATE *m* ; accomplice.

ALÍCUOTA *f*; aliquot.

ALIENABLE; alienable.

ALIENACIÓN *f*; alienation.

ALIENADO (adj); insane, transferred.

ALIENADO *m* ; an insane person.

ALIENAR; to alienate.

ALIENI JURIS; under the control of another.

ALIGERAR; to accelerate, to alleviate, to lighten.

ALIJAR; to jettison, to unload.

ALIJO *m* ; unloading.

ALIJO FORZOSO; jettison.

ALIMENTADOR *m* ; provider, a person who pays alimony.

ALIMENTANTE *m/f*; provider, a person who pays alimony.

ALIMENTAR; to provide for, to pay alimony to.

ALIMENTARIO *m* ; recipient of alimony.

ALIMENTISTA *m/f*; recipient of alimony.

ALIMENTOS; food, alimony, support.

ALIMENTOS PROVISIONALES; alimony pendente lite.

ALINDAR; to mark the boundaries of.

ALIO; another.

ALISTAMIENTO *m* ; registration, enlistment.

ALIUS; other, another.

ALMA DEL TESTADOR; the implied intent of the testator.

ALMACÉN *m* ; warehouse.

ALMACÉN ADUANERO; customs warehouse.

ALMACÉN AFIANZADO; bonded warehouse.

ALMACÉN GENERAL DE DEPÓSITO; public warehouse.

ALMACENERO *m* ; warehouser.

ALMACENISTA *m/f*; warehouser.

ALMIRANTAZGO *m* ; admiralty, admiralty court.

ALMONEDA *f*; public auction.

ALMONEDAR; to auction.

ALMONEDEAR; to auction.

ALNADA *f*; stepdaugher.

ALNADO *m* ; stepson, stepchild.

ALOCUCIÓN *f*; allocution, address.

ALODIAL; allodial.

ALODIO *m* ; allodium.

ALOJAMIENTO *m* ; lodging.

ALOJAR; to lodge.

ALONGAR; to lengthen, to extend.

ALQUILABLE; rentable, leasable.

ALQUILADOR *m* ; lessor, lessee.

ALQUILANTE *m* ; renter, lessee.

ALQUILAR; to rent, to lease.

ALQUILER *m* ; rent, lease payment.

ALQUILER DEL TERRENO; ground rent.

ALREDEDOR; around.

ALTA *f*; certificate of discharge, admittance to an organization.

ALTA CORTE DE JUSTICIA; high court of justice.

ALTA MAR; high seas.

ALTA TRAICIÓN; high treason.

ÁLTER EGO; alter ego.

ALTERABLE; alterable.

ALTERACIÓN *f*; alteration, adulteration, commotion.

ALTERACIÓN DE LA PAZ; disturbance of peace.

ALTERACIÓN DEL ORDEN; disturbance of peace.

ALTERADOR; altering.

ALTERAR; to alter, to adulterate, to disturb the peace.

ALTERCACIÓN *f*; altercation.

ALTERCADO *m* ; altercation.

ALTERNAR; to alternate.

ALTERNATIVA *f*; alternative.

ALTERNATIVO; alternating, alternative.

ALTO ET BASSO; agreement to arbitrate.

ALUCINACIÓN *f*; hallucination.

ALUCINAR; to hallucinate.

ALUMBRAMIENTO *m* ; childbirth.

ALUVIÓN *m* ; alluvion.

ALZA *f*; rise.

ALZADA *f*; appeal.

ALZADO (adj); fraudulently bankrupt.

ALZADO *m* ; fraudulent bankrupt.

ALZAMIENTO *m* ; uprising, higher bid, fraudulent bankruptcy, hiding of assets by a bankrupt.

ALZAMIENTO DE BIENES; fraudulent bankruptcy, hiding of assets by a bankrupt.

ALZAR; to appeal, to raise, to fraudulently enter bankruptcy.

ALZAR EL PRECIO; to raise the price.

ALZARSE; to appeal, to fraudulently enter bankruptcy, to rebel.

ALLANAMIENTO *m* ; search with a court order, unlawful entry, trespass, acceptance.

ALLANAMIENTO A LA DEMANDA; acceptance of the other party's claim.

ALLANAMIENTO A LA SENTENCIA; acceptance of a judicial decision.

ALLANAMIENTO DE DOMICILIO; unlawful entry, trespass.

ALLANAR; to enter and search, to raid, to break and enter, to trespass, to settle.

ALLANARSE; to abide by, to yield to.

ALLEGADO (adj); close, related.

ALLEGADO *m* ; relative, a close person.

ALLEGATA ET PROBATA; matters alleged and proved.

AMAGAR; to feign, to make threatening gestures.

AMAGO *m* ; threat.

AMALGAMA *f*; amalgam.

AMALGAMAR; to amalgamate, to merge.

AMANCEBADO *m* ; concubine.

AMANCEBAMIENTO *m* ; concubinage.

AMANTE *m/f*; concubine.

AMANUENSE *m* ; notary's clerk, clerk.

AMARRADERO *m* ; mooring post.

AMARRAR; to tie, to moor.

AMARTILLAR; to cock a gun.

AMBIGUAMENTE; ambiguously.

AMBIGÜEDAD *f*; ambiguity.

AMBIGÜEDAD LATENTE; latent ambiguity.

AMBIGÜEDAD PATENTE; patent ambiguity.

AMBIGUO; ambiguous.

AMBOS EFECTOS; both purposes.

AMBULANCIA *f*; ambulance.

AMBULANTE; ambulant.

AMBULATORIO; ambulatory.

AMEDRANTAR; to scare, to intimidate.

AMEDRENTAR; to scare, to intimidate.

AMENAZA *f*; threat, menace.

AMENAZADOR (adj); threatening, menacing.

AMENAZADOR *m*; threatener.

AMENAZAR; to threaten.

AMICUS CURIAE; friend of the court, amicus curiae.

AMIGABLE; friendly.

AMIGABLE COMPONEDOR; friendly mediator.

AMIGABLE COMPOSICIÓN; settlement through a friendly mediator.

AMILLARAMIENTO *m*; tax assessment.

AMILLARAR; to assess a tax.

AMISTOSO; friendly.

AMITA; a paternal aunt.

AMITINUS; a cousin.

AMNESIA *f*; amnesia.

AMNISTÍA *f*; amnesty, pardon.

AMNISTÍA INCONDICIONAL; unconditional pardon.

AMNISTIAR; to grant amnesty, to pardon.

AMO *m*; head of household, proprietor.

AMODORRECER; to make drowsy.

AMOJONAMIENTO *m*; delimitation, demarcation.

AMOJONAR; to delimit, to mark the boundaries of.

AMONEDACIÓN *f*; minting.

AMONEDAR; to mint.

AMONESTACIÓN *f*; admonition, order.

AMONESTACIONES MATRIMONIALES; banns of marriage.

AMONESTADOR; admonishing, ordering.

AMONESTAR; to admonish, to order.

AMORTIZABLE; amortizable.

AMORTIZACIÓN *f*; amortization, depreciation.

AMORTIZAR; to amortize, to redeem, to depreciate.

AMOTINADO (adj); riotous, mutinous.

AMOTINADO *m*; rioter, rebel.

AMOTINADOR *m*; rioter, agitator.

AMOTINAR; to riot, to mutiny.

AMOTINARSE; to riot, to mutiny.

AMOVIBLE; movable, transferrable.

AMOVILIDAD *f*; removability, transferability.

AMPARA *f*; attachment.

AMPARAR; to protect, to support, to attach, to pardon, to guarantee.

AMPARARSE; to obtain protection, to protect oneself.

AMPARO *m*; protection, support, pardon, exemption, defense.

AMPARO SOCIAL; social security.

AMPLIACIÓN *f*; extension, enlargement.

AMPLIACIÓN DE LA DEMANDA; additional complaint.

AMPLIACIÓN DEL CRÉDITO; increase of the loan.

AMPLIACIÓN DEL PLAZO; extension of the time period.

AMPLIAR; to develop, to enlarge.

AMPLIFICACIÓN *f*; development, enlargement.

AMPLIFICAR; to extend, to develop, to enlarge.

AMUGAMIENTO *m*; delimitation.

ANALFABETISMO *m*; illiteracy.

ANALFABETO (adj); illiterate.

ANALFABETO *m*; illiterate.

ANÁLISIS *m/f*; analysis.

ANÁLOGAMENTE; analogously.

ANALOGÍA *f*; analogy, similarity, resolution of a case based on the guidelines used in analogous matters.

ANALOGÍA JURÍDICA; resolution of a case based on the guidelines used in analogous matters.

ANALÓGICO; analogical.

ANÁLOGO; analogous, similar.

ANARQUÍA *f*; anarchy.

ANARQUISTA *m/f*; anarchist.

ANATA *f*; yearly income.

ANATOCISMO *m*; anatocism.

ANCESTRAL; ancestral.

ANCIANIDAD *f*; old age.

ANCIANO; aged, elderly.

ANCLAR; to anchor.

ANECIUS; first-born.

ANEJAR; to annex, to attach.

ANEJO (adj); attached, annexed, dependent.

ANEJO *m* ; annex.

ANEXAR; to annex, to attach.

ANEXIDADES; accessories, adjuncts, incidental rights or things.

ANEXIÓN *f*; annexation.

ANEXO (adj); attached, annexed, dependent.

ANEXO *m* ; annex.

ANGARIA *f*; angary.

ANGUSTIA *f*; anguish, anxiety.

ANGUSTIAS MENTALES; mental anguish.

ÁNIMO *m* ; intent, intention, encouragement.

ANIMO CANCELLANDI; intent to cancel.

ANIMO CAPIENDI; intent to take.

ÁNIMO CRIMINAL; criminal intent.

ÁNIMO DE LUCRO; intention to profit.

ÁNIMO DE REVOCAR; intent to revoke.

ANIMO FELONICO; felonious intent.

ANIMO FURANDI; intent to steal.

ANIMOSIDAD *f*; animosity.

ANIMUS; mind, intention.

ANIMUS CANCELLANDI; intention to cancel.

ANIMUS DONANDI; intention to give.

ANIMUS FALSANDI; intention to lie.

ANIMUS FALSIFICANDI; intention to falsify.

ANIMUS FRAUDANDI; intention to defraud.

ANIMUS FURANDI; intention to steal.

ANIMUS INJURIANDI; intention to injure.

ANIMUS LUCRANDI; intention to profit.

ANIMUS OBLIGANDI; intention to obligate.

ANIMUS POSSIDENDI; intention to possess.

ANIMUS RECIPIENDI; intention to receive.

ANIMUS REVOCANDI; intention to revoke.

ANÓMALO; anomalous.

ANONADAR; to annihilate, to dishearten completely.

ANÓNIMO *m* ; anonymous.

ANOTACIÓN *f*; annotation, filing, entry.

ANOTACIÓN CONTABLE; accounting entry.

ANOTACIÓN DE EMBARGO; filing a writ of attachment.

ANOTACIÓN DE SECUESTRO; filing a writ of attachment.

ANOTACIÓN EN REGISTRO PÚBLICO; filing in a public registry.

ANOTACIÓN PREVENTIVA; provisional filing in a registry of property to protect an interest.

ANOTAR; to annotate, to file, to enter, to register.

ANTAGONISMO *m* ; antagonism.

ANTAGONISTA *m/f*; antagonist.

ANTE; before, in the presence of.

ANTE LA SALA; in open court.

ANTE LITEM; before the suit, ante litem.

ANTE MI; before me.

ANTE TODO; before all, above all.

ANTECEDENTE; antecedent, preceding.

ANTECEDENTEMENTE; previously.

ANTECEDENTES; record, precedent, history.

ANTECEDENTES CRIMINALES; criminal record.

ANTECEDENTES DE POLICÍA; police record.

ANTECEDENTES PENALES; criminal record.

ANTECESOR (adj); previous, preceding.

ANTECESOR *m* ; predecessor.

ANTECONTRATO *m* ; preliminary agreement.

ANTEDATA *f*; antedate.

ANTEDATAR; to antedate.

ANTEDICHO; aforesaid, aforenamed, aforementioned.

ANTEFECHAR; to predate.

ANTEFIRMA *f*; title of the person signing.

ANTEJUICIO *m* ; pre-trial conference.

ANTELACIÓN *f*; previousness, precedence.

ANTEMANO; beforehand.

ANTEMENCIONADO; aforesaid, aforementioned.

ANTENACIDO; prematurely born.

ANTENADA *f*; stepdaughter.

ANTENADO *m* ; stepson.

ANTENUPCIAL; antenuptial.

ANTEPAGAR; to prepay, to pay beforehand.

ANTEPASADO (adj); prior in time.

ANTEPASADO *m* ; ancestor.

ANTEPONER; to give priority to, to place ahead of.

ANTEPOSICIÓN *f*; anteposition.

ANTEPROCESAL; pre-trial.

ANTEPROYECTO *m* ; preliminary draft.

ANTEPROYECTO DE CONTRATO; preliminary draft of a contract.

ANTEPROYECTO DE LEY; draft bill.

ANTERIORIDAD *f*; anteriority, priority.

ANTERIORMENTE; previously, heretofore.

ANTES; before.

ANTES CITADO; afore-mentioned, before-cited.

ANTES ESCRITO; above-written.

ANTES MENCIONADO; above-mentioned, above-named.

ANTICIPACIÓN *f*; anticipation, prepayment.

ANTICIPADAMENTE; in advance.

ANTICIPADO; in advance.

ANTICIPAR; to anticipate, to prepay.

ANTICIPO *m* ; advance payment, anticipation.

ANTICIPO DE FONDOS; advance payment, advance.

ANTICIPO DE HERENCIA; inter vivos gift.

ANTICONSTITUCIONAL; anticonstitutional.

ANTICRESIS *f*; antichresis.

ANTICRESISTA *m* ; antichresis creditor.

ANTICRÉTICO; antichretic.

ANTIFERNALES; property transferred to a wife in a marriage contract.

ANTIGÜEDAD *f*; seniority, antiquity.

ANTIGUO; ancient, old.

ANTIHIGIÉNICO; unhygienic.

ANTIJURIDICIDAD *f*; unlawfulness.

ANTIJURÍDICO; unlawful.

ANTILEGAL; unlawful.

ANTILOGÍA *f*; antilogy.

ANTILÓGICO; antilogical.

ANTIMONOPÓLICO; antitrust.

ANTIMONOPOLIO; antitrust.

ANTIMONOPOLISTA; antitrust.

ANTIMORAL; immoral.

ANTINOMIA; antinomy.

ANTÍPOCA; deed acknowledging a lease, deed acknowledging an annuity contract that runs with the land.

ANTIPOCAR; to acknowledge in writing a lease, to acknowledge in writing an annuity contract that runs with the land.

ANTIPROFESIONAL; unprofessional.

ANTIRREGLAMENTARIO; against regulations.

ANTISOCIAL; antisocial.

ANTOR *m* ; seller of stolen goods.

ANTORÍA *f*; right of recovery against the seller of stolen goods.

ANTROPOLOGÍA CRIMINAL; criminal anthropology.

ANUAL; annual.

ANUALIDAD *f*; annuity, annual charge, annual occurrence.

ANUALIDAD ACUMULADA; accumulated annuity.

ANUALIDAD ANTICIPADA; anticipated annuity.

ANUALIDAD CIERTA; annuity certain.

ANUALIDAD CONDICIONAL; contingent annuity.

ANUALIDAD DE REMBOLSO EN EFECTIVO; refund annuity.

ANUALIDAD DE RETIRO; retirement annuity.

ANUALIDAD DE SUPERVIVENCIA; survivorship annuity.

ANUALIDAD FIJA; fixed annuity.

ANUALIDAD INCONDICIONAL; annuity certain.

ANUALIDAD INMEDIATA; immediate annuity.

ANUALIDAD ORDINARIA; ordinary annuity.

ANUALIDAD VARIABLE; variable annuity.

ANUALIDAD VITALICIA; life annuity.

ANUALMENTE; annually.

ANUENCIA *f*; consent.

ANUENTE; consenting.

ANULABILIDAD *f*; voidability, annullability.

ANULABLE; voidable, cancelable, annullable.

ANULACIÓN *f*; annulment, cancellation, defeasance.

ANULACIÓN DE LA INSTANCIA; dismissal.

ANULADO; voided, annulled, cancelled, defeated.

ANULAR; to void, to cancel, to annul, to defeat, to reverse.

ANULATIVO; nullifying, annulling, voiding.

ANUNCIO *m* ; announcement, notice, advertisement.

ANUNCIO JUDICIAL; public notice.

ANVERSO *m* ; obverse, face of a document.
AÑADIDO *m* ; allonge, addition.
AÑADIR; to add, to increase.
AÑAGAZA *f*; trick, bait.
AÑO *m* ; year.
AÑO BISIESTO; leap year.
AÑO CALENDARIO; calendar year.
AÑO CIVIL; calendar year.
AÑO COMÚN; ordinary year.
AÑO CONTINUO; calendar year.
AÑO CONTRIBUTIVO; tax year.
AÑO ECONÓMICO; fiscal year.
AÑO EN CURSO; current year.
AÑO FINANCIERO; fiscal year.
AÑO FISCAL; fiscal year.
AÑO GRAVABLE; tax year.
AÑO IMPOSITIVO; tax year.
AÑO JUDICIAL; judicial year.
AÑO JURÍDICO; legal year.
AÑO MUERTO; year of grace.
AÑO SOCIAL; fiscal year.
APALABRAR; to agree to verbally, to contract verbally, to discuss beforehand.
APANDO *m* ; solitary confinement.
APARCERÍA *f*; sharecropping, partnership.
APARCERO *m* ; sharecropper, partner.
APARENTE; apparent, fitting.
APARIENCIA *f*; appearance, probability.
APARIENCIA DE TÍTULO; color of title.
APARTADO *m* ; paragraph, section, post office box.
APARTADO DE CORREOS; post office box.
APARTAMENTO *m* ; apartment.
APARTAMIENTO *m* ; separation, withdrawal, apartment.
APARTAR; to separate, to sort.
APARTARSE; to desist, to withdraw.
APÁTRIDA; stateless.
APEAR; to survey.
APELABLE; appealable.
APELACIÓN *f*; appeal.
APELACIÓN ACCESORIA; appeal filed by the losing party with the consent of the winning party.
APELACIÓN ADHESIVA; appeal filed by the losing party with the consent of the winning party.

APELACIÓN CON EFECTO DEVOLUTIVO; appeal which does not suspend execution of judgment.
APELACIÓN CON EFECTO SUSPENSIVO; appeal with suspension of execution.
APELACIÓN DEL INTERDICTO; appeal of an injunction.
APELACIÓN DESIERTA; appeal withdrawn.
APELACIÓN EXTRAORDINARIA; appeal for annulment.
APELACIÓN INCIDENTAL; appeal filed by the losing party with the consent of the winning party.
APELACIÓN LIMITADA; limited appeal.
APELACIÓN PARCIAL; limited appeal.
APELADO (adj); appealed.
APELADO *m* ; appellee, decision subject to appeal.
APELADOR *m* ; appellant.
APELANTE *m/f*; appellant.
APELAR; to appeal.
APELAR RECURSOS; to file an appeal.
APELLIDO *m* ; surname.
APELLIDO DE SOLTERA; maiden name.
APEO *m* ; survey.
APERCIBIDO; warned, cautioned.
APERCIBIMIENTO *m* ; warning, caution.
APERCIBIR; to warn, to caution, to provide, to receive.
APERSONADO *m* ; a party to an action.
APERSONAMIENTO *m* ; appearance.
APERSONARSE; to appear, to become a party to an action.
APERTURA *f*; opening.
APERTURA DE ASAMBLEA; opening of a meeting.
APERTURA DE AUDIENCIA; opening of trial.
APERTURA DE CRÉDITO; opening of a line of credit, granting of a loan.
APERTURA DE LAS LICITACIONES; opening of bids.
APERTURA DE LAS PROPUESTAS; opening of bids.
APERTURA DE LIBROS; opening of the books.
APERTURA DEL TESTAMENTO; reading of a will.

APEX JURIS; subtlety of the law.

APIADARSE; to take pity on, to grant amnesty, to pardon.

APLAZABLE; postponable.

APLAZADA *f*; extension of time.

APLAZADO; deferred, subject to a term.

APLAZAMIENTO *m* ; deferment, adjournment, summons.

APLAZAR; to defer, to adjourn, to summon.

APLICACIÓN *f*; application, enforcement.

APLICACIÓN DE UNA LEY; enforcement of a law.

APLICACIÓN DEL DERECHO; enforcement of a law, application of a law.

APLICAR; to apply, to impose a penalty, to enforce a law, to award.

APLICAR EL CÓDIGO; to enforce the law.

APLICAR UN IMPUESTO; to impose a tax.

ÁPOCA *f*; receipt.

APÓCRIFO; apocryphal.

APODERADO (adj); empowered, authorized.

APODERADO *m* ; representative, agent, attorney, proxy.

APODERADO ESPECIAL; special agent.

APODERADO GENERAL; general agent, managing partner.

APODERADO JUDICIAL; attorney.

APODERADO SINGULAR; special agent.

APODERAMIENTO *m* ; empowerment, power of attorney, appropriation, authorization.

APODERAR; to empower, to grant power of attorney, to give possession.

APODERARSE; to take possession.

APODO *m* ; nickname.

APÓGRAFO *m* ; copy, transcript.

APOLOGÍA *f*; justification, apology.

APOLOGÍA DEL DELITO; to advocate the commission of a crime, to justify the commission of a crime.

APORTACIÓN *m* ; contribution, dowry.

APORTAR; to contribute, to arrive into port, to bring a dowry.

APORTAR FONDOS; to finance, to contribute funds.

APORTE *m* ; contribution, payment.

APORTE JUBILATORIO; payment to a retirement fund.

APOSTAR; to bet, to post.

APOSTILLA *f*; annotation, footnote.

APOYAR; to support, to confirm, to help.

APOYAR LA MOCIÓN; to second the motion.

APOYO LATERAL; lateral support.

APRECIABLE; appreciable, considerable.

APRECIACIÓN *f*; appreciation, appraisal.

APRECIACIÓN DE LAS PRUEBAS; weighing of the evidence.

APRECIADOR *m* ; appraiser.

APRECIAR; to appraise, to appreciate.

APREHENDER; to apprehend, to arrest, to conceive, to seize.

APREHENSIÓN *f*; apprehension, arrest, seizure.

APREHENSOR *m* ; apprehender.

APREMIAR; to urge, to compel.

APREMIAR EL PAGO; to compel payment.

APREMIO *m* ; court order, decree, legal proceedings for debt collection, undue pressure to obtain a confession, pressure.

APREMIO ILEGAL; illegal use of pressure to obtain a confession.

APREMIO PERSONAL; legal proceedings for debt collection involving personal property.

APREMIO REAL; sale of attached real property.

APRENDIZ *m/f*; apprentice.

APRENDIZAJE *m* ; learning, apprenticeship.

APRESAMIENTO *m* ; capture, arrest.

APRESAR; to capture, to arrest, to imprison.

APRIETO *m* ; difficulty, distress.

APRISIONAR; to imprison, to capture.

APROBACIÓN *f*; approval, ratification.

APROBACIÓN DE CRÉDITO; approval of credit.

APROBAR; to approve, to ratify.

APROBAR LA MOCIÓN; to carry the motion.

APRONTAR; to comply with an obligation promptly, to pay immediately, to prepare.

APROPIACIÓN *f*; appropriation.

APROPIACIÓN ILÍCITA; conversion.

APROPIACIÓN IMPLÍCITA; constructive conversion.

APROPIACIÓN INDEBIDA; misappropriation.

APROPIACIÓN VIRTUAL; constructive conversion.

APROPIADO; appropriate, appropriated.

APROPIADOR *m* ; appropriator.

APROPIAR; to appropriate.

APROPIARSE DE; to appropriate, to take possession of.

APROVECHAMIENTO *m* ; utilization, enjoyment.

APROVECHAMIENTO DE AGUA; right of use of public waters.

APROVECHAR UN DERECHO; to exercise a right.

APROVECHARSE DE; to take advantage of.

APROXIMADAMENTE; approximately.

APTITUD *f* ; aptitude, competency, capability.

APTITUD LEGAL; legal competency.

APTO; apt, capable.

APUD ACTA; among the recorded laws.

APUESTA *f* ; bet.

APUNTAMIENTO *m*; annotation, summary.

APUNTAR; to aim, to note.

APUÑALADO; stabbed.

APUÑALAR; to stab.

APURO *m* ; legal proceedings for collection, difficult situation, haste.

AQUEL A QUIEN PUEDA INTERESAR; whom it may concern.

AQUÍ DENTRO; herein.

AQUIESCENCIA *f* ; acquiescence, consent.

ARANCEL *m* ; tariff, schedule of fees.

ARANCEL ADUANERO; schedule of customs duties.

ARANCEL CONSULAR; schedule of consular fees.

ARANCEL DE ADUANA; schedule of customs duties.

ARANCEL DE CORREDORES; schedule of brokers' commissions.

ARANCEL DE EXPORTACIÓN; export duties.

ARANCEL DE HONORARIOS; fee schedule.

ARANCEL DE IMPORTACIÓN; import duties.

ARANCEL DE PROCURADORES; schedule of attorney's fees.

ARANCEL DE RENTA; revenue tariff.

ARANCEL FISCAL; revenue tariff.

ARANCEL JUDICIAL; schedule of court fees.

ARANCEL NOTARIAL; schedule of notary's fees.

ARANCEL PROTECCIONISTA; protective tariff.

ARANCELARIO; tariff, pertaining to tariffs.

ARBITRABLE; arbitrable.

ARBITRACIÓN *f*; arbitration.

ARBITRADOR *m* ; arbitrator.

ARBITRAJE *m* ; arbitration, arbitrage.

ARBITRAJE COMERCIAL; commercial arbitration.

ARBITRAJE COMPULSIVO; compulsory arbitration.

ARBITRAJE CONVENCIONAL; voluntary arbitration.

ARBITRAJE DE CAMBIO; arbitrage.

ARBITRAJE DE DERECHO; arbitration.

ARBITRAJE EXTRAJUDICIAL; out-of-court arbitration.

ARBITRAJE FORZOSO; compulsory arbitration.

ARBITRAJE INDUSTRIAL; labor arbitration.

ARBITRAJE INTERNACIONAL; international arbitration.

ARBITRAJE JUDICIAL; arbitration which follows rules of court procedure.

ARBITRAJE LABORAL; labor arbitration.

ARBITRAJE NECESARIO; compulsory arbitration.

ARBITRAJE OBLIGATORIO; compulsory arbitration.

ARBITRAJE VOLUNTARIO; voluntary arbitration.

ARBITRAL; arbitral.

ARBITRAMENTO; arbitration, arbitration award.

ARBITRAMIENTO; arbitration, arbitration award.

ARBITRAR; to arbitrate.

ARBITRAR FONDOS; to raise money.

ARBITRARIAMENTE; arbitrarily, through arbitration.

ARBITRARIEDAD *f*; arbitrariness.

ARBITRARIO; arbitrary, arbitral.

ARBITRIO *m* ; arbitrament, decision, tax, free will, discretion.

ARBITRIO JUDICIAL; judicial decision.

ARBITRIOS; taxes, resources.

ARBITRISTA *m/f* ; crank politician, a person who promotes economically unsound schemes.

ARBITRIUM; decision, award.

ÁRBITRO *m* ; arbitrator, arbitration judge.

ÁRBITRO DE DERECHO; arbitrator, a person who acts in the capacity of an arbitrator.

ÁRBITRO EXTRAJUDICIAL; out-of-court arbitrator.

ÁRBITRO PROFESIONAL; professional arbitrator.

ÁRBITRO PROPIETARIO; regular arbitrator.

ÁRBITRO REEMPLAZANTE; alternate arbitrator.

ÁRBOL GENEALÓGICO; genealogical tree.

ARCHIVAR; to file.

ARCHIVERO *m* ; archivist, file clerk.

ARCHIVISTA *m/f* ; archivist, file clerk.

ARCHIVISTA GENERAL; archivist in charge of the documents of notaries who are no longer active.

ARCHIVO *m* ; archives, file.

ARGÜIR; to argue, to reason, to allege.

ARGUMENTACIÓN *f* ; argumentation, reasoning.

ARGUMENTADOR (adj); arguing.

ARGUMENTADOR *m* ; arguer.

ARGUMENTAR; to argue.

ARGUMENTATIVO; argumentative.

ARGUMENTO *m* ; argument, reasoning, summary.

ARISTOCRACIA *f* ; aristocracy.

ARISTÓCRATA *m/f* ; aristocrat.

ARMA *m* ; weapon.

ARMA DE FUEGO; firearm.

ARMA MORTÍFERA; lethal weapon.

ARMADA *f* ; navy.

ARMADO; armed.

ARMADOR *m* ; ship owner.

ARMAMENTO *m* ; armaments.

ARMAR; to arm, to cock, to supply.

ARMISTICIO *m* ; armistice.

ARQUEO *m* ; audit, tonnage, capacity.

ARQUEO BRUTO; gross tonnage.

ARQUEO DE BUQUES; tonnage, capacity.

ARQUEO DE FONDOS; audit of the public treasury.

ARQUEO NETO; net tonnage.

ARQUERO *m* ; teller.

ARQUETIPO *m* ; archetype, an original from which copies are made.

ARRAIGADO (adj); released on bail, settled.

ARRAIGADO *m* ; a person released on bail.

ARRAIGAR; to put up a bond, to purchase real estate, to establish firmly.

ARRAIGO *m* ; bailment, bail, real estate.

ARRAS *f* ; security, earnest money, down payment, dowry.

ARREBATO *m* ; fury, heat of passion.

ARREGLADO; settled, agreed upon, orderly.

ARREGLADOR *m* ; adjuster.

ARREGLADOR DE AVERÍA; average adjuster.

ARREGLAR; to arrange, to fix, to settle.

ARREGLAR UNA CAUSA; to settle a case.

ARREGLAR UNA CUENTA; to settle an account.

ARREGLAR UNA RECLAMACIÓN; to adjust a claim.

ARREGLARSE; to settle, to compromise.

ARREGLARSE CON; to agree with, to conform to.

ARREGLO *m* ; arrangement, settlement, agreement, compromise.

ARREGLO DE AVERÍA; average adjustment.

ARREGLO EXTRAJUDICIAL; out-of-court settlement.

ARREMETER; to attack, to assault.

ARREMETIDA *f* ; attack, assault.

ARRENDABLE; leasable.

ARRENDACIÓN *f* ; lease.

ARRENDADO; leased.

ARRENDADOR *m* ; lessor, lessee.

ARRENDADOR A LA PARTE; sharecropper.

ARRENDAMIENTO *m* ; lease, lease contract.

ARRENDAMIENTO DE SERVICIO; employment.

ARRENDAMIENTO MARÍTIMO; maritime lease.

ARRENDAMIENTO REVERSIONARIO; reversionary lease.

ARRENDANTE *m/f* ; lessor, lessee.

ARRENDAR; to lease, to hire.

ARRENDATARIO *m* ; lessee, tenant.

ARRENDATICIO; pertaining to a lease.

ARREPENTIMIENTO *m* ; repentance.

ARREPENTIMIENTO ACTIVO; spontaneous repentance, spontaneous confession.

ARREPENTIMIENTO ESPONTÁNEO; spontaneous repentance, spontaneous confession.

ARREPENTIRSE; to repent, to reconsider, to revoke.

ARRESTADO *m* ; an arrested person.

ARRESTAR; to arrest, to imprison, to detain.

ARRESTO *m* ; arrest, imprisonment, detention.

ARRESTO CORRECCIONAL; imprisonment.

ARRESTO ILEGAL; false arrest.

ARRIBADA *f*; arrival of a vessel to port, arrival.

ARRIBADA FORZOSA; forced arrival of a vessel to port.

ARRIENDO *m* ; lease, hire.

ARRIESGADO; risky, hazardous.

ARRIMAR EL CÓDIGO; to enforce the law.

ARROGACIÓN *f*; arrogation.

ARROGAR; to arrogate.

ARROGARSE; to usurp.

ARROJAR; to throw, to expel.

ARROLLAR; to run over, to defeat, to ignore.

ARSENAL *m* ; arsenal, shipyard.

ARTE *m/f*; art, profession, skill.

ARTE ANTERIOR; prior art.

ARTICULACIÓN *f*; articulation, question.

ARTICULADO *m* ; sections of a statute, series of articles, series of clauses.

ARTICULAR; to articulate, to formulate, to divide into articles.

ARTÍCULO *m* ; article, a question during an interrogatory.

ARTÍCULO ADICIONAL; addendum.

ARTÍCULO DE MARCA; trademarked article.

ARTÍCULO DE MUERTE; at the moment of death.

ARTÍCULO DE PREVIO PRONUNCIAMIENTO; dilatory exception.

ARTÍCULO DE PRIMERA NECESIDAD; staple.

ARTÍCULO DEL CONTRATO; contract clause.

ARTÍCULO INHIBITORIO; peremptory exception.

ARTÍCULO PATENTADO; patented article.

ARTÍCULO PROPIETARIO; patented article, trademarked article.

ARTÍCULOS DE CONSUMO; consumer goods.

ARTÍCULOS Y SERVICIOS; goods and services.

ARTIFICIO *m* ; artifice.

ARTIMAÑA *f*; stratagem.

ARTIMAÑAS LEGALES; legal stratagems.

ASALARIADO (adj); salaried.

ASALARIADO *m* ; salaried worker, wage earner.

ASALTADOR *m* ; assailant, attacker.

ASALTANTE (adj); assaulting, attacking.

ASALTANTE *m* ; assailant, attacker.

ASALTAR; to assail, to assault, to attack, to rob.

ASALTO *m* ; assault, attack, robbery.

ASALTO A MANO ARMADA; assault with a deadly weapon.

ASALTO CON ARMA MORTÍFERA; assault with a deadly weapon.

ASALTO CON INTENTO HOMICIDA; assault with intent to kill.

ASALTO CON LESIÓN; assault and battery.

ASALTO SIMPLE; simple assault.

ASALTO Y AGRESIÓN; assault and battery.

ASAMBLEA *f*; assembly, meeting.

ASAMBLEA CONSTITUTIVA; organizational meeting.

ASAMBLEA CONSTITUYENTE; constitutional convention.

ASAMBLEA CONSULTIVA; advisory body.

ASAMBLEA DE ACCIONISTAS; shareholders' meeting.

ASAMBLEA DE ACREEDORES; creditors' meeting.

ASAMBLEA EXTRAORDINARIA; special meeting.

ASAMBLEA LEGISLATIVA; legislature.

ASAMBLEA MUNICIPAL; municipal council.

ASAMBLEA NACIONAL; congress, national assembly.

ASAMBLEA ORDINARIA; regular meeting.

ASAMBLEA PLENARIA; plenary meeting.

ASAMBLEÍSTA *m/f*; member of an assembly.

ASCENDENCIA *f*; ancestry, authority.

ASCENDIENTE (adj); ascendant, ascending.

ASCENDIENTE *m/f*; ascendant, ancestor.

ASCENSO *m* ; promotion.

ASECHANZA *f*; entrapment.

ASEGURABLE; insurable.

ASEGURACIÓN *f*; insurance.

ASEGURADO (adj); insured.

ASEGURADO *m* ; insured, insured person.

ASEGURADOR (adj); insuring, safeguarding.

ASEGURADOR *m* ; insurer, underwriter.

ASEGURADORES CONTRA INCENDIOS; fire underwriters.

ASEGURADORES CONTRA RIESGOS MARÍTIMOS; marine underwriters.

ASEGURADORES DE CRÉDITO; credit underwriters.

ASEGURAMIENTO *m* ; insuring, insurance, securing.

ASEGURAMIENTO DE BIENES LITIGIOSOS; embargo on property in litigation.

ASEGURAMIENTO DE LA PRUEBA; deposition.

ASEGURAMIENTO DE LA PRUEBA PERICIAL; deposition of an expert witness.

ASEGURANZA *f*; insurance.

ASEGURAR; to insure, to underwrite, to assure, to secure, to reassure.

ASEGURARSE; to obtain insurance.

ASEGURO *m* ; insurance, assurance.

ASENTAMIENTO *m* ; recording, settlement, establishment, attachment.

ASENTAMIENTO JUDICIAL; attachment.

ASENTAR; to make an entry, to write down, to set firmly, to attach, to establish.

ASENTAR; to record, to write down, to affirm.

ASENTIMIENTO *m* ; assent.

ASENTIR; to assent, to acquiesce.

ASERCIÓN *f*; assertion.

ASERTORIO; assertory.

ASESINAR; to assassinate, to murder.

ASESINATO *m* ; assassination, murder.

ASESINATO EN PRIMER GRADO; murder in the first degree.

ASESINATO EN SEGUNDO GRADO; murder in the second degree.

ASESINO (adj); murderous.

ASESINO *m* ; assassin, murderer.

ASESOR (adj); advising, counseling.

ASESOR *m* ; adviser, legal adviser, counsellor.

ASESOR DE MENORES; legal adviser in matters concerning minors.

ASESOR JURÍDICO; legal adviser.

ASESOR LETRADO; legal adviser.

ASESORADO; well informed, advised.

ASESORAMIENTO *m* ; advice, counsel.

ASESORAR; to advise, to counsel.

ASESORARSE; to receive advice, to seek advice.

ASESORÍA *f*; advice, counseling, consultant, consultant's office, consultant's fee.

ASEVERACIÓN *m* ; asseveration, averment.

ASEVERACIÓN FALSA; false affirmation.

ASEVERACIÓN NEGATIVA; negative averment.

ASEVERACIÓN SUPERFLUA; superfluous averment.

ASEVERAR; to asseverate, to affirm.

ASEVERATIVO; affirmative.

ASIENTO *m* ; seat, entry.

ASIENTO DE PRESENTACIÓN; registration of a mortgage in a property registry.

ASIENTO DEL JUZGADO; judge's bench.

ASIENTO PRINCIPAL DE NEGOCIOS; principal place of business.

ASIGNACIÓN *f*; allotment, allowance, payment.

ASIGNACIÓN PRENATAL; additional remuneration during pregnancy.

ASIGNACIÓN TESTAMENTARIA; legacy.

ASIGNADO *m* ; allottee.

ASIGNAR; to assign, to establish, to designate.

ASIGNATARIO *m* ; beneficiary, legatee.

ASILADO *m* ; a person who has been given asylum.

ASILAMIENTO *m* ; granting of asylum.

ASILAR; to grant asylum.

ASILO *m* ; asylum, home.

ASILO DIPLOMÁTICO; diplomatic asylum.

ASILO FAMILIAR; homestead right.

ASILO POLÍTICO; political asylum.

ASISTENCIA *f*; assistance, attendance.

ASISTENCIA A LA VEJEZ; social security benefits for the elderly.

ASISTENCIA CONYUGAL; marital assistance.

ASISTENCIA FAMILIAR; family support.

ASISTENCIA JURÍDICA; legal aid, legal services.

ASISTENCIA LEGAL; legal aid, legal services.

ASISTENCIA MARÍTIMA; assistance at sea.

ASISTENCIA MÉDICA; medical assistance.

ASISTENCIA RECÍPROCA; mutual aid.

ASISTENCIA SOCIAL; public assistance, welfare.

ASISTENCIAL; pertaining to public assistance.

ASISTENCIAS; allowance, alimony.

ASISTENTE *m* ; attendee, assistant.

ASISTIR; to attend, to assist.

ASISTIR A UNA REUNIÓN; to attend a meeting.

ASOCIACIÓN *f*; association, collaboration.

ASOCIACIÓN ANÓNIMA; corporation.

ASOCIACIÓN DE ABOGADOS; bar association.

ASOCIACIÓN DE AHORRO Y PRÉSTAMOS; savings and loan association.

ASOCIACIÓN DE CRÉDITO; credit union.

ASOCIACIÓN DE PRÉSTAMOS PARA EDIFICACIÓN; building and loan association.

ASOCIACIÓN DEL RENGLÓN; trade association.

ASOCIACIÓN DELICTIVA; criminal conspiracy.

ASOCIACIÓN DENUNCIABLE; partnership at will.

ASOCIACIÓN EN PARTICIPACIÓN; joint venture.

ASOCIACIÓN GREMIAL; trade association, labor union.

ASOCIACIÓN ILEGAL; illegal association.

ASOCIACIÓN ILÍCITA; criminal conspiracy.

ASOCIACIÓN IMPERSONAL; corporation.

ASOCIACIÓN MERCANTIL; business association.

ASOCIACIÓN MOMENTÁNEA; joint venture.

ASOCIACIÓN NO PECUNIARIA; nonprofit organization.

ASOCIACIÓN OBRERA; trade union, labor union.

ASOCIACIÓN PATRONAL; employers' association.

ASOCIACIÓN PERSONAL; partnership.

ASOCIACIÓN PROFESIONAL; professional association.

ASOCIACIÓN PROFESIONAL OBRERA; trade union.

ASOCIACIÓN SECRETA; secret partnership.

ASOCIACIÓN SINDICAL; labor union.

ASOCIACIÓN VOLUNTARIA; voluntary association.

ASOCIADO (adj); associated.

ASOCIADO *m* ; associate, partner.

ASOCIARSE; to join, to incorporate, to form a partnership.

ASOCIO *m* ; association, corporation.

ASONADA *m* ; disturbance, riot.

ASTUCIA *f*; astuteness, cunning, stratagem.

ASUETO *m* ; time off, day off, half-day off.

ASUMIR; to assume.

ASUNCIÓN *f*; assumption.

ASUNCIÓN DE CRÉDITO; assumption of a loan.

ASUNCIÓN DE DEUDA; assumption of debt.

ASUNCIÓN DE HIPOTECA; assumption of mortgage.

ASUNCIÓN DEL RIESGO; assumption of risk.

ASUNTAR; to litigate.

ASUNTO *m* ; matter, issue, lawsuit.

ASUNTO CONTENCIOSO; matter in dispute, matter of litigation.

ASUNTO INCIDENTAL; incidental issue.

ASUNTO PENDIENTE; pending business.

ATACABLE; refutable.

ATACANTE; assailant, attacker.

ATACAR; to attack, to assault, to challenge, to contest.

ATAMITA; a sister of a great-great-great-grandfather.

ATAQUE *m* ; attack, assault.

ATAQUE A MANO ARMADA; assault with deadly weapon.

ATAQUE COLATERAL; collateral attack.

ATAQUE DIRECTO; direct attack.

ATAQUE PARA COMETER ASESINATO; assault with intent to assassinate, assault with intent to murder.

ATAVIA; a great-great-great-grandmother.

ATAVUS; a great-great-great-grandfather.

ATEMORIZAR; to terrify, to frighten.

ATENCIÓN *f*; attention, courtesy, interest.

ATENCIONES; obligations, affairs, courtesies.

ATENDER; to attend to, to pay attention to, to be aware of.

ATENDER EL COMPROMISO; to meet an obligation.

ATENDER LA DEUDA; to meet a debt.

ATENERSE A; to comply with, to abide by.

ATENTADO *m*; attempt, attack, threat, abuse of authority.

ATENTADO A LA VIDA; attempt to kill.

ATENTADO AL PUDOR; carnal abuse, indecency.

ATENTADO CONTRA EL PUDOR; carnal abuse, indecency.

ATENTADO CONTRA LA VIDA; attempt to kill.

ATENTAR; to attempt, to attempt a criminal action.

ATENTATORIO; which constitutes an attempt, illegal.

ATENUACIÓN *f*; extenuation, mitigation.

ATENUADO; extenuated, mitigated.

ATENUANTE (adj); extenuating, mitigating.

ATENUANTE *m*; extenuating circumstance, mitigating circumstance.

ATENUAR; to extenuate, to mitigate.

ATESTACIÓN *f*; attestation, testimony, affidavit.

ATESTACIÓN POR NOTARIO PÚBLICO; notarization.

ATESTADO (adj); witnessed, certified.

ATESTADO *m*; affidavit, certification, statement.

ATESTAR; to attest, to testify, to witness, to depose, to certify.

ATESTAR LA FIRMA; to witness the signature.

ATESTIGUACIÓN *f*; testimony, affidavit, attestation, deposition.

ATESTIGUAMIENTO *m*; testimony, affidavit, attestation, deposition.

ATESTIGUAR; to attest, to testify, to witness, to depose, to certify.

ATINADO; relevant, correct.

ATINENTE; relevant, pertinent.

ATÍPICO; atypical.

ATOLONDRADO; reckless.

ATORMENTADOR *m*; tormentor.

ATORMENTAR; to torment.

ATRACADOR *m*; stickup person, robber, assailant.

ATRACAR; to stickup, to rob, to assault, to moor.

ATRACO *m*; stickup, robbery, assault.

ATRASADO; in arrears, behind, back, late, delinquent.

ATRASADO DE PAGO; in arrears, in default.

ATRASADOS; delinquent debtors.

ATRASO *m*; delay.

ATRASOS *m*; arrears.

ATRIBUCIÓN *f*; attribution, obligation, function.

ATRIBUIR; to attribute, to confer.

ATRIBUIR JURISDICCIÓN; to establish the jurisdiction of a judge, to extend the jurisdiction of a judge.

ATROCIDAD *f*; atrocity.

ATROPELLAR; to violate, to run over, to abuse, to disregard.

ATROPELLO *m*; violation, running down, abuse, outrage.

AUDICIÓN *f*; audition, hearing.

AUDICIÓN DE ALEGATOS; interlocutory proceeding.

AUDICIÓN DE AVENIMIENTO; conciliation proceeding.

AUDICIÓN DE JUZGAMIENTO; hearing where a judgment is issued.

AUDIENCIA *f*; hearing, trial, court, day of hearing.

AUDIENCIA CAUTIVA; captive audience.

AUDIENCIA DE LO CRIMINAL; criminal court.

AUDITOR *m*; auditor, judge, judge advocate.

AUDITORÍA *f*; auditing, office of judge advocate.

AUMENTAR; to increase.

AUSENCIA *f*; absence.

AUSENCIA CON PRESUNCIÓN DE
  FALLECIMIENTO; absence which leads
  to the presumption of death.
AUSENTE (adj); absent.
AUSENTE *m* ; absentee, missing person.
AUSENTISMO *m* ; absenteeism.
AUTÉNTICA *f* ; attestation, certification.
AUTENTICACIÓN *f* ; authentication.
AUTENTICAR; to authenticate, to attest.
AUTENTICIDAD *f* ; authenticity.
AUTÉNTICO; authentic, certified.
AUTENTIFICAR; to authenticate.
AUTENTIZAR; to authenticate.
AUTER DROIT; the right of another.
AUTER VIE; the life of another.
AUTO *m* ; decree, writ, decision, car.
AUTO ACORDADO; a supreme court decision
  where all justices or branches participate.
AUTO ALTERNATIVO; alternative writ.
AUTO APELABLE; appealable decision.
AUTO DE AVOCACIÓN; writ of certiorari.
AUTO DE CASACIÓN; writ of error.
AUTO DE CERTIORARI; writ of certiorari.
AUTO DE COMPARECENCIA; summons.
AUTO DE DEFICIENCIA; deficiency order.
AUTO DE DETENCIÓN; warrant of arrest.
AUTO DE EJECUCIÓN; writ of execution.
AUTO DE EMBARGO; writ of attachment.
AUTO DE ENJUICIAMIENTO; decision.
AUTO DE EXPROPIACIÓN; writ of
  expropriation.
AUTO DE INDAGACIÓN; writ of inquiry.
AUTO DE MANDAMUS; writ of mandamus.
AUTO DE PAGO; official demand for
  payment.
AUTO DE POSESIÓN; writ of possession.
AUTO DE PRISIÓN; order for incarceration,
  warrant of arrest.
AUTO DE PROCEDER; order to proceed.
AUTO DE PROCESAMIENTO; indictment.
AUTO DE PRUEBA; order to produce
  evidence.
AUTO DE QUIEBRA; declaration of
  bankruptcy.
AUTO DE REIVINDICACIÓN; writ of
  replevin.
AUTO DE RESTITUCIÓN; writ of restitution.
AUTO DE REVISIÓN; writ of review.

AUTO DE SOBRESEIMIENTO; stay of
  proceedings.
AUTO DE SUSTANCIACIÓN; order to
  proceed.
AUTO DEFINITIVO; final decision.
AUTO EJECUTIVO; writ of execution.
AUTO INHIBITORIO; writ of prohibition.
AUTO INTERLOCUTORIO; interlocutory
  order.
AUTO PERENTORIO; peremptory writ.·
AUTO POR INCUMPLIMIENTO DE
  PACTO; writ of covenant.
AUTO PREPARATORIO; writ issued prior to
  a decision.
AUTO PROVISIONAL; provisional writ.
AUTOACUSACIÓN *f* ; self-accusation,
  confession.
AUTOCOMPOSICIÓN *f* ; out-of-court
  settlement.
AUTOCONTRATO *m* ; contract where one
  party acts on behalf of both parties.
AUTOCOPIAR; to copy.
AUTOCRACIA *f* ; autocracy.
AUTODEFENSA *f* ; self-defense,
  self-representation.
AUTODESPIDO *m* ; resignation.
AUTODESPIDO FORZOSO; forced
  resignation.
AUTODESPIDO VOLUNTARIO; voluntary
  resignation.
AUTOEJECUTABLE; self-executing.
AUTOINCRIMINACIÓN; self-incrimination.
AUTOLESIÓN *f* ; self-inflicted injury.
AUTOMUTILACIÓN *f* ; self-mutilation.
AUTONOMÍA *f* ; autonomy.
AUTONOMÍA DE LA VOLUNTAD; free will.
AUTONOTIFICACIÓN *f* ; service by an
  interested party.
AUTOPROTECCIÓN *f* ; self-protection.
AUTOPSIA *f* ; autopsy.
AUTOR *m* ; author, perpetrator.
AUTOR DE LA HERENCIA; testator.
AUTORIDAD *f* ; authority.
AUTORIDAD AMPLIA; full authority.
AUTORIDAD COMPETENTE; competent
  authority.
AUTORIDAD COMPLETA; full authority.

AUTORIDAD DE DISPOSICIÓN; power of disposition.

AUTORIDAD DE REVOCACIÓN; power of revocation.

AUTORIDAD JUDICIAL; judicial authority.

AUTORIDADES; authorities.

AUTORIDADES ADUANERAS; customs authorities.

AUTORIDADES CONSTITUIDAS; established authorities.

AUTORIDADES DE SANIDAD; health authorities.

AUTORIDADES EDILICIAS; municipal authorities.

AUTORIDADES JURÍDICAS; legal authorities.

AUTORIDADES POLICIALES; police authorities.

AUTORIZACIÓN f; authorization.

AUTORIZACIÓN AMPLIA; full authority.

AUTORIZACIÓN APARENTE; apparent authority.

AUTORIZACIÓN DE COMPRA; authorization to buy.

AUTORIZACIÓN DE LIBROS; authorization of a new set of books by public authority.

AUTORIZACIÓN DE PAGO; authority to pay.

AUTORIZACIÓN ESPECIAL; special authority.

AUTORIZACIÓN EXPRESA; express authority.

AUTORIZACIÓN GENERAL; general authority.

AUTORIZACIÓN IMPLÍCITA; implied authority.

AUTORIZACIÓN JUDICIAL; judicial authority, judicial authorization.

AUTORIZACIÓN LEGISLATIVA; legislative authority.

AUTORIZACIÓN LIMITADA; limited authority.

AUTORIZACIÓN NO LIMITADA; unlimited authority.

AUTORIZACIÓN OSTENSIBLE; apparent authority.

AUTORIZACIÓN POR IMPEDIMENTO; authority by estoppel.

AUTORIZACIÓN REAL; actual authority.

AUTORIZACIÓN UNILATERAL; unilateral authority.

AUTORIZAR; to authorize, to certify, to witness, to legalize.

AUTOS; file, court file.

AUTOSEGURO m ; self-insurance.

AUXILIAR; assistant, auxiliary.

AUXILIARES m ; assistants.

AUXILIATORIO f; an order by a superior court to compel compliance with another court's decree.

AUXILIO MARÍTIMO; assistance at sea.

AVAL m ; aval.

AVAL ABSOLUTO; full guaranty.

AVAL LIMITADO; limited guaranty.

AVALADO m ; guarantee, indorsee.

AVALAR; to guarantee, to support, to endorse.

AVALISTA m/f; guarantor, endorser, backer.

AVALORAR; to value, to appraise.

AVALUACIÓN f; appraisal, valuation.

AVALUADOR m ; appraiser.

AVALUAR; to value, to appraise.

AVALÚO m ; appraisal, valuation, assessment.

AVALÚO CATASTRAL; real estate appraisal.

AVALÚO CERTIFICADO; certified appraisal.

AVALÚO FISCAL; appraisal for taxation purposes.

AVALÚO PREVENTIVO; expert appraisal for possible use in court.

AVALÚO SUCESORIO; appraisal of a decedent's estate.

AVE NEGRA; shyster.

AVECINAR; to domicile, to approach.

AVECINDAR; to domicile.

AVENENCIA f; agreement, settlement.

AVENIDOR m ; mediator, arbitrator.

AVENIMIENTO m ; agreement, mediation, conciliation.

AVENIR; to reconcile, to arbitrate.

AVENIRSE; to agree, to settle.

AVENTURA f; adventure, risk.

AVENTURERO m ; adventurer.

AVERÍA f; damage, failure, average.

AVERÍA COMÚN; general average.

AVERÍA GRUESA; general average.

AVERÍA MENOR; petty average.

AVERÍA ORDINARIA; petty average.

AVERÍA PARTICULAR; particular average.

AVERÍA PEQUEÑA; petty average.

AVERÍA SIMPLE; particular average.

AVERIADO; damaged.

AVERIAR; to damage.

AVERIGUACIÓN *f*; ascertainment, inquiry.

AVERIGUACIÓN DEL DELINCUENTE; interrogation of the accused.

AVERIGUAMIENTO *m*; ascertainment, inquiry.

AVERIGUAR; to ascertain, to inquire.

AVIAR; to finance, to supply, to prepare.

AVIATICUS; a grandson.

AVISAR; to notify, to give notice, to warn, to counsel.

AVISO *m*; notice, announcement, formal notice, warning, advertisement.

AVISO DE COMPARECENCIA; notice of appearance.

AVISO DE DEFUNCIÓN; announcement of death.

AVISO DE MATRIMONIO; marriage announcement.

AVISO DE PROTESTO; notice of protest.

AVISO DE RECHAZO; notice of dishonor.

AVISO EMPLAZATORIO; summons.

AVISO JUDICIAL; judicial notice.

AVISO OPORTUNO; fair warning.

AVISO RAZONABLE; reasonable notice.

AVISOS COMERCIALES; trademark.

AVOCACIÓN *f*; removal of a case from a lower to a superior court.

AVULSIÓN *f*; avulsion.

AVUNCULUS; a mother's brother.

AYUDA *f*; help, aid.

AYUDANTE *m/f*; helper, assistant.

AYUNTAMIENTO *m*; municipal council, city hall, sexual intercourse.

AZAR *m*; chance, misfortune.

B

BAHÍA *f*; bay, harbor.

BAJA *f*; drop, casualty, withdrawal, decrease.

BAJISTA *m*; bearish.

BAJO; under.

BAJO APERCIBIMIENTO; under penalty.

BAJO CONTRATO; under contract.

BAJO FIANZA; on bail.

BAJO JURAMENTO; under oath.

BAJO LAS CIRCUNSTANCIAS; under the circumstances.

BAJO MANO; clandestinely.

BAJO OBLIGACIÓN; under obligation.

BAJO PALABRA; on one's recognizance, on parole.

BAJO PENA DE; under penalty of.

BAJO PROTESTA; under protest.

BAJO SELLO; under seal.

BALANCE *m*; balance, balance sheet.

BALANCE COMERCIAL; trade balance.

BALANCE DE APERTURA; opening balance.

BALANCE DE COMERCIO; trade balance.

BALANCE DE CONTABILIDAD; balance sheet.

BALANCE DE FUSIÓN; consolidated balance sheet.

BALANCE DE LIQUIDACIÓN; liquidation balance sheet.

BALANCE DE PODER; balance of power.

BALANCE DE RESULTADO; profit and loss statement.

BALANCE DE SITUACIÓN; balance sheet.

BALANCE FISCAL; balance sheet for tax purposes.

BALANCE GENERAL CONSOLIDADO; consolidated balance sheet.

BALANCE IMPOSITIVO; balance sheet for tax purposes.

BALANCE PROVISIONAL; interim balance sheet.

BALANCE PROVISORIO; interim balance sheet.

BALANCE TENTATIVO; tentative balance sheet.

BALANCETE *m* ; tentative balance sheet.

BALANZA *f*; balance, comparison.

BALANZA CAMBISTA; balance of payments.

BALANZA COMERCIAL; trade balance.

BALANZA DE COMERCIO; trade balance.

BALANZA DE INTERCAMBIO; trade balance.

BALANZA DE MERCANCÍAS; trade balance.

BALANZA DE PAGOS; balance of payments.

BALANZA MERCANTIL; trade balance.

BALAZO *m* ; shot, bullet wound.

BALDÍO; uncultivated, vacant, unfounded.

BALEAR; to shoot at, to shoot down.

BALÍSTICA *f*; ballistics.

BALOTA *f*; ballot.

BALOTAJE *m* ; voting.

BANC; bench.

BANCA *f*; banking, bench.

BANCA CENTRAL; central banking.

BANCA DE INVERSIONES; investment banking.

BANCA DE INVERSIONISTAS; investment banking.

BANCA DE SUCURSALES; branch banking.

BANCABLE; bankable, negotiable.

BANCARIO; banking, financial.

BANCARROTA *f*; bankruptcy.

BANCO *m* ; bank, bench.

BANCO CAPITALIZADOR; bank for capitalization of savings.

BANCO CENTRAL; central bank.

BANCO COMERCIAL; commercial bank.

BANCO COOPERATIVO; cooperative bank.

BANCO DE AHORROS; savings bank.

BANCO DE BANCOS; central bank.

BANCO DE COMERCIO; commercial bank.

BANCO DE CRÉDITO INMOBILIARIO; mortgage bank.

BANCO DE EMISIÓN; bank of issue.

BANCO DE INVERSIÓN; investment bank.

BANCO DE LIQUIDACIÓN; clearinghouse.

BANCO DE LOS ACUSADOS; defendant's seat.

BANCO DE RESERVA; reserve bank.

BANCO DEL ESTADO; state bank.

BANCO DEL REY; King's Bench.

BANCO EMISOR; bank of issue.

BANCO ESTATAL; state bank.

BANCO FIDUCIARIO; trust company.

BANCO HIPOTECARIO; mortgage bank.

BANCO MUNDIAL; World Bank.

BANCO MUTUALISTA DE AHORRO; mutual savings bank.

BANCO NACIONAL; government bank.

BANCO PRIVADO; private bank.

BANDA *f*; gang, band, faction.

BANDERA *f*; flag.

BANDERA MORRÓN; distress flag.

BANDERA NACIONAL; national flag.

BANDIDAJE *m* ; banditry.

BANDIDO *m* ; bandit, outlaw.

BANDO *m* ; faction, proclamation.

BANDOLERO *m* ; bandit, outlaw.

BANQUERO *m* ; banker.

BANQUILLO *m* ; defendant's seat, gallows.

BANQUILLO DE LOS TESTIGOS; witness stand.

BANQUILLO DEL ACUSADO; defendant's seat.

BARATERÍA *f*; barratry, fraud.

BARATERÍA DE CAPITÁN Y MARINEROS; barratry of captain and crew.

BARATERÍA DE PATRÓN; barratry of the captain.

BARATERO *m* ; barrator, grafter.

BARCAJE *m* ; transport by vessel, fee for transport by vessel.

BARCO *m* ; vessel.

BARQUERO *m* ; boater.

BARRACA *f*; warehouse, cabin, hut, worker's hut.

BARRAQUERO *m* ; warehouser.

BARRIO *m* ; district, quarter.

BARRUNTAR; to guess, to conjecture.

BASAR; to base, build.

BASARSE EN; to rely on, to be based on.

BASE *f*; base, foundation.

BASE DE COSTO; cost basis.

BASE DE EFECTIVO; cash basis.

BASE IMPONIBLE; tax base.

BASE IMPOSITIVA; tax base.

BASE NAVAL; naval base.

BASES; terms and conditions, bases, fundamentals.

BASES CONSTITUTIVAS; articles of incorporation.

BASES DE LA ACCIÓN; grounds of action.

BASTANTE; sufficient, enough.

BASTANTEAR; to officially accept the credentials of an attorney.

BASTANTEO *m* ; the official acceptance of the credentials of an attorney.

BASTANTERO *m* ; the official who verifies the credentials of an attorney.

BASTARDEAR; to falsify, to adulterate.

BEBIDAS ALCOHÓLICAS; alcoholic beverages.

BELICISMO *m* ; bellicosity.

BELIGERANCIA *f* ; belligerence.

BELIGERANTE; belligerent.

BENE; well.

BENEFICENCIA *f* ; beneficence, charity organization, social welfare.

BENEFICENCIA SOCIAL; social welfare.

BENEFICIADO *m* ; beneficiary.

BENEFICIAR; to benefit, to develop.

BENEFICIARIO *m* ; beneficiary, payee.

BENEFICIARIO CONDICIONAL; contingent beneficiary.

BENEFICIARIO CONTINGENTE; contingent beneficiary.

BENEFICIARIO DE PREFERENCIA; preference beneficiary.

BENEFICIARIO EN EXPECTATIVA; expectant beneficiary.

BENEFICIARIO EVENTUAL; contingent beneficiary.

BENEFICIARIO IRREVOCABLE; irrevocable beneficiary.

BENEFICIARIO REVOCABLE; revocable beneficiary.

BENEFICIO *m* ; benefit, development, profit, gain.

BENEFICIO DE ABDICACIÓN; privilege of the widow to refuse her husband's inheritance.

BENEFICIO DE COMPETENCIA; privilege of competency.

BENEFICIO DE DELIBERACIÓN; privilege of considering whether to accept an inheritance.

BENEFICIO DE DELIBERAR; privilege of considering whether to accept an inheritance.

BENEFICIO DE DIVISIÓN; benefit of division.

BENEFICIO DE EXCARCELACIÓN; right to be release on bail.

BENEFICIO DE EXCUSIÓN; benefit of discussion, priority.

BENEFICIO DE INVENTARIO; benefit of inventory.

BENEFICIO DE LA DUDA; benefit of the doubt.

BENEFICIO DE ORDEN; benefit of discussion, priority.

BENEFICIO DE POBREZA; right of an indigent to appear in court without paying expenses or fees.

BENEFICIO DE RESTITUCIÓN; right of restitution.

BENEFICIO FISCAL; taxable profit.

BENEFICIO IMPOSITIVO; taxable profit.

BENEFICIO POR MUERTE ACCIDENTAL; accidental death benefit.

BENEFICIO TRIBUTABLE; taxable profit.

BENEFICIOS ACUMULADOS; earned surplus.

BENEFICIOS DE INDEMNIZACIÓN; indemnity benefits.

BENEFICIOS IMPONIBLES; taxable profits, taxable benefits.

BENEFICIOS MARGINALES; fringe benefits.

BENEFICIOS POR ACCIDENTE; accident benefits.

BENEFICIOS POR INCAPACIDAD; disability benefits.

BENEFICIOS POR MUERTE; death benefits.

BENEFICIOSO; beneficial, profitable.

BENEFICIUM; benefit.

BEODEZ *f* ; drunkenness.

BEODO (adj); drunk.

BEODO *m* ; drunkard.

BESAYLE; a great-grandfather.

BICAMERAL; bicameral.

BICHOZNO *m* ; great-great-great-great-grandson.

BIEN (adv); well, properly, okay.

BIEN *m* ; thing, good.

BIEN COMÚN; common good.

BIEN DE FAMILIA; homestead.

BIEN PÚBLICO; public good.

BIENES; property, assets, estate, goods.

BIENES ABANDONADOS; abandoned
property.

BIENES ACCESORIOS; accessions, fixtures.

BIENES ADVENTICIOS; adventitious
property.

BIENES ALODIALES; allodial property.

BIENES APORTADOS AL MATRIMONIO;
property of each spouse prior to marriage.

BIENES COLACIONABLES; property that
must be returned to an estate since it was
transferred in violation of the applicable
laws.

BIENES COMUNALES; community property.

BIENES COMUNES; public property,
community property.

BIENES CORPORALES; corporeal goods.

BIENES DE ABOLENGO; property inherited
from grandparents, inherited property.

BIENES DE APROVECHAMIENTO
COMÚN; public property.

BIENES DE CADA UNO DE LOS
CÓNYUGES; separate property of each
spouse.

BIENES DE CAPITAL; capital assets.

BIENES DE CONSUMO; consumer goods.

BIENES DE DOMINIO PRIVADO; private
property.

BIENES DE DOMINIO PÚBLICO; public
property.

BIENES DE FAMILIA; homestead.

BIENES DE LA SOCIEDAD CONYUGAL;
community property.

BIENES DE LA SUCESIÓN; estate of a
decedent.

BIENES DE MENORES; property of minors.

BIENES DE PROPIEDAD PRIVADA; private
property.

BIENES DE SERVICIO PÚBLICO; local
government property.

BIENES DE USO COMÚN; public property.

BIENES DE USO PÚBLICO; public property.

BIENES DEL ESTADO; state property.

BIENES DEL QUEBRADO; bankrupt's
property.

BIENES DIVISIBLES; divisible property.

BIENES DOTALES; dowry.

BIENES EMBARGADOS; attached property.

BIENES ENAJENABLES; alienable property.

BIENES EXTRADOTALES; paraphernal
property.

BIENES FISCALES; public property.

BIENES FORALES; leasehold.

BIENES FUNGIBLES; fungible goods.

BIENES FUTUROS; future goods.

BIENES GANANCIALES; community
property.

BIENES HEREDITARIOS; inherited property,
decedent's estate.

BIENES HERENCIALES; inherited property,
decedent's estate.

BIENES HIPOTECABLES; mortgageable
property.

BIENES HIPOTECADOS; mortgaged
property.

BIENES IGNORADOS; overlooked property.

BIENES INALIENABLES; inalienable
property.

BIENES INCORPORALES; intangible assets.

BIENES INCORPÓREOS; intangible assets.

BIENES INDIVISIBLES; indivisible goods.

BIENES INEMBARGABLES; property that
can not be attached.

BIENES INMOVILIZADOS; fixed assets.

BIENES INMUEBLES; real estate, real
property.

BIENES INTANGIBLES; intangible assets.

BIENES LIBRES; unencumbered property.

BIENES LITIGIOSOS; the subject property in
litigation.

BIENES MANCOMUNADOS; joint property.

BIENES MOBILIARIOS; personal property.

BIENES MOSTRENCOS; waifs.

BIENES MUEBLES; personal property.

BIENES NO DURADEROS; non-durable
goods.

BIENES NO FUNGIBLES; non-fungible
goods.

BIENES NO HIPOTECABLES;
non-mortgageable property.

BIENES NULLÍUS; property with no owner.

BIENES PARAFERNALES; paraphernal
property.

BIENES PATRIMONIALES; state property, public property.

BIENES PERECEDEROS; perishable goods.

BIENES POR HEREDAR; hereditaments.

BIENES PRESENTES; property in possession, present assets.

BIENES PRINCIPALES; principal goods.

BIENES PRIVATIVOS; separate property of each spouse.

BIENES PROPIOS; separate property of each spouse, unencumbered property.

BIENES PÚBLICOS; public property.

BIENES RAÍCES; real estate, real property.

BIENES REALES; real estate, real property.

BIENES RELICTOS; inherited property.

BIENES RESERVABLES; inalienable property.

BIENES SEDIENTES; real estate, real property.

BIENES SOCIALES; partnership property, corporate property.

BIENES SUCESORIOS; estate of a decedent.

BIENES VACANTES; real estate with no known owner.

BIENES VINCULADOS; property that must remain in the family.

BIENES Y SERVICIOS; goods and services.

BIENESTAR *m* ; welfare, well-being.

BIENESTAR DE UN MENOR; welfare of a minor.

BIENESTAR PÚBLICO; public welfare.

BIENESTAR SOCIAL; social welfare.

BIENHECHURÍA *f* ; improvements.

BIENQUERENCIA *f* ; good will.

BIGAMIA *f* ; bigamy.

BÍGAMO (adj); bigamous.

BÍGAMO *m* ; bigamist.

BILATERAL; bilateral.

BILLA EXCAMBII; bill of exchange.

BILLETE *m* ; bill, note, ticket.

BILLETE DE BANCO; bank note.

BIMESTRE (adj); bimestrial.

BIMESTRE *m* ; bimester.

BÍNUBO (adj); pertaining to a second marriage, a person married a second time.

BÍNUBO *m* ; a person who has married a second time.

BIPARTIDISMO *m* ; two party system.

BIPARTITO; bipartite.

BISABUELA *f* ; great-grandmother.

BISABUELO *m* ; great-grandfather.

BISIESTO *m* ; leap year.

BISNIETA *f* ; great-granddaughter.

BISNIETO *m* ; great-grandson, great-grandchild.

BLOQUEADO; blocked, frozen.

BLOQUEADOR; blockading, obstructing.

BLOQUEAR; to block, to freeze, to blockade, to obstruct.

BLOQUEAR FONDOS; to freeze assets.

BLOQUEO *m* ; blockade, freezing.

BLOQUEO EFECTIVO; effective blockade.

BLOQUEO EN EL PAPEL; paper blockade.

BOCAJARRO, A; pointblank.

BOCHINCHE *m* ; riot, tumult.

BOCHINCHERO *m* ; troublemaker, rioter.

BODA *f* ; wedding.

BODEGA *f* ; cellar, storehouse, hold, barroom.

BOICOT *m* ; boycott.

BOICOT PRIMARIO; primary boycott.

BOICOT SECUNDARIO; secondary boycott.

BOICOTEAR; to boycott.

BOICOTEO *m* ; boycott, boycotting.

BOLETA *f* ; ticket, ballot, certificate, permit.

BOLETA BANCARIA; certificate of deposit.

BOLETA DE CITACIÓN; summons.

BOLETA DE COMPARENDO; summons.

BOLETA DE CONSIGNACIÓN; certificate of deposit.

BOLETA DE DEPÓSITO; deposit slip, certificate of deposit.

BOLETA DE REGISTRO; certificate of registry.

BOLETÍN *m* ; bulletin, gazette, ticket, voucher.

BOLETÍN JUDICIAL; law journal, law reporter.

BOLETÍN OFICIAL; official gazette.

BOLETO *m* ; ticket, preliminary contract.

BOLETO DE CARGA; bill of lading.

BOLETO DE COMPRAVENTA; preliminary contract, bill of sale.

BOLETO DE EMPEÑO; pawn ticket.

BOLSA *f* ; stock exchange, purse.

BOLSA DE COMERCIO; commodities exchange, stock exchange.

BOLSA DE VALORES; stock exchange.

BOMBA *f*; bomb, pump.
BONA CONFISCATA; confiscated property.
BONA FIDE; in good faith, bona fide.
BONA FIDEI EMPTOR; buyer in good faith.
BONA FIDEI POSSESSOR; possessor in good faith.
BONA FIDES; good faith.
BONA IMMOBILIA; immovable property.
BONA MOBILIA; movable property.
BONIFICACIÓN *f*; bonus, allowance.
BONIFICACIÓN TRIBUTARIA; tax rebate.
BONISTA *m/f*; bondholder.
BONO *m*; bond, bonus.
BONO COLATERAL; collateral trust bond.
BONO DE AHORRO; savings bond.
BONO DE CAJA; short-term government debt instrument.
BONO DE CONSOLIDACIÓN; funding bond.
BONO DE CONVERSIÓN; refunding bond.
BONO DE GARANTÍA COLATERAL; collateral trust bond.
BONO DE OBLIGACIÓN PREFERENTE; prior-lien bond.
BONO DE PRENDA; note issued against warehoused property.
BONO DE PRIMERA HIPOTECA; first mortgage bond.
BONO DE REINTEGRACIÓN; refunding bond.
BONO DE RENDIMIENTOS; income bond.
BONO DE RENTA; income bond.
BONO DE RENTA PERPETUA; perpetual bond.
BONO DE TESORERÍA; government debt instrument.
BONO DEL ESTADO; government debt instrument.
BONO FISCAL; government bond.
BONO HIPOTECARIO; mortgage bond.
BONO INMOBILIARIO; real estate bond.
BONO NOMINATIVO; registered bond.
BONO PASIVO; passive bond.
BONO REDIMIBLE; callable bond.
BONO REGISTRADO; registered bond.
BONO RETIRABLE; callable bond.
BONO SOBRE EQUIPO; equipment trust certificate.
BONO TALONARIO; coupon bond.

BONOS DE FUNDADOR; bonds issued to promoters.
BORRACHERA *f*; drunkenness.
BORRACHEZ *f*; drunkenness.
BORRACHO (adj); drunk.
BORRACHO *m*; drunkard, habitual drunkard.
BORRADOR *m*; rough draft, daybook.
BORRADOR DE ACUERDO; rough draft of agreement.
BORRADURA *f*; erasure, deletion.
BORRAR; to erase, to delete.
BORRÓN *m*; blot, erasure, rough draft.
BOTÍN *m*; booty.
BOURSE; stock exchange.
BRACERO *m*; laborer, day laborer.
BRACEROS CONTRATADOS; contract labor.
BRAZO *m*; branch, arm.
BRAZOS *m*; laborers, backers.
BREVE INNOMINATUM; writ describing the cause of the action in general.
BREVE NOMINATUM; writ describing the cause of the action specifically.
BREVE ORIGINALE; original writ.
BRUTALIDAD *f*; brutality, savagery.
BRUTALMENTE; brutally, savagely.
BUEN; good.
BUEN COMPORTAMIENTO; good behavior.
BUEN NOMBRE; goodwill, good reputation.
BUENA; good, well.
BUENA CONDUCTA; good behavior.
BUENA FAMA; good reputation.
BUENA FE; good faith.
BUENA GUARDA; safekeeping.
BUENA PAGA; good credit risk.
BUENO (adj); good, well.
BUENO (adv); well, okay.
BUENOS OFICIOS; mediation.
BUFETE *m*; law firm, law office, clientele of a law firm.
BUHONERÍA *f*; peddling.
BUHONERO *m*; peddler.
BUQUE *m*; ship, vessel, hull.
BUQUE CARGUERO; freighter.
BUQUE DE GUERRA; warship.
BUQUE MERCANTE; merchant ship.
BURDEL *m*; brothel.
BURLAR LA FIANZA; to jump bail.
BUROCRACIA *f*; bureaucracy.

BURÓCRATA *m/f*; bureaucrat.
BUROCRÁTICO; bureaucratic.
BURSÁTIL; pertaining to stock exchange transactions, pertaining to a stock exchange.
BUSCA *f*; search, pursuit.
BUSCAR; to search for.
BÚSQUEDA *f*; search, research.

CABAL; right, complete, exact.
CABAL JUICIO, DE; of sound mind.
CABALMENTE; completely, exactly.
CABECERA *f*; capital, heading.
CABECERA DEL CONDADO; county seat.
CABECERO *m*; lessee, head of household.
CABECILLA *m*; leader, ringleader, spokesperson.
CABER RECURSO; to carry the right of appeal.
CABEZA *f*; head, seat of local government, leader of a locality, cattle head, judgment.
CABEZA DE CASA; head of household.
CABEZA DE FAMILIA; head of household.
CABEZA DE PROCESO; court order to begin a criminal investigation.
CABEZA DE SENTENCIA; preamble to a judicial decision.
CABEZA DE TESTAMENTO; preamble to a will.
CABEZALERO *m*; executor.
CABIDA *f*; expanse.
CABILDANTE *m*; member of a city council.
CABILDEAR; to lobby.
CABILDEO *m*; lobbying.
CABILDERO *m*; lobbyist.
CABILDO *m*; city council, city hall, meeting, meeting of a city council.
CABILDO MUNICIPAL; city council.
CABINA ELECTORAL; election booth.
CABOTAJE *m*; coastal sailing, coastal trading, tax upon a vessel traveling along a coast.
CACO *m*; thief, robber.
CACHEAR; to frisk, to search.
CACHEO *m*; frisking, search.
CACHIPORRA *f*; bludgeon.
CADÁVER *m*; corpse.
CADENA *f*; chain.
CADENA DE TÍTULO; chain of title.

CADENA PERPETUA; life imprisonment.
CADUCABLE; forfeitable.
CADUCAR; to expire, to lapse, to be forfeited, to become void.
CADUCIDAD *f*; expiration, lapse, forfeiture, invalidity.
CADUCIDAD DE LA FIANZA; forfeiture of a bond.
CADUCIDAD DE LA INSTANCIA; nonsuit.
CADUCIDAD DE LAS LEYES; expiration of laws.
CADUCIDAD DE LOS LEGADOS; invalidity of a legacy.
CADUCIDAD DE LOS TESTAMENTOS; invalidity of a will.
CADUCIDAD DE MARCAS; lapse of trademark registration.
CADUCIDAD DE PATENTES; lapse of patent registration.
CADUCO; expired, lapsed, void.
CAER; to fall, to drop, to lose.
CAER EN COMISO; to be forfeited.
CAER EN MANOS DE ALGUIEN; to be under another's control, to be kidnapped.
CAER EN MORA; to fall in arrears, to become delinquent on a debt.
CAÍDA *f*; fall, drop.
CAÍDO; due, fallen.
CAÍDOS *m*; arrears, perquisites.
CAJA *f*; box, safe, cash, fund.
CAJA DE AHORROS; savings bank.
CAJA DE AMORTIZACIÓN; sinking fund.
CAJA DE CAUDALES; safe, safety deposit box.
CAJA DE COMPENSACIÓN; clearinghouse.
CAJA DE CONVERSIÓN; governmental foreign exchange.
CAJA DE CRÉDITO HIPOTECARIO; mortgage bank.
CAJA DE JUBILACIÓN; pension fund.
CAJA DE MATERNIDAD; maternity leave fund.
CAJA DE PENSIÓN; pension fund.
CAJA DE SEGURIDAD; safety deposit box.
CAJA DE SEGURO; safe.
CAJA DOTAL; pension fund.
CAJA FISCAL; national treasury.
CAJA FUERTE; safe.

CAJA MUTUA DE AHORROS; mutual savings bank.
CAJA RECAUDADORA; office of the tax collector.
CAJEAR; to take on a debt knowing that it can not be paid.
CAJERO *m*; teller, peddler.
CAJILLA DE SEGURIDAD; safety deposit box.
CALABOZO *m*; jail, cell.
CALABOZO JUDICIAL; jail.
CALAMIDAD *f*; calamity.
CALCULADAMENTE; calculatedly, deliberately.
CALENDARIO *m*; calendar, docket, agenda.
CALENDARIO DE SEÑALAMIENTOS; docket.
CALENDARIO JUDICIAL; court calendar.
CALENDARIO OFICIAL; days in which a court is open.
CALIBRE *m*; caliber.
CALIDAD *f*; quality, condition, nature, manner.
CALIDAD DE LA PENA; degree of punishment.
CALIDAD DEL DELITO; degree of the crime.
CALIFICACIÓN *f*; assessment, judgment, evaluation.
CALIFICACIÓN DEL DELITO; classification of the crime to determine the penalty.
CALIFICACIÓN REGISTRAL; verification of suitability for filing in public registry.
CALIFICADO; qualified, conditional.
CALIFICAR; to classify, to rate, to evaluate, to judge, to certify.
CALIGRAFÍA *f*; handwriting.
CALÍGRAFO PERITO; handwriting expert.
CALUMNIA *f*; calumny, slander.
CALUMNIADOR (adj); calumnious, slanderous.
CALUMNIADOR *m*; calumniator, slanderer.
CALUMNIAR; to slander, to calumniate, to defame.
CALUMNIOSO; calumnious, slanderous.
CALLAR; to silence, to remain silent, to conceal.
CÁMARA *f*; chamber, legislative body, room.
CÁMARA ALTA; upper house, senate.

CÁMARA ARBITRAL; board of arbitration.
CÁMARA BAJA; lower house, house of
  representatives.
CÁMARA COMPENSADORA; clearinghouse.
CÁMARA DE APELACIÓN; court of appeals.
CÁMARA DE COMPENSACIÓN;
  clearinghouse.
CÁMARA DE DIPUTADOS; house of
  representatives.
CÁMARA DE GAS; gas chamber.
CÁMARA DE LOS COMUNES; House of
  Commons.
CÁMARA DE LOS LORES; House of Lords.
CÁMARA DE REPRESENTANTES; house of
  representatives.
CÁMARA DE SENADORES; senate.
CÁMARA DEL JUEZ; judge's chambers.
CÁMARA LETAL; death chamber.
CÁMARA MUNICIPAL; municipal council.
CÁMARAS LEGISLATIVAS; legislative
  bodies.
CAMARILLA f; lobby, power group.
CAMARISTA m/f; appellate judge, council
  member.
CAMBALACHE m ; bartering.
CAMBIADOR m ; barterer.
CAMBIAL m ; bill of exchange.
CAMBIAL DOMICILIADA; domiciled bill.
CAMBIAR; to change, to exchange, to
  negotiate.
CAMBIAR UNA LETRA; to negotiate a bill.
CAMBIARIO; pertaining to a bill of exchange,
  pertaining to exchange.
CAMBIO m ; change, exchange, rate of
  exchange, barter.
CAMBIO A CORTO PLAZO; short-term
  exchange.
CAMBIO A LA VISTA; exchange at sight.
CAMBIO DE BENEFICIARIO; change of
  beneficiary.
CAMBIO DE CONTRABANDO; exchange in
  the black market.
CAMBIO DE NOMBRE; name change.
CAMBIO DE RESIDENCIA; change of
  residence.
CAMBIO DIRECTO; direct exchange.
CAMBIO DIRIGIDO; controlled exchange.
CAMBIO EXTERIOR; foreign trade.

CAMBIO EXTRANJERO; foreign exchange.
CAMBIO LIBRE; exchange in a free market.
CAMBIO MERCANTIL; mercantile exchange.
CAMBIO NEGRO; exchange in the black
  market.
CAMBIO OFICIAL; official exchange rate.
CAMBIO SOCIAL; amendment to the articles
  of incorporation.
CAMBISTA m/f; cambist.
CAMINO m ; road, route.
CAMINO DE SERVIDUMBRE; right of way.
CAMINO PÚBLICO; public road.
CAMPAÑA f; campaign, period of
  employment.
CAMPO m ; field, country, faction.
CAMPO DE CONCENTRACIÓN;
  concentration camp.
CAMPO VISUAL; field of vision.
CANAL m ; canal, waterway.
CANALLA m/f; despicable person, gangster.
CANALLA ORGANIZADA; gangsterism.
CANCELABLE; cancellable, annullable.
CANCELACIÓN f; cancellation, annulment.
CANCELACIÓN DE ANTECEDENTES
  PENALES; cancellation of a criminal
  record.
CANCELACIÓN DE HIPOTECA; cancellation
  of mortgage.
CANCELAR; to cancel, to annual, to revoke, to
  pay off.
CANCELAR LA FACTURA; to cancel a bill.
CANCELAR UN CHEQUE; to cancel a check.
CANCILLER m ; chancellor, secretary of state.
CANCILLERÍA f; chancellorship, department
  of state.
CANDIDATO m ; candidate.
CANDIDATURA f; candidature, list of
  candidates.
CANJE m ; exchange, barter, clearing of
  checks.
CANJEABLE; exchangeable, convertible.
CANJEAR; to exchange, to convert, to clear
  checks.
CANON m ; canon, rate, rent, royalty.
CANON DE ARRENDAMIENTO; rent
  payment.
CANTIDAD f; quantity, sum.
CANTIDAD ALZADA; agreed sum.

CANTIDAD DETERMINADA; determined amount.

CANTIDAD EN RIESGO; amount at risk.

CANTIDAD GARANTIZADA; guaranteed amount.

CANTIDAD INDETERMINADA; sum uncertain.

CANTIDAD LÍQUIDA; liquid assets.

CANTÓN *m* ; canton.

CANTONALISMO *m* ; cantonalism.

CAPACIDAD *f*; capacity, legal capacity, opportunity, competency.

CAPACIDAD CIVIL; legal capacity.

CAPACIDAD CONTRIBUTIVA; taxpaying capacity.

CAPACIDAD DE ACTUAR; capacity to act.

CAPACIDAD DE COMPRAR Y VENDER; capacity to buy and sell.

CAPACIDAD DE DERECHO; legal capacity.

CAPACIDAD DE EJERCICIO; capacity to act.

CAPACIDAD DE PRODUCIR INGRESOS; earning capacity.

CAPACIDAD DEL MENOR; legal capacity of a minor.

CAPACIDAD FINANCIERA; credit rating.

CAPACIDAD JURÍDICA; legal capacity.

CAPACIDAD LEGAL; legal capacity.

CAPACIDAD MENTAL; mental capacity.

CAPACIDAD PARA CONTRAER MATRIMONIO; capacity to marry.

CAPACIDAD PARA CONTRATAR; capacity to contract.

CAPACIDAD PARA HIPOTECAR; capacity to mortgage.

CAPACIDAD PARA LA TUTELA; capacity to be a guardian.

CAPACIDAD PARA SER PARTE; capacity to be a party to an action.

CAPACIDAD PARA SUCEDER; capacity to inherit.

CAPACIDAD PARA TESTAR; capacity to make a will.

CAPACIDAD PENAL; criminal capacity.

CAPACIDAD PLENA; full authority.

CAPACIDAD PROCESAL; capacity to be a party to an action.

CAPACIDAD TESTIFICAL; capacity to serve as a witness.

CAPACITAR; to empower, to qualify.

CAPARRA *f*; earnest money, down payment, partial payment.

CAPATAZ *m* ; foreperson.

CAPAX DOLI; capable of committing crime.

CAPAZ; able, capable.

CAPAZ Y DISPUESTO; willing and able.

CAPCIOSAMENTE; trickily.

CAPCIOSO; tricky.

CAPITA; heads, persons.

CAPITACIÓN *f*; capitation.

CAPITAL (adj); capital, principal, fundamental.

CAPITAL *f*; capital, principal.

CAPITAL ACCIONARIO; capital stock.

CAPITAL ANTECEDENTE; original capital.

CAPITAL AUTORIZADO; authorized capital.

CAPITAL CIRCULANTE; working capital.

CAPITAL COMPUTABLE; accountable capital.

CAPITAL CONGELADO; frozen capital.

CAPITAL CUBIERTO; paid-up capital.

CAPITAL DE LA SOCIEDAD CONYUGAL; community property.

CAPITAL DECLARADO; stated capital.

CAPITAL DISPONIBLE; available capital.

CAPITAL EN ACCIONES; issued stock.

CAPITAL EN GIRO; working capital.

CAPITAL ESCRITURADO; stated capital.

CAPITAL EXTRANJERO; foreign capital.

CAPITAL FIJO; fixed capital.

CAPITAL FUNDACIONAL; original capital.

CAPITAL IMPRODUCTIVO; non-producing capital.

CAPITAL INICIAL; original capital.

CAPITAL INTEGRADO; paid-up capital.

CAPITAL LÍQUIDO; liquid assets, net worth.

CAPITAL NETO; net worth.

CAPITAL PAGADO; paid-up capital.

CAPITAL PRODUCTIVO; working capital.

CAPITAL PROPIO; equity capital.

CAPITAL SOCIAL; capital stock, partnership's capital.

CAPITAL VARIABLE; variable capital.

CAPITALISMO *m* ; capitalism.

CAPITALISTA *m/f*; capitalist.

CAPITALIZACIÓN *f*; capitalization, compounding.

CAPITALIZAR; to capitalize, to compound, to convert.

CAPITÁN *m* ; captain, leader, ringleader.

CAPITÁN DE BUQUE; captain of a vessel.

CAPITÁN PREBOSTE; provost-marshal.

CAPITULACIÓN *f*; capitulation, agreement, settlement.

CAPITULACIONES DE MATRIMONIO; marriage articles, antenuptial agreement.

CAPITULACIONES MATRIMONIALES; marriage articles, antenuptial agreement.

CAPITULANTE (adj); capitulating.

CAPITULANTE *m/f*; capitulator, accuser.

CAPITULAR; to capitulate, to settle, to impeach.

CAPITULEAR; to lobby.

CAPITULEO *m* ; lobbying.

CAPITULERO *m* ; lobbyist.

CAPÍTULO *m* ; chapter, title, subject, assembly, charge.

CAPTACIÓN *m* ; captation, understanding, reception.

CAPTURA *f*; capture, apprehension, arrest.

CAPTURAR; to capture, to apprehend, to arrest.

CARÁCTER *m* ; character, disposition, type.

CÁRCEL *f*; jail, prison.

CÁRCEL DEL CONDADO; county jail.

CÁRCEL ESTATAL; state prison.

CÁRCEL FEDERAL; federal prison.

CARCELAJE *m* ; imprisonment, detention.

CARCELARIO; pertaining to a jail.

CARCELERÍA *f*; imprisonment, forced imprisonment, detention.

CARCELERO *m* ; jailer.

CAREAR; to confront, to compare.

CAREO *m* ; confrontation, comparison.

CAREO DE TESTIGOS; confrontation of witnesses.

CARGA *f*; cargo, encumbrance, tax, obligation, burden.

CARGA DE BUQUES; ship's cargo.

CARGA DE LA AFIRMACIÓN; burden of proof.

CARGA DE LA CERTEZA; burden of proof.

CARGA DE LA HERENCIA; expense payable by a decedent's estate.

CARGA DE LA PRUEBA; burden of proof.

CARGA DEL FIDUCIARIO; trustee's duties.

CARGA DEL SEGURO; obligation to insure.

CARGA IMPOSITIVA; tax burden.

CARGA PROCESAL; obligations of the parties to a suit.

CARGA REAL; real property tax.

CARGA TRIBUTARIA; tax burden.

CARGADOR *m* ; loader, carrier.

CARGAMENTO; cargo.

CARGAR; to load, to impose, to charge.

CARGAREME *m* ; receipt.

CARGAS DE FAMILIA; family expenses.

CARGAS DE LA HERENCIA; expenses payable by a decedent's estate.

CARGAS DE LA SOCIEDAD CONYUGAL; marital expenses.

CARGAS DEL MATRIMONIO; marital expenses.

CARGO *m* ; post, duty, charge, count, load, cargo.

CARGO CONSOLIDADO; omnibus count.

CARGO DE CONFIANZA; fiduciary position.

CARGO FIDUCIARIO; fiduciary position.

CARGOS JUDICIALES; judicial offices, accusations, charges.

CARGOS PÚBLICOS; public offices.

CARNAL; carnal, related by blood.

CARNÉ *m* ; identification document, identity card.

CARNET *m* ; identification document, identity card.

CARNET DE IDENTIFICACIÓN; identification document, identity card.

CARNICERÍA *f*; carnage.

CARTA *f*; letter, document, charter.

CARTA ACOMPAÑATORIA; letter of transmittal.

CARTA AMENAZADORA; threatening letter.

CARTA BLANCA; unlimited authority.

CARTA CERTIFICADA; certified letter, registered letter.

CARTA COMERCIAL; business letter.

CARTA CON ACUSE DE RECIBO; letter with return receipt requested.

CARTA CONFIDENCIAL; confidential letter.

CARTA CONFIRMATORIA; confirming letter.

CARTA CONSTITUCIONAL; charter, articles of incorporation.

CARTA CONSTITUTIVA; corporate charter.

CARTA CREDENCIAL; credentials.

CARTA DE AUTORIZACIÓN; letter of authority.

CARTA DE CITACIÓN; summons, subpoena.

CARTA DE CIUDADANÍA; naturalization papers.

CARTA DE COMISIÓN; delegation of a duty to a judge in a lower court by a superior court.

CARTA DE COMPROMISO; letter of undertaking, letter of commitment.

CARTA DE CRÉDITO; letter of credit.

CARTA DE CRÉDITO A LA VISTA; sight letter of credit.

CARTA DE CRÉDITO A PLAZO; time letter of credit.

CARTA DE CRÉDITO AUXILIAR; ancillary letter of credit.

CARTA DE CRÉDITO CIRCULAR; circular letter of credit.

CARTA DE CRÉDITO CONFIRMADO IRREVOCABLE; confirmed irrevocable letter of credit.

CARTA DE CRÉDITO SIMPLE; simple letter of credit.

CARTA DE PORTE; bill of lading.

CARTA DE DERECHOS; bill of rights.

CARTA DE DOTE; dowry letter.

CARTA DE EMBARQUE; bill of lading.

CARTA DE EMPLAZAMIENTO; summons, subpoena.

CARTA DE ESPERA; extension letter.

CARTA DE GARANTÍA; letter of guaranty.

CARTA DE INTENCIÓN; letter of intent.

CARTA DE MAR; ship's papers.

CARTA DE NATURALEZA; naturalization papers.

CARTA DE NATURALIZACIÓN; naturalization papers.

CARTA DE PAGO; receipt.

CARTA DE POBREZA; certificate of indigence.

CARTA DE PORTE; bill of lading, bill of freight.

CARTA DE PORTE A LA ORDEN; order bill of lading.

CARTA DE PORTE AÉREO; air bill of lading.

CARTA DE PORTE NOMINATIVA; straight bill of lading.

CARTA DE PRIVILEGIO; franchise.

CARTA DE PROCURACIÓN; power of attorney.

CARTA DE RECOMENDACIÓN; letter of recommendation.

CARTA DE TRANSMISIÓN; cover letter.

CARTA DE TRANSPORTE AÉREO; air bill of lading.

CARTA DE TUTORÍA; letter of guardianship.

CARTA DE VECINDAD; certificate of residence.

CARTA DE VENTA; bill of sale.

CARTA EJECUTORIA; document containing a final judgment.

CARTA FIANZA; letter of guaranty.

CARTA FUNDAMENTAL; constitution.

CARTA MUERTA; dead letter.

CARTA ORDEN; order from a superior court to a lower one.

CARTA ORDEN DE CRÉDITO; letter of credit.

CARTA ORGÁNICA; corporate franchise.

CARTA PODER; power of attorney.

CARTA RECEPTORÍA; search warrant.

CARTA REGISTRADA; registered letter.

CARTA REGISTRADA CON ACUSE DE RECIBO; registered letter with return receipt requested.

CARTA ROGATORIA; letters rogatory.

CARTA SEÑUELO; decoy letter.

CARTA TESTAMENTARIA; letters testamentary.

CARTE BLANCHE; blank card, carte blanche.

CARTEL m ; cartel.

CARTEL DE COMPRA; cartel to purchase as a group.

CARTEL DE CONDICIONES; cartel to set the terms of sales.

CARTEL DE LIMITACIÓN; cartel to limit production.

CARTEL DE PRECIOS; cartel for price fixing.

CARTERA f; portfolio, office of a cabinet minister, purse, wallet.

CARTERA DACTILAR; record of
   fingerprints.
CARTERA DE HACIENDA; ministry of the
   treasury.
CARTERISTA *m* ; purse snatcher, pickpocket.
CARTULAR; of record.
CARTULARIO *m* ; notary public, registry.
CASA *f*; house, firm, family.
CASA BANCARIA; bank.
CASA CAMBIARIA; money-exchange.
CASA CENTRAL; home office.
CASA CONSISTORIAL; city hall.
CASA DE AMONEDACIÓN; mint.
CASA DE AYUNTAMIENTO; city hall.
CASA DE BANCA; bank.
CASA DE CONTRATACIÓN; exchange.
CASA DE CORRECCIÓN; reformatory.
CASA DE CORREOS; post office.
CASA DE CORRETAJE; brokerage firm.
CASA DE CUSTODIA; detention center.
CASA DE DEPÓSITO; warehouse.
CASA DE DETENCIÓN; detention center.
CASA DE EMPEÑOS; pawnshop.
CASA DE EXPÓSITOS; foundling hospital.
CASA DE JUEGO; gambling establishment.
CASA DE LIQUIDACIÓN; clearinghouse.
CASA DE MONEDA; mint.
CASA DE PROSTITUCIÓN; house of
   prostitution.
CASA DE RENTA; rental property.
CASA EN COMÚN; condominium.
CASA HABITADA; inhabited house.
CASA MATRIZ; home office.
CASA SOLARIEGA; homestead.
CASACIÓN *f*; cassation, repeal, annulment.
CASADA *f*; married woman.
CASADO (adj); married.
CASADO *m* ; married man.
CASAMIENTO *m* ; wedding, marriage.
CASAMIENTO CONSENSUAL; consensual
   marriage.
CASAMIENTO POR ACUERDO Y
   COHABITACIÓN; common-law
   marriage.
CASAMIENTO PUTATIVO; putative
   marriage.
CASAR; to marry, to repeal, to annul.
CASICONTRATO; quasi contract.

CASO *m* ; case, action, suit, event, question.
CASO DE LA LEY; contingency covered by
   the law.
CASO DE PRUEBA; test case.
CASO FORTUITO; superior force, act of
   nature.
CASO HIPOTÉTICO; hypothetical case.
CASO INCIERTO; contingency.
CASO OMISO; contingency not covered by the
   law.
CASO PENSADO; premeditated action.
CASO PERDIDO; hopeless case.
CASTIDAD *f*; chastity, fidelity.
CASTIGABLE; punishable.
CASTIGADOR; punishing, punitive.
CASTIGAR; to punish, to penalize, to write
   off.
CASTIGO *m* ; punishment, penalty, write off.
CASTIGO CORPORAL; corporal punishment.
CASTIGO CRUEL Y
   DESACOSTUMBRADO; cruel and
   unusual punishment.
CASTIGO EJEMPLAR; punishment to serve
   as an example.
CASTIGO MAYOR; severe punishment.
CASUAL; casual, accidental, unpremeditated.
CASUALIDAD *f*; coincidence, accident,
   casualty.
CASUALMENTE; by chance, accidentally.
CASUS FORTUITUS; fortuitous event.
CATASTRAL; pertaining to cadastre.
CATASTRO *m* ; cadastre.
CATÁSTROFE *f*; catastrophe.
CATEGÓRICO; categorical.
CATEO *m* ; search.
CAUCIÓN *f*; bond, surety, guaranty, bail,
   security deposit, pledge, caution.
CAUCIÓN ABSOLUTA; bail absolute.
CAUCIÓN DE ARRAIGO; bond to cover court
   costs.
CAUCIÓN DE FIDELIDAD; fidelity bond.
CAUCIÓN DE INDEMNIDAD; indemnity
   bond.
CAUCIÓN DE LICITADOR; bid bond.
CAUCIÓN DE RATO; bond of plaintiff's
   attorney, bond of plaintiff.
CAUCIÓN JURATORIA; release on own
   recognizance.

CAUCIÓN PARA COSTAS; bond to cover court costs, bond to cover costs.

CAUCIÓN PERSONAL; personal guaranty.

CAUCIONABLE; bailable.

CAUCIONAR; to bond, to secure, to guarantee, to bail, to pledge.

CAUDAL *m* ; estate, capital, wealth.

CAUDAL HEREDITARIO; a decedent's estate.

CAUDAL RELICTO; a decedent's estate.

CAUDAL SOCIAL; the assets of a partnership, the assets of a corporation.

CAUDALES PÚBLICOS; public assets.

CAUDILLO *m* ; chief, leader.

CAUSA *f*; cause, case, action, suit, prosecution, purpose of entering a contract, consideration.

CAUSA ACTUAL; instant case.

CAUSA ADECUADA; adequate consideration.

CAUSA AJUSTADA; settled case.

CAUSA ARREGLADA; settled case.

CAUSA CIVIL; civil lawsuit.

CAUSA CONCURRENTE; concurrent case, concurrent consideration.

CAUSA CONOCIDA Y TERMINADA; case heard and concluded.

CAUSA CONTINUA; continuing consideration.

CAUSA CONTINUADA; continued lawsuit.

CAUSA CRIMINAL; criminal prosecution.

CAUSA DE ACCIÓN; cause of action.

CAUSA DE ALMIRANTAZGO; admiralty lawsuit.

CAUSA DE DIVORCIO; divorce case, grounds for divorce.

CAUSA DE INSOLVENCIA; act of bankruptcy, bankruptcy proceedings.

CAUSA DE JUSTIFICACIÓN; justification of a crime.

CAUSA DE LA DEMANDA; cause of action.

CAUSA DE LA OBLIGACIÓN; purpose of entering a contract, consideration.

CAUSA DEL CONTRATO; purpose of entering a contract, consideration.

CAUSA DETERMINANTE; decisive cause, test case.

CAUSA DIRECTA; direct cause.

CAUSA EFECTUADA; executed consideration.

CAUSA EJECUTADA; executed consideration.

CAUSA ENJUICIADA; case on trial.

CAUSA EQUITATIVA; equitable consideration.

CAUSA EXPRESA; express consideration.

CAUSA FIN; end purpose.

CAUSA FINAL; end purpose.

CAUSA GRATUITA; gratuitous consideration.

CAUSA ILÍCITA; illegal consideration.

CAUSA IMPRACTICABLE; impossible consideration.

CAUSA IMPULSIVA; motivation.

CAUSA INADECUADA; inadequate consideration.

CAUSA INDIRECTA; remote cause.

CAUSA INMEDIATA; proximate cause.

CAUSA INSTRUMENTAL; test case.

CAUSA INSUFICIENTE; inadequate consideration.

CAUSA INTERVENTORA; intervening cause.

CAUSA JUSTIFICABLE; justifiable cause.

CAUSA JUSTIFICADA; just cause.

CAUSA LÍCITA; legal consideration.

CAUSA MORTIS; in contemplation of death, causa mortis.

CAUSA MORTIS DONATIO; donation in contemplation of death.

CAUSA NOMINAL; nominal consideration.

CAUSA ONEROSA; good consideration, valuable consideration.

CAUSA PASADA; past consideration.

CAUSA POR EFECTUARSE; executory consideration.

CAUSA PRESENTE; instant case.

CAUSA PROBABLE; probable cause.

CAUSA PRÓXIMA; immediate cause, proximate cause.

CAUSA RAZONABLE; reasonable consideration, justified cause.

CAUSA REMOTA; remote cause.

CAUSA SIMULADA; sham purpose.

CAUSA SINE QUE NON; necessary cause.

CAUSA SUFICIENTE; sufficient cause.

CAUSA TÁCITA; implied consideration.

CAUSA VALIOSA; valuable consideration.

CAUSAHABIENTE *m/f*; assignee, successor.

CAUSAL *f*; cause, motive.

CAUSAL DE DIVORCIO; grounds for
divorce.
CAUSAL DE RECUSACIÓN; grounds for
challenge.
CAUSALES DE CASACIÓN; grounds for
annulment.
CAUSANTE *m/f*; assignor, predecessor,
originator, constituent.
CAUSAR; to cause, to sue.
CAUSAR ESTADO; to definitely end a case.
CAUSAR IMPUESTO; to be subject to tax.
CAUSAR INTERESES; to bear interest.
CAUSAS APLAZADAS; adjourned cases.
CAUSAS DE AGRAVACIÓN; aggravating
circumstances.
CAUSAS DE ATENUACIÓN; extenuating
circumstances.
CAUSAS DE INIMPUTABILIDAD;
circumstances which relieve from
responsibility.
CAUSAS DE IRRESPONSABILIDAD;
circumstances which relieve from
responsibility.
CAUSAS DE JUSTIFICACIÓN; justifying
circumstances.
CAUSATIVO; causative.
CAUSÍDICO; pertaining to litigation.
CAUTELA *f*; caution, care, guaranty.
CAUTELAR (adj); protecting, precautionary.
CAUTELAR (v); to protect, to prevent.
CAUTIVO; captive, imprisoned.
CAUTO; cautious, wise, prudent.
CAVEAT ACTOR; let the actor beware, caveat
actor.
CAVEAT EMPTOR; let the buyer beware,
caveat emptor.
CAVEAT VENDITOR; let the seller beware,
caveat venditor.
CEDENTE *m/f*; assignor, transferor, grantor,
endorser.
CEDER; to assign, to transfer, to cede, to leave,
to relinquish.
CEDIBLE; assignable, transferable.
CEDIDO; assigned, transferred.
CÉDULA *f*; identification document,
document, order, certificate, official
document.
CÉDULA DE ADUANA; customs permit.

CÉDULA DE CAMBIO; bill of exchange.
CÉDULA DE CAPITALIZACIÓN; certificate
issued by a bank for capitalization of
savings.
CÉDULA DE CITACIÓN; subpoena.
CÉDULA DE CIUDADANÍA; citizenship
papers.
CÉDULA DE EMPADRONAMIENTO;
registration certificate.
CÉDULA DE EMPLAZAMIENTO; subpoena,
summons.
CÉDULA DE IDENTIDAD; identification
document, identity card.
CÉDULA DE NOTIFICACIÓN; official notice
of a cause of action.
CÉDULA DE PRIVILEGIO DE INVENCIÓN;
letters patent.
CÉDULA DE REQUERIMIENTO; judicial
order.
CÉDULA DE SUBSCRIPCIÓN; subscription
warrant.
CÉDULA DE TESORERÍA; treasury debt
instrument.
CÉDULA FISCAL; taxpayer identification
document.
CÉDULA HIPOTECARIA; mortgage bond.
CÉDULA INMOBILIARIA; mortgage
certificate.
CÉDULA PERSONAL; identification
document.
CEDULACIÓN *f*; registration, publication.
CEDULAR; to register, to enroll.
CÉDULAS DE INVERSIÓN; securities.
CEDULÓN *m*; edict, public notice.
CELDA *f*; cell.
CELEBRACIÓN *f*; celebration, formalization,
execution.
CELEBRACIÓN DEL MATRIMONIO;
marriage ceremony.
CELEBRAR; to celebrate, to formalize, to
execute.
CELEBRAR ACTOS; to act.
CELEBRAR ASAMBLEA; to hold a meeting.
CELEBRAR ELECCIONES; to hold an
election.
CELEBRAR NEGOCIOS; to transact business.
CELEBRAR UN ACUERDO; to make an
agreement.

CELEBRAR UN CONTRATO; to enter into a contract.
CELEBRAR UN JUICIO; to hold a trial.
CELEBRAR UN MATRIMONIO; to solemnize a wedding.
CELEBRAR UNA AUDIENCIA; to hold a hearing.
CELEBRAR UNA ELECCIÓN; to hold an election.
CELEBRAR UNA ENTREVISTA; to hold an interview.
CELEBRAR UNA JUNTA; to hold a meeting.
CELEBRAR UNA REUNIÓN; to hold a meeting.
CELEBRAR UNA SUBASTA; to hold an auction.
CELEBRAR UNA VISTA; to hold a hearing.
CELIBATO *m* ; celibacy.
CELOSO; jealous, zealous.
CEMENTERIO *m* ; cemetery.
CENSALISTA *m/f* ; annuitant, lessor, recipient of an annuity contract which runs with the land.
CENSAR; to take a census, to prepare a taxpayer list.
CENSARIO *m* ; payer of an annuity contract which runs with the land, payer of ground rent.
CENSATARIO *m* ; payer of an annuity contract which runs with the land.
CENSO; census, lease, tax, annuity contract which runs with the land.
CENSO AL QUITAR; redeemable annuity contract which runs with the land.
CENSO CONSIGNATIVO; annuity contract which runs with the land, ground rent.
CENSO DE BIENES; inventory.
CENSO DE CONTRIBUYENTES; taxpayer list.
CENSO DE POBLACIÓN; population census.
CENSO DE POR VIDA; life annuity, an annuity contract which runs with the land for life.
CENSO ELECTORAL; voting list.
CENSO ENFITÉUTICO; emphyteusis.
CENSO IRREDIMIBLE; irredeemable annuity contract which runs with the land.

CENSO PERPETUO; perpetual annuity, perpetual annuity contract which runs with the land.
CENSO PERSONAL; annuity contract which runs with the person.
CENSO REAL; annuity contract which runs with the land.
CENSO REDIMIBLE; redeemable annuity contract which runs with the land.
CENSO RESERVATIVO; transfer of full ownership reserving the right to receive an annuity.
CENSO TEMPORAL; an annuity contract which runs with the land for a determined period.
CENSO VITALICIO; life annuity, an annuity contract which runs with the land for life.
CENSUAL; pertaining to an annuity contract which runs with the land, censual.
CENSUALISTA *m/f*; annuitant, lessor, recipient of an annuity contract which runs with the land.
CENSUARIO *m* ; payer of an annuity contract which runs with the land.
CENSURA *f*; censure.
CENTRALIZACIÓN *f*; centralization.
CENTRALIZACIÓN ADMINISTRATIVA; administrative centralization.
CENTRALIZACIÓN POLÍTICA; political centralization.
CEREMONIA *f*; ceremony, formalization.
CEREMONIAL; ceremonial.
CERRADO; closed, obscure, restricted, hidden.
CERRAR; to close, to conclude, to lock, to surround.
CERRAR UNA CUENTA; to close an account.
CERROJO *m* ; bolt.
CERTEZA *f*; certainty.
CERTEZA LEGAL; legal certainty.
CERTEZA MORAL; moral certainty.
CERTIDUMBRE *f*; certainty.
CERTIFICABLE; certifiable.
CERTIFICACIÓN *f*; certification, attestation, sworn declaration.
CERTIFICACIÓN DE DOMINIO; certification of title, title papers, title.
CERTIFICACIÓN DEL REGISTRO DE LA PROPIEDAD; certificate of title.

CERTIFICADO *m* ; certificate, certified mail, attestation, warrant.

CERTIFICADO DE ACCIONES; stock certificate.

CERTIFICADO DE ADEUDO; certificate of indebtedness.

CERTIFICADO DE ADICIÓN; certificate of a patent improvement.

CERTIFICADO DE AVALÚO; appraisal certificate.

CERTIFICADO DE AVERÍAS; average statement.

CERTIFICADO DE BUENA CONDUCTA; certificate of good conduct.

CERTIFICADO DE CAMBIO; exchange certificate.

CERTIFICADO DE CIUDADANÍA; citizenship papers.

CERTIFICADO DE CONSTITUCIÓN; certificate of incorporation.

CERTIFICADO DE DEFUNCIÓN; death certificate.

CERTIFICADO DE DEPÓSITO; deposit slip, certificate of deposit, warehouse warrant.

CERTIFICADO DE DIVISAS; foreign exchange certificate.

CERTIFICADO DE INVENCIÓN; patent certificate.

CERTIFICADO DE MATRIMONIO; marriage certificate.

CERTIFICADO DE NACIMIENTO; birth certificate.

CERTIFICADO DE NATIMUERTO; stillbirth certificate.

CERTIFICADO DE NECESIDAD; certificate of necessity.

CERTIFICADO DE ORIGEN; certificate of origin.

CERTIFICADO DE PARTICIPACIÓN; certificate of participation.

CERTIFICADO DE PROPIEDAD; ownership certificate.

CERTIFICADO DE PROTESTO; certificate of protest.

CERTIFICADO DE TRABAJO; certificate of services rendered.

CERTIFICADO DE UTILIDAD PÚBLICA; certificate of public use.

CERTIFICADO DEL TESORO; treasury note.

CERTIFICADO MÉDICO; medical certificate.

CERTIFICADO PRENUPCIAL; certificate of a pre-marital medical examination.

CERTIFICADOR; certifier.

CERTIFICAR; to certify, to attest, to warrant.

CERTIFICAR UNA FIRMA; to certify a signature, to witness a signature.

CERTIFICATORIO; certifying.

CESACIÓN *f*; cessation, discontinuance, suspension, abandonment.

CESACIÓN DE HOSTILIDADES; cessation of hostilities.

CESACIÓN DE LA ACCIÓN; discontinuance of an action.

CESACIÓN DE PAGOS; suspension of payments.

CESACIÓN DEL PROCEDIMIENTO; discontinuance of the proceedings.

CESAMIENTO *m* ; cessation, discontinuance, suspension, abandonment.

CESANTE; unemployed, dismissed, laid off.

CESANTE *m/f* ; unemployed person, dismissed person, laid off person.

CESANTÍA *f*; unemployment, dismissal, severance pay.

CESAR; to cease.

CESE *m* ; ceasing, discontinuance, suspension, abandonment.

CESIBILIDAD *f*; transferability, assignability.

CESIBLE; transferable, assignable.

CESIÓN *f*; cession, transfer, assignment, grant.

CESIÓN ACTIVA; transfer of a right.

CESIÓN CONTRACTUAL DE BIENES; voluntary assignment.

CESIÓN DE ARRENDAMIENTO; assignment of lease.

CESIÓN DE BIENES; assignment of property in favor of creditors.

CESIÓN DE CRÉDITOS; assignment of claim, extension of credit.

CESIÓN DE DERECHOS; assignment of rights.

CESIÓN DE DERECHOS Y ACCIONES; assignment of rights and actions.

CESIÓN DE DEUDAS; novation.

CESIÓN DE LA CLIENTELA; transfer of the clients of a business.

CESIÓN DE SALARIO; assignment of salary.

CESIÓN GENERAL; general assignment.

CESIÓN HEREDITARIA; assignment of inheritance.

CESIÓN JUDICIAL DE BIENES; assignment of property by court order.

CESIÓN LIBRE; absolute conveyance.

CESIÓN SECUNDARIA; secondary conveyance.

CESIÓN SIN CONDICIONES; absolute conveyance.

CESIÓN VOLUNTARIA; voluntary assignment.

CESIONARIO m ; cessionary, assignee, transferee, grantee.

CESIONARIO CONJUNTO; co-assignee.

CESIONARIO DE DERECHO; assignee in law.

CESIONARIO DE HECHO; assignee in fact.

CESIONARIO MANCOMUNADO; co-assignee.

CESIONISTA m/f ; assignor, transferor, grantor.

CIEGO; blind, blinded.

CIENCIAS JURÍDICAS; jurisprudence.

CIERRE m ; closure, closing, shut-down, lock-out.

CIERRE PATRONAL; lock-out.

CIERTO; certain, true.

CINTURÓN DE SEGURIDAD; safety belt.

CIRCUITO m ; circuit.

CIRCUITO JUDICIAL; judicial circuit.

CIRCULACIÓN f ; circulation, traffic.

CIRCULANTE; circulating.

CIRCULAR (v); to circulate.

CIRCULAR f ; circular, notice, communication.

CIRCUNSCRIPCIÓN f ; circumscription, district, limitation.

CIRCUNSCRIPCIÓN JUDICIAL; judicial district.

CIRCUNSTANCIA f ; circumstance.

CIRCUNSTANCIA INCRIMINATORIA; incriminatory circumstance.

CIRCUNSTANCIAL; circumstantial.

CIRCUNSTANCIAS AGRAVANTES; aggravating circumstances.

CIRCUNSTANCIAS ATENUANTES; extenuating circumstances.

CIRCUNSTANCIAS EXIMENTES; exculpatory circumstances.

CIRCUNSTANCIAS FINANCIERAS; financial condition.

CIRCUNSTANCIAS MODIFICANTES; modifying circumstances.

CIRCUNSTANCIAS MODIFICATIVAS; modifying circumstances.

CIRUJANO m ; surgeon.

CISMA f ; schism, dissention.

CITA f ; meeting, appointment, engagement, summons, subpoena, reference.

CITACIÓN f ; citation, summons, subpoena, reference, notification of a meeting.

CITACIÓN A COMPARECER; summons, subpoena.

CITACIÓN A JUICIO; summons.

CITACIÓN A LICITADORES; call for bids.

CITACIÓN DE EVICCIÓN; notice of eviction.

CITACIÓN DE REMATE; notice of a public auction.

CITACIÓN PARA SENTENCIA; summons to hear the judgment.

CITACIÓN POR EDICTO; service by publication.

CITACIÓN Y EMPLAZAMIENTO; summons.

CÍTANSE OPOSITORES; objections called for.

CÍTANSE POSTORES; bids welcome.

CITAR; to cite, to summon, to subpoena, to give notice, to arrange a meeting.

CITAR A COMPARENDO; to summon.

CITAR A JUNTA; to call a meeting.

CITATORIO (adj); citatory.

CITATORIO m ; summons, subpoena.

CIUDAD f ; city.

CIUDAD NATAL; birthplace.

CIUDADANÍA f ; citizenship, citizens.

CIUDADANO m ; citizen.

CIUDADANO NATIVO; native citizen.

CIUDADANO POR NACIMIENTO; native citizen.

CIUDADANO POR NATURALIZACIÓN; naturalized citizen.

CIUDADANO POR OPCIÓN; person born abroad who chooses to be a citizen of the country of his parents.

CIVIL; civil.

CIVILIS; civil.

CIVILISTA (adj); pertaining to civil law, specialized in civil law.

CIVILISTA *m/f*; an attorney specializing in civil law.

CIVILITER MORTUUS; civilly dead.

CIVISMO *m* ; civism.

CLANDESTINIDAD *f*; clandestinity.

CLANDESTINO; clandestine.

CLARIFICACIÓN *f*; clarification.

CLARIFICAR; to clarify.

CLARO; clear, evident, intelligible, straight-forward.

CLARO Y EXPEDITO; free and clear.

CLARO Y PURO; free and clear.

CLASE *f*; class, type.

CLASIFICACIÓN *f*; classification.

CLASIFICACIÓN DE BUQUES; classification of vessels.

CLASIFICACIÓN DE GRAVÁMENES; marshaling of liens.

CLASIFICAR; to classify, to grade.

CLÁUSULA *f*; clause, article.

CLÁUSULA ACCESORIA; secondary clause.

CLÁUSULA ADICIONAL; rider, added clause.

CLÁUSULA AMARILLA; yellow dog clause.

CLÁUSULA AMBIGUA; ambiguous clause.

CLÁUSULA ANTIRRENUNCIA; antiwaiver clause.

CLÁUSULA ARBITRARIA; arbitrary clause.

CLÁUSULA COMPROMISARIA; arbitration clause.

CLÁUSULA COMPROMISORIA; arbitration clause.

CLÁUSULA CONMINATORIA; penalty clause, warning clause.

CLÁUSULA DE ARBITRAJE FORZOSO; compulsory arbitration clause.

CLÁUSULA DE ARREPENTIMIENTO; rescission clause.

CLÁUSULA DE CADUCIDAD; expiration clause.

CLÁUSULA DE ENCADENAMIENTO; tying clause.

CLÁUSULA DE ESCAPE; escape clause.

CLÁUSULA DE ESTILO; standard clause.

CLÁUSULA DE EXCEPCIÓN; saving clause.

CLÁUSULA DE INALIENABILIDAD; non-transferability clause.

CLÁUSULA DE INDIVISIÓN; non-divisibility clause.

CLÁUSULA DE MEJOR COMPRADOR; clause which allows the cancellation of the contract if a better price is obtained.

CLÁUSULA DE NACIÓN MAS FAVORECIDA; most favored nation clause.

CLÁUSULA DE NO COMPETENCIA; non-competition clause.

CLÁUSULA DE REPOSESIÓN; repossession clause.

CLÁUSULA DE SALVEDAD; saving clause.

CLÁUSULA DE VALOR RECIBIDO; value received clause.

CLÁUSULA DEROGATIVA; derogatory clause.

CLÁUSULA ESCAPATORIA; escape clause.

CLÁUSULA ESENCIAL; essential clause.

CLÁUSULA FACULTATIVA; facultative clause.

CLÁUSULA NEUTRA; neutral clause.

CLÁUSULA ORO; gold payment clause.

CLÁUSULA PENAL; penalty clause.

CLÁUSULA PRINCIPAL; principal clause.

CLÁUSULA PROHIBITIVA; prohibitive clause.

CLÁUSULA RESCISORIA; rescission clause.

CLÁUSULA RESOLUTIVA; defeasance clause.

CLÁUSULA RESOLUTORIA; defeasance clause.

CLÁUSULA SALARIAL; salary clause.

CLÁUSULA USUAL; standard clause.

CLAUSULADO *m* ; series of clauses, series of articles.

CLÁUSULAS DE ESTILO; standard clauses.

CLAUSURA *f*; closing, closure.

CLAUSURA DE SESIONES; adjournment.

CLAUSURA MERCANTIL; business closure.

CLEMENCIA *f*; clemency.

CLEPTOMANÍA *f*; kleptomania.

CLEPTÓMANO *m* ; kleptomaniac.

CLIENTE *m* ; client.

CLIENTELA *f*; clientele, protection.

COACCIÓN *f*; coercion, duress.
COACCIÓN EN EL MATRIMONIO; coercion to marry.
COACCIÓN EN LOS CONTRATOS; coercion to contract.
COACCIONAR; to coerce, to compel.
COACREEDOR *m* ; joint creditor.
COACTAR; to coerce, to compel.
COACTIVO; coercive, compelling.
COACTOR *m* ; joint plaintiff.
COACUSADO *m* ; joint defendant, co-defendant.
COACUSAR; to accuse jointly.
COADJUTOR *m* ; coadjutor.
COADMINISTRADOR; co-administrator.
COADQUISICIÓN *f*; joint acquisition.
COADYUVANTE *m* ; third party to an action.
COADYUVAR; to contribute, to join.
COAFIANZAMIENTO *m* ; co-bonding.
COAGENTE *m* ; joint agent.
COALBACEA *m* ; co-executor.
COALICIÓN *f*; coalition.
COARRENDADOR *m* ; joint lessor.
COARRENDATARIO *m* ; co-lessee, joint tenant.
COARTACIÓN *f*; limitation, restriction.
COARTADA *f*; alibi.
COASEGURADOR *m* ; co-insurer.
COASEGURO *m* ; co-insurance.
COASOCIADO *m* ; partner, associate.
COASOCIAR; to associate.
COAUTOR; co-author, accomplice.
COAVALISTA *m/f*; co-guarantor.
COBARDÍA *f*; cowardice.
COBERTURA *f*; coverage.
COBRABILIDAD *f*; collectibility.
COBRABLE; collectible.
COBRADERO; collectible.
COBRADOR *m* ; collector, payee, collection agent.
COBRADOR DE IMPUESTOS; tax collector.
COBRANZA *f*; collection.
COBRAR; to collect, to charge, to recuperate.
COBRO *m* ; collection.
COBRO DE LO INDEBIDO; unjust enrichment.
COCESIONARIO *m* ; co-assignee.
COCHE *m* ; car, coach.

CODELINCUENCIA *f*; complicity.
CODELINCUENTE *m/f*; accomplice, accessory.
CODEMANDADO *m* ; joint defendant, co-defendant.
CODEUDOR *m* ; joint debtor.
CODEX; code.
CODICILIO *m* ; codicil
CODICILO *m* ; codicil.
CODIFICACIÓN *f*; codification.
CODIFICADOR *m* ; codifier, digest.
CODIFICADOR ARANCELARIO; schedule of customs duties.
CODIFICAR; to codify.
CÓDIGO *m* ; code, digest.
CÓDIGO AERONÁUTICO; aviation code.
CÓDIGO CIVIL; civil code.
CÓDIGO DE ADUANAS; customs code.
CÓDIGO DE CIRCULACIÓN; traffic laws.
CÓDIGO DE COMERCIO; commercial code.
CÓDIGO DE CONSTRUCCIONES; building code.
CÓDIGO DE EDIFICACIÓN; building code.
CÓDIGO DE ENJUICIAMIENTO; code of trial procedure.
CÓDIGO DE ÉTICA PROFESIONAL; code of professional responsibility.
CÓDIGO DE LA FAMILIA; code of domestic relations.
CÓDIGO DE LAS QUIEBRAS; bankruptcy code.
CÓDIGO DE POLICÍA; police regulations.
CÓDIGO DE PROCEDIMIENTO CIVIL; code of civil procedure.
CÓDIGO DE PROCEDIMIENTO PENAL; code of criminal procedure.
CÓDIGO DE PRUEBAS; laws of evidence.
CÓDIGO DE TRÁNSITO; traffic laws.
CÓDIGO DEL TRABAJO; labor code.
CÓDIGO EN LO CIVIL; code of civil procedure.
CÓDIGO EN LO PENAL; code of criminal procedure.
CÓDIGO FISCAL; tax code.
CÓDIGO FUNDAMENTAL; constitution.
CÓDIGO LABORAL; labor code.
CÓDIGO MARÍTIMO; admiralty code.
CÓDIGO MERCANTIL; commercial code.

CÓDIGO MILITAR; military code.
CÓDIGO PENAL; penal code.
CÓDIGO PROCESAL CIVIL; code of civil
  procedure.
CÓDIGO PROCESAL PENAL; code of
  criminal procedure.
CODIRECTOR *m* ; co-director.
COEMITENTE *m/f* ; co-issuer, co-drawer.
COENCAUSADO *m* ; joint defendant.
COERCER; to coerce.
COERCIBLE; coercible, restrainable.
COERCIÓN *f* ; coercion, restriction.
COERCITIVO; coercive, restrictive.
COETÁNEO; contemporary.
COFIADOR *m* ; co-surety.
COFIDUCIARIO *m* ; joint trustee.
COFIRMANTE *m/f* ; cosigner.
COGESTIÓN *f* ; participation of employee
  representatives in management.
COGIRADOR *m* ; co-drawer, co-maker.
COGNACIÓN *f* ; cognation.
COGNADO *m* ; cognate.
COGNATI; relatives on the mother's side.
COGNATICIO; cognatic.
COGNATIO; relationship.
COGNICIÓN *f* ; cognition, knowledge.
COGNICIÓN JUDICIAL; judicial notice.
COGNICIÓN LIMITADA; limited jurisdiction.
COGNITIVO; cognitive.
COGNOMEN *m* ; surname.
COHABITACIÓN *f* ; cohabitation.
COHABITAR; to cohabit.
COHECHADOR *m* ; briber.
COHECHAR; to bribe.
COHECHO *m* ; bribe, bribery, graft.
COHEREDAR; to inherit jointly.
COHEREDERO *m* ; co-heir.
COIMA *f* ; graft, bribe, bribery, concubine.
COIMEAR; to bribe.
COINCIDENCIA DE LA VOLUNTAD;
  meeting of the minds.
COINQUILINO *m* ; co-lessee, joint tenant.
COINTERESADO; jointly interested.
COITO *m* ; coitus.
COLABORACIÓN *f* ; collaboration.
COLACIÓN *f* ; collation, comparison.
COLACIÓN DE BIENES; hotchpotch.
COLACIONAR; to collate, to compare.

COLATERAL *m* ; collateral.
COLECCIÓN *f* ; collection, gathering.
COLECTA *f* ; collection, tax collection.
COLECTAR; to collect.
COLECTIVA E INDIVIDUALMENTE; joint
  and several.
COLECTIVAMENTE; collectively, jointly.
COLECTIVIDAD *f* ; collectivity, community.
COLECTIVISMO *m* ; collectivism.
COLECTIVO; collective, joint.
COLECTOR *m* ; collector.
COLECTOR DE CONTRIBUCIONES; tax
  collector.
COLECTOR DE DERECHOS ADUANEROS;
  collector of customs duties.
COLECTOR DE IMPUESTOS; tax collector.
COLECTOR DE RENTAS INTERNAS;
  collector of internal revenue.
COLECTOR FISCAL; tax collector.
COLECTURÍA *f* ; tax office.
COLEGA *m/f* ; colleague.
COLEGATARIO *m* ; joint legatee.
COLEGIACIÓN *f* ; professional association,
  joining a professional association.
COLEGIADO *m* ; member of a professional
  association, member of the bar.
COLEGIARSE; to join a professional
  association, to become a member of the
  bar.
COLEGIO *m* ; professional association,
  college, school, bar.
COLEGIO DE ABOGADOS; bar association.
COLEGIO DE LEYES; law school.
COLEGIO DE PROCURADORES; bar
  association
COLEGIO ELECTORAL; electoral college.
COLEGISLADOR; colegislative.
CÓLERA *f* ; rage, anger.
COLÉRICAMENTE; angrily.
COLIGACIÓN *f* ; colligation, alliance, link.
COLIGARSE; to unite, to associate.
COLINDANTE (adj); adjoining, abutting.
COLINDANTE *m* ; adjoining property,
  adjoining owner.
COLINDAR; to adjoin, to abut.
COLISIÓN *f* ; collision, conflict.
COLITIGANTE *m/f* ; co-litigant.

COLOCACIÓN *f*; placing, placement, post, employment.

COLOR *m* ; color, pretext, faction.

COLUDIR; to collude.

COLUSIÓN *f*; collusion.

COLUSOR *m* ; colluder.

COLUSORIAMENTE; collusively.

COLUSORIO; collusive.

COMANDANCIA *f*; headquarters, position of a commander.

COMANDANTE *m* ; commander.

COMANDANTE DE BARCO; captain.

COMANDATARIO *m* ; co-agent.

COMANDITA *f*; special partnership, limited partnership.

COMANDITA SIMPLE; limited partnership.

COMANDITADO *m* ; general partner.

COMANDITARIO *m* ; special partner, limited partner.

COMARCA *f*; region, province.

COMBINACIÓN *f*; combination, cartel.

COMBINAR; to combine.

COMENTARIO *m* ; comment, annotation.

COMENZAR; to commence.

COMERCIABILIDAD *f*; marketability.

COMERCIABLE; marketable.

COMERCIAL; commercial.

COMERCIALIZAR; to market.

COMERCIANTE *m/f*; merchant, businessperson.

COMERCIANTE ALMACENISTA; wholesaler, jobber.

COMERCIANTE INDIVIDUAL; sole proprietor.

COMERCIAR; to trade, to market, to do business.

COMERCIO *m* ; commerce, trade, business, business establishment.

COMERCIO AL POR MAYOR; wholesale business.

COMERCIO AL POR MENOR; retail business.

COMERCIO DE CABOTAJE; coastal trade.

COMERCIO DE COMISIÓN; commission business.

COMERCIO DE EXPORTACIÓN; export business.

COMERCIO DE IMPORTACIÓN; import business.

COMERCIO DE ULTRAMAR; overseas trade.

COMERCIO EXTERIOR; foreign trade.

COMERCIO FRANCO; duty free trade.

COMERCIO INTERESTATAL; interstate business.

COMERCIO INTERIOR; domestic trade.

COMESTIBLE; edible.

COMESTIBLES *m* ; food.

COMETER; to commit, to commission, to entrust.

COMETER ASESINATO; to commit murder.

COMETER SUICIDIO; to commit suicide.

COMETIDO *m* ; commission, duty.

COMICIO *m* ; election board.

COMICIOS; elections.

COMICIOS GENERALES; general elections.

COMISAR; to forfeit, to confiscate.

COMISARÍA *f*; station, police station, office of a commissioner.

COMISARÍA DE POLICÍA; police station.

COMISARIO *m* ; commissioner, commissary, shareholders' representative.

COMISARIO DE AVERÍAS; average surveyor.

COMISARIO DE COMERCIO; trade commissioner.

COMISARIO DE PATENTES; commissioner of patents.

COMISARIO DE POLICÍA; police commissioner.

COMISARIO TESTAMENTARIO; testamentary trustee.

COMISIÓN *f*; commission, committee, order.

COMISIÓN ASESORA; advisory board.

COMISIÓN DE COBRO; collection fee.

COMISIÓN DE COMPROMISO; commitment fee.

COMISIÓN DE DELITO; commission of a crime.

COMISIÓN DE ENCUESTA; fact finding board.

COMISIÓN DE HIGIENE; board of health.

COMISIÓN DE INDAGACIÓN; fact finding board.

COMISIÓN DE MEDIOS Y ARBITRIOS; ways and means committee.

COMISIÓN DE SERVICIO PÚBLICO; public
service commission.
COMISIÓN DE VIGILANCIA; control
committee.
COMISIÓN DIRECTIVA; executive
committee.
COMISIÓN EJECUTIVA; executive
committee.
COMISIÓN MERCANTIL; commercial
commission.
COMISIÓN ROGATORIA; letters rogatory.
COMISIONADO *m* ; commissioner, agent.
COMISIONAR; to commission, to empower.
COMISIONISTA *m/f* ; agent, a person working
on a commission basis.
COMISO *m* ; confiscation, forfeiture.
COMISORIO; valid for a specified time.
COMITÉ *m* ; committee, commission.
COMITÉ ADMINISTRADOR; executive
committee.
COMITÉ CONJUNTO; joint committee.
COMITÉ CONSULTIVO; advisory board.
COMITÉ DE AFOROS; board of appraisers.
COMITÉ DE AGRAVIOS; grievance
committee.
COMITÉ DE FIDUCIARIOS; board of
trustees.
COMITÉ DIRECTIVO; executive committee.
COMITÉ EJECUTIVO; executive committee.
COMITÉ PLANEADOR; planning board.
COMITENTE *m* ; principal, shipper.
COMMORIENCIA *f* ; simultaneous death.
COMODANTE *m/f* ; gratuitous lender,
gratuitous bailer.
COMODAR; to lend gratuitously, to bail
gratuitously.
COMODATARIO *m* ; gratuitous borrower,
gratuitous bailee.
COMODATO *m* ; gratuitous loan, gratuitous
bailment.
COMPAÑERO DE TRABAJO; co-worker.
COMPAÑÍA *f* ; company, corporation.
COMPAÑÍA ANÓNIMA; stock company.
COMPAÑÍA ARMADORA; shipping
company.
COMPAÑÍA ASOCIADA; affiliated company.
COMPAÑÍA CAPITALIZADORA; company
for the capitalization of savings.

COMPAÑÍA CERRADA; close corporation.
COMPAÑÍA CIVIL; civil corporation.
COMPAÑÍA COLECTIVA; partnership.
COMPAÑÍA COMANDITARIA; special
partnership, limited partnership.
COMPAÑÍA CONTROLADORA; holding
company.
COMPAÑÍA DE AFIANZAMIENTO; bonding
company.
COMPAÑÍA DE CAPITALIZACIÓN;
company for the capitalization of savings.
COMPAÑÍA DE CRÉDITO TERRITORIAL;
mortgage company.
COMPAÑÍA DE FIANZAS; bonding
company.
COMPAÑÍA DE FIDEICOMISO; trust
company.
COMPAÑÍA DE INVERSIONES; investment
company.
COMPAÑÍA DE RESPONSABILIDAD
LIMITADA; limited liability company.
COMPAÑÍA DE SEGUROS MUTUALES;
mutual insurance company.
COMPAÑÍA DE TRANSPORTE; transport
company, shipping company.
COMPAÑÍA DE UTILIDAD PÚBLICA;
public service company.
COMPAÑÍA DOMINADA; controlled
company.
COMPAÑÍA EN NOMBRE COLECTIVO;
general partnership.
COMPAÑÍA FIADORA; bonding company.
COMPAÑÍA FIDUCIARIA; trust company.
COMPAÑÍA FILIAL; sister company,
subsidiary.
COMPAÑÍA FINANCIERA; finance company.
COMPAÑÍA INVERSIONISTA; investment
company.
COMPAÑÍA MATRIZ; parent company.
COMPAÑÍA OPERADORA; operating
company.
COMPAÑÍA POR ACCIONES; stock
company.
COMPAÑÍA PROPIETARIA; close company.
COMPAÑÍA RETENEDORA; holding
company.
COMPAÑÍA TENEDORA; holding company.
COMPARADO; comparative.

COMPARECENCIA *f*; appearance in court, appearance.

COMPARECENCIA CONDICIONADA; conditional appearance.

COMPARECENCIA EN GENERAL; general appearance.

COMPARECENCIA EN JUICIO; court appearance.

COMPARECENCIA ESPECIAL; special appearance.

COMPARECENCIA OBLIGATORIA; compulsory appearance.

COMPARECENCIA PARA SENTENCIA; appearance for sentencing, appearance for a decision.

COMPARECENCIA VOLUNTARIA; voluntary appearance.

COMPARECER; to appear in court, to appear.

COMPARECER PARA OBJETO ESPECIAL; to make a special appearance.

COMPARECER SIN LIMITACIONES; to make a general appearance.

COMPARECIENTE (adj); appearing, appearing in court.

COMPARECIENTE *m* ; a person who appears, a person who appears in court.

COMPARENDO *m* ; summons, subpoena.

COMPARICIÓN *f*; appearance, summons, subpoena.

COMPARTE *m/f*; joint party, accomplice.

COMPATIBILIDAD *f*; compatibility.

COMPATIBLE; compatible, consistent.

COMPELER; to compel, to constrain.

COMPENDIAR; to condense, to summarize.

COMPENDIO *m* ; condensation, summary, extract, digest.

COMPENSABLE; compensable.

COMPENSACIÓN *f*; compensation, reparation, indemnification, offset.

COMPENSACIÓN BANCARIA; bank clearing.

COMPENSACIÓN DE COSTAS; payment of court costs.

COMPENSACIÓN EXTRAORDINARIA; overtime pay.

COMPENSACIÓN MERCANTIL; clearing.

COMPENSACIÓN POR ACCIDENTES DE TRABAJO; workers' compensation.

COMPENSACIONES BANCARIAS; bank clearings.

COMPENSADOR; compensating.

COMPENSAR; to compensate, to repair, to indemnify, to offset.

COMPENSATIVO; compensatory, offsetting.

COMPENSATORIO; compensatory, offsetting.

COMPETENCIA *f*; competency, jurisdiction, competition, obligation.

COMPETENCIA DE JURISDICCIÓN; conflict of jurisdictions.

COMPETENCIA DESLEAL; unfair competition.

COMPETENCIA EXCEPCIONAL; special jurisdiction.

COMPETENCIA EXCLUSIVA; exclusive jurisdiction.

COMPETENCIA FUNCIONAL; functional jurisdiction.

COMPETENCIA ILÍCITA; illegal competition.

COMPETENCIA LÍCITA; fair competition.

COMPETENCIA MATERIAL; jurisdiction of the subject matter.

COMPETENCIA NECESARIA; compulsory jurisdiction.

COMPETENCIA ORIGINARIA; original jurisdiction.

COMPETENCIA POR TERRITORIO; territorial jurisdiction.

COMPETENCIA POSITIVA; conflict of jurisdictions.

COMPETENCIA PRINCIPAL; general jurisdiction.

COMPETENTE; competent, capable, appropriate.

COMPETER; to pertain to, to have jurisdiction over.

COMPILACIÓN *f*; compilation, compilation of laws.

COMPILADOR *m* ; compiler, reporter.

COMPILAR; to compile.

CÓMPLICE *m/f*; accomplice, accessory.

CÓMPLICE EN LA QUIEBRA; accomplice to fraud in a bankruptcy.

CÓMPLICE ENCUBRIDOR; accessory after the fact.

CÓMPLICE INSTIGADOR; accessory before the fact.

CÓMPLICE NECESARIO; principal accomplice.

CÓMPLICE SECUNDARIO; secondary accomplice.

COMPLICIDAD *f*; complicity.

COMPLOT *m*; conspiracy, scheme.

COMPLOTADO *m*; conspirator.

COMPLOTAR; to conspire.

COMPONEDOR *m*; mediator, arbitrator.

COMPONENDA *f*; arbitration, settlement.

COMPONENTE *m*; component.

COMPONER; to mediate, to arbitrate, to settle, to compose.

COMPONIBLE; arbitrable, reconcilable.

COMPOS MENTIS; of sound mind.

COMPOSICIÓN *f*; settlement, agreement.

COMPOSICIÓN PROCESAL; out-of-court settlement.

COMPOSTURA *f*; repair, settlement, agreement.

COMPRA *f*; purchase, purchasing.

COMPRA Y VENTA; sale, bargain and sale, buying and selling.

COMPRABLE; purchasable, bribable.

COMPRADOR *m*; purchaser, buyer.

COMPRADOR DE BUENA FE; buyer in good faith.

COMPRADOR DE MALA FE; buyer in bad faith.

COMPRADOR INOCENTE; buyer in good faith.

COMPRAR; to purchase, to bribe.

COMPRAVENTA *f*; sale, bargain and sale, sales contract.

COMPRAVENTA A CRÉDITO; credit sale.

COMPRAVENTA A ENSAYO; purchase on approval.

COMPRAVENTA A PLAZOS; credit sale.

COMPRAVENTA A PRUEBA; purchase on approval.

COMPRAVENTA AL CONTADO; cash purchase.

COMPRAVENTA DE HERENCIA; sale of inheritance.

COMPRAVENTA EN ABONOS; installment sale.

COMPRAVENTA FORZOSA; judicial sale.

COMPRAVENTA MERCANTIL; purchase for resale.

COMPRAVENTA SOBRE MUESTRAS; sale by sample.

COMPRAVENTA SOLEMNE; formalized sale.

COMPRIVIGNI; a step-brother, a step-sister.

COMPROBABLE; provable, demonstrable.

COMPROBACIÓN *f*; verification, proof.

COMPROBACIÓN DE LA DEUDA; proof of debt.

COMPROBANTE (adj); verifying, proving.

COMPROBANTE *m*; voucher, proof.

COMPROBANTE DE ADEUDO; proof of debt.

COMPROBANTE DE VENTA; bill of sale.

COMPROBAR; to verify, to prove, to audit.

COMPROBATORIO; verifying, proving.

COMPROMETEDOR; compromising.

COMPROMETER; to obligate, to compromise, to submit to arbitration.

COMPROMETERSE; to obligate oneself, to become engaged.

COMPROMETIDO; obligated, engaged.

COMPROMISARIO *m*; arbitrator, mediator.

COMPROMISO *m*; commitment, obligation, arbitration, engagement.

COMPROMISO ARBITRAL; agreement to submit to arbitration.

COMPROMISO COLATERAL; collateral engagement.

COMPROMISO DE VENTA; commitment to sell.

COMPROMISO EVENTUAL; contingent liability.

COMPROMISO PROCESAL; agreement to submit to arbitration.

COMPROMISORIO; pertaining to arbitration, pertaining to a commitment.

COMPROMITENTES; parties to an arbitration.

COMPULSA *f*; authenticated copy, compared document, audit, comparison.

COMPULSACIÓN *f*; comparison.

COMPULSAR; to compare, to make authenticated copies, to compel.

COMPULSIÓN *f*; compulsion.

COMPULSIVO (adj); compelling.

COMPULSIVO *m*; writ.

COMPULSORIO *m* ; court order for the copying of a document.

COMPUTABLE; computable.

COMPUTAR; to compute.

CÓMPUTO *m* ; computation.

COMÚN; common, held in common, public.

COMUNA *f* ; municipality.

COMUNAL; communal.

COMUNERO *m* ; joint tenant.

COMUNICACIÓN *f* ; communication, disclosure.

COMUNICACIÓN DE CONFIANZA; privileged communication.

COMUNICACIÓN JUDICIAL; judicial communication.

COMUNICACIÓN PRIVILEGIADA; privileged communication.

COMUNICACIÓN RESERVADA; confidential communication.

COMUNICADO *m* ; official announcement.

COMUNICAR; to communicate, to announce.

COMUNIDAD *f* ; community, association.

COMUNIDAD DE BIENES; community property, joint ownership.

COMUNIDAD DE BIENES GANANCIALES; community property.

COMUNIDAD DE BIENES MATRIMONIALES; community property.

COMUNIDAD DE INTERÉS; community of interest.

COMUNIDAD DE PASTOS; common pasture, common of pasture.

COMUNIDAD EN MANCOMÚN; joint tenancy.

COMUNIDAD HEREDITARIA; community of heirs.

COMUNIDAD LEGAL; legal community.

COMUNIDAD PROINDIVISO; joint tenancy.

COMUNÍQUESE; let it be known.

COMUNISMO *m* ; communism.

COMUNISTA *m/f* ; communist.

CON FRANCA MANO; freely.

CON LAS MANOS EN LA MASA; red-handed.

CON PERJUICIO; with prejudice.

CON TODOS LOS DEFECTOS; with all faults.

CONATO *m* ; attempt, attempted crime.

CONCAUSA *f* ; joint cause.

CONCEBIDO; conceived, born.

CONCEBIR; to conceive.

CONCEDENTE *m* ; grantor, conceder.

CONCEDER; to concede, to grant.

CONCEDER CRÉDITO; to extend credit.

CONCEDER UN PRÉSTAMO; to make a loan.

CONCEDER UNA PATENTE; to grant a patent.

CONCEJAL *m* ; council member.

CONCEJALÍA; position of a council member.

CONCEJO *m* ; city council, city hall.

CONCENTRACIÓN *f* ; concentration, consolidation.

CONCENTRACIÓN DE EMPRESAS; consolidation of corporations.

CONCENTRACIÓN HORIZONTAL; horizontal consolidation.

CONCENTRACIÓN VERTICAL; vertical consolidation.

CONCEPCIÓN *f* ; conception.

CONCERTADO; concerted.

CONCERTAR; to agree, to settle, to contract, to close, to coordinate.

CONCERTAR UN CONTRATO; to make a contract.

CONCERTAR UN PRÉSTAMO; to negotiate a loan.

CONCESIBLE; grantable, concedable.

CONCESIÓN *f* ; concession, grant, franchise, authorization, allowance.

CONCESIÓN ADMINISTRATIVA; government franchise.

CONCESIÓN DE CRÉDITO; extension of credit.

CONCESIONARIO *m* ; concessionaire, franchisee, grantee.

CONCESIONARIO DE LA PATENTE; patentee.

CONCESIONARIO EXCLUSIVO; sole licensee.

CONCESIONARIO ÚNICO; sole licensee.

CONCESIVO; concessible, grantable.

CONCIENCIA *f* ; conscience, awareness, equity, justice.

CONCIERTO *m* ; agreement, settlement, plot, contract.

CONCIERTO DE VOLUNTADES; meeting of the minds.

CONCILIACIÓN *f*; conciliation, settlement.

CONCILIACIÓN LABORAL; labor arbitration.

CONCILIADOR (adj); conciliatory.

CONCILIADOR *m* ; conciliator.

CONCILIAR (v); to reconcile, to settle.

CONCILIAR *m* ; council member.

CONCILIATIVO; conciliative.

CONCILIO *m* ; council.

CONCIUDADANO *m* ; fellow citizen.

CONCLUIR; to conclude.

CONCLUSIÓN *f*; conclusion.

CONCLUSIÓN DEFINITIVA; final statement, final decision.

CONCLUSIÓN PROVISORIA; provisional decision.

CONCLUSIONES *f*; findings submitted by the prosecutor, findings submitted by the plaintiff's attorney, findings submitted by the defendant's attorney.

CONCLUSIONES DE DERECHO; conclusions of law.

CONCLUSIONES DE HECHO; findings of fact.

CONCLUSIVO; conclusive.

CONCLUSO; closed.

CONCLUYENTE; conclusive, convincing.

CONCOMITANTE; concomitant.

CONCORDANCIA *f*; agreement, conformity.

CONCORDAR; to conciliate, to agree, to tally.

CONCORDATO *m* ; agreement between debtor and creditors, concordat.

CONCORDATO PREVENTIVO; agreement between the creditors and a debtor to avoid bankruptcy.

CONCUBINA *f*; concubine.

CONCUBINARIO *m* ; he who lives with a concubine.

CONCUBINATO *m* ; concubinage.

CONCÚBITO *m* ; sexual intercourse.

CONCULCADOR *m* ; infringer, violator.

CONCULCAR; to infringe, to violate.

CONCURRENCIA *f*; concurrence, gathering, assistance, equality.

CONCURRENCIA DE ACCIONES; joinder of lawsuits.

CONCURRENCIA DESLEAL; unfair competition.

CONCURRENTE (adj); concurrent.

CONCURRENTE *m* ; attendee.

CONCURRIR; to concur, to attend, to meet.

CONCURRIR A UNA LICITACIÓN; to bid.

CONCURRIR A UNA REUNIÓN; to attend a meeting.

CONCURSADO *m* ; bankrupt.

CONCURSAL; bankruptcy.

CONCURSANTE *m* ; bidder, competitor.

CONCURSAR; to declare bankruptcy, to compete.

CONCURSO *m* ; bankruptcy proceeding, bidding, competition, meeting, assembly, aid, concurrence.

CONCURSO CIVIL; bankruptcy proceeding.

CONCURSO CIVIL DE ACREEDORES; bankruptcy proceeding.

CONCURSO DE ACREEDORES; creditors' meeting.

CONCURSO DE CIRCUNSTANCIAS; simultaneity of criminal acts.

CONCURSO DE COMPETENCIA; competitive bidding.

CONCURSO DE DELINCUENTES; joint criminality.

CONCURSO DE DELITOS; simultaneity of criminal acts.

CONCURSO DE LEYES; conflict of laws.

CONCURSO DE PRECIOS; competitive bidding.

CONCURSO NECESARIO; involuntary bankruptcy.

CONCURSO PÚBLICO; public bidding.

CONCURSO PUNIBLE; criminal bankruptcy.

CONCURSO Y CONSENTIMIENTO; advice and consent.

CONCUSIÓN *f*; extortion, graft, concussion.

CONCUSIONARIO *m* ; extortioner.

CONDADO *m* ; county.

CONDENA *f*; sentence, punishment, prison term.

CONDENA A MUERTE; death sentence.

CONDENA ACCESORIA; accessory punishment.

CONDENA CONDICIONAL; suspended sentence, a sentence which may be suspended.

CONDENA DE FUTURO; judgment with a stay of execution.

CONDENA EN COSTAS; order to pay court costs.

CONDENA EN SUSPENSO; suspended sentence.

CONDENA JUDICIAL; judicial sentence.

CONDENA PERPETUA; life sentence.

CONDENA VITALICIA; life sentence.

CONDENABLE; condemnable.

CONDENACIÓN *f*; condemnation, sentence, punishment.

CONDENADO (adj); condemned, sentenced, convicted.

CONDENADO *m*; convict.

CONDENAR; to condemn, to sentence, to convict.

CONDENAR EN CORTE; to convict.

CONDENAR EN COSTAS; to order to pay court costs.

CONDENARSE; to incriminate oneself.

CONDENAS ACUMULATIVAS; accumulative sentences.

CONDENAS SIMULTÁNEAS; concurrent sentences.

CONDICIÓN *f*; condition.

CONDICIÓN AFIRMATIVA; affirmative condition.

CONDICIÓN CALLADA; implied condition.

CONDICIÓN CASUAL; casual condition.

CONDICIÓN COMPATIBLE; consistent condition.

CONDICIÓN CONJUNTA; copulative condition.

CONDICIÓN CONSTITUTIVA; essential condition.

CONDICIÓN CONTRARIA A LAS BUENAS COSTUMBRES; immoral condition.

CONDICIÓN CONVENIBLE; consistent condition.

CONDICIÓN COPULATIVA; copulative condition.

CONDICIÓN CUMPLIDA; fulfilled condition.

CONDICIÓN DE DERECHO; implied condition.

CONDICIÓN DE HECHO; express condition.

CONDICIÓN DE PLAZO; temporary condition.

CONDICIÓN DEPENDIENTE; dependent condition.

CONDICIÓN DESCONVENIBLE; repugnant condition.

CONDICIÓN DESHONESTA; immoral condition.

CONDICIÓN DISYUNTIVA; disjunctive condition.

CONDICIÓN EN LA HERENCIA; testamentary condition.

CONDICIÓN EN LOS TESTAMENTOS; testamentary condition.

CONDICIÓN EXPRESA; express condition.

CONDICIÓN EXTINTIVA; extinguishing condition.

CONDICIÓN ILEGAL; unlawful condition.

CONDICIÓN ILÍCITA; unlawful condition.

CONDICIÓN IMPLÍCITA; implied condition.

CONDICIÓN IMPOSIBLE; impossible condition.

CONDICIÓN IMPOSIBLE DE DERECHO; legally impossible condition.

CONDICIÓN IMPOSIBLE DE HECHO; physically impossible condition.

CONDICIÓN INCIERTA; uncertain condition.

CONDICIÓN INCOMPATIBLE; repugnant condition.

CONDICIÓN INDEPENDIENTE; independent condition.

CONDICIÓN INMORAL; immoral condition.

CONDICIÓN LEGAL; lawful condition.

CONDICIÓN LEGÍTIMA; lawful condition.

CONDICIÓN MIXTA; mixed condition.

CONDICIÓN MUTUA; mutual condition.

CONDICIÓN NECESARIA; essential condition.

CONDICIÓN NEGATIVA; negative condition.

CONDICIÓN POSIBLE; possible condition.

CONDICIÓN POSITIVA; positive condition.

CONDICIÓN POTESTATIVA; potestative condition.

CONDICIÓN PRECEDENTE; condition precedent.

CONDICIÓN PRECISA; express condition.

CONDICIÓN PREVIA; condition precedent.

CONDICIÓN PROHIBIDA; forbidden
condition.
CONDICIÓN RESOLUTIVA; condition
subsequent.
CONDICIÓN RESOLUTORIA; condition
subsequent.
CONDICIÓN RESTRICTIVA; restrictive
condition.
CONDICIÓN RETROACTIVA; retroactive
condition.
CONDICIÓN SINE QUA NON; indispensable
condition.
CONDICIÓN SUBSECUENTE; condition
subsequent.
CONDICIÓN SUCESIVA; successive
condition.
CONDICIÓN SUPERFLUA; superfluous
condition.
CONDICIÓN SUPUESTA; implied condition.
CONDICIÓN SUSPENSIVA; suspensive
condition.
CONDICIÓN TÁCITA; implied condition.
CONDICIÓN TESTAMENTARIA;
testamentary condition.
CONDICIÓN TORPE; indecent condition.
CONDICIÓN ÚNICA; sole condition.
CONDICIÓN VOLUNTARIA; potestative
condition.
CONDICIONADO; conditioned, conditional.
CONDICIONAL; conditional.
CONDICIONALMENTE; conditionally.
CONDICIONAR; to condition, to qualify.
CONDICIONES CONCURRENTES;
concurrent conditions.
CONDICIONES DE PAGO; terms of payment.
CONDICIONES DE VENTA; terms of sale.
CONDITIO SINE QUA NON; indispensable
condition.
CONDÓMINE m ; joint owner.
CONDOMINIO m ; condominium, joint
ownership.
CONDÓMINO m ; joint owner.
CONDONACIÓN f; condoning, pardoning,
remission.
CONDONACIÓN EXPRESA; conventional
remission.
CONDONACIÓN TÁCITA; tacit remission.

CONDONANTE; condoning, pardoning,
remitting.
CONDONAR; to condone, to pardon, to remit.
CONDUCCIÓN f; conveyance, driving,
behavior.
CONDUCENTE; conductive, relevant.
CONDUCTA f; conduct, conveyance,
direction.
CONDUCTA IMPROPIA; misconduct.
CONDUCTA INDEBIDA; misconduct.
CONDUCTA SOSPECHOSA; suspicious
behavior.
CONDUCTOR m ; conductor, driver.
CONDUEÑO m ; joint owner.
CONEXIDADES; incidental rights,
appurtenances.
CONEXIÓN DE CAUSAS; joinder of actions.
CONEXO; related.
CONFABULACIÓN f; conspiracy, collusion.
CONFABULADOR m ; conspirator.
CONFABULAR; to conspire, to discuss.
CONFEDERACIÓN f; confederation, alliance.
CONFEDERACIÓN DE SINDICATOS; labor
union.
CONFERENCIA f; conference, lecture,
assembly.
CONFERENCIAR; to confer, to consult.
CONFERIR; to confer, to award.
CONFERIR PODERES; to confer powers
upon.
CONFESADO; confessed, admitted.
CONFESANTE m/f; confessor.
CONFESAR; to confess, to acknowledge.
CONFESAR DE PLANO; to make a full
confession.
CONFESIÓN f; confession, admission,
acknowledgment.
CONFESIÓN CALIFICADA; qualified
confession.
CONFESIÓN CIVIL; civil confession.
CONFESIÓN CONDICIONAL; qualified
confession.
CONFESIÓN DE LA DEUDA;
acknowledgment of indebtedness.
CONFESIÓN DEL DELITO; confession of the
crime, judicial confession.
CONFESIÓN DIVIDIDA; qualified
confession.

CONFESIÓN EN JUICIO; deposition.

CONFESIÓN EN PLENO TRIBUNAL; confession in court.

CONFESIÓN ESPONTÁNEA; voluntary confession.

CONFESIÓN EXPRESA; express admission.

CONFESIÓN EXTRAJUDICIAL; extrajudicial confession.

CONFESIÓN FICTA; implied confession.

CONFESIÓN IMPLÍCITA; implied confession.

CONFESIÓN INDIVIDUA; qualified confession.

CONFESIÓN INVOLUNTARIA; involuntary confession.

CONFESIÓN JUDICIAL; judicial confession, deposition, responses to interrogatories.

CONFESIÓN POR ESCRITO; confession in writing.

CONFESIÓN PROVOCADA; involuntary confession.

CONFESIÓN SIMPLE; simple confession.

CONFESIÓN TÁCITA; implied confession.

CONFESIÓN VERBAL; verbal confession.

CONFESIONAL; pertaining to confessions, pertaining to depositions.

CONFESO *m* ; confessor, person who admits.

CONFESSIO IN JUDICIO; confession in court.

CONFIABLE; trustworthy, reliable.

CONFIADOR *m* ; joint surety, trusting person.

CONFIANZA *f* ; trust, confidence, reliance.

CONFIAR; to trust, to entrust.

CONFIDENCIAL; confidential.

CONFIDENTE; trustworthy, faithful.

CONFÍN *m* ; boundary, limit.

CONFINACIÓN *f* ; confinement.

CONFINADO (adj); confined.

CONFINADO *m* ; prisoner.

CONFINAMIENTO *m* ; confinement, contiguousness.

CONFINAMIENTO SOLITARIO; solitary confinement.

CONFINAR; to confine.

CONFIRMACIÓN *f* ; confirmation, acknowledgment.

CONFIRMACIÓN DE LA SENTENCIA; affirmance of judgment.

CONFIRMAR; to confirm, to affirm.

CONFIRMATORIO; confirmatory, affirming.

CONFISCACIÓN *f* ; confiscation, expropriation.

CONFISCAR; to confiscate, to expropriate.

CONFLICTO *m* ; conflict, dispute.

CONFLICTO DE ATRIBUCIONES; conflict of venue.

CONFLICTO DE DERECHOS; conflict of rights.

CONFLICTO DE DERECHOS Y DEBERES; conflict of rights and duties.

CONFLICTO DE EVIDENCIA; conflict of evidence.

CONFLICTO DE INTERESES; conflict of interest.

CONFLICTO DE JURISDICCIÓN; conflict of jurisdiction.

CONFLICTO DE LEYES; conflict of laws.

CONFLICTO DE PODERES; conflict of powers.

CONFLICTO DE TRABAJO; labor dispute.

CONFLICTO JURISDICCIONAL; conflict of jurisdiction.

CONFLICTO JURISPRUDENCIAL; conflict of precedent.

CONFORMAR; to conform, to comply.

CONFORMARSE; to settle for.

CONFORME (adj); agreed, adequate, in order.

CONFORME *m* ; approval, acknowledgment.

CONFORME A; according to.

CONFORME A DERECHO; according to law.

CONFORMIDAD *f* ; acceptance, agreement, approval, similarity.

CONFRONTA *f* ; comparison.

CONFRONTACIÓN *f* ; confrontation, comparison.

CONFRONTAR; to confront, to compare.

CONFUNDIR; to confuse, to mix.

CONFUSIÓN *f* ; confusion, commingling, intermingling.

CONFUSIÓN DE BIENES; confusion of goods.

CONFUSIÓN DE COSAS; confusion of goods.

CONFUSIÓN DE DERECHOS; merger of rights.

CONFUSIÓN DE DEUDAS; merger of debts.

CONFUSIÓN DE SERVIDUMBRES; merger of easements.

CONFUTACIÓN *f*; confutation.
CONFUTAR; to confute.
CONGELACIÓN *f*; freezing.
CONGELACIÓN DE FONDOS; freezing of assets.
CONGELACIÓN DE RENTAS; rent control.
CONGRESISTA *m/f*; congressmember, a person who attends a convention.
CONGRESO *m*; congress, convention.
CONGRUENCIA *f*; congruity, coherence.
CONJETURA *f*; conjecture, circumstantial evidence.
CONJETURABLE; conjecturable.
CONJUEZ *m*; alternate judge, associate judge.
CONJUNCIÓN *f*; conjunction.
CONJUNCIÓN DE VOLUNTADES; meeting of the minds.
CONJUNTO; joint, common, mixed.
CONJURA *f*; conspiracy.
CONJURADOR *m*; conspirator.
CONJURAMENTAR; to administer an oath.
CONJURAMENTARSE; to take an oath.
CONJURAR; to conspire.
CONMINACIÓN *f*; commination, admonition, threat.
CONMINADOR *m*; admonisher, threatener.
CONMINAR; to admonish, to threaten.
CONMINATORIO (adj); admonishing, threatening.
CONMINATORIO *m*; admonishment, threat.
CONMOCIÓN CIVIL; civil commotion.
CONMUTACIÓN *f*; commutation, exchange.
CONMUTACIÓN DE LA PENA; commutation.
CONMUTACIÓN DE LA SENTENCIA; commutation.
CONMUTACIÓN IMPOSITIVA; commutation of taxes.
CONMUTAR; to commute, to exchange.
CONNIVENCIA *f*; connivance.
CONNUBIAL; pertaining to marriage.
CONOCEDOR; expert, knowing.
CONOCER; to know, to be familiar with, to understand.
CONOCER DE; to take cognizance of.
CONOCER DE LA APELACIÓN; to hear the appeal.
CONOCER DE NUEVO; to retry.

CONOCER DE UN PLEITO; to be a judge in an action.
CONOCER DE UNA CAUSA; to try a case.
CONOCER EN ARBITRAJE; to arbitrate.
CONOCIMIENTO *m*; knowledge, understanding, notice, bill of lading, ocean bill of lading, bill.
CONOCIMIENTO A LA ORDEN; order bill of lading.
CONOCIMIENTO AL PORTADOR; negotiable bill of lading.
CONOCIMIENTO DE ALMACÉN; warehouse receipt.
CONOCIMIENTO DE CARGA; bill of lading.
CONOCIMIENTO DE CAUSA; understanding of the basic facts.
CONOCIMIENTO DE EMBARQUE; bill of lading.
CONOCIMIENTO DE FAVOR; accommodation bill of lading.
CONOCIMIENTO DE PRIMERA MANO; personal knowledge.
CONOCIMIENTO DERIVADO; constructive knowledge.
CONOCIMIENTO JUDICIAL; judicial knowledge.
CONOCIMIENTO LIMPIO; clean bill of lading.
CONOCIMIENTO PÚBLICO; public knowledge.
CONOCIMIENTO REAL; actual knowledge.
CONOCIMIENTO TACHADO; foul bill of lading.
CONOCIMIENTO Y CREENCIA; knowledge and belief.
CONSANGUÍNEO; consanguineous.
CONSANGUINIDAD *f*; consanguinity.
CONSANGUINIDAD COLATERAL; collateral consanguinity.
CONSANGUINIDAD LINEAL; lineal consanguinity.
CONSECUENCIA *f*; consequence.
CONSECUENTE; consequent.
CONSEIL D'ETAT; council of state.
CONSEJERO *m*; adviser, counselor, attorney, member of a board.
CONSEJERO JURÍDICO; attorney.
CONSEJERO LEGAL; attorney.

CONSEJEROS DIRECTORES; board of
directors.

CONSEJO *m* ; council, counsel, board, advice.

CONSEJO ADMINISTRATIVO; board of
directors.

CONSEJO CONSULTIVO; advisory board.

CONSEJO DE ADMINISTRACIÓN; board of
directors.

CONSEJO DE DIRECCIÓN; board of
directors.

CONSEJO DE GABINETE; cabinet.

CONSEJO DE GOBIERNO; council of state.

CONSEJO DE MINISTROS; cabinet.

CONSEJO DE SEGURIDAD; security council.

CONSEJO EJECUTIVO; executive board.

CONSEJO JURÍDICO; legal advice.

CONSEJO LEGAL; legal advice.

CONSEJO Y APROBACIÓN; advice and
consent.

CONSENSO *m* ; consensus, agreement.

CONSENSUAL; consensual.

CONSENTIDO (adj); consented.

CONSENTIDO *m* ; a judgment which is not
appealed.

CONSENTIMIENTO *m* ; consent,
acquiescence.

CONSENTIMIENTO DEL PACIENTE;
patient's consent.

CONSENTIMIENTO ESCRITO; written
consent.

CONSENTIMIENTO EXPRESO; express
consent.

CONSENTIMIENTO IMPLÍCITO; implied
consent.

CONSENTIMIENTO MATRIMONIAL;
marital consent.

CONSENTIMIENTO PRESUNTO;
constructive consent.

CONSENTIMIENTO TÁCITO; implied
consent.

CONSENTIR; to consent, to acquiesce.

CONSENTIR LA SENTENCIA; to accept the
sentence.

CONSERVACIÓN *f* ; custodianship,
conservation.

CONSERVADOR (adj); conservative,
conserving.

CONSERVADOR *m* ; custodian, conservator.

CONSIDERACIÓN *f* ; consideration, motive.

CONSIDERANDO; whereas.

CONSIDERANDOS *m* ; whereas clauses, legal
foundations.

CONSIGNACIÓN *f* ; consignment, deposit,
destination, payment.

CONSIGNACIÓN EN PAGO; deposit for the
payment of debt.

CONSIGNACIÓN JUDICIAL; judicial deposit.

CONSIGNADOR *m* ; consignor.

CONSIGNAR; to consign, to earmark, to
deposit, to remand.

CONSIGNATARIO *m* ; consignee, depositary,
trustee.

CONSILIARIO *m* ; counselor.

CONSOCIO *m* ; partner, associate.

CONSOLIDACIÓN *f* ; consolidation, funding.

CONSOLIDACIÓN DE FINCAS;
consolidation of two or more properties.

CONSOLIDACIÓN HORIZONTAL;
horizontal consolidation.

CONSOLIDACIÓN VERTICAL; vertical
consolidation.

CONSOLIDAR; to consolidate, to combine, to
fund.

CONSORCIADO; pooled.

CONSORCIO *m* ; consortium, cartel, syndicate.

CONSORCIO BANCARIO; bank syndicate.

CONSORCIO DE REASEGURO; reinsurance
pool.

CONSORTE *m/f* ; spouse, partner.

CONSORTES; co-litigants, joint defendants.

CONSPIRACIÓN *f* ; conspiracy.

CONSPIRADOR *m* ; conspirator.

CONSPIRAR; to conspire.

CONSTANCIA *f* ; record, evidence, certainty.

CONSTANCIA DE DEUDA; evidence of
indebtedness.

CONSTANCIA ESCRITA; written evidence,
written record.

CONSTANCIA NOTARIAL; notary's
attestation.

CONSTANCIAS; records, vouchers.

CONSTANCIAS JUDICIALES; judicial
records.

CONSTAR; to be recorded, to be evident, to
demonstrate.

CONSTATAR; to confirm, to prove, to affirm.

CONSTE POR EL PRESENTE
   DOCUMENTO; know all men by these
   presents.
CONSTITUCIÓN *f*; constitution, establishing.
CONSTITUCIÓN CONSUETUDINARIA;
   unwritten constitution.
CONSTITUCIONAL; constitutional.
CONSTITUCIONALIDAD *f*; constitutionality.
CONSTITUIR; to constitute, to establish.
CONSTITUIR QUÓRUM; to constitute a
   quorum.
CONSTITUIR UNA SOCIEDAD; to establish
   a company.
CONSTITUIRSE FIADOR; to make oneself
   liable.
CONSTITUTIVO; constitutive.
CONSTITUYENTE *m/f*; constituent.
CONSTREÑIMIENTO *m*; constraint
CONSTREÑIR; to constrain.
CONSTRUCCIÓN *f*; construction.
CONSUETUDINARIO; common, customary,
   consuetudinary.
CÓNSUL *m*; consul.
CONSULADO *m*; consulate, consulship.
CONSULAJE *m*; consular fee.
CONSULTA *f*; consultation, opinion, legal
   opinion, legal advice.
CONSULTA Y CONSENTIMIENTO; advice
   and consent.
CONSULTAR; to consult, to consider, to
   advise.
CONSULTIVO; consultative.
CONSULTOR *m*; consultant.
CONSULTORIO *m*; the office of a
   professional.
CONSUMACIÓN *f*; consummation,
   completion.
CONSUMACIÓN DEL DELITO;
   consummation of a crime.
CONSUMACIÓN DEL MATRIMONIO;
   consummation of a marriage.
CONSUMAR; to consummate, to commit.
CONSUMAR EL MATRIMONIO; to
   consummate the marriage.
CONSUMIDOR FINAL; ultimate consumer.
CONSUMIR; to consume, to expend.
CONSUMO *m*; consumption.
CONTABILIDAD *f*; accounting.

CONTADOR *m*; accountant, auditor, cashier.
CONTADOR AUTORIZADO; (US) certified
   public accountant, (UK) chartered
   accountant.
CONTADOR DIPLOMADO; (US) certified
   public accountant, (UK) chartered
   accountant.
CONTADOR JUDICIAL; court-appointed
   auditor.
CONTADOR PARTIDOR; auditor who
   partitions.
CONTADOR PERITO; expert accountant.
CONTADOR PÚBLICO; public accountant.
CONTADOR PÚBLICO AUTORIZADO;
   (US) certified public accountant, (UK)
   chartered accountant.
CONTADOR PÚBLICO DIPLOMADO; (US)
   certified public accountant, (UK) chartered
   accountant.
CONTADOR PÚBLICO TITULADO; (US)
   certified public accountant, (UK) chartered
   accountant.
CONTADURÍA *f*; accounting, accountant's
   office.
CONTAMINACIÓN *f*; contamination,
   pollution.
CONTAMINAR; to contaminate, to pollute.
CONTEMPLACIÓN DE MUERTE;
   contemplation of death.
CONTENCIÓN *f*; contention, lawsuit.
CONTENCIOSO; contentious, litigious.
CONTENCIOSO ADMINISTRATIVO;
   pertaining to administrative litigation.
CONTENDER; to contend, to litigate.
CONTENEDOR (adj); containing, restraining.
CONTENEDOR *m*; litigant, opponent.
CONTENIDO (adj); contained.
CONTENIDO *m*; contents.
CONTENTA *f*; endorsement, receipt.
CONTESTABILIDAD *f*; contestability.
CONTESTABLE; contestable, litigable.
CONTESTACIÓN *f*; answer, contention.
CONTESTACIÓN A LA DEMANDA; plea,
   answer to the complaint.
CONTESTAR; to answer, to contest, to
   corroborate.
CONTESTAR LA DEMANDA; to answer the
   complaint.

CONTESTE (adj); confirming.

CONTESTE *m/f*; witness whose testimony confirms another's.

CONTEXTO *m* ; context.

CONTEXTUAL; contextual.

CONTIENDA *f*; lawsuit, litigation, dispute.

CONTIENDA JUDICIAL; litigation.

CONTIGUO; contiguous.

CONTINENCIA DE LA CAUSA; unity of the proceedings.

CONTINGENCIA *f*; contingency.

CONTINGENTE; contingent.

CONTINUACIÓN *f*; continuation.

CONTINUAR; to continue.

CONTINUIDAD *f*; continuity.

CONTINUO; continuous.

CONTRA EL ORDEN PÚBLICO; against the peace.

CONTRA LA PREPONDERANCIA DE LA PRUEBA; against the preponderance of the evidence.

CONTRA LEY; against the law.

CONTRA PACEM; against the peace.

CONTRA TABULAS; against the testament.

CONTRAAPELACIÓN *f*; cross appeal.

CONTRAAPELAR; to cross-appeal.

CONTRABANDEAR; to smuggle.

CONTRABANDEO *m* ; smuggling.

CONTRABANDISTA *m/f*; smuggler.

CONTRABANDO *m* ; smuggling, contraband.

CONTRACAMBIO *m* ; re-exchange.

CONTRACTUAL; contractual.

CONTRADECLARACIÓN *f*; counterdeclaration.

CONTRADEMANDA *f*; counterclaim, cross-demand.

CONTRADEMANDANTE *m/f*; counterclaimant.

CONTRADEMANDAR; to counterclaim.

CONTRADENUNCIA *f*; counterclaim.

CONTRADICCIÓN *f*; contradiction.

CONTRADICTORIAMENTE; contradictorily.

CONTRADICTORIO; contradictory.

CONTRADOCUMENTO *m* ; document which contradicts another.

CONTRAENDOSAR; to re-indorse.

CONTRAENDOSO; re-indorsement.

CONTRAER; to contract, to assume an obligation, to join.

CONTRAER MATRIMONIO; to marry.

CONTRAER UNA DEUDA; to incur a debt.

CONTRAER UNA OBLIGACIÓN; to assume an obligation.

CONTRAESCRITURA *f*; public document which contradicts another.

CONTRAESPIONAJE *m* ; counterespionage.

CONTRAESTIPULACIÓN *f*; clause added secretly to an existing contract.

CONTRAFIADO *m* ; indemnitee.

CONTRAFIADOR *m* ; indemnitor.

CONTRAFIANZA *f*; backbond.

CONTRAFIRMA *f*; counter signature.

CONTRAFUERO *m* ; infringement.

CONTRAGARANTÍA *f*; counterguaranty.

CONTRAGIRO *m* ; redraft.

CONTRAHACER; to forge, to counterfeit.

CONTRAHECHO; forged, counterfeit.

CONTRAINSTRUMENTO; document which contradicts another.

CONTRAINTERROGAR; to cross-examine.

CONTRAINTERROGATORIO *m* ; cross-examination.

CONTRALOR *m* ; comptroller, auditor.

CONTRAMANDATO *m* ; countermand.

CONTRAORDEN *f*; countermand.

CONTRAPARTE *f*; counterpart, opposing party.

CONTRAPETICIÓN *f*; counterclaim.

CONTRAPOSICIÓN *f*; opposition.

CONTRAPRESTACIÓN *f*; consideration.

CONTRAPRESTACIÓN INSUFICIENTE; inadequate consideration.

CONTRAPROBANZA *f*; counterproof.

CONTRAPROBAR; to refute.

CONTRAPRODUCENTE; counter-productive.

CONTRAPROPOSICIÓN *f*; counteroffer, counter-proposal.

CONTRAPROPUESTA *f*; counteroffer, counter-proposal.

CONTRAPROTESTO; defense claiming that a dishonored bill was paid.

CONTRAPRUEBA *f*; counterevidence.

CONTRAQUERELLA *f*; counterclaim.

CONTRARIAR; to contradict, to oppose.

CONTRARIO (adj); contrary, adverse.

CONTRARIO *m* ; opposing party.
CONTRARIO A LA PRUEBA; against the
preponderance of the evidence.
CONTRARRECLAMACIÓN *f*; counterclaim.
CONTRARRÉPLICA *f*; rejoinder.
CONTRARRESTAR; to counteract, to oppose.
CONTRASEGURO *m* ; reinsurance.
CONTRASELLAR; to counterseal.
CONTRASELLO *m* ; counterseal.
CONTRASENTIDO; opposite meaning,
contradiction, nonsense.
CONTRASEÑA *f*; countersign, password.
CONTRASTE *m* ; contrast, opposition.
CONTRATA *f*; contract made with a
government, contract, agreement.
CONTRATA A LA GRUESA; bottomry bond.
CONTRATA DE ARRIENDO; lease.
CONTRATA DE FLETAMENTO;
charter-party.
CONTRATABLE; contractable.
CONTRATACIÓN *f*; contracting, preparation
of a contract.
CONTRATACIÓN COLECTIVA; collective
bargaining.
CONTRATADO; contracted.
CONTRATANTE *m/f*; contractor, contracting
party.
CONTRATAR; to contract, to hire.
CONTRATISTA *m/f*; contractor.
CONTRATO *m* ; contract, agreement.
CONTRATO A CORRETAJE; contract made
with the general contractor.
CONTRATO A COSTO MAS HONORARIO;
cost-plus contract.
CONTRATO A LA GRUESA; bottomry bond.
CONTRATO A PRECIO GLOBAL; lump-sum
contract.
CONTRATO A PRECIOS UNITARIOS;
unit-price contract.
CONTRATO A SUMA ALZADA; lump-sum
contract.
CONTRATO A TÍTULO GRATUITO;
gratuitous contract.
CONTRATO A TÍTULO ONEROSO; onerous
contract.
CONTRATO ABIERTO; non-exclusive
contract.

CONTRATO ACCESORIO; accessory
contract.
CONTRATO ADMINISTRATIVO; contract
made with a government.
CONTRATO AL MEJOR POSTOR; contract
to the highest bidder.
CONTRATO ALEATORIO; aleatory contract.
CONTRATO ANTENUPCIAL; antenuptial
agreement.
CONTRATO ATÍPICO; innominate contract.
CONTRATO BILATERAL; bilateral contract.
CONTRATO CIVIL; civil contract.
CONTRATO COLECTIVO DE TRABAJO;
collective bargaining agreement.
CONTRATO COMPLEJO; mixed contract.
CONTRATO CON CLÁUSULA PENAL;
contract with a penalty clause.
CONTRATO CONDICIONAL; conditional
contract.
CONTRATO CONJUNTO; joint contract.
CONTRATO CONMUTATIVO; commutative
contract.
CONTRATO CONSENSUAL; consensual
contract.
CONTRATO DE ADHESIÓN; adhesion
contract.
CONTRATO DE ADMINISTRACIÓN;
management contract.
CONTRATO DE AGENCIA; agency
agreement.
CONTRATO DE AJUSTE; employment
contract.
CONTRATO DE APARCERÍA; sharecropping
contract.
CONTRATO DE ARRENDAMIENTO; lease.
CONTRATO DE ARRENDAMIENTO DE
SERVICIOS; service contract.
CONTRATO DE CAMBIO; commutative
contract, foreign exchange contract.
CONTRATO DE COMISIÓN; commission
contract.
CONTRATO DE COMODATO; gratuitous
bailment contract.
CONTRATO DE COMPRA Y VENTA; sales
contract, bargain and sale contract.
CONTRATO DE COMPRAVENTA; sales
contract, bargain and sale contract.

CONTRATO DE COMPROMISO; arbitration agreement.

CONTRATO DE CONCHABO; employment contract.

CONTRATO DE CORRETAJE; brokerage contract.

CONTRATO DE CUSTODIA; bailment contract.

CONTRATO DE DEPÓSITO; bailment contract.

CONTRATO DE DOBLE; repurchase contract.

CONTRATO DE EDICIÓN; contract to publish.

CONTRATO DE EMBARCO; sailor's employment contract.

CONTRATO DE EMBARQUE; sailor's employment contract.

CONTRATO DE EMPEÑO; contract to pawn.

CONTRATO DE EMPLEO; employment contract.

CONTRATO DE EMPRESA; contract with an independent contractor.

CONTRATO DE ENCADENAMIENTO; exclusive contract, tying arrangement.

CONTRATO DE ENFITEUSIS; emphyteusis contract.

CONTRATO DE ENGANCHE; employment contract.

CONTRATO DE ENROLAMIENTO; employment contract.

CONTRATO DE ESTABILIDAD; agreement to stabilize prices.

CONTRATO DE FIANZA; contract of surety.

CONTRATO DE FIDEICOMISO; trust agreement.

CONTRATO DE FIDUCIA; trust agreement.

CONTRATO DE FLETAMENTO; charter-party.

CONTRATO DE GARANTÍA; guarantor agreement.

CONTRATO DE HIPOTECA; mortgage agreement.

CONTRATO DE INTENCIÓN; letter of intent.

CONTRATO DE INTERMEDIACIÓN BURSÁTIL; authorization for a discretionary securities account.

CONTRATO DE JUEGO; wagering contract.

CONTRATO DE LOCACIÓN; lease.

CONTRATO DE LOCACIÓN DE OBRA; construction contract.

CONTRATO DE LOCACIÓN DE SERVICIOS; service contract.

CONTRATO DE MANDATO; contract of mandate.

CONTRATO DE MUTUO; loan for consumption.

CONTRATO DE OBRAS; contract for public works.

CONTRATO DE OPCIÓN; option.

CONTRATO DE PALABRA; oral contract, an unenforceable agreement in which the parties are bound by honor.

CONTRATO DE PERMUTA; barter agreement.

CONTRATO DE PRENDA; pledge contract.

CONTRATO DE PRÉSTAMO; loan contract.

CONTRATO DE PRÉSTAMO DE USO; bailment agreement.

CONTRATO DE PRUEBA; contract for an employment trial.

CONTRATO DE RENTA DE RETIRO; contract for retirement income.

CONTRATO DE RENTA VITALICIA; life annuity contract.

CONTRATO DE REPRESENTACIÓN; agency agreement.

CONTRATO DE RETROVENDENDO; repurchase agreement.

CONTRATO DE RETROVENTA; repurchase agreement.

CONTRATO DE SEGURO; insurance contract.

CONTRATO DE SOCIEDAD; partnership agreement, incorporation agreement.

CONTRATO DE SUMINISTRO; supply contract.

CONTRATO DE TAREA; contract work.

CONTRATO DE TRABAJO; employment contract.

CONTRATO DE TRANSPORTE; shipping agreement.

CONTRATO DE VENTA CONDICIONAL; conditional sales contract.

CONTRATO DERIVADO; subcontract.

CONTRATO DIVISIBLE; divisible contract.

CONTRATO ENFITÉUTICO; emphyteusis contract.

CONTRATO ESCRITO; written contract.

CONTRATO ESPURIO; spurious contract.

CONTRATO ESTIMATORIO; consignment sales contract.

CONTRATO EXPRESO; express contract.

CONTRATO EXTINTIVO; nullifying contract.

CONTRATO FALSO; simulated contract.

CONTRATO FIDUCIARIO; trust agreement, trust indenture.

CONTRATO FINGIDO; simulated contract.

CONTRATO FORMAL; special contract.

CONTRATO GRATUITO; gratuitous contract.

CONTRATO ILEGAL; illegal contract.

CONTRATO ILÍCITO; illegal contract.

CONTRATO IMPERFECTO; imperfect contract.

CONTRATO IMPLÍCITO; implied contract.

CONTRATO INDIVIDUAL DE TRABAJO; individual employment contract.

CONTRATO INDIVISIBLE; indivisible contract.

CONTRATO INFORMAL; informal contract.

CONTRATO INNOMINADO; innominate contract.

CONTRATO INTERNACIONAL; international contract.

CONTRATO JUSTO DE FLETAMENTO; clean charter.

CONTRATO LEONINO; unconscionable contract.

CONTRATO-LEY; union contract covering an entire industry made official by the government.

CONTRATO LÍCITO; legal contract.

CONTRATO LITERAL; written contract.

CONTRATO LUCRATIVO; onerous contract.

CONTRATO MATRIMONIAL; antenuptial agreement, marriage contract.

CONTRATO MERCANTIL; commercial contract.

CONTRATO MIXTO; mixed contract.

CONTRATO NO SOLEMNE; simple contract.

CONTRATO NOMINADO; nominate contract.

CONTRATO NOTARIAL; notarized contract.

CONTRATO NOTARIZADO; notarized contract.

CONTRATO NULO; void contract.

CONTRATO NUPCIAL; antenuptial agreement, marriage contract.

CONTRATO ONEROSO; onerous contract.

CONTRATO PARTIBLE; divisible contract.

CONTRATO PIGNORATICIO; pledge contract.

CONTRATO PLURILATERAL; multilateral contract.

CONTRATO POR ADHESIÓN; adhesion contract.

CONTRATO PRELIMINAR; preliminary contract.

CONTRATO PREPARATORIO; preliminary contract.

CONTRATO PRESUNTO; implied contract.

CONTRATO PRINCIPAL; principal contract.

CONTRATO PRIVADO; private contract.

CONTRATO PÚBLICO; public contract.

CONTRATO REAL; real contract.

CONTRATO REVOCATIVO; nullifying contract.

CONTRATO SIMPLE; simple contract.

CONTRATO SIMULADO; simulated contract.

CONTRATO SINALAGMÁTICO; bilateral contract.

CONTRATO SINDICAL; collective bargaining agreement.

CONTRATO SOBRE SERVICIOS PÚBLICOS; public service contract.

CONTRATO SOBREENTENDIDO; implied contract.

CONTRATO SOCIAL; partnership agreement, incorporation agreement.

CONTRATO SOLEMNE; special contract.

CONTRATO SUCESIVO; installment contract.

CONTRATO TÁCITO; implied contract.

CONTRATO TÍPICO; nominate contract.

CONTRATO UNILATERAL; unilateral contract.

CONTRATO USURARIO; usurious contract.

CONTRATO VERBAL; oral contract.

CONTRATO VERDADERO; express contract.

CONTRAVALOR m ; collateral.

CONTRAVENCIÓN f; contravention, infringement, violation, breach.

CONTRAVENIR; to contravene, to infringe, to violate, to breach.

CONTRAVENTA *f*; repurchase.
CONTRAVENTOR *m*; infringer, violator, breacher.
CONTRAYENTE *m/f*; contracting party, a person engaged to be married.
CONTRIBUCIÓN *f*; contribution, tax, tax assessment.
CONTRIBUCIÓN DE AVERÍA; average contribution.
CONTRIBUCIÓN DE HERENCIA; estate tax.
CONTRIBUCIÓN DE INMUEBLE; real estate tax.
CONTRIBUCIÓN DE MEJORAS; tax assessment.
CONTRIBUCIÓN DIRECTA; direct tax.
CONTRIBUCIÓN ELECTORAL; poll-tax.
CONTRIBUCIÓN ESCALONADA; progressive tax.
CONTRIBUCIÓN ESPECIAL; extraordinary tax.
CONTRIBUCIÓN FISCAL; government tax.
CONTRIBUCIÓN INDIRECTA; indirect tax.
CONTRIBUCIÓN INDUSTRIAL; professional services tax.
CONTRIBUCIÓN INMOBILIARIA; real estate tax.
CONTRIBUCIÓN NOTARIAL; notary's fees.
CONTRIBUCIÓN SOBRE BENEFICIOS EXTRAORDINARIOS; excess profits tax.
CONTRIBUCIÓN SOBRE INGRESOS; income tax.
CONTRIBUCIÓN SOBRE LA PROPIEDAD; property tax.
CONTRIBUCIÓN SOBRE TRANSFERENCIAS; transfer tax.
CONTRIBUCIÓN SOBRE TRANSMISIÓN DE BIENES; transfer tax.
CONTRIBUCIÓN TERRITORIAL; land tax.
CONTRIBUCIÓN ÚNICA; nonrecurrent tax.
CONTRIBUIR; to contribute, to pay taxes.
CONTRIBUTARIO *m*; contributor, taxpayer.
CONTRIBUTIVO; pertaining to taxes.
CONTRIBUYENTE *m*; contributor, taxpayer.
CONTROL *m*; control.
CONTROL DE PRECIOS; price control.
CONTROL INMEDIATO; immediate control.
CONTROLADO; controlled.

CONTROLAR; to control, to restrict, to inspect.
CONTROVERSIA *f*; controversy, litigation.
CONTROVERTIBLE; controvertible, actionable.
CONTROVERTIR; to controvert, to litigate.
CONTUBERNIO *m*; cohabitation, concubinage, collusion.
CONTUMACIA *f*; contumacy, contempt of court, default.
CONTUMACIA INDIRECTA; constructive contempt.
CONTUMAZ; contumacious.
CONTUMAZMENTE; contumaciously.
CONVALIDACIÓN *f*; confirmation, validation.
CONVALIDAR; to confirm, to validate.
CONVENCER; to convince.
CONVENCIMIENTO *m*; conviction, proof.
CONVENCIÓN *f*; convention, agreement, assembly.
CONVENCIÓN COLECTIVA DE TRABAJO; collective bargaining agreement.
CONVENCIÓN CONSTITUYENTE; constitutional convention.
CONVENCIÓN DE TRABAJO; labor agreement.
CONVENCIÓN INTERNACIONAL; international agreement.
CONVENCIÓN MATRIMONIAL; antenuptial agreement.
CONVENCIONAL; conventional, contractual.
CONVENCIONISTA *m/f*; delegate.
CONVENIDO (adj); agreed.
CONVENIDO *m*; defendant.
CONVENIO *m*; agreement, contract, settlement.
CONVENIO COLECTIVO DE TRABAJO; collective bargaining agreement.
CONVENIO COMERCIAL; trade agreement.
CONVENIO CONCURSAL; creditors' agreement.
CONVENIO CONDICIONADO; conditional agreement.
CONVENIO DE COMERCIO RECÍPROCO; reciprocal trade agreement.
CONVENIO DE COMPENSACIONES; clearing agreement.

CONVENIO DE FIDEICOMISO; trust
agreement.

CONVENIO DE GARANTÍA; guaranty
agreement.

CONVENIO EN LA QUIEBRA; agreement
between debtor and creditors.

CONVENIO ENTRE DEUDOR Y
ACREEDORES; agreement between
debtor and creditors.

CONVENIO ESCRITO; written agreement.

CONVENIO EXPRESO; express agreement.

CONVENIO IMPLÍCITO; implied agreement.

CONVENIO INTERNACIONAL; international
agreement.

CONVENIO MAESTRO; master agreement.

CONVENIO PATRÓN; master agreement.

CONVENIO TÁCITO; tacit agreement.

CONVENIO VERBAL; oral agreement.

CONVENIR; to agree, to be advisable, to
convene, to correspond.

CONVENIRSE; to reach an agreement, to
convene.

CONVENTIO; agreement.

CONVERSACIÓN f; conversation, illicit
dealings.

CONVERSIÓN f; conversion.

CONVERTIBILIDAD f; convertibility.

CONVERTIBLE; convertible.

CONVERTIR; to convert.

CONVICCIÓN f; conviction, certainty.

CONVICCIÓN SUMARIA; summary
conviction.

CONVICTO (adj); convicted.

CONVICTO m; convict.

CONVINCENTE; convincing.

CONVOCACIÓN f; convocation.

CONVOCAR; to convoke, to call together.

CONVOCAR A LICITACIÓN; to call for bids.

CONVOCAR DE NUEVO; to reconvene.

CONVOCAR UNA SESIÓN; to call a meeting.

CONVOCATORIA f; summons, notice of a
meeting.

CONVOCATORIA PARA PROPUESTAS;
call for bids.

CONYÚDICE m; alternate judge, associate
judge.

CONYUGAL; conjugal.

CONYUGALMENTE; conjugally.

CÓNYUGE m/f; spouse.

CÓNYUGE CULPABLE; culpable spouse.

CÓNYUGE INOCENTE; innocent spouse.

CÓNYUGE SOBREVIVIENTE; surviving
spouse.

CÓNYUGE SUPÉRSTITE; surviving spouse.

CONYUGICIDA m/f; a spouse who murders
the other.

CONYUGICIDIO m; murder of a spouse by
the other.

COOBLIGACIÓN f; co-obligation.

COOBLIGADO m; co-obligor

COOPERACIÓN f; cooperation.

COOPERACIÓN CRIMINAL; aiding and
abetting.

COOPERATIVA f; cooperative.

COOPERATIVA DE ARRENDAMIENTO;
leasing cooperative.

COOPERATIVA DE CONSUMO; consumers'
cooperative.

COOPERATIVA DE CRÉDITO; credit union.

COOPERATIVA DE PRODUCTORES;
producers' cooperative.

COOPERATIVA DE VIVIENDA; housing
cooperative.

COOPERATIVISTA; cooperative.

COOPERATIVO; cooperative.

COPAR; to monopolize.

COPARTICIPACIÓN f; partnership.

COPARTÍCIPE (adj); joint.

COPARTÍCIPE m/f; accomplice, partner.

COPIA f; copy, transcript.

COPIA AUTENTICADA; certified copy.

COPIA AUTORIZADA; certified copy.

COPIA CARBÓN; carbon copy.

COPIA CERTIFICADA; certified copy.

COPIA EN LIMPIO; clean copy.

COPIA FIEL; true copy.

COPIA LEGALIZADA; certified copy.

COPIA LIMPIA; clean copy.

COPOSEEDOR m; joint owner, joint
possessor.

COPOSESIÓN f; joint ownership, joint
possession.

COPOSESOR f; joint owner, joint possessor.

COPRESIDENTE m; co-chairperson.

COPROPIEDAD f; joint tenancy, joint
ownership.

COPROPIETARIO *m* ; joint owner, joint tenant.

CÓPULA *f* ; union, sexual intercourse.

CORAM; before, in front of.

CORAM JUDICE; within the jurisdiction of the court.

CORAM NOBIS; before us, coram nobis.

CORAM VOBIS; before you, coram vobis.

CORAZONADA *f* ; hunch, impulse.

COROLARIO *m* ; corollary.

CORPORACIÓN *f* ; corporation, company, legal entity, entity.

CORPORACIÓN AFILIADA; affiliated corporation.

CORPORACIÓN MUNICIPAL; municipal corporation.

CORPORACIÓN PROPIETARIA; close corporation.

CORPORACIÓN SUBSIDIARIA; subsidiary corporation.

CORPORAL; corporal, corporeal.

CORPORALIDAD *f* ; corporeality.

CORPORATIVO; corporate.

CORPUS DELICTI; the body of the crime, corpus delicti.

CORPUS JURIS; the body of the law, corpus juris.

CORRECCIÓN *f* ; correction, adjustment, amendment, punishment.

CORRECCIONAL (adj); correctional, corrective.

CORRECCIONAL *f* ; correctional institution.

CORRECCIONES DISCIPLINARIAS; sanctions for civil contempt of court, sanctions for misbehavior by an officer of the court in an official matter.

CORRECTIVO; corrective.

CORREDOR *m* ; broker.

CORREDOR CONJUNTO; co-broker.

CORREDOR DE CAMBIO; foreign exchange broker.

CORREDOR DE COMERCIO; merchandise broker, merchandise broker who also performs the services of a notary public.

CORREDOR NOTARIO; notary public.

CORREDURÍA *f* ; brokerage.

CORREGIDOR *m* ; magistrate.

CORREGIDOR DE POLICÍA; police commissioner.

CORREO *m* ; mail, correspondence, post office, accomplice.

CORREO CERTIFICADO; certified mail, registered mail.

CORRER; to run, to run out.

CORRER OBLIGACIÓN; to have an obligation.

CORRESPONDENCIA *f* ; correspondence, mail, reciprocity.

CORRESPONDENCIA CERTIFICADA; certified mail, registered mail.

CORRESPONDENCIA REGISTRADA; registered mail.

CORRESPONSAL *m/f* ; correspondent.

CORRETAJE *m* ; brokerage.

CORRIENTE; current, running, standard.

CORRIENTEMENTE; ordinarily.

CORROBORACIÓN *f* ; corroboration, ratification.

CORROBORANTE; corroborating, ratifying.

CORROBORAR; to corroborate, to ratify.

CORROBORATIVO; corroborative.

CORROMPER; to corrupt, to seduce, to bribe.

CORROMPIDO; corrupt, crooked.

CORRUPCIÓN *f* ; corruption, seduction, bribery.

CORRUPTELA *f* ; corruption, malpractice, abuse of power.

CORRUPTIBILIDAD *f* ; corruptibility, perishability.

CORRUPTIBLE; corruptible, bribable, perishable.

CORRUPTOR *m* ; corrupter, seducer, briber.

CORTABOLSAS *m/f* ; pickpocket, cutpurse.

CORTE *f* ; court.

CORTE DE ALMIRANTAZGO; admiralty court.

CORTE DE APELACIÓN; court of appeals.

CORTE DE CASACIÓN; court of cassation, court of appeals.

CORTE DE DISTRITO; district court.

CORTE DE EQUIDAD; court of equity.

CORTE DE JUSTICIA; court of justice.

CORTE DE POLICÍA; police court.

CORTE DE SUCESIONES; probate court.

CORTE DEL ALMIRANTAZGO; admiralty court.

CORTE EN LO CIVIL; civil court.

CORTE INTERNACIONAL DE JUSTICIA; International Court of Justice.

CORTE MARCIAL; military court.

CORTE MUNICIPAL; municipal court.

CORTE NOCTURNA; night court.

CORTE PLENA; full court.

CORTE SUPERIOR; superior court.

CORTE SUPREMA; supreme court.

CORTE SUPREMA DE JUSTICIA; supreme court.

CORTESÍA *f*; courtesy, grace period.

CORTESÍA INTERNACIONAL; comity of nations.

COSA *f*; thing, something, matter.

COSA ABANDONADA; abandoned property.

COSA ACCESORIA; accessory.

COSA AJENA; property of another.

COSA CORPORAL; corporeal thing.

COSA DE NADIE; property of nobody.

COSA DETERMINADA; determined thing.

COSA DIVISIBLE; divisible thing.

COSA EN POSESIÓN; thing in possession.

COSA ESPECÍFICA; specific thing.

COSA FUNGIBLE; fungible good.

COSA GENÉRICA; generic thing.

COSA GRAVADA; encumbered thing.

COSA HIPOTECADA; mortgaged thing.

COSA HURTADA; stolen thing.

COSA ILÍCITA; illegal thing, illegal act.

COSA IMPOSIBLE; impossible thing, impossible act.

COSA INCIERTA; uncertain thing.

COSA INCORPORAL; incorporeal thing.

COSA INDETERMINADA; undetermined thing.

COSA INDIVISIBLE; indivisible thing.

COSA INMUEBLE; real property.

COSA JUZGADA; matter decided, res judicata.

COSA LÍCITA; legal thing, legal act.

COSA LITIGIOSA; subject of litigation.

COSA MUEBLE; movable thing.

COSA PERDIDA; lost thing.

COSA PRINCIPAL; principal thing.

COSA PRIVADA; private property.

COSA PÚBLICA; public property.

COSA ROBADA; stolen thing.

COSECHA *f*; harvest.

COSECHA DEL ARRENDATARIO; away-going crop.

COSIGNATARIO *m*; cosigner.

COSTA *f*; cost, price.

COSTAS *f*; court costs, costs, fees.

COSTAS PROCESALES; court costs.

COSTE *m*; cost, price.

COSTEAR; to finance, to pay for.

COSTO *m*; cost, price.

COSTO DE REPOSICIÓN; replacement cost

COSTO DE REPRODUCCIÓN; replacement cost.

COSTO DE VIDA; cost of living.

COSTUMBRE *f*; custom, routine.

COSTUMBRE COMERCIAL; business practice.

COSTUMBRE GENERAL; general custom.

COSTUMBRE LOCAL; local custom.

COSTUMBRE NACIONAL; general custom.

COSTUMBRE PARTICULAR; particular custom.

COSTUMBRES DEL COMERCIO; customs of the trade.

COSTUMBRES LOCALES; local customs.

COTEJO *m*; comparison, comparison of documents, contrast.

COTEJO DE LETRAS; comparison of handwriting.

COTIZACIÓN *f*; quotation.

COTIZAR; to quote.

COTUTOR *m*; co-guardian.

CRASAMENTE; crassly.

CREDENCIAL *f*; credential, identification.

CREDENCIALES; credentials.

CREDIBILIDAD *f*; credibility.

CRÉDITO *m*; credit, reputation, installment, solvency, claim.

CRÉDITO A SOLA FIRMA; unsecured credit.

CRÉDITO ABIERTO; open credit.

CRÉDITO AL DESCUBIERTO; unsecured credit.

CRÉDITO CIERTO; existing debt.

CRÉDITO COMERCIAL; commercial credit.

CRÉDITO CONFIRMADO; confirmed credit.

CRÉDITO DE ACEPTACIÓN; acceptance credit.

CRÉDITO DE AVÍO; loan for a specific
business purpose.
CRÉDITO DE HABILITACIÓN; loan for a
specific business purpose.
CRÉDITO DOCUMENTARIO; documentary
credit.
CRÉDITO EN BLANCO; open credit.
CRÉDITO HIPOTECARIO; mortgage.
CRÉDITO INCOBRABLE; uncollectible debt.
CRÉDITO IRREVOCABLE; irrevocable
credit.
CRÉDITO LIBRE; open credit.
CRÉDITO LITIGIOSO; debt in litigation.
CRÉDITO MERCANTIL; commercial credit.
CRÉDITO MOBILIARIO; chattel mortgage.
CRÉDITO PERSONAL; personal credit.
CRÉDITO PIGNORATICIO; secured credit.
CRÉDITO PRIVADO; private loan.
CRÉDITO PRIVILEGIADO; privileged debt.
CRÉDITO PÚBLICO; public debt.
CRÉDITO QUIROGRAFARIO; unsecured
credit.
CRÉDITO REFACCIONARIO; agricultural
loan, commercial loan.
CREÍBLE; credible.
CREMACIÓN f; cremation.
CREMATÍSTICA f; pecuniary interest.
CRIMEN m ; crime, felony.
CRIMEN CAPITAL; capital crime.
CRIMEN DE GUERRA; war crime.
CRIMEN FALSI; crime which contains the
element of deceit.
CRIMEN FURTI; larceny.
CRIMEN POLÍTICO; political crime.
CRIMINACIÓN f; incrimination, accusation,
charge.
CRIMINAL (adj); criminal, felonious,
delinquent.
CRIMINAL m/f; criminal, felon, delinquent,
offender.
CRIMINAL DE GUERRA; war criminal.
CRIMINAL HABITUAL; habitual criminal.
CRIMINAL PELIGROSO; dangerous criminal.
CRIMINAL REINCIDENTE; habitual
criminal.
CRIMINALIDAD f; criminality.
CRIMINALISTA m/f; criminalist,
criminologist.

CRIMINALÍSTICA f; criminology.
CRIMINALMENTE; criminally.
CRIMINAR; to incriminate, to accuse, to
charge.
CRIMINOLOGÍA f; criminology.
CRISIS f; crisis.
CRISIS ECONÓMICA; economic crisis.
CRISIS LABORAL; labor crisis.
CRÍTICO; critical.
CRONOLOGÍA f; chronology.
CRONOLÓGICO; chronological.
CRUCE m ; crossing, crossroad.
CRUEL; cruel.
CRUELDAD f; cruelty.
CRUELDAD MENTAL; mental cruelty.
CUADERNO DE BITÁCORA; logbook.
CUADRANTE m ; quadrant, quarter of an
inheritance.
CUADRILLA f; gang, squad.
CUADRINIETA f; great-great-granddaughter.
CUADRINIETO m ; great-great-grandson.
CUANTÍA f; quantity, importance.
CUARTEL m ; quarter, zone, lot.
CUARTEL DE POLICÍA; police station.
CUASICONTRACTUAL; quasi contractual.
CUASICONTRATO m ; quasi contract.
CUASICONTUMACIA f; quasi contempt.
CUASICORPORACIÓN f; quasi corporation.
CUASIDELITO m ; quasi crime.
CUASIIMPEDIMENTO; quasi estoppel.
CUASIJUDICIAL; quasi judicial.
CUASIMUNICIPAL; quasi municipal.
CUASINEGOCIABLE; quasi negotiable.
CUASIPOSESIÓN f; quasi possession.
CUASIPÚBLICO; quasi public.
CUASIRENTA f; quasi rent.
CUASIUSUFRUCTO m ; quasi usufruct.
CUATRERO m ; cattle rustler.
CUATRIMESTRE m ; a four month period.
CUBIERTA f; coverage.
CUBRIR; to cover, to cover up, to pay.
CUCHILLADA f; slash, stab.
CUENTA f; account, bill, report, accounting,
calculation.
CUENTA ABIERTA; open account.
CUENTA AJENA; the account of another.
CUENTA AL DESCUBIERTO; short account,
overdrawn account.

CUENTA AUXILIAR; adjunct account.

CUENTA BANCARIA; bank account.

CUENTA CONGELADA; frozen account.

CUENTA CONJUNTA; joint account.

CUENTA CONVENIDA; account stated.

CUENTA CORRIENTE; commercial account, current account, checking account.

CUENTA CORRIENTE BANCARIA; checking account.

CUENTA DE CAPITAL; capital account.

CUENTA DE COSTAS; account of court costs.

CUENTA DE CRÉDITO; credit account.

CUENTA DE GANANCIAS Y PÉRDIDAS; profit and loss statement.

CUENTA DE REGRESO; protest charges.

CUENTA DE RESACA; protest charges.

CUENTA DE TUTELA; trust account.

CUENTA DE VENTA; bill of sale.

CUENTA DEUDORA; account payable.

CUENTA FIDUCIARIA; trust account.

CUENTA INCOBRABLE; uncollectible debt.

CUENTA LIQUIDADA; liquidated account.

CUENTA MALA; uncollectible debt.

CUENTA PARTICIONAL; account to divide.

CUENTA SOBREGIRADA; overdrawn account.

CUENTAS DE ORDEN; memoranda accounts.

CUERDA FLOJA; papers in a file that are not part of the official record.

CUERDO; sane, prudent.

CUERPO m ; body, party, corps, volume.

CUERPO ADMINISTRATIVO; administrative body.

CUERPO CONSULAR; consular staff.

CUERPO DE BIENES; total assets.

CUERPO DE LA HERENCIA; amount of the decedent's estate.

CUERPO DE LEYES; body of laws.

CUERPO DEL DELITO; body of the crime.

CUERPO DEL DERECHO; body of laws.

CUERPO DIPLOMÁTICO; diplomatic corps.

CUERPO ELECTORAL; electoral body.

CUERPO LEGAL; body of laws.

CUERPO LEGISLATIVO; legislative body.

CUERPO MUNICIPAL; municipal entity.

CUERPO POLICÍACO; police force.

CUESTIÓN f ; question, matter, issue, controversy.

CUESTIÓN ARTIFICIAL; feigned issue.

CUESTIÓN COLATERAL; collateral issue.

CUESTIÓN DE COMPETENCIA; conflict of venue.

CUESTIÓN DE DERECHO; question of law, issue of law.

CUESTIÓN DE HECHO; question of fact, issue of fact.

CUESTIÓN DE JURISDICCIÓN; conflict of jurisdiction.

CUESTIÓN DE PROCEDIMIENTO; question of procedure.

CUESTIÓN DE PURO DERECHO; question of law.

CUESTIÓN EN CONTROVERSIA; matter in controversy.

CUESTIÓN EN DISPUTA; matter in controversy.

CUESTIÓN ESPECIAL; special issue.

CUESTIÓN FABRICADA; sham issue.

CUESTIÓN GENERAL; general issue.

CUESTIÓN PREJUDICIAL; questions which must be resolved prior to hearing the case.

CUESTIÓN PREVIA; previous matter.

CUESTIÓN SUSTANCIAL; substantial issue.

CUESTIONABLE; questionable.

CUESTIONAR; to question, to interrogate, to debate.

CUESTIONARIO m ; questionnaire, interrogatory.

CUIDADO m ; care, caution, charge.

CUIDADO DEBIDO; due care.

CUIDADOSO; careful, attentive.

CULPA f ; fault, guilt, negligence.

CULPA CIVIL; non-criminal negligence.

CULPA CONCURRENTE; comparative negligence.

CULPA CONSCIENTE; foreseen fault.

CULPA CONTRACTUAL; breach of contract.

CULPA DE LA VÍCTIMA; comparative negligence.

CULPA EXTRACONTRACTUAL; tortious negligence.

CULPA GRAVE; gross negligence.

CULPA LATA; gross negligence.

CULPA LEVE; ordinary negligence.

CULPA LEVÍSIMA; slight negligence.

CULPA OBJETIVA; strict liability.

CULPA PENAL; criminal negligence.

CULPABILIDAD *f*; guilt, culpability.

CULPABLE (adj); guilty, culpable.

CULPABLE *m/f*; culprit.

CULPABLEMENTE; culpably.

CULPAR; to blame, to accuse, to find guilty, to censure.

CULPARSE; to confess.

CULPOSO; guilty, culpable.

CUMPLIDOR; reliable, trustworthy.

CUMPLIMIENTO *m*; fulfillment, completion, performance, expiration date.

CUMPLIMIENTO DE LA CONDENA; service of the sentence.

CUMPLIMIENTO DE LA LEY; compliance with the law.

CUMPLIMIENTO DE LA OBLIGACIÓN; performance of an obligation.

CUMPLIMIENTO DE UN DEBER; fulfillment of a duty.

CUMPLIMIENTO ESPECÍFICO; specific performance.

CUMPLIMIENTO PARCIAL; partial performance.

CUMPLIMIENTO PROCESAL; compliance with the rules of procedure.

CUMPLIMIENTO VOLUNTARIO; voluntary compliance.

CUMPLIR; to fulfill, to carry out, to perform.

CUMPLIR CON ESPECIFICACIONES; to meet specifications.

CUMPLIR EL PEDIDO; to fill the order.

CUMPLIR LA PALABRA; keep one's word.

CUMPLIR UNA SENTENCIA; to serve a sentence.

CUMPLIRSE EL PLAZO; to mature.

CUMULATIVO; cumulative.

CUNDIR; to spread, to increase.

CUÑADA *f*; sister-in-law.

CUÑADO *m*; brother-in-law.

CUOTA *f*; quota, share, payment, installment, fee.

CUOTA CONTRIBUTIVA; tax rate, tax assessment.

CUOTA DE IMPORTACIÓN; import quota.

CUOTA DE IMPUESTO; tax rate.

CUOTA DE LA HERENCIA; portion of a decedent's estate.

CUOTA EN AVERÍA GRUESA; general average contribution.

CUOTA IMPONIBLE; taxable value.

CUOTA LITIS; contingent fee.

CUOTA MORTUORIA; death benefit.

CUOTA VIUDAL; usufructuary portion of the surviving spouse.

CUPO *m*; quota, share, tax share.

CUPÓN *m*; coupon.

CUPÓN DE ACCIÓN; dividend coupon.

CUPÓN DE DEUDA; bond coupon.

CUPÓN DE DIVIDENDO; dividend coupon.

CURADOR *m*; curator, guardian, conservator, administrator.

CURADOR AD LITEM; guardian for the suit, guardian ad litem.

CURADOR DE BIENES; guardian of goods.

CURADOR DE LA HERENCIA; administrator.

CURADOR NATURAL; natural guardian.

CURADOR PARA EL CASO; guardian for a particular matter, special guardian.

CURADURÍA *f*; guardianship, curatorship.

CURANDERO *m*; quack doctor.

CURATELA *f*; guardianship, curatorship.

CURATELA LEGÍTIMA; legal guardianship.

CURIA *f*; bar, court.

CURIAL *m*; attorney, court clerk.

CURRICULUM VITAE; curriculum vitae.

CURSO *m*; course, flow, circulation.

CURSO DE CAMBIO; rate of exchange.

CURSO LEGAL; legal tender.

CURSO NORMAL DE LOS NEGOCIOS; ordinary course of business.

CUSTODIA *f*; custody, custodianship, guard, guardianship.

CUSTODIA LEGIS; legal custody.

CUSTODIAL; custodial.

CUSTODIAR; to have custody of, to guard, to protect, to watch.

CUSTODIO *m*; custodian, guardian.

CH

CHANCILLER *m* ; chancellor.
CHANCHULLO *m* ; swindle, racket, political corruption.
CHANTAJE *m* ; blackmail.
CHANTAJEAR; to blackmail.
CHANTAJISTA *m/f* ; blackmailer.
CHASCO *m* ; trick, ruse.
CHEQUE *m* ; check.
CHEQUE A LA ORDEN; check to the order of.
CHEQUE AL PORTADOR; check payable to the bearer.
CHEQUE CANCELADO; cancelled check.
CHEQUE CERTIFICADO; certified check.
CHEQUE CIRCULAR; cashier's check.
CHEQUE CONFORMADO; certified check.
CHEQUE CRUZADO; check for deposit only.
CHEQUE DE CAJA; cashier's check.
CHEQUE DE CAJERO; cashier's check.
CHEQUE DE GERENCIA; cashier's check.
CHEQUE DE GERENCIA BANCARIA; cashier's check.
CHEQUE DE GERENTE; cashier's check.
CHEQUE DE TESORERÍA; treasury check.
CHEQUE DE VIAJERO; traveler's check.
CHEQUE EN BLANCO; blank check.
CHEQUE PARA ABONO EN CUENTA; check for deposit only.
CHEQUE PARA ACREDITAR EN CUENTA; check for deposit only.
CHEQUE PERSONAL; personal check.
CHEQUE POSFECHADO; post-dated check.
CHEQUE POSTAL; postal money order.
CHEQUE RAYADO; check for deposit only.
CHEQUE REHUSADO; dishonored check.
CHEQUE SIN FONDOS; bad check.
CHEQUE VISADO; certified check.
CHEQUEAR; to check, to inspect.
CHICANERO (adj); cunning, tricky.

CHICANERO *m* ; shyster attorney.
CHILLAR; to scream, to shriek.
CHOCAR; to crash, to collide, to clash, to provoke.
CHOQUE *m* ; crash, collision, shock, clash, conflict.
CHOZNA *f*; great-great-great granddaughter.
CHOZNO *m* ; great-great-great grandson.

D

DACIÓN *f*; dation, delivery, giving, surrender.

DACIÓN DE ARRAS; payment of earnest money.

DACIÓN EN PAGO; dation in payment, payment in lieu of that accorded.

DACTILAR; digital.

DACTILOGRAMA *m*; fingerprint, dactylogram.

DACTILOSCOPIA *f*; dactyloscopy.

DACTILOSCÓPICO; dactyloscopic.

DACTILOSCOPISTA *m/f*; dactylographer.

DÁDIVA *f*; gift, donation, grant.

DÁDIVAS A FUNCIONARIOS PÚBLICOS; inappropriate gifts to public officials, bribery of public officials.

DADOR *m*; giver, donor, grantor, drawer.

DADOR A LA GRUESA; lender on bottomry bond.

DADOR DE PRÉSTAMO; lender.

DADOR DE TRABAJO; employer.

DAMNIFICADO (adj); injured, damaged.

DAMNIFICADO *m*; injured party, victim.

DAMNIFICADOR *m*; injurer.

DAMNIFICAR; to injure, to damage.

DAMNUM ABSQUE INJURIA; damage without legal remedy, damnum absque injuria.

DAÑADO; injured, damaged, spoiled, corrupt.

DAÑADOR (adj); injurious, damaging.

DAÑADOR *m*; injurer, damager.

DAÑAR; to injure, to damage, to spoil.

DAÑINO; injurious, damaging.

DAÑO *m*; damage, injury, loss, nuisance, discount.

DAÑO CAUSADO POR HECHO AJENO; damage done by another's acts.

DAÑO CORPORAL; bodily harm.

DAÑO DIRECTO; direct damages.

DAÑO FORTUITO; damages due to uncontrollable circumstances.

DAÑO IRREPARABLE; irreparable damage, irreparable harm.

DAÑO LEGAL EXTRACONTRACTUAL; tort.

DAÑO MARÍTIMO; average.

DAÑO MATERIAL; physical damage.

DAÑO MORAL; pain and suffering, injury of reputation.

DAÑO PERSONAL; bodily injury.

DAÑOS ANTICIPADOS; prospective damages.

DAÑOS CAUSADOS POR ANIMALES; injuries caused by animals.

DAÑOS COMPENSATORIOS; compensatory damages.

DAÑOS CONDICIONALES; conditional damages.

DAÑOS CONTINUOS; continuing damages.

DAÑOS CONVENCIONALES; stipulated damages.

DAÑOS CORPORALES; bodily injuries.

DAÑOS DIRECTOS; direct damages.

DAÑOS E INTERESES; damages plus interest.

DAÑOS EFECTIVOS; actual damages.

DAÑOS EJEMPLARES; punitive damages.

DAÑOS ESPECIALES; special damages.

DAÑOS ESPECULATIVOS; speculative damages.

DAÑOS EVENTUALES; contingent damages.

DAÑOS GENERALES; general damages.

DAÑOS ILÍQUIDOS; unliquidated damages.

DAÑOS INDIRECTOS; indirect damages.

DAÑOS INMEDIATOS; proximate damages.

DAÑOS INMODERADOS; excessive damages.

DAÑOS NO DETERMINADOS; unliquidated damages.

DAÑOS NO LIQUIDADOS; unliquidated damages.

DAÑOS NOMINALES; nominal damages.

DAÑOS PECUNIARIOS; pecuniary damages.

DAÑOS PERSONALES; bodily injuries.

DAÑOS PUNITIVOS; punitive damages.

DAÑOS REMOTOS; remote damages.

DAÑOS SOBREVENIDOS; subsequent damages.

DAÑOS Y PERJUICIOS; damages.

DAÑOSAMENTE; injuriously.

DAÑOSO; injurious, damaging, prejudicial.

DAR; to give, to convey, to donate, to offer, to bestow.

DAR A CONOCER; to make known.

DAR A CRÉDITO; to lend.

DAR A LA GRUESA; to lend on bottomry bond.

DAR AUDIENCIA; to give a hearing.

DAR AVISO; to give notice.

DAR CARPETAZO; to shelve.

DAR CONOCIMIENTO; to serve notice, to make known, to report.

DAR CRÉDITO; to grant credit, to give credence to.

DAR CUENTA; to render an account, to report.

DAR DE BAJA; to charge off, to cancel.

DAR EL SÍ; to approve.

DAR EN ARRIENDO; to lease.

DAR EN PRENDA; to pledge.

DAR FE; to attest, to swear to, to certify.

DAR FIANZA; to post bail.

DAR LA RAZÓN A; to agree with.

DAR LECTURA; to read, to have read.

DAR MUERTE; to kill, to put to death.

DAR ÓRDENES; to order.

DAR PARTE; to notify, to report.

DAR PODER; to empower, to give a power of attorney.

DAR POR CONCLUSO; to deem concluded.

DAR POR NULO; to nullify.

DAR POR RECIBIDO; to acknowledge receipt.

DAR POR TERMINADO; to adjourn.

DAR POR VENCIDO; to cause to become due and payable.

DAR PRESTADO; to lend.

DAR PRÓRROGA; to grant a time extension.

DAR SU PALABRA; to promise.

DAR UN VEREDICTO; to return a verdict.

DAR VISTA; to give a hearing.

DARSE; to give to another, to give in, to concentrate on.

DARSE A MERCED; to surrender.

DARSE POR CITADO; to accept a summons.

DARSE POR NOTIFICADO; to accept service.

DATA *f*; date, data.

DATAR; to date, to enter.

DATAR DE; to date from.

DATIVO *m*; dative.

DATO; datum, fact.

DATOS; data, facts.

DE BENE ESSE; conditionally.

DE DERECHO; of right, lawful.

DE DIE IN DIEM; from day to day.

DE FACTO; in fact, de facto.

DE FUERO; of right, lawful.

DE HECHO; in fact.

DE JURE; by right, valid in law, de jure.

DE MANCOMÚN; jointly.

DE NOVO; anew.

DE OÍDAS; by hearsay.

DE PERSONA A PERSONA; personally.

DE POR VIDA; for life.

DE PRIMERA MANO; first-hand.

DE PÚBLICO Y NOTORIO; public knowledge.

DE SANA MENTE; of sound mind.

DE SEGUNDA MANO; second-hand.

DE TRÁNSITO; in transit.

DE TURNO; on duty.

DE VISTA; observed.

DEAMBULAR; to wander aimlessly.

DEBACLE *f*; debacle, catastrophe.

DEBATE *m*; debate, controversy.

DEBATIR; to debate, to discuss.

DEBENTURE *m*; debenture.

DEBENTURISTA *m/f*; holder of a debenture.

DEBER (v); to owe.

DEBER *m*; duty, obligation, debt.

DEBER DE; must.

DEBER DE ASISTENCIA; duty of assistance.

DEBER DE SOCORRO; duty of assistance.

DEBER JURÍDICO; legal duty, legal obligation.

DEBER LEGAL; legal duty, legal obligation.

DEBERES; duties, obligations.

DEBERES IMPOSITIVOS; tax obligations.

DEBERES JUDICIALES; judicial duties.

DEBERES PROCESALES; rules of procedure.

DEBIDA DELIBERACIÓN; due consideration.

DEBIDA DILIGENCIA; due diligence.

DEBIDAMENTE; duly.

DEBIDAMENTE JURAMENTADO; duly sworn.

DEBIDO; due, proper.

DEBIDO A; due to.

DEBIDO AVISO; due notice.

DEBIDO PROCEDIMIENTO DE LEY; due process of law.

DEBIDO PROCEDIMIENTO LEGAL; due process of law.

DEBIDO PROCESO; due process.

DEBIENTE; owing.

DEBILIDAD MENTAL; mental deficiency.

DEBITAR; to debit.

DEBITAR DE MAS; to overdebit.

DÉBITO *m* ; debit.

DECADENCIA *f*; decadence, lapsing.

DECANO *m* ; dean, president of an organization, senior member of an organization.

DECAPITACIÓN *f*; decapitation.

DECAPITAR; to decapitate.

DECENCIA *f*; decency, honesty, rectitude, dignity.

DECEPCIÓN *f*; deception, disappointment.

DECESO *m* ; death.

DECIDIR; to decide, to settle, to determine.

DECIR; to say, to testify.

DECISIÓN *f*; decision, judgment, verdict, finding, determination.

DECISIÓN GENERAL; general finding.

DECISORIO; decisive.

DECLARABLE; declarable.

DECLARACIÓN *f*; declaration, statement, deposition, determination, report.

DECLARACIÓN ARANCELARIA; customs declaration.

DECLARACIÓN DE ADUANA; customs declaration.

DECLARACIÓN DE AUSENCIA; judicial determination of absence.

DECLARACIÓN DE BIENES; statement of property owned.

DECLARACIÓN DE CONCURSO; declaration of bankruptcy.

DECLARACIÓN DE CONTRIBUCIÓN SOBRE INGRESOS; income tax return.

DECLARACIÓN DE CULPABILIDAD; guilty plea, confession.

DECLARACIÓN DE DERECHOS; bill of rights.

DECLARACIÓN DE ENTRADA; customs declaration.

DECLARACIÓN DE FALLECIMIENTO; judicial certification of presumed death.

DECLARACIÓN DE FIDEICOMISO; declaration of trust.

DECLARACIÓN DE GUERRA; declaration of war.

DECLARACIÓN DE HEREDEROS; acknowledgment of heirs.

DECLARACIÓN DE IMPUESTOS; tax return.

DECLARACIÓN DE INCAPACIDAD; judicial determination of incapacity.

DECLARACIÓN DE INCONSTITUCIONALIDAD; declaration of unconstitutionality.

DECLARACIÓN DE INDEPENDENCIA; declaration of independence.

DECLARACIÓN DE INOCENCIA; plea of not guilty.

DECLARACIÓN DE INTENCIÓN; declaration of intention.

DECLARACIÓN DE MUERTE DEL AUSENTE; judicial certification of presumed death.

DECLARACIÓN DE NULIDAD; annulment.

DECLARACIÓN DE QUIEBRA; declaration of bankruptcy.

DECLARACIÓN DE REBELDÍA; finding of contempt of court, declaration of default.

DECLARACIÓN DE RECHAZO; notice of dishonor.

DECLARACIÓN DE RENTA; income tax return.

DECLARACIÓN DE TESTIGOS; witnesses' testimony.

DECLARACIÓN DE UN MORIBUNDO; dying statement.

DECLARACIÓN DE VOLUNTAD; expression of consent.

DECLARACIÓN EN INTERÉS PROPIO; self-serving declaration.

DECLARACIÓN EXPRESA; expression of consent.

DECLARACIÓN EXTRAJUDICIAL; extrajudicial declaration.

DECLARACIÓN FALSA; false statement, false return.

DECLARACIÓN FISCAL; tax return.
DECLARACIÓN IMPLÍCITA; implied
declaration.
DECLARACIÓN INDAGATORIA; statement
by a criminal defendant.
DECLARACIÓN JUDICIAL; court order,
decree.
DECLARACIÓN JURADA; sworn statement,
affidavit, deposition.
DECLARACIÓN PATRIMONIAL; statement
of assets.
DECLARACIÓN PERSONAL; oral statement.
DECLARACIÓN PREPARATORIA; statement
by a criminal defendant.
DECLARACIÓN TÁCITA; implied
declaration.
DECLARACIÓN TESTIMONIAL; testimony.
DECLARACIONES EN INMINENTE
PELIGRO DE MUERTE; dying
declarations.
DECLARADO; declared, manifested.
DECLARADO DE MAS; overstated.
DECLARADO DE MENOS; understated.
DECLARADOR m ; declarant, deponent,
witness.
DECLARANTE m/f ; declarant, deponent,
witness.
DECLARAR; to declare, to depose, to testify,
to determine.
DECLARAR BAJO JURAMENTO; to declare
under oath.
DECLARAR CON LUGAR; to allow, to
uphold.
DECLARAR CULPABLE; to find guilty.
DECLARAR INOCENTE; to acquit.
DECLARAR SIN LUGAR; to dismiss, to
overrule.
DECLARAR UN DIVIDENDO; to declare a
dividend.
DECLARARSE CULPABLE; to plead guilty.
DECLARARSE INOCENTE; to plead not
guilty.
DECLARATIVO; declaratory.
DECLARATORIA f ; declaration.
DECLARATORIA DE HEREDEROS;
declaration of heirs.
DECLARATORIA DE POBREZA; declaration
of indigence.

DECLARATORIA DE QUIEBRA; declaration
of bankruptcy.
DECLARATORIO; declaratory.
DECLINAR; to decline, to refuse.
DECLINATORIA f ; refusal of jurisdiction,
jurisdictional plea.
DECLINATORIA DE JURISDICCIÓN;
refusal of jurisdiction, jurisdictional plea.
DECOMISABLE; confiscable, forfeitable.
DECOMISAR; to confiscate, to forfeit.
DECOMISO m ; confiscation, forfeit.
DECORO m ; decorum, honor.
DECRETAR; to decree, to decide.
DECRETAR UNA LEY; to enact a law.
DECRÉTASE; be it enacted.
DECRETO m ; decree, order, writ.
DECRETO JUDICIAL; judicial order.
DECRETO-LEY; executive order having the
force of law.
DECRETO REGLAMENTARIO; regulatory
order.
DEDICACIÓN f ; dedication.
DEDICACIÓN CONSENSUAL; common-law
dedication.
DEDICACIÓN ESTATUARIA; statutory
dedication.
DEDICACIÓN EXPRESA; express dedication.
DEDICACIÓN IMPLÍCITA; implied
dedication.
DEDICACIÓN TÁCITA; tacit dedication.
DEDUCCIÓN f ; deduction, inference.
DEDUCIBLE; deductible, inferable.
DEDUCIR; to deduce, to deduct.
DEDUCIR OPOSICIÓN; to object.
DEDUCIR UN DERECHO; to claim a right.
DEDUCTIVO; deductive.
DEFALCAR; to embezzle, to default.
DEFECTO m ; defect, absence, insufficiency.
DEFECTO CONSTITUTIVO; inherent defect.
DEFECTO DE FORMA; defect of form.
DEFECTO DE PAGO; default.
DEFECTO FORMAL; defect of form.
DEFECTO INHERENTE; inherent defect.
DEFECTO INSUBSANABLE; nullifying
defect.
DEFECTO LATENTE; latent defect.
DEFECTO LEGAL; legal defect.
DEFECTO OCULTO; latent defect.

DEFECTO PATENTE; patent defect.
DEFECTO REDHIBITORIO; redhibitory defect.
DEFECTO SUBSANABLE; non-nullifying defect.
DEFECTUOSO; defective.
DEFENDEDERO; defensible.
DEFENDEDOR *m* ; defense attorney, defender.
DEFENDER; to defend, to prohibit, to impede.
DEFENDERE; to defend.
DEFENDERSE; to defend oneself.
DEFENDIBLE; defensible.
DEFENDIDO (adj); defended.
DEFENDIDO *m* ; defendant.
DEFENSA *f*; defense, answer, plea, aid, protection.
DEFENSA AFIRMATIVA; affirmative defense.
DEFENSA CIVIL; civil defense.
DEFENSA DE HECHO; self-defense.
DEFENSA DE OFICIO; public defense.
DEFENSA DILATORIA; dilatory plea.
DEFENSA FICTICIA; sham defense.
DEFENSA LEGÍTIMA; legal defense.
DEFENSA NACIONAL; national defense.
DEFENSA PERENTORIA; peremptory defense.
DEFENSA PERSONAL; self-defense.
DEFENSA POR POBRE; indigent's right to counsel.
DEFENSA PROPIA; self-defense.
DEFENSA PUTATIVA; putative self-defense.
DEFENSIÓN *f*; defense.
DEFENSIVO; defensive.
DEFENSOR *m* ; defense attorney, defender.
DEFENSOR DE OFICIO; public defender.
DEFENSOR JUDICIAL; public defender, trial attorney.
DEFENSORÍA *f*; function of a defender.
DEFENSORÍA DE OFICIO; legal aid.
DEFERIR; to submit to.
DEFICIENCIA *f*; deficiency, fault.
DEFICIENTE; deficient, faulty.
DÉFICIT *m* ; deficit.
DEFINICIÓN *f*; definition, decision.
DEFINIMIENTO *m* ; judgment, decision.
DEFINIR; to define, to decide.
DEFINITIVAMENTE; definitely, decisively.

DEFINITIVO; definite, decisive, unappealable.
DEFLACIÓN *f*; deflation.
DEFRAUDACIÓN *f*; fraud, defrauding, swindle.
DEFRAUDACIÓN FISCAL; tax evasion.
DEFRAUDADOR *m* ; defrauder, swindler.
DEFRAUDAR; to defraud, to cheat.
DEFUNCIÓN *f*; death.
DEGENERACIÓN *f*; degeneration.
DEGOLLACIÓN *f*; decapitation.
DEGRADACIÓN; degradation, humiliation.
DEGRADAR; to degrade, to humiliate.
DEJACIÓN *f*; abandonment, renunciation, assignment.
DEJADEZ *f*; abandonment, neglect.
DEJAMIENTO *m* ; abandonment, negligence, indifference.
DEJAR; to leave, to bequeath, to allow, to designate.
DEJAR A SALVO; to hold harmless.
DEJAR DE; to cease.
DEJAR SIN EFECTO; to annul.
DELACIÓN *f*; accusation.
DELATANTE (adj); accusing.
DELATANTE *m/f* ; informer, accuser.
DELATAR; to inform on, to accuse, to denounce.
DELATOR (adj); informing, accusing.
DELATOR *m* ; informer, accuser.
DELEGABLE; delegable.
DELEGACIÓN *f*; delegation, agency, authorization.
DELEGACIÓN DE CRÉDITO; novation.
DELEGACIÓN DE DEUDA; novation.
DELEGACIÓN DE PODERES; delegation of powers.
DELEGADO (adj); delegated, assigned.
DELEGADO *m* ; delegate, agent, representative, assignee, deputy.
DELEGANTE *m* ; principal, assignor.
DELEGAR; to delegate, to assign, to authorize, to depute.
DELEGAR AUTORIDAD; to delegate authority.
DELEGATORIO; delegatory.
DELIBERACIÓN *f*; deliberation.
DELIBERADAMENTE; deliberately, premeditatedly.

DELIBERADO; deliberately, aforethought.

DELIBERAR; to deliberate, to confer.

DELICT; criminal offense, a wrong, tort.

DELICTIVO; criminal, delinquent.

DELICTUM; criminal act, tortious act.

DELIMITAR; to delimit.

DELINCUENCIA *f*; delinquency, criminality.

DELINCUENCIA DE MENORES; juvenile delinquency.

DELINCUENCIA JUVENIL; juvenile delinquency.

DELINCUENTE *m/f*; delinquent, criminal.

DELINCUENTE HABITUAL; habitual criminal.

DELINCUENTE JUVENIL; juvenile delinquent.

DELINQUIR; to commit a crime, to break a law.

DELITO *m*; offense, crime, felony.

DELITO AGOTADO; crime whose effects have been completed.

DELITO CALIFICADO; aggravated crime.

DELITO CASUAL; unpremeditated crime.

DELITO CAUCIONABLE; bailable offense.

DELITO CIVIL; civil injury.

DELITO COMPLEJO; crime which includes other crimes, inchoate crime.

DELITO COMÚN; common-law crime.

DELITO CONCURRENTE; concurrent crime.

DELITO CONEXO; related crime.

DELITO CONSUMADO; completed crime.

DELITO CONTINUADO; continuous crime.

DELITO CONTINUO; continuing crime.

DELITO CONTRA EL HONOR; crime against honor.

DELITO CONTRA EL ORDEN PÚBLICO; crime against public order.

DELITO CONTRA LA HONESTIDAD; sex crime.

DELITO CONTRA LA PROPIEDAD; property crime.

DELITO CONTRA LA SALUD PÚBLICA; crime against public health.

DELITO CULPOSO; crime committed through negligence.

DELITO DE ASALTO; assault.

DELITO DE COMISIÓN; crime of commission.

DELITO DE IMPRUDENCIA; crime committed through negligence.

DELITO DE INCENDIAR; arson.

DELITO DE INCENDIO; arson.

DELITO DE OMISIÓN; crime of omission.

DELITO DOLOSO; deceitful crime, intentional crime.

DELITO ELECTORAL; electoral crime.

DELITO ESPECIAL; statutory crime.

DELITO FISCAL; tax crime.

DELITO FLAGRANTE; crime discovered while in progress.

DELITO FORMAL; offense which is a crime even without actual harm.

DELITO FRUSTRADO; frustrated crime.

DELITO GRAVE; felony.

DELITO IMPOSIBLE; impossible crime.

DELITO INFAMANTE; infamous crime.

DELITO INSTANTÁNEO; instantaneous crime.

DELITO INTENCIONAL; intentional crime.

DELITO INTENTADO; attempted crime.

DELITO INVOLUNTARIO; involuntary crime.

DELITO MATERIAL; offense which must harm to be a crime.

DELITO MAYOR; felony.

DELITO MENOR; misdemeanor.

DELITO MENOS GRAVE; misdemeanor.

DELITO MILITAR; military crime.

DELITO NO INTENCIONAL; crime committed through negligence.

DELITO NOMINADO; nominate crime.

DELITO ORGANIZADO; organized crime.

DELITO PENAL; criminal offense.

DELITO PERMANENTE; continuing crime.

DELITO POLÍTICO; political crime.

DELITO POR IMPRUDENCIA; crime committed through negligence.

DELITO PRETERINTENCIONAL; crime which exceeds the intended consequences.

DELITO PUTATIVO; putative crime.

DELITO REITERADO; repeated crime.

DELITO SIMPLE; single crime.

DELITO SUCESIVO; continuing crime.

DELITO TENTADO; attempted crime.

DELITO ULTRAINTENCIONAL; crime which exceeds the intended consequences.

DEMAGOGIA *f*; demagogy.

DEMAGOGO *m*; demagogue.

DEMANDA *f*; complaint, claim, demand, request, order.

DEMANDA ALTERNATIVA; complaint based on several legal grounds that are inconsistent, complaint for alternative relief.

DEMANDA ANALÍTICA; complaint based on several legal grounds that are inconsistent, complaint for alternative relief.

DEMANDA ARTICULADA; articulated complaint.

DEMANDA CONDICIONADA; conditioned complaint.

DEMANDA DE APELACIÓN; bill of appeal.

DEMANDA DE DAÑOS Y PERJUICIOS; claim for damages, tort claim.

DEMANDA DE IMPUGNACIÓN; exception, objection.

DEMANDA DE NULIDAD; complaint for a nullification.

DEMANDA DE POBREZA; request to file a suit without having to pay costs.

DEMANDA DECLARATIVA; petition for declaratory judgment.

DEMANDA EN EQUIDAD; bill in equity.

DEMANDA EN JUICIO HIPOTECARIO; bill for foreclosure.

DEMANDA GRADUADA; complaint based on several legal grounds that are inconsistent, complaint for alternative relief.

DEMANDA INCIDENTAL; incidental complaint.

DEMANDA JUDICIAL; judicial complaint.

DEMANDA PLURAL; complaint on several grounds.

DEMANDA POR DAÑOS Y PERJUICIOS; claim for damages, tort claim.

DEMANDA PRINCIPAL; principal complaint.

DEMANDA SUCESIVA; subsequent complaint.

DEMANDA SUPLEMENTARIA; supplementary complaint.

DEMANDADO *m*; defendant, respondent.

DEMANDADO NOMINAL; nominal defendant.

DEMANDADOR *m*; complainant, claimant, demandant, plaintiff.

DEMANDADOR POR AUTO DE CASACIÓN; plaintiff in error.

DEMANDANTE *m/f*; complainant, claimant, demandant, plaintiff.

DEMANDAR; to complain, to sue, to demand, to petition.

DEMANDAR EN JUICIO; to sue.

DEMARCACIÓN *f*; demarcation.

DEMASÍA *f*; excess, audacity.

DEMENCIA *f*; dementia, insanity.

DEMENTE; demented, insane.

DEMOCRACIA *f*; democracy.

DEMOCRACIA INDUSTRIAL; industrial democracy.

DEMÓCRATA *m/f*; democrat.

DEMOGRAFÍA *f*; demography.

DEMORA *f*; delay, demurrage.

DEMORAR; to delay, to hold.

DEMOROSO; overdue, in default.

DEMOSTRABLE; demonstrable.

DEMOSTRACIÓN *f*; demonstration.

DEMOSTRAR; to demonstrate.

DEMOSTRATIVO; demonstrative.

DENEGACIÓN *f*; denial, refusal.

DENEGACIÓN COMPLETA; general denial.

DENEGACIÓN DE AUXILIO; refusal to aid.

DENEGACIÓN DE JUSTICIA; denial of justice.

DENEGACIÓN GENERAL; general denial.

DENEGAR; to deny, to refuse, to overrule.

DENEGATORIO; denying, negatory, rejecting.

DENIGRAR; to denigrate, to defame, to slander.

DENIGRATIVO; denigratory, defamatory, slanderous.

DENOMINACIÓN *f*; denomination, title.

DENOMINACIÓN COMERCIAL; trade name.

DENUNCIA *f*; denunciation, accusation, presentment, report, announcement.

DENUNCIA CALUMNIOSA; malicious accusation.

DENUNCIA DE ACCIDENTE; accident report.

DENUNCIA DE EXTRAVÍO; notice of loss.

DENUNCIA DEL CONTRIBUYENTE; income tax return.

DENUNCIA FALSA; false accusation.

DENUNCIABLE; terminable, that may be denounced.

DENUNCIACIÓN f; denunciation, accusation, presentment, report, announcement.

DENUNCIADO; accused.

DENUNCIADOR m ; denouncer, accuser, informer, person who files a report, claimant.

DENUNCIANTE m/f ; denouncer, accuser, informer, person who files a report, claimant.

DENUNCIAR; to denounce, to accuse, to arraign, to report, to announce, to give notice of termination, to file a mining claim.

DENUNCIAR DATOS; to provide information.

DENUNCIAR UN CONVENIO; to denounce an agreement.

DENUNCIAR UN SALDO; to show a balance.

DENUNCIAR UNA MINA; to file a mining claim.

DENUNCIO m ; denouncement.

DEONTOLOGÍA JURÍDICA; legal ethics.

DEPARTAMENTO m ; department, branch, district.

DEPENDENCIA f; dependence, branch, agency.

DEPENDIENTE (adj); dependent, subordinate.

DEPENDIENTE m/f ; agent, employee.

DEPENDIENTE LEGAL; legal dependent.

DEPONENTE m/f ; deponent, witness, declarant, depositor, bailor.

DEPONER; to depose, to testify, to declare, to put aside.

DEPORTACIÓN f; deportation.

DEPOSICIÓN f; deposition, testimony, affirmation, removal from office.

DEPOSITANTE m/f ; depositor, bailor.

DEPOSITAR; to deposit, to entrust.

DEPOSITARÍA f; depository.

DEPOSITARIO m ; depositary, trustee, bailee.

DEPOSITARIO DE PLICA; escrow agent.

DEPOSITARIO JUDICIAL; receiver.

DEPÓSITO m ; deposit, warehouse, trust agreement, bailment, down payment.

DEPÓSITO A LA VISTA; demand deposit.

DEPÓSITO A PLAZO; time deposit.

DEPÓSITO A TÉRMINO; time deposit.

DEPÓSITO ACCIDENTAL; involuntary bailment.

DEPÓSITO ADUANERO; customs deposit.

DEPÓSITO AFIANZADO; bonded warehouse.

DEPÓSITO BANCARIO; bank deposit.

DEPÓSITO CIVIL; gratuitous bailment.

DEPÓSITO COMERCIAL; bailment.

DEPÓSITO CONVENCIONAL; voluntary deposit.

DEPÓSITO DE CADÁVERES; morgue.

DEPÓSITO DE GARANTÍA; guarantee deposit.

DEPÓSITO DE GIRO; demand deposit.

DEPÓSITO DE PERSONAS; custody of individual for their own protection.

DEPÓSITO DERIVADO; derivative deposit.

DEPÓSITO DISPONIBLE; demand deposit.

DEPÓSITO EFECTIVO; actual bailment.

DEPÓSITO EN AVERÍA GRUESA; general average deposit.

DEPÓSITO EN MUTUO; loan for consumption.

DEPÓSITO GRATUITO; gratuitous deposit, gratuitous bailment.

DEPÓSITO IRREGULAR; irregular deposit.

DEPÓSITO JUDICIAL; judicial deposit.

DEPÓSITO LEGAL; legal deposit.

DEPÓSITO MERCANTIL; bailment.

DEPÓSITO NECESARIO; legal deposit, necessary deposit.

DEPÓSITO REGULAR; regular deposit.

DEPÓSITO VOLUNTARIO; voluntary deposit.

DEPRAVACIÓN f; depravation.

DEPRAVADO; depraved, corrupted.

DEPRECIABLE; depreciable.

DEPRECIACIÓN f; depreciation.

DEPRECIACIÓN EXCESIVA; overdepreciation.

DEPRECIAR; to depreciate.

DEPREDACIÓN f; depredation, embezzlement.

DEPRESIÓN f; depression.

DEPRESIÓN ECONÓMICA; depression.

DERECHO m ; right, law, franchise.

DERECHO A DESEMPEÑAR CARGOS PÚBLICOS; right to hold office.

DERECHO A LA HUELGA; right to strike.

DERECHO A LA INTIMIDAD; right to privacy.

DERECHO A SUFRAGIO; right to vote.

DERECHO A TRABAJAR; right to work.

DERECHO ABSOLUTO; absolute right.

DERECHO ACCESORIO; secondary right.

DERECHO ADJETIVO; adjective law.

DERECHO ADMINISTRATIVO; administrative law.

DERECHO ADQUIRIDO; vested right.

DERECHO AERONÁUTICO; air law.

DERECHO AGRARIO; agriculture law.

DERECHO AJENO; the right of another.

DERECHO AL HONOR; right to one's honor.

DERECHO ANTECEDENTE; antecedent right.

DERECHO APARENTE; apparent right.

DERECHO BANCARIO; banking law.

DERECHO CAMBIARIO; rights pertaining to a bill of exchange.

DERECHO CIVIL; civil law.

DERECHO COMERCIAL; commercial law.

DERECHO COMO VOTANTE; right to vote.

DERECHO COMPARADO; comparative law.

DERECHO COMPARATIVO; comparative law.

DERECHO COMÚN; common law, general law.

DERECHO CONDICIONAL; conditional right.

DERECHO CONSTITUCIONAL; constitutional right.

DERECHO CONSUETUDINARIO; common law, unwritten law, consuetudinary law.

DERECHO CONSULAR; consular fee.

DERECHO CONYUGAL; marital right.

DERECHO CORPORATIVO; corporate law.

DERECHO CRIMINAL; criminal law.

DERECHO CRIMINAL INTERNACIONAL; international criminal law.

DERECHO DE ABSTENCIÓN; right to abstain.

DERECHO DE ACCIÓN; right in action.

DERECHO DE ACCIONAR; right in action.

DERECHO DE ACRECER; right of accession.

DERECHO DE ADMISIÓN; right to admission.

DERECHO DE ANGARIA; right of angary.

DERECHO DE APELACIÓN; right of appeal.

DERECHO DE ARRENDAMIENTO; leasehold.

DERECHO DE ASILO; right of asylum.

DERECHO DE ASISTENCIA; right to assistance.

DERECHO DE ASISTENCIA LEGAL; right to legal assistance.

DERECHO DE ASOCIACIÓN; right of association.

DERECHO DE AUTOR; copyright.

DERECHO DE CAPITACIÓN; poll tax.

DERECHO DE CLIENTELA; goodwill.

DERECHO DE CRÉDITO; creditor's right.

DERECHO DE DEFENSA; right of self-defense.

DERECHO DE DELIBERAR; right to deliberate.

DERECHO DE DESPIDO; right to discharge.

DERECHO DE DIRECCIÓN; right to control.

DERECHO DE DISFRUTE; right of enjoyment.

DERECHO DE DISPONER; right to dispose of.

DERECHO DE DOMINIO; right of fee simple ownership.

DERECHO DE ENFITEUSIS; emphyteusis.

DERECHO DE ENTRADA; right of entry, import duty.

DERECHO DE EXPORTACIÓN; export duty.

DERECHO DE FAMILIA; family law.

DERECHO DE FEDERACIÓN; right to organize.

DERECHO DE FORMA; adjective law.

DERECHO DE GENTES; international law.

DERECHO DE GUERRA; war law.

DERECHO DE HABITACIÓN; right of habitation.

DERECHO DE HOGAR SEGURO; homestead right.

DERECHO DE HUELGA; right to strike.

DERECHO DE IMPORTACIÓN; import duty.

DERECHO DE IMPOSICIÓN; taxing power.

DERECHO DE IMPRESIÓN; copyright.

DERECHO DE INMUNIDAD; right to immunity.

DERECHO DE INSOLVENCIA; bankruptcy law.

DERECHO DE LAS SUCESIONES; law of successions.

DERECHO DE LEGÍTIMA DEFENSA; right of self-defense.

DERECHO DE LOS NEGOCIOS; commercial law.

DERECHO DE LOS RIESGOS DEL TRABAJO; workers' compensation law.

DERECHO DE MINAS; mining law, mining right.

DERECHO DE NAVEGACIÓN; admiralty law.

DERECHO DE NO RESPONDER; right to silence.

DERECHO DE PASO; right of way, easement of access.

DERECHO DE PASTOS; right to pasture.

DERECHO DE PATENTE; patent right.

DERECHO DE PERMANENCIA; right of continued occupancy.

DERECHO DE PESCA; right to fish.

DERECHO DE PETICIÓN; right to petition.

DERECHO DE POSESIÓN; right of possession.

DERECHO DE PRELACIÓN; right of first refusal.

DERECHO DE PRIORIDAD; right of pre-emption.

DERECHO DE PRIVACIDAD; right to privacy.

DERECHO DE PROPIEDAD; property rights, real estate law.

DERECHO DE PROPIEDAD LITERARIA; copyright.

DERECHO DE RECURSO; right of appeal.

DERECHO DE RECUSACIÓN; right to challenge.

DERECHO DE REDENCIÓN; right of redemption.

DERECHO DE REPETICIÓN; right of repetition.

DERECHO DE REPRESENTACIÓN; right of representation.

DERECHO DE REPRODUCCIÓN; copyright.

DERECHO DE RESCATE; right of redemption.

DERECHO DE RESOLUCIÓN; right of termination.

DERECHO DE RETENCIÓN; lien.

DERECHO DE RETRACTO; right of revocation.

DERECHO DE REUNIÓN; right of assembly.

DERECHO DE SERVIDUMBRE; right of easement.

DERECHO DE SINDICALIZACIÓN; right to unionize.

DERECHO DE SUFRAGIO; right to vote.

DERECHO DE SUPERFICIE; surface rights.

DERECHO DE TANTEO; right of first refusal.

DERECHO DE TRABAJO; labor law.

DERECHO DE TRÁNSITO; freedom of passage.

DERECHO DE USO; right of use.

DERECHO DE VÍA; right of way.

DERECHO DE VISITA; right to visit.

DERECHO DE VOTAR; right to vote.

DERECHO DEL CONTRATO; contract law.

DERECHO DEL TANTO; right of first refusal.

DERECHO DEL TRABAJO; labor law.

DERECHO DIPLOMÁTICO; law of diplomacy.

DERECHO ELECTORAL; right to vote.

DERECHO ESCRITO; written law.

DERECHO ESPACIAL; law of space.

DERECHO ESTATUTARIO; statute law.

DERECHO ESTRICTO; strict law.

DERECHO EXPRESO; written law.

DERECHO EXTRANJERO; foreign law.

DERECHO FACULTATIVO; elective right.

DERECHO FIJO; fixed tax.

DERECHO FISCAL; tax law.

DERECHO FORAL; local law.

DERECHO FORMAL; adjective law.

DERECHO FUNDAMENTAL; constitutional law, fundamental right.

DERECHO FUTURO; future interest.

DERECHO HEREDITARIO; law of successions.

DERECHO HIPOTECARIO; mortgage law.

DERECHO IMPUGNATORIO; right of objection.

DERECHO INDEMNIZATORIO; right to indemnity.

DERECHO INDUSTRIAL; labor law.

DERECHO INHERENTE; inherent right.

DERECHO INMOBILIARIO; real estate law.

DERECHO INTELECTUAL; copyright.

DERECHO INTERNACIONAL; international law.

DERECHO INTERNACIONAL DEL TRABAJO; international labor law.

DERECHO INTERNACIONAL PRIVADO; international private law.

DERECHO INTERNACIONAL PÚBLICO; international public law.

DERECHO INTERNO; national law.

DERECHO JUDICIAL; laws governing the judiciary.

DERECHO JURISPRUDENCIAL; case law.

DERECHO JUSTICIAL; law of procedure.

DERECHO LABORAL; labor law.

DERECHO LATO; equity.

DERECHO LEGAL; statutory law.

DERECHO LITIGIOSO; litigious right.

DERECHO MARCARIO; trademark law, trademark right.

DERECHO MARÍTIMO; admiralty law.

DERECHO MATERIAL; substantive law.

DERECHO MATRIMONIAL; marital law.

DERECHO MERCANTIL; commercial law.

DERECHO MILITAR; military law.

DERECHO MINERO; mining law.

DERECHO MOBILIARIO; personal property law.

DERECHO MUNICIPAL; municipal law.

DERECHO NACIONAL; national law.

DERECHO NATURAL; natural law, natural right.

DERECHO NO ESCRITO; unwritten law.

DERECHO NOTARIAL; laws pertaining to notaries public.

DERECHO OBRERO; labor law.

DERECHO ORGÁNICO; organic law.

DERECHO PARLAMENTARIO; parliamentary law.

DERECHO PARTICULAR; franchise.

DERECHO PATENTARIO; patent law.

DERECHO PATRIMONIAL; property law.

DERECHO PATRIO; law of a country.

DERECHO PENAL; criminal law.

DERECHO PENAL INTERNACIONAL; international criminal law.

DERECHO PERSONAL; personal law.

DERECHO POLÍTICO; political science, political right.

DERECHO POSITIVO; positive law.

DERECHO POTESTATIVO; elective right.

DERECHO PREFERENTE; prior claim.

DERECHO PRIMARIO; antecedent right.

DERECHO PRIVADO; private law.

DERECHO PROCESAL; procedural law.

DERECHO PROCESAL CIVIL; law of civil procedure, rules of civil procedure.

DERECHO PROCESAL INTERNACIONAL; international procedural law.

DERECHO PROCESAL PENAL; law of criminal procedure, rules of criminal procedure.

DERECHO PÚBLICO; public law.

DERECHO REAL; real right.

DERECHO RITUARIO; law of procedure.

DERECHO ROMANO; Roman law.

DERECHO SUBSTANCIAL; substantive law.

DERECHO SUBSTANTIVO; substantive law.

DERECHO SUCESORIO; law of successions.

DERECHO SUPERIOR; prior claim.

DERECHO SUPLETORIO; law applied where there is no fitting legislation.

DERECHO TRIBUTARIO; tax law.

DERECHO USUAL; customary law.

DERECHO VIGENTE; law in effect.

DERECHOHABIENTE m/f; holder of a right, successor.

DERECHOS; taxes, duties, laws, rights, fees.

DERECHOS ABSOLUTOS; absolute rights.

DERECHOS ADUANEROS; customs duties.

DERECHOS AÉREOS; air rights.

DERECHOS AJUSTABLES; adjustable tariffs.

DERECHOS AL VALOR; ad valorem duties.

DERECHOS ARANCELARIOS; customs duties.

DERECHOS CIVILES; civil rights.

DERECHOS CONSULARES; consular fees.

DERECHOS DE ADUANA; customs duties.

DERECHOS DE AUTOR; copyright.

DERECHOS DE ENTRADA; import duties.

DERECHOS DE EXCLUSIVIDAD; exclusive rights.

DERECHOS DE EXPORTACIÓN; export duties.

DERECHOS DE FÁBRICA; manufacturing royalties.

DERECHOS DE GUARDA; custodian's fees.

DERECHOS DE LICENCIA; license fees.

DERECHOS DE PATENTE; patent rights, patent royalties.

DERECHOS DE PROTECCIÓN; protective duties.

DERECHOS DE PUERTO; keelage.

DERECHOS DE QUILLA; keelage.

DERECHOS DE REPRESALIA; retaliatory tariffs.

DERECHOS DE SALIDA; export duties.

DERECHOS DE SALVADOR; salvage money.

DERECHOS DE SALVAMENTO; salvage money.

DERECHOS DE SECRETARÍA; court clerk's fees.

DERECHOS DE SELLO; stamp taxes.

DERECHOS DE SUBSCRIPCIÓN; stock rights.

DERECHOS DE SUCESIÓN; inheritance taxes.

DERECHOS DE TERCEROS; rights of third parties.

DERECHOS DE TIMBRE; stamp taxes.

DERECHOS DEL TRABAJADOR; workers' rights.

DERECHOS EQUITATIVOS; equitable rights.

DERECHOS ESENCIALES; basic rights.

DERECHOS ESTATALES; government taxes, government fees.

DERECHOS EXPECTATIVOS; expectant rights.

DERECHOS FLEXIBLES; adjustable tariffs.

DERECHOS HUMANOS; human rights.

DERECHOS IMPOSITIVOS; taxes, duties.

DERECHOS INDIVIDUALES; individual rights.

DERECHOS INNATOS; natural rights.

DERECHOS JUBILATORIOS; retirement rights.

DERECHOS JUDICIALES; court fees.

DERECHOS PARA RENTA PÚBLICA; revenue tariffs.

DERECHOS PERSONALES; personal rights.

DERECHOS POLÍTICOS; political rights.

DERECHOS PORTUARIOS; port duties.

DERECHOS PROTECTORES; protective duties.

DERECHOS RELATIVOS; relative rights.

DERECHOS REPARADORES; restitutory rights.

DERECHOS RESERVADOS; reserved rights.

DERECHOS RESTITUTORIOS; remedial rights.

DERECHOS RIBEREÑOS; riparian rights.

DERECHOS SECUNDARIOS; secondary rights.

DERECHOS SUCESORIOS; inheritance taxes.

DERECHOS VARIABLES; adjustable tariffs.

DERECHOS Y ACCIONES; rights and actions.

DEROGABLE; repealable, annullable.

DEROGACIÓN f; repeal, annulment, derogation.

DEROGADO; repealed, annulled.

DEROGAR; to repeal, to annul.

DEROGATORIO; repealing, annulling.

DERRAMA f; apportionment.

DERRAMAR; to apportion.

DERRELICTO m; derelict, abandoned ship.

DERRIBAR; to knock down, to overthrow.

DERROCAMIENTO m; coup, overthrow.

DERROCAR; to overthrow, to knock down.

DERROCHE m; waste, squandering.

DESACATO m; contempt, disrespect.

DESACATO A LA CORTE; contempt of court.

DESACATO AL TRIBUNAL; contempt of court.

DESACATO CIVIL; civil contempt.

DESACATO CONSTRUCTIVO; constructive contempt.

DESACATO CRIMINAL; criminal contempt.

DESACATO DIRECTO; direct contempt.

DESACATO INDIRECTO; indirect contempt.

DESACONSEJAR; to dissuade, to advise against.

DESACREDITAR; to discredit.

DESACUERDO *m* ; disagreement, discrepancy, error.

DESADEUDAR; to free from debt.

DESADEUDARSE; to pay debts.

DESAFIANZAR; to release a bond.

DESAFÍO *m* ; challenge, defiance, competition.

DESAFORADAMENTE; excessively, lawlessly, imprudently.

DESAFORADO; excessive, lawless, imprudent.

DESAFORAR; to deprive of a right, to disbar.

DESAFORO *m* ; disbarment, rage.

DESAFUERO *m* ; violation, deprivation of rights, excess, illegal act, lawlessness.

DESAGRAVIAR; to indemnify, to redress.

DESAGRAVIO *m* ; indemnity, redress.

DESAGUISADO (adj); illegal, unjust, outrageous.

DESAGUISADO *m* ; offense, injury, outrage.

DESAHOGADO; unencumbered.

DESAHUCIADOR *m* ; evictor, dispossessor.

DESAHUCIAR; to evict, to dispossess.

DESAHUCIO *m* ; eviction, dispossession, severance pay, notice of termination of lease.

DESAIRAR; to dishonor, to refuse.

DESALOJAMIENTO *m* ; eviction, dispossession.

DESALOJAR; to evict, to dispossess, to move out.

DESALOJO *m* ; eviction, dispossession.

DESALOJO FÍSICO; actual eviction.

DESALOJO IMPLÍCITO; constructive eviction.

DESALOJO SOBREENTENDIDO; constructive eviction.

DESALOJO VIRTUAL; constructive eviction.

DESALQUILAR; to vacate, to evict.

DESAMORTIZABLE; disentailable.

DESAMORTIZACIÓN *f* ; disentailment.

DESAMORTIZAR; to disentail.

DESAMPARAR; to abandon, to relinquish.

DESAMPARO *m* ; abandonment.

DESAPARECER; to disappear.

DESAPARECIDO; disappeared.

DESAPARICIÓN *f* ; disappearance.

DESAPODERAR; to cancel a power of attorney, to dispossess, to remove from office.

DESAPOSESIONAR; to dispossess.

DESAPOYAR; to withdraw support from.

DESAPRISIONAR; to release.

DESAPROBAR; to disapprove, to disallow.

DESAPROPIAMIENTO *m* ; transfer of property, the surrender of property.

DESAPROPIAR; to transfer property.

DESAPROPIO *m* ; transfer of property, the surrender of property.

DESARMAR; to disarm.

DESARMARSE; to disarm oneself.

DESARRENDAR; to terminate a lease.

DESARROLLAR; to develop, to promote.

DESARROLLO *m* ; development, exposition.

DESARROLLO ECONÓMICO; economic development.

DESASEGURAR; to cancel insurance.

DESASOCIAR; to dissociate.

DESASTRE *m* ; disaster.

DESATENDER; to neglect, to disregard, to dishonor.

DESAUTORIZACIÓN *f* ; privation of authority, disallowance.

DESAUTORIZADO; unauthorized.

DESAUTORIZAR; to deprive of authority, to disallow.

DESAVENENCIA *m* ; discord.

DESBLOQUEAR; to lift a blockade, to unfreeze.

DESBLOQUEO *m* ; unblocking, unfreezing.

DESCALIFICAR; to disqualify.

DESCANSO *m* ; rest, relief.

DESCAPITALIZACIÓN *f* ; decapitalization.

DESCARGA *f* ; unloading, discharge.

DESCARGAR; to unload, to fire, to discharge.

DESCARGAR LA RESPONSABILIDAD; to transfer responsibility.

DESCARGARSE; to resign, to free oneself of responsibility, to answer an accusation.

DESCARGO *m* ; unloading, release, answer, acquittal.

DESCARGO EN QUIEBRA; discharge in bankruptcy.

DESCENDENCIA *f* ; descent, descendants.

DESCENDENCIA COLATERAL; collateral descent.

DESCENDENCIA LEGÍTIMA; legal descendants.

DESCENDENCIA LINEAL; lineal descent.

DESCENDIENTE *m/f*; descendant.

DESCENTRALIZACIÓN *f*; decentralization.

DESCENTRALIZAR; to decentralize.

DESCONFIANZA *f*; lack of confidence, suspicion, distrust.

DESCONFIAR; to distrust, to suspect.

DESCONFORMAR; to object, to disagree.

DESCONFORME; disagreeing.

DESCONFORMIDAD *f*; disagreement, dissent.

DESCONOCER; to disavow, to disclaim, to ignore.

DESCONOCIMIENTO *m*; ignorance, disregard.

DESCONTABLE; discountable.

DESCONTADOR *m*; payee of a discounted bill.

DESCONTANTE *m*; payee of a discounted bill.

DESCONTAR; to discount, to disregard.

DESCONTINUAR; to discontinue, to suspend.

DESCORRER EL VELO CORPORATIVO; piercing the corporate veil.

DESCRÉDITO *m*; discredit.

DESCRIPCIÓN *f*; description, inventory.

DESCRIPTIO PERSONAE; description of the person.

DESCUBIERTO (adj); uncovered, unprotected.

DESCUBIERTO *m*; overdraft, shortage.

DESCUBIERTO EN CUENTA; overdraft.

DESCUBRIMIENTO *m*; discovery.

DESCUBRIR; to discover.

DESCUENTO *m*; discount.

DESCUIDADO; careless, negligent, abandoned.

DESCUIDAR; to neglect, to abandon.

DESCUIDO *m*; carelessness, neglect, inadvertence.

DESCUIDO CULPABLE; culpable neglect.

DESCUIDO DOLOSO; intentional neglect.

DESECHAR; to discard, to dismiss, to reject.

DESEMBARCAR; to disembark, to unload.

DESEMBARGAR; to lift an embargo, to remove a lien.

DESEMBARGO *m*; lifting of an embargo, removal of a lien.

DESEMBOLSAR; to disburse, to pay.

DESEMBOLSO *m*; disbursement, payment.

DESEMEJANZA *f*; dissimilarity.

DESEMEJANZA DE ALEGATOS; multifariousness.

DESEMPEÑAR; to carry out, to comply with, to redeem.

DESEMPEÑO *m*; carrying out, performance, fulfillment.

DESEMPLEO *m*; unemployment.

DESENCARCELAR; to free.

DESERCIÓN *f*; desertion, abandonment.

DESERCIÓN DE RECURSOS; abandonment of appeal.

DESERTAR; to desert, to abandon.

DESERTAR LA APELACIÓN; to abandon the appeal.

DESERTOR *m*; deserter.

DESESTIMACIÓN *f*; denial of a motion, disrespect.

DESESTIMACIÓN DE LA PERSONALIDAD SOCIETARIA; piercing the corporate veil.

DESESTIMAR; to dismiss, to overrule, to reject, to underestimate.

DESESTIMATORIO; rejecting, denying.

DESFALCADOR *m*; embezzler, defaulter.

DESFALCAR; to embezzle, to default.

DESFALCO *m*; embezzlement, defalcation.

DESFIGURAR; to disfigure, to distort.

DESGLOSAR; to remove, to remove from a court file.

DESGLOSE *m*; removal, removal from a court file.

DESGRACIA *f*; disgrace, mishap.

DESGRAVACIÓN *f*; tax reduction.

DESGRAVAR; to reduce taxes, to disencumber, to remove a lien.

DESHABITADO; uninhabited.

DESHACER; to undo, to violate, to destroy, to annul.

DESHACER EL CONTRATO; to rescind the contract.

DESHEREDACIÓN *f*; disinheritance.

DESHEREDADO; disinherited.

DESHEREDAMIENTO *m*; disinheritance.

DESHEREDAR; to disinherit.

DESHIPOTECAR; to pay off a mortgage, to cancel a mortgage.

DESHONESTIDAD *f*; dishonesty, indecency.

DESHONESTO; dishonest, indecent.

DESHONOR *m* ; dishonor.

DESHONRAR; to dishonor, to disgrace.

DESHONROSO; dishonorable.

DESIDIA *f* ; carelessness, negligence.

DESIERTO; deserted.

DESIGNADO; designated, specified.

DESIGNAR; to designate, to indicate, to nominate.

DESIGUAL; unequal.

DESINCORPORAR; to dissolve a corporation, to divide.

DESINTERESADAMENTE; disinterestedly.

DESINVESTIDURA *f* ; disqualification.

DESISTIMIENTO *m* ; abandonment, desistance.

DESISTIMIENTO DE LA ACCIÓN; abandonment of action.

DESISTIMIENTO DE LA DEMANDA; abandonment of action.

DESISTIMIENTO DE LA INSTANCIA; abandonment of action.

DESISTIMIENTO DEL RECURSO; abandonment of appeal.

DESISTIMIENTO EXPRESO; express abandonment.

DESISTIMIENTO TÁCITO; implied abandonment.

DESISTIR; to desist, to abandon, to waive.

DESISTIRSE DE LA DEMANDA; to abandon the action.

DESLEAL; disloyal, unfair, false.

DESLIGAR; to free, to separate, to excuse.

DESLINDAR; to delimit.

DESLINDE *m* ; survey, delimitation.

DESLINDE Y AMOJONAMIENTO; survey and demarcation.

DESMANDAR; to revoke, to revoke a power of attorney, to countermand.

DESMEDRO *m* ; injury, prejudice, deterioration.

DESMEMBRAR; to dismember, to dissolve.

DESMEMBRARSE; to dissolve, to dissolve a partnership.

DESMENTIR; to contradict, to disprove, to conceal.

DESMONETIZAR; to demonetize.

DESNACIONALIZAR; to denationalize.

DESNATURALIZAR; to denaturalize, to vitiate.

DESOBEDECER; to disobey.

DESOBEDIENCIA *f* ; disobedience, non-compliance.

DESOBEDIENCIA CIVIL; civil disobedience.

DESOBEDIENCIA DE LA AUTORIDAD; disobedience of authority.

DESOBLIGAR; to release from an obligation.

DESOCUPACIÓN *f* ; unoccupancy, idleness, unemployment, eviction.

DESOCUPADO; unoccupied, idle, unemployed.

DESOCUPAR; to vacate, to evict.

DESOCUPAR JUDICIALMENTE; to evict.

DESOCUPARSE; to quit a job.

DESORDEN PÚBLICO; disorderly conduct.

DESORGANIZACIÓN *f* ; disorganization.

DESPACHANTE DE ADUANAS; customs agent.

DESPACHAR; to dispatch, to settle, to take care of quickly.

DESPACHO *m* ; office, court order, writ, judge's chambers, shipment, dispatch.

DESPACHO ADUANAL; customhouse clearance.

DESPACHO ADUANERO; customhouse clearance.

DESPACHO ORDINARIO; ordinary proceeding.

DESPEDIR; to dismiss, to hurl.

DESPEDIRSE; to quit.

DESPEJAR LA SALA; to clear the courtroom.

DESPERDICIOS INDUSTRIALES; industrial waste.

DESPIADADAMENTE; ruthlessly, mercilessly.

DESPIADADO; ruthless, merciless.

DESPIDO *m* ; dismissal, layoff.

DESPIDO INJUSTIFICADO; dismissal without grounds.

DESPIDO JUSTIFICADO; dismissal with grounds.

DESPIGNORAR; to release a pledge.

DESPILFARRO *m* ; waste, wastefulness.

DESPOBLADO; unpopulated, desert.

DESPOJANTE *m/f* ; despoiler.

DESPOJAR; to despoil, to evict, to dispossess, to dismiss.

DESPOJO *m* ; plunder, dispossession, forceful eviction.

DESPOSADO *m* ; recently married, handcuffed.

DESPOSAR; to wed.

DESPOSEEDOR *m* ; dispossessor.

DESPOSEER; to dispossess, to evict, to divest.

DESPOSEERSE; to disown.

DESPOSEIMIENTO *m* ; dispossession, divestiture.

DESPOSORIOS *m* ; marriage vows.

DÉSPOTA *m* ; despot.

DESPOTISMO *m* ; despotism, autocracy.

DESPRECIAR; to reject, to despise, to slight.

DESPRESTIGIO *m* ; discredit, loss of prestige.

DESPROPORCIÓN *f*; disproportion.

DESPROPORCIONADAMENTE; disproportionately.

DESPROVEER; to deprive of necessities.

DESQUITE *m* ; revenge, retaliation, compensation.

DESTAJISTA *m/f*; pieceworker.

DESTAJO *m* ; piecework.

DESTERRAR; to deport, to exile.

DESTIERRO *m* ; exile, deportation.

DESTINACIÓN *f*; destination, assignment.

DESTINAR; to destine, to designate, to allot.

DESTINATARIO *m* ; addressee, consignee.

DESTINO *m* ; destination, post.

DESTITUCIÓN *f*; destitution, dismissal from office, abandonment, deprivation.

DESTITUIR; to deprive, to dismiss.

DESTROZO *m* ; damage, destruction.

DESTRUCCIÓN *f*; destruction, damage, deterioration.

DESTRUIR; to destroy, to waste.

DESUSO *m* ; disuse, obsolescence.

DESVALIJAR; to rob, to swindle.

DESVALIJO; robbery.

DESVIACIÓN DE PODER; color of law.

DESVINCULAR; to disentail, to separate.

DESVÍO *m* ; detour, diversion.

DETALLAR; to itemize, to specify in detail.

DETALLE *m* ; detail, particular.

DETECTIVE *m/f*; detective.

DETECTIVISMO *m* ; detective service.

DETECTOR DE MENTIRAS; lie detector.

DETENCIÓN *f*; detention, arrest, restraint, distraint, deadlock.

DETENCIÓN DE LA SENTENCIA; arrest of judgment.

DETENCIÓN ILEGAL; illegal detention.

DETENCIÓN MALICIOSA; malicious arrest.

DETENCIÓN POR ORDEN VERBAL; parol arrest.

DETENCIÓN PREVENTIVA; preventive detention.

DETENCIÓN VIOLENTA; forcible detainer.

DETENER; to detain, to arrest, to retain, to delay, to distrain.

DETENER EL PAGO; to stop payment.

DETENIDAMENTE; thoroughly, cautiously.

DETENTACIÓN *f*; deforcement.

DETENTADOR *m* ; deforciant.

DETENTAR; to detain, to deforce.

DETERIORO *m* ; deterioration, damage.

DETERMINACIÓN *f*; determination, decision.

DETERMINAR; to determine, to fix.

DETRIMENTO *m* ; detriment, damage, loss, injury.

DEUDA *f*; debt, indebtedness, obligation.

DEUDA A CORTO PLAZO; short-term debt.

DEUDA A LARGO PLAZO; long-term debt.

DEUDA A PLAZO BREVE; short-term debt.

DEUDA ALIMENTARIA; obligation to support.

DEUDA ALIMENTICIA; obligation to support.

DEUDA AMORTIZABLE; amortizable debt.

DEUDA CONSOLIDADA; consolidated debt.

DEUDA EN GESTIÓN; debt in the process of collection through legal means.

DEUDA ESCRITURADA; specialty debt.

DEUDA EXTERIOR; foreign debt.

DEUDA EXTERNA; foreign debt.

DEUDA FLOTANTE; floating debt.

DEUDA ILÍQUIDA; unliquidated debt.

DEUDA IMPOSITIVA; tax liability.

DEUDA INCOBRABLE; uncollectible debt.

DEUDA LÍQUIDA; liquidated debt.

DEUDA MALA; uncollectible debt.

DEUDA MANCOMUNADA; joint debt.

DEUDA MANCOMUNADA Y SOLIDARIA; joint and several debt.

DEUDA PERPETUA; perpetual debt.

DEUDA POR JUICIO; judgment debt.

DEUDA PRIVILEGIADA; preferred debt.

DEUDA PÚBLICA; public debt.

DEUDA QUIROGRAFARIA; unsecured debt.

DEUDA VENCIDA; matured debt.

DEUDAS HEREDITARIAS; decedent's debts.

DEUDOR (adj); indebted.

DEUDOR m ; debtor, obligor.

DEUDOR ALIMENTARIO; payer of alimony.

DEUDOR ALIMENTICIO; payer of alimony.

DEUDOR CONCORDATARIO; bankrupt who has an agreement with his creditors.

DEUDOR EN MORA; delinquent debtor.

DEUDOR HIPOTECARIO; mortgagor.

DEUDOR MANCOMUNADO; joint debtor.

DEUDOR MOROSO; delinquent debtor.

DEUDOR POR FALLO; judgment debtor.

DEUDOR POR JUICIO; judgment debtor.

DEUDOR SOLIDARIO; joint and several debtor.

DEUDOS m ; relatives.

DEUTEROGAMIA f; deuterogamy.

DEVALUACIÓN f; devaluation.

DEVENGADO; accrued, earned, due.

DEVENGAR; to accrue, to draw, to have.

DEVOLUCIÓN f; devolution, return, refund, restitution.

DEVOLUCIÓN DE IMPUESTO; tax refund.

DEVOLUTIVO; returnable.

DEVOLVER; to return, to refund, to remand.

DÍA m ; day, daylight.

DÍA ANTE EL TRIBUNAL; day in court.

DÍA ARTIFICIAL; artificial day.

DÍA CIERTO; day certain.

DÍA CIVIL; civil day.

DÍA DADO; day certain.

DÍA DE COMPARECENCIA; appearance day.

DÍA DE FIESTA; holiday.

DÍA DE FIESTA OFICIAL; legal holiday.

DÍA DE GRACIA; day of grace.

DÍA DE HACIENDA; working day.

DÍA DE INDULTO; day of pardon.

DÍA DE TRABAJO; working day.

DÍA DE VACANCIA; nonjudicial day.

DÍA EN CORTE; day in court.

DÍA FERIADO; holiday.

DÍA FESTIVO; holiday.

DÍA FIJO; day certain.

DÍA HÁBIL; working day, juridical day.

DÍA HÁBIL JUDICIAL; juridical day.

DÍA INCIERTO; day uncertain.

DÍA INHÁBIL; non-working day.

DÍA LABORABLE; working day.

DÍA NATURAL; natural day.

DÍA NO LABORABLE; non-working day.

DÍA SOLAR; solar day.

DÍA ÚTIL; working day.

DIARIAMENTE; daily.

DIARIO (adj); daily.

DIARIO m ; daily, journal, newspaper.

DIARIO DE NAVEGACIÓN; logbook.

DICENTE m/f; sayer, deponent.

DICTADOR m ; dictator.

DICTADURA f; dictatorship.

DICTAMEN m ; opinion, judgment, decision, advice.

DICTAMEN DE AUDITORÍA; auditor's certificate.

DICTAMEN JUDICIAL; judicial decision.

DICTAMEN PERICIAL; expert opinion.

DICTAMINAR; to pass judgment, to express an opinion, to rule.

DICTAR; to dictate, to issue, to issue a verdict, to sentence.

DICTAR FALLO; to sentence, to pronounce judgment.

DICTAR PROVIDENCIA; to sentence, to pronounce judgment.

DICTAR SENTENCIA; to sentence, to pronounce judgment.

DICTAR UN AUTO; to issue a writ.

DICTAR UN DECRETO; to issue a decree.

DICTAR UNA OPINIÓN; to issue an opinion.

DICTÓGRAFO m ; dictograph.

DICHO m ; declaration, statement.

DIES A QUO; the day from which.

DIES AD QUEM; the day to which.

DIES JURIDICUS; a juridical day.

DIES UTILES; useful days, available days.

DIETA f; daily stipend, legislative assembly.

DIETA DE TESTIGO; daily stipend for a witness.

DIFAMACIÓN f; defamation, libel, slander.

DIFAMACIÓN CRIMINAL; criminal libel.

DIFAMACIÓN ESCRITA; libel.

DIFAMACIÓN ORAL; slander.

DIFAMACIÓN VERBAL; slander.

DIFAMAR; to defame, to libel, to slander.

DIFAMATORIO; defamatory, calumnious, libelous, slanderous.

DIFERIR; to defer, to adjourn, to delay, to differ.

DIFUNTO (adj); deceased, dead.

DIFUNTO *m* ; deceased, decedent.

DIGESTO *m* ; digest.

DIGITALES *f*; fingerprints.

DIGNATARIO *m* ; dignitary.

DIGNIDAD *f*; dignity, decorum.

DIGNIDAD DEL OFENDIDO; victim's dignity.

DIGNO; deserving, meritorious.

DIGNO DE CONFIANZA; worthy of confidence.

DILACIÓN *f*; delay, procrastination.

DILACIÓN DELIBERATORIA; period allowed for answering complaint.

DILACIÓN PROBATORIA; period allowed for answering complaint.

DILAPIDACIÓN *f*; squandering.

DILATAR; to delay, to defer, to extend.

DILATORIO; dilatory.

DILIGENCIA *f*; diligence, task, care, measure, proceeding, promptness.

DILIGENCIA DE EMBARGO; attachment proceedings.

DILIGENCIA DE EMPLAZAMIENTO; service of summons.

DILIGENCIA DE LANZAMIENTO; ejectment.

DILIGENCIA DE PRUEBA; taking of evidence.

DILIGENCIA DEBIDA; due diligence.

DILIGENCIA ESPECIAL; special diligence.

DILIGENCIA EXTRAORDINARIA; great diligence.

DILIGENCIA NECESARIA; necessary diligence.

DILIGENCIA NORMAL; ordinary diligence.

DILIGENCIA ORDINARIA; ordinary diligence.

DILIGENCIA PROCESAL; court proceeding.

DILIGENCIA PROPIA; due diligence.

DILIGENCIA RAZONABLE; reasonable diligence.

DILIGENCIA SIMPLE; ordinary diligence.

DILIGENCIA SUMARIA; summary proceeding.

DILIGENCIADOR *m* ; agent, negotiator.

DILIGENCIAR; to conduct, to serve process, to prosecute.

DILIGENCIAS DEL PROTESTO; measures taken to protest a note, measures taken to protest a draft.

DILIGENCIAS JUDICIALES; judicial proceedings.

DILIGENCIAS PARA MEJOR PROVEER; proceedings to obtain more evidence.

DILIGENCIAS PRELIMINARES; pre-trial proceedings.

DILIGENCIAS PREPARATORIAS DEL JUICIO; pre-trial proceedings.

DILIGENCIERO *m* ; agent, representative.

DILIGENTE; diligent, careful, prompt, industrious.

DILOGÍA *f*; ambiguity.

DILUCIDACIÓN *f*; elucidation, explanation.

DIMISIÓN *f*; resignation, waiver.

DIMITIR; to resign, to waive.

DINERO *m* ; money.

DINERO EN EFECTIVO; cash.

DINERO FALSO; counterfeit money.

DINERO PARA SILENCIO; hush money.

DIPLOMACIA *f*; diplomacy.

DIPLOMADO (adj); licensed.

DIPLOMADO *m* ; professional.

DIPLOMÁTICO (adj); diplomatic.

DIPLOMÁTICO *m* ; diplomat.

DIPSOMANÍA *f*; dipsomania, alcoholism.

DIPUTACIÓN *f*; delegation, post of a congressmember, post of a member of parliament.

DIPUTADO *m* ; delegate, deputy, representative, congressmember, member of parliament.

DIPUTADO PROPIETARIO; regular member of a board.

DIPUTADO SUPLENTE; alternate member of a board.

DIPUTAR; to delegate, to deputize, to designate.

DIRECCIÓN *f*; direction, address, domicile, guidance, management.

DIRECCIÓN DEL PROCESO; management of trial.

DIRECCIÓN GENERAL; headquarters.

DIRECCIÓN POSTAL; mailing address.

DIRECTIVA *f*; management, board of directors, guideline.

DIRECTIVO; directive, executive.

DIRECTO; direct.

DIRECTOR *m* ; director, executive, representative.

DIRECTORIO (adj); directory.

DIRECTORIO *m* ; directorate.

DIRECTORIOS ENCADENADOS; interlocking directorates.

DIRECTORIOS ENTRELAZADOS; interlocking directorates.

DIRIGIR; to direct, to manage.

DIRIGIRSE AL BANQUILLO; to take the stand.

DIRIGIRSE AL TRIBUNAL; to address the court.

DIRIGISMO *m* ; government intervention.

DIRIGISMO ESTATAL; government intervention.

DIRIGISMO OFICIAL; government intervention.

DIRIMENTE *m* ; circumstance which annuls a marriage, impediment to marriage.

DIRIMIR; to settle, to annul.

DISCERNIMIENTO *m* ; appointment, judicial appointment, discernment.

DISCERNIR; to appoint, to swear in, to discern.

DISCIPLINA *f*; discipline.

DISCIPLINARIO; disciplinary.

DISCONFORME; disagreeing, objecting.

DISCONFORMIDAD *f*; difference, objection, nonconformity.

DISCONTINUO; discontinuous.

DISCORDANCIA *f*; difference, dissent.

DISCORDIA *f*; discord, dissension.

DISCRECIÓN *f*; discretion, prudence.

DISCRECIONAL; discretionary.

DISCREPANCIA *f*; discrepancy, dissent.

DISCRIMEN *m* ; discrimination.

DISCRIMINACIÓN *f*; discrimination.

DISCRIMINAR; to discriminate.

DISCRIMINATORIO; discriminatory.

DISCULPA *f*; apology, excuse.

DISCULPAR; to exonerate, to apologize, to excuse.

DISCURSO *m* ; speech, conversation, statement.

DISCURSO AL JURADO; statement to the jury.

DISCURSO DE INFORME; summing up.

DISCUSIÓN *f*; discussion, dispute.

DISCUSIÓN DE LA PRETENSIÓN; defendant's denial of the claim.

DISCUTIBLE; debatable, moot.

DISCUTIR; to discuss, to debate.

DISENSO *m* ; dissent, waiver.

DISENTIR; to dissent.

DISFAMACIÓN *f*; defamation, libel, slander.

DISFRUTE *m* ; enjoyment, use, benefit, possession.

DISIDENCIA *f*; dissidence, disagreement.

DISIDENTE; dissenting.

DISIMULACIÓN *f*; dissimulation, pretense.

DISIMULO *m* ; dissimulation, pretense.

DISOLUCIÓN *f*; dissolution, liquidation, termination, conclusion.

DISOLUCIÓN DE LA SOCIEDAD CONYUGAL; separation of marital property.

DISOLUCIÓN DE LAS PERSONAS JURÍDICAS; dissolution of legal entities.

DISOLUCIÓN DEL MATRIMONIO; dissolution of marriage.

DISOLVER; to dissolve, to terminate, to settle.

DISOLVER LA REUNIÓN; to adjourn the meeting.

DISOLVER UNA CORPORACIÓN; to dissolve a corporation.

DISPARAR; to shoot, to discharge.

DISPARO *m* ; shot, discharge.

DISPARO DE ARMA DE FUEGO; discharge of a firearm.

DISPENSA *f*; dispensation, exemption.

DISPENSABLE; dispensable, excusable, pardonable.

DISPENSACIÓN *f*; dispensation, exemption.

DISPENSAR; to exempt, to pardon, to confer.

DISPONER; to dispose, to order, to prepare.

DISPONIBILIDAD *f*; availability.
DISPONIBLE; available, liquid, disposable.
DISPONIÉNDOSE; provided that.
DISPOSICIÓN *f*; disposition, requirement, order, decision, clause, disposal, specification, arrangement.
DISPOSICIÓN DE ÚLTIMA VOLUNTAD; last will.
DISPOSICIONES *f*; requirements, provisions.
DISPOSICIONES DISCRECIONALES; discretionary provisions.
DISPOSICIONES LEGALES; statutory clauses.
DISPOSICIONES PROCESALES; rules of procedure.
DISPOSICIONES SUSTANTIVAS; substantive law.
DISPOSICIONES TRANSITORIAS; temporary provisions.
DISPOSICIONES TRIBUTARIAS; tax laws.
DISPOSICIONES VINCULADAS; non-discretionary provisions.
DISPOSITIVO; dispositive.
DISPUTA *f*; dispute, contest.
DISPUTA OBRERA; labor dispute.
DISPUTABILIDAD *f*; disputability, contestability.
DISPUTABLE; disputable, contestable, moot.
DISPUTAR; to dispute, to contest, to discuss.
DISTANCIA *f*; distance, discrepancy.
DISTINGUIR; to distinguish.
DISTRACCIÓN *f*; distraction, misappropriation.
DISTRACCIÓN DE FONDOS; misappropriation.
DISTRACTO *m*; annulment of contract by mutual consent.
DISTRAER; to distract, to divert, to misappropriate.
DISTRITO *m*; district, region.
DISTRITO ADUANERO; customs district.
DISTRITO ELECTORAL; electoral district.
DISTRITO FEDERAL; federal district.
DISTRITO IMPOSITIVO; tax district.
DISTRITO JUDICIAL; judicial district.
DISTURBIO *m*; disturbance.
DISYUNTIVO; disjunctive.
DITA *f*; guarantee, debt.

DITA *m*; guarantor, person who guarantees debt.
DIVIDENDO *m*; dividend.
DIVIDENDO ACTIVO; dividend.
DIVIDENDO ACUMULATIVO; accumulative dividend.
DIVIDENDO ATRASADO; late dividend.
DIVIDENDO CASUAL; irregular dividend.
DIVIDENDO DE BIENES; property dividend.
DIVIDENDO DE CAPITAL; capital dividend.
DIVIDENDO DE LIQUIDACIÓN; liquidation dividend.
DIVIDENDO EN ACCIONES; stock dividend.
DIVIDENDO EN ESPECIE; property dividend.
DIVIDENDO EN PAGARÉS; scrip dividend.
DIVIDENDO OCASIONAL; irregular dividend.
DIVIDENDO PREFERENCIAL; preferred dividend.
DIVIDENDO PREFERENTE; preferred dividend.
DIVIDENDO PROVISIONAL; interim dividend.
DIVIDENDO PROVISORIO; interim dividend.
DIVIDUO; divisible.
DIVISA *f*; devise, emblem, foreign currency, national currency, slogan.
DIVISAS; foreign currency, foreign exchange.
DIVISIBILIDAD *f*; divisibility.
DIVISIBLE; divisible.
DIVISIÓN *f*; division, partition.
DIVISIÓN DE LA HERENCIA; partition of a succession.
DIVISIÓN DE PODERES; separation of powers.
DIVORCIAR; to divorce, to separate.
DIVORCIO *m*; divorce, separation.
DIVORCIO ABSOLUTO; absolute divorce.
DIVORCIO CONTENCIOSO; contested divorce.
DIVORCIO EN REBELDÍA; divorce granted with one of the parties absent.
DIVORCIO LIMITADO; partial divorce, qualified divorce.
DIVORCIO POR CAUSA; divorce for cause.
DIVULGACIÓN *f*; disclosure, publication.
DOBLE; double.

DOBLE EMPLEO; moonlighting.
DOBLE EXPOSICIÓN; double jeopardy.
DOBLE IMPOSICIÓN; double taxation.
DOBLE INDEMNIZACIÓN; double indemnity.
DOBLE NACIONALIDAD; dual citizenship.
DOBLE TRIBUTACIÓN; double taxation.
DOBLE VÍNCULO; dual relationship.
DOCENTE; pertaining to education.
DOCTOR *m* ; doctor, physician.
DOCTOR EN DERECHO; attorney, doctor of jurisprudence, doctor of laws.
DOCTORADO *m* ; doctorate.
DOCTRINA *f* ; doctrine.
DOCTRINA LEGAL; legal doctrine.
DOCTRINAL; doctrinal.
DOCUMENTACIÓN *f* ; documentation, document, documents, identification.
DOCUMENTACIÓN COMPROBATORIA; supporting documents.
DOCUMENTACIÓN DEL BUQUE; ship's papers.
DOCUMENTACIÓN JUSTIFICATIVA; supporting documents.
DOCUMENTADOR *m* ; court clerk.
DOCUMENTADOR PÚBLICO; notary public.
DOCUMENTAL; documentary.
DOCUMENTAR; to document, to furnish documents.
DOCUMENTAR UNA DEUDA; to provide evidence of indebtedness.
DOCUMENTARIO; documentary.
DOCUMENTO; document.
DOCUMENTO A LA ORDEN; order paper.
DOCUMENTO AL PORTADOR; bearer paper.
DOCUMENTO ANÓNIMO; unsigned document, anonymous document.
DOCUMENTO AUTÉNTICO; notarized document.
DOCUMENTO AUTÓGRAFO; signed document.
DOCUMENTO CAMBIARIO; bill of exchange.
DOCUMENTO COMERCIAL; commercial paper.
DOCUMENTO CONSTITUTIVO; incorporation papers.

DOCUMENTO CREDITORIO; credit instrument.
DOCUMENTO DE COMERCIO; commercial paper.
DOCUMENTO DE CONSTITUCIÓN; incorporation papers.
DOCUMENTO DE CRÉDITO; credit instrument.
DOCUMENTO DE GIRO; draft.
DOCUMENTO DE TRÁNSITO; bill of lading.
DOCUMENTO DE TRANSMISIÓN; bill of sale.
DOCUMENTO DE VENTA; bill of sale.
DOCUMENTO DISPOSITIVO; dispositive document.
DOCUMENTO FORMAL; formal document.
DOCUMENTO HETERÓGRAFO; document not prepared by the signer.
DOCUMENTO JUSTIFICATIVO; supporting document.
DOCUMENTO NEGOCIABLE; negotiable instrument.
DOCUMENTO NOMINADO; document bearing the name of the preparer.
DOCUMENTO NOTARIAL; notarial document.
DOCUMENTO OTORGADO EN EL EXTRANJERO; document issued abroad.
DOCUMENTO PRIVADO; private document.
DOCUMENTO PROBATORIO; document which serves as evidence.
DOCUMENTO PÚBLICO; public document.
DOCUMENTO SIMPLE; non-registered document.
DOCUMENTO SOLEMNE; formal document.
DOCUMENTO TRANSMISIBLE; negotiable instrument.
DOLI CAPAX; capable of mischief.
DOLI INCAPAX; incapable of mischief.
DOLO *m* ; deceit, fraud, lie.
DOLO CAUSANTE; deceit used in securing a contract.
DOLO CIVIL; intent to deceive.
DOLO INCIDENTAL; immaterial deceit.
DOLO NEGATIVO; deceitful omissions.
DOLO PENAL; criminal intent.
DOLO POSITIVO; active deceit.

DOLO PRINCIPAL; deceit used in securing a contract.

DOLOSAMENTE; fraudulently, deceitfully.

DOLOSO; fraudulent, deceitful.

DOMÉSTICO; domestic, internal.

DOMICILIAR; to domicile.

DOMICILIARIO; domiciliary.

DOMICILIARSE; to domicile.

DOMICILIO *m* ; domicile.

DOMICILIO ACCIDENTAL; temporary domicile.

DOMICILIO COMERCIAL; commercial domicile.

DOMICILIO CONSTITUIDO; legal residence.

DOMICILIO CONVENCIONAL; domicile of choice.

DOMICILIO CONYUGAL; matrimonial domicile.

DOMICILIO DE HECHO; actual domicile.

DOMICILIO DE LAS PERSONAS MORALES; corporate domicile.

DOMICILIO DE ORIGEN; domicile of origin.

DOMICILIO FISCAL; domicile for tax purposes.

DOMICILIO LEGAL; legal domicile, necessary domicile.

DOMICILIO MUNICIPAL; municipal domicile.

DOMICILIO NACIONAL; national domicile.

DOMICILIO NECESARIO; necessary domicile.

DOMICILIO REAL; actual domicile.

DOMICILIO SOCIAL; corporate domicile.

DOMICILIO VERDADERO; domicile of choice.

DOMINANTE; dominant, domineering.

DOMINAR; to dominate, to influence.

DOMINICAL; proprietary.

DOMINIO *m* ; dominion, ownership, control, domain, mastery.

DOMINIO ABSOLUTO; fee simple.

DOMINIO AÉREO; air rights.

DOMINIO DEL ESTADO; state property.

DOMINIO DIRECTO; legal ownership.

DOMINIO DURANTE LA VIDA; life estate.

DOMINIO EMINENTE; eminent domain.

DOMINIO FIDUCIARIO; possession in trust.

DOMINIO FISCAL; government ownership.

DOMINIO FLUVIAL; riparian ownership.

DOMINIO IMPERFECTO; imperfect ownership.

DOMINIO PERFECTO; perfect ownership.

DOMINIO PLENO; fee simple.

DOMINIO POR TIEMPO FIJO; estate for years.

DOMINIO PÚBLICO; public domain, public property.

DOMINIO SIMPLE; fee simple.

DOMINIO SUPREMO; eminent domain.

DOMINIO ÚTIL; useful ownership, usufruct.

DOMINIO VITALICIO; life estate.

DON *m* ; donation, gift, ability.

DONACIÓN *f*; donation, gift.

DONACIÓN ANTENUPCIAL; antenuptial gift.

DONACIÓN CONDICIONAL; conditional gift.

DONACIÓN DE PADRES A HIJOS; parental gift to their children.

DONACIÓN EN VIDA; gift between living persons.

DONACIÓN ENTRE VIVOS; gift between living persons.

DONACIÓN POR CAUSA DE MUERTE; gift in contemplation of death.

DONACIÓN PURA; absolute gift.

DONACIONES MUTUAS; mutual gifts.

DONADOR *m* ; donor, giver.

DONANTE *m/f*; donor, giver.

DONAR; to donate, to give.

DONATARIO *m* ; donee, recipient.

DONATIO INTER VIVOS; gift between living persons.

DONATIO MORTIS CAUSA; gift in anticipation of death.

DONATIO PROPTER NUPTIAS; gift in anticipation of marriage.

DONATIVO (adj); donative.

DONATIVO *m* ; donation, gift, contribution.

DORSO *m* ; back, back of a document.

DOSSIER; brief.

DOTACIÓN *f*; dowry, endowment, personnel.

DOTACIÓN PURA; pure endowment.

DOTAL; pertaining to a dowry, dotal.

DOTANTE (adj); donating, endowing.

DOTANTE *m* ; donor, endower.

DOTAR; to provide, to endow, to staff.

DOTE *f*; dowry, endowment, talent.

DOY FE; I attest to, I certify.

DRACONIANO; Draconian.

DROGA *f*; drug.

DROGADICTO *m*; drug addict.

DROGAR; to drug.

DROGARSE; to drug oneself.

DROIT COMMON; common law.

DROIT ECRIT; written law.

DROIT INTERNATIONAL; international law.

DROIT NATUREL; natural law.

DUBIO *m*; doubt.

DUDA *f*; doubt.

DUDA RACIONAL; rational doubt.

DUDA RAZONABLE; reasonable doubt.

DUDABLE; doubtful.

DUDOSO; dubious.

DUELO *m*; sorrow, mourning, duel.

DUEÑO *m*; owner, property owner, head of household.

DUEÑO APARENTE; reputed owner.

DUEÑO EN DERECHO; legal owner.

DUEÑO EN EQUIDAD; equitable owner.

DUEÑO MATRICULADO; registered owner.

DUEÑO SIN RESTRICCIONES; absolute owner.

DÚPLICA *f*; rejoinder.

DUPLICACIÓN *f*; duplication.

DUPLICADO *m*; duplicate, copy.

DUPLICIDAD *f*; duplicity.

DURACIÓN *f*; duration, life.

DURACIÓN DE LA PATENTE; term of a patent.

DURANTE AUSENCIA; during the absence.

E CONTRA; on the contrary.

E CONVERSO; on the contrary.

EBRIEDAD *f*; inebriation.

EBRIO (adj); inebriated.

EBRIO *m*; drunkard.

EBRIO HABITUAL; habitual drunkard.

ECOLOGÍA *f*; ecology.

ECOLÓGICO; ecological.

ECONOMATO *m*; trusteeship, guardianship.

ECONOMÍA *f*; economy, economics.

ECONOMÍA AGRARIA; agricultural economics.

ECONOMÍA AGRÍCOLA; agricultural economics.

ECONOMÍA APLICADA; applied economics.

ECONOMÍA DIRIGIDA; directed economy.

ECONOMÍA INTERVENIDA; directed economy.

ECONOMÍA PLANIFICADA; planned economy.

ECONOMÍA POLÍTICA; political economy.

ECONOMÍA PROCESAL; procedural economy.

ECONÓMICO; economic.

ECONOMISTA *m/f*; economist.

ECÓNOMO *m*; trustee, guardian, curator.

ECUANIMIDAD *f*; equanimity.

ECHAR; to expel, to throw out, to dismiss.

ECHAR AL MAR; to jettison.

ECHAR BANDO; to publish an edict, to publish a decree.

ECHAR SUERTES; to draw lots.

ECHAZÓN *f*; jettison, jettisoning.

ECHAZÓN ABOYADA; ligan.

EDAD *f*; age, span.

EDAD LEGÍTIMA; legal age.

EDAD MADURA; maturity.

EDICIÓN *f*; edition, publication.

EDICIÓN OFICIAL; official edition.

EDICTO *m* ; edict, decree, proclamation.
EDICTO EMPLAZATORIO; summons.
EDICTOS JUDICIALES; notification of a
  judicial summons through publication.
EDICTOS MATRIMONIALES; banns of
  matrimony.
EDIFICACIÓN *f*; edification.
EDIFICACIÓN EN PREDIO AJENO;
  construction on another's property.
EDIFICADO; built upon, built.
EDIFICIO DE LOS TRIBUNALES;
  courthouse.
EDIFICIO PÚBLICO; public building.
EDIL *m* ; municipal officer.
EDILICIO; municipal.
EDITOR *m* ; editor, publisher.
EDUCIR; to deduce.
EFECTIVAR; to cash, to negotiate, to collect.
EFECTIVO (adj); effective, actual.
EFECTIVO *m* ; cash.
EFECTO *m* ; effect, objective, negotiable
  instrument, article, article of merchandise.
EFECTO CAMBIARIO; bill of exchange.
EFECTO DE COMPLACENCIA;
  accommodation bill.
EFECTO DECLARATORIO; declaratory
  effect.
EFECTO DEVOLUTIVO; appeal during which
  there is no stay of execution.
EFECTO LEGAL; legal effect.
EFECTO LIBERATORIO DE PAGO;
  releasing effect of payment.
EFECTO RETROACTIVO; retroactive effect.
EFECTO SUSPENSIVO; appeal during which
  there is a stay of execution.
EFECTOS; goods, chattels, merchandise,
  negotiable instruments, bills, effects.
EFECTOS AL PORTADOR; bearer paper.
EFECTOS CIVILES; civil consequences.
EFECTOS CUASINEGOCIABLES;
  quasi-negotiable instruments.
EFECTOS DE COMERCIO; negotiable
  instruments, commercial paper,
  merchandise.
EFECTOS DE CORTESÍA; accommodation
  paper.
EFECTOS DE DIFÍCIL COBRO; negotiable
  instruments which are hard to collect.

EFECTOS DE FAVOR; accommodation paper.
EFECTOS DE LA DEMANDA; effects of the
  complaint.
EFECTOS DE LAS OBLIGACIONES; effects
  of the obligations.
EFECTOS DE LOS CONTRATOS; effects of
  the contracts.
EFECTOS DEL DELITO; effects of the
  offense.
EFECTOS DESATENDIDOS; dishonored
  bills.
EFECTOS DOCUMENTARIOS; documentary
  bills.
EFECTOS EXTRANJEROS; foreign
  negotiable instruments.
EFECTOS FINANCIEROS; finance bills.
EFECTOS JURÍDICOS; legal effects, legal
  purposes.
EFECTOS NEGOCIABLES; negotiable
  instruments.
EFECTOS PASIVOS; bills payable.
EFECTOS PERSONALES; personal property,
  personal effects.
EFECTOS PÚBLICOS; government securities.
EFECTOS REDESCONTABLES; eligible
  paper.
EFECTOS TIMBRADOS; stamped documents.
EFECTUAR; to carry out, to comply with.
EFECTUAR COBROS; to collect.
EFECTUAR SEGURO; to obtain insurance.
EFECTUAR UN CONTRATO; to make a
  contract.
EFECTUAR UN PAGO; to make a payment.
EFECTUAR UNA GARANTÍA; to provide a
  guaranty.
EFECTUAR UNA REUNIÓN; to hold a
  meeting.
EFECTUAR UNA VENTA; to make a sale.
EFEMÉRIDE *f*; important event, anniversary
  of an important event.
EFICACIA *f*; efficiency, effectiveness, force.
EFICACIA PROBATORIA; probative value.
EFICAZ; effective.
EFICAZMENTE; efficiently, effectively.
EFÍMERO; ephemeral.
EFRACCIÓN *f*; effraction.
EFUGIO *m* ; evasion.
EGRESO *m* ; departure, expenditure.

EINETIUS; the first-born.

EISNE; the eldest.

EJECUCIÓN *f*; execution, enforcement, performance, fulfillment, compliance with, attachment, foreclosure, judgment.

EJECUCIÓN CAPITAL; capital punishment.

EJECUCIÓN COACTIVA; foreclosure.

EJECUCIÓN COLECTIVA; joint action.

EJECUCIÓN CONCURSAL; bankruptcy proceedings.

EJECUCIÓN DE HIPOTECA; mortgage foreclosure.

EJECUCIÓN DE LA LEY; enforcement of the law.

EJECUCIÓN DE LA PENA CAPITAL; carrying out the death penalty.

EJECUCIÓN DE LAS COSTAS; payment of the court costs.

EJECUCIÓN DE MUERTE; carrying out the death penalty.

EJECUCIÓN DE SENTENCIA; execution of sentence, execution of judgment.

EJECUCIÓN DEFINITIVA; final process.

EJECUCIÓN ESTATUARIA; statutory foreclosure.

EJECUCIÓN GENERAL; bankruptcy proceedings.

EJECUCIÓN HIPOTECARIA; mortgage foreclosure.

EJECUCIÓN INDIVIDUAL; foreclosure by a single creditor.

EJECUCIÓN INFERIOR; junior execution.

EJECUCIÓN PROCESAL; execution of judgment.

EJECUCIÓN PROCESAL PENAL; execution of a criminal sentence.

EJECUCIÓN UNIVERSAL; bankruptcy proceedings.

EJECUCIÓN VOLUNTARIA; voluntary execution, voluntary compliance.

EJECUTABLE; executable, enforceable, workable.

EJECUTADO (adj); executed, carried out, complied with.

EJECUTADO *m* ; a debtor whose property is attached, an executed person.

EJECUTANTE *m/f* ; executant, performer.

EJECUTAR; to execute, to perform, to foreclose.

EJECUTAR BIENES; to attach property.

EJECUTAR UN AJUSTE; to make an adjustment, to work out a settlement.

EJECUTAR UN CONTRATO; to perform a contract.

EJECUTAR UN PEDIDO; to fill an order.

EJECUTAR UNA HIPOTECA; to foreclose a mortgage.

EJECUTIVAMENTE; promptly, efficiently, summarily, executively.

EJECUTIVIDAD *f* ; right of foreclosure, right of execution.

EJECUTIVO (adj); executory, executive, prompt.

EJECUTIVO *m* ; executive.

EJECUTOR *m* ; executor, performer.

EJECUTOR TESTAMENTARIO; executor.

EJECUTORIA *f* ; executorship, writ of execution, final judgment.

EJECUTORIO; executory, executable, final, enforceable.

EJEMPLAR *m* ; sample, copy, precedent.

EJEMPLAR DE FIRMA; specimen signature.

EJEMPLAR DUPLICADO; duplicate copy.

EJERCER; to practice, to practice law.

EJERCER EL COMERCIO; to engage in commerce.

EJERCER LA ABOGACÍA; to practice law.

EJERCER UN DERECHO; to exercise a right.

EJERCER UNA ACCIÓN; to bring an action.

EJERCER UNA PROFESIÓN; to practice a profession.

EJERCICIO *m* ; exercise, practice, fiscal year, test.

EJERCICIO ABUSIVO DE FUNCIONES; misuse of public office.

EJERCICIO CONTABLE; fiscal year.

EJERCICIO DE ACCIONES; prosecution of actions.

EJERCICIO DE DERECHOS; exercise of rights.

EJERCICIO ECONÓMICO; fiscal year.

EJERCICIO FINANCIERO; fiscal year.

EJERCICIO GRAVABLE; tax year.

EJERCICIO IMPOSITIVO; tax year.

EJERCICIO PROFESIONAL; practice of a profession.

EJERCICIO SOCIAL; fiscal year.

EJERCITABLE; enforceable.

EJERCITAR; to exercise, to practice.

EJERCITAR UN DERECHO; to exercise a right.

EJERCITAR UN JUICIO; to bring suit.

EJERCITAR UNA ACCIÓN; to bring an action.

EJÉRCITO *m* ; army, armed forces.

EJIDO *m* ; common grazing land, common land.

ELABORACIÓN *f*; manufacture.

ELABORAR; to manufacture, to elaborate.

ELECCIÓN *f*; election.

ELECCIÓN GENERAL; general election.

ELECCIÓN PARCIAL; special election.

ELECCIONES; elections.

ELECCIONES LIBRES E IGUALES; free and equal elections.

ELECTIVO; elective.

ELECTO; elect.

ELECTOR *m* ; elector, voter.

ELECTORADO *m* ; electorate.

ELECTORAL; electoral.

ELECTROCUCIÓN *f*; electrocution.

ELEGIBILIDAD *f*; eligibility.

ELEGIBLE; eligible.

ELEGIR UN JURADO; to select a jury.

ELEMENTO *m* ; element, aspect.

ELEVAR; to elevate, to increase.

ELEVAR A ESCRITURA PÚBLICA; to convert into a public document.

ELEVAR A INSTRUMENTO PÚBLICO; to convert into a public document.

ELEVAR A LEY; to enact a law.

ELEVAR AL TRIBUNAL; to take to court.

ELEVAR EL PROCESO; to refer to a higher court.

ELEVAR EL RECURSO; to appeal.

ELEVAR EN CONSULTA A LA CORTE SUPREMA; to take to the Supreme Court.

ELEVAR PARTE; to make a report.

ELEVAR UNA MEMORIA; to submit a report.

ELEVAR UNA RECLAMACIÓN; to make a claim.

ELIMINACIÓN *f*; elimination, exclusion.

ELOCUENCIA *f*; eloquence.

ELUCIDACIÓN *f*; elucidation.

ELUDIR IMPUESTOS; to evade taxes.

ELUSIÓN *f*; avoidance, evasion.

EMANCIPACIÓN *f*; emancipation.

EMANCIPADO (adj); emancipated.

EMANCIPADO *m* ; emancipated person.

EMANCIPADOR *m* ; emancipator.

EMANCIPAR; to emancipate.

EMBAICIÓN *f*; deception.

EMBAJADA *f*; embassy, ambassadorship.

EMBAJADOR *m* ; ambassador, emissary.

EMBARAZADA; pregnant.

EMBARAZO *m* ; pregnancy, difficulty.

EMBARCACIÓN *f*; vessel.

EMBARCACIÓN PERDIDA; a vessel lost at sea.

EMBARCADERO *m* ; dock.

EMBARGABLE; attachable.

EMBARGADO (adj); attached, garnished.

EMBARGADO *m* ; garnishee, lienee.

EMBARGADOR *m* ; garnishor, lienor.

EMBARGANTE *m/f*; garnishor, lienor.

EMBARGAR; to attach, to garnish, to impede.

EMBARGO *m* ; embargo, attachment, garnishment, impediment.

EMBARGO DE BUQUES; embargo of vessels.

EMBARGO PRECAUTORIO; attachment of property to ensure the satisfaction of a judgment.

EMBARGO PREVENTIVO; attachment of property to ensure the satisfaction of a judgment.

EMBARGO PROVISIONAL; temporary attachment.

EMBARGO PROVISORIO; temporary attachment.

EMBARGO SUBSECUENTE; attachment of property after a judgment.

EMBAUCADOR *m* ; swindler, cheat.

EMBAUCAR; to swindle, to cheat.

EMBELECO *m* ; fraud, trick.

EMBESTIDA *f*; attack, assault.

EMBESTIR; to attack, to assault.

EMBLEMA *m* ; emblem.

EMBOSCADA *f*; ambush, trap.

EMBRAZAR; to commit embracery.

EMBRIAGAR; to intoxicate.

EMBRIAGUEZ *f*; drunkenness.

EMBUSTE *m* ; lie, fraud.

EMBUSTERO *m* ; liar, trickster.

EMERGENCIA *f*; emergency.

EMERGENTE; emergent.

EMIGRACIÓN *f*; emigration.

EMIGRADO *m* ; emigrant.

EMIGRANTE *m/f*; emigrant.

EMIGRAR; to emigrate.

EMISARIO *m* ; emissary.

EMISIBLE; issuable.

EMISIÓN *f*; emission, issuance.

EMISIÓN CONSOLIDADA; consolidated
bond issuance.

EMISIÓN DE ACCIONES; stock issuance.

EMISIÓN DE TÍTULOS; issuance of
securities.

EMISOR *m* ; issuer.

EMITENTE *m/f*; drawer of a check, drawer of
a bill.

EMITIR; to issue, to emit.

EMITIR EL FALLO; to pronounce the
judgment.

EMITIR UN CHEQUE; to draw a check.

EMITIR UNA OPINIÓN; to express an
opinion.

EMOCIÓN VIOLENTA; heat of passion, hot
blood, violent emotion.

EMOLUMENTO *m* ; emolument.

EMPADRONAMIENTO *m* ; census,
census-taking, tax list, voting list.

EMPADRONAR; to register.

EMPARENTAR; to join a family through
marriage.

EMPATAR; to tie, to be equal.

EMPECER; to damage, to injure, to obstruct.

EMPEÑADO; pledged, pawned.

EMPEÑAR; to pledge, to pawn, to undertake.

EMPEÑO *m* ; pledge, pawn, commitment,
pledge contract, pawnshop.

EMPEORAR; to worsen.

EMPERO; but, yet.

EMPEZAR A REGIR; to take effect.

EMPLAZADOR; summoner.

EMPLAZAMIENTO *m* ; summons, citation,
location.

EMPLAZAMIENTO A HUELGA; strike call.

EMPLAZAMIENTO CONSTRUCTIVO;
constructive service of process.

EMPLAZAMIENTO PERSONAL; personal
service.

EMPLAZAMIENTO POR EDICTO; service
by publication.

EMPLAZAMIENTO SUSTITUTO; substituted
service.

EMPLAZAR; to summons, to subpoena, to
locate.

EMPLEADO (adj); employed.

EMPLEADO *m* ; employee.

EMPLEADO A TIEMPO COMPLETO;
full-time employee.

EMPLEADO A TIEMPO PARCIAL; part-time
employee.

EMPLEADO PERMANENTE; permanent
employee.

EMPLEADO PÚBLICO; public employee.

EMPLEADO TEMPORERO; temporary
employee.

EMPLEADOR *m* ; employer.

EMPLEAR; to employ, to utilize.

EMPLEO *m* ; employment, occupation,
position, use.

EMPLEO PROVECHOSO; gainful
employment.

EMPOZAR; to shelve.

EMPRESA *f*; enterprise, undertaking,
intention, company, firm, concern.

EMPRESA COLECTIVA; joint venture,
partnership.

EMPRESA COMÚN; joint venture.

EMPRESA CONDUCTORA; common carrier.

EMPRESA CONJUNTA; joint venture.

EMPRESA DE DEPÓSITOS EN
SEGURIDAD; safety-deposit company.

EMPRESA DE EXPLOTACIÓN; operating
company.

EMPRESA DE FIANZAS; bonding company.

EMPRESA DE SERVICIOS PÚBLICOS;
public utility company.

EMPRESA DE TRANSPORTE AFIANZADA;
bonded carrier.

EMPRESA DE TRANSPORTE
PARTICULAR; private carrier.

EMPRESA DE TRANSPORTE POR AJUSTE;
contract carrier.

EMPRESA DE UTILIDAD PÚBLICA; public utility company.

EMPRESA EN MARCHA; going concern.

EMPRESA ESPECULATIVA; commercial enterprise.

EMPRESA FIADORA; bonding company.

EMPRESA FILIAL; subsidiary company.

EMPRESA FISCAL; government enterprise.

EMPRESA LUCRATIVA; commercial enterprise.

EMPRESA MARÍTIMA; maritime enterprise.

EMPRESA NO LUCRATIVA; nonprofit organization.

EMPRESA OPERADORA; operating company.

EMPRESA PORTEADORA; carrier.

EMPRESA SUBSIDIARIA; subsidiary company.

EMPRESA TENEDORA; holding company.

EMPRESA VERTICAL; vertical combination.

EMPRESARIO *m* ; entrepreneur, contractor, businessperson, employer.

EMPRESTAR; to loan.

EMPRÉSTITO *m* ; loan, loan contract.

EMPRÉSTITO A LA GRUESA; bottomry.

EMPRÉSTITO CON GARANTÍA; secured loan.

EMPRÉSTITO DE RENTA PERPETUA; perpetual loan.

EMPRÉSTITO FORZOSO; forced loan.

EN ATRASO; in arrears.

EN AUSENCIA; in absence.

EN BLANCO; blank.

EN CUANTO HA LUGAR; pursuant to law.

EN CUOTAS; in installments.

EN DESCUBIERTO; overdrawn, uncovered.

EN ESPECIE; in kind.

EN FE DE LO CUAL; in witness whereof.

EN FIANZA; on bail.

EN FIDEICOMISO; in trust.

EN GESTIÓN; in process.

EN LA FUENTE; at the source.

EN MORA; in arrears.

EN NEGOCIACIÓN; in negotiation.

EN NOMBRE DE; on behalf of.

EN PERSONA; in person.

EN TESTIMONIO DE LO CUAL; in witness whereof.

EN TRÁNSITO; in transit.

EN VIE; in life.

EN VIGENCIA; in force.

EN VIRTUD DE; by virtue of.

ENAJENABLE; alienable.

ENAJENACIÓN *f*; alienation.

ENAJENACIÓN DE AFECTOS; alienation of affections.

ENAJENACIÓN FORZOSA; expropriation, condemnation, forced transfer.

ENAJENACIÓN FRAUDULENTA; fraudulent alienation.

ENAJENACIÓN MENTAL; insanity.

ENAJENADO; alienated, insane.

ENAJENADOR *m* ; alienor.

ENAJENANTE *m/f*; alienor.

ENAJENAR; to alienate, to sell, to drive insane.

ENCABEZAMIENTO *m* ; heading.

ENCABEZAR; to draw up a list, to register, to agree.

ENCADENAMIENTO *m* ; connection, chain of events, nexus.

ENCADENAR; to link.

ENCAJE *m* ; cash reserve, reserve.

ENCAJE BANCARIO; bank reserves.

ENCAJE EXCEDENTE; excess reserves.

ENCAJE LEGAL; legal reserve.

ENCALLADURA *f*; running aground of a vessel.

ENCALLAR; to run aground.

ENCANALLAR; to corrupt.

ENCANTE *m* ; auction.

ENCAÑONADO; at gun point.

ENCARCELACIÓN *f*; imprisonment, confinement.

ENCARCELACIÓN ILEGAL; false imprisonment.

ENCARCELADO; imprisoned, confined.

ENCARCELAMIENTO *m* ; imprisonment, confinement.

ENCARCELAR; to imprison, to confine.

ENCARGADO *m* ; representative, manager.

ENCARGADO DE NEGOCIOS; diplomatic representative of inferior rank, charge d'affaires.

ENCARGAR; to entrust, to order.

ENCARGO *m* ; post, entrustment, assignment, order.

ENCARGO DE CONFIANZA; confidential assignment.

ENCARNIZAR; to infuriate.

ENCARPETAR; to defer, to file.

ENCARTAR; to summon, to register.

ENCAUSABLE; indictable.

ENCAUSADO *m* ; defendant.

ENCAUSAR; to prosecute.

ENCIERRO *m* ; confinement, solitary confinement, enclosure.

ENCINTA; pregnant.

ENCLAVE *m* ; enclave.

ENCOMENDAR; to entrust, to commission, to recommend.

ENCOMENDERO *m* ; agent.

ENCOMIENDA *f* ; commission, protection.

ENCOMIENDA POSTAL; parcel post.

ENCONTRONAZO *m* ; crash.

ENCUBIERTA *f* ; fraud, deceit.

ENCUBIERTAMENTE; clandestinely, fraudulently.

ENCUBIERTO; concealed, secret.

ENCUBRIDOR *m* ; accessory after the fact, concealer.

ENCUBRIMIENTO *m* ; concealment, cover-up, harboring.

ENCUBRIMIENTO ACTIVO; active concealment.

ENCUBRIR; to conceal, to harbor.

ENCUESTA *f* ; inquiry, inquest, survey.

ENDEREZAR; to rectify, to put in order.

ENDEUDADO; indebted.

ENDEUDARSE; to become indebted.

ENDORSAR; to indorse.

ENDORSO *m* ; indorsement.

ENDOSABLE; endorsable.

ENDOSADO (adj); indorsed.

ENDOSADO *m* ; indorsee.

ENDOSADOR *m* ; indorser.

ENDOSANTE *m/f* ; indorser.

ENDOSAR; to indorse.

ENDOSATARIO *m* ; indorsee.

ENDOSE *m* ; indorsement.

ENDOSO *m* ; indorsement.

ENDOSO A LA ORDEN; full indorsement.

ENDOSO ABSOLUTO; absolute indorsement.

ENDOSO AL COBRO; indorsement granting power of attorney.

ENDOSO AL ORDEN DEL PORTADOR; bearer indorsement.

ENDOSO ANTEDATADO; antedated indorsement.

ENDOSO ANTERIOR; prior indorsement.

ENDOSO CALIFICADO; qualified indorsement.

ENDOSO COMPLETO; full indorsement.

ENDOSO CONDICIONAL; qualified indorsement.

ENDOSO DE FAVOR; accommodation indorsement.

ENDOSO DE REGRESO; indorsement to a prior party.

ENDOSO EN BLANCO; blank indorsement.

ENDOSO EN GARANTÍA; indorsement pledging as collateral.

ENDOSO EN PRENDA; indorsement pledging as collateral.

ENDOSO EN PROCURACIÓN; indorsement granting power of attorney.

ENDOSO EN PROPIEDAD; indorsement transferring title.

ENDOSO ESPECIAL; special indorsement.

ENDOSO FALSIFICADO; forged indorsement.

ENDOSO IRREGULAR; irregular indorsement.

ENDOSO LIMITADO; qualified indorsement.

ENDOSO PIGNORATICIO; indorsement pledging as collateral.

ENDOSO PLENO; full indorsement.

ENDOSO POR ACOMODAMIENTO; accommodation indorsement.

ENDOSO REGULAR; full indorsement.

ENDOSO RESTRICTIVO; restrictive indorsement.

ENEMIGO; enemy.

ENEMIGO PÚBLICO; public enemy.

ENERGÍA NUCLEAR; nuclear energy.

ENFERMEDAD *f* ; illness, disease.

ENFERMEDAD CONTAGIOSA; contagious disease.

ENFERMEDAD DE TRABAJO; occupational disease.

ENFERMEDAD INCULPABLE; disease not caused deliberately by an employee.

ENFERMEDAD INDUSTRIAL; industrial disease.

ENFERMEDAD MENTAL; mental illness.

ENFERMEDAD PROFESIONAL; occupational disease.

ENFITEUSIS *f*; emphyteusis.

ENFITEUTA *m/f*; emphyteuta.

ENFITÉUTICO; emphyteuticus.

ENFRENTAMIENTO *m*; confrontation.

ENFRENTAR; to confront.

ENGANCHE DE TRABAJADORES; contracting of laborers to work elsewhere.

ENGAÑAR; to deceive, to defraud.

ENGAÑO *m*; deception, misunderstanding.

ENGAÑOSAMENTE; deceptively, fraudulently.

ENGAÑOSO; misleading, fraudulent.

ENGENDRAR; to produce, to cause.

ENJUAGUE *m*; plot, stratagem.

ENJUICIABLE; indictable, chargeable.

ENJUICIADO (adj); on trial.

ENJUICIADO *m*; defendant, accused.

ENJUICIAMIENTO *m*; legal procedure, procedure, trial, prosecution, judgment.

ENJUICIAMIENTO CIVIL; civil procedure.

ENJUICIAMIENTO CRIMINAL; criminal procedure.

ENJUICIAMIENTO MALICIOSO; malicious prosecution.

ENJUICIAMIENTO PENAL; criminal procedure.

ENJUICIAR; to prosecute, to bring an action, to try, to pass judgment.

ENJURAR; to transfer a right.

ENLACE *m*; link, union, marriage.

ENMENDABLE; amendable, revisable, correctable.

ENMENDADURA *f*; amendment, revision, correction, compensation, indemnification.

ENMENDAR; to amend, to revise, to correct, to compensate, to indemnify.

ENMENDATURA *f*; amendment, revision, correction, compensation, indemnification.

ENMIENDA *f*; amendment, revision, correction, compensation, indemnification.

ENRIQUECIMIENTO INJUSTO; unjust enrichment.

ENRIQUECIMIENTO SIN CAUSA; unjust enrichment.

ENSAÑAMIENTO *m*; aggravation.

ENSAÑAR; to irritate.

ENSERES; chattels, fixtures.

ENTABLAR; to bring, to initiate.

ENTABLAR ACCIÓN; to bring suit.

ENTABLAR DEMANDA; to bring suit.

ENTABLAR DENUNCIA; to accuse.

ENTABLAR JUICIO; to bring suit.

ENTABLAR JUICIO HIPOTECARIO; to initiate a foreclosure.

ENTABLAR NEGOCIACIONES; to begin negotiations.

ENTABLAR PLEITO; to file suit.

ENTABLAR QUERELLA; to file a complaint.

ENTABLAR RECLAMACIÓN; to file a claim.

ENTABLAR UN PROTESTO; to protest.

ENTE *m*; entity.

ENTE AUTÓNOMO; autonomous branch.

ENTE DE EXISTENCIA JURÍDICA; legal entity.

ENTE JURÍDICO; legal entity.

ENTENDER EN; to have jurisdiction over.

ENTERADO; informed.

ENTERAR; to inform, to pay, to satisfy.

ENTERO (adj); whole, honest.

ENTERO *m*; payment.

ENTERRAR; to bury, to shelve.

ENTIDAD *f*; entity, institution, agency, company, corporation, being.

ENTIDAD ASEGURADORA; insurance company.

ENTIDAD BANCARIA; bank.

ENTIDAD COMERCIAL; business entity.

ENTIDAD CONTABLE; accounting entity.

ENTIDAD DE DERECHO PRIVADO; private corporation.

ENTIDAD DE DERECHO PÚBLICO; public company.

ENTIDAD JURÍDICA; legal entity.

ENTIDAD LEGAL; legal entity.

ENTIDAD POLÍTICA; political body.

ENTIDAD PORTEADORA; common carrier.

ENTIDAD PRIVADA; private entity.

ENTIDAD SINDICAL; labor union.

ENTIDAD SOCIAL; partnership.

ENTIERRO *m* ; burial, funeral.

ENTRADA *f*; entry, admittance, cash receipts, down payment, deposit, opportunity.

ENTRADA A CAJA; cash receipts.

ENTRADAS; income, revenue, entries.

ENTRADAS BRUTAS; gross revenue.

ENTRADAS DE OPERACIÓN; operating revenue.

ENTRADAS NETAS; net income.

ENTRAR; to enter, to begin, to attack.

ENTRAR EN VIGOR; to take effect.

ENTRE SI; between themselves.

ENTRE TANTO; in the interim.

ENTRE VIVOS; between living persons.

ENTREDECIR; to prohibit.

ENTREDICHO *m* ; injunction, prohibition.

ENTREGA *f*; delivery, payment, surrender.

ENTREGA EFECTIVA; actual delivery.

ENTREGA MATERIAL; actual delivery.

ENTREGA REAL; actual delivery.

ENTREGA SIMBÓLICA; symbolical delivery.

ENTREGABLE; deliverable.

ENTREGADERO; deliverable.

ENTREGADO; delivered.

ENTREGADOR *m* ; deliverer.

ENTREGADOR DE LA CITACIÓN; process server.

ENTREGAMIENTO *m* ; delivery.

ENTREGAR; to deliver, to surrender, to pay.

ENTREGAR A MANO; to hand deliver.

ENTREGARSE; to surrender.

ENTRELINEAR; to interline.

ENTRELÍNEAS *f*; interlineation.

ENTRERRENGLONADURA *f*; interlineation.

ENTRETENIMIENTO *m* ; support, conservation, entertainment.

ENTUERTO *m* ; wrong, injury, injustice.

ENUMERACIÓN *f*; enumeration.

ENUNCIACIÓN *f*; enunciation, declaration.

ENUNCIAR; to enunciate, to declare.

ENVENENADO; poisoned.

ENVENENAMIENTO *m* ; poisoning.

ENVENENAR; to poison.

ENVIADO *m* ; envoy.

ENVIADO DIPLOMÁTICO; diplomatic envoy.

ENVIAR; to send, to ship.

ENVICIAR; to vitiate.

ENVIUDAR; to survive the spouse.

EO INSTANTI; at that instant.

EO INTUITU; with that intent.

EO NOMINE; under that name.

EPIDEMIA *f*; epidemic.

EPÍGRAFE *f*; epigraph, heading, caption.

EPIQUEYA *f*; equity.

EPÍSTOLA *f*; epistle.

ÉPOCA *f*; period, date.

ÉPOCA DE PAGO; date due.

EQUIDAD *f*; equity, justice, equality.

EQUILIBRIO DE PODERES; balance of powers.

EQUITATIVAMENTE; equitably, justly.

EQUITATIVO; equitable, just.

EQUIVALENTE; equivalent.

EQUIVALENTE SUBSTANCIAL DE COSA PATENTIZADA; substantial equivalent of patented device.

EQUIVOCACIÓN *f*; mistake.

EQUIVOCAR; to mistake.

EQUÍVOCO; equivocal.

ERARIO *m* ; public treasury.

EROGACIÓN *f*; distribution.

EROGAR; to distribute.

ERRATA; error.

ERROR *m* ; error.

ERROR ACCIDENTAL; incidental error.

ERROR COMÚN; common error.

ERROR DE DERECHO; error of law.

ERROR DE HECHO; error of fact.

ERROR DE PLUMA; clerical error.

ERROR DETERMINANTE; fundamental error.

ERROR ESENCIAL; fundamental error.

ERROR EXCUSABLE; harmless error.

ERROR FATAL; fatal error.

ERROR GROSERO; gross error.

ERROR INEXCUSABLE; harmful error.

ERROR JUDICIAL; judicial error.

ERROR PERJUDICIAL; harmful error.

ERROR REPONIBLE; reversible error.

ERROR TÉCNICO; technical error.

ES DECIR; namely, that is to say.

ESCALA *f*; port of call, stopover, scale.

ESCALADOR *m* ; burglar.

ESCALAFÓN *m* ; classification of public officers by factors such as seniority and salary.

ESCALAMIENTO *m* ; breaking and entering, housebreaking, burglary.

ESCALAR; to break and enter, to burglarize.

ESCALO *m* ; breaking and entering, housebreaking, burglary.

ESCAMOTAR; to swindle, to steal.

ESCAMOTEADOR *m* ; swindler, pickpocket.

ESCAMOTEAR; to swindle, to steal.

ESCAMOTEO *m* ; swindling, stealing.

ESCÁNDALO *m* ; scandal, commotion.

ESCÁNDALO PÚBLICO; public scandal.

ESCAPAR; to escape, to evade.

ESCIENTE; knowing.

ESCISIÓN PROCESAL; splitting cause of action.

ESCLARECIMIENTO *m* ; clarification.

ESCOLIAR; to annotate.

ESCOLIO *m* ; succinct treatise, annotation.

ESCOPETA *f* ; shotgun.

ESCRIBANÍA *f* ; notary public's office, court clerk's office.

ESCRIBANIL; notarial.

ESCRIBANO *m* ; notary public, court clerk.

ESCRIBANO DE REGISTRO; notary public.

ESCRIBANO PÚBLICO; notary public.

ESCRIBANO SECRETARIO; court clerk.

ESCRIBIENTE *m/f* ; clerk.

ESCRIBIENTE NOTARIAL; notary's clerk.

ESCRITO (adj); written.

ESCRITO *m* ; document, bill, writ, brief.

ESCRITO DE ACUSACIÓN; bill of indictment.

ESCRITO DE AGRAVIOS; bill of appeal.

ESCRITO DE AMPLIACIÓN; supplemental complaint,

ESCRITO DE APELACIÓN; bill of complaint.

ESCRITO DE CALIFICACIÓN; indictment.

ESCRITO DE CONCLUSIÓN; final brief.

ESCRITO DE CONTESTACIÓN A LA DEMANDA; reply to a complaint.

ESCRITO DE DEMANDA; complaint.

ESCRITO DE PRESENTACIÓN; initial brief.

ESCRITO DE PROMOCIÓN; trial brief.

ESCRITO DE RECUSACIONES; bill of exception.

ESCRITO DE REPOSICIÓN; request for reconsideration.

ESCRITO PRIVADO; private document.

ESCRITORIO *m* ; office, desk.

ESCRITOS DE CONCLUSIÓN; final pleadings.

ESCRITURA *f* ; writing, document, instrument, legal instrument, deed, contract, handwriting.

ESCRITURA A TÍTULO GRATUITO; gratuitous deed.

ESCRITURA ADICIONAL; additional instrument.

ESCRITURA CONSTITUTIVA; articles of incorporation, articles of association.

ESCRITURA CORRIDA; longhand.

ESCRITURA DE CANCELACIÓN; document evidencing the cancellation of a debt.

ESCRITURA DE CESIÓN; deed of assignment.

ESCRITURA DE COMPRAVENTA; bill of sale, deed.

ESCRITURA DE CONCORDATO; creditors' agreement with the bankrupt.

ESCRITURA DE CONSTITUCIÓN; articles of incorporation, articles of association.

ESCRITURA DE CONSTITUCIÓN DE HIPOTECA; mortgage deed.

ESCRITURA DE CONVENIO; specialty contract.

ESCRITURA DE DONACIÓN; deed of gift.

ESCRITURA DE EMISIÓN DE BONOS; bond indenture.

ESCRITURA DE ENAJENACIÓN; deed.

ESCRITURA DE FIDEICOMISO; trust indenture.

ESCRITURA DE FUNDACIÓN; articles of incorporation, articles of association.

ESCRITURA DE HIPOTECA; mortgage deed.

ESCRITURA DE NACIMIENTO; birth certificate.

ESCRITURA DE ORGANIZACIÓN; articles of incorporation, articles of association.

ESCRITURA DE PLENO DOMINIO; deed in fee.

ESCRITURA DE PROPIEDAD; title deed.

ESCRITURA DE REFORMA; amendment.

ESCRITURA DE SATISFACCIÓN; document evidencing the cancellation of a debt.

ESCRITURA DE SEGURO; insurance policy.

ESCRITURA DE SOCIEDAD; partnership agreement, articles of incorporation.

ESCRITURA DE TRASPASO; deed.

ESCRITURA DE VENTA; bill of sale, deed.

ESCRITURA FIDUCIARIA; trust deed.

ESCRITURA HIPOTECARIA; mortgage deed.

ESCRITURA MATRIZ; original document which remains in the notary's formal registry.

ESCRITURA NOTARIAL; notarized document.

ESCRITURA PRIVADA; private document.

ESCRITURA PÚBLICA; public document, notarized document.

ESCRITURA SELLADA; sealed instrument.

ESCRITURA SOCIAL; partnership agreement, articles of incorporation.

ESCRITURA TRASLATIVA DE DOMINIO; deed.

ESCRITURAR; to notarize, to record.

ESCRITURARIO; notarial.

ESCRUTAR; to scrutinize, to tally votes.

ESCRUTINIO *m* ; scrutiny, vote count.

ESCUDRIÑABLE; investigable.

ESCUDRIÑAR; to scrutinize.

ESCUELA *f*; school.

ESCUELA CORRECCIONAL; reform school.

ESCUELA DE DERECHO; law school.

ESENCIA, DE; of the essence.

ESENCIAL; essential.

ESFERA DE INFLUENCIA; sphere of influence.

ESLABÓN *f*; link.

ESPACIO AÉREO; air space.

ESPECIALIDAD *f*; specialty, special contract.

ESPECIE *f*; sort, event.

ESPECIES VALORADAS; revenue stamps.

ESPECIFICACIÓN *f*; specification.

ESPECIFICACIONES; specifications.

ESPECULACIÓN *f*; speculation.

ESPERA *f*; wait, stay, recess, term, grace period.

ESPERANZA *f*; hope, expectancy.

ESPERANZA DE VIDA; life expectancy.

ESPÍA *f*; spy.

ESPÍA DOBLE; double agent.

ESPIAR; to spy.

ESPIÓN *m* ; spy.

ESPIONAJE *m* ; espionage.

ESPÍRITU DE UNA LEY; spirit of a law.

ESPONSALES *m* ; engagement.

ESPONTÁNEAMENTE; spontaneously.

ESPOSA *f*; wife.

ESPOSADO; handcuffed, newlywed.

ESPOSAS *f*; handcuffs.

ESPOSO *m* ; husband.

ESPURIO; spurious.

ESQUELA *f*; note, notice, short letter.

ESQUELA DE DEFUNCIÓN; death notice.

ESQUELA MORTUORIA; death notice.

ESQUILMAR; to swindle, to exploit.

ESQUIROL *m* ; scab.

ESQUIZOFRENIA *f*; schizophrenia.

ESTABILIDAD *f*; stability, permanence.

ESTABILIDAD ABSOLUTA; permanent job security.

ESTABILIDAD EN EL EMPLEO; job security.

ESTABILIDAD RELATIVA; temporary job security.

ESTABLECER; to establish, to enact.

ESTABLECER IMPUESTOS; to impose taxes.

ESTABLECER JUICIO; to bring suit.

ESTABLECER UNA APELACIÓN; to file an appeal.

ESTABLECIMIENTO *m* ; establishment, resolution, statute, plant, foundation.

ESTABLECIMIENTO PENAL; penal institution.

ESTACA *f*; stake.

ESTACIÓN *f*; station, season.

ESTACIÓN DE POLICÍA; police station.

ESTADÍA *f*; stay, time in port beyond the necessary.

ESTADIDAD *f*; statehood.

ESTADO *m* ; state, condition, statement, report.

ESTADO BANCARIO; bank statement.

ESTADO CIVIL; marital status.

ESTADO CON FINES CONTRIBUTIVOS; tax statement.

ESTADO CONTABILÍSTICO; balance sheet.

ESTADO DE ÁNIMO; state of mind.

ESTADO DE CONCURSO; state of
bankruptcy.
ESTADO DE CONTABILIDAD; balance
sheet.
ESTADO DE CUENTA; statement.
ESTADO DE EMERGENCIA; state of
emergency.
ESTADO DE GANANCIAS Y PÉRDIDAS;
profit and loss statement.
ESTADO DE GUERRA; state of war.
ESTADO DE INDIVISIÓN; undivided state.
ESTADO DE LIQUIDACIÓN; liquidation
statement.
ESTADO DE NECESIDAD; extenuating
circumstance.
ESTADO DE PAZ; state of peace.
ESTADO DE QUIEBRA; state of bankruptcy.
ESTADO DE SITIO; state of siege.
ESTADO DE SITUACIÓN; general balance
sheet.
ESTADO FINANCIERO; financial statement.
ESTADO LEGAL; marital status, legal status.
ESTADOS SOBERANOS; sovereign states.
ESTAFA f; fraud, swindle.
ESTAFADOR m ; defrauder, swindler.
ESTAFAR; to defraud, to swindle.
ESTAMPILLA f; stamp, rubber stamp.
ESTAMPILLA DE TIMBRE NACIONAL;
documentary stamp.
ESTAMPILLA FISCAL; revenue stamp.
ESTANCO m ; monopoly, state monopoly.
ESTANQUERO m ; retailer of goods under
state monopoly.
ESTANTE; extant.
ESTAR A BUEN USO; to be in working order.
ESTAR A DERECHO; to appear in court, to be
involved in an action.
ESTAR EN SESIÓN; to be in session.
ESTATAL; state, pertaining to a state.
ESTATISMO m ; statism.
ESTATUIDO; enacted, provided.
ESTATUIR; to enact, to provide.
ESTATUTARIO; statutory.
ESTATUTO m ; statute, ordinance, bylaw, rule,
charter.
ESTATUTO DE LIMITACIONES; statute of
limitations.

ESTATUTO DECLARATORIO; declaratory
statute.
ESTATUTO EX POST FACTO; ex post facto
law.
ESTATUTO EXPOSITIVO; expository statute.
ESTATUTO FORMAL; law of procedure.
ESTATUTO ORGÁNICO; organic law.
ESTATUTO REAL; real law.
ESTATUTO RETROACTIVO; retroactive law.
ESTATUTO SOBRE FRAUDES; statute of
frauds.
ESTATUTOS DE SOCIEDADES; bylaws.
ESTATUTOS REVISADOS; revised statutes.
ESTATUTOS SOCIALES; bylaws.
ESTELIONATO m ; stellionate.
ESTENOGRAFÍA f; stenography.
ESTENÓGRAFO m ; stenographer.
ESTERILIDAD f; sterility.
ESTILAR; to draft.
ESTILO m ; style, method.
ESTILO CALIGRÁFICO; handwriting.
ESTIMACIÓN f; estimation, appraisal.
ESTIMAR; to estimate, to appraise.
ESTIMATORIA f; action by the buyer against
the seller to obtain a reduction in price due
to defects.
ESTIPENDIO m ; stipend, compensation.
ESTIPULACIÓN f; stipulation, specification,
agreement.
ESTIPULACIÓN CONDICIONADA;
conditional stipulation.
ESTIPULANTE (adj); stipulating.
ESTIPULANTE m/f; stipulator.
ESTIPULAR; to stipulate, to specify, to agree.
ESTIRPE f; descendants, lineage, stirpes.
ESTORBO m ; nuisance, obstacle.
ESTORBO CIVIL; civil nuisance.
ESTORBO COMÚN; common nuisance.
ESTORBO LEGAL; legalized nuisance.
ESTORBO MIXTO; mixed nuisance.
ESTORBO PRIVADO; private nuisance.
ESTORBO PÚBLICO; common nuisance.
ESTRADO m ; stand, platform.
ESTRADO DE TESTIGOS; witness stand.
ESTRADOS m ; courtrooms.
ESTRAGOS m ; devastation.
ESTRANGULACIÓN f; strangulation.
ESTRANGULAR; to strangle.

ESTRAPERLO *m* ; black market.
ESTRICTAMENTE; strictly.
ESTRICTO; strict.
ESTRUCTURA *f*; structure.
ESTRUCTURA CAPITAL; capital structure.
ESTUDIO *m* ; study, office, law office.
ESTUPEFACIENTE; stupefacient.
ESTUPRADOR *m* ; statutory rapist, rapist.
ESTUPRAR; to commit statutory rape, to rape.
ESTUPRO *m* ; statutory rape, rape.
ET ALII; and others.
ET ALIUS; and another.
ÉTICA *f*; ethics.
ÉTICA DE LOS NEGOCIOS; business ethics.
ÉTICA PROFESIONAL; professional ethics.
ÉTICO; ethical.
EUTANASIA *f*; euthanasia.
EVACUADO (adj); evacuated.
EVACUADO *m* ; evacuee.
EVACUAR; to evacuate, to carry out.
EVACUAR LA RESPUESTA; to answer.
EVACUAR PROTESTO; to protest.
EVACUAR PRUEBA; to furnish proof.
EVACUAR UN ENCARGO; to carry out a commission.
EVACUAR UN INFORME; to make a report.
EVACUAR UN NEGOCIO; to liquidate a business.
EVACUAR UNA CONSULTA; to provide a legal opinion.
EVACUAR UNA PROTESTA; to file a protest.
EVADIR; to evade.
EVADIR IMPUESTOS; to evade taxes.
EVADIRSE; to abscond.
EVALUACIÓN *f*; evaluation, appraisal.
EVALUACIÓN DE LOS DAÑOS; assessment of the damages.
EVALUAR; to evaluate, to appraise.
EVASIÓN *f*; evasion.
EVASIÓN DEL IMPUESTO; tax evasion.
EVASIÓN FISCAL; tax evasion.
EVASIVA *f*; evasion.
EVASIVO; evasive.
EVASOR *m* ; evader.
EVENTO *m* ; event, contingency, accident.
EVENTUAL; contingent, incidental.

EVENTUALIDADES DEL MAR; perils of the sea.
EVICCIÓN *f*; eviction, dispossession.
EVIDENCIA *f*; evidence, proof.
EVIDENCIA ACUMULATIVA; cumulative evidence.
EVIDENCIA CIRCUNSTANCIAL; circumstantial evidence.
EVIDENCIA CONCLUYENTE; conclusive evidence.
EVIDENCIA CORROBORANTE; corroborating evidence.
EVIDENCIA DE OPINIÓN; opinion evidence, opinion testimony.
EVIDENCIA DEL ESTADO; state's evidence.
EVIDENCIA DEMOSTRATIVA; demonstrative evidence.
EVIDENCIA DIRECTA; direct evidence.
EVIDENCIA INDIRECTA; indirect evidence.
EVIDENCIA INDISCUTIBLE; conclusive evidence.
EVIDENCIA INDISPENSABLE; indispensable evidence.
EVIDENCIA MORAL; moral evidence.
EVIDENCIA PARCIAL; partial evidence.
EVIDENCIA POR REFERENCIA; hearsay evidence.
EVIDENCIA PRIMA FACIE; prima facie evidence.
EVIDENCIA PRIMARIA; primary evidence.
EVIDENCIA SATISFACTORIA; satisfactory evidence.
EVIDENCIA SECUNDARIA; secondary evidence.
EVIDENCIA SUFICIENTE; sufficiency of evidence.
EVIDENCIA TRADICIONAL; traditionary evidence.
EVIDENCIAL; evidentiary.
EVIDENCIAR; to evidence, to prove.
EVIDENTE; evident, proven.
EVITABLE; avoidable.
EVITAR; to avoid, to evade.
EX ADVERSO; on the other side.
EX AEQUITATE; according to equity.
EX CONTRACTU; arising from a contract.
EX CURIA; out of court.
EX DIVIDENDO; ex dividend.

EX FACTO; from the act.

EX GRATIA; out of grace.

EX LEGE; according to law.

EX MORE; according to custom.

EX OFFICIO; by virtue of office.

EX PARTE; of one part, ex parte.

EX POST FACTO; after the act, ex post facto.

EX PROPIO MOTU; by his own motive.

EX VOLUNTATE; voluntarily.

EXACCIÓN *f*; exaction, levy.

EXACCIÓN ILEGAL; exaction, extortion.

EXACTOR *m* ; tax collector.

EXAMEN *m* ; examination, investigation, interrogatory.

EXAMEN DE TESTIGOS; examination of witnesses.

EXAMINADOR *m* ; examiner.

EXAMINADOR BANCARIO; bank examiner.

EXAMINANDO *m* ; examinee.

EXAMINAR; to examine, to investigate.

EXAMINAR CUENTAS; to audit.

EXCARCELACIÓN *f*; release from jail.

EXCARCELAR; to release from jail.

EXCEDENTE *m* ; excess, surplus.

EXCEDENTE DE CAPITAL; capital surplus.

EXCEPCIÓN *f*; exception, demurrer, defense, plea.

EXCEPCIÓN COHERENTE; personal defense.

EXCEPCIÓN DE ARRAIGO; motion for the plaintiff to place a bond to cover the costs.

EXCEPCIÓN DE COMPROMISO PREVIO; defense based on a previous settlement.

EXCEPCIÓN DE COSA JUZGADA; defense based on a previous decision.

EXCEPCIÓN DE DEFECTO LEGAL; defense based on a legal defect.

EXCEPCIÓN DE DEMANDA INSUFICIENTE; defense based on insufficiency of the complaint.

EXCEPCIÓN DE DERECHO; demurrer.

EXCEPCIÓN DE DINERO NO ENTREGADO; defense based on money not paid.

EXCEPCIÓN DE EXCUSIÓN; benefit of discussion.

EXCEPCIÓN DE FALTA DE ACCIÓN; demurrer.

EXCEPCIÓN DE FALTA DE CUMPLIMIENTO; defense based on non-performance.

EXCEPCIÓN DE FALTA DE PERSONALIDAD; defense based on the incapacity of a party.

EXCEPCIÓN DE HECHO; defense based on fact.

EXCEPCIÓN DE INCOMPETENCIA; defense based on a lack of jurisdiction.

EXCEPCIÓN DE JURISDICCIÓN; defense based on a lack of jurisdiction.

EXCEPCIÓN DE LA INCAPACIDAD DE LA PARTE; defense based on the incapacity of a party.

EXCEPCIÓN DE LITISPENDENCIA; defense based on that the claims are already under litigation.

EXCEPCIÓN DE NULIDAD; defense based on the voidness of an instrument, peremptory defense.

EXCEPCIÓN DE OBSCURIDAD; defense based on the vagueness of the pleadings.

EXCEPCIÓN DE PRESCRIPCIÓN; defense based on the statute of limitations having run.

EXCEPCIÓN DECLARATIVA; declaratory exception.

EXCEPCIÓN DECLINATORIA; defense based on a lack of jurisdiction.

EXCEPCIÓN DILATORIA; dilatory defense, dilatory exception.

EXCEPCIÓN ESPECIAL; special exception.

EXCEPCIÓN GENERAL; general demurrer.

EXCEPCIÓN PERENTORIA; peremptory exception, peremptory defense.

EXCEPCIÓN PERSONAL; personal defense.

EXCEPCIÓN PROCESAL; defense based on defect of procedure.

EXCEPCIÓN PROCURATORIA; defense based on the incapacity of a party.

EXCEPCIÓN REAL; real defense.

EXCEPCIÓN SUPERVENIENTE; motion to dismiss once a trial has commenced.

EXCEPCIÓN SUSTANCIAL; demurrer.

EXCEPCIÓN TEMPORAL; dilatory defense, dilatory exception.

EXCEPCIONABLE; demurrable, defensible.

EXCEPCIONANTE *m* ; party that files an exception, party that files an objection, party that files a motion to dismiss.

EXCEPCIONAR; to except, to demur, to defend.

EXCEPCIONARSE; to except, to demur, to defend.

EXCEPTO; except.

EXCEPTUAR; to except.

EXCESO *m* ; excess, overage, offense.

EXCESO DE PÉRDIDA; excess loss.

EXCESO DE SEGURO; overinsurance.

EXCESO DE SINIESTRALIDAD; excess loss.

EXCITACIÓN A LA REBELIÓN; incitement to rebel.

EXCLAMACIÓN ESPONTANEA; spontaneous exclamation.

EXCLUIBLE; excludable.

EXCLUSIÓN *f*; exclusion, prohibition, estoppel.

EXCLUSIÓN DEL FORO; disbarment.

EXCLUSIVIDAD LABORAL; exclusive employment.

EXCLUSIVISTA; monopolistic.

EXCLUSIVO; exclusive.

EXCLUYENTE; excluding, justifying.

EXCULPAR; to exculpate.

EXCULPARSE; to be exculpated.

EXCUSA *f*; excuse, exception.

EXCUSA ABSOLUTORIA; absolving excuse.

EXCUSACIÓN *f*; excuse, self-disqualification by a judge.

EXCUSADO; excused, exempt.

EXCUSAR; to excuse, to exempt.

EXCUSARSE; to disqualify oneself.

EXCUSAS ABSOLUTORIAS; justifying circumstances.

EXCUSIÓN *f*; discussion.

EXCUSIÓN DE BIENES; benefit of discussion.

EXÉGESIS *f*; interpretation of law.

EXENCIÓN *f*; exemption, immunity.

EXENCIÓN ARANCELARIA; exemption from customs duties.

EXENCIÓN CONTRIBUTIVA; tax exemption.

EXENCIÓN FISCAL; tax exemption.

EXENCIÓN PERSONAL; personal exemption.

EXENCIÓN POR PERSONAS A CARGO; exemption for dependants.

EXENCIÓN TRIBUTARIA; tax exemption.

EXENCIONAR; to exempt, to excuse.

EXENTAR; to exempt, to excuse.

EXENTO; exempt, immune.

EXENTO DE CONTRIBUCIONES; tax exempt.

EXENTO DE DERECHOS; duty-free.

EXENTO DE IMPUESTOS; tax exempt.

EXEQUÁTUR *m* ; exequatur.

EXHEREDACIÓN *f*; disinheritance.

EXHEREDAR; to disinherit.

EXHIBICIÓN *f*; exhibition, production, discovery, partial payment.

EXHIBICIÓN DE DOCUMENTOS; production of documents.

EXHIBICIÓN ÍNTEGRA; full payment.

EXHIBICIONES DESHONESTAS; indecent exposure.

EXHIBICIONISTA *m/f*; exhibitionist.

EXHIBIR; to exhibit, to demonstrate, to make a partial payment.

EXHORTAR; to exhort, to issue letters rogatory.

EXHORTO *m* ; letters rogatory, request.

EXHUMACIÓN *f*; exhumation.

EXHUMAR; to exhume.

EXIGENCIA *f*; exigency, demand, requirement.

EXIGIBLE; exigible, demandable, due.

EXIGIR; to demand, to charge, to levy.

EXILIADO; exiled.

EXILIAR; to exile.

EXILIO *m* ; exile.

EXIMENTE; exempting, justifying, excusing.

EXIMIR; to exempt, to excuse.

EXIMIR DE DERECHOS; to exempt from duties.

EXISTENCIAS *f*; inventory.

EXONERACIÓN *f*; exoneration, exemption, release.

EXONERAR; to exonerate, to acquit, to exempt, to release.

EXONERAR DE IMPUESTOS; to exempt from taxes.

EXONERAR DE RESPONSABILIDAD; to release from liability.

EXORBITANTE; exorbitant.

EXORDIO *m* ; exordium.

EXPATRIACIÓN *f*; expatriation.

EXPECTACIÓN *f*; expectation.

EXPECTANTE; expectant.

EXPECTATIVA *f*; expectancy.

EXPECTATIVA DE VIDA; expectancy of life.

EXPEDICIÓN *f*; expedition, remittance, shipment, issuance.

EXPEDICIÓN DE ADUANA; customhouse clearance.

EXPEDICIÓN DE PESCA; fishing trip.

EXPEDIDO; sent, issued.

EXPEDIDOR *m* ; shipper, drawer.

EXPEDIENTACIÓN *f*; preparation of a file.

EXPEDIENTE *m* ; file, recourse, proceeding, motive.

EXPEDIENTE DE APREMIO; proceeding for collection.

EXPEDIENTE DE CONSTRUCCIÓN; file pertaining to a request for a building permit.

EXPEDIENTE DE REINTEGRO; replevin.

EXPEDIENTE EN APELACIÓN; record on appeal.

EXPEDIENTE JUDICIAL; court file.

EXPEDIR; to ship, to send, to issue.

EXPEDIR DISPOSICIONES; to issue decisions.

EXPEDIR SENTENCIA; to pronounce judgment.

EXPEDIR UN AUTO; to issue a writ.

EXPEDIR UN CHEQUE; to issue a check.

EXPEDIR UNA FACTURA; to make out a bill.

EXPEDIR UNA ORDEN JUDICIAL; to issue a judicial order.

EXPEDIR UNA PATENTE; to issue a patent.

EXPEDIR UNA RESOLUCIÓN; to issue a decision.

EXPEDITO Y CLARO; free and clear.

EXPENDEDOR *m* ; dealer, vendor.

EXPENDER; to expend, to sell, to circulate counterfeit money.

EXPENDICIÓN DE MONEDA FALSA; circulation of counterfeit money.

EXPENSAE LITIS; costs of the litigation.

EXPENSAS *f*; costs.

EXPERTICIA *f*; expertise, expert testimony, expert advice, expert appraisal.

EXPERTO *m* ; expert.

EXPERTO EN HUELLAS DIGITALES; fingerprint expert.

EXPERTO TRIBUTARIO; tax expert.

EXPIRAR; to expire, to die.

EXPLICABLE; explainable.

EXPLÍCITO; explicit.

EXPLOTACIÓN *f*; exploitation, use, operation.

EXPLOTACIÓN DE UNA PATENTE; use of a patent.

EXPLOTAR; to exploit, to use, to explode.

EXPOLIACIÓN *f*; violent dispossession.

EXPONENTE (adj); explanatory.

EXPONENTE *m/f*; explainer, deponent.

EXPONER; to expose, to declare, to explain.

EXPORTACIÓN *f*; exportation.

EXPORTADOR *m* ; exporter.

EXPORTAR; to export.

EXPOSICIÓN *f*; exposition, clarification, statement, libel.

EXPOSICIÓN DE MOTIVOS; preliminary recitals.

EXPOSICIÓN DE NIÑOS; abandonment of children.

EXPOSICIÓN DESHONESTA; indecent exposure.

EXPOSICIÓN VOLUNTARIA A RIESGO INNECESARIO; voluntary exposure to unnecessary danger.

EXPÓSITO (adj); abandoned.

EXPÓSITO *m* ; foundling.

EXPRESAMENTE; expressly.

EXPRESAR; to express, to show.

EXPRESAR AGRAVIOS; to plead.

EXPRESO; express, evident, intentional.

EXPROMISIÓN *f*; novation.

EXPROPIABLE; expropriable.

EXPROPIACIÓN *f*; expropriation, condemnation.

EXPROPIACIÓN FORZOSA; condemnation.

EXPROPIACIÓN ILEGAL; illegal expropriation.

EXPROPIACIÓN JUDICIAL; judicial condemnation.

EXPROPIADO (adj); expropriated.

EXPROPIADO *m* ; condemnee.

EXPROPIADOR *m* ; expropriator, condemner.

EXPROPIANTE *m/f* ; expropriator, condemner.

EXPROPIAR; to expropriate, to condemn.

EXPULSAR; to expel.

EXPULSIÓN *f*; expulsion, deportation, dismissal.

EXPULSIÓN DE EXTRANJEROS; deportation of foreigners.

EXTENDER; to extend.

EXTENDER EL PLAZO; to extend the term.

EXTENDER LAS ACTAS; to write up the minutes.

EXTENDER LOS ASIENTOS; to make the entries.

EXTENDER UN CHEQUE; to draw a check.

EXTENDER UN CONTRATO; to prepare a contract.

EXTENDER UNA PATENTE; to issue a patent.

EXTENSIBLE; extendible.

EXTENSIÓN *f*; extension, scope, length.

EXTENSIÓN DEL PLAZO; extension of the term.

EXTINCIÓN *f*; extinguishment, termination, liquidation, paying off.

EXTINCIÓN DE DERECHOS; termination of legal rights.

EXTINCIÓN DE LAS PENAS; termination of punishments.

EXTINCIÓN DE LOS CONTRATOS; termination of contracts.

EXTINGUIR; to extinguish, to terminate, to pay off.

EXTINGUIRSE; to expire, to lapse.

EXTINTIVO; extinguishing.

EXTORNO *m* ; refund, drawback.

EXTORSIÓN *f*; extortion.

EXTORSIONADOR *m* ; extortioner.

EXTORSIONAR; to extort.

EXTORSIONISTA *m/f*; extortioner, profiteer.

EXTORSIVO; extortionate.

EXTRA JUDICIUM; out of court.

EXTRA JUS; beyond the law, beyond the requirements of the law.

EXTRA LEGEM; out of the law, out of the protection of the law.

EXTRA VIRES; beyond the powers.

EXTRACARTULAR; unofficial.

EXTRACONTABLE; not in the books.

EXTRACONTRACTUAL; not in the contract.

EXTRACTA *f*; true copy.

EXTRACTO *m* ; excerpt, abstract, summary, statement.

EXTRACTO DE BALANCE; condensed balance sheet.

EXTRACTO DE CUENTA; statement of account.

EXTRACTO DE LA LITIS; record of the case.

EXTRADICIÓN *f*; extradition.

EXTRAJUDICIAL; extrajudicial.

EXTRAJUDICIALMENTE; extrajudicially.

EXTRAJURÍDICO; extralegal.

EXTRALIMITACIÓN *f*; breach of trust.

EXTRAMATRIMONIAL; extramarital.

EXTRANJERÍA *f*; alienage.

EXTRANJERO *m* ; alien.

EXTRANJERO ENEMIGO; alien enemy.

EXTRAÑO (adj); alien, foreign, strange.

EXTRAÑO *m* ; alien, stranger.

EXTRAOFICIAL; unofficial.

EXTRAPETICIÓN *f*; petition for a ruling on a matter not in the case.

EXTRAPROCESAL; out of court.

EXTRATERRITORIAL; extraterritorial.

EXTRATERRITORIALIDAD; extraterritoriality.

EXTRATRIBUTARIO; not for taxation.

EXTRAVÍO *m* ; loss.

EXTREMISTA; extremist.

EXTREMO; extreme, last.

EXTREMO DE LA DEMANDA; amount demanded.

EXTREMOS DE LA ACCIÓN; ground of action.

EXTREMOS DE LA EXCEPCIÓN; grounds of objection, grounds of defense.

EXTRÍNSECO; extrinsic.

F

FABRICADO; fabricated, manufactured.

FACCIÓN *f*; faction, gang.

FACCIÓN DE TESTAMENTO; testamentary capacity.

FACETA *f*; facet.

FACILITAR INFORMES; to furnish information.

FACINEROSO (adj); criminal, wicked.

FACINEROSO *m*; criminal, habitual criminal, wicked person.

FACISTOL *m*; lectern.

FACTOR *m*; factor, agent.

FACTORAJE *m*; factorage, agency.

FACTORÍA *f*; factorage, factory, agency.

FACTUAL; factual.

FACTUM; fact.

FACTUM JURIDICUM; a juridical fact.

FACTUM PROBANDUM; the fact to be proved.

FACTURA *f*; invoice, bill.

FACTURA COMERCIAL; commercial invoice.

FACTURA COMÚN; invoice.

FACTURA CONSULAR; consular invoice.

FACTURA DE VENTA; bill of sale.

FACTURAR; to invoice, to bill.

FACTURERO *m*; invoice book.

FACULTAD *f*; faculty, authority, power, department.

FACULTAD DE DERECHO; law school.

FACULTAD DE DISPONER; right of disposal.

FACULTAD DE JUZGAR; power to decide.

FACULTAD DE NOMBRAR; power of appointment.

FACULTAD DE OPTAR; right to decide.

FACULTAD DE TESTAR; testamentary capacity.

FACULTAD DISCRECIONAL; discretionary power.

FACULTAD POLICIAL; police power.

FACULTAD PROCESAL; right of action.

FACULTAR; to empower, to authorize.

FACULTATIVO; facultative, optional, concerning a power.

FALACIA *f*; fallacy, deceit.

FALAZ; fallacious, deceiving.

FALENCIA *f*; deceit, bankruptcy.

FALSA DENUNCIA; false accusation.

FALSA PRUEBA; false evidence.

FALSA REPRESENTACIÓN; false representation.

FALSAMENTE; falsely.

FALSARIO *m*; falsifier, liar.

FALSAS APARIENCIAS; false pretenses.

FALSAS REPRESENTACIONES; false representations.

FALSEAR; to falsify.

FALSEDAD *f*; falsehood, misrepresentation.

FALSEDAD DE DOCUMENTOS; documents containing falsehoods.

FALSEDAD FRAUDULENTA; false representation.

FALSEDAD IMPORTANTE; material misrepresentation.

FALSEDAD INCULPABLE; innocent misrepresentation.

FALSEDAD INOCENTE; innocent misrepresentation.

FALSEDAD JUSTICIABLE; actionable misrepresentation.

FALSEDAD MATERIAL; forgery, material misrepresentation.

FALSEDAD NEGLIGENTE; negligent misrepresentation.

FALSI CRIMEN; crime containing fraud.

FALSÍA *f*; falseness, duplicity.

FALSIFICACIÓN *f*; forgery, falsification.

FALSIFICACIÓN DE CHEQUES; check forgery.

FALSIFICACIÓN DE DOCUMENTOS; forgery.

FALSIFICACIÓN DE MONEDA; counterfeiting.

FALSIFICADO; forged, falsified.

FALSIFICADOR *m*; forger, falsifier.

FALSIFICADOR DE MONEDA; counterfeiter.

FALSIFICAR; to forge, to falsify.

FALSO; false, counterfeit.

FALSO TESTIMONIO; false testimony, perjury.

FALSOS PRETEXTOS; false pretenses.

FALTA *f*; fault, lack, defect, breach, infraction, misdemeanor.

FALTA DE ACEPTACIÓN; nonacceptance.

FALTA DE ASISTENCIA; absenteeism.

FALTA DE AVISO; failure to notify.

FALTA DE CAPACIDAD; lack of legal capacity.

FALTA DE CAUSA; want of consideration.

FALTA DE COMPETENCIA; improper venue.

FALTA DE CUMPLIMIENTO; failure of consideration, nonperformance, noncompliance, nonfeasance.

FALTA DE DISCIPLINA; lack of discipline.

FALTA DE EJECUCIÓN; failure of consideration, nonperformance, noncompliance, nonfeasance.

FALTA DE ENTREGA; nondelivery.

FALTA DE INTENCIÓN; lack of intent.

FALTA DE JURISDICCIÓN; lack of jurisdiction.

FALTA DE JUSTIFICACIÓN; lack of justification.

FALTA DE MANUTENCIÓN; lack of support.

FALTA DE PAGO; nonpayment, dishonor.

FALTA DE PARTES; defect of parties.

FALTA DE PREAVISO; lack of prior notice.

FALTA DE PROVOCACIÓN; lack of provocation.

FALTA DE PRUEBA; lack of evidence.

FALTA DE TRABAJO; unemployment.

FALTA DE USO; nonuse.

FALTA DE VIGILANCIA; lack of due care.

FALTA GRAVE; major offense, felony.

FALTA LEVE; minor offense, misdemeanor.

FALTANTE (adj); lacking.

FALTANTE *m*; non-appearing party.

FALTAR; to fail, to default, to breach, to be short.

FALTAS *f*; minor offenses, misdemeanors.

FALTAS EN EL PROCEDIMIENTO; procedural errors.

FALTISTA; habitually defaulting.

FALTO; lacking, scarce.

FALLA *f*; fault, failure, defect.

FALLA DE CAUSA; failure of consideration.

FALLA EN CAJA; cash shortage.

FALLAR; to render judgment, to rule, to sentence, to fail, to be lacking, to err.

FALLAR SIN LUGAR; to dismiss.

FALLECIMIENTO *m*; death.

FALLIDO (adj); bankrupt, frustrated.

FALLIDO *m*; bankrupt.

FALLIDO CULPABLE; bankrupt due to negligence.

FALLIDO FRAUDULENTO; fraudulent bankrupt.

FALLIDO REHABILITADO; discharged bankrupt.

FALLIR; to fail.

FALLO *m*; judgment, finding, verdict, decision, arbitration award, failure, shortcoming.

FALLO ADMINISTRATIVO; executive order.

FALLO ARBITRAL; arbitration award.

FALLO CONDENATORIO; conviction.

FALLO CONDICIONADO; conditional judgment.

FALLO DE CULPABILIDAD; conviction.

FALLO DE DEFICIENCIA; deficiency judgment.

FALLO DEFINITIVO; final judgment, final sentence.

FALLO DEL JURADO; jury verdict.

FALLO FABRICADO; simulated judgment.

FALLO JUDICIAL; judicial decision.

FALLO PLENARIO; plenary decision.

FALLO SIMULADO; simulated judgment.

FAMA PÚBLICA; reputation.

FAMILIA *f*; family, household.

FAMILIA ADOPTIVA; adoptive family.

FAMILIAR (adj); pertaining to a family, familiar.

FAMILIAR *m*; relative.

FANÁTICO *m*; fanatic.

FATAL; fatal, obligatory, final.

FAUTOR *m*; abettor, helper.

FAVOR *m*; favor, accommodation, assistance.

FAVORECEDOR *m*; indorser of an accommodation bill, client.

FAVORECIDO (adj); favored.

FAVORECIDO *m* ; maker of an accommodation bill.

FE *f*; testimony, certification, affirmation, credence.

FE DE CONOCIMIENTO; verification of the identity of a person.

FE NOTARIAL; the authority of a notary's certification.

FE PÚBLICA; authority to attest documents.

FECUNDACIÓN ARTIFICIAL; artificial insemination.

FECHA *f*; date, moment.

FECHA CIERTA; day certain.

FECHA DE REGISTRO; date of record.

FECHA DE VALOR; effective date.

FECHA DE VIGENCIA; effective date.

FECHA EFECTIVA; effective date.

FECHAR; to date.

FECHO; executed, issued.

FECHORÍA *f*; malfeasance, misdeed.

FEDATARIO *m* ; notary public, one who attests, one who certifies.

FEDERACIÓN *f*; federation, association.

FEDERAL; federal.

FEDERALISMO *m* ; federalism.

FEDERARSE; to form a federation, to form an association.

FEHACIENTE; evidencing, certifying, attesting, authentic, credible.

FELÓN (adj); felonious, treacherous.

FELÓN *m* ; felon, villain.

FELONÍA *f*; treachery, disloyalty.

FEMINISMO *m* ; feminism.

FEMINISTA; feminist.

FENECER; to finish, to die.

FENECIMIENTO *m* ; finishing, death.

FERIA *f*; holiday, legal holiday, fair.

FERIA JUDICIAL; legal holiday, non-judicial day.

FERIADO *m* ; holiday, non-judicial day.

FERIADO NACIONAL; national holiday.

FETO *m* ; fetus.

FIABLE; responsible, trustworthy.

FIADO (adj); purchased on credit.

FIADO *m* ; person under bond.

FIADOR *m* ; surety, bailor, guarantor.

FIADOR JUDICIAL; judgment surety.

FIADOR MANCOMUNADO; co-surety.

FIADOR SOLIDARIO; joint and several surety.

FIANZA *f*; bail, bond, guaranty.

FIANZA CARCELARIA; bail.

FIANZA CONFORME A LA LEY; statutory bond.

FIANZA DE ADUANA; customs bond.

FIANZA DE ALMACÉN; warehouse bond.

FIANZA DE APELACIÓN; appeal bond.

FIANZA DE ARRAIGO; special bail.

FIANZA DE AVERÍAS; average bond.

FIANZA DE CAUCIÓN; surety bond.

FIANZA DE CONSERVACIÓN; conservation bond.

FIANZA DE CONTRATISTA; contract bond.

FIANZA DE CUMPLIMIENTO; performance bond.

FIANZA DE DEMANDADO; defendant's bond.

FIANZA DE DEPÓSITO; warehouse bond.

FIANZA DE DESEMBARQUE; landing bond.

FIANZA DE EMBARGO; attachment bond.

FIANZA DE EMPRESA PORTEADORA; carrier's bond.

FIANZA DE ENTREDICHO; injunction bond.

FIANZA DE EXPORTACIÓN; export bond.

FIANZA DE FIDELIDAD; fidelity bond.

FIANZA DE GARANTÍA; surety bond.

FIANZA DE LICITADOR; bid bond.

FIANZA DE LITIGANTE; court bond.

FIANZA DE MANUTENCIÓN; maintenance bond.

FIANZA DE NEUTRALIDAD; neutrality bond.

FIANZA DE PAGO; payment bond.

FIANZA DE POSTURA; bid bond.

FIANZA DE PROPIEDAD; title bond.

FIANZA DE SEGURIDAD; surety bond.

FIANZA DE SOMETIMIENTO; submission bond.

FIANZA DE TÍTULO; title bond.

FIANZA EN AVERÍA GRUESA; general average bond.

FIANZA ESPECIAL; special bail.

FIANZA GENERAL; blanket bond.

FIANZA HIPOTECARIA; mortgage.

FIANZA JUDICIAL; judicial bond.

FIANZA MANCOMUNADA; joint bond.

FIANZA MERCANTIL; performance bond.

FIANZA PARTICULAR; personal surety.

FIANZA PERSONAL; personal surety.

FIANZA PIGNORATICIA; pledge.

FIANZA POR AUTO DE CASACIÓN; bill in error.

FIANZA PRENDARIA; pledge.

FIANZA REIVINDICATORIA; replevin bond.

FIANZA SIMPLE; bail common.

FIAR; to grant credit, to bond for, to bail for, to guarantee.

FICCIÓN *f*; fiction.

FICCIÓN DE DERECHO; fiction of law.

FICCIÓN JURÍDICA; fiction of law.

FICCIÓN LEGAL; fiction of law.

FICTICIO; fictitious.

FICTO; fictitious, implied.

FICHA DACTILOSCÓPICA; record of fingerprints.

FICHAR; to prepare a record with personal particulars, to prepare a dossier on, to size up, to file.

FIDEDIGNO; trustworthy, reliable.

FIDEICOMISARIO *m* ; trustee, beneficiary of a trust, legal representative of debenture holders.

FIDEICOMISARIO EN LA QUIEBRA; trustee in bankruptcy.

FIDEICOMISARIO JUDICIAL; judicial trustee.

FIDEICOMISO *m* ; trust.

FIDEICOMISO ACTIVO; active trust.

FIDEICOMISO CARITATIVO; charitable trust.

FIDEICOMISO COMERCIAL; business trust.

FIDEICOMISO CONDICIONAL; contingent trust.

FIDEICOMISO CONSERVATORIO; testamentary trust.

FIDEICOMISO CONSTRUCTIVO; constructive trust.

FIDEICOMISO DE BENEFICENCIA; charitable trust.

FIDEICOMISO DE FONDOS DEPOSITADOS; funded trust.

FIDEICOMISO DE PENSIONES; pension trust.

FIDEICOMISO DE SEGURO DE VIDA; life insurance trust.

FIDEICOMISO DE SOCIEDAD ANÓNIMA; corporate trust.

FIDEICOMISO DEFINIDO; express trust.

FIDEICOMISO DIRECTIVO; directory trust.

FIDEICOMISO DIRECTO; direct trust.

FIDEICOMISO DISCRECIONAL; discretionary trust.

FIDEICOMISO EXPRESO; express trust.

FIDEICOMISO FAMILIAR; testamentary trust.

FIDEICOMISO FIJO; fixed trust.

FIDEICOMISO FORMALIZADO; executed trust.

FIDEICOMISO FORZOSO; constructive trust.

FIDEICOMISO IMPLÍCITO; implied trust.

FIDEICOMISO IMPUESTO; constructive trust.

FIDEICOMISO MÚLTIPLE; multiple trust.

FIDEICOMISO PARA LOS PRÓDIGOS; spendthrift trust.

FIDEICOMISO PARA VOTACIÓN; voting trust.

FIDEICOMISO PARTICULAR; private trust.

FIDEICOMISO PASIVO; passive trust.

FIDEICOMISO PERPETUO; perpetual trust.

FIDEICOMISO POR FORMALIZAR; executory trust.

FIDEICOMISO POR PRESUNCIÓN LEGAL; resulting trust.

FIDEICOMISO PRESUNTO; resulting trust.

FIDEICOMISO PRIVADO; private trust.

FIDEICOMISO PÚBLICO; public trust.

FIDEICOMISO PURO; simple trust.

FIDEICOMISO RESULTANTE; resulting trust.

FIDEICOMISO SECRETO; secret trust.

FIDEICOMISO SENCILLO; simple trust.

FIDEICOMISO SIMPLE; simple trust.

FIDEICOMISO SIN DEPÓSITO DE FONDOS; unfunded trust.

FIDEICOMISO SINGULAR; private trust.

FIDEICOMISO SOBRENTENDIDO; implied trust.

FIDEICOMISO SUCESIVO; testamentary trust.

FIDEICOMISO TESTAMENTARIO; testamentary trust.

FIDEICOMISO UNIVERSAL; trust encompassing an entire estate.

FIDEICOMISO VOLUNTARIO; voluntary trust.

FIDEICOMISOR *m* ; trustee.

FIDEICOMITENTE *m/f* ; trustor.

FIDELIDAD *f* ; fidelity.

FIDEM; trust, confidence.

FIDES; faith, trust.

FIDUCIANTE *m/f* ; trustor.

FIDUCIARIO (adj); fiduciary.

FIDUCIARIO *m* ; trustee.

FIEL (adj); faithful, accurate.

FIEL *m* ; public inspector.

FIEL COPIA; true copy.

FIEL CUMPLIMIENTO; faithful performance, faithful observance.

FIELATO *m* ; position of a public inspector.

FIELDAD *f* ; surety, guaranty.

FIJACIÓN DE PRECIOS; price fixing.

FIJAR; to determine, to fix.

FIJAR LOS DAÑOS Y PERJUICIOS; to assess damages.

FILIACIÓN *f* ; filiation.

FILIAL; filial.

FILICIDA *m/f* ; filicide.

FILICIDIO *m* ; filicide.

FILIGRANA *f* ; watermark.

FILOSOFÍA DEL DERECHO; jurisprudence, philosophy of law.

FIN *m* ; end, aim.

FIN DE LA EXISTENCIA DE LAS PERSONAS JURÍDICAS; termination of artificial persons.

FIN DE LA EXISTENCIA DE LAS PERSONAS NATURALES; death of natural persons.

FIN DEL PROCESO; end of the proceedings, objective of the proceedings.

FINADO *m* ; deceased.

FINAL; final.

FINANCIACIÓN *f* ; financing.

FINANCIAMIENTO *m* ; financing.

FINANCIAR; to finance.

FINANCIERA *f* ; finance company.

FINANCIERO (adj); financial.

FINANCIERO *m* ; financier.

FINANZAS *f* ; finance, finances.

FINANZAS PÚBLICAS; public finances.

FINAR; to die.

FINCA *f* ; plot, farm, real estate.

FINCA COLINDANTE; adjoining property.

FINCA RAÍZ; real estate.

FINCA RÚSTICA; rural property.

FINCA URBANA; urban property.

FINCAR; to purchase real estate.

FINIQUITAR; to extinguish, to close an account.

FINIQUITO *m* ; extinction, release, closing of an account, quitclaim.

FIRMA *f* ; signature, firm, company, company name.

FIRMA AUTÓGRAFA; autograph signature.

FIRMA COMERCIAL; company, company name.

FIRMA DE FAVOR; accommodation indorsement.

FIRMA DE LETRADO; attorney's signature.

FIRMA EN BLANCO; blank signature.

FIRMA ENTERA; signature of the full name.

FIRMA FALSIFICADA; falsified signature.

FIRMA MEDIA; partial signature.

FIRMA SANCIONADA; authorized signature.

FIRMA SOCIAL; company signature, company name.

FIRMADO DE PROPIO PUÑO; signed personally.

FIRMADO DE PUÑO; signed personally.

FIRMADO Y SELLADO POR; signed and sealed by.

FIRMADOR *m* ; signer, maker of a document.

FIRMANTE *m/f* ; signer, maker of a document.

FIRMANTE CONJUNTO; cosigner.

FIRMANTE POR ACOMODACIÓN; accommodation maker.

FIRMAR; to sign, to execute.

FIRME; final, firm.

FIRMÓN *m* ; signer of documents drafted by others, professional who will sign anything.

FISCAL (adj); fiscal, financial.

FISCAL *m* ; prosecutor, prosecuting attorney, state attorney, auditor.

FISCAL DE CUENTAS; auditor.

FISCAL DE DISTRITO; district attorney.

FISCAL DE ESTADO; government attorney.

FISCAL GENERAL; attorney general.

FISCALÍA *f*; prosecutor's office, government attorney's office, inspector's office, auditor's office.

FISCALISTA; fiscal.

FISCALIZACIÓN *f*; control, supervision, inspection.

FISCALIZADOR (adj); inspecting.

FISCALIZADOR *m*; inspector.

FISCALIZAR; to control, to inspect.

FISCO *m*; fisc.

FISCO MUNICIPAL; municipal treasury, municipal government.

FÍSICO; physical.

FLAGICIOSO; flagitious.

FLAGRANS; during the act.

FLAGRANS CRIMEN; during the criminal act.

FLAGRANS DELICTO; in the act of committing the crime.

FLAGRANTE; flagrant.

FLAGRANTE DELITO; crime detected while being perpetrated.

FLETADOR *m*; charterer.

FLETAMENTO *m*; charter-party.

FLETAMENTO A PLAZO; time charter.

FLETAMENTO CON OPERACIÓN POR CUENTA DEL ARRENDADOR; gross charter.

FLETAMENTO CON OPERACIÓN POR CUENTA DEL ARRENDATARIO; net charter.

FLETAMENTO POR TIEMPO; time charter.

FLETAMENTO POR VIAJE; trip charter.

FLETAMENTO POR VIAJE REDONDO; voyage charter.

FLETAMIENTO *m*; charter-party.

FLETANTE *m*; charterer, owner of a means of transport for hire.

FLETAR; to charter, to freight, to hire.

FLETE *m*; freight.

FLETE BRUTO; gross freight.

FLETE EVENTUAL; freight contingency.

FLETE MARÍTIMO; ocean freight.

FLETE NETO; net freight.

FLETEAR; to charter, to freight, to hire.

FLETERO *m*; freighter, freight carrier.

FLOTA *f*; navy, fleet.

FLOTAR UN EMPRÉSTITO; to float a loan.

FLUJO DE FONDOS; cash flow.

FLUJO Y REFLUJO; ebb and flow.

FLUVIAL; fluvial.

FOJA *f*; page, folio, sheet.

FOLIAR; to number pages.

FOLIO *m*; folio.

FOMENTADOR *m*; encourager, promoter, developer.

FOMENTAR; to encourage, to promote, to develop.

FOMENTO *m*; development, encouragement, promotion.

FONDO *m*; fund, essence.

FONDO ACUMULATIVO; sinking fund.

FONDO AMORTIZANTE; sinking fund.

FONDO COMÚN; general fund.

FONDO COMÚN DE INVERSIÓN; mutual fund.

FONDO DE AMORTIZACIÓN; sinking fund.

FONDO DE COMERCIO; the combined tangible and intangible assets of a business establishment.

FONDO DE ESTABILIZACIÓN; stabilization fund.

FONDO DE GARANTÍA; guaranty fund.

FONDO DE LA CUESTIÓN; heart of the matter.

FONDO DE PREVISIÓN; reserve fund, pension fund.

FONDO DE RESERVA; reserve fund.

FONDO ESPECIAL; special fund.

FONDO FIDUCIARIO IRREVOCABLE; irrevocable trust fund.

FONDO JUBILATORIO; pension fund.

FONDO MONETARIO INTERNACIONAL; International Monetary Fund.

FONDO MUTUALISTA; mutual fund.

FONDO POLUTO; slush fund.

FONDO RESERVADO; reserved fund.

FONDO SOCIAL; capital stock, partnership's capital.

FONDOS; funds.

FONDOS BLOQUEADOS; frozen funds.

FONDOS CONGELADOS; frozen funds.

FONDOS DE FIDEICOMISO; trust funds.

FONDOS DISPONIBLES; available funds.

FONDOS EN PLICA; escrow funds.

FONDOS FIDUCIARIOS; trust funds.

FONDOS LÍQUIDOS; liquid funds.

FONDOS PÚBLICOS; public funds.

FORAJIDO *m* ; fugitive from justice.

FORAL; statutory, jurisdictional, legal.

FORALMENTE; judicially.

FORENSE; forensic.

FORERO; jurisdictional, statutory, legal.

FORJADOR *m* ; forger.

FORJAR; to forge, to shape.

FORMA *f* ; form, manner, shape.

FORMA DE LOS ACTOS JURÍDICOS; legal formalities.

FORMA LEGAL; legal formalities.

FORMA LIBRE; procedure lacking legal formalities.

FORMACIÓN DE LAS LEYES; enactment.

FORMAL; formal, procedural.

FORMALIDAD *f* ; formality, dependability, excessive bureaucracy.

FORMALIDADES; formalities.

FORMALISMO *m* ; formalism.

FORMALIZAR; to formalize.

FORMALIZAR PROTESTO; to protest.

FORMAR; to form.

FORMAR EXPEDIENTE A ALGUIEN; to initiate an investigation of a person.

FORMAR PROCESO; to bring suit.

FORMAS DE ACCIÓN; forms of action.

FORMAS DE LOS CONTRATOS; contractual formalities.

FORMAS LEGALES; legal formalities.

FORMAS PROCESALES; procedure.

FÓRMULA *f* ; formula, settlement agreement.

FÓRMULA DE PROPUESTA; proposal.

FORMULAR; to formulate.

FORMULAR CARGOS; to bring charges.

FORMULAR DENUNCIA; to make an accusation, to make a complaint.

FORMULAR OPOSICIÓN; to object.

FORMULAR UN REPARO; to file an objection.

FORMULAR UNA RECLAMACIÓN; to file a claim.

FORMULARIO *m* ; questionnaire, blank form, formulary.

FORMULARIO DE CONTRATO; contract form.

FORMULARIO DE PROPUESTA; proposal form.

FORMULARIO TIMBRADO; stamped form.

FORMULARIO VALORADO; stamped form.

FORMULISMO *m* ; formalism, excessive bureaucracy.

FORNICACIÓN *f* ; fornication.

FORO *m* ; forum, bar, lease, leasehold.

FORTUITO; fortuitous.

FORUM CONTRACTUS; the forum of the contract.

FORZADAMENTE; forcibly.

FORZADO; forced.

FORZADOR *m* ; forcer, rapist.

FORZAR; to force, to rape.

FORZOSO; compulsory, unavoidable.

FOTOCOPIA *f* ; photocopy.

FOTOSTÁTICO; photostatic.

FRACASAR; to fail.

FRACASO *m* ; failure.

FRAGANTE; flagrant.

FRAGUAR; to falsify, to plot.

FRAGUAR UNA FIRMA; to forge a signature.

FRANCO; free, duty-free, exempt, honest.

FRANCO A BORDO; free on board.

FRANCO AL COSTADO VAPOR; free alongside.

FRANCO DE AVERÍA SIMPLE; free of particular average.

FRANCO DE DERECHOS; duty-free.

FRANCO EN EL MUELLE; free on dock.

FRANCOTIRADOR *m* ; sniper, sharpshooter.

FRANQUEAR; to exempt, to prepay, to pay postage, to clear.

FRANQUEO *m* ; postage, prepayment, clearance.

FRANQUICIA *f* ; franchise, exemption.

FRANQUICIA ADUANERA; exemption from customs duties.

FRANQUICIA ARANCELARIA; exemption from customs duties.

FRANQUICIA DE VOTO; right to vote.

FRANQUICIA IMPOSITIVA; tax exemption.

FRANQUICIA TRIBUTARIA; tax exemption.

FRATER; a brother.

FRATRICIDA *m/f* ; fratricide.

FRATRICIDIO *m* ; fratricide.

FRAUDE *m* ; fraud, deceit.

FRAUDE DE ACREEDORES; fraud committed against creditors.

FRAUDE DE HECHO; fraud in fact.

FRAUDE ELECTORAL; electoral fraud.

FRAUDE EXTRÍNSECO; extrinsic fraud.

FRAUDE IMPLÍCITO; constructive fraud.

FRAUDE JUSTICIABLE; actionable fraud.

FRAUDE LEGAL; legal fraud.

FRAUDE POSITIVO; positive fraud.

FRAUDE PRESUNTO; constructive fraud.

FRAUDE PROCESAL; procedural fraud.

FRAUDULENCIA *f*; fraudulence.

FRAUDULENTAMENTE; fraudulently.

FRAUDULENTO; fraudulent.

FRAUS; fraud.

FRENTE *m* ; front, face of a document.

FRENTE OBRERO; labor association.

FRERE; a brother.

FRERE EYNE; an elder brother.

FRERE PUISNE; a younger brother.

FRÍVOLO; frivolous.

FRONTERA *f*; frontier, border.

FRONTERA ARTIFICIAL; artificial border.

FRONTERA CONVENCIONAL; border established by treaty.

FRONTERA NATURAL; natural border.

FRUCTUOSO; successful, productive.

FRUSTRACIÓN *f*; frustration.

FRUSTRADO; frustrated.

FRUTOS *m* ; fruits, benefits, products, results.

FRUTOS CAÍDOS; fallen fruit.

FRUTOS DEL DELITO; fruits of crime.

FRUTOS DEL PAÍS; national products.

FRUTOS E INTERESES; fruits and interest.

FRUTOS INDUSTRIALES; industrial products, emblements.

FRUTOS NATURALES; natural fruits.

FUEGO *m* ; fire.

FUEGO PERJUDICIAL; hostile fire.

FUEGO ÚTIL; friendly fire.

FUENTE *f*; source.

FUENTE CONFIABLE; reliable source.

FUENTE DE GANANCIA; source of profit.

FUENTE DE INGRESOS; source of income.

FUENTE FIDEDIGNA; reliable source.

FUENTE INFORMATIVA; source of information.

FUENTE PRODUCTORA; source of supply.

FUENTE RENTÍSTICA; source of revenue.

FUENTES DE LA LEY; sources of the law.

FUENTES DE LAS OBLIGACIONES; sources of obligations.

FUENTES DEL DERECHO; sources of the law.

FUENTES JURÍDICAS; sources of the law.

FUENTES JURÍDICAS EXPLÍCITAS; statutes, express sources of the law.

FUENTES JURÍDICAS IMPLÍCITAS; custom and usage, implied sources of the law.

FUERA DE AUDIENCIA; out of court.

FUERA DE BENEFICIO; out of benefit.

FUERA DE DUDA RAZONABLE; beyond a reasonable doubt.

FUERA DE FECHA; out of time.

FUERA DE JUICIO; extrajudicial.

FUERA DE LA LEY; outside of the law.

FUERA DE LITIGIO; extrajudicial.

FUERA DE LUGAR; irrelevant, inappropriate, out of place.

FUERA DE MATRIMONIO; out of wedlock.

FUERA DE ORDEN; out of order.

FUERA DE RAZÓN; unreasonable.

FUERA DE TÉRMINO; late.

FUERA DE TIEMPO; late.

FUERO *m* ; privilege, jurisdiction, venue, court, code of laws, common law.

FUERO AUXILIAR; ancillary jurisdiction.

FUERO CIVIL; civil jurisdiction.

FUERO COMERCIAL; commercial code.

FUERO COMPETENTE; jurisdiction.

FUERO COMÚN; general jurisdiction.

FUERO CONCURRENTE; concurrent jurisdiction.

FUERO DE ATRACCIÓN; ancillary jurisdiction.

FUERO DE ELECCIÓN; selected jurisdiction.

FUERO DE LAS SUCESIONES; probate jurisdiction.

FUERO DE LOS CONCURSOS; bankruptcy court.

FUERO DEL CONTRATO; selection of jurisdiction in a contract.

FUERO DEL TRABAJO; jurisdiction in labor
cases.

FUERO ESPECIAL; special jurisdiction.

FUERO EXCLUSIVO; exclusive jurisdiction.

FUERO LABORAL; jurisdiction in labor cases.

FUERO MUNICIPAL; municipal code.

FUERO ORDINARIO; jurisdiction.

FUERO POR CONEXIÓN; ancillary
jurisdiction.

FUERZA *f*; force, power.

FUERZA CANCELATORIA; legal tender.

FUERZA COERCITIVA; coercion.

FUERZA DE COSA JUZGADA; force and
effect of a decision.

FUERZA DE LEY; force of law.

FUERZA E INTIMIDACIÓN; force and fear.

FUERZA FÍSICA; physical force.

FUERZA IRRESISTIBLE; irresistible force.

FUERZA LEGAL; force of law.

FUERZA LIBERATORIA; legal tender, power
to release.

FUERZA MAYOR; irresistible force.

FUERZA PROBATORIA; evidentiary weight.

FUERZA PÚBLICA; police power.

FUERZAS ARMADAS; armed forces.

FUGA *f*; escape.

FUGA DE CAPITALES; capital flight.

FUGA POR NEGLIGENCIA; negligent
escape.

FUGARSE; to escape, to jump bail, to abscond.

FUGITIVO; fugitive.

FULANA DE TAL; Jane Doe.

FULANO DE TAL; John Doe.

FULLERÍA *f*; swindling.

FULLERO *m*; swindler.

FUNCIÓN *f*; function.

FUNCIÓN LEGISLATIVA; legislative power.

FUNCIONARIO *m*; functionary, officer.

FUNCIONARIO ADMINISTRATIVO;
administrative officer.

FUNCIONARIO CORPORATIVO; corporate
officer.

FUNCIONARIO DE FACTO; officer de facto.

FUNCIONARIO DE JURE; officer de jure.

FUNCIONARIO EJECUTIVO; executive
officer.

FUNCIONARIO FISCAL; financial officer.

FUNCIONARIO JUDICIAL; judicial officer.

FUNCIONARIO MUNICIPAL; municipal
officer.

FUNCIONARIO PÚBLICO; public officer.

FUNCIONARISMO *m*; bureaucracy.

FUNDABILIDAD *f*; admissibility.

FUNDACIÓN *f*; foundation, endowment,
establishment.

FUNDADAMENTE; with good reason.

FUNDADO; well-founded.

FUNDADOR *m*; founder, promoter.

FUNDAMENTAL; fundamental.

FUNDAMENTALMENTE; fundamentally.

FUNDAMENTAR; to establish, to lay the
foundations of.

FUNDAMENTO *m*; foundation, reason.

FUNDAMENTO JURÍDICO; legal foundation,
legal ground.

FUNDAR; to found, to endow, to establish.

FUNDAR RECURSO; to file an appeal.

FUNDAR UN AGRAVIO; to make a
complaint.

FUNDIR; to merge, to unite.

FUNDIRSE; to go bankrupt, to fail, to merge,
to unite.

FUNDO *m*; rural property.

FUNDO DOMINANTE; dominant tenement.

FUNDO MADERERO; timberland.

FUNDO MINERO; mining property.

FUNDO SIRVIENTE; servient tenement.

FUNGIBILIDAD; fungibility.

FUNGIBLE; fungible.

FUNGIR; to substitute.

FURANDI ANIMUS; intent to steal.

FURTIVAMENTE; furtively.

FURTIVO; furtive.

FURTUM; theft, that which has been stolen.

FUSILAMIENTO *m*; execution by firing
squad.

FUSILAR; to execute by firing squad.

FUSIÓN *f*; merger.

FUSIÓN CONGLOMERADA; conglomerate
merger.

FUSIÓN CORPORATIVA; corporate merger.

FUSIÓN DE CONTRATOS; merger of
contracts.

FUSIÓN DE DELITOS; merger of crimes.

FUSIÓN DE DERECHOS; merger of rights.

FUSIÓN DE TÍTULOS; confusion of titles.

FUSIÓN HORIZONTAL; horizontal merger.
FUSIÓN VERTICAL; vertical merger.
FUSIONAR; to merge, to unite.
FUTURO; future.

GABARRO *m* ; mistake, nuisance.
GABELA *f*; tax.
GABELA DE CONSUMO; excise tax.
GABINETE *m* ; cabinet.
GACETA *f*; gazette, official publication of
laws and affairs of state.
GAJE *m* ; remuneration.
GALERÍA DE MALHECHORES; mug book.
GALERÍA DE SOSPECHOSOS; lineup.
GANADO (adj); earned, won.
GANADO *m* ; livestock.
GANANCIA *f*; profit, gain, earnings.
GANANCIA BRUTA; gross profit.
GANANCIA EN BRUTO; gross profit.
GANANCIA NETA; net profit.
GANANCIA REALIZADA; realized gain.
GANANCIAL; pertaining to community
property, pertaining to profit.
GANANCIALES; community property.
GANANCIAS DE CAPITAL; capital gains.
GANANCIAS EXCESIVAS; excessive profits.
GANANCIAS EXTRAORDINARIAS;
extraordinary profits.
GANANCIAS GRAVABLES; taxable profits.
GANANCIAS Y PÉRDIDAS; profit and loss.
GANANCIOSO; profitable.
GANAR; to earn, to gain, to win.
GANAR DINERO; to earn money.
GANAR INTERÉS; to earn interest.
GANAR UN PLEITO; to win a suit.
GANAR VECINDAD; to establish residence.
GANARSE LA VIDA; to earn a living.
GANGA *f*; gang, bargain.
GANGSTERISMO *m* ; gangsterism.
GARANTE *m* ; guarantor, surety, guarantee.
GARANTÍA *f*; guarantee, guaranty, warranty,
security, collateral, bond.
GARANTÍA AFIRMATIVA; affirmative
warranty.

GARANTÍA CONTINUA; continuing guaranty.

GARANTÍA DE CRÉDITO; guaranty of a loan.

GARANTÍA DE FIRMA; guaranty of a signature.

GARANTÍA DE PERSONA; positive identification.

GARANTÍA DE PETICIÓN; right to petition.

GARANTÍA EN AVERÍA GRUESA; general average guaranty.

GARANTÍA EVENTUAL; conditional guaranty.

GARANTÍA FLOTANTE; floating collateral.

GARANTÍA FORMAL; collateral.

GARANTÍA HIPOTECARIA; mortgage security.

GARANTÍA IMPLÍCITA; implied warranty.

GARANTÍA INCONDICIONAL; absolute guaranty.

GARANTÍA MANCOMUNADA; joint guaranty.

GARANTÍA PARTICULAR; special guaranty.

GARANTÍA PERSONAL; personal guaranty.

GARANTÍA PIGNORATICIA; pledge.

GARANTÍA PRENDARIA; pledge, collateral.

GARANTÍA PROCESAL; bond for court costs.

GARANTÍA PROMISORIA; promissory warranty.

GARANTÍA PROVISIONAL; binder.

GARANTÍA REAL; collateral.

GARANTÍA SOLIDARIA; joint and several guaranty.

GARANTÍAS CONCURRENTES; concurrent guaranties.

GARANTÍAS CONSTITUCIONALES; constitutional rights.

GARANTÍAS DEL ACUSADO; constitutional rights of the accused.

GARANTÍAS ESCRITAS; written warranties.

GARANTÍAS IMPLÍCITAS; implied warranties.

GARANTÍAS INDIVIDUALES; constitutional rights.

GARANTÍAS PROCESALES; procedural due process.

GARANTIR; to guarantee.

GARANTIZADO; guaranteed, warranted.

GARANTIZADOR m ; guarantor, surety.

GARANTIZAR; to guarantee, to warrant.

GARITO m ; gambling house.

GARROTE m ; garrote.

GASTAR; to expend, to spend.

GASTO m ; expense, expenditure.

GASTOS; expenses, expenditures, charges, costs.

GASTOS A REPARTIR; undistributed expenses.

GASTOS ADMINISTRATIVOS; administrative expenses.

GASTOS ADUANALES; customs expenses.

GASTOS CAUSÍDICOS; litigation expenses.

GASTOS CONSTANTES; fixed charges.

GASTOS CONTENCIOSOS; litigation expenses.

GASTOS DE ADMINISTRACIÓN; administration expenses.

GASTOS DE BOLSILLO; out-of-pocket expenses.

GASTOS DE CAPITAL; capital expenses.

GASTOS DE CONSERVACIÓN; maintenance expenses.

GASTOS DE CONSTITUCIÓN; organization expenses.

GASTOS DE DESARROLLO; development costs.

GASTOS DE DIRECCIÓN; administration expenses.

GASTOS DE ESCRIBANÍA; notary's fees.

GASTOS DE EXPLOTACIÓN; operating expenses.

GASTOS DE FOMENTO; development costs.

GASTOS DE FUNCIONAMIENTO; operating expenses.

GASTOS DE INICIACIÓN; organization expenses.

GASTOS DE JUSTICIA; legal expenses.

GASTOS DE OPERACIÓN; operating costs.

GASTOS DE ORGANIZACIÓN; organization expenses.

GASTOS DE PROTESTO; protest charges.

GASTOS DE PURO LUJO; sumptuary expenses.

GASTOS DE RECTIFICACIÓN REGISTRAL; expenses involved in rectifying data at a property registry.

GASTOS DE REPRESENTACIÓN; representation expenses.

GASTOS FIJOS; fixed charges.

GASTOS FINANCIEROS; finance charges.

GASTOS FUNERARIOS; funeral expenses.

GASTOS GENERALES; overhead.

GASTOS INDIRECTOS; indirect costs.

GASTOS JUDICIALES; legal expenses.

GASTOS JURÍDICOS; legal expenses.

GASTOS LEGALES; legal expenses.

GASTOS NECESARIOS; ordinary expenses.

GASTOS OPERACIONALES; operating expenses.

GASTOS ORDINARIOS; ordinary expenses.

GASTOS ORDINARIOS Y NECESARIOS; ordinary and necessary expenses.

GASTOS PÚBLICOS; public spending.

GASTOS SUNTUARIOS; sumptuary expenses.

GEMELO *m* ; twin.

GENEALOGÍA *f*; genealogy.

GENER; a son-in-law.

GENERACIÓN *f*; generation.

GENERAL; general, usual.

GENERALES DE LA LEY; standard questions for witnesses which include asking their name and age and so on.

GENERALIDAD *f*; generality.

GÉNERO *m* ; kind, manner.

GÉNEROS; goods, merchandise.

GENOCIDIO *m* ; genocide.

GENTE *f*; people, nation, crew.

GENUINO; genuine.

GERENCIA *f*; management.

GERENTE *m* ; manager.

GESTACIÓN *f*; gestation.

GESTIÓN *f*; action, step, effort, administration, handling, negotiation.

GESTIÓN DE NEGOCIOS AJENOS; handling of another's business affairs without a written contract.

GESTIÓN JUDICIAL; judicial proceeding.

GESTIÓN PROCESAL; court proceeding.

GESTIONAR; to negotiate, to take measures, to handle.

GESTIONAR EL PAGO; to demand payment.

GESTIONAR EN JUICIO; to litigate.

GESTIONAR EN NOMBRE DE; to act in the name of.

GESTIONAR FONDOS; to raise money.

GESTIONAR UN EMPRÉSTITO; to arrange a loan.

GESTIONAR UNA PATENTE; to apply for a patent.

GESTOR (adj); negotiating, promoting, managing.

GESTOR *m* ; negotiator, promoter, agent, manager.

GESTOR DE NEGOCIOS AJENOS; handler of another's business affairs without a written contract, one who acts for another without authority.

GESTOR JUDICIAL; judicial representative.

GESTOR OFICIOSO; one who acts for another without authority.

GINECOCRACIA *f*; gynecocracy.

GIRADO (adj); drawn.

GIRADO *m* ; drawee.

GIRADOR *m* ; drawer, maker.

GIRANTE *m/f*; drawer, maker.

GIRAR; to draw, to write, to remit, to do business.

GIRAR A CARGO DE; to draw against.

GIRAR DINERO; to withdraw cash.

GIRAR EN DESCUBIERTO; to overdraw.

GIRAR UN CHEQUE; to write a check.

GIRO *m* ; draft, money order, turnover, line of business, turn.

GIRO A LA VISTA; sight draft.

GIRO A PLAZO; time draft.

GIRO BANCARIO; bank draft.

GIRO COMERCIAL; commercial draft.

GIRO DE CORTESÍA; accommodation paper.

GIRO DE FAVOR; accommodation paper.

GIRO DOCUMENTARIO; documentary draft.

GIRO EN DESCUBIERTO; overdraft.

GIRO POSTAL; money order.

GIRO SIMPLE; clean draft.

GIRO TELEGRÁFICO; wire transfer.

GLOSA *f*; gloss.

GLOSADOR *m* ; glossator, legal commentator.

GLOSAR; to gloss.

GNOSEOLOGÍA JURÍDICA; jurisprudence.

GOBERNACIÓN *f*; government, governor's office, governor's jurisdiction, management.

GOBERNADOR *m* ; governor.
GOBERNANTE (adj); governing.
GOBERNANTE *m* ; governor.
GOBERNANTES; governing body.
GOBERNAR; to govern, to manage.
GOBIERNO *m* ; government, management.
GOBIERNO DE FACTO; de facto government.
GOBIERNO DE HECHO; de facto government.
GOBIERNO DE JURE; de jure government.
GOBIERNO FEDERAL; federal government.
GOBIERNO TÍTERE; puppet government.
GOCE *m* ; enjoyment, possession.
GOLPE *m* ; blow, attempt to overthrow a government through force, coup d'etat.
GOLPE DE ESTADO; attempt to overthrow a government through force, coup d'etat.
GOLPEAR; to strike.
GOLPIZA *f*; beating.
GOZAR; to enjoy, to have possession.
GOZAR DE UN DERECHO; to have a right.
GOZAR DE UN VOTO; to have a right to vote.
GOZAR DE UNA RENTA; to receive an income.
GOZAR INTERESES; to draw interest.
GRABACIÓN *f*; recording.
GRABADORA *f*; recorder.
GRACIA, DE; free, by favor.
GRACIA *f*; pardon, grace period, favor, gift, remission.
GRACIOSO; gratuitous, liberal.
GRADACIÓN *f*; classification, marshalling assets.
GRADO *m* ; degree, grade, step.
GRADO DE AFINIDAD; degree of relationship by affinity.
GRADO DE CONSANGUINIDAD; degree of relationship by consanguinity.
GRADO DE LA CULPA; degree of negligence.
GRADO DE PENA; degree of punishment.
GRADUACIÓN *f*; classification.
GRADUACIÓN DE ACREEDORES; ordering of creditors' priority.
GRADUACIÓN DE CRÉDITOS; marshalling assets.

GRADUACIÓN DE LA PENA; determination of the punishment.
GRAN JURADO; grand jury.
GRATIFICACIÓN *f*; gratification, bonus.
GRATIS; gratuitous.
GRATUITO; gratuitous.
GRAVABLE; taxable, liable.
GRAVADO; taxed, encumbered.
GRAVAMEN *m* ; encumbrance, lien, tax.
GRAVAMEN BANCARIO; banker's lien.
GRAVAMEN CANCELADO; satisfied lien.
GRAVAMEN DE ADUANA; customs duty.
GRAVAMEN DE VALORIZACIÓN; special assessment.
GRAVAMEN DEL ABOGADO; attorney's lien.
GRAVAMEN DEL CONSTRUCTOR; mechanic's lien.
GRAVAMEN DEL FACTOR; factor's lien.
GRAVAMEN DEL TIMBRE; stamp tax.
GRAVAMEN DEL TRANSPORTADOR; carrier's lien.
GRAVAMEN DEL VENDEDOR; vendor's lien.
GRAVAMEN EQUITATIVO; equitable lien.
GRAVAMEN FISCAL; tax.
GRAVAMEN GENERAL; general lien.
GRAVAMEN HIPOTECARIO; mortgage.
GRAVAMEN LIQUIDADO; satisfied lien.
GRAVAMEN POR FALLO; judgment lien.
GRAVAMEN SUCESORIO; inheritance tax, estate tax.
GRAVAR; to tax, to encumber, to assess, to pledge.
GRAVE; serious.
GRAVEDAD DE LAS PENAS; seriousness of the punishment.
GRAVOSO; onerous, expensive.
GREMIAL; pertaining to labor unions, pertaining to guilds.
GREMIALIZAR; to unionize.
GREMIO *m* ; labor union, guild.
GRILLETES *m* ; shackles.
GROSERAMENTE; grossly, coarsely.
GRUESA, A LA; bottomry.
GRUPOS DE INTERESES; special interest groups.

GUARDA *f*; guardianship, guardian, custodianship, custodian, observance.

GUARDADOR *m*; guardian, observer.

GUARDAESPALDAS *m*; bodyguard.

GUARDAR; to comply with, to serve as a guardian, to care for, to conserve.

GUARDAR DECISIÓN; to reserve decision.

GUARDIA *f*; guard, custody, protection, police force.

GUARDIÁN *m*; guardian, custodian, police officer.

GUARECER; to shelter, to hide.

GUBERNAMENTAL; governmental.

GUBERNATIVO; governmental.

GUERRA *f*; war.

GUERRA BACTERIOLÓGICA; biological warfare.

GUERRA CIVIL; civil war.

GUERRA FRÍA; cold war.

GUERRILLA *f*; guerilla, band of guerillas.

GUERRILLERO *m*; guerrilla.

GUÍA *m/f*; guide, advisor.

GUÍA *f*; guide, customs permit, directory, waybill.

GUÍA AÉREA; air waybill.

GUÍA DE CARGA; waybill.

GUÍA DE CARGA AÉREA; air waybill.

GUÍA DE DEPÓSITO; warehouse receipt.

GUÍA DE EMBARQUE; ship's bill of lading, bill of lading.

GUÍA DE EXPORTACIÓN; export permit, export waybill.

GUÍA DE INTERNACIÓN; import permit.

GUÍA DE TRANSPORTE; waybill.

GUIAR; to guide, to drive, to advise.

GUIAR SIN LICENCIA; to drive without a license.

GUIAR UN PLEITO; to conduct a lawsuit.

GUINDAR; to hang.

HA LUGAR; upheld.

HÁBEAS CORPUS; habeas corpus.

HÁBEAS CORPUS AD SUBJICIENDUM; habeas corpus ad subjiciendum.

HABER (v); to possess.

HABER *m*; property, estate, credit, salary.

HABER CONYUGAL; community property.

HABER HEREDITARIO; decedent's estate.

HABER JUBILATORIO; pension.

HABER LUGAR; to lie, to be admissible.

HABER SOCIAL; corporate capital, partnership's assets.

HABERE; to have.

HABERES; property, assets, wages.

HABIENTE; possessing.

HÁBIL; competent, working day.

HABILIS; capable, appropriate.

HABILITACIÓN *f*; authorization, qualification, profit sharing.

HABILITACIÓN DE BANDERA; authorization for a foreign vessel to engage in coastal trade.

HABILITACIÓN DE EDAD; partial emancipation.

HABILITACIÓN PARA COMPARECER EN JUICIO; authorization to be legally competent.

HABILITADO (adj); legally competent.

HABILITADO *m*; official who handles money, employee sharing in the profits, representative.

HABILITAR; to authorize, to enable, to emancipate, to validate, to equip, to share in the profits.

HABILITAR LOS LIBROS; to affix the required revenue stamps to the books.

HABITABILIDAD *f*; habitability.

HABITABLE; habitable.

HABITACIÓN *f*; habitation.

HABITANTE *m* ; inhabitant.
HABITAR; to inhabit.
HABITUALIDAD PENAL; habitual
   criminality.
HACEDERO; feasible, practicable.
HACENDÍSTICO; fiscal.
HACER; to do, to make, to provide.
HACER ACTO DE PRESENCIA; to attend.
HACER BALANCE; to balance.
HACER BANCARROTA; to go into
   bankruptcy.
HACER CAPAZ; to qualify, to enable.
HACER CESIÓN; to assign.
HACER CONSTAR; to put on record, to
   demonstrate.
HACER CONTRABANDO; to smuggle.
HACER CUMPLIR; to enforce.
HACER DILIGENCIA; to take measures.
HACER EFECTIVO; to cash, to collect.
HACER EMPEÑO; to pawn.
HACER FE; to certify.
HACER JURAMENTO; to take an oath.
HACER LA GUERRA; to make war.
HACER LAS PARTES; to distribute.
HACER LUGAR; to approve, to justify.
HACER NOTIFICAR; to notify.
HACER PAGO; to pay.
HACER PARTES; to divide.
HACER PRESENTE; to attend.
HACER PROTESTAR; to protest.
HACER QUIEBRA; to go into bankruptcy.
HACER RESPONSABLE; to hold responsible.
HACER SABER; to notify, to make known.
HACER TRANCE; to seize legally.
HACER UN EMPRÉSTITO; to make a loan.
HACER USO DE LA PALABRA; to take the
   floor.
HACER VALER; to enforce, to put into effect.
HACERSE GARANTE DE; to become surety
   for.
HACIENDA *f* ; treasury, finance, estate,
   property, rural property, livestock,
   hacienda.
HACIENDA PARTICULAR; private property.
HACIENDA PÚBLICA; treasury, public
   revenues, public assets.
HACIENDA SOCIAL; corporate property,
   partnership's property.

HÁGASE SABER; let it be known.
HALLADOR *m* ; finder.
HALLAR; to find.
HALLARSE EN ESTADO DE PLEITO; to be
   involved in litigation.
HALLAZGO *m* ; finding.
HAMPÓN *m* ; gangster, criminal.
HECTÁREA *f*; hectare.
HECHO, DE; in fact.
HECHO (adj); done, made.
HECHO *m* ; fact, deed, act, event.
HECHO AJENO; act of another.
HECHO CONTRARIO A LA LEY; illegal act.
HECHO DE ENEMIGOS; act of a public
   enemy.
HECHO DE GUERRA; act of war.
HECHO DE LOS ANIMALES; act of an
   animal.
HECHO FABRICADO; fabricated fact.
HECHO FORTUITO; fortuitous event.
HECHO IMPOSIBLE; impossible act.
HECHO INFLUYENTE; material fact.
HECHO JURÍDICO; juristic act.
HECHO NOTORIO; notorious act.
HECHO NUEVO; new fact.
HECHO OPERANTE; principal fact.
HECHO PERTINENTE; material fact.
HECHO PROBADO; proved fact.
HECHO TANGIBLE; physical fact.
HECHOS ADMINISTRATIVOS;
   administrative acts.
HECHOS ENCONTRADOS; findings.
HECHOS ESENCIALES; essential facts.
HECHOS EVIDENCIALES; evidentiary facts.
HECHOS JUSTIFICATIVOS; justifying facts.
HECHOS LITIGIOSOS; facts in issue.
HECHOS PROBADOS; proven facts.
HECHOS PROCESALES; procedural acts,
   juristic acts.
HECHOS SOBREVENIDOS; events occurring
   once the litigation is commenced.
HEGEMONÍA *f*; hegemony.
HEREDAD *f*; estate, plot, property, rural
   property.
HEREDAD AJENA; rural property belonging
   to another.
HEREDAD CERRADA; enclosed property.

HEREDAD DOMINANTE; dominant tenement.
HEREDAD MATERNA; maternal estate.
HEREDAD PATERNA; paternal estate.
HEREDAD RESIDUAL; residuary estate.
HEREDAD RESIDUARIA; residuary estate.
HEREDAD SIRVIENTE; servient tenement.
HEREDAD YACENTE; inheritance not yet accepted.
HEREDADO (adj); inherited, owning property.
HEREDADO *m* ; heir, property owner.
HEREDAMIENTO *m* ; tenement, bequest.
HEREDAR; to inherit.
HEREDERO *m* ; heir, legatee, owner of rural property.
HEREDERO AB INTESTATO; legal heir.
HEREDERO ABSOLUTO; heir unconditional.
HEREDERO ADOPTIVO; heir by adoption.
HEREDERO ANÓMALO; irregular heir.
HEREDERO APARENTE; apparent heir.
HEREDERO BENEFICIARIO; heir beneficiary.
HEREDERO COLATERAL; heir collateral.
HEREDERO CONDICIONAL; conditional heir.
HEREDERO CONVENCIONAL; heir conventional.
HEREDERO DEL REMANENTE; residuary legatee.
HEREDERO EN EXPECTATIVA; heir expectant.
HEREDERO EN LÍNEA RECTA; lineal heir.
HEREDERO FIDEICOMISARIO; fideicommissary heir.
HEREDERO FIDUCIARIO; fiduciary heir.
HEREDERO FORZOSO; forced heir.
HEREDERO INCIERTO; heir uncertain.
HEREDERO INSTITUIDO; heir testamentary.
HEREDERO IRREGULAR; irregular heir.
HEREDERO LEGAL; legal heir.
HEREDERO LEGITIMARIO; legal heir.
HEREDERO LEGÍTIMO; legal heir.
HEREDERO LIBRE; heir unconditional.
HEREDERO NECESARIO; forced heir.
HEREDERO PARTICULAR; legatee.
HEREDERO POR CONSANGUINIDAD; heir of the blood.
HEREDERO POR ESTIRPE; heir per stripes.

HEREDERO PÓSTUMO; posthumous heir.
HEREDERO PRESUNTO; heir presumptive.
HEREDERO PRETERIDO; legal heir removed from a will.
HEREDERO PURO Y SIMPLE; heir who does not take the benefit of inventory.
HEREDERO PUTATIVO; apparent heir.
HEREDERO SUBSTITUTO; substitute heir.
HEREDERO TESTAMENTARIO; heir testamentary.
HEREDERO ÚNICO; sole heir.
HEREDERO UNIVERSAL; universal heir.
HEREDERO VOLUNTARIO; heir testamentary.
HEREDITABLE; inheritable.
HEREDITARIO; hereditary.
HERENCIA *f*; inheritance, estate, hereditaments, legacy.
HERENCIA ADIDA; accepted inheritance.
HERENCIA CONJUNTA; parcenary.
HERENCIA FUTURA; future estate.
HERENCIA VACANTE; unclaimed inheritance, inheritance without heirs.
HERENCIA YACENTE; inheritance which has not been taken over by the heirs.
HERIDA *f*; wound, injury.
HERIDO (adj); wounded, injured.
HERIDO *m* ; wounded person, injured person.
HERIR; to wound, to injure, to strike.
HERMANA *f*; sister.
HERMANA POLÍTICA; sister-in-law.
HERMANASTRA *f*; step-sister.
HERMANASTRO *m* ; step-brother.
HERMANO *m* ; brother.
HERMANO POLÍTICO; brother-in-law.
HERMENÉUTICA LEGAL; legal hermeneutics, legal interpretation.
HIELO LIBRE; free ice.
HIGIENE PÚBLICA; public hygiene.
HIGIÉNICO; hygienic.
HIJA *f*; daughter.
HIJA POLÍTICA; daughter-in-law.
HIJASTRA *f*; step-daughter.
HIJASTRO *m* ; step-son.
HIJO *m* ; son.
HIJO ADOPTIVO; adopted child, adopted son.
HIJO DE CRIANZA; adopted child, adopted son.

HIJO DE LA CUNA; foundling.

HIJO EMANCIPADO; emancipated child, emancipated son.

HIJO ILEGÍTIMO; illegitimate child, illegitimate son.

HIJO LEGITIMADO; legitimated child, legitimated son.

HIJO POLÍTICO; son-in-law.

HIJO PÓSTUMO; posthumous child.

HIJUELA *f*; portion of an estate, inventory of the portion due to each heir.

HIJUELAR; to divide an estate.

HIPOTECA *f*; mortgage, hypothecation.

HIPOTECA A LA GRUESA; bottomry bond.

HIPOTECA ABIERTA; open-end mortgage.

HIPOTECA CERRADA; closed-end mortgage.

HIPOTECA COLECTIVA; blanket mortgage.

HIPOTECA CONVENCIONAL; conventional mortgage.

HIPOTECA DE BIENES MUEBLES; chattel mortgage.

HIPOTECA DE INQUILINATO; leasehold mortgage.

HIPOTECA EN PRIMER GRADO; first mortgage.

HIPOTECA EN PRIMER LUGAR; first mortgage.

HIPOTECA EN SEGUNDO GRADO; second mortgage.

HIPOTECA ESPECIAL; special mortgage.

HIPOTECA FIJA; closed-end mortgage.

HIPOTECA GENERAL; general mortgage.

HIPOTECA INDETERMINADA; open-end mortgage.

HIPOTECA LEGAL; legal mortgage.

HIPOTECA NAVAL; ship mortgage.

HIPOTECA POSTERIOR; junior mortgage, second mortgage.

HIPOTECA PRECEDENTE; prior mortgage, first mortgage.

HIPOTECA PRENDARIA; chattel mortgage.

HIPOTECA PRINCIPAL; first mortgage.

HIPOTECA SECUNDARIA; junior mortgage, second mortgage.

HIPOTECA SUPERIOR; prior mortgage, first mortgage.

HIPOTECA TÁCITA; legal mortgage.

HIPOTECA VOLUNTARIA; conventional mortgage.

HIPOTECABLE; mortgageable.

HIPOTECADO; mortgaged.

HIPOTECANTE *m/f*; mortgagor.

HIPOTECAR; to mortgage.

HIPOTECARIO (adj); pertaining to mortgages.

HIPOTECARIO *m*; mortgagee.

HIPÓTESIS *f*; hypothesis.

HIPOTÉTICO *m*; hypothetical.

HISTORIAL *m*; history, record.

HITO *m*; landmark.

HOC; this, with, by.

HOC TITULO; under this title.

HOC VOCE; by his own word.

HOGAR *m*; homestead, home.

HOJA *f*; leaf, page.

HOJA DE DELINCUENCIA; criminal record.

HOJA DE RUTA; waybill.

HOJA SELLADA; stamped sheet.

HOJA TIMBRADA; stamped sheet.

HOLÓGRAFO *m*; holograph.

HOMBRE BUENO; arbitrator, citizen in good standing.

HOMBRE DE PAJA; person of straw.

HOMICIDA (adj); homicidal.

HOMICIDA *m/f*; murderer, killer.

HOMICIDIO *m*; homicide, murder.

HOMICIDIO ACCIDENTAL; involuntary manslaughter, accidental killing.

HOMICIDIO CALIFICADO; aggravated homicide.

HOMICIDIO CASUAL; involuntary manslaughter, accidental killing.

HOMICIDIO CUALIFICADO; aggravated homicide.

HOMICIDIO CULPABLE; felonious homicide.

HOMICIDIO CULPOSO; felonious homicide.

HOMICIDIO DOLOSO; murder.

HOMICIDIO FRUSTRADO; attempted murder.

HOMICIDIO IMPERFECTO; attempted murder.

HOMICIDIO IMPREMEDITADO; manslaughter, murder in the second degree.

HOMICIDIO INCULPABLE; justifiable homicide.

HOMICIDIO INTENTADO; attempted murder.

HOMICIDIO INVOLUNTARIO; involuntary manslaughter, accidental killing.

HOMICIDIO NECESARIO; homicide by necessity.

HOMICIDIO PIADOSO; euthanasia.

HOMICIDIO POR CULPA; felonious homicide.

HOMICIDIO POR NEGLIGENCIA; negligent homicide.

HOMICIDIO PREMEDITADO; murder in the first degree.

HOMICIDIO PRETERINTENCIONAL; manslaughter.

HOMICIDIUM EX CASU; accidental homicide.

HOMICIDIUM EX VOLUNTATE; intentional homicide.

HOMOLOGACIÓN *f*; homologation.

HOMOLOGAR; to homologate.

HONESTAMENTE; honestly.

HONESTIDAD *f*; honesty, decency.

HONESTO; honest, decent.

HONOR *m* ; honor.

HONORABILIDAD *f*; good repute, honesty.

HONORABLE; honorable.

HONORARIO *m* ; honorarium, fee.

HONORARIO CONDICIONAL; contingent fee.

HONORARIO DEFINIDO; fixed fee.

HONORARIO FIJO; fixed fee.

HONORARIOS; fees, honorariums.

HONORARIOS DE ABOGADO; attorney's fees.

HONORARIOS DE LOS DIRECTORES; directors' fees, directors' honorariums.

HONRA *f*; honor.

HONRADEZ *f*; honesty, integrity.

HONRADO; honest, reputable.

HONRAR; to honor, to meet, to pay.

HORARIO DE TRABAJO; work schedule.

HORAS DE OFICINA; business hours.

HORAS EXTRAORDINARIAS; overtime.

HORAS EXTRAS; overtime.

HORAS LABORABLES; working hours.

HORCA *f*; gallows.

HORRORIZAR; to horrify.

HOSPITAL *m* ; hospital.

HOSPITALIZACIÓN *f*; hospitalization.

HOSTIL; hostile.

HOSTILIDAD *f*; hostility.

HOSTILIDADES; hostilities.

HUELGA *f*; strike.

HUELGA DE BRAZOS CAÍDOS; sit-down strike.

HUELGA DE BRAZOS CRUZADOS; sit-down strike.

HUELGA DE HAMBRE; hunger strike.

HUELGA DE SOLIDARIDAD; sympathy strike.

HUELGA GENERAL; general strike.

HUELGA ILEGAL; illegal strike.

HUELGA PASIVA; sit-down strike.

HUELGA PATRONAL; lockout.

HUELLA *f*; footprint.

HUELLA DACTILAR; fingerprint.

HUELLA DIGITAL; fingerprint.

HUÉRFANO *m* ; orphan.

HUÉSPED *m* ; guest.

HUIDA *f*; escape.

HUIDA DE CAPITALES; capital flight.

HUIDERO; fugitive.

HUIR; to escape.

HURTADO; stolen, robbed.

HURTADOR *m* ; thief, robber.

HURTAR; to steal, to rob.

HURTARSE; to abscond.

HURTO *m* ; larceny.

HURTO CALIFICADO; aggravated larceny.

HURTO COMPLICADO; compound larceny.

HURTO CON CIRCUNSTANCIAS AGRAVANTES; aggravated larceny.

HURTO CUALIFICADO; aggravated larceny.

HURTO IMPLÍCITO; constructive larceny.

HURTO MAYOR; grand larceny.

HURTO MENOR; petty larceny.

HURTO MIXTO; compound larceny.

HURTO SENCILLO; simple larceny.

I

IBÍDEM; in the same place.

ID EST; that is to say.

IDEAR; to plan, to conceive.

IDEM; the same.

IDEM PER IDEM; like for like.

IDEM QUOD; same as.

IDENTIDAD *f*; identity.

IDENTIDAD DE ACCIÓN; identity of cause of action.

IDENTIDAD DE CAUSA; identity of action.

IDENTIDAD DE PARTES; identity of parties.

IDENTIDAD DE PERSONA; personal identity.

IDENTIDAD DEL IMPUTADO; identity of the accused.

IDENTIDAD DEL LITIGIO; identity of cause of action.

IDENTIDAD PERSONAL; personal identity.

IDENTIFICABLE; identifiable.

IDENTIFICACIÓN *f*; identification.

IDENTIFICACIÓN DE ACUSADOS; identification of the accused.

IDENTIFICACIÓN DE DELINCUENTES; identification of the offenders.

IDENTIFICACIÓN DEL CADÁVER; identification of the corpse.

IDENTIFICAR; to identify.

IDEOLOGÍA *f*; ideology.

IDONEIDAD *f*; suitability, competence.

IDÓNEO; suitable, competent.

IGNORADO; ignored.

IGNORANCIA *f*; ignorance.

IGNORANCIA CULPABLE; culpable ignorance.

IGNORANCIA DE DERECHO; ignorance of law.

IGNORANCIA DE HECHO; ignorance of fact.

IGNORANCIA DE LA LEY; ignorance of the law.

IGNORANCIA DE LAS LEYES NO SIRVE DE EXCUSA; ignorance of the law is no excuse.

IGNORANCIA ESENCIAL; essential ignorance.

IGNORANCIA INEXCUSABLE; inexcusable ignorance.

IGNORANCIA INVOLUNTARIA; involuntary ignorance.

IGNORANCIA NO ESENCIAL; nonessential ignorance.

IGNORANTE; ignorant.

IGNORAR; to ignore.

IGUAL; equal.

IGUAL PROTECCIÓN ANTE LA LEY; equal protection of the law.

IGUALA *f*; retainer, fee, contract for services, agreement, settlement.

IGUALAR; to equalize, to adjust, to agree, to settle.

IGUALDAD *f*; equality.

IGUALDAD ANTE LA LEY; equal protection of the law.

IGUALDAD DE SALARIO; equal pay for equal work.

IGUALDAD FRENTE A LA LEY; equal protection of the law.

IGUALITARIO; equitable.

IGUALMENTE; equally.

ILEGAL; illegal.

ILEGALIDAD; illegality.

ILEGALMENTE; illegally.

ILEGISLABLE; that which cannot be legislated.

ILEGITIMAR; to make illegitimate.

ILEGITIMIDAD *f*; illegitimacy, illegality.

ILEGÍTIMO; illegitimate, illegal.

ILESO; unharmed.

ILÍCITO; illicit.

ILICITUD *f*; illicitness.

ILIMITADO; unlimited.

ILÍQUIDO; illiquid, unliquidated.

IMAGEN *f*; appearance, image.

IMBELE; defenseless.

IMITACIÓN *f*; imitation.

IMITACIÓN DE MARCA; imitation of a trademark.

IMITACIÓN DE NOMBRE COMERCIAL;
   imitation of a trade name.
IMITADO; imitated.
IMITAR; to imitate.
IMPAGABLE; unpayable.
IMPAGADO; unpaid.
IMPAGO; unpaid.
IMPARCIAL; impartial.
IMPARCIALIDAD *f*; impartiality.
IMPARCIALMENTE; impartially.
IMPEDIDO (adj); disabled.
IMPEDIDO *m* ; disabled person.
IMPEDIMENTO *f*; impediment, estoppel,
   disability.
IMPEDIMENTO ABSOLUTO; absolute
   impediment.
IMPEDIMENTO COLATERAL; collateral
   estoppel.
IMPEDIMENTO DE ESCRITURA; estoppel
   by deed.
IMPEDIMENTO DE REGISTRO PÚBLICO;
   estoppel by record.
IMPEDIMENTO DIRIMENTE; diriment
   impediment.
IMPEDIMENTO IMPEDIENTE; prohibitive
   impediment.
IMPEDIMENTO IN PAIS; estoppel in pais.
IMPEDIMENTO JUDICIAL; judicial estoppel.
IMPEDIMENTO LEGAL; legal impediment.
IMPEDIMENTO PARA EL MATRIMONIO;
   impediment to marriage.
IMPEDIMENTO POR ESCRITURA; estoppel
   by deed.
IMPEDIMENTO POR NEGLIGENCIA;
   estoppel by negligence.
IMPEDIMENTO POR REGISTRO PÚBLICO;
   estoppel by record.
IMPEDIMENTO POR REPRESENTACIÓN;
   estoppel by representation.
IMPEDIMENTO POR SENTENCIA; estoppel
   by judgment.
IMPEDIMENTO POR SILENCIO; estoppel by
   silence.
IMPEDIMENTO POR VEREDICTO; estoppel
   by verdict.
IMPEDIMENTO PROMISORIO; promissory
   estoppel.
IMPEDIMENTO TÉCNICO; legal estoppel.

IMPEDIR; to impede, to estop.
IMPEDITIVO; impeding.
IMPENSA *f*; expense.
IMPERATIVO LEGAL; legal requirement.
IMPERDONABLE; unpardonable.
IMPERFECTO; imperfect.
IMPERIALISMO *m* ; imperialism.
IMPERICIA *f*; lack of expertise, inexperience.
IMPERIO *m* ; jurisdiction, imperium, empire.
IMPERMUTABLE; unchangeable.
IMPERTINENCIA *f*; impertinence.
IMPERTINENTE; impertinent, irrelevant.
ÍMPETU *m* ; impulse, impetus.
ÍMPETU DE IRA; heat of passion.
IMPIGNORABLE; that which cannot be
   pledged.
IMPLANTAR; to implant.
IMPLICAR; to implicate, to imply.
IMPLÍCITO; implicit.
IMPONEDOR *m* ; assessor.
IMPONENTE (adj); imposing, obligating.
IMPONENTE *m* ; depositor, investor.
IMPONER; to impose, to obligate, to invest, to
   deposit.
IMPONER CONTRIBUCIONES; to impose
   taxes.
IMPONER IMPUESTOS; to impose taxes.
IMPONER UNA MULTA; to impose a fine.
IMPONIBILIDAD *f*; taxability.
IMPONIBLE; taxable, dutiable.
IMPORTABLE; importable.
IMPORTACIÓN *f*; importation, imports.
IMPORTACIÓN LIBRE DE DERECHOS;
   duty-free importation, duty-free import.
IMPORTADOR (adj); importing.
IMPORTADOR *m* ; importer.
IMPORTANTE; important, material.
IMPORTAR; to import, to be important.
IMPORTE; amount, price, value.
IMPORTUNAR; to harass, to demand
   payment.
IMPOSIBILIDAD *f*; impossibility, disability.
IMPOSIBILIDAD DE PAGO; impossibility of
   payment.
IMPOSIBILIDAD MATERIAL; physical
   impossibility.
IMPOSIBILIDAD MORAL; relative
   impossibility.

IMPOSIBILITADO; disabled.

IMPOSIBILITAR; to make impossible, to
    prohibit, to disable.

IMPOSIBLE; impossible.

IMPOSICIÓN *f*; imposition.

IMPOSICIÓN DE LA RENTA; income tax.

IMPOSICIÓN FISCAL; taxation, national
    taxation.

IMPOSICIÓN PROGRESIVA; progressive
    taxation.

IMPOSICIÓN REAL; ad valorem tax.

IMPOSICIÓN REGRESIVA; regressive
    taxation.

IMPOSICIÓN SOBRE CAPITALES; capital
    tax.

IMPOSITIVAS *f*; taxes.

IMPOSITIVO; pertaining to taxation.

IMPOSTERGABLE; not postponable.

IMPOSTOR *m*; impostor, calumniator.

IMPOSTURA *f*; imposture, calumny.

IMPOTENCIA *f*; impotence.

IMPRACTICABLE; impracticable.

IMPREMEDITACIÓN *f*; unpremeditation.

IMPREMEDITADO; unpremeditated.

IMPRESCINDIBLE; indispensable.

IMPRESCRIPTIBILIDAD *f*;
    imprescriptibility.

IMPRESCRIPTIBLE; imprescriptible.

IMPRESIÓN *f*; impression, fingerprint.

IMPRESIÓN DIGITAL; fingerprint.

IMPRESIONES DACTILARES; fingerprints.

IMPRESIONES DIGITALES; fingerprints.

IMPREVISIBILIDAD *f*; unforeseeableness.

IMPREVISIBLE; unforeseeable.

IMPREVISIÓN *f*; improvidence.

IMPREVISTO; unforeseen.

IMPREVISTOS *m*; incidental expenses.

IMPROBACIÓN *f*; disapproval.

IMPROBAR; to disapprove.

IMPROBIDAD *f*; improbity.

IMPROBO; dishonest.

IMPROCEDENCIA *f*; lack of foundation,
    illegality.

IMPROCEDENTE; unfounded, illegal.

IMPRODUCTIVO; unproductive.

IMPROPIO; inappropriate.

IMPRORROGABLE; unpostponable, not
    extendible.

IMPRUDENCIA *f*; imprudence, negligence.

IMPRUDENCIA CONCURRENTE;
    contributory negligence, concurrent
    negligence.

IMPRUDENCIA CRIMINAL; criminal
    negligence.

IMPRUDENCIA CULPABLE; culpable
    negligence.

IMPRUDENCIA PROFESIONAL;
    malpractice.

IMPRUDENCIA SIMPLE; ordinary
    negligence.

IMPRUDENCIA TEMERARIA; gross
    negligence.

IMPRUDENTE (adj); imprudent, negligent.

IMPRUDENTE *m/f*; imprudent person,
    negligent person.

IMPÚBER; below the age of puberty.

IMPUESTO *m*; tax, assessment.

IMPUESTO A LA HERENCIA; inheritance
    tax.

IMPUESTO A LAS GANANCIAS; income
    tax.

IMPUESTO A LAS RENTAS; income tax.

IMPUESTO A LAS TRANSACCIONES;
    excise tax.

IMPUESTO A LAS UTILIDADES; income
    tax.

IMPUESTO A LAS VENTAS; sales tax.

IMPUESTO A LOS CAPITALES; capital
    stock tax.

IMPUESTO A LOS PREDIOS; ad valorem tax.

IMPUESTO A LOS RÉDITOS; income tax.

IMPUESTO ADICIONAL; surtax.

IMPUESTO ADUANAL; customs duty.

IMPUESTO AL CONSUMO; consumption tax.

IMPUESTO AL VALOR AGREGADO; value
    added tax.

IMPUESTO ARANCELARIO; customs duty.

IMPUESTO BÁSICO; basic tax.

IMPUESTO COMPLEMENTARIO; surtax.

IMPUESTO DE AUSENTISMO; absentee tax.

IMPUESTO DE CAPITACIÓN; poll-tax.

IMPUESTO DE DERECHOS REALES; tax on
    real estate transfers.

IMPUESTO DE ESTAMPILLADO; stamp tax.

IMPUESTO DE HERENCIAS; inheritance tax.

IMPUESTO DE INMUEBLES; ad valorem tax.

IMPUESTO DE INTERNACIÓN; import duty.
IMPUESTO DE LEGADO; inheritance tax.
IMPUESTO DE MEJORA; special assessment.
IMPUESTO DE PATRIMONIO; capital tax.
IMPUESTO DE PRIVILEGIO; franchise tax.
IMPUESTO DE SEGURO SOCIAL; social security tax.
IMPUESTO DE SELLOS; stamp tax.
IMPUESTO DE SOLTERÍA; tax on unmarried persons.
IMPUESTO DE SUCESIÓN; inheritance tax.
IMPUESTO DE SUPERPOSICIÓN; surtax.
IMPUESTO DE TESTAMENTARÍA; inheritance tax.
IMPUESTO DE TIMBRES; stamp tax.
IMPUESTO DE TONELAJE; tonnage-duty.
IMPUESTO DE TRANSFERENCIA; transfer tax.
IMPUESTO DE VALORIZACIÓN; special assessment.
IMPUESTO DIRECTO; direct tax.
IMPUESTO ELECTORAL; poll-tax.
IMPUESTO ESTATAL; state tax.
IMPUESTO ESTIMADO; estimated tax.
IMPUESTO EXTRAORDINARIO; surtax.
IMPUESTO FISCAL; tax, national tax.
IMPUESTO HEREDITARIO; inheritance tax.
IMPUESTO HIPOTECARIO; mortgage tax.
IMPUESTO INDIRECTO; indirect tax.
IMPUESTO INDIVIDUAL SOBRE LA RENTA; individual's income tax.
IMPUESTO INMOBILIARIO; ad valorem tax.
IMPUESTO NORMAL; tax.
IMPUESTO ORDINARIO; tax.
IMPUESTO PARA PREVISIÓN SOCIAL; social security tax.
IMPUESTO PATRIMONIAL; capital tax.
IMPUESTO POR CABEZA; poll-tax.
IMPUESTO PORTUARIO; port charges.
IMPUESTO PREDIAL; ad valorem tax.
IMPUESTO PROGRESIVO; progressive tax.
IMPUESTO PROPORCIONAL; proportional tax.
IMPUESTO REAL; ad valorem tax.
IMPUESTO REGRESIVO; regressive tax.
IMPUESTO SOBRE BENEFICIOS; profits tax.

IMPUESTO SOBRE BENEFICIOS EXTRAORDINARIOS; excess profits tax.
IMPUESTO SOBRE BIENES; property tax.
IMPUESTO SOBRE BIENES INMUEBLES; ad valorem tax.
IMPUESTO SOBRE COMPRAVENTA; sales tax.
IMPUESTO SOBRE CONCESIONES; franchise tax.
IMPUESTO SOBRE DIVERSIONES; amusement tax.
IMPUESTO SOBRE DONACIONES; gift tax.
IMPUESTO SOBRE EL INGRESO; income tax.
IMPUESTO SOBRE EL LUJO; luxury tax.
IMPUESTO SOBRE ENTRADAS; admissions tax.
IMPUESTO SOBRE EXCESO DE GANANCIAS; excess profits tax.
IMPUESTO SOBRE FRANQUICIAS; franchise tax.
IMPUESTO SOBRE INGRESOS; income tax.
IMPUESTO SOBRE INGRESOS DE SOCIEDADES; corporate income tax.
IMPUESTO SOBRE INGRESOS INDIVIDUALES; individual's income tax.
IMPUESTO SOBRE LA RENTA; income tax.
IMPUESTO SOBRE LA RENTA CORPORATIVA; corporate income tax.
IMPUESTO SOBRE LA RENTA INDIVIDUAL; individual's income tax.
IMPUESTO SOBRE LAS SOCIEDADES; corporate tax.
IMPUESTO SOBRE LOS INGRESOS BRUTOS; gross receipts tax.
IMPUESTO SOBRE PRODUCCIÓN; production tax.
IMPUESTO SOBRE RIQUEZA MUEBLE; personal property tax.
IMPUESTO SOBRE TRANSFERENCIAS; transfer tax.
IMPUESTO SOBRE TRANSMISIONES; transfer tax.
IMPUESTO SOBRE VENTAS; sales tax.
IMPUESTO SUCESORIO; inheritance tax.
IMPUESTO SUNTUARIO; luxury tax.
IMPUESTO TERRESTRE; ad valorem tax.
IMPUESTO TERRITORIAL; ad valorem tax.

IMPUESTO ÚNICO; single tax.

IMPUESTOS DE RENTAS INTERNAS; internal revenue taxes.

IMPUESTOS ILEGALES; illegal taxes.

IMPUESTOS NACIONALES; national taxes.

IMPUESTOS RETENIDOS; withheld taxes.

IMPUGNABLE; impugnable.

IMPUGNACIÓN *f*; impugnation.

IMPUGNADOR *m*; impugner.

IMPUGNANTE; impugning.

IMPUGNAR; to impugn, to challenge.

IMPUGNAR POR NULIDAD; to make a peremptory exception.

IMPUGNAR UN TESTAMENTO; to contest a will.

IMPUGNATIVO; impugning.

IMPUGNATORIO; impugning.

IMPULSAR; to drive.

IMPULSIÓN *f*; impulsion.

IMPULSIVO; impulsive.

IMPULSO *m*; impulse.

IMPULSO DE IRA; heat of passion.

IMPULSO INCONTROLABLE; uncontrollable impulse.

IMPULSO PROCESAL; burden to advance the legal proceedings.

IMPUNE; unpunished.

IMPUNEMENTE; without punishment.

IMPUNIDAD *f*; impunity.

IMPUTABILIDAD *f*; imputability.

IMPUTABLE; imputable.

IMPUTACIÓN *f*; imputation, charge.

IMPUTACIÓN DEL PAGO; debtor's choice of which debt a payment should be credited to.

IMPUTADOR (adj); charging.

IMPUTADOR *m*; accuser.

IMPUTAR; to impute.

IN ABSENTIA; in the absence, in absentia.

IN AEQUALI JURE; in equal right.

IN ALIO LOCO; in another place.

IN ARTICULO MORTIS; at the moment of death.

IN AUTRE DROIT; in another's right.

IN CURIA; in court.

IN CUSTODIA LEGIS; in the custody of the law.

IN DELICTO; in fault.

IN EXTREMIS; just before the death.

IN FACTO; in fact.

IN HOC; in this.

IN INITIO; at the beginning.

IN JURE; according to law.

IN LOCO; in place.

IN LOCO PARENTIS; in the place of a parent.

IN QUO; in which.

IN RE; concerning.

IN REM; against the thing.

IN SOLIDUM; for the whole.

IN TOTO; completely.

IN VITA; in life.

INABROGABLE; indefeasible.

INACCIÓN *f*; inaction.

INACEPTABLE; unacceptable.

INACEPTADO; unaccepted.

INACTUABLE; not actionable.

INACUMULATIVO; noncumulative.

INADECUADO; inadequate.

INADMISIBILIDAD *f*; inadmissibility.

INADMISIBLE; inadmissible.

INADMISIÓN *f*; nonadmission.

INADOPTABLE; unadoptable.

INADVERTENCIA *f*; inadvertence, negligence.

INAJENABLE; inalienable.

INALIENABILIDAD *f*; inalienability.

INALIENABLE; inalienable.

INAMOVIBLE; unremovable, irremovable.

INAMOVILIDAD *f*; unremovability, irremovability.

INAPELABILIDAD *f*; unappealableness.

INAPELABLE; unappealable.

INAPLAZABLE; not postponable.

INAPLICABILIDAD *f*; inapplicability.

INAPLICABLE; inapplicable.

INAPRECIABLE; invaluable, imperceptible.

INASISTENCIA *f*; absence.

INASISTENTE (adj); absent.

INASISTENTE *m/f*; absentee.

INATACABLE; incontestable.

INATENCIÓN *f*; inattention.

INCADUCABLE; unforfeitable, not voidable.

INCAPACIDAD *f*; incapacity, disability.

INCAPACIDAD ABSOLUTA; total disability.

INCAPACIDAD ABSOLUTA PERMANENTE; permanent total disability.

INCAPACIDAD ABSOLUTA TEMPORAL; temporary total disability.

INCAPACIDAD CIVIL; civil disability.

INCAPACIDAD FÍSICA; physical disability.

INCAPACIDAD JURÍDICA; legal disability.

INCAPACIDAD LABORAL; work disability.

INCAPACIDAD LEGAL; legal disability.

INCAPACIDAD MENTAL; mental disability.

INCAPACIDAD PARA CASARSE; lack of capacity for marriage.

INCAPACIDAD PARA CONTRATAR; lack of capacity to contract.

INCAPACIDAD PARA SUCEDER; lack of capacity to inherit.

INCAPACIDAD PARA TRABAJAR; work disability.

INCAPACIDAD PARCIAL; partial disability.

INCAPACIDAD PARTICULAR; personal disability.

INCAPACIDAD PERMANENTE; permanent disability.

INCAPACIDAD PERMANENTE TOTAL; permanent total disability.

INCAPACIDAD PERPETUA; permanent disability.

INCAPACIDAD RELATIVA; partial disability.

INCAPACIDAD TEMPORARIA TOTAL; temporary total disability.

INCAPACIDAD TOTAL; total disability.

INCAPACIDAD TRANSITORIA; transitory disability.

INCAPACITADO; incapacitated, disabled.

INCAPACITAR; to incapacitate.

INCAPACITARSE; to become disabled.

INCAPAZ; incapable, not qualified.

INCAUTACIÓN f; attachment, expropriation, confiscation.

INCAUTAMENTE; without caution.

INCAUTAR; to attach, to expropriate, to confiscate.

INCAUTARSE; to attach, to expropriate, to confiscate.

INCENDIAR; to set fire to.

INCENDIARIO (adj); incendiary.

INCENDIARIO m ; arsonist.

INCENDIARISMO m ; arson.

INCENDIO m ; fire.

INCENDIO DOLOSO; arson.

INCENDIO INTENCIONAL; arson.

INCENDIO MALICIOSO; arson.

INCENDIO PERJUDICIAL; hostile fire.

INCENDIO PREMEDITADO; arson.

INCENDIO ÚTIL; friendly fire.

INCENTIVO m ; incentive.

INCESIBLE; inalienable.

INCESTO m ; incest.

INCESTUOSO; incestuous.

INCIDENCIA f; incidence.

INCIDENCIA DEL IMPUESTO; incidence of taxation.

INCIDENTAL; incidental.

INCIDENTALMENTE; incidentally.

INCIDENTE (adj); incidental.

INCIDENTE m ; incident, event.

INCIDENTE DE NULIDAD; motion for dismissal.

INCIDENTE DE OPOSICIÓN; exception.

INCIERTO; uncertain, untrue.

INCINERAR; to incinerate.

INCINERACIÓN f; incineration.

INCIPIENTE; incipient.

INCISO m ; paragraph, clause, section.

INCITACIÓN f; incitation, provocation.

INCITADOR m ; instigator, provoker.

INCITAMIENTO f; incitation, provocation.

INCITAR; to incite, to provoke.

INCLUIR; to include.

INCLUSIÓN f; inclusion.

INCLUSIÓN POR REFERENCIA; incorporation by reference.

INCLUSO; including.

INCOACIÓN f; initiation.

INCOADO; inchoate.

INCOAR; to initiate.

INCOAR PLEITO; to bring suit.

INCOBRABLE; uncollectible.

INCOERCIBLE; incoercible.

INCOHERENCIA f; incoherence.

INCOHERENTE; incoherent.

INCOMERCIABLE; unmarketable.

INCOMPARECENCIA f; nonappearance.

INCOMPARECENCIA DEL ACUSADO; nonappearance of the accused.

INCOMPATIBILIDAD f; incompatibility.

INCOMPATIBLE; incompatible.

INCOMPENSABLE; unindemnifiable.

INCOMPETENCIA *f*; incompetence, lack of jurisdiction.

INCOMPETENCIA ABSOLUTA; absolute lack of jurisdiction.

INCOMPETENTE; incompetent.

INCOMPLETO; incomplete.

INCOMUNICACIÓN *f*; isolation, lack of communication.

INCOMUNICADO; incommunicado.

INCOMUNICAR; to isolate.

INCONCLUSO; inconclusive.

INCONCLUYENTE; inconclusive.

INCONCUSO; incontestable.

INCONDICIONADO; unconditional.

INCONDICIONAL; unconditional.

INCONDICIONALMENTE; unconditionally.

INCONDUCENTE; useless.

INCONDUCTIVO; irrelevant.

INCONEXO; unrelated.

INCONFIRMADO; unconfirmed.

INCONFORME; dissenting.

INCONGRUENCIA *f*; incongruence.

INCONGRUENTE; incongruent.

INCONMUTABLE; incommutable.

INCONSCIENCIA *f*; unawareness, unconsciousness.

INCONSCIENTE (adj); unaware, unconscious.

INCONSCIENTE *m/f*; unconscious person.

INCONSECUENCIA *f*; inconsequence, inconsistency.

INCONSECUENTE; inconsequent, inconsistent.

INCONSTITUCIONAL; unconstitutional.

INCONSTITUCIONALIDAD; unconstitutionality.

INCONTESTABILIDAD *f*; incontestability.

INCONTESTABLE; incontestable.

INCONTESTACIÓN *f*; failure to answer.

INCONTESTACIÓN A LA DEMANDA; failure to answer the complaint.

INCONTESTADO; unanswered, uncontested.

INCONTINUO; discontinuous.

INCONTROVERTIBLE; incontrovertible.

INCORPORABLE; that which can be incorporated.

INCORPORACIÓN *f*; incorporation, joining.

INCORPORACIÓN POR REFERENCIA; incorporation by reference.

INCORPORAL; incorporeal.

INCORPORAR; to incorporate, to join.

INCORPORARSE; to incorporate, to join.

INCORPÓREO; incorporeal.

INCORREGIBILIDAD *f*; incorrigibility.

INCORREGIBLE; incorrigible.

INCORRUPCIÓN *f*; incorruptness.

INCORRUPTIBILIDAD *f*; incorruptibility.

INCORRUPTIBLE; incorruptible.

INCORRUPTO; uncorrupted.

INCOSTEABLE; that which is too expensive.

INCREMENTAR; to increase.

INCREMENTO *m*; increase.

INCRIMINACIÓN *f*; incrimination.

INCRIMINAR; to incriminate.

INCULPABILIDAD *f*; innocence.

INCULPABLE; innocent.

INCULPACIÓN *f*; inculpation.

INCULPADO *m*; accused person, defendant.

INCULPAR; to inculpate.

INCULPATORIO; inculpatory.

INCUMBENCIA *f*; duty, concern.

INCUMBIR A; to be the duty of.

INCUMPLIDO; unfulfilled.

INCUMPLIMIENTO *m*; breach, nonfulfillment, noncompliance, default.

INCUMPLIMIENTO CON ANTICIPACIÓN; anticipatory breach of contract.

INCUMPLIMIENTO DE CONDICIÓN; breach of condition.

INCUMPLIMIENTO DE CONTRATO; breach of contract.

INCUMPLIMIENTO DE DEBERES; breach of duty.

INCUMPLIMIENTO DE PROMESA MATRIMONIAL; breach of promise of marriage.

INCUMPLIMIENTO DE REPRESENTACIÓN; breach of representation.

INCUMPLIMIENTO IMPLÍCITO; constructive breach.

INCUMPLIR; to breach, to fail to comply, to default.

INCURABLE; incurable.

INCURIA *f*; negligence.

INCURRIR; to incur.

INCURRIR EN MORA; to be late in a payment, to become delinquent on a loan.

INCURRIR EN RESPONSABILIDAD; to become responsible.

INCURRIR EN UNA DEUDA; to incur a debt.

INCURRIR EN UNA MULTA; to be subject to a fine.

INCURSO; liable.

INDAGACIÓN *f*; investigation.

INDAGADO (adj); investigated.

INDAGADO *m*; person under investigation.

INDAGADOR *m*; investigator.

INDAGAR; to investigate, to question.

INDAGATORIA *f*; investigation, questioning.

INDAGATORIAR; to investigate, to question.

INDAGATORIO; investigatory.

INDEBIDA ACUMULACIÓN DE CAUSAS DE ACCIÓN; misjoinder.

INDEBIDAMENTE; improperly, illegally.

INDEBIDO; improper, illegal.

INDECENCIA *f*; indecency.

INDECENTE; indecent.

INDECISIÓN *f*; indecision.

INDECISO; undecided.

INDECLINABLE; undeclinable.

INDEFENDIBLE; indefensible.

INDEFENSIBLE; indefensible.

INDEFENSIÓN *f*; defenselessness.

INDEFENSO; defenseless.

INDELEGABLE; unable to be delegated.

INDELIBERACIÓN *f*; lack of premeditation.

INDELIBERADAMENTE; unpremeditatedly.

INDELIBERADO; unpremeditated.

INDEMNE; indemnified, unharmed.

INDEMNIDAD *f*; indemnity, state of being unharmed.

INDEMNIZABLE; indemnifiable.

INDEMNIZACIÓN *f*; indemnification.

INDEMNIZACIÓN COMPENSATORIA; compensatory damages.

INDEMNIZACIÓN DE DAÑOS Y PERJUICIOS; damages.

INDEMNIZACIÓN DE PERJUICIOS; damages.

INDEMNIZACIÓN DE PREAVISO; indemnity for dismissal without advance notice.

INDEMNIZACIÓN DOBLE; double indemnity, double damages.

INDEMNIZACIÓN INSIGNIFICANTE; nominal damages.

INDEMNIZACIÓN JUSTA; adequate damages.

INDEMNIZACIÓN OBRERA; workers' compensation.

INDEMNIZACIÓN POR ACCIDENTE; accident benefits.

INDEMNIZACIÓN POR CESANTÍA; severance pay.

INDEMNIZACIÓN POR DESAHUCIO; severance pay.

INDEMNIZACIÓN POR DESPIDO; severance pay.

INDEMNIZACIÓN POR ENFERMEDAD; sick benefits.

INDEMNIZACIÓN POR FALTA DE PREAVISO; indemnity for dismissal without advance notice.

INDEMNIZACIÓN POR MUERTE; death benefits.

INDEMNIZACIÓN RAZONABLE; adequate damages.

INDEMNIZADO (adj); indemnified.

INDEMNIZADO *m*; indemnitee.

INDEMNIZADOR *m*; indemnitor.

INDEMNIZAR; to indemnify.

INDEMNIZATORIO; indemnifying.

INDEPENDENCIA *f*; independence.

INDEPENDENCIA ECONÓMICA; economic independence.

INDEPENDENCIA JUDICIAL; judicial independence.

INDEPENDERSE; to become independent.

INDEPENDIENTE; independent.

INDEPENDIENTEMENTE; independently.

INDEPENDIZARSE; to become independent.

INDEROGABLE; unrepealable.

INDETERMINABLE; indeterminable.

INDETERMINADAMENTE; indeterminately.

INDETERMINADO; indeterminate.

INDICACIÓN *f*; indication.

INDICAR; to indicate.

ÍNDICE *m*; index.

ÍNDICE DE CRIMINALIDAD; crime rate.

ÍNDICE DEL COSTO DE VIDA; cost of living
   index.
INDICIADO; suspect.
INDICIAR; to suspect, to suggest.
INDICIO *m* ; indication, presumption,
   circumstantial evidence.
INDICIO CLARO; conclusive presumption.
INDICIO DE PRUEBA; scintilla of evidence.
INDICIO DUDOSO; rebuttable presumption.
INDICIO GRAVE; conclusive presumption.
INDICIO INDUDABLE; conclusive
   presumption.
INDICIO OBSCURO; rebuttable presumption.
INDICIO REMOTO; rebuttable presumption.
INDICIO VEHEMENTE; violent presumption.
INDICIO VIOLENTO; violent presumption.
INDICIOS VEHEMENTES; incriminating
   circumstantial evidence.
INDIFERENTE; indifferent.
INDIGENCIA *f*; indigence.
INDIGENTE; indigent.
INDIGNIDAD; indignity.
INDIGNO; undignified, unqualified.
INDILIGENCIA *f*; carelessness, negligence.
INDIRECTAMENTE; indirectly.
INDIRECTO; indirect.
INDISCIPLINA *f*; lack of discipline.
INDISCIPLINADO; undisciplined.
INDISCRETO; indiscreet.
INDISCULPABLE; inexcusable.
INDISCUTIBLE; indisputable.
INDISOLUBILIDAD; indissolubility.
INDISOLUBILIDAD DEL MATRIMONIO;
   indissolubility of the marriage.
INDISOLUBLE; indissoluble.
INDISPENSABLE; indispensable.
INDIVIDUAL; individual.
INDIVIDUALMENTE; individually.
INDIVIDUO (adj); individual, indivisible.
INDIVIDUO *m* ; individual.
INDIVISIBILIDAD *f*; indivisibility.
INDIVISIBLE; indivisible.
INDIVISIBLEMENTE; indivisibly.
INDIVISIÓN *f*; indivision.
INDIVISIÓN DE LA HERENCIA; indivision
   of the inheritance.
INDIVISO; undivided.
INDOCUMENTADO; undocumented.

INDUBITABLE; indubitable.
INDUCCIÓN *f*; induction.
INDUCIR; to induce.
INDUCTOR *m* ; inducer.
INDULGENCIA *f*; indulgence, leniency.
INDULTADO; pardoned.
INDULTAR; to pardon, to grant amnesty.
INDULTO *m* ; pardon, amnesty.
INDULTO GENERAL; general pardon,
   general amnesty.
INDUSTRIA *f*; industry.
INDUSTRIAL; industrial.
INEFICACIA *f*; inefficiency.
INEFICACIA JURÍDICA; nullity.
INEFICAZ; ineffective.
INEFICIENTE; inefficient.
INEJECUCIÓN *f*; nonperformance.
INEMBARGABILIDAD *f*; unattachability.
INEMBARGABLE; that which can not be
   attached.
INENAJENABILIDAD *f*; inalienability.
INENAJENABLE; inalienable.
INEPTITUD *f*; ineptitude.
INEPTO; inept.
INEQUITATIVO; inequitable.
INEQUÍVOCO; unequivocal.
INERME; unarmed, defenseless.
INESCRUPULOSO; unscrupulous.
INESTABILIDAD; instability.
INEVITABLE; inevitable.
INEXCUSABLE; inexcusable, mandatory.
INEXIGIBLE; inexigible.
INEXISTENCIA *f*; inexistence.
INEXISTENCIA JURÍDICA; nullity.
INEXISTENTE; non-existent.
INFALIBILIDAD *f*; infallibility.
INFAMACIÓN *f*; calumny.
INFAMADOR *m* ; calumniator.
INFAMANTE; calumnious.
INFAMAR; to calumniate.
INFAMATIVO; calumnious.
INFAMATORIO; calumnious.
INFAME; infamous.
INFAMIA *f*; infamy.
INFANCIA *f*; infancy.
INFANTICIDA *m/f*; infanticide.
INFANTICIDIO; infanticide.
INFECUNDIDAD *f*; sterility.

INFERENCIA *f*; inference.
INFERENCIA LEGAL; legal inference.
INFERENCIA LÓGICA; logical inference.
INFERENCIA NECESARIA; necessary
    inference.
INFERENCIA RETROACTIVA; retroactive
    inference.
INFERIOR; inferior.
INFIDELIDAD *f*; infidelity.
INFIDELIDAD CONYUGAL; marital
    infidelity.
INFIDENCIA *f*; disloyalty, breach of trust.
INFIDENTE; disloyal.
INFIEL (adj); unfaithful.
INFIEL *m/f*; unfaithful person.
INFIRMACIÓN *f*; invalidation.
INFIRMAR; to invalidate.
INFLACIÓN *f*; inflation.
INFLAR UN CHEQUE; to raise a check.
INFLIGIR; to inflict, to impose.
INFLIGIR UNA MULTA; to impose a fine.
INFLUENCIA *f*; influence.
INFLUENCIA INDEBIDA; undue influence.
INFLUIR; to influence.
INFLUYENTE; influential.
INFORMACIÓN *f*; information, investigation,
    report.
INFORMACIÓN DE ABONO; supporting
    testimony.
INFORMACIÓN DE CRÉDITO; credit report.
INFORMACIÓN DE DOMINIO; petitory
    action.
INFORMACIÓN PARLAMENTARIA;
    congressional inquiry, parliamentary
    inquiry.
INFORMACIÓN POSESORIA; possessory
    action.
INFORMACIÓN PRIVILEGIADA EN
    MATERIA BURSÁTIL; insider
    information.
INFORMACIÓN SUMARIA; summary
    proceeding.
INFORMADOR *m*; informer.
INFORMALIDAD *f*; informality.
INFORMALMENTE; informally.
INFORMANTE *m/f*; informer, advisor.
INFORMAR; to inform, to advise.
INFORME *m*; report, opinion, information.

INFORME AL JURADO; address to the jury.
INFORME CREDITICIO; credit report.
INFORME DE CRÉDITO; credit report.
INFORME FALSO; false report.
INFORME PERICIAL; expert's opinion.
INFORME SOBRE ACCIDENTE; accident
    report.
INFORTUNIO *m*; misfortune.
INFRA; below.
INFRACCIÓN *f*; infraction.
INFRACCIÓN DE LEY; violation of law.
INFRACCIÓN DE REGLAMENTOS;
    violation of regulations.
INFRACCIÓN GRAVE; serious violation.
INFRACCIÓN PENAL; criminal violation.
INFRACCIÓN TRIBUTARIA; tax law
    violation.
INFRACTOR *m*; infringer, transgressor.
INFRACTORIO; infringing.
INFRAESTRUCTURA *f*; infrastructure.
INFRASCRIPTO *m*; undersigned, subscriber.
INFRASCRITO *m*; undersigned, subscriber.
INFRASEGURO *m*; under insurance.
INFRINGIR; to infringe.
INGERENCIA *f*; interference.
INGRESAR; to enter.
INGRESO *m*; income, entry, admission.
INGRESO BRUTO; gross income.
INGRESO IMPONIBLE; taxable income.
INGRESO NETO; net income.
INGRESO TRIBUTABLE; taxable income.
INGRESOS; receipts, income.
INGRESOS DE EXPLOTACIÓN; operating
    income.
INGRESOS DEVENGADOS; earned income.
INGRESOS FINANCIEROS; financial income.
INGRESOS INTERIORES; internal revenue.
INGRESOS TRIBUTARIOS; tax receipts.
INHÁBIL; unable, unqualified, non-working.
INHABILIDAD *f*; inability, incompetence.
INHABILITACIÓN *f*; disablement,
    disqualification, disbarment.
INHABILITACIÓN ABSOLUTA; absolute
    disqualification, disbarment.
INHABILITACIÓN ESPECIAL; suspension.
INHABILITAR; to disqualify, to disbar.
INHABITABLE; uninhabitable.
INHABITADO; uninhabited.

INHERENTE; inherent.
INHERENTEMENTE PELIGROSO;
    inherently dangerous.
INHIBICIÓN *f*; inhibition, prohibition.
INHIBIR; to inhibit, to prohibit.
INHIBIRSE; to inhibit oneself, to disqualify
    oneself.
INHIBITORIA *f*; restraining order, motion to
    dismiss for lack of jurisdiction.
INHIBITORIA DE JURISDICCIÓN; motion to
    dismiss for lack of jurisdiction.
INHIBITORIO; inhibitory.
INHONESTO; dishonest.
INHONORAR; to dishonor.
INHUMANAMENTE; inhumanely.
INHUMANIDAD *f*; inhumanity.
INICIACIÓN *f*; initiation.
INICIAL; initial.
INICIAR; to initiate.
INICIAR EL JUICIO; to open the case.
INICIAR LA SESIÓN; to open court.
INICIAR UNA ACCIÓN; to bring an action.
INICIATIVA *f*; initiative.
INICIATIVA DE LEY; proposed law.
INICIATIVA POPULAR; initiative.
INICUO; inequitable.
INIMPUNGABLE; not exceptionable.
ININTELIGIBLE; unintelligible.
ININTERRUMPIDO; uninterrupted.
INJURIA *f*; injury, wrong, defamation.
INJURIA CIVIL; actionable defamation.
INJURIA CRIMINAL; criminal defamation.
INJURIADOR (adj); injurious, offensive.
INJURIADOR *m*; injurer, offender.
INJURIAR; to injure, to wrong, to defame.
INJURIAS GRAVES; serious injuries, serious
    defamation.
INJURIAS POR ESCRITO; libel.
INJURIAS VERBALES; slander.
INJURÍDICO; illegal.
INJURIOSO; injurious, defamatory.
INJUSTAMENTE; unjustly, illegally.
INJUSTICIA *f*; injustice.
INJUSTICIA NOTORIA; notorious injustice.
INJUSTIFICABLE; unjustifiable.
INJUSTIFICADAMENTE; unjustifiably.
INJUSTIFICADO; unjustified.
INJUSTO; unjust.

INMATERIAL; immaterial, incorporeal.
INMATRICULACIÓN *f*; registration.
INMEDIACIÓN *f*; immediacy.
INMEDIATAMENTE; immediately.
INMEDIATO; immediate.
INMEMORIAL; immemorial.
INMIGRACIÓN *f*; immigration.
INMIGRANTE *m/f*; immigrant.
INMIGRAR; to immigrate.
INMIGRATORIO; pertaining to immigration.
INMINENCIA *f*; imminence.
INMINENTE; imminent.
INMOBILIARIO; real estate.
INMODERADO; immoderate.
INMORAL; immoral.
INMORALIDAD *f*; immorality.
INMOTIVADO; unmotivated.
INMUEBLE; real estate.
INMUNE; immune.
INMUNIDAD *f*; immunity.
INMUNIDAD DIPLOMÁTICA; diplomatic
    immunity.
INMUNIDAD FISCAL; tax exemption.
INMUNIDAD PARLAMENTARIA;
    congressional immunity, parliamentary
    immunity.
INMUNIDADES CONSULARES; consular
    immunity.
INMUNIDADES Y PRIVILEGIOS
    DIPLOMÁTICOS; diplomatic immunities
    and privileges.
INNATO; innate.
INNAVEGABILIDAD *f*; unseaworthiness.
INNAVEGABLE; unseaworthy, unnavigable.
INNECESARIO; unnecessary.
INNEGABLE; undeniable.
INNEGOCIABLE; nonnegotiable.
INNOMINADO; unnamed.
INNOVACIÓN *f*; innovation.
INNOVAR; to innovate.
INOBSERVANCIA *f*; nonobservance.
INOBSERVANCIA JUSTIFICABLE;
    justifiable nonobservance.
INOCENCIA *f*; innocence.
INOCENTE; innocent.
INOFICIOSO; inofficious.
INOPONIBLE; not opposable.
INQUILINATO *m*; lease, leasehold.

INQUILINO *m* ; tenant, lessee, sharecropper.

INQUIRIDOR *m* ; investigator, interrogator.

INQUIRIR; to question, to investigate.

INQUISICIÓN *f*; inquisition.

INQUISIDOR *m* ; investigator, interrogator.

INQUISITIVO; inquisitive.

INSACULACIÓN *f*; balloting.

INSACULAR; to ballot.

INSALUBRIDAD *f*; insalubrity, unsanitariness.

INSANABLE; incurable.

INSANIA *f*; insanity.

INSANO; insane.

INSATISFECHO; unsatisfied.

INSCRIBIBLE; registrable, recordable.

INSCRIBIR; to register, to record.

INSCRIBIRSE; to register.

INSCRIPCIÓN *f*; inscription.

INSCRIPCIÓN DE BIENES DE LA COMUNIDAD CONYUGAL; registration of community property.

INSCRIPCIÓN DE BUQUES; registration of vessels.

INSCRIPCIÓN DE LA POSESIÓN; registration of possession.

INSCRIPCIÓN DE LA TRASLACIÓN DE DOMINIO; recording of a transfer of ownership.

INSCRIPCIÓN DE NACIMIENTO; birth record.

INSCRIPTO; registered, recorded.

INSCRITO; registered, recorded.

INSECUESTRABLE; not attachable.

INSEMINACIÓN *f*; insemination.

INSEPARABILIDAD *f*; inseparability.

INSEPARABLE; inseparable.

INSERCIÓN *f*; insertion.

INSIGNIA *f*; insignia.

INSIGNIFICANTE; insignificant.

INSINUACIÓN *f*; insinuation, petition.

INSINUAR; to insinuate, to petition.

ÍNSITO; inherent.

INSOLUTO; unpaid.

INSOLVENCIA *f*; insolvency.

INSOLVENCIA CULPABLE; negligent bankruptcy.

INSOLVENCIA FRAUDULENTA; fraudulent bankruptcy.

INSOLVENTE; insolvent.

INSOSTENIBLE; unsustainable, indefensible.

INSPECCIÓN *f*; inspection.

INSPECCIÓN JUDICIAL; judicial inspection.

INSPECCIÓN OCULAR; visual inspection by the judge.

INSPECCIONAR; to inspect.

INSPECTOR *m* ; inspector.

INSPECTOR GENERAL; inspector general.

INSTANCIA *f*; instance, stage of a judicial process, the complete judicial process, petition.

INSTANCIA DE ARBITRAJE; arbitration proceedings.

INSTANCIA DE PARTE AGRAVIADA; petition of the injured party.

INSTANCIA DILATORIA; dilatory plea.

INSTANCIA PERENTORIA; peremptory plea.

INSTANTÁNEO; instantaneous.

INSTANTE *m* ; instant, petitioner.

INSTAR; to petition, to prosecute, to instigate.

INSTIGACIÓN *f*; instigation, abetment.

INSTIGACIÓN A COMETER DELITOS; instigation to commit crimes.

INSTIGADOR *m* ; instigator, abettor.

INSTIGAR; to instigate, to abet.

INSTITOR *m* ; factor.

INSTITUCIÓN *f*; institution.

INSTITUCIÓN DE FIANZAS; bonding company.

INSTITUCIÓN DE FIDEICOMISO; trust company.

INSTITUCIÓN DE HEREDEROS; designation of heirs.

INSTITUCIÓN FIDUCIARIA; trust company.

INSTITUCIÓN HIPOTECARIA; mortgage company.

INSTITUCIÓN PENAL; penal institution.

INSTITUCIONAL; institutional.

INSTITUIDO; instituted.

INSTITUIR; to institute.

INSTITUTO *m* ; institution.

INSTITUTO DE EMISIÓN; bank of issue.

INSTITUTO FINANCIERO; financial institution.

INSTRUCCIÓN *f*; instruction, proceeding, order.

INSTRUCCIÓN CRIMINAL; criminal
   proceeding.
INSTRUCCIÓN DE CAUSA; preparation of
   the case.
INSTRUCCIÓN PÚBLICA; public education.
INSTRUCCIONES ADICIONALES;
   additional instructions.
INSTRUCCIONES AL JURADO; jury
   instructions.
INSTRUCTIVO m ; court order.
INSTRUCTOR m ; instructor, prosecutor.
INSTRUIR; to instruct, to inform.
INSTRUIR DE CARGOS; to arraign.
INSTRUIR UN EXPEDIENTE; to prepare a
   file.
INSTRUMENTAL; instrumental.
INSTRUMENTO m ; instrument.
INSTRUMENTO AL PORTADOR; bearer
   instrument.
INSTRUMENTO CONSTITUTIVO; articles of
   incorporation, partnership's agreement.
INSTRUMENTO DE TÍTULO; document of
   title.
INSTRUMENTO DE VENTA; bill of sale.
INSTRUMENTO NEGOCIABLE; negotiable
   instrument.
INSTRUMENTO PRIVADO; private
   document.
INSTRUMENTO PÚBLICO; public document.
INSTRUMENTOS DE CRÉDITO; credit
   instruments.
INSTRUMENTOS DE TRABAJO; tools of the
   trade.
INSTRUMENTOS DEL DELITO; instruments
   of the crime.
INSTRUMENTOS NEGOCIABLES;
   commercial paper, negotiable instruments.
INSUBORDINACIÓN f; insubordination.
INSUBORDINADO; insubordinate.
INSUBSANABLE; irreparable.
INSUBSISTENCIA f; groundlessness, nullity.
INSUBSISTENTE; groundless, null.
INSUBSTITUIBLE; irreplaceable.
INSUFICIENCIA f; insufficiency.
INSUFICIENCIA DE LA PRUEBA;
   insufficiency of the evidence.
INSUFICIENCIA DE LAS LEYES; area not
   covered adequately by laws.

INSUFICIENTE; insufficient.
INSULTAR; to insult.
INSULTO m ; insult, offense.
INSUMISO; rebellious, disobedient.
INSURGENTE; insurgent.
INSURRECCIÓN f; insurrection.
INSURRECTO m ; insurgent.
INTACHABLE; unimpeachable.
INTANGIBLE; intangible.
INTANGIBLES m ; intangibles.
INTEGRACIÓN f; integration, payment.
INTEGRANTES m ; members, partners.
INTEGRAR; to integrate, to pay, to reimburse.
INTEGRIDAD f; integrity, wholeness.
INTELIGIBLE; intelligible.
INTEMPERANCIA f; intemperance.
INTEMPESTIVAMENTE; without proper
   notice, without due process,
   inopportunely.
INTENCIÓN f; intention.
INTENCIÓN CRIMINAL; criminal intent.
INTENCIÓN DE LOS CONTRATANTES;
   intent of the contracting parties.
INTENCIÓN FRAUDULENTA; fraudulent
   intent.
INTENCIÓN LEGISLATIVA; legislative
   intent.
INTENCIONADO; intended.
INTENCIONAL; intentional.
INTENCIONALIDAD f; premeditation.
INTENCIONALMENTE; intentionally.
INTENDENCIA f; intendance, intendancy.
INTENDENCIA MUNICIPAL; city hall.
INTENDENTE m ; intendant.
INTENDENTE DE POLICÍA; chief of police.
INTENTAR; to attempt.
INTENTAR CONTRADEMANDA; to file a
   counterclaim.
INTENTAR DEMANDA; to bring suit.
INTENTO m ; attempt, intention.
INTER ALIA; among other things, inter alia.
INTER SE; among themselves.
INTER VIVOS; between the living, inter vivos.
INTERACCIÓN f; interaction.
INTERCALACIÓN f; intercalation.
INTERCALAR; to intercalate.
INTERCAMBIABLE; interchangeable.
INTERCAMBIAR; to exchange.

INTERCAMBIO *m* ; exchange.

INTERCEPTACIÓN *f* ; interception.

INTERCEPTACIÓN DE LA CORRESPONDENCIA; interception of correspondence.

INTERDEPENDENCIA *f* ; interdependence.

INTERDICCIÓN *f* ; interdiction, prohibition.

INTERDICTO *m* ; interdict, interdiction, injunction, restraining order.

INTERDICTO DE DESPOJO; writ of possession.

INTERDICTO DE OBRA NUEVA; action against further construction.

INTERDICTO DE OBRA RUINOSA; action against maintaining a dangerous structure.

INTERDICTO DE RECOBRAR; writ of possession.

INTERDICTO DE RECUPERAR; writ of possession.

INTERDICTO DE RETENER; restraining order.

INTERDICTO DEFINITIVO; final injunction.

INTERDICTO PERMANENTE; permanent injunction.

INTERDICTO PREVENTIVO; preventive injunction.

INTERDICTO PROHIBITORIO; prohibitory injunction.

INTERDICTO PROVISORIO; temporary injunction.

INTERÉS *m* ; interest.

INTERÉS ADVERSO; adverse interest.

INTERÉS ASEGURABLE; insurable interest.

INTERÉS BENEFICIOSO; beneficial interest.

INTERÉS COMPUESTO; compound interest.

INTERÉS COMÚN; joint interest.

INTERÉS CONVENCIONAL; conventional interest.

INTERÉS DE DEMORA; interest charged for late payment.

INTERÉS DE GRACIA; interest charged for late payment.

INTERÉS DE MORA; interest charged for late payment.

INTERÉS DE PLAZA; going interest rate.

INTERÉS DEMORADO; interest charged for late payment.

INTERÉS DOMINANTE; controlling interest.

INTERÉS EN LA CAUSA; interest in a litigation.

INTERÉS ILÍCITO; illegal interest.

INTERÉS LEGAL; legal interest.

INTERÉS MAYORITARIO; majority interest.

INTERÉS MINORITARIO; minority interest.

INTERÉS PREDOMINANTE; majority interest.

INTERÉS PRIVADO; private interest.

INTERÉS PROCESAL; interest in a litigation.

INTERÉS PÚBLICO; public interest.

INTERÉS REVERSIONARIO; reversionary interest.

INTERÉS SIMPLE; simple interest.

INTERÉS USURARIO; usury.

INTERESADO *m* ; party, interested party, contracting party.

INTERESES ATRASADOS; interest in arrears.

INTERESES CREADOS; vested interests.

INTERESTADAL; interstate.

INTERESTADUAL; interstate.

INTERESTATAL; interstate.

INTERFECTO (adj); murdered.

INTERFECTO *m* ; murder victim.

INTERFERENCIA *f* ; interference.

INTERFERIR; to interfere.

ÍNTERIN *m* ; interim.

INTERINAMENTE; provisionally.

INTERINARIO; provisional.

INTERINIDAD *f* ; temporariness.

INTERINO; provisional, acting.

INTERIOR (adj); internal, domestic.

INTERIOR *m* ; interior.

INTERIORMENTE; internally, domestically.

INTERLINEACIÓN *f* ; interlineation.

INTERLINEAR; to interlineate.

INTERLOCUTORIAMENTE; interlocutorily.

INTERLOCUTORIO; interlocutory.

INTÉRLOPE; interloping.

INTERMEDIACIÓN EN EL MERCADO DE VALORES; securities brokerage.

INTERMEDIAR; to intermediate, to mediate.

INTERMEDIARIO *m* ; intermediary, mediator.

INTERMEDIO *m* ; intermediate.

INTERNACIÓN *f* ; interment, imprisonment, commitment, detention.

INTERNACIONAL; international.

INTERNACIONALIZACIÓN *f*;
  internationalization.
INTERNACIONALIZAR; to internationalize.
INTERNADO; committed, hospitalized.
INTERNAMENTE; internally, domestically.
INTERNAMIENTO *m* ; interment,
  imprisonment, commitment, detention.
INTERNAR; to intern, to imprison, to commit,
  to detain.
INTERNO; internal, domestic.
INTERNUNCIO *m* ; envoy.
INTERPELACIÓN *f*; interpellation, order to
  pay a debt, writ, summons, citation,
  request.
INTERPELADO *m* ; recipient of an order to
  pay a debt, recipient of a summons,
  recipient of a request.
INTERPELADOR *m* ; interpellator, the person
  who orders the payment of a debt,
  requester.
INTERPELANTE *m/f*; interpellator, the person
  who orders the payment of a debt,
  requester.
INTERPELAR; to interpellate, to order to pay a
  debt, to summon, to request.
INTERPONER; to intervene, to file, to present.
INTERPONER DEMANDA CONTENCIOSA;
  to bring suit.
INTERPONER EXCEPCIÓN; to file an
  exception.
INTERPONER RECURSO DE APELACIÓN;
  to file an appeal.
INTERPOSICIÓN; intervention, interference,
  mediation.
INTERPÓSITA PERSONA; agent, apparent
  agent.
INTERPRETACIÓN *f*; interpretation,
  construction.
INTERPRETACIÓN AMPLIA; extensive
  interpretation.
INTERPRETACIÓN AUTÉNTICA; authentic
  interpretation.
INTERPRETACIÓN COMPARATIVA;
  comparative interpretation.
INTERPRETACIÓN DE LAS LEYES;
  interpretation of the law.
INTERPRETACIÓN DE LOS HECHOS;
  interpretation of the facts.

INTERPRETACIÓN DE LOS
  TESTAMENTOS; interpretation of wills.
INTERPRETACIÓN DECLARATIVA;
  clarification.
INTERPRETACIÓN DEL CONTRATO;
  interpretation of the contract.
INTERPRETACIÓN DEL DERECHO;
  interpretation of the law.
INTERPRETACIÓN DOCTRINAL; doctrinal
  interpretation.
INTERPRETACIÓN ESTRICTA; strict
  interpretation, strict construction.
INTERPRETACIÓN EXTENSIVA; extensive
  interpretation.
INTERPRETACIÓN GRAMATICAL;
  grammatical interpretation.
INTERPRETACIÓN JUDICIAL; legal
  interpretation.
INTERPRETACIÓN LEGISLATIVA;
  legislative interpretation.
INTERPRETACIÓN LITERAL; literal
  interpretation.
INTERPRETACIÓN LÓGICA; logical
  interpretation.
INTERPRETACIÓN POPULAR; popular
  interpretation.
INTERPRETACIÓN POR COMPARACIÓN;
  comparative interpretation.
INTERPRETACIÓN RAZONABLE;
  reasonable interpretation.
INTERPRETACIÓN RESTRICTIVA;
  restricted interpretation.
INTERPRETACIÓN RESTRINGIDA; close
  interpretation.
INTERPRETACIÓN TÉCNICA; technical
  interpretation.
INTERPRETACIÓN USUAL; usual
  interpretation.
INTERPRETADOR *m* ; interpreter.
INTERPRETAR; to interpret.
INTÉRPRETE *m/f*; interpreter.
INTERPUESTA PERSONA; agent,
  intermediary.
INTERREGNO *m* ; interregnum.
INTERROGACIÓN *f*; interrogation, inquiry.
INTERROGADO *m* ; person being
  interrogated.
INTERROGADOR *m* ; interrogator.

INTERROGANTE (adj); interrogating.

INTERROGANTE *m/f* ; interrogator.

INTERROGANTE *m* ; uncertainty.

INTERROGAR; to interrogate.

INTERROGATIVO; questioning.

INTERROGATORIO *m* ; interrogatory.

INTERROGATORIO CRUZADO; cross-examination.

INTERROGATORIO DIRECTO; direct examination.

INTERRUMPIR; to interrupt.

INTERRUPCIÓN *f* ; interruption.

INTERRUPCIÓN DE LA PRESCRIPCIÓN; interrupting the statute of limitations.

INTERRUPCIÓN DEL PROCESO; stay of proceedings.

INTERRUPTIVO; interrupting.

INTERVALO *m* ; interval.

INTERVALO LÚCIDO; lucid interval.

INTERVALO SOSPECHOSO; suspicious interval.

INTERVENCIÓN *f* ; intervention, mediation, auditing.

INTERVENCIÓN DE TERCERO; intervention.

INTERVENCIÓN DIPLOMÁTICA; diplomatic intervention.

INTERVENCIÓN ECONÓMICA; economic intervention.

INTERVENCIÓN FORZOSA; compulsory intervention.

INTERVENCIÓN NECESARIA; compulsory intervention.

INTERVENCIÓN PACÍFICA; mediation.

INTERVENCIÓN VOLUNTARIA; voluntary intervention, discretionary intervention.

INTERVENIDOR *m* ; intervener, auditor, supervisor.

INTERVENIR; to intervene, to mediate, to audit, to supervise.

INTERVENIR EL PAGO; to stop payment.

INTERVENIR EN JUICIO; to join in an action.

INTERVENTOR *m* ; intervener, auditor, supervisor.

INTESTADO (adj); intestate.

INTESTADO *m* ; intestate, intestate's estate.

INTIMACIÓN *f* ; intimation, notification, warning.

INTIMACIÓN A LA PERSONA; personal demand.

INTIMACIÓN DE PAGO; demand for payment.

INTIMACIÓN JUDICIAL DE PAGO; court order to pay.

INTIMAR; to intimate, to notify, to warn.

INTIMATORIO; notificatory, cautioning.

INTIMIDACIÓN *f* ; intimidation.

INTIMIDAD *f* ; intimacy.

INTIMIDAR; to intimidate.

INTOXICACIÓN *f* ; intoxication.

INTRA VIRES; within the powers.

INTRAESTATAL; intrastate.

INTRANSFERIBLE; nontransferable.

INTRANSMISIBLE; untransmissible.

INTRASMISIBLE; untransmissible.

INTRASPASABLE; nontransferable.

INTRUSARSE; to encroach.

INTRUSIÓN *f* ; intrusion.

INTRUSO *m* ; intruder.

INÚTIL; useless.

INUTILIDAD; uselessness.

INVALIDACIÓN *f* ; invalidation.

INVALIDAR; to invalidate, to quash.

INVALIDEZ *f* ; invalidity, disability.

INVALIDEZ ABSOLUTA; total disability.

INVALIDEZ DEFINITIVA; permanent disability.

INVALIDEZ LABORAL; work disability.

INVALIDEZ PARCIAL; partial disability.

INVALIDEZ PERMANENTE; permanent disability.

INVALIDEZ PROVISIONAL; temporary disability.

INVALIDEZ RELATIVA; partial disability.

INVALIDEZ TOTAL; total disability.

INVALIDEZ TRANSITORIA; temporary disability.

INVÁLIDO; invalid.

INVASIÓN *f* ; invasion.

INVASIÓN DE DERECHOS; infringement of rights.

INVENCIÓN *f* ; invention.

INVENDIBLE; unsalable.

INVENTAR; to invent.

INVENTARIO *m* ; inventory.
INVENTARIO DE BIENES DE LOS HIJOS; inventory of the property of the children.
INVENTARIO DE BIENES DEL MENOR; inventory of a minor's property.
INVENTARIO EN LA SOCIEDAD DE GANANCIALES; inventory of the community property.
INVENTO *m* ; invention.
INVENTOR *m* ; inventor.
INVERSIÓN *f*; investment, inversion.
INVERSIÓN DE LA PRUEBA; transfer of the burden of proof.
INVERSIÓN DOMINANTE; controlling interest.
INVERSIÓN LEGAL; legal investment.
INVERSIÓN NETA; net investment.
INVERSIONISTA *m/f*; investor.
INVERSO; inverse.
INVERSOR *m* ; investor.
INVERTIR; to invest.
INVESTIDURA *f*; investiture.
INVESTIGABLE; investigable.
INVESTIGACIÓN *f*; investigation.
INVESTIGACIÓN DE TÍTULO; title search.
INVESTIGADOR *m* ; investigator.
INVESTIGAR; to investigate.
INVESTIR; to vest, to confer.
INVIOLABILIDAD *f*; inviolability.
INVIOLABILIDAD DE LA PROPIEDAD; inviolability of property.
INVIOLABILIDAD DEL DOMICILIO; inviolability of domicile.
INVIOLABLE; inviolable.
INVITADO GRATUITO; gratuitous guest.
INVOCAR; to invoke.
INVOLUNTARIAMENTE; involuntarily.
INVOLUNTARIO; involuntary.
IPSO FACTO; by the fact itself, ipso facto.
IPSO JURE; by the law itself, ipso jure.
IR A LA BANCARROTA; to go into bankruptcy.
IR A LA QUIEBRA; to go into bankruptcy.
IRA *f*; ire, wrath, anger.
IRRAZONABLE; unreasonable.
IRRECONCILIABLE; irreconcilable.
IRRECUPERABLE; irrecoverable.
IRRECURRIBLE; not appealable.

IRRECUSABLE; unchallengeable, unimpeachable.
IRREDIMIBLE; irredeemable.
IRREEMPLAZABLE; irreplaceable.
IRREFORMABLE; unchangeable.
IRREFUTABLE; irrefutable.
IRREGULAR; irregular.
IRREGULARIDAD; irregularity.
IRREIVINDICABLE; irrecoverable.
IRRELEVANTE; irrelevant.
IRREMEDIABLE; irremediable.
IRREMISIBLE; irremissible.
IRREMPLAZABLE; irreplaceable.
IRRENUNCIABLE; unrenounceable.
IRREPARABLE; irreparable.
IRRESCINDIBLE; unrescindable.
IRRESISTIBLE; irresistible.
IRRESOLUBLE; unsolvable.
IRRESOLUCIÓN *f*; irresolution.
IRRESPETUOSO; disrespectful.
IRRESPONSABILIDAD; irresponsibility.
IRRESPONSABLE; irresponsible.
IRRETROACTIVIDAD *f*; non-retroactivity.
IRRETROACTIVO; not retroactive.
IRREVERSIBLE; irreversible.
IRREVISABLE; not revisable.
IRREVOCABILIDAD *f*; irrevocability.
IRREVOCABLE; irrevocable.
IRRITABLE; voidable, irritable.
IRRITAR; to void, to irritate.
ÍRRITO; void.
IRROGACIÓN *f*; causing, causing of damage.
IRROGAR; to cause, to cause damage.
IRROGAR GASTOS; to incur expenses.
IRROGAR PERJUICIO; to cause damage.
IRRUMPIR; to break into.
IRRUPCIÓN *f*; irruption.
ÍTEM (adv); furthermore.
ÍTEM *m* ; item, article.

J

JACTANCIA *f*; jactitation.
JEFATURA *f*; headquarters, division, directorship.
JEFATURA DE POLICÍA; police headquarters.
JEFE *m* ; boss, leader.
JEFE DE ESTADO; head of state.
JEFE DE FAMILIA; head of family.
JEFE EJECUTIVO; chief executive.
JEFE MILITAR; military chief.
JERARQUÍA *f*; hierarchy.
JERGA *f*; jargon.
JORNADA *f*; work period, work day, journey.
JORNADA DE TRABAJO; work period, work day.
JORNAL *m* ; daily pay.
JORNALERO *m* ; day laborer, laborer.
JUBILACIÓN *f*; retirement, pension.
JUBILACIÓN POR INVALIDEZ; disability pension.
JUBILACIÓN POR VEJEZ; old-age pension.
JUBILADO (adj); retired.
JUBILADO *m* ; retiree, pensioner.
JUBILAR; to retire, to pension.
JUBILARSE; to retire, to retire with a pension.
JUBILATORIO; pertaining to retirement.
JUDICATURA *f*; judicature, judgeship.
JUDICIAL; judicial.
JUDICIALMENTE; judicially.
JUDICIARIO; judicial.
JUEGO *m* ; game, gambling, gamble.
JUEGO DE AZAR; game of chance.
JUEGO DE SUERTE; game of chance.
JUEZ *m* ; judge, justice.
JUEZ A QUO; judge from whom an appeal is taken.
JUEZ AD QUEM; judge to whom an appeal is taken.

JUEZ ADMINISTRATIVO; administrative judge.
JUEZ ARBITRADOR; arbitrator.
JUEZ ÁRBITRO; arbitrator.
JUEZ ASOCIADO; associate judge.
JUEZ AVENIDOR; arbitrator.
JUEZ CANTONAL; district court judge.
JUEZ CIVIL; civil court judge.
JUEZ CIVIL Y CRIMINAL; judge who tries both civil and criminal matters.
JUEZ COMPETENTE; competent judge.
JUEZ COMPROMISARIO; arbitrator.
JUEZ CONCILIADOR; mediator.
JUEZ CRIMINAL; criminal court judge.
JUEZ DE ADUANAS; customs court judge.
JUEZ DE ALZADAS; appeals court judge.
JUEZ DE APELACIONES; appeals court judge.
JUEZ DE AVENENCIA; arbitrator.
JUEZ DE CIRCUITO; circuit judge.
JUEZ DE COMERCIO; judge with jurisdiction over matters pertaining to commercial law.
JUEZ DE COMISIÓN; judge appointed for a specific case.
JUEZ DE COMPETENCIA; judge who decides jurisdictional conflicts.
JUEZ DE DERECHO; judge who only considers questions of law.
JUEZ DE DISTRITO; district judge.
JUEZ DE FONDO; trial judge.
JUEZ DE HECHO; judge who only considers questions of fact.
JUEZ DE INSTRUCCIÓN; trial judge.
JUEZ DE LA CAUSA; trial judge.
JUEZ DE LETRAS; judge who is an attorney.
JUEZ DE LO CIVIL; civil court judge.
JUEZ DE LO CRIMINAL; criminal court judge.
JUEZ DE MENORES; juvenile court judge.
JUEZ DE PAZ; justice of the peace.
JUEZ DE POLICÍA; police magistrate.
JUEZ DE PRIMERA INSTANCIA; judge of the first instance.
JUEZ DE QUIEBRAS; bankruptcy court judge.
JUEZ DE SEGUNDA INSTANCIA; judge to whom an appeal is taken.
JUEZ DE TURNO; judge whose turn it is.

JUEZ DEL CONOCIMIENTO; presiding judge.
JUEZ DEL CRIMEN; criminal court judge.
JUEZ DEL TRABAJO; labor court judge.
JUEZ ESPECIAL; special judge.
JUEZ EXHORTADO; judge receiving letters rogatory.
JUEZ EXHORTANTE; judge issuing letters rogatory.
JUEZ EXTRAORDINARIO; special judge.
JUEZ FEDERAL; federal judge.
JUEZ INCOMPETENTE; judge without jurisdiction.
JUEZ INFERIOR; lower court judge.
JUEZ INSTRUCTOR; trial judge.
JUEZ INTERINO; judge pro tempore.
JUEZ LEGO; lay judge.
JUEZ LETRADO; judge who is an attorney.
JUEZ MENOR; justice of the peace.
JUEZ MIXTO; judge who tries both civil and criminal matters.
JUEZ MUNICIPAL; municipal court judge.
JUEZ NOCTURNO; night court judge.
JUEZ PENAL; criminal court judge.
JUEZ POPULAR; lay judge.
JUEZ PRESIDENTE; presiding judge, chief judge, chief justice.
JUEZ PRIMERO; chief justice.
JUEZ PROVINCIAL; provincial court judge.
JUEZ SOBORNADO; bribed judge.
JUEZ SUBORDINADO; lower court judge.
JUEZ SUPERIOR; superior court judge, appellate court judge, supreme court justice.
JUEZ SUPLENTE; judge pro tempore.
JUEZ TERCERO; arbitrator.
JUEZ ÚNICO; single judge.
JUEZ UNIPERSONAL; single judge.
JUEZ Y PARTE; judge and party.
JUICIO m ; trial, judgment, litigation, proceeding.
JUICIO ADMINISTRATIVO; administrative trial.
JUICIO ADVERSARIO; litigation.
JUICIO ANTE EL JURADO; jury trial.
JUICIO ARBITRAL; arbitration proceedings.
JUICIO ATRACTIVO; proceeding in which an entire estate is at stake.

JUICIO CAUTELAR; proceeding for provisional remedy.
JUICIO CIVIL; civil trial.
JUICIO CIVIL ORDINARIO; ordinary civil trial.
JUICIO COACTIVO; compulsory proceeding.
JUICIO COLECTIVO; joint suit.
JUICIO COMERCIAL; trial pertaining to commercial law.
JUICIO CONTENCIOSO; litigation.
JUICIO CONTRADICTORIO; contested case.
JUICIO CONVENIDO; amicable action.
JUICIO CRIMINAL; criminal trial.
JUICIO DE AB INTESTADO; intestacy proceedings.
JUICIO DE ALIMENTOS; suit for alimony.
JUICIO DE AMIGABLES COMPONEDORES; arbitration.
JUICIO DE AMPARO; proceeding pertaining to constitutional protections.
JUICIO DE APELACIÓN; appellate proceeding.
JUICIO DE APREMIO; suit for debt collection, suit for collection of a judgment.
JUICIO DE ÁRBITROS; arbitration proceedings
JUICIO DE AVENENCIA; arbitration proceedings.
JUICIO DE CONCILIACIÓN; settlement hearing.
JUICIO DE CONCURSO; bankruptcy proceedings.
JUICIO DE CONSIGNACIÓN; action to place money in escrow.
JUICIO DE CONVOCATORIA; action to have a creditors' meeting.
JUICIO DE CONVOCATORIA DE ACREEDORES; action to have a creditors' meeting.
JUICIO DE DERECHO; trial in which matters of law are addressed.
JUICIO DE DESAHUCIO; eviction proceedings, dispossess proceedings.
JUICIO DE DESALOJO; eviction proceedings, dispossess proceedings.
JUICIO DE DIVORCIO; divorce proceedings.
JUICIO DE EJECUCIÓN; executory process.

JUICIO DE EMBARGO; attachment proceedings.

JUICIO DE ENAJENACIÓN FORZOSA; condemnation proceedings.

JUICIO DE EXEQUÁTUR; proceeding to challenge a foreign judgment.

JUICIO DE FALTAS; proceeding in a police court for a minor offense.

JUICIO DE GARANTÍAS; proceeding pertaining to constitutional protections.

JUICIO DE HERENCIA VACANTE; intestacy proceedings.

JUICIO DE INQUISICIÓN; inquest.

JUICIO DE INSANIA; insanity hearing.

JUICIO DE INSOLVENCIA; bankruptcy proceedings.

JUICIO DE JACTANCIA; action of jactitation.

JUICIO DE LANZAMIENTO; dispossess proceedings, eviction proceedings.

JUICIO DE MAYOR CUANTÍA; proceeding concerning a large claim.

JUICIO DE MENOR CUANTÍA; proceeding concerning a small claim.

JUICIO DE MENSURA, DESLINDE, Y AMOJONAMIENTO; action to determine boundaries.

JUICIO DE NOVO; new trial.

JUICIO DE NULIDAD; proceeding for annulment.

JUICIO DE PRIMERA INSTANCIA; trial court proceeding.

JUICIO DE PURO DERECHO; trial in which only matters of law are addressed.

JUICIO DE QUIEBRA; bankruptcy proceedings.

JUICIO DE REHABILITACIÓN; discharge proceedings.

JUICIO DE RESPONSABILIDAD; suit for damages.

JUICIO DE SEGUNDA INSTANCIA; appellate trial.

JUICIO DE SUCESIÓN; probate proceeding.

JUICIO DE TESTAMENTARÍA; probate proceeding.

JUICIO DE TRABAJO; labor law proceeding.

JUICIO DECLARATIVO; declaratory judgment.

JUICIO DECLARATORIO; declaratory judgment.

JUICIO DIVISORIO; suit for partition.

JUICIO EJECUTIVO; executory process.

JUICIO EN LOS MÉRITOS; trial on merits.

JUICIO EN REBELDÍA; proceeding in absentia.

JUICIO ESCRITO; proceeding based only on documentary evidence.

JUICIO EXTRAORDINARIO; summary proceeding.

JUICIO FENECIDO; dismissed case.

JUICIO GENERAL; proceeding in which an entire estate is at stake.

JUICIO HIPOTECARIO; foreclosure on a mortgage.

JUICIO INTESTADO; intestacy proceeding.

JUICIO MILITAR; court-martial.

JUICIO NULO; mistrial.

JUICIO ORAL; oral proceedings.

JUICIO ORDINARIO; plenary action.

JUICIO PENAL; criminal trial.

JUICIO PETITORIO; petitory action.

JUICIO PLENARIO; plenary action.

JUICIO POLÍTICO; impeachment proceedings.

JUICIO POR JURADO; jury trial.

JUICIO POSESORIO; possessory action.

JUICIO REIVINDICATORIO; replevin.

JUICIO SECUNDARIO; ancillary suit.

JUICIO SOBRE LOS MÉRITOS; trial on merits.

JUICIO SUCESORIO; probate proceeding.

JUICIO SUMARIO; summary proceeding.

JUICIO TESTAMENTARIO; testamentary proceeding.

JUICIO UNIVERSAL; proceeding in which an entire estate is at stake.

JUICIO VERBAL; proceeding concerning a small claim which is handled mostly orally.

JUICIOS ACUMULADOS; consolidated actions.

JUNTA f; board, meeting.

JUNTA ADMINISTRATIVA; administrative board.

JUNTA ARBITRAL; arbitration board.

JUNTA ASESORA; consulting board.

JUNTA CONSULTIVA; consulting board.

JUNTA DE ACCIONISTAS; stockholders' meeting.

JUNTA DE ACREEDORES; creditors' meeting.

JUNTA DE AMNISTÍAS; board of pardons.

JUNTA DE APELACIÓN DE IMPUESTOS; board of tax appeals.

JUNTA DE ARBITRAJE; arbitration board.

JUNTA DE COMERCIO; board of trade.

JUNTA DE CONCILIACIÓN; conciliation board.

JUNTA DE DIRECCIÓN; board of governors.

JUNTA DE DIRECTORES; board of directors.

JUNTA DE ELECCIONES; board of elections.

JUNTA DE GOBIERNO; board of governors.

JUNTA DE IGUALAMIENTO; equalization board.

JUNTA DE PLANIFICACIÓN; planning board.

JUNTA DE RETIRO; pension board.

JUNTA DE REVISIÓN; board of review, board of audit.

JUNTA DE SÍNDICOS; board of trustees.

JUNTA DIRECTIVA; board of directors.

JUNTA ELECTORAL; board of elections.

JUNTA ESPECIAL; special meeting.

JUNTA EXTRAORDINARIA; special meeting.

JUNTA GENERAL DE ACCIONISTAS; stockholders' meeting.

JUNTA GENERAL ORDINARIA; stockholders' meeting.

JUNTA INVESTIGADORA DE HECHOS; fact finding board.

JUNTA PLANIFICADORA; planning board.

JUNTO; together.

JURA *f*; oath, act of taking oath.

JURADO (adj); sworn.

JURADO *m*; jury, juror.

JURADO DE ACUSACIÓN; grand jury.

JURADO DE JUICIO; trial jury.

JURADO DESIGNADO; juror designate.

JURADO ESPECIAL; special jury.

JURADO JUSTO E IMPARCIAL; fair and impartial jury.

JURADO OBLIGADO; special jury.

JURADO ORDINARIO; common jury.

JURADO SUPLENTE; alternate juror.

JURADURÍA *f*; jury service.

JURAMENTAR; to swear in, to be sworn in.

JURAMENTARSE; to take an oath.

JURAMENTO *m*; oath.

JURAMENTO AFIRMATIVO; assertory oath.

JURAMENTO ASERTÓRICO; assertory oath.

JURAMENTO ASERTORIO; assertory oath.

JURAMENTO CONDICIONAL; qualified oath.

JURAMENTO DE CARGO; oath of office.

JURAMENTO DE DECIR LA VERDAD; oath of a witness.

JURAMENTO DE FIDELIDAD; oath of allegiance.

JURAMENTO DE LOS INTÉRPRETES; interpreters' oath.

JURAMENTO DE LOS TESTIGOS; witnesses' oath.

JURAMENTO DECISORIO; decisory oath.

JURAMENTO DEFERIDO; decisory oath

JURAMENTO ESTIMATORIO; sworn appraisal.

JURAMENTO EXTRAJUDICIAL; extrajudicial oath.

JURAMENTO FALSO; false oath.

JURAMENTO INDECISORIO; sworn statements which are decisive only if they harm the swearer.

JURAMENTO JUDICIAL; judicial oath.

JURAMENTO LEGAL; judicial oath.

JURAMENTO POLÍTICO; oath of office.

JURAMENTO PROFESIONAL; oath of a professional.

JURAMENTO PROMISORIO; promissory oath.

JURAMENTO SOLEMNE; solemn oath.

JURAMENTO SUPLETORIO; suppletory oath.

JURAMENTO VOLUNTARIO; voluntary oath.

JURAR; to swear, to take an oath.

JURAR EL CARGO; to take an oath of office.

JURAR EN FALSO; to commit perjury.

JURATORIO; juratory.

JURICIDAD *f*; legality.

JURÍDICAMENTE; juridically.

JURIDICIDAD *f*; legality.

JURÍDICO; juridical.

JURÍDICO-LABORAL; pertaining to labor law.

JURISCONSULTO *m* ; jurisconsult.

JURISDICCIÓN *f*; jurisdiction, venue.

JURISDICCIÓN ACUMULATIVA; concurrent jurisdiction.

JURISDICCIÓN ADMINISTRATIVA; administrative jurisdiction.

JURISDICCIÓN APELATIVA; appellate jurisdiction.

JURISDICCIÓN CIVIL; civil jurisdiction.

JURISDICCIÓN COMERCIAL; jurisdiction over matters concerning commercial law.

JURISDICCIÓN COMPETENTE; jurisdiction.

JURISDICCIÓN COMÚN ORDINARIA; general jurisdiction.

JURISDICCIÓN CONCURRENTE; concurrent jurisdiction.

JURISDICCIÓN CONTENCIOSA; contentious jurisdiction.

JURISDICCIÓN CONTENCIOSO-ADMINISTRATIVA; administrative jurisdiction.

JURISDICCIÓN CONVENCIONAL; jurisdiction that has been agreed upon.

JURISDICCIÓN COORDINADA; concurrent jurisdiction.

JURISDICCIÓN CORRECCIONAL; jurisdiction over minor offenses.

JURISDICCIÓN CRIMINAL; criminal jurisdiction.

JURISDICCIÓN DE LA EQUIDAD; equity jurisdiction.

JURISDICCIÓN DE PRIMERA INSTANCIA; original jurisdiction.

JURISDICCIÓN DEL TRABAJO; jurisdiction over matters concerning labor law.

JURISDICCIÓN DELEGADA; delegated jurisdiction.

JURISDICCIÓN EN APELACIÓN; appellate jurisdiction.

JURISDICCIÓN EN EQUIDAD; equity jurisdiction.

JURISDICCIÓN EN PRIMER GRADO; original jurisdiction.

JURISDICCIÓN ESPECIAL; special jurisdiction.

JURISDICCIÓN EXTRAORDINARIA; special jurisdiction.

JURISDICCIÓN FEDERAL; federal jurisdiction.

JURISDICCIÓN FORZOSA; forced jurisdiction.

JURISDICCIÓN GENERAL; general jurisdiction.

JURISDICCIÓN JUDICIAL; court jurisdiction.

JURISDICCIÓN LABORAL; jurisdiction over matters concerning labor law.

JURISDICCIÓN LIMITADA; limited jurisdiction.

JURISDICCIÓN MARÍTIMA; admiralty jurisdiction.

JURISDICCIÓN MERCANTIL; jurisdiction over matters concerning commercial law.

JURISDICCIÓN MILITAR; military jurisdiction.

JURISDICCIÓN ORDINARIA; general jurisdiction.

JURISDICCIÓN ORIGINAL; original jurisdiction.

JURISDICCIÓN PENAL; criminal jurisdiction.

JURISDICCIÓN PLENA; plenary jurisdiction.

JURISDICCIÓN PLENARIA; plenary jurisdiction.

JURISDICCIÓN PRIVATIVA; exclusive jurisdiction.

JURISDICCIÓN PRIVILEGIADA; special jurisdiction.

JURISDICCIÓN PROPIA; jurisdiction.

JURISDICCIÓN PRORROGADA; jurisdiction that has been agreed upon.

JURISDICCIÓN SOBRE LA SUCESIÓN; probate jurisdiction.

JURISDICCIÓN SUMARIA; summary jurisdiction.

JURISDICCIÓN SUPERIOR; appellate jurisdiction.

JURISDICCIÓN TERRITORIAL; territorial jurisdiction.

JURISDICCIÓN VOLUNTARIA; jurisdiction that has been agreed upon.

JURISDICCIONAL; jurisdictional.

JURISPERICIA *f*; jurisprudence.

JURISPERITO *m* ; legal expert.

JURISPRUDENCIA *f*; jurisprudence, case law.

JURISPRUDENCIA ANALÍTICA; analytical jurisprudence.

JURISPRUDENCIA COMPARATIVA; comparative jurisprudence.

JURISPRUDENCIA CONSUETUDINARIA; common law.

JURISPRUDENCIA DE LA EQUIDAD; equity jurisprudence.

JURISPRUDENCIA DEL DERECHO-EQUIDAD; equity jurisprudence.

JURISPRUDENCIA INTERPRETATIVA; analytical jurisprudence.

JURISPRUDENCIA JUDICIAL; judge-made law.

JURISPRUDENCIA MÉDICA; medical jurisprudence.

JURISPRUDENCIA PROCESAL; procedural law.

JURISPRUDENCIA SENTADA; established legal precedent.

JURISPRUDENCIAL; jurisprudential.

JURISTA m ; jurist.

JUS; right, law, justice.

JUS CIVILE; civil law.

JUS COMMUNE; common law.

JUS GENTIUM; law of nations.

JUS NATURALE; natural law.

JUSTA CAUSA; just cause.

JUSTA CAUSA DE PROVOCACIÓN; just cause of provocation.

JUSTA COMPENSACIÓN; just compensation.

JUSTICIA m ; judge.

JUSTICIA f ; justice, judiciary, court, equity, death penalty, jurisdiction.

JUSTICIA CIVIL; civil court, civil jurisdiction.

JUSTICIA CONMUTATIVA; commutative justice.

JUSTICIA CRIMINAL; criminal court, criminal jurisdiction.

JUSTICIA DE PAZ; small claims court.

JUSTICIA DISTRIBUTIVA; distributive justice.

JUSTICIA FEDERAL; federal court, federal jurisdiction.

JUSTICIA SOCIAL; social justice.

JUSTICIABLE; justiciable.

JUSTICIAL; pertaining to justice.

JUSTICIAR; to convict.

JUSTICIAZGO m ; judgeship.

JUSTICIERO; just, equitable.

JUSTIFICABLE; justifiable.

JUSTIFICACIÓN f ; justification.

JUSTIFICACIÓN DE LAS AVERÍAS; verification of average.

JUSTIFICADAMENTE; justifiably.

JUSTIFICADO; justified.

JUSTIFICADOR m ; justifier.

JUSTIFICANTE (adj); justifying.

JUSTIFICANTE m ; justifier, voucher.

JUSTIFICAR; to justify.

JUSTIFICARSE; to justify one's actions.

JUSTIFICATIVO (adj); justifying.

JUSTIFICATIVO m ; voucher.

JUSTIPRECIACIÓN f ; appraisal.

JUSTIPRECIADOR m ; appraiser.

JUSTIPRECIAR; to appraise.

JUSTIPRECIO m ; appraisal.

JUSTO; just.

JUSTO PRECIO; fair price.

JUSTO TÍTULO; just title.

JUSTO VALOR; just value.

JUVENIL; juvenile.

JUZGADO (adj); adjudged.

JUZGADO m ; court, courtroom, judiciary, court of one judge.

JUZGADO CONSULAR; consular court.

JUZGADO CORRECCIONAL; correctional court.

JUZGADO CRIMINAL; criminal court.

JUZGADO DE ADUANAS; custom's court.

JUZGADO DE CIRCUITO; circuit court.

JUZGADO DE CIRCULACIÓN; traffic court.

JUZGADO DE CONCIENCIA; court of equity.

JUZGADO DE DISTRITO; district court.

JUZGADO DE INSTRUCCIÓN; trial court.

JUZGADO DE JURISDICCIÓN ORIGINAL; court of original jurisdiction.

JUZGADO DE LETRAS; court of first instance.

JUZGADO DE LO CIVIL; civil court.

JUZGADO DE LO PENAL; criminal court.

JUZGADO DE NOCHE; night court.

JUZGADO DE PRIMERA INSTANCIA; court of first instance, lower court.

JUZGADO DE RELACIONES FAMILIARES; family court.

JUZGADO DE SUSTANCIACIÓN; trial court.

JUZGADO DE TRABAJO; labor court.

JUZGADO EN LO CRIMINAL; criminal court.

JUZGADO FEDERAL; federal court.

JUZGADO INSTRUCTOR; trial court.

JUZGADO MAYOR; higher court.

JUZGADO MENOR; lower court.

JUZGADO MUNICIPAL; municipal court.

JUZGADO PENAL; criminal court.

JUZGADO PROMISCUO; court of general jurisdiction.

JUZGADOR *m* ; judge.

JUZGAMIENTO *m* ; judgment.

JUZGAR; to adjudge, to try a case.

KARTELL; cartel.

KILOGRAMO *m* ; kilogram.

KILÓMETRO *m* ; kilometer.

L

LABOR *f*; labor.
LABORABLE; workable, work.
LABORAL; pertaining to labor.
LABORANTE; laboring.
LABORAR; to labor.
LABORATORIO *m*; laboratory.
LABORATORIO FORENSE; forensic laboratory.
LABORÍO *m*; labor.
LABORIOSO; laborious.
LABRAR; to farm, to work, to cause.
LABRAR UN ACTA; to draw up a document.
LACERACIÓN *f*; laceration.
LACERADO; lacerated.
LACERAR; to lacerate.
LACRAR; to seal with wax.
LACRE *m*; sealing wax.
LACRIMÓGENO, GAS; tear gas.
LACTANCIA *f*; lactation.
LADRÓN; robber, thief.
LADRONAMENTE; stealthily.
LADRONERÍA *f*; robbery, larceny.
LADRONICIO *m*; robbery, larceny.
LAESA MAJESTAS; high treason.
LAGUNA *f*; matter not covered by a statute, important omission, blank space.
LAGUNAS DE LA LEY; matters not covered by statutes.
LAGUNAS DEL DERECHO; matters not covered by statutes.
LAGUNAS LEGALES; matters not covered by statutes.
LAISSEZ-FAIRE; political philosophy of not interfering, laissez-faire.
LANCE *m*; throw, impasse, incident, quarrel.
LANCHADA *f*; full load of a vessel.
LANCHAJE *m*; lighterage.
LANZAMIENTO *m*; eviction, ouster, throwing.

LANZAR; to evict, to oust, to throw.
LAPSO *m*; lapse.
LAPSO DE ESPERA; waiting period.
LARGAMENTE; liberally, at length.
LARGO PLAZO; long-term.
LASCIVIA *f*; lasciviousness.
LASCIVO; lascivious.
LASTAR; to pay for another.
LASTIMADO; hurt.
LASTIMADURA; injury.
LASTIMAR; to injure.
LASTO *m*; receipt given to the person who pays for another.
LASTRAR; to ballast.
LASTRE *m*; ballast.
LATA CULPA; gross negligence.
LATAMENTE; liberally.
LATENTE; latent.
LATERAL; lateral.
LATIFUNDIO *m*; very large property, latifundium.
LATIFUNDISMO *m*; ownership of a very large property.
LATIFUNDISTA *m*; owner of a very large property.
LATO; liberal, lengthy.
LATROCINANTE *m*; robber.
LATROCINIO *m*; robbery.
LAUDAR; to award, to render a decision.
LAUDO *m*; award, decision.
LAUDO ARBITRAL; arbitration award, arbitration decision.
LAUDO HOMOLOGADO; court approved arbitration award.
LAZARETO *m*; quarantine station.
LEALTAD *f*; loyalty, allegiance.
LEALTAD NATURAL; natural allegiance.
LEALTAD POR NACIMIENTO; natural allegiance.
LEALTAD POR NATURALIZACIÓN; acquired allegiance.
LEALTAD POR RESIDENCIA; actual allegiance.
LECTOR *m*; reader.
LECTURA *f*; reading.
LECTURA DE ACUSACIÓN; arraignment.
LECTURA DE LAS LEYES PENALES; reading of the criminal laws.

LECTURA DEL TESTAMENTO; reading of the will.

LECHO CONYUGAL; marital bed.

LEGACIÓN f; legation.

LEGADO m ; legacy, devise, chief foreign minister.

LEGADO A LOS POBRES; legacy to the poor, devise to the poor.

LEGADO A TÍTULO SINGULAR; specific legacy, specific devise.

LEGADO A TÍTULO UNIVERSAL; general legacy, general devise.

LEGADO ALTERNATIVO; alternate legacy, alternate devise.

LEGADO CONDICIONAL; conditional legacy, conditional devise.

LEGADO DE BENEFICENCIA; charitable legacy, charitable devise.

LEGADO DE BIENES PERSONALES; bequest.

LEGADO DE BIENES RAÍCES; devise.

LEGADO DE CANTIDAD; pecuniary legacy.

LEGADO DE COSA AJENA; legacy of another's property, devise of another's property.

LEGADO DE COSA CIERTA; specific legacy, specific devise.

LEGADO DE COSA DETERMINADA; specific legacy, specific devise.

LEGADO DE COSA ESPECIFICADA; specific legacy, specific devise.

LEGADO DE COSA INDETERMINADA; indefinite legacy, indefinite devise.

LEGADO DE COSA POSEÍDA EN COMÚN; legacy of joint property, devise of joint property.

LEGADO DE COSAS ALTERNAS; alternate legacy, alternate devise.

LEGADO DE TODA LA HERENCIA; universal legacy, universal devise.

LEGADO DE UN PREDIO; devise.

LEGADO DEMOSTRATIVO; demonstrative legacy, demonstrative devise.

LEGADO ESPECÍFICO; specific legacy, specific devise.

LEGADO INCONDICIONAL; absolute legacy, absolute devise.

LEGADO LEGAL; legacy required by law, devise required by law.

LEGADO MODAL; modal legacy, modal devise.

LEGADO PURO; absolute legacy, absolute devise.

LEGADO REMANENTE; residuary legacy, residuary devise.

LEGADO SINGULAR; specific legacy, specific devise.

LEGADO UNIVERSAL; universal legacy, universal devise.

LEGAJO m ; file, bundle of papers.

LEGAJO DE SENTENCIA; judgment docket, civil docket, criminal docket.

LEGAL; legal.

LEGALIDAD f; legality.

LEGALISMO m ; legality, legal technicality.

LEGALISTA; legalistic.

LEGALÍSTICO; legalistic.

LEGALIZACIÓN f; legalization, authentication, certification.

LEGALIZAR; to legalize, to authenticate, to certify.

LEGALMENTE; legally.

LEGALMENTE RESPONSABLE; legally liable.

LEGAR; to bequeath, to devise, to delegate.

LEGATARIO m ; legatee, devisee, beneficiary.

LEGATARIO DE ALIMENTOS; beneficiary of a maintenance allowance.

LEGATARIO DE BIENES PERSONALES; legatee.

LEGATARIO DE BIENES RAÍCES; devisee.

LEGISLABLE; subject to legislation.

LEGISLACIÓN f; legislation.

LEGISLACIÓN COMPARADA; comparative law.

LEGISLACIÓN DE FONDO; substantive law.

LEGISLACIÓN DEL TRABAJO; labor legislation.

LEGISLACIÓN JUDICIAL; judge-made law.

LEGISLACIÓN OBRERA; labor law.

LEGISLADOR (adj); legislative.

LEGISLADOR m ; legislator.

LEGISLAR; to legislate.

LEGISLATIVO; legislative.

LEGISLATURA *f*; legislature, legislative term.

LEGISLATURA EXTRAORDINARIA; special session.

LEGISPERITO *m*; legal expert, legisperitus.

LEGISTA *m*; attorney.

LEGÍTIMA *f*; legitime.

LEGÍTIMA DE LOS ASCENDIENTES LEGÍTIMOS; legitime of the legitimate ascendants.

LEGÍTIMA DE LOS DESCENDIENTES LEGÍTIMOS; legitime of the legitimate descendants.

LEGÍTIMA DEFENSA; self-defense, defense of others.

LEGÍTIMA DEFENSA PROPIA; self-defense.

LEGÍTIMA DEL CÓNYUGE VIUDO; legitime of the surviving spouse.

LEGITIMACIÓN *f*; legitimation.

LEGITIMACIÓN EN EL PROCESO; legal capacity.

LEGITIMACIÓN EN LA CAUSA; legal capacity.

LEGITIMACIÓN PARA OBRAR; legal capacity.

LEGITIMACIÓN PROCESAL; legal capacity.

LEGITIMADO; legitimated.

LEGÍTIMAMENTE; legitimately.

LEGITIMAR; to legitimize.

LEGITIMARIO *m*; forced heir.

LEGITIMIDAD *f*; legitimacy, genuineness.

LEGÍTIMO; legitimate.

LEGO *m*; layperson.

LEGULEYO *m*; shyster.

LENIDAD *f*; leniency.

LENITIVO; lenient.

LEONINO; leonine.

LESA MAJESTAD; high treason.

LESIÓN *f*; injury, damage.

LESIÓN CORPORAL; bodily injury.

LESIÓN DE TRABAJO; occupational injury.

LESIÓN DIRECTA; direct injury.

LESIÓN FATAL; fatal injury.

LESIÓN JURÍDICA; tort.

LESIÓN LABORAL; occupational injury.

LESIÓN MORTAL; fatal injury.

LESIÓN NO MORTAL; non-fatal injury.

LESIONADO (adj); injured.

LESIONADO *m*; injured person.

LESIONADOR (adj); injuring, damaging.

LESIONADOR *m*; injurer, damager.

LESIONAR; to injure, to damage.

LESIONES *f*; injuries, damage.

LESIONES EN RIÑA; injuries resulting from an affray.

LESIONES GRAVES; serious injuries.

LESIONES LEVES; slight injuries.

LESIONES SÚBITAS; unexpected injuries.

LESIVO; injurious, damaging.

LESO; injured, damaged.

LETAL; lethal.

LETRA, A LA; to the letter, literally.

LETRA *f*; draft, bill, letter, handwriting.

LETRA A DÍA FIJO; time bill.

LETRA A LA VISTA; sight draft.

LETRA A PLAZO; time bill.

LETRA A PRESENTACIÓN; sight draft.

LETRA A TÉRMINO; time bill.

LETRA ABIERTA; open letter of credit.

LETRA ACEPTADA; accepted draft.

LETRA BANCARIA; bank draft.

LETRA CAMBIARIA; bill of exchange.

LETRA DE ACOMODACIÓN; accommodation letter.

LETRA DE BANCO; bank draft.

LETRA DE CAMBIO; bill of exchange.

LETRA DE CAMBIO A LA VISTA; sight draft.

LETRA DE CAMBIO ACEPTADA; accepted bill of exchange.

LETRA DE CAMBIO AL PORTADOR; bearer bill of exchange.

LETRA DE CAMBIO DOCUMENTADA; documentary bill of exchange.

LETRA DE CAMBIO DOMICILIADA; domiciled bill of exchange.

LETRA DE CAMBIO ENDOSADA; indorsed bill of exchange.

LETRA DE CAMBIO EXTRANJERA; foreign bill of exchange.

LETRA DE CAMBIO NO DOMICILIADA; non-domiciled bill of exchange.

LETRA DE CAMBIO PROTESTADA; protested bill of exchange.

LETRA DE CAMBIO VENCIDA; due draft.

LETRA DE CRÉDITO; letter of credit.

LETRA DE LA LEY; letter of the law.
LETRA DE MANO; handwriting.
LETRA DE RECAMBIO; redraft.
LETRA DE RESACA; redraft.
LETRA LIMPIA; clean bill of exchange.
LETRA MENUDA; small print.
LETRA MUERTA; dead letter.
LETRA NO ATENDIDA; dishonored bill.
LETRA PROTESTADA; protested bill.
LETRA RECHAZADA; dishonored bill.
LETRADO *m* ; attorney.
LETRADO ASESOR; legal advisor.
LETRADO CONSULTOR; legal advisor.
LETRADO CRIMINALISTA; criminal lawyer.
LETRAS PATENTES; letters patent.
LEVANTADO; lifted, rebellious.
LEVANTADOR; rebellious.
LEVANTAMIENTO *m* ; lifting, rebellion, survey.
LEVANTAR; to lift, to adjourn, to build, to rebel.
LEVANTAR CAPITAL; to raise capital.
LEVANTAR EL EMBARGO; to release the attachment.
LEVANTAR LA GARANTÍA; to release the guaranty.
LEVANTAR LA SESIÓN; to adjourn.
LEVANTAR UN PAGARÉ; to pay a note.
LEVANTAR UN PROTESTO; to prepare a notice of protest.
LEVE; slight.
LEVEMENTE; slightly.
LEX; law.
LEX LOCI; the law of the place.
LEX LOCI CONTRACTUS; the law of the place the contract was made.
LEX NATURALE; natural law.
LEX NON SCRIPTA; unwritten law.
LEX SCRIPTA; written law.
LEY *f*; law, statute.
LEY ADJETIVA; adjective law.
LEY ADMINISTRATIVA; administrative law, administrative statute.
LEY AGRARIA; agricultural law, agricultural statute.
LEY ANTERIOR; previous law.
LEY BÁSICA; constitutional law.

LEY CAMBIARIA; law pertaining to negotiable instruments.
LEY CIVIL; civil law, civil statute, civil code.
LEY COMERCIAL; commercial law, commercial statute, commercial code.
LEY COMÚN; common law.
LEY CONSTITUCIONAL; constitutional law.
LEY CONTRIBUTIVA; tax law.
LEY DE EDIFICACIÓN; building code.
LEY DE EMERGENCIA; emergency law.
LEY DE ENJUICIAMIENTO CIVIL; law of civil procedure, rules of civil procedure.
LEY DE ENJUICIAMIENTO CRIMINAL; law of criminal procedure, rules of criminal procedure.
LEY DE FRAUDES; statute of frauds.
LEY DE LA LEGISLATURA; legislative act.
LEY DE LA OFERTA Y DEMANDA; law of supply and demand.
LEY DE PATENTES; patent law, patent statute.
LEY DE PRESCRIPCIÓN; statute of limitations.
LEY DE PROCEDIMIENTO; procedural law.
LEY DE QUIEBRAS; bankruptcy law, bankruptcy code.
LEY DE SOCIEDADES; corporate law, partnership law.
LEY DECLARATORIA; declaratory statute.
LEY-DECRETO; executive order having the force of law.
LEY DEL CASO; law of the case.
LEY DEL CONGRESO; congressional act.
LEY DEL EMBUDO; unequal treatment under the law.
LEY DEL ENCAJE; arbitrary court ruling.
LEY DEL FORO; the law of the forum.
LEY DEL HOGAR SEGURO; homestead exemption law.
LEY DEL LUGAR; the law of the place.
LEY DEL LUGAR DEL CONTRATO; the law of the place the contract was made.
LEY DEL PRECEDENTE; common law.
LEY DEL TALIÓN; law of retaliation, talio.
LEY DEL TIMBRE; stamp-tax law.
LEY DEL TRABAJO; labor law, labor statute.
LEY DEL TRIBUNAL; the law of the forum.
LEY DEROGADA; repealed statute.

LEY ELECTORAL; electoral statute.
LEY ESCRITA; written law.
LEY ESPECIAL; special statute.
LEY ESTADUAL; state law, state statute.
LEY EX POST FACTO; ex post facto law.
LEY EXPLICATIVA; expository statute.
LEY EXTRANJERA; foreign law.
LEY EXTRATERRITORIAL; extraterritorial law.
LEY FEDERAL; federal law, federal statute.
LEY FISCAL; tax law, tax statute.
LEY FORMAL; statute.
LEY FUNDAMENTAL; constitutional law.
LEY HIPOTECARIA; law of mortgages.
LEY IMPERATIVA; mandatory statute.
LEY INCONSTITUCIONAL; unconstitutional statute.
LEY INJUSTA; unjust law.
LEY INTERPRETATIVA; expository statute.
LEY JUDICIAL; judge-made law, judiciary law.
LEY MARCIAL; martial law.
LEY MERCANTIL; commercial law, commercial statute, commercial code.
LEY MODIFICATIVA; amendatory statute.
LEY MUNICIPAL; municipal statute, municipal law, municipal code.
LEY NACIONAL; national law.
LEY NATURAL; natural law.
LEY NEGATIVA; negative statute.
LEY NO ESCRITA; unwritten law.
LEY NOTARIAL; notarial law.
LEY ÓMNIBUS; omnibus statute.
LEY ORGÁNICA; organic law.
LEY PARTICULAR; special law, special statute.
LEY PENAL; criminal law, criminal statute, criminal code.
LEY PERMANENTE; perpetual statute.
LEY PERPETUA; perpetual statute.
LEY PERSONAL; special law, special statute.
LEY POSITIVA; positive law.
LEY PRIVADA; special law, special statute.
LEY PROCESAL; procedural law.
LEY PROHIBITIVA; prohibitive law, prohibitive statute.
LEY PROVINCIAL; provincial law, provincial statute.

LEY PUNITIVA; punitive statute.
LEY REMUNERATIVA; remunerative statute.
LEY REPARADORA; remedial statute.
LEY RETROACTIVA; retroactive law.
LEY SINGULAR; special law, special statute.
LEY SUBSTANTIVA; substantive law.
LEY SUNTUARIA; sumptuary law.
LEY SUPLETORIA; expository statute.
LEY SUPREMA; supreme law.
LEY TÁCITA; tacit law.
LEY TERRITORIAL; territorial law.
LEY UNIFORME; uniform law.
LEY VIGENTE; law in effect.
LEYES DE GUERRA; laws of war.
LEYES DE PREVISIÓN; social security laws.
LEYES DE REFERENCIA; laws which make reference to others.
LEYES DEL PAÍS; laws of the land.
LEYES IMPOSITIVAS; tax laws.
LEYES LABORALES; labor laws.
LEYES OBRERAS; labor laws.
LEYES REFUNDIDAS; revised statutes.
LEYES REVISADAS; revised statutes.
LEYES TRIBUTARIAS; tax laws.
LEYES UNIFORMES; uniform laws.
LIBELAR; to libel, to bring suit, to file a complaint.
LIBELISTA *m* ; libelist.
LIBELO *m* ; libel, petition, complaint.
LIBERACIÓN *f*; liberation, exemption, exoneration, release.
LIBERACIÓN ADUANERA; customs release.
LIBERACIÓN CONDICIONAL; parole.
LIBERACIÓN DE OBLIGACIONES; discharge of obligations.
LIBERACIÓN DE PRISIONEROS; liberation of prisoners.
LIBERADO; liberated, exempt, exonerated, released.
LIBERADOR (adj); liberating.
LIBERADOR *m* ; liberator.
LIBERAL; liberal.
LIBERALIDAD *f*; liberality.
LIBERALISMO *m* ; liberalism.
LIBERALMENTE; liberally.
LIBERAR; to free, to exempt, to issue.
LIBERAR ACCIONES; to issue stock.

LIBERAR DE DERECHOS; to exempt from duties.

LIBERAR DE RESPONSABILIDAD; to free from liability.

LIBERATORIO; releasing, exempting.

LIBERTAD *f*; liberty, right, license.

LIBERTAD A PRUEBA; probation.

LIBERTAD BAJO CAUCIÓN; release on bail.

LIBERTAD BAJO FIANZA; release on bail.

LIBERTAD BAJO PALABRA; parole.

LIBERTAD CAUCIONAL; release on bail.

LIBERTAD CIVIL; civil liberty.

LIBERTAD CONDICIONAL; parole.

LIBERTAD CONTRACTUAL; freedom of contract.

LIBERTAD DE ASOCIACIÓN; freedom of association.

LIBERTAD DE CIRCULACIÓN; freedom of movement.

LIBERTAD DE COALICIÓN; freedom of association.

LIBERTAD DE CONCIENCIA; liberty of conscience.

LIBERTAD DE CONTRATAR; freedom of contract.

LIBERTAD DE CULTOS; freedom of religion.

LIBERTAD DE EXPRESIÓN; freedom of expression.

LIBERTAD DE IMPRENTA; freedom of press.

LIBERTAD DE INDUSTRIA; right to work.

LIBERTAD DE LA PROPIEDAD; right to own property.

LIBERTAD DE LOS MARES; freedom of the seas.

LIBERTAD DE OPINIÓN; freedom of speech.

LIBERTAD DE PACTAR; freedom of contract.

LIBERTAD DE PALABRA; freedom of speech.

LIBERTAD DE PRENSA; freedom of press.

LIBERTAD DE REUNIÓN; freedom of association.

LIBERTAD DE TESTAR; freedom to convey by will.

LIBERTAD DE TRABAJAR; right to work.

LIBERTAD DE TRABAJO; right to work.

LIBERTAD DE TRÁNSITO; freedom of movement.

LIBERTAD INDIVIDUAL; civil liberty.

LIBERTAD INDUSTRIAL; right to work.

LIBERTAD PERSONAL; civil liberty.

LIBERTAD POLÍTICA; political liberty.

LIBERTAD PROVISIONAL; parole, release on bail.

LIBERTAD RELIGIOSA; freedom of religion.

LIBERTAD SIN FIANZA; release without bail.

LIBERTAD VIGILADA; parole.

LIBERTAR; to liberate, to exonerate, to exempt.

LIBRADO *m* ; drawee.

LIBRADOR *m* ; drawer.

LIBRAMIENTO *m* ; order of payment, draft, warrant.

LIBRANCISTA *m* ; issuer of an order of payment.

LIBRANTE *m/f*; drawer.

LIBRANZA *f*; order of payment, draft.

LIBRAR; to liberate, to draw, to issue.

LIBRAR SENTENCIA; to pronounce judgment.

LIBRE; free, absolved, exempt.

LIBRE A BORDO; free on board.

LIBRE AL COSTADO; free alongside ship.

LIBRE ALBEDRÍO; free will.

LIBRE ARBITRIO; free will.

LIBRE CAMBIO; free trade.

LIBRE COMERCIO; free trade.

LIBRE DE CONTRIBUCIÓN; tax-free.

LIBRE DE CULPA; innocent.

LIBRE DE DERECHOS; duty-free.

LIBRE DE GASTOS; free of charges.

LIBRE DE GASTOS A BORDO; free on board.

LIBRE DE GRAVAMEN; free and clear.

LIBRE DE IMPUESTO; tax-free.

LIBRE EMPRESA; free enterprise.

LIBRE PLÁTICA; pratique.

LIBRECAMBIO *m* ; free trade.

LIBRECAMBISTA; free-trading.

LIBRETA *f*; notebook, bank book, agenda.

LIBRETA DE CHEQUES; check book.

LIBRO *m* ; book.

LIBRO DE ACCIONES; stock ledger.

LIBRO DE ACCIONISTAS; stock ledger.

LIBRO DE ACTAS; minutes book.

LIBRO DE ASIENTO; memorandum book, account book.

LIBRO DE ASIENTO ORIGINAL; book containing the original entry.

LIBRO DE ASISTENCIAS A ASAMBLEAS; meeting attendance book.

LIBRO DE CAJA; cash receipt book.

LIBRO DE CONTABILIDAD; account book.

LIBRO DE CUENTA Y RAZÓN; account book.

LIBRO DE DERECHO; law book.

LIBRO DE FILIACIÓN; register of births.

LIBRO DE INVENTARIOS Y BALANCES; inventory and balance book.

LIBRO DE MINUTAS; minutes book.

LIBRO DE NAVEGACIÓN; ship's logbook.

LIBRO DE PRIMERA ENTRADA; book containing the original entry.

LIBRO DE QUEJAS; complaint book.

LIBRO DE SENTENCIAS; judgment docket.

LIBRO DIARIO; journal.

LIBRO MAESTRO; ledger.

LIBRO MAYOR; ledger.

LIBRO TALONARIO; stub book.

LIBROS DE A BORDO; ship's papers.

LIBROS DE COMERCIO; corporate books.

LIBROS DE CONTABILIDAD; books of account.

LIBROS DEL REGISTRO DE LA PROPIEDAD; register of real estate, register of deeds.

LIBROS FACULTATIVOS; books not required by law.

LIBROS OBLIGATORIOS; books required by law.

LICENCIA f; license, leave of absence.

LICENCIA AUTORIZADA; authorized leave of absence.

LICENCIA DE ALIJO; unloading permit.

LICENCIA DE ARMAS; gun license.

LICENCIA DE CAMBIO; exchange permit.

LICENCIA DE CONDUCTOR; driver's licence.

LICENCIA DE CONSTRUCCIÓN; building permit.

LICENCIA DE FABRICACIÓN; manufacturing rights.

LICENCIA DE GUIAR; driver's license.

LICENCIA DE IMPORTACIÓN; import permit.

LICENCIA DE PATENTE; patent license.

LICENCIA EXCLUSIVA; exclusive license.

LICENCIA GRATUITA; gratuitous license.

LICENCIA MATRIMONIAL; marriage license.

LICENCIA PARA CASARSE; marriage license.

LICENCIA PARA EDIFICAR; building permit.

LICENCIA PROFESIONAL; professional license.

LICENCIA SIMPLE; simple license.

LICENCIADO m; attorney, licentiate, licensee, released person, esquire.

LICENCIADO EN COMERCIO; (US) certified public accountant, (UK) chartered accountant.

LICENCIADO EN DERECHO; attorney.

LICENCIANTE m/f; licensor.

LICITACIÓN f; licitation, bidding.

LICITADOR m; bidder.

LÍCITAMENTE; legally.

LICITANTE m/f; bidder.

LICITAR; to bid, to auction.

LÍCITO; legal.

LICITUD f; lawfulness.

LICURGO m; legislator.

LID f; fight, dispute.

LÍDER m; leader.

LÍDER EN PÉRDIDA; loss leader.

LIDERAZGO DE PRECIOS; price leadership.

LIDIA f; battle, litigation.

LIDIADOR m; combatant, litigant.

LIDIAR; to battle, to litigate.

LIGA f; league, relationship.

LIGAMEN m; diriment impediment.

LIGAR; to link, to commit.

LIMITABLE; limitable.

LIMITACIÓN f; limitation, district.

LIMITADAMENTE; limitedly.

LIMITADO; limited.

LIMITAR; to limit.

LIMITATIVO; limiting.

LÍMITE *m* ; limit, end.

LIMÍTROFE; bordering.

LIMPIAR; to clean, to exonerate.

LINAJE *m* ; lineage.

LINAJISTA *m* ; genealogist.

LINCHAMIENTO *m* ; lynching.

LINCHAR; to lynch.

LINDAR; to adjoin.

LINDE *m* ; boundary, landmark.

LINDERO (adj); adjoining.

LINDERO *m* ; boundary, landmark.

LÍNEA *f* ; line, boundary.

LÍNEA AÉREA; air route, airline.

LÍNEA ASCENDENTE; ascending line.

LÍNEA COLATERAL; collateral line.

LÍNEA DE CARGA; load line.

LÍNEA DE NAVEGACIÓN; navigation route, shipping company.

LÍNEA DESCENDIENTE; descending line.

LÍNEA DIRECTA; direct line.

LÍNEA DURA; hard line.

LÍNEA FEMENINA; female line.

LÍNEA FÉRREA; railroad line, railroad company.

LÍNEA FLUVIAL; navigation route.

LÍNEA MASCULINA; male line.

LÍNEA MATERNA; maternal line.

LÍNEA PATERNA; paternal line.

LÍNEA RECTA; direct line.

LÍNEA TELEFÓNICA; telephone line.

LINEAL; lineal.

LÍNEAS DE COMUNICACIONES; lines of communication.

LIPIDIA *f* ; indigence, impertinence.

LIQUIDABLE; liquefiable.

LIQUIDACIÓN *f* ; liquidation, killing.

LIQUIDACIÓN DE AVERÍAS; liquidation of ship's average.

LIQUIDACIÓN DE LA HERENCIA; distribution of the estate.

LIQUIDACIÓN DE SOCIEDAD; liquidation of partnership, liquidation of corporation.

LIQUIDACIÓN FORZOSA; forced liquidation.

LIQUIDACIÓN PARCIAL; partial liquidation.

LIQUIDADO; liquidated, killed.

LIQUIDADOR *m* ; liquidator.

LIQUIDADOR DE AVERÍAS; average adjuster, claim adjuster.

LIQUIDADOR JUDICIAL; judicial liquidator.

LIQUIDAR; to liquidate, to kill.

LIQUIDAR UN GIRO; to honor a draft.

LIQUIDAR UN NEGOCIO; to liquidate a business.

LIQUIDAR UNA CUENTA; to settle an account.

LIQUIDEZ *f* ; liquidity.

LÍQUIDO; liquid.

LÍQUIDO IMPONIBLE; taxable income.

LIS ALIBI PENDENS; a suit pending elsewhere.

LIS PENDENS; a pending suit.

LISIADO; disabled, injured.

LISIAR; to disable, to injure.

LISTA *f* ; list.

LISTA DE JURADOS; jury-list.

LISTA DE LITIGIOS; docket.

LISTA DE PERITOS Y TESTIGOS; witness list.

LISTA DE PLEITOS; docket.

LISTA NEGRA; black list.

LISTÍN *m* ; small list, newspaper.

LITE; litigation.

LITE PENDENTE; pending the suit.

LITERAL; literal.

LITERALIDAD *f* ; literality.

LITERALMENTE; literally.

LITERATURA JURÍDICA; legal literature.

LITIGACIÓN *f* ; litigation.

LITIGADOR *m* ; litigant, litigator.

LITIGANTE *m/f* ; litigant, litigator.

LITIGANTE VENCEDOR; prevailing party.

LITIGANTE VENCIDO; losing party.

LITIGAR; to litigate.

LITIGIO *m* ; litigation.

LITIGIOSO; litigious.

LITIS; lawsuit.

LITISCONSORCIO *m* ; joinder.

LITISCONSORTE *m/f* ; joint litigant.

LITISCONTESTACIÓN *f* ; contestation of suit.

LITISEXPENSAS *f* ; costs of litigation.

LITISPENDENCIA *f* ; a pending suit, same cause of action pending in another court.

LITORAL; littoral.

LOCACIÓN *f*; lease, employment.
LOCACIÓN CONCURRENTE; concurrent
    lease.
LOCACIÓN DE COSAS; lease of goods.
LOCACIÓN DE FINCAS RÚSTICAS; lease of
    rural property.
LOCACIÓN DE FINCAS URBANAS; lease of
    urban property.
LOCACIÓN DE SERVICIOS; employment.
LOCACIÓN INFORMAL; parol lease.
LOCACIÓN-VENTA; lease with option to
    buy.
LOCADOR *m*; lessor, employer.
LOCADOR DE SERVICIOS; employer.
LOCAL (adj); local.
LOCAL *m*; locale.
LOCALES DE TRABAJO; work sites.
LOCALIDAD *f*; locality.
LOCALIZACIÓN *f*; location.
LOCALIZAR; to locate.
LOCATARIO *m*; lessee.
LOCATIVO; pertaining to leasing, pertaining
    to employment.
LOCO (adj); insane.
LOCO *m*; insane person.
LOCURA *f*; insanity.
LOCURA CRIMINAL; criminal insanity.
LOCUS DELICTI; the place of the offense,
    locus delicti.
LOGRAR; to achieve, to possess, to enjoy.
LOGREAR; to profiteer, to lend money.
LOGRERÍA *f*; profiteering, usury,
    moneylending.
LOGRERO *m*; profiteer, usurer, moneylender.
LONGEVIDAD *f*; longevity.
LONGUERÍA *f*; dilatoriness.
LONJA *f*; market.
LOTE *m*; lot.
LOTEAR; to parcel.
LOTEO *m*; parcelling.
LOTERÍA *f*; lottery.
LUCES DE SITUACIÓN; anchor lights.
LÚCIDAMENTE; lucidly.
LUCIDEZ *f*; lucidity.
LUCIDEZ MENTAL; lucidity.
LÚCIDO; lucid.
LUCRAR; to profit.
LUCRARSE; to profit.

LUCRATIVO; lucrative.
LUCRO *m*; profit.
LUCRO CESANTE; lost profits.
LUCRO ESPERADO; anticipated profits.
LUCRO NACIENTE; profit on borrowed
    funds.
LUCROS Y DAÑOS; profit and loss.
LUEGO QUE; as soon as.
LUGAR, CON; accepted.
LUGAR, HA; upheld.
LUGAR, NO HA; case dismissed, petition
    denied, overruled.
LUGAR, SIN; rejected.
LUGAR *m*; place, reason, post.
LUGAR DE LOS HECHOS; the place of the
    events, the place of the offense.
LUGAR DE TRABAJO; work place.
LUGAR DEL DELITO; place of the offense.
LUGAR DEL SELLO; place of the seal.
LUGAR EN LOS CONTRATOS; place of the
    contract.
LUGAR HABITADO; inhabited place.
LUGAR NO HABITADO; uninhabited place.
LUGAR PÚBLICO; public place.
LUGAR Y FECHA; place and date.
LUIR; to pay off.
LUZ DE TRÁNSITO; traffic light.

LL | M

LLAMA *f*; flame.
LLAMADA *f*; call, signal.
LLAMADA A LICITACIÓN; call for bids.
LLAMADA A PROPUESTAS; call for bids.
LLAMADA DE SOCORRO; distress call.
LLAMADO EN GARANTÍA; notification to a
    third party of possible liability.
LLAMAMIENTO *m* ; call, summons.
LLAMAMIENTO A JUICIO; summons,
    indictment.
LLAMAMIENTO A LICITACIÓN; call for
    bids.
LLAMAR; to call, to summon.
LLAMAR A CONCURSO; to call for bids.
LLAMAR A JUICIO; to summon, to bring to
    trial.
LLAMAR A JUNTA; to call a meeting.
LLAMAR AL ORDEN; to call to order.
LLAMAR AUTOS; to subpoena records.
LLAMAR EL CASO; to call the case.
LLAMAS, EN; ablaze.
LLAVE *f*; goodwill, key.
LLAVE MAESTRA; master key.
LLEGADA *f*; arrival.
LLEGAR; to arrive.
LLEGAR A UN ACUERDO; to reach an
    agreement.
LLENAR; to comply with, to fill.
LLENERO; complete.
LLEVANZA *f*; leasing.
LLEVAR; to carry, to transfer, to care for, to
    manage, to tolerate, to lease.
LLEVAR A CABO; to carry out.
LLEVAR A EFECTO; to put into effect.
LLEVAR A PROTESTO; to protest.
LLEVAR A REMATE; to put up for auction.
LLEVAR A TÉRMINO; to complete.
LLEVAR INTERESES; to bear interest.
LLEVAR UN PLEITO; to conduct a lawsuit.
LLEVAR UN REGISTRO; to keep a record.

MACULAR; to defame.
MACUTENO *m* ; thief.
MACHI *m/f* ; quack.
MACHUCHO; judicious.
MADRASTRA *f*; step-mother.
MADRE *f*; mother, origin.
MADRE ADOPTIVA; adoptive mother.
MADRE DE FAMILIA; householder.
MADRE POLÍTICA; mother-in-law.
MADRUGADA *f*; dawn.
MADURAR; to mature.
MAESTRANZA *f*; arsenal.
MAESTRO; master, main.
MAESTRO DE OBRAS; foreperson.
MAESTRO EN LEYES; master of laws.
MAGANCERÍA *f*; trickery.
MAGANCIA *f*; trick.
MAGISTRADO *m* ; magistrate, justice.
MAGISTRADO PONENTE; judge who writes
    the opinion of the court where there is
    more than one justice.
MAGISTRADO REVISOR; judge who writes
    the opinion of the court where there is
    more than one justice.
MAGISTRADO SUPLENTE; judge pro
    tempore.
MAGISTRATURA *f*; magistracy.
MAGISTRATURA SENTADA; the judiciary.
MAGNA CULPA; gross negligence.
MAGNICIDIO *m* ; assassination of a head of
    state, assassination of a public figure.
MAGNIFICAR; to magnify.
MAGNITUD *f*; magnitude.
MAGULLAR; to batter and bruise.
MAL (adj); bad, wrong.
MAL (adv); badly, wrongly.
MAL *m* ; evil, illegality, damage, wrong,
    illness.

MAL INNECESARIO; unnecessary harm.

MAL MAYOR; greater harm.

MAL MENOR; lesser harm.

MAL NOMBRE; bad reputation.

MALA CONDUCTA; misconduct.

MALA DECLARACIÓN; false statement.

MALA FAMA; bad reputation.

MALA FE; bad faith.

MALA FIDE; in bad faith.

MALA FIDES; bad faith.

MALA FIRMA; illegible signature.

MALA PAGA; credit risk.

MALA VOLUNTAD; bad intention.

MALADANZA *f*; calamity.

MALAMENTE; badly, wrongly.

MALAVENTURA *f*; misfortune.

MALAVENTURADO; unfortunate.

MALAVENTURANZA *f*; misfortune.

MALBARATADOR *m*; spendthrift,
    underseller.

MALBARATAR; to squander, to dump, to
    undersell.

MALBARATO *m*; squandering, dumping,
    underselling.

MALCASO *m*; treachery.

MALDAD *f*; malice.

MALDADOSAMENTE; maliciously.

MALDADOSO; malicious.

MALDECIR; to defame, to curse.

MALDICIENTE *m*; defamer, curser.

MALDISPUESTO; indisposed, reluctant.

MALEADOR *m*; hoodlum.

MALEANTE *m*; hoodlum.

MALEAR; to harm, to corrupt.

MALEDICENCIA *f*; defamation, verbal abuse.

MALEFICIAR; to damage, to injure.

MALÉFICO; malicious.

MALENTENDIDO *m*; misunderstanding.

MALÉVOLAMENTE; malevolently.

MALEVOLENCIA *f*; malevolence.

MALÉVOLO; malevolent.

MALFUNCIONAMIENTO *m*; malfunction.

MALGASTADOR *m*; spendthrift.

MALGASTAR; to squander.

MALHECHO *m*; misdeed.

MALHECHOR *m*; malefactor.

MALHERIDO; badly injured.

MALHERIR; to injure seriously.

MALICIA *f*; malice.

MALICIA DE HECHO; actual malice.

MALICIA EXPRESA; actual malice.

MALICIA IMPLÍCITA; implied malice.

MALICIA PARTICULAR; particular malice.

MALICIA PREMEDITADA; premeditated
    malice, malice aforethought.

MALICIAR; to suspect, to ruin.

MALICIOSAMENTE; maliciously.

MALICIOSO; malicious.

MALIGNIDAD *f*; malice.

MALIGNO; malignant.

MALINTENCIONADO; with bad intentions.

MALO; bad, damaging.

MALO ANIMO; with bad intention.

MALOGRAMIENTO *m*; failure, frustration.

MALOGRAR; to waste, to spoil.

MALOGRARSE; to fail, to be frustrated.

MALOGRO *m*; failure, frustration.

MALOS ANTECEDENTES; criminal records.

MALOS TRATOS; mistreatment.

MALPARAR; to harm.

MALPARIR; to abort.

MALPARTO; abortion.

MALROTADOR *m*; squanderer.

MALROTAR; to squander.

MALSANO; noxious.

MALTRATAMIENTO *m*; maltreatment.

MALTRATAR; to maltreat.

MALTRATO *m*; maltreatment.

MALTRATO DE MENORES; child abuse.

MALUM IN SE; wrong in itself.

MALVADAMENTE; maliciously.

MALVADO; wicked.

MALVERSACIÓN *f*; misappropriation,
    embezzlement, peculation.

MALVERSACIÓN DE CAUDALES
    PÚBLICOS; peculation.

MALVERSADOR *m*; embezzler, peculator.

MALVERSAR; to misappropriate, to embezzle,
    to peculate.

MALLETE *m*; mallet.

MAMANDURRIA *f*; sinecure.

MANCAMIENTO *m*; maiming, lack.

MANCEBA *f*; concubine.

MANCEBÍA *f*; brothel.

MANCIPACIÓN *f*; conveyance, transfer.

MANCOMÚN, DE; jointly.

MANCOMUNADA Y SOLIDARIAMENTE; joint and severally.

MANCOMUNADAMENTE; jointly.

MANCOMUNADO; joint.

MANCOMUNAR; to compel joint obligation, to join.

MANCOMUNARSE; to become jointly obligated , to join.

MANCOMUNIDAD *f* ; joint liability, association.

MANCOMUNIDAD A PRORRATA; joint liability on a proportional basis.

MANCOMUNIDAD SIMPLE; joint liability on a proportional basis.

MANCOMUNIDAD SOLIDARIA; joint and several liability.

MANCOMUNIDAD TOTAL; joint and several liability.

MANDA *f*; legacy.

MANDADO *m* ; mandate.

MANDAMIENTO *m* ; mandate, mandamus, writ, injunction, command.

MANDAMIENTO AFIRMATIVO; mandatory injunction.

MANDAMIENTO ALTERNATIVO; alternative writ.

MANDAMIENTO DE ARRESTO; arrest warrant.

MANDAMIENTO DE DESALOJO; writ of ejectment.

MANDAMIENTO DE EJECUCIÓN; writ of execution.

MANDAMIENTO DE EMBARGO; writ of attachment.

MANDAMIENTO DE PRISIÓN; arrest warrant.

MANDAMIENTO DE REGISTRO; search warrant.

MANDAMIENTO FINAL; permanent injunction.

MANDAMIENTO JUDICIAL; writ.

MANDAMIENTO PERPETUO; permanent injunction.

MANDAMIENTO PRECEPTIVO; mandatory injunction.

MANDAMIENTO PROVISIONAL; preliminary injunction.

MANDAMUS; mandamus.

MANDANTE *m/f* ; mandator.

MANDAR; to order, to bequeath, to offer, to govern, to send.

MANDAR PAGAR; to order payment.

MANDAR PROTESTAR; to order protest.

MANDATARIO *m* ; mandatary, agent, attorney, proxy, president.

MANDATARIO EN LA COMPRAVENTA; agent for a party in a sale.

MANDATARIO GENERAL; general agent.

MANDATARIO JUDICIAL; judicial representative, attorney.

MANDATARIO REAL Y VERDADERO; true and lawful attorney.

MANDATARIO SINGULAR; special agent.

MANDATO *m* ; mandate, writ, agency, power of attorney, charge.

MANDATO APARENTE; apparent agency.

MANDATO CONDICIONAL; conditional agency.

MANDATO DE HECHO; actual agency.

MANDATO DE PAGO; order of payment.

MANDATO DELEGABLE; delegable agency.

MANDATO ESCRITO; written agency.

MANDATO ESPECIAL; special agency.

MANDATO EXPRESO; express agency.

MANDATO EXTRAJUDICIAL; out-of-court agency.

MANDATO GENERAL; general agency.

MANDATO GRATUITO; gratuitous agency.

MANDATO ILÍCITO; illegal agency.

MANDATO INTERLOCUTORIO; interlocutory order, temporary injunction.

MANDATO IRREVOCABLE; irrevocable agency.

MANDATO JUDICIAL; judicial agency.

MANDATO JURÍDICO; court order.

MANDATO MANCOMUNADO; joint agency.

MANDATO ONEROSO; paid agency.

MANDATO OSTENSIBLE; ostensible agency.

MANDATO PARTICULAR; special agency.

MANDATO PERSONAL; personal agency.

MANDATO PRESUNTO; implied agency.

MANDATO RETRIBUIDO; paid agency.

MANDATO REVOCABLE; revocable agency.

MANDATO TÁCITO; implied agency.

MANDATO VERBAL; oral agency.

MANDATORIO; mandatory.

MANDO *m* ; command, authority.

MANDO Y JURISDICCIÓN; authority and jurisdiction.

MANDRACHE *m* ; gambling house.

MANDRACHO *m* ; gambling house.

MANEJAR; to direct, to drive.

MANEJO *m* ; direction, driving.

MANERA *f* ; manner, type.

MANFERIR; to assay weights and measures.

MANGANILLA *f* ; ruse, stratagem.

MANGONEAR; to graft.

MANGONEO *m* ; graft.

MANÍA *f* ; mania.

MANÍACO *m* ; maniac.

MANIATAR; to handcuff.

MANIÁTICO *m* ; maniac.

MANIFACERO *m* ; troublemaker, meddler.

MANIFESTACIÓN *f* ; manifestation.

MANIFESTACIÓN DE IMPUESTOS; tax return.

MANIFESTACIÓN DE LA VOLUNTAD; manifestation of intention.

MANIFESTACIÓN DE QUIEBRA; declaration of bankruptcy.

MANIFESTACIÓN INCRIMINATORIA; incriminating statement.

MANIFESTACIÓN INICIAL DEL ABOGADO; opening statement of counsel.

MANIFESTACIÓN POLÍTICA; political manifestation.

MANIFESTADOR; manifesting.

MANIFESTANTE *m/f* ; demonstrator.

MANIFESTAR; to manifest.

MANIFIESTAMENTE; manifestly.

MANIFIESTO (adj); manifest.

MANIFIESTO *m* ; manifest, manifesto.

MANIFIESTO DE EMBARQUE; ship's manifest.

MANILLA *f* ; handcuff.

MANIOBRA *f* ; maneuver.

MANIOBRAR; to maneuver.

MANIPULACIÓN *f* ; manipulation.

MANIPULADOR *m* ; manipulator.

MANIPULANTE *m/f* ; manipulator.

MANIPULAR; to manipulate.

MANIPULAR LA BOLSA; manipulation.

MANIPULEO *m* ; manipulation.

MANIRROTO; spendthrift, wasteful.

MANO *f* ; hand.

MANO ARMADA; armed.

MANO DE OBRA; labor.

MANO DERECHA; right hand.

MANOPLA *f* ; brass knuckles.

MANOS LIMPIAS; integrity.

MANOS MUERTAS; mortmain.

MANOTEO *m* ; larceny, gesticulation with the hands.

MANSALVA; without risk.

MANTENCIÓN *f* ; maintenance.

MANTENEDOR *m* ; provider, defender.

MANTENENCIA *f* ; maintenance.

MANTENER; to maintain, to sustain.

MANTENIDO *m* ; dependent.

MANTENIMIENTO *m* ; maintenance.

MANTENIMIENTO DE FAMILIA; family support.

MANTENIMIENTO DEL ORDEN PÚBLICO; preservation of public order.

MANUFACTURA *f* ; manufacture, manufactured article.

MANUFACTURACIÓN *f* ; manufacturing.

MANUFACTURAR; to manufacture.

MANUFACTURERO (adj); manufacturing.

MANUFACTURERO *m* ; manufacturer.

MANUSCRIBIR; to write by hand.

MANUSCRITO (adj); written by hand.

MANUSCRITO *m* ; manuscript.

MANUTENCIÓN *f* ; maintenance.

MANUTENER; to maintain.

MANZANA *f* ; block.

MAÑA *f* ; cunning, custom.

MAÑANA (adv); tomorrow.

MAÑANA *f* ; morning.

MAÑANA *m* ; the future.

MAÑERÍA *f* ; infertility.

MAÑERO; cunning.

MAÑOSAMENTE; cunningly.

MAÑOSO; cunning.

MAPA *m* ; map.

MÁQUINA *f* ; machine, apparatus.

MAQUINACIÓN *f* ; machination.

MAQUINADOR *m* ; machinator.

MAQUINALMENTE; mechanically.

MAQUINAR; to scheme.

MAQUINARIA *f* ; machinery.

MAR *m* ; sea, ocean.

MAR JURISDICCIONAL; jurisdictional waters.

MAR LARGA; high seas.

MAR LIBRE; high seas.

MAR TERRITORIAL; territorial waters.

MARAÑA *f*; trick, scheme.

MARAÑERO *m* ; trickster, schemer.

MARBETE *m* ; tag, label, sticker.

MARCA *f*; mark.

MARCA COLECTIVA; collective mark.

MARCA COMERCIAL; trademark.

MARCA DE COMERCIO; trademark.

MARCA DE FÁBRICA; trademark.

MARCA DE TIMBRE; official stamp.

MARCA FIGURATIVA; logo.

MARCA INDUSTRIAL; trademark.

MARCA REGISTRADA; registered trademark.

MARCADO; marked.

MARCAR; to mark.

MARCARIO; pertaining to trademarks.

MARCIAL; martial.

MARCHA *f*; velocity, progress, operation.

MARCHA ATRÁS; reverse.

MARCHAMAR; to stamp.

MARCHAMERO *m* ; customs official who stamps.

MARCHAMO *m* ; customs stamp.

MARCHANTE (adj); mercantile.

MARCHANTE *m* ; merchant, customer.

MARCHAR; to march, to leave, to proceed.

MARCHARSE; to leave.

MAREA *f*; tide, sea shore.

MAREA ALTA; high tide.

MAREA BAJA; low tide.

MAREA MUERTA; neap tide.

MAREAJE *m* ; ship's route, art of navigation.

MAREANTE; skilled in navigation.

MAREAR; to navigate, to sell, to confuse, to vex.

MARFUZ; deceiving.

MARGEN *m* ; margin, marginal note, border, reason.

MARGEN DE BENEFICIO; margin of profit.

MARGINAL; marginal.

MARGINAR; to write marginal notes, to relegate.

MARIDAJE *m* ; union, marital bond.

MARIDAR; to unite, to marry.

MARIDO *m* ; husband.

MARINA *f*; navy, art of navigation.

MARINA DE GUERRA; navy.

MARINAJE *m* ; ship's crew.

MARINERÍA *f*; art of navigation, ship's crew.

MARINERO (adj); seaworthy.

MARINERO *m* ; mariner.

MARINO; marine.

MARITAL; marital.

MARÍTIMO; maritime.

MAROMERO *m* ; political opportunist.

MARRAS, DE; mentioned before, in question.

MARRO *m* ; error.

MARTILLAR; to hammer, to auction, to oppress.

MARTILLERO *m* ; auctioneer.

MARTILLO *m* ; hammer, auction house, oppressor.

MARTINGALA *f*; stratagem.

MÁS ADELANTE; later, further.

MÁS ALLÁ DE DUDA RAZONABLE; beyond a reasonable doubt.

MÁS QUE; except, though.

MASA *f*; mass, estate, assets.

MASA DE AVERÍAS; general average.

MASA DE BIENES; estate.

MASA DE LA HERENCIA; decedent's estate.

MASA DE LA QUIEBRA; bankrupt's estate.

MASA DE LAS PRUEBAS; totality of the evidence.

MASA FALLIDA; bankrupt's estate.

MASA HEREDITARIA; decedent's estate.

MASA IMPONIBLE; total taxable value.

MASA SOCIAL; corporate assets, partnership assets.

MASACRAR; to massacre.

MASACRE *f*; massacre.

MASOQUISMO *m* ; masochism.

MASOQUISTA *m* ; masochist.

MATADOR *m* ; killer.

MATANZA *f*; slaughtering.

MATAR; to kill, to murder, to slaughter, to cancel.

MATARSE; to commit suicide.

MATASANOS *m* ; quack.

MATASELLOS *m* ; postal cancelling stamp.

MATERIA *f*; matter.

MATERIA DE AUTOS; matter of record.

MATERIA DE ESTADO; matter of state.

MATERIA DE REGISTRO; matter of record.

MATERIA IMPOSITIVA; tax matter.

MATERIA MONETARIA; monetary matter.

MATERIA NUEVA; new matter.

MATERIA PRIMA; raw material.

MATERIAL; material.

MATERIAL INFLAMABLE; flammable substance.

MATERIAL NUCLEAR; nuclear substance.

MATERIAL PROCESAL; subject of a suit.

MATERIALES DE CONSTRUCCIÓN; construction materials.

MATERIALIZAR; to materialize.

MATERIALMENTE; materially.

MATERNAL; maternal.

MATERNIDAD *f*; maternity.

MATERNO; maternal.

MATERTERA; a mother's sister.

MATERTERA MAGNA; a sister of a grandmother.

MATERTERA MAJOR; a sister of a great-grandmother.

MATRICIDA *m/f*; matricide.

MATRICIDIO *m*; matricide.

MATRÍCULA *f*; matriculation, register, registration.

MATRÍCULA DE AUTOMÓVILES; automobile registration.

MATRÍCULA DE BUQUES; ship registration.

MATRÍCULA DE MAR; mariners' register.

MATRICULADO; matriculated, registered.

MATRICULADOR *m*; matriculator, registrar.

MATRICULAR; to matriculate, to register.

MATRICULARSE; to matriculate oneself, to register oneself.

MATRIMONIAL; matrimonial.

MATRIMONIALMENTE; matrimonially.

MATRIMONIAR; to marry.

MATRIMONIO *m*; marriage.

MATRIMONIO CIVIL; civil marriage.

MATRIMONIO CLANDESTINO; elopement.

MATRIMONIO CON SEPARACIÓN DE BIENES; marriage in which the estates are held separately.

MATRIMONIO CONSENSUAL; consensual marriage.

MATRIMONIO CONSUMADO; consummated marriage.

MATRIMONIO DE HECHO; common-law marriage.

MATRIMONIO DE USO; concubinage.

MATRIMONIO EN EL EXTRANJERO; foreign marriage.

MATRIMONIO ILEGAL; illegal marriage.

MATRIMONIO IN ARTICULO MORTIS; marriage at the point of death.

MATRIMONIO LEGÍTIMO; legal marriage.

MATRIMONIO NATURAL; common-law marriage.

MATRIMONIO NULO; null marriage.

MATRIMONIO POLÍGAMO; plural marriage.

MATRIMONIO POR PODER; proxy marriage.

MATRIMONIO PUTATIVO; putative marriage.

MATRIMONIO RATO; unconsummated marriage.

MATRIZ; principal, original.

MATUTE *m*; smuggling, smuggled goods.

MATUTEAR; to smuggle.

MATUTERO *m*; smuggler.

MÁXIMA *f*; maxim.

MÁXIMAMENTE; chiefly.

MÁXIME; chiefly.

MÁXIMO *m*; maximum.

MAYOR (adj); greater, older, eldest, adult, principal.

MAYOR *m*; chief, ledger.

MAYOR CUANTÍA; involving a large amount.

MAYOR DE EDAD; major.

MAYOR EDAD; majority.

MAYOR VALÍA; appreciation.

MAYORAZGA *f*; eldest daughter, primogeniture.

MAYORAZGO *m*; eldest son, primogeniture.

MAYORDOMEAR; to administer.

MAYORDOMO *m*; administrator, overseer.

MAYORES *m*; ancestors.

MAYORÍA *f*; majority.

MAYORÍA ABSOLUTA; absolute majority.

MAYORÍA CALIFICADA; qualified majority.

MAYORÍA DE EDAD; majority.

MAYORÍA RELATIVA; relative majority.

MAYORIDAD *f*; majority.

MAYORISTA (adj); wholesale.

MAYORISTA *m* ; wholesaler.

MAYORITARIO; pertaining to a majority.

MAYORMENTE; mainly.

MAZMORRA *f*; dungeon.

MAZORCA *f*; tyranny.

MECÁNICO; mechanical.

MECHERA *f*; shoplifter.

MEDIA FIRMA; signature of the surname only.

MEDIA HERMANA; half sister.

MEDIACIÓN *f*; mediation.

MEDIACIÓN INTERNACIONAL; international mediation.

MEDIACIÓN LABORAL; labor mediation.

MEDIADOR *m* ; mediator, intermediary.

MEDIANERÍA *f*; party wall.

MEDIANERO *m* ; one of the owners of a party wall, one of the owners of adjoining properties, mediator.

MEDIANOCHE *f*; midnight.

MEDIANTE (adj); intervening.

MEDIANTE (adv); by means of.

MEDIANTE ESCRITURA; by deed.

MEDIAR; to mediate, to intervene, to be halfway.

MEDIATAMENTE; mediately.

MEDIATO; mediate.

MEDIBLE; measurable, appraisable.

MEDICACIÓN *f*; medication.

MEDICAMENTO *m* ; medicine.

MEDICASTRO *m* ; quack.

MEDICINA *f*; medicine.

MEDICINA FORENSE; medical jurisprudence.

MEDICINA LEGAL; medical jurisprudence.

MEDICINAL; medicinal.

MEDICINANTE *m* ; quack.

MEDICIÓN *f*; measurement.

MÉDICO *m* ; doctor.

MÉDICO FORENSE; coroner.

MÉDICO LEGISTA; expert in medical jurisprudence.

MEDICUCHO *m* ; quack.

MEDIDA *f*; measure, measurement.

MEDIDA CAUTELAR; precautionary measure.

MEDIDA DE FUERZA; means of force.

MEDIDA DE LOS DAÑOS; measure of the damages.

MEDIDAMENTE; moderately.

MEDIDAS CONSERVATIVAS; precautionary measures.

MEDIDAS DE PREVISIÓN; precautionary measures.

MEDIDAS DE SEGURIDAD; security measures.

MEDIDAS JURÍDICAS; legal measures.

MEDIDAS LEGALES; legal measures.

MEDIDAS PREVENTIVAS; preventive measures.

MEDIDOR DE TIERRAS; surveyor.

MEDIERÍA *f*; sharecropping.

MEDIO (adj); half, middle, mean.

MEDIO (adv); half, partly.

MEDIO *m* ; middle, half, means, medium.

MEDIO HERMANO; half brother.

MEDIOS COMPULSORIOS; compulsory legal steps.

MEDIOS DE COMUNICACIÓN; means of communication.

MEDIOS DE DERECHO; legal steps.

MEDIOS DE PRUEBA; means of proof.

MEDIOS DE VIDA; means of livelihood.

MEDIOS ECONÓMICOS; financial resources.

MEDIOS FRAUDULENTOS; false pretenses.

MEDIOS LEGALES; legal steps.

MEDIOS Y ARBITRIOS; ways and means.

MEDIQUILLO *m* ; quack.

MEDIR; to measure.

MEDRA *f*; increase, improvement.

MEDRAR; to thrive.

MEDRO *m* ; increase, improvement.

MEDROSO; frightening.

MEGALOMANÍA *f*; megalomania.

MEJOR; better, best.

MEJOR POSTOR; best bidder.

MEJORA *f*; improvement, additional bequest, better bid.

MEJORA HEREDITARIA; additional bequest.

MEJORA PERMANENTE; permanent improvement.

MEJORABLE; improvable.

MEJORADO; improved, increased.

MEJORADOR *m* ; improver.

MEJORAMIENTO *m* ; improvement.

MEJORANTE *m/f* ; improver.

MEJORAR; to improve, to increase.

MEJORAR UN EMBARGO; to extend an attachment to additional property.

MEJORÍA *f* ; improvement.

MELLA *f* ; injury.

MELLAR; to injure.

MELLIZO *m* ; twin.

MEMBRETE *m* ; letterhead, heading, memo.

MEMORÁNDUM *m* ; memorandum, memo book.

MEMORAR; to remember.

MEMORIA *f* ; memory, report.

MEMORIA ANUAL; annual report.

MEMORIA DE ACCIDENTE; accident report.

MEMORIAL *m* ; memorial, memo book.

MENAJE *m* ; furniture.

MENCIÓN *f* ; mention.

MENCIONAR; to mention.

MENDACIDAD *f* ; mendacity.

MENDAZ; mendacious.

MENDAZMENTE; mendaciously.

MENDIGAR; to beg.

MENDIGO *m* ; beggar.

MENDOSAMENTE; lyingly, wrongly.

MENDOSO; lying, wrong.

MENEAR; to manage, to govern.

MENESTER *m* ; necessity, occupation.

MENESTEROSO *m* ; indigent.

MENGUA *f* ; decrease, decay, discredit, need.

MENGUANTE (adj); decreasing, decaying.

MENGUANTE *m* ; low tide, decrease, decay.

MENGUAR; to decrease, to decay, to discredit.

MENOR (adj); younger, youngest, lesser, least.

MENOR *m* ; minor.

MENOR ABANDONADO; abandoned minor.

MENOR CUANTÍA, DE; involving a small amount.

MENOR DE EDAD; minor.

MENOR EDAD; minority.

MENOR EMANCIPADO; emancipated minor.

MENOR NO EMANCIPADO; non-emancipated minor.

MENORÍA *f* ; minority, subordination.

MENORISTA (adj); retail.

MENORISTA *m* ; retailer.

MENOS; less, least.

MENOSCABADOR; damaging, reducing, discrediting.

MENOSCABAR; to damage, to reduce, to discredit.

MENOSCABO *m* ; damage, reduction, discredit.

MENOSCUENTA *f* ; partial payment.

MENOSPRECIABLE; contemptible.

MENOSPRECIAR; to despise, to undervalue.

MENOSPRECIO *m* ; contempt, undervaluation.

MENOSPRECIO DE MERCANCÍAS; disparagement of goods.

MENS REA; a guilty mind, mens rea.

MENSA ET THORO; separation by law as opposed to dissolution of marriage.

MENSAJE *m* ; message, communication.

MENSAJERO *m* ; messenger, carrier.

MENSUAL; monthly.

MENSUALIDAD *f* ; monthly installment, monthly salary.

MENSUALMENTE; monthly.

MENSURA *f* ; measurement.

MENSURABLE; measurable.

MENSURADOR *m* ; surveyor, measurer.

MENSURAR; to measure.

MENTAL; mental.

MENTAR; to mention.

MENTE SANA; sound mind.

MENTE Y MEMORIA; mind and memory.

MENTIDO; false, deceiving.

MENTIR; to lie, to falsify.

MENTIRA *f* ; lie, falsification.

MENTIROSAMENTE; lyingly, falsely.

MENTIROSO (adj); lying, deceptive.

MENTIROSO *m* ; liar.

MENTÍS *m* ; complete refutation.

MENUDAMENTE; minutely.

MENUDEAR; to retail, to go into detail.

MENUDENCIA *f* ; minuteness, trifle.

MENUDEO *m* ; detailed account, retail.

MENUDERO *m* ; retailer.

MENUDO; minute, meticulous.

MERA POSESIÓN; naked possession.

MERAMENTE; merely.

MERCACHIFLE *m* ; peddler.

MERCADEAR; to market, to do business.

MERCADEO *m* ; marketing, business.

MERCADER *m* ; merchant, dealer.
MERCADER DE CALLE; street vendor.
MERCADER DE GRUESO; wholesaler.
MERCADERÍA *f*; merchandise, commodity, goods, commerce.
MERCADO *m* ; market.
MERCADO A TÉRMINO; futures market.
MERCADO ABIERTO; open market.
MERCADO COMÚN; common market.
MERCADO DE CAPITALES; capital market.
MERCADO DE CRÉDITO; credit market.
MERCADO DE DINERO; money market.
MERCADO DE DIVISAS; foreign exchange market.
MERCADO DE VALORES; stock market, securities market.
MERCADO GRIS; gray market.
MERCADO NEGRO; black market.
MERCANCÍA *f*; merchandise, commodity, goods, commerce.
MERCANCÍAS Y SERVICIOS; goods and services.
MERCANTE (adj); mercantile.
MERCANTE *m* ; merchant.
MERCANTIL; mercantile.
MERCANTILISMO *m* ; mercantilism.
MERCANTILISTA *m/f*; specialist in mercantile law, mercantilist.
MERCANTILIZAR; to commercialize.
MERCANTILMENTE; commercially.
MERCANTIVO; mercantile.
MERCAR; to purchase, to trade.
MERCED *f*; mercy, grace, gift.
MERCED DE TIERRAS; land grant.
MERCENARIO (adj); mercenary.
MERCENARIO *m* ; mercenary, hired worker.
MERCHANTE *m* ; merchant, jobber.
MERE; mother.
MERECER; to deserve, to obtain.
MERECIDAMENTE; deservedly, justly.
MERECIMIENTO *m* ; merit.
MERETRICIO; meretricious.
MÉRITO *m* ; merit.
MÉRITO EJECUTIVO; right of execution.
MÉRITO PROBATORIO; probative value.
MÉRITO PROCESAL; ground of action.
MERITORIO; meritorious.
MÉRITOS DE LA CAUSA; merits of the case.

MÉRITOS DEL PLEITO; merits of the case.
MÉRITOS DEL PROCESO; merits of the case.
MERMA *f*; diminution.
MERMAR; to diminish.
MERO (adj); mere.
MERO (adv); soon, almost.
MERODEADOR *m* ; marauder, prowler.
MERODEAR; to maraud, to prowl.
MERODEO *m* ; marauding, prowling.
MERODISTA *m/f*; marauder, prowler.
MES *m* ; month, month's pay.
MES NATURAL; natural month.
MESA *f*; table, board.
MESA DE ENTRADAS; office within a governmental department which receives correspondence and documents.
MESA DE JURADOS; jury panel.
MESA DE VOTACIÓN; polling place.
MESA DIRECTIVA; board of directors.
MESA EJECUTIVA; board of directors, board of governors.
MESA ELECTORAL; polling place, board of elections.
MESA ESCRUTADORA; polling place, board of elections.
MESA RECEPTORA; polling place.
MESA REDONDA; round table.
MESADA *f*; monthly payment.
MESOCRACIA *f*; mesocracy.
MESURADAMENTE; with restraint, prudently.
MESURADO; restrained, prudent.
MESURARSE; to control oneself.
METACRONISMO *m* ; metachronism.
METEDOR *m* ; smuggler.
METEDURÍA *f*; smuggling.
METER *m* ; to put into, to invest, to smuggle.
METICULOSO; meticulous.
MÉTODO *m* ; method.
MÉTODO COMPARATIVO; comparative method.
MÉTODO INTERPRETATIVO; interpretative method.
METODOLOGÍA *f*; methodology.
METRÓPOLI *f*; metropolis.
METROPOLITANO; metropolitan.
MEZCLA *f*; mixture.
MEZCLAR; to mix.

MI LEAL SABER Y ENTENDER, A; to the best of my knowledge and belief.
MICROBIOLÓGICO; microbiological.
MICRÓFONO *m* ; microphone.
MIEDO *m* ; fear.
MIEDO CERVAL; dreadful fear.
MIEMBRO *m* ; member.
MIEMBRO CONSTITUYENTE; founding member.
MIEMBRO DE LA FIRMA; member of the firm.
MIEMBRO DEL CONGRESO; congressmember.
MIEMBRO EN PROPIEDAD; regular member.
MIEMBRO FUNDADOR; founding member.
MIEMBRO NATO; member by virtue of office.
MIEMBRO ORIGINARIO; founding member.
MIEMBRO PRINCIPAL; regular member.
MIEMBRO PROPIETARIO; regular member.
MIEMBRO SUBROGANTE; alternate member.
MIEMBRO SUPLENTE; alternate member.
MIEMBRO TITULAR; regular member.
MIEMBRO VIRIL; penis.
MIEMBRO VITALICIO; life member.
MIGRACIÓN *f* ; migration.
MILICIA *f* ; militia.
MILITANTE *m/f* ; militant.
MILITAR; military.
MILITARISMO *m* ; militarism.
MILLAJE *m* ; mileage.
MINA *f* ; mine, underground passage, concubine.
MINERAJE *m* ; mining.
MINERÍA *f* ; mining.
MINERO *m* ; miner.
MINIFUNDIO *m* ; small farmstead.
MÍNIMO; minimum.
MÍNIMUM *m* ; minimum.
MINISTERIAL; ministerial.
MINISTERIO *m* ; ministry, post.
MINISTERIO DE AGRICULTURA; (US) Department of Agriculture, (UK) Ministry of Agriculture.
MINISTERIO DE ASUNTOS EXTERIORES; (US) Department of State, (UK) Ministry of Foreign Affairs.
MINISTERIO DE COMERCIO; (US) Department of Commerce, (UK) Board of Trade.
MINISTERIO DE EDUCACIÓN; (US) Department of Education, (UK) Ministry of Education.
MINISTERIO DE ESTADO; (US) Department of State, (UK) Foreign Office.
MINISTERIO DE GOBERNACIÓN; (US) Department of the Interior, (UK) Home Office.
MINISTERIO DE GUERRA; (US) Department of Defense, (UK) Ministry of Defense.
MINISTERIO DE HACIENDA; (US) Department of the Treasury, (UK) Treasury.
MINISTERIO DE JUSTICIA; (US) Department of Justice, (UK) Ministry of Justice.
MINISTERIO DE LA LEY, POR; by operation of law.
MINISTERIO DE MARINA; (US); Department of the Navy, (UK) Admiralty.
MINISTERIO DE NEGOCIOS EXTRANJEROS; (US) Department of State, (UK) Foreign Office.
MINISTERIO DE RELACIONES EXTERIORES; (US) Department of State, (UK) Foreign Office.
MINISTERIO DE SALUD PÚBLICA; (US) Department of Health and Human Services, (UK) Ministry of Public Health.
MINISTERIO DE SANIDAD; (US) Department of Health and Human Services, (UK) Ministry of Public Health.
MINISTERIO DE TRABAJO; (US) Department of Labor, (UK) Ministry of Labor.
MINISTERIO DEL INTERIOR; (US) Department of the Interior, (UK) Home Office.
MINISTERIO FISCAL; (US) Department of Justice, (UK) Ministry of Justice.
MINISTRABLE; capable of acting as a minister.
MINISTRACIÓN *f* ; ministration, post.
MINISTRADOR *m* ; professional.
MINISTRANTE; ministrant.

MINISTRAR; to administer, to hold office, to practice a profession, to provide.

MINISTRIL *m* ; petty court officer.

MINISTRO *m* ; minister, diplomat, cabinet minister, judge.

MINISTRO DE EDUCACIÓN; (US) Secretary of Education, (UK) Minister of Education.

MINISTRO DE ESTADO; (US) Secretary of State, (UK) Foreign Secretary.

MINISTRO DE LABOR; (US) Secretary of Labor, (UK) Minister of Labor.

MINISTRO DEL DESPACHO; cabinet minister.

MINISTRO DEL TRIBUNAL; judge.

MINISTRO DELEGADO; deputy minister.

MINISTRO EXTERIOR; foreign minister.

MINISTRO PLENIPOTENCIARIO; minister plenipotentiary.

MINISTRO SECRETARIO; cabinet minister.

MINISTRO SIN CARTERA; minister without portfolio.

MINORACIÓN *f* ; diminution.

MINORAR; to diminish.

MINORATIVO; diminishing.

MINORÍA *f* ; minority.

MINORÍA DE EDAD; minority.

MINORIDAD *f* ; minority.

MINORISTA (adj); retail.

MINORISTA *f* ; retailer.

MINORITARIO; minority.

MINUCIOSAMENTE; meticulously.

MINUCIOSO *m* ; meticulous.

MINUTA *f* ; minute, note, rough draft, summary, attorney's bill.

MINUTAR; to take the minutes of, to make a rough draft of, to summarize.

MINUTARIO *m* ; minutes book.

MINUTAS *f* ; minutes.

MIRA *f* ; sight, aim, watchtower.

MIRADERO *m* ; watchtower, lookout.

MIRAR; to look, to consider.

MISIÓN *f* ; mission.

MISIÓN DIPLOMÁTICA; diplomatic mission.

MISIVA *f* ; missive.

MITAD *f* ; half.

MITIGACIÓN *f* ; mitigation.

MITIGACIÓN DE LA PENA; mitigation of punishment.

MITIGADAMENTE; less rigorously.

MITIGADOR (adj); mitigating.

MITIGADOR *m* ; mitigator.

MITIGANTE; mitigating.

MITIGAR; to mitigate.

MITIGATIVO; mitigating.

MITIGATORIO; mitigating.

MITIN *m* ; meeting.

MOBILIARIO (adj); movable.

MOBILIARIO *m* ; furniture, chattel.

MOBILIARIO Y EQUIPO; furniture and fixtures.

MOBILIARIO Y ÚTILES; furniture and fixtures.

MOBLAJE *m* ; furniture and fixtures.

MOCIÓN *f* ; motion, tendency.

MOCIÓN DE NUEVO JUICIO; motion for new trial.

MOCIÓN PARA LEVANTAR LA SESIÓN; motion to adjourn.

MOCIONANTE *m/f* ; person who presents a motion.

MOCIONAR; to present a motion.

MODALIDADES *f* ; types, formalities.

MODELO *m* ; model, blank form.

MODELO DE LA FIRMA; specimen signature.

MODELO DE PROPOSICIÓN; bidding form.

MODELO IMPRESO; blank form.

MODELO INDUSTRIAL; industrial model.

MODERACIÓN *f* ; moderation.

MODERADAMENTE; moderately.

MODERADO; moderate.

MODERADOR; moderating.

MODERAR; to moderate.

MODERATIVO; moderating.

MODIFICABLE; modifiable, amendable.

MODIFICACIÓN *f* ; modification, amendment.

MODIFICAR; to modify, to amend.

MODIFICATIVO; modifying, amending.

MODIFICATORIO; modifying, amending.

MODO *m* ; manner, mode.

MODOS DE ADQUIRIR; means of acquisition.

MODUS OPERANDI; method of operation, modus operandi.

MODUS VIVENDI; mode of living, modus vivendi.

MOHATRA *f*; fraud.
MOHATRAR; to defraud.
MOHATRERO *m*; defrauder.
MOJADERA *f*; graft.
MOJÓN *m*; landmark.
MOJONA *f*; surveying.
MOJONACIÓN *f*; delimitation, demarcation.
MOJONAR; to delimit, to mark the boundaries of.
MOJONERA *f*; landmark site.
MOLESTAR; to bother.
MOLESTIA *f*; bother, nuisance.
MOLESTIA PÚBLICA; public nuisance.
MOMENTÁNEO; momentary.
MONARQUÍA *f*; monarchy.
MONEDA *f*; coin, currency.
MONEDA BLOQUEADA; blocked currency.
MONEDA CONTROLADA; managed currency.
MONEDA DE CURSO LEGAL; legal tender.
MONEDA DE FUERZA LIBERATORIA; legal tender.
MONEDA DE PODER LIBERATORIO; legal tender.
MONEDA DIRIGIDA; managed currency.
MONEDA EXTRANJERA; foreign currency.
MONEDA FALSA; counterfeit money.
MONEDA LEGAL; legal tender.
MONEDA LEGÍTIMA; legal tender.
MONEDA METÁLICA; specie.
MONEDA SONANTE; specie.
MONEDAJE *m*; coinage.
MONEDERÍA *f*; mintage.
MONEDERO FALSO; counterfeiter.
MONETARIO; monetary.
MONETIZAR; to mint.
MONICIÓN *f*; admonition.
MONIPODIO *m*; illegal agreement.
MONITORIO; monitory.
MONOCRACIA *f*; monocracy.
MONOGAMIA *f*; monogamy.
MONÓGAMO; monogamous.
MONOPÓLICO; monopolistic.
MONOPOLIO *m*; monopoly.
MONOPOLIO FISCAL; government monopoly.
MONOPOLIO LEGAL; legal monopoly.
MONOPOLIO NATURAL; natural monopoly.

MONOPOLISTA (adj); monopolistic.
MONOPOLISTA *m/f*; monopolist.
MONOPOLÍSTICO; monopolistic.
MONOPOLIZACIÓN *f*; monopolization.
MONOPOLIZADOR (adj); monopolizing.
MONOPOLIZADOR *m*; monopolizer.
MONOPOLIZAR; to monopolize.
MONTA *f*; importance, sum.
MONTANTE *m*; sum.
MONTANTE CIERTO; sum certain.
MONTEPÍO *m*; public assistance office, widows' and orphans' fund, pawnshop.
MONTO *m*; sum.
MONTONERO *m*; troublemaker, person who only fights when surrounded by cronies.
MONUMENTO *m*; monument.
MOQUETE *m*; punch in the nose.
MORA *f*; delay, default.
MORA PROCESAL; procedural delay.
MORADA *f*; dwelling, sojourn.
MORADOR *m*; dweller, sojourner.
MORAL (adj); moral.
MORAL *f*; morals.
MORAR; to dwell, to sojourn.
MORATORIA *f*; moratorium.
MORBOSIDAD *f*; morbidity.
MORDAZA *f*; gag.
MORDER; to bite, to wear away.
MORDIDA *f*; bribe, bite.
MORETEADO; bruised.
MORETÓN *m*; bruise.
MORGUE *f*; morgue.
MORIBUNDO; dying.
MORIBUNDO *m*; dying person.
MORIR; to die, to end.
MORIRSE; to die.
MOROSAMENTE; tardily.
MOROSIDAD *f*; delay, delinquency.
MOROSO; tardy, delinquent.
MORT CIVILE; civil death.
MORTAL; mortal, dying.
MORTALIDAD *f*; mortality.
MORTALMENTE; mortally.
MORTANDAD *f*; death toll.
MORTÍFERO; deadly.
MORTIFICACIÓN *f*; mortification.
MORTIFICAR; to mortify.

MORTIS CAUSA; in contemplation of death, mortis causa.

MOSTRAR; to exhibit, to explain.

MOSTRAR CAUSA; to show cause.

MOSTRENCO; ownerless, without a known owner.

MOTE *m* ; alias, error.

MOTETE *m* ; parcel, nickname.

MOTÍN *m* ; mutiny, riot.

MOTIVACIÓN *f*; motivation.

MOTIVADO; motivated, justified.

MOTIVAR; to motivate, to explain.

MOTIVO *m* ; motive, cause.

MOTIVO FUNDADO; probable cause.

MOTIVO INDIRECTO; remote cause.

MOTORISTA *m/f*; motorist.

MOTU PROPRIO; voluntarily, motu proprio.

MOVER; to move, to induce.

MÓVIL (adj); mobile, changeable.

MÓVIL *m* ; motive, inducement.

MOVILIDAD *f*; mobility, changeableness.

MOVILIZACIÓN *f*; mobilization.

MOVILIZAR; to mobilize.

MOVIMIENTO *m* ; movement, change.

MOVIMIENTO SUBVERSIVO; subversive movement.

MUCHEDUMBRE *f*; multitude.

MUDANZA *f*; moving, changeableness.

MUDAR; to move, to change.

MUDEZ *f*; muteness, stubborn silence.

MUDO; mute, silent.

MUDO VOLUNTARIO; a person who stubbornly refuses to speak.

MUEBLAJE *m* ; furniture.

MUEBLES *m* ; furniture, moveables.

MUEBLES CORPORALES; personal property.

MUEBLES Y ENSERES; furniture and fixtures.

MUEBLES Y ÚTILES; furniture and fixtures.

MUELLAJE *m* ; wharfage.

MUELLE *m* ; pier.

MUERTE, DE; fatal.

MUERTE *f*; death, end.

MUERTE A MANO AIRADA; violent death.

MUERTE ACCIDENTAL; accidental death.

MUERTE CIVIL; civil death.

MUERTE NATURAL; natural death.

MUERTE PIADOSA; euthanasia.

MUERTE PRESUNTA; presumptive death.

MUERTE SIMULTÁNEA; simultaneous death.

MUERTE VIOLENTA; violent death.

MUERTO (adj); dead.

MUERTO *m* ; dead person, buoy.

MUESTRA *f*; sample, model, sign.

MUESTRARIO *m* ; sample book.

MUJER *f*; woman, wife.

MUJER CASADA; married woman.

MUJER ENCINTA; pregnant woman.

MUJER SOLTERA; single woman.

MULTA *f*; mulct, fine.

MULTA FISCAL; tax penalty.

MULTA PENAL; criminal penalty.

MULTABLE; finable.

MULTAR; to fine, to mulct.

MÚLTIPLE; multiple, complex.

MULTIPLICIDAD DE ACCIONES; multiplicity of actions.

MULTIPLICIDAD DE PLEITOS; multiplicity of actions.

MUNICIONES *f*; munitions.

MUNICIPAL (adj); municipal.

MUNICIPAL *m* ; city police officer.

MUNICIPALIDAD *f*; municipality, city hall.

MUNICIPALIZAR; to municipalize.

MUNÍCIPE *m* ; city councilperson, citizen.

MUNICIPIO *m* ; municipality, city hall.

MURCIO *m* ; robber.

MURMURACIÓN *f*; slander, malicious gossip.

MURMURADOR *m* ; slanderer, gossiper.

MURMURAR; to slander, to gossip.

MURO *m* ; wall.

MURO MEDIANERO; party wall.

MUTABILIDAD *f*; mutability.

MUTABLE; mutable.

MUTACIÓN *f*; mutation, transfer.

MUTATIS MUTANDIS; with the necessary changes, mutatis mutandis.

MUTILACIÓN *f*; mutilation.

MUTILACIÓN CRIMINAL; mayhem.

MUTILADO; mutilated.

MUTILADOR *m* ; mutilator.

MUTILAR; to mutilate.

MÚTILO; mutilated.

MUTISMO *m* ; mutism, silence.

MUTUAL (adj); mutual.

MUTUAL *f*; mutual company, mutual benefit association.

MUTUALIDAD *f*; mutuality, mutual company, mutual benefit association.

MUTUALISTA *m* ; member of a mutual company, member of a mutual benefit association.

MUTUAMENTE; mutually.

MUTUANTE *m/f*; lender.

MUTUARIO *m* ; mutuary, borrower.

MUTUATARIO *m* ; mutuary, borrower.

MUTUO (adj); mutual.

MUTUO *m* ; loan for consumption, mutuum.

MUTUO CONSENTIMIENTO; mutual consent.

MUTUO DISENSO; mutual rescission.

NACER; to be born, to appear, to originate from.

NACIDO; born, natural.

NACIMIENTO *m* ; birth, descent, origin.

NACIÓN *f*; nation, race, ethnic group.

NACIÓN EN ARMAS; nation at war.

NACIÓN MÁS FAVORECIDA; most favored nation.

NACIONAL; national.

NACIONALIDAD *f*; nationality, citizenship.

NACIONALIDAD DEL BUQUE; nationality of the ship.

NACIONALISMO *m* ; nationalism.

NACIONALISTA; nationalist.

NACIONALIZACIÓN *f*; nationalization, naturalization.

NACIONALIZAR; to nationalize, to naturalize, to import paying duties.

NACIONALIZARSE; to be nationalized, to be naturalized.

NACIONALMENTE; nationally.

NACIONES UNIDAS; United Nations.

NADA JURÍDICA; nullity.

NADERÍA *f*; triviality.

NAONATO; born on a ship.

NARCOANÁLISIS *f*; narcoanalysis.

NARCÓTICO *m* ; narcotic.

NARCOTRÁFICO *m* ; drug trafficking.

NARRACIÓN *f*; narration, account.

NARRAR; to narrate, to tell.

NATAL; natal, native.

NATALICIO (adj); natal.

NATALICIO *m* ; birthday.

NATALIDAD *f*; natality.

NATALIDAD DIRIGIDA; planned parenthood.

NATIVO; native, natural.

NATO; born, by virtue of office.

NATURA *f*; nature.

NATURAL; natural, native.

NATURALEZA *f*; nature, nationality, citizenship.

NATURALEZA DE LAS OBLIGACIONES; nature of the obligations.

NATURALEZA HUMANA; human nature.

NATURALIDAD *f*; naturalness, nationality, citizenship.

NATURALIZACIÓN *f*; naturalization.

NATURALIZAR; to naturalize.

NATURALIZARSE; to become naturalized.

NATURALMENTE; naturally.

NAUFRAGANTE; shipwrecked, sinking.

NAUFRAGAR; to be shipwrecked, to be wrecked.

NAUFRAGIO *m*; shipwreck, wreck.

NÁUFRAGO (adj); shipwrecked, wrecked.

NÁUFRAGO *m*; shipwrecked person.

NAUTA *m*; sailor.

NÁUTICA *f*; art of navigation.

NÁUTICO; nautical.

NAVAJA *f*; razor, knife.

NAVAJADA *f*; slash.

NAVAJAZO *m*; slash.

NAVAL; naval.

NAVE *f*; ship, vessel.

NAVE DE CARGA; cargo ship.

NAVEGABILIDAD *f*; navigability.

NAVEGABLE; navigable.

NAVEGACIÓN *f*; navigation, art of navigation.

NAVEGACIÓN AÉREA; air navigation.

NAVEGACIÓN COSTANERA; cabotage.

NAVEGACIÓN DE ALTA MAR; navigation on the open seas.

NAVEGACIÓN DE CABOTAJE; cabotage.

NAVEGACIÓN FLUVIAL; river navigation.

NAVEGACIÓN SUBMARINA; submarine navigation.

NAVEGADOR (adj); navigating.

NAVEGADOR *m*; navigator.

NAVEGANTE *m/f*; navigator.

NAVEGAR; to navigate, to steer.

NAVIERO (adj); pertaining to shipping.

NAVIERO *m*; shipowner.

NAVÍO *m*; ship, vessel.

NAVÍO DE CARGA; freighter.

NAVÍO DE GUERRA; warship.

NAVÍO DE TRANSPORTE; transport ship.

NAVÍO MERCANTE; merchant ship.

NAVÍO MERCANTIL; merchant ship.

NEBLINA *f*; fog.

NEBULOSIDAD *f*; nebulousness.

NEBULOSO; nebulous.

NECESARIAMENTE; necessarily.

NECESARIO; necessary.

NECESIDAD *f*; necessity, want.

NECESIDAD EXTREMA; extreme need.

NECESIDAD FÍSICA; physical necessity.

NECESIDAD NATURAL; physical necessity.

NECESIDAD PÚBLICA; public convenience.

NECESITAR; to need, to want.

NECROCOMIO *m*; morgue.

NECROLOGÍA *f*; necrology.

NECROPSIA *f*; necropsy, autopsy.

NECROSCOPIA *f*; necropsy, autopsy.

NEFANDARIO; abominable.

NEFANDO; abominable.

NEFARIAMENTE; nefariously.

NEFARIO; nefarious.

NEGABLE; deniable.

NEGACIÓN *f*; negation, denial.

NEGACIÓN DE DERECHO; denial of a question of law.

NEGACIÓN DE HECHO; denial of a question of fact.

NEGADOR *m*; denier, disclaimer.

NEGANTE *m/f*; denier.

NEGAR; to negate, to deny, to disclaim, to prohibit.

NEGARSE; to decline to do, to deny oneself.

NEGATIVA *f*; negative, refusal.

NEGATIVA A DECLARAR; refusal to give testimony.

NEGATIVA A FIRMAR; refusal to sign.

NEGATIVA DE DERECHO; denial of legality.

NEGATIVA DE HECHO; denial of fact.

NEGATIVA INDEFINIDA; general denial.

NEGATIVO; negative.

NEGATORIA *f*; action to quiet title.

NEGLIGENCIA *f*; negligence, neglect, carelessness.

NEGLIGENCIA COMPARATIVA; comparative negligence.

NEGLIGENCIA CONCURRENTE; contributory negligence, concurrent negligence.

NEGLIGENCIA CONJUNTA; joint negligence.

NEGLIGENCIA CONTRIBUYENTE; contributory negligence.

NEGLIGENCIA CRASA; gross negligence.

NEGLIGENCIA CRIMINAL; criminal negligence.

NEGLIGENCIA CULPABLE; culpable negligence.

NEGLIGENCIA DERIVADA; imputed negligence.

NEGLIGENCIA EN EL ABORDAJE; collision of ships caused by negligence.

NEGLIGENCIA EVIDENTE; legal negligence.

NEGLIGENCIA GRAVE; gross negligence.

NEGLIGENCIA IMPUTADA; imputed negligence.

NEGLIGENCIA INCIDENTAL; collateral negligence.

NEGLIGENCIA INEXCUSABLE; inexcusable negligence.

NEGLIGENCIA PROCESABLE; actionable negligence.

NEGLIGENCIA PROFESIONAL; malpractice.

NEGLIGENCIA SOBREVIVIENTE; supervening negligence.

NEGLIGENCIA SUBORDINADA; collateral negligence.

NEGLIGENCIA SUBSECUENTE; subsequent negligence.

NEGLIGENCIA TEMERARIA; gross negligence.

NEGLIGENTE (adj); negligent, careless.

NEGLIGENTE m ; neglecter.

NEGLIGENTEMENTE; negligently, carelessly.

NEGOCIABILIDAD f; negotiability.

NEGOCIABLE; negotiable.

NEGOCIACIÓN f; negotiation, transaction, clearance.

NEGOCIACIONES COLECTIVAS; collective bargaining.

NEGOCIADO m ; bureau, department, transaction, illegal transaction.

NEGOCIADO DE ADUANAS; bureau of customs.

NEGOCIADO DE PATENTES; patent office.

NEGOCIADOR m ; negotiator.

NEGOCIAR; to negotiate.

NEGOCIAR DOCUMENTOS; to discount negotiable instruments.

NEGOCIAR UN EMPRÉSTITO; to negotiate a loan.

NEGOCIO m ; business, occupation, transaction.

NEGOCIO AJENO; another's business.

NEGOCIO CON EL EXTRANJERO; foreign trade.

NEGOCIO EN MARCHA; going concern.

NEGOCIO FIDUCIARIO; fiduciary transaction.

NEGOCIO JURÍDICO; juristic act.

NEGOCIO PROPIO; sole proprietorship, personal business.

NEGOCIO SUCIO; dirty business.

NEGOCIOS PROCESALES; procedural acts.

NEMA f; seal.

NEMO; nobody.

NEPOS; a grandson.

NEPOTISMO m ; nepotism.

NEPTIS; a granddaughter.

NERVIOSO; nervous, excitable.

NETO; net, genuine.

NEUMA m ; body language.

NEURÓLOGO m ; neurologist.

NEURÓTICO; neurotic.

NEUTRAL; neutral.

NEUTRALIDAD f; neutrality.

NEUTRALIDAD ABSOLUTA; absolute neutrality.

NEUTRALIDAD ARMADA; armed neutrality.

NEUTRALIDAD VOLUNTARIA; voluntary neutrality.

NEUTRALISMO m ; neutralism.

NEUTRALISTA m/f; neutralist.

NEUTRALIZACIÓN f; neutralization.

NEUTRALIZAR; to neutralize.

NEUTRALIZARSE; to be neutralized.

NEUTRALMENTE; neutrally.

NEUTRO; neutral.

NEXO m ; nexus.

NI SIN; not without.

NIEBLA f; fog.

NIETA f; granddaughter.

NIETASTRA f; stepgranddaughter.

NIETASTRO *m* ; stepgrandson, stepgrandchild.
NIETO *m* ; grandson, grandchild.
NIHILISMO *m* ; nihilism.
NIHILISTA *m/f*; nihilist.
NIMIEDAD *f*; excessive care, excessive detail.
NINGUNO; none, neither, no.
NIÑEZ *f*; childhood.
NIÑO PÓSTUMO; posthumous child.
NITIDEZ *f*; clarity.
NÍTIDO; clear.
NIVEL *m* ; level.
NIVEL DE VIDA; standard of living.
NIVELAR; to level.
NO APTO; not apt.
NO COMBATIENTE; non-combatant.
NO COMPARECENCIA; nonappearance.
NO CONSUMIBLE; non-consumable.
NO CULPABLE; not guilty.
NO DECIR PALABRA; to remain silent.
NO ESCRITO; not written.
NO ESTAR EN ESTADO DE PLEITO;
    inability to litigate.
NO FUNGIBLE; non-fungible.
NO HA LUGAR; case dismissed, petition
    denied, overruled.
NO INCLUIDO EN OTRA PARTE; not
    included elsewhere.
NO INNOVAR; to not innovate.
NO INTERVENCIÓN; non-intervention.
NO LUCRATIVO; non-profit.
NO MENOS; not less.
NO NEGOCIABLE; non-negotiable.
NO OBSTANTE VEREDICTO;
    notwithstanding the verdict.
NO OCUPACIONAL; non-occupational.
NO RESIDENTE; non-resident.
NO SEA QUE; lest.
NO SOLEMNE; non-solemn.
NO TENER PRECIO; to not have a price.
NO TRANSFERIBLE; non-transferable.
NO USO; non-use.
NOCENTE; noxious.
NOCIBLE; noxious.
NOCIÓN *f*; notion.
NOCIVIDAD *f*; noxiousness.
NOCIVO; noxious.
NOCTURNAL; nocturnal.

NOCTURNIDAD *f*; aggravation of an offense
    for perpetration at night.
NOCTURNO; nocturnal.
NOCHE *f*; night, darkness.
NOLENS VOLENS; whether willing or
    unwilling.
NOLICIÓN *f*; nolition, unwillingness.
NOLO CONTENDERE; I will not contest it.
NOLUNTAD *f*; nolition, unwillingness.
NÓMADA *m/f*; nomad.
NOMBRADAMENTE; expressly.
NOMBRADO (adj); named, renowned.
NOMBRADO *m* ; appointee.
NOMBRAMIENTO *m* ; naming.
NOMBRAMIENTO ILEGAL; illegal
    appointment.
NOMBRAR; to name, to elect.
NOMBRAR NUEVAMENTE; to reappoint.
NOMBRE *m* ; name, renown.
NOMBRE COMERCIAL; trade name.
NOMBRE CORPORATIVO; corporate name.
NOMBRE DE COMERCIO; trade name.
NOMBRE DE FÁBRICA; trade name.
NOMBRE DE FAMILIA; surname.
NOMBRE DE MARCA; trade name.
NOMBRE DE PILA; first name.
NOMBRE FICTICIO; fictitious name.
NOMBRE LEGAL; legal name.
NOMBRE POSTIZO; fictitious name.
NOMBRE SOCIAL; firm name.
NOMBRE SUPUESTO; fictitious name.
NOMENCLADOR *m* ; technical glossary, list.
NOMENCLATURA *f*; nomenclature, list.
NÓMINA *f*; payroll, list.
NÓMINA DE PAGOS; payroll.
NOMINACIÓN *f*; nomination, election.
NOMINADO; named.
NOMINADOR *m* ; nominator.
NOMINAL; nominal.
NOMINALMENTE; nominally.
NOMINAR; to name, to elect.
NOMINATARIO *m* ; nominee.
NOMINATIVO; nominative, registered.
NOMINILLA *f*; voucher.
NÓMINO *m* ; nominee.
NOMOGRAFÍA *f*; nomography.
NOMOLOGÍA *f*; nomology.
NOMÓLOGO *m* ; nomologist.

NON; odd, uneven.

NON COMPOS MENTIS; not sound of mind.

NON EST; is not.

NON PROSEQUITUR; judgment in favor of the defendant due to the lack of follow-up on the part of the plaintiff.

NONATO; unborn, nonexistent, born though a Cesarean section.

NORMA *f*; norm, regulation, model.

NORMA CORRIENTE; current practice.

NORMA DE VALOR; measure of value.

NORMA LEGAL; legal rule.

NORMA PROCESAL; procedural rule.

NORMAL; normal.

NORMALIDAD *f*; normality.

NORMALIZAR; to normalize.

NORMALMENTE; normally.

NORMAS CONTABLES; accounting standards.

NORMAS DE INTEGRACIÓN; rules of construction.

NORMAS DE TRABAJO; labor standards.

NORMAS DEL PROCEDIMIENTO; rules of procedure.

NORMAS PROCESALES; rules of procedure.

NORMATIVO; normative.

NOTA *f*; note.

NOTA AL CALCE; footnote.

NOTA BENE; observe, nota bene.

NOTA DE EXCEPCIONES; bill of exceptions.

NOTA DE PAGO; note.

NOTA DIPLOMÁTICA; diplomatic note.

NOTA MARGINAL; marginal note.

NOTA OFICIOSA; official communication.

NOTA REGISTRAL; registration note.

NOTABLE; notable.

NOTABLEMENTE; notably.

NOTACIÓN *f*; annotation.

NOTAR; to note, to discredit.

NOTARÍA *f*; profession of a notary public, office of a notary public.

NOTARIADO (adj); notarized.

NOTARIADO *m*; profession of a notary public, body of notaries.

NOTARIAL; notarial.

NOTARIATO *m*; certificate of a notary public, practice of a notary public.

NOTARIO *m*; notary public.

NOTARIO AUTORIZANTE; attesting notary.

NOTARIO FEDANTE; attesting notary.

NOTARIO PÚBLICO; notary public.

NOTARIO QUE SUBSCRIBE; signing notary.

NOTAS *f*; notes, records of a notary public.

NOTAS DEL JUEZ; judge's notes.

NOTICIA *f*; news, notice, notion.

NOTICIA DE RECHAZO; notice of dishonor.

NOTICIA FALSA; false news.

NOTICIAR; to notify.

NOTICIERO *m*; newscast, news reporter.

NOTIFICACIÓN *f*; notification, notice, service of process.

NOTIFICACIÓN DE APELACIÓN; notice of appeal.

NOTIFICACIÓN DE LA DEMANDA; service of the complaint.

NOTIFICACIÓN IMPLÍCITA; implied notice.

NOTIFICACIÓN PERSONAL; personal notice.

NOTIFICACIÓN POR CÉDULA; substituted service.

NOTIFICACIÓN POR EDICTOS; service by publication.

NOTIFICACIÓN PRESUNTA; implied notice.

NOTIFICACIÓN PREVENTIVA; service of notice of intention.

NOTIFICACIÓN PREVIA; prior notice.

NOTIFICACIÓN SOBRENTENDIDA; constructive notice, constructive service of process.

NOTIFICADO; notified.

NOTIFICADOR *m*; notifier, process server.

NOTIFICANTE; notifying.

NOTIFICAR; to notify, to serve.

NOTIFICAR UN AUTO; to serve a writ.

NOTIFICAR UNA CITACIÓN; to serve a subpoena.

NOTIFICATIVO; notifying.

NOTO; widely known.

NOTORIAMENTE; notoriously.

NOTORIEDAD *f*; notoriety.

NOTORIO; notorious.

NOVACIÓN *f*; novation.

NOVACIÓN TÁCITA; implied novation.

NOVADOR *m*; innovator.

NOVAR; to novate.

NOVATO *m*; novice.

NOVATOR *m* ; innovator.

NOVATORIO; novative.

NOVEDAD *f*; novelty, news item.

NOVELAR; to lie.

NOVIA *f*; fiancée.

NOVIAZGO *m* ; engagement.

NOVIO *m* ; fiancé.

NUBE SOBRE UN TÍTULO; cloud on title.

NÚBIL; nubile.

NUBILIDAD *f*; nubility.

NUCA *f*; nape.

NUDA PROPIEDAD; bare legal title.

NUDO PACTO; nude pact.

NUDO PROPIETARIO; bare owner.

NUERA *f*; daughter-in-law.

NUEVA AUDIENCIA; rehearing.

NUEVO; new.

NUEVO JUICIO; new trial.

NUEVO Y ÚTIL; new and useful.

NUGATORIO; nugatory.

NULAMENTE; invalidly.

NULIDAD *f*; nullity.

NULIDAD AB INITIO; nullity from the
beginning.

NULIDAD ABSOLUTA; absolute nullity.

NULIDAD COMPLETA; complete nullity.

NULIDAD DE FONDO; fundamental nullity.

NULIDAD DE LA COMPRAVENTA; nullity
of the sale.

NULIDAD DE LOS CONTRATOS; nullity of
the contracts.

NULIDAD DE LOS PROCEDIMIENTOS;
nullity of the proceedings.

NULIDAD DE LOS TESTAMENTOS; nullity
of the wills.

NULIDAD DE PLENO DERECHO; absolute
nullity.

NULIDAD DEL MATRIMONIO; nullity of
the marriage.

NULIDAD DERIVADA; derivative nullity.

NULIDAD IMPLÍCITA; implied nullity.

NULIDAD INTRÍNSECA; intrinsic nullity.

NULIDAD LEGAL; legal nullity.

NULIDAD MANIFIESTA; manifest nullity.

NULIDAD PARCIAL; partial nullity.

NULIDAD PROCESAL; procedural nullity.

NULIDAD RELATIVA; relative nullity.

NULIDAD SUSTANTIVA; nullity of
substance.

NULIDAD TOTAL; absolute nullity.

NULIDAD VIRTUAL; implied nullity.

NULIFICAR; to nullify.

NULO; null.

NULO DE DERECHO; without legal force.

NULO Y SIN VALOR; null and void.

NUMERABLE; numerable.

NUMERAR; to number, to express in numbers.

NUMÉRICO; numerical.

NUMO *m* ; money.

NUNCUPATIVO; pertaining to a nuncupative
will.

NUPCIAL; nuptial.

NUPCIAS *f*; nuptials.

NUTRIMENTO *m* ; nutriment.

NUTRIMIENTO *m* ; nutriment.

Ñ

O

ÑAPA *f*; bonus, tip.

OBCECACIÓN *f*; obsession.
OBCECAR; to obfuscate, to obsess.
OBEDECER; to obey.
OBEDECIMIENTO *m*; obedience.
OBEDIENCIA *f*; obedience.
OBEDIENCIA DEBIDA; due obedience.
OBEDIENTE; obedient.
OBIT SINE PROLE; he died without issue.
OBITER; incidentally.
OBITER DICTUM; an opinion by a judge
    which is unnecessary in deciding the case.
ÓBITO *m*; death.
OBITORIO *m*; morgue.
OBITUARIO *m*; obituary.
OBJECIÓN *f*; objection.
OBJECIÓN A TODO EL JURADO; challenge
    to jury array.
OBJECIÓN DENEGADA; objection overruled.
OBJECIÓN HA LUGAR; objection upheld.
OBJETANTE (adj); objecting.
OBJETANTE *m*; objector.
OBJETANTE DE CONCIENCIA;
    conscientious objector.
OBJETAR; to object.
OBJETIVAMENTE; objectively.
OBJETIVAR; objectivize.
OBJETIVIDAD *f*; objectivity.
OBJETIVO; objective.
OBJETO *m*; object, subject matter.
OBJETO CIERTO; concrete object.
OBJETO DE LA ACCIÓN; object of the
    action.
OBJETO DEL ACTO JURÍDICO; subject
    matter of a legal act.
OBJETO DEL CONTRATO; subject matter of
    the contract.
OBJETO DEL PROCESO; object of the action.
OBJETO MATERIAL DEL DELITO; subject
    matter of the offense.

OBJETO SOCIAL; corporate purpose, partnership purpose.

OBJETOR DE CONCIENCIA; conscientious objector.

OBLACIÓN *f*; payment.

OBLAR; to pay off.

OBLIGACIÓN *f*; obligation, liability, bond.

OBLIGACIÓN A DÍA; obligation which must be fulfilled within a certain period.

OBLIGACIÓN A PLAZO; obligation which must be fulfilled within a certain period.

OBLIGACIÓN ACCESORIA; accessory obligation.

OBLIGACIÓN ALIMENTARIA; obligation to provide support.

OBLIGACIÓN ALIMENTICIA; obligation to provide support.

OBLIGACIÓN ALTERNATIVA; alternative obligation.

OBLIGACIÓN AMORTIZABLE; amortizable obligation.

OBLIGACIÓN AUTÓNOMA; autonomous obligation.

OBLIGACIÓN BAJO CONDICIÓN RESOLUTORIA; obligation with a resolutory condition.

OBLIGACIÓN BAJO CONDICIÓN SUSPENSIVA; obligation with a suspensive condition.

OBLIGACIÓN BILATERAL; bilateral obligation.

OBLIGACIÓN CIVIL; civil obligation.

OBLIGACIÓN COLECTIVA; joint obligation.

OBLIGACIÓN CON CLÁUSULA PENAL; obligation with a penalty clause.

OBLIGACIÓN CONDICIONAL; conditional obligation.

OBLIGACIÓN CONJUNTA; conjunctive obligation.

OBLIGACIÓN CONJUNTIVA; conjunctive obligation.

OBLIGACIÓN CONSENSUAL; consensual obligation.

OBLIGACIÓN CONTRACTUAL; contractual obligation.

OBLIGACIÓN CONTRIBUTIVA; tax liability.

OBLIGACIÓN CONVENCIONAL; contractual obligation.

OBLIGACIÓN COPULATIVA; conjunctive obligation.

OBLIGACIÓN CREDITICIA; debt obligation.

OBLIGACIÓN CUASICONTRACTUAL; quasi contractual obligation.

OBLIGACIÓN DE BUENA FE; obligation of good faith.

OBLIGACIÓN DE COMERCIO; commercial obligation.

OBLIGACIÓN DE DAR; obligation to turn over.

OBLIGACIÓN DE DAR COSA CIERTA; determinate obligation.

OBLIGACIÓN DE DAR COSA INCIERTA; indeterminate obligation.

OBLIGACIÓN DE ENTREGA; obligation to deliver.

OBLIGACIÓN DE FIDEICOMISO; trust bond.

OBLIGACIÓN DE HACER; obligation to do.

OBLIGACIÓN DE NO DAR; obligation not to turn over.

OBLIGACIÓN DE NO DECIR; obligation not to say.

OBLIGACIÓN DE NO HACER; obligation not to do.

OBLIGACIÓN DE PROBAR; burden of proof.

OBLIGACIÓN DE REPARACIÓN; obligation of reparation.

OBLIGACIÓN DE TRACTO SUCESIVO; obligation which is fulfilled in installments.

OBLIGACIÓN DE TRACTO ÚNICO; obligation which is fulfilled all at once.

OBLIGACIÓN DIVISIBLE; divisible obligation.

OBLIGACIÓN ESPECÍFICA; determinate obligation.

OBLIGACIÓN ESTATUTARIA; statutory obligation.

OBLIGACIÓN ÉTICA; moral obligation.

OBLIGACIÓN EXPRESA; express obligation.

OBLIGACIÓN EXTRACONTRACTUAL; non-contractual obligation.

OBLIGACIÓN FACULTATIVA; alternative obligation.

OBLIGACIÓN GARANTIZADA; secured obligation.

OBLIGACIÓN GENÉRICA; indeterminate obligation.

OBLIGACIÓN ILÍCITA; illegal obligation.

OBLIGACIÓN IMPLÍCITA; implied obligation.

OBLIGACIÓN INCONDICIONAL; absolute obligation.

OBLIGACIÓN INCUMPLIDA; unfulfilled obligation.

OBLIGACIÓN INDIVISIBLE; indivisible obligation.

OBLIGACIÓN LEGAL; perfect obligation.

OBLIGACIÓN MANCOMUNADA; joint obligation.

OBLIGACIÓN MERCANTIL; commercial obligation.

OBLIGACIÓN MIXTA; mixed obligation.

OBLIGACIÓN NATURAL; natural obligation.

OBLIGACIÓN NEGATIVA; negative obligation.

OBLIGACIÓN OBEDIENCIAL; obediential obligation.

OBLIGACIÓN PECUNIARIA; monetary obligation.

OBLIGACIÓN PERFECTA; perfect obligation.

OBLIGACIÓN PERSONAL; personal obligation.

OBLIGACIÓN POSITIVA; positive obligation.

OBLIGACIÓN PRINCIPAL; principal obligation.

OBLIGACIÓN PRIVILEGIADA; preferred obligation.

OBLIGACIÓN PROFESIONAL; professional obligation.

OBLIGACIÓN PURA; pure obligation.

OBLIGACIÓN PUTATIVA; putative obligation.

OBLIGACIÓN REAL; real obligation.

OBLIGACIÓN SIMPLE; simple obligation.

OBLIGACIÓN SIN GARANTÍA; unsecured obligation.

OBLIGACIÓN SINALAGMÁTICA; synallagmatic obligation.

OBLIGACIÓN SOLIDARIA; joint and several obligation, solidary obligation.

OBLIGACIÓN SUBSIDIARIA; accessory obligation.

OBLIGACIÓN TRIBUTARIA; tax liability.

OBLIGACIÓN UNILATERAL; unilateral obligation.

OBLIGACIONAL; obligational.

OBLIGACIONES AL PORTADOR; bearer instruments.

OBLIGACIONES CAMBIARIAS DE FAVOR; accommodation bills.

OBLIGACIONES CONEXAS; related obligations.

OBLIGACIONES CONTINGENTES; contingent liabilities.

OBLIGACIONES DE CAPITAL; capital liabilities.

OBLIGACIONES DE RENTA; fixed-income securities.

OBLIGACIONES DEL TESORO; treasury debt instruments.

OBLIGACIONES NOMINATIVAS; registered debt instruments.

OBLIGACIONES SERIADAS; serial bonds.

OBLIGACIONISTA *m/f*; bondholder.

OBLIGADO (adj); obligated.

OBLIGADO *m* ; obligor, debtor.

OBLIGADOR *m* ; binder.

OBLIGANTE; obligating.

OBLIGAR; to oblige, to force.

OBLIGARSE; to oblige oneself, to undertake.

OBLIGATIO EX CONTRACTU; contractual obligation.

OBLIGATIVO; obligatory.

OBLIGATORIAMENTE; obligatorily.

OBLIGATORIEDAD *f*; obligatoriness.

OBLIGATORIO; obligatory.

OBLITERAR; to obliterate.

OBRA *f*; work, construction.

OBRA NUEVA; new construction.

OBRA POR PIEZAS; piecework.

OBRADOR *m* ; worker.

OBRAJE *m* ; manufacturing.

OBRAR; to work, to construct.

OBRAR EN JUICIO; to be a party to a suit.

OBRAS PÚBLICAS; public works.

OBREPCIÓN *f*; obreption.

OBRERISMO *m* ; labor, laborism.

OBRERO *m* ; worker.

OBSCENIDAD *f* ; obscenity.

OBSCENO; obscene.

OBSCURECER; to obscure, to darken.

OBSCURIDAD *f* ; obscurity, darkness.

OBSCURIDAD DE LAS LEYES; statutory vagueness.

OBSCURIDAD DE LOS CONTRATOS; contractual vagueness.

OBSCURO; obscure, dark.

OBSECUENCIA *f* ; obedience.

OBSECUENTE; obedient.

OBSEQUIADOR *m* ; giver.

OBSEQUIAR; to give.

OBSEQUIO *m* ; gift.

OBSERVACIÓN, BAJO; under observation.

OBSERVACIÓN *f* ; observation.

OBSERVADO; observed.

OBSERVADOR (adj); observant.

OBSERVADOR *m* ; observer.

OBSERVANCIA *f* ; observance.

OBSERVAR; to observe.

OBSESIÓN *f* ; obsession.

OBSESIVO; obsessive.

OBSESO; obsessed.

OBSOLESCENCIA *f* ; obsolescence.

OBSOLETO; obsolete.

OBSTACULIZAR; to obstruct.

OBSTÁCULO *m* ; obstacle.

OBSTANTE, NO; nevertheless.

OBSTAR; to obstruct.

OBSTRUCCIÓN *f* ; obstruction.

OBSTRUCCIÓN DE LA JUSTICIA; obstructing justice.

OBSTRUCCIONISMO *m* ; obstructionism.

OBSTRUCTOR *m* ; obstructor.

OBSTRUIR; to obstruct.

OBTEMPERAR; to obey.

OBTENCIÓN *f* ; obtaining.

OBTENER; to obtain.

OBVENCIÓN *f* ; perquisite.

OBVIAR; to obviate.

OBVIO; obvious.

OBYECTO *m* ; objection.

OCASIÓN *f* ; occasion, risk.

OCASIÓN PRÓXIMA; proximate cause.

OCASIÓN REMOTA; remote cause.

OCASIONADO; occasioned, risky.

OCASIONAL; occasional, accidental.

OCASIONALMENTE; occasionally, accidentally.

OCASIONAR; to occasion, to endanger.

OCCISIÓN *f* ; violent death.

OCCISO (adj); killed by violent means, murdered.

OCCISO *m* ; person who has died by violent means, murdered person.

OCIO *m* ; inactivity, leisure.

OCLOCRACIA *f* ; ochlocracy.

OCULAR; ocular.

OCULARMENTE; ocularly.

OCULTACIÓN *f* ; concealment.

OCULTACIÓN DE BIENES; concealment of property.

OCULTACIÓN DE IDENTIDAD; concealment of identity.

OCULTACIÓN DE TESTAMENTO; concealment of will.

OCULTADOR; concealer.

OCULTAMENTE; stealthily.

OCULTO, EN; secretly.

OCULTO; hidden.

OCUPABLE; occupiable, employable.

OCUPACIÓN *f* ; occupation, occupancy.

OCUPACIÓN MILITAR; military occupation.

OCUPACIÓN PELIGROSA; dangerous occupation.

OCUPACIÓN REMUNERADA; gainful employment.

OCUPADO; occupied.

OCUPADOR *m* ; occupier.

OCUPANTE *m/f* ; occupant.

OCUPAR; to occupy, to employ, to annoy.

OCURRENCIA *f* ; occurrence.

OCURRENCIA DE ACREEDORES; creditors' meeting.

OCURRIR; to occur, to appear.

OCURSO *m* ; petition, demand.

ODIAR; to hate.

ODIO *m* ; hate.

ODIOSAMENTE; hatefully.

ODIOSO; hateful.

OFENDEDOR (adj); offending.

OFENDEDOR *m* ; offender.

OFENDER; to offend, to infringe.

OFENDIDO (adj); offended.

OFENDIDO *m* ; offended person.

OFENSA *f* ; offense.

OFENSA GRAVE; serious offense.

OFENSIVAMENTE; offensively.

OFENSIVO; offensive.

OFENSOR *m* ; offender.

OFERENTE *m* ; offerer.

OFERTA *f* ; offer, proposal, bid.

OFERTA DE TRABAJO; offer of employment.

OFERTA DE TRANSACCIÓN; offer of compromise.

OFERTA FIRME; firm offer.

OFERTA PÚBLICA DE VALORES; public offering of securities.

OFERTA Y ACEPTACIÓN; offer and acceptance.

OFERTA Y DEMANDA; supply and demand.

OFERTAR; to offer at a reduced price, to offer.

OFICIAL (adj); official.

OFICIAL *m* ; official, officer, clerk.

OFICIAL DE JUSTICIA; judicial officer.

OFICIAL DE PLICA; escrow officer.

OFICIAL DEL JUZGADO; clerk of the court.

OFICIALÍA *f* ; clerkship.

OFICIALIDAD *f* ; body of officers.

OFICIALIZAR; to make official.

OFICIALMENTE; officially.

OFICIAR; to officiate, to communicate officially.

OFICINA *f* ; office.

OFICINA CENTRAL; headquarters.

OFICINA DE COLOCACIÓN OBRERA; employment office.

OFICINA DE COMPENSACIONES; clearinghouse.

OFICINA DE MARCAS; trademark office.

OFICINISTA *m/f* ; office worker.

OFICIO *m* ; occupation, office, trade, written communication.

OFICIO PÚBLICO; public office.

OFICIOSAMENTE; officiously, diligently.

OFICIOSIDAD *f* ; officiousness, diligence.

OFICIOSO; officious, diligent, unofficial.

OFRECEDOR *m* ; offerer.

OFRECER; to offer, to bid.

OFRECERSE; to offer oneself.

OFRECIDO *m* ; offeree.

OFRECIENTE (adj); offering.

OFRECIENTE *m/f* ; offerer.

OFRECIMIENTO *m* ; offer, proposal.

OFRECIMIENTO DE PAGO; offer of payment.

OFUSCACIÓN *f* ; obfuscation.

OFUSCADOR; obfuscating.

OFUSCAMIENTO *m* ; obfuscation.

OFUSCAR; to obfuscate.

OÍDA *f* ; hearing.

OÍDAS, DE; by hearsay.

OÍDAS, POR; by hearsay.

OÍDO; heard.

OÍR; to listen to, to pay attention to, to understand.

OJEADA *f* ; glimpse.

OLIGARQUÍA *f* ; oligarchy.

OLIGOPOLIO *m* ; oligopoly.

OLISCAR; to investigate.

OLÓGRAFO (adj); holographic.

OLÓGRAFO *m* ; holograph.

OLVIDADO; forgotten, forgetful.

OLVIDO *m* ; oblivion, forgetfulness, negligence.

OMINOSO; ominous.

OMISIBLE; omissible.

OMISIÓN *f* ; omission, neglect.

OMISIÓN DE DEBERES; failure to perform duties.

OMISIÓN DE DENUNCIA; failure to report a crime.

OMISIÓN DOLOSO; culpable neglect.

OMISIÓN EN LO CIVIL; civil omission.

OMISIÓN EN LO PENAL; criminal omission.

OMISO; neglectful, careless.

OMITIR; to omit.

OMNÍMODO; all-embracing.

ONEROSIDAD *f* ; onerousness.

ONEROSO; onerous.

ONOMÁSTICO; onomastic.

ONUS; burden, burden of proof.

ONUS PROBANDI; burden of proof.

OPCIÓN *f* ; option.

OPCIÓN DE COMPRA; option to purchase.

OPCIÓN DEL HEREDERO; heir's choice.

OPCIONAL; optional.

OPERACIÓN *f* ; operation.

OPERACIÓN BANCARIA; banking
transaction.
OPERACIÓN CESÁREA; Cesarean section.
OPERACIÓN DE BOLSA; stock exchange
transaction.
OPERACIÓN DE CRÉDITO; credit
transaction.
OPERACIÓN QUIRÚRGICA; surgery.
OPERAR; to operate.
OPERATIVO; operative.
OPIATO *m* ; opiate.
OPINABLE; debatable.
OPINAR; to opine.
OPINIÓN *f* ; opinion.
OPINIÓN ASESORA; advisory opinion.
OPINIÓN CONCURRENTE; concurrent
opinion.
OPINIÓN CONSULTIVA; advisory opinion.
OPINIÓN DE ACUERDO CON LA
MAYORÍA; concurring opinion.
OPINIÓN DISIDENTE; dissenting opinion.
OPINIÓN EN DISCONFORME; dissenting
opinion.
OPINIÓN JURÍDICA; legal opinion.
OPINIÓN LEGAL; legal opinion.
OPINIÓN MAYORITARIA; majority opinion.
OPINIÓN PER CURIAM; opinion by the
court.
OPINIÓN PÚBLICA; public opinion.
OPONENTE *m* ; opponent.
OPONER; to oppose, to object.
OPONER EXCEPCIÓN; to file an exception.
OPONERSE; to oppose, to object.
OPONIBILIDAD *f* ; opposability.
OPONIBLE; opposable.
OPORTUNAMENTE; opportunely.
OPORTUNIDAD *f* ; opportunity.
OPORTUNISTA (adj); opportunistic.
OPORTUNISTA *m/f* ; opportunist.
OPORTUNO; opportune.
OPOSICIÓN *f* ; opposition, objection,
juxtaposition.
OPOSITOR *m* ; opponent.
OPOSITOR POR CONCIENCIA;
conscientious objector.
OPRESIÓN *f* ; oppression.
OPRESIVAMENTE; oppressively.
OPRESIVO; oppressive.

OPRESOR (adj); oppressive.
OPRESOR *m* ; oppressor.
OPRIMIR; to oppress.
OPROBIAR; to defame.
OPROBIO *m* ; opprobrium.
OPROBIOSAMENTE; opprobriously.
OPROBIOSO; opprobrious.
OPTANTE *m/f* ; chooser.
OPTAR; to choose.
OPTATIVO; optional.
ÓPTIMO; optimal.
OPUESTAMENTE; oppositely.
OPUESTO; opposite.
OPUGNACIÓN *f* ; oppugnancy.
OPUGNADOR *m* ; oppugner.
OPUGNANTE *m/f* ; oppugner.
OPUGNAR; to oppugn.
ORADOR *m* ; orator, speaker.
ORAL; oral.
ORALIDAD *f* ; orality.
ORALMENTE; orally.
ORDEN *f* ; order, command.
ORDEN *m* ; order, sequence.
ORDEN COMPULSORIA; compulsory order.
ORDEN DE ALLANAMIENTO; search
warrant.
ORDEN DE ARRESTO; arrest warrant.
ORDEN DE AUDIENCIAS; schedule of
hearings.
ORDEN DE CESAR Y DESISTIR; cease and
desist order.
ORDEN DE CITACIÓN; subpoena, summons.
ORDEN DE COMPARECENCIA; subpoena,
summons.
ORDEN DE COMPARECER; subpoena,
summons.
ORDEN DE DETENCIÓN; arrest warrant.
ORDEN DE EJECUCIÓN; death warrant.
ORDEN DE EMBARGO; seizure order.
ORDEN DE ENTREDICHO; injunction.
ORDEN DE ENTREGA; delivery order.
ORDEN DE ESTAFETA; money order.
ORDEN DE PRISIÓN; order for imprisonment.
ORDEN DE REGISTRO; search warrant.
ORDEN DE SUCEDER; order of descent.
ORDEN DEL DÍA; agenda.
ORDEN ESCRITA; written order.

ORDEN INTERLOCUTORIA; interlocutory order.

ORDEN JERÁRQUICO; hierarchical order.

ORDEN JUDICIAL; court order.

ORDEN JURÍDICO; sources of the law.

ORDEN PARA MOSTRAR CAUSA; show cause order.

ORDEN PÚBLICO; public order.

ORDEN PÚBLICO INTERNACIONAL; international public order.

ORDEN SUCESORIO; order of descent.

ORDEN VERBAL; verbal order.

ORDENACIÓN f; order, arrangement.

ORDENADAMENTE; in an orderly fashion.

ORDENADO; orderly.

ORDENADOR m; controller, arranger.

ORDENAMIENTO m; ordering, order, body of laws, code of laws, law.

ORDENAMIENTO DE LEYES; code of laws.

ORDENANZA f; ordinance, order, method.

ORDENANZA LOCAL; local ordinance.

ORDENANZA MUNICIPAL; municipal ordinance.

ORDENANZAS DE CIRCULACIÓN; traffic regulations.

ORDENANZAS DE CONSTRUCCIÓN; building code.

ORDENANZAS DE TRÁFICO; traffic regulations.

ORDENAR; to order, to regulate.

ORDENAR BIENES; to marshal assets

ORDINARIAMENTE; ordinarily, uncouthly.

ORDINARIO; ordinary, uncouth.

ORDINARIO m; ordinary judge, regular mail.

ORFANDAD f; orphanhood, neglect.

ORGÁNICO; organic.

ORGANISMO m; organization, entity.

ORGANISMO ADMINISTRATIVO; administrative entity.

ORGANISMO AUTÓNOMO; autonomous entity.

ORGANISMO CUASIJUDICIAL; quasi judicial entity.

ORGANISMO RECTOR; board of directors.

ORGANIZACIÓN f; organization.

ORGANIZADO; organized.

ORGANIZAR; to organize.

ORGANIZARSE; to be organized.

ÓRGANO m; organ, agency.

ÓRGANO DE DIRECCIÓN; executive committee.

ÓRGANO DIRECTIVO; executive committee.

ÓRGANO EJECUTIVO; executive committee.

ORIGEN m; origin.

ORIGINAL; original, authentic.

ORIGINALMENTE; originally.

ORIGINAR; to originate.

ORIGINARIO; originating.

ORILLAR; to settle, to skirt.

ORIUNDEZ f; origin.

ORIUNDO; originating.

OSADÍA f; audacity.

OSADO; audacious.

OSCITANCIA f; negligence, carelessness.

OSTENSIBLE; ostensible.

OSTENSIBLEMENTE; ostensibly.

OSTENTACIÓN f; ostentation.

OSTENTAR; to display, to flaunt.

OTEAR; to scan, to watch.

OTORGADOR (adj); granting.

OTORGADOR m; grantor.

OTORGAMIENTO m; granting, authorization, will.

OTORGAMIENTO NOTARIAL; notarial authorization.

OTORGANTE (adj); granting.

OTORGANTE m/f; grantor.

OTORGAR; to grant, to award, to agree to, to execute.

OTORGAR ANTE NOTARIO; to execute before a notary.

OTORGAR CRÉDITO; to grant credit.

OTORGAR FIANZA; to furnish bail.

OTORGAR UN CONTRATO; to award a contract.

OTORGAR UNA PATENTE; to grant a patent.

OTRO; other, another.

OTROSÍ (adv); furthermore.

OTROSÍ m; petition after the original one.

P

PABELLÓN *m* ; national flag, protection.
PACIFICACIÓN *f* ; pacification, peace.
PACIFICADOR (adj); pacifying.
PACIFICADOR *m* ; peacemaker.
PACÍFICAMENTE; peacefully.
PACIFICAR; to pacify.
PACÍFICO; pacific.
PACIFISMO *m* ; pacifism.
PACIFISTA; pacifist.
PACTADO; agreed to.
PACTANTE *m/f* ; contracting party.
PACTAR; to contract, to agree to.
PACTO *m* ; pact, agreement, contract.
PACTO ACCESORIO; accessory agreement.
PACTO AMBIGUO; ambiguous agreement.
PACTO ANTICRÉTICO; antichresis.
PACTO COMISORIO; agreement that may be
    rescinded under certain conditions.
PACTO DE ADICIÓN; sale in which the seller
    may rescind the agreement if there is a
    better offer.
PACTO DE CABALLEROS; gentlemen's
    agreement, an unenforceable agreement in
    which the parties are bound by honor.
PACTO DE COMERCIO; commerce treaty.
PACTO DE CUOTA LITIS; attorney's
    contingent fee agreement.
PACTO DE MEJOR COMPRADOR; sale in
    which the seller may rescind the
    agreement if there is a better offer.
PACTO DE NO AGRESIÓN; nonaggression
    treaty.
PACTO DE NO ENAJENAR; agreement not to
    alienate.
PACTO DE NO HACER ALGO; negative
    covenant.
PACTO DE PREFERENCIA; agreement to
    grant a right of first refusal.

PACTO DE RECOMPRA; repurchase
    agreement.
PACTO DE RETRAER; repurchase agreement.
PACTO DE RETRO; repurchase agreement.
PACTO DE RETROVENTA; repurchase
    agreement.
PACTO DE REVENTA; repurchase agreement.
PACTO DE TRABAJO; employment contract.
PACTO EN CONTRARIO; agreement to the
    contrary.
PACTO LEGÍTIMO; legal agreement.
PACTO LEONINO; unconscionable
    agreement, unconscionable covenant.
PACTO PENAL; penalty clause.
PACTO PROHIBIDO; illegal agreement.
PACTO RESTRICTIVO; restrictive covenant.
PACTO SOCIAL; partnership agreement.
PACTOS USUALES; usual covenants.
PADRASTRO *m* ; stepfather, obstacle.
PADRE *m* ; father.
PADRE ADOPTIVO; adoptive father.
PADRE DE CRIANZA; adoptive father.
PADRE DE FAMILIA; head of household.
PADRE POLÍTICO; father-in-law.
PADRÓN *m* ; census register, voters list,
    model, blemish on a reputation.
PAGA *f* ; pay, payment, compensation.
PAGA EFECTIVA; net pay.
PAGA INDEBIDA; wrongful payment.
PAGA MÍNIMA; minimum wage.
PAGA NETA; net pay.
PAGA POR CESANTÍA; severance pay.
PAGA RETENIDA; retained wages.
PAGA VICIOSA; inappropriate payment.
PAGABLE; payable, owing.
PAGADERO; payable, owing.
PAGADERO A LA DEMANDA; payable on
    demand.
PAGADERO A LA ORDEN; payable on order.
PAGADERO A LA VISTA; payable on sight.
PAGADERO A PRESENTACIÓN; payable on
    sight.
PAGADERO AL PORTADOR; payable to
    bearer.
PAGADO (adj); paid.
PAGADO *m* ; stamp indicating payment.
PAGADO TOTALMENTE; paid in full.
PAGADOR *m* ; payer.

PAGADOR DE IMPUESTOS; taxpayer.

PAGADURÍA *f*; disbursement office.

PAGAMENTO *m* ; payment.

PAGAMIENTO *m* ; payment.

PAGAR; to pay, to return.

PAGAR A CUENTA; to pay on account.

PAGAR A PLAZOS; to pay in installments.

PAGAR AL CONTADO; to pay cash.

PAGAR BAJO PROTESTA; to pay under protest.

PAGAR DAÑOS; to pay damages.

PAGARÉ *m* ; promissory note, note.

PAGARÉ A LA VISTA; demand note.

PAGARÉ AL PORTADOR; bearer note.

PAGARÉ CON GARANTÍA PRENDARIA; collateral note.

PAGARÉ FISCAL; short term government debt instrument.

PAGARÉ HIPOTECARIO; mortgage note.

PAGARÉ MANCOMUNADO; joint note.

PAGARÉ NEGOCIABLE; negotiable note.

PAGARÉ NOMINATIVO; nominative note.

PAGARÉ PASIVO; passive note.

PAGARÉ PRENDARIO; collateral note.

PAGARÉ QUIROGRAFARIO; unsecured note.

PAGARÉ SOLIDARIO; joint and several note.

PAGO *m* ; payment, region.

PAGO A CUENTA; payment on account.

PAGO A PLAZOS; payment in installments.

PAGO ANTICIPADO; prepayment.

PAGO BAJO PROTESTA; payment under protest.

PAGO CON SUBROGACIÓN; subrogation payment.

PAGO CONTRA ENTREGA; cash on delivery.

PAGO DE CONTRIBUCIONES; payment of taxes.

PAGO DE DEUDAS AJENAS; payment of the debts of another.

PAGO DE LAS OBLIGACIONES; payment of obligations.

PAGO DE LO INDEBIDO; wrongful payment.

PAGO DE SERVICIOS; payment of services.

PAGO DE VACACIONES; vacation pay.

PAGO DEL ARRENDAMIENTO; rent payment.

PAGO DETENIDO; stopped payment.

PAGO DIFERIDO; deferred payment, late payment.

PAGO DIRECTO; direct payment.

PAGO EN CUOTAS; payment in installments.

PAGO EN EL ARRENDAMIENTO; rent payment.

PAGO EN EXCESO; overpayment.

PAGO EN MONEDA EXTRANJERA; payment in foreign currency.

PAGO FICTICIO; fictitious payment.

PAGO FORZOSO; forced payment.

PAGO IMPOSIBLE; impossible payment.

PAGO INDEBIDO; wrongful payment.

PAGO INSUFICIENTE; underpayment.

PAGO JUDICIAL; forced payment.

PAGO LIBERATORIO; liberating payment.

PAGO PARCIAL; partial payment.

PAGO POR CONSIGNACIÓN; payment into court.

PAGO POR CUENTA AJENA; payment on behalf of another.

PAGO POR ENTREGA DE BIENES; payment in kind.

PAGO POR ERROR; wrongful payment.

PAGO POR OTRO; payment of the debts of another.

PAGO SUSPENDIDO; stopped payment.

PAGO TOTAL; payment in full.

PAGOTE *m* ; scapegoat.

PÁGUESE A LA ORDEN DE; pay to the order of.

PAÍS *m* ; country, region.

PAÍS DE DESTINO; country of destination.

PAÍS DE ORIGEN; country of origin, country of birth.

PAÍS ENEMIGO; enemy nation.

PAÍS EXPORTADOR; exporting nation.

PAÍS IMPORTADOR; importing nation.

PAISANAJE *m* ; civilians.

PAISANO (adj); of the same country, of the same region.

PAISANO *m* ; civilian, compatriot.

PAJAREAR; to loiter.

PALABRA *f*; word.

PALABRA DE HONOR; word of honor.

PALABRA DE MATRIMONIO; promise of marriage.

PALABRA POR PALABRA; word for word.

PALABRADA *f*; swearword.

PALABRAS COMPROMETEDORAS; compromising words.

PALABRAS DE DUELO; fighting words.

PALABRAS GRUESAS; strong words.

PALABRAS MAYORES; offensive words.

PALABRAS NEGOCIABLES; negotiable words.

PALACIO *m*; palace, courthouse.

PALACIO DE JUSTICIA; courthouse.

PALACIO DE LOS TRIBUNALES; courthouse.

PALACIO MUNICIPAL; city hall.

PALADINAMENTE; publicly, clearly.

PALADINO; public, clear.

PALIAR; to palliate.

PALINODIA *f*; palinode.

PALIZA *f*; beating.

PALMAR (adj); evident.

PALMAR (v); to die.

PALMARIAMENTE; evidently.

PALMARIO; evident.

PALPABLE; palpable.

PALPAR DE ARMAS; body search.

PÁLPITO *m*; hunch.

PANACEA *f*; panacea.

PANDEMONIO *m*; pandemonium.

PANDILLA *f*; gang.

PANDILLERO *m*; gangster.

PANDILLISTA *m/f*; gangster.

PANEL *m*; panel.

PANFLETO *m*; pamphlet, lampoon, libel.

PÁNICO *m*; panic.

PÁNICO COLECTIVO; collective panic.

PANORAMA *m*; panorama.

PAPEL *m*; paper.

PAPEL AL PORTADOR; bearer paper.

PAPEL BANCARIO; bank paper.

PAPEL COMERCIAL; commercial paper.

PAPEL DE COMERCIO; commercial paper.

PAPEL DE CRÉDITO; credit instrument.

PAPEL DE RENTA; securities.

PAPEL DE SEGURIDAD; safety paper.

PAPEL DEL ESTADO; government debt instrument.

PAPEL MOJADO; worthless document.

PAPEL MONEDA; paper money.

PAPEL SELLADO; stamped paper.

PAPEL SIMPLE; unstamped paper.

PAPEL TIMBRADO; stamped paper.

PAPELEO *m*; red tape, paperwork.

PAPELES DEL BUQUE; ship's papers.

PAPELETA *f*; ticket, form, ballot.

PAPELETA DE EMPEÑO; pawn ticket.

PAPELISTA *m/f*; archivist.

PAPELOTE *m*; worthless document.

PAPELUCHO *m*; worthless document.

PAQUETE *m*; package, packet, lie.

PAQUETE POSTAL; postal package.

PAR *f*; par.

PAR *m*; pair.

PAR DELICTUM; equal fault.

PARADA *f*; stop, pause, end, stake, rebuff.

PARADERO *m*; whereabouts, stopping place, end.

PARADIGMA *f*; paradigm.

PARADIGMÁTICO; paradigmatic.

PARADO; unemployed, arrested, idle.

PARADOJA *f*; paradox.

PARADÓJICO; paradoxical.

PARAESTATAL; semi-state.

PARAFERNALES *m*; paraphernal property.

PARAFRASEADOR; paraphrasing, annotating.

PARÁFRASIS *f*; paraphrase, annotation.

PARAFUEGO *m*; fire wall.

PARALIZACIÓN *f*; paralyzation, blockage.

PARALIZACIÓN DEL PROCESO; paralyzation of the legal proceeding.

PARALOGISMO *m*; paralogism.

PARALOGIZAR; to attempt to convince with specious arguments.

PARANOIA *f*; paranoia.

PARANOICO; paranoid.

PARAR; to stop, to detain, to arrest, to end, to bet, to prepare, to alter.

PARÁSITO SOCIAL; social parasite.

PARCELA *f*; parcel.

PARCELACIÓN *f*; parceling.

PARCELAR; to parcel.

PARCIAL; partial.

PARCIALIDAD *f*; partiality, friendship, faction.

PARCIALMENTE; partially.

PARCIONERO *m*; partner.

PARECENCIA *f*; resemblance.
PARECER (v); to appear, to opine.
PARECER *m*; opinion, looks.
PARECER EN JUICIO; to appear in court.
PARECIDO; similar.
PARECIENTE; resembling.
PARED *f*; wall.
PARED AJENA; neighboring wall.
PARED COMÚN; party wall.
PARED DIVISORIA; division wall.
PARED MEDIANERA; party wall.
PAREJO; even, alike.
PARÉNESIS *f*; admonition, exhortation.
PARENÉTICO; admonitory, exhortative.
PARENS; parent.
PARENTELA *f*; relations.
PARENTESCO *m*; relationship, tie.
PARENTESCO CIVIL; civil relationship.
PARENTESCO COLATERAL; collateral
    relationship.
PARENTESCO CONSANGUÍNEO; blood
    relationship.
PARENTESCO DE AFINIDAD; in-law
    relationship.
PARENTESCO DE DOBLE VÍNCULO;
    whole blood relationship.
PARENTESCO DE SIMPLE VÍNCULO;
    half-blood relationship.
PARENTESCO DIRECTO; direct relationship.
PARENTESCO LEGAL; legal relationship.
PARENTESCO MATERNO; maternal
    relationship.
PARENTESCO NATURAL; blood
    relationship.
PARENTESCO OBLICUO; collateral
    relationship.
PARENTESCO PATERNO; paternal
    relationship.
PARENTESCO POLÍTICO; in-law
    relationship.
PARENTESCO POR AFINIDAD; in-law
    relationship.
PARENTESCO POR CONSANGUINIDAD;
    blood relationship.
PARI CAUSA; with equal right.
PARI DELICTO; with equal guilt.
PARIDAD *f*; parity.
PARIDAD CAMBIARIA; par of exchange.

PARIDAD DE CASOS; similarity of cases.
PARIENTE *m*; relative.
PARIENTE CONSANGUÍNEO; blood
    relative.
PARIENTES DEL TESTADOR; relatives of
    the testator.
PARIENTES MÁS PRÓXIMOS; next of kin.
PARIENTES POR AFINIDAD; in-laws.
PARIFICACIÓN *f*; exemplification.
PARIFICAR; to exemplify.
PARIGUAL; very similar.
PARIR; to give birth to, to originate.
PARLAMENTARIO (adj); parliamentary.
PARLAMENTARIO *m*; member of
    parliament, congressmember.
PARLAMENTARISMO *m*;
    parliamentarianism.
PARLAMENTO *m*; parliament, congress,
    legislative body, speech.
PARO *m*; stop, strike, lockout, unemployment.
PARO DE BRAZOS CAÍDOS; sit-down strike.
PARO FORZOSO; layoff, lockout.
PARO OBRERO; strike.
PARO PATRONAL; lockout.
PAROXISMO *m*; paroxysm.
PÁRRAFO *m*; paragraph.
PARRICIDA *m/f*; parricide.
PARRICIDIO *m*; parricide.
PARTE *m*; note, report, notification of
    marriage.
PARTE *f*; part, party.
PARTE ACOMODADA; accommodated party.
PARTE ACOMODANTE; accommodating
    party.
PARTE ACTORA; plaintiff.
PARTE BENEFICIADA; accommodated party.
PARTE CAPAZ; legally competent party.
PARTE CONTENDIENTE; opposing party.
PARTE CONTRARIA; opposing party.
PARTE CONTRATANTE; contracting party.
PARTE DE INTERÉS ADVERSO; opposing
    party.
PARTE DEL ACCIDENTE; accident report.
PARTE DEMANDADA; defendant.
PARTE DEMANDANTE; plaintiff.
PARTE DISPOSITIVA; dispositive part.
PARTE EN UN CONTRATO; party to a
    contract.

PARTE EN UN PROCESO; party to a suit.

PARTE ESENCIAL; essential part.

PARTE INCULPABLE; innocent party.

PARTE INTEGRANTE; integral part.

PARTE INTERESADA; interested party.

PARTE INTERVINIENTE; intervening party.

PARTE NOMINAL; nominal party.

PARTE PERJUDICADA; aggrieved party.

PARTE POLICIACO; police report.

PARTE POR ACOMODACIÓN;
accommodation party.

PARTE PRINCIPAL; main part.

PARTE QUERELLADA; defendant.

PARTE REBELDE; party who fails to appear
in court.

PARTIBLE; divisible.

PARTICEPS CRIMINIS; accomplice.

PARTICEPS DOLI; a party to the fraud.

PARTICIÓN *f*; partition, division.

PARTICIÓN ANTICIPADA; advancement.

PARTICIÓN DE ASCENDIENTE;
advancement to a child, advancement to a
grandchild.

PARTICIÓN DE LA HERENCIA; partition of
the succession, distribution of the
decedent's estate.

PARTICIÓN DE LA HERENCIA POR EL
TESTADOR; advancement.

PARTICIÓN JUDICIAL; judicial partition.

PARTICIÓN POR EL TESTADOR;
advancement.

PARTICIÓN POR JUEZ; judicial partition.

PARTICIÓN POR TESTAMENTO;
distribution by will.

PARTICIÓN PROVISIONAL; provisional
partition.

PARTICIPACIÓN *f*; participation,
communication.

PARTICIPACIÓN CRIMINAL; criminal
participation.

PARTICIPACIÓN DE CONTROL; controlling
interest.

PARTICIPACIÓN EN LA GESTIÓN DE LAS
EMPRESAS; employee participation in
management.

PARTICIPACIÓN EN LAS
ADQUISICIONES; community property.

PARTICIPACIÓN EN LAS GANANCIAS;
profit sharing.

PARTICIPACIÓN EN LAS UTILIDADES;
profit sharing.

PARTICIPACIÓN EN LOS BENEFICIOS;
profit sharing.

PARTICIPACIÓN EN LOS GANANCIALES;
community property.

PARTICIPANTE (adj); participating.

PARTICIPANTE *m/f*; participant.

PARTICIPAR; to participate, to inform.

PARTÍCIPE (adj); participating.

PARTÍCIPE *m/f*; participant, partner.

PARTICULAR, EN; particularly.

PARTICULAR (adj); particular, private.

PARTICULAR *m*; individual.

PARTICULARIDAD *f*; particularity.

PARTICULARIZAR; to particularize, to pay
special attention to.

PARTICULARMENTE; particularly, privately.

PARTIDA *f*; departure, entry, certificate,
shipment, band, death.

PARTIDA DE DEFUNCIÓN; death certificate.

PARTIDA DE MATRIMONIO; marriage
certificate.

PARTIDA DE NACIMIENTO; birth
certificate.

PARTIDAMENTE; separately.

PARTIDARIO *m*; follower, guerrilla member.

PARTIDISMO *m*; partisanship.

PARTIDISTA; partisan.

PARTIDO (adj); divided.

PARTIDO *m*; party, advantage, backing, pact,
contract.

PARTIDO JUDICIAL; judicial district.

PARTIDO POLÍTICO; political party.

PARTIDOR *m*; executor, partitioner.

PARTIJA *f*; partition, division.

PARTIMIENTO *m*; partition, division.

PARTIR; to divide, to depart.

PARTO *m*; parturition, product.

PARTO PREMATURO; premature birth.

PARTURICIÓN *f*; parturition.

PARTURIENTA; parturient.

PARVIFUNDIO *m*; small farmstead.

PASADOR (adj); smuggling.

PASADOR *m*; smuggler.

PASAJE *m*; passage, fare.

PASAJERO (adj); passing.
PASAJERO *m* ; passenger.
PASAJERO GRATUITO; gratuitous passenger.
PASAMIENTO *m* ; passage.
PASANTE *m/f*; law clerk.
PASANTE DE PLUMA; law clerk.
PASANTÍA *f*; law clerkship, apprenticeship.
PASAPORTE *m* ; passport.
PASAPORTE COLECTIVO; collective
    passport.
PASAPORTE COMÚN; passport.
PASAPORTE DEL BUQUE; ship's passport.
PASAPORTE DIPLOMÁTICO; diplomatic
    passport.
PASAR; to pass.
PASAR ANTE EL NOTARIO; to execute
    before the notary.
PASAR DE LARGO; to skim through.
PASAR LA LISTA; to call the roll.
PASAR POR ALTO; to overlook, to disregard.
PASAVANTE *m* ; safe-conduct.
PASE *m* ; pass.
PASIÓN *f*; passion.
PASIVO (adj); passive, retirement.
PASIVO *m* ; liabilities.
PASIVO A PLAZO; time deposits.
PASIVO CONSOLIDADO; funded debt.
PASIVO CONTINGENTE; contingent
    liability.
PASIVO CORRIENTE; current liabilities.
PASIVO DE CAPITAL; capital liabilities.
PASIVO DE CONTINGENCIA; contingent
    liability.
PASIVO DIFERIDO; deferred liabilities.
PASIVO EVENTUAL; contingent liability.
PASIVO EXIGIBLE; current liabilities.
PASIVO EXIGIBLE A LA VISTA; demand
    deposits.
PASIVO FIJO; capital liabilities.
PASIVO FUTURO; future liability.
PASO *m* ; step, passage, access.
PASO A NIVEL; grade crossing.
PASO JUDICIAL; legal step.
PASO SUBTERRÁNEO; underground
    passage.
PASTAR; to graze.
PASTEADOR *m* ; spy.
PASTEAR; to graze, to spy.

PASTO *m* ; pasture, pasturing.
PASTOS COMUNES; common pasture lands.
PATENTABLE; patentable.
PATENTADO (adj); patented.
PATENTADO *m* ; patentee.
PATENTAR; to patent.
PATENTARIO; pertaining to patents.
PATENTE (adj); patent.
PATENTE *f*; patent, license, permit.
PATENTE ACORDADA; patent granted.
PATENTE BÁSICA; basic patent.
PATENTE CONCEDIDA; patent granted.
PATENTE DE EJERCICIO PROFESIONAL;
    professional license.
PATENTE DE INVENCIÓN; patent, letters
    patent.
PATENTE DE MEJORA; patent on an
    improvement.
PATENTE DE NACIMIENTO; birth
    certificate.
PATENTE DE NAVEGACIÓN; ship's papers.
PATENTE DE OPERADOR; driver's license.
PATENTE DE SANIDAD; bill of health.
PATENTE DE VEHÍCULO; vehicle license.
PATENTE EN TRAMITACIÓN; patent
    pending.
PATENTE INDUSTRIAL; professional
    license.
PATENTE ORIGINAL; basic patent.
PATENTE PENDIENTE; patent pending.
PATENTE PRECAUCIONAL; provisional
    patent.
PATENTE PRIMITIVA; basic patent.
PATENTE SOLICITADA; patent pending.
PATENTEMENTE; patently.
PATENTES Y MARCAS; patents and
    trademarks.
PATENTIZAR; to patent.
PATERNAL; paternal.
PATERNO; paternal.
PATÍBULO *m* ; gallows.
PATOTA *f*; gang.
PATRIA *f*; native land, country.
PATRIA POTESTAD; paternal authority.
PATRIA POTESTAS; paternal authority.
PATRIMONIAL; patrimonial.
PATRIMONIO *m* ; patrimony, estate,
    inheritance, net assets.

PATRIMONIO BRUTO; gross assets.
PATRIMONIO DE LA EXPLOTACIÓN; working capital.
PATRIMONIO DEL ESTADO; government property.
PATRIMONIO FAMILIAR; family estate, family assets.
PATRIMONIO FIDEICOMISARIO; trust estate.
PATRIMONIO LÍQUIDO; net assets.
PATRIMONIO NACIONAL; national wealth.
PATRIMONIO NETO; net assets.
PATRIMONIO PRIVADO; private property.
PATRIMONIO PÚBLICO; public property.
PATRIMONIO SOCIAL; corporate assets.
PATRIOTISMO *m* ; patriotism.
PATROCINADOR *m* ; sponsor.
PATROCINAR; to sponsor.
PATROCINIO; sponsorship.
PATRÓN *m* ; patron, employer, lessor, standard.
PATRÓN DE BUQUE; captain.
PATRÓN MONETARIO; monetary standard.
PATRONAL; pertaining to employers.
PATRONATO *m* ; trusteeship, trust, employers' association, association.
PATRONAZGO *m* ; trusteeship, trust, employers' association, association.
PATRONO *m* ; patron, employer, lessor.
PATRULLA *f* ; squad, police squad, squad car, gang.
PATRULLAR; to patrol.
PATRULLERO; patrolling.
PATRUUS; a brother of the father.
PATRUUS MAGNUS; a brother of a grandfather.
PATRUUS MAJOR; a brother of a great-grandfather.
PATRUUS MAXIMUS; a brother of a great-great-grandfather.
PAUPERISMO *m* ; pauperism.
PAUTA *f* ; rule, guideline.
PAUTAR; to rule, to give guiding principles for.
PAVOROSO; frightful.
PAVURA *f* ; fright.
PAZ *f* ; peace.
PAZ PÚBLICA; public peace.

PEAJE *m* ; toll.
PEATÓN *m* ; pedestrian.
PECOREA *f* ; marauding.
PECOREAR; to maraud.
PECULADO *m* ; peculation, embezzlement, graft.
PECULIAR; peculiar.
PECULIARIDAD *f* ; peculiarity.
PECULIARISMO *m* ; peculiarity.
PECULIO *m* ; private money, private property, peculium.
PECULIO DEL CONDENADO; prisoner's pay.
PECUNIARIAMENTE; pecuniarily.
PECUNIARIO; pecuniary.
PECHAR; to pay a tax, to assume a responsibility, to put up with.
PECHO *m* ; tax, spirit.
PEDERASTA *m* ; pederast.
PEDERASTIA *f* ; pederasty.
PEDIDO *m* ; petition, order, purchase.
PEDIDO DE ANULACIÓN; petition for annulment.
PEDIDO POR CORREO; mail order.
PEDIMENTO *m* ; petition, motion, bill, claim.
PEDIMENTO DE ADUANA; customs declaration.
PEDIMENTO DE AVOCACIÓN; bill of certiorari.
PEDIMENTO DE IMPORTACIÓN; customs declaration.
PEDIMENTO DE RESTABLECIMIENTO; bill of revivor.
PEDIMENTO DE TERCERO; bill of interpleader.
PEDIR; to ask, to order, to demand.
PEDIR LICITACIONES; to call for bids.
PEDIR PRESTADO; to borrow.
PEDIR PROPUESTAS; to call for bids.
PEGAR; to strike, to stick, to fasten, to pass on, to fire.
PEGAR UN TIRO; to fire a shot.
PEGUJAL *m* ; peculium.
PELEA *f* ; fight.
PELEAR; to fight.
PELEARSE; to fight.
PELIGRAR; to be in danger.
PELIGRO *m* ; danger.

PELIGRO DE MUERTE; mortal danger.
PELIGRO GRAVE; serious danger.
PELIGRO INMINENTE; imminent danger.
PELIGRO INTENCIONAL; intentionally provoked danger.
PELIGRO PERSONAL; personal danger.
PELIGROSAMENTE; dangerously.
PELIGROSIDAD *f*; dangerousness.
PELIGROSO; dangerous.
PENA *f*; penalty, punishment, pain, grief.
PENA ACCESORIA; cumulative punishment.
PENA ADMINISTRATIVA; administrative punishment.
PENA AFLICTIVA; afflictive punishment.
PENA ALTERNATIVA; alternative punishment.
PENA ARBITRARIA; arbitrary punishment.
PENA CAPITAL; capital punishment.
PENA CIVIL; civil penalty.
PENA COMPLEMENTARIA; additional punishment.
PENA COMÚN; ordinary punishment.
PENA CONJUNTA; cumulative punishment.
PENA CONTRACTUAL; contractual penalty.
PENA CONVENCIONAL; contractual penalty.
PENA CORPORAL; corporal punishment.
PENA CORRECCIONAL; jail, corrective punishment.
PENA CRIMINAL; criminal punishment.
PENA CRUEL Y DESUSADA; cruel and unusual punishment.
PENA DE LA VIDA; capital punishment.
PENA DE MUERTE; capital punishment.
PENA DISCIPLINARIA; disciplinary punishment.
PENA INFAMANTE; infamous punishment.
PENA LEVE; slight punishment.
PENA PECUNIARIA; fine.
PENA PRINCIPAL; main punishment.
PENA PRIVATIVA DE LIBERTAD; punishment which restricts freedom.
PENA RESTRICTIVA DE LIBERTAD; punishment which restricts freedom.
PENABLE; punishable.
PENADO (adj); grieved, arduous.
PENADO *m*; convict, prisoner.
PENAL (adj); penal.
PENAL *m*; prison.

PENALIDAD *f*; penalty, suffering.
PENALIDAD CIVIL; civil sanction.
PENALISTA *m/f*; criminal attorney.
PENALIZADOR; penalizing.
PENALIZAR; to penalize, to punish.
PENAR; to penalize, to punish, to suffer.
PENDENCIA *f*; quarrel, pending suit.
PENDENCIAR; to quarrel.
PENDENCIERO (adj); quarrelsome.
PENDENCIERO *m*; troublemaker.
PENDENTE LITE; during the litigation, pending the litigation, pendente lite.
PENDIENTE; pending, outstanding.
PENDIENTE DE PAGO; unpaid.
PENETRACIÓN *f*; penetration.
PENITENCIARÍA *f*; penitentiary.
PENITENCIARIO; penitentiary.
PENOLOGÍA *f*; penology.
PENSADO; premeditated.
PENSAMIENTO CRIMINAL; criminal intent.
PENSIÓN *f*; pension, annuity, support, board.
PENSIÓN A LA VEJEZ; old-age pension.
PENSIÓN ALIMENTARIA; alimony, support.
PENSIÓN ALIMENTARIA PROVISIONAL; alimony pendente lite.
PENSIÓN ALIMENTICIA; alimony, support.
PENSIÓN ALIMENTICIA PROVISIONAL; alimony pendente lite.
PENSIÓN DE ARRENDAMIENTO; rent.
PENSIÓN DE INVALIDEZ; disability benefits.
PENSIÓN DE JUBILACIÓN; pension.
PENSIÓN DE RETIRO; pension.
PENSIÓN DE VEJEZ; old-age pension.
PENSIÓN PARA HIJOS MENORES; child support.
PENSIÓN PERPETUA; permanent pension.
PENSIÓN VITALICIA; life pension, annuity.
PENSIONADO (adj); pensioned.
PENSIONADO *m*; pensioner.
PENSIONAR; to pension.
PENSIONARIO *m*; payer of a pension, attorney.
PENSIONISTA *m/f*; pensioner, boarder.
PEÑO *m*; foundling.
PEÓN *m*; pedestrian, laborer.
PEONADA *f*; day's work of a laborer.
PEQUEÑA EMPRESA; small business.

PEQUEÑO JURADO; ordinary jury, petit jury.

PER ANNUM; per year.

PER AUTRE VIE; during another person's life.

PER CAPITA; by the head, per capita.

PER CURIAM; by the court, per curiam.

PER DIEM; per day.

PER FRAUDEM; by fraud.

PER INFORTUNIUM; by misadventure.

PER QUOD; whereby.

PER SE; in itself, per se.

PERCANCE *m* ; mishap.

PERCATARSE; to notice.

PERCEPCIÓN *f* ; perception, collection.

PERCEPCIÓN DEL SALARIO; receipt of salary.

PERCEPTIBLE; perceptible, collectible.

PERCEPTOR *m* ; perceiver, collector.

PERCIBIR; to perceive, to collect.

PERCIBO *m* ; collecting.

PERCUSOR *m* ; striker.

PERCUTIR; to strike.

PERDEDOR *m* ; loser.

PERDER; to lose, to spoil.

PERDER EL JUICIO; to lose one's reason.

PERDER LA VIDA; to lose one's life.

PERDERSE; to lose, to get lost, to be spoiled.

PÉRDIDA *f* ; loss, waste, damage.

PÉRDIDA CONSIGUIENTE; consequential loss.

PÉRDIDA CONSTRUCTIVA; constructive loss.

PÉRDIDA DE AERONAVE; loss of an aircraft.

PÉRDIDA DE BUQUE; loss of a vessel.

PÉRDIDA DE EMPLEO; loss of employment.

PÉRDIDA DE LA NACIONALIDAD; loss of nationality.

PÉRDIDA DE LA POSESIÓN; loss of possession.

PÉRDIDA DE NEGOCIO; business loss.

PÉRDIDA DIRECTA; direct loss.

PÉRDIDA EFECTIVA; actual loss.

PÉRDIDA FORTUITA; casualty loss.

PÉRDIDA PARCIAL; partial loss, particular average.

PÉRDIDA TOTAL ABSOLUTA; absolute total loss.

PÉRDIDAS E INTERESES; damages plus interest.

PÉRDIDAS Y GANANCIAS; profit and loss.

PERDIDO; lost, wasted, stray.

PERDIDO O NO PERDIDO; lost or not lost.

PERDÓN *m* ; pardon, amnesty, remission.

PERDÓN DE LA DEUDA; forgiveness of the debt.

PERDÓN ESTATUTARIO; statutory pardon.

PERDÓN JUDICIAL; judicial pardon.

PERDONABLE; pardonable.

PERDONADOR (adj); pardoning.

PERDONADOR *m* ; pardoner.

PERDONANTE; pardoning.

PERDONAR; to pardon, to grant amnesty, to exempt.

PERDULARIO; sloppy, debauched.

PERDURABLE; lasting.

PERDURAR; to last.

PERECEDERO; perishable, needy.

PERECER; to perish, to end.

PERECIMIENTO *m* ; perishing, end.

PERENCIÓN *f* ; prescription.

PERENCIÓN DE LA INSTANCIA; lapsing of the legal action.

PERENNE; perennial.

PERENNIDAD *f* ; perpetuity.

PERENTORIAMENTE; peremptorily.

PERENTORIEDAD *f* ; peremptoriness.

PERENTORIO; peremptory.

PERFECCIÓN *f* ; perfection.

PERFECCIÓN DEL CONTRATO; perfection of contract.

PERFECCIONAR; to perfect.

PERFECTO; perfect.

PERFIDIA *f* ; perfidy.

PERGAMINO *m* ; parchment, document.

PERICIA *f* ; expertness, skill.

PERICIAL; expert.

PERICIALMENTE; expertly.

PERIÓDICAMENTE; periodically.

PERIODICIDAD *f* ; periodicity.

PERIÓDICO (adj); periodic.

PERIÓDICO *m* ; periodical, newspaper.

PERÍODO *m* ; period.

PERÍODO CONTABLE; accounting period.

PERÍODO DE ENFRIAMIENTO; cooling time.

PERÍODO DE ESPERA; waiting period.

PERÍODO DE GRACIA; grace period.

PERÍODO DE PRUEBA; trial period.

PERÍODO ECONÓMICO; accounting period.

PERÍODO FISCAL; fiscal period.

PERÍODO PRESIDENCIAL; presidential term.

PERITACIÓN *f*; work of an expert, expert
    testimony.

PERITAJE *m*; work of an expert, expert
    testimony.

PERITAR; to work as an expert.

PERITAZGO *m*; work of an expert, expert
    testimony.

PERITO (adj); expert.

PERITO *m*; expert, appraiser.

PERITO CALIGRÁFICO; handwriting expert.

PERITO EN AVERÍAS; expert in average.

PERITO TASADOR; expert appraiser.

PERITO TESTIGO; expert witness.

PERITO VALUADOR; expert appraiser.

PERJUDICADO (adj); prejudiced, injured,
    damaged, wronged.

PERJUDICADO *m*; prejudiced party, injured
    party, wronged party.

PERJUDICAR; to prejudice, to injure, to
    damage, to wrong.

PERJUDICIAL; prejudicial, injurious,
    damaging.

PERJUDICIALMENTE; prejudicially,
    injuriously, damagingly.

PERJUICIO *m*; injury, damage, wrong, loss.

PERJUICIO CORPORAL; bodily injury.

PERJUICIO DE PROPIEDAD; property
    damage.

PERJUICIO ECONÓMICO; monetary loss.

PERJUICIO EVENTUAL; prospective
    damage.

PERJUICIO INDIRECTO; indirect damage.

PERJUICIO MATERIAL; physical damage.

PERJUICIOSO; prejudicing, injurious,
    damaging.

PERJURADOR (adj); perjurious.

PERJURADOR *m*; perjurer.

PERJURAR; to perjure.

PERJURARSE; to perjure oneself.

PERJURIO *m*; perjury.

PERJURO (adj); perjured.

PERJURO *m*; perjurer.

PERMANECER; to remain.

PERMANENCIA *f*; permanence, stay.

PERMANENTE; permanent.

PERMANENTEMENTE; permanently.

PERMISIBLE; permissible.

PERMISIÓN *m*; permission, permit, license,
    leave.

PERMISIVAMENTE; permissively.

PERMISIVO; permissive.

PERMISO *m*; permission, permit, license,
    leave.

PERMISO DE ARMAS; gun license.

PERMISO DE CONDUCCIÓN; driver's
    license.

PERMISO DE CONDUCIR; driver's license.

PERMISO DE CONSTRUCCIÓN; building
    permit.

PERMISO DE EDIFICACIÓN; building
    permit.

PERMISO DE PASO; right of way.

PERMITIDO; permitted.

PERMITIR; to permit, to tolerate.

PERMUTA *f*; permutation.

PERMUTABLE; permutable.

PERMUTACIÓN *f*; permutation.

PERMUTAR; to permute.

PERNICIOSAMENTE; perniciously.

PERNICIOSO; pernicious.

PERORACIÓN *f*; peroration.

PERORAR; to perorate.

PERPETRACIÓN *f*; perpetration.

PERPETRADOR; perpetrator.

PERPETRAR; to perpetrate.

PERPETRAR UN DELITO; to perpetrate a
    crime.

PERPETUACIÓN *f*; perpetuation.

PERPETUAR; to perpetuate.

PERPETUARSE; to be perpetuated.

PERPETUIDAD *f*; perpetuity.

PERPETUO; perpetual.

PERSECUCIÓN *f*; persecution, pursuit.

PERSECUTORIO; persecuting, pursuing.

PERSEGUIDO; pursued, persecuted.

PERSEGUIDOR *m*; pursuer, persecutor.

PERSEGUIMIENTO *m*; pursuit, persecution.

PERSEGUIR; to pursue, to persecute.

PERSEVERANCIA *f*; perseverance.

PERSEVERAR; to persevere.

PERSISTENCIA *f*; persistence.

PERSISTIR; to persist.

PERSONA, EN; in person.

PERSONA *f*; person.

PERSONA A CARGO; dependent.

PERSONA ABSTRACTA; artificial person.

PERSONA ARTIFICIAL; artificial person.

PERSONA AUSENTE CON PRESUNCIÓN DE FALLECIMIENTO; missing person presumed dead.

PERSONA CAPAZ; competent person.

PERSONA CORPORAL; natural person.

PERSONA DE EXISTENCIA IDEAL; artificial person.

PERSONA DE EXISTENCIA REAL; natural person.

PERSONA FICTICIA; artificial person.

PERSONA INCAPAZ; incompetent person.

PERSONA INCORPORAL; artificial person.

PERSONA INDIVIDUAL; natural person.

PERSONA INHÁBIL; incompetent person.

PERSONA INTERESADA; interested party.

PERSONA INTERPUESTA; intermediary.

PERSONA JURÍDICA; artificial person.

PERSONA LEGAL; artificial person.

PERSONA MORAL; artificial person.

PERSONA NATURAL; natural person.

PERSONA NO FÍSICA; artificial person.

PERSONA NON GRATA; a person not wanted.

PERSONA PRIVADA; private person.

PERSONA PÚBLICA; public entity.

PERSONAL (adj); personal, private.

PERSONAL *m* ; personnel.

PERSONAL CONSULAR; consular personnel.

PERSONALIDAD *f*; personality, capacity.

PERSONALIDAD PROCESAL; legal capacity to sue.

PERSONALMENTE; personally.

PERSONARSE; to appear, to appear in court.

PERSONERÍA *f*; representation, personality, capacity.

PERSONERÍA JURÍDICA; legal capacity to sue.

PERSONERO *m* ; representative.

PERSUADIR; to persuade.

PERTENENCIA *f*; property, ownership, mining claim, accessory, membership.

PERTINENCIA *f*; pertinence, relevancy.

PERTINENTE; pertinent, relevant, admissible.

PERTURBACIÓN *f*; perturbation, mental illness.

PERTURBACIÓN DEL ORDEN PÚBLICO; breach of the peace.

PERTURBACIÓN MENTAL; mental illness.

PERTURBADOR (adj); perturbing.

PERTURBADOR *m* ; perturber.

PERTURBAR; to perturb, to breach the peace.

PERVERSIDAD *f*; perversity.

PERVERSIÓN *f*; perversion.

PERVERSO; perverse.

PERVERTIDOR *m* ; perverter.

PERVERTIR; to pervert, to breach public order.

PESADUMBRE *f*; grief, trouble, injury, harm.

PESAS Y MEDIDAS; weights and measures.

PESCA *f*; fishing, fishing industry.

PESCAR; to fish.

PESO *m* ; weight, influence.

PESO BRUTO; gross weight.

PESO DE LA PRUEBA; burden of proof.

PESO MÁXIMO; maximum weight.

PESO NETO; net weight.

PESQUISA *m* ; detective.

PESQUISA *f*; inquiry.

PESQUISAR; to inquire into, to inquire.

PESQUISIDOR (adj); inquiring.

PESQUISIDOR *m* ; inquirer.

PESTE *f*; plague, epidemic, corruption, stench.

PESTILENCIA *f*; pestilence.

PESTILENTE; pestilent.

PETICIÓN *f*; petition, claim, complaint.

PETICIÓN DE HERENCIA; petition to be declared an heir, petition for probate.

PETICIÓN DE PATENTE; patent application.

PETICIÓN DE PROPUESTAS; call for bids.

PETICIÓN POR NUEVA AUDIENCIA; petition for rehearing.

PETICIONANTE *m/f*; petitioner.

PETICIONARIO *m* ; petitioner.

PETITORIO; petitionary.

PETROLERO *m* ; oil tanker.

PICAPLEITOS *m* ; pettifogger, ambulance chaser, troublemaker.

PICARDÍA *f*; mischievousness, knavery, ruse.

PIE *m* ; foot, basis, cause, partial payment.

PIE DE ESCRITO; bottom of a document.

PIE DE LA LETRA, AL; literally, exactly as indicated, by the book.

PIEDAD *f*; pity.

PIEZA *f*; piece, part, room, period, plot.

PIEZA DE AUTOS; record of a court case.

PIEZA DE CONVICCIÓN; material evidence.

PIEZA DE PRUEBA; piece of evidence.

PIEZA SEPARADA; separate part of a case, separate part.

PIGNORACIÓN *f*; pignoration, pawning.

PIGNORACIÓN INMOBILIARIA; antichresis.

PIGNORACIÓN MOBILIARIA; pledge.

PIGNORAR; to pignorate, to hypothecate, to pledge.

PIGNORATICIO; pignorative, secured.

PIGRE; lazy, negligent.

PIGRICIA *f*; laziness, negligence.

PILOTAJE *m* ; piloting, pilotage.

PILOTAR; to pilot.

PILOTEAR; to pilot.

PILOTO *m* ; pilot, driver, navigator.

PILOTO DE AERONAVE; airline pilot.

PILOTO DE PUERTO; harbor pilot.

PILLAJE *m* ; theft, pillaging.

PILLAR; to pillage, to steal.

PILLO *m* ; thief, rouge.

PIQUETE *m* ; picket, prick.

PIRATA *m* ; pirate, brute.

PIRATEAR; to pirate.

PIRATERÍA *f*; piracy, robbery.

PIRATERÍA AÉREA; hijacking.

PIROMANÍA *f*; pyromania.

PIRÓMANO *m* ; pyromaniac.

PISO *m* ; floor, apartment.

PISTA *f*; trail, track, clue, runway.

PISTA DE ATERRIZAJE; runway.

PISTOLA *f*; pistol.

PISTOLERA *f*; holster.

PISTOLETAZO *m* ; pistol shot.

PLACA *f*; badge, license plate.

PLACA DE AUTOMÓVIL; license plate.

PLAGIAR; to plagiarize.

PLAGIARIO *m* ; plagiarist.

PLAGIO *m* ; plagiarism.

PLAN *m* ; plan, project, diagram.

PLANA *f*; side, page, roster.

PLANES DE PENSIÓN; pension plans.

PLANIFICACIÓN *f*; planning.

PLANIFICADO; planned.

PLANIFICAR; to plan.

PLANILLA *f*; list, tax return, payroll, ballot.

PLANILLA CONJUNTA; joint tax return.

PLANILLA DE CONTRIBUCIONES SOBRE INGRESOS; income tax return.

PLANO (adj); flat, level.

PLANO *m* ; plan, plane, diagram.

PLANTAR; to plant, to establish, to place.

PLANTARSE; to take a stand, to arrive.

PLANTEAMIENTO *m* ; outlining, setting up, argument.

PLANTEAR; to set forth, to set up.

PLANTEAR EXCEPCIÓN; to file an exception.

PLANTEAR UN CASO; to present a case.

PLANTEAR UNA APELACIÓN; to file an appeal.

PLANTEAR UNA DEMANDA; to bring suit.

PLANTEO *m* ; layout, outlining, setting up.

PLANTIFICAR; to establish, to place.

PLATA *f*; silver, money.

PLATAFORMA *f*; platform.

PLATAFORMA ELECTORAL; political platform.

PLAYA *f*; beach, shore.

PLAYA DE ESTACIONAMIENTO; parking lot.

PLAZA *f*; plaza, market, stronghold, place, post, vacancy.

PLAZO *m* ; period, term, installment.

PLAZO CIERTO; established term.

PLAZO CITATORIO; term within which to appear in court.

PLAZO CONMINATORIO; term within which to something without penalty.

PLAZO CONTINUO; continuous time period.

PLAZO CONTRACTUAL; contract term.

PLAZO CONVENCIONAL; conventional time.

PLAZO DE FAVOR; grace period.

PLAZO DE GRACIA; grace period.

PLAZO DE LAS OBLIGACIONES; term within which to fulfill an obligation.

PLAZO DE PATENTE; patent term.

PLAZO DE PREAVISO; period between a notice and the subsequent action.

PLAZO DE PRESCRIPCIÓN; limitation.

PLAZO DE VENCIMIENTO; expiration date.

PLAZO DEL CONTRATO; contract term.

PLAZO DELIBERATORIO; deliberation period.

PLAZO DETERMINADO; established term.

PLAZO ES DE ESENCIA, EL; time is of the essence.

PLAZO FATAL; deadline.

PLAZO FIJO; established term.

PLAZO FINAL; deadline.

PLAZO IMPRORROGABLE; deadline.

PLAZO INCIERTO; uncertain term.

PLAZO INDEFINIDO; uncertain term.

PLAZO INDETERMINADO; uncertain term.

PLAZO LEGAL; legal term.

PLAZO LÍMITE; deadline.

PLAZO PERENTORIO; deadline.

PLAZO PROBATORIO; trial period.

PLAZO PRORROGABLE; extendible deadline.

PLAZO PRUDENCIAL; reasonable time.

PLAZO SUPLEMENTARIO; extension.

PLAZO ÚTIL; term which only includes working periods.

PLEBISCITARIO; pertaining to a plebiscite.

PLEBISCITO m ; plebiscite.

PLEITEADOR (adj); litigious, troublemaking.

PLEITEADOR m ; litigious person, litigator, attorney who will litigate under any pretense.

PLEITEANTE; litigating.

PLEITEAR; to litigate, to sue.

PLEITISTA (adj); litigious, troublemaking.

PLEITISTA m ; litigious person, litigator, attorney who will litigate under any pretense.

PLEITO m ; suit, action, litigation, fight.

PLEITO CIVIL; civil suit.

PLEITO CRIMINAL; prosecution.

PLEITO DE CLASE; class action.

PLEITO EJECUTIVO; executory process.

PLEITO ORDINARIO; plenary action.

PLEITO POSESORIO; possessory action.

PLEITO VICIADO; mistrial.

PLENA VIGENCIA, EN; in full effect.

PLENARIAMENTE; plenarily.

PLENARIO; plenary.

PLENIPOTENCIA f; full powers.

PLENIPOTENCIARIO m ; plenipotentiary.

PLENO; full, complete.

PLENO DOMINIO; fee simple.

PLENO EMPLEO; full employment.

PLENOS PODERES; full powers.

PLICA f; escrow, sealed document to be opened at a specified time and under certain conditions.

PLIEGO m ; sheet, sealed document.

PLIEGO DE ADUANA; bill of entry.

PLIEGO DE CARGOS; list of charges.

PLIEGO DE CONDICIONES; specifications, bid specifications, list of conditions.

PLIEGO DE COSTAS; bill of costs.

PLIEGO DE EXCEPCIONES; bill of exceptions.

PLIEGO DE LICITACIÓN; bid form.

PLIEGO DE POSICIONES; question sheet.

PLIEGO DE PROPUESTAS; bid form, proposal.

PLURALIDAD f; plurality, majority.

PLURALIDAD ABSOLUTA; majority.

PLURALIDAD RELATIVA; plurality.

PLURALISMO m ; pluralism.

PLUS m ; bonus, extra pay.

PLUS PETICIÓN; excessive demand for damages.

PLUSVALÍA f; increased value, goodwill.

PLUTOCRACIA f; plutocracy.

PLUTÓCRATA m/f; plutocrat.

POBLACIÓN f; population, city, village.

POBLACIÓN CIVIL; civilian population.

POBLACIÓN DE DERECHO; legal population.

POBLACIÓN DE HECHO; actual population.

POBLACIÓN TRABAJADORA; working population.

POBLADOR (adj); settling, establishing.

POBLADOR m ; settler, inhabitant.

POBLAR; to populate, to settle.

POBRE (adj); poor, indigent.

POBRE m/f; poor person, indigent.

POBREZA; poverty, indigence.

PODER, POR; by proxy, by power of attorney.

PODER (v); to be able.

PODER m ; power, power of attorney, authority, possession.

PODER A BORDO; captain's authority.

PODER ABSOLUTO; absolute power.

PODER ADMINISTRATIVO; administrative branch.

PODER APARENTE; apparent authority.

PODER BENEFICIOSO; beneficial power.

PODER CONSTITUYENTE; constitutional power.

PODER DE IMPOSICIÓN; taxing power.

PODER DE POLICÍA; police power.

PODER DEL VETO; veto power.

PODER DISCIPLINARIO; disciplinary power.

PODER DISCRECIONAL; discretionary power.

PODER EJECUTIVO; executive branch, executive power.

PODER ESPECIAL; special power of attorney.

PODER GENERAL; general power of attorney.

PODER GENERAL PARA PLEITOS; general power of attorney to litigate.

PODER IMPLÍCITO; implied power.

PODER IMPOSITIVO; taxing power.

PODER JUDICIAL; judiciary branch, judicial power.

PODER LEGAL; legal power, legal capacity.

PODER LEGISLATIVO; legislative branch, legislative power.

PODER PARA TESTAR; capacity to testify.

PODER PÚBLICO; sovereign power, police power.

PODER UNILATERAL; naked power.

PODERDANTE m/f; constituent.

PODERES CONCOMITANTES; incidental powers.

PODERES CONCURRENTES; concurrent powers.

PODERES DEL ESTADO; powers of the state.

PODERHABIENTE m/f; attorney, proxy holder.

PODERÍO m ; power.

POLÉMICA f; polemic.

POLEMIZAR; to argue.

POLIANDRIA f; polyandry.

POLIARQUÍA f; polyarchy.

POLIÁRQUICO; polyarchic.

POLICÍA f; police.

POLICÍA m ; police officer.

POLICÍA ADUANERA; customs police.

POLICÍA AÉREA; air patrol.

POLICÍA DE CIRCULACIÓN; traffic police.

POLICÍA DE NAVEGACIÓN; sea patrol.

POLICÍA FEDERAL; federal police.

POLICÍA INTERNACIONAL; international police.

POLICÍA MARÍTIMA; maritime police.

POLICÍA MILITAR; military police.

POLICÍA MUNICIPAL; municipal police.

POLICÍA SANITARIA; health inspectors.

POLICÍA SECRETA; secret police.

POLICÍA VIAL; highway police.

POLICIACO; pertaining to police.

POLICIAL; pertaining to police.

POLICITACIÓN f; pollicitation.

POLIGAMIA f; polygamy.

POLÍGAMO (adj); polygamous.

POLÍGAMO m ; polygamist.

POLIGINIA f; polygyny.

POLIGRAFÍA f; polygraphy.

POLÍGRAFO m ; polygraph.

POLÍTICA f; politics, policy, politeness.

POLÍTICA ADUANERA; tariff policy.

POLÍTICA ARANCELARIA; tariff policy.

POLÍTICA CAMBIARIA; foreign exchange policy.

POLÍTICA COMERCIAL; trade policy.

POLÍTICA CONTRIBUTIVA; tax policy.

POLÍTICA DE LA GUERRA; war policy.

POLÍTICA ECONÓMICA; economic policy.

POLÍTICA EXTERIOR; foreign policy.

POLÍTICA FISCAL; fiscal policy.

POLÍTICA INTERNA; national policy.

POLÍTICA INTERNACIONAL; foreign policy.

POLÍTICA LABORAL; labor policy.

POLÍTICA MILITAR; military policy.

POLÍTICA MONETARIA; monetary policy.

POLÍTICA PÚBLICA; public policy.

POLÍTICA SOCIAL; social policy.

POLÍTICAMENTE; politically, politely.

POLITICASTRO m ; politicaster.

POLÍTICO (adj); political, in-law, polite.

POLÍTICO m ; politician.

PÓLIZA f; policy, contract, draft, customs clearance certificate, tax stamp.

PÓLIZA ABIERTA; floater policy, open policy.

PÓLIZA AVALUADA; valued policy.

PÓLIZA CONJUNTA; joint policy.

PÓLIZA DE CARGA; bill of lading, cargo policy.

PÓLIZA DE EMBARQUE; export permit.

PÓLIZA DE FIANZA; surety bond.

PÓLIZA DE FLETAMIENTO; charter-party.

PÓLIZA DE SEGURO; insurance policy.

PÓLIZA DE VALOR DECLARADO; valued policy.

PÓLIZA FLOTANTE; floater policy.

POLIZÓN *m* ; stowaway, vagabond.

POLUCIÓN *f*; pollution.

POLUTO; polluted.

PÓLVORA *f*; gunpowder, bad temper.

PONDERACIÓN *f*; consideration, balance, exaggeration.

PONDERAR; to ponder, to balance, to exaggerate.

PONENCIA *f*; report, post of a reporter, opinion, proposal, judgment, post of a chairperson.

PONENTE *m* ; proposer, reporter, justice who submits an opinion, arbitrator, chairperson.

PONER; to put, to suppose.

PONER EN CLARO; to clarify.

PONER EN CONOCIMIENTO; to make known.

PONER EN CUENTA; to deposit into account.

PONER EN LIBERTAD; to liberate.

PONER EN LIBERTAD DE UNA OBLIGACIÓN; to liberate from an obligation.

PONER EN ORDEN; to put in order.

PONER LA FIRMA; to sign.

PONER PLEITO; to sue.

PONER POR ESCRITO; to put in writing.

PONER TÉRMINO; to conclude.

PONER UNA DEMANDA; to file a claim.

PONER UNA OBJECIÓN; to object.

PONERSE DE ACUERDO; to come to an agreement.

, POPULAR; popular.

POPULARMENTE; popularly.

POR; for, through, around, by.

POR AVALÚO; according to value.

POR CABEZA; by the head, per capita.

POR CIENTO; percent.

POR CONSIGUIENTE; consequently.

POR CUANTO; whereas.

POR CUENTA DE ALGUIEN; in someone's name.

POR CUENTA Y RIESGO DE; for account and risk of.

POR ENCARGO; by authority.

POR ESTIRPE; by representation, per class, per stripes.

POR FORMA; as a matter of form, pro forma.

POR GRACIA; by favor.

POR LO TANTO; therefore.

POR MAYOR; wholesale.

POR MENOR; retail.

POR MINISTERIO DE LA LEY; by operation of law.

POR OÍDAS; hearsay.

POR PODER; by proxy, by power of attorney.

POR PROCURACIÓN; by proxy, by power of attorney.

POR SI; in case.

POR SI MISMO; in itself.

PORCENTAJE *m* ; percentage.

PORCIENTO *m* ; percentage.

PORCIÓN *f*; portion, share.

PORCIÓN DISPONIBLE; disposable portion.

PORCIÓN LEGÍTIMA; legitime.

PORCIONERO (adj); participating.

PORCIONERO *m* ; participant.

PORCIONISTA *m/f*; shareholder.

PORMENOR; detail.

PORMENORIZAR; to itemize, to go into detail.

PORNOGRAFÍA *f*; pornography.

PORNOGRÁFICO; pornographic.

PORTADOCUMENTOS *m* ; briefcase.

PORTADOR, AL; bearer.

PORTADOR *m* ; bearer, carrier.

PORTAFOLIO *m* ; portfolio, briefcase.

PORTAR; to bear.

PORTAR ARMAS; to bear arms.

PORTAVOZ *m/f*; speaker.

PORTAZGAR; to charge a toll.

PORTAZGO *m* ; toll, tollhouse.

PORTAZGUERO *m* ; toll collector.

PORTE *m* ; behavior, bearing, transporting, transport charge, capacity, postage.

PORTE BRUTO; tonnage.
PORTE DEBIDO; freight owing.
PORTE PAGADO; freight prepaid.
PORTE TOTAL; tonnage.
PORTEADOR *m* ; carrier.
PORTEADOR INICIAL; initial carrier.
PORTEADOR PÚBLICO; common carrier.
PORTEAR; to carry, to transport.
PORTEO *m* ; carrying.
PORTERO *m* ; porter, janitor.
PORTERO DE ESTRADOS; bailiff.
PORTUARIO; pertaining to a port.
POSDATA *f*; postscript.
POSDATAR; to postdate.
POSEEDOR *m* ; possessor.
POSEEDOR DE BUENA FE; holder in good
    faith.
POSEEDOR DE MALA FE; holder in bad
    faith.
POSEEDOR DE PATENTE; patentee.
POSEER; to possess.
POSEERSE; to control oneself.
POSEÍDO; possessed.
POSESIÓN *f*; possession, property, enjoyment,
    taking office.
POSESIÓN ACTUAL; actual possession.
POSESIÓN ARTIFICIAL; constructive
    possession.
POSESIÓN ARTIFICIOSA; constructive
    possession.
POSESIÓN CIVIL; civil possession.
POSESIÓN CONTINUA; continuous
    possession.
POSESIÓN DE BUENA FE; possession in
    good faith.
POSESIÓN DE COSAS MUEBLES;
    possession of personal property.
POSESIÓN DE DERECHO; constructive
    possession.
POSESIÓN DE HECHO; actual possession.
POSESIÓN DE JURE; constructive possession.
POSESIÓN DE MALA FE; possession in bad
    faith.
POSESIÓN DERIVADA; derivative
    possession.
POSESIÓN DIRECTA; direct possession.
POSESIÓN EFECTIVA; actual possession.
POSESIÓN EN COMÚN; joint possession.

POSESIÓN EXCLUSIVA; exclusive
    possession.
POSESIÓN FINGIDA; constructive
    possession.
POSESIÓN HOSTIL; hostile possession.
POSESIÓN ILEGÍTIMA; unlawful possession.
POSESIÓN IMAGINARIA; constructive
    possession.
POSESIÓN INDIRECTA; indirect possession.
POSESIÓN INMEMORIAL; immemorial
    possession.
POSESIÓN JUDICIAL; possession obtained
    through a court order.
POSESIÓN JURÍDICA; constructive
    possession.
POSESIÓN JUSTA; rightful possession.
POSESIÓN LEGAL; constructive possession.
POSESIÓN LEGÍTIMA; rightful possession.
POSESIÓN MANIFIESTA; open possession.
POSESIÓN NATURAL; natural possession.
POSESIÓN NO INTERRUMPIDA; continuous
    possession.
POSESIÓN NOTORIA; notorious possession.
POSESIÓN NUDA; naked possession.
POSESIÓN PACÍFICA; peaceable possession.
POSESIÓN PATENTE; open possession.
POSESIÓN POR AÑOS DETERMINADOS;
    estate for years.
POSESIÓN POR TOLERANCIA; tenancy at
    sufferance.
POSESIÓN PRECARIA; precarious
    possession.
POSESIÓN PÚBLICA; open and notorious
    possession.
POSESIÓN REAL; actual possession.
POSESIÓN SIMBÓLICA; constructive
    possession.
POSESIÓN VICIOSA; illegal possession.
POSESIÓN VIOLENTA; violent possession.
POSESIONAL; possessional.
POSESIONAR; to give possession to, to install.
POSESIONARSE; to take possession of, to
    take office.
POSESOR *m* ; possessor.
POSESORIO; possessory.
POSFECHA *f*; postdate.
POSFECHADO; postdated.
POSFECHAR; to postdate.

POSIBILIDAD *f*; possibility, capacity.
POSIBILITAR; to make possible.
POSIBLE; possible.
POSICIÓN *f*; position, interrogatory, supposition.
POSICIONES *m* ; interrogatory.
POSITIVAMENTE; positively.
POSITIVISTA; positivist.
POSITIVO; positive.
POSLIMINIO *m* ; postliminy.
POSPONER; to postpone, to place after.
POSPOSICIÓN *f*; postponement, subordination.
POSSESSIO; possession.
POSSESSIO BONA FIDE; possession in good faith.
POSSESSIO MALA FIDE; possession in bad faith.
POSSESSIO NATURALIS; natural possession.
POST; after.
POST DIEM; after the day.
POST FACTO; after the fact.
POST HOC; after this.
POST-MORTEM; after death, post-mortem.
POSTAL; postal.
POSTDATA *f*; postscript.
POSTDATAR; to postdate.
POSTERGACIÓN *f*; postponement, passing over, holding back.
POSTERGADO; postponed, passed over, held back.
POSTERGAR; to postpone, to pass over, to hold back.
POSTERIDAD *f*; posterity.
POSTERIOR; posterior.
POSTERIORIDAD *f*; posteriority.
POSTERIORMENTE; subsequently.
POSTLIMINIO *m* ; postliminy.
POSTOR *m* ; bidder.
POSTOR FAVORECIDO; successful bidder.
POSTOR MAYOR; highest bidder.
POSTRAR; to prostrate, to overthrow, to debilitate.
POSTREMO; last.
POSTRERO; last.
PÓSTULA *f*; request, application, nomination.
POSTULACIÓN *f*; request, application, nomination.

POSTULANTE *m* ; requester, applicant, nominee.
POSTULAR; to request, to apply, to nominate.
PÓSTUMO; posthumous.
POSTURA *f*; posture, bid, stake.
POTENCIA *f*; power.
POTENCIA MILITAR; military power.
POTENCIAL; potential.
POTENCIALIDAD *f*; potentiality.
POTENTE; potent.
POTESTAD *f*; authority, jurisdiction.
POTESTAD DISCRECIONAL; discretionary authority.
POTESTAD LIBRE; unlimited authority.
POTESTAD PATERNA; paternal authority.
POTESTAD PÚBLICA; public authority.
POTESTATIVO; facultative.
PRÁCTICA *f*; practice, custom, method, apprenticeship.
PRÁCTICA DESLEAL; unfair competition.
PRÁCTICA FORENSE; practice of law, clerkship.
PRACTICABLE; practicable.
PRÁCTICAMENTE; practically.
PRACTICANTE (adj); practicing.
PRACTICANTE *m/f*; apprentice.
PRACTICAR; to practice, to carry out.
PRACTICAR UNA LIQUIDACIÓN; to settle.
PRACTICAR UNA NECROPSIA; to perform an autopsy.
PRACTICAR UNA TASACIÓN; to appraise.
PRÁCTICO (adj); practical, expert.
PRÁCTICO *m* ; pilot.
PRÁCTICO DE PUERTO; harbor pilot.
PRAGMÁTICA *f*; decree, law.
PRAGMÁTICO (adj); pragmatic.
PRAGMÁTICO *m* ; interpreter of laws.
PRAGMATISMO *m* ; pragmatism.
PRAGMATISMO JURÍDICO; legal pragmatism.
PRAGMATISTA *m/f*; pragmatist.
PREÁMBULO *m* ; preamble, digression.
PREAVISAR; to give notice.
PREAVISO *m* ; notice.
PRECARIAMENTE; precariously.
PRECARIO *m* ; precarious.
PRECAUCIÓN *f*; precaution.
PRECAUCIONARSE; to take precautions.

PRECAUTELAR; to take precautions against.
PRECAUTORIO; precautionary.
PRECAVER; to provide against, to prevent.
PRECAVIDAMENTE; cautiously.
PRECAVIDO; cautious.
PRECEDENCIA *f*; precedence.
PRECEDENTE (adj); preceding.
PRECEDENTE *m*; precedent.
PRECEDER; to precede.
PRECEPTIVO; preceptive.
PRECEPTO *m*; precept.
PRECEPTO DE LEY; legal precept.
PRECEPTO LEGAL; legal precept.
PRECEPTOR *m*; preceptor.
PRECEPTUAR; to issue as a precept, to
    command.
PRECIADO; esteemed, valuable.
PRECIADOR *m*; appraiser.
PRECIAR; to appraise, to price.
PRECINTA *f*; revenue stamp.
PRECINTAR; to seal.
PRECINTO *m*; strap, placing of straps.
PRECIO *m*; price, worth, consideration.
PRECIO ABUSIVO; abusive price.
PRECIO AFECTIVO; sentimental value.
PRECIO AJUSTADO; agreed-upon price.
PRECIO AL CONTADO; cash price.
PRECIO AL POR MAYOR; wholesale price.
PRECIO ALZADO; fixed price.
PRECIO CALLEJERO; street price, fair market
    value.
PRECIO CIERTO; set price.
PRECIO CORRIENTE; fair market value.
PRECIO DE ADQUISICIÓN; purchase price.
PRECIO DE APERTURA; opening price.
PRECIO DE AVALÚO; assessed price.
PRECIO DE CIERRE; closing price.
PRECIO DE COSTO; cost price.
PRECIO DE FÁBRICA; cost price.
PRECIO DE FACTURA; invoice price.
PRECIO DE MERCADO; fair market value.
PRECIO DE PLAZA; fair market value.
PRECIO DE REPOSICIÓN; replacement price.
PRECIO DE REVENTA; resale price.
PRECIO DE VENTA; sales price.
PRECIO EN EL MERCADO; fair market
    value.
PRECIO FIJO; set price.

PRECIO FRAUDULENTO; fraudulent price.
PRECIO GLOBAL; lump sum.
PRECIO INCIERTO; indeterminate price.
PRECIO JUSTO; fair price.
PRECIO JUSTO Y RAZONABLE; fair and
    reasonable value.
PRECIO LEGAL; price set by law.
PRECIO LÍQUIDO; net price, cash price.
PRECIO MÁXIMO; maximum price, ceiling
    price.
PRECIO MÍNIMO; minimum price, upset
    price.
PRECIO MÍNIMO FIJADO; upset price.
PRECIO NETO; net price.
PRECIO NOMINAL; par value.
PRECIO OFICIAL; official price.
PRECIO ORDINARIO; fair market value.
PRECIO PAGADO; purchase price.
PRECIO REAL; actual price.
PRECIO SOSTENIDO; support price.
PRECIO TECHO; ceiling price.
PRECIO VIL; dumping price.
PRECIOS INTERVENIDOS; controlled prices.
PRECIPITACIÓN *f*; precipitation.
PRECIPITADAMENTE; precipitately.
PRECIPUAMENTE; principally.
PRECISAMENTE; precisely.
PRECISAR; to state precisely, to compel.
PRECISIÓN *f*; precision, necessity.
PRECISO; precise, indispensable, distinct.
PRECITADO; above-mentioned.
PRECLUSIÓN *f*; preclusion, estoppel.
PRECLUSIVO; preclusive.
PRECOCIDAD *f*; precocity.
PRECONCEBIR; to preconceive.
PRECONTRACTUAL; precontractual.
PRECONTRATO *m*; pre-contract, letter of
    intent.
PRECOZ; precocious.
PRECURSOR *m*; precursor.
PREDECESOR *m*; predecessor.
PREDIAL; predial.
PREDILECTO; preferred.
PREDIO *m*; real estate, estate, lot.
PREDIO AJENO; another's real estate.
PREDIO DOMINANTE; dominant tenement.
PREDIO EDIFICADO; improved property.
PREDIO ENCLAVADO; landlocked property.

PREDIO RURAL; rural property.
PREDIO RÚSTICO; rural property.
PREDIO SIRVIENTE; servient tenement.
PREDIO SUBURBANO; suburban property.
PREDIO SUPERIOR; dominant tenement.
PREDIO URBANO; urban property.
PREDISPONER; to predispose, to prearrange.
PREDISPOSICIÓN *f*; predisposition.
PREDISPUESTO; predisposed.
PREDOMINACIÓN *f*; predominance.
PREDOMINANCIA *f*; predominance.
PREDOMINANTE; predominant.
PREDOMINAR; to predominate, to overlook.
PREDOMINIO *m*; predominance.
PREELEGIR; to elect beforehand.
PREEMINENCIA *f*; preeminence, privilege.
PREEMINENTE; preeminent, privileged.
PREESTABLECIDO; preestablished.
PREEXISTENCIA *f*; preexistence.
PREEXISTENTE; preexistent.
PREFABRICADO; prefabricated.
PREFECTO *m*; prefect.
PREFECTURA *f*; prefecture.
PREFECTURA DE POLICÍA; police headquarters.
PREFERENCIA *f*; preference.
PREFERENCIA EN EL PASO; right of way.
PREFERENCIAL; preferential.
PREFERENTE; preferred, preferential.
PREFERENTEMENTE; preferably.
PREFERIR; to prefer.
PREFIJAR; to prearrange.
PREFINIR; to set a term for.
PREGÓN *m*; public proclamation.
PREGONAR; to proclaim, to proclaim publicly, to peddle, to prohibit.
PREGONERO *m*; street vendor, town-crier.
PREGUNTA *f*; question.
PREGUNTA CAPCIOSA; captious question.
PREGUNTA CATEGÓRICA; categorical question.
PREGUNTA HIPOTÉTICA; hypothetical question.
PREGUNTA IMPERTINENTE; impertinent question, irrelevant question.
PREGUNTA QUE INSINÚA RESPUESTA; leading question.
PREGUNTA SUGESTIVA; leading question.

PREGUNTAR; to ask, to interrogate.
PREGUNTAS A TESTIGOS; interrogation of witnesses.
PREGUNTAS GENERALES DE LA LEY; standard questions for witnesses which include asking their name and age and so on.
PREINSERTO; previously inserted.
PREJUDICIAL; pre-judicial, requiring a preliminary decision, requesting a preliminary decision.
PREJUICIO *m*; prejudice, prejudgment.
PREJUICIO RACIAL; racial prejudice.
PREJUZGAMIENTO *m*; prejudice, prejudgment.
PREJUZGAR; to prejudge.
PRELACIÓN *f*; priority, marshaling.
PRELACIÓN DE CRÉDITOS; marshaling assets.
PRELIMINAR; preliminary.
PRELIMINARMENTE; preliminarily.
PRELUSIÓN *f*; preface.
PREMARITAL; premarital.
PREMATURO; premature.
PREMEDITACIÓN *f*; premeditation, malice aforethought.
PREMEDITADAMENTE; premeditatedly, with malice aforethought.
PREMEDITAR; to premeditate.
PREMIAR; to award.
PREMIO *m*; prize, award, premium, bonus.
PREMIO DEL SEGURO; insurance premium.
PREMISA *f*; premise, indication.
PREMISO; preceding.
PREMORIENCIA *f*; predecease.
PREMORIENTE; predeceasing.
PREMORIR; to predecease.
PREMOSTRAR; to preview.
PREMUERTO *m*; predeceased.
PRENATAL; prenatal.
PRENDA *f*; pledge, pledge agreement, security, guaranty, chattel mortgage, household article, garment, jewel.
PRENDA AGRARIA; pledge of agricultural equipment.
PRENDA AGRÍCOLA; pledge of agricultural equipment.
PRENDA FIJA; pledge.

PRENDA SOBRE VALORES; pledge of securities.

PRENDADO; pledged.

PRENDADOR *m* ; pledger.

PRENDAMIENTO *m* ; pledging.

PRENDAR; to pledge, to give as security.

PRENDARIO; pertaining to a pledge.

PRENDER; to detain, to arrest, to secure.

PRENDIMIENTO *m* ; detention, arrest.

PRENOMBRADO; above-mentioned.

PRENSA *f*; the press.

PRENSA AMARILLA; yellow press.

PRENUPCIAL; prenuptial.

PREÑADA; pregnant.

PREÑADO *m* ; pregnancy.

PREÑAR; to impregnate.

PREÑEZ *f*; pregnancy, impending trouble, confusion.

PREOCUPACIÓN *f*; preoccupation.

PREOCUPAR; to preoccupy.

PREPARACIÓN *f*; preparation.

PREPARADO; prepared.

PREPARAR; to prepare.

PREPARATIVO; preparative.

PREPONDERANCIA *f*; preponderance.

PREPONDERANTE; preponderant.

PREPONDERAR; to preponderate.

PRERROGATIVA *f*; prerogative.

PRESA *f*; capture, booty, dam, sluice.

PRESAGIO *m* ; presage.

PRESCINDENCIA *f*; omission.

PRESCINDIBLE; dispensable.

PRESCINDIR; to omit.

PRESCRIBIR; to prescribe, to acquire by prescription, to acquire by adverse possession, to lapse.

PRESCRIPCIÓN *f*; prescription, extinguishment, adverse possession, limitation, lapsing.

PRESCRIPCIÓN ADQUISITIVA; adverse possession, prescription.

PRESCRIPCIÓN CRIMINAL; criminal statute of limitations.

PRESCRIPCIÓN DE ACCIÓN; limitation of action.

PRESCRIPCIÓN DEL DOMINIO; adverse possession, prescription.

PRESCRIPCIÓN EN LAS OBLIGACIONES; lapse of obligations.

PRESCRIPCIÓN EXTINTIVA; extinction of an obligation through prescription.

PRESCRIPCIÓN LIBERATORIA; limitation of action.

PRESCRIPCIÓN NEGATIVA; negative prescription.

PRESCRIPCIÓN ORDINARIA; adverse possession, prescription.

PRESCRIPCIÓN PENAL; criminal statute of limitations.

PRESCRIPCIÓN POSITIVA; positive prescription.

PRESCRIPTIBLE; prescriptible, lapsable.

PRESCRIPTIVO; prescriptive.

PRESCRIPTO; prescribed, lapsed, barred by statute of limitations.

PRESCRITO; prescribed, lapsed, barred by statute of limitations.

PRESENCIA *f*; presence.

PRESENCIALMENTE; in person.

PRESENCIAR; to attend, to witness.

PRESENTABLE; presentable.

PRESENTACIÓN *f*; presentation, petition.

PRESENTACIÓN DE CREDENCIALES; presentation of credentials.

PRESENTACIÓN DE LA LETRA DE CAMBIO; presentation of the bill of exchange.

PRESENTANTE; presenting.

PRESENTAR; to present.

PRESENTAR PRUEBA; to produce proof, to produce evidence.

PRESENTAR UN RECURSO; to file an appeal.

PRESENTAR UNA MOCIÓN; to present a motion.

PRESENTARSE; to appear, to appear in court.

PRESENTE, POR LA; hereby.

PRESENTE; present, delivered by hand.

PRESENTEMENTE; presently.

PRESERVACIÓN *f*; preservation, custody.

PRESERVAR; to preserve.

PRESIDENCIA *f*; presidency, presidential term, office of a chairperson.

PRESIDENCIAL; presidential.

PRESIDENTE *m* ; president, chairperson, presiding officer, presiding judge, speaker.

PRESIDENTE ACTUANTE; acting president.

PRESIDENTE DE FACTO; president in fact, de facto president.

PRESIDENTE DE LA CORTE SUPREMA; (US) Chief Justice, (UK) Lord Chief Justice.

PRESIDENTE DE LA JUNTA; presiding officer, chairperson of the board.

PRESIDENTE DE LA NACIÓN; president of the nation.

PRESIDENTE DE LA REPÚBLICA; president of the nation.

PRESIDENTE DE MESA; presiding officer.

PRESIDENTE DEL CONSEJO; presiding officer, chairperson of the board.

PRESIDENTE DEL JURADO; president of the jury.

PRESIDENTE DEL TRIBUNAL SUPREMO; (US) Chief Justice, (UK) Lord Chief Justice.

PRESIDENTE ELECTO; president-elect.

PRESIDENTE INTERINO; interim president.

PRESIDIABLE; imprisonable.

PRESIDIARIO *m* ; convict.

PRESIDIO *m* ; presidio, prison, imprisonment, convicts collectively.

PRESIDIO PERPETUO; life imprisonment.

PRESIDIR; to preside.

PRESIÓN *f*; pressure.

PRESIONAR; to pressure.

PRESO (adj); imprisoned, arrested.

PRESO *m* ; prisoner, convict.

PRESTACIÓN *f*; lending, consideration, rendering, loan, payment.

PRESTACIÓN DE SERVICIOS; rendering of services.

PRESTACIÓN ESPECÍFICA; specific performance.

PRESTACIÓN SOCIAL; social service.

PRESTADO; loaned.

PRESTADOR (adj); lending.

PRESTADOR *m* ; lender.

PRESTADOR A LA GRUESA; lender on bottomry.

PRESTAMENTE; promptly.

PRESTAMISTA *m/f* ; lender.

PRÉSTAMO *m* ; loan, loan contract.

PRÉSTAMO A LA DEMANDA; demand loan.

PRÉSTAMO A LA GRUESA; bottomry.

PRÉSTAMO A LA VISTA; demand loan.

PRÉSTAMO A PLAZO FIJO; time loan.

PRÉSTAMO A RIESGO MARÍTIMO; bottomry.

PRÉSTAMO CON GARANTÍA; guaranteed loan.

PRÉSTAMO CON INTERÉS; loan with interest.

PRÉSTAMO DE CONSUMO; loan for consumption.

PRÉSTAMO DE DINERO; monetary loan.

PRÉSTAMO DE USO; loan for use.

PRÉSTAMO DIARIO; day loan.

PRÉSTAMO HIPOTECARIO; mortgage loan.

PRÉSTAMO MERCANTIL; commercial loan.

PRÉSTAMO QUIROGRAFARIO; unsecured loan.

PRÉSTAMO SIMPLE; loan for consumption.

PRÉSTAMO SOBRE PÓLIZA; policy loan.

PRÉSTAMO USURARIO; usurious loan.

PRESTANOMBRE *m* ; straw party.

PRESTAR; to loan, to render, to assist, to borrow, to give.

PRESTAR FIANZA; to furnish bail.

PRESTAR GARANTÍA; to offer a guaranty.

PRESTAR JURAMENTO; to take oath.

PRESTATARIO (adj); borrowing.

PRESTATARIO *m* ; borrower.

PRESTIGIO *m* ; prestige, deception.

PRESTIGIOSO; prestigious, deceptive.

PRESTO (adj); quick, ready.

PRESTO (adv); immediately.

PRESUMIBLE; presumable.

PRESUMIR; to presume.

PRESUNCIÓN *f*; presumption.

PRESUNCIÓN ABSOLUTA; conclusive presumption.

PRESUNCIÓN CONCLUYENTE; conclusive presumption.

PRESUNCIÓN DE AUSENCIA; presumption of absence.

PRESUNCIÓN DE DERECHO; presumption of law.

PRESUNCIÓN DE FALLECIMIENTO; presumption of death.

PRESUNCIÓN DE HECHO; presumption of fact.

PRESUNCIÓN DE INCULPABILIDAD; presumption of innocence.

PRESUNCIÓN DE INOCENCIA; presumption of innocence.

PRESUNCIÓN DE LEY; presumption of law.

PRESUNCIÓN DE MUERTE; presumption of death.

PRESUNCIÓN DE SUPERVIVENCIA; presumption of survivorship.

PRESUNCIÓN DE VERACIDAD; presumption of veracity.

PRESUNCIÓN DUDOSA; rebuttable presumption.

PRESUNCIÓN JUDICIAL; judicial presumption.

PRESUNCIÓN JURIS ET DE JURE; conclusive presumption.

PRESUNCIÓN JURIS TANTUM; rebuttable presumption.

PRESUNCIÓN LEGAL; presumption of law.

PRESUNCIÓN REBATIBLE; rebuttable presumption.

PRESUNCIÓN REFUTABLE; rebuttable presumption.

PRESUNCIÓN RELATIVA; rebuttable presumption.

PRESUNCIÓN VEHEMENTE; violent presumption.

PRESUNCIÓN VIOLENTA; violent presumption.

PRESUNCIONAL; presumptive.

PRESUNCIONES EN EL ARRENDAMIENTO; presumptions pertaining the lease.

PRESUNCIONES EN EL SEGURO; presumptions pertaining to the insurance.

PRESUNCIONES EN LA DONACIÓN; presumptions pertaining to the donation.

PRESUNCIONES EN LAS SUCESIONES; presumptions pertaining to successions.

PRESUNCIONES EN LOS CONTRATOS; presumptions pertaining to contracts.

PRESUNTAMENTE; presumably.

PRESUNTIVAMENTE; conjecturally.

PRESUNTIVO; presumed.

PRESUNTO; presumed.

PRESUNTO HEREDERO; heir presumptive.

PRESUPONER; to presuppose, to budget.

PRESUPOSICIÓN f; presupposition.

PRESUPUESTAR; to budget.

PRESUPUESTO (adj); presupposed, estimated.

PRESUPUESTO m ; budget, supposition, motive.

PRESUPUESTOS PROCESALES; rules of procedure.

PRETENDER; to try, to claim.

PRETENDIENTE m ; claimant, candidate.

PRETENSIÓN f; pretension, cause of action, intention.

PRETERICIÓN f; pretermission.

PRETERINTENCIONAL; unintentional, unpremeditated.

PRETERINTENCIONALIDAD f; result of a crime which exceeds the intentions of the perpetrator.

PRETERIR; to pretermit.

PRETÉRITO; pretermitted.

PRETERMISIÓN f; pretermission.

PRETERMITIR; to pretermit.

PRETEXTO m ; pretext.

PREVALECER; to prevail.

PREVALER; to prevail.

PREVALERSE DE; to take advantage of.

PREVARICACIÓN f; prevarication, breach of duty, breach of trust.

PREVARICADOR m ; prevaricator, person who commits a breach of duty, person who commits a breach of trust.

PREVARICAR; to prevaricate, to commit a breach of duty, to commit a breach of trust.

PREVARICATO m ; prevarication, breach of duty, breach of trust.

PREVENCIÓN f; prevention, warning, prejudice, police jail, preliminary hearing.

PREVENCIÓN DE ACCIDENTES; accident prevention.

PREVENCIÓN SOCIAL; social security.

PREVENIDAMENTE; with preparation, with prevention, previously.

PREVENIDO; warned, prepared, cautious.

PREVENIR; to warn, to prevent, to prejudice, to conduct a preliminary hearing.

PREVENIRSE; to take precautions, to get ready.

PREVENTIVA *f*; preventive detention, temporary detention.

PREVENTIVAMENTE; preventively.

PREVENTIVO; preventive.

PREVER; to anticipate.

PREVIA INSCRIPCIÓN; prior registration.

PREVIAMENTE; previously.

PREVIO; previous, subject to.

PREVIO ACUERDO; subject to agreement.

PREVIO PAGO; against payment.

PREVISIBILIDAD *f*; foreseeability.

PREVISIBLE; foreseeable.

PREVISIÓN *f*; prevision, foresight.

PREVISIÓN SOCIAL; social security.

PREVISOR; foresighted, prudent.

PREVISTO; foreseen.

PRIMA *f*; premium, female cousin, bonus.

PRIMA A LA PRODUCCIÓN; productivity bonus.

PRIMA DEL SEGURO; insurance premium.

PRIMA EXTRA; extra premium.

PRIMA FACIE; at first sight, presumably, prima facie.

PRIMA NETA; net premium.

PRIMA ÚNICA; single premium.

PRIMACÍA *f*; primacy.

PRIMARIAMENTE; primarily.

PRIMARIO; primary, first.

PRIMAZGO *m*; cousinship.

PRIMER; first.

PRIMER GRAVAMEN; first encumbrance.

PRIMERA DELINCUENCIA; first offense.

PRIMERA HIPOTECA; first mortgage.

PRIMERA INSTANCIA; first instance.

PRIMERAMENTE; firstly, before.

PRIMERO; first, foremost, original.

PRIMO *m*; cousin, male cousin.

PRIMO CARNAL; first cousin.

PRIMO HERMANO; first cousin.

PRIMO SEGUNDO; second cousin.

PRIMOGÉNITO *m*; first born, eldest.

PRIMOGENITURA *f*; primogeniture.

PRIMORDIAL; primordial.

PRINCIPADA *f*; abuse of authority.

PRINCIPAL (adj); principal, foremost.

PRINCIPAL *m*; principal, chief.

PRINCIPALIDAD *f*; preeminence.

PRINCIPALMENTE; principally.

PRINCIPIO *m*; principle, beginning.

PRINCIPIOS GENERALES DEL DERECHO; general principles of law.

PRIORIDAD *f*; priority, seniority.

PRIORIDAD DE PASO; right of way.

PRISA *f*; haste, promptness, wild fight.

PRISIÓN *f*; prison, imprisonment, capture, arrest.

PRISIÓN DE ESTADO; state prison.

PRISIÓN ESTATAL; state prison.

PRISIÓN ILEGAL; false imprisonment.

PRISIÓN INCOMUNICADA; solitary confinement.

PRISIÓN MAYOR; long-term imprisonment.

PRISIÓN MENOR; short-term imprisonment.

PRISIÓN MILITAR; military imprisonment, military prison.

PRISIÓN PERPETUA; life imprisonment.

PRISIÓN PREVENTIVA; preventive detention, temporary detention.

PRISIÓN VITALICIA; life imprisonment.

PRISIONERO *m*; prisoner.

PRISIONERO DE GUERRA; prisoner of war.

PRIVACIÓN *f*; privation, want, dispossession.

PRIVACIÓN DE DERECHOS; deprivation of rights.

PRIVACIÓN DE LIBERTAD; deprivation of freedom.

PRIVADAMENTE; privately.

PRIVADO; private, unconsciousness.

PRIVAR; to deprive, to prohibit, to impede, to dispossess, to knock unconscious.

PRIVARSE; to deprive oneself, to abstain, to lose consciousness.

PRIVATISTA *m*; expert in private law.

PRIVATIVAMENTE; privately, exclusively, personally.

PRIVATIVO; privative, exclusive, personal.

PRIVIGNA; a step-daughter.

PRIVIGNUS; a step-son.

PRIVILEGIADO; privileged, patented.

PRIVILEGIAR; to privilege, to grant a privilege to, to grant a patent, to create a lien.

PRIVILEGIO *m*; privilege, patent, copyright.

PRIVILEGIO CIVIL; creditor's privilege over others.

PRIVILEGIO CONDICIONAL; conditional privilege.

PRIVILEGIO CONVENCIONAL; conventional privilege.

PRIVILEGIO DE ACREEDORES; creditors' privilege.

PRIVILEGIO DE AVOCACIÓN; right of a superior court to take jurisdiction from a lower one.

PRIVILEGIO DE INDUSTRIA; professional license.

PRIVILEGIO DE INTRODUCCIÓN; rights on a foreign product.

PRIVILEGIO DE INVENCIÓN; patent.

PRIVILEGIO NEGATIVO; exemption.

PRIVILEGIO PERSONAL; personal privilege.

PRIVILEGIOS E INMUNIDADES; privileges and immunities.

PRIVILEGIOS SOBRE BIENES INMUEBLES; creditors' privileges concerning real property.

PRIVILEGIOS SOBRE BIENES MUEBLES; creditors' privileges concerning personal property.

PRO *m/f*; profit, benefit.

PRO BONO; for the good, services rendered for free, pro bono.

PRO BONO PUBLICO; for the public good.

PRO DE, EN; for.

PRO FORMA; as a matter of form, pro forma.

PRO FÓRMULA; as a matter of form, pro forma.

PRO INDIVISO; undivided, in common.

PRO RATA; proportionately, pro rata.

PRO SE; for one's self.

PRO SOCIO; for a partner.

PRO TEMPORE; temporarily.

PROAMITA; a sister of a grandfather.

PROAVIA; a great-grandmother.

PROAVUNCULUS; a brother of a great-grandmother, a brother of a great-grandfather.

PROAVUS; a great-grandfather.

PROBABILIDAD *f*; probability, provability.

PROBABLE; probable, provable.

PROBABLEMENTE; probably.

PROBANZA *f*; proof, proving, evidence.

PROBAR; to prove, to test.

PROBAR UNA COARTADA; to establish an alibi.

PROBATORIA *f*; probative period.

PROBATORIO; probative, probatory.

PROBIDAD *f*; probity.

PROBLEMA *m*; problem.

PROBLEMÁTICO; problematic.

PROBO; upright.

PROCACIDAD *f*; impudence.

PROCAZ; impudent.

PROCEDENCIA *f*; origin, legal basis, justification.

PROCEDENTE; originating, lawful, justified, according to custom.

PROCEDER (v); to proceed, to be lawful, to be proper.

PROCEDER *m*; behavior, procedure.

PROCEDIMENTAL; procedural.

PROCEDIMIENTO *m*; procedure, process, proceedings.

PROCEDIMIENTO ADMINISTRATIVO; administrative proceeding.

PROCEDIMIENTO ANÓMALO; anomalous proceeding.

PROCEDIMIENTO CIVIL; civil proceeding, civil procedure.

PROCEDIMIENTO CONTENCIOSO ADMINISTRATIVO; administrative proceeding.

PROCEDIMIENTO CRIMINAL; criminal proceeding, criminal procedure.

PROCEDIMIENTO DE OFICIO; court-initiated proceedings.

PROCEDIMIENTO EJECUTIVO; executory process.

PROCEDIMIENTO ESCRITO; written proceedings.

PROCEDIMIENTO EXTRAORDINARIO; special proceeding.

PROCEDIMIENTO INQUISITIVO; inquisition.

PROCEDIMIENTO JUDICIAL; judicial proceeding.

PROCEDIMIENTO LEGISLATIVO; legislative proceeding.

PROCEDIMIENTO ORAL; oral proceedings.

PROCEDIMIENTO ORDINARIO; ordinary proceeding.

PROCEDIMIENTO PARLAMENTARIO; parliamentary proceeding.

PROCEDIMIENTO PENAL; criminal proceeding, criminal procedure.

PROCEDIMIENTO SUMARIO; summary proceeding, summary procedure.

PROCESADO (adj); accused, indicted, prosecuted, arraigned.

PROCESADO *m* ; accused, defendant.

PROCESAL; procedural.

PROCESALISTA *m/f*; attorney specializing in procedural law.

PROCESAMIENTO *m* ; processing, indictment, prosecution, arraignment.

PROCESAR; to process, to indict, to prosecute, to sue, to arraign.

PROCESO *m* ; process, proceeding, trial, suit, action, criminal action, litigation, lapse of time.

PROCESO ACCESORIO; collateral action.

PROCESO ACUMULATIVO; joinder.

PROCESO ADMINISTRATIVO; administrative action.

PROCESO ANORMAL; irregular process.

PROCESO AUXILIAR; ancillary proceeding.

PROCESO CAUTELAR; provisional remedy.

PROCESO CIVIL; civil action.

PROCESO COGNOSCITIVO; test action.

PROCESO COLECTIVO; joint action.

PROCESO COMERCIAL; commercial action.

PROCESO CONCURSAL; bankruptcy proceeding.

PROCESO CONSTITUTIVO; test action.

PROCESO CONTENCIOSO; contested proceeding.

PROCESO CRIMINAL; criminal action.

PROCESO DE COGNICIÓN; test action.

PROCESO DE CONDENA; criminal action.

PROCESO DE EJECUCIÓN; executory proceeding.

PROCESO DECLARATIVO; declaratory action.

PROCESO DISPOSITIVO; test action.

PROCESO EJECUTIVO; executory proceeding.

PROCESO ELECTORAL; electoral process.

PROCESO ESPECIAL; special proceeding.

PROCESO HIPOTECARIO; foreclosure proceeding.

PROCESO INCIDENTAL; collateral action.

PROCESO INICIAL; original process.

PROCESO JUDICIAL; judicial process.

PROCESO JURISDICCIONAL; jurisdictional proceeding.

PROCESO LABORAL; action based on labor law.

PROCESO MIXTO; mixed action.

PROCESO ORDINARIO; ordinary proceeding.

PROCESO PENAL; criminal action.

PROCESO PRINCIPAL; principal action.

PROCESO SIMPLE; ordinary proceeding.

PROCESO SIMULADO; simulated action.

PROCESO SUMARIO; summary proceeding.

PROCESO TESTAMENTARIO; probate.

PROCLAMA *f*; proclamation.

PROCLAMACIÓN *f*; proclamation, public acclaim.

PROCLAMAR; to proclaim, to acclaim.

PROCLAMARSE; to proclaim oneself.

PROCLAMAS DE MATRIMONIO; banns of matrimony.

PROCLAMAS MATRIMONIALES; banns of matrimony.

PROCLIVIDAD *f*; proclivity.

PROCOMÚN *m* ; public welfare.

PROCREACIÓN *f*; procreation.

PROCURACIÓN, POR; by proxy, by power of attorney.

PROCURACIÓN *f*; procuration, proxy, power of attorney, law office, attorneyship, diligent management.

PROCURACIÓN EXPRESA; express procuration.

PROCURACIÓN IMPLÍCITA; implied procuration.

PROCURADOR *m* ; procurator, attorney, (UK) barrister, agent, town-clerk, town treasurer.

PROCURADOR DE TRIBUNALES; attorney, (UK) barrister, attorney at law, legal representative.

PROCURADOR EN JUICIO; trial attorney.

PROCURADOR FISCAL; prosecutor, prosecuting attorney.

PROCURADOR GENERAL; Attorney
General.

PROCURADOR JUDICIAL; attorney, (UK)
barrister, attorney at law, legal
representative.

PROCURADURÍA f; law office, attorneyship.

PROCURADURÍA GENERAL; office of an
attorney general.

PROCURAR; to procure, to endeavor, to
represent, to manage for another, to
produce.

PRODICIÓN f; treason.

PRODIGALIDAD f; prodigality, lavishness.

PRÓDIGAMENTE; prodigally, lavishly.

PRODIGAR; to squander, to lavish.

PRÓDIGO; prodigal, lavish.

PRODUCCIÓN f; production, products.

PRODUCCIÓN EN MASA; mass production.

PRODUCENTE; producing.

PRODUCIDOR; producing.

PRODUCIR; to produce, to yield.

PRODUCIR INTERÉS; to bear interest.

PRODUCIR PRUEBA; to produce evidence, to
produce proof.

PRODUCIR UN BENEFICIO; to yield a profit.

PRODUCTIVIDAD f; productivity.

PRODUCTIVO; productive.

PRODUCTO m; product, yield.

PRODUCTO BRUTO NACIONAL; gross
national product.

PRODUCTO EQUITATIVO; fair return.

PRODUCTO FINAL; end product.

PRODUCTO NETO NACIONAL; net national
product.

PRODUCTOR (adj); producing.

PRODUCTOR m; producer.

PROFECTICIO; profectitious.

PROFERIR; to express.

PROFERIR UNA DECISIÓN; to announce a
decision.

PROFESAR; to profess.

PROFESIÓN f; profession, declaration.

PROFESIONAL; professional.

PROFESIONAL EN DERECHO; attorney.

PROFESIONALIDAD f; professionalism.

PROFESIONALIDAD DELICTIVA;
professional criminality, illegal exercise of
a profession.

PROFESIONALISMO m; professionalism.

PROFILÁCTICO m; prophylactic.

PRÓFUGO m; fugitive, escapee.

PROFUNDIZAR; to delve deeply, to deepen.

PROFUNDO; deep, profound, obscure.

PROFUSAMENTE; profusely.

PROFUSIÓN f; profusion.

PROGENIE f; progeny.

PROGENITOR m; progenitor.

PROGENITURA f; progeny.

PROGRAMA m; program, platform,
proclamation.

PROGRAMACIÓN f; programming.

PROGRAMAR; to program.

PROGRESAR; to progress.

PROGRESISMO m; progressivism.

PROGRESISTA; progressive.

PROGRESIVO; progressive.

PROGRESO m; progress.

PROGRESO SOCIAL; social progress.

PROHIBE EL PASO, SE; no thoroughfare, no
entry.

PROHIBE FUMAR, SE; no smoking.

PROHIBE LA ENTRADA, SE; no admittance.

PROHIBICIÓN f; prohibition.

PROHIBICIÓN DE COMERCIAR; prohibition
against trading.

PROHIBICIÓN DE ENAJENAR; prohibition
against transferring.

PROHIBICIÓN JUDICIAL; judicial
prohibition, injunction.

PROHIBICIONES MATRIMONIALES;
marriage impediments.

PROHIBICIONISMO m; prohibitionism.

PROHIBICIONISTA; prohibitionist.

PROHIBIDA LA ENTRADA; no admittance.

PROHIBIDO; prohibited.

PROHIBIDO EL PASO; no thoroughfare, no
entry.

PROHIBIDO ENTRAR; no admittance.

PROHIBIDO ESTACIONAR; no parking.

PROHIBIDO FUMAR; no smoking.

PROHIBIR; to prohibit, to ban, to impede.

PROHIBITIVO; prohibitive.

PROHIBITORIO; prohibitory.

PROHIJACIÓN f; adoption.

PROHIJADOR (adj); adopting.

PROHIJADOR m; adopter.

PROHIJAMIENTO *m* ; adoption.
PROHIJAR; to adopt.
PROINDIVISIÓN *f*; state of being undivided.
PROLE *f*; progeny.
PROLETARIADO *m* ; proletariat.
PROLIFERACIÓN *f*; proliferation.
PROLÍFICO; prolific.
PRÓLOGO *m* ; prologue.
PROLONGACIÓN *f*; prolongation.
PROLONGADO; prolonged.
PROLONGAMIENTO *m* ; prolongation.
PROLONGAR; to prolong.
PROMATERTERA; a sister of a grandmother.
PROMATERTERA MAGNA; a
    great-great-aunt.
PROMEDIAR; to average, to mediate, to
    divide equally.
PROMEDIO *m* ; average.
PROMEDIO DE VIDA; average life span.
PROMESA *f*; promise, offer.
PROMESA COLATERAL; collateral promise.
PROMESA CONDICIONAL; conditional
    promise.
PROMESA DE COMPRA; promise to
    purchase.
PROMESA DE COMPRA Y VENTA;
    purchase agreement.
PROMESA DE COMPRAVENTA; purchase
    agreement.
PROMESA DE CONTRATO; letter of intent.
PROMESA DE MATRIMONIO; promise of
    marriage.
PROMESA DE PAGO; promise to pay.
PROMESA DE VENTA; promise to sell,
    option.
PROMESA FORMAL; formal promise.
PROMESA IMPLÍCITA; implied promise.
PROMESA PURA; simple promise.
PROMESA SIMPLE; simple promise.
PROMESA SIN CAUSA; naked promise.
PROMESA UNILATERAL; unilateral
    contract.
PROMETER; to promise, to offer.
PROMETERSE; to become engaged.
PROMETIDA *f*; fiancée.
PROMETIDO (adj); promised, offered.
PROMETIDO *m* ; fiancé.
PROMETIENTE; promising, offering.

PROMETIENTE *m/f*; promisor, offeror.
PROMETIMIENTO *m* ; promise, offer.
PROMINENCIA *f*; prominence.
PROMINENTE; prominent.
PROMISCUIDAD *f*; promiscuity.
PROMISCUO; promiscuous.
PROMISORIO; promissory.
PROMITENTE *m/f*; promisor, offeror.
PROMOCIÓN *f*; promotion.
PROMOTOR *m* ; promoter.
PROMOVEDOR *m* ; promoter.
PROMOVER; to promote.
PROMOVER JUICIO; to bring suit.
PROMOVER UNA ACCIÓN; to bring suit.
PROMULGACIÓN *f*; promulgation.
PROMULGADOR *m* ; promulgator.
PROMULGAR; to promulgate.
PRONEPOS; a great-grandson.
PRONEPTIS; a great-granddaughter.
PRONÓSTICO *m* ; prognostic, forecast.
PRONTO, DE; suddenly.
PRONTO; soon, promptly.
PRONTUARIO *m* ; manual, summary, dossier.
PRONUNCIAMIENTO *m* ; pronouncement,
    rebellion.
PRONUNCIAR; to pronounce.
PRONUNCIAR SENTENCIA; to pronounce
    judgment.
PRONUNCIAR UN AUTO; to issue a writ.
PRONUNCIAR VEREDICTO; to return a
    verdict.
PRONUNCIARSE; to rebel, to go on record
    with an opinion.
PROPAGANDA *f*; propaganda.
PROPAGAR; to propagate.
PROPASAR; to go beyond the limits.
PROPASARSE; to go too far, to exceed one's
    authority.
PROPATRUUS; a brother of a
    great-grandfather.
PROPATRUUS MAGNUS; a
    great-great-uncle.
PROPENDER A; to tend towards.
PROPENSIÓN *f*; propensity.
PROPENSIÓN AL DELITO; criminal
    propensity.
PROPENSIÓN DELICTUAL; criminal
    propensity.

PROPENSO A; prone to.

PROPIAMENTE; properly.

PROPICIAR; to propitiate, to propose.

PROPICIO; propitious.

PROPIEDAD *f*; property, proprietorship, estate, propriety.

PROPIEDAD ABSOLUTA; absolute fee simple.

PROPIEDAD APARENTE; ostensible ownership.

PROPIEDAD COMUNAL; common property, joint ownership.

PROPIEDAD CONDICIONAL; qualified estate, conditional ownership.

PROPIEDAD CONTINGENTE; contingent estate.

PROPIEDAD CONVENCIONAL; conventional estate.

PROPIEDAD DE RENTA; income property.

PROPIEDAD EN CONDOMINIO; condominium property, condominium ownership.

PROPIEDAD EN EXPECTATIVA; expectant estate.

PROPIEDAD HORIZONTAL; condominium property, condominium ownership.

PROPIEDAD IMPERFECTA; imperfect ownership.

PROPIEDAD INCORPORAL; intangible property.

PROPIEDAD INDUSTRIAL; industrial property.

PROPIEDAD INMATERIAL; intangible property.

PROPIEDAD INMOBILIARIA; real estate, real estate ownership.

PROPIEDAD INMUEBLE; real estate, real estate ownership.

PROPIEDAD INTELECTUAL; intellectual property, copyright.

PROPIEDAD LIMÍTROFE; abutting property.

PROPIEDAD LITERARIA; literary property, copyright.

PROPIEDAD MANCOMUNADA; joint ownership, common property.

PROPIEDAD MUEBLE; personal property.

PROPIEDAD PRIVADA; private property, private ownership.

PROPIEDAD RAÍZ; real estate, real estate ownership.

PROPIEDAD RAÍZ SIN MEJORAR; unimproved real estate.

PROPIEDAD REAL; real estate, real estate ownership.

PROPIEDAD RURAL; rural property, rural ownership.

PROPIEDAD RÚSTICA; rural property, rural ownership.

PROPIEDAD URBANA; urban property, urban ownership.

PROPIEDAD VITALICIA; life estate.

PROPIETARIO (adj); proprietary.

PROPIETARIO *m*; proprietor, owner.

PROPIETARIO APARENTE; reputed owner.

PROPIETARIO BENEFICIOSO; beneficial owner.

PROPIETARIO CONJUNTO; joint owner.

PROPIETARIO EN DERECHO; legal owner.

PROPIETARIO EQUITATIVO; equitable owner.

PROPIETARIO INSCRITO; record owner.

PROPIETARIO REGISTRADO; record owner.

PROPINCUIDAD *f*; propinquity.

PROPIO (adj); one's own, genuine, proper, typical.

PROPIO *m*; courier.

PROPONEDOR (adj); proposing.

PROPONEDOR *m*; proponent.

PROPONENTE (adj); proposing.

PROPONENTE *m/f*; proponent.

PROPONER; to propose, to offer, to nominate.

PROPONER UNA MOCIÓN; to offer a motion.

PROPONER UNA TRANSACCIÓN; to offer a settlement.

PROPORCIÓN *f*; proportion, occasion.

PROPORCIONABLEMENTE; proportionally.

PROPORCIONADAMENTE; proportionally.

PROPORCIONADO; proportioned, suitable.

PROPORCIONAL; proportional.

PROPORCIONALMENTE; proportionally.

PROPORCIONAR; to provide, to apportion, to make proportionate.

PROPOSICIÓN *f*; proposition, offer, motion.

PROPOSICIÓN DE DELITO; criminal proposition.

PROPOSICIÓN DE LEY; bill.
PROPOSICIÓN DELICTIVA; criminal
  proposition.
PROPOSICIÓN DESHONESTA; sexual
  advances.
PROPÓSITO, DE; deliberately.
PROPÓSITO *m* ; purpose.
PROPÓSITO CRIMINAL; criminal intent.
PROPOSITUS; the person proposed.
PROPUESTA *f*; proposal, offer, nomination.
PROPUESTA EN FIRME; firm offer.
PROPUESTA Y ACEPTACIÓN; offer and
  acceptance.
PROPUESTAS SELLADAS; sealed bids.
PROPUESTO; proposed.
PROPUGNAR; to defend.
PROPULSA *f*; repulse, propelling.
PROPULSAR; to repulse, to propel.
PROPULSIÓN *f*; propulsion, repulse.
PROPULSOR; propelling.
PRORRATA, A; proportionately.
PRORRATA *f*; prorate.
PRORRATEAR; to prorate.
PRORRATEO *m* ; proration.
PRÓRROGA *f*; prorogation.
PRÓRROGA DE JURISDICCIÓN; extension
  of jurisdiction.
PRÓRROGA DE PLAZO; extension of time.
PRORROGABLE; prorogable.
PRORROGACIÓN *f*; prorogation.
PRORROGAR; to prorogue, to extend, to
  postpone.
PRORROGATIVO; prorogative.
PROSAPIA *f*; lineage.
PROSCRIBIR; to proscribe, to banish, to
  annul.
PROSCRIPCIÓN *f*; proscription, banishment,
  annulment.
PROSCRIPCIÓN Y CONFISCACIÓN;
  attainder.
PROSCRIPTO (adj); proscribed, banished,
  annulled.
PROSCRIPTO *m* ; proscript, exile.
PROSCRIPTOR (adj); proscribing, banishing,
  annulling.
PROSCRIPTOR *m* ; proscriber, banisher,
  annuller.

PROSECUCIÓN *f*; prosecution, pursuit,
  continuation.
PROSEGUIBLE; pursuable.
PROSEGUIR; to prosecute, to continue.
PROSÉLITO *m* ; proselyte.
PROSPECCIÓN *f*; prospecting, survey.
PROSPECTO *m* ; prospectus, booklet.
PROSTÍBULO *m* ; brothel.
PROSTITUCIÓN *f*; prostitution.
PROSTITUIR; to prostitute.
PROSTITUTA *f*; prostitute.
PROTAGONISTA *m/f*; protagonist.
PROTECCIÓN *f*; protection.
PROTECCIONISMO *m* ; protectionism.
PROTECCIONISTA; protectioninst.
PROTECTOR (adj); protecting, protective.
PROTECTOR *m* ; protector, patron.
PROTECTOR DE CHEQUES; check protector.
PROTECTORADO *m* ; protectorate.
PROTECTORÍA *f*; protectorate, protectorship.
PROTECTORIO; protective.
PROTEGER; to protect.
PROTEGIDO; protected.
PROTESTA, BAJO; under protest.
PROTESTA *f*; protest, declaration.
PROTESTA DE MAR; captain's protest.
PROTESTA DEL CAPITÁN; captain's protest.
PROTESTA DIPLOMÁTICA; diplomatic
  protest.
PROTESTABLE; protestable.
PROTESTADO; protested.
PROTESTANTE (adj); protesting.
PROTESTANTE *m/f*; protester.
PROTESTAR; to protest, to declare.
PROTESTAR CONTRA; to protest against, to
  object to.
PROTESTAR DE; to declare.
PROTESTAR UN GIRO; to protest a draft.
PROTESTAR UNA LETRA; to protest a draft.
PROTESTATIVO; declaratory.
PROTESTO *m* ; protest.
PROTOCOLAR (adj); protocolar, formal.
PROTOCOLAR (v); to protocolize, to register
  formally, to notarize.
PROTOCOLARIO; protocolar, formal.
PROTOCOLIZACIÓN *f*; protocolization,
  formal registration, notarization.

PROTOCOLIZAR; to protocolize, to register formally, to notarize.

PROTOCOLO *m* ; protocol, formal registry, formal registry of a notary public.

PROTOCOLO NOTARIAL; formal registry of a notary public.

PROTONOTARIO *m* ; chief notary public.

PROTUTELA *f*; guardianship.

PROTUTOR *m* ; guardian.

PROVECHO *m* ; benefit, profit.

PROVECHOSAMENTE; beneficially, profitably.

PROVECHOSO; beneficial, profitable.

PROVEEDOR *m* ; provider.

PROVEEDURÍA *f*; post of a provider, warehouse.

PROVEER; to provide, to grant, to decide, to settle, to appoint.

PROVEÍDO (adj); provided, decided.

PROVEÍDO *m* ; decision, writ.

PROVENIENCIA *f*; origin.

PROVENIENTE; proceeding.

PROVENIR; to proceed from.

PROVIDENCIA *f*; providence, decision, order, writ.

PROVIDENCIA DE LANZAMIENTO; writ of ejectment.

PROVIDENCIA DE SECUESTRO; writ of attachment.

PROVIDENCIA EJECUTORIA; writ of execution.

PROVIDENCIA JUDICIAL; judicial decision.

PROVIDENCIAR; to decide, to take measures.

PROVIDENCIAS PARA MEJOR PROVEER; proceedings to obtain more evidence.

PROVINCIA *f*; province.

PROVINCIAL; provincial.

PROVINCIANO; provincial.

PROVISIÓN *f*; provision, precautionary measure, measure, warehouse.

PROVISIÓN DE FONDOS; provision of funds.

PROVISIÓN PARA CUENTAS DUDOSAS; bad debt reserve.

PROVISIÓN PARA DEPRECIACIÓN; depreciation reserve.

PROVISIONAL; provisional.

PROVISO, AL; immediately.

PROVISOR *m* ; provider.

PROVISORIO; provisional.

PROVISTO; provided.

PROVOCACIÓN *f*; provocation, challenge.

PROVOCACIÓN ADECUADA; adequate provocation.

PROVOCACIÓN DEL OFENDIDO; provocation of the victim.

PROVOCACIÓN JUSTIFICANTE; adequate provocation.

PROVOCACIÓN LEGAL; legal provocation.

PROVOCADO; provoked.

PROVOCADOR (adj); provoking.

PROVOCADOR *m* ; provoker, challenger.

PROVOCAR; to provoke, to challenge.

PROVOCATIVO; provocative.

PROXENETA *m* ; procurer.

PROXENETISMO *m* ; procuring.

PRÓXIMAMENTE; soon.

PROXIMIDAD *f*; proximity.

PRÓXIMO; proximate, near, next.

PROYECTAR; to project.

PROYECTIL *m* ; projectile.

PROYECTO, EN; projected.

PROYECTO *m* ; project.

PROYECTO DE CONTRATO; draft of a contract.

PROYECTO DE LEY; bill.

PRUDENCIA *f*; prudence, care.

PRUDENCIA RAZONABLE; reasonable care.

PRUDENCIAL; prudential, careful.

PRUDENCIALMENTE; prudentially, carefully.

PRUDENTE; prudent, careful.

PRUDENTEMENTE; prudently, carefully.

PRUEBA *f*; proof, evidence, test, sample.

PRUEBA ABSOLUTA; full proof.

PRUEBA ADMISIBLE; admissible evidence.

PRUEBA ANTICIPADA; pre-trial evidence.

PRUEBA CIRCUNSTANCIAL; circumstantial evidence.

PRUEBA COMÚN; ordinary evidence.

PRUEBA CONCLUYENTE; conclusive evidence.

PRUEBA CONCURRENTE; corroborating evidence.

PRUEBA CONJETURAL; presumptive evidence.

PRUEBA CONTRARIA; conflicting evidence.

PRUEBA CONVENCIONAL; agreed-upon evidence.

PRUEBA CORROBORATIVA; corroborating evidence.

PRUEBA CUMULATIVA; cumulative evidence.

PRUEBA DE CARGO; evidence for the prosecution.

PRUEBA DE DESCARGO; evidence for the defense.

PRUEBA DE INDICIOS; circumstantial evidence.

PRUEBA DE OÍDAS; hearsay evidence.

PRUEBA DE PERITOS; expert evidence.

PRUEBA DE REFERENCIA; hearsay evidence.

PRUEBA DE SANGRE; blood test.

PRUEBA DECISIVA; conclusive evidence.

PRUEBA DEMOSTRATIVA; demonstrative evidence.

PRUEBA DERIVADA; secondary evidence.

PRUEBA DIRECTA; direct evidence.

PRUEBA DOCUMENTAL; documentary evidence.

PRUEBA EN CONTRARIO; conflicting evidence.

PRUEBA EN SUBSTITUCIÓN; substitutionary evidence.

PRUEBA ESCRITA; documentary evidence.

PRUEBA IMPERTINENTE; irrelevant evidence.

PRUEBA IMPRACTICABLE; inadmissible evidence.

PRUEBA INDICIARIA; circumstantial evidence.

PRUEBA INDIRECTA; indirect evidence.

PRUEBA INDISPUTABLE; conclusive evidence.

PRUEBA INDUBITABLE; indubitable proof.

PRUEBA INEFICAZ; inconclusive evidence.

PRUEBA INMEDIATA; direct evidence.

PRUEBA INSTRUMENTAL; documentary evidence.

PRUEBA INTRÍNSECA; intrinsic evidence.

PRUEBA INÚTIL; inconclusive evidence.

PRUEBA JUDICIAL; judicial evidence.

PRUEBA LEGAL; legal evidence.

PRUEBA LITERAL; documentary evidence.

PRUEBA MEDIATA; indirect evidence.

PRUEBA MORAL; moral evidence.

PRUEBA NEGATIVA; negative evidence, negative proof, negative.

PRUEBA ORAL; oral evidence, parol evidence.

PRUEBA ORIGINAL; original evidence.

PRUEBA PERICIAL; expert evidence.

PRUEBA PERSONAL; oral evidence.

PRUEBA PERTINENTE; relevant evidence.

PRUEBA PLENA; full proof.

PRUEBA POR ESCRITO; documentary evidence.

PRUEBA POR FAMA PÚBLICA; hearsay evidence.

PRUEBA POR INDICIOS; circumstantial evidence.

PRUEBA POR PERITOS; expert evidence.

PRUEBA POR PRESUNCIONES; presumptive evidence.

PRUEBA POR TESTIGOS; testimonial evidence.

PRUEBA POSITIVA; direct evidence, positive proof.

PRUEBA PRECONSTITUIDA; pre-trial evidence.

PRUEBA PRESUNTA; presumptive evidence.

PRUEBA PRIMA FACIE; evidence sufficient on its face, prima facie evidence.

PRUEBA PRIMARIA; primary evidence.

PRUEBA PRIVILEGIADA; evidence which is admissible only in certain cases, privileged evidence.

PRUEBA PROCESAL; evidence presented during a trial.

PRUEBA REAL; real evidence.

PRUEBA SUFICIENTE; sufficient evidence.

PRUEBA TASADA; legal evidence.

PRUEBA TESTIFICAL; testimonial evidence.

PRUEBA TESTIMONIAL; testimonial evidence.

PRUEBA VERBAL; oral evidence.

PRUEBA VOCAL; oral evidence.

PSICÓLOGO *m* ; psychologist.

PSICOSIS *m* ; psychosis.

PSIQUIATRA *m/f* ; psychiatrist.

PÚBER; pubescent.

PÚBERO; pubescent.

PUBERTAD *f*; puberty.

PÚBLICA VOZ Y FAMA; common knowledge.

PUBLICACIÓN *f*; publication, proclamation.

PUBLICACIÓN OBSCENA; obscene publication.

PUBLICACIÓN OFICIAL; official publication.

PUBLICADOR (adj); publishing.

PUBLICADOR *m*; publisher.

PÚBLICAMENTE; publicly.

PUBLICAR; to publish, to proclaim.

PUBLICIDAD *f*; publicity.

PÚBLICO; public, open.

PUBLÍQUESE; be it known.

PUEBLO *m*; town, nation, people.

PUERICIA *f*; childhood.

PUERTA *f*; door, access.

PUERTA ABIERTA; open door, free trade.

PUERTO *m*; port, asylum.

PUERTO ABIERTO; open port.

PUERTO ADUANERO; port of entry.

PUERTO AÉREO; airport.

PUERTO DE ADUANA; port of entry.

PUERTO DE AMARRE; home port.

PUERTO DE DESTINO; port of destination.

PUERTO DE EMBARQUE; port of departure.

PUERTO DE ENTRADA; port of entry.

PUERTO DE ESCALA; port of call.

PUERTO DE MATRÍCULA; home port.

PUERTO DE ORIGEN; port of departure.

PUERTO DE REFUGIO; port of refuge.

PUERTO DE SALIDA; port of departure.

PUERTO FINAL; port of delivery.

PUERTO FRANCO; free port.

PUERTO LIBRE; free port.

PUERTO TERMINAL; port of delivery.

PUESTA *f*; higher bid, putting, stake.

PUESTO (adj); put.

PUESTO *m*; post, position.

PUESTO QUE; inasmuch as.

PUGNA *f*; fight, conflict.

PUGNANTE; fighting, opposing.

PUGNAR; to fight, to conflict with.

PUJA *f*; struggle, bid, higher bid.

PUJADOR *m*; bidder, outbidder.

PUJAR; to struggle, to hesitate, to bid, to outbid.

PUNGUISTA *m*; pickpocket.

PUNIBILIDAD *f*; punishability.

PUNIBLE; punishable.

PUNICIÓN *f*; punishment.

PUNIDOR *m*; punisher.

PUNIR; to punish.

PUNITIVO; punitive.

PUNTO, EN; exactly.

PUNTO *m*; point, matter, issue, integrity.

PUNTO DE DERECHO; legal issue.

PUNTO DE HECHO; factual issue.

PUNTO DE VISTA; point of view.

PUNTUAL; punctual, exact.

PUNTUALIDAD *f*; punctuality, exactness.

PUNTUALIZAR; to detail, to stamp, to finish.

PUNTUALMENTE; punctually, exactly.

PUÑAL *m*; dagger.

PUÑALADA *f*; stab.

PUÑETAZO *m*; punch.

PUÑO *m*; punch, fist, handle.

PUPILAJE *m*; pupilage, boarding house.

PUPILAR; pupillary.

PUPILO *m*; pupil, boarder.

PUR AUTRE VIE; during the life of another.

PURAMENTE; purely, unqualifiedly.

PUREZA *f*; purity, genuineness.

PURGAR; to clear of guilt, to clear of a criminal charge, to exonerate.

PURO; pure.

PURO Y CLARO; free and clear.

PUTATIVO; putative.

Q

QUAESTIO FACTI; a question of fact.

QUAESTIO JURIS; a question of law.

QUEBRADA *f*; ravine, stream.

QUEBRADIZO; fragile.

QUEBRADO (adj); bankrupt, broken, weakened.

QUEBRADO *m*; bankrupt person.

QUEBRADO CULPABLE; bankrupt due to negligence.

QUEBRADO FRAUDULENTO; fraudulent bankrupt.

QUEBRADOR (adj); breaking.

QUEBRADOR *m*; breaker, violator.

QUEBRANTABLE; fragile.

QUEBRANTADO; broken, violated.

QUEBRANTADOR *m*; breaker, violator.

QUEBRANTADURA *f*; breaking, violation, breach.

QUEBRANTAMIENTO *m*; breaking, violation, breach.

QUEBRANTAMIENTO DE FORMA; breach of procedural rules.

QUEBRANTAR; to break, to break out of, to breach, to violate, to annul, to weaken.

QUEBRANTAR EL ARRAIGO; to jump bail.

QUEBRANTAR LA PRISIÓN; to break out of prison.

QUEBRANTAR UN TESTAMENTO; to revoke a will.

QUEBRANTO *m*; breaking, violation, breach, damage, weakness.

QUEBRAR; to go bankrupt, to break, to interrupt.

QUEDA *f*; curfew.

QUEDADA *f*; stay.

QUEDAR; to remain, to get, to end.

QUEDO; quiet.

QUEHACER *m*; work, occupation, chore.

QUEJA *f*; complaint, accusation, protest, appeal.

QUEJARSE; to complain.

QUEJOSO; complaining.

QUEMA *f*; fire.

QUEMADURA *f*; burn.

QUEMAR; to burn, to sell cheaply.

QUEMARROPA, A; pointblank.

QUEMAZÓN *f*; burning, bargain sale.

QUERELLA *f*; complaint, accusation, charge, quarrel, dispute.

QUERELLA CALUMNIOSA; malicious prosecution.

QUERELLA CRIMINAL; criminal charge.

QUERELLA PENAL; criminal charge.

QUERELLADO *m*; accused, defendant.

QUERELLADOR *m*; complainant, accuser, plaintiff.

QUERELLANTE *m/f*; complainant, accuser, plaintiff.

QUERELLARSE; to accuse, to file a complaint, to bewail.

QUID PRO QUO; something for something, quid pro quo.

QUIDAM; somebody.

QUIEBRA *f*; bankruptcy, break, damage.

QUIEBRA CULPABLE; bankruptcy due to negligence.

QUIEBRA CULPOSA; bankruptcy due to negligence.

QUIEBRA FRAUDULENTA; fraudulent bankruptcy.

QUIEBRA INVOLUNTARIA; involuntary bankruptcy.

QUIEBRA VOLUNTARIA; voluntary bankruptcy.

QUIEN CORRESPONDA, A; to whom it may concern.

QUIENQUIERA; whoever, whomever, anyone.

QUIETUD; tranquillity.

QUILLA *f*; keel.

QUILLAJE *m*; keelage.

QUIMÉRICO; chimerical.

QUÍMICO; chemical.

QUINCENA *f*; fifteen days, pay for fifteen days of work, half-month, half-month's pay.

QUIÑÓN *m*; share, plot of land.

QUIROGRAFARIO (adj); unsecured, handwritten.

QUIROGRAFARIO *m* ; unsecured debt, general creditor.

QUIRÓGRAFO (adj); unsecured, handwritten.

QUIRÓGRAFO *m* ; chirograph, promissory note, acknowledgment of debt.

QUITA *f*; release, acquittance, reduction of a debt.

QUITA Y ESPERA; arrangement with creditors.

QUITACIÓN *f*; release, acquittance, quitclaim, income.

QUITAMIENTO *m* ; release, acquittance, reduction of a debt.

QUITANZA *f*; release.

QUITAR; to remove, to steal, to abrogate, to exempt.

QUITARSE; to withdraw, to remove.

QUITARSE LA VIDA; to commit suicide.

QUITO; free, exempt.

QUO ANIMO; with that intent.

QUOD HOC; as to this.

QUOD VIDE; which see.

QUÓRUM *m* ; quorum.

R

RABIA *f*; rage, rabies.

RÁBULA *m* ; shyster attorney, pettifogger.

RACIAL; racial.

RACIOCINAR; to reason.

RACIOCINIO *m* ; reason, reasoning.

RACIÓN *f*; ration.

RACIONABILIDAD *f*; reason, judgment.

RACIONAL; rational.

RACIONALIDAD *f*; rationality.

RACIONALISMO *m* ; rationalism.

RACIONALIZACIÓN *f*; rationalization.

RACIONALMENTE; rationally.

RACIONAMIENTO *m* ; rationing.

RACIONAR; to ration.

RACISMO *m* ; racism.

RACISTA; racist.

RADIACIÓN *f*; radiation, radio broadcast.

RADIACTIVIDAD *f*; radioactivity.

RADIACTIVO; radioactive.

RADIADO; radiated, broadcast.

RADIAR; to broadcast.

RADICAL; radical.

RADICALISMO *m* ; radicalism.

RADICALMENTE; radically.

RADICAR; to live, to settle, to be located, to file.

RADICAR APELACIÓN; to appeal.

RADICAR UNA ACUSACIÓN; to accuse.

RADICAR UNA MOCIÓN; to file a motion.

RADICARSE; to settle, to settle down.

RADIOACTIVIDAD *f*; radioactivity.

RADIOACTIVO; radioactive.

RAMA *m* ; branch.

RAMERA *f*; prostitute.

RAMERÍA *f*; brothel, prostitution.

RAMIFICACIÓN *f*; ramification.

RAMPLÓN; vulgar.

RAMPLONERÍA *f*; vulgarity.

RANGO *m* ; rank, class.

RANGO HIPOTECARIO; mortgage rank.

RAPACIDAD *f*; rapacity.

RAPAZ (adj); rapacious, thievish.

RAPAZ *m* ; rapacious person, thief, robber, youngster.

RÁPIDAMENTE; rapidly.

RAPIDEZ *f*; rapidity.

RAPIÑA *f*; pillage.

RAPIÑADOR (adj); pillaging.

RAPIÑADOR *m* ; pillager.

RAPIÑAR; to pillage.

RAPTAR; to kidnap, to abduct, to rape.

RAPTO *m* ; kidnapping, abduction, rape, rapture.

RAPTO DE NIÑOS; kidnapping of a minor, child-stealing.

RAPTOR *m* ; kidnapper, abductor, raper, robber.

RAQUETERISMO *m* ; racketeering.

RAQUETERO *m* ; racketeer.

RARAMENTE; rarely, oddly.

RAREZA *f*; rarity, oddity.

RASGADURA *f*; rip, ripping.

RASGAR; to rip.

RASGO *m* ; trait, deed, flourish.

RASGOS; features.

RASGUÑAR; to scratch.

RASGUÑO *m* ; scratch.

RASPADURA *f*; scraping, erasure.

RASPAR; to scrape, to erase, to steal.

RASTRA *f*; vestige, trail, outcome.

RASTREAR; to trace, to investigate, to drag.

RASTRO *m* ; vestige, trail.

RATEAR; to distribute proportionally, to reduce proportionally, to steal.

RATEO *m* ; proration, apportionment.

RATERÍA *f*; petty theft, dishonesty.

RATERÍA DE TIENDAS; shoplifting.

RATERO *m* ; petty thief, pickpocket.

RATIFICACIÓN *f*; ratification, confirmation.

RATIFICACIÓN DE CONTRATOS; ratification of contracts.

RATIFICACIÓN DE TRATADOS; ratification of treaties.

RATIFICAR; to ratify, to confirm.

RATIFICATORIO; ratifying, confirming.

RATIHABICIÓN *f*; ratification, confirmation.

RATO *m* ; while.

RAZA *f*; race, lineage.

RAZÓN *f*; reason, reasonableness, ratio, information.

RAZÓN COMERCIAL; firm name, trade name.

RAZÓN DE ESTADO; reason of state.

RAZÓN SOCIAL; firm name, trade name.

RAZÓN SUFICIENTE; sufficient reason.

RAZONABLE; reasonable, equitable.

RAZONABLEMENTE; reasonably, equitably.

RAZONADAMENTE; in a reasoned manner.

RAZONADO; reasoned.

RAZONADOR; reasoning, explaining.

RAZONAMIENTO *m* ; reasoning.

RAZONANTE; reasoning.

RAZONAR; to reason, to explain, to justify.

RAZZIA *f*; razzia, police raid.

REABRIR; to reopen.

REABRIR UN CASO; to reopen a case.

REACCIÓN *f*; reaction.

REACCIONAR; to react.

REACCIONARIO; reactionary.

REACEPTACIÓN *f*; reacceptance.

REACIO; reluctant.

REACTIVACIÓN *f*; reactivation.

REACTIVAR; to reactivate.

READAPTACIÓN *f*; readaptation.

READAPTAR; to readapt.

READMISIÓN *f*; readmission.

READMITIR; to readmit.

READQUIRIR; to reacquire.

REAFIRMACIÓN *f*; reaffirmation.

REAFIRMAR; to reaffirm.

REAGRAVAR; to make worse.

REAJUSTAR; to readjust.

REAJUSTE *m* ; readjustment.

REAL; real, royal, splendid.

REAL DECRETO; royal decree.

REALENGO; royal.

REALIDAD *f*; reality, truth.

REALISMO *m* ; realism, royalism.

REALISTA; realistic, royalist.

REALIZABLE; realizable, salable.

REALIZACIÓN *f*; realization, carrying out, sale.

REALIZAR; to realize, to carry out, to sell.

REALMENTE; really.

REALQUILAR; to sublease.

REANUDAR; to renew, to resume.

REANUDAR LOS PAGOS; to resume payments.

REAPARECER; to reappear.

REAPERTURA *m* ; reopening.

REAPERTURA DE LA CAUSA; reopening of the case.

REARGÜIR; to reargue.

REARMAR; to rearm.

REARMARSE; to rearm oneself.

REARME *m* ; rearmament.

REASEGURAR; to reinsure.

REASEGURO *m* ; reinsurance.

REASUMIR; to resume.

REASUNCIÓN *f*; resumption.

REAVIVAR; to revive, to renew.

REBAJA *f*; reduction, rebate.

REBAJA DEL IMPUESTO; tax reduction.

REBAJADO; reduced.

REBAJAMIENTO *m* ; reduction, humiliation.

REBAJAR; to reduce, to humiliate.

REBAÑO *m* ; flock.

REBASAR; to exceed, to overflow.

REBATE *m* ; fight, dispute, encounter.

REBATIBLE; disputable.

REBATIMIENTO *m* ; refutation.

REBATIR; to refute, to ward off, to reinforce, to deduct.

REBELARSE; to rebel, to resist, to disobey.

REBELDE (adj); rebellious, disobedient, defaulting, stubborn, in contempt.

REBELDE *m* ; rebel, disobedient person, defaulter, person in contempt of court.

REBELDÍA, EN; in default, in contempt.

REBELDÍA *f*; rebelliousness, disobedience, default, stubbornness, contempt of court.

REBELDÍA CIVIL; civil contempt.

REBELDÍA PENAL; criminal contempt.

REBELIÓN *f*; rebellion.

REBISABUELA *f*; great-great-grandmother.

REBISABUELO *m* ; great-great-grandfather, great-great-grandparent.

REBISNIETA *f*; great-great-granddaughter.

REBISNIETO *m* ; great-great-grandson, great-great-grandchild.

REBUSCA *f*; careful search.

REBUSCADOR *m* ; searcher.

REBUSCAR; to search carefully.

RECABAR; to request, to obtain.

RECADERO *m* ; messenger.

RECADO *m* ; message, errand, gift.

RECAER; to fall again, to relapse.

RECAÍDA *f*; relapse.

RECALCAR; to emphasize, to emphasize repeatedly, to cram.

RECAMBIAR; to change again, to redraw.

RECAMBIO *m* ; reexchange, redraft.

RECAPACITAR; to reconsider.

RECAPITALIZACIÓN *f*; recapitalization.

RECAPITULACIÓN *f*; recapitulation, consolidated statement.

RECAPITULAR; to recapitulate.

RECAPTURAR; to recapture.

RECARGAR; to reload, to overload, to load, to surcharge, to overcharge, to increase, to charge again.

RECARGO *m* ; surcharge, increase, additional load, surtax, overcharge, markup.

RECARGO IMPOSITIVO; surtax, surcharge for late tax payment.

RECARGO TRIBUTARIO; surtax, surcharge for late tax payment.

RECATAR; to conceal.

RECATARSE; to act prudently, to act indecisively.

RECATO *m* ; prudence, discretion.

RECATÓN (adj); retail.

RECATÓN *m* ; retailer.

RECAUDABLE; collectible.

RECAUDACIÓN *f*; collection, amount collected, office of a collector.

RECAUDACIONES FISCALES; tax collections.

RECAUDADOR *m* ; collector, tax collector.

RECAUDADOR DE IMPUESTOS; tax collector.

RECAUDAMIENTO *m* ; collection, post of a collector, office of a collector.

RECAUDAR; to collect, to collect taxes, to look after.

RECAUDAR IMPUESTOS; to collect taxes.

RECAUDATORIO; pertaining to collections.

RECAUDO *m* ; collection, care, custody, bail, bond.

RECELAMIENTO *m* ; mistrust, suspicion, fear.

RECELAR; to mistrust, to suspect, to fear.

RECELO *m* ; mistrust, suspicion, fear.

RECELOSO; mistrustful, suspicious, fearful.

RECEPCIÓN *f* ; reception, admission, examination of witnesses, greeting.

RECEPCIÓN DE MERCADERÍAS; receipt of merchandise.

RECEPCIÓN DE TESTIGOS; examination of witnesses.

RECEPTACIÓN *f* ; concealment, aiding and abetting, harboring a criminal.

RECEPTADOR *m* ; accessory after the fact, aider and abettor, harborer of a criminal.

RECEPTAR; to conceal, to aid and abet, to harbor a criminal.

RECEPTIVIDAD *f* ; receptivity.

RECEPTIVO; receptive.

RECEPTO *m* ; refuge.

RECEPTOR *m* ; receiver.

RECEPTOR DE RENTAS; tax collector.

RECEPTOR TELEFÓNICO; telephone receiver.

RECEPTORÍA *f* ; receiver's office, collector's office, receivership.

RECESAR; to recess, to adjourn, to withdraw.

RECESIÓN *f* ; recession.

RECESO *m* ; recess, adjournment, withdrawal.

RECETORÍA *f* ; receiver's office, collector's office.

RECIBÍ; payment received.

RECIBIDO; received.

RECIBIDOR *m* ; receiver, receiving teller.

RECIBIMIENTO *m* ; receipt, reception, acceptance.

RECIBIR; to receive, to accept, to admit, to welcome.

RECIBIRSE DE ABOGADO; to be admitted to the bar, to graduate from law school.

RECIBO *m* ; receipt, receiving.

RECIBO DE ALMACÉN; warehouse receipt.

RECIBO DE CARGA; freight receipt.

RECIBO OBLIGATORIO; binder.

RECIDIVISTA *m/f* ; recidivist.

RECIÉN NACIDO; newborn.

RECIENTEMENTE; recently.

RECÍPROCAMENTE; reciprocally.

RECIPROCIDAD *f* ; reciprocity.

RECIPROCIDAD LEGISLATIVA; legislative reciprocity.

RECÍPROCO; reciprocal.

RECLAMABLE; claimable.

RECLAMACIÓN *f* ; claim, complaint, remonstrance.

RECLAMACIÓN JUDICIAL; judicial claim.

RECLAMANTE *m/f* ; claimer, complainer.

RECLAMAR; to reclaim, to claim, to object, to seek a fugitive.

RECLAMAR DAÑOS Y PERJUICIOS; to claim damages.

RECLAMAR PERJUICIOS; to claim damages.

RECLAMAR POR DAÑOS; to claim damages.

RECLAMO *m* ; claim, complaint, advertisement.

RECLAMO POR MUERTE; death claim.

RECLUIR; to confine, to imprison.

RECLUSIÓN *f* ; reclusion, imprisonment.

RECLUSIÓN AISLADA; solitary confinement.

RECLUSIÓN MAYOR; long-term imprisonment.

RECLUSIÓN MENOR; short-term imprisonment.

RECLUSIÓN PERPETUA; life imprisonment.

RECLUSIÓN SOLITARIA; solitary confinement.

RECLUSO (adj); confined, imprisoned.

RECLUSO *m* ; inmate.

RECLUSORIO *m* ; place of confinement, prison.

RECLUTA *m* ; recruit.

RECLUTADOR *m* ; recruiter.

RECLUTAMIENTO *m* ; recruitment, conscription.

RECLUTAR; to recruit, to draft.

RECOBRABLE; recoverable.

RECOBRAR; to recover.

RECOBRARSE; to recover.

RECOBRO *m* ; recovery.

RECOGEDOR *m* ; collector.

RECOGER; to retrieve, to collect, to withdraw, to shelter, to suspend.

RECOGIDA *f* ; collecting, withdrawal.

RECOLECCIÓN *f* ; collection, summary.

RECOLECTAR; to collect, to summarize.

RECOLECTOR *m* ; collector.

RECOMENDACIÓN *f*; recommendation, request.

RECOMENDANTE *m/f*; recommender.

RECOMENDAR; to recommend, to advise, to request.

RECOMPENSA *f*; recompense, remuneration, award.

RECOMPENSABLE; recompensable.

RECOMPENSACIÓN *f*; recompense, remuneration, award.

RECOMPONER; to repair again.

RECOMPRA *f*; repurchase.

RECOMPRAR; to repurchase.

RECONCILIABLE; reconcilable.

RECONCILIACIÓN *f*; reconciliation.

RECONCILIACIÓN MATRIMONIAL; marital reconciliation.

RECONCILIAR; to reconcile.

RECONCILIARSE; to be reconciled.

RECONDENAR; to reconvict, to resentence.

RECONDUCCIÓN *f*; extension, renewal.

RECONDUCIR; to extend, to renew.

RECONOCEDOR *m* ; recognizer, admitter, inspector.

RECONOCER; to recognize, to admit, to inspect.

RECONOCER UNA FIRMA; to acknowledge a signature.

RECONOCERSE; to be apparent, to admit.

RECONOCIBLE; recognizable.

RECONOCIDO; recognized, admitted.

RECONOCIMIENTO *m* ; recognition, admission, inspection.

RECONOCIMIENTO ACUSATORIO; identification of a suspect.

RECONOCIMIENTO ADUANAL; customs inspection.

RECONOCIMIENTO DE CUENTAS; audit of accounts.

RECONOCIMIENTO DE DEUDA; acknowledgment of debt.

RECONOCIMIENTO DE FIRMA; authentication of signature.

RECONOCIMIENTO DE LAS OBLIGACIONES; acknowledgment of the obligations.

RECONOCIMIENTO DE LETRA; recognition of handwriting.

RECONOCIMIENTO JUDICIAL; judicial examination.

RECONOCIMIENTO TÁCITO; tacit admission.

RECONSIDERACIÓN *f*; reconsideration.

RECONSIDERAR; to reconsider.

RECONSTITUCIÓN *f*; reconstitution, reorganization.

RECONSTITUIR; to reconstitute, to reorganize.

RECONSTRUCCIÓN *f*; reconstruction.

RECONSTRUCCIÓN DE LOS HECHOS; reconstruction of the facts.

RECONSTRUCCIÓN DEL DELITO; reconstruction of the crime.

RECONSTRUIR; to reconstruct.

RECONTAR; to recount.

RECONVENCIÓN *f*; reconvention, counterclaim, cross-claim, remonstrance.

RECONVENCIONAL; reconventional, pertaining to a counterclaim, pertaining to a cross-claim.

RECONVENIR; to counterclaim, to cross-claim, to remonstrate.

RECONVERSIÓN *f*; reconversion.

RECOPILACIÓN *f*; compilation, digest, summary.

RECOPILADOR; compiler, writer of a digest, summarizer.

RECOPILAR; to compile, to write a digest, to summarize.

RÉCORD *m* ; record.

RÉCORD DELICTIVO; criminal record.

RÉCORD PENAL; criminal record.

RECORDACIÓN *f*; recollection, commemoration.

RECORDAR; to recollect, to remind, to commemorate.

RECORDATORIO *m* ; reminder.

RECRIMINACIÓN *f*; recrimination.

RECRIMINADOR (adj); recriminating.

RECRIMINADOR *m* ; recriminator.

RECRIMINAR; to recriminate.

RECRIMINARSE; to exchange recriminations.

RECRUDECIMIENTO *m* ; recrudescence.

RECTAMENTE; honestly.

RECTIFICABLE; rectifiable.

RECTIFICACIÓN *f*; rectification, amendment.

RECTIFICACIÓN DE ASIENTOS DE LOS REGISTROS; correction of entries in the registries.

RECTIFICADOR *m* ; rectifier.

RECTIFICAR; to rectify, to amend.

RECTIFICATIVO; rectifying.

RECTITUD *f*; rectitude.

RECTITUD COMPARADA; comparative rectitude.

RECTO; straight, honest.

RECUENTO *m* ; recount, count, inventory.

RECUERDO *m* ; remembrance, memory.

RECUESTA *f*; request, demand, warning.

RECUESTAR; to request, to demand, to warn.

RECUPERABLE; recoverable.

RECUPERACIÓN *f*; recuperation.

RECUPERADOR *m* ; recuperator.

RECUPERAR; to recuperate.

RECURRENTE (adj); recurring.

RECURRENTE *m/f*; appellant, petitioner.

RECURRIBLE; appealable.

RECURRIDO (adj); appealed.

RECURRIDO *m* ; appellee, respondent.

RECURRIR; to appeal, to petition, to resort to.

RECURSO, SIN; without appeal, without remedy.

RECURSO *m* ; recourse, remedy, means, appeal, petition, motion.

RECURSO ADMINISTRATIVO; administrative recourse.

RECURSO CIVIL; civil remedy.

RECURSO CONTENCIOSO ADMINISTRATIVO; appeal against an administrative act.

RECURSO DE ACLARACIÓN; petition for clarification.

RECURSO DE ACLARATORIA; petition for clarification.

RECURSO DE ALZADA; appeal.

RECURSO DE AMPARO; petition pertaining to constitutional protections.

RECURSO DE ANULACIÓN; appeal for annulment.

RECURSO DE APELACIÓN; appeal.

RECURSO DE CASACIÓN; appeal to a supreme court for violations of procedural law.

RECURSO DE HÁBEAS CORPUS; appeal for habeas corpus.

RECURSO DE HOMOLOGACIÓN; appeal to a court against an arbitral award.

RECURSO DE NULIDAD; appeal for annulment.

RECURSO DE QUEJA; appeal where the lower court delays an appeal unfairly.

RECURSO DE RECONSIDERACIÓN; petition for the court to reconsider its own decision.

RECURSO DE REFORMA; petition for the court to reconsider its own decision.

RECURSO DE REPOSICIÓN; petition for the court to reconsider its own decision.

RECURSO DE RESCISIÓN; appeal for annulment.

RECURSO DE REVISIÓN; petition for review.

RECURSO DE REVOCACIÓN; petition for the court to reconsider its own decision.

RECURSO DE REVOCATORIA; petition for the court to reconsider its own decision.

RECURSO DE SÚPLICA; petition for the court to reconsider its own decision.

RECURSO DE TERCERA INSTANCIA; second appeal.

RECURSO EXTRAORDINARIO; extraordinary appeal.

RECURSO INTERINO; provisional remedy.

RECURSO JUDICIAL; judicial remedy.

RECURSO PREVENTIVO; preventive remedy.

RECURSOS LEGALES; legal remedies.

RECURSOS NATURALES; natural resources.

RECUSABLE; recusable.

RECUSACIÓN *f*; recusation, challenge, rejection, objection.

RECUSACIÓN A TODO EL JURADO; challenge to jury array.

RECUSACIÓN CON CAUSA; challenge for cause.

RECUSACIÓN GENERAL CON CAUSA; general challenge.

RECUSACIÓN PERENTORIA; peremptory challenge.

RECUSACIÓN SIN CAUSA; peremptory challenge.

RECUSADO; recused, rejected, objected to.

RECUSANTE; recusing, challenging, rejecting, objecting.

RECUSANTE *m/f*; challenger, rejector, objector.

RECUSAR; to recuse, to challenge, to reject, to object to.

RECHAZABLE; rejectable, deniable.

RECHAZAMIENTO *m*; rejection, denial.

RECHAZAR; to reject, to deny.

RECHAZO *m*; rejection, denial.

RED *f*; net, network.

REDACCIÓN *f*; redacting, writing, editing, editors.

REDACCIONAL; in writing.

REDACTAR; to redact, to write, to edit.

REDACTAR UN CONTRATO; to draw up a contract.

REDACTOR *m*; redactor, writer, editor.

REDADA *f*; police raid, gang.

REDARGUCIÓN *f*; impugnment, refutation.

REDARGÜIR; to impugn, to refute.

REDENCIÓN *f*; redemption, restitution.

REDENCIÓN DE LA DEUDA; retirement of debt.

REDENCIÓN DE SERVIDUMBRES; lifting of easements.

REDENTOR; redeeming.

REDESCUENTO *m*; rediscount.

REDESPACHAR; to resend.

REDHIBICIÓN *f*; redhibition.

REDHIBIR; to rescind by right of redhibition.

REDHIBITORIO; redhibitory.

REDIMIBLE; redeemable.

REDIMIR; to redeem, to free, to exempt, to call in, to pay off.

RÉDITO *m*; revenue, return, profit, interest.

RÉDITO IMPONIBLE; taxable income.

REDITUABLE; revenue-yielding, profitable, interest bearing.

REDITUAL; revenue-yielding, profitable, interest bearing.

REDITUAR; to yield, to draw.

REDONDA *f*; region, pasture.

REDONDEAR; to round off, to complete.

REDONDEARSE; to clear oneself of all debts.

REDUCCIÓN *f*; reduction.

REDUCCIÓN DE LA PENA; reduction of the sentence.

REDUCCIÓN DEL PRECIO; price reduction.

REDUCIBLE; reducible.

REDUCIR; to reduce, to subdue.

REDUCTIBLE; reducible.

REDUNDANCIA *f*; redundance.

REDUNDANTE; redundant.

REDUNDANTEMENTE; redundantly.

REEDICIÓN *f*; republication.

REEDIFICACIÓN *f*; rebuilding.

REEDIFICAR; to rebuild.

REEDITAR; to republish.

REEDUCACIÓN *f*; reeducation.

REEDUCAR; to re-educate.

REELECCIÓN *f*; reelection.

REELECTO; reelected.

REELEGIR; to reelect.

REEMBARCAR; to reembark.

REEMBARGAR; to reattach.

REEMBARGO *m*; reattachment.

REEMBARQUE *m*; reembarkation.

REEMBOLSABLE; reimbursable.

REEMBOLSAR; to reimburse.

REEMBOLSO *m*; reimbursement, drawback.

REEMBOLSO CONTRIBUTIVO; tax refund.

REEMPLAZABLE; replaceable.

REEMPLAZANTE *m/f*; replacement.

REEMPLAZAR; to replace.

REEMPLAZO *m*; replacement.

REEMPLEAR; to reemploy.

REEMPLEO *m*; reemployment.

REENDOSAR; to reendorse.

REENDOSO *m*; reendorsement.

REENVIAR; to return, to forward, to remand.

REENVÍO *m*; return, forwarding, remand.

REEXAMINACIÓN *f*; reexamination.

REEXAMINAR; to reexamine.

REEXPEDICIÓN *f*; reshipment, forwarding.

REEXPEDIR; to reship, to forward.

REEXPORTACIÓN *f*; reexportation.

REEXPORTAR; to reexport.

REEXTRADICIÓN *f*; reextradition.

REFACCIÓN *f*; bonus, repair, maintenance expense.

REFACCIONADOR *m*; financial backer.

REFACCIONAR; to renovate, to repair, to maintain, to finance.

REFERENCIA *f*; reference, report, narration.

REFERÉNDUM *m* ; referendum.

REFERENTE; referring.

REFERIDO; referred, said.

REFERIR; to refer to, to report, to narrate.

REFERIRSE A; to refer oneself to.

REFINANCIACIÓN *f*; refinancing.

REFINANCIAR; to refinance.

REFINAR; to refine.

REFIRMAR; to support, to ratify.

REFORMA *f*; reform, amendment, revision, innovation.

REFORMA CONSTITUCIONAL; constitutional reform.

REFORMA CONTRIBUTIVA; tax reform.

REFORMA SOCIAL; social reform.

REFORMABLE; reformable.

REFORMACIÓN *f*; reformation.

REFORMADO; reformed, amended.

REFORMAR; to reform, to amend, to revise, to innovate, to repair.

REFORMATORIO (adj); reforming, amending.

REFORMATORIO *m* ; reformatory.

REFORMISMO *m* ; reformism.

REFORMISTA; reformer.

REFORZAR; to reinforce.

REFRACTARIO; refractory, unwilling.

REFRENAR; to curb.

REFRENARSE; to curb oneself.

REFRENDACIÓN *f*; countersignature, authentication, legalization, stamping.

REFRENDAR; to countersign, to authenticate, to legalize, to stamp.

REFRENDARIO *m* ; countersigner, authenticator.

REFRENDATA *f*; countersignature, authentication, legalization.

REFRENDO *m* ; countersignature, authentication, legalization, stamp.

REFRESCAR LA MEMORIA; refreshing the memory.

REFRIEGA *f*; affray.

REFUERZO *m* ; reinforcement, aid.

REFUGIADO *m* ; refugee.

REFUGIAR; to give refuge.

REFUGIARSE; to take refuge.

REFUGIO *m* ; refuge, bomb shelter.

REFUTABLE; refutable.

REFUTACIÓN *f*; refutation, rebuttal.

REFUTAR; to refute, to rebut.

REGALADOR (adj); giving.

REGALADOR *m* ; giver.

REGALAR; to give.

REGALÍA *f*; royalty, privilege, exemption, perquisite, goodwill, gift.

REGALO *m* ; gift, luxury.

REGALO ENTRE CÓNYUGES; interspousal gift.

REGAÑADIENTES, A; grudgingly.

REGATEAR; to haggle, to be sparing, to deny.

REGATEO *m* ; haggling.

REGENCIA *f*; regency, management.

REGENTAR; to rule, to manage.

REGENTE (adj); ruling.

REGENTE *m/f*; regent.

REGENTE *m* ; manager, foreperson, magistrate.

REGENTEAR; to rule, to manage.

REGICIDA (adj); regicidal.

REGICIDA *m/f*; regicide.

REGICIDIO *m* ; regicide.

REGIDOR; ruler, city council member.

RÉGIMEN *m* ; regime, system.

RÉGIMEN CARCELARIO; prison system.

RÉGIMEN CONYUGAL DE BIENES; community property system.

RÉGIMEN DE COMUNIDAD LIMITADA; limited community property system.

RÉGIMEN DE COMUNIDAD UNIVERSAL; universal community property system.

RÉGIMEN DE SEPARACIÓN DE BIENES; common-law marital property system.

RÉGIMEN FEDERAL; federal system.

RÉGIMEN PENAL; prison system.

RÉGIMEN PENITENCIARIO; prison system.

RÉGIMEN SIN COMUNIDAD; common-law marital property system.

REGIMENTAR; to regiment.

REGIMIENTO *m* ; regiment, government, office of a city council member, city council members.

REGIO; royal.

REGIÓN *f*; region.

REGIONAL; regional.

REGIONALISMO *m* ; regionalism.

REGIR; to rule, to manage, to be in force.

REGISTRABLE; registrable.

REGISTRACIÓN *f*; registration.

REGISTRADO; registered.

REGISTRADO ÚNICAMENTE EN CUANTO AL PRINCIPAL; registered as to principal only.

REGISTRADOR *m* ; register, registrar, inspector.

REGISTRADOR DE LA PROPIEDAD; register of real estate, register of deeds.

REGISTRADOR DE TESTAMENTOS; register of wills.

REGISTRAL; pertaining to registry.

REGISTRANTE *m/f*; registrant.

REGISTRAR; to register, to inspect, to search, to enter.

REGISTRAR UNA HIPOTECA; to record a mortgage.

REGISTRAR UNA SENTENCIA; to enter a judgment.

REGISTRO *m* ; registry, register, registration, docket, inspection, entry, tonnage.

REGISTRO BRUTO; gross tonnage.

REGISTRO CIVIL; civil registry.

REGISTRO CONSULAR; consular registry.

REGISTRO DE ACTAS; minute book.

REGISTRO DE ACTOS DE ÚLTIMA VOLUNTAD; registry of wills.

REGISTRO DE BUQUES; registry of ships.

REGISTRO DE DEFUNCIONES; registry of deaths.

REGISTRO DE JURADOS; jury list.

REGISTRO DE LA PROPIEDAD; registry of real estate.

REGISTRO DE LA PROPIEDAD INDUSTRIAL; registry of industrial property.

REGISTRO DE LA PROPIEDAD INTELECTUAL; registry of intellectual property.

REGISTRO DE MATRIMONIOS; registry of marriages.

REGISTRO DE NACIMIENTOS; registry of births.

REGISTRO DE PAPELES; registration of documents.

REGISTRO DE SUFRAGIO; voting list.

REGISTRO DE TESTAMENTOS; registry of wills.

REGISTRO DE TUTELAS; registry of guardianships.

REGISTRO DEMOGRÁFICO; registry of vital statistics.

REGISTRO E INCAUTACIÓN; search and seizure.

REGISTRO PRIVADO; private registry.

REGISTRO PÚBLICO; public registry.

REGISTRO TRIBUTARIO; tax roll.

REGISTRO Y EMBARGO ARBITRARIO; unreasonable search and seizure.

REGLA *f*; rule, principle, law, moderation.

REGLA DE INFERENCIA SOBRE INFERENCIA; rule of inference on inference.

REGLA DE LA CERTEZA RAZONABLE; rule of reasonable certainty.

REGLA DE LA SCINTILLA; scintilla of evidence rule.

REGLA DE MASSACHUSETTS; Massachusetts rule.

REGLA DEL ÚLTIMO ANTECEDENTE; last antecedent rule.

REGLA MIRANDA; Miranda Rule.

REGLA SOBRE EL CUMPLIMIENTO SUSTANCIAL; substantial compliance rule.

REGLADAMENTE; moderately.

REGLADO; moderate, ruled.

REGLAMENTACIÓN *f*; regulation, regulations.

REGLAMENTACIÓN DE TRÁNSITO; traffic rules.

REGLAMENTACIÓN URBANÍSTICA; zoning rules.

REGLAMENTACIONES DE TRABAJO; work guidelines, labor laws.

REGLAMENTAR; to regulate, to rule, to establish rules.

REGLAMENTARIO; regulatory, regulation.

REGLAMENTO *m* ; regulation, regulations, bylaws.

REGLAMENTO ADMINISTRATIVO; administrative regulation.

REGLAMENTO ADUANERO; customs regulations.

REGLAMENTO DE EDIFICACIÓN; building code.

REGLAMENTO DE TRABAJO; work guidelines, labor laws.

REGLAMENTO PROCESAL; rules of procedure.

REGLAMENTOS INTERIORES; bylaws.

REGLAR; to regulate.

REGLAS DE EVIDENCIA; rules of evidence.

REGLAS PROCESALES; rules of procedure.

REGRESAR; to return.

REGRESIÓN f; regression.

REGRESIVO; regressive.

REGRESO m ; return.

REGULACIÓN f; regulation.

REGULADOR (adj); regulating.

REGULADOR m ; regulator.

REGULAR (adj); regular, average.

REGULAR (v); to regulate.

REGULARIDAD f; regularity.

REGULARIZAR; to regulate, to regularize.

REGULARMENTE; regularly.

REGULATIVO; regulative.

REHABILITACIÓN f; rehabilitation, discharge.

REHABILITACIÓN DEL FALLIDO; discharge of a bankrupt.

REHABILITACIÓN DEL PENADO; rehabilitation of a prisoner.

REHABILITACIÓN DEL QUEBRADO; discharge of a bankrupt.

REHABILITAR; to rehabilitate, to discharge.

REHABILITARSE; to rehabilitate oneself.

REHACER; to redo, to repair.

REHÉN m ; hostage.

REHERIR; to repulse.

REHIPOTECAR; to rehypothecate.

REHUIDA f; flight, avoidance, denial.

REHUIR; to flee, to avoid, to deny.

REHUSAR; to refuse.

REHUSAR EL PAGO; to refuse payment.

REIMPORTACIÓN f; reimportation.

REIMPORTAR; to reimport.

REIMPRESIÓN f; reprint, reprinting.

REIMPRIMIR; to reprint.

REINA f; queen.

REINADO f; reign.

REINADOR m ; ruler.

REINANTE; reigning.

REINAR; to reign, to predominate.

REINCIDENCIA f; recidivism, relapse.

REINCIDENTE m/f; repeat offender.

REINCIDIR; to repeat an offense, to relapse.

REINCORPORACIÓN f; reincorporation.

REINCORPORAR; to reincorporate.

REINCORPORARSE; to become reincorporated.

REINGRESAR; to re-enter.

REINGRESO m ; reentering.

REINICIAR; to reopen.

REINO m ; realm.

REINSTALACIÓN f; reinstallation.

REINSTALAR; to reinstall.

REINTEGRABLE; refundable, restorable.

REINTEGRACIÓN f; restoration, refund.

REINTEGRAR; to reintegrate, to refund.

REINTEGRARSE; to return, to recover.

REINTEGRO m ; reintegration, refund, restitution.

REINVERSIÓN f; reinvestment.

REITERACIÓN f; reiteration.

REITERADAMENTE; repeatedly.

REITERANTE m/f; repeat offender.

REITERAR; to reiterate, to repeat.

REITERATIVO; reiterative, repeatable.

REIVINDICABLE; repleviable, recoverable.

REIVINDICACIÓN f; replevin, recovery.

REIVINDICADOR m ; replevisor.

REIVINDICANTE m/f; replevisor.

REIVINDICAR; to replevy, to recover.

REIVINDICATIVO; pertaining to replevin, pertaining to recovery.

REIVINDICATORIO; replevying, recovering.

REJAS f; bars.

RELACIÓN f; relation, relationship, report, narration.

RELACIÓN DE CONFIANZA; fiduciary relation.

RELACIÓN DE RESERVA; reserve ratio.

RELACIÓN DE TRABAJO; work relation.

RELACIÓN JURADA; sworn statement.

RELACIÓN JURÍDICA; legal relationship.

RELACIONAR; to relate, to report.

RELACIONARSE; to become related.

RELACIONES COMERCIALES; business relations.

RELACIONES CONSULARES; consular relations.

RELACIONES DE NEGOCIOS; business relations.

RELACIONES DIPLOMÁTICAS; diplomatic relations.

RELACIONES HUMANAS; human relations.

RELACIONES LABORALES; work relations.

RELACIONES PROFESIONALES; professional relations.

RELACIONES PÚBLICAS; public relations.

RELACIONES SEXUALES; sexual intercourse.

RELAJACIÓN f; relaxation, mitigation.

RELAJAR; to relax, to release, to jeer.

RELAJARSE; to become relaxed, to relax.

RELAPSO m; relapse.

RELATAR; to relate, to report.

RELATIVAMENTE; relatively.

RELATIVIDAD f; relativity.

RELATIVO; relative.

RELATO m; report, narration.

RELATOR m; reporter, narrator, court reporter.

RELATORÍA f; post of a court reporter.

RELEGACIÓN f; relegation, exile.

RELEGAR; to relegate, to exile.

RELEVACIÓN f; release, exemption, pardon.

RELEVANCIA f; relevance.

RELEVANTE; relevant, outstanding.

RELEVAR; to relieve, to exempt, to pardon.

RELICTO; left at death.

RELICTOS m; decedent's estate.

RELUCIR; to shed light on.

REMANDAR; to send repeatedly, to remand.

REMANENTE (adj); residuary.

REMANENTE m; remainder, residue.

REMANENTE DE LA HERENCIA; residuary estate.

REMATADAMENTE; absolutely.

REMATADO; auctioned.

REMATADOR m; auctioneer.

REMATANTE m; successful bidder.

REMATAR; to auction, to terminate.

REMATE m; auction, termination.

REMATE JUDICIAL; judicial auction.

REMEDIABLE; remediable.

REMEDIAR; to remedy, to help, to prevent.

REMEDIO, SIN; inevitably.

REMEDIO m; remedy, help, appeal.

REMEDIO ADMINISTRATIVO; administrative remedy.

REMEDIO EN DERECHO; remedy at law.

REMEDIO EQUITATIVO; equitable remedy.

REMEMORAR; to remember.

REMEMORATIVO; reminding.

REMESA f; remittance.

REMESAR; to remit.

REMIRAR; to view again, to view carefully.

REMISIBLE; remissible.

REMISIÓN f; remission, remittance, reference.

REMISIÓN DE DEUDA; cancellation of debt.

REMISIÓN LEGAL; legal reference.

REMISIVO; reference.

REMISO; remiss.

REMISOR (adj); remitting.

REMISOR m; sender.

REMISORIA f; remand.

REMISORIO; remissory, remitting.

REMITENTE m/f; remitter.

REMITIDO; remitted.

REMITIR; to remit, to refer.

REMOCIÓN f; removal, dismissal.

REMORDERSE; to show remorse, to show anguish.

REMORDIMIENTO m; remorse.

REMOTO; remote.

REMOVER; to remove, to disturb.

REMOVIMIENTO m; removal.

REMUNERACIÓN f; remuneration.

REMUNERACIÓN JUSTA; just compensation.

REMUNERADO; remunerated.

REMUNERADOR; remunerating.

REMUNERAR; to remunerate.

REMUNERATIVO; remunerative.

REMUNERATORIO; remunerative.

RENCOR m; rancor.

RENDEZVOUS; appointed meeting place.

RENDICIÓN f; rendition, rendering, yield.

RENDICIÓN DE CUENTAS; rendering of accounts.

RENDICIÓN INCONDICIONAL; unconditional surrender.

RENDIMIENTO m; yield, earnings, performance, submission, exhaustion.

RENDIMIENTO DE CAPITAL; return on capital.

RENDIMIENTO DECRECIENTE; diminishing returns.

RENDIR; to render, to yield, to surrender, to return, to exhaust.

RENDIR CONFESIÓN; to confess.

RENDIR CUENTAS; to render accounts, to explain accounts.

RENDIR INTERÉS; to bear interest.

RENDIR PRUEBAS; to adduce evidence.

RENDIR UN FALLO; to render a decision.

RENDIR UN INFORME; to submit a report.

RENDIR VEREDICTO; to return a verdict.

RENDIRSE; to surrender, to become exhausted.

RENEGOCIABLE; renegotiable.

RENEGOCIAR; to renegotiate.

RENITENCIA *f*; renitency.

RENITENTE; renitent.

RENOMBRE *m* ; surname, fame.

RENOVABLE; renewable.

RENOVACIÓN *f*; renovation, renewal, replacement.

RENOVACIÓN AUTOMÁTICA; automatic renewal.

RENOVACIÓN DE UN PAGARÉ; renewal of a note.

RENOVAR; to renovate, to renew, to replace.

RENTA *f*; rent, income, annuity, public debt, government debt obligation.

RENTA BRUTA; gross income.

RENTA DE LA TIERRA; ground rent.

RENTA DECRECIENTE; diminishing returns.

RENTA ESTANCADA; income from a government monopoly.

RENTA GANADA; earned income.

RENTA GRAVABLE; taxable income.

RENTA IMPONIBLE; taxable income.

RENTA LÍQUIDA; net income.

RENTA NACIONAL; national revenue.

RENTA VITALICIA; life annuity.

RENTABILIDAD *f*; rentability, capability of producing an income, profitability.

RENTABLE; rentable, income-producing, profitable.

RENTAR; to rent, to yield.

RENTAS DE ADUANAS; customs receipts.

RENTAS DEL TRABAJO; earned income.

RENTAS FISCALES; government revenues.

RENTAS INTERIORES; internal revenue.

RENTAS INTERNAS; internal revenue.

RENTAS PÚBLICAS; public revenues.

RENTERO (adj); taxpaying.

RENTERO *m* ; lessee, farm lessee.

RENTISTA *m/f*; bondholder, annuitant, a person who lives off personal investments, financier.

RENTÍSTICO; pertaining to revenues, financial.

RENTOSO; income-producing.

RENUENCIA *f*; reluctance.

RENUENTE; reluctant.

RENUNCIA *f*; renunciation, resignation, waiver, disclaimer, abandonment.

RENUNCIA DE AGRAVIO; waiver of tort.

RENUNCIA DE CITACIÓN; waiver of notice.

RENUNCIA DE EXENCIÓN; waiver of exemption.

RENUNCIA DE INMUNIDAD; waiver of immunity.

RENUNCIA EXPRESA; express waiver.

RENUNCIA TÁCITA; implied waiver.

RENUNCIA VOLUNTARIA; express waiver.

RENUNCIABLE; renounceable, that can be waived, that can be disclaimed, that can be abandoned.

RENUNCIACIÓN *f*; renunciation, resignation, waiver, disclaimer, abandonment.

RENUNCIAMIENTO *m* ; renunciation, resignation, waiver, disclaimer, abandonment.

RENUNCIANTE *m/f*; renouncer, resigner, waiver, disclaimer, abandoner.

RENUNCIAR; to renounce, to resign, to waive, to disclaim, to abandon.

RENUNCIATARIO *m* ; beneficiary of something that is renounced.

REO (adj); guilty.

REO *m* ; convict, prisoner, defendant, criminal.

REO AUSENTE; fugitive.

REORGANIZACIÓN *f*; reorganization.

REORGANIZAR; to reorganize.

REPAGABLE; repayable.

REPAGAR; to repay.

REPARABLE; repairable, indemnifiable.

REPARACIÓN *f*; repair, indemnity.
REPARACIÓN DEL DAÑO; indemnity.
REPARACIONES ORDINARIAS;
  maintenance.
REPARADO; repaired, indemnified.
REPARADOR *m* ; repairer, indemnifier.
REPARAMIENTO *m* ; repair, indemnity,
  objection, observation.
REPARAR; to repair, to indemnify.
REPARATIVO; reparative.
REPARO *m* ; objection, observation, repair.
REPARTICIÓN *f*; distribution, partition.
REPARTIDO; distributed, partitioned.
REPARTIDOR *m* ; distributor, partitioner.
REPARTIMIENTO *m* ; distribution, partition.
REPARTIR; to distribute, to partition.
REPARTO *m* ; distribution, partition, delivery.
REPASAR; to repass, to review, to peruse.
REPASO *m* ; review.
REPATRIACIÓN *f*; repatriation.
REPATRIAR; to repatriate.
REPELER; to repel, to refute.
REPENSAR; to rethink.
REPENTE, DE; suddenly.
REPENTINO; sudden.
REPERCUSIÓN *f*; repercussion.
REPERCUTIR EN; to have repercussions on.
REPERTORIO *m* ; repertory, digest.
REPERTORIO DE LEGISLACIÓN; legislative
  digest.
REPETICIÓN *f*; repetition, action for unjust
  enrichment, action for recovery.
REPETIDO; repeated.
REPETIR; to repeat, to start again, to bring an
  action for unjust enrichment, to bring an
  action for recovery.
REPETITIVO; repetitive.
RÉPLICA *f*; reply, replication, rejoinder.
REPLICACIÓN *f*; reply, replication.
REPLICADOR *m* ; replier, argumentative
  person.
REPLICANTE *m/f*; replier.
REPLICAR; to reply, to answer, to object.
REPLICATIO; replication, objection.
REPONER; to replace, to reinstate, to reply, to
  object.
REPONER UNA CAUSA; to reinstate a case.
REPONERSE; to recover, to calm down.

REPORTAR; to report, to curb, to achieve, to
  produce.
REPORTE *m* ; report, news.
REPORTE DE ACCIDENTE; accident report.
REPORTO *m* ; repurchase agreement.
REPOSESIÓN *f*; repossession.
REPOSICIÓN *f*; replacement, recovery,
  reinstatement.
REPOSITORIO *m* ; repository.
REPREGUNTA *f*; cross-examination.
REPREGUNTAR; to cross-examine.
REPRENDER; to reprehend, to caution.
REPRENDIDO; reprehended, cautioned.
REPRENSIBLE; reprehensible.
REPRENSIÓN *f*; reprehension, caution.
REPRENSIÓN GRAVE; public reprehension.
REPRENSIÓN LEVE; private reprehension.
REPRENSIÓN PRIVADA; private
  reprehension.
REPRENSIÓN PÚBLICA; public
  reprehension.
REPRENSOR *m* ; reprehender.
REPRESA *f*; dam, recapture.
REPRESALIA *f*; reprisal.
REPRESAR; to dam up, to recapture, to
  repress.
REPRESENTACIÓN *f*; representation.
REPRESENTACIÓN FALSA; false
  representation.
REPRESENTACIÓN IMPORTANTE; material
  representation.
REPRESENTACIÓN LEGAL; legal
  representation.
REPRESENTACIÓN MATERIAL; material
  representation.
REPRESENTACIÓN PROMISORIA;
  promissory representation.
REPRESENTACIÓN PROPORCIONAL;
  proportional representation.
REPRESENTADO (adj); represented.
REPRESENTADO *m* ; principal.
REPRESENTADOR; representing.
REPRESENTANTE (adj); representing.
REPRESENTANTE *m/f*; representative.
REPRESENTANTE AUTORIZADO;
  authorized representative.
REPRESENTANTE DE COMERCIO;
  commercial agent.

REPRESENTANTE LEGAL; legal
representative.

REPRESENTANTE SINDICAL; union
representative.

REPRESENTAR; to represent, to declare, to
appear to be.

REPRESENTATIVO; representative.

REPRESIÓN *f*; repression.

REPRESIVO; repressive.

REPRIMIR; to repress.

REPRIMIRSE; to repress oneself.

REPROBABLE; reprehensible.

REPROBAR; to reprove.

REPROBATORIO; reprobative.

REPROCHABILIDAD *f*; reproachableness.

REPROCHABLE; reproachable.

REPROCHAR; to reproach.

REPRODUCCIÓN *f*; reproduction.

REPRODUCIR; to reproduce.

REPRODUCTIVO; reproductive.

REPRODUCTOR *m*; reproducer.

REPROMISIÓN *f*; renewed promise.

REPÚBLICA *f*; republic.

REPÚBLICA FEDERAL; federal republic.

REPUBLICANISMO *m*; republicanism.

REPUBLICANO *m*; republican.

REPÚBLICO *m*; patriot, leading citizen.

REPUDIACIÓN *f*; repudiation.

REPUDIAR; to repudiate.

REPUDIO *m*; repudiation.

REPUESTO; replaced, recovered.

REPUGNANCIA *f*; repugnance, inconsistency.

REPUGNANTE; repugnant, inconsistent.

REPULSA *f*; repulse, refusal.

REPULSAR; to repulse, to refuse.

REPULSIÓN *f*; repulsion, refusal.

REPUTAR; to repute.

REQUERIDOR (adj); requiring.

REQUERIDOR *m*; requirer, summoner.

REQUERIMIENTO *m*; requirement,
injunction, summons, demand, request.

REQUERIMIENTO DE PAGO; demand for
payment.

REQUERIMIENTO IMPERATIVO;
mandatory injunction.

REQUERIMIENTO INTERLOCUTORIO;
interlocutory injunction.

REQUERIMIENTO JUDICIAL; mandatory
injunction.

REQUERIMIENTO PERMANENTE;
permanent injunction.

REQUERIMIENTO PRECAUTORIO;
preventive injunction.

REQUERIMIENTO PRELIMINAR;
preliminary injunction.

REQUERIMIENTO PROHIBITIVO;
prohibitive injunction.

REQUERIMIENTO PROVISIONAL;
preliminary injunction.

REQUERIR; to require, to enjoin, to summon,
to notify, to demand, to investigate, to
persuade.

REQUIRENTE (adj); requiring.

REQUIRENTE *m/f*; requirer, summoner.

REQUISA *f*; requisition, inspection.

REQUISAR; to requisition, to inspect.

REQUISICIÓN *f*; requisition, inspection.

REQUISITO *m*; requirement.

REQUISITORIA *f*; arrest warrant.

REQUISITORIO *m*; requisition.

RES; thing, subject matter, res.

RES ACCESSORIA; an accessory thing.

RES ALIENA; the property of another.

RES COMMUNES; common property.

RES CORPORALES; corporeal things.

RES DERELICTA; abandoned property.

RES FURTIVAE; stolen things.

RES GESTAE; things done.

RES IMMOBILES; immovables.

RES INCORPORALES; incorporeal things.

RES INTEGRA; a matter with no precedents, a
whole thing.

RES IPSA LOQUITUR; the thing speaks for
itself, res ipsa loquitur.

RES JUDICATA; the thing has been decided,
res judicata.

RES MOBILES; movable things.

RES NOVA; a new matter.

RES NULLIUS; the property of nobody.

RES PRIVATAE; private things.

RES PUBLICAE; public things.

RESACA *f*; redraft.

RESACAR; to redraw.

RESARCIBLE; indemnifiable, compensable.

RESARCIMIENTO *m* ; indemnification, compensation.

RESARCIR; to indemnify, to compensate.

RESCATAR; to rescue, to ransom, to free, to exchange.

RESCATE *m* ; rescue, ransom, release, exchange.

RESCINDIBLE; rescindable.

RESCINDIR; to rescind.

RESCISIÓN *f* ; rescission.

RESCISIÓN DE LOS CONTRATOS; rescission of contracts.

RESCISIÓN EN EQUIDAD; equitable rescission.

RESCISIÓN LEGAL; legal rescission.

RESCISORIO; rescissory.

RESCONTRAR; to offset.

RESCUENTRO *m* ; offset.

RESELLAR; to reseal, to restamp.

RESELLO *m* ; resealing, restamping.

RESENTIMIENTO *m* ; resentment.

RESEÑA *f* ; description, description of the scene of a crime, review, account, brief account, noting of distinguishing marks.

RESEÑAR; to describe, to describe the scene of a crime, to give an account of, to review, to note distinguishing marks.

RESERVA, SIN; openly.

RESERVA *f* ; reserve, reservation, prudence, exception.

RESERVA DE DERECHOS; reservation of rights.

RESERVA DE DOMINIO; reservation of ownership.

RESERVA DEL DERECHO DE ADMISIÓN; reservation of the right to deny admission.

RESERVA ESTATUTARIA; reserve required by law.

RESERVA FACULTATIVA; reserve not required by law.

RESERVA LEGAL; reserve required by law.

RESERVA MENTAL; mental reservation.

RESERVACIÓN *f* ; reservation.

RESERVADAMENTE; reservedly, cautiously.

RESERVADO; reserved, cautious.

RESERVADOS TODOS LOS DERECHOS; all rights reserved.

RESERVAN TODOS LOS DERECHOS, SE; all rights reserved.

RESERVAR; to reserve, to postpone, to exempt, to conceal.

RESERVAS BANCARIAS; bank reserves.

RESERVATIVO; reservative.

RESGUARDAR; to defend, to shelter.

RESGUARDARSE DE; to guard against.

RESGUARDO *m* ; protection, security, guarantee, frontier guard, receipt.

RESGUARDO DE ALMACÉN; warehouse receipt.

RESGUARDO DE DEPÓSITO; certificate of deposit.

RESGUARDO FRONTERIZO; frontier customhouse including personnel.

RESGUARDO PROVISIONAL; binder.

RESIDENCIA *f* ; residence, sojourn, impeachment.

RESIDENCIAL; residential.

RESIDENCIAR; to impeach.

RESIDENTE (adj); residing.

RESIDENTE *m/f* ; resident.

RESIDIR; to reside, to lie.

RESIDIR EN; to be vested in.

RESIDUAL; residual.

RESIDUO *m* ; residue.

RESIGNACIÓN *f* ; resignation, relinquishment.

RESIGNAR; to resign, to relinquish.

RESIGNARSE; to resign oneself.

RESISTENCIA *f* ; resistance.

RESISTENCIA A LA AUTORIDAD; resisting an officer.

RESISTENTE; resistant, resisting.

RESISTIDOR; resistant.

RESISTIR; to resist.

RESOBRINA *f* ; grandniece.

RESOBRINO *m* ; grandnephew.

RESOLUBLE; resolvable.

RESOLUCIÓN *f* ; resolution, decision, annulment, cancellation, termination.

RESOLUCIÓN CONJUNTA; joint resolution.

RESOLUCIÓN CONSTITUTIVA; decision establishing a legal principle.

RESOLUCIÓN DE LOS CONTRATOS; rescission of contracts.

RESOLUCIÓN DEFINITIVA; final decision.

RESOLUCIÓN JUDICIAL; judicial decision.

RESOLUTIVAMENTE; resolutely.

RESOLUTIVO; resolutive.

RESOLUTO; resolute, succinct, expert.

RESOLUTORIO; resolutory.

RESOLVER; to resolve, to solve, to decide, to annul, to analyze.

RESPALDAR; to indorse.

RESPALDO m ; backing.

RESPECTIVAMENTE; respectively.

RESPECTIVO; respective.

RESPECTO, AL; in regard to the matter.

RESPECTO m ; respect.

RESPECTO A, CON; with regard to.

RESPETABILIDAD f; respectability.

RESPETABLE; respectable, considerable.

RESPETAR; to respect.

RESPETO m ; respect.

RESPETO DE PERSONAS; respect toward others.

RESPETUOSAMENTE; respectfully.

RESPETUOSO; respectful.

RESPIRO m ; extension of time, breather, respiration.

RESPONDER; to respond, to answer, to correspond, to be responsible.

RESPONDER A; to answer, to react, to be responsible to.

RESPONDER A UNA OBLIGACIÓN; to meet an obligation.

RESPONDER POR; to be responsible for.

RESPONDER POR OTRO; to be responsible for another.

RESPONDIENTE (adj); responding.

RESPONDIENTE m/f; responder.

RESPONSABILIDAD f; responsibility, liability.

RESPONSABILIDAD ADMINISTRATIVA; administrative liability.

RESPONSABILIDAD CIVIL; civil liability, public liability.

RESPONSABILIDAD CONCURRENTE; concurrent liability.

RESPONSABILIDAD CONTINGENTE; contingent liability.

RESPONSABILIDAD CONTRACTUAL; contractual liability.

RESPONSABILIDAD CRIMINAL; criminal liability.

RESPONSABILIDAD CUASICONTRACTUAL; quasi-contractual liability.

RESPONSABILIDAD DEFINIDA; direct liability.

RESPONSABILIDAD DEL ALMACENERO; warehouser's liability.

RESPONSABILIDAD DEL NAVIERO; shipowner's liability.

RESPONSABILIDAD EVENTUAL; contingent liability.

RESPONSABILIDAD JUDICIAL; judicial liability.

RESPONSABILIDAD LEGAL; legal liability.

RESPONSABILIDAD LIMITADA; limited liability.

RESPONSABILIDAD MORAL; moral obligation.

RESPONSABILIDAD OBJETIVA; strict liability.

RESPONSABILIDAD PATRONAL; employer's liability.

RESPONSABILIDAD PENAL; criminal liability.

RESPONSABILIDAD POR HECHO AJENO; liability for the acts of another.

RESPONSABILIDAD PROFESIONAL; professional liability.

RESPONSABILIDAD PÚBLICA; public liability.

RESPONSABILIDAD SIN CULPA; strict liability.

RESPONSABILIDAD SIN LÍMITE; unlimited liability.

RESPONSABILIDAD SOLIDARIA; joint and several liability, liability in solido.

RESPONSABILIDAD SUBSIDIARIA; secondary liability.

RESPONSABILIDAD VICARIA; vicarious liability.

RESPONSABILIZARSE; to take the responsibility.

RESPONSABLE (adj); responsible, liable.

RESPONSABLE m/f; person responsible, person liable.

RESPONSIVO; pertaining to an answer.

RESPUESTA *f*; response, answer.
RESPUESTA A LA TRÍPLICA; rebutter.
RESPUESTA EVASIVA; evasive answer.
RESTABLECER; to reestablish, to reinstate.
RESTANTE (adj); remaining.
RESTANTE *m* ; remainder.
RESTAURACIÓN *f*; restoration,
  reinstatement.
RESTAURAR; to restore, to reinstate.
RESTITUCIÓN *f*; restitution, return.
RESTITUCIÓN DE DEPÓSITO; return of
  deposit, return of bailed goods.
RESTITUCIÓN IN INTEGRUM; restoration to
  the previous state.
RESTITUIBLE; restorable, returnable.
RESTITUIDOR (adj); restoring, returning.
RESTITUIDOR *m* ; restorer, returner.
RESTITUIR; to restore, to return.
RESTITUTORIO; restitutive.
RESTO *m* ; rest, residue.
RESTOS *m* ; remains.
RESTOS MORTALES; mortal remains.
RESTRICCIÓN *f*; restriction.
RESTRICCIONES DE COMERCIO; restraint
  of trade.
RESTRICCIONES Y LIMITACIONES DEL
  DOMINIO; limitations on ownership
  rights.
RESTRICTIVO; restrictive.
RESTRINGIR; to restrict.
RESUELTO; determined, prompt.
RESUÉLVASE; be it resolved.
RESULTA *f*; result, final decision, vacancy.
RESULTADO *m* ; result.
RESULTANDO *m* ; clause, whereas clause.
RESULTANTE; resulting.
RESULTAR; to result, to be successful.
RESUMEN *m* ; summary, abstract, digest.
RESUMEN DE TÍTULO; abstract of title.
RESUMIR; to summarize, to abstract.
RETARDACIÓN *f*; retardation.
RETARDADO; retarded.
RETARDANTE; retarding.
RETARDAR; to retard.
RETASA *f*; reappraisal.
RETASACIÓN *f*; reappraisal.
RETASAR; to reappraise, to reduce the price of
  unauctioned items.

RETAZO *m* ; remnant, fragment.
RETENCIÓN *f*; retention, detention,
  withholding.
RETENEDOR *m* ; retainer, detainer,
  withholder.
RETENER; to retain, to detain, to withhold.
RETENIDO; retained, detained, withheld.
RETENTOR *m* ; withholding agent.
RETICENCIA *f*; insinuation.
RETIRABLE; callable.
RETIRADA *f*; withdrawal, retreat, shelter.
RETIRADAMENTE; secretly.
RETIRADO (adj); retired, pensioned, remote.
RETIRADO *m* ; retiree.
RETIRAMIENTO *m* ; withdrawal, retreat,
  retirement, pension.
RETIRAR; to retire, to withdraw, to retreat, to
  call.
RETIRAR ACUSACIONES; to withdraw
  charges.
RETIRO *m* ; retirement, withdrawal, retreat,
  pension.
RETIRO DE CARGOS; withdrawal of charges.
RETO *m* ; challenge, threat.
RETORCER; to twist, to distort.
RETORNAR; to return.
RETORNO *m* ; return, reward, exchange.
RETORNO AL LUGAR DE LOS HECHOS;
  return to the scene of the crime, return to
  the scene of the events.
RETORSIÓN *f*; retorsion, twisting.
RETRACCIÓN *f*; retraction.
RETRACTABLE; retractable.
RETRACTACIÓN *f*; retraction.
RETRACTACIÓN DE LA CONFESIÓN;
  retraction of the confession.
RETRACTACIÓN PÚBLICA; public
  retraction.
RETRACTACIÓN TESTAMENTARIA; will
  revocation.
RETRACTAR; to retract, to redeem.
RETRACTARSE; to retract oneself.
RETRACTO *m* ; right of repurchase.
RETRACTO DE AUTORIZACIÓN;
  withdrawal of authorization.
RETRACTO LEGAL; constructive revocation.
RETRAER; to bring back, to repurchase, to
  exercise the right of repurchase, to
  dissuade.

RETRANSFERIR; to retransfer.

RETRANSMISIÓN *f*; retransfer, rebroadcast.

RETRASADO; in arrears.

RETRASAR; to delay, to lag.

RETRASO *m* ; delay, lag.

RETRATO *m* ; photograph, description, right of repurchase.

RETRAYENTE *m/f*; exerciser of the right of repurchase.

RETRIBUCIÓN *f*; remuneration, reward.

RETRIBUIR; to remunerate, to reward.

RETRIBUTIVO; retributory, rewarding.

RETROACCIÓN *f*; retroaction.

RETROACTIVIDAD *f*; retroactivity.

RETROACTIVIDAD DE LA LEY; retroactivity of the law.

RETROACTIVO; retroactive.

RETROALIMENTACIÓN *f*; feedback.

RETROCEDER; to retrocede.

RETROCEDER HASTA LA PARED; retreat to the wall.

RETROCESIÓN *f*; retrocession.

RETROSPECCIÓN *f*; retrospection.

RETROSPECTIVO; retrospective.

RETROTRACCIÓN *f*; antedating.

RETROTRAER; to antedate.

RETROVENDER *m* ; to sell back to the original vendor.

RETROVENDICIÓN *f*; repurchase by the original seller.

RETROVENTA *f*; repurchase by the original seller.

REUNIÓN *f*; reunion, meeting.

REUNIÓN DE ACCIONISTAS; shareholders' meeting.

REUNIÓN DE ACREEDORES; creditors' meeting.

REUNIÓN DE GABINETE; cabinet meeting.

REUNIÓN DE LA DIRECTIVA; directors' meeting.

REUNIÓN EXTRAORDINARIA; special meeting.

REUNIÓN PRIVADA; private meeting.

REUNIÓN PÚBLICA; public meeting.

REUNIR; to unite, to reunite.

REUNIR LOS REQUISITOS; to meet the requirements.

REVÁLIDA *f*; revalidation, bar exam, exam required to obtain a professional license.

REVALIDACIÓN *f*; revalidation, confirmation.

REVALIDAR; to revalidate, to pass a bar exam, to pass an exam required to obtain a professional license.

REVALORAR; to revalue, to reappraise.

REVALORIZACIÓN *f*; revaluation, reappraisal.

REVALORIZAR; to revalue, to reappraise.

REVALUACIÓN *f*; revaluation, reappraisal.

REVALUAR; to revalue, to reappraise.

REVALÚO *m* ; reappraisal.

REVEEDOR *m* ; revisor, inspector.

REVELABLE; revealable.

REVELACIÓN *f*; revelation.

REVELADOR; revealing.

REVELAR; to reveal, to develop.

REVENDEDOR *m* ; reseller, retailer.

REVENDER; to resell, to retail.

REVENIR; to return.

REVENTA *f*; resale, retail.

REVER; to review, to retry.

REVERSIBILIDAD *f*; reversibility.

REVERSIBLE; reversible, reversionary.

REVERSIÓN *f*; reversion.

REVERSIÓN AL ESTADO; escheat.

REVERSO *m* ; reverse, reverse of a sheet.

REVERTIR; to revert.

REVÉS *m* ; reverse, reversal.

REVISABLE; revisable, reviewable.

REVISAR; to revise, to audit, to inspect.

REVISAR LAS CUENTAS; to audit accounts.

REVISIÓN *f*; revision, review, auditing, inspection.

REVISIÓN CONTABLE; audit.

REVISIÓN DE TÍTULO; title search.

REVISOR (adj); revising, auditing, inspecting.

REVISOR *m* ; revisor, auditor, inspector.

REVISORÍA *f*; inspector's office, auditor's office.

REVISTA *f*; review, rehearing, magazine, inspection.

REVISTA JURÍDICA; law journal.

REVIVIR; to revive.

REVOCABILIDAD *f*; revocability.

REVOCABLE; revocable, abrogable, reversible.

REVOCABLEMENTE; revocably.

REVOCACIÓN *f*; revocation, abrogation, reversal.

REVOCACIÓN DE CONTRATOS; rescission of contracts.

REVOCACIÓN DE LOS ACTOS FRAUDULENTOS; revocation of fraudulent acts.

REVOCACIÓN DE LOS LEGADOS; revocation of a legacy, revocation of a devise.

REVOCACIÓN DE TESTAMENTO; revocation of a will.

REVOCACIÓN DE UNA SENTENCIA; reversal of a decision.

REVOCACIÓN EN EL MATRIMONIO; revocation of a marriage.

REVOCADOR (adj); revoking, abrogating, reversing.

REVOCADOR *m*; revoker, abrogator, reverser.

REVOCANTE; revoking, abrogating, reversing.

REVOCAR; to revoke, to abrogate, to reverse.

REVOCAR LA SENTENCIA; to vacate the judgment.

REVOCATORIO; revocatory, abrogating, reversing.

REVOLUCIÓN *f*; revolution.

REVOLUCIONAR; to revolt, to revolutionize.

REVOLUCIONARIO; revolutionary.

REVOLVER; to mix, to upset, to ponder.

REVÓLVER *m*; revolver.

REVUELTA *f*; revolt, fight, disturbance, change.

REY *m*; king.

REYERTA *f*; quarrel, row.

RIBEREÑO; riparian.

RIESGO *m*; risk.

RIESGO DEL COMPRADOR; buyer's risk.

RIESGO DEL VENDEDOR; vendor's risk.

RIESGO PROFESIONAL; occupational hazard.

RIESGOS DEL MAR; perils of the sea.

RIGIDEZ *f*; rigidity.

RIGIDEZ CADAVÉRICA; cadaveric rigidity, rigor mortis.

RÍGIDO; rigid.

RIGOR, DE; prescribed by the rules.

RIGOR, EN; strictly.

RIGOR *m*; rigor, exactness.

RIGOR JURIS; strict law.

RIGOR MORTIS; cadaveric rigidity.

RIGORISMO *m*; rigorism.

RIGORISTA; rigoristic.

RIGUROSO; rigorous, exact.

RIÑA *f*; quarrel.

RITUALIDAD *f*; formality.

RIVAL *m*; rival.

ROBADO; robbed, stolen.

ROBADOR (adj); robbing, thieving.

ROBADOR *m*; robber, thief.

ROBAR; to rob, to steal.

ROBO *m*; robbery, theft.

ROBO AGRAVADO; aggravated robbery, theft with aggravating circumstances.

RODADA *f*; wheel track.

RODEADO; surrounded.

RODEAR; to surround, to beat around the bush.

ROGACIÓN *f*; request.

ROGATORIO; rogatory.

ROL *m*; role, roll.

ROMPEHUELGAS *m*; strikebreaker.

ROMPER; to break.

ROMPER EL CONTRATO; to breach the contract.

ROMPIMIENTO *m*; breaking, quarrel.

RONDA *f*; round, night patrol.

RONDAR; to patrol, to prowl.

ROSTRO *m*; face.

ROTACIÓN *f*; rotation, shift.

ROTO; broken, debauched.

ROTULAR; to label.

RÓTULO *m*; sign, title.

ROTURA *f*; breakage, breaking.

ROTURA DEL CONTRATO; breach of contract.

RÚBRICA *f*; rubric, flourish.

RUBRICAR; to sign and seal, to sign, to initial, to attest.

RUBRO *m*; title, heading.

RUDO; rude, crude.

RUEDA DE PRENSA; press conference.
RUEDA DE PRESOS; line-up.
RUEDA DE SOSPECHOSOS; line-up.
RUEGO *m* ; request, plea.
RUFIÁN *m* ; ruffian, pimp.
RUIDO *m* ; noise, row.
RUIN; despicable, petty.
RUINA *f*; ruin.
RUMBO *m* ; direction.
RUMOR *m* ; rumor.
RUMOR FALSO; false rumor.
RUMOREAR; to rumor.
RUPTURA *f*; rupture, break.
RUPTURA DE NEGOCIACIONES; rupture of
    negotiations.
RUPTURA EN RELACIONES
    DIPLOMÁTICAS; rupture of diplomatic
    relations.
RURAL; rural.
RURALMENTE; rurally.
RÚSTICO; rustic, rural.
RUTA *f*; route.
RUTINA *f*; routine.
RUTINARIO; routine.

S

SABER (v); to know, to learn.
SABER *m* ; knowledge.
SABER Y ENTENDER; knowledge and belief.
SABIAMENTE; wisely.
SABIDO (adj); known, well-informed, learned.
SABIDO *m* ; fixed salary.
SABIDURÍA *f*; wisdom.
SABIENDAS, A; knowingly.
SABIENTE; knowing.
SABIO; wise.
SABOTAJE *m* ; sabotage.
SABOTEADOR *m* ; saboteur.
SABOTEAR; to sabotage.
SABUESO *m* ; bloodhound, sleuth.
SACA *f*; removal, exportation, certified copy,
    notarized copy.
SACADA *f*; separated territory, removal.
SACADOR *m* ; remover.
SACAR; to remove, to deduce, to cite, to
    choose, to win.
SACAR ADELANTE; to execute.
SACAR PATENTE; to take out a patent.
SACUDIMIENTO *m* ; jolt.
SACUDIR; to jolt.
SÁDICO (adj); sadistic.
SÁDICO *m* ; sadist.
SADISMO *m* ; sadism.
SAGAZ; sagacious.
SALA *f*; court.
SALA CIVIL; civil court.
SALA DE APELACIÓN; appellate court.
SALA DE AUDIENCIA; courtroom.
SALA DE JUSTICIA; court.
SALA DE LO CIVIL; civil court.
SALA DE LO CRIMINAL; criminal court.
SALA DE SESIONES; board room.
SALA DEL TRIBUNAL; courtroom.
SALA NOCTURNA; night court.
SALA PENAL; criminal court.

SALARIADO; salaried.
SALARIAR; to pay a salary, to assign a salary.
SALARIO *m* ; salary.
SALARIO ANUAL; annual salary.
SALARIO BÁSICO; base salary.
SALARIO DIARIO; daily salary.
SALARIO DIFERIDO; deferred compensation.
SALARIO EFECTIVO; net salary, salary paid
   in cash.
SALARIO IGUAL; equal salary.
SALARIO LEGAL; salary established by law.
SALARIO MÁXIMO; maximum salary.
SALARIO MÍNIMO; minimum wage.
SALARIO NOMINAL; nominal salary.
SALARIO POR PIEZA; piece rate.
SALARIO VITAL; living wage.
SALDADO; paid, settled.
SALDAR; to pay off, to sell off, to settle.
SALDISTA *m/f* ; remnant seller.
SALDO *m* ; payment, balance, settlement,
   remnant.
SALDO ACREEDOR; credit balance.
SALDO DEUDOR; balance due.
SALDO DISPONIBLE; available balance.
SALDO PENDIENTE; balance due.
SALIDA *f* ; exit, expenditure, publication,
   market, conclusion.
SALIDIZO *m* ; projection.
SALIENTE; salient.
SALIR; to come out, to project, to occur, to
   dispose of, to appear.
SALÓN *m* ; salon.
SALÓN DE AUDIENCIA; courtroom.
SALÓN DE SESIONES; board room.
SALÓN DE VENTAS; salesroom.
SALÓN DEL JURADO; jury room.
SALTAR; to jump, to jump over.
SALTAR UNA FIANZA; to jump bail.
SALTEADOR *m* ; highway robber, robber.
SALTEAMIENTO *m* ; highway robbery,
   robbery.
SALTEAR; to rob, to rob on highways, to
   assault, to take by surprise, to do in fits
   and starts.
SALTEO *m* ; highway robbery, robbery.
SALTO *m* ; jump, attack, omission.
SALUBRE; salubrious.
SALUBRIDAD *f* ; salubrity.

SALUBRIDAD PÚBLICA; public health.
SALUD *f* ; health, welfare.
SALUD PÚBLICA; public health.
SALUDABLE; healthy.
SALUDADOR *m* ; quack, greeter.
SALVA *f* ; oath, greeting.
SALVABLE; savable.
SALVAGUARDA *m* ; guard.
SALVAGUARDA *f* ; safeguard, safe-conduct,
   protection.
SALVAGUARDIA *m* ; guard.
SALVAGUARDIA *f* ; safeguard, safe-conduct,
   protection.
SALVAJADA *f* ; savagery.
SALVAJE; savage.
SALVAJEMENTE; savagely.
SALVAJEZ *f* ; savageness.
SALVAJISMO *m* ; savagery.
SALVAMANO, A; safely.
SALVAMENTE; safely.
SALVAMENTO *m* ; rescue, harbor.
SALVAMIENTO *m* ; rescue, harbor.
SALVAMIENTO MARÍTIMO; maritime
   rescue.
SALVANTE; saving.
SALVAR; to save, to overcome, to certify
   corrections, to prove innocence.
SALVARSE; to save oneself, to be saved.
SALVAVIDAS *m* ; lifesaver, lifeguard.
SALVEDAD *f* ; proviso, reservation.
SALVO, A; in safety.
SALVO (adj); safe, excepted.
SALVO (adv); except.
SALVO CONTRAORDEN; unless
   countermanded.
SALVO ERROR U OMISIÓN; errors and
   omissions excepted.
SALVOCONDUCTO *m* ; safe-conduct.
SANA CRÍTICA; methodology for the
   appreciation of evidence.
SANCIÓN *f* ; sanction, statute.
SANCIÓN ADMINISTRATIVA;
   administrative sanction.
SANCIÓN ARBITRARIA; arbitrary penalty.
SANCIÓN DE LAS LEYES; legislation.
SANCIÓN DISCIPLINARIA; disciplinary
   sanction.
SANCIÓN PENAL; criminal sanction.

SANCIÓN PROCESAL; sanction for the breach of rules of procedure.

SANCIÓN PUNITIVA; penalty.

SANCIONABLE; sanctionable.

SANCIONADOR (adj); sanctioning.

SANCIONADOR *m* ; sanctioner.

SANCIONAR; to sanction, to legislate.

SANCIONES INTERNACIONALES; international sanctions.

SANEADO; unencumbered, cured.

SANEAMIENTO *m* ; disencumbrance, clearing title, indemnification, reparation, guaranty, warranty.

SANEAMIENTO DE TÍTULO; clearing title.

SANEAR; to disencumber, to clear title, indemnify, to repair, to guarantee, to warrant.

SANGRAR; to bleed, to drain.

SANGRE *f* ; blood.

SANGRE CALIENTE; hot blood.

SANGRE COMPLETA; full blood.

SANGRE FRÍA; cold blood.

SANGRIENTAMENTE; bloodily.

SANGRIENTO; bloody.

SANGUINARIAMENTE; sanguinarily.

SANGUINARIO; sanguinary.

SANIDAD *f* ; health.

SANIDAD PÚBLICA; public health.

SANITARIO; sanitary.

SANO; healthy, sound, honest, discreet.

SANO JUICIO, DE; of sound mind.

SANO Y SALVO; safe and sound.

SANS; without.

SANS CE QUE; without this.

SANS JOUR; without day.

SAÑA *f* ; rage, cruelty.

SAQUEADOR *m* ; plunderer.

SAQUEAMIENTO *m* ; sacking.

SAQUEAR; to sack.

SAQUEO *m* ; sacking.

SARGENTO DE ARMAS; sergeant-at-arms.

SARRACINA *f* ; wild fight, fight resulting in injuries.

SATÉLITE *m* ; satellite.

SATISDACIÓN *f* ; bail, bond, guaranty.

SATISFACCIÓN *f* ; satisfaction, amends, excuse.

SATISFACER; to satisfy, to make amends for, to reply, to indemnify, to explain.

SATISFACERSE; to be satisfied, to convince oneself.

SATISFACIENTE; satisfactory.

SATISFACTORIAMENTE; satisfactorily.

SATISFACTORIO; satisfactory.

SATISFECHO; satisfied.

SATURACIÓN *f* ; saturation.

SATURACIÓN DEL MERCADO; market saturation.

SATURACIÓN ILEGAL; dumping.

SE ACUERDA; resolved.

SE DEFENDENDO; in self-defense.

SECCIÓN *f* ; section.

SECCIONAR; to section.

SECESIÓN *f* ; secession.

SECESIONISTA; secessionist.

SECRETA *f* ; secret investigation.

SECRETARÍA *f* ; secretaryship.

SECRETARIAL; secretarial.

SECRETARIO *m* ; secretary, clerk.

SECRETARIO ACTUARIO; clerk.

SECRETARIO DE ESTADO; (US) Secretary of State, (UK) Foreign Secretary.

SECRETARIO DE SALA; clerk.

SECRETARIO INTERINO; acting secretary.

SECRETARIO JUDICIAL; clerk.

SECRETO (adj); secret, covert.

SECRETO *m* ; secret, secrecy.

SECRETO COMERCIAL; trade secret.

SECRETO DE ESTADO; state secret.

SECRETO MILITAR; military secret.

SECRETO PROFESIONAL; professional secret, trade secret.

SECUELA; sequel.

SECUENCIA *f* ; sequence.

SECUESTRABLE; sequestrable, attachable.

SECUESTRACIÓN *f* ; sequestration, attachment, kidnapping, abduction.

SECUESTRADOR *m* ; sequestrator, kidnapper, abductor.

SECUESTRAR; to sequester, to attach, to kidnap, to abduct.

SECUESTRO *f* ; sequestration, attachment, kidnapping, abduction.

SECUESTRO DE BIENES; sequestration of goods, attachment of goods.

SECUESTRO DE PERSONAS; kidnapping, abduction.
SECUESTRO JUDICIAL; attachment.
SECUNDAR; to second, to aid.
SECUNDARIAMENTE; secondarily.
SECUNDARIO; secondary.
SEDE *f*; seat, headquarters.
SEDE CENTRAL; headquarters.
SEDE DE GOBIERNO; seat of government.
SEDE PRINCIPAL; headquarters.
SEDE PROVISIONAL; temporary headquarters.
SEDE SOCIAL; headquarters, corporate domicile, partnership domicile.
SEDICIÓN *f*; sedition.
SEDICIOSO; seditious.
SEDUCCIÓN *f*; seduction.
SEDUCIR; to seduce.
SEDUCTOR *m*; seducer.
SEGMENTO *m*; segment.
SEGREGACIÓN *f*; segregation.
SEGREGACIÓN RACIAL; racial segregation.
SEGREGAR; to segregate.
SEGUIDA, DE; continuously.
SEGUIDA, EN; immediately.
SEGUIR; to follow, to continue.
SEGÚN CONVENIDO; as agreed.
SEGÚN DERECHO; according to law.
SEGÚN MI LEAL SABER Y ENTENDER; to the best of my knowledge and belief.
SEGÚN Y COMO; exactly as.
SEGÚN Y CONFORME; exactly as.
SEGUNDA HIPOTECA; second mortgage.
SEGUNDA INSTANCIA; first appeal.
SEGUNDA REPREGUNTA; recross examination.
SEGUNDARIAMENTE; secondarily.
SEGUNDARIO; secondary.
SEGUNDO; second.
SEGUNDO INTERROGATORIO DIRECTO; redirect examination.
SEGURAMENTE; surely, securely.
SEGURIDAD *f*; security, certainty, guaranty, warranty.
SEGURIDAD JURÍDICA; legal certainty.
SEGURIDAD LABORAL; employment security.
SEGURIDAD PERSONAL; personal security.

SEGURIDAD PÚBLICA; public safety.
SEGURIDAD SOCIAL; social security.
SEGURO, EN; in safety.
SEGURO (adj); safe, certain, reliable.
SEGURO *m*; insurance, insurance policy, security, safety catch.
SEGURO AÉREO; flight insurance.
SEGURO CONTRA ACCIDENTES; accident insurance.
SEGURO CONTRA CASUALIDADES; casualty insurance.
SEGURO CONTRA DESEMPLEO; unemployment insurance.
SEGURO CONTRA ENFERMEDAD; health insurance.
SEGURO CONTRA INCENDIOS; fire insurance.
SEGURO CONTRA ROBO; insurance against theft, insurance against robbery.
SEGURO CONTRA TODO RIESGO; all-risk insurance.
SEGURO DE DESEMPLEO; unemployment insurance.
SEGURO DE ENFERMEDAD; health insurance.
SEGURO DE FIDELIDAD; fidelity insurance.
SEGURO DE FLETE; freight insurance.
SEGURO DE INCENDIOS; fire insurance.
SEGURO DE INDEMNIZACIÓN; indemnity insurance.
SEGURO DE INVALIDEZ; disability insurance.
SEGURO DE MUERTE; life insurance.
SEGURO DE RESPONSABILIDAD CIVIL; liability insurance.
SEGURO DE TÉRMINO; term insurance.
SEGURO DE TÍTULO; title insurance.
SEGURO DE VIDA; life insurance.
SEGURO FACULTATIVO; optional insurance.
SEGURO GRUPAL; group insurance.
SEGURO LIMITADO; limited insurance.
SEGURO MARÍTIMO; maritime insurance.
SEGURO MÉDICO; health insurance.
SEGURO MERCANTIL; commercial insurance.
SEGURO MUTUO; mutual insurance.

SEGURO OBLIGATORIO; mandatory
  insurance.
SEGURO PRIVADO; private insurance.
SEGURO SOBRE LA VIDA; life insurance.
SEGURO SOCIAL; social security, social
  insurance.
SELECCIÓN *f*; selection.
SELECCIONAR; to select.
SELLADO; sealed, stamped.
SELLADO Y FIRMADO POR MI; under my
  hand and seal.
SELLADOR *m* ; sealer, stamper.
SELLAR; to seal, to stamp.
SELLO *m* ; stamp, seal.
SELLO CORPORATIVO; corporate seal.
SELLO DE CORREOS; postage stamp.
SELLO DE LA CORPORACIÓN; corporate
  seal.
SELLO DE RENTAS INTERNAS; internal
  revenue stamp.
SELLO DE TIMBRE; internal revenue stamp.
SELLO NOTARIAL; notarial seal.
SELLO OFICIAL; official stamp.
SELLO POSTAL; postage stamp.
SELLO SOCIAL; corporate seal.
SEMÁFORO *m* ; semaphore, traffic light.
SEMANA *f*; week, work week, a week's pay.
SEMANA INGLESA; work week from
  Monday to Saturday at noon.
SEMANAL; weekly.
SEMANALMENTE; weekly.
SEMANARIO; weekly.
SEMANERÍA *f*; work by the week.
SEMANERO *m* ; worker on a weekly basis.
SEMBLANTE *m* ; countenance, face.
SEMEJANTE; similar.
SEMEJANZA *f*; similarity.
SEMESTRAL; semestral.
SEMESTRALMENTE; semiannually.
SEMESTRE *m* ; semester, semester's pay.
SEMINARIO *m* ; seminar.
SEMIPLENA PRUEBA; half proof.
SEMPER; always.
SENADO *m* ; senate.
SENADOR *m* ; senator.
SENADURÍA *f*; senatorship.
SENATORIAL; senatorial.
SENSATEZ *f*; good sense.

SENSATO; sensible.
SENTAR; to seat, to set, to assert.
SENTENCIA *f*; sentence, judgment, verdict,
  opinion, award, maxim.
SENTENCIA ABSOLUTORIA; acquittal.
SENTENCIA ACORDADA; consent
  judgment.
SENTENCIA ACUMULATIVA; cumulative
  sentence.
SENTENCIA ALTERNATIVA; alternative
  judgment.
SENTENCIA ARBITRAL; arbitrium.
SENTENCIA CERRADA; sealed verdict.
SENTENCIA COMPLEMENTARIA;
  clarifying judgment.
SENTENCIA CONCURRENTE; concurrent
  sentence.
SENTENCIA CONDENADORA; verdict of
  guilty.
SENTENCIA CONDICIONAL; conditional
  judgment.
SENTENCIA CONFIRMATORIA; affirming
  judgment.
SENTENCIA CONSECUTIVA; cumulative
  sentence.
SENTENCIA CONSENTIDA; consent
  judgment.
SENTENCIA CONSTITUTIVA; judgment
  establishing or modifying a legal right.
SENTENCIA CONTRA LA COSA; judgment
  in rem.
SENTENCIA CONTRA LA PERSONA;
  judgment in personam.
SENTENCIA CONTRADICTORIA;
  contradictory judgment.
SENTENCIA DE ALZADA; appellate court
  judgment.
SENTENCIA DE CONDENA; verdict of
  guilty.
SENTENCIA DE FONDO; judgment on the
  merits.
SENTENCIA DE MÉRITO; judgment on the
  merits.
SENTENCIA DE MUERTE; death sentence.
SENTENCIA DE PRIMERA INSTANCIA;
  lower court judgment.
SENTENCIA DE PRISIÓN VITALICIA; life
  sentence.

SENTENCIA DE SEGUNDA INSTANCIA;
    appellate court judgment.
SENTENCIA DE TRIBUNAL
    EXTRANJERO; foreign court judgment.
SENTENCIA DECISORIA; final judgment.
SENTENCIA DECLARATIVA; declaratory
    judgment.
SENTENCIA DEFINITIVA; final judgment.
SENTENCIA DESESTIMATORIA; dismissal.
SENTENCIA DISPOSITIVA; dispositive
    judgment.
SENTENCIA EJECUTORIADA; final
    judgment, nonappealed judgment,
    nonappealable judgment.
SENTENCIA EN CONTUMACIA; default
    judgment.
SENTENCIA EN REBELDÍA; default
    judgment.
SENTENCIA ESPECIAL; special verdict.
SENTENCIA EXTRANJERA; foreign
    judgment.
SENTENCIA FINAL; final judgment.
SENTENCIA FIRME; final judgment,
    nonappealed judgment, nonappealable
    judgment.
SENTENCIA GENERAL; general verdict.
SENTENCIA IN PERSONAM; judgment
    against the person.
SENTENCIA IN REM; judgment against the
    thing.
SENTENCIA INCIDENTAL; interlocutory
    judgment.
SENTENCIA INDETERMINADA;
    indeterminate sentence.
SENTENCIA INTERLOCUTORIA;
    interlocutory judgment.
SENTENCIA NULA; void judgment.
SENTENCIA PARCIAL; partial verdict.
SENTENCIA PROVISIONAL; interlocutory
    judgment.
SENTENCIA PROVISORIA; interlocutory
    judgment.
SENTENCIA REGISTRADA; judgment filed.
SENTENCIA SUMARIA; summary judgment.
SENTENCIA SUSPENDIDA; suspended
    sentence.
SENTENCIADO; sentenced.
SENTENCIADOR; sentencing.

SENTENCIAR; to sentence, to pass judgment
    on, to issue a verdict.
SENTIDO *m* ; sense.
SENTIDO COMÚN; common sense.
SENTIDO POPULAR; popular sense.
SEÑA *f*; sign, mark, watchword.
SEÑAL *f*; signal, landmark, earnest money,
    down payment, scar.
SEÑALADAMENTE; particularly.
SEÑALAMIENTO *m* ; designation, summons.
SEÑALAR; to point out, to designate, to mark,
    to summon.
SEÑALES DE TRÁFICO; traffic signals.
SEÑAS *f*; address.
SEÑAS PARTICULARES; personal
    description.
SEÑAS PERSONALES; personal description.
SEPARABLE; separable.
SEPARACIÓN *f*; separation, division,
    removal.
SEPARACIÓN CONYUGAL; marital
    separation.
SEPARACIÓN DE BIENES; separation of
    marital property.
SEPARACIÓN DE BIENES ENTRE
    CÓNYUGES; separation of marital
    property.
SEPARACIÓN DE HECHO; separation in fact.
SEPARACIÓN DE LA TUTELA; removal of a
    guardian.
SEPARACIÓN DE LOS PATRIMONIOS DEL
    DIFUNTO; division of the decedent's
    estate.
SEPARACIÓN DE PODERES; separation of
    powers.
SEPARACIÓN DE PUESTO; resignation.
SEPARACIÓN DEL CARGO; removal.
SEPARACIÓN JUDICIAL; judicial separation.
SEPARADAMENTE; separately.
SEPARADO, POR; separately.
SEPARADO; separated.
SEPARANTE; separating.
SEPARAR; to separate, to divide, to remove.
SEPARARSE; to separate, to withdraw, to
    waive.
SEPARATISMO *m* ; separatism.
SEPARATISTA; separatist.
SEPARATIVO; separative.

SÉPASE; be it known.

SÉPASE POR LA PRESENTE; know all men by these presents.

SEPELIO *m* ; burial.

SEPULCRO *m* ; tomb.

SEPULTAR; to bury, to conceal.

SEPULTURA *f*; tomb, burial.

SER *m* ; being, essence.

SERIE *f*; series.

SERIEDAD *f*; seriousness, reliability, severity.

SERIO; serious, reliable, severe.

SERVENTÍA *f*; public road passing through private property.

SERVICIO *m* ; service.

SERVICIO CIVIL; civil service.

SERVICIO DE EMPLEO; employment service.

SERVICIO DE INTELIGENCIA; intelligence service.

SERVICIO DE UTILIDAD PÚBLICA; public utility service.

SERVICIO DOMÉSTICO; domestic service.

SERVICIO EXTERIOR; foreign service.

SERVICIO MILITAR; military service.

SERVICIO PÚBLICO; public service.

SERVICIO SECRETO; secret service.

SERVICIO SOCIAL; social service.

SERVICIOS LEGALES; legal services.

SERVICIOS PRESTADOS; services rendered.

SERVICIOS PROFESIONALES; professional services.

SERVIDERO; serviceable.

SERVIDOR *m* ; servant.

SERVIDUMBRE *f*; servitude, easement, right of way.

SERVIDUMBRE ACCESORIA; appurtenant easement.

SERVIDUMBRE ACTIVA; positive servitude.

SERVIDUMBRE AÉREA; air easement.

SERVIDUMBRE AFIRMATIVA; positive servitude, affirmative easement.

SERVIDUMBRE APARENTE; apparent easement.

SERVIDUMBRE CONTINUA; continuous easement.

SERVIDUMBRE CONVENCIONAL; easement by agreement.

SERVIDUMBRE DE ACCESO; easement of access.

SERVIDUMBRE DE AGUAS; water rights.

SERVIDUMBRE DE CAMINO; right of way.

SERVIDUMBRE DE DESAGÜE; drainage rights.

SERVIDUMBRE DE LUCES; light and air easement.

SERVIDUMBRE DE LUCES Y VISTAS; light and air easement.

SERVIDUMBRE DE PASO; right of way.

SERVIDUMBRE DE PASTOS; common of pasture.

SERVIDUMBRE DE SACAR AGUA; easement to draw water.

SERVIDUMBRE DE TRÁNSITO; right of way.

SERVIDUMBRE DE UTILIDAD PÚBLICA; easement prescribed by law, public easement.

SERVIDUMBRE DE VÍA; right of way.

SERVIDUMBRE DE VISTAS; light and air easement.

SERVIDUMBRE DISCONTINUA; non-continuous easement.

SERVIDUMBRE INTERMITENTE; intermittent easement.

SERVIDUMBRE NEGATIVA; negative easement, negative servitude.

SERVIDUMBRE PERSONAL; easement in gross, personal servitude.

SERVIDUMBRE POR PRESCRIPCIÓN; easement by prescription.

SERVIDUMBRE POSITIVA; affirmative easement, positive servitude.

SERVIDUMBRE PREDIAL; appurtenant easement, real servitude.

SERVIDUMBRE PRIVADA; private easement.

SERVIDUMBRE PÚBLICA; public easement.

SERVIDUMBRE REAL; appurtenant easement, real servitude.

SERVIDUMBRE RECÍPROCA; reciprocal easement.

SERVIDUMBRE RURAL; rural servitude.

SERVIDUMBRE RÚSTICA; rural servitude.

SERVIDUMBRE TÁCITA; implied easement.

SERVIDUMBRE URBANA; urban servitude.

SERVIDUMBRE VISIBLE; apparent
easement.
SERVIDUMBRE VOLUNTARIA; easement
by agreement.
SERVIR; to serve, to be suitable.
SESIÓN *f*; session, meeting.
SESIÓN A PUERTA CERRADA; closed
session, closed meeting.
SESIÓN DE LA DIRECTIVA; board meeting.
SESIÓN EJECUTIVA; executive session,
executive meeting.
SESIÓN EXTRAORDINARIA; special
session, special meeting.
SESIÓN ORDINARIA; regular session, regular
meeting.
SESIÓN PLENARIA; full session, full
meeting.
SESIÓN PÚBLICA; public session, public
meeting.
SETO *m*; fence, hedge.
SEUDO; pseudo.
SEUDÓNIMO *m*; pseudonym.
SEVERAMENTE; severely.
SEVERIDAD *f*; severity.
SEVERO; severe.
SEVICIA *f*; extreme cruelty.
SEXO *m*; sex.
SEXUAL; sexual.
SICARIO *m*; hired assassin.
SIEMPRE, DE; usual.
SIEMPRE QUE; provided that, whenever.
SIGILACIÓN *f*; concealment, sealing,
stamping, seal, stamp.
SIGILAR; to conceal, to seal, to stamp.
SIGILO *m*; concealment, prudence, seal.
SIGILO PROFESIONAL; professional secrecy.
SIGILOSO; secretive, silent, prudent.
SIGLA *f*; acronym.
SIGLO *m*; century.
SIGNAR; to sign.
SIGNATARIO; signatory.
SIGNATURA *f*; signature.
SIGNIFICACIÓN *f*; significance.
SIGNIFICADO *m*; meaning.
SIGNIFICADO SECUNDARIO; secondary
meaning.
SIGNIFICAR; to signify, to indicate.
SIGNIFICATIVAMENTE; significantly.

SIGNIFICATIVO; significant.
SIGNO *m*; sign, flourish.
SIGNO NOTARIAL; notary's mark.
SIGNOS DE VIDA; signs of life.
SIGUIENTE *f*; next.
SÍLABO *m*; syllabus, index.
SILENCIAR; to silence, to be silent about.
SILENCIO *m*; silence.
SILENCIO DEL ACUSADO; silence of the
accused.
SILLA DE LOS TESTIGOS; witness stand.
SILLA ELÉCTRICA; electric chair.
SIMBÓLICO; symbolic.
SIMBOLIZAR; to symbolize.
SÍMBOLO *m*; symbol.
SÍMIL; similar.
SIMILAR; similar.
SIMILITUD; similitude.
SIMPLE; simple, absolute, single.
SIMPLE TENEDOR; sole holder.
SIMPLE TENENCIA; simple holding.
SIMPLEMENTE; simply, absolutely.
SIMULACIÓN *f*; simulation.
SIMULACIÓN DE DENUNCIA; false
accusation.
SIMULACIÓN DELICTIVA;
misrepresentation, feigned act.
SIMULACRO *m*; simulacrum, semblance.
SIMULADO; simulated.
SIMULADOR (adj); simulative.
SIMULADOR *m*; simulator.
SIMULAR; to simulate.
SIMULTÁNEAMENTE; simultaneously.
SIMULTANEAR; to carry out simultaneously.
SIMULTANEIDAD *f*; simultaneity.
SIMULTÁNEO; simultaneous.
SIN; without, besides.
SIN CAUSA; without cause, without
consideration.
SIN COMPROMISO; without obligation.
SIN EFECTO NI VALOR; null and void.
SIN EMBARGO; nevertheless.
SIN JUSTA CAUSA; without just cause.
SIN LUGAR; case dismissed, petition denied,
overruled.
SIN PAGAR; unpaid.
SIN PERJUICIO; without prejudice.

SIN PERJUICIO A TERCEROS; without prejudice to third parties.

SIN PROLE; without issue.

SIN PROTESTO; without protest.

SIN RECURSO; without recourse.

SIN SALVEDADES; without exceptions.

SIN SELLAR; unsealed, unstamped.

SIN TESTAMENTO; intestate.

SINALAGMÁTICO; synallagmatic.

SINDÉRESIS *f*; good judgment.

SINDICACIÓN *f*; syndication, unionization, accusation.

SINDICACIÓN OBLIGATORIA; obligatory unionization.

SINDICADO (adj); syndicated, unionized, accused.

SINDICADO *m*; syndicate, accused person.

SINDICAL; syndical.

SINDICALISMO *m*; syndicalism, unionism.

SINDICALISTA *m/f*; syndicalist, unionist.

SINDICAR; to syndicate, to unionize, to accuse.

SINDICATO *m*; syndicate, union, labor union, trade union, labor organization.

SINDICATO DE INDUSTRIA; industrial union.

SINDICATO DE OFICIO; trade union.

SINDICATO DE PATRONOS; employers' association.

SINDICATO DE SUSCRIPCIÓN; underwriting syndicate.

SINDICATO GREMIAL; trade union.

SINDICATO HORIZONTAL; horizontal union.

SINDICATO INDUSTRIAL; industrial union.

SINDICATO OBRERO; trade union.

SINDICATO PATRONAL; employers' association.

SINDICATO VERTICAL; vertical union.

SINDICATURA *f*; trusteeship, receivership, post of a syndic.

SÍNDICO *m*; trustee, receiver, shareholders' representative, comptroller, syndic.

SÍNDICO AUXILIAR; ancillary receiver.

SÍNDICO DE QUIEBRA; receiver.

SÍNDICO EN LA QUIEBRA; receiver.

SÍNDICO PENDENTE LITE; receiver pendente lite.

SINE DIE; without day.

SINE PROLE; without issue.

SINE QUA NON; without which not, indispensable condition, sine qua non.

SINECURA *f*; sinecure.

SINGULAR; singular.

SINGULARIDAD *f*; singularity.

SINGULARMENTE; singularly.

SINIESTRADO (adj); injured in an accident.

SINIESTRADO *m*; accident victim.

SINIESTRO (adj); sinister, unlucky.

SINIESTRO *m*; loss, disaster, accident, perversity.

SINIESTRO MAYOR; total loss.

SINIESTRO MENOR; partial loss.

SINIESTRO POR INCENDIO; fire loss.

SINJUSTICIA *f*; injustice.

SINNÚMERO *m*; vast number.

SINO; but, except, only.

SINÓNIMO; synonymous.

SINOPSIS *f*; synopsis.

SINRAZÓN *f*; injustice, wrong, illogical statement.

SÍNTESIS *f*; synthesis.

SINTÉTICO; synthetical, synthetic.

SIRVIENTE; servient.

SISA *f*; petty theft.

SISTEMA *m*; system.

SISTEMA ACUSATORIO; accusatory system.

SISTEMA DE GABINETE; cabinet system.

SISTEMA PARLAMENTARIO; parliamentary system.

SISTEMA PENITENCIARIO; prison system.

SISTEMA TORRENS; Torrens System.

SISTEMÁTICAMENTE; systematically.

SISTEMÁTICO; systematic.

SISTEMATIZAR; to systematize.

SITIADO; surrounded, besieged.

SITIAL *m*; seat of honor, seat.

SITIAR; to surround, to besiege.

SITIO *m*; place, siege, country estate.

SITO; situated.

SITUACIÓN *f*; situation, condition, circumstances, assignment of funds, fixed income.

SITUACIÓN FINANCIERA; financial position.

SITUACIÓN PELIGROSA; dangerous
  condition.
SITUADO (adj); situated.
SITUADO *m* ; fixed income.
SITUAR; to situate, to assign funds.
SO PENA DE; under penalty of.
SOBERANÍA *f*; sovereignty.
SOBERANO; sovereign.
SOBORDO *m* ; comparison of a ship's cargo
  with the freight list, freight list, bonus.
SOBORNABLE; able to be suborned, bribable.
SOBORNACIÓN *f*; suborning, bribing,
  subornation, bribery, overload.
SOBORNADO; suborned, bribed.
SOBORNADOR (adj); suborning, bribing.
SOBORNADOR *m* ; suborner, briber.
SOBORNAR; to suborn, to bribe.
SOBORNO *f*; suborning, bribing, subornation,
  bribery, overload.
SOBORNO DE JURADOS; bribing of jurors.
SOBRANCERO; unemployed, surplus.
SOBRANTE (adj); surplus, remaining.
SOBRANTE *m* ; surplus, remainder.
SOBRAR; to be surplus, to remain, to exceed.
SOBRE *m* ; envelope, address.
SOBRECARGA *f*; overload, extra load,
  overcharge, extra charge.
SOBRECARGAR; to overload, to overcharge.
SOBRECARTA *f*; envelope.
SOBRECOGER; to surprise.
SOBRECOGERSE; to be surprised.
SOBREDICHO; above-mentioned.
SOBREENTENDER; to understand something
  implied.
SOBREESTADÍA *f*; demurrage.
SOBREGIRADO; overdrawn.
SOBREGIRAR; to overdraw.
SOBREGIRO *m* ; overdraft.
SOBREGIRO APARENTE; technical
  overdraft.
SOBREGIRO TÉCNICO; technical overdraft.
SOBREHERIDO; slightly injured.
SOBREIMPOSICIÓN *f*; surtax.
SOBREIMPUESTO *m* ; surtax.
SOBRENOMBRE *m* ; nickname, name added
  to distinguish from those with the same
  surname.

SOBRENTENDER; to understand something
  implied.
SOBREPAGA; increased pay, extra pay.
SOBREPLAZO *m* ; extension of time.
SOBREPRECIO *m* ; surcharge, overcharge.
SOBREPRIMA; extra premium.
SOBREPRODUCCIÓN *f*; overproduction.
SOBREPUJAR; to surpass, to outbid.
SOBRESALIENTE; outstanding, conspicuous,
  projecting.
SOBRESCRITO *m* ; address.
SOBRESEER; to supersede, to acquit, to
  dismiss, to abandon, to desist, to yield.
SOBRESEGURO *m* ; overinsurance.
SOBRESEIMIENTO *m* ; stay of proceedings,
  acquittal, dismissal, abandonment,
  discontinuance, nonsuit.
SOBRESEIMIENTO DEFINITIVO; dismissal
  with prejudice.
SOBRESEIMIENTO INVOLUNTARIO;
  involuntary nonsuit.
SOBRESEIMIENTO PROVISIONAL;
  dismissal without prejudice, temporary
  stay.
SOBRESEIMIENTO TEMPORAL; dismissal
  without prejudice, temporary stay.
SOBRESEIMIENTO VOLUNTARIO;
  voluntary nonsuit.
SOBRESELLO *m* ; second seal.
SOBRESTADÍA *f*; demurrage.
SOBRESTANTE *m* ; supervisor.
SOBRESUELDO *m* ; extra pay.
SOBRETASA *f*; surtax, surcharge.
SOBREVENCIDO; overdue.
SOBREVENIR; to supervene, to occur
  suddenly.
SOBREVINIENTE; supervening.
SOBREVIVENCIA *f*; survival.
SOBREVIVIENTE (adj); surviving.
SOBREVIVIENTE *m/f*; survivor.
SOBREVIVIR; to survive.
SOBRINA *f*; niece.
SOBRINAZGO *m* ; relationship of nephew,
  relationship of niece, nepotism.
SOBRINO *m* ; nephew.
SOCALIÑA *f*; trick.
SOCALIÑERO *m* ; trickster.

SOCIAL; social, pertaining to a partnership, pertaining to a corporation.

SOCIALISMO *m* ; socialism.

SOCIALISTA; socialist.

SOCIEDAD *f* ; company, partnership, corporation, society.

SOCIEDAD ACCIDENTAL; joint adventure.

SOCIEDAD ANÓNIMA; corporation, (UK) chartered company.

SOCIEDAD CARITATIVA; charitable organization.

SOCIEDAD CERRADA; close corporation.

SOCIEDAD CIVIL; civil partnership, civil corporation.

SOCIEDAD COLECTIVA; general partnership.

SOCIEDAD COMANDITARIA; limited partnership.

SOCIEDAD COMANDITARIA ESPECIAL; special partnership.

SOCIEDAD COMERCIAL; business association.

SOCIEDAD CONTROLADA; subsidiary.

SOCIEDAD CONYUGAL; community property.

SOCIEDAD COOPERATIVA; cooperative.

SOCIEDAD COOPERATIVA DE EDIFICACIÓN Y PRÉSTAMOS; building and loan association.

SOCIEDAD DE AHORRO Y PRÉSTAMO; savings and loan association.

SOCIEDAD DE BENEFICENCIA; charitable organization.

SOCIEDAD DE BIENES GANANCIALES; community property.

SOCIEDAD DE CAPITAL E INDUSTRIA; partnership where some parties provide services while others furnish funds.

SOCIEDAD DE CAPITALIZACIÓN; company for capitalization of savings.

SOCIEDAD DE CARTERA; investment trust.

SOCIEDAD DE COMERCIO; business association.

SOCIEDAD DE CONTROL; holding company.

SOCIEDAD DE CRÉDITO; credit union.

SOCIEDAD DE DERECHO; corporation created fulfilling all legal requirements, corporation de jure.

SOCIEDAD DE FIDEICOMISO; trust company.

SOCIEDAD DE GANANCIALES; community property.

SOCIEDAD DE HABILITACIÓN; partnership where some parties provide services while others furnish funds.

SOCIEDAD DE HECHO; corporation in fact, corporation de facto.

SOCIEDAD DE INVERSIÓN; investment company.

SOCIEDAD DE RESPONSABILIDAD LIMITADA; limited liability company.

SOCIEDAD DE SEGUROS MUTUOS; mutual insurance company.

SOCIEDAD DE SOCORROS MUTUOS; mutual benefit association.

SOCIEDAD EN COMANDITA; limited partnership.

SOCIEDAD EN COMANDITA POR ACCIONES; joint-stock association.

SOCIEDAD EN COMANDITA SIMPLE; limited partnership, partnership where some parties provide services while others furnish funds.

SOCIEDAD EN PARTICIPACIÓN; joint adventure.

SOCIEDAD EXTRANJERA; foreign company.

SOCIEDAD FAMILIAR; family partnership.

SOCIEDAD FIDUCIARIA; trust company.

SOCIEDAD FINANCIERA; finance company.

SOCIEDAD GREMIAL; trade union, labor organization.

SOCIEDAD ILÍCITA; company organized for illegal purposes.

SOCIEDAD INVERSIONISTA; investment company.

SOCIEDAD IRREGULAR; joint adventure.

SOCIEDAD LEONINA; leonine partnership.

SOCIEDAD MATRIZ; parent company.

SOCIEDAD MERCANTIL; business association.

SOCIEDAD NACIONAL; domestic company.

SOCIEDAD NO ESPECULATIVA; non-profit company.

SOCIEDAD PARA FINES NO PECUNIARIOS; non-profit company.

SOCIEDAD POR ACCIONES; stock company.

SOCIEDAD SIN FINES DE LUCRO; non-profit company.

SOCIEDAD VINCULADA; affiliate.

SOCIO *m* ; partner, member.

SOCIO ACCIONISTA; shareholder.

SOCIO ADMINISTRADOR; general partner.

SOCIO APARENTE; ostensible partner.

SOCIO CAPITALISTA; capital partner.

SOCIO COLECTIVO; general partner.

SOCIO COMANDITADO; general partner.

SOCIO COMANDITARIO; limited partner.

SOCIO DE INDUSTRIA; partner who provides services.

SOCIO GENERAL; general partner.

SOCIO GERENTE; general partner.

SOCIO GESTOR; general partner.

SOCIO INDUSTRIAL; partner who provides services.

SOCIO LIQUIDADOR; liquidating partner.

SOCIO MENOR; junior partner.

SOCIO NO GESTOR; limited partner.

SOCIO NOMINAL; nominal partner.

SOCIO OCULTO; silent partner.

SOCIO OSTENSIBLE; ostensible partner.

SOCIO PRINCIPAL; senior partner.

SOCIO REGULAR; general partner.

SOCIO RESPONSABLE; general partner.

SOCIO SECRETO; silent partner.

SOCIO VITALICIO; life member.

SOCIOLOGÍA *f*; sociology.

SOCOLOR *m* ; pretense, under color.

SOCOLOR DE; under the pretense of, under color of.

SOCORREDOR (adj); helping.

SOCORREDOR *m* ; helper.

SOCORRER; to help, to pay on account.

SOCORRO *m* ; help.

SOCORROS MUTUOS; mutual help.

SODOMÍA *f*; sodomy.

SOEZ; crude, indecent.

SOFISMA *m* ; sophism.

SOFISTERÍA *f*; sophistry.

SOFOCACIÓN *f*; suffocation.

SOFOCAR; to suffocate, to harass, to extinguish.

SOLAMENTE; only.

SOLAMENTE QUE; provided that.

SOLAPADAMENTE; deceitfully.

SOLAPADO; deceitful.

SOLAPAR; to overlap, to conceal.

SOLAR *m* ; lot, tenement, lineage, ancestral home.

SOLARIEGO; held in fee simple, ancestral, old.

SOLDADA *f*; salary.

SOLDADO *m* ; soldier.

SOLEMNE; solemn.

SOLEMNEMENTE; solemnly.

SOLEMNIDAD *f*; solemnity.

SOLEMNIZAR; to solemnize.

SOLER; to usually do.

SOLERCIA *f*; shrewdness.

SOLERTE; shrewd.

SOLICITADOR *m* ; petitioner, applicant.

SOLICITANTE *m/f*; petitioner, applicant.

SOLICITAR; to petition, to apply.

SOLICITUD *f*; solicitude, application, petition.

SOLIDARIA Y MANCOMUNADAMENTE; jointly and severally.

SOLIDARIAMENTE; jointly and severally, with solidarity.

SOLIDARIDAD *f*; solidarity.

SOLIDARIO; solidary, jointly, jointly and severally.

SOLIDARISMO *m* ; solidarism, solidarity.

SOLIDARIZAR; to make jointly liable, to make jointly and severally liable.

SOLTAR; to free, to pardon, to solve.

SOLTERO; unmarried.

SOLTURA *f*; release, release from prison, ease.

SOLUCIÓN *f*; solution, satisfaction.

SOLVENCIA *f*; solvency, reliability, payment, settlement.

SOLVENTAR; to satisfy, to settle, to pay, to solve.

SOLVENTE; solvent, reliable.

SOMERO; superficial, brief.

SOMETER; to subject, to quell, to submit.

SOMETER A VOTACIÓN; to put to a vote.

SOMETER AL ARBITRAJE; to submit to arbitration.

SOMETERSE; to submit oneself to, to surrender.

SOMETERSE A; to abide to.

SONDEAR; to sound.

SONDEO *m* ; sounding.

SOPLO *m* ; instant, tipping off, informer, breath.

SOPLÓN *m* ; informer.

SOPLONEAR; to inform on.

SOPLONERÍA *f* ; informing.

SORDERA *f* ; deafness.

SORDEZ *f* ; deafness.

SÓRDIDO; sordid.

SORDO (adj); deaf.

SORDO *m* ; deaf person.

SORDOMUDEZ *f* ; deaf-muteness.

SORDOMUDO *m* ; deaf-mute.

SORPRENDER; to surprise, to discover, to catch.

SORPRENDIDO; surprised, discovered, caught.

SORTEO *m* ; drawing, evasion.

SORTEO DE JURADOS; impanelment of jury.

SOSLAYAR; to evade, to incline.

SOSPECHA *f* ; suspicion.

SOSPECHABLE; suspicious.

SOSPECHAR; to suspect.

SOSPECHOSO (adj); suspicious.

SOSPECHOSO *m* ; suspect.

SOSTÉN *m* ; support.

SOSTENER; to support.

SOSTENER LA OBJECIÓN; to sustain the objection.

SOSTENIBLE; sustainable.

SOSTENIMIENTO *m* ; support.

STATUS QUO; the existing state, status quo.

SUA SPONTE; voluntarily, sua sponte.

SUB CONDITIONE; on condition.

SUB JÚDICE; before the court, sub judice.

SUBAGENTE *m* ; subagent.

SUBALQUILAR; to sublease.

SUBALQUILER *m* ; sublease.

SUBALTERNO; subordinate.

SUBARRENDADOR *m* ; sublessor.

SUBARRENDAMIENTO *m* ; sublease, under-lease.

SUBARRENDAR; to sublease.

SUBARRENDATARIO *m* ; sublessee, subtenant.

SUBARRIENDO *m* ; sublease, subleasing, under-lease, underleasing.

SUBASTA *f* ; auction.

SUBASTA EXTRAJUDICIAL; extrajudicial auction.

SUBASTA JUDICIAL; judicial auction.

SUBASTA PÚBLICA; public auction.

SUBASTACIÓN *f* ; auction.

SUBASTADOR *m* ; auctioneer.

SUBASTAR; to auction.

SUBCAPITALIZACIÓN *f* ; undercapitalization.

SUBCLASE *f* ; subclass.

SUBCOMISARÍA *f* ; office of a subcommissioner, post of a subcommissioner.

SUBCOMISARIO *m* ; subcommissioner.

SUBCOMISIÓN *f* ; subcommission.

SUBCONTRATAR; to subcontract.

SUBCONTRATISTA *m/f* ; subcontractor.

SUBCONTRATO *m* ; subcontract.

SUBDELEGADO *m* ; subdelegate.

SUBDELEGAR; to subdelegate.

SUBDESARROLLO *m* ; underdevelopment.

SUBDIRECTOR *m* ; assistant director.

SÚBDITO *m* ; subject.

SUBDIVIDIR; to subdivide.

SUBDIVISIÓN *f* ; subdivision.

SUBEJECUTOR *m* ; assistant executor, subagent.

SUBEMPLEO *m* ; underemployment.

SUBENTENDER; to understand.

SUBESTIMAR; to underestimate.

SUBFIADOR *m* ; sub-guarantor.

SUBFIANZA *f* ; sub-guaranty.

SUBFLETAMENTO *m* ; subcharter.

SUBFLETAR; to subcharter.

SUBGOBERNADOR *m* ; lieutenant governor.

SUBHIPOTECA *f* ; submortgage.

SUBIDA *f* ; rise.

SUBINCISO *m* ; subparagraph.

SUBINQUILINO *m* ; subtenant.

SUBINSPECTOR *m* ; subinspector.

SUBIR; to rise, to raise.

SÚBITAMENTE; suddenly.

SÚBITO; suddenly, unexpectedly.

SUBJETIVAMENTE; subjectively.

SUBJETIVIDAD *f* ; subjectivity.

SUBJETIVISMO *m* ; subjectivism.
SUBJETIVO; subjective.
SUBLEVACIÓN *f* ; rebellion.
SUBLEVAR; to rebel.
SUBLICENCIA *f* ; sublicense.
SUBLICENCIAR; to sublicense.
SUBLOCACIÓN *f* ; sublease.
SUBLOCADOR *m* ; sublessor.
SUBLOCATARIO *m* ; sublessee.
SUBMARINO; submarine.
SUBORDINACIÓN *f* ; subordination.
SUBORDINADO; subordinated.
SUBPRODUCTO *m* ; by-product.
SUBREGISTRADOR *m* ; deputy registrar.
SUBREPCIÓN *f* ; subreption.
SUBREPTICIAMENTE; surreptitiously.
SUBREPTICIO; surreptitious.
SUBROGACIÓN *f* ; subrogation.
SUBROGACIÓN CONVENCIONAL;
    conventional subrogation.
SUBROGACIÓN LEGAL; legal subrogation.
SUBROGACIÓN PARCIAL; partial
    subrogation.
SUBROGACIÓN PERSONAL; substitution of
    a person.
SUBROGACIÓN REAL; substitution of a
    thing.
SUBROGACIÓN TOTAL; total subrogation.
SUBROGADO; subrogated.
SUBROGAR; to subrogate.
SUBROGATORIO; pertaining to subrogation.
SUBSANABLE; repairable, excusable.
SUBSANACIÓN *f* ; reparation, exculpation.
SUBSANAR; to repair, to excuse.
SUBSCRIBIR; to subscribe.
SUBSCRIBIRSE; to subscribe.
SUBSCRIPCIÓN *f* ; subscription.
SUBSCRIPTOR *m* ; subscriber, underwriter.
SUBSCRITO, EL; the undersigned.
SUBSECRETARÍA *f* ; post of an assistant
    secretary, office of an assistant secretary.
SUBSECRETARIO *m* ; assistant secretary,
    undersecretary.
SUBSECUENTE; subsequent.
SUBSIDIADO; subsidized.
SUBSIDIARIA *f* ; subsidiary.
SUBSIDIARIAMENTE; subsidiarily.
SUBSIDIARIO; subsidiary.

SUBSIDIO *m* ; subsidy.
SUBSIDIO FAMILIAR; family allowance.
SUBSIGUIENTE; subsequent.
SUBSISTENCIA *f* ; subsistence.
SUBSISTIR; to subsist.
SUBSTANCIA *f* ; substance.
SUBSTANCIACIÓN *f* ; substantiation,
    proceedings of a case.
SUBSTANCIAL; substantial.
SUBSTANCIALMENTE; substantially.
SUBSTANCIAR; to substantiate, to abridge, to
    try a case.
SUBSTANCIAS TÓXICAS; toxic substances.
SUBSTANTIVO; substantive.
SUBSTITUCIÓN *f* ; substitution.
SUBSTITUCIÓN DE HEREDERO;
    substitution of an heir.
SUBSTITUIBLE; substitutable.
SUBSTITUIDOR; substitute.
SUBSTITUIR; to substitute.
SUBSTITUTIVO; substitutive.
SUBSTITUTO *m* ; substitute.
SUBSTRACCIÓN *f* ; substraction, removal,
    theft, robbery.
SUBSTRACCIÓN DE CAUDALES
    PÚBLICOS; misappropriation of public
    monies.
SUBSTRACCIÓN DE LA
    CORRESPONDENCIA; theft of mail.
SUBSTRACCIÓN DE MENORES;
    child-stealing.
SUBSTRAER; to subtract, to remove, to steal,
    to rob, to misappropriate.
SUBSUELO *m* ; subsoil.
SUBTERFUGIO *m* ; subterfuge, excuse.
SUBTERRÁNEO; subterranean.
SUBTÍTULO *m* ; subtitle.
SUBURBANO; suburban.
SUBURBIO *m* ; suburb.
SUBVENCIÓN *f* ; subvention.
SUBVENCIONAR; to subsidize.
SUBVERSIÓN *f* ; subversion.
SUBVERSIVO; subversive.
SUBVERTIR; to subvert.
SUCEDÁNEO; succedaneous.
SUCEDER; to succeed, to inherit, to occur.
SUCEDIENTE; succeeding.
SUCESIBLE; inheritable.

SUCESIÓN *f*; succession, inheritance, issue.

SUCESIÓN AB INTESTATO; intestate succession.

SUCESIÓN DE LOS COLATERALES; succession of the collateral heirs.

SUCESIÓN DEL CÓNYUGE SUPÉRSTITE; succession of the surviving spouse.

SUCESIÓN DEL ESTADO; escheat.

SUCESIÓN FORZOSA; forced succession.

SUCESIÓN FUTURA; future succession.

SUCESIÓN HEREDITARIA; hereditary succession.

SUCESIÓN INTER VIVOS; transfer between living persons, inter vivos transfer.

SUCESIÓN INTESTADA; intestate succession.

SUCESIÓN IRREGULAR; irregular succession.

SUCESIÓN LEGAL; legal succession.

SUCESIÓN LEGÍTIMA; legal succession.

SUCESIÓN MORTIS CAUSA; transfer in contemplation of death, causa mortis transfer.

SUCESIÓN NATURAL; natural succession.

SUCESIÓN NECESARIA; forced succession.

SUCESIÓN POR CABEZA; succession per capita.

SUCESIÓN POR ESTIRPE; succession per stirpes.

SUCESIÓN POR TRONCO; succession per stirpes.

SUCESIÓN TESTADA; testate succession.

SUCESIÓN TESTAMENTARIA; testamentary succession.

SUCESIÓN UNIVERSAL; universal succession.

SUCESIÓN VACANTE; vacant succession.

SUCESIVAMENTE; successively.

SUCESO *m* ; event, outcome, lapse.

SUCESOR (adj); succeeding.

SUCESOR *m* ; successor.

SUCESOR IRREGULAR; irregular successor.

SUCESOR PARTICULAR; singular successor.

SUCESOR SINGULAR; singular successor.

SUCESOR UNIVERSAL; universal successor.

SUCESORES Y CESIONARIOS; successors and assigns.

SUCESORIO; successional.

SUCINTAMENTE; succinctly.

SUCINTO; succinct.

SUCUMBIR; to succumb, to lose a suit.

SUCURSAL (adj); subsidiary, branch.

SUCURSAL *f*; branch.

SUEGRA *f*; mother-in-law.

SUEGRO *m* ; father-in-law.

SUELDO *m* ; salary.

SUELDO BÁSICO; base salary.

SUELO *m* ; ground, soil, base, earth.

SUELTO; loose, free.

SUERTE *f*; luck, chance, lot.

SUFICIENCIA *f*; sufficiency.

SUFICIENTE; sufficient.

SUFICIENTEMENTE; sufficiently.

SUFRAGAR; to pay, to help, to vote.

SUFRAGIO *m* ; suffrage, help.

SUFRIBLE; sufferable.

SUFRIMIENTO *m* ; suffering, tolerance.

SUFRIR; to suffer, to tolerate, to allow.

SUGESTIÓN *f*; suggestion.

SUI GENERIS; unique, sui generis.

SUICIDA (adj); suicidal.

SUICIDA *m/f*; suicide.

SUICIDARSE; to commit suicide.

SUICIDIO *m* ; suicide.

SUJECIÓN *f*; subjection, submission.

SUJECIÓN A, CON; in accordance with.

SUJETAR; to subject, to secure.

SUJETARSE; to subject oneself, to conform to.

SUJETO *m* ; subject, individual.

SUJETO A; subject to.

SUJETO A IMPUESTO; subject to tax.

SUJETO A RECURSO; appealable.

SUJETO DEL DERECHO; legal person.

SUJETO DEL LITIGIO; litigant.

SUMA, EN; briefly.

SUMA *f*; sum, essence.

SUMAR; to add, to amount to, to summarize.

SUMARIA *f*; preliminary proceedings, written proceedings.

SUMARIAMENTE; summarily.

SUMARIAR; to conduct a preliminary proceeding.

SUMARIO (adj); summary.

SUMARIO *m* ; summary, summary proceeding, preliminary proceeding, abstract.

SUMARIO DEL FALLO; abstract of judgment.

581   SUSCRIPCIÓN

SUMARÍSIMO *m* ; accelerated summary
   proceeding.
SUMINISTRACIÓN *f*; supply.
SUMINISTRADOR *m* ; supplier.
SUMINISTRAR; to supply.
SUMINISTRO *m* ; supply.
SUMISIÓN *f*; submission, obedience.
SUMISO; submissive, obedient.
SUNTUARIO; luxury.
SUPEDITACIÓN *f*; subjection.
SUPEDITAR; to subject.
SUPERÁVIT *f*; surplus.
SUPERÁVIT DE CAPITAL; capital surplus.
SUPERÁVIT DE OPERACIÓN; earned
   surplus.
SUPERÁVIT PAGADO; paid-in surplus.
SUPERCHERÍA *f*; fraud, trickery.
SUPERCHERO *m* ; deceiver, trickster.
SUPERENTENDER; to superintend.
SUPEREROGACIÓN *f*; supererogation.
SUPERESTRUCTURA *f*; superstructure.
SUPERFICIAL; superficial.
SUPERFICIALMENTE; superficially.
SUPERFICIARIO *m* ; superficiary.
SUPERFICIE *f*; surface, area.
SUPERINTENDENCIA *f*; superintendence,
   jurisdiction.
SUPERINTENDENTE *m* ; superintendent.
SUPERIOR; superior, upper.
SUPERIORIDAD *f*; superiority, higher court.
SUPERPOBLACIÓN *f*; overpopulation.
SUPERPRODUCCIÓN *f*; overproduction.
SUPÉRSTITE (adj); surviving.
SUPÉRSTITE *m/f*; survivor.
SUPERVENCIÓN *f*; supervention.
SUPERVENIENCIA *f*; supervention.
SUPERVENIENTE; supervening.
SUPERVENIR; to supervene.
SUPERVISAR; to supervise.
SUPERVISIÓN *f*; supervision.
SUPERVISOR (adj); supervising.
SUPERVISOR *m* ; supervisor.
SUPERVIVENCIA *f*; survival.
SUPERVIVIENTE (adj); surviving.
SUPERVIVIENTE *m/f*; survivor.
SUPLANTABLE; supplantable, falsifiable.
SUPLANTACIÓN *f*; falsification.
SUPLANTADOR (adj); supplanting, falsifying.

SUPLANTADOR *m* ; supplanter, falsifier.
SUPLANTAR; to supplant, to falsify.
SUPLEMENTAR; to supplement.
SUPLEMENTARIO; supplementary.
SUPLEMENTO *m* ; supplement.
SUPLENCIA *f*; substitution.
SUPLENTE (adj); substituting.
SUPLENTE *m/f*; substitute.
SUPLETORIO; suppletory.
SÚPLICA *f*; petition, plea.
SUPLICACIÓN *f*; petition, plea.
SUPLICAR; to petition, to appeal, to plead.
SUPLICATORIA *f*; formal communication
   from a court to a higher one, letters
   rogatory.
SUPLICATORIO (adj); petitioning, pleading.
SUPLICATORIO *m* ; petition to initiate legal
   proceedings against a member of the same
   legislative body, letters rogatory.
SUPLICIO *m* ; torture, execution, place of
   execution, agony.
SUPLIR; to supply, to supplement, to
   substitute, to overlook.
SUPONEDOR (adj); supposing.
SUPONEDOR *m* ; supposer.
SUPONER; to suppose.
SUPOSICIÓN *f*; supposition, falsehood,
   authority.
SUPRA; above, supra.
SUPRADICHO; above-mentioned.
SUPRAPROTESTO *m* ; supra protest.
SUPREMA CORTE; supreme court.
SUPREMA CORTE DE JUSTICIA; supreme
   court of justice.
SUPREMAMENTE; supremely.
SUPREMO; supreme, last.
SUPRESIÓN *f*; suppression, omission.
SUPRIMIBLE; suppressible.
SUPRIMIR; to suppress, to omit.
SUPUESTO (adj); supposed.
SUPUESTO *m* ; supposition.
SURTIR; to supply.
SURTIR EFECTO; to take effect, to have the
   desired effect.
SUSCEPTIBLE; susceptible.
SUSCITAR; to cause.
SUSCRIBIR; to subscribe.
SUSCRIPCIÓN *f*; subscription.

SUSCRIPTOR *m/f*; subscriber, underwriter.
SUSCRITO, EL; the undersigned.
SUSCRITOR *m* ; subscriber, underwriter.
SUSODICHO; above-mentioned.
SUSPENDER; to suspend, to adjourn, to
   astound.
SUSPENDER PAGO; to stop payment.
SUSPENDIDO; suspended.
SUSPENSIÓN *f*; suspension, adjournment.
SUSPENSIÓN DE ABOGACÍA; temporary
   disbarment.
SUSPENSIÓN DE ARMAS; truce.
SUSPENSIÓN DE CARGO PÚBLICO;
   suspension from public office.
SUSPENSIÓN DE CONDENA; suspension of
   sentence.
SUSPENSIÓN DE GARANTÍAS
   CONSTITUCIONALES; suspension of
   constitutional rights.
SUSPENSIÓN DE HOSTILIDADES; truce.
SUSPENSIÓN DE LA INSTANCIA; stay of
   proceedings.
SUSPENSIÓN DE LA PRESCRIPCIÓN;
   tolling of the statute of limitations.
SUSPENSIÓN DE LA SENTENCIA;
   suspension of the sentence.
SUSPENSIÓN DE PAGOS; suspension of
   payments.
SUSPENSIÓN EN EL TRABAJO; suspension
   from work.
SUSPENSIÓN PROCESAL; stay of
   proceedings.
SUSPENSIVO; suspensive.
SUSPENSO (adj); suspended, astounded.
SUSPENSO *m* ; suspense.
SUSPICACIA *f*; suspiciousness, distrust.
SUSPICAZ; suspicious, distrustful.
SUSTANCIA *f*; substance.
SUSTANCIACIÓN *f*; substantiation,
   proceedings of a case.
SUSTANCIAL; substantial.
SUSTANCIALMENTE; substantially.
SUSTANCIAR; to substantiate, to abridge, to
   try a case.
SUSTANTIVO; substantive.
SUSTENTABLE; sustainable, defensible.
SUSTENTACIÓN *f*; sustenance, support.
SUSTENTADOR (adj); sustaining, supporting.

SUSTENTADOR *m* ; sustainer.
SUSTENTAR; to sustain, to support.
SUSTENTO *m* ; sustenance, support.
SUSTITUCIÓN *f*; substitution.
SUSTITUIBLE; substitutable.
SUSTITUIDOR; substitute.
SUSTITUIR; to substitute.
SUSTITUTIVO; substitutive.
SUSTITUTO *m* ; substitute.
SUSTRACCIÓN *f*; substraction, removal,
   theft, robbery.
SUSTRAER; to subtract, to remove, to steal, to
   rob, to misappropriate.
SUTILEZA *f*; subtlety, cunning.

T

TABIQUE *m* ; partition wall, partition.

TABLA DE CASOS; table of cases.

TABLAS DE MORTALIDAD; mortality tables.

TABLAS DE VIDA; life expectancy tables.

TABLILLA *f*; license plate.

TABLÓN DE ANUNCIOS; (US) bulletin board, (UK) notice board.

TABULAR; to tabulate.

TÁCITA RECONDUCCIÓN; tacit relocation.

TÁCITAMENTE; tacitly.

TACITE; tacitly.

TÁCITO; tacit.

TÁCTICA *f*; tactics.

TACHA, SIN; flawless.

TACHA *f*; flaw, disqualification, challenge.

TACHA DE TESTIGOS; disqualification of witnesses.

TACHABLE; exceptionable, that may be crossed out.

TACHADOR *m* ; challenger.

TACHADURA *f*; erasure, crossing out.

TACHAR; to cross out, to challenge, to object to.

TACHÓN *m* ; crossing out.

TAGAROTE *m* ; notary's clerk.

TAHA *f*; district, jurisdiction.

TAHÚR (adj); gambling.

TAHÚR *m* ; gambler.

TAHURERÍA *f*; gambling, gambling house.

TAJANTE; definitive, cutting.

TAJO *m* ; slash, cut.

TAL QUE, CON; provided that.

TALA *f*; destruction, felling of trees.

TALADOR (adj); destroying, felling.

TALADOR *m* ; destroyer, feller.

TÁLAMO *m* ; conjugal bed.

TALANTE *m* ; countenance, manner, disposition, appearance.

TALAR; to destroy, to fell trees.

TALIÓN *m* ; talion.

TALIONAR; to retaliate against.

TALMENTE; in this manner.

TALÓN *m* ; check, receipt, coupon, stub.

TALÓN DE VENTA; sales slip.

TALÓN EN DESCUBIERTO; bad check.

TALONARIO *m* ; stub book.

TALLA *f*; height, fraud, reward.

TALLER *m* ; workshop, factory.

TALLER ABIERTO; open shop.

TALLER CERRADO; closed shop.

TALLER UNIONADO; union shop.

TAMBALEANTE; staggering.

TAMBALEAR; to stagger.

TAMBALEO *m* ; staggering.

TANDA *f*; shift, task, lot.

TANGENTE *f*; tangent.

TANGIBLE; tangible.

TANQUE *m* ; tank.

TANTEAR; to size up, to compare, to estimate.

TANTEO *m* ; sizing up, comparison, estimate.

TANTO (adj); as much, so much.

TANTO (adv); so much, so long, just as much as.

TANTO *m* ; little, certain amount, copy.

TAPADILLO, DE; stealthily.

TAPADO; concealed.

TAPADOR; concealing.

TAPADURA *f*; concealing, obstruction.

TAPAR; to cover, to conceal, to obstruct.

TAPIAR; to wall up.

TARA *f*; tare, defect.

TARAR; to tare.

TARDANZA *f*; tardiness, dalliance.

TARDAR; to be tardy, to be slow.

TARDE (adv); late.

TARDE *f*; afternoon, evening.

TARDECER; to grow late.

TARDÍAMENTE; belatedly.

TARDÍO; late, slow.

TARDO; late, slow.

TAREA *f*; task, employment.

TARIFA *f*; tariff, rate schedule, toll.

TARIFA ADUANERA; tariff.

TARIFA DE ADUANA; tariff.

TARIFA DE AVALÚO; tariff.

TARIFA DE TRIBUTACIÓN; tax rates.

TARIFAR; to set a tariff, to fall out.

TARJETA *f*; card.

TARJETA DE CRÉDITO; credit card.

TARJETA DE IDENTIDAD; identity card.

TARJETA POSTAL; postcard.

TASA *f*; rate, measure, assessment.

TASA DE CAMBIO; exchange rate.

TASA DE IMPUESTO; tax rate.

TASA DE INTERÉS; interest rate.

TASA DE MORTALIDAD; death rate.

TASA FISCAL; tax rate.

TASA IMPOSITIVA; tax rate.

TASA TRIBUTARIA; tax rate.

TASABLE; appraisable, taxable.

TASACIÓN *f*; appraisal, price regulation.

TASACIÓN DE COSTAS; assessment of litigation expenses.

TASACIÓN PERICIAL; expert appraisal.

TASADOR (adj); appraising.

TASADOR *m*; appraiser.

TASADOR DE AVERÍA; average adjuster.

TASAR; to appraise, to regulate, to tax.

TASAR EN EXCESO; to overappraise.

TASAR EN MENOS; to underappraise.

TATARABUELA *f*; great-great-grandmother.

TATARABUELO *m*; great-great-grandfather, great-great-grandparent.

TATARANIETA *f*; great-great-granddaughter.

TATARANIETO *m*; great-great-grandson, great-great-grandchild.

TATUAJE *m*; tattoo.

TAXABILIDAD *f*; taxability.

TAXATIVAMENTE; restrictively.

TAXATIVO; restrictive.

TAZ A TAZ; on an equal basis.

TEATRAL; theatrical.

TEATRALMENTE; theatrically.

TECLA *f*; key, delicate matter.

TÉCNICAMENTE; technically.

TECNICISMO *m*; technicality, technical term.

TÉCNICO (adj); technical.

TÉCNICO *m*; expert.

TECNOCRACIA *f*; technocracy.

TECNOLOGÍA *f*; technology.

TELA *f*; lie, trick, subject matter.

TELECOMUNICACIÓN *f*; telecommunication.

TELEFÓNICAMENTE; telephonically.

TELEFÓNICO; telephonic, telephone.

TELÉFONO *m*; telephone.

TELEFOTOGRAFÍA *f*; telephotography, telephotograph.

TELEVISAR; to televise.

TEMA *f*; obstinacy, obsession, grudge.

TEMA *m*; subject.

TEMARIO *m*; agenda.

TEMEDERO; fearful.

TEMER; to fear, to suspect.

TEMERARIO; temerarious.

TEMERIDAD *f*; temerity.

TEMOR *m*; fear, suspicion.

TEMORIZAR; to terrorize.

TEMPERACIÓN *f*; tempering.

TEMPERAMENTO *m*; temperament, compromise.

TEMPERAR; to temper.

TEMPESTIVIDAD *f*; timeliness.

TEMPESTIVO; timely.

TEMPLADAMENTE; temperately.

TEMPLADO; temperate, severe, able.

TEMPLANZA *f*; temperance.

TEMPLAR; to temper, to thrash, to kill.

TEMPORADA *f*; season, period.

TEMPORAL; temporary, temporal.

TEMPORALMENTE; temporarily, temporally.

TEMPORÁNEO; temporary, temporal.

TEMPORERO; temporary, seasonal.

TEMPRANO; early.

TENDENCIA *f*; tendency.

TENDENCIA VICIOSA; vicious propensity.

TENDENCIOSO; tendentious.

TENDIENTE; tending to.

TENEDOR *m*; holder, possessor, owner.

TENEDOR DE ACCIONES; stockholder.

TENEDOR DE BONOS; bondholder.

TENEDOR DE BUENA FE; holder in due course.

TENEDOR DE LIBROS; bookkeeper.

TENEDOR DE PAGARÉ; noteholder.

TENEDOR DE PÓLIZA; policyholder.

TENEDOR DE PRENDA; pledgee.

TENEDOR DE VALOR; holder for value.

TENEDOR EN DEBIDO CURSO; holder in due course.

TENEDOR INSCRITO; registered holder.

TENEDURÍA DE LIBROS; bookkeeping.

TENENCIA *f*; tenancy, holding, possession, tenure.

TENENCIA CONJUNTA; joint tenancy, cotenancy.

TENENCIA DE ARMAS; possession of arms.

TENENCIA EN COMÚN; tenancy in common.

TENER; to have, to possess, to own, to take, to receive.

TENER DERECHO A; to have the right to.

TENER EN CUENTA; to keep in mind.

TENER LUGAR; to be accepted, to lie, to occur.

TENER RESPONSABLE; to hold responsible.

TENER VIGENCIA; to be in force.

TENER Y POSEER; to have and to hold.

TENIENTE (adj); possessing, holding, owning.

TENIENTE *m/f*; deputy.

TENOR *m*; literal meaning.

TENTACIÓN *f*; temptation.

TENTAR; to touch, to attempt, to tempt, to examine.

TENTATIVA *f*; attempt, experiment.

TENTATIVA DE DELITO; attempt to commit a crime.

TENTATIVA DE FUGA; attempt to escape.

TENTATIVO; tentative.

TEORÍA *f*; theory.

TEORÍA DEL CASO; theory of case.

TEÓRICAMENTE; theoretically.

TEÓRICO; theoretic.

TEORIZAR; to theorize.

TERAPIA *f*; therapy.

TERCENA *f*; state monopoly store.

TERCER POSEEDOR; third possessor.

TERCERA INSTANCIA; second appeal.

TERCERA PERSONA; third party, arbitrator.

TERCEREAR; to mediate, to arbitrate.

TERCERÍA *f*; mediation, arbitration, intervention.

TERCERÍA DE DOMINIO; intervention in a suit by a third party claiming ownership.

TERCERÍA DE MEJOR DERECHO; intervention in a suit by a third party claiming a preferred right.

TERCERISTA *m/f*; intervenor.

TERCERO (adj); third.

TERCERO *m*; third party, mediator, arbitrator, intervenor.

TERCERO EN DISCORDIA; mediator, arbitrator.

TERCERO INTERVINIENTE; intervenor.

TERCEROS EN EL PROCESO; intervenors.

TERCIADOR (adj); mediating, arbitrating.

TERCIADOR *m*; mediator, arbitrator.

TERCIAR; to mediate, to arbitrate, to intervene.

TERCIO; third.

TERGIVERSABLE; that can be misrepresented, that can be twisted.

TERGIVERSACIÓN *f*; misrepresentation, twisting.

TERGIVERSAR; to misrepresent, to twist.

TERMINABLE; terminable.

TERMINACIÓN *f*; termination.

TERMINAL; terminal.

TERMINANTE; definite.

TERMINANTEMENTE; definitely.

TERMINAR; to terminate.

TÉRMINO *m*; term, boundary, conclusion, object, condition.

TÉRMINO CIERTO; fixed term.

TÉRMINO CONVENCIONAL; term which has been agreed to.

TÉRMINO DE ENCARCELAMIENTO; imprisonment term.

TÉRMINO DE GRACIA; grace period.

TÉRMINO DE PRUEBA; term for producing evidence.

TÉRMINO EXTINTIVO; expiration date.

TÉRMINO EXTRAORDINARIO; extraordinary term for producing evidence.

TÉRMINO FATAL; deadline.

TÉRMINO IMPRORROGABLE; deadline.

TÉRMINO INCIERTO; uncertain term.

TÉRMINO JUDICIAL; judicial term.

TÉRMINO LEGAL; legal term.

TÉRMINO MEDIO; compromise.

TÉRMINO ORDINARIO; ordinary term for producing evidence.

TÉRMINO PERENTORIO; deadline.

TÉRMINO PROBATORIO; term for producing evidence.

TÉRMINO PROCESAL; procedural term.

TÉRMINO PRORROGABLE; extendible term.

TÉRMINO TÁCITO; implied term.

TERMINOLOGÍA *f*; terminology.

TÉRMINOS DE VENTA; terms of sale.
TERMINUS A QUO; starting point.
TERMINUS AD QUEM; ending point.
TERRATENIENTE *m/f*; landowner.
TERRENO *m* ; land, plot, field.
TERRENO ABIERTO; open space.
TERRENO CERRADO; enclosed space.
TERRENO EDIFICADO; developed plot.
TERRENO LINDANTE; abutting land.
TERRENO YERMO; wasteland, uninhabited land.
TERRESTRE; terrestrial.
TERRIBLE; terrible.
TERRITORIAL; territorial.
TERRITORIALIDAD *f*; territoriality.
TERRITORIO *m* ; territory, zone.
TERRITORIO EXTRANJERO; foreign territory.
TERRITORIO NACIONAL; national territory.
TERROR *m* ; terror.
TERRORISMO *m* ; terrorism.
TERRORISTA (adj); terrorist.
TERRORISTA *m/f*; terrorist.
TESIS *f*; thesis, theory, proposition.
TESÓN *m* ; tenacity, firmness.
TESORERÍA *f*; treasury, post of a treasurer.
TESORERO *m* ; treasurer.
TESORO *m* ; treasure, treasury.
TESTACIÓN *f*; erasion, cancellation.
TESTADO; testate.
TESTADOR *m* ; testator.
TESTAFERRO *m* ; straw party.
TESTAMENTARÍA *f*; testamentary proceeding, testamentary execution, decedent's estate, testamentary documents, meeting of executors.
TESTAMENTARIO (adj); testamentary.
TESTAMENTARIO *m* ; executor.
TESTAMENTO *m* ; testament, will.
TESTAMENTO ABIERTO; nuncupative will.
TESTAMENTO CERRADO; mystic will.
TESTAMENTO COMÚN; common will.
TESTAMENTO EN EL EXTRANJERO; will made abroad.
TESTAMENTO ESCRITO; written will.
TESTAMENTO ESPECIAL; special will.
TESTAMENTO INOFICIOSO; inofficious will.

TESTAMENTO MANCOMUNADO; joint will.
TESTAMENTO MARÍTIMO; sailor's will.
TESTAMENTO MÍSTICO; mystic will.
TESTAMENTO MUTUO; mutual will.
TESTAMENTO NUNCUPATIVO; nuncupative will.
TESTAMENTO OLÓGRAFO; holographic will.
TESTAMENTO ORDINARIO; ordinary will.
TESTAMENTO RECÍPROCO; reciprocal will.
TESTAMENTO SOLEMNE; solemn will.
TESTAR; to make a will, to erase, to cancel.
TESTIFICACIÓN *f*; testification, attestation.
TESTIFICADOR *m* ; witness.
TESTIFICAL; witness.
TESTIFICANTE; testifying, witnessing, attesting.
TESTIFICAR; to testify, to witness, to attest.
TESTIFICATA *f*; affidavit.
TESTIFICATIVO; witnessing, attesting.
TESTIGO *m/f*; witness, attestor, evidence, testimony.
TESTIGO ABONADO; competent witness.
TESTIGO AURICULAR; ear-witness.
TESTIGO CERTIFICADOR; attesting witness.
TESTIGO CONTRA SI MISMO; witness against oneself.
TESTIGO DE CARGO; witness for the prosecution.
TESTIGO DE CONOCIMIENTO; attestor of identity.
TESTIGO DE DESCARGO; witness for the defense.
TESTIGO DE LA PARTE ACTORA; witness for the plaintiff.
TESTIGO DE OÍDAS; ear-witness.
TESTIGO DE VISTA; eyewitness.
TESTIGO DEL MATRIMONIO; witness to marriage.
TESTIGO DESINTERESADO; disinterested witness.
TESTIGO FALSO; false witness.
TESTIGO HÁBIL; competent witness.
TESTIGO HOSTIL; hostile witness.
TESTIGO IDÓNEO; competent witness.
TESTIGO INHÁBIL; incompetent witness.

TESTIGO INSTRUMENTAL; attesting witness.

TESTIGO JUDICIAL; witness during a trial.

TESTIGO MAYOR DE TODA EXCEPCIÓN; fully competent witness.

TESTIGO OCULAR; eyewitness.

TESTIGO PERITO; expert witness.

TESTIGO PRESENCIAL; eyewitness.

TESTIGO PRIVILEGIADO; privileged witness.

TESTIGO SUBSCRIPTOR; subscribing witness.

TESTIGO TESTAMENTARIO; witness to a will.

TESTIMONIAL; testimonial.

TESTIMONIALES; documentary evidence.

TESTIMONIAR; to testify, to bear witness to, to attest.

TESTIMONIERO *m* ; false witness.

TESTIMONIO *m* ; testimony, evidence, affidavit.

TESTIMONIO DE LO CUAL, EN; in witness whereof.

TESTIMONIO DE OÍDAS; hearsay evidence.

TESTIMONIO FALSO; false testimony.

TESTIMONIO PERICIAL; expert testimony.

TESTIMOÑERO *m* ; false witness.

TEXTO *m* ; text.

TEXTO LEGAL; collection of laws.

TEXTUAL; textual.

TEXTUALMENTE; textually.

TÍA *f*; aunt.

TÍA ABUELA; great-aunt.

TIEMPO *m* ; time, weather.

TIEMPO CONTINUO; continuous period.

TIEMPO DE EFECTIVIDAD; effective period.

TIEMPO DE GUERRA; time of war.

TIEMPO DE PAZ; time of peace.

TIEMPO EXTRA; overtime.

TIEMPO INMEMORIAL; time immemorial.

TIEMPO RAZONABLE; reasonable time.

TIEMPO SUFICIENTE; sufficient time.

TIENDA *f*; store.

TIERRA *f*; earth, land, ground.

TIMAR; to swindle.

TIMBRADO; stamped, sealed.

TIMBRAR; to stamp, to seal.

TIMBRE *m* ; stamp, tax stamp, tax stamp revenue, seal, buzzer.

TIMBRE DE CORREO; postage stamp.

TIMBRE DE IMPUESTO; revenue stamp.

TIMBRE FISCAL; revenue stamp.

TIMO *m* ; swindle.

TIMOCRACIA *f*; timocracy.

TINGLADO *m* ; shed, ruse.

TINO *m* ; common sense, ability.

TÍO *m* ; uncle.

TÍO ABUELO; great-uncle.

TÍPICO; typical.

TIPO *m* ; type, standard, appearance, rate.

TIPO DE CAMBIO; exchange rate.

TIPO DE INTERÉS; interest rate.

TIPO DE SEGURO; insurance rate.

TIPO IMPOSITIVO; tax rate.

TIRADA *f*; distance, period, throw.

TIRANAMENTE; tyrannically.

TIRANÍA *f*; tyranny.

TIRÁNICO; tyrannical.

TIRANO *m* ; tyrant.

TIRANTE; tense.

TIRANTEZ *f*; tenseness.

TIRAR; to throw, to fire, to waste, to transport.

TIRO *m* ; shot, throw, injury, theft, robbery.

TIRO AL AIRE; shot in the air.

TIROTEAR; to fire at.

TIROTEO *m* ; exchange of shots, shootout, skirmish.

TITUBEANTE; hesitant, staggering.

TITUBEAR; to hesitate, to stagger.

TITUBEO *m* ; hesitation, staggering.

TITULACIÓN *f*; title documents.

TITULADO *m* ; titled person.

TITULAR (adj); titular, regular.

TITULAR (v); to title.

TITULAR *m* ; owner of record, holder of title, holder, headline.

TÍTULO *m* ; title, certificate of title, certificate, heading, bond, license, reason.

TÍTULO ABSOLUTO; absolute title.

TÍTULO AL PORTADOR; bearer instrument, bearer bond.

TÍTULO AUTÉNTICO; authentic title.

TÍTULO COLORADO; color of title.

TÍTULO DE ACCIONES; stock certificate.

TÍTULO DE ADQUISICIÓN; bill of sale.

TÍTULO DE CRÉDITO; credit instrument.

TÍTULO DE DEUDA; debt instrument, evidence of indebtedness.

TÍTULO DE DOMINIO; title, title deed.

TÍTULO DE LA DEUDA PÚBLICA; public bond.

TÍTULO DE PATENTE; letters patent.

TÍTULO DE PROPIEDAD; title, title deed.

TÍTULO EJECUTIVO; document which grants a right of execution.

TÍTULO EN EQUIDAD; equitable title.

TÍTULO ENDOSABLE; endorsable instrument.

TÍTULO GRATUITO; gratuitous title.

TÍTULO HÁBIL; perfect title.

TÍTULO HIPOTECARIO; mortgage bond.

TÍTULO INSCRIBIBLE; registerable title.

TÍTULO JUSTO; just title.

TÍTULO LEGAL; legal title.

TÍTULO LIMPIO; clear title.

TÍTULO LUCRATIVO; lucrative title.

TÍTULO NO TRASLATIVO DE DOMINIO; unmarketable title.

TÍTULO NOMINATIVO; registered instrument, registered bond.

TÍTULO NULO; void title.

TÍTULO ONEROSO; onerous title.

TÍTULO ORIGINARIO; original title.

TÍTULO POR PRESCRIPCIÓN; title by prescription.

TÍTULO POSESORIO; possessory title.

TÍTULO PRESUNTO; presumptive title.

TÍTULO PRIMORDIAL; original title.

TÍTULO PROFESIONAL; professional license.

TÍTULO PUTATIVO; presumptive title.

TÍTULO SEGURO; marketable title.

TÍTULO TRASLATIVO DE DOMINIO; marketable title.

TÍTULO VALOR; credit instrument.

TÍTULO VICIADO; defective title, imperfect title.

TÍTULO VICIOSO; defective title, imperfect title.

TOCAR; to touch, to touch upon.

TOCAYO m ; namesake.

TODAVÍA; still, nevertheless, even.

TODO; all, every.

TODOS Y CADA UNO; all and singular.

TOLERABLE; tolerable.

TOLERANCIA f; tolerance.

TOLERANTE; tolerant.

TOLERAR; to tolerate, to overlook.

TOMA f; taking, receiving.

TOMA DE POSESIÓN; taking possession, taking office.

TOMADOR m ; taker, drawee, payee, drinker, pickpocket.

TOMADOR DE CRÉDITO; borrower.

TOMAR; to take, to take on.

TOMAR EL ACUERDO; to decide.

TOMAR EL JURAMENTO; to administer an oath, to take an oath.

TOMAR EN CUENTA; to take into account.

TOMAR MEDIDAS; to take measures.

TOMO m ; tome, importance.

TONELADA f; ton.

TONELADA CORTA; short ton.

TONELADA DE ARQUEO; register ton.

TONELADA DE REGISTRO; register ton.

TONELADA LARGA; long ton.

TONELAJE m ; tonnage, tonnage dues.

TONELAJE BRUTO; gross tonnage.

TONELAJE NETO; net tonnage.

TONTINA f; tontine.

TÓPICO m ; topic.

TOPOGRAFÍA f; topography.

TOQUE m ; touch, essence.

TOQUE DE QUEDA; curfew.

TORCER; to twist, to corrupt.

TORMENTO m ; torment.

TORNADURA f; return.

TORNO m ; turn, granting of auctioned property to the second highest bidder upon the first failing to meet the stipulated conditions.

TORPEZA MORAL; moral turpitude.

TORSIÓN f; twisting.

TORTICERAMENTE; unjustly, illegally.

TORTICERO; unjust, illegal.

TORTUGUISMO m ; slowdown.

TORTUOSAMENTE; tortuously.

TORTURA f; torture.

TORTURADOR (adj); torturous.

TORTURADOR m ; torturer.

TORTURAR; to torment.

TOTAL; total.

TOTALIDAD *f* ; totality.

TOTALITARIO; totalitarian.

TOTALITARISMO *m* ; totalitarianism.

TOTALMENTE; totally.

TOXICIDAD *f* ; toxicity.

TÓXICO; toxic.

TRABA *f* ; tie, obstacle, seizure, attachment.

TRABACUENTA *f* ; error in an account, dispute.

TRABAJADOR (adj); working.

TRABAJADOR *m* ; worker, employee.

TRABAJADOR ASALARIADO; salaried employee.

TRABAJADOR ASOCIADO; co-worker.

TRABAJADOR DEL ESTADO; government employee.

TRABAJADOR DEPENDIENTE; employee.

TRABAJADOR EVENTUAL; temporary worker.

TRABAJADOR EXTRANJERO; foreign worker.

TRABAJADOR INDEPENDIENTE; independent contractor.

TRABAJAR; to work, to be employed, to disturb.

TRABAJAR A DESTAJO; to do piecework.

TRABAJAR UN JURADO; to labor a jury.

TRABAJO *m* ; work, job, employment, report, bother.

TRABAJO A DESTAJO; piecework.

TRABAJO A TIEMPO COMPLETO; full-time work.

TRABAJO A TIEMPO PARCIAL; part-time work.

TRABAJO CONTINUO; continuous work.

TRABAJO DIURNO; day work.

TRABAJO FORZADO; hard labor.

TRABAJO NOCTURNO; night work.

TRABAJO PELIGROSO; dangerous work.

TRABAJO PROFESIONAL; professional work.

TRABAJOSO; laborious, labored.

TRABAR; to join, to seize, to initiate.

TRABAZÓN *f* ; connection.

TRABUCACIÓN *f* ; confusion, mistake.

TRABUCAR; to confuse, to upset.

TRACTO *m* ; space, interval.

TRADICIÓN *f* ; tradition, delivery, transfer.

TRADICIÓN ABSOLUTA; absolute delivery.

TRADICIÓN CONDICIONAL; conditional delivery.

TRADICIÓN CORPORAL; actual delivery.

TRADICIÓN DE DERECHOS; transfer of rights.

TRADICIÓN DE INMUEBLES; transfer of real property.

TRADICIÓN DE LA POSESIÓN; transfer of possession.

TRADICIÓN DE LA PROPIEDAD; transfer of property.

TRADICIÓN DE MUEBLES; transfer of personal property.

TRADICIÓN EFECTIVA; actual delivery.

TRADICIÓN FICTICIA; feigned delivery.

TRADICIÓN FINGIDA; feigned delivery.

TRADICIÓN REAL; actual delivery.

TRADICIÓN SIMBÓLICA; symbolic delivery.

TRADICIONAL; traditional.

TRADUCCIÓN *f* ; translation.

TRADUCIR; to translate.

TRADUCTOR *m* ; translator.

TRAER; to bring, to bring about, to compel.

TRAFICANTE *m/f* ; trafficker.

TRAFICAR; to traffic, to travel.

TRÁFICO *m* ; traffic.

TRÁFICO DE DROGAS; drug traffic.

TRAGEDIA *f* ; tragedy.

TRAGO *m* ; drink.

TRAICIÓN *f* ; treason, treachery.

TRAICIONAR; to betray.

TRAICIONERO (adj); traitorous, treacherous.

TRAICIONERO *m* ; traitor.

TRAIDOR *m* ; traitor.

TRAJÍN *m* ; hectic activity, chore, transport.

TRAMA *f* ; plot.

TRAMAR; to plot.

TRAMITACIÓN *f* ; procedure, transaction, negotiation.

TRAMITACIÓN SUMARIA; summary proceeding.

TRAMITADOR *m* ; transactor, negotiator.

TRAMITAR; to transact, to negotiate, to proceed with.

TRÁMITE *m* ; step, procedure, proceeding, negotiation.

TRÁMITE JUDICIAL; judicial proceeding, judicial procedure.

TRÁMITE PENAL; criminal proceeding.

TRAMO *m* ; section, passage.

TRAMPA *f*; trap, cheating.

TRAMPEAR; to cheat.

TRAMPERÍA *f*; cheating.

TRAMPOSO (adj); cheating.

TRAMPOSO *m* ; cheat.

TRANCE *m* ; crucial moment, attachment.

TRANQUILAMENTE; calmly.

TRANQUILIDAD *f*; tranquillity.

TRANQUILIDAD PÚBLICA; public tranquillity.

TRANSACCIÓN *f*; transaction, settlement.

TRANSACCIONAL; transactional.

TRANSAR; to settle.

TRANSBORDAR; to transfer, to switch.

TRANSBORDO *m* ; transfer, switch.

TRANSCENDENCIA *f*; transcendence.

TRANSCRIBIR; to transcribe.

TRANSCRIPCIÓN *f*; transcription.

TRANSCRIPCIÓN ESTENOGRÁFICA; stenographic record.

TRANSCRITO; transcribed.

TRANSCURRIR; to elapse.

TRANSCURSO *m* ; passage.

TRANSEÚNTE (adj); transient.

TRANSEÚNTE *m/f*; pedestrian, transient.

TRANSFERENCIA *f*; transference, transfer.

TRANSFERENCIA BANCARIA; banking transfer.

TRANSFERENCIA DEL DOMINIO; transfer of ownership.

TRANSFERENCIA EN LOS CONTRATOS; assignment of contracts.

TRANSFERIBLE; transferable.

TRANSFERIDOR (adj); transferring.

TRANSFERIDOR *m* ; transferrer.

TRANSFERIR; to transfer, to postpone.

TRANSFORMACIÓN *f*; transformation.

TRÁNSFUGA *m/f*; fugitive.

TRANSFUNDIR; to transmit.

TRANSGREDIR; to transgress.

TRANSGRESIÓN *f*; transgression.

TRANSGRESOR *m* ; transgressor.

TRANSICIÓN *f*; transition.

TRANSIGENCIA *f*; compromise, tolerance.

TRANSIGENTE; compromising, tolerant.

TRANSIGIR; to compromise, to settle.

TRANSITAR; to transit.

TRANSITIVO; transitive.

TRÁNSITO *m* ; transit, traffic, way, transition.

TRÁNSITO AÉREO; air traffic.

TRANSITORIAMENTE; transitorily.

TRANSITORIEDAD *f*; transitoriness.

TRANSITORIO; transitory.

TRANSLACIÓN *f*; transfer, translation, transcription.

TRANSLIMITACIÓN *f*; trespass.

TRANSLIMITAR; to trespass.

TRANSLINEAR; to pass from line of heirs to another.

TRANSMIGRACIÓN *f*; transmigration.

TRANSMIGRAR; to transmigrate.

TRANSMISIBILIDAD *f*; transmissibility, transferability.

TRANSMISIBLE; transmissible, transferable.

TRANSMISIÓN *f*; transmission, transfer, communication.

TRANSMISIÓN DE PROPIEDAD; transfer of ownership.

TRANSMISIÓN HEREDITARIA; inheritance.

TRANSMISOR *m* ; transmitter.

TRANSMITIR; to transmit, to transfer, to communicate.

TRANSMUDAR; to transmute, to transfer, to persuade.

TRANSMUTACIÓN *f*; transmutation.

TRANSMUTAR; to transmute.

TRANSPARENCIA *f*; transparency.

TRANSPONER; to transfer.

TRANSPORTABLE; transportable.

TRANSPORTACIÓN *f*; transportation.

TRANSPORTADOR *m* ; transporter.

TRANSPORTAR; to transport.

TRANSPORTE *m* ; transport, transportation.

TRANSPORTE AÉREO; air transportation.

TRANSPORTE DE PERSONAS; transportation of people.

TRANSPORTE FLUVIAL; river transportation.

TRANSPORTE MARÍTIMO; maritime transportation.

TRANSPORTE MERCANTIL; commercial transportation.

TRANSPORTE TERRESTRE; ground
transportation.

TRANSPORTISTA *m/f*; carrier.

TRANSPOSICIÓN *f*; transposition.

TRANSVERSAL (adj); transversal, cross,
collateral.

TRANSVERSAL *m/f*; collateral relative.

TRANSVERSAL *f*; cross street.

TRANZA *f*; attachment.

TRAPAZA *f*; trick, fraud.

TRAQUIDO *m*; crack of a firearm.

TRASBORDAR; to transfer, to switch.

TRASBORDO *m*; transfer, switch.

TRASCENDENCIA *f*; transcendence.

TRASCENDENTAL; transcendent.

TRASCENDENTE; transcendent.

TRASCENDER; to transcend, to become
known.

TRASCENDIDO; keen.

TRASCRIBIR; to transcribe.

TRASCRIPCIÓN *f*; transcription.

TRASCRITO; transcribed.

TRASCURRIR; to elapse.

TRASCURSO *m*; passage.

TRASFERENCIA *f*; transference, transfer.

TRASFERIBLE; transferable.

TRASFERIR; to transfer, to assign.

TRASFORMACIÓN *f*; transformation.

TRÁSFUGA *m/f*; fugitive.

TRASFUNDIR; to transmit.

TRASGREDIR; to transgress.

TRASGRESOR *m*; transgressor.

TRASLACIÓN *f*; transfer, translation,
transcription.

TRASLACIÓN DE DOMINIO; transfer of
ownership.

TRASLADAR; to transfer, to translate, to
transcribe.

TRASLADO *m*; transfer, change,
communication, transcript.

TRASLADO DE JURISDICCIÓN; change of
jurisdiction.

TRASLATIVO; translative.

TRASLUCIR; to deduce.

TRASLUCIRSE; to be transparent, to be
revealed, to be deduced.

TRASMIGRACIÓN *f*; transmigration.

TRASMIGRAR; to transmigrate.

TRASMISIBLE; transmissible, transferable.

TRASMISIÓN *f*; transmission, transfer,
communication.

TRASMITIR; to transmit, to transfer, to
communicate.

TRASMUDACIÓN *f*; transmutation.

TRASMUDAR; to transmute, to transfer, to
persuade.

TRASMUTACIÓN *f*; transmutation.

TRASNOMBRAR; to confuse names, to
change names.

TRASOÍR; to mishear.

TRASPAPELAR; to misplace among papers.

TRASPAPELARSE; to get misplaced among
papers.

TRASPARENCIA *f*; transparency.

TRASPASABLE; transferable, transportable,
passable.

TRASPASADOR (adj); transgressing.

TRASPASADOR *m*; transgressor.

TRASPASAR; to transfer, to move, to
transgress, to go beyond limits.

TRASPASO *m*; transfer, move, transgression,
trick, anguish.

TRASPLANTAR; to transplant.

TRASPLANTARSE; to migrate.

TRASPLANTE *m*; transplantation.

TRASPONER; to transfer.

TRASPORTABLE; transportable.

TRASPORTACIÓN *f*; transportation.

TRASPORTADOR *m*; transporter.

TRASPORTAR; to transport.

TRASPORTE *m*; transport, transportation.

TRASPOSICIÓN *f*; transposition.

TRASTORNADOR (adj); upsetting.

TRASTORNADOR *m*; upsetter.

TRASTORNAR; to upset, to derange.

TRASTORNO *m*; upset, derangement.

TRASTORNO MENTAL; mental
derangement.

TRASTORNO MENTAL TRANSITORIO;
temporary insanity.

TRASTROCAR; to alter.

TRASUNTAR; to transcribe, to abridge.

TRASUNTO *m*; transcription, imitation.

TRATADO *m*; treaty, agreement, treatise.

TRATADO-CONTRATO; treaty.

TRATADO DE COMERCIO; commercial treaty.

TRATADO DE EXTRADICIÓN; extradition treaty.

TRATADO DE PAZ; peace treaty.

TRATADO ECONÓMICO; economic treaty.

TRATADO INTERNACIONAL; treaty.

TRATADO-LEY; treaty-law.

TRATADO MULTILATERAL; multilateral treaty.

TRATADO MULTILÁTERO; multilateral treaty.

TRATADO POLÍTICO; political treaty.

TRATAMIENTO *m* ; treatment, style.

TRATANTE *m* ; dealer.

TRATAR; to treat, to address as, to deal with, to try.

TRATO *m* ; treatment, agreement, contract, trade, treaty, form of address, manner.

TRATO COLECTIVO; collective bargaining.

TRATO DE NACIÓN MÁS FAVORECIDA; most favored nation treatment.

TRATO DESIGUAL; unequal treatment.

TRATO DOBLE; double-dealing.

TRATO INHUMANO; inhuman treatment.

TRAUMA *m* ; trauma.

TRAVESÍA *f* ; voyage, distance between points, cross-road.

TRAVESURA *f* ; antic.

TRAYECTO *m* ; journey, distance, road.

TRAYECTORIA *f* ; trajectory.

TRAZA *f* ; appearance, sign, plan.

TRAZAR; to plan, to describe, to sketch.

TRECHO *m* ; stretch, period.

TRECHOS, A; at intervals.

TREGUA *f* ; truce, rest.

TREINTAÑAL; of thirty years.

TRESDOBLAR; to triple.

TRESDOBLE; triple.

TRETA *f* ; trick.

TRIBULACIÓN *f* ; tribulation.

TRIBUNA *f* ; tribune, stand.

TRIBUNA DEL JURADO; jury box.

TRIBUNAL *m* ; tribunal, court, courthouse, courtroom, board.

TRIBUNAL A QUO; court a quo, lower court.

TRIBUNAL AD QUEM; court ad quem, court of appeals.

TRIBUNAL ADUANAL; customs court.

TRIBUNAL ARBITRAL; court of arbitration, board of arbitration.

TRIBUNAL CIVIL; civil court.

TRIBUNAL COLEGIADO; court having three or more judges.

TRIBUNAL CONSTITUCIONAL; constitutional court.

TRIBUNAL CONSULAR; consular court.

TRIBUNAL CORRECCIONAL; correctional court.

TRIBUNAL CRIMINAL; criminal court.

TRIBUNAL DE ALMIRANTAZGO; admiralty court.

TRIBUNAL DE ALZADAS; court of appeals.

TRIBUNAL DE APELACIÓN; court of appeals.

TRIBUNAL DE AUTOS; court of record.

TRIBUNAL DE CASACIÓN; court of cassation.

TRIBUNAL DE CIRCUITO; circuit court.

TRIBUNAL DE COMERCIO; commercial court.

TRIBUNAL DE DERECHO; court of law.

TRIBUNAL DE DERECHO MARÍTIMO; admiralty court.

TRIBUNAL DE DISTRITO; district court.

TRIBUNAL DE ELECCIONES; board of elections.

TRIBUNAL DE EQUIDAD; court of equity.

TRIBUNAL DE EXAMEN; board of examiners.

TRIBUNAL DE GARANTÍAS CONSTITUCIONALES; constitutional court.

TRIBUNAL DE JURADOS; jury.

TRIBUNAL DE LO CRIMINAL; criminal court.

TRIBUNAL DE MENORES; juvenile court.

TRIBUNAL DE POLICÍA; police court.

TRIBUNAL DE PRIMERA INSTANCIA; court of first instance.

TRIBUNAL DE QUIEBRAS; bankruptcy court.

TRIBUNAL DE REGISTRO; court of record.

TRIBUNAL DE SEGUNDA INSTANCIA; court of appeals.

TRIBUNAL DE TRABAJO; labor court.

593 4TURNO

TRIBUNAL DE ÚLTIMA INSTANCIA; court of last resort.
TRIBUNAL ESTATAL; state court.
TRIBUNAL EXTRANJERO; foreign court.
TRIBUNAL FEDERAL; federal court.
TRIBUNAL INFERIOR; lower court.
TRIBUNAL INTERNACIONAL; international court.
TRIBUNAL MARÍTIMO; admiralty court.
TRIBUNAL MILITAR; military court.
TRIBUNAL MUNICIPAL; municipal court.
TRIBUNAL NACIONAL; national court.
TRIBUNAL NOCTURNO; night court.
TRIBUNAL PENAL; criminal court.
TRIBUNAL SUPERIOR; superior court.
TRIBUNAL SUPREMO; supreme court.
TRIBUNAL TESTAMENTARIO; probate court.
TRIBUNAL UNIPERSONAL; court having one judge.
TRIBUTABLE; taxable.
TRIBUTACIÓN *f*; tax, tax payment, tax system.
TRIBUTANTE (adj); taxpaying.
TRIBUTANTE *m/f*; taxpayer.
TRIBUTAR; to pay taxes, to pay.
TRIBUTARIO; tax, tributary.
TRIBUTO *m*; tribute, tax.
TRIMESTRAL; trimestrial.
TRIMESTRALMENTE; trimestrially.
TRIMESTRE (adj); trimestrial.
TRIMESTRE *m*; trimester, trimestrial payment.
TRIPARTICIÓN *f*; tripartition.
TRIPARTIR; to tripart.
TRIPARTITO; tripartite.
TRIPLE; triple.
TRÍPLICA *f*; surrejoinder.
TRIPLICACIÓN *f*; triplication.
TRIPLICAR; to triple, to answer a rejoinder.
TRIPULACIÓN *f*; crew.
TRIPULANTE *m/f*; crew member.
TRISEMANAL; triweekly.
TRISTE; sad, sorry, insignificant.
TRIUNFADOR (adj); triumphant.
TRIUNFADOR *m*; triumpher.
TRIUNFAL; triumphant.
TRIUNFAR; to triumph.

TRIUNFO *m*; triumph.
TRIVIAL; trivial.
TRIVIALIDAD *f*; triviality.
TROCABLE; exchangeable.
TROCADO; distorted, changed.
TROCADOR *m*; exchanger, changer.
TROCAMIENTO *m*; exchange, change, distortion.
TROCANTE; exchanging, changing.
TROCAR; to exchange, to change, to confuse.
TROCARSE; to change one's habits, to become changed.
TRONCAL; trunk.
TRONCALIDAD *f*; passing of an estate to the ascendants.
TRONO *m*; throne.
TROPA *f*; troop, troops.
TROPAS DE POLICÍA; police force.
TRUEQUE *m*; barter, exchange.
TRUHÁN (adj); cheating, knavish.
TRUHÁN *m*; cheat, knave.
TRUHANAMENTE; deceitfully, knavishly.
TRUHANEAR; to cheat, to clown about.
TRUHANERÍA *f*; cheating, clowning, gang of cheats.
TRUNCADO; truncate.
TRUNCAR; to truncate.
TUERTO *m*; wrong.
TUICIÓN *f*; protection, defense.
TUITIVO; protective, defensive.
TULLIR; to disable, to maim.
TUMBA *f*; tomb.
TUMOR *m*; tumor.
TUMULTO *m*; tumult, mob.
TUMULTUANTE; agitating.
TUMULTUAR; to agitate.
TUMULTUOSAMENTE; tumultuously.
TUMULTUOSO; tumultuous.
TÚNEL *m*; tunnel.
TURBA *f*; mob.
TURBACIÓN *f*; disturbance, confusion.
TURBANTE; disturbing, confusing.
TURBAR; to disturb, to confuse.
TURBULENCIA *f*; turbulence.
TURBULENTO; turbulent.
TURNAR; to alternate.
TURNO, DE; on duty.
TURNO *m*; turn, shift.

TUTELA *f*; tutelage, guardianship, protection.

TUTELA DATIVA; court-appointed guardianship.

TUTELA DE HECHO; guardianship in fact, de facto guardianship.

TUTELA DE LOS MENORES; guardianship of minors.

TUTELA EJEMPLAR; guardianship of the mentally disabled, guardianship of the mentally ill.

TUTELA ESPECIAL; special guardianship.

TUTELA PLENA; full guardianship.

TUTELA RESTRINGIDA; restricted guardianship.

TUTELA TESTAMENTARIA; testamentary guardianship.

TUTELAR; tutelary.

TUTOR *m* ; tutor, guardian, protector.

TUTOR AD HOC; guardian for a special purpose, ad hoc guardian.

TUTOR AD LITEM; guardian during the litigation, guardian ad litem.

TUTOR DATIVO; court-appointed guardian.

TUTOR DE HECHO; guardian in fact, de facto guardian.

TUTOR GENERAL; general guardian.

TUTOR LEGÍTIMO; guardian appointed by law.

TUTOR TESTAMENTARIO; testamentary guardian.

TUTORÍA *f*; guardianship.

U

UBERRIMA FIDES; absolute good faith.

UBICACIÓN *f*; location.

UBICAR; to locate, to be located.

UBICUO; ubiquitous.

UCASE *m* ; arbitrary proclamation.

UJIER *m* ; usher.

ULTERIOR; ulterior, subsequent.

ÚLTIMA INSTANCIA; last resort.

ÚLTIMA PALABRA; final word.

ÚLTIMA PENA; capital punishment.

ÚLTIMA VOLUNTAD; last will.

ULTIMACIÓN *f*; conclusion.

ULTIMADOR; concluding.

ÚLTIMAMENTE; lately, lastly.

ULTIMAR; to conclude, to kill.

ÚLTIMAS PALABRAS; last words.

ULTIMÁTUM *m* ; ultimatum.

ULTIMIDAD *f*; ultimateness.

ÚLTIMO, POR; finally.

ÚLTIMO; last, latest, best, farthest.

ÚLTIMO DOMICILIO CONOCIDO; last known domicile.

ÚLTIMO PAGO; last payment.

ÚLTIMO PRECIO; last price.

ULTRA; beyond.

ULTRA MARE; beyond seas.

ULTRA VIRES; beyond the powers, ultra vires.

ULTRAJADOR *m* ; rapist, injurer, offender.

ULTRAJAR; to rape, to injure, to offend.

ULTRAJE *m* ; rape, injury, offense.

ULTRAJE AL PUDOR; sexual abuse.

ULTRAJOSO; offensive, injurious.

ULTRAMAR *m* ; overseas.

UNÁNIME; unanimous.

UNÁNIMEMENTE; unanimously.

UNANIMIDAD, POR; unanimously.

UNANIMIDAD *f*; unanimity.

ÚNICAMENTE; only, solely.

595

UNICAMERAL; unicameral.

UNICIDAD *f*; uniqueness.

UNIDAD *f*; unity, unit.

UNIDAD DE INTERESES; unity of interest.

UNIDAD DE MEDIDA; unit of measurement.

UNIDAD DE POSESIÓN; unity of possession.

UNIDAD DE TIEMPO; unity of time, unit of time.

UNIDAD DE TÍTULO; unity of title.

UNIDAD DEL ACTO; unity of the act.

UNIDAD MONETARIA; monetary unit.

UNIDO; united, in accord.

UNIFICAR; to unify.

UNIFICARSE; to become unified.

UNIFORMAR; to standardize.

UNIFORME; uniform.

UNIFORMEMENTE; uniformly.

UNIFORMIDAD *f*; uniformity.

UNIGÉNITO *m*; only child.

UNILATERAL; unilateral.

UNIÓN *f*; union.

UNIÓN ABIERTA; open union.

UNIÓN ADUANERA; customs union.

UNIÓN ARANCELARIA; customs union.

UNIÓN CERRADA; closed union.

UNIÓN DE ACCIONES; joinder of actions.

UNIÓN DE CRÉDITO; credit union.

UNIÓN DE LAS PARTES; joinder of parties.

UNIÓN ECONÓMICA; economic community.

UNIÓN ERRÓNEA; misjoinder.

UNIÓN GREMIAL; labor union.

UNIÓN LABORAL; labor union.

UNIÓN PROFESIONAL; professional organization.

UNIÓN SINDICAL; labor union.

UNIPERSONAL; unipersonal.

UNIR; to unite, to confuse.

UNIRSE; to unite, to merge, to wed.

UNITARISMO *m*; unitarianism.

UNIVERSAL; universal.

UNIVERSALIDAD *f*; universality, all of the property and obligations of an estate.

UNIVERSALIDAD DE DERECHO; nondivisible group of property and obligations of an estate.

UNIVERSALIDAD DE HECHO; divisible group of property of an estate.

UNIVERSALIDAD JURÍDICA; nondivisible group of property and obligations of an estate.

UNIVERSALMENTE; universally.

UNÍVOCO; univocal.

UNTAR; to bribe.

URBANAMENTE; urbanely.

URBANIDAD *f*; urbanity.

URBANISMO *m*; city planning.

URBANIZACIÓN *f*; urbanization, city planning.

URBANIZAR; to urbanize.

URBANO; urban, urbane.

URBE *f*; metropolis.

URDIEMBRE *f*; scheme.

URDIMBRE *f*; scheme.

URDIR; to scheme, to plan.

URGENCIA *f*; urgency.

URGENTE; urgent.

URGENTEMENTE; urgently.

URNA *f*; ballot box.

USADO; used, customary.

USANZA *f*; custom.

USAR; to use, to be accustomed.

USO *m*; use, custom.

USO BENEFICIOSO; beneficial use.

USO DE RAZÓN; use of reason.

USO ESTATAL; government use.

USO INDEBIDO; improper use.

USO JUDICIAL; judicial custom.

USO PROVECHOSO; beneficial use.

USO Y DESGASTE; wear and tear.

USO Y OCUPACIÓN; use and occupation.

USOS COMERCIALES; commercial customs.

USOS CONVENCIONALES; customs.

USOS FORENSES; rules of court.

USOS LOCALES; local customs.

USOS TÉCNICOS; technical uses.

USUAL; usual.

USUALMENTE; usually.

USUARIO *m*; user, usufructuary.

USUCAPIÓN *f*; usucapion.

USUCAPIR; to acquire by usucapion.

USUFRUCTO *m*; usufruct, use.

USUFRUCTO CONVENCIONAL; contractual usufruct.

USUFRUCTO IMPERFECTO; imperfect usufruct.

USUFRUCTO LEGAL; legal usufruct.

USUFRUCTO PERFECTO; perfect usufruct.

USUFRUCTO POR DISPOSICIÓN LEGAL;
legal usufruct.

USUFRUCTO RESTRINGIDO; restricted
usufruct.

USUFRUCTO TEMPORAL; temporary
usufruct.

USUFRUCTO VITALICIO; usufruct for life.

USUFRUCTUANTE *m/f*; usufructuary.

USUFRUCTUAR; to usufruct, to be profitable.

USUFRUCTUARIO *m* ; usufructuary.

USURA *f*; usury, profiteering, interest, profit.

USURAR; to practice usury, to profiteer, to
charge interest, to profit.

USURARIAMENTE; usuriously.

USURARIO; usurious.

USUREAR; to practice usury, to profiteer, to
charge interest, to profit.

USURERO *m* ; usurer, profiteer, moneylender,
pawnbroker.

USURPACIÓN *f*; usurpation, encroachment.

USURPACIÓN DE AUTORIDAD; usurpation
of authority.

USURPACIÓN DE INMUEBLES; usurpation
of real estate.

USURPADOR (adj); usurping.

USURPADOR *m* ; usurper.

USURPAR; to usurp, to encroach.

UTERINO; uterine.

ÚTIL; useful, working, interest-bearing, legal.

ÚTILES DELICTIVOS; tools of a crime.

UTILIDAD *f*; utility, profit, interest.

UTILIDAD BRUTA; gross profit.

UTILIDAD DE EXPLOTACIÓN; operating
profit.

UTILIDAD DECRECIENTE; diminishing
return.

UTILIDAD NETA; net profit.

UTILIDAD PÚBLICA; public benefit.

UTILIDADES *f*; earnings, returns, profits.

UTILIDADES A DISTRIBUIR; undivided
profits.

UTILIDADES ANTICIPADAS; anticipated
profits.

UTILIDADES DE CAPITAL; capital gains.

UTILIDADES ESPERADAS; anticipated
profits.

UTILIDADES IMPOSITIVAS; taxable profits.

UTILIZABLE; utilizable, available.

UTILIZACIÓN *f*; utilization.

UTILIZAR; to utilize.

ÚTILMENTE; usefully, profitably.

UXORICIDA (adj); uxoricidal.

UXORICIDA *m* ; uxoricide.

UXORICIDIO *m* ; uxoricide.

VACACIÓN *f*; vacation, holiday.
VACACIONES PAGADAS; paid vacation.
VACANCIA *f*; vacancy.
VACANTE (adj); vacant.
VACANTE *f*; vacancy, vacation.
VACAR; to become vacant, to be unoccupied,
   to be unemployed.
VACIAR; to empty, to excavate, to explain at
   length, to transcribe.
VACIEDAD *f*; emptiness.
VACILACIÓN *f*; vacillation.
VACILANTE; vacillating.
VACILAR; to vacillate.
VACÍO; empty, vacant, uninhabited, useless,
   idle.
VACO; vacant.
VACUIDAD *f*; vacuity.
VACUO; vacuous.
VAGABUNDAJE *m*; vagabondage, vagrancy.
VAGABUNDEAR; to roam, to loiter, to be a
   vagrant.
VAGABUNDO *m*; vagabond, vagrant.
VAGAMENTE; vaguely.
VAGANCIA *f*; vagrancy, idleness.
VAGANTE; vagrant, idle.
VAGAR; to roam, to be idle.
VAGO, EN; unsteady, without support, in vain.
VAGO (adj); vague, vagrant, idle.
VAGO *m*; vagrant, idler.
VAGÓN *m*; car, wagon.
VAGUEAR; to roam, to be idle.
VAGUEDAD *f*; vagueness, vague comment.
VAIVÉN *m*; fluctuation, changeableness, risk.
VALE *m*; promissory note, IOU, voucher,
   certificate of good behavior.
VALEDERO; valid, binding.
VALEDOR *m*; protector, companion.
VALENTÍA *f*; valor, heroic deed, boast.
VALENTÓN *m*; boaster.

VALER; to be worth, to be of value, to be
   valid, to have authority, to cost, to get, to
   protect, to be useful.
VALEROSO; valiant, valuable, efficient.
VALÍA *f*; value, influence, faction.
VALIDACIÓN *f*; validation, validity.
VÁLIDAMENTE; validly.
VALIDAR; to validate.
VALIDAR UN TESTAMENTO; to probate a
   will.
VALIDEZ; validity.
VALIDEZ DE LOS ACTOS JURÍDICOS;
   validity of legal acts.
VALIDEZ DE LOS CONTRATOS; validity of
   contracts.
VALIDEZ DE LOS TESTAMENTOS; validity
   of wills.
VALIDO; favored, esteemed, influential.
VÁLIDO; valid, strong.
VALIENTE *m*; valiant, fine, strong, boasting.
VALIJA *f*; valise, mailbag, mail.
VALIJA DIPLOMÁTICA; diplomatic pouch.
VALIJERO *m*; mail carrier.
VALIOSO; valuable.
VALOR, AL; according to value, ad valorem.
VALOR *m*; value, valor, nerve, importance,
   effectiveness, yield.
VALOR A LA PAR; par value.
VALOR ACTIVO; asset.
VALOR ACTUAL; present value.
VALOR ADQUISITIVO; purchasing power.
VALOR AJUSTADO; adjusted value.
VALOR APARENTE; apparent value.
VALOR CATASTRAL; assessed valuation.
VALOR CIERTO; fixed value.
VALOR CÍVICO; civic-mindedness.
VALOR COMERCIAL; fair market value.
VALOR CONTABLE; book value.
VALOR DE AFECCIÓN; sentimental value.
VALOR DE EMPRESA EN MARCHA; going
   concern value.
VALOR DE NEGOCIO EN MARCHA; going
   concern value.
VALOR DE PARIDAD; par value.
VALOR DE REEMPLAZO; replacement cost.
VALOR DE REPOSICIÓN; replacement cost.
VALOR DE TASACIÓN; appraisal value.
VALOR DECLARADO; declared value.

VALOR DEL MERCADO; fair market value.

VALOR EFECTIVO; cash value.

VALOR EN CUENTA; value in account.

VALOR EN EL MERCADO; fair market value.

VALOR EN PLAZA; fair market value.

VALOR ESTIMADO; estimated value.

VALOR EXTRÍNSECO; extrinsic value.

VALOR GRAVABLE; taxable value.

VALOR IMPOSITIVO; taxable value.

VALOR INMOBILIARIO; real estate value.

VALOR INTRÍNSECO; intrinsic value.

VALOR LOCATIVO; rental value.

VALOR NETO; net worth.

VALOR NOMINAL; nominal value.

VALOR PASIVO; liability.

VALOR PROBATORIO; probative value.

VALOR RAZONABLE; reasonable value.

VALOR RECIBIDO; value received.

VALOR SEGÚN LIBROS; book value.

VALOR VENAL; sales price.

VALORACIÓN *f*; valuation, appraisal, increase in the value.

VALORAR; to value, to appraise, to increase the value of, to mark-up.

VALOREAR; to value, to appraise, to increase the value of, to mark-up.

VALORES *m* ; securities, values, assets.

VALORES AL PORTADOR; bearer securities.

VALORES DE BOLSA; listed securities.

VALORES DE RENTA FIJA; fixed-income securities.

VALORES HIPOTECARIOS; mortgage securities.

VALORES NEGOCIABLES; negotiable securities.

VALORES REALIZABLES; liquid assets.

VALORES TRANSMISIBLES; negotiable securities.

VALORÍA *f*; value, appraised value.

VALORIZACIÓN *f*; valuation, appraisal, increase in the value.

VALORIZAR; to value, to appraise, to increase the value of, to mark-up.

VALUACIÓN *f*; valuation, appraisal, increase in the value.

VALUAR; to value, to appraise.

VALLA *f*; fence, obstacle.

VALLADAR *m* ; fence, obstacle.

VALLAR; to fence, to fence in.

VANAMENTE; vainly.

VANDÁLICO; vandalistic.

VANDALISMO *m* ; vandalism.

VÁNDALO *m* ; vandal.

VANO; vain, frivolous.

VAPULACIÓN *f*; thrashing.

VAPULAMIENTO *m* ; thrashing.

VAPULAR; to thrash.

VAPULEAR; to thrash.

VAPULEO *m* ; thrashing.

VARADA *f*; running aground.

VARADERO *m* ; dry dock.

VARIABILIDAD *f*; variability.

VARIABLE; variable.

VARIABLEMENTE; variably.

VARIACIÓN *f*; variation.

VARIANTE; variant.

VARIAR; to vary.

VARIAR DE OPINIÓN; to change one's opinion.

VARIEDAD *f*; variety, variation.

VARIO; varied, variable.

VARONÍA *f*; male issue.

VÁSTAGO *m* ; issue.

VASTO; vast.

VÉASE; see.

VECINAL; vicinal.

VECINAMENTE; nearby, contiguously.

VECINDAD *f*; vicinity, neighborhood, legal residence.

VECINDARIO *m* ; vicinity, neighborhood.

VECINO (adj); neighboring, similar.

VECINO *m* ; neighbor, resident, tenant.

VEDA *f*; prohibition, interdiction.

VEDADO; prohibited, interdicted.

VEDAMIENTO *m* ; prohibition, interdiction.

VEDAR; to prohibit, to hinder.

VEEDOR *m* ; supervisor, inspector, busybody.

VEEDURÍA *f*; inspectorship, inspector's office.

VEHEMENCIA *f*; vehemence.

VEHEMENTE; vehement.

VEHEMENTEMENTE; vehemently.

VEHÍCULO *m* ; vehicle, carrier, means.

VEHÍCULO DE MOTOR; motor vehicle.

VEJACIÓN *f*; abuse, insult.

VEJADOR *m* ; abusive, insulting.

VEJAMEN *m* ; abuse, insult.

VEJAR; to abuse, to insult.

VEJATORIO; abusive, insulting.

VEJEZ *f*; old age.

VELA *f*; watch, night sentry, night work.

VELADOR (adj); watching, guarding.

VELADOR *m* ; watcher, night-guard.

VELAR; to watch, to guard, to work at night.

VELOCIDAD *f*; velocity.

VELOZ; rapid.

VELOZMENTE; rapidly.

VENAL; venal.

VENALIDAD *f*; venality.

VENCEDERO; maturing.

VENCEDOR (adj); victorious.

VENCEDOR *m* ; victor.

VENCER; to beat, to mature, to expire.

VENCIDO; defeated, due, expired.

VENCIDO Y PAGADERO; due and payable.

VENCIMIENTO *m* ; victory, defeat, maturity, expiration.

VENCIMIENTO ACELERADO; accelerated maturity.

VENCIMIENTO ANTICIPADO; accelerated maturity.

VENDE, SE; for sale.

VENDEDOR *m* ; seller.

VENDEDOR AMBULANTE; traveling seller.

VENDEJA *f*; public sale.

VENDER; to sell, to sell out.

VENDER A CRÉDITO; to sell on credit.

VENDER AL CONTADO; to sell for cash.

VENDER EN REMATE; to auction.

VENDETTA *f*; vendetta.

VENDÍ *m* ; bill of sale.

VENDIBLE; salable, marketable.

VENDIDO; sold, betrayed.

VENDUTA *f*; auction.

VENDUTERO *m* ; auctioneer.

VENENO *m* ; poison, wrath.

VENENOSO; poisonous.

VENÉREO; venereal.

VENGADOR (adj); avenging.

VENGADOR *m* ; avenger.

VENGANZA *f*; vengeance.

VENGAR; to avenge.

VENGARSE; to take revenge.

VENGATIVO; vengeful.

VENIA *f*; pardon, authority, authority given to minors to handle their own property.

VENIA JUDICIAL; court authority given to minors to handle their own property.

VENIAL; venial.

VENIALIDAD *f*; veniality.

VENIALMENTE; venially.

VENIDERO, EN LO; hereafter.

VENIDERO; coming.

VENIDEROS *m* ; successors, heirs, future generations.

VENIR; to come, to come from, to arrive, to occur, to approach, to suit.

VENTA *f*; sale, sales contract, inn.

VENTA A CRÉDITO; credit sale.

VENTA A ENSAYO; sale on approval.

VENTA A PLAZOS; installment sale.

VENTA A PRUEBA; sale on approval.

VENTA AL CONTADO; cash sale.

VENTA AL MARTILLO; auction.

VENTA AL POR MAYOR; wholesale.

VENTA AL POR MENOR; retail.

VENTA COMERCIAL; commercial sale.

VENTA COMPULSIVA; forced sale.

VENTA CON GARANTÍA; sale with warranty.

VENTA CONDICIONAL; conditional sale.

VENTA DIRECTA; direct sale.

VENTA EN ALMONEDA; auction.

VENTA EN BLOQUE; bulk sale.

VENTA EN CONSIGNACIÓN; consignment sale.

VENTA EN REMATE; auction.

VENTA FICTICIA; simulated sale.

VENTA FIRME; firm sale.

VENTA FORZOSA; forced sale.

VENTA HIPOTECARIA; foreclosure sale.

VENTA INCONDICIONAL; absolute sale.

VENTA JUDICIAL; judicial sale.

VENTA PARCIAL; partial sale.

VENTA PÚBLICA; public sale, public auction.

VENTA PURA Y SIMPLE; absolute sale.

VENTA SIMULADA; simulated sale.

VENTA SUJETA A APROBACIÓN; sale on approval.

VENTA VOLUNTARIA; voluntary sale.

VENTAJA *f*; advantage, profit, additional pay.

VENTAJOSAMENTE; advantageously.

VENTAJOSO; advantageous, profitable.

VENTANILLA *f*; window, small window.

VENTILACIÓN *f*; ventilation.

VENTILAR; to ventilate.

VER; to see, to look, to try, to consider, to examine, to decide, to talk over, to foresee.

VER UNA CAUSA; to try a case.

VERACIDAD *f*; veracity.

VERAS *f*; truth, reality, earnestness.

VERAZ; truth, truthful.

VERBAL; verbal.

VERBALMENTE; verbally.

VERBIGRACIA; for instance.

VERDAD *f*; truth.

VERDADERAMENTE; truly.

VERDADERO; true, genuine.

VERDUGO *m* ; executioner.

VEREDICTO *m* ; verdict.

VEREDICTO ABSOLUTORIO; verdict of not-guilty.

VEREDICTO CERRADO; sealed verdict.

VEREDICTO DE CULPABILIDAD; verdict of guilty.

VEREDICTO DE INCULPABILIDAD; verdict of not-guilty.

VEREDICTO DE INOCENCIA; verdict of not-guilty.

VEREDICTO INJUSTO; false verdict.

VEREDICTO POR ACOMODACIÓN; compromise verdict.

VEREDICTO SELLADO; sealed verdict.

VERGÜENZA *f*; shame, embarrassment, shyness, integrity.

VERÍDICO; veridical.

VERIFICACIÓN *f*; verification, inspection, fulfillment.

VERIFICADO; verified, inspected, fulfilled.

VERIFICADOR (adj); verifying, inspecting.

VERIFICADOR *m* ; verifier, inspector.

VERIFICAR; to verify, to inspect, to fulfill.

VERIFICAR EL PAGO; to make the payment.

VERIFICATIVO; verificative.

VEROSÍMIL; verisimilar.

VEROSIMILITUD *f*; verisimilitude.

VERSÁTIL; versatile, changeable.

VERSATILIDAD *f*; versatility, changeableness.

VERSIÓN *f*; version, translation.

VERTICAL; vertical.

VESANIA *f*; insanity, fury.

VESÁNICO; insane, furious.

VESTIGIO *m* ; vestige.

VETA *f*; vein.

VETAR; to veto.

VETERANO *m* ; veteran.

VETO *m* ; veto.

VETO DE BOLSILLO; pocket veto.

VEZ, A LA; at the same time.

VEZ *f*; turn, time.

VÍA *f*; way, procedure, means, jurisdiction, track.

VÍA ADMINISTRATIVA; administrative recourse.

VÍA CONTENCIOSA; judicial recourse.

VÍA DE APREMIO; legal procedure for debt collection.

VÍA EJECUTIVA; execution.

VÍA JUDICIAL; legal procedure.

VÍA ORDINARIA; ordinary legal procedure.

VÍA PÚBLICA; public thoroughfare.

VÍA SUMARIA; summary procedure.

VIABILIDAD *f*; viability.

VIABLE; viable.

VIAJANTE (adj); traveling.

VIAJANTE *m/f*; traveler, traveling seller.

VIAJANTE DE COMERCIO; traveling seller.

VIAJAR; to travel.

VIAJE *m* ; journey, travel, way, load, shove, assault.

VIAJERO *m* ; traveler, passenger.

VIAL; pertaining to thoroughfares.

VIALIDAD *f*; thoroughfare service.

VÍAS DE DERECHO; legal recourses.

VÍAS DE HECHO; non-legal recourses, violence.

VIBRAR; to vibrate.

VICECÓNSUL *m* ; vice-consul.

VICECONSULADO *m* ; vice-consulate.

VICEGOBERNADOR; vice-governor.

VICEPRESIDENCIA *f*; vice-presidency.

VICEPRESIDENTE *m* ; vice president.

VICESECRETARÍA; assistant secretaryship.

VICESECRETARIO; assistant secretary.

VICETESORERO; vice-treasurer.

VICEVERSA; vice versa.

VICIADO; vitiated, polluted.

VICIAR; to vitiate, to pollute, to adulterate, to falsify, to misconstrue.

VICIARSE; to become vitiated, to become polluted, to become addicted, to become warped.

VICIO *m* ; vice, defect, addiction, overindulgence.

VICIO APARENTE; apparent defect.

VICIO DE CONSTRUCCIÓN; construction defect.

VICIO DE FONDO; substantive defect.

VICIO DE FORMA; procedural defect.

VICIO INHERENTE; inherent defect.

VICIO INTRÍNSECO; inherent defect.

VICIO MANIFIESTO; apparent defect.

VICIO OCULTO; latent defect.

VICIO PATENTE; patent defect.

VICIO REDHIBITORIO; redhibitory defect.

VICIOS PROCESALES; procedural defects.

VICIOSO; defective, addicted, depraved, overindulged.

VICISITUD *f*; vicissitude.

VÍCTIMA *f*; victim.

VICTORIA *f*; victory.

VICTORIOSO; victorious.

VIDA *f*; life, living.

VIDA PRIVADA; private life.

VIDA PÚBLICA; public life.

VIDA ÚTIL; useful life.

VIDENTE; sighted.

VIDRIOSO; delicate.

VIDUAL; pertaining to widowhood.

VIEJO; old.

VIGENCIA, EN; in force.

VIGENCIA *f*; force, legal effect, duration.

VIGENCIA DE LA GARANTÍA; duration of the guaranty.

VIGENCIA DE LA PÓLIZA; term of the policy.

VIGENTE; in force, prevailing.

VIGÍA *m* ; lookout.

VIGÍA *f*; lookout post.

VIGIAR; to keep a lookout on.

VIGILANCIA *f*; vigilance, diligence.

VIGILANTE (adj); vigilant, guarding.

VIGILANTE *m* ; guard, police officer.

VIGILAR; to watch, to guard, to oversee.

VIGILIA *f*; vigil, night work, wakefulness.

VIGOR *m* ; vigor, force.

VIL; vile.

VILEZA *f*; vileness.

VILIPENDIADOR; reviling, denigrating.

VILIPENDIAR; to revile, to denigrate.

VILIPENDIO *m* ; revilement, denigration.

VILMENTE; vilely.

VILO, EN; in the air.

VINCULABLE; that can be linked, entailable.

VINCULACIÓN *f*; link, entailment.

VINCULAR; to link, to entail, to ground, to continue.

VÍNCULO *m* ; link, entail, entailment.

VÍNCULO DE PARENTESCO; family tie.

VÍNCULO FAMILIAR; family tie.

VÍNCULO JURÍDICO; legal relationship.

VÍNCULO MATRIMONIAL; matrimonial relationship.

VINDICABLE; vindicable.

VINDICACIÓN *f*; vindication.

VINDICADOR; vindicative.

VINDICAR; to vindicate.

VINDICATIVO; vindicating.

VINDICATORIO; vindicatory.

VINDICTA *f*; vengeance.

VIOLABLE; violable.

VIOLACIÓN *f*; violation, rape, infringement, transgression.

VIOLACIÓN DE ARMISTICIO; violation of armistice.

VIOLACIÓN DE CONTRATO; breach of contract.

VIOLACIÓN DE DOMICILIO; unauthorized entry into a domicile.

VIOLACIÓN DE GARANTÍA; breach of warranty.

VIOLACIÓN DE LA LEY; violation of the law.

VIOLACIÓN DE PATENTE; infringement of patent.

VIOLACIÓN DE PROMESA; breach of promise.

VIOLADOR *m* ; violator, rapist, infringer, transgressor.

VIOLAR; to violate, to rape, to infringe, to transgress.

VIOLAR LA LEY; to break the law.

VIOLENCIA *f*; violence, force, rape.
VIOLENCIA EN EL MATRIMONIO; marital violence.
VIOLENCIA FÍSICA; physical violence.
VIOLENCIA MORAL; coercion.
VIOLENTO; violent, severe.
VIRREY *m*; viceroy.
VIRTUAL; virtual.
VIRTUALMENTE; virtually.
VIRTUD *f*; virtue.
VIRTUD DE, EN; by virtue of.
VIRULENCIA *f*; virulence.
VIRULENTO; virulent.
VIS *f*; verve, force.
VISA *f*; visa.
VISA CONSULAR; consular visa.
VISA DIPLOMÁTICA; diplomatic visa.
VISADO *m*; visa.
VISAR; to visa, to certify.
VISIBLE; visible, evident.
VISIÓN *f*; vision.
VISITA *f*; visit, inspection, visitor.
VISITA A LOS HIJOS; visit to the children.
VISITA DE SANIDAD; health inspection.
VISITADOR *m*; visitor, inspector, judicial inspector.
VISITAR; to visit, to inspect.
VISLUMBRAR; to see vaguely, to surmise.
VISORIO (adj); visual.
VISORIO *m*; inspection by an expert.
VÍSPERA *f*; eve.
VISTA, A LA; at sight.
VISTA *m*; customs official.
VISTA *f*; vision, hearing, trial, view, look.
VISTA COMPLETA; full hearing.
VISTA DE, A; in the presence of, in view of.
VISTA DE, EN; in view of.
VISTA PRELIMINAR; preliminary hearing.
VISTAS *f*; meeting.
VISTAZO *m*; glance.
VISTO; considering, whereas, awaiting sentence, closed.
VISTO BUENO; approval.
VISTO QUE; in view of the fact that.
VISUAL; visual.
VISURA *f*; visual inspection, inspection by an expert.
VITAL; vital.

VITALICIO (adj); for life.
VITALICIO *m*; life annuity, life insurance policy.
VITALICISTA *m/f*; holder of a life annuity, holder of a life insurance policy.
VITALIDAD *f*; vitality.
VITUPERACIÓN *f*; vituperation.
VITUPERADOR (adj); vituperating.
VITUPERADOR *m*; vituperator.
VITUPERANTE; vituperating.
VITUPERAR; to vituperate.
VITUPERIO *m*; vituperation.
VIUDA *f*; widow.
VIUDAL; pertaining to a widow, pertaining to a widower.
VIUDEDAD *f*; widowhood, widow's pension.
VIUDEZ *f*; widowhood.
VIUDO *m*; widower.
VÍVERES *m*; food, provisions.
VIVEZA *f*; quickness, brightness, vehemence, thoughtless remark.
VIVIDERO; habitable.
VIVIDOR (adj); living, long-living, enterprising.
VIVIDOR *m*; enterprising person, sponger.
VIVIENDA *f*; housing, dwelling, way of life.
VIVIENTE; living.
VIVIR; to live, to live in, to endure.
VIVO; living, live, lively, bright.
VOCACIÓN *f*; vocation.
VOCACIONAL; vocational.
VOCAL (adj); vocal.
VOCAL *m/f*; board member.
VOCEAR; to shout out, to publish, to acclaim.
VOCERO *m*; speaker, attorney.
VOLANTE *m*; flier, steering wheel.
VOLÁTIL; volatile.
VOLICIÓN *f*; volition.
VOLITIVO; volitional.
VOLTEAR; to turn, to turn over, to overturn, to change.
VOLUMEN *m*; volume.
VOLUNTAD *f*; will, desire, consent, affection.
VOLUNTAD COMÚN; meeting of the minds.
VOLUNTAD EXPRESA; express will.
VOLUNTAD LIBRE; free will.
VOLUNTAD TÁCITA; implied will.
VOLUNTARIAMENTE; voluntarily.

VOLUNTARIO (adj); voluntary.
VOLUNTARIO *m* ; volunteer.
VOLUNTARIOSAMENTE; willfully.
VOLVER; to turn, to return.
VOLVER A GIRAR; to redraw.
VOTACIÓN *f*; voting, vote.
VOTACIÓN CUMULATIVA; cumulative
    voting.
VOTACIÓN POR REPRESENTACIÓN; vote
    by proxy.
VOTADOR (adj); voting.
VOTADOR *m* ; voter, swearer.
VOTANTE *m/f*; voter.
VOTAR; to vote, to swear.
VOTO *m* ; vote, voter, promise, swearword.
VOTO ACTIVO; right to vote.
VOTO ACUMULADO; cumulative vote.
VOTO DE CALIDAD; casting vote.
VOTO DE CENSURA; vote of censure.
VOTO DE CONFIANZA; vote of confidence.
VOTO DECISIVO; casting vote.
VOTO DIRECTO; direct vote.
VOTO FACULTATIVO; optional vote.
VOTO INDIRECTO; indirect vote.
VOTO OBLIGATORIO; obligatory vote.
VOTO POR CORREO; vote by mail.
VOTO POR CORRESPONDENCIA; vote by
    mail.
VOTO POR PODER; vote by proxy.
VOTO PÚBLICO; public vote.
VOTO SECRETO; secret ballot.
VOZ *f*; voice, say, term, vote, rumor.
VOZ ACTIVA; right to vote.
VUELO *m* ; flight.
VUELTA *f*; turn, return, restitution, reverse,
    change, compensation, beating.
VULGAR; vulgar.
VULGARIDAD *f*; vulgarity.
VULGARISMO *m* ; vulgarism.
VULGARMENTE; vulgarly.
VULNERABILIDAD *f*; vulnerability.
VULNERABLE; vulnerable.
VULNERAR; to harm, to injure, to violate.

WARRANT; certificate of deposit.

XENÓFILO (adj); xenophilous.
XENÓFILO *m* ; xenophile.

YA; already, now.
YA DICHO; aforesaid.
YA MENCIONADO; above-mentioned.
YA QUE; since.
YACENTE; inheritance which has not been taken over by the heirs.
YACER; to lie, to lie buried, to have sexual intercourse.
YACIMIENTO MINERAL; mineral deposit.
YAPA *f*; bonus, tip.
YERMO; deserted, barren.
YERNO *m* ; son-in-law.
YERRO *m* ; error.
YERRO DE CUENTA; accounting error.
YERRO DE IMPRENTA; typographical error.
YUSIÓN *f*; precept, order.
YUXTAPONER; to juxtapose.
YUXTAPOSICIÓN *f*; juxtaposition.

Z

ZACAPELA *f*; row.

ZAFAR; to free, to loosen.

ZAFARSE; to escape, to hide, to come off.

ZALAGARDA *f*; ambush, trap.

ZANJAR; to surmount, to settle.

ZÓCALO *m*; public square.

ZOCO *m*; public square.

ZONA *f*; zone.

ZONA AÉREA; flight zone.

ZONA DE ENSANCHE; development zone.

ZONA DE GUERRA; war zone.

ZONA DE INFLUENCIA; zone of influence.

ZONA DE LIBRE CAMBIO; duty-free zone.

ZONA DE OPERACIONES; zone of
operations.

ZONA DE VUELO PROHIBIDO; prohibited
air space.

ZONA FISCAL; tax district.

ZONA FRANCA; duty-free zone.

ZONA FRONTERIZA; frontier zone.

ZONA INDUSTRIAL; industrial zone.

ZONAL; zonal.

ZONIFICACIÓN *f*; zoning.

ZONIFICAR; to zone.

ZOZOBRA *f*; foundering, dangerous weather,
worry.

ZOZOBRAR; to founder, to be in jeopardy, to
fail, to worry.

ZURRIAGAZO *m*; whiplash, unexpected
misfortune, unexpected rebuff.